U0828307

八閩文庫

文獻集成
372

福建文獻集成

續編 集部 四八

吴格 主编

海峡出版發行集團
THE STRAITS PUBLISHING & DISTRIBUTING GROUP
福建人民出版社

本册目次

潛園詩一卷　〔清〕侯官曾沂撰……一
塔江樓文鈔六卷附河橋舒嘯一卷　〔清〕侯官林涵春撰……七一
愧齋文集略一卷詩集略一卷　〔清〕建寧連青撰……三八三

潛園詩一卷

［清］侯官曾沂撰

日本内閣文庫藏清康熙間刻本

潛園詩一卷，清曾沂撰。沂字子浴，侯官人。順治間布衣。少闊達，不樂仕進，性躭山水，弱歲之年，即攜琴劍，窮吴越之勝，歷洞庭，浮沅湘，度五嶺、八桂，凡數年之久。其詩得山川之助，聲價重於當世，與高兆雲客齊名。沂之生平，史志邑乘多付闕如，曾士甲閩詩傳初集卷三録其詩四首，知爲士甲從弟。父體潛。又以是集中有寄溶弟一首，知其有弟名溶。沂早年好遊歷，歸鄉後自城中遷居鷄籠山西之鳳岡，有隱逸風，好結交方外之人，詩中所記有西意上人、卓莽上人、達光上人、石丈上人、自定上人等；過從友人，如陳昌其、林二耻、李乾生、游孟堅、李含章、陳木公、劉世嵩、楊天揮、鄭伯樹、潘孟凱輩，聲名亦多晦而不彰。

潛園爲曾氏移居鳳岡之别業，因名其集，集中有潛園即事詩，述其景致云：「柴門深掩獨飛觴，莫遣花香出粉墻。入榻輕烟含黛色，隔溪流水泛晴光。讀騷共泣三春雨，説劍能飛九月霜。我亦自多松菊趣，不堪詩酒愧潯陽。」園中有省齋、情話軒等。

沂好遊歷，兄士甲謂其「荒村酒盞，茅屋雞聲，盡發於詩」。縱覽其詩，大率興會所發，不斤斤於師法，韶秀令潤，神趣婉盡，不失天然之色。陳開祖云：「癸丑歸來，訪予枕山樓上，出遊草示予，猿啼鶴唳，欲銷遊子之魂；月店霜橋，盡作騷人之史。嗣是滄桑告變，帶甲滿天。癸丑以前詩，皆清風明月；癸丑以後詩，多苦雨凄風。雖其才之變，抑亦時與勢爲之也。」癸丑爲康熙十二年（一六七三），適閩中耿藩之亂起，時沂已歸鄉，詩風亦爲之一變，感時憂世，亦詩人之本色也。

是集僅存日本内閣文庫藏清康熙間刻本，國内未見收藏。書前有康熙十八年鄭宜、陳開祖、林榛及康熙十六年林潭等四家序。（李　軍）

潛園詩稿

全

漢書門 類
一〇八一九號
七八函
七架
一冊

內閣文庫
漢書 類
一〇八一九 號
一 冊
三一三 函
九 架

內閣文庫
番號 漢 10819
冊數 1（1）
函號 313 167

別集 五十二

潛園集弁言

子浴尊甫體潛先生長僕二十年僕之長子浴也年亦如之蓋兩世爲忘年交云然所由世講則實始於僕之外氏初僕婦翁李鼎台先生有友二人一爲高鍾陵先生一即體潛先生僕少時獲侍其語言色笑則知前輩石交典型不苟多出於尋常流俗之外者居無何僕留滯中州而婦翁溘先朝露婦弟方髫亂家且中落兩先生所以經紀之者甚悉嗚呼難矣

浅草文庫

夫當兩先生平居時人第見其高談雄辯傾倒公卿有樓緩陳遵之風謂是俠而不椎文采可表見已矣庸詎知其篤交情念死生一至此哉若是者宜有後者也顧兩先生皆晚得子向也竊心疑之非久而鍾陵先生長公雲客則以風雅名海内矣又久之而大江南北言聲詩者湏籍籍推子浴子浴亦雅自負思欲一樹赤幟而自雄蓋自弱歲即窮吴越之勝因而歷洞庭浮沅湘度五嶺八桂牂牁雕提之域浪穹金

筑之徼輪楫所及有景輒遊遊必摻奇剔幽蒇為詩歌以紓其羈孤激伉之致陬側淒清之隱而後快焉迨歸而詩名駸駸起矣然詩成往往舍去存者無幾間過從僕徐叩之則曰否否吾自得吾性情之所近而已非以為名也今世之言詩者吾惑焉幽沖而偏造者韋孟也宏暢而尚達者元白也質而趨於詣則陳杜之倫藻而工於境則錢劉之屬試以是置之無拱而下長慶以前諸大家中糊名暗索則未有能辨

與人

之者故吾之爲詩要必準諸性情而非以獵一時之好何論古人哉僕於是知子浴之深於詩者矣乃請其所爲潛園集而卒業焉大要興會所至不斤斤所從法而韶秀令潤之色足以振之是以神趣婉盡人巧陗絶雖句攻字綴而不失其天然及求其羈孤激伉之致陫側淒清之隱又不知其何以渙然釋也是則子浴之所爲詩也已夫僕也讀雲客之詩既感愴於其所自讀子浴之詩復流連於其所承咏歎低徊

之下如對其先世之詁言色笑何多幸焉而後乃今知鍾陵體潛兩先生之所由不朽也宜有後者也喜而詳其世講本末如此而及其詩康熙己未夏五道山蹇翁鄭宜書於繡鐵草堂

序

予與子浴交幾二十年矣猶憶吾兩人雪案燈囱慨然有春宮簪筆上苑看花之想時三春花酒千古賓朋青衣罵坐拔劍斫地少年意致何其壯也曾幾何時夜雨空堦不産忘憂之草春風荒塜尚存墮淚之碑既事以時異亦遇與心違予猶株守一經子浴則携琴劍為三楚夜郎遊南轅北轍不相聚首者幾

寒暑癸丑歸来訪予枕山樓上出遊草示予猿啼鶴唳欲銷遊子之魂月店霜橋盡作騷人之史予竊異之因思太史公周覽天下名山大川其為文有奇氣今子浴之詩亦然嗣是滄桑告變帶甲滿天予西入抱膝閉户因得縱情詩歌此倡彼和故子浴癸丑以前詩皆清風明月癸丑以後詩多苦雨凄風雖其才之變抑亦時與勢為之也迄今芳草斷腸

訖念王孫之餓青山慟哭誰憐范叔之寒予已矣亦惟有科頭箕踞于長松之下取潛園集而竟讀焉覽二十年交遊啼笑盡收入錦囊中扳其尤者以授梓氏亦曰此子浴之詩已耳如必以何者有當于濟南何者有合于竟陵晉安是猶謂秦漢以後無文唐以後無詩也豈其然哉所可疑者名士聲氣必交盡偉人而後快今集中惟與予及林子二耻贈

答為多豈子浴之落〻寡交乎或者其鍾情有在也然則潛園一集即為予三人之金蘭譜可已康熙己未竹醉日梳山弟陳開祖譔

叙

予生不偶滯跡江皋每樽前史下思得一二聲氣葦證訂砥礪作千秋事業十年琴劍獨往獨来未嘗不嘆知己之難其人也歲丙午讀書漱芳亭得交曾子子浴者衣芰荷戴薜荔高霞孤映明月獨舉交遊顰笑不苟風流自賞人歟時以文章氣節不負所學自命不知其能詩也亦不欲其能詩也乃事去時違

叙 一

南山之南北山之北半榻蔦花一簾烟雨徒渺渺乎懷望美人兮天一方而已而曾子顧翹然有友天下論千古之思獲展一鞭以覽觀天地之大山川之勝人物之奇爰步西江月聽廣陵濤弔一世之雄于赤壁溯二妃之怨于瀟湘處夜郎而思仙客過五溪而感楊花十年胸次萬里眼中痛發之于詩癸丑青春遊倦歸來訪予第一山房焚香道故衣帶

間皆雲霞氣隨出所為詩屬序錦心繡口戛玉鏗金悅冰甌雪椀中物使與賦龍門則錦袍可奪應制昆明而昭容斯選一片宮商雖裂石奇音不是過也噫嘻昔不知其能詩也而今之詩如此昔不欲其能詩也而今且呌絕其詩兩人意氣千秋事業竟何如也予老矣將攜楚詞一卷于梅花深處半啼半笑讀之若有風雨素交時一過訪相與擊石歌天

問山鬼諸章以永今朝而已康熙丁巳蘭秋
晚香齋弟林潭撰

序

予先母氏子浴之族諸姑也故予與子浴爲中表兄弟然予居榕城而子浴移家鳳岡相見甚希且子浴浮章江泛彭蠡洞庭遨遊吳楚間至于葉榆流連金馬碧雞者數年而予浪跡仙溪訪九鯉之遺踪尋何家之丹竈留滯者亦數年益希相見然相見則子浴必出新詩相質高吟聲出金石不但敘親戚之情

話也頎自舅氏朝露毋家零落中表兄弟握手談歡者有幾況予與子浴之希相見而數相見者乎況子浴之以詩世其家敎而與予為昆仲之雅兼有文藝之歡者乎則予之喜見子浴何如也子浴居鳳岡荔枝成林每至夏時堆紅如錦異日有急客至噬指心痛非他人必予也尊酒啜荔賦詩倡酬豈非江皋之勝事乎康熙己未夏愚表兄林榛序

潛園詩

閩侯官曾沂子浴藁

滕王閣

疎林遠近帶蒼煙猶憶珠簾捲昔年山接匡廬青入眼濤飛彭蠡白連天鶩寒雁泊橫秋荻唱晚漁歸返照船一自王郎風送後至今墨蹟尚嫣然

赤壁

潛園詩

十年前讀兩篇賦今日來遊仰大蘇人得文章名不朽碑經風雨字將無幽巖倒挂巢雲樹野水斜飛掠艸鳧一杖臨皐何處問蕭蕭木葉滿平蕪

黄鶴樓

画欄斜倚綠楊天鳥語江聲入管絃鸚鵡洲流千古月漢陽樹接萬家烟看山到處憐芳艸作客何心聽杜鵑不是仙翁長醉去世情

眞箇只空眠樓有呂祖睡像

岳陽樓

樓倚長空接遠汀暮濤如雪漾疎櫺夜深帝女啼青艸春老王孫怨洞庭隔水買舟來買酒憑高宜醉不宜醒十年未放登臨眼短棹還須幾日停

禊日感懷用邵是龍先輩韻

古樹風輕動客衣杜鵑血盡曉聲微柳經宿

[illegible][illegible]詩

雨拖煙重峰入新晴積翠肥曲水不妨千日醉鄉書何以一春稀桃花江上舟如織獨是羈人遠未歸

泥江春懷步陳天鏡先生

春深風雨薄飛花苔徑陰〻繡晚霞萬里鄉書沉海嶠數聲啼鳥度官衙俠腸醉不能忘劍好夢醒仍未到家閱歷名山雙眼倦年〻詩酒滯天涯

寄溶弟

何期一别便三載不但今秋始憶廬堂上菜衣雖有汝床中姜被亦多予平疇荒處宜栽菊定省閒時好讀書幸得年華須努力莫因山水擲居諸

病鶴

瘦影何堪友素琴孤踪聊托舊松陰秋風末展車輪翅夜月常懸霄漢心遼海欲歸勞夢

潛圃詩

寐西湖有客懶招尋自從不肯乘軒後芳州長林立到今

小河曉發

踏碎霜花馬足忪松杉微露濕衣裳鷓鴣啼落前山月人在橋西路正長

所見

遠近荒邨濃淡柳高低茅屋短長亭誰言客路無知已一見春山眼倍青

花朝送方仲魯先生歸湘川

花朝喜作看花行忽為看花百感生只此天涯同作客何如官舍共聽鶯長亭歷〻雲邊渡芳草萋〻馬首程莫道湘川多勝槩杜鵑應起故鄉情（仲魯吾閩人也因宦湘川家焉）

中秋客懷寄林二耻陳昌其

天涯萍跡久蕭疎遥訂梅香返故廬蟋蟀夜寒霜月白芙蓉秋老館池虚年〻對酒評花

[illegible]臣詩
譜日〻看山問筍輿目斷衡陽消息杳何人
為寄八行書

贈隱者

身外渾無事生涯一草廬搭簦人問字穿竹
月窺書濁酒光浮甕香風暗襲裾早知丘壑
好不策雪中驢

山居

山深儘可種桑麻雞犬籬邊臥晚霞未負孤

峰丹荔月自宜隔水白雲家橋頭到客千聲
鳥屐齒逢人一徑花春艸秋波容易度不知
何以謝寒鴉

秋夜

踈雨迷青靄纖雲洗碧流蛩聲寒入夜桐影
瘦驚秋砧杵窓前月洞簫竹外樓曲肱涼較
好身世兩悠悠

菊殘矣昌其過訪

籬東秋色已凋殘况復霜花徹夜寒不意繁
華消歇後猶勞青眼一相看

情話軒對雨次韻

遥望山中積翠奇空堦寒雨若徵詩憐將炯
露春三月負却鶯花酒一巵筆意每乘風雨
起琴心常與水雲知芒鞋踏遍蒼苔濕恐此
孤節弱不支

省齋對月仝黄武子莊則敬蔡山甫限

韻

對此多情月相看不忍眠山空秋黯爾夜靜客蕭然黄菊荒三徑青袍老十年悠悠雲水澗詩酒有清緣

宿西意上人方丈

聞禪每在讀書閒竹院清陰鎮日闃人跡去來荒草路村烟濃淡夕陽山半卣紙帳梅花冷致杵殘鐘客慮删只恐明宵勞遠梦柴門

瀟園詩

流水隔溪灣

斗姥宮曉望

埜邑迷離久疎鐘破曉眠白撥千嶂綠簾捲
一庭煙樹暝多疑雨山空可入禪詩情與画
意濃淡濕青箋

山居即事

雲深人跡稀況復鶯轂嫋淨几倚碧白空庭
蔭丹荔磯烟失釣絲松風冷荷芰花飛蝶林

殘照迓山容醉藜杖試幽尋驚起蒼苔睡澹
訂木石交鹿豕無須避物我兩相忘浮生何
非寄倦則事齁眠衾裯借天地一槐遊僊歸
羲皇未足議

寄懷二恥

漏靜自紗月滿衣江頭人去幾時歸開簾帷
有山無恙倚劍何堪巔又違楊柳殺中風雨
咽梅花香裡雪霜飛莫因數載青燈恨遂使

經綸老釣磯〇

晚度相思嶺

如飛驛騎逐征埃踈雨寒烟鎖二臺〇嶺介東西臺
樹度晚風鬪鳥喚巖臨春水見花開繩床處
處能留客〇牛背聲〻欲落梅〇今日得知村舍
樂〇青〻南畝繡蒿萊〇

贈卓莽上人次韻

自入深山不出山〇山〻光留待白雲看〇風生紙

帳千峰靜香繞蒲團兩延覓客影偏將梅比
瘦禪心欲共月爭寒虎溪尚有遺踪在好買
孤帆一縱觀

晚寂次韻

晴原春草綠萋萋石磴人稀隔一溪空有數
僧居嶺北竟無孤磬出橋西雲迷埜徑樵歸
去柳靜江風鳥罷啼獨檢松枝茶正熟輕煙
欲共夕陽低

竹醉日社集枕山樓分得九青

倦以孤帆泛渺溟共擕詩筆訪玄亭酒官只
恐無人醉花徑寗容有竹醒潑墨一痕疎雨
度虛樓半榻片雲停多情更是長堤柳散作
輕煙入座青

鷺峰洞口

遊心欲共數峰高扶得孤笻屐齒勞古樹漸
明晴嶺日輕風微湧海門濤詩方拂石留蹤

沫泉正傾巖响玉刀未許白雲長鎻佳逋来
焯景屬吾書

荅李乾生寄贈来韻

湖海交遊自不羣素箋雨後喜相聞啼猿徑
落五更月睡鴨香銷一穗雲矯躡春山煙拂
袖座臨秋水墨濡裙箒閒莫作三溪别恐有
琴樽梦到君乾生尋有建州之行

送禮姪歸温陵

山花山草夾繽紛○此去清源屐齒芬○海內皆云兄不死向前果見汝能文離亭瘦馬當秋別埜店寒蛩入夜聞縱是竹林風景好○誰將月色與平分○

桃山樓送潘孟凱先生歸臺江

惜別挑燈好梦餘桑杯殘漏悵離居種花山日歸三徑擲果當年想一車路遠寒山烟暝處○樓懸卅榻月来初○鳳凰岡上梅方白○安得

尋香一策驢

步昌其寄懷韻

長江一水獨漣漪竹掃踈囱月暗窺半榻濤聲春梦冷相思無那夜深時

美人走馬

燕〻鶯〻怨晓春宫粧新樣學貽君低垂翠帶鬆金勒亂滚芳塵暗綠雲楊柳薄寒腰欲舞杏花輕暖臉微醺歸来幾點胭脂汗散作

香風一路聞

隱峰寺感懷步韻

尋蹤直上最高峰，〻近仙源有路通。松菊去年招共隱，琴樽今日恨偏同。雲依僧影孤節外，人與梅花一徑中。落盡夕陽烟樹暝，不知村火幾家紅。

九日訂遊石鼓不果懷二耻次昌其韻

孤客雲山去未回，懶攜萸酒踏蒼苔。于君已

須登高約在座誰為作賦才秋信一天隨雁至菊花滿地待人開松囱聆夜踈簾月寄有相思到夢來

雨後道山晚眺

空山古寺夕陽低有客登臨雨屐泥恠石不須堪作供青苔何處辨留題一江烟水多漁唱萬井喧轂半馬嘶不識梅花開徧後春來濁酒幾人攜

十一

寄游孟堅

層樓高結俯秋山，山氣經秋拂面寒。半榻儘堪供讀史，一丘眞可足投竿。輕風捲幌雙飛鳥，踈雨懷人數倚欄。我正欲拈雲外屐，時將此地擬邯鄲。

山齋秋夜

何處踈鐘隔水催，眠花栖鳥雨徘徊。狂吟隣甕酒初熟，長嘯高峰月正來。蘿薜徑深留客

卧芰荷衣薄向風開何時孤艇秋江上一縷
春絲挂釣臺

陳昌其壽詩步韻

高樓百尺出紅塵獻炭圖香索醉頻處世何
妨岩叟懶著書不媿長卿貧坐臨流水渠為
響夢入飛花筆有神今夜廣寒停月色十月廿六
初度暗將仙樂度騷人

送二耻帰峭門兼别桃山主人

潛園詩

閑携琴史欲還家○又送江頭客子槎○樓桅寒山餘艸榻居隣雙峽有梅花離尊酒盡三更話幽徑霜深一夜笳神劍由來分不得○春風仍共傲烟霞○

潛園即事

柴門深掩獨飛鷳○莫遣花香出粉墻○入榻輕烟含黛色隔谿流水浸晴光○讀騷共泣三春雨○説劍能飛九月霜○我亦自多松菊趣○不堪

詩酒愧潯陽

題小青詩後

圖成瘦影似輕烟殘葉篇篇泣杜鵑所恨當
時焚不盡銀釭春冷使人憐

胭脂井

臨春閣上春無色遂使胭脂水有香一自後
庭花落後孤忠何以屬紅粧

梨花

瀟園詩

暮雨瀟瀟淡洗粧柴門深鎖一庭香芳魂不
似東墻杏徒逐春風亂夕陽

省齋步月懷人限韻

庭餘踈柳罥殘烟夾水花開鏡有天臨太人
曾韋劍佩相思夢已隔山川闊無帝子江長
在徑得王孫月倍妍欲度板橋霜屐岭石欄
干畔夜堪憐

花夕金西玉齋頭聽雨限韻

瀟〻三徑落花聲歲〻看花負此行淚入琵琶青州塚香銷杜宇錦官城茶煙出檻牽疎雨山靄披卣擁短槳我自攜琴深谷裡十年今又一鍾情

雨中紅梅次韵

氷姿今復作濃粧紅雨經春不敢香疑是溫泉初浴罷胭脂雙頰媚三郎

江帶閣訪楊天揮不值

輕舠無恙遠相尋艸閣蕭森隱竹林有客抱
琴黃葉落何山採藥白雲深囊開短劍橫秋
水林倚長松散綠陰我自悠然成獨趣剡溪
風雪十年心

歸自玉山曹興文林二恥以詩見寄依
韻

片帆憶自義溪回閩字松門許獨來有宋文
章存鐵研孤山肝胆吐寒梅留予短褐貧時

友醉爾空村亂後杯歸路正思詩寄與飛箋
今又渡江淮

送李舍章先生參軍温陵

紅亭無計挽征鞍一片驪歌酒盡寒此去君
多當代業歸来我有舊時冠青囊看劍光于
月紫帽開花氣似蘭玉帳春風人漸遠隴頭
莫使望飛翰

贈西意上人步喬仙辟間韻

[illegible]

憑虛結屋俯秋空孤磬醒人午夜風開徑半山時到客種松千畝欲成龍偶明止水花初放獨照禪心月正中幢靜香清々課後下方十丈軟紅塵

湧泉禪林

殘紅深綠護禪居任爾閒雲自卷舒花雨臺前春月滿松濤天際午風餘餐香叱食來山鳥淨業翻經響木魚我欲更登峰頂去海門

一點視無諸

白雲堂坐雨

草樹環青泠雀巢濕雲無力抱松梢擁衾坐對藤巖瀑寒却詩心比孟郊

喝水巖

靈泉喝後不辭勞勇退松關萬仞高何事三江江上水淒風猶自趣寒濤

吸江蘭若

清臣詩

積雨松門鎖碧苔乳鶯飛處落青梅攜筇多在成陰後已負梅花兩度開

達摩洞

一聲清磬下滄洲古洞猶然少室幽不識西來人去後蘆花誰更渡寒流

鳳池

天外寒流遠不聞茶花十里自繽紛山僧深掩茆庵竹獨把鍬鋤種白雲

陳昌其桃山別徑新成限韻

眼底晴峰不厭看繩床長傍雨峯寒因山開徑移楊柳無水乘橈負木蘭（木蘭楊柳皆徑中所植）雲影氤氳春思冷琴臺箕踞酒腸寬蒼苔時到羊裘屐莫嘆燈花午夜殘

松月夜囪虛為陳木公留飲賦

短屐寒節瘦旅蒐殘更猶自扣衡門濤聲遠送鐘千杵花影輕銷月一痕珠樹喚歸和靖

沭閩詩

艇林二耻適至松林共醉孟公樽因君益重山居
與蘿薜煙深不可捫

山居

幽棲不厭近梅邊詩債何年得息肩獨榻有
時懸好月孤峰無力起寒烟常携濁酒尋山
看慣伏清貧放瞻眠十載生涯雲共水芒鞋
箬笠總悠然

懐劉世嵩在梅溪

辛夷花後艸蕭蕭去矣王孫夢亦遥如此一
春頻折柳那能三徑數題蕉（世萬過予多桑題詩蕉上）
杯到處偏成感箬笠無因欲混樵雙鯉不來
山月上綸竿猶自坐溪橋

無題

莫愁湖上逐輕舠燕子樓前贈玉搔微露幾
開紅荳蔻温香初褻紫葡萄花情濃入三春
雨別淚寒生八月濤所恨天涯看不見章臺

清閒話
楊柳武陵桃

同林二恥宿江帶閣

松杉環翠色迷離高閣燈青酒滿卮三尺霜
花孤客劍萬山煙意一囊詩江聲入夜疑秋
夢雁影驚寒亂釣絲我有所思招隱賦年年
芳州負棲遲

午日送酒與昌其口占

片茅無事拚江皐十載浮名以醉逃風送蒲

香初睡起一尊分爾讀離騷

種桃梅旁復以碍梅伐之悔以詩

山翁無計迓桃蒐空有梅花香到門他日羅浮僊載酒輕舟敢過武陵源

讀亡友池雲子鼓山詩

讀罷君詩劍有聲十季前淚對詩傾剡藤猶滴春山翠芳草長眠夜月明雲棨不留香一縷霜衾誰共遍三更宵来獨異連林夕冷雨

十九

清畫詩

寒風暗短檠

石鼓達光上人過訪夜話

深〻松徑篥節行遠道来尋物外盟兩後苙鞋雲兩片花前香茗月三更不談色相無生事絶似英雄出世情我亦因君心地淨當門止水共空明

重九前一日仝諸同學遊隣霄絶塵諸勝是夜宿西意上人方丈

曲〻清江倒遠天晴峰如削洗輕煙空霄不遣飛塵入短褐偏于埜寺眠月上霜溪煙萬里榻懸夜雨夢三年予乙卯冬宿此計三年矣明朝又是登高約蚤結香山一社蓮

玉山訪林二聃因宿楊天揮齋頭

麥隴楓槁野色分杖藜十里掛斜曛探梅偶爾尋和靖問字因之見子雲桑落風清香几席松根月上坐氤氳留題所恨詩篇瘦筆墨

寒宵幾欲焚○

春莫李乾生招飲越日乾生有建溪之行○

將爾杯中物長歌送爾行○芙蓉張客珮風雨半林鶯鬧豈丈夫事春深離別情明朝溪上水○好共旅魂清○

潛園送林二耻陳昌其歸榕城

送客復送客○送〻清溪曲歸來桃葦寒一夢

千山綠

相如解鷫鸘裘貰酒為文君撥悶

輕裘不惜易桑杯十譜春山次第開更有金
龜留李白千秋憐貌與憐才

宮詞

白玉荷盆注碧波脂香隔宿委輕羅六宮共
拾花鬚露不及金莖掌上多

宴罷昭陽月已深新翻御曲入瑤琴君恩一

夜長門遍能作宫娃指上音

雙谿道中

歌亭花苑半寒藤古道疲驢百感增清磬一聲烟破處片茆無恙屬山僧

山居雜詠

巢倚長松四壁青曉披微露玉翎輕幽人幾到臨皐下月淡爐深夢未成鶴霜寒風高影半沉橫秋獨下楚江潯寸心萬

里關家國傳得封書到上林雁
紫陌亭亭綠柳陰東風縹緲隔簾音寂愁啼
斷春閨夢不到遼西恨正深鶯
幾片芹泥出苑墻東風飛處亦生香秋来更
覺勞勞甚萬里雲天海路長燕
雨恨花愁月影微空山啼血到人稀錦官宮
殿離離草最是春深不忍歸杜鵑
黃陵日落覺愁多春雨春煙暗綠莎爾亦自

潛園詩

知竹不得教人何處吊湘娥　鷓鴣

隨潮三五往來輕可是湘潭漁父情風雨莫教飛太疾十年湖海未寒盟　鷗

同夢同心曲水隈藕花香處是陽臺多情不似橫塘女桂棹蘭橈獨太來　鴛鴦

長在深山度曉昏巖藤連臂踞松根嶂陽一望烟霜路啼斷羈人遠近魂　猿

粉汗初銷似有痕風流千古傍花魂春心一

點無人鎖夢裡尋香到漆園蝴蝶

山居寄鄭伯樹

年来裘馬君遊壯我獨深畊隴上霞孤榻每懸芳草夢一尊何負曲江花輕風度燕香初落疎竹安窓月漸斜山展不嫌村徑遠松枝倒熟石泉茶

訪石丈上人

悤休窓几散縹緗有客經過據短床風入嫩

清題詩
紅香菡萏竹摇踈翠泠衣裳金針時費空山
供玉麈将生此日凉正欲從之開白社一聲
清磬澹相忘

自定上人方丈茶話

深陰石徑晚鐘聞松際尋鐘再見君猶憶孤
節逢岁前客歲晤上人于石鼓只今香茗話烟雲春江
來ゝ茭芽熟夕照昏ゝ竹影絲坐久忽驚清
景換虎溪風起綠成紋

訪西意上人不值

忘言芳草夕陽低，請貝無聲鳥亂啼。採藥人
方過遠岫，尋源花不出前溪。陰〻野徑沿籬
落，雨〻隣僧挽杖藜。為隣寺石丈自定所留山上雲深
歸自早，詩郵十里寄新題。

輓潘孟凱先生

寒光千尺隕深山，湘管溪藤此後閒。青草不
堪埋玉樹，白雲何處證金環。路沉弱水無鴻

[illegible]

○庾人望遥天有鶴還○江左才名詩豈盡○鐵函知必出人間○

塔江樓文鈔六卷附河橋舒嘯一卷

[清] 侯官林涵春撰

福建省圖書館藏清康熙間刻本

塔江樓文鈔六卷附河橋舒嘯一卷，清林涵春撰。涵春字奕善，號雲林，侯官人。明天啓三年（一六二三）生，貢生。甲寅遺事謂林涵春初名曇春，依附耿精忠，官户曹，嘗爲精忠建生祠於西湖，及精忠敗，詭將飲藥，卒不死，已而薙髮，與林雲銘遁建寧山中。及事平，清廷置不問，乃改今名云云。不知所謂林曇春者，乃涵春族兄。閩江金山志林涵春傳已作辨白。撰有古今人物大觀三十八卷、節義文章十二卷等。

是書首有季麒光序、康熙二十七年戊辰（一六八八）季夏林雲銘序及是年孟秋林涵春自序。雲銘序謂「奕善爲當世奇士，喜讀書作文，屢困棘荐，而其氣彌壯，往往高自矜許，滑稽躁率。遇人無貴賤，多刺譏嫚罵，坐是得顛名，世俗銜之，旁午搆扇，訕謗幾無虛日」，又謂「然好任俠，爲人排難解紛，雖蹈水火弗辭，事成不受餽遺。閩變搶攘中，賴之者尤衆」，則涵春之爲人可知也。涵春自序略云：遂安毛會侯、甬上洪暉吉與雲銘訂選近代詩文，出其篋相質，頗得推許，命付梓人。然窮途束手，後以雲銘之介，得龔燦之助而刻成之云云。則是書之刊刻可知也。次凡例，乃雲銘所訂，其中所謂「凡遇每段住處，必加截斷「；其結構工緻處，必加密圈〇〇〇，庶讀者開卷瞭然，不煩探索」，亦選家之結習也。次鑑閲諸公姓氏，列仁和丁澎等二十六人名字鄉貫。次目次。卷一傳七篇，卷二傳後、述六篇，卷三記十篇，卷四序十一篇，卷五書四篇，卷六説、引、贊、挽章、墓誌、墓表七篇，皆如目次所示。然卷六後附涵春撰節婦李賢媛傳述並鄭維忠撰徵詩文小引、李烈婦傳述跋後，其後又複出卷六，收靖海將軍侯施公平海碑文與平海碑跋、存孤紀事三文，則出目次之外者。其平海碑文中謂「越七年戊辰，天子思公功，欲肖像圖諸麟閣」云云，知撰於康熙二十七年，即書付剞劂之年也。諦審複出之卷六字體較方，與全書之字體較修者有異，存孤紀事版心下有「二集」字樣，蓋與全書非一時所刻也。後又附河橋舒嘯一卷，乃涵春與季麒光二家詩文之合集。集前有康熙二十八年己巳九月沈朝初序、樊澤遠題辭，沈序云：「季蓉洲先生旅困三山三載矣，蕭然宦橐，爨突塵生，聊爾中得舊友林君雲林，日哦吟河橋寓側，以消暑破岑，作舒嘯合詠尺幅數篇，各具騷人風雅之致。」所收涵春賦一、詩二、序一、述一、説五、紀一，各篇版心上俱標以「林賦」、「林序」、「林説」「林紀」等字樣，麒光之詩文亦如之。

涵春生當明清鼎革之際，居處閩中而又往來南北，所睹所聞易代史事頗多，雖有靖海將軍侯施公平海碑文之作，然於閩中林垐、林之蕃、曹學佺等晚明忠孝節烈之士，與夫晉安義士羅大任、西陵五君子等，亦所推許焉。而巫山嘻嘻子述、豐城善罵公述諸篇，蓋借寫隱逸之操行，以抒其心曲之隱微者。

書中鈐有「丁戊山樓」朱文長方印、「閩戴成芬芷農圖籍」朱文長方印、「閩中郭蒹秋藝文金石記」朱文長方印。（付明易）

序

有客問于余曰林子奕善鬬產也與鬬人交輒落落寡合而獨于子投契最深子必有以知奕善者然則奕善果何如人耶余曰奕善方厲修幹能讀書善議論證據經史常屈其座人與之司衡世事則抵掌捫膝源委縱横生平倜儻詼諧不事拘幅無脂韋嚅呢態意所不可雖軒冕弗屑也然重然諾敦道義人即困抑周旋而不去歎好篤于平時奕善蓋去今人遠矣殆所謂古之奇士也客曰似斯言也奕善必能有

所樹立表著。使人愛之重之。何爲乎頭顱猶舊。倔強多忤。往往取尤于流俗。而鄉人至以顛呼之。奇士固如是乎。余應之曰、此奕善之所以爲奕善。而世終無有知之者也。夫士之所謂奇者。上之括囊天地。輔主經邦。次之吞吐山河。驅今役古。言必驚。時事堪勵俗。若惟謂拖青紫。羅錦繡。譽延于鄉黨。此得之于時命者也。烏覩所謂奇士乎。故士不窮不奇。不播遷困屈亦不奇。如靈均之怨。阮籍之悲。士衡之屋三間。伍員之田半畝。少陵去國。皐羽無家。司馬斷形。江東恨骨。

自古懷才不遇，輒悲憤無聊，欷歔感嘆，不屑依徊俯仰，氣愈激而志愈高，唇齒格尤，毀忌隨之，士于是乎難，而亦于是乎奇矣。奕善少能誦讀，貧而不廢，磨硯將穿，退筆成冢，亦循其所爲士者以老焉，而未嘗屈志以取容，此而不奇，誰爲奇者？至于佯狂傲物，則禰衡罵人，唐衢哭世，伯英南宮之顛，玉川闔仙之癖，欲自成其是，以寫其胸中之奇耳。若執此以咎奕善，而謂天不足于西北，地不足于東南也，奕善其笑之矣。余渡海以來，旅寄三山，幽囚鬱挫，索飯于折腳鐺裊其不爲楚國之縣吳市之乞者幾何奕善日相過從慰勞生平出其所爲塔江樓集相示余于二十年之前得交奕善窺其筆墨思有餘于文而言若不足于志今讀其所爲文以左國潔其體以秦漢厲其氣以韓歐暢其神其潔也其厲也其暢也益嘆奕善之學日益進矣不揣鄙陋欲作荒言以誌之而并述吾兩人殷勤夙昔之雅乃値愁苦之鄉支離桎梏久而弗成今因應客之言郎書之以質奕善奇也顛也亦聽之客而已矣

西清舊史梁巘年家世弟季麒光拜撰

嗟乎丈夫當困阨無聊時爲白眼者視猶涕唾雖庸如隨夷俠如朱季文如班馬辯如儀秦總無可與告語反不如鄉里小兒市井駔儈擁巨貲刺齒肥乘傳而行郡國而一時庸夫愚婦奔走後先以不得親狎爲恨也然窮通命也得失時也彼富且貴者一朝金盡勢失死同芻蟻丈夫欽崎歷落之概尚友千古不得於身必傳於後死則死耳安能低首下心向鄉里小兒市井駔儈乎中丐斗升構概作旦夕活計耶余

客杭十載，三旬九食，未嘗過朱門。舊識輕投一剌，知今日富且貴之人，必無濟貧之事，惟杜門苦讀，自行吾志而已。此意惟奕善兄知之。奕善爲當世奇士，喜讀書作文，屢困棘掖，而其氣彌壯，往往高自矜許，滑稽躁率，遇人無貴賤，多刺譏嫚罵，坐是得顛名，世俗銜之，旁午搆扇，訕謗幾無虛日。余嘗以靜默謙挹爲規，始雖勉應，既而故態復作，如隔日瘧，不可過抑，蓋其天性然也。然好任俠，爲人排難解紛，雖蹈水火弗辭，事成不受餽遺。閩變搶攘中，賴之者尤衆。余繫獄

十有八月三黨咸惴惴懼及至不能一启而奕善獨

陰寄饘橐且營救弗獲悲悼無已嗟乎今人側聞三

黨中或致身通顯則争先獻媚求與親狎稍稍失勢

捽臂去之惟恐不速迨其有意外窘急反以局外之

身爲事後之論極口詆訾甚而排之擠之欲乘其危

而攫其利者比比也此皆見金而不見人未死而示

先死間有倖貴且富誇耀庸夫愚婦耳目在有志者

視之直等諸卉蟻耳今奕善以亂後播遷流離且爲

負心者反眼貧不自存而平日讀書作文之志猶不

少衰茲夏藕足仙霞塘余於杭邸亦聞余客杭爲負心者攫去旅橐無以爲生彼此相持慰勞出涕既而示以所著古文詞屬序其一往無前之氣如怒浪奔流不可禦阻而平日困阨無聊不合流俗之見亦往往借題抒寫感慨淋漓非馬文淵所云老益壯而窮益堅乎惟是文章聲價自有定論本無藉於荒言揚推若夫以嶔崎歷落之概高自矜許滑稽躁率畢生不易故吾未免以顛名致掩實行余獨謂非顛必不肯爲所不爲而迴然於流俗之表松節磥砢棟梁之

用自在。是顛名原不足爲奇士減價也。不奇不顛。不顛不奇。張蘇州米襄陽。皆以是終其身。而名後世。如讀是集者。知山藪藏疾。瑾瑜匿瑕。勿爲世俗之見。則文傳而人且與俱傳。將目前困阨無聊。莫可告語之隱。亦可藉以自慰也夫。

康熙戊辰夏季中浣三日弟雲銘西仲氏拜題於西湖書舫

自序

甚矣文章遇合顯晦有數存焉不可强致也余從束髮讀書歷患難屯困走萬里星霜至回首無家顧篋中惟文辭數卷欲請質諸鉅公輒却步未前間有一二賞識甚不自是且念莫由問世不過付之腐草寒螢逐餘光而盡已耳客武陵慰問家弟西仲顛倒窮愁慨十年離緒恍若隔世相泣也已而相和而歌適遂安毛鶴舫先生甬上洪䏢吉先生與西仲訂選近代詩文出余篋相質二先生不厭鄙陋謬相推許命

付梓人西仲落魄苦饑余窮途束手安得復生杜太虛一見蘇子美文字出重貲搜取者乎西仲屈計余鄉文章聲氣諸君子悉天涯遠宦莫由得至其前即有近地者又苦余傲骨崚嶒落落難合忽中夜呼余曰兒文章聲價吾得其人矣袖出一函屬謁龔岱生明府余曰使君廉吏也不識於口吻中能減餘粒爲余曲成其事與否因憶使君出宮詹雲崗公後雲崗登嘉靖丙戌大魁與余曾王父雲山公爲同譜稱吾閩文獻先正宜其賢子孫可以此道相強也及晉謁

傾蓋若平生。且屬曰：晉安風雅。名震海内。近代少門矣。振弱起衰。端在今時。遂割俸不辭。愧余枯朽殘穢。未必能蒸出靈芝之瑞。萌于山巔水涯之中。然久經零落委棄。掩抑榛莽荒匿。而以芽茁餘葩。得供人間耳目。乃遇合顯晦之數存焉。誠始願不及此。茲刻也。或推或挽。二先生知己之感。與龔使君推解之惠。均誌不忘。若文之僅堪覆瓿。又何暇再計哉。

旹

康熙戊辰孟秋下浣四日閩中林涵春奕善氏自題

於西陵旅次

凡例

一文以人重而論人必原其心世俗有厚貌深情者偏得謹愿之名然其面諛腹誹趨炎避冷爭便奪利之心往往有不可問此人品之最下者也奕善硜硜落落雖以口頰招尤心實無他是集一出將屈於一鄉未必不伸於天下屈於一時未必不伸於後世觀過知仁余豈阿其所好哉

一是集出於洪暉吉毛會侯二年丈選輯其中剴切期於至當余不憚竭兩月商搉之力今則篇篇可

懸國門矣凡遇每段佳處必加截斷乚其結構工緻處必加密圈○○○○庶讀者開卷瞭然不煩探索

一國朝古文辭甚盛海內諸公投贈頗多余旣評註古文析義兩編行世茲欲從事於今文之選但其中有可以單行者先爲鐫其全集讀者當知余以文章爲性命可也

一吾閩向有海濱鄒魯之稱操觚家傑作不乏柰僻處一隅不得不甘於抱璞即每科鄉會房行制藝

得入選家之目者亦指不數屈此先正葉臺山所以有閩人不善爲名之歎也余既序薛依甫之文而傳之今復序是集亦築宮事傀之意倘有一代巨手千秋大業勿吝胠橐賜教則又余所禱祀而求者矣

西仲氏再識

鑑閱諸公姓氏

丁葯園諱彭 仁和 張用霖諱右民 仁和
胡念蓼諱喬年 固始 金雪洲諱煜 會稽
陸梯霞諱堦 錢唐 楊香山諱體元 大興
毛稚黄諱先舒 錢唐 陸冠周諱寅 錢唐
陸藎思諱進 仁和 王丹麓諱晫 仁和
薛依南諱鎔 福唐 龔岱生諱燦 閩縣
高雲客諱兆 閩縣 王明侯諱九徵 候官
茅于純諱熙 烏程 吳寶崖諱陳琰 錢唐

陳簡侯諱枚 錢唐 金海門諱潮 閩縣
弟道馭 雲鑲 閩縣 蕤儒 璣 閩縣
族善 晃春 候官 姪允昂 基 閩縣
裕見 敬 候官 芷之 沅 閩縣
校訂男裕薦 爾觀 裕敷 爾覲

塔江樓文鈔目次

一卷　傳
銓部林子埜先生傳　御史林涵齋先生傳
孝子林瑋傳　晉安羅義士傳
羅川唐烈婦傳　趙宜人傳
谷母傳
二卷　傳後述
豐城四烈節傳後　西林五君子傳後
王輿諸烈述後　海鹽徐賢媛傳後

巫山嘻嘻子述　豐溪善罵公述

三卷　記

洪江金山記　曹能始先生石倉園記

清湖夢記　歷雪和尚行業記

醉魚石記　清風霽月亭記

聽泉軒記　呂氏宗祠記

水月觀音閣記　續三槐堂記

四卷　序

鄭瞿翁歸隱序　胡念蓼先生菊潭序

鄧櫟庵序　共學書院泮池序
閩中丞公序　貴陽大叅張公序
閩方伯何公序　都閫劉公序
禹貢圖演序　昭聖宮序
陳在兹序
五卷　書
上毛會侯先生書　謝洪暉吉先生書
謝龔岱生明府書　與家弟西仲書
六卷　說　引　贊　羌章　墓誌　墓表

鐵步説　義葬引
雨中花莚引　靜相和尚像贊
林涵齋先生招魂章　羅川游鳴東君墓誌
先府君墓表

塔江樓文鈔卷之一

甬上洪曄吉先生
遂安毛會侯先生　遴定

閩中林涵春著

明銓部郎中子埜林先生傳

凡忠孝節烈爲一代矜式者地以人重如椒山應山之稱觀其山川即識其姓氏子埜林先生閩之福居人也諱堃號恥齋又別呼居易山人著居易堂集十數卷行世人購之如獲拱璧大圭其文澹雋其詩清遴登崇禎癸未進士其時以科目顯者咸自尊貴鮮

有痌念民艱。留心君國。不計及於性命身家者。傳先生釋褐後。過汴。見饑民剜人肉。棄行糧食之。忍饑二日。過淮。見道殣。脫衣裳殮之。雨中徒行百里。無怍容。歸奉觴高堂。揖客曰。幸致老人。厚自愛。時事至此。不能盡子職。授浙之海寧令。寧夙號巖邑。多大姓豪猾。伺察及幾微。少不慊志。排擊立至。令之負抑不得去。客死寄食者比比。先生之官也。策蹇驢。偕二老跛者。頭兩童子自操作爨突。坐官署。蕭然如寒氷襲人。令一童子捧硯檢書。一童子司鑰出入。以繩繫筩聞擊、梆、聲、童子、挽、繩、促、文、移、案、牒、置、几上、門、闕、以、內、無、胥、役、履、跡。大姓豪猾。無可施其伺察。始嘆曰。何其一清至此耶。凡奸弊積習。如明鏡止水。纖悉畢照。又嘆曰。不識林君之明。更至此。吾儕小人。相與安之矣。不數月。寧民悅服。或肖像以祝。伐石以誌。尋丁內艱。民遮道泣留。謀走萬里伏闕。願假仁侯再歲福我。追[illegible]警不果。先生昆弟有負氣任俠者。每戒曰。爾家寒士素風。慎無以門第上人。慮親老。念同懷貧苦。一官清介。終莫謀溫飽。中夜負快。悉出所儲。凡一綠一絮及內子欽珥至半鐵紳帶分昆弟子姪令力田供賦無忝清白甲申之變訃至先生杖緋麻繩哭三日目歷耳聾家人呼之不識狂走哭水中鄉人撈之守數日又狂走踰墻哭至拆股聞南都立君從床上躍起大哭家人又守之誓終以不立人世哭已而見父老鼎痛甘旨不給勉授生徒資束脡以養日講忠孝大義放聲哭唐藩入閩見海上諸鄭用事嘆曰雖百秀才難脫崖山一負矣同譜諸紳迫致王命授銓職不敷月歸隱福唐福唐地環海山無高山陁隘海艟突至

先生日走水澥夜藏山谷征蒐脅致之先生曰彼以禮請我以義諭不訓奈何痛罵告以人民死徙村落荒墟君吾鄉人縱不念親舊如先人丘壠何衆唯唯退去先生偕同譜涵齋公誓斷暈終身麻繫遇朔日必向北長跪哀呼臨死書詩几上一嗅已矣復何求雲聯千山雨帶愁易捨妻孥惟有父無慚膚髮但多頭報仇到底落人後做鬼應居最下流門外長江知我恨年年濤捲海風秋予去先生家兩信宿異地播遷不得詳自甲申以前得先生外父王綿山以後得

先生弟履卿慎於傳信祇載其太節俟後之闡幽君子。

林子曰宋遺民謝皋羽善哭繆君一鳳序其文謂今人能笑不能哭不惟不能哭又笑能哭者皋羽以貧布衣一哭不朽千古矣若先生之聲大而遠也予以福唐直書者敢附於椒山應山睢陽常山之側噫地以人重其信然耶

明御史涵齋林先生傳

有明遺臣涵齋林先生諱之蕃字孔碩別號積翠山阯又曰涵齋登崇禎癸未進士曾祖諱堪舉孝廉受邑令祖諱材號楚石萬曆癸未進士與先生同科名同觀政以忠諫建言國本彈時相奪情戀位謫戍邊方光宗嗣位一歲三遷擢銓垣擢通政擢都御史郡誌名臣父弘衍號得山援忠諫蔭官歷浙江副使備兵溫台政多平恕閩人稱四世簪纓忠孝經術萃於一門者也先生守清白貧約自檢楚石公最愛其靜

默持重若老成不以才學術人屬文之下旁及山水
墨蹟方言禪理楚石公清介於物無所好惟珍藏一
彝鼎篆箕子受命文斑駮陸離價重千金公沒遺囑
歸先生先生泣受每遇公諱辰捧鼎焚香涕奐有富
室黠而暴者索父得山公官逋採鼎為質往復百計
威刼先生償以所遺屋不許償以遺田又不許先生
曰若窘我者為鼎故也鼎可碎不可奪覬富人携鼎
富人心戀鼎退去又使人諷進三百金并破前券先
生曰彼以利誘我不得必殺害戊留此身不可以鼎

自戕名富人予鼎陰紿之吾鼎受先資政無輕予汝待焚香廟告令破券耳富人喜心怦怦動先生抱鼎告曰孫蓄不能守傳器向富人一擊頭幾碎竄去」成進士釋褐授浙之嘉興令一巨商挾重寶屬巡鹺李公門下橫恣奪清節故宦墳且誣衊其子孫牒下嘉邑囑訊抵罪先生溽暑走百里驗山界圖畫井井坐富商罪李公怒駁覆瀝血誓辯全故宦墳會計典罷先生無幾微怏悒攜故劍遺琴束裝就道浙人賦清風歸去辭以贈」甲申變革天傾地拆恨不即死以殉

痛哭不食數句與同譜子埜先生發大誓終身斷葷願世世生生報君父地下家居不接人時自歌哭謂徒存食息不可報而玷人間唐藩入閩故相朱公繼祚黃公道周造廬請共事謝以勢無可為二公徑以銓曹舉薦不數日復以御史屬先生扶病強應遂決意高隱世居吳航唐與山海門江心流湍有潭曰湃濟元晦朱夫子避跡處也日汲潭洗耳牢騷感慨成於詩文發之嘗作悲秋詩云吾道固應窮到底青山不意肯相容又曰斷續遠聲哀北雁蕭條落照愁西

江又曰寒巖亦是長安月獨少千家響暮砧又曰哀楊近遠孤臣骨千載何人表墓門讀者如空山夜半聽哀猿啼鵑其著述盈篋不以示人恒傷閩俗嫉善如讐謂千載後自有知者值海氛震蕩不遂寄跡返三山故廬制府諸公謀以地方人材勸駕先生驚懼以老病白喙漁況見志其畧曰自是老翁生計拙風波未至把帆收又曰別港魚肥捨不去綠蓑慚愧舊溪山諸公亦遂其高尚不强致焉日與方嵓之金道隱爲霖和尚精研禪理于鼓山白雲洞中彌月不倦

所畫山水筆力奇恣方之王大痴梅花道人醉後潑墨幽致淋漓爲石田雲林所不及癸丑元夕夢雲間臥子陳公以故明冠服令主功曹覺而嘆曰吾遇故人獲故物何歸根復命之速也是秋屶崱峯頭有里民盜葬先生以全閩風水持論忤鄉之權貴一時附者交訌先生性烈積恨一夕疽發背卒　林子曰前輩言楚石公建言國本抗疏于神宗楊前衆訝激烈觀涵齋先生碎彛鼎忤鹺使義形於色其激烈頗似類然楚石公能以讜章發揮忠藎先生獨鬱鬱孤憤

以終其身時有不同也至於持論忤鄉貴人亦以激烈而死語云千鈞之弩不爲鼷鼠發機是不可以已乎惟當羣小附和獻媚之時疾風勁草有關於世道人心則先生雖死至今猶生矣

孝子林璋傳

慨晉馬南浮，黃門散騎侍郎林祿自中州徙晉安，遂爲晉安林氏，派衍枝分，多名公鉅人，忠孝、理學、經術、勳爵，下逮科目、文章、清介、高隱，史不勝紀，而奇忠奇孝亦往往間出，如孝子林璋者，乞食徒跣，往復數萬里，星霜疾苦，負父遺骨歸葬，至水窮山盡，人事既絕，神謀莫告，卒一念血忱，得遂孝思，而經身抗深淵，不獲正命，誠天道之不可知者。璋字堅之，美丰姿，善屬文，尤精山水、篆、隸各書，系出明宫保文安公，再傳文恪公後閩人稱父子孫三世五尚書家也父名公衡舉明經當明崇禎甲申之二月官粵西南寧別駕時瑋方童子戀戀膝前欲隨之官以年少道遠不許甫寧古夜郎牂牁地界滇黔土蠻流寇出沒蹂躪路梗音稀父存歿不可臆計越數歲有從粵西來者言公銜落魄賓栁間有稱客死黔中者有稱逃亂山中薙髮爲僧者傳信傳疑殆不可問瑋憂鬱骨立廢食寢念弱書生安能隻身走萬里一夕慘慟氣絕恍惚父立中庭鬚髯俱張手拍几案及甦淚血沾衣裳盡赤

隨負行筏舟泝九龍斗峭萬仞隨波幾覆歷豫章豐潭過東粤龍渡陟白鶴峯巔出陟岵吟奠坡翁祠下抵肇慶五羊坡江漲十日涉流沙跣行幾淹毎值苦雨悲風荒亭旅舍猿嘷虎咆不禁悽惋又山鬼飛沙石迫人啾啾有聲西人譟鴃吞吐不可識歷萬餘里纔入南寧即之官吏不識訪諸故老不聞間有一二譚者恍如隔世無可踪跡遂由賓州循栁屈曲行山穴中不見日光雖盛暑霧氣彌濛詢土人山僧祗聘眙不相顧毎一念至狂走欲墮崖沉淵了此生孽果

金盡力疲遂道返南寧夜宿天鏡山庵投老僧薙髮僧愕然驚起曰公孝子也吾前夕夢護山門尊者持戟前曰急護之公得非尊者所護耶囊解十鍰令行脚者指南寧遠近城市村落歷歷去處出百里許有亭傾半入艸中置木主字明滅不可識滌塵灰蝸蛀書林公南寧通府瑋太叫曰是也吾父生死在此間摸索矣抱主返庵忽遇老翁眉徑寸蓬髮若雪聞南音曰子南人乎胡爲至此瑋告以故曰吾亦閩人祖孫客此三世矣亂離不得歸蹙然淚下又曰粵閩遂

萬里宦者罕至明季年曾有官南寧者没於北鄉去此五十里柳坡也鄉人德而祀之其即子尊人耶瑋伏地持翁哭走驗有土崖然亂石叠其上躃踊呼父陬日起土公衡歿年踰紀骨相彷彿不異生前遂炬化纍負謝山僧歸計歷三春秋千四百旬往復里道二萬奇孝子鬚髮斑斑五指半禿腫瘀赤胼胝徑寸友人聞而哀之葬父成禮閱月舟抵劍津上樵川中流遥望一僧狀類天鏡故人越舟以迎失足墜水而沒僧欻不見昔柳子厚爲孤兒趙來章作銘言孤兒

覓父骸至人事之窮筮兆其土爲千古奇文奇事若瑋者百折艱辛與章並轍而身沉深淵誠有不可知者或曰忠臣孝子在天爲列星星有時明晦亦氣機之推盪必忠而獲享孝必致福則屈子申生可不遺恨千載

晉安義士羅君傳

史稱游俠之慕義者聲傾諸侯王所至擁篲適館惟恐不躋其堂使其有諸公子爵邑安知食客不塡滿門下待舉火而貧衣食而古今養士獨推四公子蓋彼特氣矜之隆示人以慷慨激烈若軌諸道義則未能若晉安羅君殆貌俠而其才其學皆有其本者乎雖持籌操算不以玷清名所謂能用能舍不滯於物尤物不足累心微物亦可濟世其隱於俠者也君爲童子時省父海戶日暮海潮將至行者咸疾走避潮

比以童子性勇逕涉天暝黑有呼君名負君而行里許聞波濤湍激如百萬鱗甲戰空中夜分抵岸君呼門閽人炬迎見負者黑頭白鬚遍體蒼鱗閽人驚仆君自是負奇有相者言君位將相富埒朱陶君益自奇讀書十行俱下弱冠即爲衡文吳公賞識每試輒高等八閩能文者首屈己卯壬午閩闈連進君牘爲主裁擯抑甲申變革時多故君方壯見親友故人多落魄饑寒每味杜少陵願得廣廈千萬間蓋盡天下寒士之句厭帖括別抒胸中奇策洒酣掀鬚長嘯云

與我將百萬兵指揮顧盼步伐井井目中握司農籌黃庾白廩露積雲屯可令貫朽粟紅天下無苦饑客以東方曼倩目君君笑曰予以我爲滑稽公給世耶方今　天子英明神武安知不效漢元朔以十科異能羅天下士縱莫騫趄若立功萬里外以取封侯而操盈較絀出百萬緡貨粟輸邊如卜式位列九卿何多讓焉」家有盬筴還海後竈丁咸走死負官逋數千鍰君名衆示以瀉滷熬煎之法杜透越利歸於一不踰年官逋民困悉紓法行近遠倉箱山積出其餘者

以賙親黨故人凡羸而轉死客而窮途無論識不識聞羅君之名登堂解贈無懈色下至一郡兩附邑羈獄死囚冬月臥絮荐中穢不忍視者君悉手給歲人二綿衣月人米三斗於今數載矣恒與囚言我死纔不汝活爾無慮饑寒也向客長溪有弁者縛海旁遷氓數十坐越界邀賞咸置法君淚下走百里出重貲贖命得減論又贖難婦女數十廢寢食陰脫以出家居坐客常滿樽中酒夜半猶給客耳熱狂歌余曾以句贈君不問家人產惟餘國士知云閩制府太司馬

姚公慕君俠而有識延爲上賓資裕餉軍商之籌畫歲增餉數萬兩君性寬好施坐蝕耗二千金司馬信君深屬司鹺蔣公爲君勾賬君辭曰大司馬勤勞行間爲國家蕩寇救民縱不能傾貲餉士忍相負耶悉鬻產以償司馬勤勞身逝君合紳士立祠感深」性嫚罵每嗔遇物疊碎聲雷發人不敢近罵已即平多以此觸人見尤有仇者告君任俠漁利力擠陷獄君安不辨司獄者廉君以虛名詰禍得發遣先趣發一日詣令君願將老養母同趣泣且訴曰幼失父母撫

於母懷歷今五十載矣使無母無以至今不忍髮種種龍鍾一婦轉死溝壑目某妻喪子離母何所爲生令哀而從之同郡紳士父老百數十走籲當事馬前白冤得不死君不獨以俠稱蓋義而孝者也長不滿六尺與人昇牧自下遇不平雖權貴弗避必脫人於難而後已世有病君泛交者予謂市義者乎慨今人以勢利爲高自托於清流名士視銖錙色變骨肉親舊不啻一飯者其去離君遠矣君諱太任字孟肩晉安玉融人出大儒從彥先生後閱春秋六十有四卯

目清明猶能於火光下作蠅頭小楷立筆數千言骨相希奇鬚飄拂若神嗣此必有奇行異蹟爲當世所咋舌待後之君子論定焉

唐烈婦傳

烈婦唐氏諱元金羅川東隅人也生數歲穎慧識女論訓詁所作女紅精細不類他手性質直無脂膩氣類男子之剛方者十七適同里陳子榮陳出大梁明海先生後先生歷宦狷介子孫守清白食貧勤操作不給婦鬻衣飾修珍俎孝養二人荊釵布襦晏如也陳子夙攖羸疾星霜外侵憂鬱中乘婦衣不解帶身不離側湯藥必躬嘗以進陳子疾甚值婦產女從襁褓中扶溲溺辛苦骨立癯然不類人形又茹素號佛

禱天請代無何陳子疾革婦具棺殮縫衣衾之袝身者淚下沾盡血親扶陳子入木躃踊大呼氣絕二時姑救甦後一日偃臥不食姑以乳遺呱支持喪事解勸遂少食至二日堅拒水漿不入持必死計至三日晨起膏沐振衣恬適若平時抱遺呱立陳子靈側撫摩至再作嚬笑狀姑與妯娌諸婦咸驚異陳子向日疾中婦多攜抱其女解陳子愁懣至是人不知其欲作永訣也午自進食夫几取酒入唇泣數行下隨退房中端坐取繩繫頸姑聞戶內有啾啾聲若手拍足

蹐者急啓戶鮮縑婦已氣絕亟名醫診救醫索婦手婦于垂絕中怒目斂手以逝里巷傳陳子將歿時囑婦曰我死三朝必索汝同往婦尤所期至是果三日

論曰世之稱節烈者謂節尤難一在守死以存嗣一在捐軀以殉夫若唐氏者無孤之可存雖不就死而不得也紆廻審處從容就義尤烈之最難者其卽夫子所謂剛者耶至垂絕時怒目斂手不受醫人診視與五代王凝妻李氏爲逆旅牽其臂取斧斷之事異而意同也嗚呼烈矣

趙母宜人傳略

宜人六袠時大宗伯曹能始先生爲文紀壽敘述賢行甚詳以宜人之賢行獲宗伯載筆垂足不朽矣歷今二十七載計春秋八十有六其間自少而壯壯而老老而耋不無盛衰欣戚不合紀前後未悉傳孺人大節孺人高氏晉安右族孺人之父九石公治周易領薦于鄉司鐸漳之寧洋造士有聲公初設絳里閭患子弟剽竊不務經學擇可師授者難之適爰殷先生執經門下一見大奇覽所爲文輙擊節不置時宜

人甫髫髦九石公素愛之曰是女也敏慧言好他日必襲厚且曰予閱後進不下什佰無可意者今獲趙子天也不謀親故不詢卜筮以宜人字焉時爰殷先生甚貧公亦甚貧師生翁婿相得甚懽結縭之辰荆釵綦縞宜人恬如也歸侍高堂擁巾櫛供井臼凡可奉二人色笑者匪不輾轉佐之先生亦忘其爲貧也晝勤紡績繼膏火俾先生得肆力文章成進士歷官楚魏間有政聲皆宜人助至今江夏清豐故老猶藉去思遺碣述先生善政宜人既貴不自矜飾猶素儉

蔬食如初嫁時比逢國家慶典先生以卓異上最宜人得進階封贈命服面北祇謝謁廟謁所尊曲折如禮世稱九石公善相其女若婿如此歲壬申先生遘疾謂宜人曰憾予有官不獲報國有母不得終養且諸子未教天奪我奈何宜人泣且慰曰妾後死君無慮於先生先生瞑自後奉太宜人朝夕執饋每進必鮮旨下至中裙澣濯必潔處處如初侍時訓四子咸成名諸生長君特生文章馳海內識與不識皆知閩中有趙子次君咸生亦舉孝廉人謂先生有子先

生沒猶先生存也歲丁亥次君官粤循州司理宜人戒曰爾父爲吏廉治獄多所平反故能遺爾今日爾職刑曹也務求死于生勿置生于死此爾父志也爾其勉之以故讞獄明允粤人尸祝焉越数年叔季憲生勉生大有設施繼先生未竟緒家日駸駸隆矣適滄桑改易時事日非諸君咸卽世宜人泣曰未亡人所慰先君子地下者以扶携若輩至今日耳今皆奄然吾不忍見趙氏之寥落也然我故儒家女賤貧有素安之久矣幸諸子有子賢而能立老人何戚戚者

世之不厭足者先疾革數日命置酒堂中名諸媳諸孫曾婦環向坐敘生平歷歷曰此吾爲婦爲母爲祖母爲太母時事也爾輩勉聽吾從後不復言矣越晨而逝孺人性篤孝知大義慈而有禮雖老耄猶日覽古今女訓羣書蓋其耳目清明也爰殷先生諱江崇禎戊辰進士

論曰古稱遇合之際振興大業匪獨廟堂家室亦有焉予觀九石公之于爰殷先生一見大奇以女字之非天實大趙宗而爲之耶不然何以佐夫及子于國爲廉吏家爲端儒蓋經術之門多賢媛也夫孺不溢

處約不困守道能貞宜一身而四代型之[illegible]亦賢矣哉

節孝谷母傳

谷母系出龍江江之滸巨族十數谷其最也大父洪登萬曆乙卯賢書父秀補成材弟子員咸以文章經學蔚爲儒宗孺人生穎慧稍長舉止端肅凡所作女紅出天然機組兼通古今女誡諸書講解曉大意父母爲之解頤愛諸弟姊篤摯笄適鄭子亮明鄭先世爲江浦人有冲素先生以孝友型家十代不異爨明高帝顔其閭曰義門其後遷閩自是爲閩人孫曾散處有名同者與弟珪彬咸擢巍科歷膴仕至亮明之

父給峯尤以材學繼美乃方孺人之歸鄭也會大王母得異疾亮明封股和藥孺人祈以身代廢寢食者經月亮明少負大志拓落不遇久之孺人脫瑜環日勤紡績繼膏火公折節下帷憤鬱動中星霜外侵遂蚤逝焉時長君仞甫十三諸弟穉弱蕭然壁立孺人泣曰余安用此生爲但覩藐諸孤無所屬未亡人故隱忍苟活公之仲兄貞明泣弟痛絕癯然骨立孺人泣且慰曰死固當哭然哭死與存孤孰重貞明亦爲之輟泣孀居十餘年不出戶閾姊値風雨瞑晦呼天哭

芳辰佳節向隅哭翻書史手澤撫几案哭至于桁無
孺突無纍環堵蕭然則一無所動于中也」課四子益
勵追後仍與諸子咸成立雅爲羣輩器重弟哲又以
文章知名自是家駸駸日隆而孺人未色展也嘗語
諸孫曹曰我固儒家女爲汝家婦望孫曾競爾宗風
冀老人及見也余昔捧爾祖父書泣淚斑斑猶濕汝
盍勉之以故孫曹大肆力藝林士大夫爭禮之凡往
來賓客或談文論史孺人從堂後傾聽客去曰某也
良士某也端人若數計不少差孫曹丙夜讀譜聞扶

塔江樓文鈔　卷之一　傳　三

杖往覘啖以棗栗競前環向書聲嘹響徹戶孺人爲之色笑是歲祝融降虐諸子孫謀折居孺人愀然謂鄭固義門譜乘有七世同堂以及十世十三世者今雖蕩然泯然安知祝融不寻相也若縱分折如祖父何命仍舊址拓地遂食壘焉堂搆旣成族戚操牛酒賀孺人歷歷指示告以創守之難其治家事也凡百躬親未嘗以老稍懈故處困約不聞唶聲履豐裕不形矜色有所乞貸咸樂施生平不喜比丘尼耄年有省日持素號佛千聲先易簀數晨遍歷諸兒孫戶媫

娓指導逾日遂寢疾名子若孫羅侍永訣凡已所珍什皆手分忽指戶外有牽輿簇導狀諸兒孫泣數行留孺人曰余三十齡失夫子諸子孱弱今皆皤皤爲人祖人父矣余留何益且有名曷可留衆拜乞遺囑曰吾歸寂如入定有囑則礙我聞人垂盡氣促血槁煩苦殊甚幸吾心定如有所向得皈依淨土成不壞身喜滋甚也余翼酉當寂去爾曹勿泣亂人魄眞至期果逝孺人享春秋八袠舉四男子孫七曾孫二戚英敏克成不愧義門云

論曰古稱賢母者恒多膺順離祉至於歷試諸艱淬久彌堅者亦缺有間余觀孺人五十載戛戛氷操百折不回始以名儒之子完孝節之婦繼以義門之婦成名儒之母較諸孤陶夫豈多讓焉其亦性定則守固守固則神完者歟行且與二儀並不泯爾

塔江樓文鈔卷之二

莆上洪暉吉先生
遂安毛會侯先生　選定
閩中林涵春奕善著

豫章四烈節傳後

宣州施愚山先生傳豐城清揚里四烈婦一則髫髮女姑勉嫂同烈一則未字之女爲未死夫矢守及旣字復感其妾同殉讀之有遺風凜然披拂使人骨悚髮立噫一里閒何烈之獨鍾其地耶意必孝德之門詩書之澤庶幾有此乃悉屬漁販賈人邑里無知名

者何耶」按傳陳嵒世漁者妻危氏俗呼爲寄生年十九妹名端十四相携避寇莿坡坡雖奥坳而逕周四達寇焚山獐溪居人淫掠無脫者危氏與姑計必罹辱甘死完節饑二日不食寇迫坡鄰嫗指沿岸渡水可逃但水深三四尺必需負而涉者姑計曰與其辱于人寧死于寇寇且至卽辱又不得生相持哭吞聲恐戶外聞姑倏就縊嫂以錐刺喉十餘刺喉不斷以手抗喉乃絕」又練灘阮依者同里賈黠中共起居食息親罷逾弟昆輝歸死豫章婦念夫于娠中指腹許

依子恒剌剌勉其女依與子客黔十餘載值滇蜀粵西盜蹂路梗有傳輝死而女他適遂入贅黔中及依子歸輝女尙守貞不字先時有告女寇掠阮郎莫蹤跡女恒不食家人解之稍咽里有宦者利其厚奩欲强委禽且曰指腹婚不屬海盟山誓恐年華銷歇雨落花飄奈何女叱之曰老畜穢耳宦者遂止從是呑炭不言人問之以手指天足頓地依子歸欲迎娶恐物議不敢請其所贅黔中妻聞之愕然曰妾旦暮得事賢婦貞女奉箕帚足矣遂往跪迎貞女扶起泣曰

吾矣貞十餘載者謂吾父與阮父愛若骨肉歷生死患難故不忍負龔阮郎生還綿嗣續耳今爾賢而能下且有子吾何恨遂許歸阮阮子逾年忽殂貞女嘆日有子繼嗣可以死矣妾聞之一夕同殉林子曰世有夫死而矢守謂一死而完終身此可以節名也有夫未死而矢守遲回于欲死不即死卒從容以殉又得以貞與烈稱也獨怪四烈不產通都大邑鉅姓名族而偏出于里巷漁賈之家直山川磅礴鬱結而鍾靈耳至以老畜拒宦者是縉紳先生節義反出漁販

貞女之下豈可[illegible][illegible][illegible]心[illegible][illegible][illegible][illegible][illegible][illegible]化鄭衛

于[illegible]傳又不[illegible]言閔何以[illegible][illegible][illegible][illegible]也

西陵五君子傳題後

毛會侯先生稱名公鉅人沒而祭于社者鄉賢之義也近制從祀　聖宮兩廡據邑里公評參之輿論都邑長吏上學使者始得祔主愼且重如此余客西陵讀先生集中五君子傳其簡峭清曠師表遺風也與歐陽永叔敘一行傳同有關風教人心者于錢塘傳二人焉汪君渢陳君廷會于仁和傳三人焉柴君炳孫君治沈君昀悉屬文學布衣清介高隱無縉紳爵邑稱其賢反躋縉紳先生上大抵痛明烈皇帝殉社

稷草木蜩哀或逃或死或隱山林百世尤仰清風矧在卓卓耳目間者及讀林鹿菴藏笥言末世鄉賢之濫觴顚倒是非爲正人君子所耻有事闕拜官逦遷歸里稱忠節麥膺有全軀獻城稱拂袖歸隱鄉人利其貨而祀之且侍列　聖宮非忠孝節烈必文章師表置若輩于其中吾恐諸先正有靈羞與爲伍必會然雷擊電掃沉其主于江魚腹中而杭人躋五君子賢祠論者在流俗悉湮沒不道今巋然俎豆于宮墻爲千載具瞻其迥出尋常萬萬也予閩有楚石先生忠

諫建言國本關有明三百載宗社忠藎偉烈宜廟食
奕禩臨歿戒子孫不入鄉賢吁古人見之遠矣先生
林姓諱材萬曆癸未進士官都御史事載郡乘

題玉嶼諸烈女述後

福唐薛依南先生直行綱常名教之古君子也著南窗草載玉嶼邑西南一九海港女婦烈者至數十或單辭或附見或連類傳述曲盡悲慷直令人人知有廉耻節義先生稱倫常大故當此者患其惜死不患其輕生非爲邑多烈慮也又稱女許字未婚猶士許國未仕也士未仕當變故可以死可以無死死未爲傷勇不死未爲苟生若女未婚可以死死則知其不可生生則無以自容矣甚哉先生之傳數女也非傷

勇也義也近人有女許嫁厭其壻之貧他適焉與仕棄其君父失身者等失身者有罪矣他適能追其父兄之恥乎吾不識若輩置人類中父對其女兄對其妹女對其壻翁對其媳何如騫汗淟涊也彼不產玉蠙則然耳

題海鹽徐賢媛傳

毛會侯先生每論忠孝節烈其骯髒凄楚直令毛髮俱張不可廻視蓋其血性天成縷縷從筆端寫照傳賢媛徐氏海鹽人別駕升貞公之女幼許文學印廷榮子鴻玉廷榮弑于奴肢碎血淋鴻玉驚憪感疾至寒暑饑飽不知母復染疾將革撫鴻玉哭曰不可以吾子悮他人女謀三黨請罷婚賢媛泣告其父義不以存亡易心印氏舅亡家破孀姑一息床褥又印子不辨菽麥是其數世門戶窀穸之託萃兒一身忍以

他人視乎父遂其志越三日厚具奩飾遣嫁成禮姑撫賢媛慼泣遂瞑媛躬嘗湯藥葬先世未土者五棺侍夫二十一年歿有司請旌其門載浙通誌嗟乎婚姻倫常人道大義一定而不可易今人以炎而附冷而離多出父兄戀戀禽犢之愛陷失節于終身世不乏別駕何自爽其廉恥若是乎閨賢媛之風可以愧死

巫山嘻嘻子述

避暑旌德城西有蜀客傳辯雄譚述古今異聞前蹟逸響清聲風生四座余揖而進曰蜀山川崛峍文豪詩聖散見于篇什者已擴耳目大觀獨是幽人隱士史乘無聞出里巷稱述者願詳一二佐筆端異趣客曰夔州之陰環峯疊嶂幽絕佳勝爲僊釋眞宅即巫山巫峽神女感通處也有嘻嘻子者慷慨有大節落落不與人合性嗜酒善屬文遇人輒頷蹙仰天嘻嘻人問之不答但嘻嘻而已亟叩之愈嘻嘻或曰戇者

也或曰痴而無能托是以善身者也或曰曠矚宇宙厭世之狙詐詭猾特以自解者也客曰余家蘷梁兩山間亦莫測其所以即與山居穴處潦倒淋漓酣醉終日寃莫識所以記其言曰今人內行不自省恃詭隨徼倖少不慊則尤人甚者呼天怨詈憤懣不已吾懸吾眸以矚久矣噫今亦已矣其得于里巷所傳者如此余嘆末流一嚬一笑一嗔一怒咸不由中而出孰若嘻嘻子浩落自寄胸中絕無塵垢者乎風波不作氷炭頓銷雖隱處山中其與蛟螭失勢鸞鳳折翼

不爲蜩鷃之笑蚯蚓之侮者幾何大乘誌寒山拾得有時向人哭向人歌向人罵詈嘻嘻子倘以正言厲俗其指爲蜀日而吠之者又不知凡幾也嗟乎作啞作聾與物無忤終莫若嘻嘻之豁然胸次也述竟索筆以傳時戊辰季夏之七日也

豐城善罵公述

豐之懸光巖山盤水曲有穴居焉傳爲善罵公趺坐處也或曰公山僧也以善罵世人名聞今古故舍僧而稱公或曰公貴遊子閱豪華零落有激于中動于氣使然或曰公孤高自好視俗之齷齪者若浼已輒厲聲以拒或曰公不忍人溺非義以苦口爲良藥言不激疾不愈余曰今人阿諂取容尤患諛悅之不工至聲音笑貌隨俯仰轉移公居光巖其不沉于豐溪不碎于劍石猶得與山癯野叟肆其聲而紛呶公幸

矣使公就沉于溪就碎于石世幸矣然惟不沉不碎世有公亦未必非幸也嗟乎公卽善罵安得張其口盡詆天下人乎世稱公遇人隨賢愚奸正一觸立辨或瞋目大哭終夕不交一語或瞠目直視或睜瞳大叫指刺其一二人以是避公公亦避人豐有聞達者峩冠盛服走見公瞋而大哭有農者植杖堦下瞠而直視有落落不羈素見疾于貴顯棄于鄉閭一見公大叫鼓掌恠罵傾吐其哭者未有不內熱心慙撫恨追悔罵與罵者自矢生平肝膽披瀝且喜且愕先止

有云見元惡奸慝讀淫詞綺語生悲憫心爲聖人疾惡心爲君子欣賞艷羨心爲禽獸公其聖人之徒歟何婉惻之深也公死先崖五十年矣雨風暝晦山谷振響樹杪聲來猶聞謦欬噫嘻下落人間也吁余不及見公望空山憑吊安得起其人疾呼大叫惟詈使僕無遺恨耶

塔江樓文鈔卷之三

閩上洪暉吉先生
遂安毛會侯先生　選定

閩中林涵春奕善著

洪江金山記

凡稱山水大觀者多平疇廣阜曠如奧如之地或奇峰突兀渊渚回環好事者隨山爲石坳錯落布置而騷人墨客往往酣暢詠歌以爲不減桃源輞川一幅畫圖也然求其天作地施者無有焉余鄉有金山峙洪江西側鼎與孤懸于江心凌空之際石浮水而削

扳尋丈四瞰微茫有小塔踞其巔塔上蔓藤倒影水中游魚吐沫欲餐鄉人架樓石上每當炎夏風來水動濤氣上浮不識人間節序有暑熱蒸人與否也而艷勝之家謂一天地中自然景趣髣髴鎮江之金山噫以昆明池八百里傚洞庭青草萬頃波石鼓一卷石巍崑崙吞吐雲霧三千里可乎夫鎮江金山爲江以南巨衝波濤震撼天塹長流其閱歷千古英雄睥睨形勝未可以智取力爭者不知銷沉凡幾也若洪江之金山特小小結束豈足與絜長較大然而山川

固藉人以名峴山以羊叔子傳蛾眉縣著以李青蓮白樂天傳即鎮之金山亦藉稽叔夜謝康樂岸幘臨流傳當其未經諸賢亙足無論大小不過巑岏片石挺然漭流中流供樵夫漁父攀躋鼓枻已耳鎮江又有焦山與金山相對煙雲出沒變幻别開流峙故諸遊人唱和必連類以及吾鄉石倉園佳勝去金山不數武石倉藉曹能始先生以不朽矣而茲山又不如待何人得名也余子爾覲裕荐日合昆弟友朋登臨興會惜文無浩瀚奇氣屬筆之下挹高妙二峯瞰長

江碧練為骨為神與酬笑傲繼先生而起者安知不與石倉俱傳乎甚矣不可以人負山川也因為之記

石倉園記

園爲曹能始先生著書處也先生以少年科第顯其文雋刻冲澹其詩淸逸涵蓄海內無不知之吾鄉當有明開國如林鴻蒲舍人七子以一往渾涵之氣占風氣之先繼此林初文鄭翰卿之半生行蛾眉篇諸什海內欣賞大抵雄豪宕放不可迫視然求其刮磨鉛粉戛戛乎難言之續後若蒼葭草大江集芝園別集鰲峰手編紡綬堂掛瓢堂居易堂盛登作者之林皆能浣滌舊習傑出于筆墨之外者能始先生尤居

其勝卽應酬文亦不隨世俗諛佞往往旁涉山水人物淩空睥睨咄然而止又草書奇𠣑不下鍾王文每屬藁多不自惜輙爲人竊去以其眞蹟可傳也有求者隨乞以荅著述盈篋晩歲僅刻石倉集十二代選詩行世而鐫板爲有力者攫去余甚惜焉園踞洪江之麓四山廻合有塘數里環帶左右一石橋跨沼上古杉數株挺然尋拔浮水面先生置小棹灣泊其下或載酒讀書濡翰岸旁石笋林立古洞深窈屈折如蝸繞蚪曲舊有夜光堂聽泉閣蔦軒錯落措置歷丘

翳風藹爲荒丘蔓草夫倉以石名非特隱然迴巒疊嶂之間先生必有介然自命者借石以傳抑亦自負文章氣節與金石不朽歟僕近過山陰道上讀王十朋鑑湖遊刻有石筍如笏石團如鼓人在鑑湖舟行畫圖五月清涼人間所無有菱歌而聲嵴有蓮女而窺都日出兮煙銷漁郎兮嘯呼石倉俯瞰大江舟檝出沒漁歌樵唱于風晨雨晦之中其勝殆與鑑湖比不覺悠然興會請以之贈石倉也嗟乎園林一天地遽廬雖興廢匪常而先生之高風忠節直千載而

不磨其平日所爲詩文不作震厲爍發之態故能予
盡節殉難時從容談笑持繩以絕吁人到死生之際
欷歔激烈賢者不免至神色不變視大化而同歸并
有道者其孰能之余鄉往昔諸先正咸以氣節維持
風尚不肯浮沉委蛇安于臭詬今且少變矣安得起
先生而推挽之不但爲園之足傳也是爲記

清湖夢記

余友金陟三先生罹閩變被脅臣罪當死先生亦憫不卽死又不敢以死自白蒙　天恩解網扱荒此仁同覆載千載不一遇者也乙丑九月先生客死計未至閩值秋分月皎余散步羅溪萬竿叢竹下有風颯然而來驚心凄骨毛髮寒竦又聞山中鬼嘯青燐結隊如燈毬若近若遠若沉若浮冉冉隨風此時萬籟俱寂惟餘人影歸書幌中忽夢先生忍哭吞聲持尺縑見屬忽風從牎外排榻颯颯有聲覺曰是何夢之

奇耶余曰望先生歸里執杯酒相對吐胸中愁結博先生笑何先生之以哭見我也丙寅夏訃至設先生位於羅川爲文以奠今歲初夏買棹西陵方渡清湖復夢先生如前狀而哭有聲及覺嘆曰又何夢之奇耶噫先生以不即死負　國恩以不終死愧臣節又不敢以留不死白　君父拊心扼腕赧面人間此先生之所以哭也亦計以知先生者莫若余知先生幽囚困厄景况淒涼者又莫若余以縑見屬冀寫一點血忱爲時窮勢迫所驅忽忽苟活終負一死長恨耳

愧之蘇文忠之筆題李靑蓮陰碑一洗汞王璘之辱每憶先生生前家報不堪終讀至淚與紙俱濕千語萬言總以不即死苟活爲恨今兩目盲矣血枯骿頭矣哭無淚亦不成聲矣每遇朔望扶起向南伏地長叩臣罪當誅　聖恩浩蕩此外悉顛連牀蓐矣又寄余云寄書總在呻吟裏到汝何曾說一分先生不忍言又不敢言即知已如余竟不得言宜其一夢而哭再夢而哭屬余之切也近舍西陵接縉紳先生衿士咸爲先生嗚咽稱較士十一州拔單寒杜請託絕苞

苴夙稱能文淹蹇者羅剔殆盡令致身通顯布滿中外爲　國家收得人之效余曰此特其官守耳未足以盡先生先生家寒儒痡父用我公垂白猶手不釋卷終身屯遭不厠一衿及先生補弟子員公揖列祖而誨之曰子異日忝一第當念寒士困頓百姓顛連念爾父三冬破絮猶苦吟今得以書香屬汝矣先生凜是命毋試一州懸父像于庭遵遺訓疲精耗神搜取眞士浙多才非操礪如霜眼大如箕不足塞重望幸告無罪于　朝廷告無罪于紳士然獨恨不即死

未能如古人激烈宜夜臺之泣不能已已史稱李太白籠罩英雄夌爍貴顯當年視璘輩直腐鼠等何難批鱗唾罵與顏常山段太尉輝映後先至謫夜郎渡瀟水泛清溪乘月吹簫留此身以歌詠大唐功德增雅頌數什世傳白騎鯨入水或者自計此時心跡稍白可以托而逃也先生長歌短嘆不忍言又不敢言亦白意矣今藁骨濡陽得沾　天恩雨露于日月照臨之下計寒烟衰草黃沙黑霧化青燐咽朝露知先生以不即死爲恨尚未有窮也取縑泚筆以謝先生

歷雪和尚行業記

鰲江之陸爲嘉上里有古刹實際剏于晉之永嘉廢興不一殘碑斷碣什着煙蔓草中不裂如蝸繞虫行其爲文不可識相傳刹名取精實際會期有聖僧卓錫玆地也自唐宋元明不知歷幾世數其故址巋然山門中結小茅庵有僧雪師戒行精嚴系出名家博覽經史尤喜讀離騷南華孤憤諸篇每風清月白高聲長嘯山谷震響或雨風暝晦讀書拍案若訴若泣暇則究心岐黃攝生之術性恬靜日從白雲蒼壁中

採芭蕉青抵暮歸來或閉戶熟睡數日不通賓客有拾遊者可共意不擇文人墨士雖樵夫牧豎往返經旬開襟談吐不倦不然縱貴人達官杜門謝絕巖居三十年食其地之力荷鋤種插飲水茹蔬不飯人間粒米無俗僧脂韋態人視之以爲孤狷爲矯異爲氣岸落落難合蓋其性然耳諺云深山大澤不產英豪則生聖僧高士蓮與時會地與人符殆有所自也乙未暮春予造山門弗遇叩之山癯野叟莫識和尚梗槩予心疑之豈世所云墨名儒行其人者乎茲春再

訪山中裒衣圓冠揖予方丈坐譚移日詮解疑義與程朱脗合若遺形骸絕世務乃其迹也論三氏分合蹊逕別有奧旨予叩所以脫白之故則云從滄桑變易後念國破家亡君親罔極發大戒誓大願力如燈光追影泡幻尋蹤急急做去一番着力一番猛省爾以云趨生度衆則非歸宿實際原不借禪家活套作野狐窠臼世無眞識和尚者和尚亦不向人道破也予讀天人登證錄世間惟有忠孝兩途人最易省悟最易解脫不勝因成果熟也昔家侍御涵齋先生爲

永覺大師作行業記列現世現身顛末若和尚則旭日中天舉足愈高而蹬級愈無窮也豈弟君親罔極思報已哉和尚林姓侯官南與人系出明太守春澤公後大父玠嘉靖甲子鄉薦父爕和尚次名松傳字古蒼別號歷雪云

塔江樓文鈔　卷三　記　一

醉魚石記

余鄉江渚有石臥沙中如魚狀春夏霪雨溪溜江漲風捲流沙隨波漂沒而石魚浮水面若鼓鬛掉尾偃偃遊天地中及風靜浪息又塊然水際不動或曰魚以醉名其不與河魴溪鮒隨波遂浪于涸轍中宜其瞋然于天地間雖不若北海之鯤朝擊三千里夕隱南溟而撼波鼓濤含濡吐沫隨潮汐而上下曷若潛鱗斂翅于無何有之天爲有得也萬物盈虛之數動者推移惟靜能息機歐陽永叔記零菱三石其二空

夌儁特爲人取去其瑰然無奇偃臥溪側菑荒烟蔓草中使玆石而嶔崎瑰瑋其不爲貴游子弟置沼沚亭榭間者幾何而尙得隱伏于洲渚乎鄉人傳醉魚爲洪江瑞應前此江流澄碧魚起沙中水光石白巍科膴仕接踵鄉閭今沙壓瀨淺魚伏不見嗟乎山川鍾靈雖地與時會而豪傑挺生罔可轉移造化豈得謂魚操山川之珍秘耶吾將見其吞雲夢浮碣石上龍門飛沙震浪闢乾坤大地豈僅洪江一渚乎

清風霽月亭記

余客池陽，維舟橋畔，遙望隔岸，萬樹菁葱，一泓碧鑑。促舟人越渡，從曲徑松陰下躡衣而上，有扶欄跨水中，波白流丹，遊魚沙鳥，浮沉戲逐，隨水光瀲漾。余撫然與會曰：造物之留此地，供遊人騷客瀉胸中之浩落，作天外奇觀，人世欣賞者，夫豈無意于茲歟？意必有臨池濡翰，飛白懸崖，不令山川寥寂，亦地與時會乃爾耶。倏有主人裒衣方履，貌若有道者，揖余草亭。牕楹雪亮，紆細洞徹，顏其板曰「清風霽月」。余曰：此朱元晦夫子指學者天懷胸次萬境澄清一塵不滓若風光月霽夫子怡情此中亦以自寓也子安能一蹴至此乎其有志嚮道者歟夫風以神用日月以體明行健不息巽而說入皆天體也今與子披拂于兩楹凝光於四牖覺冷然者與形謀瑩然者與心謀休徵之氣相鼓盪乎太和不然陰霾蝕晦調燮之有事也安見儒者不備其理哉子悟乎光與霽之說庶幾巳揖主人而書于亭左

聽泉軒小記

陳子成及從予學兩載，性醇而厚，不以圭角勝人。每出語，有古人風味，予樂而愛之。嗣授館豐餘，別予久。一日歸省尊人，顧予談云：所寓舍旁有巨石側出，峭立，泉潔潔從腰瀉下，聽之若金石響，濆沫之狀不滅跑突貫珠，飛舞自天而下也。土人酣之。冬溫夏冽，清冷之氣與四時推序。每遇迅雷搏擊，泉色必變，若山青漂水，俗呼爲草藍。雖淫雨經旬，無渾濁流沙。噫，異矣哉！予考羅川山經不載，自唐入版圖，風教始通上國山川奇特不鍾人物則生石乳甘泉先民有言地氣百數十年一變地脉盈縮去來在斯人適遇其會耳陳子以通經學古爲業以行道待時爲志安知非地脈所紓而生者乎學者爲川而不爲澤高者易流止者下蓄陳子日飲斯泉以陶情養性吾見其一出慶大澤之涵濡也予老矣耳斯泉而不及目睹豈非山川靳人于所至所弗至耶

旌德呂氏祠堂記

王者萃萬國懽心于廟中奉璋奔走而禮樂政刑施焉卿大夫合一宗子姓于寢室盥爵告虔而雍穆孝敬生焉咸易萃渙之義也凡名都麗邑必有世臣大家望冠一方者或碩德嘉言豐功垂三不朽以從祀
聖宮有司歲行祫祭其尊且重如此下此或篤行清操孝友醇儒位不躋于崇階名不列于史乘遺風餘韻有關世教人心之重者家廟閈里使人望其坊表瞻其榱桷揖其豆登莫不歛然正容肅然生敬也呂

氏宗祠之建其創始艱難食墨兆基以及取材庀工九世孫明經公立石告成在萬曆庚戌其增輯未備輪奐重新在順治之壬寅裔孫大學士公宮鐫碑左廡屬後人作求踵武考卿大夫家有事于宗廟者例當得書禴祀蒸嘗時享祫食雖不敢並尊王制而禮從義起儀以分殺宜講諸廟中大學士公歷經筵史館蒐討典故已詳諸宗法矣獨是呂氏之先推從慶公爲鼻祖遡源而往其遷旌邑始末可考而求也以予所聞斷自東萊先生始旌其先生之枝分派別乎

先生爲有宋三百年名臣稱中原文獻續南州江以南旌隸支邑其爲南州明矣且南渡都臨安先生羣子弟散處于西陵建平之間或仕或隱或托趾南州亦明矣朱元晦夫子起新安倡道入閩屬子弟家焉先生續南州教行旌邑爲呂氏鼻祖不亦彰明較著者乎且詩書之澤其量百世呂氏代有顯人若勳爵若經術若文章蔚然雲蒸霞布宜宣州諸邑不敢並齒乎行天下半睹茲祠宏廠崇嶐拂雲遲日巋然與魯靈漢殿麗觀海內然此不足爲呂氏誇美獨羨數

干指之文學孝德數千指之力田樸厚故家遺俗增光于家訓之美備者古人歷山川過都邑咸有典歌紀載矧在後學矜式者乎盥手以記

水月觀音閣記

建平城南有僧於溪心中搆大閣聳拔傑出天青野綠一望無際俯視雉堞如幅列帶環闤闠廬舍隱現廻合不盈一掬其閣宏廠洞達朱戶雕檻工巧似非人間造設而層牙高角流丹飛綵倒影水中別有天地每月映水面浮白凌空儼然一大士坐于頃碧練一輪皓鑑中余呼僧而告之曰子以水月供大士欲離色與相求大士於眞空乎不見月印于溪水不止流月不碍照大士無不在也今夫水自涓滴而達江

河月自容光而及照徹其盈滿於天地間何處而非色與相乎塞其源而不流掩其光而不見爲水爲月未嘗離色相於空虛而納光於隙濬源於流未嘗指空虛爲色相子茀以爲水於斯月於斯大士於斯澹然相遭耳試求子之胸中有豁然而明淵然而徹者彼莊嚴之像傑麗之閣直視之如微塵可也僧笑而不言余瞻禮而退

續三槐堂記

身後之智。聖賢猶難言之。況富貴福澤。天道報施。尤非其所圖度也。世傳王晉公祐。手植三槐于庭。曰吾後世必有爲三公者。厥後文正公。果秉國鈞。且爲一代名臣之冠。似于身後之事。若執劑券。取償而不爽者。按公當有宋開國之初。歷事藝祖太宗。克殫臣節。摘盧多遜之奸。又以百口曰符彥卿之無罪。有關于治亂存亡之幾。非他人蹈忠佐主。絕遠邪謀。扶植善類者。可比。宜其上符天心。自信其必然之理。實未嘗圖度也聖賢盡其在我有施而不求其報顏之夭也跖之壽也季氏之富也原憲之貧也古今類此者何可數計公豈未之前聞若執此以期富貴福澤不但誣公且以誣天矣王子子縉莘人也屬公裔孫爲余言二槐堂幾歷兵燹廢興僅存故址兹歲二月葺而新焉余感其事因作記遺之以明天道之不誣但不可以沾沾福澤之心指平日所行者徵倖責報也此亦余之志也

塔江樓文鈔卷之四

甫上洪嘽吉先生
遂安毛會侯先生 選定　閩中林涵春奕善著

送鄭瞿翁歸隱杜堂序

瞿翁羅之倜儻君子也積學博聞岸然氣節俯視人物落落自好與世寡合遇事無難易輒率意以行于人所畏避不敢涉跡者翁毋義形于色任而弗辭遊膠庠二十餘載爲文雄邁奇崛方之先正歸胡金譚諸名宿不讓焉與余交最早壬辰冬月相顧城南陶

徑裒衣方履鬚漆肌玉可愛望之飄飄若仙毎坐語移日辨晰古今如三峽倒渟渾渾不見涯涘一時往來文酒若鄭子秀麗黄子帝遴輩各出肝膽意氣交遊之盛無踰向時或者古道猶存使然耶自後于多難零落京邸瞿翁亦拓落里門三十年質交音問間絕及余寄跡洪洋去翁家鄉信宿而訊問莫及毎遇山中月夕花晨遙憶昔時把臂諸君今皆奄然長往獨瞿翁與余尚留夢覺關中不無欷歔而嘆友道之難也昔柳子厚陷身王叔文之禍流落荒陬韓退之

爲作墓誌敘述生平大節且歎世俗交情之薄大抵以炎而附者以冷而絶無足怪也瞿翁閱世良深炎涼盛衰之感不作氷炭于胸中久矣近過茅齋道故又告予以歸隱杜堂其悒悒舍去豈翁有所得非余所能知耶翁富藝林尤長於青囊秘笈古人謂丈夫生不爲良相必爲良醫相以調爕陰陽成理萬物醫以保和榮衛涵育氣機素問難經諸函較孔孟盡性樂天本非有二翁精究其理所謂參天地而三之者人物各得也予聞杜堂地屬五季中書省張大和公

故址山川巖谷幽奇特出爲仙釋棲宅翁往笠鋤之下將見山杏成林菊英遍野使余得追隨杖履與山僧野人採芑樵青視世之役役名利者其相去何如也噫翁行年六衮面益腴而氣益厚既獲有異數矣然醫之神者所居必産瑞草靈芝或山中有隱君子授以採煉服食之術翁其告我予請以質之雪上人

菊潭圖壽序

水經雜記湘溪之南有潭當中流斗峭數仞空翦溪心碧水潺潺瀉出潭旁多竹箭奇卉夏生蘭芷秋産叢菊披離石上幽香艷色與人間種植不同毎歳霜落寒侵英墮水中有實類蓮子丹黃味甘潭下居民汲水茹實往往壽登百歳又草木記杞菊能明目清心食斗可令飛仙菊實之能益人神智若是乎中州當天地中山川清淑之氣蒸而爲丹砂石乳苞而爲杞梓名材磅礴鬱結間生偉人念蓼先生以固始名

家早歲策名南宮上第出宰名區以經學爲治譜循聲惠政卓卓古人直壽在山川壽在民物豈湘潭菊實所效靈貢益也宋舊都咸平重九詔百官爵齒尊隆治冠中外者簪菊列宴今　天子雅尚文治遊幸苑囿之暇安知不倣宋人故事簪菊賦詩闕去京師四千里大官珍俎亦及馳驛須賜使君蒞羅川兩載飲氷茹蘗清操直與湘潭比潔將見木天鰲禁虛席以待也某心儀嚮往敬擬俚言賦祝云

壽鄧櫟庵公序代

余舅櫟庵翁鄉之隱君子也德修於身行信於人恂恂乎儒者憶余未總角時往來先外王父家每值節序燕享賓族咸集望羣中裒衣方冠脩眉隆準步紆徐而言笑靜婉者心已儀我舅氏及余長領賢書公車計偕舅氏送余江滸慰勉悉備余成進士歷官農部留京邸十餘年去閩萬里道逖音稀欲聞故鄉親兄杳不可得後觀察濠梁適中表君戩相過問東皐三徑松菊荒否歷歷爲言而悉得櫟庵舅氏近事如

賑貧乏之族戚待舉火者數家善解紛衆推爲鄉祭酒凡有爭質至鄧公之門媿感焉曰講行善事不倦有所傾接悉當世賢士長者余曰此不足以重舅氏適如子言若投閒物外偕六七老人幅巾杖屨尋幽問勝臨流寄詠所至席草傾壺枕石以臥風味瀟穆形神浩曠續耆英和唱不減香雒故事也余嘗讀歐陽永叔頴上歸田詩優游琴酒逐魚釣上下林壑相攀躋及身強健始爲樂莫待衰老須扶携游心太虛絶無塵境此余所最羨也舅氏爲先外王伯父榕洲公

少子榕洲直諒端方號稱長者有萬石君風舅氏少
折節讀父書壯歲困益甚挾策遊吳楚間吳楚之人
敬信之自是握奇贏家稱素封雖布衣質行數千里
慕義不置德行重月旦國老上庠禮先一飯有司兩
舉賓筵生四男子八孫咸才學兒譽俊偉岐嶷鄧之
聚族曰鄧林又曰竹嶼距城東十里山川勝概畢羅
代產名賢閩士治禮經者首屈焉兩間清淑之氣宜
其鍾爲隱德發爲文章余前歲丐身歸養登里門揖
諸舅氏遥識方冠哀衣者今皤然黃髮也紆徐靜婉

者瞿躒是翁也計余心識時歷今四十春秋矣其得吾舅氏也甚詳雖然舅氏通內典及養生之術余未能窺測第天定者勝人進此而期頤大年夫豈芝苓石乳之能壽也耶

塔江樓文鈔 卷四 序

共學書院泮池序

嘗讀班孟堅通義凡學宮之地必有水環其前示教化流行也制云國學之水象璧鄉學象璜璧曰辟雍璜曰泮宮其池洛之形或外圓而內方或內圓而外半方蓋積水壅隄義取積天下之道德防人心之頗僻爾又曰明德當圓行當方也儒者日涵育於斯可無法古制而顧名義哉書院興復有年上而聖殿旁而賢祠皆歸然並峙下至曲檻迴軒梅姿竹韻各效勝槩亦城西一大觀也然其中獨缺泮池形家謂離

火發耀必資水以洩洩氣矧歲令酉金正文明將肇之辰我多士拭目奮翮昔王海日先生作泮池頌蛟龍翻藻香騰波直上幾百尺豈謂其得水則神乎茲池之鑿宜亟亟也砌築之工不貲凡隷茲地之鄉先生及服習於學宮之多士各隨力佐事其與賢育德之功與泮水悠長也異日波光上下洄瀾四際冲虛澹灔之中澄心斯水者咸成德圓行方之士豈非積道德而防頹僻之明效也哉余二三老人亦得以臨流寄詠圜橋而聽絃誦也

壽閩中丞序 代

聖天子重封疆之寄，憂深南顧，於樞府中特簡內臣某翁先生授大中丞節鉞，開府全閩。其政簡刑清，吏肅民醇，於茲三載矣。而公之心兢兢於治安之未有成績者，蓋深得大臣宣猷敷化之體，攬大綱，不亟亟小效爲也。閩僻海濱，土瘠民疲，殫地力之出，不足當江南一郡。黄陂灌莽，廻合千里，盛夏水潦，窮秋亢暘，雖大豐歲，尤負販潮陽之粟以待哺，少歉則流散無復顧，奸民走鋌乘之出沒，故治閩於承平且難。其隸國家版圖以來，頻歲用兵，重以禁旅藩師，竭東南賦稅，僅轉餉一隅。往歲遷界，內地環海之四郡民而苦兵，附山之四郡民又苦寇，往往村落荒墟，行百里不見烟火。加以調發絡繹，芻茭供億，既困於朘削，再困於中飽，何恃不形鳩而鵠雛？十鄭俠之圖未足悉繪也。夫一邑之長吏，當財粟殫盡、師環其疆之日，固不能拊小民噢咻之；矧遙制一方，統轄八郡一州五十七縣之財賦、刑獄、民情、軍政，雖疲精勞神，日不暇給，其重且繁如此。議者拯治於凋疲之後，不精核之不治務令行禁止使人不可測識俾昔之虛文者質實鈎察者平反積弛久惰者丕然變革而公不然自拔部以迄今日坐開府與吏民相親緩帶輕裘穆然不動聲色人望之若師保父母甲令未一下明罰勅法自若也吏議未一嚴百司奉職自若也强武未一緝而奸猾畏縮自若也非深於臨民敬簡之體何操術有要耶余聞理國如理疾急標則易效固本則寬然未知所裨益公不亟亟療目前起色而耑以調劑元氣信公治閩不務近而務遠也余向心儀公撫茲巖

疆井井有條意必雄才大略恢宏庶務及躋公之堂又識公清淨簡默與人無事如平衡明鑑尺度妍醜隨物情畢徹安坐理之古稱豪傑之士相時規度通變不窮未易執一論也且公昔撫陝而陝治今治閩而閩安執此而宰天下豈僅大臣保釐之方也哉歲天中之辰爲公嶽錫愧不敏無能稱述合全閩千百萬人禱頌於公者及廿年來危苦之閩所以望治於公者爲公祝爲全閩祝也且爲天下祝也若夫援長生之說頌升恒之章此世俗之言壽非所以壽公也

餞遼陽張輔公蒞貴州大參序代

皇上親政之初年，歲當計典，方岳藩臣例得入覲。時輔翁張公考最秩滿，晉爵大參，出守貴州之安平。諸同寅謂公新膺寵錫，且才望攸隆，宜對揚闕廷，以謝殊恩，以奏異績。公纓裳介玉，搢笏忭舞。天子嘉其忠勤，賜賚有加。一埒朝對，交慶謂貴之藩屏保釐，于茲得人。公以王命不宿，返闕就道。三山縉紳士庶咸酌酒攀轅，歌思棠芾。公僚屬亦祖道東上，謀所以誌盛事者。適余遊屐至闕，追士大夫之後，爰命操簡媿旅人不識公行實政譜未敢以文弟憶入疆時見野無輿草市不二價官府清靜輿臺不擾知國有異政與有賢而在位者及數日見父老羣皇皇若遺余異而問之曰吾儕小人戴天履地兵燹以來登茲衽席者張公賜也今將舍此敢忘所自又數日公同事言公治閩諸善政皆救時方略人不獲爲者公獨任之如閩人最苦者郵傳軍輿旁午徙亡相藉公爲之杜乾折夠券遞使猾胥斂手最病者鹺賦頻年遷海竈丁蕩折公爲之疏積引裁額費而窮商樂業最繁

難者徭役騷動井里公爲之嚴下鄉禁私攬一切流烟雜稅盡行罷斥且闔地枕山環海綿亘崎嶇商旅艱瘁公爲之策保障設斥堠踰窮崖絕壑若連若續若脉若伏絡繹千里而行路如歸甚者政有時艱鉅事有時猝至供億有時殷繁公爲之轉輸之補救之無不井井有條偉然可觀今是行也固喜其宦蹟之榮不能無繾綣予東子爲我誌之余拜手唯唯聞古君子之爲政也道行於一方與道行於天下豈必域於地之近遠計職之大小貴陽古羅甸夜郎牂牁郡

地隸荒服山川風土異于中州雖初入國家版圖而百度釐正庶務修舉矣今之貴非昔之閩也今治貴猶治閩昔閩駐節之師輪蹄交道不獲耕織財粟殫盡若無所出公始至而流亡甫集再歲而四郊色起今則市牛服遠倉箱滿篝矣信以驗之閩者驗之貴上彼都人士慶大澤將至也異時又以其治績上奏天子璽劵寵問將伐貴陽之管勒勳丹崖大書特書而不一書也爲公同儕道欵洽之情績以歌曰纏裳華兮介玉光張公去兮誰翱翔大惠斂兮施貴陽無

疾驅兮衎我觴。

壽閩方伯何公序 代

聖天子躬親大政禮行郊祀訖內外臣工皆得晉爵增秩覃受慶典而大邦屏翰錫賚有加蓋岳伯職古諸侯治統一方位冠庶僚岳以覲公象尊之義也上以承宣德意下以諮諏疾苦文教之所誕敷武衞之所奮揚與芻茭糗糧之所供億受茲任者罔其慎且重也閩僻海濵土瘠而賦薄政繁而民疲駐節之師相望於道財粟殫盡輸輓維艱非有練達弘濟之才未足以按籍而理三韓何公以勳閥世胄蒞茲六載

兩主計吏旌別不淆而官方清肅再典賓興號稱得人而文章起衰至若轉餉持籌士飽於伍馬騰於廐而外府不涸前此竭蹶而不暇給者公以優裕得之何操術之有要歟昔人言治繁者不以法而以誠捄疲者不用猛而用嚴公靜以馭物而物涵濡其德之入人也深默以茹智而矢必畫一其言之感人也至勇以行仁而動適機宜其功之澤人也大太上三不朽之業公實全之宜閩民歌詠而致祝也歲季春爲公覽揆之辰共學書生謀所以稱壽者郵丐余言余

聞壽以紀年也祝以規德也古云壽在山川壽在民物非直嘉其年齒爾公善政纍纍未易枚舉其有關世道風教者如歲分養廉之貲以葺學宮俾多士有所課習而率育倍多則是尊師也重道也作人也壽奚啻與山川民物並古哉詩曰壽考作人公之謂矣進此而德彌光言彌大功彌隆以之銘彝鼎紀太常豈第異數錫賚已乎予亦祝不忘規意也

壽閩都閫劉潤伯先生序代

嘗觀天之壽人國也，必挺生平格之臣，出其恢弘遠重之器，坐鎮中外，彼一才一藝乘時奮庸者，咸不足當天心之默眷。昔漢高帝論相取厚重少文，唐太宗論將取寬仁智禮，二君當創業之始，羣策羣力，夫誰不可廓清大畧，必擇二者爲將相之寄，其誠爲子孫黎民計長遠也至矣。國家統一版圖，規方萬里，昔之殿邦宿將削平險阻者，固已爵逼侯，賜高第，安車几杖，存問歲時。今所稱元戎十乘，專閫一方，大抵皆後先疏附天老其才以遺繼體如漢祖之於亞夫唐宗之於世勣或濡以年歲之通顯收其效於無窮也宛陵劉公通經學古與楊維斗周仲馭施愚山諸君子並驅文壇一時疊試冠軍人目爲士林赤幟今讀其姑山問業雙鳥行歌悠然不減東山淸嘯萬籟俱寂也歌呼之樂或釣雪宛溪或尋芳文脊放眼千巒開胸萬壑司馬子長歷名山大川文有奇氣公之謂矣值鼎革隨厭習帖括肆力陰符兵鏡諸書對策南闈主司羨公碩畫倜儻咋爲奇才上薦廟堂初筮仕彭

城歷三遷晉爵都閫每逢國家大慶皆得增秩賜賚夫公儒將也用文字章句之業取天下將帥之任夫非其定識大有過人者耶當公之出守晉州也海艟方突震蕩風雨江以南羽書斷絕公內困孤城外扼要衝呼司李傚菴黃公謀曰皖江三楚咽喉金陵門戶此上游之險也一失殆不可問乃晝夜堅持賊遠三匝困於深塹而去是捍一城以爲兩江左右之蔽天下無事公之功也比事解北厫告匱撫漕諸公以公深沉有智略可屬大事尚任以督輸公銜寒鼓棹

一日瘴發百里飛輓奏績大司農不苦庚癸之呼公之功也嗣專閫八閩　皇上憂深南顧勅諸道帥臣蕩滌金厦二門其時駐節之旅數以萬計凡鎧仗函矢與夫氊裘鑼鑿火隊火庫蒺藜烟箭之類刻期難輯者公專監治悉精良斂速一時取給如泉府不竭寇長技特艨艟直突乘風上下我師施以火鏃持滿迅發巨艘皆燋爛遠遁而二門克復公之功也且歷仕既久其績尤多如憫漕戶累困捐貸千鏹恤遷民流徙日賑萬命仁人之澤無不卓然可紀大抵公行

事彷彿古人轉輸比蕭鄭精密似士衡風流若叔子其恢弘遠重又兼數子之長耳」公晉州同事儆庵公天子固已寵眷厥動擢置諫垣計公之績宜節鉞中樞夫亦天老其才毋俾小用者耶　章皇帝聖神英哲安知非拔人在數十載之前收效在數十年之後較之漢祖唐宗夫豈多讓焉」余又聞公在宛葛巾杖屨收文脊敬亭諸勝在閩輕裘緩帶挹烏石嶙峋奇觀蓋居官能游適則心閒心閒則神曠而有悠然而虛者與心謀淵然而靜者與神謀不必丹砂石乳形

神自强也歲仲秋爲公嶽錫諸同官合觴稱祝援予以言古人擇帥取寬仁智禮者爲壽國之徵余敢不於公厚望乎謹拜手以序

禹貢圖演序 代

昔人稱司馬子長歷名山大川文多奇氣此特一家言耳若禹貢者聖人開天紀而奠坤維山川之所流峙土田之所經理民物之所阜康槩草木鳥獸之所茂若脈不瞭然掌指大哉言乎與天地無紀極者也然漢儒多附會其說及蔡氏傳註一出經學由是大著第其間繁稱遠引淵源條貫學者每難記識抑嘆耑家之無從也」予分闔閩中舟從九龍劒溪斗峭萬仞中橫波而下心膽驚碎者數日意大地必有奇瑋

特出之士爲開元文治之冠放榜得金子海門讀其
制義表策雄邁絕倫信大地鍾奇不偶也」嗣授予以
禹貢圖演一書相質皆平昔究心經學詮解詳悉于
亭氏演圖中增補未備尤簡而晰大而有要發明聖
人祇愼財賦蒐業小心使禹世而下君天下者有所
規正取法也」方今寰海內外輿圖萬國禹服所屆靡
不漸被暨訖矧　聖天子側席求治待多士颺言金
于倘出是編以爲拜獻將三農九賦胥賴焉豈特耑
經之士羨其周覽無遺有裨講習哉

洪洋昭聖宮題建序

凡山川能出雲雨利澤一方者必有神焉依土以爲靈雨暘霡霂水潦暵乾司乎天者也然潦不至浸暵不至焦使甲者復茁蘖者復蕃芃芃黍稷實穎堅好不無黙相其間洪洋麗邑之東去地二十里遠川原迴拖山區澤畝魚鱗繡錯素封之家置產蓄藏者爭重購其土謂膏腴肥沃無石田流濕之患予客寓四載頻歲薦豐民物蕃息寇至自逃兵臨不擾咸曰繄神之力莫知其所以然者祭法云能禦大災則祀之

能捍大患則祀之夫禦災捍患當人世有心民社者每嵩目時艱率有志而未逮于是嘆弘濟之難爲惠澤不下究也」洪洋之麓舊有昭聖神宮故址界隘颶風淫雨歲久傾頹每遇蜡享報賽暘眩于目雨淋其衣誠非以崇廟貌肅觀瞻也歲之夏士人徵神之庇耋老黃童相踴躍稽首願殫心力藉助于置產茲土諸大家庀工度材以宏敞棟宇高厚閈垣俾妥神靈余考諸廟號聖王以神道設教示人知所尊也曰昭者司民耳目正直而一者也曰聖者通微格幽貫乎

三極者也爵尊則禮不敢越神靈則報有獨重至矣輪奐告成廟貌巍峩祝椒之辭送神之歌又盛事之所必及者余不敏謹書大畧以質

江樓文鈔　卷之四　六

壽陳在茲九袠序

兩間淸淑之氣盛而結爲山川再盛而蒸爲雲物又盛而鍾爲碩德爲偉人所謂在家楨幹在國棟梁者也竊讀高士傳載香山雒社耆英諸先正倜儻大節氣誼豪舉浩浩落落其一歌一咏不無翛然物外好事之家圖繪勝槩或龎眉皓齒或鶴髮修容裒衣方履杖屨葛巾瑰瑋之狀靡可殫述心疑世遠代湮所以炫飾耳目未爲信史然以余所聞今昔人事又何遽不相及也郡誌吾鄉之登百袠者凡兩見焉一爲

會城之麓洪江水西大司空碧麓林先生大父太守旗峰公也公諱春澤百有四歲神宗之朝敕中使存問旌其閭曰百歲人瑞二一爲吳航康田侍御史陳垕洲先生太母百有二歲先生乞休歸養詔有司坊表曰德門人瑞夫世當淸寧景物阜康人咸益志澹慾彌神守固以其得天者全滋培者厚也若兵燹播遷星霜疾苦間而能完大璞者尤難予于羅川在茲陳翁之大年又再見焉」翁家世岐中爲邑巨族早歲治經學下帷弗遂養晦羅平之南陽覗仙茅頂髻諸名

勝綿亘紆迴不啻岳峙川涵上廬其下家居嚴以律身恕以待物有不可輙遜謝非校所在稱長者撫諸孫曾日課大義不輟諸孫曾彷試輙上第咸通經學古爲多士推讓前邑令以翁行誼蔚爲人宗薦飲賓筵茲　聖天子雅尚文治歲幸辟雍崇國老上庠修漢室三老五更之典禮先一飯翁以就室珍從之年衣冠修潔耳目清明爲世希有今德星在歲太史占候望閩南之紫氣當燭天也昔碧麓先生爲大父旗峰公結轙賓筵壺洲先生爲太母拄杖韄門閫人至

今美譚盛事行見翁諸曾孫不日高掇巍科木天青瑣未足快心必告請終養以隆孝享如旌閭坊表故事余竊譯翁別號在茲信翁爲陳氏文祖諸孫曾爲陳氏文孫不特羅川之碩德萃翁一身羅川之文章萃翁一門矣暇讀天下試牘見翁二孫文藝早識爲純修儒者淵源有自今于翁九袠之辰忝珥筆不辭請合碧麓臺洲二先生尊人大年之紀祝翁大年豈盡香山雒社耆英先正專美古今耶

塔江樓文鈔卷之五

甬上洪嘽吉先生
遂安毛會侯先生
選定

閩中林涵春奕善著

上毛會侯先生書

涵春閩海鯫生，束髮讀書，至今頭童齒豁，極人世之迍邅，遭流俗之訴厲，然猶不自揣度，强顔自放者，欲留一腔熱血在天壤間，故不肯效世俗處窮便抗首下心，向人作寒乞賤態也。閩變之後，寄跡山鄉，不入市城，不接人事者十餘載。近緣還家展墓，爲親知所留復挈帑返里而雙眸淚雨乍落乍收每設一癡想覔得俠腸好友向萬仞峯頭相持一慟因於夏初匝旬霪雨中徒步仙霞不惜踵腐膚裂抵西子湖畔慰問家翁西仲窮愁偶於不經意中得挹先生芝宇頓釋數十年仰止鄙衷喜出望外復蒙賜示安序堂大集竊見其中爲李丐立傳且錄其詩不覺痛哭失聲又不禁狂喜撫掌夫李丐不知爲何許人其能詩若此乃至於不能自食而爲丐誠可悲也既爲丐矣又能以垢汚賤品上邀先生華袞之褒榮孰大焉私念

邱涵春者行徑支離所如不合無以自存若徜徉過市未必無羣兒抵掌聚逐也但少一郡丞招之飲食遺葛與爲耳」嗟乎富貴人本無可譽而譽者日至貧賤人本無可毀而毀者日滋此世風齷齪之習猶江河日下之勢不可救止先生以天下文章不爲當世權貴人稱功頌德勒碑作銘而獨於奇窮無賴不留姓氏之李丐開千古隻眼拔之泥塗登之簡編用垂不朽此世道人心之幸不特李丐有心人懷知已之感也」涵春雖以輕狂疎戇爲蜃口蛟舌索瘢擠陷竊

自揆半生只有此一腔熱血死生以之每逢人患難衆所咋舌縮手者不憚力任救脫甚至慟哭嫚罵搶地呼天攖兕豎忤權貴以全家性命白人之無辜濵死不悔未可以一二數閩俗鮮道人善坐是益鬱鬱無聊每誦朱晦翁不求人知而求天知二語以自慰若遇當世有大君子力挽世道人心者得一二言賞識雖日受流俗千萬輩同聲嘲罵猶犬之狺狺鷄之角角任其自鳴自吠其爲輕重相去何等也不揣鄙陋謹獻所爲文二十首竊願附李丐詩後乞先生大

書特書於編首異日瘞骨與文碣曰晉安林丐葬處足矣」嗟夫涵春行年今且六十有六自分此生世無知已與蟣蠓螻蟻同歸淪没惟存此一腔熱血付之朽壤中俟千年後化碧今多一行實姓氏混濁人間恐貽先生青簡之累然知先生必不以此斬林丐也托在家弟深交故敢冒昧唐突伏惟鑒照幸甚

[illegible][illegible]樓文鈔　卷之五　三

謝洪暉吉先生文序書

先生一代鉅儒以文章進退天下士士得片言之譽如獲拱璧此海內所願見而不得見即一見亦未必得繼見者涵春于五月二十五日自閩抵杭至家弟西仲旅寓時芒鞋初脫寒暄未話忽挹先生屏息斂容不敢唐突通問信宿問復遇先生再過論文私念三十年來讀先生闈牘制藝夢寐與俱懷而不得見者今一見再見何其幸也二十八日持篋中荒辭走謁門下虔求斲堊因請大序弁首隨別去皖江至七

月二十四日復歸造候荷先生慰問外云序已脫稿命使持報矣回寓捧讀洋洋纚纚過于獎借愧山癯野叟若終歲閉寒谷中此外不識尚有天地人間自抒鄙見樸僿無文本不足以當大觀乃許以可教而進之何曲成之不遺若此也且一代先正汲引後學功直與爐錘萬物等然在後學則不無遇不遇之異世稱司馬溫公居洛洛東南士至隨與之磨礱道德涵濡仁義不以聲援意氣爲仕進結納故公于晚年紀稱通史得多士助士亦樂公知己也及讀蘇眉山

上王太尉書稱太尉推賢進士如饑渴眉山願見不得見以太尉知人下士眉山盛名滿天下何難傾蓋投合至委之時命委之機緣遇合之難往往如此良可嘆也嗟乎今世士大夫孰有獎誘後進其人者乎不意　抑落椎魯者愛之矣傖父覆瓿之文得藉皇甫以傳信神交有道飛蠅附驥千里可致其佩德當何如也肅此鳴謝惶恐悚仄不宣

謝龔岱生明府書

使君廉吏也，日僅飲禹航水，于今七年矣。雖行道之人知之。獨是從來廉吏，多皎皎自好，即親識窮乏者，亦不能邀解推之惠，況無平生之素，邂逅于逆旅者耶？涵春自討放佚不羈，逢迎拔拙者，在今日實無有二。使君以英年登仕籍，旦暮優遷臺諫，視惻慈老朽百無一長，宜若中廄病駒，道旁苦李，即高驤百尺樓而卧許汜於地下，亦未為過。不意以家第介紹片言，遽損清俸，以賚荒祠災木，且持贈至再，直與古人宦槖別無長物僅存一龍尾亦不吝惜者同作千秋韻事也嗟乎今人席豐履厚金玉堆積不顧親識死生緩急且謂文章一道饑不可飾寒不可襦輒以泥沙瓦礫視之而不知文章之士亦視之如圈鹿欄牛徒享芻牧憒然無裨於世而已昔杜少陵持長鑱于窮谷不能以詩歌傳一飯而嚴武韋皐嘗欲殺之以爲快韓昌黎居長安無緼袍糲食之給而羣恠聚罵指目牽引挈挈東歸春亦嘗謂此輩倘知二公文章能行世而傳後慨然予以嘗厄之患未必不與並傳不

朽但彼圈鹿欄牛之見必不及此」春何許人敢言文章然以使君之約已待人視文章爲性命論之則二公不能得之於古而春反得之於今不覺自慰且自憾也」集成當買棹詣謝且以告別若得如椽賜序編首尤荷華袞之榮不敢以閲貢猶肝所累安邑也草次不宣

復丏仲弟書

愚生平讀書鹵莽，不識窮理養氣，涉獵務博，掩卷之後，茫乎若迷。雖學爲辭章，如盲者聞人足音，踵而躡之，遇途中瓦礫汙邪，即蹶且僵矣。非敢恨日愒歲，以呰窳自棄也。近弟謂文章有單微一路，如禪宗三昧，不落語言，退而思之，赧顔汗背，悔前此徒勞歲月，若墜百尺懸崖，捫蘿皷藤，無可攀躋。溽暑坐棧車中，閑目澄思，知古人學問，無一事不自格物窮理中來，即篇章字句，亦當放出全副眼光，與作者精神相遇，不依傍不囫圇如程伯子讀史到難處地位且掩卷精思代爲措置然後再讀視其成敗胳合與否方是眞讀書眞格物眞窮理也禪家謂獅子捉象用全力捉兎亦用全力正爲鹵莽者說法耳但苦粗率之氣不能自抑此積習使然繼自今以往痛加猛省涵養刻除倘得水到渠成握筆覶縷雖未敢自謂遽得單微一路庶幾免囂譁割裂之病致亂雜無章與村謠巷曲同調此時吳下阿蒙大非昔比未可知也野狐禪亦向人作佛偈看老僧如何加棒幸勿爲趙州和尚

欲令天下人口盡啞郤何如

塔江樓文鈔　卷五　書

塔江樓文鈔卷之六

莆上世暉吉先生
遂安毛會侯先生
選定
閩中林涵春奕善著

鐵步說

青陵道中有大冶焉。相傳鐵步也。水涯可步者曰步。俗呼爲埠。步旁有觀。僧人置鐵蓮花石几上。團團有葉若毬。中空而蒂下垂。不盈一掬。或曰花從烈焰中躍冶而出。其質甚堅。叩之鏗然有聲。不知始自何代。歷春秋閱興廢而獨存于此也。或曰鋼也。百煉成精具五兵利器可以剸犀斷蟻方其初雜礦石斂鍔藏鋒不任割截之用遇物輒脆塊然與沙土無異而後知鑪錘挫折之後自不同世間繞指柔也噫人生日享庸庸之福不經危疑震撼何以勵其志而堅其骨乎花從火出焰吐形成此造物假手於大冶不可謂非幸也

義葬引

歐陽子謂世有豐于德而降年不永者必其材之可施學之可傳其不可知之數與造物惡盈者相遭耶使數而可知也則席豐履厚者皆周孔中人也數不可知無怪顏氏子之瓢飲簞食困厄而沒耳可知不可知吾責諸己于數何尤予友仲錫梁子年不躋中壽使不奪之歲月何難不大施于時也耶迄今牕虛月白之下猶髣髴生平也計即世之辰幾歷春秋猶棲魄山中露冷霜寒窀穸未謀今內子又繼歿矣賚

志艱貞能以節撡謝梁子予同志敢辭我殯我歸之責哉凡諸研席深交抱贄及門各殫厥力共襄麥助俾塊土温原合兆吉壤梁子能不怡然地下以謝我故人

護雨中花蓝引

昔人有雨前見蓝雨後無花之句。甚哉。風雨之妬也。齋頭無事。偶見芳叢一枝。噴馥數蓝。含英將吐未吐。儼唇上臙脂。無聞有聞。疑口中鷄舌。倏然雨至。忽爾傾斜。鮫淚猶覺難收。蘂珠宛如將墜。似嬌似恨。恐未能留。援護蓋之。烟霧迷濛之中。有不禁神往者。聊賦數言以贈。以懈云。

淨上人像贊 公號淨相

謂有相耶何身非幻謂無相耶何幻非身不作意想不著罣礙故一身能分萬身萬相悉歸無相倚我上人根究西來趺跏禪定花笑顏開手註貝篋身安蘭若覩諸塵因雪鎔大冶灑然者貌澄然者神道腴心慧現恒河津證無生果稱無量壽有似旃檀千百稽首

先侍御涵齋先生招魂章

月日以酌水盂蔬奠有明遺臣涵齋先生曰先生之生猶爲未亡人之生其死也猶爲未亡人之死先生之生死于今可無愧矣昔王炎午生弔文信國云天畱中子成孤竹誰向西山飯伯夷人謂伯夷不死必有飯之者先生不飯於今幾年矣計甲申之死以死從君死也義也今日之死視甲申死也後也後死而無愧非緩也義也嗚呼先生可以死矣聞易簀之日彌畱晨夕豈性定如先生解脫如先生能了一切情

緣如先生而猶怖死耶猶于死生之義未明耶世人以生死爲愛憎以欲生欲死爲忽愛忽憎嗚呼生死而可以愛憎爲耶癡猷小兒自歌自哭自喜自嗔猶是小兒面孔作愛憎傀儡乃無端有歌爲人歌哭爲人哭嗔喜爲人嗔喜又別作許多愛憎傀儡噫此等愛憎亦罔罔夢夢爾尚足與語死生義理耶嗚呼先生死耶先生歸耳抑於今必傳于後先生可無恨于獨爲世人毀譽失眞者惜也爲歌招魂之五章歌曰

魂歸來世路多荆棘舉足逢赤蝨黄蜴翔青冥弋人

猶碧繳先生既死猶有附勢以毀先生者魂歸來浩氣薄太虛丹心耿日月猶有哭哲人人心尚未沒魂歸來典型今已喪斯道稱廢缺一死了生平千秋藏枯骨魂歸來忽覩漢官儀有神頎而艴是是與非非爲帝秉斧鉞辛亥元夕先生夢帝名臥子陳先生共主功曹命以漢官朝服魂歸來香輅冉中庭笑解無生夢我視浮雲馳不覺哭之慟

羅川游鳴東墓碣

有宋大儒游定夫先生之後曰鳴東公者家于閩之羅川玉廪里或曰公先世爲齊之益都人爲豫之吉水人爲閩之莆陽人聚散遷徙不一大約以時數爲盛衰年代爲久遠而族于羅川者則歷宋而元而明閱十七傳以至于公公之王父約我公楚之郢邑令也生子八人時有八龍之譽公居五讀書有志趣稱經學專家博覽羣史上自星文下暨方言稗乘無不通曉與伯兄官粵南雄震東公昆季自相師友樹幟

膠庠獻璞五川尤篤志程朱追踪立雪至老弗倦每篝燈雪案諷咏蓼莪君陳感奮倍切孝友天性也值懷廟變革唐藩繼統閩南郡士之才藝者匪不雲蒸龍變肱股帝臣邑令章次弓公簡吳之賢豪士也雅好公知公有幹局可任大事薦之秩曹有房杜門風仍資謀斷蘇湖學術載起經綸之語公不就拂衣岩阿衆莫測也及我清定鼎當以明經應選公恬退如初仍莫測也昔定夫當宋室播遷寄跡清凉山朝廷即隱所徵爲御史大夫五拜而方就道豈非計其時

有可爲推吾學而施之世者耶公値時之或可爲卷而藏諸身潛修養晦亦猶行吾義者耶勿謂代遠世湮家學淵源不同條共貫也公著述極富秘而弗傳不以渉獵取長治家嚴務樸實訓後好施予敦睦卹人窮困殆其餘緒耳邑盜搶攘陷危城中衆莫救獨公一家晏如誠斯文未喪天厚公于未艾也公諱某別號鳴東與元配合兆于松山之陽立碣道左嗚呼公志道抱獨居貞弗渝世用詭隨其用易拙公用守正其用彌長繼緒自天繩繩罔替宜後先之一轍也

已。銘曰。松崖蜓蜿兮。龜食鈌墨。松水漪洄兮。玉藏瀾宅。千秋奕禩兮。隱。德。高。風。視。此。石。勒。

先府君墓表

先府君歿之十六日，不孝孤昆弟述先人行實，以狀請縉紳先達暨通門世好諸君子，願錫一言以慰泉壤。而大司空漢秦鄭先生、操管塤諱家侍御涵齋敘述生平，追挽侯邑令王德遠夫子題遺像，八詠屬西陵柴君本渟作小楷於幅上。夫子爲眞定名宿，博學清操，落落寡交，從不肯以半幾點墨落人間。孤屬門下，論文之次，輒詢及父兄行誼居處。慕府君潛究易理，狷介不趨世好，故於府君之遺像，發亮節洪音縷

縷寫煢孤感涕交集不識府君何如解頤地下也府
君歿順治壬辰之十月合元配陳大孺人葬康熙丁
酉之臘月家侍御涵齋復銘諸幽宮府君性絕諛佞
不委蛇隨人而涵齋剛介不阿其於貞砥直筆以誌
茲距葬期三十載孤昆弟歷兵燹星霜四亡其三獨
髮種種一癯老立人世墓表未豎無以著先德垂後
昆不敢坐視湮沒以重不孝然深慙不類何敢效歐
陽永叔自述隴岡阡陳白沙自敘安丘眞宅之例而
情切表揚有可恕者府君諱崇蘭字永馨號自芳系

出晉安林氏先世以忠烈孝友理學清操起家始祖
國輔公諱比仕元福建行省鎮撫使紅巾之亂不屈
闔門自焚獨留一子民間歷三世爲刑部主政質齋
公同懷生二理學名臣一爲西園先生諱塘傳稱鐵
面彈沐府者弘治辛丑會魁官南畿督學御史太僕
卿一爲雲室先生諱玭從祀聖宮著易蒙引授門人
蔡虛齋清者天順甲申會魁官雲南按使玭屬府君
高祖塘高從祖也嘉靖丙戌進士臨安太守宦歸譽
衣徒步郡乘載清節者諱塈號雲山先生府君曾祖

也年九十三九手註易象辯疑以明經辭老讓同輩之單寒者號易解先正雲屏山人府君大王父也自雲室西園雲山迄府君五世咸以周易稱世業爲師授指南府君七歲喪母藍太孺人日夜號哭注視母遺像兩眸滴下俱血人曰爾母臥病支離骨瘦神枯生容安得肖益慟哭狂走求母眞容一夕母瞋現項掛兩指視府君淚下府君直前牽衣不見先時藍太孺人與大王父祥宇公少年恚忿不合至斷兩指誓不相面訃斷指將府君纔三歲易簀時纔七歲遺囑

懸吾指於項上雖臧獲不知火燃寢室器物焦爛獨遺像不燬展幅府君血淚漬紙上猶斑斑可數論者以府君孝感所致不然藐爾諸孤何知斷指往事天且留遺像指點靈爽於彷彿中也」大王父繼娶鄭太孺人生諸弟有同根燃萁之變畫者圖閔損御車於壁府君泣詠云朔風何太急寒色薄蘆衣又云欲借停車凍傷心不忍言年二十二始娶王母陳孺人孺人出太平府治中陳公謨孫女孝廉兆麒之妹孺人悉府君少孤煢煢獨立盡棄奩飾置斗室勤紡織佐

膏火俾肆力攻苦時修膏髓供鄭太孺人至百折周旋纔獲懽容一顧府君罹家難每輕生戚母寬慰及鄭太孺人母子顧復時王母已抱疴奄息矣痛哉府君生孤兄弟四人長海次廷素三洪不孝涵春其季也廷素以經明行修應徵辟呂海洪涵春補博士弟子食餼於庠府君懼先緒失墜日精易理其於卦體卦象卦德卦變之說詳陰陽奇偶離合正變窮寒暑不倦以補蒙引未備督課子弟甲申國變痛絕人事適會唐藩入繼大統漢奉鄭先生寰冲馬先生咸質

友當國援引仕進府君筮屯晦之象曰君子以儉德避難不可榮以祿書易卦占復兩先生府君恒言世人知以用爲用不知以不用爲用故歷患難得喪以潛藏嚮晦處之涵齋誌中獨詳府君一日苦饑從風雪中向友人貸粟路拾遺釵三兩候失者昏夜歸家遍體寒慄往復三晨夕廉其人不告姓名歸之數日奴子鋤菜得金如前數信天之空乏拂亂直挫折英雄於失聲破釜之地非得易之介石確乎不拔者鮮不夷猶其間也府君孝於父母廉以立身不戀戀於

貴顯。不抑抑於窮愁。其樂天知命者乎。宜表之隧道爲讀書向道者矜式焉。

閩中蔣𤇍封文金石記

徵詩文小引

竊晉安人稱風雅婦秉閨貞矢栢或誓於生前同穴願追于宛後爰堅心而足述非奇節之可比李氏以妾殉夫從容就義事詳林雲林先生傳中吞截烈並常山血碧不姝萇弘是小星也而光爭日月綠衣乎亶榮同衮黼巾幗賴有此人名教藉持吾黨凡我搢紳同學乖一言于不朽寒谷暄傳起萬古而猶生芳容宛在

義溪陈庭錫鄭維忠謹啓

徵詩文小引

節孝李贇媛傳述

贇媛李氏名倩雲粵之興寧人父從軍入閩落魄孤苦女生六歲鬻循州太守林介山先生夫人楮氏爲侍兒介山有季女定姑適同鄉陳公景宅子諸生廷柱定姑適陳四載而夭楮氏重廷柱年少力學愛倩雲靜婉具奩飾禮遣爲陳繼媳從名丑姑夫人不僅視巳子也而珍惜過諸女凡閨貞壼範女紅操作必身餝日訓之李氏適陳六載而廷柱痞疾死先疾未革李氏禱天日吾夙刲左股以藥姑姑愈尚餘右股

寧不足藥夫平遂封以和羹而廷桂竟不起李氏愴呼哭意在同盡既而念夫垂絕言縷縷吾有女瑞官在爾襁褓爾一旦從我地下是爾速之死爾暫留視成立存吾一點骨血於人間也三思遺囑遂剪舌和香焚柩前矢守服夫喪三載軷服姑喪尤慎每月白霜青凄其萬狀提携其女女竟以不育殤至是哭喪所天又失所愛益堅同盡囘思有耄父八旬龍鍾顛連自楚播粵播閩艱辛貧困吾就死煢煢孰依塡溝壑旦晚耳再四思維緩須臾終父餘年逾兩載而父

殁以女代子竭蹶其喪塟歲甲戌春仲訃廷柱殁已巳林氏定姑殁戊午歷春秋十有七載二櫬尚停淺土白楊衰草不禁蝸塵蟻壘刺刺心傷且嗣子稚莫肩大事又家無長物誰爲助每中夜呼天出涕曰夫子窀穸未營吾強食息既營吾甘死如飴矣凡一珥一釵斗粟寸縑悉出佐工遂相地西山之陽食兆焉卜五月三日封土設奠告夫塟辰復剪舌矢同殉血盈盈二鐏罍觀者咸額蹙嘆曰此皆天親遺血也何忍棄一酹以答所生再酹以報所養跪飲立盡越日

輿出洪江謝楮夫人曰女荷夫人豢撫十有三週矣
愛逾所生續陳婿婦高天厚地不足銘感宜留此身
伺夫人百歲報鞠育也今巳矣夫亡宜死女殤宜死
飲柩捲操巾櫛斷書史手澤惻惻痛心宜死以不即
死者爲耄父故留殘息終父天年今卒矣婦道子職
未亡人差告無罪地下今卜塟期邇心切同殉與夫
人別言訖痛絶復甦至期果投繯以殉云

外史林子曰余輯古今人物大觀綜七十二代成書
埀二千八百年鑒戒列節婦貞女多矣未有奇節奇

烈如李氏者觀其不忍死以存孤不就死以養父且立繼嗣營窀穸何其從容就義也至刲股剪舌飲血投繯抑何烈也豈非歷九死而不死遂一死而無憾者乎人生决絕之頃鮮不痛楚攖心雖豪傑亦生懍嘆李氏終無幾微形顏面恬然一夢與大化而同歸益其識定志堅也使婦人而男子其不爲睢陽之齒常山之舌侍中之血者幾希古人云一死了生前千秋藏枯骨又曰生前未了事留與後人補大抵李氏之生前總不遺人以補續之死後亦不留身以未

了禪家所謂一擔于都挑從泡血至寂滅無纖塵點染公案稱大便宜大脫化也玉肌黃土寒谷生香其蕩爲和風化爲甘雨使天下見者聞者望天末而興起歐陽永叔傳王凝妻李氏負夫骸斷臂方正學紀李妹妹抉面鑿目全節從五代到今千餘年李氏之烈史凡三見人固不奇不烈不烈不奇正氣所激升而日星沉而江河聚而忠孝義烈散而文章氣節灑宇宙亘萬古而長昭嗟乎李氏初一椿夫人侍兒耳非有門第詩書也取義成仁百折不回卒以節顯近

世自號世族有薄其婿之貧女逕去之望楮氏之壼範風規其父兄之教蓋亦少貶介山諱崇孚景宅諱閇俱隸邑之候官

閩中布衣七十三叟林涵春奕詹氏盥傳

李烈婦傳述跋後

文有工言之者有質言之者賦事詠物可以工言也傳忠孝紀節烈惟可質言甲戌五月雲林先生傳李氏節孝殉塋事言井井樸而莊音節悽惋不作奧曲刻畫語余善其得傳體且詰之曰先生文夙雄辯磊落獨於是傳質而不工先生莞然曰傳者傳也以傳信也李氏爲吾叔介山公夫人侍兒艱貞烈志從容就義了然心目吾取大節傳信已使逞瑰麗鋪張其詞不幾以文掩實於李氏之幽貞苦節反沒而不彰

也聆先生教且於李氏誼在渭陽凡所見所聞同於所傳深喜其可信者足垂久遠附跋於後非敢褒其可褒也余亦質言為節孝之一證云

義溪陟庭鄭維忠命孫甫盥手敬跋

塔江樓文鈔卷之六

甬上洪暉吉先生
遂安毛會侯先生　選定

閩中林涵春奕善著

靖海將軍侯施公平海碑文

皇帝既蕩平黔滇閩廣之七年。歲在癸亥。版圖所屆。西被合黎之境。南極點蒼之域。山陬海澨。悉獻琛來賀。天威無外。統一寰宇。惟臺灣一隅。島嶼孤懸。地不隸諸職方。寇恒依爲淵藪。自顏思齊剽掠海區。紅彝襲而互市。鄭氏竊踞閑疆。子孫奄兹樂土。其根深

盤固爲浙東南閩廣之患非一日矣　皇帝憂深南
顧於內大臣中特起泉南施公統大將軍節鉞提督
水師與少保姚公大司馬吳公同力協謀規圖進取
其四月合諸鎮帥宜　天子命誓師六月十四日發
銅山隨薄澎湖迫八罩攻盤嶼凡五日克之寇恃以
扼險者悉爲我師所奪越二日公潛艇相視壁壘寇
設砲環衛聯首尾布艦以坐困我師八罩向稱浪怒
颶激舟漂沒如掃水之最險者又斥鹵不可飲衆覷
色變公談笑以進駐舟六日浪靜風恬崖湧乳泉人

不饑渴兵咸奮勇識者謂公忠誠懇摯上格天心不然奚使馮鬈效順耶越三日公分戰艦三面銅山金山興化三鎮軍左平陽廈門海壇三鎮軍右公將中軍八陣三疊隨風轉戰濤聲雷沸水光電掃蛟鬐舞巇鼉鼓暢威海之百靈秘惟慌惚蜿蜒咸負舟以助凡十有一日大小二十餘戰焚蓬踞提繒擊沉砲艦獲鳥船洋艘百三十有奇殺其將軍二統領四十七營協偏裨三百兵卒萬二千生降將佐百六十五自古以舟師破敵出險沉錀患不易得功難速成亦鮮

焰瀰十里合肥淮水不流洞庭屍漲平沙鄱陽岳梁菰蘆或需以歲月經營或遲以年數圖度未有淹濟所指摧枯折朽計進發之辰至克敵之日不匝旬[illegible]廟算神謀與公機宜悉協有如此也是日也鄭氏奉僞符收圖籍舉族西轅以待公與少保司馬兩公露布奏凱　朝廷大神武不殺之仁修竇融錢俶故事赦鄭氏裂其地爲郡縣規貢稅賑恤其人民臺灣平冊勳晉爵靖海侯以將軍節鉞駐鎮仍督水師製詩章褒嘉寵冠武臣越七年戊辰　天子思公功欲宥

像圖諸麟閣。詔陛見慰勞。稱將軍不名。賜蟒玉文錦寶轡。雖古蓼蕭菜菽堂陛雍穆和暢之容千載一日。閩人德公之深。美公建不朽業。掃門庭寇。撤藩籬戍。歲省糜金錢百萬。與民休息。開數千年混濛未開之宇。使懷生血氣。咸知尊親向化。其勳塞天地而無紀極者也。爰爲之銘曰。

地維南紀。南戒之尸。荒海孤山。橫波水滸。淵藪萃兇。遺孽負固。虐我烝黎。天子震怒。特簡內臣。駐節于閩。公合鎮帥。百萬爲屯。宣策誓師。虎拜王綸。白旄亦羽俯軍三巡狂寇相將扼暋以聚我公潛艇汪洋從渡神謀旣同僉曰竈契摧其堅壘陷其武衞火龍焰張艨艟失勢深塹不守倒戈待斃奉冊輯圖延頸組繫體　天子仁不殺爲誓乃整部曲鐃歌露布山岳震駭萬歲欣呼百年逋寇三驅釋捕卣鬯報功策勳飲胙華甸易剪不比荒頑樓船浪泊重譯筴顏濟鼎鉅業惟斷乃成一德一心永底治平丹青肖像玉版書名薦郊享帝笙鏞載賡

平海碑跋

按唐史討淮西。晉國公裴度破群議。謀合宸衷。凉[illegible]
公李愬搗其巢。擒吳元濟。予蔡人以生全。憲宗開明
堂受平。群臣請紀聖功被金石。詔侍郎韓愈獻文。度
以上所賜玉盤遺愈泚筆。千古美談。　公侯勳高海
嶠爲戎臣師。其與燕然銅柱。屹奠坤維。示窮荒異域。
有梗化逆顏。雖遠必誅。聕控制于無外。軼晉國凉國
之右者。藐爾儒生。欣逢書多記伐。望麟閣丹青。其豪
爽風流。磊落軒天地。直與山川並古矣。豈僅鐫諸貞
珉已哉。孝廉倚君輝纘暨[illegible]紳庶以盛事薦舉不辭

固陋。敬擬以紓

存孤紀事

林涵春

史稱程嬰杵臼能存趙孤爲千載義烈後世聞風景慕大者關宗社之寄小則綿其嗣續而其委曲隂行之心則一也温陵家鐵崖先生諱嗣環登順治己丑進士觀察粵之瓊南以剛鯁忤鎮帥遭誣陷論死得減流邊而出力擠之死者猶羅織不息先生竟客死杭州子蔚如孱弱貧不能殮婚無以娶家西仲雲銘公寓杭出貲以紀其喪卜葬西湖上淄川唐濟武諱夢賚先生傾囊爲其子完娶事見篤友誼説中媳沈

氏六八歸林逾歲生子祿再歲而蔚如亦客死附葬於先生竁旁浙抵閩之溫陵計□二千四百里沈氏一少婺媳飄零異土思欲就故園孀守志愈矢心愈堅無親知藉歸計即尺布斗糈之遺罔聞焉余弟優善曇春循州太守諱崇孚介山公子也念其父官粵東與先生共事文章意氣相得甚懽當先生被逮緹騎入都介山公鬻產千金脫獄中及遠竄復揭貸三百鍰資行槖至其子蔚如死而介山公已歿數載矣杭去閩遠音聞曠絕優善罹閩變流離遷徙家貲亦

盡耗一日得先生遺孤家報讀竟潸然出涕曰鐵崖公剛方介節名播兩粤天必不忍子孫寥落其不憖爲矜全安知往日之讐仇乘機剪戕一網其心何以慰吾父九原於先生生前相知之雅愛敬謂何哉謀諸弟習善竭蹶具舟輿備糗糧卜日授親信迎孀孤歸余夙過武林西仲言先生有遺孤依外家貧困不自存計非歸閩無與活又言先生家温陵田園第宅尚有遺者乾令孀婦孤兒跋二千里歸彼宗黨之久席其利者一旦其吐之乎非得其義俠真膽識仁

人君子見義必爲者不能也此不難於歸而難於歸後歲月維持調護不期余弟優善毅然任之也分宅以居減食以膳使人白其宗黨告以存孤大義賴先生二子婿蔡君桂丹王君盖髙周旋其間凡所遺產悉令按券以出至是衆亦感激從事而孀婦藐孤得歸温陵依庇以生焉噫今古名義一力仔肩止在當機審定使優善少遲回顧惜不輕與人家事而先生不絶之縷蓋亦難矣何其至誠之動人也昔趙氏二客懼岸賈之禍兢兢圖存李遂其謀優善則亦此志

也其委曲陰行之心是可傳也

[illegible]汀樓文鈔

第

河橋舒嘯序

季蓉洲先生旅困三山三載矣蕭然宦槖爨突塵生聊爾中得舊友林君雲林日哦吟河橋寓側以消暑破岑作舒嘯合詠尺幅數篇各具騷人風雅之致讀之使人心怡神曠想落墨時萬境皆空澄然無一點染疾驅而

出之乎柳河流月皎情與景會逸興
遄生乎不知二人何所得而襟期浩
落若此也坡仙云何處無竹何夜無
月但少閒人如吾兩人爾余苦客久
迫返棹不能無悒恨今舒嘯成三也
書補韻事之闕云
康熙己巳菊月

年家同學弟沈朝初題

序二

題辭

士遭抑鬱其心坦和其志澹和將褻諸匕悠然于詠歌者其胥衢君子乎不勝何情之澡氣出平也梁溪季蓉洲試必林縣林然光生者盡以遷而猶不盡遇之以不遷能安所遇其遭或異而處境則同余讀河橋合刻益信君子必能樂天安命也閱莊

態炎寒齊物情得喪去吾高曠脩談塵外暮晨鐘亘鳴勢中痴者也非第冰出于夏固可消煩療渴世之未能平其心澹其志者視此而有得也

蜀中年家弟樊澤遠題于三竺旅次

樊印澤遠

玉腕蘭賦 并引　閩中林澍春

蘭以幽勝香不入俗惟高人之遠寄爰結佩以同芳撫佳種以自憐病青蜒之作妬誰珍異馥飛叵羅於月中愛此清奇吐珠毫於宇裏賦曰

香生南國譜繪瑶篇擎枝秀茁神品澹然蕚殊紫菂梗以碧傳合沅芷而並麗較湘英而獨娟聯素馨爲勝友比皎潔夫逸僊乃花同片玉簪矣人之雲髻粒穀眞珠饒西子之舌香莙楚緑蒂玉梅獨占春粧雪葉氷姿玉蓮質艶素孃江上縞翎一掬霜毬玉帶子

籬邊鷺羽半町粉面玉嬌郎蟾鳴秋而玉蛻筍驚蛰
而玉裛凡令名之可愛異衆芳以爲良漪金谷蘭誇
千本惟玉腕花入選塲或蘭槳輕舟或蘭皐半墅懸
秀巘於千尺挂垂籐於一筥瑜芽璦萼鉛蒂共語爲
丹爲紫朱寶纍纍爲珀爲晶貝葉楚楚原夫素心自
賞空谷獨邁樂清癯而歛豔懷雅植而婆娑雲封蕙
徑門掩薜蘿散孤芳於天末寄瀟洒於崇阿舒淡黄
兮色古含靜碧兮容端傲繽紛兮骨瘦洗俗態兮神
宓殑松醪而滴羣帶步梅韻而挹青娥去爾栢府[illegible]

芳蕉牕寄美琳瑯堦下舞清風錦繡庭前旁玉蕊[illegible]
集吟朋觴傳令史酧傾竹葉之杯墨吐桃花之紙爰
爲辭曰涼風吹素質淡月籠幽枝不共檣紅闘艷但
留青節伴蒲卮潦倒蝇蜒妬殺何如高卧水湄

以茶易筆紀事長歌　閩中林涵著

右軍書絹換鵝元章塗扇頭換石世稱佳話李蓉洲苦渴余病禿頽貧困相類山僧以新芽見遺分其半向蓉洲易筆余走翰風生右覺碗茗清芬風流韻事同不同無相遠耳漫賦索和

青蓮一斗詠百篇相如醉後賦茸泉谿主人勿耐飲行厨鐺甕漫停煎陸羽不探白乳穴達公不種紫芽茎主人獨憂枕群書醒來口渴幾津涎腹笥嘗傾萬斛璣囊空手澁買茶錢少陵苦饑不苦渴蓉洲苦

渴誰相憐世人嘗笑市道交筆床茶竈遠市廛一杯
一杯復一杯浩歌醉茗堪流連今古英雄止數子文
章困厄豈蒼天頻看濁酒媚權貴孰把壺漿餉謫僊
嗟予潦倒混墨跡幾見風流號似椽指下倏爾片雲
生眼中劃然孤峰前銀鈎鐵柱乏津梁中書骨瘦神猶
圓紅塵隔斷碧紗籠鍾王體勢自翩翩君不見有懷
投筆驅毛穎無數塗鴉掃素箋鵝溪尺幅換龍烏欽
嶔塊磊愽雲煙昔賢韻事已如此猶有三山一老顛

送　季蓉洲先生旋里赴補　　林洹春

廉吏渡海陸公續以石鎮舟矣號鬱林邵遼宦歸兩袖清風之贈曠絕今古蓉洲先生兩年閩水署冷梅溪經歲羅烟舟沉鹿耳有風入袖無石爲裝天直留清名介節於崇山大海昔葉文忠題一柫祠云先生惟一柫可知琴鶴也妨人遠哉蓉淵造物不肯以片石妨清名似非偶然也已

暫借調羹手尋梅到九閩孤城復瘴海民瘠又官貧剩得鬢眉老猶存襆被塵開天煩指畫闢土藉經綸

絕島炎荒異流沙雨露匀離題咸華面推髻不終嚚
操比氷壺潔情怡玉麈春贈錢劉寵節馴雉魯恭神
倏爾悲風木愀然懸昊旻酧恩雖許國讀禮敢忘親
已返天南棹猶遲冀北輪宦情杯酒薄詩句芰荷新
道以清而貴交因淡益真臨池飛墨麗揮管曉雲陳
問字停雲侶探奇立雪賓途窮逢俗拙骨傲忤時頻
意氣窮逾古文章肆更醇風塵十載裡衎李牢肩莘
菊綻生鄉思菡香送客津蒼天惜廉吏翹首望陶鈞

季蓉洲先生詩文序

林涵春

文章聲價與人物鑑衡二者非素具卓見未能曠觀獨得也今古文豪詩聖在摧折頓挫地放眼於滔華滌盡處置身斯文斯人固發天地珍秘開景物大觀吾嘗以是望世未易以之許人今於季蓉洲先生幾遇之先生前後客吾閩八載予讀先生詩文凡四見初定交於乙巳秋杪家園籬菊叢開落落杯酩出梁溪旅篋大都新鐫出匣神王氣縱亮節洪音廹肖性情而皆其刮磨陶洗尤需斂鍔藏鋒也丙辰先生提

南宫余丁巳北行舟過錫山訪先生不遇至淮上得讀先生闈墨春容爾雅神行千里之外猶不減昔時曹豪秋水也自後出西清翰苑宰閩梅溪從驛路隴頭尋故人踪跡余患難隱處羅川有傳余死者先生感物傷情欷歔憑吊踰歲余携子觀棹訪官舍先生喜且愕慰問出涕時燈事將闌餘膏未冷先生以簡招飲云幸先明月臨無使明月待纍纍千言叙離緒契闊而宦槖蕭然爨突不足飽妻子且意外惴惴頻至讀其文邁往奔放之氣如天馬行空不可羈紲咄

咄狂奴故態復爾嗣否官諸羅荒洋孤島蠻烟瘴雨中蒼涼萬狀惟海市蜃樓爭駭心目差擬臾筆端生趣耳無何讀禮計歸覽臺灣志乘山川考畧東寧審問開荒闢徑另出機裁方之蘇眉山海外文字柳河東柳州諸作洗滌沿華不受半塵點染余正襟危坐讀一再過悠然神曠心清若沉痾去體當其肯渺造微名言都絕莫窺堂奥既已自疑旋復自信不知先生工候幾鑪錘脫化至此也使先生官善地不遭竆鬱饑寒不過秉欵叚駒啓事天官卿後操篹染東華

文箋十幅止耳安能出新詞逸句懸大箕眼張濶步竝驅石渠金馬間耶嗟乎大丈夫一失足胥井中親知咸匿影避不祥而招魂生祭徧在文字相許之人余亦何幸得之先生也傳先生自臺灣歸舟沉幾死余向遭讐亦擯厄幾死景況淒其所遇同而文章升沉工拙不同也今古英雄不輕揆人血淚若先生則可歌而可泣也因次前後論文以序云

夏畦述

林涵春

六月不雨，炎氣上蒸，土膏爍烈，秋禾將穗，草木如焚，農父蒿目於田間，饁婦咨嘆於埂室。林子過之，見夫挾鋤者汗浹氣噎，秉耒者力殫神疲，將畚手胼，藝穡足胝，桔槹之聲絕歌，而驅蝗之禱方殷。林子慰之曰：君其勞乎？田父答曰：主人不聞天施地生，萬寶胥成者乎？遇時接節，因候布功，挹水於澮溝，遁曲引，剪蕀於塗野，廣林平，西成有秋，子嬪燕衎，鷄豚黍酒，同井懽欣。林子曰：勤而享報，不獨於農爲然也。雖然，其亦病矣田父笑曰吾勤四體分五穀服輸官府壺漿於主人者計地供賦不爲威屈不爲利誘不爲口腹逢迎不爲順指側媚南畝乘風西疇弄月放然自得視世之齷齪且爲暮焉奔走貴顯足趦趄而口囁嚅者其病尤甚況今天降旱魃赤地黄土吾籲上帝以憫下民引過訟心不敢假易較平昔作苦原濕膚瘀髮集勞勞不息者其病不猶更甚乎吁使彼釋其服勞於尊官飲食於富厚以孝養厥父毋比諸田家之擷蘭採芑承筐酌水媚兹田祖不十伯倍蓰乎田父笑

而不已子與氏有言脅肩諂笑病於夏畦斯言蓋有
感也余亦哂而爲之述

續哭說　　林涵春

季蓉洲先生作哭說，余以笑續其辭曰：今古英雄不輕投人血淚，眉尖一蹙，豈浪爲號咷者乎？申包胥之哭秦庭，以存楚也；賈長沙之哭厝火，以安漢也；謝皋羽之哭西臺，懷故國之蒼凉，感友生之難遇。詩曰：可憐無限西臺哭，化作江聲日夜流。稱千古絕淚，千古快心。蓉洲二十而文章，三十而巍科，四十而膴仕，盱衡宇宙，蹈籍貴顯，偶宦轍屯邅，效阮藉之窮途一哭已矣，豈敵秦庭、西臺滿腔熱血哉！晉人謂阮步兵苑後千山無哭聲夫步兵之哭豈僅窮途蓉洲瘴海孤踪梅溪旅困風木之悲摧蘭之感飄萍落籜歷歷動心不由人放聲淒惻號咷慟絶余維古人必有哭之性情哭之氣骨哭之膽識而後能如包胥如長沙皐羽今人無此性情氣骨膽識不惟哭不會哭笑亦不會笑平居嫗涼驕語臨事脅肩側媚至於無端而悲無端而戚不幾與驪夫人之工夜泣祿山之效兒啼趙師睾之作吠作鳴同一噴飯若先生窮途之哭直與孫登長嘯林木振響萬籟俱寂也嗟乎古今來能

哭者幾人哉

木兌

二

長安庖者說

閩中林涵春

西京雜記長安庖者典午氏善調齒切膾以香芬和釀清馥之味雖醽醁露醹莫過也而盤飧脩潔餚核珍奇肆旁多列圖史盆石烹割之暇整衣躡履口喃喃句什輒善人意滑稽可愛以此諸貴遊凡飲食必之典午氏日車馬雜踏肩摩踵接常自負厨鬥非他庖比於是名傾長安往往酒行樂作流連酣暢但少一佳麗當壚恨恨耳庖者初遇諸貴遊避席叉足奔走奉觴惟慎久之諸貴遊假色笑禺坐隨與貴遊狎

呼盧攘臂忘其爲庖人諸貴遊亦忘其爲酒家保也嘖嘖便給雨覆雲翻長安一時是非爲之顛倒又無賴少年奉頤指口畫都人士側目避之無何諸貴遊稍稍引去而門前冷落車馬漸稀矣與午氏氣阻意銷彼借筋促刀輩亦鳥獸奔散銀釭夜冷金谷園凋與午氏不禁撫髀欷歔潸然出涕嘆昔時釜沸雷鳴今蛙塵突蒲錦瑟牙床忽寒煙而衰艸也毯火熒煌忽空庭而寂寞也行籌高唱忽影斷而聲寒也人生勢利富厚倏爾銷沉不幾令酒債笑人人自笑也乎

噫使典午氏終始安庵人徑實托易牙善謔劑烹啓要高談自許猶滑稽本色抑何矜狂直庵人耳安足論也

河橋紀事

林涵春

聞天之於人也尋常者與之庸福豪邁俊爽之士則以震撼挫折之廑堅其定力昔王叅元失火柳河東遺之以書曰若果蕩然泯然是祝融之相吾子也柳子爲叅元賀余友陳子卜築桂枝坊之河橋而遭火而居不燔昆季亦人亦夫文豪俠骨久許同輩值季蓉洲先生艱危困厄周旋竭力終始無懈色予每過河橋風晨月夕四顧瓦爍頹垣不禁神傷退而爲陳子賀當巨熖震天赤地焦土陳氏故廬獨存先生琹

書無恙雖祝融之相異於叅元而人事之感不無天意冥冥理數不可知而可知俯視河流漪漣木藻浮緑凭欄舒嘯籟寂天空昆弟子姓執經函席怡然晤對五載先生旅次藉以破寂今入都旋里予感舊事并賀河橋之遺昔人於憇茇次猶有追慕高蹤以誌不忘况其晨夕盤桓者乎

鴟妬

林涵春

漆園遊梁甚於野見二鴟食腐鼠歛翼俯啄自如俄雲際翔青鸞若飄然下集盍其歷泰岱過鄒繹鳥皆摩空俯視萬物而來也二鴟狂駭疾號病其不已覬也且慮腐鼠而爲所餉聲啾啾淒切呼群鴟張爪鼓翅以拒狂號未已而鼠已飽他鴟矣嗚乎鴟巧飼食而竟不自飽亦勞矣哉鸞翔青溟寥廓之際毛羽文章絕類離塵雖淇園竹實飛露醴泉猶翱翔審視豈俛首下心伺群而爭腐鼠者乎南郭子烏經稱鴟性

林說

媢智而有勇善伺主人優离意嘗笑鵂鶹之拙托處幽棲不若已乘便利勢搏擊悍鷙以肆其猖狂也不知弋人設腐鼠潛繒隨其後鴟亦愚矣哉不識高曠之鸞又不知幽棲之鵂以媢見弋安在其智與勇也

文魔

林涵春

先輩言作文可以除煩，賦詩可以却俗，以其迥然塵表，謝絶紛囂也。即有人事相接，屬詞命句，而必婉以致辭，諄恂而來請，故有文字知己之感。若措筆於俗下應酧，以無可稱述之人，擱筆經營，卒然立促，不特心與意違，言出俗忤，泛泛相值，有文如無文，有字如無字，文離其説，懟恨久之，却之不能，謝之不得。每遇斯境，墨瀋筆枯，恍然簡端有千百怪魔苦惱束縛，既怒而笑，旋笑復怒，豈非文鬼困人，借此作病狂發熱

林上 一

軀之追之者耶噫其可慨也

文刼

林涇春

文章愈工而人愈窮若有造物主之者其工也或相之窮也或忌之不知忌之實以相之也非文能窮人人窮而文愈工又何恠乎造物杜少陵持長鑱於荒谷不能以詩歌博一飯而嚴武韋皐常欲殺之為快千古而下有非皐與武未有病少陵者嗚乎貴人一飯之不易嵳至今日尤甚世無裴晉公請以三千字碑文一字酬一縑而連篇累牘不能換稭米一斗者且有追感遇之知己叙述其父兄而子弟反矖譏嫉

之文有以不相識之行實索賛引少逾時則欲驅而
毆之嗟乎安得昌邑令之牛脯共少陵一飽而哭也
昔元徵之作絶文會欲盡焚筆研吾不識旣往文字
之刼更奚若也苐以目不及睹幸矣

玉腕蘭賦　　梁溪季麒光

林君奕善爲兵憲何梅翁先生作玉腕蘭賦命余續後因挑燈坐雨濡管搜腸寄客思之蕭涼寫幽香之清寂云

惟蘭之質生於深林的的青青丹穎紫莖曰竹曰石爲素爲金鳳毛香帶翠澹碧沉當其疏分百畮孕馨九畹含潔園幽瑳姿宕遠隱谷則尼父興悲湘江則靈均寄怨泣靡蕪之非偶羞蕭艾以爲伴所以當堦迸秀入夢徵祥滋露叢發受風囬芳蒔沙石而根茂

沃湯茗而條揚貞爲君子之德清當王者之香於是排朱戶藏綉閣羅芳亭圍翠幕綺筵列而燈張紅袖輕而歌落樓前之纖手低揠簾下之星眸近索重重碎玉片片眞花傍鏡臺兮爭落粉襯雲髩兮缺堆鴉南牕兮飲露東牖兮籠霞黃磁綺石玉茁瑜芽香浮兮佳人之鈿芬留兮名士之家故其爲芳也婉以閑其爲媚也清以越泛明彩於宵星飛素英於曉月陋倩女之顏朱比洛妃之神潔既玉綴兮珠垂亦氷懸兮黛結信春苑之僊人誠夏欄之幽客若夫種名玉

腕本傳金谷葉嫩出兮綠柔莖抽新兮素束蕋遞翠兮如珠花呈姿兮似玉色淡黃兮傲綴雪之輕梅影静碧兮笑披銀之叢菊爾乃携來沅芷採自石門洞開春牖四卷羅軒分秘省之香署依觀察之薇垣森湘蘂而無語紛瓊蕚而不言座上之筆花落紙燭前之墨瀋横樽輕烟細壓弱管徐翻斯足賞其孤致挹彼氷魂者也

以茶換筆紀事長歌　梁溪季麟光

奕善世丈以新茶向余換筆兼作長歌相示率爾走答仍用篇字

雲林主人老更顛清癯落拓雄詩篇興酣揮灑累數紙脫腕往往生雲烟至今六十復精健長歌短幅都成編忽然見我發狂吽近來筆墨類枯禪管城已老纖鋒少臨池重躓殊堪憐頽禿瀋澁不能書日日欲買囊無錢我有篋中筆一床苕溪老嫗濟澤鮮禁者居前毳者後参毫束管隨方圓嗟我手腕弱且拙塗

一

鴉蚓曲懃艸玄從前不夔江郎彩懸針璽薤皆茫然
老顛昵筆不釋手懷中携出雪峯尖云是山僧春前
火清香的的雪花團一水兩水破枯悶五椀七椀清
風旋時我襆褐正潦倒覊栖病渴悲文園懸鐺乞米
愁肉食紙窓風雨欠伸眠鶯花悔别五湖上六年不
飲梁溪泉安得洞山數片芥滌煩療渴漫沸煎生平
耐茶不耐酒見此雪峯口流涎憶昔黄庭曾換鵝山
陰道士原非慳文聞南宫扇換石振衣下拜稱丈前
古來名流多好事閒情逸韵今猶傳老顛换筆不計

值兔毫管手喜輕便捧持向我長笑去須臾滋墨白雲邊寄我新詩向我飲茶香燭影曾流連應令滿腹生清冷不教懷袖褁潺湲才人筆似美人剪鏤剔雕栽花樣妍以筆貽君君所寶手中朶朶呈青蓮我今作歌坐清夜吸泉煑茗興逾堅何時同上塔江樓看君握筆大如椽

林子雲林才而不遇落拓詠諧人皆以顛呼之余亦何能爲雲林辨其非顛也才人玩世自托踈狂千古同嗟是非雲林不敢顛亦非雲林不敢受人呼顛因作十顛詩以紀之　季麒光

如君文字任君顛握管排場壓史遷鄴下應劉恣喧點百靈驅使六朝前

如君詩句任君顛樂府藏名幾十年大曆貞元詞客後海天畱得李青蓮

如君丰度任君顛瘦骨修骸秪自憐七尺昂藏雙目

嫺長頭白面腹便便

如君結客任君顛白酒青山誓魯連揮淚曾畱燕市

上吹簫擊筑記當年

如君意興任君顛蘆酒朝沽夜數錢擁絮挑燈狂嘯

處漢書讀罷又唐箋

如君慱雅任君顛綠字丹書乞上天更向枕中探秘

第三憣六帖恣搜研

如君生計任君顛早負城西穲稏田白首生涯惟削

硯阮囊羞檢賣文錢

如君踪跡任君顛東走吳江北走燕千里長饞懷剩

剩陸機去國屋三間

如君詞辨任君顛口似懸河舌自堅不是灌夫徒罵

坐揮毫謿笑在當筵

如君崛強任君顛自哏嗤他脱屣緣呼烏呼牛人欲

殺爲歌爲哭自年年

許月溪園亭看演邯鄲夢陳紫巖先有詩成續

和七章　　梁溪季麒光

未熟黃粱本是真仙翁多事漫相尋於今夢裡爭看
夢誰見當場夢裡人

一部邯鄲夜叫憨悞人殘夢是痴貪半生幻想無消
息那得親從枕上參

金天醉後事如麻千古排場處處賒飯熟可憐人已
醒回頭空說舊風華

深閨也自巧寅緣開口驕人十萬錢眞恠黃金尊世

上夢中錢亦可囬天
由來富貴自無何一飯因緣也較多舞罷歌移人醒
後百年彈指幾經過
兒女讙呶一瞬寒繁華聲影總無端好將柱地搘天
事盡付搔頭拭舌看
臨川才調足風流譜出人間百歲愁若箇瞢瞪猶未
醒看場燈火笑前頭

題陳紫巖讀貨殖傳小序

季麒光

余旅食河橋長貧長病非鬼非人如魚被鈎如鳥受罣如寤而入厭憂愁束縛於今三年求所以釋貫弛韁蘓厭飫而還醒覺終鮮謀寡術傷哉貧也祗從做裘褁怨枯毫涌涕而已紫巖先生貧能讀書以所著貨殖傳小序及感懷十章見示因歎從來富貴貧賤正如塔莿花草時榮時萎原無定局富貴人貧賤人又如場上衣冠忽去忽來亦無定相獨當其遇者爲難忘耳而處貧爲尤難箕疇六極不曰賤而曰貧法

輪三小刼亦首曰儉則貧者人情之所惡而造物則時以此厄人孔子自言吾戰則必克祭則受福而初未敢謂居則必富也史遷當日自傷貧困不能自贖借貸殖一傳以寄其悲憤羨慕之思亦即孔子富而可求執鞭願爲之意乎紫巖生盛世蔭華冑而有才無時不克展布畢箕之風雨龍漢之水火盤互叅錯未免窮愁之感然讀其詩文激而不傷憤而不怒可歌可泣而無怨天尤人之咎推紫巖之心直欲飛文摛藻以筆墨爲揶揄覩彼慳淵貪壑積著雖多亦將

等諸湏彌之螢火而不肯以此易彼余故取而弁之

且爲之和以見士君子固不憂賤亦不當憂貧守此

窮塹勿爲銅臭所攻擊弁爲所薰染也

和詩十章

擾擾熙熙未足嗟利來利往揔居奇床頭若箇黄金

滿贏得驕人昏夜時

何湏巖穴慱名真千古排塲一富人智計爭稱巴寡

婦笑他處士只長貧

販糶販糴費經營閗智爭竒競治生富厚自尊仁義

賤問誰留得舊金籯

驕語王侯一擲中報讐任俠敢稱雄自言家有眞黄

白誰不低顔拜阿翁

觀變趨時力有餘素封氣勢近何如生平不解謀生

策有于先教貨殖書

挑人長袂倚樓前一曲千金買笑錢頭白自矜揄揳

好翻羞荊布不嬋娟

誰家裘馬逞呼盧云是臨邛舊酒奴我自金多君莫

問于今豪貴半長鬚

大賈平頭意自賒一揮十萬儘豪華可知天上金銀
氣不到人間處士家
駔會初無識字憂盤飧車騎恣交遊自誇樽酒能留
客手劈蒸豘餉五侯
藿食饑棲自黯然相逢夜語解相憐半生不作繁華
夢錯認詩書尚值錢

題三焚草　　季麒光

三焚草者翠微僧遠公所刻之詩也遠公嶺南名家子壞衣髹髮修瑜珈行挂杖拈錫歷遊於燕齊吳越間爲天童首孫今則歸空於三山之翠微禪寂之暇以詩自娛闔宗多曹溪而濟上之支庶絕少學士大夫又不喜與方袍大衲叅証果覺故遠公之名與遠公之詩皆隱而不傳余幼皈心内典曾受靈巖退老人記授雖波波没没不能撒手因依而餐風味道積有深懷所遇宿德必叩禮焉羇情愁絕獨緒蕭然與

季

和木齋於康山僧含得從遠公印談允讀其三焚草

詩昔伽陀若患目學思聚三大火以歸世間文字一

曰炎祖龍之火以歸儒二曰然須彌之火以歸佛三

曰扇丁甲之火以歸道得此三火以銷歸一切無根

言語即使大地爲紙吾以寘心閉目置之而有餘達

公棲心物外謝去鉛華何必領解標悟以多生筆墨

滋此慧業不知其真參廣智皆從如來文字海中流

出一吟一咏莫非曇無竭之寶床金牒即欲焚之必

有赤幡白牛之天神執杵而護之者三焚云乎哉

題惟渣上人所藏伊祖墨蹟册子　季麒光

忠孝佛性也忠臣孝子佛種也昔遠公考室廬阜與劉遺民輩息心誓期一以忠孝爲本曰君諸人皆如來賢弟子也大慧杲禪師亦言我雖學佛而不忘君父之心與忠義士大夫等故張魏公銘之曰嗟師何爲拳拳忠孝盍佛性猶是也禪機猶是也未有不忠不孝而不斷佛種者惟渣上人以渥洼家駒皈心梵覺而綣綣不忘先澤奉其祖漢橋先生遺筆慎重而表章之使祖孫父子淵源稟訓借尺幅爲羹墻因嘆

惟渲忠孝人也是有佛性而不斷佛種者也莊生有云儒家以詩禮發冢宗師家以佛法發冢蓋忠孝一源如水行地儒與釋同歸共派倘以依空體寂爲惟渲口實所不必矣余喜渲以儒爲僧而知其用意之不苟也客舍河橋秋容似水即拈示佛性消息惟渲而附書於諸君子之後

跋長安庖者說

梁溪季麒光

長安庖者說林君奕善讀史有感而爲庖人咎也余謂人既庖矣附腥逐臭乃其本來生計亦何足咎獨其始也調羹修脯以味結貴遊之歡門巷喧填未幾而罏空鼎冷倏焉寥寂爲人訕笑因嘆世味之濃淡不常而貴遊之嗜好不足恃也況庖者以庖爲業非前肯而後薄也非彼豐而此嗇也庖人容悅之術亦非前工而後拙也非彼恭而此倨也一臠之製一鱠之設必擊鮮調脂烹之炙之聶之劊之異當貴遊之

意而後止故妻兒之計晨夕之謀下至傭保襍作奔走恐後而不以爲慭自宜術曰益精使天下之人望其擅薌而求附以爲好乃何以始耳之終厭之當日他庖之群相欣羨而嘆爲不可及者今則群喧群棄而無以自解也亦可悲矣嗟乎庖則已矣彼世有非庖而行同於庖者其心計庖也面目庖也語言笑貌亦庖也經營則視庖而愈勞彌縫則視庖而益苦所以結貴遊而交相稱引者無所不至倘一旦車馬蕭然戸無留人其榮辱炎冷之感必有甚於庖者盡寄

之老顛嘻笑怒罵中矣

紫籐花庵看梅小記

梁溪季麒光

凡花之以香色稱勝者不一而梅爲最優故羅浮萬樹庾嶺千章壩橋之殘雪孤山之明月無不瘦幹清盈孤根回曲呈香弄影於山巔水畔而梅之芳潔遂與高士佳人並著紫籐花庵爲月溪別業中有竹梧蓉桂諸品前有方塘環帶魚鳥相上下旁皆斗室間續幽折書史圖畫几榻楚楚梅花數十株或臨池或倚石或緣籬而窺戶疎密掩映故花庵之勝無時不堪怡賞而更宜於迴風舞雪之時南枝初放隔簾半

白枝寒蕊冷之景則又花庵之白香一条也余自棲遲以來雲封旅甑霜冷河橋已自委於蒭莢落素矣月溪敦篤古處索我於折脚鐺邊得從群公後武徘徊舒嘯不致有葉沉花謝之感然不免酡顏發赤耳首正二日月溪亭梅香豔天南花信逗泄春前余同諸君子觴飲其下酒酣香靜屢遷共坐懽暢竟夕月溪命余記之余因思古來詠梅之辭莫逺於明月照積雪莫韻於巡簷共索梅花笑何水部官閣一詩正如光音天人絕無人間秔稻氣廣平一賦則以鐵石

肝腸爲清真雅正之主至若林君復之暗香疏影髙季廸之雪滿月明皆從衆香國中爲梅花持丗復何敢以效顰學步標舉氷姿玉骨乎然是集也樽罍歌嘯賓主倡酬絲竹陳而不御禽鳥列而弗害味東坡憑仗髙樓莫吹笛大家留取倚欄看之句梅花有知當亦凌風却月縞袂扣門耳時同集者柴桑金惜圃次君紫次桐封和木齋鑑湖徐抑庵中山王瀛一逢年絳陽李瀛侯渭侯汾侯記之者梁溪季蓉洲花庵主人則許月溪也

詩

榕城紀火

季麒光

嘗考釋典言刼者有小災三曰儉病刀有大災三曰水火風若彼焚林燬宅之火勢雖不能炎於崑崗而生人所罹亦刼中一小厄未嘗不爲之憑弔焉余榕城旅寓瀕於火者凡兩遭皆危而後安夫以燎原之勢乘風肆烈巍樓峻宇倏焉枯朽而余寓巋然獨存者不可謂非天心人意之感名也當余甲子渡海不敢以妻兒共試波濤蹴居桂枝河上爲黃氏舊業陳子亦人實經理之因番島荒疆官其地者將衣食之

不諆不能以餘力償其租值黃氏遂惟亦人之是問亦人貧無以應又值内子物故停柩於中亦人乃售其所居轉受黃氏之業以居余丁卯冬余得西旋命兒扶櫬歸里亦人始入新室迄今風雨晨昏自嗟形影蕭條凄愁欲絶得亦人昆季相依起處少慰岑寂戊辰十月之晦大火從朱紫河東來是日到燒丁女相爲鼓盪不俄頃而已有震隣之警余因私祝曰陳氏舊居城西隅其遷於桂枝也寔惟予之故亦人亦夫固貧士況有寡嫂幼姪或不戢將奈何彼郎自安

乎我則何以爲心也火竟及墻而止已巳十月望復
火於西其去亦人之居也爲更近勢將不救無何風
返火息亦及墻而止嗟嗟此屋何幸兩遭烈焰而得
如魯靈光安全若昔耶昔李茂事母孝里中失火延
燒數千家獨茂屋無恙人謂不燒孝子之家是仁火
也今亦人慷慨自好敦篤道義不以久暫易心不以
炎冷易念數年以來爲余經營商酌如親骨肉凡其
所爲皆人所不能爲所不肯爲者亦人昆季將不[illegible]
謂古之善人乎安有善人而不獲彼蒼之佑者哉則

其免於火也非倖也寔天之報施不爽也而余之徼
福於亦人者誠非淺鮮矣

二

福建省圖書館藏書

愧齋文集略一卷詩集略一卷

［清］建寧連青撰

中國國家圖書館藏清康熙間刻本

愧齋文集略一卷詩集略一卷，清連青撰。青字柳村，號東山，建寧人。康熙二十年（一六八一）副貢生。教習鑲黄旗，授四川合江知縣，刑清政簡。旋以母老告歸。再補浙江松陽縣，秩滿行取進京，歷户、刑、工三部主事，致仕歸。工詩，撰有詩經擁篲等，輯有綏安存雅。

文集略前有陳箴序，稱於康熙三十六年丁丑（一六九七）春過柳村，快讀其文而序之。又詩集略前有同學何梅序，言連氏拜合江縣尹，未一考即歸養，乃盡檢其平日及入蜀出蜀詩，屬徐鋭、何梅排纂删定。集前皆署何、徐二人訂，而無一字涉連氏任松陽令及京官事。按集中瀘州信宿税亭「也解戴堯天」句自注稱税亭「康熙三十四年奉恩綸撤去」云云，又檢其前後詩，知此詩作於連氏赴蜀任途中。揆以上列諸條，則連氏之任合江令，或即在康熙三十四年，此集之編纂，當在其再補松陽令之前。又朱仕琇屏峰集序嘗慨連氏遺書尚無好事者爲之蒐輯表章，其後期所作或未收入本集。

詩集略區以體格，凡五言古二十、七言古二十五、五言律八十九、七言律五十二、五言絶四、七言絶十九，合二百餘首。何序云連氏平生於詩得力者尤在杜甫，其衝口而成、信筆而寫者，畢肖於杜詩。連氏亦自稱服膺杜詩久。其讀姜子山感懷詩漫次元韻四首，自道生計之難，以至家徒四壁，飢寒相兼。蓋連氏自負其才，而身世困頓，與杜甫相仿佛，不平之氣亦時發於詩，尤以入蜀時爲多。

文集略分序、引、記、書、傳、行狀、論、賦七類，計二十餘篇。其思蘭譜小集記，凡描摹十餘人，雖寥寥數筆，尤能人各一態。書類皆代古人擬作，如擬燕將答魯仲連書，責魯仲連以大義，仲連於是悔而逃去。蓋司馬遷以仲連不合大義，連氏承其意，高燕將而鄙仲連。又西子報范蠡書，表西子不受范蠡之招，自道當日登車易服，乃爲救越，非爲亡吴也，今身既爲亡國賤俘，有死而已，無心靦顔人世作五湖遊。傳類之彭城童子傳，以童子喻銅子，洋洋四五百言，曲盡錢之爲物，比擬自然，摇曳生姿，不失爲奇文也。又六幺娘子傳，寓指明妃之隨身樂器，寫其遭際不幸而寄託感傷者。凡此類者，皆貴能別出心裁而自爲創構也。（季忠平）

愧齋文集畧

昔劉夢得送唐如晦貢澤宮詩曰秩秩澤宮有的維鵠祁祁庶士于以干祿言如晦以信誼爲良弓文學爲菆矢規爵祿猶衆禽也又曰彼鵠斯微若止若翔千里之差起於毫芒蓋傷同一操術或幸或不幸其差始僅毫芒而其後彼此相去奚啻千里其三章四章則言弓矢既調臧不由我而終勉之以將也烏虖遇合之難如此彼言先王之言欲行先王之道者車乘雖翹舍招我而無由亦足悲夫昔者吾友候官張一衡嘗從事於斯當其始至澤宮觀射未嘗不追憾前此既得而復失後其

差益甚方知矢發乎羿彀而中微由於他人烏可強也遂韔弓收視不專用力求伸於百步外惟研究其術以庶幾巽日無過不及於雷封百里中發憤盡棄帖括以古文出人公卿間寸楮尺牘獲者寶之至交口以博學宏詞聞是何其失之易而得之難也夫人情當摧折之餘鴻飛冥冥固非所篡至獨行寡偶思欲以虛弦求一落鴈而不可得宜其羞已乃跡愈困而名愈噪當其胸有所得而注之手視掌中若轉彈丸則又翛然自喜以爲前無古人後無來者之差堪儔匹也烏虖同一學術

不有善窺作者消息鮮不訶拆括外之竟無其人矣後
一衡二十一載有綏安今之連子柳村者其文章遇合
初與一衡不差累黍論者目爲侯官勍敵信然獨年小
一衡惜當時無有以博學鴻儒聞之者而彼亦自比於
養由基之善射善息終不欲以技鬭故當其索米長安
未嘗掃門求見一達官顯者則其中所得高人一等可
知矣逌選法積薪需次家食益肆力左國史漢發爲古
文詩賦體裁爾雅尤善詞命如齊桓會葵丘而告諸侯
燕將荅魯仲連西子與范蠡唐宰相復昌黎諸書一二

令人結舌何其工也嗟乎向使柳村得與計偕而登進士第所膾炙人口者不過制義若干首而止亦安有著作如許使人篇篇稱善若是耶然則由斯以覩向所謂不幸者烏知非今之所謂大幸也余與柳村交稍後一衞丁丑春署綏安一日長鐸未及奮與綏中諸子過柳村煙舍溪畔尋花賦詩飲酒因快讀其所爲文而序之如此賞心樂事雖出一時而不自覺其傾倒此中久矣

晚簾陳箴譔

愧齋文集畧

閩綏安連　青栁村甫著

同學　何　梅雪芳　甫訂
　　　徐　銳宣子

序

李忠定公文集序

天地之氣渾渾耳燦而日星鼓而風雷渥而雨露流而河海結而山岳其氣之餘乎迫散而草木而蟲魚則又餘之餘乎人得天地之氣浩浩耳治可亂亦可去可留

亦可榮可辱亦可之乎仁而溫之乎義而肅之乎忠之乎孝而純其氣之餘乎而或溢而爲文詞則又餘之餘乎其人傳其文未傳傳其餘可也其文傳其人不傳幾無餘也不傳可也漆園誕龍門逸子虛夸太元奇扶風莊鄴下富其所餘者止是耳而所以蓄其餘者無有也蓄者王之餘者賓之蓄者帥之餘者役之禹皋餘謨尹餘訓旦餘誥孔氏餘春秋屈餘騷董餘策陶餘辭諸葛餘前後表陸餘奏議汾陽之餘拜官一疏雎陽之餘登陴一詩其或宣之也而藹然或防之也而屹然或抑之

也而脅然或激之也而勃然大哉餘乎非甚盛德孰能
蓄此乎迨有宋氏養士三百年道德文章後先蔚起類
能用其所蓄推其所餘較漢唐爲獨盛而岳武忠定李
公匪直以餘傳者也公以政和二年第進士歷事三朝
時介乎治亂迹介乎去留名位介乎榮辱之間始而論
水災贊禪議也其氣奮既爲相僅七十餘日乃定經制
寬民力變士風理財賦繕城壁也其氣大痛哭陳情至
欲以笏擊邦昌頭也其氣烈尋罷知潭知洪知福因事
獻言惓惓乎畏天恤民而自彊自治也其氣堅蓋公之

氣足以塞天地薄日星感風雷蒸雨露撼河海亘山岳素所蓄者匪朝伊夕矣則於是乎氣餘節節餘事功事功餘策策餘諫諫餘憤憤餘憂憂餘感感餘文至于文是特天地之草木耳蟲魚耳公以文傳乎其文以公傳也公所著有易內傳十卷外傳十二卷論語詳說十卷詩文奏議百餘卷跡其所餘皆克其所蓄而有裨于時者之所爲也如湍斯注如砮斯渟如金石斯宣余嘗三復其文而悲之而想見其爲人郡人士掇其尤纂其要擬付剞劂氏以存型典余告之曰讀李公文者朝披之

不旣夕夕紬之不旣朝愾乎如聞焉僾乎若接焉勃而興焉於悒而若有亡焉樂而油油焉栩栩焉而後乃今知天地之正氣在是也其庶幾乎若猶未也其餘不足觀也已

送龍二爲先生調臺灣郡丞序

先生旣陛見而南還也其明年春臺灣之命始下論者謂以先生碩德宏才宜左右帷幄躬夜沃之任庶足展其命負爲鹽爲梅爲霖爲舟檝可耳今大臣薦之　天子知之僅留邸數月而罷得毋如漢文之於季布謂河東吾股肱郡故特召君耶而仍以半刺量遷海澨也耶曰東南莞鑰哉固當處以監司寄以屛藩措置方畧左宜而右有上宜　朝廷之德意而下達蔀屋之情形庶幾哉瀕海內外直尺箠使之矣今且佐大郡秩僅與漢

都尉等上則跋之下則覽之即夙夜奉行文書惟謹號稱賢能亦半爲太守所掩無傳者則先生之遇而不遇也靑曰否哉昔宣帝欲擢人爲公卿必先試理人情且以爲刺史使周知民間利病俟報政而後用誠重且愼也先生以名進士視草中書一旦出而以經術潤飾吏治聆武彈丸猶掇之耳即無幕府中丞交章薦舉 天子豈不知枳棘之地不可以棲鸞凰哉而臺灣之命豈其置之直再試之非苟而已也且夫臺灣之民亦重困矣自明季數十年來始困於寇繼困於兵及海氛旣靖

稽首歸命乃爲之則土壤定簿賦築城堡設官吏而蒞斯土者顧且詹詹焉謂魚鹽之富材木竹箭之饒蠙珠金玉丹漆之利畢產於是而不知其蒿榛之滿目也則又困於宦先生行矣其甦此一方民命也　天子豈無意哉綏邑材官曾護送甲仗浮海者數爲靑言臺灣去閩徼千餘里發廈門望金門歷彭湖嶼抵鳳山諸羅皆海道也其民率土著自入版圖來衣冠文物耕鑿闤闠行旅之往來估客市舶之出沒悉無殊中國其有深目卬鼻倮跣跂跔者亦雜處危崖階壁叢箐窖霧間蓋溝

坱無際云先生具著述才簿書之暇採其風土之異同
紀其道里山川之遠近驗其户口之多寡氣候之寒燠
編爲成書他日者入覲京師前席宣室拜手陳謨以補
方輿圖之所未備使後世曉然于經術經濟無異道也
先生洵一代偉人哉而世猶以外補者類左遷爲先生
太息則何也

泉州郡司農徐公商澤壽序

皇帝三十九年冬　詔諭十五道部院大臣各察其屬吏能否繕寫箚子以進於是溫陵別駕徐公以計典與上考例當遷適邵橋建寧鈌官建故煩劇號難治兩府既才公則檄公來攝縣事公既至則下令首議徵輸務畫一且曰什一而稅　功令也其雜項輸自官不輸自民則悉除之與百姓更始次議建義學曰官先事士先志乃令之寡廉鮮耻者皆是也則守令師儒責也過江月亭見褰裳渡者斷斷如也曰俾彼舟楫其不病涉乎

登何山山故有閣閣且圯形家者言曰山形突如覆鐘閣去則如人具衣裳而不冠可乎民紛以天厲告矣公亟割俸以倡葢仁人重視民休戚其事之緩急理之疑信勿計云予聞官以攝爲名視去來祇如傳舍其上者循故事坐堂皇閒出入簿書唯謹下此則眈眈逐逐且夕持前官短長計橐中裝倍蓰然後去而百姓之疾痛則越人視秦人肥瘠已耳公之來也不朞月釐弊舉廢次第秩然誰謂攝者不當如是耶嗚呼難矣建民既德公靡以報公則以公誕於三月朔七日謀壽公且丐予

一言以不朽公乎嘆曰建民欲私徐公耶徐公豈一郡
一邑所得私耶公起家華閥爲江南提督太保公仲子
初筮仕以善清書隸樞部　御試者三咸稱　旨亡何
出爲泉倅泉故多賢士大夫公習與之遊得悉民間利
病治學舍作鼗鼓椌楬壎篪竽瑟諸器名樂舞生肄之
釋菜之日彬彬改觀更建朱子叢竹亭幾欲以經術飾
吏治泉之民既尸祝之既而攝仙遊令攝同安惠安令
所至皆有聲三邑之民又遮道擁馬不忍公一日去今
公且以最擢矣昔張建封奏李藩判徐州時有紗籠中

人之目藩後果作相公耶倅耶攝令耶紗籠中人耶衮衣一領東山之民不得私周公而建寧之民乃欲私徐公耶

張守府五十壽序 代

歲丁丑杪秋爲貽武右部守府張君懸弧之吉時張君駐節綏城也則得綏民心綏之士大夫雅與余善且謂余佐鴛部稔君名甚悉則鄭請余一言爲君壽余何言哉余亦書生耳班定遠有云大丈夫無他志畧猶當效傅介子張騫立功異域以取封侯安能鬱鬱久事筆研仲升豈徒激於賤且貧而爲是言哉蓋其命負然也今

國家海氛既靖四裔稽顙士卽欲效命邊陲據鞍顧盼以示可用無庸也而守不忘戰安不忘危自樞府以下

若大若小悉出而任一方之寄坐擁熊羆建牙吹角隱樹屏藩爲廟堂鎖鑰則其責亦綦重矣則於時戢暴於時息民於時訓士卒於時脩甲兵無事坐鎮雅俗有事即介馬而馳人樂爲用上名幕府紀績旂常此亦大丈夫得志於時者之所爲也張君得毋自喜哉而不然者輕衣緩帶持粱刺肥位高者養尊于上位卑者依違於其下喬英逍遥抽旋作好高春晏起間從數十健兒鬬弓貫矢馳騁於荒郊周原長林豐草之間耳畔生風鼻頭出火獵馬帶禽割鮮行炙頹然一醉且以永日其或

小醜禦人于貨則又牽制文法上下相蒙謂郎停職一二渠魁脅從鳥散功不掩罪何如因循資格積日累月秩滿輙去其勿干禍謫也　朝廷亦何用虛縻厚糈以養若輩哉令張君見之慷慨歔欷且羞與噲等伍矣張君山左巨姓起家韜鈐歷行閒二十餘載總河王公靳公先後薦剡至再至三此余未爲駕部時已知張君奇士曾賦兎罝以贈之矣今綏城薦紳之言曰君下車甫二載嫺方畧而貌若不足與士卒同甘苦而威則有餘人馬飽騰寇盜駾喙編氓樂業熙熙攘攘幾若不知爲

誰之力也者洵公侯干城哉余葢嘗謂太平盛治所恃以安民者惟吏而所恃以統軍者惟將將不戢兵兵不知將咆哮憑陵則吏即欲安民而苦不可得綏嚴疆也前此數十年儆於寇者十之三儆於兵者十之七民胥溺矣其何能淑則有望帓首鞲袴握刀佩弓色變而却走者哀鴻紛紛矣張君何獨能使兵如其民民如其兵卒用洗數十年驕忿之積習而補吏治所未逮耶宜綏人之亟欲致三祝而不能忘也綏人之欲致三祝而不忘也是即余之以不忘者代三祝也余書生也何言哉

何言哉

黎愧曾先生筆記序

先生既以詩古文名天下出其緒餘彙爲筆記怪似齊諧嚴同魯史先生洵博雅君子哉聞先生居秦中最久甲乙之際河東西用兵羽書旁午賀蘭山下赫勃城頭黃雲晝起風沙刺人肌骨滿漢兵介馬横馳刀劍聲相磨自昏達旦一切芻茭糗糒悉責諸地方有司先生膺專城之寄手畫口授供億立辦間單騎乘障行四百里無人烟之地將軍借籌士卒請命而鈴閣之下楮生管子左右從容凡山川土俗里諺童謠勝國輿朝稗乘疑

案偶閲偶見輒隨事手書收入奚囊敗絮飛緜悉成錦綺豈惟其才而器量亦過人遠矣昔唐張巡居圍城中大小七十餘戰羅雀掘鼠裂創飲血而聞笛一詩風流文采千載下猶想見其人先生雖功成長揖適有天幸而慷慨國事字裏行間孤忠自寫視睢陽奚愳哉讀先生筆記亦可以知先生矣質扶又爲予言先大人起家理官歷大叅遊宦二十年家居日逢除夕見賣黃柑者欲費百五十犀錢而卒不可得噫嘻此又一軼事也請以附於筆記可乎

壽李翁百歲序

予竊嘗疑箕陳洪範九五福不先以攸好德而先以壽甚非彝倫攸敘之旨解者曰是教民老老也次以富養恬也毋拂願也次以康寧老者得其所也次以攸好德壽而臧也於是而考終上無失道下無慚德矣顧三代迭興養老之政莫詳於膠庠而記之釋鄉飲酒義也六十始三豆等而上之九十之豆惟六而不言百歲漢興去古未遠其詔曰耆老以壽終幼孤得遂長賜民八十米三石九十以上帛二疋絮三斤亦未聞有以百歲稱

者由是觀之匪直也德壽亦綦難之矣南華稱冥靈大椿春秋以百千計而謂錢氏之八百同於朝菌豈漆園固多放言與世且稱周伯陽娠母腹八十年而有此與空桑生尹何異太史公上下古今人物摭拾其行事至傳老子不過曰老子古隱君子也又曰為尹喜著道德五千言而去莫知其所終葢百六十有餘歲云或曰二百餘歲卒存疑而不敢傳信而又申之曰葢其脩道而養壽也養以道即洪範攸好德之義云爾後桯史二千餘年而有李翁貞明者生於閩之綏以　今上三十有

八年而得歲滿百母乃伯陽苗裔耶予聞其行莊莊乎
士其居恂恂乎孺子是謂天全天全者天樂天樂者天
放矣其得百歲而未艾也固宜夫海上迂怪之士多稱
神仙乃徐市侲男女望蓬萊而神仙終不可見神仙果
何如人哉予謂神仙亦隱君子茀年歲差永耳今翁既
百歲矣而飲食步履無殊年少間或方袍竹杖游行市
中籍不繫逼要口不道聲利俞俞熙熙何慮何營羲和
走馬海塵自生不已侶雲將而大同乎涬溟哉故曰養
壽者修道之謂也獨怪天下大矣令德壽豈豈無如翁

其人者而卒無傳焉豈司牧者失職不知存問與抑民俗漸偷齒讓之義鈌焉弗之講也方今　主上明聖海寓晏安戶口蕃息每思三古慨然歎與二十八年春特諭天下大小吏行養老之政民年七十者免繇役八十以上者賜帑金有差於是翁方九十今又十年矣湛恩汪濊必有加等聞別駕曹公茂宰李公廣文程公輩咸榜其門後先造廬請見置酒拜手行三爵甚驩最後太守顏公行部至縣耳翁名延入私署賜坐語移時割俸餘爲翁壽猗與盛哉諸公亦猶行古之道也予讀禮

寄廬恨不獲與斯舉適翁諸孫介謝生來乞予言予奮筆而起曰是予志也夫洪範五福翁且幾幾備之矣予何言因論次其軼事暨一時盛典可光史册者備書以埀後世亦竊附于司馬氏之傳老子云爾若漆園誕論則猶然神仙迂怪之說也無取焉

募建松溪庵序

天地一忙局也逐利走聲馬瘏轉折疲精役形迄無巳時而忙者忙至於沙門則忙局中一閒人也佈金量㓗飛錫渡杯自西徂東劌心鉥腑而閒者又忙夫忙者求閒而不可而閒者可閒而不能世間果遂無閒人哉有釋悅宗喫百頓棒後席積善禪林爲焚脩地閒矣一朝托鉢而出乞錢于䪻買山深公爲忙乎爲閒乎乃悅宗之言曰予着甚忙哉視髮數十年車騎絡繹酬酢繽紛布襪青鞋拖泥帶水半世閒人轉從忙局裏作生涯更

不知此後宛竟向何處着落鐘聲五夜淚下如雨遂決意捨去卜築松溪誅茆三間繚以周墻蓬蒿滿徑足音閒寂清溪迴環波光粼粼五老芙蓉蒼翠撲襟予得閒地焉於時白雲滿天清風徐發夕陽樵唱夜月漁歌則予閒侶於時蒲團默坐香風委華孤磬一聲嗒然喪我則予閒況爾乃心閒目閒夢閒覺閒生閒死閒一日閒百千萬億刼閒回視曩昔冷然善也世謂予惡閒而好忙非知我者矣綏城士夫聞其言而悲之且曰龕燈熒熒光射林樾秋高風怒雨打繩床終令此僧放閒不得

廼謀易其舊址而更新焉供養十方諸佛不如供養一
個無心閒人其謂是乎東山連子筆研久捐前忙已去
一官需次後忙未來忙裏偷閒因爲之序以勸

齋文集卷

十九

董若谷先生詩序

余非知詩者也曷爲乎序先生詩曰序先生也非序先生詩也先生之詩太史公既手輯而成帙矣曷爲乎非序先生詩曰先生不以詩人自居也其不以詩人自居奈何曰先生自目曰野自許曰狂野而歌石可語狂而籟竹可比先生之不以詩人自居宜也然則野不可詩狂不可詩乎曰奚爲不可有先生之詩而後有先生之野之狂有先生之野之狂而後有先生之詩譬諸水然觸於物滮滮乎其若號也水不自知也又譬諸風然撓

於叢翏翏乎唱于而唱喁也風不自知也此先生之詩也而不然者野疑於閭狂鄰於蕩矣然則先生之野之狂可得聞歟曰先生跡介顯晦間芒鞵竹杖侶鶴盟鷗秋月長吟春花獨醉不亦野乎夢遊懷葛笑揖巢許天子弗臣諸侯弗客不亦狂乎先生之詩野之餘狂之餘耳先生即不以詩傳可也然則先生又曷爲乎有詩曰先生在矣余不幸而不得交先生猶得讀先生之詩則世有幸而得交先生者讀先生之詩其快當何如也即有不幸而不得交先生如余者讀先生之詩其快當何

如也先生卽仍以詩傳可也此太史公手輯之意也太史公者先生冢子能以詩學世其家者也太史公不序先生之詩而命余小子爲先生序詩余小子輒捉筆序詩而又不能上下漢魏唐宋以定先生之詩則兩失也然余固曰余非知詩者也

性齋古文集卷

鈔刻朝詩選事畧序

余家食時故嗜書而貧不能購書則多方借書且鈔且讀間與一二勝流摘類較讐册鉛紛几席于于如也迨爲吏而案牘如山手口交作地衝事繁迎送無虛晷心魂日惴惴而語言日詹詹矣吏眞俗人哉私念俗無可醫也則仍以書醫之余家食時故嗜書故不視生産種花蒔竹行酒賦詩意氣軒豁初不知有病也迨爲吏一年而氣漸塞二年而形漸槁每旦起力疾視事日下舂輙偃仰床蓐間心揺揺然頭骨森森然幾委頓不可救

又私念病無可醫也則仍以書醫之燕常董雪耕先生合江奇士也招余飲輒投予以詩余因得借讀其所藏書牙籤玉軸觸目琳瑯據榻高哦大聲出林屋天高日朗庭樹落葉如雨讀罷酌清醑數琖意暢神逸不數月引鏡自照病去其什三俗且去其什九矣虞山刻朝詩選各弁以小傳類多奇人奇事然苦傳與詩紛錯不便於覽觀余乃彙鈔之凡十有四月得二十卷裝潢成八帙適以是歲陳情養親又居然家食時景光矣因攜之舟中以當關心之藥褁云

且園雅集引

晉趙文子適鄭七子賦詩琅琅乎文哉此後世雅集鼻祖矣栢梁之後西園蘭亭稱最著右軍標格津津人喉吻間獨五官中郎將下與陳思應劉輩擒華擷秀遂有譏其全無皇帝氣象者夫文章之樂不減南面魏風弗競豈公讌諸詩咎哉吾綏諸君子祧建安而禰永和官不熱而冷儒不腐而豪禪不枯而韵以暮春三月集陳君筆農且園奕者奕阮者阮酒熱興酣雲烟落紙凡詩

如干首歌行如干首詩餘如干首界割鴻溝幾分南北覺夜郎王眞不値一錢耳昔太丘星聚千古美談然無有傳其文者終令七襄緘色筆農其耳孫哉東壁奎光且又棐芒南縈矣

積雨寒生袂層雲黑壓城故人昨夜去江上正秋聲匹馬風沙暗殘燈蟋蟀鳴吾生自有托飄泊亦何營

都門送陳石邨之粤東幕二首

忽然聞爾去不覺淚成行北向多岐路南還復異鄉孤身隨曉月萬里逼秋霜珍重前途宿滄洲雲氣涼

其二

我亦離家久漫遊興漸闌兩人風雨夜相對一燈

我聞如是於意云何

記

復邵武會館東舍記

距正陽門而東三里許爲邵武會館館方袤五畝有奇而中闢爲二其西舍有堂堂設壯繆像左鐘右鼓前庖湢後廨廡闈者守焉其東舍則讀書所也軒窻欄楯交疏陸離視西舍三分而去一而幽僻過之崇禎甲乙間兵燹四塞公車無人郡有敗類者潛入京邸窃鬻其半於豪右而效尤者遂因以爲利尋購之而尋售之而館之東舍遂墟其西舍巋然存者如懸碩果風雨剝蝕棟

折垣頹荒葛髾於庭鼯鼪竄於宇下則西舍亦不可問矣康熙壬戌歲綏安曾生成章以貲補太學弟子員甫就舍蒿目嘆興則傾囊爲繕葺計不足典鮮衣賣肥馬凡費金以兩計者百孝廉廖咸菴曾作文以序之誌弗忘也獨東舍數楹豪右據之如故而莫敢誰何歲甲戌北上諸公義奮於色具揭帖走告有司旋俾守邸吏請子錢家得百金而豪始舌撟氣結拱手授左劵於是東西偏復完按周禮國野之道有廬有路室候館有委有市有積地官職之然以待四方朝聘者耳士之未命者

不與焉曲禮曰見人不能館不問其所舍不能館則無
恒館可知也歷漢唐來郡國計吏有邸第而士亦無之
迄有明諸道北遊者始私立會館若省會若府若州邑
不一簷牙高張銅鋪碁布榜額於門而賓至如歸矣予
嘗論之會館非古也而可以補古人之所未逮今夫士
舉於鄉貢於京師近者數百里遠者萬里而遥歷山川
踰越險阻蹇驢襆被烈風刺肌骨抵國門要擎足僵蹷
馳雲散問士人僦葑屋一室如斗大出橐裝十之二叁
幸而雋名動公卿車騎填門巷持牛酒賀者雜遝問居

停姓字而賣餧媼散樂女且有德色矣而不然者客獨坐方寥落自苦主人索価刺刺不休屈指歸途褰敝金殫誰哀王孫而爲之計噫何憊也今日者吾廬吾愛車馬有所無燥濕之不時無盜賊天厲之不戒盍簪晤語文酒往來相得洎如也舉得喪欣戚無足以繫其心焉視彼依人廡下商頼耳熱或失賓主驩其相去奚啻霄壤哉館既再失而再復郡人士屬連子爲之記連子曰是役也有三善焉諸君子不吐於剛義以直也即投鉅遺艱何有彼敗類者其懲乎懲斯懼懼斯遷矣惜曾生

往矣然其功不可沒也遂並記之

悅齋文集卷

陶園記

無巖壑林麓之蔚然而深秀無澗溪沼沚之瀠紆無百畝數十畝之廣且袤而重軒阿閣麗棟朱甍綺疏曲楯小院迴廊蔭以脩篠繚以周墻石則或踞或臥或嵚崟嵌空或如丈人拱立者以盆計卉木則古梅叢桂含桃蜀茶碧雪木槿櫻榴諸類以本計苔徑如茵花香噓袂圖書尊彝藤榻髹几隨意部署天然標致此陶園之大槩也主是園者爲徐氏翼子宣子其目營心畫累月易歲糜費金錢迄千萬計以成是園者則二子尊人粟菴

先生也先生負意氣矜然諾自郡刺史以下官師士庶咸交驩先生每朝暾射門車馬駢至家人百數氣使頤掊禱憑芙蓉屏開翡翠厨烟蔽空旭窮夕繼匏笙鳳簫訬音迭起頗類陳孟公宋子京遺事城中稱能園主人者咸歸徐氏矣自先生去後二子矢志一鳴漱芳六藝歌臺下董子之帷舞榭問揚雄之字間有荷鋤狂客下榻嘉賓登高作賦把酒論文花石無恙魚鳥親人豪華謝響澹泊凝神此又二子園居之樂視疇昔而一變者也噫嘻衰盛不常今古同嘆彼夫藻稿黼帳璇淵碧樹

匪不飾麗甲一世也亡何榛荆塞途䴡䴥竄兀風號雨嘯驚沙四野行路之人蒿目而惆悵者可勝道哉余嘗讀淵明詩云衆鳥欣有托吾亦愛吾廬先生自愛其廬者也故以陶命園也然陶家五男不好紙筆今徐氏二子且以紙筆尅天下是五男不能愛淵明之廬而二子自能愛先生之園也先生可謂有子矣或曰二子才矣於園乎何與焉其愛之也余不告以故

思蘭譜小集記

譜凡十有九人暢月晦約觴王子東曉家堂顯敞無甚花木惟圖書滿几案旁列茶臼酒鑪棋枰而已主人肅客入徐子嵩霞廖子儒臣先在坐對奕客至嵩霞則推枰而起擁被臥小榻上鼾鼾聲不休儒臣按奩呼敵應聲而出者爲劉子翼藻翼藻故不善奕然嗜奕祼拳揎袖負必勝之氣如賭郡然捉椅南嚮坐作壁上觀時啞笑者爲廖碧川撫肩北嚮立者爲徐青郎宜子劉東垣翹足伸首從數子胠隙注視者爲丁閬州縱橫左右

方罫廣不及二尺而手指森森若數十寻槊掎角於其間坐斗室持六經圖及米襄陽墨蹟評論原委者爲劉于千徐翼子寻不甚解然娓娓可聽忽轟笑聲撼屋有拳寻背者則曰某某已敗局矣寻回睇負者赧面努唇尚手握白黑子奠背城借一主人放猧亂局乃罷年最少默坐矜持如老宿者爲廖蟠實敝氈帽色如敗栗葉髮種種從縫綳間出時搖首作吟哦狀者爲王叔彥叔彥復持諸公遊日唱和詩一頁匿其名屬寻評次陸離炳煥如坐石家金谷園手把七尺珊瑚而珠璣纍纍落

盤中目不暇接也意興勃發尋命題各賦詩主人則亟呼平頭煮茗治具佐客清興是日熊子月仙徐子凱先以居廬未匝月辭不與劉子炳霞爲催租入趣去王子雪仙裕山前二日褁糧適莾蒼未返亭午酒至炳霞來酒三行裕山亦來二子故豪於酒頗類劉伯倫聞開甕喉間輒嘓嘓有聲於是藏鉤拇陣雜沓蜂起裕山手執鴟夷遍觴客客皆醉于千青郎先避席去尋不勝桮酌亦辭主人而出時日已晡矣裕山方捉客衣領大呼主人盍投轄且燒燭興未艾也

王雪仙畫像記

不池不亭不堂不榭而籬以湘竹延緣數十武桐三株倚籬蔭焉又雜樹一不知名勢稍亞於桐菊數本紅黃相間其下爲坡大石橫斜平側與江水相吞吐據石而坐者一人不冠不襪披素絹衣曳絲履左手按膝右手持一册頁其神淵默似有所待者琴一囊其半書一瓶一瓶貯孔雀翎二爐一香筒一有匙有箸皆因石位置列於所坐之右東望飛瀑出樹杪有童子荷擔從樹中來過畧彴前甕後盒其甕必酒也盒中不知何物豈據

石者元亮而送酒者白衣耶而衣又淺碧色余所不解王子雪仙忽覗余笑曰是我也我酒徒也余則熟視王子笑曰是真爾也然爾非酒徒也

書

擬齊桓公期諸侯會葵丘書 僖公九年

夏齊侯將會諸侯于葵丘使使者告期焉禮也且遺之書曰日者王綱既弛四裔弗庭先王在天之靈怨恫久矣豈惟寡人是疚抑亦二三友邦之耻也昔在北燕逼處山戎彼焉敢釁蕩搖其邉陲寡人同惡相恤鞠旅授兵藉師武臣力遂至孤竹俘敵而還燕是以克復召公之業戎狄豺狠不可厭也迺薄于邢跋踰踵至殘民以逞邢之宗祀幾使餒而唯寡人從簡書焉衛懿公之亡

也國人咎公曰鶴乘軒矣盍使鶴胡乃朝歌濮水之墟至且反首拔舍也將焉委之楚丘之役寡人是城蠢茲荆蠻隷我版籍漢陽諸姬今安在哉迄召陵一盟南風不競亦悔於厥心苞茅貢矣服則舍之唯彼嬴氏僻處西偏天誘其衷莫敢猾夏寡人用是不勤民於遠羈縻焉耳猶有懼焉其我玩也先王疆理天下分茅胙土唯是公侯伯子男使各有寧宇屏藩王家世世子孫無替職也岐芮駘畢蒲姑商奄巴濮楚鄧肅慎燕亳東西朔南唯所命之夫亦寮隊是爲其疇敢弁髦而又因以爲

利令我二三友邦佩服先王之訓久矣無忘亦食租衣稅安享康功巳乎國家其何賴之有若猶念光昭令德剪乃蟊賊翼乃王室輯柔乃人民協和乃兄弟以無忘先王所以寵命之意與寡人所以徼惠友邦之心則寡人不佞敢佈腹心于下執事詩曰樂只君子殿天子之邦又曰四國有王郇伯勞之寡人之願交驩於二三友邦也亦天子之命是共敢有傲虐以怒鬼神以速咎謗昔先君太公把黃鉞誓蒼兕爲周室輔俾侯於東維茲葵丘先王之賜履也挾之眾控渤澥走瑯邪清濟環其

左濁河帶其右唯諸君畧地焉臨淄七萬戸軌有長連有長里有司鄉有良人是寡人之所朝夕訓廸以寄軍令者也唯諸君鞭箠使之寡人則卜吉齋於廟舍於郊下令於國曰咨爾候人其荷戈爾闕尹其除道爾高傒授館爾隰朋詰奸爾開方陳芻爾易牙致餐爾豎刁獻餼郊迎勞則爾叔牙鳴玉以相則爾仲父修而車賦儆而師徒各贍爾事毋詒友邦羞唯我友邦兄弟幸辱臨敝邑道之以訓辭陳之以藝極使寡人得徼福於先王先公之靈以從事也寡人固已不憚征繕率其二三臣

奉觴加璧以聽於下風矣諸侯聞此言也皆曰齊有禮矣有禮無敗於是乎不貳

擬燕將荅魯仲連書

田単攻聊城歲餘士卒多死聊城不下魯連乃爲書約之矢以射城中遺燕將燕將見書歎曰始吾以魯連先生爲天下之士也吾乃今知魯連先生非天下之士也報書曰臣聞趨利非智而熟於義者之謂智徒死非勇而獲其死所者之謂勇故智者不先身以計功勇士不後君以立名智以决勇勇以濟忠三者名雖殊而道則一也臣不佞亦嘗聞君臣之義矣死生榮辱貴賤尊卑非臣所及也臣昔祗承君命提師東出下聊城卽守聊

城聊城固燕之土地也捫然登陴萛雉而望薊丘之鐘鼓實式憑之誰司牧圉其敢隕越以詒伊戚也今且令臣束車甲褁餱糧潛師宵遁震驚七鬯臣之餘生不足肉矣尚望士民如見父母交游攘臂而稱于世輔幼主制羣臣以矯國更俗也先生欺臣哉臣亦何遽沉迷猖獗一至此也夫安平君西不慮魏東不虞楚南陽平陸鐘簴無恙決計濟北以與燕從事臣非不知衆寡之殊形也強弱之異勢也利鈍之異器也饑飽之異時也顧臣所爲厲兵秣馬歃血誓師褁創而戰炊骨而食三十

有六旬無生之心有死之氣者豈敢自詡墨翟之守孫臏吳起之兵哉激于義耳即不幸而刃頓馬瘏弦絕矢盡旗靡轍亂鳥驚獸散是臣獲死所之日也臣然後北面稽首拜辭燕廟背城借一甘死如薺庶幾上不負國下不負民區區此心復何求焉先生曰意者亦捐燕棄世東游于齊乎臣聞斯言魂駭股栗先生非有求于安平君者也即奈何若有求于安平君者也夫管仲堂阜之梏辱也曹沬之刼齊桓于柯詐也詐則不勇辱則不智不勇不智忠于何有士苟懷仁抱義潔修自好疑無

有不職其名而羞稱其事者不謂時至今日猶在先生齒頰間也且先生以裂地定封富比陶衛爲功名乎販監者貪之耳壯夫不爲也今勿論臣硜硜鄙志矢死靡他卽使臣如先生言覥然下安平君安平君卽德臣愛臣重臣富貴臣先生覥臣不先身而後君者固如是乎臣不愧先生先生愧臣矣且臣聞先生以義不帝秦寧蹈東海而死天下聞之咸頌先生高義不衰何先生自處于清流而忍投臣于濁流也先生休矣臣固日望先生之教誨之也臣不圖先生之明棄臣也臣恐先生之

適足以傷于高而薄於行也唯先生圖之書具未發泣
三日傷不見諒也既而自殺明大義也聊城既屠魯連
得書悔乃逃去

西子報范蠡書

越既破吳蠡亦辭越具扁舟招西子曰盍歸乎來與子偕隱西子報以書云云

大夫無恙曩者來吳豈意破人家國痛心疾首一至此哉當日夫椒一敗戔戔越祀不絶如縷大夫有死無二不惜泥首甘心乞靈於一女子之前妾此時啼笑都捐進退維谷恐重違大夫意辭老母別嬋娟慷慨登車易我初服為救越非為亡吳也天厭周德伯嚭蠱子胥沉十年生聚十年教訓大夫君臣包藏禍心吳王耄矣治

姑蘇而遊麋鹿悠悠蒼天此何人哉妾雖有扼吭擗膺涕零如雨自分一死以報主恩耳僕婢不諒强掖而出回首館娃臺畔響屧廊前明璫翠羽繽紛委地是五更風雨葬妾時也妾復何心覥顏人世從大夫作五湖遊哉且亡國賤俘誰適爲容卽使形影猶存苧蘿再往浣紗溪上花落鶯殘以一老宮人徘徊其間東家婦見之且不顧而唾矣大夫又奚取焉大夫行矣勉旃自愛他日者不忘舊好訪琴臺遺事見蕭蕭白楊中三尺孤墳澆一杯酒而表其上曰故吳王死妾尸光之墓則妾雖

死之日猶生之年矣使者在即摩笄自刭心淚俱枯無

復斑斑紙上痕也并别

文集卷

三一

唐宰相荅韓昌黎三上書

讀牋教生之文詞甚高洸洋自恣眞足推倒古人睥睨當世雖然生學聖人之道者也二十年歌頌堯舜雞鳴而起孜孜焉亦不爲利其所著皆六經之旨而成文而楊墨釋老之學無所入於其心生之言是也至謂居窮守約時出其感激怨懟奇怪之辭以求知于天下則生學道而未醇者也夫古之君子其遯世也曰無悶已耳其脩詞也曰立誠焉耳孰從而激之又孰從而懟之間有忠臣孝子勞人思婦勢有所不得爲情有所不得通

義有所不可去至痛心疾首發其不平之鳴以自抒其抑鬱無聊之極致彼誠有不得已者也生上非謀國是次非措邊籌下非與賢士大夫私相指陳得失利病之故其刺刺不已中熱而額不過曰求知於人云爾假令終其身而無有知者又烏知其不變爲妖淫諛佞譸張之說哉賈生以洛陽年少坐論漢庭其學非不富其才非不奇其人非不魁梧卓犖超出於絳灌宋昌輩萬萬也治安一書痛哭流涕君子猶有譏焉何也才有餘而養不足耳且生謂强學有年不惟道之險夷行且不息

以蹈于窮餓之水火乎遂大聲疾呼而自擬于盜自擬于管庫也原憲之言曰憲貧也非病也君子抱道自守卽兕虎興歌不容何病生所讀皆聖人之書亦何至靡其節哀其詞遂若忘其夙昔之所自矢與其所述詩書孟子之言而卑疵自視乃爾也信如此言則生匪直學道而未醇也生并未知道今生復以周公之事責僕矣夫僕之不敢望于周公行道之人知之矣然僕聞聖人之於賢才也其未舉也皇皇焉如有所失其既舉也則又落落焉而不市以爲名當吐哺捉髮時百執事豈必

有求于周公而周公亦豈必百執事之皆出其門下哉生且謂日夜惴惴惟不得出僕之門是懼是又大有類于要結聲譽私植黨與者之所爲僕且引嫌之不暇而閭人之獲罪于生又奚怪焉戰國儀秦之徒習縱橫捭闔之術日奔走於后王公卿間自炫其所學而自媒其所知跡其終始之故揣摩焉而已揣摩之不得則號呼而已號呼之不可則恫疑恐喝而已責望而已生將醜其行而不屑道耶抑尤而效之姑爲小試其尺寸耶主上求賢如不及從諫如轉圜僕待罪宰 相亦亟思得山

林奇偉之士自伉其不逮而無貽素食羞生遠來毖生名籍甚僕意賢者之進退必有禮而或才詘于用位不滿德恐遂攬袂而去徒想望其丰采無益也遲遲至今重有待耳而豈謂生之望僕深哉生學聖人之道者也道大者用宏力行者守固勉旃自愛毋事儀秦雕龍炙轂之談務消賈生少年英銳之氣含咀乎六經親切之旨盎敦勵乎堯舜仁義之行主上且禱祠而求公卿僚寀且拭目以俟僕雖不敢夷然傲慢輕千鈞而重蟬翼毁黄鐘而鳴瓦釜哉書辱亟至足辱數及門生之意

將謂苟求升斗已乎夫使果爲苟求升斗已也非僕之所以待生而亦非生之所以自待也

傳

彭城童子傳

彭城童子者名銖小字四郎其先本蜀人姓金氏少皡金天氏之裔也周初有名幣者徙家關中與師尚父善仕至九府內史至漢文帝時童子生再徙彭城族益蕃自是人知有彭城氏云童子幼不好弄頭角嶄然難犯也學于公冶氏磨礲陶鑄久之術成乃曰此可以說當世之君矣西遊長安鄧通一見而嘆曰何物老嫗生此寧馨兒然利天下蒼生者必此人也薦於帝擢爲郎稍

遷至少府諸朝士過之輒心動曰此鄧氏子門下客也與之昵童子亦依依不忍去既而通犯法下吏當死籍其家童子憂懼不知所出變姓名之齊梁間刻侯封君爭相招致得賜廚傳奉邑間與諸公子爲蹴踘之戲因跳梁不遜公子怒曰攝之遂逃去客吳偕諸亡命謁王濞濞曰公等俱安在何相見之晚也即日拜水衡丞寵遇日益隆凡軍械粮儲馬政樓船諸大事悉咨于童子而後行然童子雖行若轉圜善權變而其中方正毅如也見濞稍治反具輒棄去曰王即尊寵我奈何以天子

之吏下爲諸侯叛臣辱乃祖九府公耶遁入山服氣鍊形體益輕往來人間居宿無常處所交遊悉富貴子然遇屠沽市兒措大墨客下至厮走乞丐亦時過其門相遺問席不暇暖輒揚揚他適不返顧也以此德怨常相半云武帝時復因卜式上謁天子時方有事匈奴天子嘉其能急公也命兼上林三官與桑弘羊孔僅等共籌邊事後以内帑漸空有譖童子者曰是浮薄兒得毋因緣爲奸耶何如五郎八郎稍持重可使也天子益厭之乃乞骸骨歸彭城老焉後有見於蜀銅梁山者呼曰爲

我語諸舊交倘緣至尚當一晤顛倒思予無益也蓋董子得長生術云其子孫甚多曰赤側君者僑寓會稽慕太守劉寵爲人欲往見不果後寵以秩滿去乃率其宗族百餘人送至境上曰願以百口累卿寵曰子眞累我哉不得已擇一老成者與俱餘悉不顧而去居江左者曰榆郎美丰儀善淸談曾褒見之曰子神仙中人也以兄呼之而心鄙其爲人恒謂榆郎與予處特利交耳著爲論多刺譏語交遂絶嵇王衍名投以刺不値衍妻悅之要入門匿諸牀下衍歸見而叱曰阿堵何爲至于衍

之室也去之酒家見阮宣在坐輒與飲供阮一醉自是日與阮杖頭俱矣唐建中初青蚨公名籍甚李正已表薦于朝司大盈庫旋命青蚨公慰勞淄青軍士天下想望其丰采而青蚨公益貴惟陸贄惡之日是兒張族而居禍不遠矣迄唐末蚨公齒髮未少衰復與諸宦官遊田令孜嚮曾寔藉蚨公爲曹丘生行益穢童子之家風益替矣然世人重其門第嘗曰好官不過如彭城氏之寔頗有徒耳即宋曹彬亦云

太史公曰予觀童子以貌爾之軀出入殿陛王侯貴人

至以其去留卜盛衰可不謂大丈夫哉然士固有高蹈遠引不肯一褰裳而就者何也豈以彼奊梯滑稽趨時若鶩厥子若孫由其道無不致位通顯類叔疑壟斷之術歟士終不以彼而易此也嗚呼時無劇郭惜未交驩童子耳且緩急人所時有也童子如在吾知願執鞭者衆矣

六幺娘子傳

六幺娘子者長安狹邪人也漢元帝時選入宮爲明妃侍兒能度梁州六幺諸曲宮中遂號爲六幺娘子云於時匈奴內附請和親帝以明妃賜單于六幺娘子媵焉至賀蘭驚沙蔽野白草橫秋明妃涕下如雨持六幺泣曰寧復得如長門夜月永巷春風時耶我歌子爲我倚之歌曰祁連鬱鬱渥洼洋洋天馬不來驃姚則亡綾冕者誰謀之不臧肅肅王命一女子是將吁嗟嘿嘿兮云何其傷六幺以鐵捍撥鶤雞絃摽鷹而荅曰回首南山

莫能奮飛感子意氣右挈左提讒夫孔張晧陽永辭不我漢后去作閼氏立功萬里豈盡男兒努力加飧兮賢於十萬師歌罷明妃忽破涕爲笑曰兒知我心哉坎頭奴綠綺子不足云矣单于既得明妃即大喜張宴綠玉河左右賢王部韎昧任禁之樂雜舞並作爲单于慶得佳麗也既而单于曰聞有六么娘子者能爲我翻新弄乎是曹靡靡徒令人悶耳明妃則呼六么至抱置諸膝理其青絲拂拭其肩背微聞聲幽咽若從衣袂間來也明妃乃復上子其手按節相和嘈嘈切切不覺哀動心

脾感均頑艷矣谷蠡曰是鏦錚鳴者豈秋聲耶乃馳鐵騎而破銀瓶也錦繖夫人曰流澌落英春氣溶溶矣吾疑鶯語滑花間也胥都侯曰異哉雷繞殿矣珠落盤矣悲征夫矣泣寡婦矣俄聲如裂帛劃然斯止當戸曰是周王之所以笑褒妃耶時漢使在側窃耳語曰殆宮聲也往而不返妃弗獲歸哉後明妃果仰藥而死如漢使言云云自明妃卒後幽閉毳帳無復過而問者一日小单于持之以出則已齒齵髻墮首如飛蓬矣且泣曰知音既去何忍獨生哭不成聲唯聞胡笳匝地代馬悲鳴

若助其嘆恨者遂投於堦下折項而死小单于憐之爲袝諸青冢之傍焉

外史氏曰余攷之史六幺娘子其姓字不著僅以技傳則名之然大都教坊者流耳天寶間阿蠻樂籍得天子阿姨出三百萬錢作纏頭費當時艷之矣卒湮沒無稱焉六幺何許人且令今古才人歔欷憑吊也嗚呼玉環亂唐明妃安漢侍兒之顯晦其介之矣人生遭遇固有幸不幸哉

建寧縣令溫公傳

公諱光涵姓溫氏字用敷山西清源人少為諸生負大志順治九年貝勒入閩公以策干王多奇中王喜署行軍記室尋授知建寧縣公既視事持大體不受干牘遇事慷慨敢言七閩故瀕海臺檄諸屬採買巨木造戰艦防海寇出没不時又將軍都統擁兵數十萬駐閩安鎮徵各屬供芻豆羽書旁午公曰建民病於荒燬於兵燹歷五六年所哀鴻甫集又加以横征不堪命矣力争於監司涕泣反覆不可則割俸倡富民量出穀以應竟得

未減而民乃不重困然以此忤上官意十六年冬用他事坐免先是防弁張人傑者桀驁多爲奸利事營兵白日攫人財物咸側目莫敢誰何公數以法痛繩之不少假弁銜公次骨有庠生某從一奚童出遇醉卒黃明者於道明睨童而笑欲挾之去生大聲叱之則侵生兩相搏至公前公諭明曰生無罪然爾醉矣揮之出明亦漸醒叩頭去弁知其事遽呼把總劉得功曰奇可居也漏三鼓令人誘殺醉卒晨舁其尸破生門蠭擁而進生舉室蕩然左右居人各闔戶惶懼不知所爲生從間道走

哭訴於公公大怒髮上指冠即具文報院情詞悱惻人
不忍卒讀按院李公時茂尋題叅奉　旨嚴鞫承問官
受弁金延歲餘量擬弁罪暨餘黨劉得功王虎陳龍躍
等遞解會城押者被酒防稍懈則道逸潛入建城夜挾
署防周俊以報復爲名時公已解組僦居民舍賊即攻
公於舍殺一客以繩繫公父子脰城晝閉遍索富人金
拷掠至無完膚日晡焚縣門及東城樓歲庚子四月十
日也越明日開西北二門遁至里心保值大雨不得行
賊環坐詰公前事公詈不絕聲遂父子同時遇害近鄉

義民聞公難揭竿雲集謀奪公已得公死狀呼號搶地奮殺賊賊亦竟靡孑遺者於是劇金市善棺殮成禮以葬後五年游擊李公化龍亦以擊賊力戰死至今並祀於社

連子曰余童時公行部至郊望見公坐銀頂暖輿上風度峻整胥吏蛇行請命日移晷未輕發一言余故心儀其爲人及詢諸父老云公待士有加禮而持編氓如嬰兒眞良司牧哉或曰公起家戎行遽作令氣驕不能下人故及於難嗚呼令負公矣公何嘗負令且今之號稱

賢令者其視公竟何如也

邵協游擊李公傳

建邑防將自曾雲龍殺人如刈草菅張人傑殘民以逞竟賊殺縣令百姓望見靴褶袴帶刀者如遇乳虎輒走匿空舍或入肆市人貨物人無敢索値即與之錢則受無敢問多寡惴惴然唯諾惟謹幸其亟出戶然後安不則且獲罪如是者幾二十年迨李公化龍至而虐焰始熄矣公字躍禹陝西榆林人以材官從平西王征黔蜀有功進秩游擊防守永寧鎭時樞部念閩海多故知公才移鎭綏安下車日旌旗刀斗號令一新旣廉得營卒

不法狀大驚曰兵不戢且自焚則榜禁於衢戒毋得仍前轍貫尤桀驁者一人耳餘皆管一軍股慄咸目公小范云康熙三年江西土寇猖獗抄掠旁近邑十月九日擁衆闌入蟠蝴隘民訛言將攻城公聞報笑曰鼠賊何敢然徒汚乃公寶刀耳則索靴上馬直趨里心保方晨炊諜者言賊潛渡而北則罷食從間道冐險行數十里日亭午矣賊大隊頓嚴塘偵公來潛伏以待左右固請傳餐公憑高望賊幟出林木杪所俘獲婦女纍纍然踵相接也公怒曰稍緩則此輩身汚名毀將若何且賊不

知乃公來乃公攻其無備彼且謂神兵從天而下也乃公必得志敢撓乃公者斬則由三溪遶出賊屯後公单騎揮雙刀大呼突擊其中堅殺數賊賊辟易幾遁俄而賊兩翼自山馳下刀槊如蝟集公勒馬奮刃更仰殺數十賊賊卒不得下會日晡風霾四塞公轉戰抵谷口一賊傷股伏草間試以礮射公中公脇遂墮馬死材官韓某者從公後亦力戰死韓衣甲頗鮮麗賊惧以爲公竟支解焉事聞　詔贈公叅將予廕一人逮子曰余適三溪問土人所謂巖塘者山徑盤廻僅容一騎行蒿棘蒙

戎胄人衣豈若平原方廣可以陣而後戰哉公驅饑卒

走數十里殺賊而卒以身殉公豈不知兵公之死死百

姓耳悲夫邑長老又爲予言公平居喜延接士大夫褒

衣博帶恂恂如書生云

行狀

徐節婦行狀

節婦姓董氏名九福邑諸生伊圖公之女也幼頴異讀書明大義而針紉工刻擅一時年十八歸徐君衡子事舅姑以孝聞後衡子挾千金貲往會城遇盜請槖中裝溺於水遽斃於時節婦年二十三舉一子甫彌月訃至號慟幾絶欲從亡人於地下者數矣既而曰藐諸之謂何而忍以呱呱泣者且令垂白高堂傷乃心也則捐棄簪珥毁形垢首旦晚佛火一龕誦維摩數卷而已頃之

家稍落節婦椎布操作手女紅不輟最辱洴澼雖膚指癱瘃弗恤也率日再飧鹽豉耳蓋自閭計時至今不茹葷不御紈綺者二十一年其孤曰正墀稍長出就外傅節婦即時時遣一老僕跡其勤若惰其呫嗶不休也則治粔籹市棗栗遺之曰爾克家哉否則必令長跽移時且撻且哭曰而乃忘而家之不造也而母鼠憂不暘日集于蓼而謂而母猶託於世而母視殉而父如歸耳蓋不啻悲痛呼籲戛楚也而喣嘔矣自是墀出則嚴於師入則嚴於母徐氏故巨姓家不下數百指而丙夜一燈

聞讀書聲與刀尺互相響荅知節婦之課其子未遑息也然徐自家督至群季卒有終身不識節婦面者男栗菴公故豪士自監司以下悉交驩公每行部至縣輒造廬問井邑利病公則置酒爲壽几筵旣秩俳優間作內外觀者如蟻附節婦闔扉治具未嘗從簾隙一措趾也或戚屬若宗婦至不獲已出拜寒溫數語而已送亦不踰寢門外其淑且愼殆於性之矣旣爲埠娶顏氏女綏俗昏媾率以背相雄節婦調埠若固窶人子然不當以孀婺故令媚黨有後言諸采篚牛酒悉腆致之唯謹則

皆節婦辟纑所易累錙銖以爲之者今聞顏且有身矣惜節婦不及弄孫云節婦生於乙未正月二十八日歿於丁丑七月二十二日得年四十有三子一即正瑺字毋儀先是衡子嘗讀書山中節婦寓書勸學衡子遂發其書於所知纚纚數千言援古据今文采斐亹可觀余時亦在坐窃心儀之衡子又稱其能詩惜未得見自衡子死則瘞筆裂楮圖書擁埃壒而已惟節婦小影一幅弟佐平所肖者其自題有云孤闈常讀栢舟詩即此可以觀其志矣迨病且革母曾孺人暨諸昆弟來視涕淚

相向節婦從容語曰兒死何恨恨不早耳兒自甲乙之
變以來每聞有寇警輒心膽墮地恐不獲死所今幸全
我而歸九京之下與亡人相見獲告無罪可耳嗟乎死
生之際豈易言哉孔子曰未知生焉知死節婦始志矢
死耳而不敢死孤既立可以弗死而不忘一死最後瘏
瘁二十餘年懼不能靡慝死而竟如其志以死節婦洵
知死哉視激烈一時不難自裁以殉者又加一等矣所
謂讀書明大義此其較著也余故嗜奇奇而有關於大
節者輒奮筆私識竭日夜不休今冊儀介其季父翼子

宜子以節婦事屬余狀余曰是可以風矣其何敢以不文辭故述其大槩如右以俟大人先生覈焉

論

漢高帝欲易太子論

史稱高帝嬖戚姬欲易太子立如意呂雉恐劫留侯畫策招四皓盈得無廢東山氏曰立如意非漢高本意也高帝以布衣提三尺劒入咸陽戡項滅嬴號令天下其智計規畫必有大過人者乃以一女子之故撥本實亂名分危宗社生民心此不過後世庸主以下之所爲詎謂豁達大度能顛倒一世之豪傑者而顧出此哉且高帝之所以得天下以扶蘇死耳高帝親見秦以殺嫡而

亡不旋踵而躬自效之秦之禍猶出于宦官漢之禍乃生于衽席是又智出祖龍下矣觀其指四皓以示戚氏曰彼羽翼已成難動也夫四皓不過秦時老人耳當日信可縛越可醢布可誅令高帝果欲易太子四皓何人帝則立誅之已耳否則遣之已耳且四皓隱君子也焉有君子而教子弄父兵哉故知羽翼既成一語特假此以塞戚氏之心未可以爲信然也夫戚氏之嬖倩也如意之弗立義也千古英雄未有無兒女子情者特能以義恐耳帝恐于秦恐于項獨不能恐于一戚氏哉昔留

侯以策干帝帝輙稱善或爲他人言即不省今四老人者果商山乎艮以此欺帝帝即以此欺戚兩人相喻于心而商山之眞僞其亦有不必辨者矣是策也呂雉深德艮是并以欺呂且以欺惠欺大臣欺天下後世所謂爲他人言即不省此又其一驗也

賦

春燕語雕梁賦

若乃烟含遲日花鬬艷陽三眠柳眼初洗梨粧相思紅豆蠲忿青裳詩裁芍藥譜遍鴛鴦則有素素鳴陰鶼鶼並翼雪霽鷺絲汝明鸂鶒曉窗啼破夢之鶯東家飛醉眼之蝶維時朱戶開玄鳥來乞社酒祀高禖釵壓翠玉投懷排繡闥上春臺雄虹信宿文杏棲遲戊已不壘胡越相依微風上下明月差池亂搖鐵馬碎落香泥湘簾夜捲花雨朝飛兩兩兮望舊都而至止歲歲兮指寒食

以爲期別有渭水天長楚山道阻任宗不歸緜蘭獨處脉脉銷冕鬱鬱誰語感翠羽兮翩來遶畫欄兮對舞邊招邀以入懷聆悲唫其如訴代彼青鸞兮遥寄錦字之箋問我藁砧兮莫滯湘江之浦又如玉京不字綠縷孤飛春來秋去暑換寒移北邙死別南浦生離出門已矣回首何之青山自買灞水同歸三尺兮秋風義塚千秋兮枯淚殘碑他如潞州蠟丸茅山玉剪臨江墳上黃土經營丁姬墓前白楊繾綣心傷兮柳氏之猫腸斷兮戛子之箭遂使盧家少婦覩雙棲以含愁衞國傾人啄于

飛而掩面若夫時有代謝物有榮落樂莫樂兮履成悲莫悲兮矢哸怨復怨兮害我雛危復危兮巢其幕何所如之不偶借一枝其靡托於是春愁如結春情自說巧語移人隹言霏屑悠悠揚揚嘈嘈切切亂隴西之金衣黙枝頭之百舌續漢禽之守貞驚蜀帝之啼血厥聲伊何似曾相識我爲公冶了爲秦吉請予矢音而我載筆辭曰昔我往矣秋草黃今我來思春風香芽花落水兮頡且頏飄飄此身兮爲誰怭君不見烏衣之巷王謝堂金鋪玉砌瓘瑜張日月幾何兮莓苔荒主人恩重兮悲

斜陽又不見代馬兮北嘶越鳥兮南翔夫豈免有情兮于
誰之屋願永以爲好兮毋逝我梁

國立北平圖書館藏

愧齋詩集畧

吾友連子柳村英敏絶人方覊貫之歲於書無所不讀操筆爲文意匠獨造間一蕆出邑人士爭相傳寫私爲帳秘辛酉中賢書副榜貢入成均大司成翁寶林王阮亭徐方虎諸先生每試輙第一柳村有當世無兩之目甲子與京兆試僅得僅失不得已由教習詮選人拜官四川合江縣尹未一考以太夫人春秋高請告歸養得

俞旨旋里歌華咏陔端居暇日盡檢其平日及入蜀出蜀詩屬徐子宣子與予排纂删定謀付剞劂氏而俾予序其首簡嗟乎以柳村之才上不登金馬之堂下不直含

香之署屈首斗大邑斤斤惟錢穀簿書之是問又其地荒遠僻陋非中州比歸而覩其橐中裝且不能爲太夫人尢衣帔具滫瀡士患才不如柳村耳才如柳村而猶有遇不遇之嘆如此其他不如柳村者抑又何說雖然吾有以爲柳村觧者蜀固佳山水處也錦城浣溪杜子美之草堂在焉昔人稱子美爲詩聖而其入蜀以後則尤多奇傑之作豈非以蜀之山川若雪嶺大江之雄渾峩巫青城之窈麗有足與詩人性情相映發者歟柳村胸羅萬軸聲律一道可以馳騁漢魏鞭撻宋元至問其

生平所得力者尤在於杜今試合其前後詩觀之衡曰而成信筆而寫有一不與杜詩相肖者乎唐以詩律取士而子美不得登進士第官工部拜拾遺終身壈坎至依嚴武於蜀以終老夫人情有所獨鍾意有所獨注雖百世而下萬里之遠往往樂追尋其素所游處以想見其聲音笑貌之所寄則今日柳村之一出而仕仕而作宰於蜀也又豈非其宿根前因與子美作緣者深天固欲使之趨步其後塵所謂神者先告之歟然則柳村之遇而不遇固不足爲柳村忿悁若予則獨恨其不久留

於蜀耳古今詩人由子美而後若宋陸放翁范石湖皆善學杜者也其仕宦皆出於蜀即柳村之師如新城王阮亭先生奉使於蜀亦且一至再至矣詩篇流播亦皆以子美爲質的特稍變其音節耳果爾則柳村他日再起其必更出於蜀與蜀結未了之緣又可知矣士患才不如柳村才如柳村靈區秀壤有不凝眸遥盼爲君延竚者乎柳村曰有是哉以吾之服膺於杜詩久未必有得諸君子遂欲援子美爲例硬差排向蠶叢故國驚濤懸棧中作重游客耶予匿笑不置荅且書之爲劵又以

解鄉人之惑也

同學弟金粟樓何　梅撰

愧齋詩集畧

閩綏安逰　青柳村甫著

同學　何　梅雪芳
　　　徐　銳宣子　甫訂

五言古

人日述懷同張未園作

榮悴感草木，曜靈若猋馳。一年一人日，百年能幾時。君子同所願，瑶席陳金巵。微風東南來，細雨颸輕絲。紅躑間絳萼，瓶花吹寒姿。予幽我亦冷，對酒

兩相宜韜精匪荒宴不醉復何爲

其二

昔余滯京華九衢恣盤遊遠睇西北隅鬱鬱凌飛樓云是五侯宅黄金成山丘出入擁千騎親串避道周褰裳欲從之懼爲志士羞何如秉微尚聊慰明發憂

其三

今我云誰思瑶臺望彼美願言遣蹇脩佩纕結蘭芷鳳皇既我詒鳴鳩豈足使芳華怨遲暮行吟溯

流水惜哉河無梁欲濟驚湍起遄歸掩蒿宅精誠
託夢寐

其四

薄寒天氣清躧步城南隅遥遥見平楚烟霏日夕
殊微禽變春聲丹葩敷寒株耳目此幽賞豈必笙
與竽奄忽日欲暮客去復踟躕歡悲易來努力
愛斯須

詠史

幽蘭被林薄不爲採者芳璞玉豈盡剖空山呈輝

光王父困東游蔡藿不克腸獻策動天子華裾步
翺翔偉哉常何客致身日月旁賣餓一老媼德色
生幃房人生有時命巷遇郎康莊胡爲起中夜聞
雞空徬徨

其二

馬醫亦擊鐘販脂亦鼎食濁質爲誰子連騎傾巷
陌長安任氣多春華各努力寂寞楊子雲得毋玄
尚白如何張仲蔚寧甘掩蒿宅

壽某使君

朝日拂若木照耀東南隅百卉各敷榮具言佳氣
殊使君白玉質手握明月珠靜惟浹萬化堂皇坐
晏如左顧牘吏散右盼囹圄虛鳴琴來淸風舞鶴
翔前除漢庭誰第一豈在勞簿書

其二

民俗亦太古言躋君子堂淸醑載瓦缶溪毛充圓
方城南考鼓鐘城北喧笙簧含情各未達浩歌春
風揚流波何活活喬松何蒼蒼所願瞻芳躅壽考
永不忘

古意送別

送子來南陌風吹楊柳枝楊柳何青青得及春風時堤長江波濶對此心傷悲斯須各白雲春花怨別離別離別離勿復道牽衣問還期

俠客

浩氣三千丈出入燕趙都身騎拳毛騧腰揷金僕姑放歌易水上荊卿非我徒

麗人

奇葩吐瑶階香氣逐紈扇整衣拜明月崑山玉一

片千金夫何爲肯露春風面

石鼓

謨典欽帝載誓命塞王猷功德豈不偉咨嗟殊般
夔皇哉周宣王九鼎際沉浮一朝挽彤弓明堂朝
諸侯車徒蒸在野悉率岐陽蒐左顧發鮮卑右盼
射渠搜鑿石以作鼓紀勳埀千秋詎知歲月與逝
若頹波流陳倉野火燒呵護神鬼愁唐宋好事者
得之同天球辟廱兩廡間兀然峙高丘摩挲露節
角劍戟森相投世遠義亦恥空復張雙眸我誦車

攻詩清風來颼颼文武道未遠匪競亦匪絿祖龍
蹈參伐烹滅東西周鐫碑愚黔首徒貽木石羞茲
石真與贋索解紛啾啾胡爲宣尼時二雅不見收

其二

鬼哭頡亦死世遂無鳥跡傳聞石鼓文史籀獨創
鬪糾紛珊瑚枝盤攫蛟螭力一字價百金觀者動
顏色周曆忽已改茫茫卧荆棘爾漢迄隋梁汨沒
無人識縱橫牛羊道青燐照岑寂誰使出人間磨
滅字半餘好古韓博士摹本從張籍移書責祭酒

請置學官側遂偕樽彝貴不同死傑擲吁嗟代謝理來往成今昔立言期不朽鼎峙功與德恐遂零落盡不如壽金石金亦有時毀石亦有時泐神物終當化欲留那可得博雅固多材寘搜病耳食六一設三疑使我長太息

宣子賦自君之出矣十章憶所歡也持以示予予戲作此惱之

驅車過南陌採桑遇羅敷羅敷語使君五馬何踟蹰彈箏唱新聲響徹東南隅竚聽曲中意未言夫

塉殊

其二

杜鵑枝上啼月日啼成血爾啼爲阿誰欲訴轉鳴咽錦水自湯湯玉山自烈烈魚鹿兩不知不如兩決絶

擬古四首 贈周曉窻也

結廬南山下蓬蒿塞圍逕朝採蘼蕪香暮汲轆轤井俯視浮雲馳輕飈落日冷願言長守貞勿負余與影

其二

有客武林來遺我古錦帙上寫越山青下寫吳江碧江水揚素波蕩漾秋風白咄咄披裘翁俛仰一何逸投竿以終老此心良匪石安得與之俱悠然萬慮息

其三

良辰難屢得置酒列前堂羽爵間瑤笙微風動清商含情各有適雜坐不成行慷慨託毫素百端集茫茫白日忽西頹攬袂起徬徨客去欲何之人生

如朝霜且復秉高燭飲茲無盡觴

其四

我行入清溪溪水寒如玉幽禽鳴深樹春葩散林麓蘭芷何青青朵之不盈匊結佩貽所知物微意良篤將子置懷袖昕夕娟幽獨

從軍行

束髮懷遠畧誓報官家恩一朝羽檄下中心憂如焚拔劍赴燉煌明月懸高天親朋白衣冠送我城東門和歌各慷慨觀者淚滂湲具此七尺軀蒼昊

豈徒然生當縛笑厥死當埋祁連

懶齋詩集卷 一

十

七言古

紫雲溪溪在邵郡城北

清溪搖演橫北郭，九曲樵嵐寒漠漠。流鶯啼過萬松洲，楊柳東風散籬落。輕舟上下春菸菸，亂巖倚壁吹青蒼。越王烏坂今何處，晝日波聲催夕陽。

其二

陰崖洩雲雲不流，纍纍石骨灘聲愁。中有鯖魚長半尺，天然白腮鼓紅鬣。風晴兩岸木蘭橈，漁罾斜出綠楊梢。烹鮮酌酒直一醉，沙頭見月蒼天高。

雨集傅鵬九署中

慷慨激昂一杯酒狂談雅謔無不有蘭茗拾盡清溪春筆端萬壑胸千畝城東主人醞索郎幕紗高懸氍毹張列坐捧觴客長壽擊鮮行炙花風香座上相逢半萍聚王郎酣歌蔚文周郎顧曉窗射覆猜枚醉復醒滿庭花落紛無數春燈沉沉雨不休鼓聲隆隆轉城樓今夕何夕且傾倒少年拏雲空白頭

首春六日奉陪趙展成明府何園看梅

城南五里梅如雪蛟蟠龍臥霜幹裂廣平賦後嫁林逋千古相知兩奇絕朝來畫鼓聽三撾何遜楊州早放衙竹平安否花開未報道陽和十萬家東風漠漠隨春走草色鶯聲驕馬首賓從後至氣如虹玉驄久繫堤邊柳今歲霜寒花較遲冰姿初露向南枝空山無人笛聲遠幽谷須君暖律吹氍毹藉地銀罌落翠釜金盤動春酌腸撐冰雪骨烟霞詩筒酒琖紛相錯習家池上醉山公接䍦倒著任春風道旁觀者如墻堵前立童子後老農輿盡車

騎出林木一竿斜照清溪曲放舟直下灘聲寒沙
頭倒臥西山綠年來盡日閉門幽棲冷似梅花
魂慚愧招邀藉芳草稽阮何知禮法尊撚指花風
二十四安得追陪日日醉程卿千里不須賒夭桃
城北又含葩

賦得春聲

青帝一笑東方白元氣茫茫漏消息女媧煉石補
不得迸出春聲走春色此聲一日遍人間春風吹
去何時還軒轅手把崑丘竹二十四管鳴雲端輕

者如絲重者肉趙女酬歌班女哭昨日今日相鮮新萬里千里各斷續記得年年春晝遲珠簾半捲燕雙飛雲母屏東打鸚鵡海棠花底罵黃鸝依稀似聽開元譜楊家諸姨隔花語阿蠻粧成調素箏三郎沉醉擊羯鼓春去春來春復春白頭綠鬢幾回聞不見麗娟廻風曲哀蟬落葉秋紛紛我欲乘春發浩歌不如把酒勸羲和燭龍西馳兮奈爾何

百丈嶺

山風撲雲雲欲頹著翠歷亂平原開百丈重關何

壯哉長鋏先生驅馬來幽篁青青日亭午行李一肩黃梅雨千枝萬枝暗參差啼鶯別春春自知

旹立夏後一日

滕王閣懷古

章江門外波千尺帝子樓臺倚寒碧水萍漠漠吹輕烟漁舟倒臥城陰直西望衡陽北彭蠡長笛一聲涼風起月明鬼唱落霞詞萬古千秋咽流水只今誰是登樓人吳歈楚些徒紛紛王郎去矣不可聞西山鬱嵂愁白雲

客歙州寄仙源張使君

我坐涇川月水西一片光如雪我望黃海雲虬松千樹白紛紛白雲遠接青天流石灘三百一扁舟十年不見張公子吳山粵嶺思悠悠張先任惠州再補太平令琴溪魚蘭陵酒準擬就君挼一斗君自揮絃我自醉南風吹山撲蒼翠

貞婦行 幷序

閩縣鄭氏女稱未亡人飲氷茹蘗而狂且彼敵乃在戶庭截耳自矢奮吭呼天誰無人心其不

思借劍批奈何織貝射沙燃犀不照主持風教者爲誰哉大中丞扶桑日出而浥露曰消矣作

貞婦行

六月朔風浪如雪蛟螭盤攫坤軸折栢舟欲覆滄溟陰桂槳蘭橈那可捩椎心截耳聲出血我聞仰天呌奇絶怒髯如戟唾壺缺

其二

算來萬物祗芻狗緜纊金鏻骨亦朽紛紛壟斷與墦間誰是鬚眉竟無有狐狸夜嘷魑魅走忽見赤

日大如輪珠簾畫閣滿城春

石笋行

君不見鳳山之麓瓀草碧中有雙石高七尺嶔崟擢地雲作根絕似檉欒瘦而特泠泠秋氣古寺門苔蘚剝落風雨蝕豈與草木俱俯仰寧甘泥沙摧顏色揭來袍笏拜者誰摩娑半是斧柯迹其一矯然尚與雷電爭其一頹然竟爲俗子賊遭遇固有幸不幸細推物理同愴惻玉泉流水暮烟寒迎鑾清磬午風白願言山靈爲我長呵護千秋獨辨支

天力迎鼇觀名

其二

東南之區多美竹冐霜停雪揺𡼖谷當昔亭亭拔
地起無乃此石本來之面目篔簹有葉籜有叢廻
視嵯峨蹲踞寒且肅碧鮮玉潤或似之揺曳嬋娟
豈我族蒼莖夜半風雨來恍如奇鬼向人森欲攫
須臾月出山皎皎又如逸士孤立淸風穆嗟爾石
筍誰其侶泌水衡門矢弗告吾聞屈子謂世無石
林石筍之名何佌蔌或更呼以丈人亦多事一任

呼馬呼牛幽自足

其三

昔有仙人騎鶴還耕烟種草鳳棲山一夜霹靂龍虎死太虛忽峙雙石之嶙峗世間石笋亦常有此言應在然疑間只今鳳去臺荒人不見玉簫聲渺白雲寒秋風老矣木葉删苔痕雨色爭斒斕黃庭諷罷道人笑是石清瘦頗不頑位置此中亦宜爾莫教壯士棄擲如等閒

其四

我聞天外三峯巨靈跡孤掌平將泥淹蕩山川從茲多神怪嶄然幻出蒼崖與絕壁綴城之西石笋出修莖雙立秋風寂豈爲二華之兒孫亦能撐烟破雲森寒碧牛羊古道落日黃蕭蕭見汝在荆棘邨之有聲獨鏜鞳樵夫牧豎那得識雙忠祠下葉紛紛千秋與汝同朝昏此中部署亦天意除却孤臣介士爾誰尊山麓有祠祀張巡許遠

洋背春烟

千山萬山吹寒碧平原漠漠東風直青山浮動石

鏬開并入江城作春色潘家橋下水西流吳家灣

裏成荒丘晚林鬼嘯波聲咽烟影斜陽半明滅

何潭秋月

何山木落秋烟洩何潭石老秋風咽葭蒼露白暮

鴉啼一片波聲宿明月七星斜掛蓼花洲玄霜夜

搗蛟龍愁素女不眠倚花立桂子紛紛寒兎濕

贈李老人 字貞明峕年九十七

昔有仙人騎青牛朝遊崑崙暮滄洲手弄雙丸飡

六氣浩歌擊斷珊瑚鉤金闈浮沉一柱史悠悠行

路誰知已關門尹喜亦多事道德千言陳迹耳君
今無乃其後昆花根染作牡丹盆海塵滚滚石田
出九十七載全朝昏南山隱几日長白漢武秦皇
求不得錦衣躍馬何有哉請君置酒登春臺世人
不飲空徘徊

送陳于寶歸樵川學署

楝花風起春草香溪水没樹烟青蒼此時别舸何
怱促一春行樂殊未央城北城南看花處老饕日
日眼自醉山川拓落我畏人文字愢諧君玩世感

君於我最相知爲我嘗開金匳巵粔籹盤中糁白雪鱒魴几上飛銀絲酒闌日暮山雲黑搔首悲歌𠐊太息早晚漫遊各一方佳會重尋那可得君今歸去春興多講堂年少近如何丹臺再上吹長笛烏坂重遊續短歌人生快意且如許斗大金印何足數先生自笑老更狂晚簾一枕芭蕉雨

八日集吳園看桃花

去年人日梅如雪笛聲夜落高樓月今年人日見桃花盈盈一水絳紗遮看花兩度各春風年年花

底送吟筒鈿車油壁馬青驄銀花不落珍珠紅誰其飲者願相從青山夕陽糢糊中武陵漁父莫漫笑相逢那得長年少

元夕篇

城東橋下春水明城東橋上春風輕春風吹向誰家去半入紅樓簫鼓聲琉璃圍屏高七尺拳毛獅子霜蹄疾赤城霞起銀交闕瑤草香吹金屈膝青葱斜掛三眠柳檀郎謝女往來走笑殺鑿空博望侯偃師十步一回首少壽青帝騎龍來羽葆翠蓋

盈春臺千門浪擊海聲立萬簇花明燭影迴電掣
風馳忽不見半捲湘簾春一片前有墮珥後遺簪
薌澤微聞隔深院櫻桃婉孌不知愁箏排雁柱坐
上頭七十鴛鴦指上出兩旁拍手唱梁州倚歌人
覺春光早聽歌人怕春光老脉脉相逢各有思傷
心玉樹知多少清漏沉沉侵琵琶斑騅去矣芳塵
歇天街燈影半明滅獨倚藥欄眠不得不覺長廊
已無月

王雪仙拈仝諸子集陶園分得短歌行

酒不必程卿長鯨一飲三百觴圍不必金谷盆花架石書千軸王郎意氣殊不群折柬相招坐白雲掀髯捉臂忽狂叫黃金結客徒紛紛長歌短歌爲君起我行驅車走萬里出門肝膽向誰是徬徨瞠視二三子他日相逢吾老矣

王雪仙裕山宅上小飲卽事

西山九朶青芙蓉十日滅沒風雨中早起開窗噪簷鵲遥見螺髻歷歷來簾櫳着屐衝泥出門去消我牢騷向何處十家尋人九不在酒腸反被青山

愧仰天大笑忽回頭正値山陰王子猷謂我舊醅尚有七八斗與子同破十斛愁我爲不速客君爲倉卒主疾呼平頭具雞黍鸕鷀杓裏滴珍珠白玉盤中堆粔籹洞庭柑冷於雪中山栗大似拳盆梅一點淸且妍一杯一杯如流泉費君三百靑銅錢老我醉後大放顚忽發狂言驚四筵踉蹌欲抱梅花眠

元夕値雨

今夕何夕千門開黑雲作陣排空來玉女投壺天

一笑馮夷擊鼓風喧闐火樹九枝烟櫛櫛星橋百丈浪皚皚西家蕩子掉頭去東郭先生折角回翠蓋雨蓧收戲馬青蛾皓齒散春臺美景良辰竟如此千金一刻安在哉我家草堂亦不惡歌聲雨聲隔籬落紅燈小綴蜻蜓眼白涉亂捲鷓鴣杓入生行樂會有時蠟屐幾兩那可期明月年年照庭樹回看只在雲深處

蟾井

汲頭紫玉鑿作井飛泉仰射龍骨冷千絲萬絲石

髮垂一泓碧月沉秋影孀娥中酒顏如花轆轤轉水試新茶露滿銀床却歸去人間認取金蝦蟇

題梅口石碑爲江南柱作也

梅花洲上東風亂梅花渡口春水滿夾渡茅簷數十家眼看行人愁不管千山萬山倚天高雙溪漠漠風怒號誰能人涉卬則否勞勞亭畔嘆勞勞昔年渡口一孤舟檝師解纜橫中流囊無犀錢渡不得斜陽日斷楚江秋今年有客髯如戟手擲黃金等瓦礫買舠日渡鄭公風買田更給長年食一時

賓旅笑口開溪流自在何悠哉渚清沙白放歌去
驛使逢人好折梅道旁鐫石紀明德牧豎樵童苦
不識見說來往問津人紛紛喚作江郎石

五言律

舟泊湖口

風迅失彭蠡青山盡入舟但聞人語沸不覺亂帆收野荻藏新月漁歌起白鷗鄉閑夢未遠忽忽又深秋

徐州渡黄河

天際驚濤落奔流去不回孤城依岸立匹馬渡河來地勢分南北人烟歷盛衰滔滔何日已倚劍獨裴徊

腰站

征途看漸北馬跡走圓沙谷口黃雲暗山腰白日斜兒童擊神鼓老妓插秋花落落無相識長天數暮鴉

聞砧

砧聲起清夜只是度長廊戍客幾人返秋風何處怳邊關千里月平野一天霜自覺寒衣薄低徊念故鄉

雨中憶徐仲内先生

積雨寒生袂層雲黑壓城故人昨夜去江上正秋聲匹馬風沙暗殘燈蟋蟀鳴吾生自有托飄泊亦何營

都門送陳石邨之粤東幕二首

忽然聞爾去不覺淚成行北向多岐路南還復異鄉孤身隨曉月萬里逼秋霜珍重前途宿滄洲雲氣涼

其二

我亦離家久漫遊興漸闌兩人風雨夜相對一燈

寒今古才名誤浮沉客路難無將執手意祇作別
情看

哭朱時仲二首

乾坤如許大何事不容君遂使風流盡空將筆硯
焚霜深三徑草月黑一樓雲獨夜邊城哭泉臺聞
未聞

其二

長別已三月秋風方報書山川徒一哭生死故人
疎五婦同荒塚雙親自草廬可憐孩抱物頭角近

何如

寶應湖

秋老一湖煙著蒼望渺然孤帆開白幕遠樹接青天雁落揚州月人歸泗水船客心何處寄鐵笛晚風前

送王雪仙之金陵并示石邨

落日下長河微風生薜蘿送君還酌酒江上白雲多彭蠡秋山笛秦淮子夜歌扁舟隨處好故里復如何

順昌旅次喜晤明溪蕭能八

不謂天涯客青山遇故人掀髯看別面脫帽拂征塵花剩金盆粟壚開玉帶春感時但一醉莫遣鬢毛新

登順昌城樓

落日華陽路雙流赴一城鏞州來雁少劍水去帆輕渡口喧漁火山腰出磬聲諸天寺在城南山半家鄉三百里只是暮雲横

將發順昌留別良白

兩月華陽道靑山醉未休鄉音童子熟行色故人留落日浮淸浦平沙起白鷗歸心與別恨總付一孤舟

野望

暮色喧寒雀朔風吹我衣江城靑一片遥見斷雲飛採菊歲云晩行歌事已非前郵風笛過到處牧童歸

歲暮雜興二首

霜落戍樓淸關門燈火明老兵寒對酒稚子夜登

城村樹荒烟斷津橋凍雪平羽書昨夜到莫謾遣
孤征

其二

淚更聲軋軋少婦夜鳴機明日完秋稅新年仍故
衣里胥村巷熟親舊華門稀苦憶關河雪行人尚
未歸

仝林羽倩袁我峯徐青郎遊何園待梅分得
烟字

何園三百樹歲歲白如烟來日能相訪春光便可

憐汝明江上路鳥下鏡中天脉脉幽香裏東風好

放船

咏美人蕉二首　得寒香二字

露白群芳靜霜清曉夢殘愁心聊自展笑靨待誰看孤翠搖羅幌靚粧出畫欄可憐風雨夜怨人漏聲寒

其二

落日愁人見高秋翠幕張葉翻歌扇薄花動口脂香懷素書千幅王維畫滿牀浮名真快汝只合住

西方

登通覺飲印心亭刻香率成四韻

山風吹不落松影變陰晴一嶺通雲氣空林作雨聲依人春草輭入座夕陽明把酒江天白炊煙萬井横

春望野燒三首

荒郊鼓鬱攸孜我林壑幽白雲低照夜紅葉落如秋石破風霾壯巢危鳥雀愁幾回悲火宅何處見丹丘

其二

誰使栢爲薪熛林勢絶倫世人思炙手吾意惜揚塵徑撓烟汲合山尊而目眞阿奴誠下策空負綠蕪春

其三

只此燎原勢宵深半斷連漸低春樹外不盡雪峯前腐草悲何益蟠根幸自全寄言樵採者行矣愼風烟

贈陳于寶學博二首

相見已云晚論心敢更遲山川一把臂慷慨各投詩野火悲原草春風惜柳絲擊壺歌自苦不合衆人知　先生有野燒諸什予亦同賦

其二

海内驚人者紛紛各一鳴斯文誰後死大雅屬先生氷雪沆春壑風雷薄太清才高官更冷爲爾涕縱横

答贈鑄翁和尚　有引

師藴人明王文恪先生五世裔也少遊王

門聲籍甚下後以讒見斥削祝髮受具於聞谷和尚儼然一古先生矣一瓢一鉢萍蹤靡所䓁任粤東數載近遊玉華洞悵然思歸道經綏安耳余名投詩代刺次荅五首

二月春花路風香半入城閒門芳草閉落日碧潭清山水追前輩才名愧後生憐君新句好不敢廢將迎

其二

振錫南來者如君蹤跡稀宗風新白社門巷舊烏衣水靜孤雲宿天空一鶴飛逢人還說劍慷慨壯心違

其三

漢代馳聲早梁王授簡頻豈知兔園雪不及虎丘春着衲消羣相封書報故人廿年同白首杖馬總風塵

其四

豈必名根在揮毫破寂寥無心還打睡有舌不輕

饒白日雙芒屩青山一瓢寒巖少春氣木佛盡
須燒

其五

一杖名山遍悠悠復此尋浮沉往日事去住百年
心庾嶺梅中笛玉華石上琴陽春眞寡和慚媿話
知音

戲二首　一贈美人　一贈侍兒

勁質從天賦清姿作雪看風塵何皛皛骨節自珊
珊宛轉黃金屋便嬛白玉盤明珠空十斛有淚不

能乾

其二

帶雨紛紛散隨風稍稍團巧從疏瓦落急打曙窗寒混迹污泥易跳梁白日難小童不解事猶作掌珠看

大源口

八十四峯西橫橋散馬蹄濤聲爭一石雨色壯三溪歲月青楓老亭皐碧草齊春風誰共語只有鷓鴣啼

賦得雨後見新月仝友人作

雨歇覺花歆風簾月上時尋常人共見如此夜何其我倚關山笛君歌楊柳枝悲歡各一照圓缺總相思

清明日集紫薇亭

對酒春山綠當軒曲沼平雲深一鳥破日出萬花爭潦倒成吾輩豪華謝後生清明風正好移席就啼鶯

徹眞上人四十

四十誰知者孤峯一味禪山深猶閉戶松老暗移年春笋迸茶竈秋花香澗泉青猿與白鶴長傍講臺前

登通覺印心亭

山盡孤亭出溪長灌木連城南十萬戶俯視何蒼然烈女祠前雨侍郎谷口烟無端動惆悵真欲問高天

再晤與風上人

白社吾將隱青山爾獨深別來忘歲月老去憶登

臨文字三生案風塵一寸心相逢詩百首歷歷海潮音

不樂

歲晚忽不樂捲簾見翠微雲來還拄頰犬吠錯開扉近市魚鰕賤貧家故舊稀多慚生計拙豈但世情違

對酒

眼看梅花發年年作好春肯容吾對酒莫嘆爾無隣時事眞堪醉此身何可貧敝衣愁典盡還是獨

醒人

哭徐玠如四首

舉世皆無恙，斯人去不還。修文眞入地，呵壁漫呼天。古渡悲風凋，空山落日懸。招魂擊如意，一字一潸然。

其二

縱酒眞吾道，謀生計却非。蓬蒿常滿徑，車馬不開扉。白首文章賤，黃泉故舊稀。鮑焦甘一死，夙與世情違。

其三

憶昔亂離日倉皇出戸庭買山同作客藉草各談經慷慨歌還哭浮沉醉後醒十年雙白眼今日向誰青

其四

忽忽羊曇淚蕭蕭任昉貧孤墳悲宿草八口付何人笛響山陽夜花開鄴水春始憐吳季子掛劍亦酸辛

遊瀾水精舍四首

隱隱淸溪曲鱗鱗屋瓦齊泉根藏石磴菜甲長春
畦松下犬空吠籬邊雞自啼樵歌時一起散入白
雲低

其二

一嶺路疑斷雙扉雲不封小童能揖客野老自鳴
鐘茗熟消塵慮溪寒冷佛容閒意挹西爽樹杪見
孤峯

其三

春氣暖如夏林深各解衣道書閒自讀棋局看人

圖山勢欲侵座松聲亂打扉逃禪竟成癖到此便忘歸

其四

索筆畱題去青山不負吾好風携滿袖踈雨散歸途林鳥爭喧寂溪橋認有無此間當築室補作輞川圖

早發玉山縣

月出風辭纜雞鳴雨度關草深官舍外人語石梁間津樹隨橋轉林鵶向客閒筍輿八十里半似故

鄉山

宿常山縣有懷

樓勢出青楓憑高興不同人烟山色裏客夢雨聲中梁燕兩相得帷燈孤自紅鄉書還在篋江上少歸鴻

靈溪大水

雨色迷青浦灘聲逼戍樓磯頭喧一纜樹杪出孤舟偃臥黿鼉喜高低燕雀愁坐觀鷗夢穩隨意自沉浮

旅懷

老至甘家食饑驅還出門一官眞自笑五斗逮親存水宿蘆中月山行雨外邨舟車吾謝爾聊用爲心寬

恭紀　乾清門引見

下馬隨天仗分班入漢庭石橋斜淡月寶炬列繁星鐘動芙蓉闕香飄雲母屏傳呼乘輿出一點曉山青

其二

朝日在罘罳鵷班委佩時九重親問俗百里各陳
詩仗外香烟細花間晝漏遲　天顏頻色喜不獨
近臣知

其三

肅肅雀翎揚羽林十二行臣躬慚草莽　主德自
虞唐煖就彤墀日寒飛白簡霜山公前啟事將命
尚書郎

其四

風拂翠華旗淸塵彩仗移威儀驄馬使文采鳳皇

池仙樂雲中遠玉珂花下遲從容歸邸第細和舍
人詩

辛巳眞定十里舖守歲

今夕竟何夕霜花逼歲除看人陳俎豆近市問魚
蔬土炕三杯酒帷燈一卷書年來飄泊慣安臥即
吾廬

其二

便向西川去折腰爲老親知交誰借問襆被笑長
貧山月荆門曉江花灎澦春驅車還鼓棹萬里正

愁人

其三

有母思遊子，無妻侍寡姑。那堪荀奉倩，翻似魯秋胡。闖嶠夢中遠，蜀山天末孤。同官三十縣，拓落一狂夫。同日掣籤得縣令者三十人

邯鄲道中經呂祖祠

落日邯鄲道，征驂去不停。叢祠烟影白，驛路草痕青。富貴眞噓吸，神仙亦杳冥。請看今古夢，能得幾人醒。

漳河懷古

漳水流不息阿瞞安在哉死無諸妓哭生望二喬來落日西陵樹秋風銅雀臺英雄有遺恨不爲覇圖灰

湯陰縣岳武穆祠二首

岳廟此蕭森微風動夕陰華巳同一拜天地竟何心河北丹楓老江南碧草深忠寃定何處攬轡獨沉吟

其二

少保還朝日東南半壁斜諸陵朝牧馬九市夜吹沙臣力生前竭君恩死後賒湯陰雖有廟去病不爲家

樊城渡江作

楚江淸且長夾岸春芸芸草色東風暖花枝野店香人文殘屈宋估船足鄖襄墮淚碑何處峴山空夕陽

荆門道中懷古

西風動平野匹馬向荆門宋玉誰家宅昭君何處

郢畫圖空識向郢曲不招魂雖見漢江上閒雲變
曉昏

舟發夔陵

萬里自今日東風鼓棹行孤雲生鷁首兩槳過猿
聲灘入黃陵廟天低白帝城爲郎笑頭白況乃賦
西征

入峽

入峽四十里雙崖懸夕曛黿鼉爭出没楚蜀此平
分石罅全飛雨江聲亂落雲啼猿知避客木末散

紛紛

出峽

一水聊然去春山數點來帆收夔子國夔設稅関客問楚王臺山鳥逐人語渚花避石開瞿塘三月路却望亦悠哉

舟泊巫峽

汲淺瀨娟娟鳴鉦此繫船白鹽飛宿雨赤甲走炊烟客夢江天迥鴉聲峽月圓巫雲十二點一半枕樓前

宿雨花院

仙梵出城陰清宵此獨尋風旛隨意得花木自然溪落月老僧梦曉鐘勞吏心塵緣兼野趣抱膝雨沉吟

瀘州信宿稅亭四首

江陽泊舟處蕭瑟滿秋風小市青燐裏官亭細雨中鼯鼪分几榻蚯蚓逼簾櫳嘆息宦遊子勞勞倦轉蓬

其二

見說瀘州道靑山數點攢江分巴子潤巖是使君寒渡馬灘聲白開圍荔子丹朝朝持手版秋爽幾曾看 瀘產荔枝較漢嘉稍別

其三

估舶出晴川江流靜淼然日斜津樹外帆掛稅亭前賓叟自輸布軨車不算緡烏蠻棹歌去也解戴堯天 州舊設雜稅因立稅亭康熙三十四年奉恩綸撤去商困始甦

其四

有夢歸南國無書慰北堂猿啼山月白雁落海雲

黃歀梳芭蕉雨題詩薜荔墻那堪三峽淚不得下
瀟湘時予擬告終養以歲伍計典不果

漫興五首

入夏覺無事疎慵況性生堂虛牘吏散風過葛衣
輕夢是花間穩詩多竹裏成春歸還未遠日日有
鶯聲

其二

早衙初放後趺坐即安禪啜茗心知苦看花眼自
憐久荒彭澤菊便買漢陽船莫笑空囊澀元無作

業錢

其三

江草綠不已江波無限情非關愛蘿薜竊恐負簪
纓壘綬三年破奚囊一葉輕封侯人自貴落落老
書生

其四

古人亦歎我漫傳蜀道難巫雲平似掌錦水淨於
紈片石且相語幽花時自飡終慙漆園吏蝴蝶夢
翩翾

其五

五斗匆爲薄鄉心其奈何三年邉雁少萬里海雲多舊宅安丘壑新衣製薜蘿遺書報親串青眼待高歌

荅樊昆來内翰有引

内翰以癸未暢月扁舟枉訪余署中快論雄談風神瀟洒移尊促席優伶間作主賓相得甚歡漏三鼓始罷明日遽觧纜而西矣追送不及悵怏久之今年春詩筒遠將婉麗清和寻把玩不

釋手薄牘堆案久未裁答夏無事簡篋中得此
珙璧援筆效顰遂成五首

風雅滿天下何人迥不羣世傳樊太史詩似鮑叅
軍雁度平羌月山開僰道雲相思不相見江草綠
紛紛

其二

不信山陰棹飄然江岸來城頭殘月上雪外一峯
開把燭行蘿徑移花對酒杯清談足心醉玉屑滿
瑤臺

其三

雅量周公瑾高踪王子猷曲終還角酒興盡便廻舟天際翔元鶴沙邊泛白鷗深慚風月主車轄不能投

其四

隴上南枝放新詩寄好春張郎花作骨謝眺語驚人倚杖江天闊開緘魚鳥親瓊瑤久不報點筆復逡巡

其五

傲吏吾何敢狂生衆或疑一經青作眼遂覺白生髯慷慨愁中月牢騷醉後詩會須解簪組重與訂心期

雨花院題壁 昔予奉調會審大案信宿事竣感而有作

五度文殊院六時羅刹堂天花粘吏牘鬼火散禪床月出生虛白風來鬪妙香開扉忽大笑放脚是津梁

遊流杯池聽周子鼎度曲

溯江采芳杜之子意何其落日明孤嶼秋花出短

籬微酣蕉葉酒高唱柳枝詞曲誤不須顧人間知者誰

三月十六日舟至漢口

洞庭昨夜月待我武昌城樹認魯山色江流漢水聲酒帘花外直漁火夜深明五載鄉關夢春雲一片橫

望黃鶴樓

一雁青冥破遥遥見此樓天風吹日夜江月照沉浮我欲乘雲去誰同秉燭遊探奇眞有命六日臥

扁舟

七言律

小孤山

蕭蕭蘆荻雁聲殘秋入平湖畫裏看八月烟波孤嶂小九江風雨一帆寒天涯作客驚霜鬓漁浦何人老釣竿我憶匡廬登斷壁十年淸夢負長安

旅次送燮公之平和任

雨餞桃花擁客船離亭尊酒各淒然君行嶺嶠當三伏我夢滄洲竟四年亂後青山虛夜月秋深哀雁響寒烟仙郎久抱褰帷志肯使春風不管絃

高郵道中寄曾亦逵并問無瑕消息

秋聲迫遞客中聞意氣豪華喜遇君子夜一燈消綠酒平原十日醉紅裙帆開古渡淮南月雁落長天濟北雲寄語画樓歌舞地風流誰繼鮑參軍

三灘感舊

索索松楸夕照前西風吹面各凄然迴看飛瀑三千尺悔別青山十六年細草漸封騎馬路小橋亂繫釣魚船夜深獨倚江樓月半是蘆花半是烟

贈張偉夫處士

青山日日曉雲橫高臥南陽懶送迎秋浦舊遊天地老春衣新製薜蘿輕閒開三徑非關癖家散千金不近名慚愧信陵交最晚夷門久已重侯生

獨酌南樓懷陳石郵客苑陵

江頭楊柳碧如煙獨上高樓意悄然對酒恰逢寒食雨思君多在暮雲天鶯花到處憐三月朋友何人尚少年聞道敬亭風景好可能清興足高眠

送曹弘如歸樵水二首 曹善詩畫兼工詞曲

半生南面據詞場潦倒江湖鬢髮蒼秋興百年悲

杜老春風一曲顧周郎開元聲譽遊能壯廣武登
臨醉更狂偶憶故園重回首丹臺山下暮雲黃

其二

誰識當年顧虎頭江山盡付一囊收層臺夜色千
峰雨四壁濤聲五月秋無意詰人焚筆硯有心訪
道臥林丘知君自是疎狂客歸去何妨笑敝裘

訪袁我峯雙石山房

風塵走馬故交稀訪舊重來坐翠微賤貢文章成
一笑偶談時事嘆全非亭臺瀟洒攤書卷花木扶

疎隱釣磯撈剌錦鱗新酒熟知君端不羨輕肥

陪朱筒公郡丞看桃花歸宴舟中紀事

垂楊画舫碧簾櫳高會南皮笑語通拓落書生疎
禮節風流司馬送詩筒樓臺月隱青山外簫鼓人
歸紅雨中回首武陵春不淺桃花片片斷橋東

蘇小小墓

歌臺舞榭夕陽斜知是紅樓第幾家松栢西陵猶
駐馬芙蓉小苑不聞車孤山有夢歸殘月五夜留
寃怨落花我向湖頭吹玉笛珊珊環珮響寒汝

壽張儒夫八十

寂寞柴門八十春蕭然物外一閒身自甝佳句銷餘日時買青山贈故人籬菊生涯江上醉嶺梅心事雪中貧清風兩袖誰相似咄咄嚴陵老釣綸

長溪鄭秉山招同華陽鄧允載明溪蕭能人劍水謝徽伯三山蔡惟公宴集衙齋

十年別去驚華髮千里重來揖講庭時秉山任華陽廣文海內文章都拓落天涯兄弟半凋零酉科同年化爲異物者十餘人笛吹馬帳朝雲白簾捲獅峯暮雨青豈有相逢不

沉醉悠悠作客爲誰醒

華陽雜興二首

空江返照依殘堞古廟寒枝宿乳烏酒店家家題姓字寺門日日急官租難投白眼禰衡刺易哭青山阮籍途欲向城南買一醉登樓蒐斷去雲孤

其二

十日作客九日雨千家沽酒百家貧赤狐蒼鼠據城屋青山緑樹愁征人玉屏積雪消不盡桂嶺凍風未易春買得輕舠便歸去清江細濯舊纓塵

張源嶺

張源盤山三十里中峯嵂崒倚天高縱橫石磴白日冷蕭森古木陰風號何年岇壑藏狐兔無數澗溪翻波濤大笑一聲過嶺去人生何事空勞勞

梅口

山空日落翻紅樹瀨淺秋清照白沙兩岸鄉音喧渡口一舟烟影出蘆花官亭古木啼鴉老村落殘燈野雉斜樵唱歸來漁父去明朝馬跡又天涯

悼亡詩四首

杜蘭香去彩雲殘屈指秋深又歲寒綠綺有聲春別鶴菱花無語曉分鸞三更風雨孤燈夢半世姻緣一息看昨夜烏啼眠不得空庭倚遍畫欄干

其二

綠窗深鎖擁紅塵檢點花鈿淚滿巾明鏡自憐生白髮夜臺何處哭青春楞嚴一卷愁中案蝴蝶雙飛夢裏因畢竟漆園腸已斷多情原是鼓盆人

其三

十五盈盈記昔年珠簾不捲晚風前高燒紅燭評

花譜笑拔金釵作酒錢烏鵲橋從今日斷鴛鴦塚是再生緣此身只合歸山去不學瞿曇便學仙

其四

傷心松梧竟成行兒女相携過北邙黃土一抔澆濁酒青山三尺掛斜陽郢中徒寫招魂賦海上原無不死方便使他生還一笑玉簫何處認韋郎

過太平鄉祖宅

雞犬依然桑柘深竹籬斜日帶高林笑迎車馬兒童語指點田園故老心鴉亂晚天風上下舟橫古

渡月浮沉纍纍千塚渾相似手植蒼松已十尋

仝社宴集式中宅上日暮客散復招仝隣人

縱飲漫賦

好夜別開楊柳墅張燈重倚海棠巢但教麴蘗常
爲友誰道蘅蘭盡化茅漏轉春星低屋角座移紅
燭過花梢老翁稚子紛紛醉一笑都成爾汝交

仝式申玠如宣子望金鐃殘雪

大弋雪後寒壓城捲簾忽放春山晴皚皚白日森
不動絮絮凍雲歛復平千崖揷天燭龍照獨樹倚

擔饑鶴鳴梁園已矣馬卿老拙思欲賦無限情

香谷聞鶯限五韵

草暖花香酒再行啼鶯自在得人情陰陰灌木兩三個恰恰春風四五聲佳節喜看老友健出門難負晚山晴白雲相賞歌相答城北城南烟月横

首夏送張宗魯還樵

那堪花事總闌珊燕語鶯啼送客還十里旗亭吹别柳一春風雨負青山投人刺字懷中滅滿眼詩愁馬上删最是陽關聽不得數聲横笛鬓毛斑

贈牛扶蒼牛澤州人以癸丑進士與侍衛後出爲紹興守備尋調建寧以詿誤解職歸

拓落青山誤一官崎嶇世路總波瀾曾聞幕府依劉易不信天恩借寇難先云督府題留事竟寢百日生涯耕鑿拙孤臣心事雪霜寒南中父老攀車泣莫設西風促繡鞍

其二

蒼髯如戟笑微軀兄事袁絲弟灌夫千里笥輿詩卷重中宵風雨劍囊孤鳳山日落尋僧侶洋背烟

深揖酒徒洵是　君恩容觧甲逢人好寫荔枝圖

溪畔尋花漫興

灘溪水淺碧如烟楊洲沙暖花欲然忽驚開落各一半安得紅白長新鮮山蜂趂客亦無賴粉蝶抱香殊可憐解惜春光須美酒囊中恰有賣文錢

其二

雲白山青坐不歸枳籬曲曲轉斜暉繁英嫩蕋白相語短鴨輕鷗時一飛流水無心移斷岸野花隨意點春衣眼中物理閒中得明日同看今日非

咏新柳有寄

走馬章臺話故知輕烟細雨軟風時隋宮淺黛粧成蚤漢苑纖腰睡起遲水漲灞橋彈別淚月明羌笛憶歸期宜男草暖香蘭笑莫謾春愁老鬓絲

筠翁師過余劇談東溪羅生今之平原也俠骨豪懷不可一世口誦其詩如其人余耳之不覺蒐動遂寄二首

只今捫蝨向誰談長劍峩冠總不堪白社偶然逢惠遠青山始信有羅含寸心投客千金盡斗酒揮

毫十日酣如此風流真絶世思君明月落江潭

其二

秀出江東不近名把君詩卷見平生踈狂似笑嵇中散痛哭還同阮步兵千里暮雲山數點高樓長笛月三更孤懷憑向春風寄細草新花無限情

寒食日集瀾水菴

郭外風晴寒細細沙頭烟落碧紛紛輕舠人泛桃花水古木鵑啼蕩里墳老至酒杯多慷慨閒逢棋局好平分年來慣作逃禪客盡日松窗臥白雲

無題

誰家鶯語逼墻陰，智姊蘭姨恨不禁。青玉案裁紅豆曲，紫香囊出白頭吟。愁中蠶吐千絲繭，夢裏燈殘一寸心。最似橫塘橋下水，東流脉脉向君深。

賦得酒伴逃禪

此身夢覺兩茫茫，回首風塵鬢已霜。一寸熱腸消濁酒，六時醒眼拜空王。長齋蘇晉非關癖，痛哭嗣宗不是狂。若使荷絲能盡殺，黄公壚畔白蓮香。

贈趙展成明府

拄頰西山看曉烟微風花笑訟庭前臣心自信長如水吏治何常不是仙百里桑麻開絕徼千家雞犬散晴川　聖朝倘問神明宰料理雙鳧已四年是歲入計

金山夜泊

烈風撲地暮雲愁衆水環山爭一流京口潮聲瓜步月楚天雁影海門秋星星漁火歸寒浦漠漠烟鐘出画樓最是孤帆動鄉思吳歈越調滿汀洲

九日感舊

荻花楓葉曉霜侵彭澤先生抱膝吟料得重陽誰
送酒每逢令節却關心籬邊野菊開還瘦天末風
鳶去漸深強欲出門蕭瑟甚可堪重話舊登臨

讀姜子山感懷詩漫次元韻

只今身世總艱難補屋編籬計暫安吾道久拚青
歲誤他山日見白雲寒憑騅有淚空彈鋏漂母逢
人不授餐裘馬五陵眞意氣春風莫作等閒看

其二

我亦曾歌行路難閒關策蹇上長安一官自笑焉

唐老六月誰知范叔寒與到名山供筆硯饑來秋菊節盤餐篋中久貯凌雲賦白眼何勞狗監看

其三

浮雲漠漠問天難七尺微軀何處安囊有一錢聊自解家徒四壁不知寒故人敢望綈袍贈殘客兼無脫粟餐老去潘郎真鬅甚二毛愁向鏡中看

其四

不信春風拂面難日遲花笑竹平安香塵到處鈿車媛幽谷何人翠袖寒閣後移床聽夜雨山中拾

橡足晨餐自描姑射神仙照未許凡夫淚眼看

立春日社集陶園即事 旹臘月十五日也

把盞狂呼雪後天強將殘臘作新年草痕脉脉花棚外山影紛紛客座前細茗好香奇果熟黃雞白飯紫鱗鮮春盤狼籍不歸去風落簾鈎月正圓

人日雨集攬翠軒

春山娟娟翠欲浮飛入近水之高樓雨聲倒聽枳籬下烟影斜逐汀洲流此時此景各自得一觴一詠紛相酬諸郎才調足心醉老夫婆娑點白頭

景翩翩墓 并序

翩翩故有明時妓也莫詳所自出善爲詩唱酬成帙多清麗可誦余鄉某生一見輒目成強委禽焉遂與偕歸集中有泰寧道中詩一絕是也生故紈袴兒性暴戾聲如乳虎居久之嘗邑快不自得閒出詬厲語卒飽拳折項以死或曰翩翩才矣如不知人何或曰命也即知人庸詎能終乎或曰有才無命蓋自古嘆之矣獨翩翩乎哉葬城東江月亭側好事者過其墓灑以杯酒

或種桃花一枝想見其爲人亂後墓復爲有力者斂去今則蘚没烟荒杳不可問矣嗚呼是可悲也弔以詩

當年彩鳳誤隨鴉紅粉飄零二月花早信烏闌啼霍玉悔將彤管報秦嘉舟移夜壑繁霜苦鬼唱秋墳落日斜最似盤塘江上路紫荆黄土認誰家

其二

湘管珠簾鎖綠塵夜臺偷淚濕羅巾死生蝴蝶留殘夢顛倒鴛鴦悟夙因蘇小誰澆花下墓崔徽不

及卷中人白楊亂落悲風起江月亭前空復春

上巳日社集熊月仙書屋賦得春水桃花滿禊潭

百頃澄潭帶綠楊故人別業近滄浪過橋老樹啼鶯得拂面落花春水香放浪酒杯容漫叟風流筍屐搵諸郎武陵溪口拏蘭去樵唱漁歌滿夕陽

客猷州題水西寺壁

帝子宮前繫野航隔江烟雨望蒼蒼泉飛石磴千巖雪人坐楓林五月霜黃蘗不逢僧已老青蓮去

後客誰狂画欄徙倚獨惆悵滅沒晚山空夕陽

送徐宣子還里

短什長歌手八义感君槀華慰天涯無題自寫秋山葉有酒同看冷署花十月滄江水清淺一帆殘照岸横斜逢人倘問川南信強項書生鬓已華

少陵草堂

釣魚騎馬兩茫茫剩水殘山付筆囊塊壘漫澆房相墓間闕聊蹤鄭公床可憐野老千秋血錯認詩人一瓣香惟有啼鵑啼不住草堂日日送斜陽

相如宅

摇落貲郎賦遂初家徒四壁意何如犢褌便足稱名士狗監奚煩薦子虛酒肆花飛春自老琴臺人去月來疎不應天上凌雲筆化作塵中封禪書

白洋驛

春水初生好放槎啼猿聲裏失三巴山開紅葉村中寺船泊白洋驛裏花魚扈蝦簾江路曲烟犂雨碓蓽門斜杖藜最喜無人識獨立沙頭數晚鴉

五言絶

憶玉

知儂新病酒猶自索儂歌不惜儂歌苦秋風可奈何

寄王雪仙

風雨故人去關河驛使遲可憐春草綠仍似送行時

無題二首戲荅徐宣子

寂歷空山雪春風不到梅感君弄羌笛吹得一枝

開

君自燒紅燭儂自照銀缸憑將心一寸報君淚兩

行

七言絶

黄池鎮 東岸寧國屬西岸太平屬

黄池堤上石巑屼楡柳陰陰一水寒東岸人從西岸醉他鄉花是故鄉看

田家雜興

大堤小堤隴徑斜長歌短歌龍骨車夜夜歌聲聲自苦炎風吹不到官衙

鳩兹五日擬竹枝詞

釵飛蝴蝶鬢堆鴉背立江樓落日斜忽捲湘簾偷

半面滿船齊唱海棠花

其二

一歲榴花一度開花間連袂蹋歌來等閒遂得櫻桃去腸斷江東呂秀才

石門立秋

梁安峽口蓼花洲一片孤帆落日愁客裏流光偏易換西風早度石門秋

咏虞美人草

項王恩重妾身輕舞草何年淚得名縱使秋風能

挍拍刀明誰記楚歌聲

其二

渭城春老固陵秋劉項興亡土一抔草色到今垓下綠漢宮早名辟陽侯

爲周曉窗題秋江把釣圖 周錢塘人

烟雨瀟瀟木落初吳山雲斷越山孤持竿便向江頭去世上封侯半酒徒

二月十八日仝諸子放舟吳閶看桃花擬竹枝詞

東風吹溪溪水香曉鶯啼花花斷腸眼見春光不相待雙雙蛺蝶過垂楊

其二

年年花放不知愁鳳管鸞笙約伴遊行遍蘼蕪山下路褰衣齊上木蘭舟

其三

城東溪水清且寒城上花枝遶画欄打鼓發船齊拍手倚樓人盡捲簾看

其四

十五櫻桃着絳綃歌喉全似董嬌嬈鄰舟亦有商人婦莫按琵琶度六幺

其五

錦鴛拍拍打廻湍影落前灘更後灘挾彈奚童不解事手搽小袖出金丸

其六

輕紅着地軟如茵金粉墻低小閣春偷眼斜陽各沉醉潛身花外更看人

其七

折得花枝醉不休暮雲一片壓歸舟隔岸阿誰呼
月出紅燈影裏各回頭

其八

天街三鼓送詩筒手寫深紅間淺紅莫謾催人歸
路晚劉郎幾度醉春風

尋花歸戲作一絕自嘲

花不逢人也自香水清沙白樹蒼蒼浣花野老覺
多事賺出江頭黄四娘

少年行

二十男兒馬上豪錦韉珠勒越羅袍吴姬酒肆半
相識笑解腰間金錯刀

其二

漠漠湖光乳燕斜青驄油壁鬭春華西陵謾作同
心結不見臨風楊白花

國立中央圖書館收藏

八閩文庫

福建文獻集成

吴格 主編

續編 集部 四九

文獻集成 373

海峽出版發行集團
THE STRAITS PUBLISHING & DISTRIBUTING GROUP
福建人民出版社

本册目次

南圃行業二卷北塘漫録二卷〔清〕海澄高維檜撰……一
不自棄亭文集五卷（卷一至卷二）〔清〕晉江黄道泰撰……三五三

南圃行業二卷北塘漫録二卷

［清］海澄高維檜撰

中國國家圖書館藏清康熙間刻本

南圃行業二卷北塘漫録二卷，清高維檜撰。維檜字西懷，一字西崖，海澄人。順治六年（一六四九）入龍溪縣學，八年以縣儒學生員考取福建鄉試舉人，約康熙初，吏部考授推官，康熙七年（一六六八）改選東莞令，後補和平、博羅知縣。祖父克正，爲明萬曆間進士，閩南霞中社十三子之一，頗有才名；父元洙，太學生。維檜少承家學，博聞强識，嗜書，無所不覽。既擅博雅之長，又負曠逸之氣，故發之於詩而筆之於文，且善讀乙部書，所撰廣惠草堂集、閩漳先賢列傳、稗乘新語俱有存史之功。

維檜好讀書，亦多編書刻書。是書即爲其東莞令任上所刻個人文集兩部，皆分爲上下兩卷，先文後詩。版心署「寶山堂」，本書兩種分別署「寶山第三刻」、「寶山第四刻」，福建文獻集成初編所收有閩漳先賢列傳四卷，署「寶山第七刻」，另所見寶山堂刻書有東籬存草二卷、西崖藏稿二卷、全史紀要二卷、稗乘新語四卷等。

南圃行業有康熙十一年祁文友序，稱「邑父侯高西崖先生」，知刻於東莞任上。上卷文，目列序六篇、記一篇、書二篇、傳十二篇。然與陳子篤論詩書、與陳子篤論文書有目無文，以無他本可稽，故難斷定其是否爲所闕。其傳俱海澄高氏家傳，自高氏始祖東溪、一世祖禄成至其父元洙，人各爲傳，當爲纂修潔都高氏家譜之成稿也。下卷詩，分五言、七言，古詩、律詩、絶句諸體。寶署園林記、丁明汲廣文初度、東莞八景等，寫東莞之景觀，俱清新可誦。卷末有闕頁，目中對月二首，其二有闕句；題張君篆畫册三首全闕。

北塘漫録有康熙十一年壬子秋雲間董俞序。上卷文，含序八篇、策三篇、易義十五篇、易墨四篇；下卷詩，亦分體編次。其古詩唐詩宋詩元詩明詩彙選諸序，論列歷代詩人詩風，如「宋詩少膾炙人口，故學士家罕藏，以其專用意而廢詞也」，「南渡理學者衆而考亭詩最著，文人踵出而務觀詩爲杰，乃作詩者不及前宋，而談詩者獨冠古今，嚴羽卿玄風大暢，劉辰翁卓見絶人，其稗益藝林多矣」云云，頗出己見。其通易學，偏重闡釋易理，言語合乎倫理綱常、講求修身致用，論易諸篇可見其大旨。維檜既官粤中，又善爲詩，故與屈大均、陳恭尹等交好，集中可見其往來之跡。（李　科）

一之文
二之詩

南圃行業

寶安署齋
第三刻

南圃行業序

才士擅博雅之長負曠逸之氣朝莪攄其心情夕哦諷其得失而施之於用椒弗效世遂疑詩并政兩不相謀而非也古者太史陳詩以觀民風世道汙隆從可考鏡繇風七為之

國立中央圖書館藏

章其蓄於民事何切也今夫變至於日月星辰化至於昆蟲草木撫取驗焉以尊勸民而上下之相愛父子夫婦之相保祭祀之以時燕享之以度食力助弱之不軌而衆知治之道矣是故豳風詩也周人詩人也古今

政治之美無如周公而取材之富無
如豳風詩不通於政亂始予京雒
得交
邑父侯高西崖先生知其善於詩
也逮返枌榆見其操刀而割若烹小
鮮盤根錯節迎刃而解知其善

於政也　父侯著述充棟後先剞
劂南圃竹業特其一班耳予故樂
得而道之使天下咸知　父侯以溫
厚和平之氣又治吾邑教化有成
淪肌洽髓庶幾君子尚禮義而崇德
小人勤稼穡而循分益猶有繇民之

遺風焉詩之為教其所造於下

邑不又多乎哉是爲序

康熙壬子上巳之吉治年弟祁文友

拜撰并書

西園行詩　初序　二

南圃行業

總目

卷之上

文集

序 六篇

全史紀要序

明詩比玉集序

明四大家詩選序

訥園詩艸序

葛亭詩艸序

素園詩艸序

記一篇

寶署園林記

書二篇

與陳子篤論詩書

與陳子篤論文書

傳十二篇

高氏始祖東溪公傳

一世祖祿成公傳
二世祖雲甫公傳
三世祖添祚公傳
四世祖著羨公傳
五世祖樸庵公傳
六世祖坦庵公傳
七世祖逸叟公傳
八世祖淙山公傳
曾大父贈太史公傳

先大父太史公傳
先府君贈文林公傳
卷之下
詩集
五言古詩 五首
梅花歌
陳子篤社兄携葛亭詩集入粵余讀之
鶩賦
閱七閩高言集喜得趙雙白王美厥二

子詩
讀宋藝圃集李子田先生所選者
讀元藝圃集
七言古詩十一首
與陳子篤訂明詩比玉集成漫賦
丁明汲廣文初度
東莞八景
市橋春漲
鳳臺秋霽
南園行業

黄嶺廉泉
寶山石甕
彭洞水簾
靖康海市
海月風帆
覺華烟雨
東湖赴尹瀾柱吏部之招與陳元孝粱藥亭淩天杓屈翁山林叔吾諸子同賦

五言律詩十六首

萊湖二首
琥珀坑卽事時有徵租之舉二首
榕亭雜咏二首
贈屈翁山山人
送季慶遠世兄回毗陵
蘇漏二首
正月十六日盧述公廣文初度
元宵與吳曰謙陳子篤蔡枚仲雋司觀

燈

協恭堂與尹伯興查懷孔福修齡三遊

戎小酌

宴盧升卿山樓兼賦贈

以詩代書荅康晉公年兄

聞楊爲谷年兄赴遂平之任賦寄

七言律詩十二首

富雲麓學士遠函過問賦謝

陳昌箕先輩携王望如陳澹庵二寅翁

書至喜而有述
陳伯球有臨高之行訪其弟次和氏便
道人東莞賦此爲贈
贈祁爾嘉進士
胡抑抑世兄來自淮陰賦贈
荅季鵬遠世兄時吾師在任縣因候問
之
元旦試筆
人日壽祁珊洲工部

和長公叔氏來韻
早春送王敬之世丈還長山
早春坐雨
五言絶句五首
石龍舟次二首
自詠二首
題遊春圖
七言絶句九首
鐵岡驛二首

題畫二首
對月二首
題張君篆畫册三首

寶山第三刻

南圃行業文集

閩漳高維檜西懷甫著

全史紀要自序

天地間有大文焉經史詩文四者而已或問經史詩文四者作者之法何居讀者之法何居余嘗讀鄒魯書竊取其義矣子曰假我數年五十以學易可以無大過矣子所雅言詩書執禮皆雅言也知我者其惟春秋乎罪我者其惟春秋乎此作經者之法也亦讀經者之法也子曰殷

因于夏禮所損益可知也周因于殷禮所損益可知也其或繼周者雖百世可知也孟子曰天下之生久矣一治一亂此作史者之法也亦讀史者之法也子曰詩三百一言以蔽之曰思無邪孟子曰說詩者不以文害辭不以辭害意以意逆志是爲得之此作詩者之法也亦讀詩者之法也子曰爲命裨諶草創之世叔討論之行人子羽修飾之東里子產潤色之此作文者之法也亦讀文者之法也子其知之否特以四者

之書浩繁難以卒業余於是不揣固陋集數百家言謬成經史詩文四部序論凡二百餘卷每公車入都必挾與遊藉以質之海内名公宗匠問多許可者戊申秋余以李官改令寶安即以就正鄭楚玉尹瀾柱陳兩伊盧升卿諸先生又謬加獎賞且爲序言請梓余以採集未精故未敢災木蓋有所待也余之來寶安也架上諸書不能五車以載姑束之册霞樓頭因念文昰懋焴二小子年來亂離廢學惟督以家世所習者

易他經未遑也詩文于制舉有別亦遲之獨是史也者國祚之修短人才之消長圖版之大小生民之苦樂莫不于史焉備之故學之不可不亟也但涑水考亭二書連篇累牘不能讀也即世所行綱鑑諸本亦未可旦暮遇之者乃因公餘之隙畧掇全史之要而成一編以授二小子使其便讀而已余因是而有感矣曰史不可以不讀然讀史而不得其全焉不可也全史不可以不讀然讀全史而不得其要焉尤不可也試

以孔孟之言推之天下雖大古今雖遥大約有禮則治無禮則亂斷未之或爽也即以兩漢舉其驗文帝之世禮與刑錯景帝之世風移俗易此一治也成帝之世色湛政亂哀帝之世祿去權移此一亂也明帝之世理法達幽章帝之世除科深愛此一治也桓帝之世五邪嗣虐靈帝之世二宦亡儆此一亂也推之自漢以下自明以上莫不皆然要其所以治者在乎得其禮其所以亂者在乎失其禮甚矣所損所益之不可

不慎也二小子其知之否寶安諸生廖子作曾劉子祖啓鍾子大猷林子梧祁子挺瑛造余署中見是書歎曰是書也至要存焉莫約于斯矣莫博于斯矣其關于世甚大非僅爲小子後生助也持而授之梓以公之世余亦不能禁也爰序其端末如此

明詩比玉集序

論詩至明難言之矣以其去宋元日近去唐日遠也而況漢魏乎高子曰否不然也蓋江河有日趨而下之勢挽而囘之存乎其人若以世論是宋可無蘇黄而元可無虞揚也有明治化日久將三百年矣其薦紳大夫以風雅爲業其耑布山人以吟咏爲事故無體不備也無格不具也無調不協也無人不賅也吾樂得其人以論其世且樂得其世以論其人焉洪永之際人文

雲蒸青田爲首金華次之時有四傑在吳十才子在閩五先生在粤袁景文張志道劉子高復工而豪抜相與羽翼鼓吹之亦有明之王楊盧駱也而明詩初盛景泰之時有十才子名不甚著然原博公讓亦聲稱一時成弘之際茶陵創臺閣體含咀宮商吐納風雅學士大夫出其門者斐然成章弘正之際文運大啓空同開山大復舍筏亦有明之供奉拾遺也邊以典而徐以沉鬱康以勁直二王以蔚藻或稱四傑或稱七

子其時又有東橋善夫升之欽佩曾南諸子彬
彬蔚起不下十家亦有明之高岑王孟也而明
詩再盛嘉隆之際用修君釆稚欽子業子木約
之允寧諸子同時唱和亦云聲應氣求濟南婁
東二先生出剏爲高華宏大之調力追三唐鞭
弭四海洵稱中原二子而子相子與明卿公實
茂秦和之號曰七子復有三甫諸子續之廣之
亦有明之開元大曆也而明詩大盛公安竟陵
嗣起其幽情遠韻亦足鼓簧一世然學之者不

得其美而得其疵又從而詆毀前哲亦已過矣
余家好藏書獨少明詩邇購得選部十餘種寒
暑吟之見其以少勝者于鱗卧子以多勝者石
倉虞山虞山一本博而核雄而肆其表彰布衣
尤爲諸選所不及然而持論之意則遠師晚唐
近效長沙既擊竟陵復訾何李王李四家不無
過當也夫竟陵與四家門户各别竟陵固可擊
四家亦可訾乎虞山兩斥之而欲以日休龜蒙
之餘緒奪浣花彰明之果位天下後世豈能心

服哉余與同學陳子篤氏愍焉憂之爰取是本
採其是者刪其偏者一切險者纖者平者俚者
痡加汰之而連類相附使人與人比如比玉然
或立門以定格或從地以別派或因時以和聲
或依品以按辭畧與諸選迥異要以備一代之
勝續三唐之遺云爾是故有臺閣六家曰劉誠
意基宋太史濂王待制禕解學士縉楊少師士
奇李少師東陽有吳中四傑曰高太史啓楊按
察基張司丞羽徐布政賁有閩中十才子曰林

膳部鴻高典籍棅黃學官伭周祠部伭王檢討偁王典籍恭王紀善褎唐副使泰陳處士亮鄭助教定有粵中五先生曰孫典籍蕡李義寧德黃通判哲王給事佐趙布衣介有洪武三名家曰袁御史凱張學士以寧鎦司業崧有景泰十才子曰劉御醫溥湯叅將胤勣蘇雪溪平蘇雲鍪正沈佺侗愚晏御史鐸王處士淮鄒御史亮蔣淮南忠金粟公子王貞慶徐處士震有前七子曰李副使夢陽何副使景明徐博士禎卿邊

尚書貢康修撰海王宮保廷相王壽州九思有後七子曰謝山人榛李按察攀龍王尚書世貞宗副使臣徐布政中行吳叅政國倫梁主事有譽有後五子曰張宮保佳胤張僉都九一佘副使應舉汪侍郎道昆魏按察裳有續五子曰趙侍郎用賢李尚書維楨魏考功允中屠儀部隆胡舉人應麟有三理學曰陳簡討憲章莊郎中杲王新建守仁有八名卿曰楊修撰愼薛郎中蕙王裕州廷陳高按察叔嗣陳副使束蔡侍郎

汝楠王祭酒維楨湯遂昌顯祖有十六名士曰
石田先生沈周桑枒州悦祝京兆允明唐解元
寅文待詔徵明蔡孔目羽王貢士寵太白山人
孫一元盧太學柟徐記室渭崑崙山人王叔承
沈記室明臣王較書稺登何孔目良俊鶿池生
宋登春陳徵士繼儒有皇甫四兄弟曰皋人冲
僉事涍僉事汸同知濂有黄氏兩父子曰魯曾
德水省曾姬水有張氏二兄弟曰鳳翼獻翼有
江左四家曰顧尚書璘朱叅政應登王少卿韋

陳太僕沂有楚中四家曰袁稽勳宏道儀制中道鍾提學惺譚解元元春有閩中八家曰鄭郎中善夫丁戊山人傅汝舟臥芝山人汝楫曹南宮學佺徐舉人熥布衣𤊹白雲先生陳昂宋秀才珏謝布政肇淛商秀才家梅有粵中三家曰黃少詹佐歐郎中大任黎叅議民表其目二十其卷四十有二其人一百一十有六總曰明詩比玉集

明四大家詩選序

明蓋有先後七子云說者曰弘正之間北地信陽起而掃荒蕪追正始一時並興之彥蜚聲騰實或咢或歌此前七子所以揚丕基也然二氏分流勁者樂李雄高秀者親何明婉風調不合又三四十年然後濟南婁東出而通兩家之好運材博而搆會精剃棘除而塗茨新此後七子所以揚盛烈也高子曰有是哉夫詩衰於齊梁而唐振之衰於宋元而明振之明詩余論之詳

矣大抵趨所必至者時也變而通之者人也國初人文欝勃時則浙有劉宋吳有四傑閩有十子或綺縟有體或峭拔有致或冲素有韻或工丽有格然其時草昧雲雷仍有欝而未舒之恨唯我獻吉命世雄才洞視元古詩文一振雄顥莫比復有仲默毓秀瓌丽相與匹配余聞李源風者也何源雅者也二子相得眞所謂有親可久者也夫弘德之間治化昌隆二君子唱之諸大夫和之昌穀擒藻於琴川廷實揮毫於歷城

德涵按拍於武功子衡樹幟於儀封敬夫唱曲於鄠縣何彬彬也嗣後風氣稍變餘韻未遠于鱗唱起歷下詩非天寶不談文非西京不講亦一空同也其睥睨千古壓倒一世眞有白雪寡和之歎復有元美於書無所不讀於體無所不備其取材若良冶操鑪鞴其運用若孫韓用宮嬪古來著述之富未有如弇園者兩人相得驩甚畫地南北稱伯桓文顧其推尊李氏則曰漢家兩司馬吾世一攀龍即少陵尊太白不是過

矣爾時京邸倡爲五子七子之社聲氣抑何廣也徐子與天目才人宗子相廣陵騷客吳明卿[illegible]洞名士粱公實嶺南逸品至若謝四溟山澤之雄耳樂府一出諸侯王傾動之名妓女歌唱之又何驚絕一時也夫弘正嘉隆之世上下近百年矣有十四子者羽翼鼓吹之其音調氣格當在初盛十二家之間然十四子之中又不得不推獻吉大復于鱗元美爲李杜矣號曰四大家爲明一代之勝今諸詩俱在備之則廣矣大

矣選之則美矣善矣此余與余友陳子篤氏意
也自是以降而明無詩

南園行

訥園詩艸序

十五國風不採閩音古之時然也自唐以後騷
騷盛矣歐陽行周始開風雅已爲昌黎所欽重
嗣是而楊大年胡五峰蔡忠惠眞西山劉後村
黃勉齋先東溪謝臯羽陳衆仲諸人以詩鳴者
指不勝屈也明則林子羽春曉孤雁二詩名重
三都家漫士品彙正聲二選體崇三唐當時門
徒唱和聲應氣求或稱五人或稱十子彬彬如
也繼而少谷沉欝汝舟蒼黙石倉清而興公蒼

翠衣鉢相傳三山一派石齋唱漳浦東厓唱晉江世稱二黄互爲塤篪亦既獵秘搜奇窮綺極繡矣今復有訥園先生其人渾金璞玉其器峙岳流川其賦絢日凌雲其詩瓊花烱月殆得石齋東厓家學而發揮光大之者也諸詩具在設有嗣尼山而采風者不知登之風乎抑登之雅乎抑登之頌乎今之時然也訥園生閥閱家少有才名嘗結廬輪山之下泛舟浯洲之上其錦囊中所得當于篆烟輕裊窮島淺波平求之余

與之里閈相接渴其名未握其手每讀兼葭秋水之章未嘗不廢書三嘆也午未申三載作燕門之遊余樂得訥園爲師訥園亦樂得余爲友各恨相見之晚也爾時有阮子疇生詹子莪士者詩豪也訥園之與此二人者友也以詩故也余亦得與之通交焉凡我四人者結搆爲文章度雁漠走雞林我唱汝和汝唱我和聚首燕市謳歌之聲不輟也其樂無央爾時都門有四子之稱巳而余承乏于寶安疇生設教于金臺莪

士卜隱于潮陽訥園分憲于零陵矣出處參商河山迥阻未嘗不泣數行下也然而尺牘之來往也長短句之酬答也又不減燕市聚首時也余因是而有感矣夫零陵楚地也有明詩派始于劉宋諸子繼于北地信陽盛于歷下弇州赤幟一立天下同風篇篇漢格唐什也乃一變而爲譎詭苍蒙之習再變而爲纖巧顛頏之調實公安竟陵爲之濫觴也今訥園觀風于楚其儁語亮節高情麗致眞足以移風易俗而無難者

以之振閩音焉可也以之變楚風焉可也余故

於是刻而樂爲之序

閩風行詩

訥園詩序　三

葛亭詩艸序

天下奇士失於咫尺之內得於萬里之外者何限古今異書失於生平之久慕得於一旦之驟遇者何限吾於子篤陳先生見之矣子篤與余同里閈少未相識也丁未春獨荆蓋於都門子篤家貧甚不能燕遊也其能燕遊者蓋其家企山先生偕之行也企山與余文字之交深於肺腑在京邸無日不過從余因是得見子篤云一見即以一瓣香事之余嘗有贈詩云有客漳之

南圃行業　一

浦定交燕之塢眞所謂天下奇士失於咫尺之
內得於萬里之外者天下人將淺覦乎余也子
篤好讀史亦善作賦好修文尤長吟詩詩有數
種總顏曰葛亭從梁山所居而命之也里居嘗
爲李寶弓張次齡諸先生所推轂其自閩之越
之吳之鄒魯之燕遇名山大川古蹟人物多所
吟咏今諸詩具在有採三百之音者有啜十九
之味者有吸三曹之氣者有探陰何之髓者有
揚鮑謝之瀾者有鳴沈宋之韻者有具李杜之

骨者有噴西崑三十六體之唾者不鏤混沌之鬚眉不盜淵岳之鎘錀不幻秋容之蕭瑟不流素魄之澄鮮即杜樊川許丁卯帛浣花諸集瞠乎後矣而宋以下無論焉余嘗有贈詩云聲高萬木低氣悍百獸觸此不過畧舉一二耳豈能盡其涯涘哉一讀之而快再讀之而悟三讀之幾不知乎足蹈手舞矣眞所謂古今異書失於生平之久慕得於一旦之驟遇者天下人又將重視乎余也子篤自燕歸即杜門梁山之下以

平生可笑可啼可莊可詼可慵可歌之事一一發之于詩自唱自和不輕示人余承乏寶安以舊交促駕子篤若以余謂可與言詩也者不遠千里而來日望羅浮夜遊東湖增吟數十首併前後諸什以千萬計然子篤家貧甚不能剞劂也余捐薄俸爲召工梓之子篤不可蓋癥而後可云刻成連篇玩之其斜綢旖旎之思屼嵂巉嶄之骨蔡郁蘭蒞之香灼爍芙蕖之色當有與羅浮東湖流連數日而不忍去者

素園詩艸序

素園陳先生蓋嘗序余詩文云余不佞待罪東官得辱交素園甚驩今冬素園亦出所爲詩數卷相示余讀卒業見其瀏然而淸冲然而恬整麗閑雅追漢魏繼三唐作而歎曰素園之于詩也良工心苦矣夫詩有聲有色有局法有風神聲欲其韻色欲其蒨局法欲其圓風神欲其逸必備是者而後可云操休文之矩矱入浣花之閫域今人稱詩類皆得一二奇字險句自詫吟

伯求其全體無當大雅即今之讀人詩亦以爲
奇字險句足稱異材焉嗚呼詩道如此設以李
杜王孟之篇謬爲亡名氏之作示之其必茫然
無辨且竊竊焉咲爲不工也已粤自五先生之
後黄梁黎歐與弇州滄溟共分一席至今猶彬
彬郁郁素園家學淵源於書無所不讀成進士
出宰宜章厭簿書煩苦賦歸去來高枕丘園蒔
花蒔竹其品格似陶元亮故所爲詩瀏然而清
沖然而恬整麗閒雅局法風神聲色無一不備

不屑屑于奇字險句余咏斯猶猶斯舞敬誌數
言蓋將使天下後世知余之善讀素園詩耳不
徒謂報素園序余也

南圃行業

寶署園林記

邑舊名寶安自唐改爲東莞山川人物既詳在邑乘矣署在壬峰之下其周圍蓋有二百五十丈云大堂居中兩廊翼之前有譙樓後有小山均可登眺望遠也宅舍有數層翬翼相次稍東有小塘又折之西北亦有小塘若相敵然以夾小山之左右塘雖不甚深然得膏雨時降亦有澄波廻瀾之致此寶署之大畧也署之東有丞有史其西有簿自簿官經裁之後其舍鞠爲茂

艸矣但其地附庸縣衙之西咫尺相通背後有古榕一株欝欝盤盤垂蔭數畝其上有雚鳥棲焉以數百計朝夕爭噪夏來冬去年年不爽也問榕樹由來則邈乎不可考矣稍後又有數樹連蜷相樛雖溽暑不見熱狀亦一幽勝也其南有地廣衍可爲射圃即謂之園林誰曰不宜戊申秋余待罪寶安時新安歸併二邑沖繁又值内差大人奉　命來展邊界藩憲各大人巡歷所治軍公旁午不能偷半晷閒也越庚戌秋乃

于簿署舊廳三楹畧爲補葺顏曰敬齋余友詹子明章爲之記旁又築二小廳以酬客也廳後築一小亭以篷爲之顏曰榕亭余嘗咏二律以紀其勝其曰一篷當厖蓋雨板受藤封言工之省也其曰鳳臺吹短笛旗嶺落輕鬟言景之近也稍西又搆一茅亭不方不員凡六楹東南可眺黄旗東北可望羅浮又東與學宫相對學故有古松數株蒼蔚奇兀殆與古榕相映云其北以磚築小欄欄下近塘更可時時聞流水潺也

欄之中監小坊顏曰北塘余有所撰述曰北塘
漫錄者此也政事之暇嘗息遊于此此非　聖
天子治化翔洽海晏河清安有此邑之乂安此
園之菁葱哉園成爰搦管記之

高氏始祖名賢東溪公傳

公諱登字彥先生於漳浦縣九都移居東溪之上因自號東溪云父時中毋陳氏宋徽宗崇寧三年甲申正月初一日子時公生十一歲而孤讀書日誦數千言及長究極理義持身勵行既冠遊大學交遊皆一時之彥欽宗靖康初年犯京師六館之士皆遁去公曰君在可去乎與陳東等詣闕上書乞斬六賊時廷臣復建和議割三關奪李綱等兵權軍民不期而會者數萬

王時雍縱兵欲殲之公等一十人屹然不動時
方擢吳敏張邦昌爲相敏又言相李邦彦無辜
乞復用公於二月十六日登聞檢院上書不報
二十二日三月初一日二十二日五月十一日
又上書俱不報紹興二年上駐蹕臨安公以十
事投時相不行遂於廷對盡言之初考官林叔
豹得之喜曰非巍科莫處之覆考官忌其直列
作文理紕繆與陳之茂等一十九人授下州文
學尋有旨附第五甲公任廣州富川簿憲使董

弁聞其名檄讞昭賀廣藤潯梧六州獄有囚殺人甚明守欲奏裁曰陰德可爲公曰陰德豈可有心爲之殺人者而可幸免則被殺之寃何時而銷復命兼賀州學事學故有田自舍法罷其田歸買馬司公請復其舊守曰買馬孰與養士急公曰買馬固急矣然學校禮義由出一日縻衣冠之士與堂下卒何異守曰抗長吏耶公曰天下所恃以治者禮義與法度耳旣兩棄之尚何言守不能奪卒從之秩滿士民相率餽錢五

十萬太守勸其受公辭之不可遂請置書藏於學歸至廣會新與大饑檄發廪賑濟復爲糜於野以食之願貸者聽所全活萬計紹興八年赴都堂審察遂上皇帝書及時議六篇并序上覽之索六議送中書秦檜怒其議已不復以聞授靜江府古縣令道出湖州湖守汪藻館之留與修徽宗實錄固辭或曰是可以階攺秩公曰但意未欲耳遂行公至靜江府帥沈敏曰何以治古縣公條十餘事沈曰是古人之政今日之詐

恐不可行對曰忠信可行異域謂不能行是誠不至耳但某不差人下鄉亦願公不差人下邑沈曰謹奉教公以廉勤公仁四字自誓寛期限以追呼新黌宫以勸學吏無所容其欺風化盛行不嚴而治時胡舜陟帥靜江謂公曰古縣秦太師之父舊治太師生焉宜立祠公曰檜爲相亡狀祠不可立胡怫然曰汝欲爲好人耶公毋病甚申乞歸醫不待報檜怒奏請吉諸路提刑跟捉送靜江府勘舜陟徑遣捉卒捕公時太夫

人已死舟中公聞有捕命即殯永次屬之家人航海詣闕上書求納官贖罪以終身上覽而憫之送中書施行公友人有爲右司者謂曰丞相云嘗識君於上庠倘一見之終身事無憂矣上書徒爾也公曰登知有君父而不知有權丞旣而中書奏無納官例送理寺下靜江府獄公號泣而歸檜客捕不獲堇母畢詣靜江府勘所犇陟先以事下獄死矣得事白以聞勑還家公至廣漕司鄭鬲趙不棄辟攝歸善令其秋因差考

試潮州公憤權臣專恣出題皆摭經史要語論
直言不聞之可畏策閩浙水災之所由時丞相
趙鼎在潮謂公曰天下王文多矣未有如公忠
誠愛君者郡守季廣文即馳以達檜檜怒坐以
前事取旨編管容州自是天下以言爲諱南省
至揭公名以爲考官戒初公出潮陽試院遂歸
舊隱與學者講論忽州遣使臣謝大作持省符
至公讀畢即拜謝上馬謝曰少入告家人無害
也公曰君命不敢稽遂着鞭而行謝愕然比夜

廵檢領百十人復至兵刃森列公曰朝廷若賜死亦當拜勑而後就法謝感忠義爲之泣下以死捍之公到容州種蔬植竹爲終焉之計四方士執經者數百人大講明大學中庸之道方教行窮徼而公薨矣是時紹興戊寅也後二十年丞相梁克家漳守何萬上之朝復其官後五十年朱文公熹奏贈其官贈承務郎又爲之祠記其學以慎獨爲本所著有家論等篇及東溪集若干卷

一世祖祿成公傳

公諱宦號樂成後沿爲祿成宋名賢東溪公之後也生于宋末年愛人好施勤心修煉自元中造偕弟祿治擇地漈都之村漸營棟宇爰立世業前面五鳳後背雲蓋山靄下連海波中環蓋漳勝地也其人樸而厚其俗龎而有禮公定基于斯嗣忠清之風立百世之業緊吾宗不祧之祖也嘗遊雲蓋之寺生二子即以雲蓋命名其志大其業遠矣祿治一派擇居于九節橋頭去

漈都五六里許

家史氏曰國制於翰林院置館鍾鎔庶士簡耆碩爲之師其識室則師弟子退而求之地也有軒軒然疏寮洞牖命曰成樂蓋聖人之言曰成於樂樂育者徵德焉故名之也我公愛人好施勤心修煉卽以樂成名其預知後之孫子有能讀中秘書稱　天子文學侍從之臣者歟

二世祖雲甫公傳

公諱　號雲甫祿成公長子也祿成公有子二

公居長蓋甫公其次也我公當元之末造守不仕之高節獨棲遲於山水間潔水淪漣與月上下潔山遠火隱見林外村墟夜春復與疎鍾相聞是中有深趣矣公其丘壑夔龍衣冠巢許書簏几杖之外殷殷留金石聲歌焉咏焉以貽厥後

三世祖添祚公傳

公諱　號添祚雲甫公仲子也公之行之事以世遠故莫之詳也兄添祚弟添興爲之後先而

疏輔焉者公也公有子三著祿著仕著美世有
哲亂而巍然高第爲吾宗發祥之始者著美之
後也公之後也其兩薦科名行且繩祖武而上
之者著美之後也公之後也前後拜闕里堂下
者三十多人於公有光於族有光公之孫支族
私稱官房士者勤以致貴緊曰惟公之賜農者
儉以致富緊曰惟公之賜

四世祖著美公傳

公諱才號著美添祚公又仲子也兄二長著祿

次著仕族皆以述德稱之至公獨以名斥之公毫無介意也生一子則完父老傳公後當軍於楚在軍生興興生德美稽之弘治年間譜牒及契書猶昭然可據族衆多矣公何以軍曰是其好義勤公者也族之長不以爲好義也而推轂焉輒以爲孱弱也而驅使之公亦有遺憾焉於戲士君子屈於一時而伸於百世戮力於生前而食報於死後者亦多矣公乎何憾今日之貴於朝富於家疑然爲郡邑望族者非公孫之子

若孫耶而其成效畧可覩矣

五世祖樸庵公傳

公諱則完號樸庵著美公長子也公德行事實不少概見大抵農圃中惇愿長者也生於永樂丙申卒於成化己亥壽六十有四葬於庵兜離深山一里許坐巳向亥娶連氏葬於杉林坐午向子生子四長乾綬三傳而星散于泉與潮之間次乾忠僅一曾孫而着伍於永定四乾輝有曾孫宗周流於潮祖周流於靖獨學詩一派十

有餘人分任於沙塘與潀山烟火相望惟叔子乾育卓卓乎若鶴立雞羣一傳逸叟公高年碩望二傳潀山公汨山公駸駸稱盛矣下此而科第接武衣冠濟濟爲吾族靈光行且昌熾未有艾也後之議者曰公有丈夫子四俱禀於鳩鳴而食報不同豈其質有厚薄故傳有修促歟曰天之生物必因其材而篤焉栽者培之傾者覆之天之道也

六世祖坦庵公傳

公諱乾育號坦庵樸庵公叔子也有兄二一乾綬
乾忠有弟一乾輝公在農圃中用天之道分地
之利耕耘藨蓘黍林而已嘗往來鳳山之下杖
履閒風神肅肅可無俗氣每語人曰吾徒江海
之士擊壤鼓腹輸太平之税耳帝何力於我哉
娶洪氏生一子精華當諸宗齮齕之日公獨能
卵翼一子相與周旋可謂刓方爲員破介爲和
者矣生於景泰乙亥卒於嘉靖甲午年八十矣
子若孫將葬公於漈山之下諸宗阻之扶柩於

山之巔壟焉竟以此得吉穴產隹徹天殆憐公

而報公乎地名石佛遊圭海者往來劉覽焉

七世祖逸叟公傳

公諱枒號精華坦庵公長子也公至性樸厚飲

人以和族以内藹如也族以外溫如也公無他

兄弟諸宗時起齮齕之公獨以和處之于于如

也唯是清素勤儉多積遺德以有今日語云不

於其身則於其子孫今日載筆承明之朝爲天

子史臣者非公子之孫耶其兩登科名行且躬

策金馬門者非公孫之孫耶諸孫支厠名學校者三十餘人今將摶鵬翮而上焉者又不可勝數也生於弘治巳酉卒於萬曆癸酉私謚逸叟壽八十四齒與德並尊宜其享無疆之報哉右院之山庚坐甲向崇崗秀欝山川英氣鍾焉公其安於斯瞑於斯以觀後世之日昌隆也夫娶吳氏與公同壟公在右吳在左

八世祖潒山公傳

公諱隆字益謙號潒山精華公長子也祿成公

以來世稱椎魯公生英敏飭以儒服精華公喜
甚少治舉子業試屢不利輙安以命翱翔於鳳
山之下稱有隱德弟汨山治生頗富公安貧樂
道人也訓靜吾公以詩書一切生業置焉不問
靜吾公授業太史公皆公教也處世以樸直爲
主族以内得公一言重於連城里中事有不平
者每質成於公而去家世勤農而公輙敬士生
平善善長而惡惡短尤好赴人之難周人之急
性自天植至老不衰繇是以德行聞於鄉國家

鄉飲賓之設所以尊耆年褒懿德也固即以祖割饋酳之禮推而行之郡邑間博學青衿共射利於富豪古禮失矣鄉以公名進澄邑令公往逆之飲公於賓羣稱得人時公年七十餘矣高年厚德公殆兼之太史成名之日其奉母南旋也時從靜吾公侍公膝下父子祖孫稱觴上下天倫親至致足樂也娶謝氏生存愛繼娶蔡氏生國猷生于正德戊寅卒於萬曆戊戌年八十二矣私謚毅叟太史爲之執三年喪公鄉弔者

溢於市誄章難以枚述更爲之治塋於神童山

公有厚德應有厚報哉

曾大父贈太史公傳

公諱存愛字靜吾原名曰仁漈山公長子也公生八歲母謝見背哀毀不欲生時王父精華公携而泣之如禮已事繼母蔡盡孝蔡煦嘔子之閫以内無違言自精華公以上推樸孱弱屢爲豪齮齕至漈山公緣飾儒術業稍稍振公生而修幹顒履雋頴絶倫里中老父謂是子也才足

亢而宗矣既而寘力於詩書數奇不遇而太史生甫能言嘉其了悟日討而訓之朝指授而夕吾伊字批句櫛悉公自裁定開塾延師具程束而已太史秉燭夜讀公嚴坐督甚力時漏下三鼓矣雞初鳴搔其首誦所習書乃攬衣起以爲常云太史年十二時學使者試第一以褐衣入棘闈公課舉子業不當意輒戛楚太史涕蘇蘇下也毋曰休矣寧有十二齡登鄉書者毋見卯遽求時夜公恚甚持梃逐毋良久乃已時王父

所遺僅負郭之田數頃弼一區復弼一區幾烏
有矣公弗爲念也或勸之徙業公曰吾饑以當
食寒以當衣疾痛以當參餌強侮以當解紛吾
方課子不暇子趣去太史戊子舉於鄉壬辰成
進士癸巳迎公與孺人入京邸見太史攤書不
輟誦且勞曰孺子以詩書起家無忘故業夫摻
槧而稱儒臣匪笥墳典而握珠璣未免代斲孺
子鄉者憚而父課若嚴乃今政患課不蚤耳勉
旃無何而公辭歸矣歸則事父毋修稀膸之養

立義倉以賑宗戚之貧者不修容不修郄弟日
課叔季諸子治經猶故公倜儻有大節遇人之
難傾身爲之甚於巳里中事有不平者間就公
質成俱娓娓各當其情去羣歌舞之矣乙未太
史休沐歸里時與公及滌山公前後稱觴人稱
福祚丁酉太史治裝北行而叔子以餼入胄監
挾與偕公送之二百里許握手趑趄淚下如雨
是夏染疾不起終於正寢享年僅五十有五與
蔡孺人相距僅十日太史入都席未及溫訃聞

擗地泣血疏乞終喪六年　朝議憫其孝從之鄭憲副懷魁云先生八索旁通一經立訓懷伏櫪之志閒肄神駒具摩霄之骨時習威鳳太史珪璋帝室鼓吹休明入秘閣以繙書饗官厨而思養時近二親之至咸躋五十之年京國同儕杯觴爲壽上古之椿可圖南陔之蘭方擷況乃堂有垂白之老門多拾紫之英方遥膺乎天眷郎重快乎雲飛何意暫離於焉永隔雌雄之劒並失閬津牝牡之珠雙沈海浦太史方必悖於

國災輒神銷乎家禍抗疏終喪願逾恒制兼銜
恤於二人庶枕苫乎六載斯荼毒之極哀寔蓼
莪之至性矣此語蓋實錄也公有丈夫子五長
克正翰林簡討次克萃欽依遊戎次朝彩明經
別駕次朝章克夔俱庠生公自銘齋云氷蘖承
家叨聖代逸民靜看乾坤娛歲月詩書課子飱
名世奇才期膺甲第佐朝堂蓋公之志也癸卯
春　覃恩贈公翰林院簡討配蔡贈孺人合塋
於靖邑員山古湖之麓

先大父太史公傳

大父太史公諱克正字朝憲號秉荃別號蓼庵
贈公靜吾長子也生於海澄之滐都頴異絕倫
稱聖童贈公尤嚴督之八歲能屬文九歲試有
司受知邑令王公乙亥年十二督學胡公定自
舞象奇之試第一命酒脯尉勞之食餼於邑丙
子省試當道人人願識寧馨兒自是郡邑選試
御史觀風試輒第一督學趙公參會試又第一
侯孺人祖參戎公爲孺人擇佳耦見公郡試延

入喜曰孰是兒也而露頭角遂以女女焉萬曆戊子舉于鄉壬辰成進士爲易一房第一人主者錄其經義以式多士偕劉任之韓象雲沈銘鎮諸公同與館選稱庶吉士館閣試輒第一癸巳迎贈公太孺人就養邸中甲午授檢討値詔求直言公發憤欲有匡正艸具矣後以上書者多而止同館疏請冊立東宮公所起艸也今猶多誦之者爭奉命纂修國史公著作金馬門追龍門扶風之遺稱良史才乙未乞沐休奉母南

歸王父王母在堂二親尚托子舍偕諸弟子而
舉重闈之觴人稱福祚族宮人有爭繼者上五
伯金爲壽乞公左右祖公峻拒之丁酉沐滿還
朝所過遍游諸名山輒多賦咏甫入都而二親
計至慟哭仆地上終喪六年疏哀痛特至天子
憫其孝下部議王者以先王守禮原不可過特
許加二年在籍以展孝思報曰可公家居守制
茹痛未瘳戊戌重以王父之喪雋弟之慽積傷
成瘁積瘁成疾伏枕經年幾無以爲生以藥代

飯調攝復生者孝所感也時貂鐺高宷權政海濱勢豪甚顧雅慕公因有司致殷勤公拒之不肯寸武相過亦不肯尺刺相通其節操類如斯見羅李先生材載道而南褐止修大旨講學芝峰之麓公與朝夕討論率諸士受業焉爲作正學堂記他若造虹橋濬頪渠日與郡守韓公擢鳩工甃石植表疏築翕郡人文斌斌伊公賜也辛丑營佳城於郡西員峰之麓塋二尊人壬寅强起赴闕經會城適張嶷有海外徵金之疏事

下闈中貴人主之中丞徐公學聚詢採金事併
會題奏稿示公公上採金海議三以杜鄉曲中
丞謂公生長海濱周詳備至一一如公議　事
遂寢癸卯春覃恩贈贈公官如公官母蔡爲孺
人授階徵仕郎封侯孺人公喜且泣曰安得吾
親躬拜此命服者秋奉命典浙江試矢公矢慎
大稱得人陳太史萬言其榜首也甲辰計偕獲
雋者十冠本房者三前後得第者以半計先是
公至闈矢意爲國家得人而又私計多士如林

竟難一舉首膓以九迴已得陳君爲第一喜動顏色副考給諫粱公有年時有齟齬公爭之力曰倘有不愜其以一官狥之無爲瀾乃公也既徹棘所收盡當時才士而陳爲後來韶令之冠然忌者益用蜚語中公矣公出少宰周公應賓之門周與四明相國沈公同里閈炙手可熱而公飄然霞外於政府了不自通周又與院長唐公分門而搆院長鐵周衣鉢遂首及公四明相又以公不善媚不爲湔雪乙巳大計院長遂指

公罪案謂公弊中妾兄弟沈莘楨杞楨而公無
他侍妾繼有王御史疏議姚給諫士愼追其始
進倖中之弊時姚公已聯捷選館擢居天垣矣
少宰楊公時喬暨諸同事者知公無端受罷力
爲申救推補粵東學憲當時下石者之意別有
所爲而波及於公公貽大司寇趙公心堂書曰
科塲重典也媒孽者反借此以行其私此其故
關係頗大中間與旨未敢顯言全舘者過樹之
公亦不之辨也慨然曰丈夫何地不可自樹何

必戀戀金馬門弟恨以廉貞而蒙謠諑耳臬憲之推待命未下忽遘王母之變報劉抱慼旋卧痾乞歸家居未二年貝錦之子人骨已死公論已明公差自慰解也楊少宰補牘疏薦公文學著聲厭薄外僚等語蓋欲虛史席以待公也時福唐葉相國向高温陵李相國廷機並入秘閣與公友善屢貽書勸駕公竟不出矣諸生執經問業每課文第其甲乙彈射之士倍矜奮丁未搆斗室於郡之東偕蔣宫諭孟育戴學憲燝徐

職方鑾鄭觀察懷魁林大夫茂桂陳進士翼飛
張孝廉爽十三君子結社於芝山顏曰依雲詩
社一時風雅爲漳先聲已酉八月偶中風疾卒
前一日有大星墜於里門蓋其應云年僅四十
有六朝野咸惜之公曾自述云維桑梓之地何
氣意可以加人苟名節所關即銖錙若將浼已
督學譚公世講採爲語錄崇祀於鄉載漳州府
誌所著有玉堂初稿四卷木天遺艸二十八卷
行於世維檜伏讀遺艸貽劉任之書云方今操

觚家無不尸祝柱下滌園及先秦西京以上者居嘗布鵠則歷下瑯琊新安實居前矛至推毗陵而爲之下遡取毗陵全草讀之乃爽然自失蓋歷下諸公瑰奇其格琳琅其音纚纚洋洋亦稱大備要以即事生境即境生情着意無意不法而法莫如應德公歷下諸公猶可剽竊毗陵則無崕岸可尋歷下諸公猶可摸擬毗陵則非鹵莽能到余偶有所見亦爲應德吐氣不可令壇坫之上少一應德也公晩而持論如此

先府君太學公傳

不孝維檜序述先德至我先府君太學公輒淚簌簌下哽咽不能言云壬辰公車之役僑寓郡岸谷之阨炊骨食子比屋呼籲府君食舊德垂老矣竟坐危城以隕蓋傷於遇云先府君諱元洙字師鼎號道原後號景憲大父太史秉荃公長子也太史公有丈夫子三府君居長次陪貢生元濬次五經博士大提戊子春三月府君生於漈都太史公遠命人懸弧喜曰佳兒必大吾

門是秋太史公遂舉於鄉大母侯孺人倍拊愛
焉非其長之謂也太史公壬辰魁南宮讀中秘
書迎贍公太孺人就養京邸府君侍焉每宦遊
挾與俱遇吳越佳山水輒多賦咏太史公善之
謂繡佛手丁未太史公築室郡東府君入爲家
督已酉入參知林公汝詔門是秋太史遽遊廣
莫之墅府君茹痛欲絕癸丑繼入少保戴公燿
門少保曰高郎亹亹廼人眞蘇瓌子也壬子督
學馮公錄入澄庠乙卯上遊國子監㕥戊卯辰

若而年時往來於燕趙吳越間薦紳先生暨通家所贈遺者輒置書籍器玩而還叩其橐中無有也府君之居郡東也四十餘載逍遙城市足不履公門有避世墻東遺意胸懷瀟洒磊落不羣其天性也憶昔之隨太史公南還也以山水廓其心胸長挾策入成均也以天下士善其嚶鳴其車轍半海內也以世好締其盍簪其輟舉子業也尤搜獵百家及方外諸野乘嘗自作詩文傳記以伊吾聲作歌詠其家居也阿堵牙籌

置焉不問歲之豐祲聽之天出入之多寡聽之人而已時而離羣索居終歲不延接一人時而漫滅懷閭之刺與所不知者嘗吾技時而鮮車皂蓋博袖峩冠以逞其豪上時而不衫不履不阡不陌以托其風流每語人曰不夷不惠之間居身之珍也生平不分冰灰於胸中不設雌黃於舌端不生風雲於掌上一切可驚可愕可憂可喜之事不足動其中其懷葛氏之遺耶至其善守先人業與人交無顯晦服父母喪終其身

竹所藏者皆素而足不履朱朔望具冠裳拜跪如禮又恂恂古長者風也府君居郡東舉維松維桐維檜維檀兄弟四人丙戌鼎革之変携家歸漈都丁亥復入郡東己丑維檜補弟子員辛卯登賢書府君且喜且誡曰士公車前身屬之師公車後身屬之君惟公車時無所屬踰檢而喪志自此始矣而其勗哉壬辰府君以齒德爲郡有司延飲於鄉未幾海寇圍城凡七餘月餓莩盈城府君初處危城猶以吟咏爲事八九之

交四壁交困維檀行道中暴卒府君以痰疾臥
床蓐幾三十日維檜計偕南宫乘亂家歸侍湯
藥僅十日而府君逝矣痛哉享年六十有五所
著有壁觀居詩集及近所撰古文辭若干卷藏
於家黄徵辟以陞爲之序府君殁三年維松補
弟子員又二年維桐補弟子員又三年維檜吏
部考授推官又六年改選東莞令又二年　覃
恩贈府君官如維檜官

南圃行業詩集

閩漳高維檜西懷甫著

五言古詩

梅花歌

今年春色早百花各吐蕚獨有上苑梅偏映池中閣黄鶯啼不住白雪滿山壑折與驛使去隴頭差不寞我今嶺南住先在梅嶺泊新妝妬粉黛清香還魂魄更喜羅浮近美人嘗入幕師雄儇郎客酒肆聊共酌不見月中人但聞梅花落

陳子蔫社兄攜葛亭詩集入粵余讀之驚

賦

有客漳之浦定交燕之塢躡屐嘗過我相對若蘅莊問君何所有上下可千古賦固祖相如文亦稱韓愈史則兄馬遷詩乃姊杜甫葛亭諸詩在可爲知者告聲高萬木低氣悍百獸觸彼從性情出詩脾漾酒趣羅浮四百峰君詩與連續白雪今寡和繼者陳子蔫

閱七閩高言集喜得趙雙白王美厥二子

詩

閩詩開宗派子羽與漫士發響過龍門引商鶩下里繼有鄭少谷娟艷如蘭芷石倉諸子出沾沾各自喜三山振風雅諸郡皆娣姊漳有依雲社先輩十三子石齋唱漳浦詩文世無比今有趙與王詩壇之翹楚摩詰新聲吻松雪舊機杼間作中晩調不吐亦不茹快閲董田選品藻多新語爭梅復採葛寄興遺餘緒萬曆中先裒荃太史與蔣宮諭孟育戴觀察燝張進士廷棟張大夫廷榜徐職方鑾林大夫茂桂鄭憲副懷魁陳進士翼飛汪

山人有洵張徵君燮吳御史宋陳山人範結社于芝山之麓署曰伭雲詩社號十三子載漳州府志

讀宋藝圃集李子田先生所選者

順陽李翰林疎狂似太白是豈其苗裔不阡亦不陌作詩乃磊落中州俱辟易獨惟選詩手拘拘守寸尺宋初有作者多倣西崑劇介甫一變之詩聲甚藉藉少游山林泒魯直學士格文潛風人肯無已寒鬼魄凡此六君子分却東坡席美哉東坡也眉山兩白璧嗟哉東坡也名成世

所謫理窟首程邵出聲皆天籟解騷推考亭尤爲詩人最茶山嫩無力寒瘦如乞丐務觀頗自放洗削落急瀨永嘉四靈入開芟彼蕭艾文疊兩山氏嗚咽真無奈有宋三百年或譏之曰糖余亦有一評骨刻而體泰質之李翰林藝圃爲著蔡

讀元藝圃集

元音何婣婣藍出自長吉又沿以西崑厥聲多蕭瑟間入於膚俚不害其樸率至大皇慶來代

代有隹製屈指風雅士范楊與虞揭中彂俊逸
語氣色猶雄麗天錫鴈門產出吻響而細更有
余廷心忠節眞可涕何滅宋末人沙漠結詩帶

七言古詩

與陳子薦訂明詩比玉集成漫賦

陳子燕遊囘未久眼空一世才八斗書有五車
田半畝邇者來粤與我聚首擷精文圃掭華詩
藪滄浪之論曰詩貴有别趣其實主聲格立論
乃不朽明初有詩人解王與劉宋或者似國風
或者似雅頌其次四傑與十子吳閩之音均可
誦長沙一闢臺閣體諸子學焉知所從此時初
盛交詩律大一統嗣是弘正暨嘉隆先後七子

美且富沉灝李空同俊逸何大復精丽李觀察雄博王司寇王持風韻近百年聲格直與古唐壽三甫五子繼其間結社唱和如蘭臭公安一變弱矣亙以爲秀竟陵再變俚矣却不似瘦我欲與子審其篇辨其句考諸古唐而不謬 附陳祖虞

子篤氏○比玉集成高西崕先生以長句見示賦此奉荅○從來鄭聲亂大雅海內何人稱作者君侯把筆橫九州直欲方駕枚與馬挑燈舟對畫欄前城頭啼烏尚未眠卷卷牙籤抽錦繡字字銀管共丹鉛宋元豈足嗣唐響有明一代差堪賞郎如洪永猶委靡正風斷自李何始厥後繼之惟王李手執赤幟麾諸子百年摘藻皆英豪試爲定論析分毫滄溟何似弇州大信陽

終輸北地高啓禎之際才亦有可惜元氣入塞
瘦險竊篠驂爲盧昧俚把鈹釘奉弊帚夜半但
聞歌楚聲酒酣未見卅秦缶狂瀾潰川急障之
眼看矯枉又一時掊擊竟陵無不可排擠嘉隆
欲奚爲嗟予閉門生白髮破琴厭奏高山闕揭
來將登門百峰得眺君侯署中月君侯君侯吟
白雪比玉編成源流別大者如斗小如玦持與
天廟琬琰列世間鼠璞敢啼删

丁明汲廣文初度

寶安之東琥珀坑者千家人烟寒東野常見馬
山當頭嘶又有犨丘如虎下山邊小塢三十六
中有池塘蔭桑竹月落日出烟漸散行人陸續
走幽谷池傍古井穿石室灣處若與潮水通池

底有鯉三五尺或疑蛇龍惟所叢間有隠老丁明汲脫帽大笑眠其中客來烹魚侑以酒酒名琥珀照金籠節高不到四市路與酣時踏六鰲背寶林松栢近相摩端溪桃李逵相對秋冬之交菊花開菊花千葩八千載

東莞八景 和前八韻

市橋春漲

落天風雨走珠盤透入飛虹水潺漫市上吹簫驚商客湖中鼓棹困鼉黿危橋只因滑屐動況

値三春桃花湧景趣正從蒼烟彛懸泉高澑聊一弄

鳳臺秋霽

鸑鷟棲梧望古榕千金毛羽驚凡蛩洞庭聲雜龍門影鵝火西流曜靈空鳳之去兮音幽寂鳳之來兮舞紫碧臺上銜詔金鷄鳴萬里横秋懸月色

黄嶺廉泉

峰勢如旗色帶碧况復中黄接地脉山泉冷洌

不可當招許與巢距盜蹠問誰者濁誰者清此
中廉泉偭連城我寄氷心黄旗嶺雷响電激疑
甲兵

寶山石甕

粤勝有一名猿峒峒隂不如甕阻動此山艶富
如金樞崇島巨鰲寒不凍石甕汲水吐溜怒未
許谽谺訐隆汚寶痤山中山有靈我且磊落冲
霄舉

彭洞水簾

昔人有彭此中立岸粤欽巖不可入一種飛瀑自天來滮滮澌澌非積粒形如門簾買無價爲誰卷舒此山掛洞府神君懷伊人碧玉空中珠不夜

靖康海市

渤澥漭漭從天來烟霧范渺爲誰開未知澄波卜聖世且隨蜃氣狎瑤臺島外洞壑樓千丈藹臯不得神滸行設有清風解朱塵依舊漁舟倚棹唱

海月風帆

巖名海月中央水伊人宛在琉璃地不數歸舟乘風來千里一日音信至有如寶筏渡浮蒲若同飛錫爲先驅香雲花雨無止境一身貝葉浪五湖

覺華烟雨

覺華寺裡多琳宮談柄辯峰却不空若有若無有無內如水如月水月中猿去鴿來眞性特一身烟雨搩來歷欲圖江山寄蒼茫鐘聲潮聲留

不得

東湖赴尹瀾柱吏部之招與陳元孝梁藥亭淩天杓屈翁山林叔吾諸子同賦

湖上浮光好我爲潄清泉況值此秋際樓曲雜鳴蟬速招木蘭棹來赴玳瑁筵湖主尹大夫轉鵠以相接八龍之駕何蜿蜒十千之酒如竹葉開樽已至北海朋當歌復載東山妾濟濟信爲良宴會滿船新詩不勝獵元孝眞逸民作賦不滅士龍手藥亭名解元題詩直踞伯虎首翁山

舊騷人可續靈均後叔吾狂秀才嘗使杜康酒
粤才挺出羅浮上又逢江左天杓子金釵十二
與絲履人才文章號雙羨湖上浮光好諸子沾
沾喜我遊者頻矣此番尤徙靡主人引滿客盡
醉樂府新聲角和徵勿使山靈水恠知我輩選
幽勞筆紙

五言律詩

萊湖

久滯東官郡，趨忙到萊湖。危橋繞遠路，低樹掩幾樓。徑小輿容膝，魚稀菜佐厨。出門收晚興，漪竹雜蒲蘆。

其二

當此秋天盡，寒風與我隨。漁人收夜釣，田客積新貲。山遠老松柏，湖深肥蛤蜊。更看萊竹好，避俗恨來遲。

琥珀坑郎事時有徵租之舉

薄宦風塵走特來珀水遊收成聽蟋蟀疾苦問童叟葉落千山響心閑百事柔幸完官稅早毋使司農憂

其二

喜有殘黎在欲行復躊躇客來因債迫官到為糧逋滿路皆叢菊近鄉是鷓鴣宦囊清似水賒酒未曾沽

榕亭雜咏

莞署枕高崙結亭依古榕一蓬當瓦蓋兩板受藤封門納千家雪庭栽半畝松傍邊傍梵寺晨夕聽鳴鐘

其二

小亭何足詠偷坐半時閒花上黄鶯轉窓前白石頑鳳臺吹短笛旗嶺落輕鬟暫息榕陰下更聞流水潺

贈屈翁山山人

憐君不得意走陝復投燕南海一珠落黄河雙

鯉懸陸沉方朔米澤畔楚臣烟篋內詩千首囊中無剩錢

送季度達世兄回毗陵

君行何太速再會尚幾年左右江邊棹西東嶺上眠游人看落日折柳寄長箋解纜將言別情深未忍前

蘇涌二首

何地不饒水此涌與汝通舟隨鷗上下樓戴星西東海蛤纍纍白山柑樹樹紅我來探異勝冬

日照深融

其二

作客過幾日聊看澗上藁人聲通鳥語莞草雜番椟兩岸圍孤棹滄洲隱小池登臺瞻遠景有塔狀如獅

正月十六日盧述公廣文初度

鬚眉何戢戢一接有餘歡火樹燈如畫桃花味不酸春開鐵鎖禁月下赤瑛盤問所菁莪處新異與寶安

南園行集

元宵與吳曰謙陳子薦蔡枚仲雋司觀燈

正值元辰候，又逢燈節期。銀花開鐵鎖，玉漏待黃鸝。酒助詩人興，月憑火樹移。東城幽滿市，勿問夜何其。

協恭堂與尹伯興查懷孔福修齡三遊戎

小酌

喜得太平日，天涯共劇談。四郊妻秀艸，一望澗青嵐。愧我雲中鳥，羨君指上鐔。相逢何藉手，斗酒與雙柑。

宴盧升鄉山樓兼賦贈

好友良非易茲樓集蕙蘭一山當面照萬木數聲寒登眺津頭市應酬柳外竿罇金堂在望此日盍簪歡

以詩代書荅康晉公年兄

欲問丹霞渡惜無塡鵲河客心隨絮柳鄉夢寄懸蘿地隔書如面情親石不磨君今讀禮畢早出共鳴珂

聞楊爲谷年兄赴遂平之任賦寄

燕遊何日去分割天中圭激水汝淮雪岈山節
度葦疎朋憑影雁薄宦倚殘黎豫粤雲邊路開
書一半泥

七言律詩

富雲麓學士遠函過問賦謝

一別薊門有數年相思萬里未能前影隨鴸鵲銜清露夢入芙蓉揖島僊蔾閣燃書劉子政掖庭賜錦李青蓮忽傳梅信雲間至瘴海生輝意獨牽

陳昌箕先輩携王望如陳澹庵二寅翁書至喜而有述

名埶詩壇四十春今雖白髮尚紅脣鸝鶴詞客

渴非病苜蓿先生清不貧望列石倉稱父執書來鳳驛結朋鄰粤閩咫尺頻相過豈獨江南有細蓴

陳伯球有臨高之行訪其舅次和氏便道入東莞賦此爲贈

有客起程自鹿泝門前柳色重依依且將弱絮牽行騎莫厭塵泥點客衣瓊島半程未問渡珊瑚一席爲開屏天涯骨肉情難盡海浪驚人勸早歸

贈祁爾嘉進士

渥洼龍種羨騰飛王謝流風見紫薇銀管裁成太液曲錦袍奪作老萊衣花籠仙氣𦳝爭發草長神芝鶴亦肥願上一杯更勸駕黃封他日御筵歸

胡抑抑世兄來自淮陰賦贈

淮上笛聲入粤筵闔人爲報雁來篓行程多阻雲帆渡世講深交金石緣憶昔滌園稱傲吏伊今漱石訪靈仙君家自近鉢池處煉就丹砂結

大年

答季鵬遠世兄時吾師在任縣因候問之

甦山景勝近何如喜接來人讀素書湖上芙蓉頭竝蔕嶺南梅雪髮堪梳白眉兄弟君稱最絳帳師生我獨疎試看渚陽城角月遥思萬里欲飛車

元旦試筆

餘生又歷一年春夢入梅庄醒未眞可是懸羊放雀景不殊索蔕拆松塵酒呼萬壽庭燎旦節

值三元盤露新逕看飛鳧東北下海濵擬和謙
宮臣
人日壽祁珊洲工部
分陝芳嶶啓後人才名早已動星辰香浮青鎖
銅龍夜月满丹庭繡鳳春持節桃花無漲水掛
帆楓葉郤恩蓴畫堂吹把萊衣舞聞道垂裳憶
近臣
其二
鐵橋一望翠微間筆底烟雲四百山繞滕芝蘭

皆濟羨摳衣玉筍各成班使星光燭司空座入
日祥開太乙顏最喜燕臺會御李于今泰嶽得
躋攀

和長公叔氏來韻

懸匏忽過五湖春每憶故園笑語新漳驛月騰
天柱角粤山雲繞海幢濱翰來燕尾當寒暑製
竝魚頭辨玉珉大阮竹林空一世扁舟載酒莫
辭頻

早春送王敬之世丈還長山

東官草色欲芊芊公子鄉心日夜懸竹裏銀槽吏部酒江干繡被鄂君船雲飛長白知親舍花發深紅惜別筵此去上卿應執政好携彩筆入幽燕

早春坐雨

喜逢春色滿郊青正把椒觴倚曲欞何意空濛飛障霧不堪散漫掩殘星梅花帶濕枝偏重黃鳥驚寒語暫停凍解早知和節至乾坤水上一池萍

附次兒懋焞和韻○南園楊柳色青青枝上鶯聲透碧欞重霧忽來今日雨浮雲已

掩昨宵星焚香獨坐誰爲伴去鳥高飛竟不停
日在天邊窺未出東風吹過小池萍

五言絶句

石龍舟次

朝辭白鶴觀暮入石龍津停棹問家信大半闔粤人

其二

勞勞逐利者鬧市石龍塲獨我宜遊客滿船明月香

自咏

剗却龍江室特來鵬嶺鄉書生初薄宦細與家

人商

其二

十載北燕走一朝南粤遊奚山三十嶼大海泛孤舟

題遊春圖

遊春醉公子沿河採花蘂鶯老栎熟時猶在青樓裏

七言絶句

鐵岡驛

磯頭風急水湯湯，回首來程是鐵岡。繫榜買魚賒酒去，粤人又饋我檳榔。

其二

珠江去驛有幾灘，鷓影柁聲帶日殘。夢到荔鄉渾未覺，鷄鳴行李過東官。

題畫

古渡悠悠風浪平，花開兩岸帶鶯聲。爲誰冒雪

此間過□愛美人月下橫

其二

馬蹋春泥趕渡橋橋危姑且呼魚梳水邊不數

杏桃種偏映江樓恨小喬

對月

嫦娥初放兎猶狂照入曲房色似霜起傍珠簾

玉鈎立斜看織女叉梳粧

其二

偶步城西赴友招佳人疑在影中描填河烏鵲

原書缺

原書缺

序

余去秋客零陵於吶園黄少叅署中晤詹子嶽士立談傾倒因出東籬西崕詩文二册示余余讀而賞嘆不置吶園曰此吾鄉著述名家高西懐先生也其大父衷荃太史公以文章譽望動海内君繩其武踔厲風發著書等身文絶似秦漢諸家言詩酷肖建安開元人體格子之相賞有以也余亟出鄴囊中紙筆録其詩文之猶契余心者各數十首未幾遊羊城得訂交下

枉銓部與陳元孝梁藥亭諸子咸嘖嘖稱
令君之吏治風雅爲遐邇跂慕當其坐堂皇拊
循噢咻翕然號神君退而焚香宴坐與二三詞
人瀹茗揮麈揚搉千古輒移晷燭了無倦色與
至則援筆摛藻才高氣雄橫絕無前詞壇勁旅
無不披靡退舍余聞而更心動思裒糗佩橐鞬
得一當高先生而無如遊輿已闌馬瘏僕痡遽
謌式微之章不得一至花封訪勾漏儒令披彭
澤新篇至今以爲恨事乃余抵家未匝月詹子

翩然溯峰鄉而來從容寒暄後即出先生南圃北塘新著相對吟咀反覆數四霏霏若春雪之舞泠泠若朱絃之奏瑟瑟若楚蘭之芬其扶風雨吼雷霆灼灼如芙蓉之四射奇奥詰屈幽峭盤欝森森謖謖如置身於深巖絶壑長松古洞間噫先生之詩境神妙遽臻此乎時傳公石濤趙子雙白在坐曰前梓高言集時徵先生詩未至盍亟登之以公同好余曰善

康熙壬子秋雲間社小弟董俞蒼水氏拜

北塘漫錄

總目

卷之上

文集

序 八篇
賀封翁祁懸圖年伯七衮榮壽序
賀天官大夫尹瀾桂先生榮壽序
古詩彙選序
唐詩彙選序

宋詩彙選序
元詩彙選序
明詩彙選序
新修東莞縣志序
策三篇
因革
禮刑
寬猛
易義十五篇

彖曰大哉乾元　一節
位乎天位乃正　二句
九三勞謙君子　合四
初九不遠復无　合象
六二黃離元吉　合象
晉康侯用錫馬　一節
艮其背不獲其　一節
悅之大民勸矣　二句
君子以議獄緩　一句

日月運行一寒　二句

天一地二天三　一節

以言者尚其辭　一句

是故蓍之德圓　六句

是故易者象也　全章

有過物者必濟　一句

易墨四篇

九五孚于嘉吉　一爻

君子以申命行　一句

安土敦乎仁 一句
物畜然後有禮 二句
卷之下
詩集
五言古詩 四首
日望羅浮不得一遊悵然有作
莞江競渡
中秋遊蘭陔園林同遊者爲吳曰謙王長鱗斗生儀生二兒

宏石吾弟也隻身入粵以盧文作之
詩見投作此答之
七言古詩 五首
丹鳳將雛歌爲連憲副作
東董蒼水孝廉
贈家圖麟太守
寄賴德庵總戎
林叔平公車訪余羅浮之側作歌送之
五言律詩 二十首

寄李素園叅憲二首
寄程周量職方
寄張赤庵叅憲
寄陳眞亭車駕
送詹蕺士遊燕二首
送李于濟回平和
送陳子篤回金浦
答陳君芳兼送訃偕
謝天交入東官賦贈

金年家姪以陟三學憲書來賦答

趙楚材赴茂名之任留任莞江數日喜而有述

林君璧赴任樂會枉顧東莞詩以送之兼懷臨高陳明府

袁亶夫鄭方城歐陽兆璜同上公車便道入莞楊翰馨姚欽會亦以書來諸子皆余粤闈所取士也詩以壯其行二首

陳茂生以嶺飲江吟見投病中不得一
晤作此懷之
三峰園阻雨因辭福修齡之招
溢田莞村也窮二日程乃至途中所見
率爾成咏 二首
七言律詩 十六首
懷古詩 十首
姑蘇
燕臺

楚中

咸陽

沛中

洛陽

蜀中

鄴中

金陵

隋宮

羊城雜詠四首

送淩天杓還金陵 二首
五言絶句 八首
九日壬峰登高 三首
九月桃巳開矣爲賦三絶 三首
焚香
烹茶
七言絶句 十首
戲題女士圖
一舸

虞兮

出塞

歸國

當壚

墮樓

奔拂

盜綃

驪宮

蒲東

寶山第四刻

北塘漫錄文集

閩漳高維檜西懷甫著

賀封翁祁懸圖年伯七袠榮壽序

始余維檜之謁選　都門也筮得粤之寶安因得與珊洲祁先生交云時先生爲司空大夫屢爲余言昔日所以治龍舒狀併爲余言今日所以治寶安狀蓋先生爲民之父母者至矣爲父母之邦者亦至矣余承教唯謹迨至寶安而見其風俗之淳龎山川之蓊蔚有峤䓗與芝𥳑

爕者知其中多世家焉有斷雲與野鶴产(?)
知其中多隱君子焉一一如　都門所言寶安
狀益信先生之言有徵也未幾先生奉　命出
試江以南矣拔十得五皆一時名人儁士其提
南宮者十餘人其赴瀛洲者四五人乃蕀甫徹
郎以闈牘敎我也讀之琳瑯滿目眞不愧玉筍
之選也未幾先生又奉　命出督河之北矣夫
以文章爲政事先生能也文有障百川而東之
力河有淮四瀆而海之勢先生能也而先生曰

唯唯否否先生蓋有所思也佐河郡大夫請曰何思也先生曰吾思夫覆載我者其自戍之役釋褐回里未二載即有燕之行盧之任今閲十春秋矣家有嚴君焉賴有諸仲氏晨夕溫凊吾實闕焉吾盍歸以少盡吾事已而果得所 請也朝發于淮陰之浦夕抵于棠溜之濵矣斯時也先生之侍封翁也喜可知也封翁之見先生也喜可知也恭逢 今上親政之年封翁 覃恩以先生之官官之復以 世祖配天加十

級　聖恩可謂隆且渥矣而先生移忠作孝
意猶未慊也冬焉而溫夏焉而凊先生今日膝
下之歡非如昔日江南河北之變日望雲者比
也庶乎其可以少慊矣歲在壬子仲秋初旦封
翁七袠之期也邑之士大夫曁子衿父老思所
以壽封翁者而不得乃以余於先生有夙昔之
知請一言爲侑余亦不得辭也士大夫以封翁
之壽如方伯公當日鷄鶴有紹康金玉有銓錫
此足以爲封翁壽與而余曰未也士大夫又以

封翁之壽如寶安所屬黄嶺表鎭萬江襟流此足以爲封翁壽與而余曰未也士大夫又以封翁之壽如棠涌所居松栢不彫烟火相望此足以爲封翁壽與而余曰未也然則余何以壽封翁也余嘗泛觀乎江之南矣夫九肋鼇甲可以赴舉一鶚横飛可以表薦况彼江南菁菁者莪爲海内人文之最者乎先生之試吳也小者栽桃李于廬下大者鏡芙蓉于畿中郎以十四國奮庸之日爲二八壽考之年可也此足以爲

北塘漫録

翁矣亦先生壽封翁意也余嘗曠覽乎河之
矣夫岸一日不隄防則決水一日不疏通則壅
况彼張秋湯湯者流爲南北水鄉之聚者乎夫
中五湖以爲鎮山始尊淮三州以爲澤水始大
先生之治河也桃花不漲餘皇順流即以地輿
之永固爲人壽之允康可也此足以壽封翁矣
亦先生壽封翁意也斯言也敬以復之紳衿父
老併奏南山之雅以助一觴

古詩彙選序

繼三百篇而作者其古詩乎夫古詩者總漢魏晉宋齊梁陳魏齊周隋而名之也其間代不數人人不數首梁太子始而精選之馮光祿終而備集之輓近以來曹能始鍾伯敬唐士雅陸昭仲諸選互有出入余因得而彙選之且縱論之矣或問漢詩高子曰體托諸風也材取諸賦也十九首其風人之餘乎蘇武纏綿李陵簡摯長卿多識博物爲賦頌之首文君白頭吟文姬

八拍爲閨秀之首然而制作自上唱之矣大[illegible]
秋風爲七言之祖繼而黄鵠涼風皆極工麗後
世人主不及也或問魏詩曰物色繁而性情稀
矣孟德老卓子桓和厚子建兼之其材氣高華
爲建安詞人之唱王粲文深劉禎骨幹徐幹淺
活阮籍纏綣均建安詞人之最也或問晉詩曰
色闇而不韶氣塞而不流是豈足以言詩傳玄
古貌綺心張華清緒逸格陸深而蕪潘淺而淨
左豪而粗張協工擬議孫楚頗挺拔得詩之一

端也惟陶詩如月到柳梢風來水面自然之妙爲晉獨步或問宋詩曰詩自宋一變矣六朝之始漢魏之終也且漸與古遠漸與律近矣謝靈運似芙蓉出水顏延之似錯彩鏤金誠哉是言也陶謝詩可相配降而惠連眞悃不足繁飾有餘矣鮑明遠七言開逴跌蕩樂府尤得其宗宋人之杰者也或問齊詩曰詞多纖巧其在字句之間乎王融刻飾最工謝朓清綺絶倫其餘不足觀矣或問梁詩曰美哉梁乎梁之四蕭罷

三曹也一門稱盛矣七言歌行梁武獨勝江南上雲十四章其西曲之始乎昭明賦詩屬思便成選詩一體爲後世宗匠簡文詞藻艷發頗傷輕靡時號宮體元帝金樓盛行然隹不在此夫簡文烏棲曲妙于用短元帝燕歌行巧于用長並爲唐體之祖也其諸臣之著者沈約詞密于范意淺于江然清怨自長江淹筋力于王成就于謝然摹擬自善范雲敷情流活丘遲綴筆明媚任昉拓體淵雅僧孺慧口摽異吳均琢句瑰

傑美在詞句之內者也庾肩吾香而自然柳惲冷而韻何遜幽而眞美在形骸之外者也子範水鳥銜魚上子顯豔趙復傾燕子雲蛺蝶戀殘花子暉帷香開曉風蕭鈞山翠餘烟稜諸蕭之美者也孝綽遊絲綴鶯領孝儀木落雕弓燥孝威含嬌渡淺河劉邈燈前量獸錦諸劉之美者也陶弘景霜滿高烟平朱超道柳色浮新翠王籍蟬噪林愈靜隹句殆難殫述六朝才藪梁爲首矣或問陳詩曰陳詩大概荏苒欲倒耳後之

聲色俱沉非曹蕭氏比也徐陵聲氣高逈不凡組練陰鏗褒情縹緲自成色相均爲陳人之最沈炯蕭詮孔範諸子丽藻時聞然每見妖啼鬼哭之狀夫聲之變也由于思之巧陳正見巧而幻江總巧而帖巳爲律詩之權輿矣或問魏周齊詩曰魏無詩而有詞王容王德詞家體段流于妖媚矣惟溫子昇才藻可畏擣衣從駕臨池花蝶諸咏差可採耳蕭慤魏收顏之推齊之最者也庾信王褒宗懍周之最者也然而子山居

上矣氣骨欲過肩吾而神秀稍遜澗底百重花山根一片雨宜爲宋人亟推也或問隋詩曰六朝豔極矣反之以雅者其煬帝乎一洗頹風力摽本素雖亞于三曹亦匹于四蕭矣盧思道幽姿芳韻詩多可誦暗牖懸蛛網空梁落燕泥可謂寫物得景矣魏澹劉端碌碌不足道也觀止矣後有三唐庶可以媲美也巳

唐詩彙選序

論詩至唐可謂備矣可謂盛矣顧分爲初盛中晚者明初家廷禮氏之説也以予觀夫才調英靈閒氣國秀搜玉極玄等集唐人集唐詩者有之百家選萬首絶句衆妙䕫中等集宋人集唐詩者有之三體律髓鼓吹唐音等集元人集唐詩者有之諸家之選非不各羨然或傳或不傳惟品彙一書唐人玉律在焉家傳而户説之亦以立論至當而法鑒無錯也或者謂一代之作

而分爲四其言不幾創歟而非也廷禮氏蓋本之三百篇也夫關雎芣苢諸什初也其詞直以質卷阿皇矣諸什盛也其詞典以和雲漢無羊諸什中也其詞詳以激大東黍離諸什晚也其詞憂以厲廷禮氏之意蓋取諸此也余竊就詩以論世且就世以論詩夫貞觀永徽以來則有四傑四友燕許沈宋伯玉曲江諸人以鳴初唐之音大約承六朝之靡由華而少斂以態韻勝而漸啓盛唐之機開元天寶以來則有供奉拾

遺王孟儲王高岑李常諸人以鳴盛唐之音大約承神龍之餘由歛而大舒以風骨勝而漸啓中唐之勢下此自大曆以降則有錢郎常柳隨州皇甫元白孟賈諸人以鳴中唐之音大約時際元和昌明變爲寒澀正大變爲鬼恠而漸啓晩唐之習下此自開成以降則有李溫牧之仲晦劉滄馬戴趙嘏李羣玉諸子以鳴晩唐之音大約時趨五季流亮變爲對偶豪博變爲隱僻而漸啓宋元之風後之君子審此何以補救而

挽回之哉故世之盛也唱率之權在上非貞觀開元不足以作覩萬物世之衰也唱率之權在下郎盧仝馬異亦足以鼓簧一時是詩道得失之林乃世道升降之會也曩者鄉先正黃紹夫風雅一篇以盛唐而寄于初中晚之內謂三唐各有其盛是盛以合作言非以世代言也此亦一說也正聲一集又廷禮撮品彙之精而成者也教人以道而漸入於精巧洵爲詩家標的胡元瑞云唐詩至品彙而始備正聲而始精習熟

二書始無他岐之惑斯言豈欺我哉李于鱗從
而選之唐仲言從而解之朱克生從而删之此
物此志也余彙而集之奉爲典型古今自有同
好楊用修乃極詆之奚恤哉

宋詩彙選序

宋詩少膾炙人口故學士家罕藏以其專用意而廢詞也明季多習中晩之調因有學步宋音者故李子田藝圃集曹能始石倉選稍稍行世余因得彙集之而爲之序曰一代自有一代之才宋固可忽乎哉藝祖千山萬國之作固自中律太宗新月咏仁宗賜進士詩神宗挽秦國徽宗宮詞欽宗千山雀詩俱婉麗可佳未可少也自李商隱之調行楊大年錢維演劉子儀諸子

翁然宗之號西崑體亦富健雄整不讓義山魏野林逋亦姚合流也寇萊公遒逸二宋富麗晏同叔柔和夏英公遒整梅聖俞閒淡俞子美渾灝王平甫豐碩宋人唐調也歐陽永叔體尚平正掃除前流王介甫創撰新奇大變唐格迨東坡魯直二公出又另闢門戶矣蘇門六君子學坡老者也江西諸宗派學涪翁者也外此詩人殆難枚舉衆綠結夏帷老紅駐春粧張文潛佳句也雨砌墮危芳風軒納飛絮秦少游佳句也

百姓歸周老三年待魯儒陳無已隹句也北宋風流大抵如斯南渡以來尤楊范陸稱爲四傑不過祖述元和翁趙二徐號爲四靈不過憲章大中劉戴諸人不及晚唐矣陳去非曾茶山以近體名謝皐羽林德暘以歌行顯尤其表表也所可異者考亭以理學著也乃騷宗靈均賦法司馬詩歸伯玉文訂昌黎何全才爾也尤可異者宗岳二公以戰功著也宗云烟遮晃白初疑雪日映斕班却是花岳云潭水寒生月松風夜

帶秋卽詩人豈過是乎嘗論兩宋一代人才國初執政多能詩不減薛少保虞永興也其盛者不出慶曆熙寧二朝大都盡入於歐蘇黃三門矣始則學西崑僻澁者有之而丰韻不足繼則學少陵粗強者有之而沉欝不足東坡學陶又學白究自成一蘇無巳學杜又學孟究自成一陳東坡極推魯直而魯直不滿東坡魯直盛稱無巳而無巳時輕魯直意見不同故聲吻亦異南渡理學者衆而考亭詩最著文人踵出而務

觀詩爲杰乃作詩者不及前宋而談詩者獨冠
古今嚴羽卿玄風大暢劉辰翁卓見絕人其稗
益藝林多矣余論列宋詩如此近以質之藝圃
石倉違以正之文鑑律髓知音者其審諸

宋詩選序 二

元詩彚選序

元人繼宋人而作者也元有詞而無詩譽之者曰秀俊又曰摸擬毀之者曰局促又曰膚俚要之瑕瑜並見識者擇焉余故採風雅元音英華體要諸集復叅李曹二先生之選而論次之曰有元末百年人才何彬彬也屈指其人元好問趙孟頫虞集楊載范椁揭傒斯傅與礪張翥姚燧劉因馬祖常張雨楊維楨上也袁桷歐陽玄鮮于樞盧亘陳孚成廷珪陳旅貫雲石黄溍栁

貫吳澄黃子肅迺賢龍子高次也裕之金室故老遺山一集極其鴻朗子昂宋室宗枝松雪一集極其清逸二家元之開祖也雲横北極知天潤日轉東華覺地靈伯生氏雋語也大約伯生學拾遺或以刻深評之曰漢法令師黃河西去從天下華岳東來拔地高德機氏雋語也大約德機亦學拾遺或以近肖評之曰唐臨晉帖窓中夜雨銷銀燭城上春雲動彩旗仲弘氏雋語也大約仲弘學青蓮或以猛悍評之曰百戰健

見蒼山斜入三湘路落日平鋪七澤流曼碩氏雋語也大約曼碩亦學青蓮或以鮮麗許之曰三日新婦夫虞楊范揭元稱四傑其即唐之王楊盧駱宋之歐王蘇黄乎實雖不同而名頗相類矣外此則推傅張二家若金之詩曰黄歸幽徑犢青聚古祠鴉仲舉之詩曰露花迎夕飲風樹借秋凉二子高華雄暢杜陵遺格也諸子全篇殆難殫述但畧舉數句可以知全篇畧舉數人可以知諸子矣所可異者異域人才素稱惘

樸薩天錫雅正卿則以名顯其詩抑何華贍也或以比之溫庾二子非諛也尤可異者元朝養士未見深厚余廷心王用文則以節殉其詩抑何悲壯也或以比之文謝兩山非過也吾聞之矣夫騷者古之變也選者騷之變也律者選之變也詞者律之變也其習愈勝其變愈下余觀函虛子元詞評上者十二人次者七十人又次十五人詞曲盛行而古詩蕩如矣然則元之詩與宋之詩孰師孰商余考之先正矣何仲默云

宋人似蒼老而實粗鹵元人似秀俊而實淺俗李子田云宋詩深刻而痼于理元詩膚俚而𠎝于詞胡元瑞云宋人調甚駁而縱横浩瀚過于元元人調頗純而局促卑陬劣于宋細繹三家之評可以知其優劣矣

明詩彙選序

明之代元也，其猶漢之代秦，唐之代隋，宋之代五季乎。文章氣運若將終始焉。今以詩論，太祖以睿思發爲歌辭，滚滚千餘言；宣廟長篇短歌援筆立就，遂與宣和爭勝，非僅瀟湘八咏傳奇也；世廟口授成誦，喜爲詩文，其改楊閣臣元宵詩，有「愛看金蓮明似月」之句，可謂曲盡情景矣。余觀有明之世，治化翔洽，縉紳以詩鳴于上，韋布以詩鳴于下，不減古唐遺響。但三百年來代久世遷聲調各別大約有數變焉國初草昧初闢元習未除劉青田宋景文聲調高雅唱于朝端袁海叟汪忠勤實羽翼之高楊張徐號曰四家劉子高林子羽孫仲衍亦自成一子由是而吳宗季迪越宗青田閩宗子羽粵宗仲衍江右宗子高鳴鶴在陰其子和之聲氣然也大抵此數子者在洪永之世多爲纖穠綺縟之音而風氣視宋元一變矣繼此令辟嗣起文運昌隆茶陵李賓之其質則金鍾玉衡也其聲則大羹朱

絃也歷官舘閣四十年學士大夫多出其門如謝鳴治陸鼎儀石邦彦羅景鳴邵國賢顧士廉魯振之何子元諸人其卽蘇門六君子之選乎夫茶陵繼金華廬陵之後雍容作唱而一時之彦學知本原詞原體要相與鼓吹休明賁昇平盛事大抵此數子者在成弘之世多爲典暢和平之音而風氣視國初一變矣乃未十餘年間而有李何二子者出獻吉起北地而關西涯其學以少陵爲主仲默唱信陽而附空同其學以

青蓮爲主一則開山一則舍筏天下亦靡然從之夫長沙之于李何其陳涉之啓漢高乎則排擊者之過也同時復有徐昌穀邊廷實王子衡康德涵王敬夫稱曰七子與之蜚聲彬彬焉或或爲文有顧東橋鄭善夫朱升之王欽佩不下十家與之齊鳴渢渢焉洋洋焉大抵此數子者在弘德之世多爲雄深鉅麗之音而風氣視長沙京口又一變矣乃未二三十年閒而有李王二子者出于鱗白雪樓則無擬不化也梁簡文

晉宋玄融承天正則金珠輩兼而有之元美四部稿則各體咸備也枚李劉曹阮謝鮑庾李杜輩靡不合之夫歴下瑯琊世所稱鳳質而能變者也分之爲南北兩覇合之爲中原二子天下亦靡然從之爾時有七子之名則謝四溟徐子與吳明倫宗子相梁公實與之狎盟燕市也爾時又有三甫之名則張肖甫張助甫余德甫與之齊馳海内也爾時又有五子之名則趙汝師李本寧魏懋權屠長卿胡元瑞與之交映後先

也大抵此數子者在嘉萬之世多爲博大高華之音而風氣視北地信陽又一變矣迨公安派出而聲響不振竟陵派出而氣味已薄熹懷之世尩歪亂奏而世運隨之矣余生也晚志輒慕右家藏有明詩文選二十餘種就其中而衡之程鄭汪陳惟刻論著蕭徐張何兼採風雅其希以風雅行者亦有數部滄溟臥子以精練勝而隹篇見遺能始牧齋以浩博勝而雜作見收益藩十二家僅此數人俞氏百名家殆少初晚余

不揣合爲編摩以繼歷代詩選之後以補比玉集四家選之缺論世者或于此有少稗焉若夫取精去疵匡我不逮則有當世之宗匠鉅公在也

明詩 四

策因革

治天下者鑒前代之往轍立一代之㦸模以爲法也不知心存于法之内矣以爲制也不知意立于制之先矣蓋心意者治國平天下之本也然治平之實不恃立心之無據而恃立法之可凖似法重于心矣治平之本又不恃立法之無弊而恃立心之能通則心重于法矣心有神明以爲之用于本代之制善則因之于前代之制弊則

華之然又非前代之制果皆有弊無善也洞悉前代之所以治又窮究前代之所以亂取而鑒之用以爲法則變者其勢也其時也不變者其心也變而不盡變者其意也此豈特唐以隋爲鑒漢以秦爲鑒已哉即成周忠厚開國享三十之世永八百之禩猶然此鑒夏鑒殷之心也要惟以和厚立心以惇大立治無爲震世駭俗之舉焉斯可矣我

太祖
太宗肇造弘基以淳樸爲治我
世祖顯承大烈以建極爲法而我
皇上秉聖神文武之資克紹
祖宗心緒而光大之宜乎海隅罔不率俾而宇内
罔不乂安矣乃者
睿慮所及以興禮樂易政刑爲兢兢也夫禮樂
政刑之興易孰有備于實錄一書者乎實
錄固以傳

祖宗之心法然非徒恃心法也道統之淵微盡于
實錄制兆之醇備亦盡于實錄似乎可無
庸他求矣乃復斟酌損益于有明之會典
何哉即以明之會典論明之世夫政舉績
懋明之所以治也高太仁孝之世然也綱
廢紀壞明之所以亂也神光熹懷之世然
也諸如禮樂政刑之典載在會典亦既可
考矣從而因之從而革之更從而損益之
其政之美者取以爲法焉可也其政之否

者取以爲戒焉可也夫原其貽謀幷制法之不臧也及其流弊乃用法之不善也若以子孫用法之不善而并咎祖宗制法之不臧豈深于鑒往者哉且夫凡民難其慮始而時俗樂于因循亦非一朝一夕之故矣如使一法著爲令矣而數月之間動將告罷一制布海内矣而畿封之近格且不行噫以爲救世也不知其褱世也以爲訓俗也不知其駭俗也愚以爲

今日之治當本之以實錄參之以會典如九賦之式具在也輕重之法可變而軫恤之心不可變也五刑之書具在也出入之法可變而欽恤之心不可變也四條之課具在也寬嚴之法可變而慎廉之心不可變也文武之制具在也多寡之法可變而寅恭之心不可變也此亦何必于會典是問而亦何必不于會典是問哉要之明季澆漓之氣在乎

皇朝以淳厚之治易之明季弛頽之習在乎
皇朝以勵精之治振之而明初君臣之交惕朝
野之底定豈無懿軌可取則者乎則因循
之爲得也取以爲法即成周鑒于有夏鑒
于有殷之意亦不過如斯矣
執事所云無震世駭俗之虞而漸摩于易簡
純粹之治意亦外是乎若夫君心爲立法
之原此内外有本之治也君身爲天人之
歸亦上下必符之應也愚生其未敢侈陳

北塘漫録

矣

策禮刑

帝王之御世也凡所以爲治化之本大約有數端焉其本諸躬而爲天下則者道也其著諸行而爲天下範者禮也其垂諸憲而爲天下守者法也其載諸典而爲天下戒者刑也凡此者皆所以爲治化之本也然而又非有多端也帝王因道以制禮其議損議益而使一世之人陶淑相親非僻不生者雖恃道足以感之而實恃禮足以

維之也帝王因法以制刑其議輕議重而使一世之人髖棘不煩奸宄以息者雖恃法足以懍之而實恃刑足以畏之也究之禮與刑亦非有異也蓋刑者聖人不得已而用之者也刑以佐禮之所不及禮以消刑之所未萌以禮息刑以刑歸禮聖人之心如是而已矣即稽之唐虞之世典禮者有人而寅清是咨明刑者有人而欽恤其慎亦非有異也是豈漢唐諸君所尚綜覈

之所可幾哉今我
皇上纘承
列祖之大業凡所以善風俗正人心者莫不以重
道敦倫爲兢兢欲俗之趨于厚也而澆者
如故欲民之守乎法也而犯者如故愚竊
深思之而知其故矣夫典禮之官曰宗伯
明刑之官曰司寇古者分官雖殊而出治
則一爲問今之世日操峻法以繩其下矣
尚有古弼教之遺否耶蓋禮者履也上下

所由辨而民志所由定也下至飲食之微衣服之項莫不有制度存焉亦以見先王撙節愛養之意也

今日者章服有别矣上衣下裳之制何可侈也侈與奢爲類宜以禮裁之庶乎制度不忒矣

今日者尊卑有等矣天尊地卑之分何可僭也僭與亂爲鄰宜以禮正之庶乎紀綱以肅矣如是而上下之禮猶未犂然耶至若

告訐原以申寃也乃有市井之徒藉以報私仇者有之藉以攫金錢者有之豈法未密歟抑奸愈滋歟愚嘗籌之夫刑禁于已然之後禮遏于未然之先是故以刑止刑刑不可得而止也以禮止刑刑無不可得而止也試度之以禮而三物以先之六行以率之揆其理于德與怨之間而報施皆恕矣嚴其界于義與利之際而取與不苟矣勿曰此蚩蚩者市井之民也而概以一

切之法爲之繩也如是則禮之讓也刑之
措也億兆于焉革心矣即以媲古寅清之
化欽恤之治又奚愧焉藉曰不然是帝王
之禮不本于道帝王之刑不本于法而帝
王以禮息刑以刑歸禮之治不見于今世
也顧䚡䚡焉日操峻法以繩于下而無有
弼教以導于上則愚見其失之多于得也

策寬猛

嘗謂一代之興必有一代之治是其治有異乎抑其心有異乎曰治雖異而心則同也然而一代之心必有一代之時是其心有異乎抑其時有異乎曰心雖同而時則異也何以明其然也蓋創始之時利用動動則無所不肇造也守成之時利用靜靜則無所不休息也成康之治教亦畧可覩矣嗣是而文景而貞觀亦莫之有易也然

是豈前人之制作無待于後人與抑後人之才智不及于前人哉亦以成憲既備矣世道既平矣上觀天心之協應下察民情之向慕自無容更張以滋擾也是以守成令辟不汲汲于數年之紛更而唯權衡于畫一之規不汲汲于多端之綜核而唯經緯于寬大之意蓋深見忠厚立國之模舍此別無所謂治也惟我

皇上恭己勵精固已綱舉目張政教翔洽矣

太祖
太宗之鴻基違有以承之
世祖之駿業近有以紹之宜乎治績之盛軼漢唐而踵成周也乃
執事以與民休息滌煩祛弊之策下詢也愚請以臆對夫天下之稱煩弊者則莫若猛也急也天下之稱休息者則莫若寬也緩也是二者治術所由辨也大抵立國制治之際當觀乎時而涖政設刑之間當視乎

心二者偏而執之則有傷劑而用之則有濟非可漫焉以圖也然聖人御世非僅于二者之間行調劑之術者也蓋治有本原焉聖人本太極以爲中而陰陽自不倚也剛柔自不毗也易之所以御天者在此聖人本皇極以爲範而高明自柔克也沉潛自剛克也書之所以乂用者在此此豈籌量于寬猛緩急之間哉而機運自神也立法自當也夫法亦觀其當與否耳如以爲

否也則因循以襲之固曰不宜如以爲當也則更張以調之徒滋其擾矣鄭僑水溺火烈之説董仲舒琴瑟更張之喻蘇軾獄市不撓之言孰得孰失必有能辨之者而要之政尚紛更者弊在不任法而任例法爲一代之公例爲一時之私昔則守法以破例今且因例以撓法矣政尚綜核者弊在不課實而課名名爲上下之所奉實爲百姓之所求昔則務實不慕名今且飾名

以誣實矣試爲下一令曰其有以紛更爲政者乎亟除之除之惟何滿漢無異視也内外無異觀也官秩無異品也經制無屢改也庶乎畫一之規有以息紛更之弊矣試爲下一令曰其有以綜核爲政者乎亟除之除之惟何賦無以催科爲上最也役無以征夫爲孑求也刑名無以敲樸爲執法也緝獲無以株連爲盡職也庶乎寬大之意有以息綜核之苦矣

執事所云權衡于畫一之規經緯以寬大之
意此眞永久之制寡過之道乎敬以是爲
黼座獻

林期說錄　寬猛策　四

彖曰大哉乾元萬物資始乃統天
物始于天一元宰之而已蓋物資始于天惟元以宰之元可統天贊之以大非虚矣今人果知我所由始乎臣知始于君也子知始于父也不知天者君之君也亦父之父也普皞之體全品彙之靈靑蒼之質備藹吉之德人不可不識其原而亦未易識其原矣乾首諸卦元首四德其義何謂乎羲皇以乾闢古今之天亘古長留歴今不磨非乾弗足制之也故乾爲世不祧之祖

而包函羣類以錫授皇衷匪特形大有以括之也亦其心大有以括之爾文聖以元貫道義之宗道可定數仁可制義非元弗足濟之也故元爲乾長胤之嗣而範圍蕃庶以降畀皇彝匪特氣大有以冐之也亦其理大有以冐之爾吾故贊之曰大哉乾元而所以大者以萬物資始也天可統物元可統天者以此人亦物之名總之以萬則元愷敦斂固一物也檮杌窮奇亦一物也聖兇有殊塗之品天人有同歸之懿其始果

異乎始立元之內生于斯成于斯疇克超質而
作極者歟物誠物之名號之以萬則麟鳳騶虞
固一物也梟鳥狻猊亦一物也祥孽有不齊之
稟栽傾有並生之良其始果殊乎始在元之中
繼于是終于是疇非茂育而无妄者歟吾聞書
稱天曰昊此言乎形象也易稱天曰乾此言乎
性情也乾爲剛健元爲慈淑疑有相反而相合
者則仁非勇不行之義也夫元爲天之始人資
其理莫秘于潛而二之見五之飛俱于潛敷之

一日之潛其元在旦一歲之潛其元在春取資既定則碩果弗得食而朋來无祗悔矣詩稱天曰峻命此言乎流行也易稱天曰資始此言乎主宰也乾爲無欲元爲有惠疑不相同而並濟者則大德不見德之說也夫元爲天之始物資其類莫靈于龍而坤之馬乇之鹿俱于龍推之下學之龍其元在尺蟄上聖之龍其元在窮神麗資既化則玄黃弗至戰而氷霜不必愼矣人知統于君不知統于天後天之天在震無異先

天之天在乾也人知統于天不知統于元坤之元在貞無異乾之元在元也誠哉大無不貫矣

易經制義 三

位乎天位乃正中也

位以德而彌彰需有其主矣夫位爲天下之望而德爲天下之歸天位而正中需所以光亨而吉也且帝布之權不足貴也偏詖之行不足尚也從古已然矣古王定球圖于方來之下憑玉案而宣皇勛修琮瑀于未奠之先戢雄畧而懋大道斯何難不除治不顯乎需之光亨而吉是遵何義哉乾坤初肇位乎九者龍已飛矣位乎六者裳已黃矣需則有乾而無坤一坎已告險

焉主此者必瑆篆可顯諸世皇極可範諸躬乃能以寬綽養休容屯蒙聿開位乎君者侯利建矣位乎師者子克家矣需則仍坎而加乾一乾又告健焉主此者必鼗軒可臨諸民釆疇可表諸朝乃能以坐鎮觀昇平是則位天位以正中需何幸有若主哉高位之膺也若自祖宗傳之故璽以垂象鼎以貽後然原其始非祖宗能傳之也天傳之矣上帝臨汝可榮亦可惕也位乎此者秦壇汾璧儼然任天下之重而宸扆之宅

慮一若協極表其大正錫福本其黃中于以端拱垂裳知其有適駿之徽矣尊位之寵也若自臣民歸之故策進自上版獻自下然究其初非臣民能歸之也天歸之矣鑒觀有赫可慶亦可懼也位乎此者禹鼎湯瓿巍然奠九洛之闕而深宮之施敷一若啓謨合于咸正披典符于執中于以位堂會極知其有燕喜之休矣語正中之德其以孚貞教天下乎誓作而民疑戈起而民亂孚貞自上斆之耳果一人棐恍于朝表信

北塘漫錄

于野鄙誥丹書不稱端穆哉符節者合乎王鈇秉鉞者順乎帝心爾時疆甸淸寧豈猶有權術之懷慚歟語正中之業其以飮食養天下乎懷襄而世饑稑種而世飽飮食自上導之耳果元后崇爵于上班祿于下魚麗雝翩不稱孔洽哉賦大胥者皇乎鏞鼓誦小毖者藹乎笙竾爾時君臣宴樂豈猶有偏反之愆度歟吾故於是王而嘉隆之也

九三勞謙君子有終吉象曰勞謙君子萬民服也六四无不利撝謙象曰无不利撝謙不違則也

謙之主爻在三而四亦惟謙以得利焉夫陽爻在三故能有勞也四乘其上惟謙而撝之斯功臣得終矣且一陽五陰之卦初爲復二爲師而三則謙也謙則無不吉矣文以君子有終係之卦公以君子有終係之爻若無異辭者以卦主在陽陽爻在三也四以五陰之中巍然乘之寧

無嫌乎而竟獲利者亦有道以處此爾蓋謙之三本于乾之三故乾曰君子謙亦曰君子其名相符也告日月以襄猷則居其上者難爲能矣是宜柔木皇敬以虛享天下之實謙之三變自坤之三故坤曰有終謙亦曰有終其實相符也會風雲以獲績則處其上者難爲功矣是宜緘總委蛇以卑來天下之尊故勞謙三之嶽業也而民之悉服以此撝謙四之令德也而則之不遠以此吾身皆君寵也介勳比于師釆亦分之

宜而汝惟矜伐不幾盈乎獨念功臣每百戰從
龍以定丹青之業聲固爍矣殺人而得封土天
亦不矜三故以平持天之道也然功臣有勳近
臣忌之矣四乃嶽彔接之言播其緡絲行著其
傴僂三是以無綢繆之懼爾吾家皆晉福也奇
勳揚于旂嘗亦義之報而宛然左辟不幾僞乎
獨念佐命每兵謀權術以成廟幄之功半旣用
矣其全未出即銷鋒英主所疑三故以樸結主
之眷也然佐命有勛親臣憚之矣四乃沖穆承

之寅同其協恭尹和其允諧三是以有磐石之安爾思我委贄以來爲一身之榮乎爲兆姓之綏乎我爲民得功其忍以功臨民歟祖彼東山曷愛其几几行彼南國棠敬其喬喬庶人實可媢也徵應在此矣三故生民爲心四亦汲三爲心以不遑作一德之休將蠲祀可皷溫恭傳徽于幾旬思我建業以後爲姻婭之慼乎爲蒼黎之輯乎我爲民酬勞其忍以勞驕民歟殷之澤潤平格有若伊陟周之式和忠貞有如君陳細

民實難戾也協順在此矣三故仁民爲事四亦引三爲事以不遠作二氣之泰將觥觩可燕亮爕播稱于郊圻蓋三居下體之上揮毫以鳌績應萬夫之望則謙尊而光殆爲九三言之歟四居上體之下輯翼以和羣合中正之範則卑不可踰殆爲六四言之歟

北塘漫録

初九不遠復无祇悔元吉象曰不遠之復

以修身也

復不遠之初者還身于善矣夫吾身不可以數

悔得不遠而復之此元初之體也而修在此矣

且人日與天下相見而不自見其心𢌿知外務

不足貴也然心匪微形也天地之心微而能托

見天地之心于吾身者以吾身爲貞元所係焉

則純修莫如是矣吾于復之初九見之復之初

本于乾之初也潛龍內蟄則身非妄動矣不妄

動者必守靜故雖變化亦非遠也元善爲固有之秘有一存焉自不貽亢戰之悔復之初來自剝之上也碩果內堅則身非中枯矣非中枯者必能生故雖消虛亦非遠也元長爲本來之德有勿毀焉自不貽遲盱之悔惟不遠能復者乃無祇于悔元之所以吉也而修身之要在此焉一善之萌無幾耳遠之斯遠近之斯近非自知若莫審也初具精明之理故良知不昧一復而靈緝熙止敬一復而昭寧有後牿之慮乎夫迷

不悔者愚也事後之悔亦智耳然不若幾先之哲也資始之元保以合之得震初不喪之主矣一善之成無幾耳遠之則遠邇之則邇非篤行者莫繼也初擅陽剛之才故力強不息一復而立出源有本一復而溢寧有內傾之歉乎夫悔不攺者儒也憂吝之悔亦勇耳然不若介石之決也資生之元順以承之得震初笑言之福矣念吾身自天錫以來惟一元之善無事外取則以不益之爲修焉有所修之則疾可喜也咎可

還也往可有臨泰之利也然不遠之藴秘矣近取而無虧故視聽言動均爲克復之官始知身非虛器斯須結爲大年而通七日之理純功于三月之內念吾身自親生以後惟一元之善無容內息則以不損之爲修焉有所修之則仁可休也義可厲也敦可有自成之道也然不遠之業著矣內深而無奇故繼善成性祇爲日用之事始知身有懿德簞瓢自當俎豆而率朋來之統周處于陋巷之中姤以一陰初生而聖人戒

以貞者人欲有所遏矣復以一陽初生而聖人
予以元者天理有所存矣人各有身何不以此
而自修耶

六二黄離元吉象曰黄離元吉得中道也
得麗道之中者可爲離之主矣夫離之二所謂
柔麗乎中正也以黄離係之其得元吉豈偉哉
且上經何以終坎離也曰此其始乾坤之意也
坤索乾曰坎乾索坤曰離吾以牝牛佐飛龍之
乘以黄離焕黄裳之文而一易之治成矣卦所
以終離於坎而乾坤亦括於此焉大哉離乎夫
離之二五皆得中也然潤下者下履其險則上
受其平故吉在五焉炎上者上嗟其失則下享

其得故吉在二焉二之吉宜哉而係其離曰黃何耶蓋離者火也黃者土也象不稱火而稱土者誠慮其炎以躁也二其以身爲中央而南方不敢過焉劑一世於和平是土膏之所液洽也土不屬艮而屬坤者更慮其焰以烈也二其以身爲慈母而㬥子不得肆焉養天下於溫柔是厚德之所滋息也有臣如此其麗上也可謂柔順乎中正矣嘉之曰元吉蓋元者大也惟乾稱大乎其元于坤則仍乎其元於離耳夫子讀此

曰是道何道也二蓋得中道也卦曰吉而爻曰元吉者統言之也彖曰中正而象曰中者約言之也懸中道以爲的文明者過焉柔暗者不逮焉均一失也二之所得所謂明足鑑天下而養于晦也立中道以爲範敬愼者僅免咎焉鼓歌者僅免凶焉未云得也二之所得所謂順足化天下而祗于平也二之元吉豈倖致哉夫六二坤之體也火出地爲晉火入地爲明夷惟居中者貴焉得道在中自有黄通暢發之業亦乾之

索也火上天爲大有火下天爲同人惟居中者
尤貴焉得道在中詎有玄黄疑戰之嫌離之以
二爲主其以此夫

晉康侯用錫馬蕃庶晝日三接

係晉卦辭者欣然幸其遇焉夫晉何幸乎有康侯而天子寵厚之如此幸晉之遇也更幸晉之時也且遯壯之卦乾爲王也繼乾而佐治者其坤乎坤下于離曰晉日月麗乎天重明麗乎正洵稱明明我后矣伊時之臣碎何欣遘也起而視之其帶礪者功在世矣其寵錫者恩在下矣誠幸之也夫卦何以稱晉也涖乎南方萬物相見照方者上之治也處乎中央四介致役厚載

北塘書□家

者下之職也下象羣侯其瞻上者享天子也坤順乎離矣上象天子其照下者禮羣侯也離麗乎坤矣羲皇係之曰晋其身處上古之淳樸而制開中天之文明乎夫乾坤大父母也震長子也侯之宜也故震下之屯曰建侯震上之豫曰建侯晋何以侯則從坤也蓋坤司乎土疆以界曰百里坤司乎民户以書曰千乘然而豫之侯則利建矣若康則利之效者也屯之侯則不寧矣若康則寧之實者也兹之爲用大矣侯予民

以庸功天子報侯以寵賚茲之爲用誠大矣聞之龍天子象也乾則乘之故雲從焉虎天子象也侵則履之故風從焉天子以龍虎自御而以庶馬錫侯義何取乎曰馬取坤之牝爾庶取坤之衆爾馬則錫焉錫則蕃庶焉誌汗勞也誌況瘁也誌日閑之艱也誌翰如之白也聊以酬侯之奔走禦侮也聊以酬侯之疏附後先也讀易者曰渙用極馬拯亂也晉用錫馬喜治也禮既渥矣情更眷焉夫晉晝也離日在上晝日也憂

見斗之蔀則貴日中之照憂日昃之過則貴黃離之中曰晝日者幸其遇之得時也若三接則以心將之者矣稽之覲禮延升一也升致命二也升成拜三也然以禮言接易罄也以情言接難盡也天子所以眷侯者至矣讀易者曰師之三錫亦撥亂也晉之三接亦喜治也要非晉之盛時不及此此其禹稷周召乎君子善用之可以處夷之箕子文王矣

艮其背不獲其身行其庭不見其人无咎
得艮背之理者身與人皆成其美矣蓋身與人至親之物也不獲不見非深得艮背之理乎且論我之初固一人而已人有身之體身又有身之體而可以此爲雜然之器乎夫天無欲也人爲天所生使勿異于天山無係也人爲山所育使勿異于山若人者吾莫探其中之所存如艮卦之理是已連山以艮首諸卦者安止幾康之義也知非紛動能得其與惟于四體未施者淵

然無求以止之而後盎背生輝吾德非玄寂之靈文聖以艮後諸卦者成終成始之義也知非俄頃能竟其業惟于五官無載者遂然無息以止之而後咸晦生感吾道有圓神之用故艮則其背焉身可不獲之斯行于其庭焉于人斯可不見之矣耳目而有聰明心思而有睿智古聖詎有去身爲我之學于斯不獲之亦無之有獲矣然天人一動乎念則爲危微之界覩聞一萌乎意則爲戒懼之端而艮其背者攝形歸氣攝

氣歸理日捐形氣而理存日涉形氣而理愈存則不獲之精爾倫彛而有典敘金玉而有麗澤古聖詎有去人爲我之業于斯不見之亦無之有見矣然境遇一涉乎偏則爲沛蔀之藉視履一雜乎私則爲眇跛之具而艮其背者歛才入情歛情入性日縮才情而性著日濫才情而性愈著則不見之至爾吾將以艮背爲德而時位爲之聽命焉背外無身身外無人一以緝熙止之則內外其符矣苐不獲不見寂云乎哉吾德

在背靜而能翕亦動而能闢故時行時止者合時中之權思不出位者合素位之經也吾將以艮背爲心而言行爲之馳驅焉人皆有身身皆有背一以至善止之則本末其貫矣弟不獲不見矯云乎哉吾心在背剛而非厲亦柔而彌快故艮輔有敘者作中正之言艮腓能隨者作退聽之行也謂之無咎宜哉初得此而無咎者以艮趾爲慎發之原也四得此而無咎者以艮身爲居養之正也艮之義大哉

君子以議獄緩死

中誠若有外恩君子法天爲仁而已蓋風澤天之仁也君子法焉獄則議而死則緩誰謂中孚無外恩哉且好生之德冠于史典怙眚之惠揚于謨誥帝王所尚槪可知已然施澤于平常者萬澤未見其厚敷恩于幽圄者一恩更感其摯若是乎凄惻之地尤貴人動念矣風澤之卦君子何所法乎動物莫如風潤物莫如澤天之仁也而薰風可鼓膏澤可沛餚饍雖足見德乎曷

若于雀角拜召棠而金矢思周禮更有惇惻之
懷風于卦爲巽澤于卦爲兊易之仁也而巽可
申命兊可犯難象魏雖足施惠乎曷若于幽居
念艱貞而下車泣罪人更有慇懃之感君子曰
我于獄則議于庛則緩亦本中孚之誠而已獄
之設也以羅罪耳苐思民罪何大而羅此歟我
有饑賦以國之乎有零役以若之乎一獄之成
無生期矣君子議以緩之聽鞫弗厭其詳明允
何讓于咎由矜恤如出其素孔邇何遜于文考

殆古所稱藹吉者歟獄之刱也以懲惡耳苐思民惡何極而致此歟我無痌瘝以體之乎無時臬以陳之乎一獄之留無生日矣君子議以緩之臣執法爲難司寇不妨曰殺之三君矜法爲難天子不妨曰宥之三殆古所稱棐忱者歟嘗讀噬嗑明罰勑法之辭若與此相反也然雷電之卦以威勝孰若風澤之卦以恩勝乎彼蚩蚩者民母也怨尸饔子也悲鴻嗸俄以獄而致夗焉幾矣幾者君子不爲也其罷兊以議之重巽

以緩之而已嘗讀旅明愼不留之辭若與此相合也然火山之卦以剛勝誰若風澤之卦以柔勝乎彼夢夢者天大夫憂毳瑞正人傷雉壘俄以獄而致庖焉恐矣恐者君子不爲也其獄庖象兌秋之肅殺議緩象巽夏之長養而已夫內誠者無外刻豚魚亦可信也豈黎元有激厲之舉中摯者必外感鶴陰尚可和也豈囹圄無引伸之天中孚之君子一仁而已矣

說之大民勸矣哉

王化得民其說之者至矣夫民心不可強也非有說之未易相忘以勸故于兑而贊之且係兑者以亨利貞歸之而于元無係者以兑爲正秋肅殺之候也然觀爾時之民王德結其深思王禧昭其暨訖天下胥鼓三古之衢焉則元之道未嘗不在兑之中矣吾故于先民犯難之後有感于悅之義也念彼下民非如朋友于我有麗澤之樂也然而同風者不在數人之集而在兆

姓之綏故覩其世有澍雨垂露之休爰知翼戴
所由遍撫茲雖民非如陰邪于我有來引之勢
也然而丕冐者在格吾心之私以溥一世之公
故覽其風有鼛鼓軒舞之舉爰知順動所由屆
是民之勸也悅所以稱大歟廷闕雖高不能取
幽陬之民心而私之也孰畚有怨操鎛有怨欲
其悅也難矣一自上綏又以同之伊何幽畬里
歈不滅衢歌之盛也蓋民亦何心之有臨可容
保觀可設教果愷悌如一心勞之正以逸之而

民間勸勵胥相勸不自覺矣皋雉雖尊不能代巖野之民情而用之也雨雪有悲鏜鼓有悲欲其悅也難矣一自上寧謐以安之伊何設旐建旄如有采繁之雅也蓋民亦何情之有咸可和平恒可化成果康穆如一情敵之正以保之而民情禦侮胥相勸以忘倦矣故知黷棘不足尚也季末勸民以刑皇初勸民以德然非陰雨洽于數載未易薰風敷于一朝也吾觀先天之兌位居東南是爲春夏之交溫和方藹而肆大無

外上天以仁普其用君人法此將繁祉介乎郊
甸民雖甚愚誰不樂春酒而謳夏諺哉抑知驩
虞不足多也霸者勸民以私王者勸民以公然
非簞豆饎于百世未易羽籥揚于一時也吾觀
後天之兌位居正西是爲正秋之辰萬寶告成
而金風戒節上天以義肅其凝君人法此將燀
赫塞乎玄漢民雖甚惰誰不惕厭山而防饕餮
哉夫兌爲澤悅物莫過于澤固當以井冽作寒
泉之食兌爲少女悅人莫過于少女不妨以搆

精爲絪緼之化吾嘗思此治矣

北塘漫録

日月運行一寒一暑

終列成象者易以變通符之焉夫日月寒暑天之功用也而運動若此不謂易書皆備乎且易何爲耶知義必先知名易者日月之謂也氣質有其煥章運用有其遞禪以易當之宜哉而日月之敍年歲告終猶揲蓍之後卦編斯成覽居諸之推敍華落之全紀愈知古聖宜作吾人宜學也易書既作豈特鼓之潤之已乎雷霆天之威也震艮符之而七鬯不喪光明其道易亦不

見其威而昭赫可鑒也菀枯可錄也九洛之晦者顯消者息厥氣不浩歟風雨天之恩也巽兌符之而申命行事悅物忘勞易亦不見其恩而光華可旦也曆年可壽也億禩之潛者飛蟲者育厥功不繁歟吾又見其日月寒暑易與天無異其成象不足徵哉日月原自燦爛矣然無相拂而相成絲鼓不用太平可慶其旭而此往彼來何雍睦爾也易其離爲日而坎爲月乎日昃非正也兩作可以四照中實其性也樽酒可以

用全而分配八八之卦摩盪何不滯乎雖曰坎陽爲日離陰爲月而陰陽互藏其宅未若此之斷斷矣寒暑原自生成矣然無相侵而相朋盇螟不書珥筆可贊其豐而此培彼覆何畫定爾也易其乾爲寒而坎爲暑乎亢戰非戾也上九仍以還潛致役非勞也初六亦以致慎而變溢七七之蓍摩盪何不愆乎雖曰乾上爲暑坤下爲寒而上下尤貫流行未若斯之表表矣然日月若寒暑之母乎日之降月則升焉是一日一

月偶也又積三十日而成月積六月而成寒暑則日月可推寒暑矣而此著于易者日始見乾之三月始見畜之上至寒暑則無聞焉然復臨以治寒垢遯以治暑流動豈不神哉然寒暑者日月之總乎寒之伏暑則嗣焉是一寒一暑偶也又寒遠人知日月在牵牛暑近人知日月在東井則寒暑可測日月矣而此著于易者日之七復則書吉月之八臨則書凶至寒暑又無聞焉然坎艮以當寒巽離以當暑推驗豈不確哉

若夫日往月來寒往暑來吾又將于咸四明之矣

北塘漫録

天一地二天三地四天五地六天七地八

天九地十

徵數于圖河中具一天地焉夫自一至九陽數也自二至十陰數也天地悉備甚哉圖之微也自天之尊地之卑乾坤定矣人知易後天地著于乾坤不知易前天地著于河圖昔之聖皇未取人先取物未徵理先象數亦以圖之中秘義可繹仰觀俯察道莫能外焉矣吾兹徵數於河圖夫數之微渺不可稽也惟始于一數之億萬

北塘漫録

不可盡也惟終于十自一至三而五自五至七而九皆奇也奇以象陽天數也自二至四而六自六至八而十皆偶也偶以象陰地數也試分而觀之北方至寒而寒非陰所謂陽生于子者耶水若寒矣然木樂得其灌溉也氣自北之東數自一之三是一者陽生也三者陽長也南方至炎而炎非陽所謂陰生于午者耶火若炎矣然金樂得其鎔鑄也氣自南之西數自二之四是二者陰生也四者陰長也吾于此知天地藏

于河之内焉一三五積之則爲九九爲老陽陽懼其亢也故退之九退則爲七老還少矣然數自七之九是七者陽盛也九者陽極也二四積之則爲六六爲老陰陰嫌其弱也故進之六進則爲八老歸少矣故數自六之八是六者陰盛也八者陰極也吾于此知天地著于河之外焉五行之數始於一而至於五足矣故一加五而爲六二加五而爲七三加五而爲八四加五而爲九是五者陰陽會合之樞也全易之數極于

九而至于十終矣故一與九而爲十二與八而爲十三與七而爲十四與六而爲十是十者陰陽類聚之器也吾于此知天地藏著于河之中焉試綜而論之虛其中與十者圖中之太極也四周奇數二十偶數二十圖中之兩儀也內之一二三四圖中四象之位也外之六七八九圖中四象之數也折六七八九以爲乾坤離坎而爲四正之位依一二三四以爲兌震巽艮而補四隅之缺圖中之八卦也易豈不備于圖哉

以言者尚其辭

辭本於道故爲言之宗也夫易辭歷數聖之作其義至備以言者尚之而易道得其一矣且五經始于易而易始于畫則一畫者固文字之祖也簡爲煩之宗理統其秘心爲聲之主義握其全後之欲以言鳴者其亦知所取裁矣易有聖人之道四吾何以測其始乎淵然中存者道也智者悟之愚者遁焉非融通之理也古聖首

爲辭將淹博蘊其金玉文章溢其氣

矣故肖智愚而皆曉巍然外著者道

之奕世忘焉非垂久之業也古聖道建爲辭

鴻議貢于鐘鼓德音銘于俎豆辭云永矣故歷

古今而共明大哉聖人之辭乎以言者尚之斷

不誣耳人不能無言也鳳鳴爲不世之傑鶚音

亦多才之子今使能言之流是則是傚詩書亦

可式鑒也然不若易之備焉泰卦存都俞之雅

家人具雎鳩之祥即至父子幹于蠱朋友麗于

兌五倫大義不皆闡于易之辭乎經數聖之宣

敷無漏者則足任後人之取式莫過也人不能無言也動植應春秋之鳴管籥協律呂之聲今使能言之士日歌日誦史乘亦可遥攬也然不若易之周焉拔茅得舉賢之義包瓜盡去邪之理即至馬逐閑于畜鶴鳴和于孚萬彙瑣節不皆載于易之辭乎歷數聖之罕譬而喻者則足貽後人之取資難踰也羲皇有卦而無辭辭其昉于文之係彖乎元亨利貞彖辭之權輿也亦以順則吉逆則凶補過則無咎足起人鼓舞之

情矣獨念文內健而外巽其時當小
虎咥雖無傷而係彖多憂患之旨後之能言
未有沉摯于此也言本中心之事而易以艱貞
發其文明後知非鼓簧所得陳其奧理文係彖
而未著辭其廣于公之係爻乎承乘比應爻辭
之宗統也亦以悔則得吝則失迷復則有肯足
生八黽勉之功矣獨念公日乾而夕惕其時當
家人之睽也張弧雖巳釋而係爻多悔厲之詞
後之能言者未有競傍于此也言彰內行之素

而易以物恒出其風火後知非其說鈐所得敷其
懿義言之利執者莫過于易辭以遠則不禦邇
則静正也言之有序者莫過于易辭以賾不可
惡動不可亂也何也神也

是故蓍之德圓而神卦之德方以知六爻

之義易以貢

論易于蓍卦爻者其德義可考也夫易有蓍以

達用有卦爻以立體其德義之羙如此易豈無

益于世哉且數聖出而一書成天下僉頌精微

矣而數聖不欲以精微高世也夫枯莖寓有至

理簡策綂有名教取而衍之因而畫之隨而係

之其道期與世共明而已作易之聖通志定業

斷疑其故何如乎陰陽之說與矣以龜筮顯之

不幾薄乎然原本大衍以幽贊而掛揲之動變不居啓人趨避之艮不復類瑣節于蓍蔡剛柔之理大矣以卦爻定之不幾隘乎然道並天地以成列而摩盪之規畫有制貽人吉悔之廸匪第矜誦讀于簡編吾今得詳其故矣蓍之產也始于滿百用于五十以半統全也乃七七起之爲策四十九則合數于陽惟陽故圓焉夫洪範亦可稽疑周禮亦有卜人胡易蓍是賴乎不知其德至靈也生成迭運五行如子母之轍奇偶

分歸四象如兄弟之環其圓也變化靡測則以爲圓而神爾卦之立也上篇三十下篇三十四以分寓合也乃八八起之爲卦六十四則合數于陰惟陰故方焉夫公侯得屯而有喜學士得賁而不樂胡易卦足據乎不知其德至正也兩儀分奠乾坤居上下之位二氣出治坎離統左右之職其方也鑒灼靡漏則以爲方而智爾爻之起也小成于三大成于六以内生外也乃陽爻不盈百九十二陰爻不縮百九十二惟陰陽

均故易道全焉夫泰否之爻爭貞悔剥復之爻爭初上胡易爻足取乎不知其義可箴也茅茹金車草木亦忠誠之具鶴鳴鴻漸鳥獸亦道義之府其易也隨應各足則以爲易以貢爾卦首乾而爻首潛于蓍無居也然蓍實居卦爻之先故十八變而成卦是有蓍因有卦爻也卦爻可治賢智而蓍可治庸愚則至聖一天下之心也道也以術行其間矣術以吉凶鼓人而拂龜問事拜策陳情皆起人黽勉之業義係卦而周係

爻于蓍無取也然蓍實生卦爻之後故再扐而後掛是有卦爻又有蓍也卦爻可智平民而蓍可閑奸邪則至聖正人心之猷也理也以數行其際矣數以險阻危人而鷄鳴動慮昧旦沃志皆生人忠孝之悟蓍卦以德名者德在内也明德可以前知爻以義名者義在外也至義可以感應易豈無益于世哉

是故易者象也象也者像也彖者材也爻也者效天下之動者也是故吉凶生而悔吝著也

備言易體爻彖亦一象也夫易爲象而象爲像爻彖之辭皆像易也先聖後聖其闡易者至矣繫辭者曰包犧堯舜諸聖人結繩所作衣裳所垂何所取乎皆取諸易也皆取易之象以制器也吾今思之可識其故矣蓋非僅離夬十三卦已也凡易皆然是故易者象也夫莫精於理義

莫粗於形象不知形象者理義之祖也莫微于性命莫顯于象數不知象數者性命之宗也然而象也者何也繪後于素繪傳而素乃傳文後于質文傳而質乃傳奇以象陽其像在龍偶以象陰其像在馬奇卦多偶象陽中之陰其像在男偶卦多奇象陰中之陽其像在女吾爲之說曰象也者像也此羲皇之易也吾不曰擬形容象物宜謂之象乎言象矣未言及象也吾不曰觀會通行典禮謂之爻乎言爻矣未言及象也

周之王曰彖者效天下之靜也不言靜而靜自存豈非枝葉雖華而貞幹其本乎蓋本體之象在彖智者觀之居可知矣彖者材也周之公曰爻者折也不言折而折愈分豈非元本甚植而呈獻乃茂乎蓋一節之象在爻道之變動物有雜矣爻也者效天下之動也吾今思之愈識其故矣象渾然而已無凶亦無吉無吝亦無悔先天以不生不着者恬天下之才識而斂其像于龜馬彖爻昭然而已雖凶亦戒吉雖吝亦戒悔

後天以生生著著者善天下之補過而顯其像于著蔡諸卦皆言吉凶而乾坤言吉不言凶者六陰六陽之正也諸卦皆言吉凶吝而豫復獨言悔者一陰一陽之反也是故吉凶生而悔吝著也吾于是歸吉凶悔吝于爻象歸爻象于易而易不過曰易者象也象也者像也鶴鳴馬逐像其象于鳥獸拔茅包瓜像其象于草木泰之君臣蠱之父子兌之朋友家人之夫婦像其象于人倫而已然而易有六十四卦乾坤吾詳論

矣請進而詳六子之卦

易經制藝　三十六

有過物者必濟

思濟世之人而歸于過物之才焉夫小才不可任重自古然矣則欲濟世者豈不賴過物之人哉且震艮巽兌易之四偏卦也上經之末係兌巽爲大過下經之末係震艮爲小過其陰陽内外若相適也而大有棟撓之弱小有飛鳥之凶蓋天下勢不可居其過而才不可不居其過以致治撥亂非卑瑣者所能任爾吾故於序卦思過物者之人也天不愛寶日以宏畧錫人而人

弗全者庸流不足稱也思州于何濬
詎可以禹釆益孜讓于皇古之聖君不惜爵日
以英智望人而人莫應者拙器不足貴也思方
于何靖國于何綏詎可以周舄呂璜次于明盛
之佐是則有過物者必濟豈云誣乎草野之區
晝多屬虛談使出而試事宜其覆耳果爲邦之
憲也王之翰集祝我詛我之類以視我治則遺
大投艱非英畧未克荷也過物者荷之瑞輯五
玉肇天下之河山風分兩陜藩天下之屏翰厥

化其允濟矣蕞邑之考覈固足徵能使升而任重當必傾耳果爲國之耆也朝之獻聚廿我若我之情以嘗吾鼎則爾羹爾梅非英器未克佐也過物者佐之身爲丹䕶飭一人之梓材必爲劼毖清一人之彝酒厥功其克濟矣人在物之內何以過之其法震之動乎洊雷而修省焉惰人不知也古今勞人之職以毅力而颺盛業將百里不驚而九陵可躋究之惰者喪貝勞者致福則能動不能動之別也夫過之外體爲震得

震乃能過故以奮勇出之自無濡尾之嫌人在物之中何以過之其法艮之靜乎兼山而思位爲躁人不知也聖賢敬止之學以沉心而宣大績將光明爲道而上下與應究之躁者薰心止者厚終則能靜不能靜之殊也夫過之內體爲艮得艮乃能過故以愼密出之自無汔濟之虞夫濟以坎離爲體我能誠以合坎明以合離是有過人之德濟以水火爲用我使水不横流火不烈山是有過人之業吾故悠思若人爾

九五孚于嘉吉

順治辛卯科
福建鄉墨

上有孚嘉之主得一德之休矣蓋賢不世出何幸于嘉而孚之哉係爻者于此欣其遇焉且人主無日不與賢士大夫相見也其間朝會之餘魚麗相宴鵻翩相樂豈不稱一德哉然此特其文耳惟秉情忱棐者通寤寐之誠結玖帛之好洵足揚休古烈也吾于隨之九五見之隨之體爲澤有納藏之義焉俊彥賚以覲光庸流亦喜以從龍蓋交進之會也孰能惓彼嘉彌以共奏

萋菶之章隨之體爲雷有震動之象焉君子恪以媚茲小人亦誠以邀寵蓋彙征之時也孰能獲彼嘉輔以共颺猗蘭之操欲其孚于嘉也不亦難乎而五非所慮也二不幸有其迹矣誰剖心而論之五惟剛也而待之是非安砥之月則神聽洽其和平矣是嘉以德彰不以迹論也彼同人于宗不惜號呼之勞則知隨主之下交者相孚固甚篤耳二不幸居其位矣誰察情而諒之五惟健也而斷之苒荏遷就之習則周行同

其好我矣是嘉以心著不以位限也彼來章有慶尚垂日中之豐則知隨主之下締若相孚固如結耳是故下士之薜蘿未卷則廊堂之衮黻無光井里之絃誦未應則方州之笙簧無韻君何爲而不覎乎安在未見而賦楊舟既見而不賦中陵也之子之每食無餘則天下必有受其饑彼美之敝衣未改則天下必有受其寒君何爲而不好乎未有在彼而詠杕杜在此而不詠菁莪也由是五孚二矣二隨五矣麹蘗乎王風

臨梅乎帝載在此舉也係之曰吉公其心遊斯世乎抑風澤爲中孚之卦孚之二曰鶴鳴子和五日有孚攣如其卽斯義也夫

君子以申命行事

順治辛卯科 福建鄉墨

君民有相通之事得之巽者深也蓋君民可相通者莫如命命之所成即爲事然豈驟者之所可幾哉且内之所存者爲志外之所敷者爲事二者蓋相兼也惟恃其有相喻之情相通之物以玄悟乎深微果其威足以勝人乎抑其德足以入人也法巽之君子何如巽于象爲風而薰風被於㽞阜清風穆於牡駟大率以仁和相感也發風聲之期者所貴體上天箕畢之思以宣

休於泰壇汾鼎之間巽于易爲陰而觀得以設敎姤得以誥方大率以柔嘉相被也播如春之令者所貴讀下民月吉之禮以宣導于禹鼎湯鞉之際是則命之申也事其不行哉祖宗之成法亦爲事故大之頒瓚錫茅有典謨之誥小之讀射賓御有講約之條果急驟以相求雖公卿有難於贈答矣惟因巽而出之豳風乃循辰之詩月令亦飭幾之禮而上施下行羣黎相與享泰定之福小民之作止亦爲事故賦亦應供于

上何慕秸秷于禹貢役亦應徵于上何慕黼裳
于風雅果躁忽以相求雖山川有生其欷嘆矣
惟因巽而出之春酒有介眉之典冬〻裘有樂寒〻
之具而此向彼應萬蒼相與樂滔定之休雖然
有疑焉悠優者毋流於弛當宁之君若臣默然〻
飬度萬事其叢脞乎不知先庚之主在上而君
之事康哉獲品之臣在下而臣之事康哉雖然
有疑焉遲緩者或流于曲爾畤之士若民寂然
無爲庶事其闒茸乎不知心秉巫史之誠而士

之事懋哉才有資斧之用而民之事懋哉是則命者風象也申命者隨風象也申命所以致成于先行事所以踐言于後惟其發于心者有寬和之命是以報于績者有考成之事君子之體巽有如此

安土敦乎仁

順治辛卯科
福建鄉墨

心安于仁則愈與地相似矣蓋仁本始於天而安貞于地安土以敦之則聖人用易之功也且乾爲易之始元爲乾之始則知元也者仁之主也體仁以長人者旣以變化象天之用復以安貞象地之體不知易書固已盡具而聖人每樂取此以爲學焉吾于樂天知命之後進觀聖人之仁置身當于靜邃以前而後此之去險去阻於吾身無增也是吾之仁原居於至安者以享

逸立心當于溫厚以前而後此之去智去機於吾心無益也是吾之仁原居於至敦者以固本乃學易之聖人安土以敦之則何故土于五行爲寄生故春雨濛漑有黃必宣秋飇戒嚴有蟄必蠖若是乎土之生成也餴饎有以相及則仁孰大于是歟學地德爲無疆而霜氷不必愼龍戰不必惕叩其所存謐如也且能固其體於豐厚焉土於萬物爲慈母故黃冠蜡服有祈必報福康寧壽有極必徵若是乎土之致養也挹注

不必告勞則仁孰大于是歟學坤德爲安貞而直方以敬體黄中以通理叩其所養恬如也且能息其力以休嘉焉語易之仁則剝復其仁之消息乎然爲消爲息仁體自存也特不存于未安者之心故培養乎碩果者見心自有安宅之處語易之仁則姤夬其仁之盛衰乎然爲盛爲衰仁體自永也特不永于未敦者之心故宏志乎含章者揚庭豈有女壯之懼蓋坤陰土也以安貞爲吉艮陽土也以敦艮爲終則聖人用易

以彌綸誠有故矣此道甚微孔顏之後功在子
輿後之儒者則程朱可語此已

物畜然後有禮故受之以履

順治辛卯科
福建鄉墨

由富而教王治彰矣夫物必畜然後成物畜必禮然後成畜受之以履聖人之教也序卦者曰乾坤初肇險阻即出自屯至比凡歷六坎至此方得而畜則甚乎飲食耕鑿之事蓋費數聖人之心手矣而繼畜即以履其種稑登而彝倫明之日乎吾嘗穆然矣夫羲皇畫卦之功始于耒耜則撫茲藝黍也如對羲皇焉文周係爻之學

精于周禮則覩茲軌物也如對文周焉豐年有旐旟之徵其未有之則以爲祝其既有之則以爲誠聖賢告我于夢寐之中故俎豆陳於前盤盂羅于列衆起而爭矣制之曰禮則法度有以相準而彼亦羣讓以示雅庸愚範于聖賢之內也溱林有榛栗之富其未有之則以爲喜其既有之則以爲懼先王規我於性情之中故庭燎宴於朝坎舞號於友羣狎而玩矣制之曰禮則經綸有以相繩而彼亦確守以爲警賢智圍于

先王之法也夫素履幽貞非禮之本乎以之徵祥則有其旋之吉矣夬履愬往非禮之用乎處之武人則有感格之治矣畜以風天爲體風在天上繽紛有容故象曰懿文德則文有以博我矣履以天澤爲體上天下澤定分攸嚴故象曰辨上下則禮有以約我矣彼出也負耜入也横經母曰務本不如豐年而車書桮棬皆具古王之神靈兆可獻君蘋可羞老母曰微物不足達誠而采蘭贈芍亦存古帝之典型序卦以履次

畜此其教養之理帝王之治乎聞之樂從陽作
故雷出地奮見豫之樂禮從陰作故上天下澤
見履之禮則以易書爲禮樂之書可也

北塘漫錄詩集

閩漳高維檜西懷甫著

五言古詩

日望羅浮不得一遊悵然有作

粤海有名勝羅浮稱無匹兩山來各異嶫嶫合為一三千六百丈四百三十峯中有橋如鐵湍水所自出丹竈峰多艸會真山多木五色雀成羣雙髻竹和律抱樸與安期神仙來築室竊幸宦遊人于焉此中蹕俯仰蝴蝶洞遥對乃終日

名山有夙緣咫尺不可及屢有招遊者望望空佇立

莞江競渡

三分纔過一何云天中節相傳嘉辰至朱索以羅列莞江近蒼梧河流有九折買舟以吊古陳與屈爲烈結蘆異楚山採艾仍粵穴既妍綃紈身復香脂粉舌黄鳥尚喧林白雲初出碣寄語競渡者早夏未炎熱

中秋遊蘭陔園林同遊者爲吳日謙王長

鱗斗生儀生二兄

褰裳涉江去幽尋問奇字喜得佳山水遊之眞
適意名園曰蘭陔清勝似蕭寺池上白荷蓮庭
中紅茉莉樓倚雲爲岫橋隨虹並彎不少異人
來頻有赤龍至玉漿以爲飲石髓以爲食況值
中秋期明月滿酒肆林谷一傳響如數部鼓吹
同遊四五人集談何容易欲盡此日歡莫作登
山睚

宏石吾弟也隻身入粤以盧文仲先輩詩

見投作此答之

吾愛盧先生風雅衆所推紅顏謝公車白首惟敲詩錦囊有所得持以寄相思愧我勞勞者輿動烟雨時有弟在遠方十年記騧驪見我羅浮傍乃爲一揚眉展讀先生翰書文鳥篆奇梧園數片席曲奏緑雲垂

七言古詩

丹鳳將雛歌爲連憲副作

丹丘鳳鳥世所貴五色文章恒自秘一朝飛下十二樓銜得綠字爲佳瑞廣寧沃衍稱名區廣寧丹鳳將衆雛能向龍文瞻日角包羅萬象爲眞儒朱幡畫戟邢州路手握麟符息桴鼓褰帷露冕萊州水眼看蜃閣空中起以兹奏最入彤庭赫然聲譽動公卿況又一門多朱紱石家萬石何其榮長公白簡樊諫草次公射策長安

道更聞循州姑射君鼓琴賦詩詩句好季者兩
駒又千里五常白眉才信美日進尊酒畫堂中
先生粲然啓玉齒蝦鬚簾捲窺紫霞年如女偶
貌桃花何必參苓爲服食黄安之壽自無涯天
上信是輝南極人間純嘏歸有德爲作丹鳳將
雛歌歲歲文章見五色

東董蒼水孝廉

聞君家近機雲宅濡毫欲奪機雲席不知昔人
肯讓今但覺今人能勝昔刑雞把酒主吳盟楚

風從此失剽輕力挽三唐追漢魏繁絃急管皆
元聲扁舟泛泛山與水錦囊滿貯剡溪紙正月
春風嶺外遊詩歌寫遍越臺裏羅浮之巔何崔
巍羅浮竹掃石上苔待來兮竟不來鷓鴣聲暮
山花開泖湖憶着蓴絲去使我羅浮首重回

贈家圖麟太守

天目之山勢鳳舞異人挺出文如組一佩琳琅
入未央便與泰階鳴玉虎巳闈黔嶺貫索空復
來越臺佐次公越臺山高越水綠歲歲條風花

開紅　九重聞名忽動色專城相寄席爲側郎今五馬雖徘徊應有雙鹿催車軾東官苞體勞提攜引領每望越臺西仰見紫雲誰者至仙人渡海跨虹霓水晶盤映紅瑪瑙手持交梨與火棗會須曳履司斗杓坐看天目青難老

寄賴德庵總戎

賴氏將軍不好武床上諸書連架屋輿到騎下雨局棋筆來每寫三千牘吟詩之餘便談禪供客必醉青州麴庭中何所栽有蘭復有菊徑中

何所植有松復有竹檻中何所玩有鳫復有鶩園中何所伴有鶴復有鹿將軍武行總好文常脫戎衣佩儒服胸中藏數萬甲兵視敵蔑如几上肉昔在同安鯨鯢靖今在清源軍旅肅每念舊交頻顧我不減至親問寒燠余入粵嶺四五年却似黃粱夢未熟粤嶺白雲不堪贈爲採檳榔遺一斛

林叔平上公車訪余羅浮之側作歌送之

憶昔成名于鄉時惟我與爾年最少于今瞬息

廿餘年岸谷滄桑堪憑弔邇者海島畧安瀾全賴封疆有周召余爲家貧出艸廬才小偏遇一劇縣珊瑚洲上卧五載鬢髮大半白如練喜爾南來話衷愫遺我一握仁風扇余雖爲吏頗不俗戶內有書五千卷請君一入以讀之明年待詔金華殿

五言律詩

寄李素園叅憲

和山鍾異彦鄴郡列仙癯銅雀甩幾片竹林酒一盂狎鷗饒別趣邀月掇清娛欵段時騎出錦囊付小奴

其二

問所經邦處太行與孟門寇恂強且富虞詡威兼恩望嶽樓中坐延津城外屯粤山千萬里不得入淇源

寄程周量職方

數接遠來翰愧無片字回昔時啣鳳詔今日勒
雲臺樞省叅戎地仙郎作賦才粤山抜薊月遥
寄一枝梅

寄張赤庵叅憲

一自蠶叢往聲名三峽齊梧垣新禁掖天閣舊
青藜卧枕雲爲岫登車沙作隄嶺南年譜吏遥
望浣花溪

寄陳眞亭車駕

塞雁去無盡燕雲愁未舒廿年蘭石譜一夜盞燈書鳴珂他時望看花此日跡駕司隨　萬乘外吏借吹噓

送詹儀士遊燕

秋晚辭予去春深復爾來言携歐冶劍欲上昭王臺歷覽心能壯相逢顔自開殷勤千萬里莫厭兩三杯

其二

有才當脱穎何事歎飄蓬客路春山外人情道

氣中杜陵格愈老長史法尤工倘到玉河上題
詩寄雪鴻

送李于濟回平和

與子相隨久一朝告別難粵江秋色遠閩嶺朔
風寒歸雁書初寄吹燈語未闌瑨溪一帶水來
去思漫漫

送陳子篤回金浦

客歲中秋至今歲中秋回何似南鳧斷只因北
雁催有愁寄明月多病入青苔再約羅浮路嶺

頭開早梅

答陳君芳兼送計偕

來翰揄揚甚讀之眞惘然愧余斗米拆羨爾杭書眂春日千條栁文塲萬選錢定膺金馬綬大力無停鞭

謝天交入東官賦贈

謝氏風流舊汝其神骨清燕山纔稅駕粤水復辭盟道氣冲文氣棋聲雜屐聲登臨詩一篋新浦揖宣城

金年家姪以陟三學憲書來賦答

一別薊門久書來萬籟低三山觀大海兩浙望
昌黎雁足魚腸裏冬霞秋月隄相思何以寄渺
渺金銅溪

趙楚材赴茂名之任留住莞江數日喜而
有述

年年頻送客獨喜故人來茂嶺望丹竈珠江留
蚌胎遊萍咫尺地酌酒兩三杯此別登舟去東
山染碧苔

林君璧赴任樂會枉顧東莞詩以送之兼懐臨高陳明府

珠崖稱茂宰陳子與林兄同是一方宦乃多半月程骨如黎母峻品似澹泉淸咫尺海天遠紅藤無限情

袁亶夫鄭方城歐陽兆璜同上公車便道入莞楊翰馨姚欽會亦以書來諸子皆余粤闈所取士也詩以壯其行二首

惆悵數年濶歡欣此日逢三人來聚首兩雁若

追蹤冬去鶯聲轉春回酒味濃吾心私有望丹桂白雲峰

其二

諸子翩翩起連鑣行趣同海雲天際外江月嶺南中一路霜輕白上林杏淺紅弘文開待汝愼勿學雕蟲

陳茂生以嶺歈江吟見投病中不得一晤作此懷之

羨君名久著今乃頌其詩嶺曲依商調江吟入

細漪狂來延客早病裏踏春遲咫尺雲泥隔繫
情東海湄
三峰園阻雨因辭福修齡之招
粤地多幽勝三峰園一川莎莎遮旭日脉脉向
春天蔓雜鉤衣轉坡深隱幔堅欲酬鸎鵡盞其
雨意言旋
漇田莞村也窮二日程乃至途中所見率
爾成詠二首
粤嶺民居厚草茅三兩重遥迂扶小轎溪淺碍

空舺有屋皆依竹無家不靠榕入門燒冷灶脫粟以爲供

其二

昔日頻憂亂今茲喜太平農留釀酒秫士剩買書錢壁蛸藤爲徑窻虛雪作箋淳風如往古千里接人烟

七言律詩

懷古詩十首

姑蘇

興高每欲上瑤臺遊到姑蘇未忍回響屧廊前終是沼館娃宮裏半成灰謀臣惟獻青蛾月霸王難埋白虎崤獨有五湖煙柳景年年偏映錦涇來

燕臺

北地風蕭水又寒行人慷慨入長安昭王馬骨

生前價俠士筑絃死後彈壘外降城封樂毅袖中七首報燕丹黃金碣石今抔土不掩當年上將壇

楚中

尋幽忽過楚巴東爲掭江蘭嗅小童騷客才長沉碧水美人腰細跨王宫膠舟無力隨流下斑竹有情映日紅更看十房三洞裏秦人避地一冥鴻

咸陽

雍州自古帝王地城對終南太乙峰蒼頡墓前
分點畫臨潼坂上定蛇龍鎮雄三輔磨長劍險
設二殽聽暮鐘回首可憐邊域界細營斜看栁
烟衡

沛中

秦關登料漢入居只在鴻門一酒卮鐵馬西馳
先者帝儒冠上坐奉爲師重瞳羿喬空喑啞五
彩神娠實聖姿獨惜雄威加四海尚留平勃定
孤帷

洛陽

一代人文天所出少年偏在洛之陽一錐蘇子啞妻嫂九策賈生哭廟廊邛北古陵環澗室郝中新鼎對嵩房此間桃李多開謝不及牡丹世世王

蜀中

人亦有言行路難子規啼處萬山寒灌池尚帶楊妃粉棧道徒留葛相冠賣卜名逃氷壑裹碎琴情寄白雲端升沉莫問漢唐事駕入蜀都一

局殘

鄴中

臨漳東有鄴城高衰柳凄風入晚濤兩漢文章終七子一家詞賦首三曹將軍墓上無人表銅雀臺邊有女號亂世英雄餘骨在西陵片土樹焦勞

金陵

六朝王氣大江中潮入江中白轉紅建業連綿雙鳳藹秦淮澶漫百川雄昔時天子風流客今

日文人紈綺童馬首南來牛首下寒鴉偏集古陵宮

隋宮

洛陽宮殿接阿房夢入東征又幸揚極艷詞人歌馬嵬無愁天子落花妝鉤斜猶是絳仙寢雷塚疑非煬帝鄉試到後庭看樹色楊絲李絮卜興亡

羊城雜詠 四首

城中樓閣壓蒼蒼城外海珠射太陽源發牂牁

羣水合嶺迤大庾一天長春風自識呼鸞道夜月還窺避暑堂惆悵繁華成往事不堪佇立斷碑旁

其二

二月花開紅木棉鷓鴣啼處艸芊芊雲横鬢粉孤村外舟在沈香别浦邊秪見朱提酬細葛不聞白粲易銅錢炎洲自到仙羊後夜夜簾櫳咽管絃

其三

樓船下瀨幾時回使者城荒亦可哀漠漠江帆晴又雨栖栖海燕去還來賈人自解歌吳曲病客惟恩上越臺安得鮑君傳道訣不教白髮暗相催

其四

海上浮雲勢可呼蓬萊何處見麻姑難求越井三年艾空愛廉州七彩珠滿地春風吹茉莉半山流水浸菖蒲芒鞵若與安期遇問有秦皇鞭石無

送淩天杓還金陵二首

楊梅荔子正纍纍何事驪駒唱別離向壁青燈燃旅夢倚門白髮待歸期溪山墨飽皆成畫珠玉裝輕半是詩不信柳條留不得粤江一望總如絲

其二

片帆歸去秣陵秋六代繁華逐水流草蔽景陽宮裏井雲迷長樂殿前樓卜居應近謝安宅載酒無如李白舟他日風煙能執手也須弔古一

同遊

五言絶句

九日壬峰登高 三首

我有登山志山主我爲賓聊把菊花酒遠寄佩蘭人

其二

壬峰如一簣登高必自卑黄華與赤實斜插兩三枝

其三

衰姿勞五載良辰負九日有風吹落帽無心嘲

紙筆

九月桃已開矣爲賦三絶

今年天氣早桃樹已爭妍人愛其妖艷我憐其碧鮮

其二

九月秋風爽花開白間紅亭中百葉桃墻外兩枝桐

其三

偷種西王國來生玉嶺園此中有別致不入武

陵源

焚香

香爐無奇峰時有白雲作隱几一細看烟起花吐蔓

烹茶

汲來梁苑雪煎就建溪雲認是家鄉物餘香未忍耘

七言絶句

戲題士女圖

一舸

名姬自昔傾人國豈特西施是小狐范蠡何須同載去竊防亡越復興吳

虞兮

老項原非好色兒虞兮何事苦相隨八千子弟烏江盡一片貞心未忍虧

出塞

磧邊白日澹無輝塞外黄沙驚自飛迴首漢宫千萬里琵琶曲裏淚沾衣

歸國

十八笳琴不展眉烟塵薇野恨文姬人生何必貴男子英王憐才及女兒

當壚

茂陵病後愛文君卻想當年賣酒羣日暮琴臺絃忽改白頭山雪付誰聞

墮樓

珍珠三斛不爲多買得紅粧寫翠娥金谷樓前
香入夢至今空憶懊儂歌
奔拂
朱門闞不住佳人一見才卽情便親紅拂奔來
深夜後太原豪氣滿頭巾
盜綃
玉女修容待夙緣置身別院若如煎鏡中三五
意誰解博浪崑奴爲着鞭
驪宮

漫道仙卿不可爭乘槎浮海白雲深欲知[illegible][illegible]
機中石爲問君平塵外心

蒲東

因緣內戚好相通不恨夫人恨俏紅數操琴聲
浮寺左半輪月色照蒲東

寶山第四刻

國立北平圖書館收藏

不自棄亭文集五卷（卷一至卷二）

［清］晉江黄道泰撰

上海圖書館藏清雍正間刻本

不自棄亭文集五卷，清黄道泰撰。道泰字子寅，號去驕，晉江人，黄志焕次子。康熙間歲貢生。與其父均曾師事李光地，講求性理之學。其人爽邁不羈，久困場屋，後官龍溪訓導、漳州府學教授，升任廣東順德、普寧、陽山知縣等職，與修廣東通志。

朱熹有不自棄文，黄氏尊崇紫陽之學，其集之名，或由此化出。書前有雍正十年（一七三二）臘月蔡世遠、雍正八年冬仲柴瑋、雍正九年仲秋陳珏、雍正八年十月既望佘錫純、韓矩、羅天尺及康熙六十年（一七二一）仲秋其叔父某等七家序。羅天尺言其早年經歷頗簡明，「黄父母子寅先生，閩晉江偉人也。爲宫保文簡公元孫、中秘玉齋公仲子，少掉鞅文壇，游安溪相公門下二十有餘年，與孫子未、何義門、徐壇長、蔡梁邨諸先輩詩文角逐，踏鎖闈者十一，竟充博士選以去」。以集中篇什印證之，如卷四安溪相國輓歌七首，其二云「先子擔簦早及門，得從芸閣話寒温。湖山避難同甘苦，尚有當年手澤存」，自注謂「先子辟難湖山，文貞公摺稿半出先子手寫」。卷三四疊前韻謝羅履先見惠詩集，其二「弱齡問字李中丞」，自注「安溪相國開府保陽，予在幕下」。卷二安溪相國丐歸得允趨熱河辭陛蒙賜游内苑許以籃輿山行仍命内直詞林陪伴午賜瓜果繼以珍饌恭紀謝恩詩二十八韻歸示及門諸子各步原韻以誌錦旋一首，記李光地暮年欲致仕，得旨回鄉休假之際，備受康熙恩遇也。其與何焯交往，集中卷一有泉紳拖修白石劍攢高青同何屺瞻先生賦、報國寺古松呈太史何義門，卷三有杏花呈何屺瞻太史等詩，及聞何義門物故，又以詩悼之。

詩以體分，卷一賦、辭、言、古詩，卷二近體詩五言律、五言排律，卷三近體詩七言律，卷四近體詩七言絶句、五言絶句。而各體略依時間爲序，黄氏入京待選、頤和園引見、分發廣東，北上南下，舟車見聞，以及閩、粤間之風俗民情，誦其詩無不畢見。如卷二七夕爲雙星佳會載在傳奇普天下皆陳設瓜果獨漳俗稱大魁誕辰大魁既無形象何誕降之有辰抑將邀福于文章司命而以此乞其巧乎作詩正之，以七夕爲魁星作生日，此閩中獨有之俗。黄氏之以知縣與修廣東通志，據卷一承王灼三藩憲今河東總制嘉命志局纂修賦此志愧一詩及另詩注云「庚戌秋，蒙王藩憲館置粤秀講堂，纂輯粤省通志」，可知時在雍正八年秋，其由廣東布政使王士俊（一六八三—一七五〇，字灼三）舉薦入通志局也。

不自棄亭文集有五卷、八卷兩本，此五卷本有詩而無文，八卷本藏中國人民大學圖書館，惜不全，殘存卷一、三至五、七至八，計六卷。七、八兩卷文爲五卷本所無，此次未及配入，惟有俟諸來日矣。（李　軍）

余自結社南州卽稔聞晉江有子寅黄先生學博才高性骯髒不羣負當今第一流人物擬延執牛耳奈雲山阻隔未果也后十年間相遇於金臺維時同處安溪李夫子門下昕夕晤對賞

奇断疑每挑燈夜談嘗論帖括
爲士子羔雉性理注疏史漢足
佐六經旁及魏晉六朝唐宋元
明諸詩文雖日雕蟲小技亦性
情所見端蓋子寅用心於古文
詩章久矣其自任之重如此遠

屢戰不利屈而抱鐸于龍溪溪距浦宻邇適余由史館假歸日與先生上下議論抵掌雄談益聞所未聞比同邸同席時學更有進焉又十年先生教成政官復次金臺兩覲

天顏陛趨之前夕假余賜第以宿余出其拙集就正先生丹墨點勘是是非非不阿私亦不苟刻蓋先生之學已登峯造極矣惜聯床未幾而奉檄宰邑馳驅出都門臨行謂余曰僕於古文

詩章一道願揣摩有素不忍自
棄存若干卷擬壽諸棗梨以供
覆瓿者之需公其爲我序之余
不覺喟然曰先生評騭拙集詳
矣麗澤相資往復之誼宜爾余
不敏固辭不獲乃援筆序之曰

夫古今大豪傑困抑於時者詎可一二數哉其瑰瑋磊落之操精鋭剛方之氣稸而無所用往往沉酣史冊寄情物類或托諸長歌短咏或見諸駢體散行或草檄作頌以自呈洩其奇譬諸

純鈎之劍在匣則吼驊騮之産伏櫪則鳴勢不得不爾也顧效顰者多濫觴不少才華雖奢而感憤之情過甚則用舍升沉尚足以滑其靈明故也先生爽邁不羈自其爲廣文已負鄭著作

蔡序

一絶之名及其令普寧令陽山又慕古循良雅化不屑隨俗俛仰年逾半百尚作一郎官夫孰不爲之扼腕哉然正有以窺先生學問之深矣讀先生全集其詩之格調則規模韓退之法律

則率循杜子美放曠瀟灑則摹
倣白香山書啓流麗如眉山之
子瞻序記溫潤似廬陵之永叔
他若傳贊小品以及刑名家言
則龍門扶風之遺意韓非不害
之精微隨題揮灑諸體畢備類

旨澹融和粹無半點憤世不平之態不必步驟古人而矩矱森然合數古人爲一家斯固游心物外居然第一流人物固宜其不沾沾於顯秩養性適情冲然蔚然若是已豈與夫汲汲見長

藉名位以贊鼓唇吻者競工拙較低昂也夫斯集曷足以罄先生哉先生天資朗毅迎機善斷晉陽兩地之民稱爲召杜他日宰天下善刀以藏更若神韻焉其文章亦若是矣昔梁劉勰謂

神思之妙金驅風雷猶輪扁不能語斤伊摯不能言鼎先生殆臻茲境奧乎余烏能蠡測之又烏能以蕪詞爲卷帙重聊敘述數十載相知之雅文字之交切磋琢磨之互相禪益云爾羅正

十年臘月同里同學弟金浦梁
村蔡世遠序

己酉夏毘陵中秘黃玉齋公仲子子寅先生以博士
簡授試用粵東緣邑無缺宰暫攝丞務與余同事鳳
城握手談讌恨相見晚也公餘之暇即出其先中秘
公遺照囑余題余覩其道貌文彩風流令人起敬起
畏終日瞻仰而不忍釋其策末或詩賦或詞贊皆當
時名公巨卿疊折幾千百言真無着筆處矣雖然子
寅先生之意未可拂也勉成數絶以附驥尾庚戌冬
調令普寧臨别之際復出其所著不自棄集囑余爲
序余讀之而不禁爽然曰先生殽核墳典取精旣多

漁獵辭林徵材不匱故能遇物成賦援筆爲騷即偶然戲冊皆成珪璋率爾移文加含霜霧作記則驅山川於紙上立論則寓褒貶於毫端贊頌繪難傳之神序引闡未發之蘊豈若今之矜才調者浮華熠燿如繡蜉蝣羽衣鑿性靈者虛影蒐苗似刻羚羊骨角千言雖就莫起蓬心一卷未終已同昧日求其高懷遠致穆然千古入中郎之帳欲秘不能披虞氏之廚無芳不擷如子寅先生者鮮矣獨惜才長招忌始守寒氊繼屈贊府乃今量遷百里以光明俊偉之槩剸方

精敏之才吞雲噴霧之口徒充士元元亮之位也豈天之磨礪其筋骨冰雪其聰明行將一歲九遷登之廊廟升歌雅頌以鳴我

聖朝功德之盛與先中秘公之價重南金名高東壁先後同其休美乎余卽於斯集卜之矣是爲序雍正八年冬仲年家眷寅弟河東柴瑋拜撰

束身自修執節淳固曾聞客縣卓子康登高能賦遷物能名尤美長安袁伯業文章飭吏治誰爲經濟才人詞藻播公餘自有風流仙尹歷數今時令長無如子寅先生以文簡公之華胄世標淡墨芳名爲中翰公之次君獨紹青箱美緒擷秀于齊雲山上彩鳥羅胸摛華于紫帽峰前穠花簇管洛城射策羞從燕市碎琴石鼓流聲悉令羣公倒屣七年皂閣唯高立雪門風數月龍江未了蛾松公事操千秋之直筆新傳粤海藏書試百里之吏能初下時山飛舄一隅小邑

祠思痒臞兩袖清飈遂徵治理挹洪陽之爽氣搆思
恆有餘閒集鯉水之英豪作賦每乘休暇天涯邂逅
願識荆州驢背推敲適逢吏部恨披芝之太晚邂若
山河即傾蓋以定交勿忘車笠投以錦囊佳句清華
不數錢劉示以金薤鴻篇醇茂有加董賈盥讀璿琳
琅之富莊吟生齒頰之芬屬弁三都謬推皇甫諸坊
樂部爭傳寶瑟仙音下界塵緣敢汚青螺佛頂余名
場蹭蹬老態龍鍾徐孺子之席門稀停車馬宋登春
之狗寶僅達鱗鴻湖海飄蓬久消豪氣茅茨覆錦聊

報知音雍正九年辛亥仲秋治年家同學敎弟韓江
陳珏百拜題

夫人非夙具靈穎之姿生負英敏之質博綜四庫三奕之書經經緯史而漁獵諸子則詩必淺而不典薄而不厚質樸單弱無氣骨鮮神采少色澤乏風韻矣況於作古文辭乎蓋以詩古文辭名世者必其才什伯於恆人又能上下千古者也晉江黃子寅先生承屢代簪纓之後宗伯學使兩公接踵起肅寧公綰綬爲名臣中翰公珥筆螭頭先生則早擅天才幼秉家訓積學篤行馳譽儒林以纘先世之令緒侍中翰公於京華趨庭學詩相倡和贊師相安溪李公於幕府

草檄飛書日千百言經歷世故研鍊幾微涉筆葩流吐詞錦爛寄遥情於憑弔抒逸興於登臨或贈答友朋或表章節烈虢走羽飛鱗遊蟲戲傾觴醉月瀹茗看花一切可喜可愕之狀觸於目感於心皆於四聲以發之解衣磅礴醉墨淋漓誠胸涵萬頃辟易萬人也文章備漢唐宋元人之長寢食於韓柳歐蘇諸大家發源於龍門扶風亦間有六朝鮑謝著作繁富各具雅裁玉戛金宣猗歟盛矣余憶念年前走中原遇閩人士藍公漪張超然余鴻客諸君咸嘖嘖稱道先

生才又十餘年前在苕溪沈閣學汪度先生座論八閩名人碩彦首爲先生指一屈閣學公督校士閩中月旦品題爲不爽余年來寄跡羊城遇會稽魯太史啓人先生錢塘徐銀臺卓人先生皆以先生爲豐材頤學之鴻儒爲位育中和之良吏是以今河東總制前粤藩王公深知之而寵異之先生固一代之偉人乎余何幸得與先生共晨夕也先生慷爽豪邁不可一世忠信誠慤高軼明達與人交披肝露膽中懷空洞豁如也先攝篆晋寧兩載而大治今實授陽山惠

澤洋溢達四境陽山枕近猺排地接壤於三省昔年兵燹頻仍邇者仳離初集先生拊循綏輯煦育休養禔躬潔己愷惻端凝事不煩而民不擾蕩平簡易之風行外寬内察得士民心善政善敎有父母之實出其素具之經綸發爲蒼生之霖雨仁漸義摩政成績著陽山爲昌黎過化地故敷政一宗尚昌黎言偃氏學道愛人雖宰天下不外是先生乃不鄙棄余勤欵情深倍舊好文章道義之知己不啻夷吾之遇叔牙矣出其前後詩古文辭示余且屬余爲序余何能敘

先生之詩文哉先生之詩核而典深而厚氣靜遠而骨挺拔神采煥發多色澤風韻搖曳而排宕文則結構工而客格卓越而有體裁純以氣行乎其間灝瀚汪洋極肆恣煥然艮金之出冶沛然洪濤之下百川也噫今當事以詩名世者難矣以古文辭名世者尤難先生之得天者厚將來自位躋通顯庶不負蒼蒼者之孕靈毓秀耳因盥手而書於署之兩松亭江左

敎弟韓矩頓首拜撰

予既之任陽江之明年公始涖官吾順越半載共有事於棘闈公得受卷官予方領諸生唱名堂下日且入矣退臥寒齋余既憫公之勞亦自安吾之拙也撤棘後復征逐于馬尾之間者幾兩月因得朝夕相過詩歌贈答木華賦海之篇余卽竭蹶追從何能及也遡公自高祖少保公曾祖督學公大父大尹公父中秘公世宦朝端固翩翩佳公子也且淵博經史子集能文章年四十貢上雍四十四司鐸龍溪沐其教者有子勝斐然之風視文翁化蜀時意豈異也夫人學

古人官每以不得親民為憾及親民矣而簿書鞅掌迎上接下日奔走風塵皇皇於得失之間迴視垂絳帳坐皋比時求如我輩今日之清閒不可得矣然後知公之果為勞人也九夏與公輯志于粵秀堂中每當花陰月夕一觴一詠以暢幽情暇復出其全集余讀竟不覺爽然曰他人之詩文境在物也公之詩文境在我也境在物者時去物流境在我者物以我留謝公之東山子陵之富春亦猶昔日之荒岡剩水耳經二公寄跡後世遂以名其山川不然百世以前登

山者不知幾人臨水者不知幾人其不至等於荒岡剩水泯泯無傳者緊山水之靈抑二公之故也志垂成公出宰普寧政治之餘屐齒所及野寺籠王播之章宣城勒謝公之句勞於一時傳於百世豈若我輩歎一飽之無時者哉雍正八年歲次庚戌十月既望

鳳山治同學弟佘錫純拜撰

余從子子寅善讀父書既工舉子業又喜爲古文聲詩自辛巳夏隨余入都船頭馬尾之間余倡子寅必和當是時已知子寅爲將來一鉅手矣夫古文之尚也所以衍六經之奧發揮念一史之絕載自馬班而下有六朝有唐宋有元明家不一家體不一體隨事隨物窮工極妙而其歸不離乎韓子所謂求其是者而已詩之爲道所以舒寫性情牢籠物態而亦與山水互相映發者也昔太史公周遊天下覽其名山大川於是而作史記故其文章豪宕而有奇氣謝康樂

赤石麻源諸詩岡嶺溪澗歷然如見元次山道州諸詩柳子厚永州諸記亦然張燕公居岳謂文章得江山之助殆信然矣子寅屢次京師日與名公卿大夫士上下議論著有文集若干卷去歲南旋復縱遊廣漢之野足跡幾遍天下舟車所經憑弔所感而搜羅其景蹟收採其人物所以舒浩氣暢筆端而成一家言者夫豈偶然哉今觀其全豹視前又更彬彬焉夫詩文有神氣有法度有精華非十年讀書十年養氣不能資神氣非準則于左穀先秦兩漢八大家不能

規規於法度非朝研夕鑽博觀而廣覽多所取材含咀其菁英而神明其變化不能儲精華能如是是足分古作者之一席矣寧斤斤當今一代鉅手哉余與子寅論文論詩蓋如此子寅年已逾彊秩僅一氈過亦云嗇抱何由展惟是

聖天子立賢無方並以文學吏治掄才子寅應之有餘裕矣待子寅宦成後天若假我餘年方以六經念一史之精微漢魏六朝三唐諸名家正變詩章與子寅一一衡論之是爲序康熙六十年辛丑仲秋月八

原書缺

論詩文者動曰與其取也毋寧棄誠哉是言然人知取之妙而不知棄之妙人知棄之妙而不知棄其所可棄而不棄其所不可棄之尤妙黄父毋子寅先生閩晋江偉人也爲宫保文簡公元孫中秘玉齋公仲子少掉鞅文壇遊安溪相公門下二十有餘年與孫子未何義門徐壇長蔡梁邨諸先輩詩文角逐踏鎖闈者十一竟充博士選以去生平鬱勃無聊之氣畢萃于詩文雍正六年敎成引見爲今上賞拔試用粤東維時少令鈌借公丞順公鄉人潘子登孚忘年友

也乎書介紹得與定交越明年移宰普寧臨行出其所爲不自棄集相示余因嘆勝朝文章之盛莫盛于北地竟陵謂其能棄也吾則謂其棄其所可棄而并棄其所不可棄者也何也北地棄枯澀之習善矣而并幽深之韻亦棄之竟陵棄板重之習善矣而并正大之音亦棄之交相識者其失也均今黄公詩莊而不滯清而不痕聲調在黄初建安之間其古文規仿昌黎柳州而能變化乎昌黎柳州小品雜著得諸元宋而又超乎所以爲元宋棄其糟粕而不棄其神韻

有所棄也所以善於取也有所不棄也所以善於棄也公曰吾棄者多特不自棄其詩文耳不知惟有不可棄者存於詩文之先斯久而彌光不可棄也不然公不自棄人將棄公矣公其然乎哉嗚呼㝵於詩文一道特丱槃捫燭之見耳惟公久於順朝夕相依聆㝵發㝵將以盡其藴而暢其流而不可必得茲之亭也亦古人桃花潭水之意倘曰解頤則吾豈敢治年家同學晚世弟順德羅天尺頓首拜撰

不自棄亭文集卷[redacted]目錄

閩晉江黃道泰子寅著

賦

采菊東籬賦

鷓鴣賦

辭

反招隱楚辭

言

四禽言

古詩五言

讀書樂

烏鬼行保陽木淀作

清河口阻風贈李世邠

登三义河塔

維揚三义河有御碑亭臨于江滸乃載巳卯南巡所賦詩也士大夫往來是邦喜往觀之揚商人不惜厚貲作爲院亭以居是碑復鑿曲沼築假山建浮圖七級供人遊眺雜給

公奉上不足爲商人難而以蕪穢荒陂託
御碑以博一朝之榮是亦林澗之幸焉壬午
春予與李世郃維舟江渚步斯塔而登之凡
造五級而止蓋其工未竣其景未備而遊興
自酣不必更上一層樓也況乎霄漢在胸星
辰當戶身非曠士感從中來縱欲馳驅高渺
以極萬類而百憂遽至神形槁然矣因歌古
風寫我寤歎
泉紳拖修白石劍攢高青同何屺瞻先生賦

靈隱寺用杜少陵法鏡寺原韻

易水懷古

下相懷古

正月三日再遊曰齋觀梅感賦

餅梅用杜少陵枯柟韻

咏史二首

老婦篇和中部令涵伯家叔原韻

觀競渡用韓昌黎遇春韻

報國寺古松呈太史何義門

擬陶靖節田居同何屺瞻鄭魚門蔡梁村三先生賦
病中酧蔡梁村顏文白兩先生
重遊金山寺用杜工部昔遊韻
嚴溪咏懷用江文通秋至懷歸韻
過二疏故里憶先中翰沂州懷古詩朗吟一遍慨然有述
建武冬日同施伯振俞聖臣遊秋水園
寄舍弟子敬

八愁詩

余結識宇內知名士不下千百然抵論文校藝徵詩逐酒相娛樂已耳求其德相勸而過相規者蓋指不多屈焉余年不覺逾強矣念自蔣梅士家天峙巖伯洪伯東王曾千田玉相何信奏李章吉相繼淪喪存者寥寥不勝落夕晨星之感爰賦八愁聊寄遐思非敢擬少陵八哀淒風若雨之下自歌一回不覺八子精爽入我寤寐云爾

鷺津市肆
丈夫貴壯健仝陳子疇賦
反悲秋
田家樂同王仲顏金來雍蔣子遵陳季芳賦
鷺署偶成題足觀堂壁
述懷示長庚
龍邑學署兵燹後頹壞無存傾橐得白襁一斤
構置數椽湫隘弗堪聊蔽風雨籠鳥井蛙不
遑計也用王半山送李宣叔倅漳州韻

男兒不再壯

歲晚

苦寒

憶夢

得蔡梁邨侍講京函喜賦十二韻

奎樓曝日用杜少陵西閣曝日韻

次三山戲贈施伯近

留别漳中諸同學

留别鄭芳洲姻丈

長至前二日許省園萬爾揚鄭作楫李振侯過集留飲
止吟
建武舟中感春用韓吏部感春韻
南城鄧與研留飲法華亭醉歸賦謝
舟中望匡廬山用陶元亮游斜川韻呈鳳山太守
金壇炎午上人同舟半月臨别索詩衝口贈之
方靈皋李穆亭鄧幼季三太史合饌招飲用韓

吏部贈孟東野房蜀客原韻

辛巳秋與公秉弟青署分别屈指二十有八載矣戊申冬各以保舉入都會合金臺旅館予鬚大半白公秉弟兩鬢亦斑晤談之下如隔前生王事驅馳仍當舍去鴒原念切情見乎詞

晏起用白香山原韻呈掌詹陳謙季先王

客中月用白香山原韻

思竹窗用白香山原韻

食筍用白香山原韻
過端溪
鳳城喜晤張光遠用韓文公喜侯喜至原韻
得袁子楚書戲成一歌用昌黎韻效阮步兵體
得袁巽來試牘寄贈
四月三日喜袁子楚至韓吏部吏部縣齋讀書
原韻
同袁子楚自五山揚帆越旦至三城通宵談吐
成十二句

余抵鳳邑戎署爲舊官借居僦一室與胡侯思
泉公祠宇比栭連楹夙夜瞻仰企慕勃興爰
歌古風以誌岱山北斗之仰云

送周約齋貳令歸里

遣興十首用杜工部原韻

虞翻園仝葉西村賦

趙陀墓仝韓橋村賦

承王灼三藩憲今河東總制嘉命志局纂脩賦
此志愧

長兒將歸溫陵詩以代訓
老宜官冷靜
病中聞上官至境嘅然有懷用白香山衰病無
趣原韻
壬子早禾大熟歌
得樞曹李甥有候代書詩四首次韻寄荅
四慟吟
余曩吟八愁又吟四懷皆傷吾友人而作也
今復歌四慟者非有厚薄于其間以四先生

德業方隆春秋俱出吾下一載未周相繼淪
亡而存者僅又矣余尚未及杖鄉寧爲歲寒
松栢也星霜日改衆卉凋零感今思曩不勝
長慟因吟之如左
蔡少宗伯梁邨
李江右學使邠公
吳惠郡守圭山
藍廣郡守鹿洲
過同冠峽追和昌黎公遊同冠峽原韻

縣齋讀書追和韓文公原韻
過三峽頭仝韓寄菴賦
舟中雨
溪中早春用白香山溪中早春原韻

不自棄亭文集卷一

閩晉江黃道泰子寅著

賦

采菊東籬賦

秋將暮白雲繁西風清湛露溥開我芙蓉亭坐我薜蘿軒覩衆芳之搖落羨數卉以獨妍陋早凋之凡樹挺奇節於名園托女華爲姓氏埒芳潔於芝蘭似江梅之雅操盟嶺松於歲寒方諸貯以煉藥羽客嚼以當餐葉垂綠鬢花擁黃冠或粲而白或艷而丹笑依

幃幙媚倚耶玕抱綽約之弱質舒貞潔之幽顏洵含香而着色羌弄綺以裁紈韓渥珍之爲粉黛錢汾重以爲璵璠方其植根墻角功在疏爬窅窕町畦徒倚籬笆溉以氿泉壅以纖砂碧苞羅而蘊蕾青跗沃而抽芽森玉莖之一節分瓊榦之八乂旣疎枝而搖曳亦瘦影以橫斜儼雕銀而團金恍鏤雪以蒸霞類君子之有道擬隱逸之無瑕懷義烏之麗藻邀魯望之褒嘉光遠作金釵之賞彥謙有傲士之夸若迺逢重九以登高屆三秋而改序閒尋崔氏之庄緩步陶公

之圖樂天癈一日之齋日休作千點之語映秋陽以娟娟帶輕煙而楚楚向公子以婀娜對佳人而媚嫵自宜摐鼓乎金箏不用頻敲夫羯鼓爾其質婉委態輕揚依北牖傍東牆是培是植成列成行色分深淺形辨低昂標題鴨綠錫號鵝黃鶴翎翩其欲翥鷺羽振而將翔逞玉環之醉靨獻西子之新粧倣弘景之製茗傚長房之佩囊曾插龍山之落帽聊舉彭澤之清觴豈騷流之偏嗜暮晚節之幽香知炎威之可畏凜素志於寒涼丁時令之黯淡發大塊之文章雖仄

身於窮谷常歌咏於漢皇孕蕊幾經其日月敷葩忍耐夫冰霜置升沉于運會允聖哲之行藏乃歌曰花之品兮絶塵花之韻兮淡人誰與花爲伉儷雅相敬其如賓再鼓未旣忽焉假寐見一神女翩然披幃襜蕩其態容與其姿相親相近不卽不離恐靈犀其瞀亂秉慧劍以設施於是攬衣而起獨立中庭衆星朗孤月明花自在夢初醒凝眉睫以延佇欽貞肅之儀型採之掇之養性儲精咽之服之通氣延齡可以釀朮酒可以佐金莖誠道家之雲液會何有鬼蓋之人

形結懽兮知已痛飲兮沉冥料花神兮解語奈予髮兮星星

鶺鴒賦

鶺鴒雖非能言之鳥然古來作禽言詩者必及焉有唐鄭谷亦藉是以知名可謂羽族之雄者矣癸卯三秋臯臺秦老夫子觀八閩文風命題作賦屬員道泰敎導龍溪訓士無術愧乏雕蟲伎倆聊代此鳥鳴號爰廣禽音用酬知己其辭曰遡余身之所產地嶺表而崎嶇雖羽毛之微族亦品彙之昭蘇托深蘩以容與樂枳棘之扶疏擬上訴於穹窿將嘉名以自呼當此生之少壯祇蟲虵之與俱思凌風以舉翰求嚶鳴

於上都屢就食於燕趙爰奮翮乎邊隅附鳳凰以展翅陋鶯蜩之為徒羣策名於皇路獨淹滯乎泥塗韜山雞之錦彩遂濁跡於鶩梟奈飲啄之匱乏不擇陰而濫竽叨稻粱之升斗不覺局促而躊躇拘幽類樊籠之偪仄進止等角塲之氍毹睇雲山於三島發孤笑於六虛恥爭食於雞鶩曾何別乎龍豬縱舉步以蹁躚哀我者其誰歟羨吳江之禰子駕錦心於珊瑚怨河東之子厚動食指於甘腴嗟肉食之可鄙曷弗遠夫庖廚既與人而無競待善價而沽諸微言亦有

可採世路大抵縈紆余苟結舌而緘口行人焉識其迷途物何鉅而何細理異軌而同趨回憶家山窅窕非啼黃陵之廟則傍青草之湖言念同聲相應非逢凄風之夕則直陰雨之初何此歡之不再困鯨鯢於沮洳設九閽之可叩安知鸛鵒之弗如雜文質之彬彬豈亂玉之碔砆蓋出處之難料艱列名於薦書丁時命之多舛洵暗投之明珠羌遇合之有數嘆浮生之須臾幸仁人之惆惻向可效夫一得之愚亂曰山烟漠漠江水清兮軥輈格磔求友生兮徵歌度曲淚

盈盈兮有唐鄭子擅芳名兮惜我面目猶取憎兮虛
被文繡懶逢迎兮胡翦翎以送我徒觀百鳥之飛騰
兮

反招隱楚辭

彼美人兮山之巔咽白露兮餐紫煙呼吸兮春蠶秋蟬嚬笑兮冬寒夏暄冰雪爲膚兮玉爲骨仁心爲質兮義爲肝上棟下牖兮松筠左圖右史兮篆文畫同羣兮鶡冠子夜朝禮兮玉宸君木石與居兮渾沌未破麋麑相雜兮猿狖只且千秋兮一瞬跳丸兮萬古蘧廬羌黃河兮澄清大聖人兮挺生重華兮繼世濬哲兮文明苟弗展其懷抱兮疇克信予之修能彼塗山兮平成殳戕暨伯與兮一藝成名中天兮才難越

若今兮數溢三千年日月合璧兮五星同躔雲龍風虎之際會兮夫何行義達道之不然亂曰吾計決矣莫夷猶黃鵠千里兮恥燕雀之與儔致吾君於三五兮清寧同流美人歸來兮山椒水澨不可以久留

四禽言

不如歸去浩然一往莫猶豫廟堂冠蓋盡犧牲林壑風流好箕踞不如歸去

脫却布袴且趂新官完舊賦莫愁剜肉去醫瘡須識蠲租難再遇脫却布袴

提葫蘆麴米如珠也要沽劉婦之言不可聽浮生萬古一須臾提葫蘆

行不得也哥哥殿陛崔巍階級多平陸驅馳防蹶躓中流舟楫患風波行不得也哥哥

古詩五言

讀書樂

永日寂無營圖披學操縵凝淫任所識矻矻夕忘旦扃戶頗自娛搜索窮秦漢上窺羲與軒旁通滅畔岸眇芒置無稽精粹欣研鑽評隲古之人得失恒參半胸懷儲墨兵腹笥充東觀逮乎有獲時源頭逢浩瀚或草子雲元或摹孟堅贊軒冕匪我榮不耕亦堪爨所性於此存藝苑恣鍊鍛博約乃其宗吾道可弗畔噫彼斗筲人沾沾奚足算

烏鬼行保陽水淀作

東溪水邊有烏名魚鷹北人呼烏鬼爲魚鷹浮沉亂飛鳧鼓翅暗相乘貌醜色幽元拍拍輒昂翩一落漁人手遂任爲股肱飼養日漸馴似習擊技曾張口大如瓻啖啄勢崚嶒扁舟列成羣洄沿載波淩溪深魚蝦肥捕捉代罾罶慣者先插水餘黨呼兢兢艱深不憚瘁搜索逐而儆稍稍欲充腹項間鐵環凝噏之還嘔泄長頸塞降升漁人竟安坐所獲利最弘鮐鱒換壺漿細膾瀹豆登酒罷扣舷歌假手習爲恒我觀湖海閒羽

族類鶩騰沙鷗與自適鸂鶒常樂朋白鷺水田飛鳴鳫相依憑烏鬼一何癡攫取厪晨興貪饕無所有殘害自取憎徒以利歸人啼饑復困仍奈何不息機腥羶水上烝已往不可追介鱗寃愈增豈緊漁人智爾愚爲所繩萬物各得所作詩誰爲應

淸河口阻風贈李世郊

行行夏春交長風日來漸阻我南歸帆況近黃河墊沙水暗無光羲馭沉屢陷驚濤天際卷瀰漫洞庭塹斗起如邱山崩頹一何暫振迅駭雷奔怒張利戟劍

怵惕我無寧不遑投旅店餘波沸未平飛廉勢稍斂
與子各相規逡巡防夜纜淹滯有羈愁涉險心獨歉
會當開清霽巨川楫可泛

登三义河塔 有序

維揚三义河有
御碑亭臨于江滸乃載巳卯南巡所賦詩也
士大夫往來是邦喜往觀之揚商人不惜厚
貲作爲院亭以居是碑復鑿曲沼築假山建
浮圖七級供人遊眺雖給公奉上不足爲商

人難而以蕪穢荒陂託
御碑以博一朝之榮是亦林澗之幸焉壬午
春予與李世郊維舟江渚步斯塔而登之凡
造五級而止蓋其工未竣其景未備而遊興
自酣不必更上一層樓也況乎霄漢在胸星
辰當戶身非曠士感從中來縱欲馳騁高渺
以極萬類而百憂遽至神形槁然矣因歌古
風寫我寤歎

春山四野靜春水平茫茫江風激浪花吹我征衣裳

向晚暫維舟同心遊濠梁亭子江之濵浮圖撑青空
紫宸翰墨香兕歲幸南方榱楹雕斐亹飛甍夾道旁
曲沼浮萍綠疎籬芍藥紅日影摇翡翠波光起魚龍
我來一登眺欣覩衆鳥翔俯視羣峰低兒孫羅襟胸
溝洫紛難數星辰手可通稜稜天際迥莫窮元化功
百憂儳然至中懷失所望高焉而忽卑靜焉而轉忙
始知渺小軀湫隘局方蓬何似雲中鶴奮翮追鴻蒙

泉紳拖修白石劍攢高青同何屺瞻先生賦

銀漢傾無窮虬光掃氛翳飛揚嫌絳旃嶫峨堪剞劂

驚風虎帶聲濃雲淬淩厲怳怳動星台迢迢歎川逝

天池素練影橫空決鋒鋭已眇遠山尖日灑長河涕

織女懸機絲俠客裂怒眥何心相騰耀有神暗控制

縞帶擎湘娥突伸巨靈系夢寐冰雪凊枕席戈矛礪

徒誇作者工莫測造化意緬昔太華遊于時當白帝

靈隱寺用杜少陵法鏡寺原韻

茲山有霧異攀緣不憚苦岡巒列萬狀水石迴千古

樹杪日車飜澗側浮波聚嬋娟花上雲澹宕湖邊雨

烱烱朱戶開冉冉毫光吐叅差鵓鴿飛錯落人烟數

鐘磬杳然喧衲子餐亭午來此洗心胸幽意忽攜取

易水懷古

荆卿有壯志與俱非其京勞勞燕多士衣冠祖餞行一去不回顧匕首入秦庭圖窮謀亦詘僅令環柱驚古來重俠骨腐史列汗青悲歌不可聞寒水到今清歎息太子丹徒敗乃公名一言戒勿泄枉殺田先生

下相懷古

策蹇下相道猶傳戲馬臺苗裔疑姚舜毗陀亘九垓劍書俱不學萬人可立摧嬴氏取而代尺土不曾階

鉅鹿一戰氣飛揚太史極力繪其强天地風雲皆變色驚駭壁上諸侯王英風斯已極五載定社稷所失在綱常延將義帝殛遂動赤帝師縞素藉名式弗遂鴻門謀范增性㥯愜劉項從茲判興亡尚不自咎咎蒼蒼四面歌聲徒黯然長對兒女相悲憐

正月三日再遊因齋觀梅感賦

尋芳宜泛泛不繫如虛舟而我何耽逐惆悵前日遊春氣今尚蜜勾萌達未周梅乃辭樹去芳香難久留雪蕊浮金醆瓊英點玉鈎結子滿青枝熟時不待秋

自茲三徑裏長伴竹松幽灌溉苟非失培植是良謀
老幹或重開新枝亦易抽萬勿歎衰謝凡百類浮漚

缾梅用杜少陵枯柟韻

梅花開滿園一覽不復記何似貯缾中晤對多幽意
栽翦屬人工清姿禀天地不受蝶蜂欺暫避蟲蟻萃
我非海畔夫三嗅馨香氣彷彿步孤山黃昏發清思
妖艷素所羞雋永乃其志盛開固足欣衰謝亦堪淚
堂簾蔽春風飄落良不易雖乏雨露滋庶免霜雪畏

咏史二首

漢末梁伯車鳶肩而豺目少小便跋扈意錢樸蹴鞠
初入黃門郎蔭補膺世祿土木崇豪奢臺閣環平陸
深林連澗壑九坂亘峭谷兔苑大千里人罪等麋鹿
禽獸瓊瑤珍賢哲奴隸畜巖巖杜李公接踵就刑戮
猛著數十輩腰斬奚其速吳樹又何癡宛令行機軸
運否天地閉善類應潛伏哀哉進餅鴆無人一痛哭
君側未能清擁立反爲福益邑仍封妻濫叨公主服
嗁糚墮馬髻羣效眉額蹙禍淫理豈欺天公籌之熟
墻茨歌可醜鉗忌恣鞭扑通期鬢髮截伯玉藏壁複

內外寵泰宮聚麀牿反覆女猛發其灾鄧種冒鞠育
邴尊刺不休延熹鋤親睦以兹觸帝威羽林軍整肅
粱孫同棄市迺身免縠觫逮乎籍厥家搜括怏胸腹
半減天下租殘黎飽粟菽朝野一爲空賢愚咸尸祝
寄語伯夏翁詒謀慎方穀

又

炎漢將移祚權奸接踵起陽九尼孔艱元會應爾爾
仲頴起隴西初稱健俠耳左右佩兩鞬羽林仕伊始
稍遷戊已尉竟刺并州史望垣潛署陽捕魚托計詭

漢季爵祿輕侯封屢冒被少府弗就徵狡猾逃邊鄙
兵馬厲河東沉機覘泰否一聞宦者亂平津覬帝子
攀援附椒房奮首圖不軌大集文武僚博陸妄比擬
除卻盧尚書滿朝竟唯唯弘農殿下趨永安宮內徙
搜牢陵塚珍抄掠掖庭姊憶昔祖龍時金人鎮好畤
于茲洪鼓鑄九廟鼎燒毀雖曰成敗殊殘暴酷相似
四海義聲揚流亡觸目是白波與黃巾縱橫互擊抵
哀哉萬戶口長驅入都市骸骨枕邱山黎獻忽不祀
僭竊竿摩車高築郿塢壘殺戮過蚩尤天心厭兇宄

不得王司徒灾殃胡底止濩氾襲餘威蔓延禍靡已
造物豈不仁鼎分實肇此

老婦篇和中部令涵伯家叔原韻

憶昔結褵時母訓何悄悄無非并無儀惟順以爲寶
禮稱七十年伉儷同藏保祭與我所應慎齋戒狂懆
箴管佩厥躬堇荁免薧草沃盥卒授巾承樽玉藉藻
和灰請漱澣褻私備灑掃助奠歲時供交泰地天倒
佐餕飯膳羞菽麥粱黍稻酸苦雜辛鹹調劑酏醷攪
舅姑性稍諳饔作寬煩惱庶幾叔魚妻慚媿陳平嫂

辟如西柳烟春歸失窈窕又辟若枯楊雖華亦不好
但以歷險巇共嘗少壯老鴉鬢任稀微鳩盤擦粉皁
請覩班惠姬七章壽梨棗德言信罔愆紅顏曷足道

觀競渡用韓昌黎遇春韻

荆楚有遺風處處渡爭競塡道海衆觀士女相輝暎
紈袴裼新衣團扇掩粧靚招邀盡友朋扶攜豈憚病
我老讀詩書傲氣絶豪横偶爾出郊遊藉水爲前鏡
最陋江心銅禱祀神譏評宛哉屈靈均沉羅忠節盛
鼉鼓起哀音至今弗忍聽江風颭顔愁川雲漲目瞋

有恨寫離憂無人問獨醒孰使帝閽闗忠言鬱不罄
皇天豈有私屈抑此中正舊事勿深求忘形絕陷穽
放浪江湖間用遂曠達性鳧飛嬉貼水儒腐慵待聘
榴火任殷紅蘭湯恣游泳溪光野鶴鮮市遠浮烟淨
綠畝紛平疇繡錯緯與經山翁採藥歸羽客尋幽逬
江深五月寒冷熱朝昏併流駛何迢迢又過夏之孟
草莽幸遭逢瞻仰天王聖臯夔叨殊恩兵符借後勁
行樂正及時律中蕤賓令士仁大夫賢逡巡凜畏敬
時清節轉佳萬類咸稱慶鬬草可除灾吾生信有命

酒且盡尊前事勿論究竟

報國寺古松呈太史何義門

紺宮有古松蒼鬱如虬蟠點染烟霞古逍遥歲月寬我適寺中遊樹下長盤桓虎嘯驚殘日龍吟瀉急湍青柯陵百尺翠蓋偃雕闌不知祖龍代封爵署何官宲乃扶元氣詎爲衰盛端朱華曾幾時素蕚頓改觀美哉後凋質堅貞以自完願得扳高節與君盟歲寒

擬陶靖節田居同何屺瞻鄭魚門蔡梁村三先生賦

中田寂無營幽居在空谷片片白雲閒蕭蕭數畝竹
我園未荒蕪所種日已熟用以釀秋酒葛巾時滲漉
真醉謝嘉賓糟粕飼牛犢形骸漸相忘篝車可勿祝
山深人秦漢世遠俗神處況有稚子歡入門撫松菊
寵辱兩無心百年徒迫蹙爲樂貴及時我何不自淑

病中酬蔡梁村顏文白兩先生

遊子無定所有如江濤奔天風吹我來館置城西垣
幾封信襆沓驢馬旦暮喧時寓居驢馬市桃花忽開落柳色
變高原涼飈倏然至但見塵泥翻抱痾寂閒閤偃仰

臥朝厰先生獨何者驅車日到門攬衣未及帶相呼意彌款甘苦皆藥石不遑敘寒暄問我何由爾病痔傷脞臀我生江海客漂流曷足論四大本孱孱情慾互煎燔況螢得肺病艮駒服短轅欠伸苦跼蹐打頭屋漏痕煤焰烝肌骨麴生洪其源一飲數十杯數杯一時吞枯腸日剝削穴榻如鴟蹲委懷窮篇什驚心勞夢魂初若適意耳漸且斵眞元願持智慧劍砍斷煩惱根讀騷兼痛飲絕口不復存先生一聞之謂與古相反仲由尚百榼文舉愁空樽不見陶靖節種秫

滿田園不見劉伯倫不聽婦人言王符解著書身潛道益尊莊叟達逍遥笑口裂鵬鯤斯言誠炎炎宲以進吾惛再拜謝先生情好並弟昆蟋蟀鳴秋夜黃鳥啼春溫時候使之然損益任乾坤尙思執牛耳那復竪降旛逢着且便吃莫問雞與豚相邀入窩室醉吟杏花村

重遊金山寺用杜工部昔遊韻

矗然起江心斷斷露山脚寶塔撐青空崚嶒界寂寞昔歲同遊人斂步竟回却獨自續舊緣胸中覺灑落

始探最高臺冥搜窮洞壑憑闌一眺之江天誠遼廓長廊亘蜿蜒斜通朝陽閣俯視蘆邊鷗仰觀雲際鶴回首十三年依依事如昨旣無濟勝資那有駐顏藥斗酒且自携及時聊行樂秋氣何當悲庸夫輒蕭索我稱江海士天心亦不薄重來遊興酣稍稍酬前諾欲和孫張詩無憂筆力弱五嶽縱難期近將息衡霍時將楚游

嚴溪咏懷用江文通秋至懷歸韻

我家泉山下種有二頃田右傍笋溪水左枕清源山

胡爲遠行役閩雲阻越烟睦州饒奇怪峰巒間百川
木葉冬未凋紅紫尙娟娟憶自京華來途程成五千
荏苒物華晏徒使心旌懸羊裘人已邈願從以長年

過二疏故里憶先中翰沂州懷古詩朗吟一遍
慨然有述

七十而致仕經言匪我欺胡然貪位者耄耋尙奔馳
曷觀漢二疏好爵棄如遺一朝竟引去明哲宗知幾
鄉鄰足云樂賜金敢自私寥寥千載後誰復此芳規
憶昔先君子宦遊過泗沂間風景高尙仰止賦新詩

不負平生志六十亦旋歸弋人何所慕冥冥鴻高飛
園居有佳興松蒼菊亦肥古今同不同於焉未可知

建武冬日同施伯振俞聖臣遊秋水園

歲莫欲何之聯鑣出南門甫行三里許斗見一郊村
解鞍梧樹下淡然忘世喧野草委幽徑山禽過短垣
渟泓方半畝繡壤錯平原羣峰列爲嶂秋水以名園
山容何刻劃霜雪剝落痕園中何寂寞木葉隨風翻
青青數竿竹叢叢長兒孫紫栢受陰精枝葉亦茂繁
我生本蕭散相對竟忘言徘徊曾未幾興盡遂還轅

他時或再至把臂罄芳樽別有會心處更復坐前軒

寄舍弟子敬

憶昔出遊日春風吹我裳烏兎互奔馳裘葛幾經霜思子晝兼夜輾轉九愁腸聞有閩人至倒屣迎中堂客送書一紙稍慰六時望把玩不釋手萬金何足當上言妻兒健次及家道康其餘談文字索藥救膏肓愧我覊栖人經營走四方朝宿燕趙地暮來吳楚鄉韉鞍甚矣憊舟楫歎颺揚所歷半天下面目猶故常積憂心胆耗涉險筋力傷二豎侵未免抱疴據曲床

賓朋顧空館冠蓋自輝煌新知固不寡舊得毋乃忘
六經未能明羞厠成均旁聖學誠浩浩此心徒倀倀
未擇何所執欲立如面牆我年雖云强我體久羸尩
研田漸荒蕪成就可忖量因思子少壯曷不奮激昂
所讀莫厭多儲精簸粃糠譬彼力田者逢年慶倉箱
遇合縱未卜蘊蓄詎弗良鄉里稱善類祖德倍昭彰
我歸計已決竭蹷謀耕桑瑕疵相指摘繩繩續書香
人身洵難得摩厲志須償往哲亦有訓源遠自流長

八愁詩 有小引

余結識宇內知名士不下百餘人然抵論文校藝徵詩逐酒相娛樂已耳求其德相勸而過相規者蓋指不多屈焉余年不覺逾强矣念自蔣梅士家天峙巖伯洪伯東王曾千田玉相何信奏李章吉相繼淪喪存者寥寥不勝落落晨星之感爰賦八愁聊寄遐思非敢擬少陵八哀凄風苦雨之下自歌一回不覺八子精爽入我寤寐云耳

平生重意氣然諾矢不欺結識半寓內同心更有誰

緬懷蔣梅士少小相奔追執經登我堂先子是其師承命校材藝往往相雄雌多聞兼直諒絶無粉飾爲天峙稱同氣年長我追隨早得文園病投我以良劑姜被日慰藉塤箎倡和吹公車三戰北二豎侵莫支我適遊京國一見長别離臨風想玉樹涕泣徒漣洏巖伯亦兄輩家駒每見推曠懷類莊叟作詩學王維有酒呼共醉不以我爲癡縣官弗屑就司鐸固其宜偉岸洪伯東壯麗吐文詞杖年始脱穎奄忽嘆數奇曾千湖海客雄鶩宗不羈游俠鄙郭解才華擬左思

良堪吾道衛不磷亦不緇玉相沉靜者言矩復行規
憶昔曾假館朝昏互切劘兩兩披肝胆中孚刮毛皮
終焉不得志副車摧玉枝信奏磊落人胸懷儘坦夷
交親屬中表切偲更怡怡緩急真足恃盛衰節弗移
古直李章吉痛飲灌漏卮三冠溫陵軍鯁亮聃韋脂
王侯齊螻蟻造化視小兒有才無時運屯蹇老瘦痺
嗚呼八君子徂兮命之衰泉壤雖阻絕夢寐多見之
孝廉與明經稍稍耀聲施鴻猷終不展天道未可知
善人自有後烏用含悽悲祇若獨學陋寡友乏其資

逝若無由作徒作歎逝詩讀罷誠髣髴斯人宛在茲
人非金石壽朝露洵可危因果容或有來生以爲期

鷺津市肆

小小鷺洲城熙熙魚鹽者何年入版圖戰血曾盈把
昇平遭嘉運人烟各瀟灑市肆類通都五方聲借假
當時多顯貴蕭條遺石馬不知何氏墳漫滅階甓下
山雨歷盤庄海風吹漁舍夜靜屏紛囂惟聽潮音寫

丈夫貴壯健仝陳子疇賦

人生有少壯由壯而之衰一去不復返逝者乃如斯

葆養得其道雖老如少時動作日以健所樂盡忘疲
況此髮與膚伊惟父母遺得正方無忝辱親在體虧
箕疇戒六弱深恐萬事隳所以矍鑠翁據鞍生雄姿
姬周有尙父垂釣渭水湄丈夫貴努力辛勤固其宜
上以充租賦下可畜妻兒贏餘沽美酒搔首吟新詩
體強心愈壯神清事益治譬如有力者負之卽奔馳
但當身健王勿憂鬢邊絲

反悲秋

二氣相摩盪四序互奔馳古人何跼蹐當秋輒自悲

宋玉創於前歐公爰繼之肅殺奚容心金令固所司
我觀秋色美反悲以爲怡天高氣栗冽雲淡宿復披
羲馭光皜皜山容露骨奇不寒仍不煖可琴亦可棊
風清與月白宜酒又宜詩零落因凡質奇英更多姿
胡不玩芙蓉嬌妖笑水湄胡不賞女華艷冶吐東籬
萬寶都告成結實乃在茲春花榮不久芳菲原易衰
閱歷貴其深凉暄節弗移此中有眞樂烏兎任相推
戚戚徒戕賊營營祗益疲哲士殊曠觀素位忘險夷
蟲聲鳴四壁聊以代鼓吹及時不行樂後悔實難追

田家樂同王仲穎金來雍蔣子遵陳季芳賦

日月如飛輪告予又及春萬物皆萌芽播種在茲辰菽麥久能辨菑畬性所勤相呼向南畝農器盡具陳大兒把桔槔中兒事耕耘少者力不足饁餉自逡巡午憩桑影下夕驅牛羊羣剩有蓬頭婦家居奉老親承歡藉菽水淡泊厭羶葷村醪倒瓦盆小酌亦微醺篝車時致祝鼓腹更吹豳偶爾逢春社家家有醉人

鷺署偶成題足觀堂壁

憶我鷺津遊歷有八年多日月流如駛悠悠能幾何

愛茲衙齋勝詩酒樂婆娑曲檻倚芳樹方池賞綠荷
景物信幽美天氣亦清和一朝羽書至海外忽揚波
弄兵潢池中僭竊稱尉陀文吏諱申賊武胄咸荷戈
我公赫然怒壯氣吞山河整肅下瀨舟揚帆過嘉禾
先聲奪其魄會掃此么麿書生無長策十年劍空磨
祇草陳琳檄冀愈頭風痾洗耳聽捷音懽忻奏凱歌

述懷示長庚

古先垂格言富貴如傳舍唯有慎德人可以長息駕
我生本華胄懶慢習耕稼研田徒菑畬文壇乏聲價

懷書數十上滿擬干王霸奈如伏櫪駒難與澤宮射
烏兎互奔馳殘軀恐物化因思去古稀不過念冬夏
爲善日無多作惡又何暇陽誅縱漏網陰譴不假借
猶幸今年春稍稍畢婚嫁作詩示爾曹逢人任詬駡

龍邑學署兵燹後頽壞無存傾槖得白鏹一觔搆置數椽湫隘弗堪聊蔽風雨籠鳥井蛙不遑計也用王半山送李宣叔倅漳州韻

筮仕入清漳地與溫陵錯一官常獨冷古有鄭著作
宮牆數仞高巍然西南郭一自兵燹後鼓鐘咸蕭索

龍山頽莫登泮水濁難酌鶺鴒之一枝那得挂瓢勺
傾囊構數椽斜傍奎光閣治生愧迂疎文學慚宏博
謬司龍江鐸探討孔顔樂靡以廸諸生云何賑民瘼
懷居聖所鄙況恥衣食惡此邪古瘴癘蝕虺如毒藥
我今應酬寡庶幾殃禍薄物命戒鼎烹匕筯供牛酪
青橙雜黃蕉滲漉甘蔗酢淡泊守吾眞逍遥勝巖壑
日草子雲元問奇伴落寞既無童應門那有賓入幕
迴思年少時翩翩遊京洛

男兒不再壯

人自受中生形骸總誕妄憶昔少小日鄰里稱倜儻習染漸相侵心同雞犬放獨學苦無聞所得又輒忘世事如波黐雙親十年喪重闈來京師銜哀致行狀相公贈裰言幽宮光萬丈退歸席未煖遨遊復北上朝衝萬里烟夕受五侯餉元白屬知交志恥干霸王筮仕入清漳儼然一日長顧影常自憐因人成俯仰却悔盛壯時居諸徒孟浪人身誠難得差跌墮業障株杌伐情田急須早回向

歲晚

歲晚徒役役嘆老復嗟卑扉屨鶩足冷羔裘畏毛稀
祿俸十餘金僅充兩月貲酒債還過半書錢償不貲
外貌雖云壯中心宲已衰詩魔鑿窾竅酒病傷肝脾
骨肉漸零落交遊久別離忽憶鄉園近頻從夢中歸
夢中無羽翼胡以能高飛妻孥向我語無非苦寒飢
此語頗厭聞驚覺在羅幃譙樓燈炯炯玉漏聲遲遲
夜長如兩夜愁人獨自知

苦寒

憶昔強健時四方騁靡已衝風入帝京冒雪遊燕市

夏嚼北陸冰，春吸井華水。俄然躋艾年，血衰由茲始。
晨興厭盥漱，涼冷傷脣齒。青幕挂簾櫳，紅爐置案几。
敗裘苦毛疏，縕袍猶含恥。禦寒酒未熟，筆硯懶經理。
坐有古人書，略觀大意耳。目且及數行，手仍藏袖底。
因思驢背客，裂膚兼墜指。動作不如意，未强竟似死。
長安多好官，爲我謝朝士。方當苦飢寒，無心戀青紫。

憶夢

憶昔昨宵夢，飄颻歸故鄉。親戚多在坐，賔朋各盡觴。
奈何衆親賔，强半鬼籙人。生者什二三，寂不出一言。

舉止如平常形骸實恍惚風景總茫茫昏曉了無別
富貴殊歡欣貧困亦嗚咽醒來無一物依稀床上月
乃知世間事一心所造設睡中若有主外魔頓消歇
此理惟蒙莊栩栩能自說

得蔡梁邨侍講京函喜賦十二韻

委心窮巷坐忽聞剝啄聲有客持片楮云來白上京
煌煌蔡侍講簪筆侍
彤庭睞草偶然暇作書懷友生叨榮日優渥報稱不
遑寧勉旃我外史鹽虀澹經營唯老當益壯方今際

盛明維時朱火炎偃仰臥風櫺魚書置枕畔深謝故人情高槐綠且濃枝頭數蟬鳴淸音聒幽耳令人薄簪纓不知天涯意何似禁中聽

奎樓曝日用杜少陵西閣曝日韻

朝曦射牕櫺偃蹇奎光閣冬日暖可親和煦氣不薄睿聖正當陽曰乂時暘若葵藿雖微姿傾心欣有托調適及三焦祛寒衞兩脚一似趨炎羊又如晒翅鶴我性同桂薑厥口苦常作値玆榮衞衰筋血非猶昨負暄懶出門曝背坐蕭索得句懷杜公阿誰是疆爵

次三山戲贈施伯近

城東有佳士翩翩公子行勳傳麟閣後姓著石渠旁夙具嗜痂癖愛子氣縱横分曹敲險韻對壘酌巨觥東園欹枕臥鷺島共舟航清風談客榻夜月偃匡床抵掌輕王霸遊心慕羲皇我爲祿食計抱鐸漳水旁君游淮海上拜爵尚書郎未忍趨捷徑仍來觀國光見獵喜心生伊子有同情三山忽會逢鬚鬢我已蒼辱索我囈語走筆成虬龍寒暄不暇敘傾吐屬肝腸德業期脩治餘生任倘羊

留別漳中諸同學

一官久無補五載空憂深平生凜素節不移亦不淫蕭散首宮地放曠薄華簪典冊央人借佳醞穌朋斟形骸畏拘束軒冕謝過臨詩書常挂眼詞賦屢鏤心內訟知止足遐思戀園林欲遂羊求志未分廣受金一朝驚寵命萬里發征吟榮達豈不偉粗疎非所任鼓櫂南溪曲遁迹北山岑努力諸君子乘時各獻琛

留別鄭芳洲婣丈

溫陵人材藪中有卓絶倫少識之無字長窺邱索文
而立便脫穎蜚聲聯卯辰芳譽馳寰宇蕊榜挂春官
聞喜開高宴高名譜慈恩貂毫頒
御府龍紵錫
楓宸恩渥皆異數髦士咸歡顏花磚推獨步星駕竟
言旋薰風吹紅樹子舍停白雲里門夸駟馬堂上展
雙親親謂身許國勉旃社稷臣鯉對仕與學昔賢原
不分簿書鶩雜遝改授古適人十庠欽領袖臯座擁
青氈摳衣一晉接未暇敘寒暄通家稱孔李姻婭締

朱陳憶昔先中翰牛耳執文壇騈集諸名下一顧卜
高騫尊公六翮健館置雙桂軒燕鴻頻來往曾經五
六春維時我方齔問年少一旬稍長相摩厲肩隨比
弟昆風廊同促膝月榻共盤桓人事恒無端波濤忽
飛翻三書上宰相幾度辭于闔自矜湖海客途窮始
還轅舟車甚矣憊朔雪泊蠻煙垂老叨升斗零落龍
江邊墨子財黔突祖生將着鞭聚首方昨歲分襟在
此年執友兼寮友惜別情殷勤期君朝
天去騰驤達

紫垣衰朽仍逐隊待詔金馬門天祿重會面握手慶
彈冠薄俗榮簪組明哲貴隱淪山田有一頃終歲樂
耕耘松菊但栽徑朮酒屢盈樽著書須閉戶緘口且
莫言莊老堪怡悅管商曷足論方今唐虞世用章皆
俊民夷夔典禮樂朱虎贊臣鄰蕃蕪遍庶草葵藿茂
綿芊

長至前二日許省園萬爾揚鄭作楫李振侯過
集留飲

仲冬日色薄開軒納良儔霜風吹瑟瑟清言共悠悠

近將往京國未去先懷憂久識別離苦深知道阻修
舉觴相勸勉歲暮且淹留

止吟

昨日學止酒今日學止吟止酒止我口止吟止我心
口不可使過心不可使淫淫心與口過災害互相侵
所以達觀者常蓄無絃琴拋詩兼棄酒何有於華簪
千峰可直入遁迹在東林

建武舟中感春用韓吏部感春韻

舟行何迢迢四顧溪光白橋眼爾蒼龍水添三五尺

農人急菑畬，春事迫且劇。牧童不識知，牛背橫短篴。
緬懷同心人，憲憲森矛戟。咫尺如天涯，未能醉宴席。
落落晨星稀，恍若異代隔。仍當背面去，愁心復奚益。

南城鄧與研留飲法華亭，傍晚醉歸賦謝

十年不相見，相見眼倍青。揖我太平橋，坐我法華亭。
樹木何陰翳，當春正芽萌。叢竹穿鵶管，毬花展鶴翎。
斑斑紅間紫，疊疊不知名。主人眞解事，終朝步簷楹。
我來同欣賞，呼兒擷園英。新果木柈簇，舊醅流金瓊。
庖炊香粳飰，饌賽五侯鯖。讙呼辰達酉，潦倒醉還醒。

暮雨瀟瀟下前山杳杳暝長江飈陡轉短棹夕暫停曠懷忘身世論交比弟兄杯觥方狼籍禮數恣縱橫歸途屐齒折返臥客魂驚迢遙趨北闕倉卒别南城

舟中望匡廬山用陶元亮游斜川韻

偪仄坐扁舟行役無時休經過星渚郡未飽匡山遊雙劍峯獨峭三疊水長流遠睇林中鳥近狎沼上鷗緬企古高人倚杖而經邱候門有稚子妙得慧遠儔我今徒騁望自唱復自酬不審曠達士識此獨樂不

一杯當登陟三杯埋愁憂何須頻來往始謂遂所求

金壇炎午上人同舟半月臨別索詩衝口贈之

浮生寄宇宙微眇若鴻毛隨飈所飄蕩何分下與高
我來楊州道覽勝歷江皋胡天作之合買櫂逢賢豪
不鬚亦不髮似有托而逃風帆時共舉月榻喜並遭
把手詢因由未齔慕莪蒿家聲大方岳捹棄窮遊遨
脫冠靈隱寺天台恣翱翔泰岱恒霍間飛步不憚勞
萬緣同一吷須彌等秋毫無本及元惠放曠屬吾曹
伊予未佞佛痂癖嗜風騷師顧却與歎謂我徒囂囂

韓公居太學，妻兒尚啼號。屈子叩漁父，何妨餔其糟。曷不事面壁，功深樂陶陶。我謝耽升斗，未能解天弢。行矣分手去，世路盡狂濤。孔墨雖異途，無爲久慆慆。

方靈皐李穆亭鄧幼季三太史合饌招飲用韓吏部贈孟東野房蜀客原韻

羣公意氣厚，宿將文壇推。顧我雙蓬鬢，淪落走京師。芳筵一朝啓，情話百迴思。杯觥供醉醒，豆登解餓飢。功名儻來物，運數任差池。種築隨所遇，何須問伯夷。天命苟不欺，樂道復奚疑。

辛巳秋與公秉弟青署分別屈指二十有八載矣戊申冬各以保舉入都會合金臺旅館于鬚大半白公秉弟兩鬢亦班晤談之下如隔前生王事驅馳仍當舍去鴒原念切情見乎詞

曩昔事遨遊京師日來慣搒舟過潞河青邑河之畔
阿叔亢吾宗銅章已早綰入署便讙呼骨肉初覿面
我年二十餘汝乃新加冠鴈序相追隨郊原共游宴
夜博焚蘭膏朝書磨鐵硯胡然兩分飛小草成薄宦

一居麗水丞一稱漳外翰幸同閑散官職業容易辦
今夕際風雲簡書奉畿甸魚貫敘班聯凫趨
勤政殿
天語荷溫詢臣顔色如戰祖考咸光輝賔朋却欣羡
受恩慚太弘承乏恐畫墁齊魯原大邦汝才頗能幹
我赴粵之東古來屬貶竄人生本前定蒼蒼只一算
惟有勵慎脩罪戾庶可逭清白紹家風腸胃甘藜莧
岐路各揚鑣中立戒黨援五十恥無聞毋爲聖嗟嘆

晏起用白香山原韻呈掌詹陳謙季先生

日照蓬窻裏鳥鳴春樹時先生嘗晝臥起來一何遲漸老貪溫煖布被雅相宜恍遊華胥國此身不自知展轉時張目何慮復何思須臾安枕臥佚樂任四肢只愛九仙骨不愛一品衣無榮亦無辱誰是又誰非

客中月用白香山原韻

行役十三月月月月上弦乍明復乍暗時缺亦時圓或趂月中遊或赴月下宿月無心於人人與月相逐清影勝華鐙餘光遍紫陌姮娥如有情應憐獨眠客

思竹窻用白香山原韻

不憶周家蓮不憶陶家菊唯憶官廨中蕭森半畝竹
夢魂歸去來夜夜窓前宿

食笋用白香山原韻

一從來粤州毛竹遍厓谷春笋叢下抽山翁市上鬻
肩負百餘莖筐藏數十束好襍晩菘香要同蓴羮熟
入釜初倔彊登柈潤似玉可以佐清齋無勞鄙食肉
內熱不須愁清涼氣味足欲知君子心衞風歌菉竹

過端溪

炎方正月半過此春江潯篙師爲我說端石重璆琳

鳳咮既可貴鴿眼又足欽羊肝與龍尾辨別在知音
斑斑麻鵲點聲價重雞林哲士不愛惜棄置水中沉
吁嗟包孝肅高風杳難尋

鳳城喜晤張光遠用韓文公喜侯喜至原韻

憶昔寓鷺門昕夕兩廛念辟如澤中魚出水羣喁噞
又如機上絲不爲皂物染過失兩箴規病痛互針砭
君自入東寧勞苦無倦厭口唱量沙籌手提倚天劍
黄石肘後看青燈眼前閃叱咤任指麾惆惻起昏墊
衽席已盡登借箸竟效驗我時鐸霞漳徬徨跼旅店

苜宮淒以冷鹽虀缺焉欠墨突黔未幾皐比坐猶歉
闈棘兩三開春花六七豔予六載廣文三赴棘闈改秩赴京畿
足胝舌亦⿰禾詹幸叨
天子恩簡用南荒暫暫充閒散官日携丹鉛槧聚首
龍江邊珠光忽騰燄艮賔夙所欽地主今遂占八簋
之珍羞一簞頗充贍別後倘相思勿嫌我妄僭

得袁子楚書戲成一歌用昌黎韻效阮步兵體

一日復一日一朝復一朝所聞雖由舊所見今實超
昔賢不可作斯人誰同調獨有偃臥者平生稱久要

離索未云遠，寤寐心熬焦。何不騁四蹏，追風振華鑣。何不騰六翮，天池運扶搖。盼睞竟將穿，烏兎任丸跳。胡爲久食宿，陋巷樂簞瓢。得書不釋手，獲比新歌謠。

得袁巽來試牘寄贈

之子洵龍駒，妙齡富文藻。氣象何軒軒，詞源滾浩浩。鯉庭有餘閒，鱣堂日探討。初爲問奇來，繼以德業考。冥搜入風雲，餘勇穿曾縞。離索兩年深，夢寐三秋惱。朅來誦新篇，警句驚獨造。豪邁凌九州，高華裴百寶。筆峯鋭且銛，千軍可立掃。行當入天池，枋榆曷足道。

憶昔杜公曾有詩丈夫富貴應須早願學韓海與蘇
潮毋效寒郊并瘦島

四月三日喜袁子楚至署用韓吏部縣齋讀書
原韻

高軒來百粵沿溪松竹林瀨聲激幽耳山色繪詩心
迢遙二千里邂逅一披襟海物陳兼味村醪時共斟
月魄惟初朏春風渺莫尋鳳城稱水國偲爲烟癘侵
馬齒相上下雞肋愧難任勉旃希前哲價重雙南金

同袁子楚自五山揚帆越旦至三城通宵談吐

成十二句

此身如萍梗隨波所簸揚暮擊龍江檝朝次羊城旁中宵坐不寐開戸見星光闇浪摇冰簟溫風拂曲床毋爲悲行役丈夫歌慨慷人生適意耳何處非吾鄉

余抵鳳邑戎署爲舊官借居僦一室與胡侯思泉公祠宇比桷連楹夙夜瞻仰企慕勃興爰歌古風以誌岱山北斗之仰云

古稱三不朽在乎悳言功誰子能兼并勝朝有胡公起家名進士出宰粤之東順邑新肇造百務盡匆匆

先生曰惟我大事祀與戎學舍初經始茂草闢爲宮
城牖易以石雉堞凌蒼穹金石固不騫公帑常盈克
嚴威而惠愛東里國僑風我來鳳嶺百年後僦居適
値公廟右遺範依稀可儀刑妙法良規堪執守鵲栖
猶擬植二松鶴糧羞看俸五斗仰瞻榱桷有餘思薦
厥蕪詞傾魯酒堂前持筊丐英靈降鑒微誠小子某
勿謂閑官似贅疣存心於民亦長厚漢世循良始簿
丞崇高泰岱基培塿四時逐隊隨村翁一束生芻駿
奔走

送周約齋貳令歸里

聚首將經歲，爲歡有幾何。一朝揖我去，言返舊巖阿。淮水舒且緩，楚山逶而迤。入門撫松菊，親交樂婆娑。憶昔初登籍，強仕年方過。逮今念餘載，鬓髮已皤皤。先公宦績懋，之子同鳴珂。清風兩袖滿，遺愛五山多。逸翮冲霄漢，自今絕網羅。吾亦從此逝，仕路易蹉跎。

遣興十首用杜工部原韻

相知固爲貴，孰是能知心。從今視疇昔，一如後視今。鍾期既難遇，山水無清音。楩柟雖美質，斧斤日以尋。

何似不材木擁腫壽疎林

又

東鄰有二仲柰天各一方雲山千萬疊河水阻且長

昨日寄雙鯉遥陳永相望我心匪木石殘忍似豺狠

羞看雙飛燕朝朝兩匹行

又

少度燕山雪壯衝塞上風耳聾兼舌敝咎積復愆叢

朝花開不實老樹謝還空淹滯龍江北徘徊鳳城東

丈夫貴及時浮生一夢中

又

蟾宮有桂樹路遥不可攀傍徨走捷徑托足終南山
遭際登天府流落仍塵闠吏事苦拘束會當納祿還
忽覽青銅鏡非復向時顔

又

明珠誤暗投棄置同瓦礫春花辭樹飛縱横糝紅碧
玉關人已老愁心怨羌笛九月賦授衣柰何蒙絺綌

又

鬼血變燐火腐草化螢光陰風慘昏黑縱横列成行

悟得輪迴理何弱又何强美哉朝陽鳳托身在高岡

又

垂老攤黄卷冥然不省記得一且漏十那識書中意
東野屬妄談山經聊志異古人有是言今人無是事

又

中行不可得誰是獧與狂一自躭高爵不復返故鄉
鄰里日以邈親交日以亡中夜披衣坐四壁空凄凉

又

武侯雖澹泊成都八百桑馮唐非易老郎官歲月長

我生如蒲柳弱賤難自强何能當風立宦海浩茫茫

又

窮老慵著書閒坐消清夜酒籌經年拋詩朋邇日謝
沁脾唯霜橙潤肺藉漿蔗此外屏紛囂望雲獨悲咤

虞翻園仝葉西村賦

東南有佳士氣岸絶嶙峋少與孫策友不屑曹瞞親
注易示文舉休咎犂然陳柰何有酒失疏放輒批鱗
一自落南交飄零十餘春垂老學不勸螟蛉徒諄諄
我來千載下故園長荆榛曲池沙礫委高臺禾黍新

骨體不能媚寂寞瘴江濵青蠅為弔客誠哉達觀人

趙佗墓同韓橋村賦

雄哉趙武王百越山河擁巍巍黃屋尊飄飄左纛聳帝制儼自為關門亦固鞏陸生踰嶺來正朔凛焉奉老夫再拜言臣佗惴惴恐南交備屏藩列宿北辰拱曆數既有歸空存纍纍塚禾苗秀便房狐兎穴町畽漢陵久灰塵豈緊死王隴躑躅樵歌聲令人發悲悚

承王灼三藩憲今河東總制嘉命志局纂修賦此志愧

凌晨謁上官恭承迴光盼云開翰墨塲羣公共酣戰
願子一升堂豹斑稍稍見毋謂獨賢勞斯役盡狂狷
自惟孏散姿才疎拋鐵硯七載龍江邊一氊文學椽
秩滿覲
至尊鳧趨
勤政殿誤爲捶楚官長謝金閨彥匪繇畏人非亦不
怕鬼譴久矣抱孤貞卞玉泣羞衒
聖朝貴師儒貲郎在所賤少尚不如人今老復怠倦
納祿且有期何心甘泉薦大夫恩良深下吏非敢援

吾聞通志國史同不刊傳之大都藏名山方將貢入
朝元閣咫尺
天威不違顏子何人斯厠其間

長兒將歸溫陵詩以代訓

行行江海畔脉脉情意牽浮生無定局去住且隨緣
憶汝初入粤解纜秋風前三城頻戾止五山共盤桓
藥石爲我檢方書爲我攤晨昏長娩戀宿痾始霍然
隨侍年三月那能久不遷忽焉旋歸請路遥煩憂煎
陸行防飛蠱水程愼狂瀾戚友來問訊吏隱瘴江邊

殊之一善狀手不離韋編酒與陶元亮詩情白樂天
會當納祿返爲歡尋故園去去日以遠盼望河之干
臨岐何所戒至道在無言

老宜官冷靜

追溯十年前備官稱廣文了無公事擾探討唯典墳
朋來先命酒醉後望高旻溷跡丹霞郡優游六七春
秩滿上京國覲謁
聖明君親承
天語間記名大天官初佐鳳城縣蕭疏似散仙朝昏

常哦吟撫松以盤桓逮厠通志局筆研爲畊耘爵秩豎選舉纂輯無煩言代庖洪陽令圖書一半肩雖有專城寄不過三祉焉租賦輸孔亟比戸常歌絃熱月免夏楚寒天少拘攣旁觀嘆寂寞自覺心忻懽春來門更靜晝門鳥雀喧五聽已三載案牘未盈千比擬繁劇邑曾不及一旬生年過半百烏兎如跳丸冉冉老將至倦嬾理宜然詎惟甘冷澹中懷恥素餐行當自劾去神武桂吾冠結茅乳泉下含飴弄兒孫無榮亦無辱曦高任晏眠

病中聞上官至境慨然有懷用白香山衰病無趣原韻

日長苦不閒，夜短愁不睡。此身恒多病，咀嚼唯藥味。肥鮮懶下箸，酸辛亦拋棄。不向詩家吟，無心索酒醉。伸紙吮毫端，僅草數十字。忽聞呼號聲，傳宣督郵至。清曉達黃昏，折腰相隨侍。尚有無藝征，虛糜狼籍費。緬懷陶淵明，不以官爲事。

壬子早禾大熟歌

晉邑誠褊小，田疇殊不稀。厥土多黃壤，半磽亦半肥。

維茲壬子歲春夏雨霏霏積水盈溝澮原隰盡耨機
螟螣飛出境農正報祥禨我行畎畝間黃雲匝四圍
霜鐮紛刈穫士婦相媚依提携小兒女負戴穗秸歸
連年歌大有尹職生光輝匪敢貪天功
聖德瞻巍巍軫念稼穡艱豳風繪宮闈用一復緩二
三時咸不違倉箱高在望鼓腹樂無饑順則忘帝力
堯民其庶幾

得樞曹李甥有侯代書詩四首次韻寄答

吾祖聲名重備官肅寧令茹蘗而飲冰孫曹祗遺命

韲鹽長年資書史短槳映何期老孤郊五十始從政
乃卸襤褸衣遂披朝服靚自宰洪陽（普邑別名）來溪山忞
游泳疇云潁川黃原是廣文鄭簿書錢穀閒寬猛持
權柄毋寧萬民康逭恤一已病廉且酌貪泉明猶懃
水鏡謹凛三字符圖報
九重聖

其二

雞歲鳳城丞飄蕭似散僊徬松復尋菊丹鑪煉汞鉛
二豎輒相侵長生術空傳龍鍾甚矣懲情向憲府宣

垂慵宜罷斥方伯不謂然館置講堂間庚戌秋蒙王藩憲館置粵秀講堂纂輯粵省通志纂輯揮鑾牋盧糜三月稟書成達九天衆誚非艮史么麽附鴻篇中有魚頭公通志總裁浙江曾秋塍太史抽思追許燕

其三

惘予初生辰命宮斗木躔動輒得謗訕蹭蹬繫乎天空存三寸舌幸博一領氊朝來嘗操縵暮將木鐸宣懷書十餘上未着祖生鞭學海誠難測末由窮其源遭逢忝縣尹倅尉綴班聯轉授倉淮令僻處在山巔

自分判胥壞，誰憐屬婭媚。鷦鷯嗟卑陋，鳳池仰高賢。謂尊公太史丈。寄聲諸同志，勿爲勢利遷。

其四

曩昔遊匡山，令仲共萍聚。戊申夏與同侯、皐侯遊白鹿洞。別後宦蠻州，落落晨星數。維時君南歸，未遑東道主。一聞射澤宮，名聲振鐘鼓。纔展垂天翼，行施御史雨。頭角現玉池，明珠還合浦。名隨尚書後，身與郎官伍。高門盡瓊枝，競爽萬目覩。粵燕程八千，片紙煩雙羽。葭月魚書來，隔歲始獲剖。去冬來詩至五月方到。目極金臺雲，心懸渭陽

樹功名等鹿蕉浮生隨蝶栩回憶子生初我年方念五

四慟吟 并序

余曩吟八愁又吟四懷皆傷吾友人而作也今復歌四慟者非有厚薄于其間以四先生德業方隆春秋俱出吾下一載未周相繼淪亡而存者僅僅矣余尚未及杖鄉寧爲歲寒松栢也星霜日改衆卉凋零感今思曩不勝長慟因吟之如左

蔡少宗伯梁邨

蔡公金閶彦矯然海鶴姿風度如曲江文章壓左思少簪彤墀筆晚職敎胄司秩宗典三禮寅淸古伯夷倏爾騎箕去藝苑曷勝悲吾友不可作典型更有誰

李江右學使邠公

李公吾妹丈岳岳天人姿文壇曾角逐酒席共娛嬉逮稱太史公我徒俗吏爲泛舟入彭蠡鹿洞相追隨於焉成長別臨風涕交頤評隲賤文藝寧僅一字師

吳惠郡守圭山

吳公親兼友形骸兩忘之素負蒼生望霖雨擇地施
初典吳興郡民懷何武思繼刺惠陽史棠陰匝四維
胡年未及艾摧折緣玉枝命也無如何邦國淚漣洏

藍廣郡守鹿洲

藍公儒家子屢屢厄數奇明庭一對策臨軒嘆淋漓
特畀洪陽宰未竟厥設施晋秩大郡伯竹馬迎郊圻
纔綰獮月綬大星貫珠湄著有滿家書斯文實在玆

過同冠峽追和昌黎公遊同冠峽原韻

一自攖塵網尋幽趣寡少落拓輮下駒偪仄籠中鳥

同冠瘴烟多無由別昏曉韓公稱窮處斯語誠非矯山水雖云佳柰此愁腸繞舟行已經旬勞勞猶未了

縣齋讀書追和韓文公原韻

素志輕軒冕何甘別園林兩宰山水縣（謂陽山普寧）頗愜遂初心湟川較普靜俗塵遠裾襟吏事日以寡壺觴時獨斟韓公雖不作遺編可追尋既乏區劉輩（謂區弘區冊劉師服）仍憂瘴癘侵年衰心力薄探討愧難任幸獲維揚友贈貺重南金（時韓寄菴以佳集十冊惠敎）

過三峽頭仝韓寄菴賦

湟水自東流三峽勢一束一峽一回深萬派爭渟蓄淜湃若雷轟捷急如轉轂雨餘漲溢張篙工驚險惡我家海之濱習慣履平陸布帆瞥爾過殊快我心目奇峯相對峙戈矛森焉簇英陽水中分疆界石上琢草樹茂參天風吹雲外綠巖端噴新泉百道飛寒玉唯有老農閒忘機絕寵辱睇望茅檐邊枝頭桃漸熟

舟中雨

程江水悠悠程路阻且脩風聲落沙際雲色暗艙頭蕭竦寒夜雨相送過粤州

溪中早春用白香山溪中早春原韻

北方凍未消漫山高積白南土春初來沿溪漲流碧粵州瘴癘鄉草木盡甲拆天氣漸溫和敝裘自拋擲入水如坐湯浴罷盤白石候鳥時一鳴催畊聲嘖嘖携手花間遊從朝賞向夕囊中有餘錢盎中有餘麥

不自棄亭文集卷二目録

閩晉江黄道泰子寅著

近體詩五言律
立春仝施鳳山賦
人日同姚左玉鄧與研賦
上巳同俞聖臣郊行
建武長夏禖與三首
壽昌寺
劍津曉發

王臺舟次

遊光澤龍安寺

過杉關

南城言歸姚左玉次也讓也昜也嚴楚白黃公桓鄧方水與研汪若干張偉人王鳴上十一友話別舟中水程百里得詩二律聊敘別情兼致謝悃

順昌舟中雨

同顔亦凡潘唐叟施伯振伯美王憲卿濬卿遊

凝園
同吳道存潘唐叟顏亦凡施伯振伯美遊陶然亭二首
重遊陶然亭呈林象湖中允
移居次周文濤韻
小盈嶺同許太守省園
漁郵同洪淳思賦
戎軒爲施怡園提帥賦
蒲萄同李邠公立侯世賁蔣子遵陳季芳賦

文石同蔡敬卿詒青家椒其賦

噉蔗同阮輪公賦

遣興

閱紫陽朱夫子譜牒瞻仰一十四代畫像兼誦
諸儒先贊語景慕之下敬賦一律

苧溪橋

佘爾薦家御蟾來署留酌

閉戶

社日

康陟齋寅丈招集興安官舍賦贈
補籬
夏日閒居用張文昌司業韻
西園訪鄭剡夫孫棻濵
流螢
茂林菴晚眺
太平道中
訪鄭淡之
周蓮又郭威子陳豹侯招遊白鷺洲次壁間韻

陶月山貳守惠雲洞詩

斗帳

霞城步月

夏雲多奇峰同魏筠邨明府

曉行

樓居

攝授篆

七日和袁子楚韻

登陽和閣

雨中見月
御蟾弟餽鹽
埔尾舟中
野望
閒夜
春望
趨時老更踈
秋蟬
建昌景雲寺

雨後登霞城

陪趙潤園鎮臺登龍文山

休鑷鬢毛斑

夾竹桃

蛛網

蓮房

番鴨

仲廟

小鏡

多病逢迎少
從來閑坐慣
初伏日大雨
鴿
鷺
鯉
鳳
龜
鹿

鼠

蓬

種菜

砍桃樹

謝聞伯周祈聲陳孫偉富準侯家御重子敬同
顧儆署一杯留敘殊有他鄉故知之樂

七夕爲雙星佳會載在傳奇普天下皆陳設瓜
果獨漳俗稱大魁誕辰大魁既無形象何誕
降之有辰抑將邀福于文章司命而以此乞

其巧乎作詩正之

葱韭二韮世號俗物豈知葱能調劑百味稱和

事君韭用春祭兼可留賓物雖微賤功用甚

弘賀宮褊小暫割尺土以居之作葱韭二詩

擬好事者和

竹籬被水衝壞艱于補葺詩以自嘅

賦得今歲今宵盡

王正五日司農許邇可招同主政鄭用三大尹

鄭剡夫宴集

迎春日病假東鄭芳洲
過九龍戲江處
莊元仲秋水堂落成次韻奉答
秩滿將歸述懷四首
兀坐
黃家溪曉行
大孤山仝九江郡守施鳳山賦
建州至日
和杜吟

杜在詩中稱聖人唐宋來師之者義山放翁亦僅得其藩籬焉學且不可奚敢言和雖然杜公豈禁人以學步也哉夫以公之才學不登上第僅屈下僚騁四方其靡已博一飽而長終公且如此況才學萬不及公者其爲潦倒落穆可知也爰掇其題兼知原韻所以遥致悲哀亦以見願學有志雖蒙續貂畫虎之譏亦所不恤焉爾時戊申六月上浣

後遊

落日

晚晴

月夜憶舍弟

示兩兒

樓上

月夜

獨酌

不歸

旅夜書懷

病馬
歷歷
可惜
聞雷和白香山原韻
元宵泊舟五羊城下同子登兒子敬弟飲張繼之外甥宅
海幢寺同子敬弟賦
將之順德口占二律柬陳季丹盛晴谷總師鄴徐體元四先生

鳥聲

作吏八首

喜長兒至署

夜長喜畜鳴雞爲節

蛋戸

舟中示長兒

夜泊黄圃

老年常道路

陳村步月有懷

歐子水子占過集心寫堂小酌
南海勞孝輿同寓西局惠詩三章依韻奉和
秋日過簾泉洞觀瀑同葉西村廣文
舟中遇雨懷張如心鮑師鄴二年丈
南口驛望晴
夏日柬方爾揚孝廉
送何原幹還錢塘
東莞舟行
臘月念八日獒潭曉行

次韻夜飲論文
菜花
陪龍府公程分司藺別駕龔明府杜廣文謁韓
夫子祠二首
子修弟以詩見訊依韻裁答
寂寞
長樂舟中
舟過龍川盛晴谷年丈留酌
觀音閣夜泛

泊浛洸口懷米南宮先生

淸蓮水口舟行

由嶺背塘入淘江

牛仔營道中

過石峽宿李秋芳齋頭

遊北山寺

勸酒篇并序

余初任洪陽繼調湟川屈指四春皆屬僻壤其間錢穀刑名不過十之二三他務隨到隨理

案無留牘晷有餘閒閒必索飲飲不期醉取
微醺而意況自佳故亦以勸酒命篇雖風塵
俗吏難與醉吟先生後先抗衡然自鳴自止
不拘宮商古人諒不我禁世俗訾譏所弗恤
已

雨後清蓮舟中

江背塘午後舟行

通儒水口遇雨

富信和自溫陵詒依韻奉答

不自棄亭文集目錄

近體詩 五言排律

花際霞峯色同蔡梁村陳謙季李逸齋世賁陳季芳賦

紅藥當階翻同鄭魚門林象湖李世邠立侯蔣子遵陳季芳賦

安溪相國丐歸得 允趨熱河辭 陛蒙 賜遊內苑 許以藍輿山行仍 命內直詞林陪伴午 賜瓜果繼以珍饌恭紀謝 恩詩

二十八韻歸示及門諸子各步原韻以誌錦
旋
宿泛虛舟呈施怡園提帥
寄長兒
上耿南濱府公
上高天木道憲
龍學雙松篇
讀長慶集題後用先生讀少陵集原韵
秋日燕邸咏懷用杜子美秋日夔府詠懷百韻

送袁子楚還閩
上王灼三藩伯今陞河東總制二十韻
上傅舒菴大中丞二十四韻
贈惠州守吳子敬姻伯
上潮陽龍府公
正月二十九日喜晴
贈韓虛壑大尹八十壽
上李晴崖尚書八十壽
贈戶曹王恕菴洎夫人蔣太君五十雙壽

不自棄亭文集卷二

閩晉江黃道泰子寅著

近體詩五言律

立春同施鳳山賦

湖海煙霜飽，乾坤節序新。風飄何處鴈，雨醉未歸人。
夢裏關山路，閒中草木春。天涯同快友，濡墨咏佳辰。

人日同姚左玉鄧與研賦

蓂開當七葉，栖泊百年身。寒谷猶藏臘，疎枝未放春。
人情山遜險，客路鶴同貧。遥憶閨中稚，喁喁鬬彩頻。

上巳同俞聖臣郊行

客裏逢脩禊郊行思惘然梨花濃作雪芳艸澹生煙桑柘村邊樹蘼蕪江上田夕陽開霽色斜挂柳梢前

建武長夏雜興

休嫌夜漏短臥穩日三竿花竹參差發雲峰次第攢酒因炎夏減書借故人看最喜無拘束科頭坐澗槃

又

野草滋深巷藤蘿覆短牆遠山時羃歷孤鶴自迴翔碧月書千卷淸風酒一觴曲身欹枕臥卽此是羲皇

又

躭青成性癖古玩恣摩挱往往醒還醉時時哭復歌避人辭白社投老愛蒼波欲覓埋憂處其如塊壘多

壽昌寺

迢遥臨古渡乘興入招提歷歷松千尺青青菜一畦梵聲流澗北帆影落橋西頓覺塵心淨空聞野鳥啼

劍津曉發

兩水分流處揚帆路惘然一竿衝曉霧萬竈靄晨煙溪鳥雙雙下舟人戢戢前雷張成底事匣裏吼龍泉

王臺舟次

瀨淺溪偏曲，峰高勢欲傾。人從天際出，舟在石中行。
霜葉丹青畫，風檣[illegible]筑聲。臨流歌一曲，顧景獨含情。

遊光澤龍安寺

龍安多勝槩，樓榭俯前汀。流水沿溪碧，高峰入座青。
怪松千歲古，佛火一燈㝠。最愛諸天近，更闌好摘星。

過杉關

閩西分界處，兩水夾爭流。霜重山蹊滑，雲深草樹幽。
峰巔環百雉，沙際集雙鷗。誰識關門吏，當年是故侯。

南城言歸姚左玉次也讓也昜也嚴楚白黃公
桓鄧方水與研汪若千張偉人王鳴上十一
友話別舟中水程百里得詩二律聊敘別情
兼致謝悃

雙江今日別主客各依依荏苒三年久從容百里歸
山花紅半吐岸柳白初飛擊楫分流去同聲咏落暉

又

諸子遠相送離羣憶舊遊艇移雲外樹人悵驛邊樓
有信憑青鳥無心付白鷗那堪回首望關路正悠悠

順昌舟中雨

雨打孤篷響灘聲應不休四山皆潑墨一水盡浮漚
雲補松間屋風摇竹外樓渡頭行客少飛鳥自啾啾

同顔亦凡潘唐叟施伯振伯美王憲卿溶卿遊
凝園

名園淸景好朱夏綠陰多白雪千杯酒紅燈一曲歌
晩風敲翠籜微雨散冰荷此樂家鄉少遲回白玉珂

同吳道存潘唐叟顔亦凡施伯振伯美遊陶然
亭二首

羣公多雅興，余亦解風流詩吐千峰月襟涵萬壑秋
臺高仙禁近地僻海雲收遙憶家園景青橙垂滿樓

又

選勝傍幽岑蘆花拂碧潯屐隨猿鶴步人共鷺鷗心
旛影禪堂靜碁聲竹院深明朝風日好相訂復登臨

重遊陶然亭呈林象湖中允

屢向滄洲地逍遙適此生落深雙屐合雨過一蟬鳴
霞亂秋山影風喧老樹聲莫嫌心事淡醽醁最關情

移居次周文濤韻

颸風兼積雨舊客徙新居樹暗千山隱天低半榻虛青燈銷歲月白髮誤詩書獨鶴翩然舞飄蕭愧不如

小盈嶺同許太守省園

南同分界處嶺路辨東西地僻村墟迥山深艸木齊一春蝴蝶夢十里鷓鴣啼翹首江城近歸心趁馬蹄

漁邨同洪淳思賦

地與魚鰕侶人同鷗鷺遊雨晴頻曬網月出暫移舟萬頃煙波夢千竿蘆荻秋呼朋且沽酒造化總浮漚

戎軒爲施怡園提帥賦

[illegible][illegible]名花繞亭高怪石依絃歌消永夜蘿薜澹斜暉潮落旌旗卷天空星宿稀詩書有餘暇仍不廢戎機

蒲萄同李邠公立侯世蕡蔣子遵陳秀芳賦

葉密張成幙牽風翠蔓長高懸驚欲斷下墮喜先嘗宛噤金盤露如傾玉盌漿纍纍垂馬乳入酒得奇方

文石同蔡敬卿詒青家椒其賦

斐亹他山石生來儘有文光騰青玉案色暎碧霄雲水面煙霞起盆中錦繡紛誰家携滿袖磊落傲同羣

噉蔗同阮輪公賦

勁節猶如竹甘心耐雪霜於牙常佶屈適口自清凉
宛爾懸崖蜜何輸承露漿眞同入佳境漸漸欲相忘

遣興

尋芳來此地携杖幾經邱花識春風面人歸古渡頭
宦情依白社逸興寄滄洲鷗友居天末雙魚懶未修

閱紫陽朱夫子譜牒瞻仰一十四代畫像兼誦
諸儒先贊語景慕之下敬賦一律

鼻祖稱茶院閩甌始卜鄰韋齋開八葉徽國重千春
道統延羲馬儒宗接孔麟皇皇十四代圖書妙傳神

苧溪橋

霡霂溪邊路迢遞一逕斜雲橫山兩段橋斷水三叉叢竹全抽笋枯梅半著花匆匆歲云暮薄宦倍思家

佘爾薦家御蟾來署留酌

出山爲小草祿薄自然清萍水稱師友鴒原敘弟兄論交千載重謀道一身輕寒署無兼味唯將竹葉傾

閑戶

閉戶燒烟篆清齋養太和位卑官債少歲晚俗情多覽鏡悲黃髮臨池愛白鷺但將書數卷永日共婆娑

社日

農人知報本春社滿郊村撾鼓兒童鬧傳杯父老尊楓林喧鳥雀茅屋賽雞豚却愛治聾酒讙呼倒瓦盆

康陟齋寅丈招集與安官舍賦贈

稚子欣來見孫曹亦象賢宦情雙轆軸世路一鞦韆白髮消杯酒丹心折簡編相期衛吾道青雀或銜鱣

補籬

編籬護茅屋補綴易爲功斜整宜邀月蕭疎不碍風荳花綻簾幕笋籜架房櫳咫尺龍岡近遐思諸葛公

夏日閒居用張文昌司業韻

屈指夏將半高槐影許長早蟬鳴舊韻暮雨發新凉酒罄瓶欹榻枰收子覆牀幸無案牘擾堪厠散仙行

西園訪鄭剡夫孫棻濵

清曉頻來訪西園樹葉陰論文輕僞體話舊重眞心檻外千峰秀亭中一鳥吟相看將白首世路任升沉

流螢

螢光來草際入我薜蘿扉望望欲投宿悠悠尚未歸穿牕黏客坐件月惹人衣一點靈犀在何愁知者希

茂林菴晩眺同譚復齋明府

茂林風景美古木十餘株山勢皆趨海潮聲半入湖一帘青迴出四野綠平鋪薄暮支頤坐心同與不孤

太平道中

行行太平路霽色遍桑麻雲繫山腰帶濤飛水面花林禽聲變換驛旆影横斜隨處尋芳逕芒鞋濕露華

訪鄭淡之

邂逅空山際相邀坐翠微有書堪適興無酒亦忘機竹影侵棋局松花點客衣夕陽催返駕仍舊掩荆扉

周蓮又郭威子陳豹侯招遊白鷺洲次壁間韻

素嗜林泉癖，逢山便好遊。紅萍依碧沼，翠竹上青樓。野濶千峰迴，橋横兩水流。停橈沙際泊，白鷺過前洲。

陶月山貳守惠遊雲洞詩

舉舉稱賢守，飄飄似散仙。詩成尋鶴夢，酒熟枕琴眠。徐暢爲丞日，香山謫宦年。珠璣揮洒處，洞壑有餘妍。

斗帳

小帳張虛室，形如覆斗箕。卷舒皆任意，寒暑各因時。碧月窺三面，清風帀四維。悠然堪偃卧，覆幬果無私。

霞城步月

近城不數武，隨意足閒行。月自山巔出，風從樹杪生。
一溪春漲白，萬籟夜深清。莫問家何在，離家倍有情。

夏雲多奇峰同魏筠邨明府

炎氣烝川澤，緐雲匝幾重。氤氳初出岫，靉靆已成峰。
不雨山蒼蒨，隨風色澹濃。匡廬遥在望，何處得相從。

曉行

曉起郊垧外，霜珠草際浮。晨星猶挂眼，寒月正當頭。
樹密雲常斷，橋傾水不流。肩輿亦煩苦，役役幾時休。

樓居

凭樓殘夜望星宿五更稀月自疎櫺入風從老樹歸喧池蛙閣閣射草螢輝輝欲鑄平生錯因知事事非

攝授篆

爲師誠足患兩篆我奚堪求益原非弃一叢慾自有三事驚忙裏錯道要靜中參願篤嚶鳴誼朋來賦盍簪

七日和袁子楚韻

人日今朝是梅花放未齊但將卯酒熟不怕午風凄閱世驚蕉鹿謀身養木雞勿嫌屐齒折踏破雪如泥

登陽和閣

縹緲陽和閣，登臨此日初。山形翻鳳鵠，水影蔭龜魚。（閣左右有龜魚二山）岸艸迎風輭，林花帶露舒。莫愁歸計晚，千里是園廬。

雨中見月

不見姮娥久，誰憐折桂人。花陰猶帶濕，月色尚蒙塵。拚冉雲爲幕，光芒電比鄰。湘簾看髣髴，桂魄一回新。

御蟾弟餽鹽

虀鹽分內事，贈貺見多情。几上堆雲母，盤中貯水晶

作鹹思賁海入饌憶和羹冷署應珍重蕭條是老兄

埔尾舟中

艙窄纔容膝篷低苦礙頭芙蓉開兩岸蘆荻亂三秋遠近峰巒迴潺湲磵壑流小橋二十四箇箇傍芳洲

野望

憑高四野望草色爲誰青海角蒼茫樹山腰長短亭鐘聲出古寺鳥語入寒汀列岫雲歸去遥看展翠屏

閑夜

最好夜無事閒來臥海濱咏將書作友步引月隨身

夢去關河邈潮回島嶼春故交千里外誰念遠遊人

春望

飄蕭流浪客役役軟塵中暮雨連朝雨山風趂海風

三洲芳艸綠一逕桃花紅躡屐誰家子尋春逸興同

趨時老更疎

君卒久不見何處問榮枯老至添疎懶心空泯智愚

旅情常厭客天意却憐吾面目何曾改蕭條一腐儒

秋蟬

性質懷高潔凊聲噪夕暉露餘聊自吸風急未能飛

異物愁多忤，相知厭不希。金貂雖並飾，但耻素心違。

建昌景雲寺

禪宇藏溪曲，花源引徑幽。姑山朝入座，盱水夜明樓。世事隨青眼，功名負黑頭。晚菘堪作饌，莫嘆此淹留。

雨後登霞城

緩步到城巔，南山積翠連。春潮方趂雨，野菜尙含烟。蛙吹清池後，鴉翻落照前。陰晴猶未定，搔首一茫然。

陪趙潤園鎮臺登龍文山

虎帳多休暇，旌旄偶一臨。暖風翻麥浪，遲日度秧針。

海濶涵天地山空峙古今忘形藉艸坐快意豁塵襟

休鑷鬢毛斑

鬢毛白太早生計一何踈自少嘗多病臨衰愛著書髮垂偏似杜狀美不如徐况復爲人祖奚勞更鑷除

夾竹桃

桃竹聊爲伴芳名得並存花曾開露井葉似出淇園著雨互爭豔含風兩不言此君堪寄托搖落任寒暄

蛛網

風前曾結網雨後更添絲組織踈還密安排正復欹

螽飛應不過花落莫嫌遲最愛荒涼地空廊古廟祠

蓮房同阮輪公蔡白峰家天峙椒其賦

花褪房仍在蜂窩別樣新一莖如意柄數子同心人瑤軫金盤盛明璫玉露勻秋風碧筒冷菱芡夜相親

番鴨

亦自類鷺鳧呼名總不殊頭顱如帶痣顏面復施朱逐鶩難浮水緣雞易得雛（性不入水卵用牝雞菢之）遠方來異種何以効微軀

仲廟

昌時隆聖哲軒檻儼皇居俎豆充廊廡溪山暎里閭
行軍聊好勇浮海豈逃虛入室瞻遺像高風行行如

小鏡

圓小青銅鏡摩挲幾素秋曾充枕中秘未破客邊愁
面目猶如故鬚髯漸見羞換盃吾不忍一覽意綢繆

多病逢迎少

此生畏拘束多病以成之懶拙從吾好逢迎非所宜
家貧客來寡身老步行遲寄語山中友相邀采紫芝

從來閑坐慣

平生性懶拙，閉戶當華軒。身老望雲杳，年衰負日暄。有形皆是幻，無佛自稱尊。坐得蒲團破，相忘在不言。

初伏日大雨

初伏淋漓雨，炎威一半消。臨流濯碧簡，扶病劚神蒿。最愛雲牙淨，無愁石髮焦。相如寬肺恙，泉眼不容挑。

鴿

毛羽鳩相似，陰晴懶莫呼。乘雄因喜合，伏卵不辭劬。雲際揚鈴去，風前逐隊俱。明皇曾愛汝，賜號爲飛奴。

鼈

精明備兩目離卦說義經敘靜稱神守甘辛可解腥
巧工分內骨爾雅載圓形河伯爲從事思生屬渺冥

鯉

素與鰭鯊伍茲魚似有神乘雲騰杏苑鼓浪躍桃津
種類分三色庖廚列八珍爲符聊取象唐制禁垂綸

鳳

靈異稱神鳥虞周常一鳴在天列朱雀出世應文明
歆必醴泉水雛由丹穴生五音兼五采炳蔚火之精

龜

禍福必先知臧孫常寶之貨堪入泉府德足配靈蓍

頤卦列初九山名隸泗沂甲蟲此爲長千載守其雌

鹿

仙獸原多歲何勞食野苹森森羣逞角麌麌衆隨行

數五著爲姓形方命此名秦人一朝失馳逐動戈兵

鼠

何物蟲而獸狐疑持兩端懷憂多恐懼善竊恣貪殘

憑社殊堪惡開倉自可歎坡公留夜飯毋迺長陰奸

蓬

徙倚無常性，因風輒欠伸。飄揚如柳絮，旋轉象車輪。
天上星辰現，瑤池鬢髮新。浮生曾似此，隨處寄閒身。

種菜

淡薄從吾好，辛勤治圃塲。芽抽資雨澤，葉密耐風霜。
老去花爭艷，鋤來根有香。莫嫌供給少，飽食不須忙。

砍桃樹

桃樹何暴發，摧殘固所宜。地原非露井，種豈出瑤池。
春到頻侵壤，風搖輒破籬。要除爲物害，不惜斧斤施。

謝聞伯周祈聲陳孫偉富準侯家御重子敬周

顧敝署一杯留敘殊有他鄉故知之樂

共泛王猷櫂來登揚子亭三年鬢頓白一席眼能青
慚自抱疎嬾推君作典刑銜杯當潦倒莫惜醉沉冥

七夕爲雙星佳會載在傳奇普天下皆陳設瓜果獨漳俗稱大魁誕辰大魁既無形象何誕降之有辰抑將邀福于文章司命而以此乞其巧乎作詩正之

形象應妄幻胡爲說誕辰强將奎壁宿移作女牛身
天上別離假人間乞巧真銀河倘開鑿或可接桃津

葱韭二葷世號俗物豈知葱能調劑百味稱和
事君韭用春祭兼可留賓物雖微賤功用甚
弘苜宮褊小暫割尺土以居之作葱韭二詩
擬好事者和

培壅苜宮裏甘辛備五葷中空如碧藕莖直類香芹
適達性無比調和味可羣遙瞻西域嶺處處起青雲

又

一種無餘事端宜疎懶人芽黃纔茁土葉綠競抽春
不向日中翦遲留雨夜賓晚菘同入饌甘美匹秋蓴

竹籬被水衝壞艱于補葺詩以自嘅

連朝苦霪雨一旦壞衡茅莽沆魚沉信飄摇鳥覆巢編籬尋棘刺架屋倩松梢趙壹囊羞澁空歌苦葉匏

賦得今歲今宵盡

逝水年光度羇孤旅客情少時驩守歲老大怕開正臘盡雞三唱陽回鼓四更紅顔猶似乍白髮暗中生

王正五日司農許邇可招同主政鄭用三大尹鄭剡夫宴集

春至猶十日梅花放已闌簾前寒乍斂坐上酒爲歡

爵里差相亞，鬢眉總一般。宦途深似海，各自說波瀾。

迎春日病假柬鄭芳洲

北闕青旂展，東郊綵仗新。抱痾難逐隊，臨老不禁春。飄泊蓬蒿客，優游苜蓿臣。所羞在牛後，懶去伴芒神。

過九龍戲江處

昔時龍戲處，今日水猶靈。（凡祈雨必禱是處）灘險聲嗚咽，潭深影杳冥。晚風催短棹，夕照沒長汀。誰似倦飛鳥，空林且少停。

莊元仲秋水堂落成次韻奉答

山堂財結構秋水想伊人詞賦張平子蕭疎戴逸民書淫成痼癖酒醉恐勞神不願登清要空拋折角巾

又

選得藏書室開簾四面通溪山圖畫裏煙靄有無中作宦唯求拙敲詩不厭工晨興常漱水叩齒學仙風

又

揮毫會命我作扁桂山房洗竹安茶竈移花傍酒牀蛙聲喧薄暮蜨影趁秋光衣帶盈盈水無煩嘆一方

又

嘗撰居山記棲遲更闢疆偶傾竹葉飲時著芰荷裳
輪滿鄉心動苔深屐齒長好官非不要素志慕柴桑

秩滿將歸述懷

五載猶夢寐思之在目前尚存雙白眼祇賸一青氈
病肺應除酒低頭莫問天去留無著相隨處可安禪

又

今日官爲滿來朝是贅人有書堪作活無俸莫言貧
道坦往無咎交疎德可鄰寄聲同學者步履準先民

又

恐妨賢者路莫近聖人居酒債償難了詩魔著未除行當偕計吏隨便詣公車待詔東方朔身長九尺餘

又

勝負何常定棊枰半局徂鶴猿招我去牛馬任相呼子美眞嗜懶宗元獨愛愚遂初從此賦歸夢繞菰蒲

兀坐

兀坐篷窗裏朝昏景不齊千峰縈旅夢一雨破春犁灘過溪還靜山深路轉迷數聲樵唱後往往日沉西

黃家溪曉行

貫櫂將經月猶然家裏行杜鵑花吐艷布穀鳥和聲石向雲邊插灘從枕上平曉風忽相送不覺日兼程

大孤山同九江郡守施鳳山賦

中流展翠屏太守櫂專城白日鮫人嘯清宵猿狖鳴雲飛山不礙水落草憑生寄語操舟者風濤慎所行

建州至日

作客逢冬至爲官過故鄉不知身是夢但覺日初長陽復葭灰動冰堅臘酒香慢亭山水好獨惜未親嘗

和杜吟

杜在詩中稱聖人唐宋來師之者義山放翁亦僅得其藩籬焉學且不可奚敢言和雖然杜公豈禁人以學步也哉夫以公之才學不登上第僅屈下僚騁四方其靡已博一飽而長終公且如此况才學萬不及公者其爲潦倒落穆可知也爰掇其題兼和原韻所以遥致悲哀亦以見願學有志雖蒙續貂畫虎之誚亦所不恤焉爾時戊申六月上浣

後遊

京華三五至獨憶少年時人事殊難料天心總不私
微官清落託踈鬢白衰遲未著潛夫論飄飄任所之

落日

欲問靜中趣無如落月幽峰巔漲瞑色水面盪歸舟
躑躅牛羊返褊翻蝙蝠遊明朝好風景隨處可銷憂

晚晴

草閣江心起輕雲水面霑風來移小艇日出挂踈簾
鳥語池邊碎蟬聲樹外尖無勞鐘鼓報吏隱學陶潛

月夜憶舍弟

寂寞羈孤客凄涼鴻雁聲仰看邊徼月何異故鄉明
團扇幾時歇秋風一夜生愁城攻不破端藉酒爲兵

示兩兒

老邁吾無用經營汝有心弟兄五倫重事業百年深
黽勉易爲力疎粗自不禁承家唯孝友簡冊日沉吟

樓上

搔頭髮就種往往不勝簪策馬來江北登樓望越南
牕櫺雕斐亹樑棟架楩柟背後千山繞當前百丈潭

月夜

遥憶閨中婦含愁不忍看強將前日意來問遠人安
矯首銀河濶傷心玉兎寒濁醪聊撥悶祇是怨杯乾

獨酌

顧景成獨酌杯深莫怨遲僮唯烹苦茗客只送哀梨
短笛無人龢長歌祇自怡鄰翁肯相過莫待醉眠時

不歸

壯歲遊齊趙今朝在帝城春來花自發老去恨難平
日月肩頭過江湖眼底明欲尋王粲宅作賦度殘生

旅夜書懷

鹿鹿羈栖客，飄飄一葉舟。鬢毛霜頓改，時序水長流。
燭短情應減，杯乾興自休。夜深聊假寐，明發逐浮鷗。

病馬

南北追隨久，驅馳歲月深。蓋帷吾有志，銜橛爾無心。
所向路多險，何當勞至今。死生本前定，俛首一沉吟。

歷歷

歷歷當年事，回思在眼前。紅顏塵裏變，白髮鏡中遷。
詩酒漸名下，平生老客邊。且行亦且止，何必問蒼天。

可惜

可惜春難挽看花步屐遲殷繁二月候零落五更時行李但看劍窮愁莫論詩君平在何處爲我卜歸期

聞雷和白香山原韻

嵐霧炎陬重溫暾節候催寒深亦無雪春至卽聞雷蚚草芽全茁山桃花半開尋春有佳興心緒未成灰

元宵泊舟五羊城下同子登兄子敬弟飲張繼之外甥宅

羊城初解纜雁序且傳杯火樹依山盡銀花徹夜開歌聲沉院落月色滿樓臺宅相多情甚何妨酩酊回

海幢寺同子敬弟賦

紺宇依江渚，雕甍照日紅。松篁開法界，花石護簾櫳。幢影青霄外，珠光碧海中。跏趺聊習靜，何必覓崆峒。

將之順德口占二律柬陳季丹盛晴谷鮑師鄴

徐體元四先生

閒曹非易得，寵命實難勝。莫道我爲政，須知余負丞。簿書泠然善，文酒勃焉興。品秩卑卑耳，先生自此升。

其二

性懶無聊賴，官卑喜不勝。叨榮已逾分，寡過莫如丞。

位下餐仍素曦高寢未興悠然忘得喪可勿問沉升

鳥聲

門靜張羅好庭空衆鳥鳴閒關千百里哀怨兩三聲
已訝吹羌笛還疑奏玉笙閒官無俗累洗耳聽分明

作吏八首

作吏慚循吏潛夫愧未潛家貧無長物才拙止能廉
酒自爲官減詩從多病添風流鳳城客歲月豈當淹

又

作吏今朝是爲師昨日非欒樗多壅腫老大薄輕肥

岐路憂彌甚閒官怨用希藥囊時檢點遠志合當歸

又

作吏書錢少生涯酒債多青山屋裏見白鳥水邊過涉海懷梅福登臺想尉佗何時成小隱世路任江河

又

作吏非雛鳳思家比季鷹雲飛山淬劍月瀉水張燈澹泊誰如我飄蕭絶類僧炎方朱火發恨不滅青蠅

又

作吏簿書外閒吟招隱詩宦唯安我拙清且畏人知

王道原無黨天心總不私衣冠何落拓儉僕是家規

又

作吏龍江邑儒官篮仕同（予秉鐸溪邑亦號龍江）人煙山色外歌管水聲中舉網夸鮎鯉沿厓植檜楓夏天颶母發到處石尤風（順志載六月多颶風又多石尤風）

又

作吏莫嫌瘴韓蘇亦海涯詩中存一派嶺外有三家摧折丹心壯蹉跎白日斜故園春信杳辜負兩團花

又

作吏粗疏易承恩報稱難客來自故里（袁子楚孟夏列粤）書寄上長安（近作書與林太僕李翰林二公）未解陶潛組思彈貢禹冠依然舊滋味苜蓿長闌干

喜長兒至署

七月不相見如同隔數秋病深童僕厭宦拙吏人羞漫勿悲官事唯當勵夙脩故鄉米價賤庶得任優游

夜長喜畜鳴雞爲節

年老睡難熟宵深枕易抛聞聲思起舞宴客厭充庖

風雨號無間更籌點不淆冰銜需爾輩報曉類荒郊

蛋戶

蛋戶烟波裏經營海曲旁生無隸版籍體懶着衣裳

風雨三更夢乾坤兩鬢霜片時獨來往晒網趁斜陽

舟中示長兒

呼汝同舟去溪邊正寂寥離家從舊歲行役自今朝

綠葉娟娟淨紅花冉冉飄故園歸未得鳴櫓且逍遥

夜泊黃圃

踪跡萍蓬似飄颻無定居維舟泊黃圃對酒話清虛

夜永江山靜春深艸木舒平生慣爲客隨處狎樵漁

老年常道路

風塵常麃鹿作客自年年月落孤帆外霜凝兩鬢邊
飄蕭隨鷁泛展轉伴鷗眠漫勿悲衰謝丹心魏闕懸

陳村步月有懷

深夜田閒行中天月色明山花一徑落樹影半溪橫
野寺螢爭聚荒池蛙亂鳴歸來方就枕忽爾感平生

歐子水子占過集心寫堂小酌

訪友尋三徑開樽得二難塤篪無俗調詩酒有餘歡

萍向池邊綠榴從雨後丹同賡心寫句並著葛衣單

南海勞孝輿同寓西局惠詩三章依韻奉和

擔簦西局下分校炙高賢作吏慚斯立箋經慕服虔

誰將新熱酒來醉舊寒氊納祿吾猶晚唯應學計然

又

君家文藻艷夫子著英聲星聚幸今日風流自一生

吾儕重意氣世事巧逢迎著述空千古奚論十五城

又

紙窗何淅淅蟲響暗幽幽傾蓋憐清宦開樽醉素秋

珠江吾道在金匱此時抽新月今宵上斜看挂玉鈎

秋日過簾泉洞觀瀑同葉西村

玉龍飛舞處鱗甲散晴空冷色千村雨秋聲一夜風

紳垂青嶂外練挂碧霄中洗耳清泉下幽懷孰與同

舟中遇雨懷張如心鮑師鄴二年丈

一行趨粤徼二仲尚同堂水驛蒹葭遠山樓桔柚香

鯨鐘帶雨濕漁鼓入風長夜聽芭蕉滴憑誰泛玉漿

南口驛望晴

一雨經旬久千峯客夢迷船中需碧酒窓外望紅霓

樹密多防虎山空少聽雞明朝天色好霽景步丹梯

夏日東方爾揚孝廉

炎火端居暇清齋學灌園作官猶作客呼鶴復呼猿
鐵阜龍雲現豪岡豹霧緜伊人勞夢寐愼勿避踰垣

送何原幹還錢塘

學游將十載返棹值三冬應似韓同孤相依雲與龍
浪花千里岸霜月五更鐘此日難爲別春明會再逢

東莞舟行

獨酌虛舟上遙聞漁父歌白雲天外廻紅葉嶺頭多

歲月催行旅，乾坤逐逝波。宦途期利涉，身世竟如何。

臘月念八蔡潭曉行

貪趨除夕節，侵曉過橫塘。水淺流偏急，山迴路轉長。家鄉千里遠，輿隸一官忙。殘曆將拋棄，唯餘末兩行。

次韻夜飲論文

窗前時共酌，酒後見吾眞。典策唯溫故，機裁喜出新。綠醅千琖少，紅蠟五更親。太息能文者，誰居要路津。

菜花

最愛畦蔬好，舒葩數尺長。雨餘偏有色，風過亦聞香。

老葉傳佳種深春綴小房儘堪補月令奚但菊花黃

陪龍府公程分司藺別駕龔明府杜廣文謁韓

夫子祠

祠宇聳巖巒風濤壯大觀千鈞引聖脉一柱障狂瀾桔柚連篁綠芭蕉雜荔丹春秋陳俎豆山水盡名韓

其二

斗山長在望仰止共登臨鱷渚澄波淺凰臺落葉深起衰闢佛骨奉使見臣心入廟瞻遺像羣寮肅帶襟

子修弟以詩見訊依韻裁答

鉛刀聊小試，宰割愧名賢。地僻無三異，庭閑有五絃。舊醅時獨酌，佳句向誰聯。春草池塘夢，惟憑枕上傳。

寂寞

寂寞山邊路，微茫小徑通。黃沙烝日赤，烏柏受霜紅。石磊孤峯上，舟横斷港中。冷冷溪水淺，辜負釣魚翁。

其二

寂寞篷牕裏，曦高睡起遲。聊傾三琖酒，常咏五言詩。寵辱由通塞，行藏付策蓍。問誰知止足，李耳是吾師。

長樂舟中

紆迴沙作埂曲折竹爲灘水急魚行易山空鳥宿難
苦吟嫌日短酣飲耐霜寒莫畏宦途險心清夢自安

舟過龍川盛晴谷年丈留酌

同來炎徼地幸獲接芳鄰吳水風猶古龍川績更新
瘴烟千樹暗花木四時春別後遙相憶魚書莫厭頻

觀音閣夜泛

桂魄溶溶夜蘭舟泛泛時悠然何所事逝者已如斯
野燒山魈叫寒更戍卒支近來多濇病勉進兩三巵

泊滄洸口懷米南宮

南宮曾作尉洽水自波瀾地果因人重官能不俗難
昏鴉棲樹杪怪石插雲端舊說炎州暖新驚臘月寒

清蓮水口舟行

詎有躭幽癖連朝泛水濵峯危驚裂膽艇小屈藏身
岸艸依時發山桃入望新逢人頻問俗聊當作行春

由嶺背塘入淘江

横塘分嶺背擊檝入淘江洞壑奇非一鷗鳧泛必雙
山高雲作幔夜靜月窺窓斗起宦遊興呼童倒玉缸

牛仔營道中

石險溪流激天陰野色冥環山列劍戟觸處繪丹青躑躅開如錦篔簹結作屏誰憐炎瘴吏日夕瘁神形

過石峽宿李秋芳齋頭

山居原有志薄宦每相違偶爾來石峽因之欵竹扉平疇新綠滿曲徑落紅飛止宿陳雞黍殷勤未忍歸

遊北山寺

北山有古寺矗起白雲端老樹伊誰種高山且自看寺前有米南宮且看山三字瘴烟連宿霧春雨迸鳴湍頫首湟川近漁歌趂碧灘

勸酒篇并序

余初任洪陽繼調湟川屈指四朞皆屬僻壤其間錢穀刑名不過十之二三他務隨到隨理案無留牘晷有餘閒閒必索飲飲不期醉取微醺而意况自佳故亦以勸酒命篇雖風塵俗吏難與醉吟先生後先抗衡然自鳴自止不拘宫商古人諒不我禁世俗訾譏所弗恤已

何處難忘酒錢湖水滿磯小橋黃葉滿斷岸綠陰稀

野鳥飛三匝名花種四圍此時無一琖毋迺滯天機

又

何處難忘酒湟川百粤甿綠烟千樹暗紅雨一時秋陽邑四時皆暖一雨成秋俗朴衣冠少陽邑自本朝來未有登仕版者山高薯芋稠陽邑少稻唯以薯芋當飯此時無一綫俗吏自詒羞

又

何處難忘酒昌黎宰此間書臺開嶺腹釣石落溪灣地瘠風猶古官清吏益閒此時無一綫空對牧民山署後屏山號賢令山一名牧民山

雨後清遠舟中

清蓮陰雨後爽氣暢新秋雲散溪邊樹風喧驛外樓羣魚吹細沫一鳥逐輕舟何處堪消遣臨淵理釣鈎

江背塘午後舟行

西風催晚櫂北岸草依依返照江中没孤航浦外歸溪深平似砥山轉疾于飛何事煩相賞娟娟竹數圍

通儒水口遇雨

四郊秋雨足夾岸水冷冷雲有三分黑山無半點青樓傾今始葺（時余新建水口汛譙樓）灘險昔曾經落拓宦游者飄蕭逐野萍

富信和自溫陵詒詩依韻奉答

小邑多山水優游問管城思鄉遊子意懷舊老人情

但得心無過何勞政有聲身將爲隱逸遑計及虛名

近體詩 五言排律

花際霞峯色同蔡梁村陳謙季李逸齋世蕡陳季芳賦

名卉當軒艷霞峰八望清花光遙激射秀色媚崢嶸一髮容如繡千枝爛若瓊高低迷彩巘紅紫傷彫楹練桂梢間薄綃披葉上平隔窓遠凝睇掩冉復分明

紅葉當階翻同鄭魚門林象湖李世邠立侯蔣子遵陳季芳賦

槐階當晝永芸閣伴仙郎帶日紅綃軟迎風翠袖長亂翻輕玉珮爭舞疊霓裳朶拂朱闌外枝侵紫禁旁莫嫌充賸御曾許侍花王叨沐恩膏渥敷榮更有光

安溪相國丐歸得　允趨熱河辭　陛蒙　賜遊內苑　許以籃輿山行仍　命內直詞林陪伴午　賜瓜果繼以珍饌恭紀謝　恩詩二十八韻歸示及門諸子各步原韻以誌錦旋

趨

前五十載及此返林邱運際風雲會恩沾雨露優出
郊內史勞行邸倌人修八座崇冠冕三台耀甸侯忠
輸情繾綣退勇意綢繆
御饌分天府
宸章錫海陬輿臨青嶂迴人伴玉階稠罏氣熏龍尾
珮聲搖雉頭竟循疏廣轍遂泛李膺舟憶昔彼猖日
吾師經濟周握奇排勝陳涉險獻嘉謀羊子平吳重
裴公擒蔡留驅馳羽檄報警急蠟丸郵一德君臣契
千春魚水游太平占有象宗社鞏無憂藜火騰三殿

甘霖遍九州道通羲聖畫理演姒王疇朱陸辨分派
闢閩溯合流功成身便隱物換序當秋霞彩楓舒錦
霜珠草綴旒智仁徵嗜好臺沼恣遨遊洛社風仍昨
東山志不猶姻聯秦與晉居近魯如鄒累葉蒙騶策
頻年愧梗浮箕裘難忝竊蛙蚓自含羞去去清露重
迨迨白日悠黃花夾道暎藍水繞門幽遥睇臥龍處
榕村結小洲

宿泛盧舟呈施怡園提帥

長廊如小艇門額泛盧舟絕類蘆邊宿還疑天際浮

窓開張畫鷁簾捲對沙鷗檝爲中流擊帆從下瀨收
不驚風雨惡仍抱浪波憂停泊蒼烟裏依稀古渡頭

寄長兒

憶昨遊京國春深三月時晨昏難偃息江海任奔馳
遇飮皆成醉忘餐似樂饑逢人追問信策馬細吟詩
憤世頻看劍傷心且啜醨夏來恒苦熱秋至輒增悲
幾見謀身拙常驚厄運滋楊風猶可愈潘盎或難蠲
病藥都拈却鍼砭莫誤施經言會有喜爲我灼靈龜

上耿南濵府公

五馬臨漳士雙旌仰大賢晦翁遺雅化夫子接薪傳爲溯金閨彥曾沖碧落天筆翻傾白傅才爽邁青蓮九悳初分刺三山屈散仙簿書閑佐郡冰檗靜調絃士類懷矜式賓興喜別甄珊瑚携幾尺鐵網入深淵

睿慮遴司牧蜚聲徹

御筵大邦施愷悌十邑寄旬宣虎節隨霖雨熊幡直濟川壽昌欣踵武黃霸儼齊肩羣吏荷培植儒官領豆籩龍門依霽月頫璧長春煙指日敷文教頹風便力旋李桃沾樂育山斗望高懸

上高天木道憲

聖世名駒種

昌朝海鶴姿發硎三楚重秉憲七閩推憶自雙旌至

欣逢二月時恩膏醴泉湧惠政仁風移選士登瑚璉

程能識驥騏筆鋒銛嶺嶠墨浪灑江湄兩郡菁莪茂

千村雨露滋一朝趨

鳳闕四表仰麟儀紫陌金飈動清漳玉勒馳傾心捧

鸞詔拜手上

龍墀繡斧謀猷展峩冠獻納宜盛平徵有象奏對矢

毋欺九列僉云美雙熊

帝曰咨循良眞篤棐魚水際雍熙經術並新鄭文章匹左思濟川舟楫具調鼎鹽梅司蓮幕崇千仞樗材管一窺瞻喬頻踧踖立雪幸追隨誼忝通家後官居下屬卑柳蒲質甚弱繩削匠難施公德何緣報私心猶自知殊恩看虎拜稽首讓熊羆

龍學雙松篇

首邑絃歌地雙松歲月長侵臨汲帶草偃亞陋垂楊翠蓋擎階級花幢覆苑牆低枝拔檻迴雅韻入窓凉

浪起濤兼湧琴調瑟更張暑天風淅淅清夜露瀼瀼
體大任權折材高合棟樑願交君子伴忝厠大夫行
俯仰乾坤老堅貞金石剛三冬無改操四序盡含章
根結虬龍走柯繇老鶴翔先生青入座弟子碧粘裳
曉日看籠霧終朝聽鼓簧蛟山欣北拱奎閣奠東方
文會依垂蔭詞壇喜頡頏寄聲後來者培植倚穹蒼

讀長慶集題後用先生讀少陵集原韻

長慶改元日香山編集時元劉同咏嘯蠻素伴憂離
屢學空王法常懷伯道悲於官無罣礙惟酒獨猶夷

欲識病中作須吟池上辭將公比李杜光燄是何詩

秋日燕邸咏懷用杜子美秋日夔府詠懷百韻

趣褎閩海嶠挾策
帝城邊卜吉惟寅月長征在戊年圖書堆滿篋粻糗載方船是處皆濡滯無時不黯然境因與事迕性乃以情遷屢作登樓賦閒吟夔府篇烏鴉聊信宿白兎幾虧圓峰色青油幕溪光碧玉天爰從盱水曲直達吳城偏楚澤迴千嶂鄱湖滙百川石鐘雲外迥廬阜望中懸巉嶒攢長劍莓苔疊小錢七姑殊可愛五老

亦堪憐菊綻陶潛徑茶烹惠遠泉舟經泗水過車向九逵穿戚友暫分手兒童半及肩回思曩昔事曾備儒官員苜蓿原無恙鹽虀幸有緣口碑騰籍籍腹笥飽便便硯吐雲龍氣鑪熏蘭麝烟執經問則對摩厲起而前儕輩風流客襟期躢散仙詩摹韓柳格字擬褚虞傳憂積心儲火傷多淚若湲頻頻柔舌鼓曲曲迴腸煎世路何沉醉生涯恥附羶馬融虛絳帳李白醉瓊筵迂拙巢居鵲威嚴鳥逐鸇諸生偶差跌酷吏罔心悛膠序鞠爲草蕭牆列是鋋文昌初歛燄武庫

正司權竟把黃麻奏咸將黑索攣孱羸雖見斥桀黠
未蒙黜氓俗臻熙皞
宸遊儆獵畋兩臺稱執法多士荷矜全竭蹶迺入職
逡巡敘澤宣甲辰遭水患壬癸禍羣賢廟宇輒頽壞
榱題損百千鳩工驚恐後雀躍喜爭先重屋尊卑列
三門雉鳥翩環橋看楫讓負笈聽歌絃簇簇叨螟誨
言言悟象筌雕蟲已無用刻鵠又何焉興廢關洪造
榮枯任幹旋浮名問詹尹鈍質守陳元擺落封侯印
荒蕪負郭田栖遲行蹴躃覊絆坐顛連盧橘霜前熟

松鱸雨後鮮梯山常跙展涉海必歌舷嗜古耽班史
麾毫染薛箋誰知命途舛獨被妻孥牽宗武餐經飽
韋叢遘疾邅鵜鴂懷永歎岵屺念雙捐俎豆徬徨切
松楸涕泗漣歲時羞紫芋薀藻采淸瀝鳳羽留遺蹟
龍章勒舊阡一朝開泰運五載整回鞭馬首風嘶急
羊腸月照娟蕭條隨塞雁寂寞隱秋蟬頰秃拋蘆帚
衣輕拾木綿林楓張錦幙岍草亂青氈塵霧霾菱鏡
嬌娃卸寶鈿折肱權作桄蠹栢架爲椽鷓鴣飛沙際
猻猴挂樹巔趹癡尚可賣消渴漸能痊董氏但栽杏

周家特愛蓮竹抽君子節蕨長小兒拳早識坳堂水

難藏横海鱣齊東依軹斟冀北習韁鶫榜櫟充掄選

潢汙效滴涓巍峩瞻陛級徙倚傍宫壖遭際明良會

驅馳職業纏鞠躬思補過退食算貪眠器量應弘毅

操持只固堅冠紳求不忝端雅帶餘妍展轉圖鵬運

蹉跎笑鷽鷚濟時具舟楫努力樹旌旃口祓牛金禍

身嘍斗木躔希蹤從事愈接跡賡文虔勁敵避三舍

交鋒摧兩甄蓬蒿蔽户牖卷帙盛輜軿汨没誰提挈

飄蕭付簡編丈夫勿氣餒道學貴心專得意頻簪筆

居身合佩弦哀吟鵩鳥賦放誕野狐禪尹啓青牛秘
艮師黃石詮猪肝累安邑駿骨買幽燕路泣逢岐籍
槎浮奉使騫齒踈悲鬱澁面睟倩杯延舫畫鷁垂翅
香焚龍吐涎牛哀忽化虎蜀帝竟啼鵑生理無停息
機緘妙轉旋分乖痛哭誼望絶遐齡佺雲檻猶堪折
譏衣或可褰商飈催去旆白露跕飛鳶鐘鼎非吾素
山林蓋厥愆塤篪齊倡和金璧共雕鐫表聖遊封樹
羲之揖墓芊頭陀思本巧胯下力原孱亶若材能窘
奚勞尚侍銓

送袁子楚還閩

索莫難爲別陰沉懷不開官齋方把臂岐路又銜杯眼見皺人室身登獅子臺瘴烟紛黯澹茘火炎徘徊怨破二豎若多荷五夜陪雄談驚膽落靈藥抒心裁予病爲檢方書星聚唯羅隱謂羅履先風流似彥回牛宮嗟運蹇蚓度測星災爲余推排星命爛綠荒村柳深黄試院槐珊瑚搜海國蚌蛤豔珠胎奮志冲鵬翼將雛騁駿才謂仝公郎赴棘闈飄蕭鳳嶺去迢遞龍江來行色雙旌渺歸舟叠浪迴萱抽花茂盛蘭茁葉滋培田埜情頻動簪纓興

慶厥儦時復相會披臆呈玫瑰

上王灼三藩伯今陞河東總制二十韻

昌期隆柱石翰苑盛冠紳早歲才華茂
先朝啓沃頻史追東觀筆詩壓建安人性術嚴而正
情才智且仁暫辭金馬署出擁畫熊輪叱馭傳家法
栽槐毓世臣旬宣威望重優渥
聖恩新典籍頒天府褒章賁海濱諸侯專節制岳伯
備咨詢經濟綏南服屏藩拱北宸嘉猷動入告
睿哲聽如神鮫客咸稱貢蠻風盡返淳轉輸和績懋

吐握旦情真越秀開書局諸生獻席珍球圖允矣燦
刀訓犂然陳蓮幙懸澄鑑棠陰芘積薪儒官徒落拓
俗吏塈陶甄台斗儀型肅滄溟茹納均二天懷烱烱
九錫慶振振永矢啣環報同沾沛澤勻

上傅舒菴大中丞二十四韻

昭代鍾賢佐昌期毓世臣璠璵廊廟器帶礪王家賓
虎旅趨蹌肅龍驤侍從親
先朝附鳳客奕葉珥貂人經濟文兼武溫威義以仁
地卿敷五典農部廸群倫泉布流通遠儲糈轉運頻

晉頒公輔重出秉節旄新粤俗歸長厚蠻風返樸淳
小廉因大法過化又存神自許丹心壯時將白簡陳
式和訓以大佑冒澤惟鈞環海登圖籍生黎列市岷
千秋賡喜起一德叶臣鄰彦國原封鄭希文早帥秦
傳巖徵夢說周嶽慶生申舟楫川河濟鹽梅鼎鼐勻
典型崇琬琰勳業繪麒麟七十八州頌三千大地春
呼嵩齊拜舞立雪望陶甄忝竊垂紳後翻慙抱鐸身
棠陰欣衣被樗質凛逡巡山斗容高仰滄溟納細塵
升恒歌雅韵茂盛祝靈椿

贈循州守吳子敬姻伯

盛世鍾名碩雄才振廟廊球琳天府器蘭芷漢廷香
齠歲挾奇策乘時凛拜揚龍驤辭北闕熊軾涖南疆
雲擁棠陰密風飄麥穗長旋因陟彼屺暫爾薄淮陽
帝念惠州重公攜刺史章豺狼驚悚息驄馬驟康莊
清與隱之並名傳孝肅芳巖音歌孔邇令績著循良
十邑陽春度千村瑞氣昌層霄仙樂奏杲日彩鸞翔
紫綍頒丹闕青緗燦錦堂相期慚稷契自愧忝潘揚
醴獻金莖露樽開玉斝漿年年來頌禱天保侑霞觴

上潮陽龍府公

重慶鍾人傑奎躔耀太清精華射牛斗蹀躞游蓬瀛
齡媲終軍少才應賈誼並群空冀北野檄捧滇南程
尹牧書賢績襲黃美政聲陳情依白社繫念屬蒼生
帝眷粵邦重公膺
簡命行會分肇貳郡旋領潮專城解纜雲垂幙停驂
月帶旌虎符頒大吏熊軾著名卿露潤棠陰滿曦烝
麥穗榮隨車劃經界去冬陪分潮普疆域負努矢前征泰岱崇
瞻仰毫芒徹鑑衡自嫌身落拓衆誚口縱橫衰朽慚

提挈卑微備使令涵濡資德澤汪濊沛幪帲

正月二十九日喜晴

久雨將經月今朝喜得晴彌天雲氣斂大地日華明岸草蒙茸發盆蘭芽蘖生山尖分遠近水曲浄精瑩厺厺商羊舞遲遲野馬行泥龜曳尾出浴鶴曬毛輕滿圃風光麗侵堦碧影橫無勞鐘鼓報唯把酒杯傾

贈韓虛壑大尹八十壽

盛世崇人瑞斯文重老成鄉邦推祭酒職業掌銓衡早陋雕龍術長夸翽鳳聲詞華開蓺苑墨浪起蓬瀛

膠序宣儒教騷壇賴主盟氷壺澄皎潔玉笋挺峥嶸
青雀銜鱣到黄童騎馬迎一刀聊小試百里擁專城
纔聽臺萊頌仍馳松菊情鹿車手同挽鴻案眉齊呈
謝圃蘭蓀秀竇階桂子榮仲秋卿月美南國極星明
朝宁扶鳩杖賓筵錯兕觥琪花芬晝錦桃實爛雲英
縹緲王喬舄悠揚子晉笙傾心仙樂奏翹首海籌盈

上李晴崖尚書八十壽

橋梓文昌位門闌綵服新傳芳柱下史奕葉殿中臣
染翰翻紅藥持衡贊

紫宸趨
朝常踧踖啓事輙諮詢八座聯翩起三台取次陳平
泉環几席綠野襯花茵南極光輝滿東山雨澤匀五
臺多瑞氣百順自天中

贈户曹王恕庵洎夫人蔣太君五十雙壽

琅邪傳世悳碩彦歷名流累葉麗家鳳先生賈氏彪
早摶南海翮久運北溟遊民部垂芳譽仙郎步遠猶
度支劉晏匹經術子雍儔舉案夸雙美和聲徹九秋
閒情依白鹿道氣識青牛共造知天數齊添大衍籌

椿萱欣茂盛梨棗薦珍羞象笏光璀璨鸞書錫疊稠
雙星輝泖水萬舞奏瀛洲歌管歡無限賓朋樂未休

八閩文庫

文獻集成
374

福建文獻集成

吴格 主編

續編 集部 五〇

海峽出版發行集團
THE STRAITS PUBLISHING & DISTRIBUTING GROUP
福建人民出版社

本册目次

不自棄亭文集五卷（卷三至卷五）〔清〕晉江黄道泰撰……一
方日斯先生詩稿不分卷文稿二卷（詩稿）〔清〕閩縣方邁撰……三三七

不自棄亭文集五卷（卷三至卷五）

［清］晉江黄道泰撰

上海圖書館藏清雍正間刻本

不自棄亭文集卷三目錄

閩晉江黄道泰子寅著

近體詩七言律

劍山訪璞園從父

冬日登龍文山同鄭剡夫林子牛賦

蝸廬自題

贈談復齋明府

過大協關

小坪道中

瑯嬛

春日集鏡波亭同輪公上人蔡敬卿詒青何信
奏鄭則園用少陵鄭縣亭子韻
意伯氏子慎
施平園新刻南宋邱釣磯先生文集見詒賦謝
遊輪山梵天寺同洪淳思賦
上元前一日太史李廣卿將返湖山同學餞別
拈唐人且戀殘陽留綺席之句各續成詩
白鷺步觀風使蔡藐郎先生韻
雨不絶同阮輪公家椒其和杜韻

建陽道中同璞園家伯賦
楓嶺仝璞園伯賦
仙霞嶺同施鳳山太守限韻
重遊虎邱仝李世邠太史賦
高郵州道上仝鳳山賦
南海甸同李世邠賦
杏花呈何屺瞻太史
燕京十景詩
瓊島春雲次楊勉仁少師韻

太液晴波次林崇璧侍講韻

西山霽雪次金幼孜少保韻

玉泉垂虹次鄒仲熙庶子韻

金臺夕照次王希乾侍講韻

蘆溝曉月次林崇璧侍講韻

居庸疊翠次曾吉之少詹韻

薊門煙樹次金幼孜少保韻

南園秋氣次李賓之少師韻

東郊時雨次李賓之少師韻

長安七夕同李邠公太史韻
秋興三首用蘇子瞻秋興原韻
將出都門畱別鄭魚門林巨川陳季芳蔣子遵
王仲穎吳道存潘唐叟金來雍蔡子泥顏亦
凡李世來世邠十二先生二首
泰安州嶽廟同璞園家伯賦
過淮陰侯釣臺追步蘇石水先生韻
吳山觀潮呈張大中丞青樵年伯
桐廬舟中

遊飛鼇峰同施鳳山賦
移竹
鳳山新栽玉筆花以詩見示因和
繡球花
紅桃花
柳
人葠
蠹魚
燕

鶯

紅鸚鵡

白鸚鵡

燈花

早春夜雨同施鳳山吳秀賢鄧與研姚左玉鄭剡夫用杜少陵暮春韻

春盡同與研鳳山用唐人春歸韻

送吳秀賢歸南豐

留别姚左玉

留別鄧與研
奉和大中丞佟悔翁先生過鼓浪嶼韻
過筆嶺
遊彌陀岩
施伯近招集羼提菴
同伯近步月過飲吳子諒園亭
七夕施濟寬招集索園仝蔡尚三許省園賦
元夕帥府讌集呈施怡園提帥
旅懷

同王靖其李質侯蘇旭夫遊鼓山湧泉寺
檢書得乾蝴蝶同周文濤賦
春情
春夜感懷仝蔣梅士限韻
百舌鳥
子規
鷺津上巳檢得蔡敬卿詒青與予水淥園修禊聯句刻本時在甲申三月屈指計之已成一十八春秋二蔡云亡亦在十年外日月如流

予老可知感今懷舊不能無詩

水晶眼鏡

澄圃宴集次宮允林巨川先生韻

偶成同金于春限韻

同涿州牧昌漢瞻遊林戶部肇方園亭

訪敬若上人同王卓士力爵夫韻

獨步南山寺觀石佛

遊林石來先生北村別業

竹夫人

秋日雜興

榕城懷古仝郭威予賦

癸卯寒食

感懷東周蓮又家仲玉兩廣文

游九漈四首呈柯于韓令尹朱紫宇州貳守

上巳仝蔣梅士賦

寒食仝蔡詒青賦

過萬松關

過虎渡橋

鄰山弔家石齋公

白香山題王處士郊居詩有向陽茅屋兩三間之句予署適類於是因取原句足成一律

同富知園蛟山晚眺用前韻

雨中同蓮又過飲游捷三蘭畹因題壁上

夏日偶成

芝山懷古同龍邑令魏筠邨賦

秋鷹整翮當雲霄呈高天木觀察

遊[illegible]信[illegible]

九日鄭簡士戴符五林爾敬楊又周家子鞸企
三同集霞庠漫成長句
除夕柬袁子楚
丙午元旦同唐石麒袁子楚林子牛用錢牧齋
歲暮述懷韻
花月歌步楊又周韻
黃庄遇雨
遊不老亭同萬爾揚家椒其步壁間丁少鶴先
生韻

端陽後盆中秋海棠盛開次阮疇生韻

次福唐林聖木姊丈招集學署同施解元儀鳳

何孝廉日功分賦得寻字

萬爾揚寄春日樓居詩索和奉酬

自葉坊起早至浦城坐筍輿達三晝夜不休

廣陵懷古仝李世邠太史賦

省回水漲財退牆扉几席不勝濕潤依樓坐卧

漫成一律

詩以代書奉賀李世邠妹丈督學江右二首

遊虎硿岊仝藍獻其袁子楚賦
自萬松關入瑞竹同戴柏朋林緖伯賦
過吳道存齋頭看白牡丹同林象湖蔡虛谷顔
亦凡分賦
寶坻署咏鶴呈瞻亭家叔
畱智廟次壁間勞書升先生韻
病鷹
病孔雀
龍燈

閏三月初三日夜坐
陪劉發士道憲禱雨翼辰甘澍大沛喜誌一律
遊麻姑仙壇仝鳳山賦
建昌送劉剡夫還里
建武留別施鳳山
佛手柑同阮輪公蔡詒青賦
買舊書東林借穆
立秋偶成
重遊萬石岩仝周文濤許賓士賦

喝水嵓呈爲霖禪師
遊鼓山鳳尾亭同濟翁上人
離署述懷
送侍衛施清遠遊戎南部
聞何屺瞻先生謝世追贈侍讀學士悲幸交集
寄唁一律
登晉安白塔寺仝周蓮又林聖木二廣文賦
學署三間地屬西嚮每夕陽將墜曦光直射牕
牖酷熱倍甚有湯雞釜魚之慘作惱熱長句

閣部沈心齋夫子崇祀名宦

曉行青鋪嶺

旋里述懷

自漳回泉展省高曾祖父四世封塋恭紀一律

上洋口登文昌閣次壁間韻

謁李忠定公祠仝郭蓼洲教授賦

重遊滕王閣二百

仝江右李世邠學使遊白鹿洞

金陵懷古

舟次淮河晤蔡蘋邨糧憲

趙北口車行寄楊青仲太史

都中聞周蓮叉寅丈仙逝賦悼一律

南海甸謁蔡梁邨閣部留宿夜談因走長句奉呈

次安慶上魏君壁中丞

臨漳令陳荀湄餽酒賦謝

八月二十七日將赴圓明園引

見夜宿蔡梁邨宗伯賜邸

八月二十八日恭覲

聖顏荷蒙
天語垂問祖父何名何官族中多少仕宦一一陳
奏喜幸交集恭紀一律
送陳庭思出宰肥鄉
長安中秋遇雨同家韞光戶部賦
九月二十日隨挑選人員赴
圓明園再行引
見蒙
賜克食

命往粵東試用耼小教職兩覲
天顏兼叨異數曠世隆恩恭賦一律以誌榮遇
鄭州即事
將赴粵中述懷四首柬陳謙季李穆亭鄧幼季
三太史
將入粵次丹霞驛喜晤同學諸子
初入粵州界閑望
除日松口舟中同子敬弟賦
戊申歲暮咏懷用白香山戊申歲暮咏懷原韻

正月三日閒行用白香山正月三日閒行原韻

藍關謁韓文公祠

珠江客舍遣懷東孫自蓮孟念爾二年丈

贈張遜侯新昏

贈順德令柴虹文寅丈

贈香山令陳季丹妹丈

鳳署春雨同子敬弟賦

遲袁子楚不至再疊前韻

鳳署遣懷

疊前韻柬佘浪西
三疊前韻答佘浪西
四疊前韻謝羅履先見惠詩集
五疊前韻答羅履先佘浪西
六疊前韻寫懷柬履先浪西二同學
步佘浪西園亭七疊前韻
病起八疊前韻
與子登兄子敬弟夜談九疊前韻
林學川姻丈優擢冏卿却寄一首

柴虹文寅丈餽米賦謝一律
鳳城懷古柬佘兼五廣文
李世夘學使左遷入都寄懷二律
贈洪煥章州貳守
周約齋寅丈招集聽山齋賦謝
聞元戎仰虚叔凶信感慟二首
寶林寺方丈晤佘兼五年丈
謝柴虹文寅丈餽藥
縣尉劉五三以詩見贈依韻奉答

巳酉粤闈感懷四首呈廉州司馬姚見亭茂名
少尹朱星岩
閩中明遠樓曉望
讀順德邑乘偶成長句呈柴虹文
次佘語山韻送汪漪園廣文歸養
寄懷穗城李捷先
贈柴蒼山明府
巳酉歲除前三日柴蒼山寅長招集小酌
過半畝方塘賞菊賦贈歐齊柏齊獻齊乾齊曉

四昆季

陳村舟中坐雨柬歐齊獻明經

歐爾和以詩贈行依韻奉别

哭子敬季弟

過鹿塚呈曾秋塍太史

贈福唐葉志喬

太史曾秋塍孝廉張徽五招飲越秀講堂即席

賦謝

惠陽葉顧吾先生同寓志局偶出西郊韓江〻二

集見示請窺全豹復惠儐遊展遊諸什酬讀之下飄飄乎有引人入勝之致爰賦三律
和葉西邨廣文秋夜玩月原韻
風箏同葉西邨佘語山限韻
送盛晴谷年兄出宰吳川
贈宋友
贈鄭懷二長公宴爾
送大中丞舒菴傅公還朝
將之普寧舟中述懷呈何原幹

韓江懷古
署榕
寄唁施鳳山太守
普署立春憶故鄉同學諸子
遊七星岩呈佘兼五廣文
普邑早稻大熟誌喜
署中贈林甥韜先
夏夜仝鄭一策丈林韜先甥御椒弟大順兒坐
談偶得長句

普署述懷寄閩中全學諸子
中秋遇雨同錢塘何原幹海陽謝雋伯南安吳
占斯署中夜酌
艮輔姪新昏索贈
閱童卷
送孟三姪還泉州
送謝雋伯還里
九日同林韜先外甥賦
聞孟念爾年丈題授普令余當改授別邑漫賦

四律

寒夜憶子敬

邵方韓惠老鸛酒十八疊餘字韻

澄海甯漢章寅丈惠藏雪齋詩文

邵方韓惠筆

長至日仝邵方韓四疊奇字韻

至後郊行書所見

臘月二日邵方韓招鄭壻一策林甥韜先暨順

兒長兒往遊南岩予以公事弗獲偕行歸示

長句依韻奉酬
壬子元日
燈節自韓江回署次方韓韻
紅袍菊和甯漢章韻
和甯漢章寅丈除夜三首
對雨書懷
題授陽山聞報誌愧
遊紫竹菴
松口憶子敬弟

登五層樓

陽署除夕

送郭凝厚寅丈還廣州

劬勞辰述懷步韓寄菴元韻

英德道中

聞少宗伯蔡梁邨先生凶問誌慟二律

夢吃閩中荔支

湟川五日觀競渡步和韓寄菴韻

遊同冠峽普陀岩

宿石螺灘

石湖嶺

不自棄亭文集卷三

閩晉江黃道泰子寅著

近體詩 七言律

劍山訪璞園從父

爲愛林泉屢卜居，歷辭簪組伴樵漁。自令牧至監司屢次丐休竹松節操風霜古，農圃經綸歲月舒。高枕羲皇非出世，齋心繡儷擬逃虛。塵緣未了仍多事，猶課兒孫舊讀書。

冬日登龍文山同鄭剡夫林子牛賦

凄凄風日届隆冬躡屐尋幽喜得從節換猶開高士菊寒深不改大夫松門臨頻水澄千頃座對圓山露一峯百尺樓頭堪寄傲何須湖海屬元龍

又

賸却殘裘可禦冬漫占何去又何從劍琴不得門前柳瓢笠仍懸屋外松暮趁牛羊歸小徑曉看煙雨上孤峯家山遠寄魚城裏羨慕漳江躍九龍

蝸廬自題

斗室藏身恰似蝸傾敧小院號官衙籬因不容將雲

補亭爲虚凌倩月遮旖旎紅桃貪結子飄飖翠蔓亂
抽芽慙無醜酒蘇司業且向青帘小市賒

贈談復齋明府

稠叠雲山送旆旌

王言綸綍不留行重華允協徵於變大寶初登慶太
平萬國車書皆北拱一時官吏盡郊迎紫泥持與神
明宰快灑恩膏愜衆情時賫登極詔至平和縣

過大協關

仄徑微茫一線天崇岡複嶺翠相連耳邊黄鳥春風

裹足下青雲石徑邊薄海溪山增瑞氣
新朝曆象紀元年小臣棒
詔歡無限應採衢歌播簡篇

小坪道中

小溪溪盡水回頭嵐氣蒼茫草樹幽石級千層飛鳥
度郡煙一片夕陽收崇巒蜒蜿歸閩嶠賈客紛馳向
粤州恍似桃花源裏過漁郎何處認扁舟

春日集鏡波亭同輪公上人蔡敬卿詒青何信

奏鄭則園用少陵鄭縣亭子韻

亭子參差傍水濱波光滉瀁入簾新無勞命駕輕千里且喜銜杯醉一春覓句好邀蓮社客尋源猶憶武陵人方塘半畝如懸鏡照盡同遊各寫神

憶伯氏子慎

迴環烏兎莫淹留纔到稀齡一半休鴻雁天邊雲漠漠鶺鴒原上草幽幽臨風玉樹埋黃土浥露荆花歎白頭夜雨聯床今已矣同誰補過續前修

施平園新刻南宋丘釣磯先生文集見詒賦謝

濱海曾傳却聘詩常將戴禮注無遺一生事業空持

釣千載興亡付奕棋腐史當年藏故府太元後代結新知如君好古眞難遇留得清風百世師

遊輪山梵天寺同洪淳思賦

緩步輪岡石徑斜峯巒迴轉衞摩耶牧牛人去留青草牧牛禪師爲開山祖題鳳山空散彩霞山上有朱夫子麟鳳大字嘹唳清秋千里雁優游自在一池蛙爭僧不覺歸來晚碧月相隨直到家

上元前一日太史李廣卿邀湖山同學餞別枯唐人且戀殘陽留綺席之句各續成詩

爲厭紛囂返故園重來整理浣花邨旋歸仍自開三徑離別何堪在上元且戀殘陽留綺席莫辭清夜倒芳樽他時欲寫相思句試劈濤牋慰夢魂

白鷺步觀風使蔡藐邨先生韻

公子丰標美頂絲徘徊偏在晚晴時羣飛避客常依渚獨立探魚欲入池骨瘦頻從清夢冷身閒不厭白雲遲生來合伴沙鷗老浪蕩江湖到處宜

雨不絕同阮輪公家椒其和杜韻

梅天雨勢裊微微花不聞香鳥不飛倡和詩人相混

少招邀酒伴到來稀江聲浩蕩常欹枕雲氣氤氳欲
上衣一幅瀟湘長挂壁楚王應在夢中歸

建陽道中同璞園家伯賦

茅葦蕭疎帶夕曛雙流溪水望中分青燈綠酒迷春
夢碧草丹山起暮雲輕燕似曾逢舊識閒鷗偏自樂
新羣幔亭地近堪招隱一曲樵歌隔岸聞

楓嶺仝璞園家伯賦

兩旁峭壁水中流南屬閩疆北越州疊嶂虎頭雲外
現嫩芽鼠耳雨前抽裹鹽尚客尋僧話饁餉山農向

婦謀欲識當時舊題咏應從梨嶺最高樓梨嶺有子詩在壁閱二十餘載如新

仙霞嶺同施鳳山太守限韻

嶺路入情共險巇那兼旅況倍淒其連朝霪雨侵書簏盡日春風滿酒旗蝶影斜分青草岸鷺聲低唱綠楊枝仙霞處處行應好不數山陰道上時

重遊虎邱仝李世邠太史賦

重到高峯興未休繁花細草又勾留池涵雙劍青天暮石坐千人碧樹秋回雁昔曾棲遠渚寒鴉今復噪

荒邱十年過此渾如夢相識山僧半白頭

高郵州道上仝施鳳山賦

秦郵二月雪霏霏春水平堤滿四圍茅舍露滋青草長牙檣風動白鷗飛數株岸柳芽初茁兩尺河魚子正肥誰是携樽湖上客一竿煙雨竟忘歸

南海甸同李世郊賦

高閣飛甍夕照餘深沉院宇勝仙居風過琢鏡螭頭轉日暎瓊花雉尾舒不作龍舟矜儉德長開虎觀貯奇書傳聞材藝皆登進慙愧江湖一老漁

杏花呈何屺瞻太史

一春好景杏花天繁蕋疎枝挂曉煙寶馬蹄翻香細細玉堂人靜影娟娟光涵數里開高宴種到成林引大年持與妝臺嬌插髩新紅襇旋爍金鈿

燕京十景詩有小引

冀北皇都也勝景十區足爲宸宮之衛名城八座實備大壯之觀登臨歷有鴻章創首昉于前哲予自少隨侍先嚴薄宦西清夙懷學步之志而游覽未周艱於涉筆辛巳冬乙未

夏再至三至得縱觀諸勝槩不禁喟然曰境絶塵寰名冠天宇不有著作徒詑寶山空入之誚因取前朝館閣諸公詩一一和之他年竹杖芒鞋先形寤寐此日神怡目曠大快平生散步微吟挑燈起草雖雕蟲小技亦倚玉素衷歸而示我同人知必歎羨曰大觀哉所遊信不虛也

瓊島春雲次楊勉仁少師韻

碧島高標接太清瑶峯聳翠曉雲生低回似罨山前

潤縹緲初飛雨後晴匹練乍披風作剪靈芝新吐玉
爲莖蓬萊宮闕遥相對翹首氤氳淑氣平

太液晴波次林崇璧侍講韻

太液清輝散曉烟波光滉瀁翠微天宮花萬朶浮紅
早禁柳千條得氣先夾道鳧鷺眠淺水中流簫鼓濺
飛泉臣工好是賡龍侶同咏周王魚藻篇

西山霽雪次金幼孜少保韻

爽氣澄清霽色新崎嶔雪後淨如銀郎看簷溜消殘
日更覺園梅媚早春石髮依微青乍染山容恍惚碧

初旬誰家偃臥應呼起剡棹歸來正及晨

玉泉垂虹次鄒仲熙庶子韻

笑指山根噴玉泉長虹渴飲正高懸天將彩練開黃道人把冰綃濯碧川劍氣微茫雲外見珠光掩冉月中圓經營駐蹕成名勝閱盡流澌不計年

金臺夕照次王希範侍講韻

當年此地築高臺傳自燕昭好士開白日江山千古逝黃金聲價幾人來夕陽縹緲寒鴉集春草迷離社燕回爲間下齊誰獻策樂生眞是不凡才

蘆溝曉月次林崇璧侍講韻

長橋露冷夜淒淒遠望平沙草色迷野店霜寒千里月蘆溝春曉一聲雞明河蕩漾金波坼雙闕崔嵬銀漢低我欲乘槎天際遠幾回岐路問東西

居庸疊翠次曾吉之少詹韻

巖疆睥睨望中收直北峰巒雲氣流百雉憑陵分朔漠三關控制護神州風高嵐擁千山暮日夕煙曛萬壑秋勒石燕然今在否蒼蒼但見黛螺浮

薊門煙樹次金幼孜少保韻

萬里晴光接薊門鬱葱佳氣曉氤氳山連紫塞漁陽合水到滄溟鴨淥分燕乳巢中雛不見鶯藏葉底語遥聞一天煙雨春深候望斷梨花嶺上雲

南囿秋風次李賔之少師韻

内家小苑向南開靜聽清音擁古槐樹杪蟬聲連復斷天邊鴻影去還來一番葉落風生幕幾處鐘稀月滿臺京國懷書情脈脈何人推薦子雲才

東郊時雨次李賔之少師韻

東郊霡霂遍園林羨煞東皇沛澤深燕子受風頻上

下魚兒唼水半浮沉千家紅樹酣春色萬畝青秧暢
客心自愧未曾學農圃何勞負缶問晴陰

長安七夕同李邠公太史賦

佳節他鄉旅況情暮砧悽切怨分明長安孤客聽金
鑰河漢雙星會玉京斜月酒斟深淺色微風笛送短
長聲穿針兒女空惆悵懶把銀盆弄化生

又

星河渺杳碧雲邊瓜果橫陳簇綺筵媚靨乍將新月
映歡心未了晚風牽封姨一去來何日烏鵲重飛待

隔年不獨人間情悄悄仙家亦有別離天

秋興三首用蘇子瞻秋興原韻

半落江湖數往還燕齊趙魏楚吳間床頭有酒頻呼客囊底無錢可買山黃菊花前修勝藥丹楓葉上變衰顏飄搖不及鷦棲穩贏得蕭蕭兩鬢斑

又

行滕纔卸暮春前恰值秋殘欲上船得喪依稀千萬劫江山荏苒十三年新愁聊付一樽酒往事空抛二頃田大隱未能學小隱蘆花鷗鳥自悠然

又

何年獻賦達明光四十無成劍一囊羣雁斜飛雲外嶺伊人宛在水中央西山殘照千峯日北地凝寒九月霜蟋蟀鳴聲何切切秋來似亦怨更長

將出都門留别鄭魚門林巨川陳季芳蔣子遵王仲穎吳道存潘唐叟金來雍蔡子泥顔亦凡李世來世邠十二先生二首

萬里雲山大笑回燕昭枉自築金臺聊從海上冥鴻去宛似天邊獨鶴來葉落荒陂埋古蹟霜侵破竈積

寒灰諸公盡是鳳池客誰念牛衣臥草萊

又

數載追隨翰墨場蹇予濡滯在他鄉花枝照眼全無恙竹葉沾脣不厭傷未赴西秦觀太華暫辭北闕入潯陽時有江右之行仲宣自有思歸賦翹首家山一葦杭

泰安州嶽廟同璞園家伯賦

巖巖泰岱峻于天配鎮東方不計年玉帳牙旂神髣髴雲車風馬晝蹁躚無勞沉璧求昭鑒祇秉明禋可告虔遥憶重華巡狩日何曾封禪有遺編

過淮陰侯釣臺追步蘇石水先生韻

獨訪高蹤愜素心釣臺寂歷舊淮陰王孫憔悴形神憊漂母欷歔意念深千古留名憑一飯一朝報德僅千金始終不脫婦人手鳥盡弓藏淚滿襟

吳山觀潮呈張大中丞青樵年伯

塘水滔滔勢拍天射潮人去亦千年一呼一吸喧雷鼓時往時來應月絃縞帶飄颻清漢外銀花滉瀁白雲邊從知朝夕無違候步到胥山獨惘然

桐廬舟中

布帆西去挂晴嵐時把方書獨自探片片溪雲縈峭壁泠泠澗水入寒潭煙消紫岫千重現日醉紅花一半酣我亦有心修煉藥桐君何處得相參

遊飛鼇峯同施鳳山分賦

探幽連轡出郊垌指點前驅徹不停馬踏綠莎衝古寺鼇飛碧落瞰寒汀遠江一帶開明鏡絶頂千尋展翠屏故國春光長在眼匆憂身世類浮萍峯巔望見閩山

移竹

主人移竹傍東城拓地頻栽漸向榮鳳舞龍吟新得

意烟斜霧濕舊含情侵堦長暎青山色繞徑還聞細雨聲豈獨王猷絶心賞此君原不負堅貞

鳳山新栽玉筆花以詩見示因和

佳種新栽瓊圃前鋒芒乍吐月華鮮紛披玉案香初動揮灑瑶臺色更妍毫末半含春夜雨枝頭斜點夕陽天使君昨結江淹夢侵曉題詩寄彩箋

繡毬花

白打何緣戲上林蕋緐枝重力難禁當風舞向瓊筵看帶雨香從玉帳尋點點澹粧春渺渺輝輝圓影夜

沉沉渾無圭角堪容世一遇王孫便寫心

紅桃花

穠華疇向井邊栽灼灼偏宜間野梅曉起鬬粧夸寶鈿夜闌歡宴摘瑶臺含情絳袖交加舞帶笑朱顏次第開寄語劉郎莫惆悵元都觀裏且裴回

柳

長隄暫見柳如絲報道春光來幾時別緒離情千萬縷搖風舞水兩三枝流鶯有意頻頻轉羌笛無心處處吹莫謂臨岐堪折贈好將歸去畫蛾眉

人參

曾記丹沙亦號參最難得者似人形三椏乍長當邊地五葉初齊入禁庭鬼蓋幽深騰紫氣仙家品第應瑶星嗟予恰有文園病合待松脂化茯苓

蠹魚

一生心事在騷壇鄴架千函咽不難吐納芸編成鳥篆遨遊學海避魚竿研田久熟蒸肌骨墨汁幾傾浣肺肝多口祇應招世忌漫矜片字可爲餐

燕

春風細雨度瀟湘雙翦蹁躚傍小牆辛苦含泥營故壘參差拂水逐方塘頻隨舞蝶翻紅樹又趁流鶯過綠楊年去年來不須約喃喃何事話雕梁

鶯

泥塘初蟄展金衣濃淡春光借一枝睍睆却嫌紅樹晚間關似恨綠陰遲纔遷幽谷猶如夢欲到華林轉自疑試聽嬌聲花外轉雙柑斗酒最相宜

紅鸚鵡

朱樓粧飾絢紅紗隴客高飛映絳霞語出天機丹九

得文成豔質日重華石榴枝畔雲初斷芍藥花前影半遮到處相逢矜異彩肯隨鵑血化幽遐

白鸚鵡

紅觜烏衣一見羞頂絲公子是朋儔靈心識主喚黃口慧舌呼人愛白頭夢入雪窗看窅窕身迴玉帳解風流家山遠在碧雲外架上羈縻遜海鷗

燈花

旅館蕭蕭玉漏遲金釭炯炯倍淒其熒煌獨見花開候冷淡疇聞葉落時永夜含煙猶解語通宵帶醉漫

相思曾無喜事明朝報長伴春幃好著詩

早春夜雨同施鳳山吳秀賢鄧與研姚左玉鄭剡夫用杜少陵暮春韻

春宵小雨漏聲中翦韭銜杯對碧空醉入三更疑作雪談驚四座覺生風知添柳耳含烟翠惜踐棋鬢褪粉紅待看明朝河畔草爲誰催起最芳叢

春盡同與研鳳山用唐人春歸韻

萬片花飛過野城東皇攬轡趣歸程經營懶見啣泥燕睍睆愁聞接葉鶯一別長宵添遠夢相思隔歲動

幽情留他無計泥他去珠淚垂垂祖餞行

送吳秀賢歸南豐

建武連宵偶聚萍仙舟一泛水雲暝壺中日月供身世筆底煙霞幻杳冥君愛吟詩應太瘦我緣耽酒故難醒客中未得籠鵝去空寫羲之道德經臨行索余書十餘幅

留別姚左玉

才命從來苦莫并似君眞得實兼名父兄子弟相師友言語文章見性情春夢頻隨蝴蝶遠客心又趂駃騠輕分攜勿負三秋約同到金臺載結盟

留别鄧輿研

春晚盱城十日停落紅鋪逕醉魂馨櫓聲遠破千江碧山色低垂兩岸青别後從新防按劍見時仍舊說浮萍京華道上尋仙侶莫向天邊認客星

奉和大中丞佟悔翁先生過鼓浪嶼韻

鈴閣招歡數往還牙檣高挂碧波灣潮來風鼓千層浪舟過雲歸萬仞山寶劍珠宮人赫奕茂林修竹啄幽嫺下交忘却鯫生賤聊敘今朝半刻閒

過羌嶺

嵜嶔仄徑路悠悠履險攀蘿倦未休鳥自和聲春又
半花猶帶笑雨初收嶺雲似向溪雲合畦水爭趨澗
水流五嶽不須尋向子振衣直踞最高頭

遊彌陀巖

十年不到此巖扉寺廢僧殘事事非碧瓦屑滋青草
長紅泉時帶白雲飛潮生海國魚鹽富風過山樓橘
柚稀何日此身無罣礙醉吟佳句送斜暉

施伯近招集羼提菴

偶到禪房便著家一方藤枕數甌茶篆煙繚繞翻清

靄石塔玲瓏透彩霞僧可人偏能嗜酒我非蜂也自
貪花相逢莫負平原飲很藉杯盤日影斜

同伯近步月過飲吳子諒園亭

良夜樽開對月明披衣露坐晚凉生魚跳曲沼金梭
擲蚓度閒階玉笛鳴興到常夸無限量醒來自覺不
勝情迢迢壺漏催歸去滿院花陰解送迎

七夕施濟寬招集素園仝蔡尚三許省園賦

高亭顯敞俯平疇禾稼參差水閣幽午後披襟迎素
女夜深移榻傍牽牛種松恨不生鱗甲伐竹應須作

鈎鈎酩酊猶能成四韻習池仍見舊風流

元夕帥府讌集呈施怡園提帥

華筵軒敞映星橋烟燄熒煌度此宵看盡銀燈當白晝歌殘玉樹憶紅綃人從鬧處紛如蟻酒到酣時湧若潮薄技何堪延入幕仁春瀝瀝任逍遥

旅懷同洪淳思大令賦

安排烏几便成家綠樹當窗影半遮無以爲歡唯有酒最能治病莫如茶何曾徐福浮滄海浪說張騫泛古槎事若認眞翻是妄請君留意誦南華

又

[illegible]倸旅館近江皐醉臥油窗日影高食物何容觀本草作詩端擬學離騷杜鵑春晚啼聲苦蝴蝶花殘舞翅勞自歎儒冠眞誤計聰明奚足補秋毫

同王靖共李賢侯蘇旭夫遊鼓山湧泉寺

石磴松關路渺然山門壁立迸飛泉升沉莫問三生事荏苒重遊二十年嶺月閒隨僧上下溪雲長與客纏綿名心未了皆韁鎖何日同參大小禪

檢書得乾蝴蝶同周文濤許天士賦

翩翩猶記狎羣英誤入騷壇隱姓名書債難償千古恨夢緣暫斷一身輕翅翻學海酬初願心醉文瀾度此生不向羅浮尋伴侶沉酣蠹簡竟無成

春情

日長漸覺添春思懶散幽閨恨又生清淺池塘邊睡鴨參差楊柳裏啼鶯夜鬧風雨驚殘夢寒戀衾裯惱薄情脈脈芳心誰告語雙飛錦翼繡難成

春夜感懷仝將梅士限韻

初上紅燈月滿庭幾杯綠酒夜沉冥一春夢寐蕉中

虎半世交游水上萍可是昔時夸了了不堪今日笑星星丹砂鉛汞非吾事全仗毛錐騁性靈

百舌鳥

宛轉輕清鬬好音先於百鳥試春吟暮棲上苑金絲柳曉奏幽閨綠綺琴怪却滿身都是舌量他多口亦無心回看鸚鵡籠中苦財悔居山尚不深

子規

一片春心萬古存滿腔熱血憶王孫錦江寂寞應含怨劍閣崎嶇合斷魂人欲歸時催曉夢日將起處照

啼痕聞聲自覺添愁思不獨巴東夜雨猿

鷺津上已檢得蔡敬卿詒青與予水淥園修禊聯句刻本時在甲申三月屈指計之已成一廿八春秋二蔡云亡亦在十年外日月如流予老可知感今懷舊不能無詩

水淥聯吟十八秋遺編點檢悵前遊緑楊樹外風烟斷白鷺津邊霧雨收可惜二難歸大夜僅餘三徑似荒邱一觴一詠翻成夢世上誰家不白頭

水晶眼鏡

南土何年產水晶琢雕冰鏡巧經營初擎已覺煙雲繞慣看如瞻日月明微渺自難欺慧眼秋毫終莫遁金睛從今不羨重瞳子頓使空青價直輕

澄圃宴集次宮允林巨川先生韻

晚騎將歸且暫停池塘倒映半天星詩從老去鑽研細酒到闌時氣味馨千載功名羞髮白一秋風景愛山青還家更灑瀟瀟雨悔不連床永夜聽

偶成同金于春限韻

三竿日上紙窗餘賀弔無煩到我廬雲影參差千里

樹蟬聲續斷一床書山川形勝常登望劍欞雍容獨
晏如狀貌自知難動衆揚雄只合掩門居

同涿州牧昌漢瞻遊林戸部肇方園亭

新築平泉郭外東明樓複閣鎖重重徑鋪雲錦花兼
卉地捲風濤竹間松半畝渟泓通小苑千山律兀現
奇峯同遊恍入天台路劉阮今朝一再逢

訪敬若上人同王卓士力爵夫分賦

寒日暉暉竹影稀黄花冉冉對瞿曇龍宫奥旨靜閒
得魚網眞筌定裡參世事如峯迴路轉人情直暮四

刪三偷閒片刻歡欣甚歸被紅塵擾不堪

獨步南山寺觀石佛

閑步南山樹色微蒼藤碧蘚繡禪扉地通三邑多行旅門對雙橋鎖落暉漫道石頭諳說法須知儞面好皈依空廊獨坐殊閒適直到黄昏蝙蝠飛

遊林石來先生北邨別業

緩步郊垧到北邨一灣流水遶柴門橫塘滉瀁樂魚子沃野蒼茫長稻孫竹樹常飾珠樹影先生手扁其堂曰珠樹假山直接遠山痕樓臺字迹半明滅猶見先生手澤

存

竹夫人

剖破篔簹幻此身近承寵渥號夫人風朝微透羅衣薄暑夕輕沾粉汗勻頓覺心空忘嫉妒漫云肌瘦怨清貧秋來願勿相抛棄猶記當時薦席珍

秋日雜興

微材只合守千撅濯足何須萬里流人在夢中吟蟋蟀月從雲裏度清秋青牛難遇書誰授黃犬多情札未修獨擁烏皮心目淨一觴一咏自無憂

又

淩雲賦就自吟哦賺得侯芭載酒過割肉有情懷曼倩垂綸無意學詹何眼前才思嘗嫌少肘後方書不厭多近慕岐亭持殺戒也曾愛鼠更憐蛾

又

滿庭竹柏間芭蕉共賦秋聲伴寂寥四壁青山皆崒律一間白屋尚飄搖滄桑幻境何年變龍虎金丹盡日燒世上槐安徒入夢願從少廣得逍遙

榕城懷古仝郭威予賦

七閩形勝漢開基剪棘芟榛自審知常衮初來纔有學在杭一去遂無詩九仙蹤跡藏山腹五虎嵯峨奠水湄從昔雄藩鎮南服右稱石鼓左稱旗

癸卯寒食

劍琴寥落滯天涯興味蕭然老衲家心戀鞦韆人影散眼看楊柳夕陽斜愁深無計尋靈藥病甚何堪對落花冷署輕烟應弛禁快烹活水試新茶

感懷東周蓮又家仲玉兩廣文

領率諸生似服虔無端蹴躃足難前良醫詎必經三

折貞女何妨待十年顏駟鬚髯猶故我庭堅面目總
堪憐祗今
聖世需材亟尉倅班中亦選賢

又

連年臥病入文園抛却琴書與酒尊踵武寧推兄及
弟傳經端望子和孫貪行捷徑行邪徑不赴龍門赴
戟門但得此身長自健圖南瞬息運鵬鵾

游九漈四首呈柯干韓令尹朱紫宇州貳守

來往莆陽已卅年今朝九漈問神仙一生局面皆前

定半世名心未了然縹緲珠簾垂玉箸升騰赤鯉蛻
金蟬真人最厭塵囂事何故諵諵話夙緣

又

石磴盤桓萬仞岡琳宮宛轉此中藏一泓綠水分千
派百尺青松列兩行野鳥吟春聲自在溪雲帶雨影
微茫憑闌獨吃三杯酒未解盧生夢短長是宿仙宮兩夜無夢

又

兀坐籃輿日色斜茅檐草舍是仙家六時丹竈埋煙
火百道幽泉噴浪花白社常携桑落酒黃冠偏送雨

前茶湖中水石皆清妙傍晚無心絢彩霞

又

性癖生來厭市塵思量巖谷好藏身雷鳴半嶺龍蛇蟄雨洗前邨草木新九轉靈丹無覓處雙飛乳燕尚依人湖光一鑑清如許照得鬚髯白似銀

上巳仝蔣梅士賦

小會東堂三月三臨流偏在澗之南韶光欲惹春心蕩禊事能招醉眼酣翠幙風和花爛熳金隄日暖柳毿毿右軍蘭紙成陳迹一入昭陵不可探

寒食仝蔡詒青賦

桑柘離離日影斜斜紙錢飄處哭誰家桃紅似帶三分酒柳綠初開百五花含北含南藏舊火山前山後採新茶人生抔土皆塵迹空有松楸宿暮鴉

過萬松關

百尺雄關雉堞憑大江東去接溫陵人依峭壁秋雲澹馬入平林曉日升賈客往來山自在閑花開落寺因仍梵堂剩有楞伽本聊把三生叩老僧

過虎渡橋

南州東去水滔滔跨甃長虹現彩毫鳥獸嗚呼憑雨霧蘢魚出沒趁波濤九龍戲水源流遠一虎浮江指點高自笑題橋非素志霜華忽上鬢邊毛

鄴山弔家石齋公

丞相書堂奠海門千函鄴架付王孫身同信國幽囚苦夢感高皇涕淚渾吾道綱維留碧血大江潮汐怨黃昏墓中石馬今猶在腸斷金陵氣欲吞

白香山題王處士郊居詩有向陽茅屋兩三間之句予署適類於是因取原句足成一律

苜蓿垂闌傍小山向陽茅屋兩三間著書欲伴蒼松老蒔藥常憐紫菊斑病骨揩頤同鶴瘦觀心趺坐學僧閑年衰最怕霜風惡特倩曦光暖照顏

同富知園蛟山晚眺用前韻

芒鞵傍晚上蛟山俯瞰郊垌水竹間露冷菊枝花欲綻寒深楓樹葉初斑詩情淡蕩三秋老文事迂疎盡日閑歸到齋宮雙寂寞唯將濁酒勸開顏

雨中同蓮又過飲游捷三蘭畹因題壁上

長夏江郊一雨寒當階草色濕偏闌禽聲下上千條

柳香氣氛氳九畹蘭雅興琴書環几席風流雞黍足
槃餐近時酒量輒消減茗芊歸來臥未安

夏日偶成

虛亭寂歷雨霏霏紅莚蕭疎綠葉肥不向夢中尋鹿
去却從江上釣魚歸我因謀酒閒來往僧以論詩說
是非誰似幽居鶡冠子薜蘿深處挂朝衣

芝山懷古同龍邑令魏筠邨賦

蜿蜒形勝護江城磅礴烟霞入暮生雨過芝山峯秀
潤月臨禪榻夜光明隔溪潮水波瀾壯半嶺松陰鶴

鶴鳴信步僧房殊寂寞不堪袁華繞廊行

秋鷹整翮當雲霄呈高天木觀詧

養成六翮展高秋飛入層霄萬里遊天矯雄姿冲碧漢逍遥浩氣遍滄洲凌空端爲色斯舉去惡應須疾若仇祭鳥亦能知報本可憐玉爪與金眸

遊瑞竹岩

舊栽翠竹久無存新築書堂又敗垣世事早知棋一局吾生隨處酒三樽溪山半幅供圖畫杖屨終朝引鶴猿坐對瀑泉飛不盡水晶簾外欲黃昏

九日鄭簡士戴符五林爾敬楊又周家干韡企三同集霞庠漫成長句

每遇芳樽便見呼況逢佳節莫踟躕不知紫燕歸多少爲問黄花近有無砧急三秋催蟋蟀年衰雙鬓薄茱萸同人且喜今朝健謾説龍山勝事徂

除夕柬袁子楚

今宵片刻費躊躇宦況韶華共子虚酒脯獻酬無用稿丹鉛點竄未完書平安且喜兒能寄老大偏驚歲欲除不識明年當此際朔南何處卜幽居

丙午元旦同唐石麒袁子楚林子牛用錢牧齋

歲暮述懷韻

陽回曙色散朝煙海角澄波慶晏然五載勾留依梓里一官翻覆歎桑田投函銀鹿爭奔命剪綵金花不值錢誰是廣文飯粗足春來無事好安絃

又

東來馬首路茫茫蓂莢初開莫自傷萬國車書傳夏正九重弁冕拜春王酒逢元日傾三琖詩到終年貯一囊卒歲已將塵掃却冠纓何事濯滄浪

又

歲首相逢拜揖羅老來僵立奈要何梅開官閣香猶少草發池塘夢已多射覆分曹喧律令催花擊鼓雜笙歌時淸俗美應難得莫笑寒氊兩鬢皤

花月歌步楊又周韻

花枝月影共蹁躚花滿中庭月滿天酒對月傾花欲妬人窺花綻月爭妍何妨倩月留花醉不覺貪花抱月眠只恐花殘月亦缺千金難買月花緣

黃庄遇雨

泉鰲爭流趨粵海萬山烟瘴亂氛氳溪邊不斷三春雨石上難留一片雲出水遊魚多引類投林飛鳥獨離羣俄然霧漲迷歸路祗有泉聲遠近聞

遊不老亭同萬爾揚家椒其步壁間丁少鶴先生韻

巉嶠層巔蓋小亭蒼松古柏護山靈嶺雲欲雨開還合溪水逢潮碧又青塵世烟霞成痼癖仙家鉛汞引遐齡昔時題咏多消滅壁上唯存化鶴丁

端陽後盆中秋海棠盛開次阮疇生韻

思婦何年同草化到今猶自露香魂紅苞映月蜂鬚
亂絲蕖牽風蟯翅翻種出昌州休悞認名同西府莫
并論端陽節後開偏早似愛高人雲水邨

次福唐林聖木姊丈招集學署同施解元儀鳳
何孝廉日功分賦得寻字

泛泛萍蹤任所如相逢偶在廣文廬眼中欣覩連城
璧腹底多藏壓架書自墮酒杯交錯後黃昏燈火寂
寥初茂陵風雨無人問病兕蕭條亚類寻

萬爾揚寄春日樓居詩索和奉酬

我來漳上亦樓居倏忽韶華四載餘夜月依依臨劍櫑春風習習曳襟裾官同匏繫應拋去心似旌懸不自如誰是元龍湖海客一杯濁酒一床書

又

層樓高踞瞰齋頭盆草庭蘭色色幽八扇玲瓏風四起一溪曲折水雙流湘簾柳拂春光動畫角香熏日影浮遲到三山尋舊約綠榕城上醉高秋

又

憶共遊遨水淥池蘭橈桂楫夕輕移堂中圖畫春長

在樹裏絃歌鳥獨知塵世全消千日酒宦途偶着一枰棋樓名花萼連軒檻弟倡兄酬兩自怡

自葉坊起早至浦城坐筍輿達三晝夜不休

江天烟雨望迢遥柳自青青草自饒旅店未遑投一宿筍輿今已坐三朝依人山鳥歌楓樹傍水春輪舞石橋十二時中聊假寐不分白晝與寒宵

廣陵懷古仝李世郊太史賦

邗江樓榭已成空故蹟閑尋落照中猶有垂楊栽廢苑那堪衰草閉花宫景陽鐘斷三春夢玉樹歌殘一

篴風鼻舫雞臺俱寂寞山形依舊鬱蒼蒼

省回水漲財退牆扉几席不勝濕潤依樓坐臥

漫成一律

水漲沙迴浸半扉陵層樓閣暫相依朝看萬竈炊烟起暮送千山落葉飛灑掃安閑辭熱客沉吟笑臥避危機從今栽種陶潛菊時向東籬醉夕暉

詩以代書奉賀李世郊妹丈督學江右二首

盛德雄名列禁庭雙枝競爽一條冰（謂令昆世來太史公）昔時作客同王粲今日掄才重李膺泰岱丰標高萬仞海

潮詞賦湧千層春華秋實都兼採楚尾吳頭奉準繩

又

郎舅情親三十年中間兩度聚幽燕誰能視草鸞坡上尚憶行吟瘴海邊壇坫追隨忘歲月壺觴潦倒恕狂顛西江原是舊遊地遲到秋深泛客船

遊虎硿岩仝藍獻其袁子楚賦

山遊何事擁前驅躡級携節雜野夫白鹿有泉烹蟹眼青獅爲洞護龍鬚峰迴七首（岩名）環城立水落雙橋望海趨斷臂僧人何勇猛倚於虎脊結跏趺

又

郊垌拔地逞仙山坐對城闉雉堞環唐宋留詩劖石壁鶴猿引客入松關農人告我將春及衲子輸他盡日間止水一泓清似鑑不堪斜照老蒼頭

自萬松關入瑞竹同戴柏朋林緒伯賦

懸厓巉嶒石爲門仄徑逶迤一線分竹閣長滋千嶂雨松關直鎖半溪雲板橋水急僧尋渡破院鐘喧鳥亂羣薄暮篙工催返駕近城不覺又塵氛

過吳道存齋頭看白牡丹同林象湖蔡虛谷顔

亦凡分賦

皎潔天姿顏色新姚黃魏紫恥爲鄰裁成宮様誇雕珮買得風光有爛銀素女依稀歸好夢玉簫縹緲淨無塵南中地熱多卑濕應向瓊樓托此身

寶坻署詠鶴呈瞻亭家叔

丹頂霜毛表羽儀仙禽胎化更稀奇曾經湘水難爲伴偶到遼城總不羈月下長鳴思振迅雲間顧影獨差池無端叨受稻粱惠竟與鳧鷖狎等夷

留智廟次壁間勞書升先生韻

西風輕颭酒旗斜薄暮相逢有麴車去日寒深楓落葉來時春晚柳飛花天邊白雁知傳信日于途次得接家書廟裏黃冠解驚茶步入荒庭閑寂寞唯餘古柏亂棲鴉

病鷹

殺翮愁看摩翼高明眸空負析秋毫幾時灑落凌霄漢盡日連拳損羽毛利爪未應忘擊刺雄心尚解愛腥臊祇緣一飽思颺去長繫金鈴與玉縧

病孔雀

一番春雨滯差池愛護修翎強自持對影未諧青鏡

舞聞聲還怕紫簫吹空教翡翠誇丹飾忍使鴛鴦鬪

陸離却爲松鴦傷不起懶將花萼較榮衰

龍燈

不須靈雨不須風簫鼓紛喧甲族雄頭角崢嶸黃帕

蓋鱗鬛璀璨碧紗籠光騰銀燭沉雲黑影臥星橋墜

火紅莫待僧繇點睛手今宵破壁自行空

閏三月初三夜坐

滿天星斗覆茅亭四面花香繞檻檻蛙鼓夜深聽節

奏螢燈風定看分明春將去也歌三疊人欲歸歟酒

一醒不識同遊二三子茂林修竹尚怡情

陪劉敘士道憲禱雨翌辰甘澍大沛喜誌一律

城上孤亭聳碧空清朝登陟路迷濛漫言十邑呼庚
癸忍聽三春咏雁鴻咫尺文書通帝座須臾雷雨振
蛟宮霖沾膚寸歲歌舞官吏應歸造化功

遊麻姑仙壇同施鳳山賦

岧嶤紺宇啓仙壇冒雨登臨兩屐艱不見庭中鸞鶴
舞空餘石上水雲閒備呼郇酒秋情澹怕插山花客
鬢斑爲約重來賒月色留題詩句在禪關

建昌送鄭剡夫還里

君才君望繼康成酌水懸魚吏隱情白髮有親辭薄俸丹心未折謝虛名到來不改唯山色別後難禁是雨聲莫悔當年謀小草候門稚子正逢迎

建武留別施鳳山

程材深喜得翹翹鶯友相親鄧與姚（謂與研左玉）旅楊團圞三弄笛鄉心搖落一吹簫樓頭水長沙痕亂林外春歸花氣消為囑江州白司馬不須清淚滴紅綃（時施鼓盆故及之）

佛手柑同阮輪公蔡詒青賦

嘉名傳自梵王宮萬象包羅掌握中色變青黃猶着相味方薑桂得無同花開簇簇全欺雪果熟離離半受風信手拈來微笑好一彈指頃悟空空

買舊書柬林偕穆

獨坐寒氈學忍饑日繙蠹簡當饘糜人甘棄置爲無用我苦搜求費不貲性癖祗將獸欲賣書淫眞覺藥難醫自慙開卷輒忘記能讀奚須問小兒

立秋偶成

高梧一葉落誰家報道秋聲到海涯金闕無階栽桂樹銀河有路泛仙槎買來侍女羞紅雪閣起朝衣吸紫霞爭奈馬頭應北向西風獵獵酒旗斜

重遊萬石岩仝周文濤許賓士賦

萬石峯高一徑深透迤山曲出禪林松風搖曳傳清籟竹月橫斜貼碎金此地壺觴曾潦倒昔時詞賦懶沉吟十年親故多星散回憶前遊似古今

喝水岩至爲霖禪師

一水西來萬古流晏公頓喝便回頭洞中露重蒼苔

滑若際雲生碧樹幽漫把辭章題素壁欲將名姓隱
丹邱芙蓉圖畫晴空展恍入廬山絕頂遊

遊鼓山鳳尾亭同濟翁上人

小亭斜枕山之隈坐聽泉聲吼若雷鳳尾似將冲漢
去虎頭直欲渡江來三秋景色丹楓老一夜霜風紫
菊開爲怕叢林嚴酒戒蓮花社裡尚徘徊

離署述懷

改選雖然異罷官也應卸事暫歸山秋風滿道飄征
袂杲日當空識

臺顔鞭策難爲良驥用浮沉未許野鷗閑東西南北

唯

君命莫說儒臣質素孱

又

一氊凉冷捲飛塵四壁圖書暎席珍自愧昔爲持鐸

客莫言今是掃門人官同脫屣陶元亮酒以成名劉

伯倫且聽天公何位置到頭抖擻老精神

又

徼官逐隊溷賢良

盛世需材不一方最鄙居家如戴聖豈甘作吏學張湯猿猴伎倆能升木蜂蠆蹁躚要採芳況是生身清白後願從葵藿效傾陽

送侍衛施清遠遊戎南詔

邑從簪貂騁紫騮擁旄持節駐韶州高門舊列三公府壯歲新封萬戶侯乍到京華同寢息近歸鄉里更綢繆將門自古多良將不識道家能忌否

聞何屺瞻先生謝世追贈侍讀學士悲幸交集寄唁一律

觀光京國悉遨遊一十九年離故邱辛巳秋先生謂予曰自遐拔入都于今一十有九年書妙銀鉤空兩晉文成金鑑動千秋生前名列紫芝侶死後身歸白玉樓猶憶保陽曾立雪並時仝上李膺舟

登晉安白塔寺仝周蓮又林聖木二廣文賦

崔巍白塔半青天鎖鑰南關勢屹然縹緲孤峰含暮紫玲瓏八面照春妍風高鳥度藤蘿外日落帆歸几席前回首江城雲霧裏九山在望擬登仙

學署三間地屬西向每夕陽將墜曦光直射窗

牖酷熱倍甚有湯雞釜魚之慘作惱熱長句

三間矮屋屬儒官一榻高懸膝未安塵埴乍驚紛眼底日光更覺上眉端樊籠侷仄弓傷鳥藥竈通紅火煉丹炎氣惱人眠不穩首宮那得水晶寒

閣部沈心齋夫子崇祀名宦

雪水先生翰苑仙追陪猶自憶當年八州化日尊師表一道秋風肅几筵筆勢誇仝王子敬詩才許步李青蓮如何窮老首宮下領袖羣英執豆籩師嘗許予詩學步李杜字可希蹤子敬

曉行青舖嶺

遠望平疇一徑通路迴岸曲草茸茸雲將起處山要碧日欲升時樹杪紅綠野橋橫滄海國青霄塔湧梵王宮卅年行役無休歇自歎浮生類轉蓬

旋里述懷

襆被蕭條返舊廬房帷頓改不如初老妻昨歲拋青鏡故友經年絕素書摩詰有詩兼有畫東坡無酒又無魚菀枯莫向君平卜進退行藏總子虛

又

九龍江上一遭人乘與秋風賦白蘋蹋促已經抛手衩飄蕭且自漉頭巾焦心簪組翻成夢瞥眼烟花化作塵那得鱸魚砍爲膾晚菘聊爾芼羹尊

又

如儂真覺腐仍迂子厚何妨獨愛愚顧我上書非逐客泥他著論學潛夫箋經絳帳頻嘗膽說劍侯門敢捋鬚計吏年年過燕市問他會見牧猪奴

又

去時秋晚菊花穠歸值秋分月正中四序迴環烏與

冕一身來往燕兼鴻嬉嬉黃口候門稺戢戢蒼頭擁
簪僮鄰里驚看顏色改六年變了雪鬢翁

自漳回泉展省高曾祖父四世封塋恭紀一律

自從持鐸叩漳濱六載歸來白髮新幾度清明寒食
節曾無麥飯豆羹陳兩朝華表光先壟四代遺書啓
後人瞻拜墓門頻灑淚徂徠松柏化灰塵

上洋口登文昌閣次壁間韻

傑閣陵層氣勢尊松雲棟牖瞰孤邨壓龍船尾波千
頃風掃巖頭月一痕未有文章通帝座敢將名姓達

天門小臣欲效東方叟慙媿胸無十萬言

謁李忠定公祠仝郭蓼洲教授賦

樵陽正氣毓名臣南宋如公有幾人一力仔肩扶社稷三朝屯塞見經綸丹青廟貌須眉動黄白封章涕泣頻應與鄂王同痛哭不將勲業書麒麟

重遊滕王閣二首

層樓複閣瞰江干楚尾吳頭第一觀憶昔西來看雪盛于今北去惜春殘霞飛錦浦山容麗風掠牙檣水氣寒猶記王韓詞句好兩枝彩筆樹文壇

又

十二年前此地遊何人作記又重修霧生遠浦沈高閣月落空山漾小洲紅樹稀時春色老白鷗飛處水聲流閻公一去今難覯無復天風送客舟

仝江右李世郱學使遊白鹿洞

叢篁翠柏列岩巒洞壑紆餘眼界寬五老峯前瞑白鹿七姑廟裏舊青鸞雲移怪石詩心細月入深杯酒氣闊爲問柴桑陶處士歸來松菊幾盤桓

金陵懷古

金陵形勝鬱崔巍虎踞龍盤衛帝畿千古江山增感
慨六朝景物尚依稀風流無復烏衣巷戰伐猶傳采
石磯同泰捨身曾說法幾時天女散花飛

舟次淮河晤蔡藐郵糧憲

臺省並登司耳目舳艫飛輓足軍儲雄才自合居清
要
盛世無勞上諫書廿載萍蹤情契濶一朝星聚興躊
躇盱衡淮水當年事悔不磻溪老釣魚

趙北口車行寄楊青仲太史

乍醒鹿夢忽愁予爲趂蟾光欲上車伏櫪馬嘶千里蘧催耕烏喚五更初隄邊綠柳盈盈匝陂畔紅蕖灼灼舒趙北燕南疆界接兄逢四海一車書

都中聞周蓮叉寅丈仙逝賦悼一律

珊珊骨節地行仙八十科名賸一氊善謔不嫌同曼倩狂吟直欲駕青蓮桃源遯去幾忘世華表歸來未卜年五載相羊憶漳水兩行涕淚灑幽燕

南海甸謁蔡梁邨閣部留宿夜談因走長句奉呈

禁苑逶迤轉夕暉小橋流水彩虹飛判來木鐸儒官老撤去金蓮學士歸腹底珠璣藏妙用眼前花鳥任天機夜深講論猶忘倦丹墨縱横紙上揮先生以梁邨集命予討論

次安慶上魏君璧中丞

節度威權五等崇楚吳兩地奏膚功登堂不厭簿書吏禮士猶勤吐握風十二年間驚斷雁三千里外息征鴻自慙材職非從事那似桃林謁晉公

臨漳令陳筍湄餽酒賦謝

白衣忽爾到空亭從事相於入省賓作頌無勞誇酒德元談不復講茶經金臺雁影雲中過玉闕鸞音醉裏聽酩酊猶能歌既醉莫愁鬢髮已星星

八月二十七日將赴圓明園引見夜宿蔡梁邨宗伯賜邸

西山爽氣匝園林御苑流澌鑑古今可是鳳雛爲伴侶莫將狗監托知音樓高手摘星辰近夜靜身沾雨露深抖擻精神趨殿陛向陽葵藿自傾心

八月二十八日恭覲

聖顔荷蒙

天語垂問祖父何名何官族中多少仕宦一一陳奏

喜幸交集恭紀一律

曉日曈曨曙色迴儒官踧踖傍瑤臺香煙繚繞宮衣動花氣氤氳寶扇開五世栽培皆

帝力一家簪紱自天來時清欲獻東封頌肉食空慙作賦才

送陳庭思出宰肥鄉

長作詞壇老主盟一爲仙吏不勝情離亭旌影搖鳧
影粉署琴聲間鶴聲海甸黃花秋更好漳河白露曉
來輕懸知報最承
恩寵準擬屏風記姓名

長安中秋遇雨同家韞光戶部賦

黯淡浮雲蔽彩蟾閨情端爲旅情添風來北闕涼生
幕雨灑西山翠捲簾燕市狂歌屠客少齊門鼓瑟酒
人淹數杯潦倒兄和弟莫笑髭鬚白似鹽

九月二十日仝挑選人員赴圓明園再行引

見蒙
賜克食
命往粵東試用眇小教職兩覲
天顏兼叨異數恭賦一律以誌榮遇
秋日風高玉几清重瞳眷渥沛金莖
天顏有喜卿雲現
帝德無私湛露傾鵠立班聯雙鳳闕雁飛影傍五羊
城再趨
丹陛

君恩重遠勝金門待詔生

鄭州卽事

鄭水悠悠十里長燕南趙北此分疆馬嘶古道籠寒霧鳧鬪平波破曉霜柳葉全非他日綠菊花猶是舊時黃舟人笑殺迷津者來往奔馳歲歲忙

將赴粵中述懷四首柬陳謙季李穆亭鄧幼季三太史

簡書持向粵江濱策馬孤征眇小臣秋晚還家同社燕年衰作吏比勞薪雲山長送青油幕雨雪愁沾白

氊巾路過羅浮梅吐艷一枝先報上林春

又

兩覲

天顏一腐儒欽承

帝簡出

皇都要將肝膽酬新主未許慵疎守故吾玉闕恩波

風鼓盪珠江品彙雨昭蘇欲知漢世循良吏盡是經

生運遠謨

又

妙齡憔悴

帝城偏艾歲膺榮

御榻前自分微官長秉鐸何期破格許烹鮮神馳北
闕春風近地枕南交物象妍神爵元康多異數那知
黃覇昔輸邊

又

盛世需賢各獻琛羣公鰲禁日相尋久欽才品皆清
要勿誚詞章尚浸淫杯酒斟時千里渺局碁彈處一
燈深何年重會源山下柳絮隨風返故林

將入粵次丹霞驛喜晤同學諸子

六載儒官謝弗任一行作吏更難禁
龍顔兩覲
楓宸近鶴跡重來首署深池畔紅桃猶吐艷窓前菉
竹漸成陰粵東此去千餘里時托雙魚寫素心

其二

恩承北闕望羊城路過南漳賦鳥鳴臘酒三升敦夙
好梅花幾點報遙情座風澹宕春將屆梁月依稀恨
又生自分長爲敗軍將此身不敢復談兵

初入粵州界閑望

粵峰澹澹描青蛾粵水鱗鱗漾碧羅嶺上常栽松百尺門前盡種竹千科溪山遠望似吳越風物近來如永和爲問當年誰拓土蠻夸大長老臣佗

除日松口舟中同子敬弟賦

三百六旬剩此辰明朝斗柄麗于寅欲將竹葉銷殘臘且把松枝拂舊塵終歲蹣跚閩嶺表一舟偃蹇粵江濱坡公同叔曾來往海外文章更有神

其二

岸上梅花笑鬢皤折來春興更消磨弟兄同酌三杯酒童僕聊賡一曲歌人得意時休着相我傷心處沒如何從茲算到稀齡候爲善工夫亦不多

其三

萬緒千端總破除年華荏苒屬空虛身登老大愁無用運際昇平樂有餘柏酒椒馨皆美食松舟檜楫可安居數聲爆竹催寒盡漸看春光暖草廬

其四

一歲光陰到盡頭千金頃刻買難留功名原是無常

物去住應同不繫舟舌本猶強澆濁酒耳根未淨狎清謳經年車馬誠勞頓數日溪行頗自由

戊申歲暮咏懷用白香山戊申歲暮咏懷原韻

剪翅休囚籠底禽遥看衆鳥噪高林驚人佳句頻闘口隨伴奇書且稱心臘欲歸時忙不覺裘將敝處冷難禁舟中春氣來偏早摘取閒花鬓上簪

正月三日閒行用白香山正月三日閒行原韻

百粤山川寒乍斂九重城闕雪初消和風杲日開高館淺水深莎暎小橋黄鳥雙雙能解語緑楊漸漸欲

攡像東皇命駕知何日只去今辰隔兩朝六日立春

藍關謁韓文公祠

昔誦公文氣激昂今瞻公像肅冠裳檄文約束驅蛟鱷諫表淋漓觸憲皇秦嶺終朝雲出没藍關何日雪飛揚岱山北斗高千古丹荔黃蕉薦一方

其二

步雪仙蹤竟渺如祠前有步雪仙蹤碑祇存祠宇向空虛潮陽大守新遷謫國子先生舊拜除漫說大顛談戒律常敎趙德課詩書八千道路寧爲遠一歲余行萬里餘

予自戊申正月入京由京
下廣計程一萬二千餘里

珠江客舍遣懷柬孫自蓮孟念爾二年丈

珠江旅次暫安居銀燭高燒伴玉蜍候雁仍飛天外去天桃乍向雨中舒心如貯火頻澆酒眼似蒙紗畏看書指日紛挐公事擾夢魂清夜屢躊躇

贈張遜侯新昏

羣玉山高瑞色明粧臺春色倍光榮千絲縷結鴛鴦帶百合香熏鸞鳳笙堂面花枝開爛熳樓頭柳絮舞輕盈君家原是畫眉手京兆風流舊著名

贈順德令柴虹文寅丈

循聲耳熟邁龔黃何幸身登大雅堂五鳳文同龍變化雙鳧影共鶴翱翔風來粉署琴書靜雨灑春城草木香自愧一詞莫能贊祇從野老頌甘棠

贈香山令陳季丹妹丈

道採月窟重詞曹澤滿峰星無字勞棲鳳翩然辭枳棘神龍偶爾遁江皐春深粵嶠棠陰遍雲度壺山瑞氣高彊歲便當作霖雨莫言宦海盡風濤

鳳署春雨同子敬弟賦

青草茸茸滿曲除蕭蕭紅雨入清渠水邊唞蚪成奏
篆天半雁鴻排晉書淺石將歸雲繚繞深枝欲下鳥
躊躇莫嫌冷署無兼味同嗜當年苜蓿蔬

遲袁子楚不至再疊前韻

漳水相逢逼歲除匆匆行色未招渠當筵已訂三春
約别路頻飛一紙書波漾清齋寒寂寞煙消紅樹暮
躊躇幾回夜雨蕭蕭滴閒課園丁理小蔬

鳳署遺懷

棗樹森森植小庭幽禽聒聒語丁寧一灣碧鑑面前

水萬疊金薜背後屏坐擁琴書春雨冷枰登蜃蛤瘴煙腥苦心詞賦憑誰訴塞似劉楨豈要聽

其二

十九人中我一丞情知衰憊有何能肝腸鉄石原無恙面目風霜已可憎夢逐故鄉孤枕月春回官舍半宵燈珠江萬里浮雲渺望斷金臺隔幾層

疊前韻柬佘浪西

一官偃蹇臥空庭公廨三間午夢寧（家弟子敬在署）自笑迂疎曾秉鐸誰憐名姓已書屏（戊申八月引見叨蒙交部記名）村多

鴨火人情異（順俗養鴨以火焙卵）潭長蛟涎物類腥最喜竹窓相去近吟成詩句鶴同聽

其二

君才庶子及家丞繡虎雕龍百事能共說詞華爲世重獨嫌骨相倩人憎一春重疊斑斑雨半夜微茫寂寂殘燈他日閒遊神步塔讓他先陟最高層

三疊前韻答佘浪西

久把文章泣楚庭暫充俗吏未遑寧數聲啼鳥共依樹萬狀浮雲半繞屏我老無能應嬾倦臣心似水惡

邅腥詩才最羨龍山友夔韋吟來絕耐聽羅履先見惠夔韋集

其二

丞負予兮予負丞位卑分賤有奚能閒尋野衲便相得老對名花覺自憎官冷每思茶作酒家貧常趁月爲燈元龍百尺樓中卧更有何人到上層

四疊前韻謝羅履先見惠詩集

霏霏玉屑灑荒庭咀嚼英華味瀯寧萬壑風聲喧曲徑五山雲影上幽屏曾衡朔雪身忘倦作觸蠻烟口懸腥誰似念莽從所適朝絃暮誦總堪聽

七律

其二

弱齡問字李中丞（安溪相國開府保陽予在幕下）彊歲爲官靡一能看盡紅花春欲去梳來白髮世同憎敝裘難貰荒郵酒破壁唯懸旅店燈多謝新編相啓發文瀾詞浪湧千層

五疊前韻答羅履先佘浪西

了無官事擾公庭疊棒珠璣未得寧潮趁雨聲歸竹閣日烝嵐氣入花屏禾虫作醬盤餐美（誌載虫如蠶色紫味美作醬絕）壯蠣堆牆夢寐腥誰把竹枝詞一唱令人側耳聽

日來聽

其二

唐宋高賢半簿丞今非古制乏才能身閒隨處堪招隱口約於人免取肯粵地風騷皆巨擘吾宗宰輔續元燈（甘竹家相國爲神廟丁未大狀）自慚下里無佳句兒有雀詩題上層

六疊前韻寫懷兼柬履先浪西二同學

啾啾棲烏鬧門庭吏事稀疏盡日寧鯉海濤翻燕玉帶龍峯雲拱雀翎屏天教窮苦應辭富人實迂疏自

厭腥看汝三秋騰六翮笙簧歌管滿城聽

其二

病身相稱莫如丞曲折腰肢我未能世路自傷還自慰人情誰愛復誰憎田無附郭餐仙粒案有遺書傷佛燈莫怪此身何太瘦思如蕉笋剝層層

步余湞西園亭七疊前韻

兩家詩秀步閒庭往復相過足不寧映竹美花開石罅知時好雨沒山屏甜娘邨酒當杯醉印子江魚入饌腥物候恰逢寒食節催耕聒聒惹人聽

其二

桓譚曾作六安丞書法空慙褚薛能蕭散乍邀仙客顧孤高不憚俗人憎茫茫泯泯三春夢雨雨風風獨夜燈騎省舊遊嘗促膝故鄉迢遞隔千層（謂潘子登）

病起八疊前韻

纔驅二豎出黃庭自覺三焦稍稍寧世事眼前流似水方書肘後積成屏看花莫管春風老行藥偏嫌瘴霧腥縱未斷葷多素食庖廚伊邇絕聞聽

其二

摩詰賔王也作丞吟詩草檄我安能年衰不解別離苦病久翻添僮僕憎隄柳垂絲侵客路牆桃帶雨亂春燈鄉關一去三千里極目雲山百萬層

與子登兄子敬弟夜談九疊前韻

少小嬉遊侍鯉庭無成老大似崔寧風霜點染隸書被水墨氤氳山字屏野鳥啼春聲欲碎江豘吹浪味還腥雨中好作池塘夢花蕚樓前子細聽

其二

歲月催人白首丞青衫黃卷又何能但當戀世春行

樂莫要嫌身老可憎魚目爲珠終亂寶草螢如火總
非燈塞翁得失奚常定覆雨翻雲日幾層

林學川姍丈優擢冏卿却寄一首

數年負締侍彤庭半歲遷騰佩水珩騋牝三千新僕
正起居八座舊名卿共憐華髮朝朝短獨憶芳樽夜
夜醒從此雲泥相間隔不知何處認鷗盟

柴虹文寅丈餽米賦謝一律

依然疇昔破齏堂多謝賢侯饋鶴糧蘇季有田何局
趣陶公乞米亦尋常官閒頓減三匙飯竈冷曾欺五

夜霜從此炊煙勞巧婦不須辟穀問仙方

鳳城懷古柬佘兼五廣文

景泰年間邑始分老鴉冲鶴列雲屯地窪潮長環三面縣小山高少一門城止東南北三門水閣頻通丹荔岸春燈時挂綠楊村颶風乍起同官冷紅雨蕭蕭白日昏

李世邠學使左遷入都寄懷二律

視草鸞坡十八年論文鶯友共懽然西江人去應前席花地書來是左遷詞客優游千里夢征途繚繞百花天諸生夙昔荷蝡誨滿道笙歌擁馬前

其二

衡文吳楚得翹翹，杞梓楩枏輒見招。自是荒包滋吏議，何妨屣棄任波漂。西江夜月論心久，京國春風覿面遥。悟得榮枯皆誕幻，不須埋鹿向芭蕉。

贈洪煥章州貳守

家聲物望重文安，褭馬翩翩豈等閒。鳳嶺風微羣雁度，龍峯雨洗百花斕。十年詩興濃于酒，兩世交情重似山。遥指庚星輝貝闕，絳衣仙子下人間。

周約齋寅丈招集聽山齋賦謝

長松偃蓋覆山齋澗草庭蘭日夕佳舊政何妨爲我
告新詩久巳洽心懷談揮玉屑風生座酒滿瓊巵月
上階念載馳驅初歇足喜無吏事費安排

聞元戎仰虛叔凶信感慟二首

碧天陰翳蔽長庚凋喪吾家舊老成兩度泰中施豹
略卅年林下結鷗盟靈旗黯黮烟雲暗繐帳蕭森劍
戟明崗姓傳來十七葉亢宗眉壽獨崢嶸享年九十有二

其二

少壯魁梧秉異姿承家端不藉毛錐班超投筆開沙

漢郤穀懷書擁虎貔詎識匡床叮囑語竟成泉路別

離時吾宗大厦將傾拆那得如公鼎力支

寶林寺方丈晤余兼五年丈

寶林梵宇海雲邊長夏登臨結淨緣老去唯將書過

日病來只以藥延年談心方丈來馴雀携手孤峯聽

暮蟬今夕暫爲蓮社客他時獨泛子猷船

謝柴虹文寅丈餽藥

無端吏隱瘴江濱新結知交勝故人尺素乍通情種

種刀圭相送惠頻頻老來自覺身焉用病甚方知藥

是親莫道腐儒多肺疾文園消渴最傷神

縣尉劉五三以詩見贈依韻奉答

爲休爲咎總無常時見時潛判聖狂自愧蒹葭難倚玉誰知葵藿尚傾陽千秋事業應同勵一夕交情幾許長更願連鑣並奏績吟成詩句日來將

已酉粵闈感懷四首呈廉州司馬姚見亭茂名少尹朱星岩

自分迂疎守片氊如何趨赴棘闈邊鹿鳴宴樂原前定螟蛉生徒是夙緣充對讀官約束諸生二百餘人月落蛩聲吟素

壁風高鶚翮奮青天同官皆屬首宮侶（姚朱爾公皆起家廣文）回首當時覺惘然

其二

秋色晴明試院開玉壺冰鑑照瑤臺便將今日章縫士取待他年棟梲材五彩文光梅嶺絢千層詞浪粵江來莫言見獵心猶喜愧乏相如作賦才

其三

杞梓楩柟盡納容程材先把棘門封時當秋半氣皆爽人對月圓情更濃蟾桂香飄椰子國蠙珠光上粵

王峯駿奔闈役仍歌誦直待霜寒聽曉鐘

其四

七十哦松老病身文場蹉跌許多春昔時擬作浮槎客今日翻爲讀卷人百粵三秋開武庫七年四度燕嘉賓雍正元年至七年開科四次上官僚友皆知已提誨殷勤勝飲醇

闈中明遠樓曉望

初升海日挂東城雲影山光掩映明鄉國不知何處是淩層頓覺此身輕三秋丹桂全無夢九月黃花尚

有情百尺樓頭聊徙倚夜來卧看斗參横

讀順德邑乘偶成長句呈柴虹文

鴈墖雙峯鎖海門凌空雉堞聳高原山川迴抱魚鹽富禾稼菁葱畝畝繁六載科名三解首一朝文武兩臚元哦松少尹無公事邑乘將來盡日繙

次余語山韻送汪漪園廣文歸養

梅花乍吐雪花明五載槃歸說宦成只願斑衣娛繡闈不將朝服趂華旌江山滿眼冥鴻急圖史隨身彩鷁輕自愧一官同寂寞空多白髮繫冠纓

寄懷德城李捷先

自從騎省誦雄詞纔識荆州慰所思誰是歲寒盟舊約自慙年老結新知梅因雨後春情重官到閒來旅夢遲郎過名園同潦倒松風竹月見丰儀

贈柴蒼山明府

少攀蟾桂襲仙裾彊歲新乘白鹿車琴拂春風聲更韻梅開化日氣偏舒羣峯競入臨川咏四邑爭傳御苑書一自循良徵拜後勿忘僚佐有應徐

己酉歲除前三日柴蒼山寅長招集小酌

門稀車馬似坰郊假館經年屬代庖囊有一錢稱巧宦儕無二仲托神交清詩少許何容祭黄曆將殘且暫抛除却令公相繾綣憑誰誅伐此心茅

過半畝方塘賞菊賦贈歐齊柏齊獻齊乾齊曉

四昆季

半畝方塘一鑑明主人難弟又難兄窗開八扇迎朝旭酒泛千巡醉落英㬉㬉淡粧霜漠漠輝輝圓影水盈盈名花名士稱同調富貴何能愜我情

陳村舟中坐雨柬歐齊獻明經

浩蕩春潮滿曲除廉纖紅雨落清渠船依古樹聞啼
鳥人把長竿釣巨魚雲氣似從窓裏出山容偏向晩
來舒昨宵縱酒逢佳士辱贈新篇謝起予

歐爾和以詩贈行依韻奉別

遴選班中歎不才去年銜
命粤江來簿書鞅掌心常瘁桃李蕭疎手自栽十日
琴樽同嘯傲一竿風月許追陪聽君匣裏雙龍吼時
吐文光灼上台

哭子敬季弟

閒雲黯澹護詞壇何事悲風五月寒荆樹三枝愁折二鶺鴒雙影怯成單父兄泉壤相逢易妻女家鄉欲別難旅殯雙山寺名由我罪不勝慙痛淚汍瀾

又

一半稀齡財出頭池塘春草夢無由前身應是周公瑾夙志何如馬少游篋裏遺書誰付托社中佳句尚貽畱近奪鳳邑詩社首席他時扶櫬歸先壟三匝號呼哭鄧攸

又

戊臘相從過惠潮蓬窗倡和度閒宵書香五世一朝

斷墨淚千層半夜消自嘆宦途多局促可憐泉路已逍遥無端棠棣遭風雨嫩萼先辭老樹飄

過鹿塚呈曾秋塍太史

龐公遺物亦登仙張月相隨返尾廬未向梵王登鷲嶺却來塵世伴牛眠義烏去後猶名縣遼鶴歸時不計年漫說蒙莊蝴蝶幻一場蕉夢尚堪傳

贈福唐葉志喬

家在幔亭九曲濱平章聲望舊嶙峋數莖修竹烟霞古滿架排籤翰墨新三徑每邀羊仲賞五陵誰念馬

鄭貧知君醉後多佳句時得相從咏白蘋

太史曾秋塍孝廉張徵五招飲越秀講堂卽席

賦謝

講席初開謁大賢龍門彩筆重編年受經徒愧函關吏視草疑逢太乙仙四省衣冠（局中諸友籍隸江浙閩粤）多慷慨三更燈火尚留連清秋最是披襟候還訂南樓看月圓

惠陽葉顧吾先生同寓志局偶出西郁韓江二集見示請窺全豹復惠債遊展遊諸什酬讀

之下飄飄乎有引人入勝之致賦贈三首

西郙詞筆信龍從海內名儒更有公最好長歌追杜甫還尋奇字學楊雄調翻白雪風騷古經寫黃庭變化工首蓿垂闌塵不染翛然猶念此心同

其二

才藻堪爲供奉班如何抱鐸臥塵寰吟髭數斷淸秋裏笑口常開白石間自昔詩篇歸樂府從今史筆託名山奇緣聚會珠江上應似淮南桂可攀

其三

纔賦債遊復展遊宦情旅興兩夸猶著書久滿山中
筒縱酒頻移月下舟豈是閒官身偃蹇同來志局話
綢繆經旬伏枕無靈藥乘惠珠璣覺有瘳

和葉西邨廣文秋夜玩月原韻

秋水悠悠淨碧空殘砧遙聽月明中彩蟾影撥千重
霧斷雁聲悲五夜風雲臥青氈前日約陸沉金馬幾
時同披襟共遺南樓興誰似新篇妙化工

風箏同葉西邨佘語山限韻

半天縱送復悠揚一線何能測短長雲際徘徊翻蝶

拍風前嘹喨奏鶯簧凌空欲趂三秋雁息駕緣沾十月霜莫怪舐舊難活潑須從遊戲悟文章

送盛晴谷年兄出宰吳川

百里神君一别難離亭祖餞肅衣冠船從南海洲前過琴向吳川署裡彈對酒幾番良夜醉栽花無限滿城看同年皆少忘吾老願把青松盟歲寒

贈宋友

偶爾仙踪集穗城極星朗處暫稱觥時揮筆墨多靈氣長對烟霄放逸情白鹿馭來霞作佩青萍舞罷酒

頻傾嶺南九月梅先發賦手還應讓廣平

贈鄭懷二長公宴爾

秋色晴明彩鷁移五峯如指數佳期雙棲鸞鳳來瓊島金蒂芙蓉吐玉枝同調歌翻天上曲合歡酒泛掌中巵君家不用催妝句侍女嬌羞也解詩

送大中丞舒菴傅公還朝

三台星與法星齊百福親勞聖主題輓運亦煩唐李絳勛猷不數漢金磾千軍掃却歸文苑一篴吹來似武溪此去朔端應秉軸黑頭

艮相錫元圭

其二

開府蠻疆五等崇具瞻百辟擁彤弓揭來淝水徵安石竚看平輿拜晉公經濟久傳郕子國勳名長勒粤王宫生黎向化咸歌舞萬里車書一統同

其三

貂璫豹尾簇金鞍駟馬飛馳夾路看可但授餐多揖客更能柔遠慶安瀾朱旂度嶺闗雲散玉佩趨朝朔雪寒自昔司徒多造士勿遺滄海一琅玕

其四

志局弘開起儒頑旋傳歌吹入燕關三年出佩中丞印九命趨歸大部班身惹爐烟承北極眼看春色滿西山依依樾蔭情無限岱岳岩岩不可攀

將之普寧舟中述懷呈何原幹

輕裝就道向潮州小半山程大半舟出岫閒雲仍黯黮遷喬鳴鳥尚淹留宦情久熟身將老客路重來興轉幽可是鉛刀聊一割未能剝解及全牛

又

蕭蕭木葉下亭皐艑艋輕輕要學操隨處烟波雙艣起滿船圖史一身高牀頭得酒逢佳士夢裏題詩吮彩毫地近鄉園情孔亟漫言仙吏似盧敖

韓江懷古

十尺韓江澈底清曾驅蛟鱷徙滄溟潮陽七月新經濟刺史千秋舊典型扣馬清歌仙是幻披鱗直諫佛無靈忠言氣奪王庭湊摧折強藩照汗青

署榕

高榕何日植庭邊坐對菁葱色可憐綠淚乍翻寒夜

雨青春長散久陽烟聲來曲檻吟風古影落高齋得月偏老幹離奇堪寄傲莫從羣卉鬬鮮妍

寄唁施鳳山太守

盱水匡山伴勝遊詩筒酒榼共綢繆交親不啻盧和李意氣何如白與劉震世聲名留北闕傷心涕淚墮西州隻雞斗酒無由薦空締金蘭十七秋

又

昨夜星精霣似雷遙知故國玉山頹園亭寂寞花無主琴劍蕭條夢不回五馬衣冠榮錦里先生旗籍蒙賜回閩調養

十年父子聚泉臺尊公勇果公歿纔十年可憐良友凋零盡猶聽山陽一篴哀

普署立春憶故鄉同學諸子

蕭疎宦舍暫盤桓歲晚逢春強自寬千里梅花歸夢短三杯竹葉夜燈寒年衰不覺離家易情重方知別客難親串幾回憐寂寞書來輒索舊詩看

遊七星岩呈佘兼五廣文

三度端江此一遊七星錯落正當頭閑來好帶烟霞去老至思將聱欸投洞裏乾坤堪俛仰岩前花鳥自

春秋石芝石乳供餐咽會訪仙人十二樓石芝石乳皆岩景

其二

層巒雕琢玉玲瓏百寶裝成具化工斗柄依稀躔繡壤星精拚映射珠宮鳳凰翅展滄波日鸚鵡音喧峭壁風獨怪仙桃千歲綠不知洞口幾時紅岩有石鳳凰石鸚鵡石仙桃

其三

石鼓鼕鼕石磬鳴鳳飛象舞百神驚洞有石鼓石品象石磬諸奇題辭比西園富景福書傳北海名洞刻甚多有李北海景福二大字

一線通天藏日月四圍皆水浸蓬瀛此身夙負耽幽癖頃刻偷閑暢我情

其四

山勢緜延逞七雄神斤鬼斧鑿崆峒稻孫蒻蒻綠塍綠荔子纍纍綴葉紅霧漲忽沉靈鷲岫雲深不辨斗眞宮（鷲岫峯斗眞宮皆岩上扁）憑虛欲御罡風去爭奈塵心類轉蓬

普邑早稻大熟

四郊禾稻早登場百室盈寧樂降康如櫛如墉吾有

吾餘三餘九汝無忘放衙且縱千杯酒閑閤猶燒一
炷香願得年年書大有金莖玉穗獻
君王

署中贈林甥韜先

昔從壇坫共耽奇今聚洪陽慰所思案寡簿書山色
靜署多花鳥雨聲遲慚將老馬馳千里喜看新鶯占
一枝莫怪舅甥差四歲情深勝却少年時

夏夜同鄭一策丈林韜先甥御椒弟大順兒坐
談偶得長句

署宇深沉宦况幽炎蒸不寐話綢繆近因病肺燒丹竈頋把閑身對白鷗月色樹籠猶照面星光雲散正當頭二三親友多風雅坐聽殘更互唱酬

曾署述懷寄閩中同學諸子

鄉心搖蕩似旌懸故里情殷倍黯然薊北歸輿纔十日戊申冬至家僅十日粤東捧檄已三年孤高縱飲難逢世垂暮耽幽愛學仙自分無成先業在但留方寸一良田

又

盡日空聞鳥雀喧主人孤負此高軒知交零落鱗鴻

少宦況蕭條骨鯁存五世文章難接踵一官凉冷易稱尊何時得賦遂初志買片秋山學灌園

又

人生何事悵浮沉疇昔風光渺莫尋水入春池無去路燕逢秋社有歸心夢魂不畏崎嶔嶺倦翼難棲枳棘林纔把薔薇栽兩架幾時盡醉臥花陰

又

兩月鴻音渺不聞一朝魚信達江濵日得家書談諧對客消清夜老大思親望白雲漫說簪纓遥步武惟歡孫

子近能文歸時里閈應狂笑共指微官瘦幾分

又

點檢歸裝長物稀去時大抵似來時空添鬢上千莖雪財剩囊中數首詩明哲知幾遵古訓急流勇退是家規自少保公督學公令尹公中書公皆以五旬餘致政女孥發軔猶悲慟兒把荆花折一枝予弟頎于羊城近將發軔

又

終日言歸未得歸身如櫪馬口銜鞿時和喜見稻孫茂地僻空聞荔子肥叔夜有琴成痼疾淵明耤酒發

天機筍溪一似磻溪好應悔當年下釣磯晉邑茘支絕少

中秋遇雨同錢塘何原幹海陽謝雋伯南安吳

占斯署中夜酌

縱横君輩盛文章愧我栽花遜洛陽三省衣冠紛笑語一天烟雨薄壺觴忘機漸覺官情淡話别頻思客路長莫怪艮宵蟾影暗碧紗銀蠟亦輝光

艮輔姪新昏

玉露霏微秋氣清誰家小鳳共吹笙仙郎珠樹三株秀月姊銀蟾一夜生縷結同心懸錦幔酒逢合巹浥

金莖吾宗孫子乘龍客質樸還應說老成

閱童卷

功名從昔似翻瀾試卷堆床儘足觀自怪文章常坎壈誰云啼笑不艱難丹鉛滿案千花燦雕鶚橫秋萬里寒敢道孫陽能相馬一麾赤幟學登壇

送孟三姪還泉州

宦遊三載瘴江邊小阮將歸大阮憐此夕同傾元亮酒明秋看着祖生鞭杉楓影落漁爭渡鴻雁聲喧水上田縹緲雲山分兩地不妨沉醉臥花前

送謝雋伯還里

粤秀山堂財覲面安絃精舍（西偏扁名）始談忘風高落葉辭芳樹月朗孤舟返故林先世天人三策重後生氣誼百年深期君雲路翺翔去愧我官塲老病侵

九日同林韜先外甥賦

年年歲歲他鄉客今日他鄉似故鄉暑去寒來催老具黃花白酒養生方親交作賦消清讌侍女吹笙叶洞房（余日前納妾故云）但得一時開口笑何須佳節是重陽

其二

佳節亦如常節過粵鄉差喜似閩鄉風來寶嶺雲千片潮落錢湖水一方園莽纔除鋪菊莚池荷雖老結蓮房蹇予獨立高岡望數點寒鴉帶夕陽

聞孟念爾年丈題令普陽余當改授別邑漫賦四律

閩海勞人暫息肩中州好友喜鶯遷原無舊政傳新尹且把詩筒付酒船孝肅端江曾擲硯葛洪勾漏欲求仙于今宰割知何處細鼓牛刀淬鍔前

又

鐵皁分符始及期韓江桂檝又將移來鋤毒草萬千本予捐俸拔鋤毒草數千觔去插秋花三兩枝願學嵇康成我懶慙非何武繫人思家傳清白源流遠種竹還應問伯兮

又

孟公原是輩中人共沐恩波出紫宸乍暖乍寒驚節候一來一去見交親此時並負簿書累曩日全爲苜蓿臣自笑殘身轆轤似盤桓道路不知春

又

身世從來如夢幻宦場何異戲場中三秋荏苒千山雨兩袖飄蕭一院風去日圖書頻檢點別時蹤跡任西東多情惟有錢湖月沿路隨行伴老翁

寒夜憶子敬

飄蕭木葉滿庭除泉路何緣寄素書臥晚忽疑寒夜短官貧長覺故人疎潮聲帶雨終歸海雁影排空總是虛久矣池塘無好夢愁心忍對棣花舒

邵方韓惠老鸛酒十八疊餘字韻奉謝

斗城政簡盡公餘官舍優游當室廬念我蹒跚宜老鸛老鸛草泡酒祛風多君才調著新書道家雲母漿相似內苑金莖露不如慙愧劉伶一石量醉來只合掩門居

澄海甯漢章寅丈惠藏雪齋詩文次韻寄謝

雅集經營似構堂文心幽渺更張皇官僚儕偶兼同郡澄普相思各一方薛壘浪翻千萬象江毫花吐兩三行蹇予亦有耽書癖時把芸編映壁光

邰方韓惠筆

毛穎當年著傳奇笑揮窓下寫新詩中山兎脱來交

苑北海魚飛入墨池作篆欲追周史籀學書初仿晉羲之期君留待裁天詔草制鸞坡運巧思

長至日仝邵方韓四疊奇字韻

陽復初成一畫奇宮人添線我添詩粵中瘴霧侵書幌塞上嚴霜凍硯池人事推移原莫定宦場冷煖且安之飛灰佳節應須醉勿使閒愁惹夢思

至後郊行書所見

至後郊行過曲塘天心財轉日初長遠山隱隱近山

現小麥青青大麥黄屋角夭桃齊放萼牆頭新竹漸成行一冬風物猶春景爲愛炎州少雪霜

臘月二日邵方韓招鄭堉一策林劈韶先暨順兒長兒往遊南砦寺以公事弗獲偕行歸示長句依韻奉酬

歲晚招邀步梵堂山僧致饌菜根香冥心高士通三昧鞅掌勞臣隔一方上下虛窻應得月參差古木自凌霜游人到處堪幽賞何用登樓懷故鄉

壬子元日

清曉雞鳴拜

紫宸如酥小雨潤芳塵功名易淡韶光換花草難忘故里春中世惟憑官作活他山幸藉德爲鄰今朝閉閤開家宴獨惜銜杯最後人

燈節自韓江回署次方韓韻

韓江作夜纔歸客鯉水烟深淒復淒無限雨風難作夢數行燈燭恍燃藜商絃暗動啼春鳥檀板輕催破曉雞是夜堂中清唱猶憶鳳城元夕節星橋火樹笑攀躋

紅袍菊和甯漢章韻

滿圃秋英樣樣開誰將顏色鬭紅梅絳桃早識天家種丹桂休誇月殿來別有幽香娛晚節要知麗質奪凡胎胭脂多買逢時眼移向紫桑陋不才

和甯漢章寅丈除夜三首

三百六旬此夕終算來何過復何功拚將酒脯酬殘稿準備甕鹽度晚風拜歲茀名花開于葉紫宜春字貼一堂紅明朝馬齒又加長頓悟浮生蝶夢中

又

出宰山城未見忙况逢年暮好尋芳漫言明歲雙春

至只愛今宵一刻長柏酒三杯辭舊臘梅花幾點透
新香琴堂守歲驕兒在錯落紅燈徹夜光

又

昂然七尺宰官身空過洪陽兩度春鬓髮已嗟垂老
日心情猶似少年人但知一味疎朝市不向三更別
舊新最厭侵晨投刺客衝風冒雨憊精神

對雨書懷

絲絲銀竹浥輕塵坐對汀洲咏白蘋潮水晚來都是
雨菜花開處亦成春莫嫌几案琴書潤猶憶鄉關草

木新只爲相如常病肺閒抛酒琖忽經旬

題授陽山聞報誌愧

陽山改邑已多年韓子貞元曾左遷窮處於今偏屬我（韓公云陽山天下之窮處）好官從昔要由天可知地僻民皆樸猶冀身閒吏似仙未識書臺在何處（縣有韓公讀書臺）擬將松桂植廳前（韓公縣齋詩有讀書松桂林之句）

其二

嘗愧躬耕閩海濱斗城待罪亦王臣一方山水堪云富百里絃歌未厭貧自有烟雲供傲吏可無詩酒伴

殘身他時賢令山頭望邑有賢令山莫笑區劉過從頻韓公在陽山劉師服區弘區冊時嘗往來

遊紫竹菴

捫蘿躡趿路迴環俯瞰平疇水一灣自昔騷人饒逸興猶留詩句在禪關萬家煙火青城裏千尺樓臺紫竹間此地傳來多寶氣銀山聳翠映金山葫蘆山一名銀山與金山對峙

松口憶子敬弟

中年除夕此經過倡和塤篪樂事多可笑功名思爛

熟莫驚歲月易蹉跎渡頭盤鬱榕千樹牆角菁葱竹數科風景依然唯憶弟痛將清夢付南柯

登五層樓

雉堞迴旋躡屐前覇圖銷歇幾千年層樓聳翠排青嶂大海翻波亘碧天遍地魚鹽喧市亂環山松栢帶霜妍一杯苦茗清塵慮喜與枯僧話夙緣

陽署除夕

經年宦冗盡徬徨除夕纔知是異鄉身到老來驚歲換臘辭歸去笑人忙梅花枝上三更雨竹葉杯中一

夜霜莫怪蠻方風景別韓公曾宰此湟陽

送郭凝厚寅丈還廣州

穗石談心已數年湟關分手值春天檣帆蕩漾桃花浪旌旆飄飄楊柳烟政績津津惟我告交情脈脈爲君牽此行再試屠龍技卓曾循聲播管絃

劬勞辰述懷步韓寄菴元韻

算來花甲近周年待罪蠻方已兩遷桃李千株栽綠野（普陽兩邑課士得文頗多）栴檀一炷禱青天要留遺愛追韓令莫學燒丹問葛仙猶憶洪陽春二月衮衣赤舄獻吾

前賤辰普百姓公獻萬民衣

其二

不在山阢便海濱洪陽普寧別號湟水一勞臣材能徒擅洵虛富韓詩材能虛富家逾窘妻子交譏總怨貧詩手慚非摩詰手幻身或是德雲身漫言馬齒應加長鬢髮顛毛雪點頻

其三

累戰詞殤嘆數奇幾回宦況耐人思關河日月迢遥去身世功名蹭蹬遲靜處吟詩看劍櫺閒來把酒對

花枝懸車屈指十餘載便是優游林壑時也

其四

傳家賸有得閒堂先君有得閒堂集諫草詩章一瓣香要學長生無别法先除煩惱是良方年衰倩酒消長夜病甚逢春怕曉霜百粤由來多瘴癘不須悵望日思鄉

英德道中

瘴雨霏微三月天竹含朝露草含煙粼粼石齒灣灣水翦翦秧針漠漠田並坐黃鸝藏葉底羣飛白鷺抹山邊暮春風景如圖畫應向滄涯憶米顛

聞少宗伯蔡梁邨先生凶問誌慟二律

壇坫追隨二十稔半居霞郡半金臺說詩匡鼎歸何處問字侯芭不復來天地無情梁木壞古今多恨玉山頹遥瞻幽薊台星霣櫪馬驚馳定幾回

其二

海甸中年别素秋丁寧補過續前修久邀阮籍開青眼莫嘆温公尚黑頭秘苑常揮丹鳳詔禁池時盪木蘭舟留賓唯恐歌彈鋏薄暮呼童下釣鈎每至宗伯賜邸公必釣魚入餌繾綣連宵

夢吃閩中荔支

夢中猶自到林泉荔子流丹景色妍堆向枝頭猩血艷劈來掌上蚌珠圓芬香飄杳經千里顏貌依稀別十年何日重餐三百顆一甌靈液沃心田

湟川五日觀競渡步和韓寄菴韻

午日湟川一鑑清臨流設席酒頻傾魚沉遠浦晶珠散龍躍層波簫鼓鳴榴火暎杯光斂艷艾旗蘸水影縱橫晚來移櫂漁磯畔竹色榕陰入眼明

遊同冠峽普陀岩

同冠溪光信可憐叢篁披拂草芊緜天開靈洞安排
巧地湧奇峰結搆偏繚繞烟雲窺寶藏玲瓏水月現
金仙昔時韓子經遊處曾到岩頭半枕眠

宿石螺灘

石螺灘上水聲幽岩竇潺湲玉乳流暝色迷濛花外
舫炊烟飄杳驛邊樓一龕佛火高低現數點螢光遠
近浮傲吏此宵清夢好也應孤鶴掠孑舟

石湖嶺

透迤石磴路悠悠萬轉千迴出嶺頭鳥語坐從雲外

聽泉聲半向日邊流松杉歷落高低樹禾黍參差遠
近坵特怪天開此勝景徒教俗吏得遨遊

不自棄亭文集卷四目錄

閩晋江黄道泰子寅著

近體詩七言絶句
讀杜少陵集書後四絶句
新城舟行二首
寶坻縣渡河
雨後天河仝李太史世郊咏
秋夕
百花洲仝施鳳山郡守咏

自元夕積雨百有餘天至四月十六夜月色纔明未幾輕雲掩蔽西江兎魄幾同巴蜀陽烏懊恨者久之得兩絶句

泊光澤水口

登壽昌寺樓

歸里訪輪公上人已經示寂不勝慼愴聊賦一絶

延許乃夢爲内人寫眞

讀東坡集書後六首

安溪相國輓歌七首

鴛鴦嘆

戊戌春正月自崇安携兩鴛鴦入鷺島主人置之映蓮亭池畔游戲自如頗得其所未幾頑童亂放鵞鴨狎侮日甚一雄先飛而去不崇朝其雌繼之恥與爭食邪抑別有所眷慕聊作鴛鴦嘆

過馬頭橋

木棉花丹霞庠署咏

聞蟬
清明郊行
燕市懷古
望龍虎山
次南臺遊復初菴有一尼工丹青出便面索書
走筆贈之似涉於邪旋即自懺
清漳竹枝詞十二首
籬畔新植芭蕉
從法雲庵僧乞竹

月夜望圓山
過泗洲宮
過觀音山懷鄭剡夫
嗎哩芥
雩鴛鴦
早起吟
別奎樓
讀史記
讀前漢書

讀後漢書
讀三國志
讀晋書
讀宋書
讀齊書
讀梁書
讀陳書
讀後魏書
讀北齊書

讀周書
讀隋書
讀南北史
讀唐書
讀五代史
讀宋遼金三史
讀元史
入延溪
寄家書

馬家口觀摸魚
過東平州
虎邱遇雨
晚從西湖泛舟至江口
巖溪襆興
浦溪水淺從竹簰至水北渡登舟
獨眠吟
春風
負春

舟泊石龍
鳳城觀放煙火
閏七夕
同柴虹文寅丈泛舟水藤
碧江卽目
平步遠望
舟中夜坐
青雲路曉望
鳳城元宵觀燈曲

文江社文閣

葛岸曉望

自岳步順流至陳村

龍津舟中雨

寓居五羊城南

端州望江樓曉眺

過百花墳有懷

過惠陽憶亡弟子敬

禾溪晚望

鋤園
逢僧
舟泊珠江
過羚羊峽
羊踶嶺
遊惠陽西湖三絶句
過朝雲墓
寓迎暉堂
題海陽謝雋伯小照

即目
韓木
鯉湖草菴題壁
重宿草菴再用前韻題壁
春日訪陳雙山知去冬謝世不勝愴然
署後木棉花盛開
讀憲副璞園伯墓誌有作
舟過揭陽陳瓊田寅丈留飲
鷓鴣嶺

奉陪禮垣徐集功觀劇
將離晉寧題署壁
龍湫潭
紗帽峰
大塘荷香

卷四

不自棄亭文集

附

近體詩五言絶句

建武食荔支二首

挽春亭

鴛鴦樹

鶴寮

鷺磯

字城

荷池

雲洞

蕉窓

東嶺晩望

題畫

古意

錢

七年元日對酒用白香山七年元日對酒原韻

早春

戎署除夕

署廳偶成四絕

蓬瀨灘

篷霜

霧漲

漁火

溫泉

不自棄亭文集

閩晉江黃道泰子寅著

近體詩 七言絶句

讀杜少陵集書後四絶句

注杜之人百十羣，祇於字句競尋論。要知稷契非虛抱，一飯何曾敢忘君。

又

大曆風流不可攀，七哀三禮落人間。唐家多少稱詩伯，彷彿唯傳李義山。

又

白木長鑱性所甘浣花松竹恣幽探半生奔走巴山道鑄出詩人陸劍南

又

當年已自稱詩史光燄猶夸萬丈長獨有離騷堪媲美可無盧駱與王楊

新城舟行二首

蓑笠孤舟疾似飛溪深空信有魚肥鸕鷀何故不歸去獨自黃昏坐釣磯

又

鷗鳧亦解樂同羣鎮日相依戲水紋幾處靑山白雲外一間茅屋對斜曛

寶坻縣渡河

東出長安古驛樓地名亦自號泉州令人忽憶南中景無限相思柳渡頭

雨後天河仝李太史世邠咏

銀漢斜看雨後明長流永夜寂無聲不知河水添多少好泛浮槎入玉京

秋夕

微雨初來葉上平最多吟興是秋聲檐前螢火飛無
數照得書窗一夕明

百花洲仝施鳳山郡守咏

漪漪碧沼錦鱗遊曲曲飛橋架小樓誰把孤舟横斷
港月明空照百花洲

自元夕積雨百有餘天至四月十六夜月色纔
明未幾輕雲掩蔽西江兎魄幾同巴蜀陽烏
懊恨者久之得兩絶句

桂魄深藏百十天，幾回虧缺幾回圓。不知閨閣春宵裏，多少傷情濕素絃。

又

莫怨他鄉月影孤，竟如西蜀得陽烏。一春有約空相負，爲問南樓夜宴無。

泊光澤水口

卸却籃輿又買舟，紅燈綠酒話溪頭。順流不畏篙工懶，只恐風來是石尤。

登壽昌寺樓

清曉來登百尺樓水光滉瀁日光浮寒烟渺杳人何
處木葉飄蕭下釣舟

歸里訪輪公上人已經示寂不勝感愴聊賦一
絕

別來倏忽已三年叩訪高踪竟渺然九十光陰如露
電不堪回首夕陽天上人世臘九十有夕陽寮集

延許乃夢爲內人寫真

我亦曾經數寫真偶然披閱似他人紅顏白髮年光
促悔向鴛溪認此身

讀東坡集書後六首

竄逐年年觖望無半生留戀在西湖不徒蠻貊稱家世隨處行人識大蘇

又

論才堪比李青蓮守郡眞同白樂天一自黃冠來入醮始知奎宿是生前

又

瓊雷相望水中分夜雨聯床憶卯君一樹梨花頻入夢閒愁片片付朝雲

又

裕陵每飯嘆奇才元祐深宵撤燭回却笑戰塲迷五
色難將李廣拔高魁

又

辯鋒慧劍背頭禪蜀水遥通萬斛泉抄得漢書成一
部如何詒笑在臨川

又

詩格規摹韓退之畫中却有輞川詩南遷二友陶兼
挪馬糞王家訓小兒

安溪相國輓歌七首

經綸黄閣十三載睥睨詞林七七年朝野羣沾時雨化一門桃李盡鮮妍

又

先子擔簦早及門得從芸閣話寒溫湖山避難同甘苦尚有當年手澤存先子辟難湖山　文貞公摺稿半出先子手寫

又

蛇年立雪保陽中羊歲仍來謁相公自愧石頑頭未點半生虚受此磨礲辛巳予寓保陽幙至乙未復遊　文貞公相府

又

經學修明國運昌妙將律呂叶陰陽開基忠厚陳幃幄屢引姬周曆服長相國敷奏經學修明則國運休盛又有周家綿長皆由忠厚之語

又

累葉承恩錫扁聯槐階夜永撤金蓮君臣魚水難遭遇好誦商書一德篇

又

相國天然仁知姿曲江仙鶴下堦墀今朝忽復歸華

表冷落誰修孺子碑

又

丹旐飛飛

帝里還蛟螭玉匣錫崇班一天雨雪三冬候泪洒羊

公峴首山

鴛鴦嘆 有小引

戊戌春正月自崇安携兩鴛鴦入鷺島主人置之映蓮亭池畔游戲自如頗得其所未幾頑童亂放鳶鴨狎侮日甚一雄先飛而去不

崇朝其雎繼之恥與爭食邪抑別有所眷慕

耶作鴛鴦嘆

水鳥多情似此稀來時相伴去相依祇因羞與鵝鳧

伍故擇林塘自在飛

過馬頭橋

一派清溪吼若雷板橋流水自瀠洄馬頭徑路無行

跡聽得猿聲出樹來

木棉花丹霞庠署咏

開時艷麗近花朝一抹明霞晚未消日暮閑亭空悵

望綠蘿深處繫紅綃

聞蟬

一聲聲出在垂楊似畏炎烝罵日長位置高枝猶未穩誰知背後有螳螂

清明郊行

春光已去三之二寒食初過郭外晴陌上紙錢飛不起梨花風雨度清明

燕市懷古

千金匕首竟如何易水蕭蕭發浩歌今日相逢屠客

少紛紛空見酒人多

望龍虎山

嵂兀雙峯插碧雲龍蟠虎跳扼山門當時傳有修眞者云是留侯八世孫

次南臺遊復初菴有一尼工丹青出便面索書走筆贈之似涉於邪旋卽自懺

丹青妙手出禪林似遇文君便賞音索贈小詩聊寫意莫猜團扇作琴心

清漳竹枝詞十二首

地濵炎海水洶洶花種黃蕉樹綠榕又是一方音語別不分男女盡稱儂（郡倅王忠文公詩兒童皆喚囝男女總稱儂）

其二

種罷天桃碧與緋滿山紅紫亂芳菲夏天茉莉皚皚雪白玉釵頭簇一團（清漳古詩云茉莉頭團白）

其三

花卉千般錯繡文蓋頭紗帕白羅裙海濵鄒魯今猶昔不見巫山一段雲（漳俗婦人出門必以布帕幂首夙稱海濵鄒魯）

其四

七絕

四望沙汀白水村漁歌一曲過柴門家鄉宛在篔簹谷結屋編籬盡此君漳竹殊多種類十有三四編籬制器皆取諸竹

其五

可是陽多物候先黃柑綠筍薦春筵茶香滿徑芽初茁採自元宵數日前漳風土詩曰綠筍供春饌又曰茶摘上元前

其六

白露丹霞降紫霄金蟬飛蛻絕逍遥世人莫說神仙誕碁子吞來腹不枵劉希岳得道化爲金蟬飛去又有白衣僧吞一碁子成仙

其七

巖谿迴盤百鳥過催耕布穀弄春和但南不北林中
叫世路難行怎奈何漳物產志曰鷓鴣聲但南不北

其八

語言文字素剛彊壞接溫陵別一方更訝齒牙紅間紫人人嚼咀是檳榔漳土詩云是處方言別漳南更覺强又云人人牙子紫都爲嚼檳榔

其九

文采風流夙著名少君交警聽雞鳴炎天箇箇蒲葵扇不雨猶聞躡屐聲風土詩云不雨猶穿屐又龍溪諺云讀古文尋少君

其十

人傑由來應地靈，南廂耆長百餘齡。今朝琥珀都銷化，誰去松間劚茯苓。地志：南廂琥珀嶺松大十圍，山下有泉，鄉人飲之，壽多百歲。

其十一

習俗豪奢踵事增，輕儒重吏尚因仍。鳴鐃伐鼓無休暇，半是符師半是僧。志書：吏持官府，役卒陵儒，僧巫絕盛，病人以巫爲醫。

其十二

天寶油車聳碧岑，春潮夜雨帶清音。鶴鳴一去今何在，龍戲溪頭不可尋。地志：大同六年，九龍戲于溪。又有潛翁養鶴于此，後成仙。

七絶

籬畔新植芭蕉

新植芭蕉補破籬一番清影野人宜夜來風雨聲聲韻何待他年去寫詩

從法雲菴僧乞竹

數竿修竹出香臺要學王猷手自栽直待空庭篩素影月明還許老僧來

月夜望圓山

蛟山山外又圓山山月夜遙瞻斷續間不識康仙猶在否琵琶坂上幾時還

過泗洲宮

亂山十里鷓鴣啼嶺路逶迤日色低多少行人持筴
卜一龕佛火小橋西

過觀音山懷鄭剡夫

崔巍恍似落伽山永日無營自閉關朝市升沉都擱
起松風吹不到人間

瑪哩芥

紅紫青藍變素秋幾經憔悴獨含羞異名傳說來西
域悞向深宵認繡毬

雪鴛鴦

抽簪削玉雪中看香氣能生六月寒枕上鴛鴦飛不起佳人斜倚碧闌干

早起吟

早起攤書爇鼎鑪一甌苦茗達清都客來懶着衣冠接唯問家鄉米貴無

別奎樓

龍溪自古屬泉州烟火相交說宦遊六載鶴栖如脫屣祇存詩草挂奎樓

又

樓上繩床臥欲僵希夷授我養生方今朝馬首燕山道回望終南是故鄉

又

樓居終日學頑仙世事升沉且任天漫道鄭虔三絕手一官凉冷突無烟

又

別却危樓返故山他人忙處我偏閑行來平地殊安穩省得登高躡屐藉

又

玲瓏樓閣盡窗櫺坐對圓山眼倍靑憶得三秋明月夜無勞燈火續囊螢

又

翠嵐紅雨過尖峯不用尋詩詩滿筒莫怪元龍多著作六年身在小樓中

又

還家亦有小書齋嘗把淵明菊自栽只少樓頭兩榕樹夏天風送枕邊來

讀史記

六經之下史爲尊追補空勞褚少孫識得談遷開創苦書成五十萬千言史記爲文計五十二萬六千五百言

讀前漢書

彪固爲書亦橋梓宜同司馬擅芳名祇憐死後書淩亂端賴大家東觀成

讀後漢書

蔚宗卓犖邁羣倫不減長沙論過秦體大思精徒爾爾贊詞佻巧屬憸人

讀三國志

壽書每見重王通，高簡猶存兩漢風。錯把炎劉稱作蜀，父讐雖淺不爲公。

讀晉書

衆手分修昉自唐，李于顏孔告成功。書成總目標御撰，歸美於君亦至公。

讀宋書

休文傳出何承天，采輯精詳亦可憐。獨恨翻爲奇異事，王妃牛吏豈其然。

讀齊書

志出江淹夙著聞紀成沈約又超羣別脩蕭顯因何故戶口天文總不云

讀梁書

素食清齋衲子風如何萬乘說空空只憐文武今宵盡寶軸牙籤付祝融

讀陳書

思廉承詔撰梁陳亥豕魯魚貽後人不知地下逢隋主曾唱庭花夜夜新

讀後魏書

舊策焚燒任縱横魏收諂佞爾朱榮北南一體何軒輊穢史千年恨不平

讀北齊書

貞觀詔命修齊史百藥逡巡續父書可笑爲唐避名諱世宗世祖盡删除

讀周書

蘇綽文章擬尚書牛弘一味務淸虛德芬褒貶猶未當憑借他人少發攄

讀隋書

本末兼該詞令妍兩朝五代事周全虧他顏孔搜求
富傳志紛繁悉粲然

讀南北史

南北互相競劣優好同吳越作春秋溫公五代推名
史補闕刪繁費校售

讀唐書

新書一百七十四文少事多踰舊編永叔嘗譏藩鎮
序全從襲取罪言篇

讀五代史

廬陵手法法先民筆削褒誅擬獲麟獨恨韓通無紀載豈知當日屬周臣

讀宋遼金三史

南宋中興續北宋也如東漢接西京只緣別有遼金國義例紛拏斷不明

讀元史

鉅細犂然信煒煌博通雅贍復周詳景濂巨手妙當世那得譏嘲爛報章

入延溪

一入延溪路轉環灘高石險水潺湲四圍修竹無人跡只有哀猿啼此間

寄家書

離鄉不覺二千里水路曾經四五旬欲寫家書忘節候唯將花謝認殘春

馬家口觀摸魚

馬家口岸柳如絲荇藻參差傍水湄不用釣竿垂釣餌聲聲只唱摸魚兒

過東平州

坊表崔巍鎮此州幾時頹廢幾時修世間將相多銷歇不及梁家兩狀頭

虎邱遇雨

細雨霏霏過虎邱萬家烟樹水悠悠寒山寺裏鐘聲動喚起羈人駕小舟

晚從西湖泛舟至江口

琴書滿載入西湖夕照雷峯塔影孤記得前年來玩賞彌天霜雪咏啼烏

又

行李蕭蕭北地來湖頭江口幾徘徊此中好景都遊遍只欠孤山訪古梅

嚴溪樵興

疊嶂連峰相對峙碧溪綠水自灣環東京陵寢皆塵土尚剩嚴公一片山

又

水石泠泠淺見沙上連柴埠下金華居人強半深山裏傍水依稀三兩家

又

參差長短古郵亭紅紫花開不記名山徑崎嶇人迹少相呼惟有鷓鴣聲

又

春輪盤轉水溶溶茅屋三間百尺松風景延津相仿佛平林野寺一聲鐘

又

石齒粼粼照眼明青苔綠藻亂縱橫鸕鷀獨立漁磯上盡日飢啼水太清

又

布帆西去屬衢州石險灘高換小舟十日溪山拋不得一竿風月是良謀

浦溪水淺從竹簰至水北渡登舟

冬日南歸過浦城浦溪溪淺悵難行直從水北尋舟子片筏飛來一葉輕

又

毛竹森森十一枝編成小艇涉江湄瀠洄轉折都如意但少乘風破浪時

獨眠吟

襆被蕭踈擁榻前寒霜乍冷五更天此身慣作江湖客到處爲家安枕眠

春風

春到先知信是梅梅花開後百花開江南無限遊春女不爲春風不肯來

負春

懶從花下修春事獨向艙中學坐禪萬紫千紅皆不管老年辜負此新年

舟泊石龍

長隄渺渺水溶溶草樹蘢葱護石龍歌管樓中千里
月烟波江上一聲鐘

鳳城觀放煙火

滿天星斗燦分明遍地烟花吐鳳城只爲東皇留不
住故將煙燄餞華旌

又

火樹銀燈爛女垣遊春香屐上高原艮宵只用千金
買何必新正有上元

閏七夕

已分來年重覯面何圖今夕再談心無端又被秋風誤似比前期怨更深

同柴虹文寅丈泛舟水藤

非因山水恣遊觀爲趁寅僚謁上官幸帶奇書三五本夜閒燈下取來看

又

薄暮維舟山下宿明朝游泳水中蒲與君同是嶺南客側耳船頭聽鷓鴣

碧江即目

薄暮驚風颭客衣澄江匹練漾斜暉停舟獨立荔陰下笑指前山白鷺飛

平步遠望

長堤十里菜花開古木寒鴉噪幾回地少嚴霜風景別經年春色滿樓臺

舟中夜坐

銀鈎一曲初更月玉篴三聲午夜風杯茗鑪香都在御不疑身在小舟中

青雲路曉望

十里松陰亘海涯一輪紅日照仙家曉來縱步青雲路不覺騰身跨紫霞

鳳城元宵觀燈曲

鳳城雉堞跨山巔蟹舍魚庄碧鑑邊九眼橋頭簫鼓響千門萬戶一燈懸

又

錦繡嬌嬈粉黛新夭桃斜插半邊春燈光掩映蒲葵扇斜照佳人點絳脣

文江社文閣

崔嵬文閣俯江濵三月鶯花四望新不見山僧來問訊一杯濁酒對何人

又

樓前漠漠水平磯翠栢蒼杉匝四圍遮莫幽棲門盡掩石壇旛影自依依

葛岸曉望

溪迴水淺見晴沙落日孤村三兩家古驛亭邊紅門緑一區修竹木棉花

自岳步順流至陳村

風正帆懸日欲晡，搖金水面彩霞鋪。有錢莫漫嗟缾罄，且覓陳村舊酒徒。

龍津舟中雨

瀟瀟春雨入龍津，荔子花開映白蘋。薄暮漁舟歸去也，祇餘鷗鳥自相親。

寓居五羊城南

一瓢一笠似瞿曇，杖錫飛來小街南。炎氣惱人眠不得，滿庭月色夜更三。

又

夏雲靉靆變峰巒一榻幽閒客夢寬最是日長風信
杳蕭蕭毛竹自平安

又

牆角紅榴斂艷開枝頭纍纍蚌含胎何時劈破珊瑚
殼盡把珍珠迸出來

端州望江樓晚眺

緩步崧臺氣勢雄西來疊嶂盡朝東晡時江面明如
鏡水色霞光相映紅

過百花墳有懷

紅粉香銷何處聞殘烟零露濕花墳花開花落卿知否莫向陽臺問雨雲

過惠陽憶亡弟子敬

去年春日此經過同訪蘇公遺跡多今夕重來琹已絶斷蓬疎木悵煙波

又

風流爲政我何能垂老那堪折一肱痛汝雙山空寂寞夢魂猶繞十年燈

禾溪晚望

亂山流水入禾溪暝色迷濛東復西一櫂行行何處去雲深唯有鷓鴣啼

鋤園

環園面面崎青山無限詩情竹屋間薙盡荊榛留藥草合丹猶得葆衰顔

逢僧

石髓如飴欲飽嘗一杯苦茗絶清涼片時領畧闗中趣任彼山河大地忙

又

案有楞伽半卷經細叅微旨悟無生山僧相對忘機事共聽窻前落葉聲

舟泊珠江

日日追隨馬尾間幾回江上看青山夜深何處鐘聲起喚醒勞人幻夢閑

過羚羊峽

羚羊峽水出霑州兩岸無人山色幽西粵漲時常作梗直趨南海始安流

羊踶嶺

插天危嶺是羊蹄萬磴爭流盡向西石磴盤紆千百級密林陰雨鷓鴣啼

遊惠陽西湖三絶句

湖上風光四月天紅萍綠藻漾清漣當時祠廟今何在遥認高山景昔賢湖邊舊有景賢祠今圮

又

湖邊翠籜襍青莎湖上紅魚映白鷺猶記僦居蘇學士日乘小艇任風波

又

溪山彷彿浙西湖曲折沙隄少酒罏露白葭蒼人獨往夕陽古樹亂啼烏

雨尋葉西村不遇

過朝雲墓

女史猶存馬鬣封白茅黃土瘞芳容于今靈爽依然在月夜嘗吟過碧峰

寓迎暉堂

開盡山丹茉莉花朱朱白白似山家牆頭蕉葉無人寫空聽池塘兩部蛙

又

侵曉迎暉過曲塘庭蘭浥露幾枝香地偏熱客無由
到自領幽齋五月涼

題海陽謝雋伯小照

氣象巖巖太岱高每逢佳景便揮毫先人夙締通家
好羨煞傳經有鳳毛

又

桃李芳菲二月時笙歌繚繞解人頤承家不獨遺編
在并有東山半局棋

又

森森玉樹謝庭枝，閉戶深山歲月遲。愧我宦遊來粵海，憑君問得許多奇。

即目

炎陬梅實雨霏霏，桃李登枰荔子肥。步到鐵峯峯頂望，滿城唯見木棉飛。普邑巨樹唯木棉花爲最

韓木潮州筆架山有昌黎祠，祠旁橡樹爲文公手植，州人以花之隆替卜科名盛衰，因名韓木。予過而賦之

韓木千年尚蘖芽，長依筆架映朱霞。科名藉爾占隆

替願到秋期盡著花

鯉湖草菴題壁

行春偶爾到僧家坐聽空堂諷法華十笏種來多異卉佛桑花伴鳳仙花

重宿草菴再用前韻題壁

屢宿僧房似我家粤遊已歷四年華一方民社知何處流水行雲鏡裏花

春日訪陳雙山知去冬謝世不勝愴然

園公公子擅芳名於我論交屬老成漫說相知纔兩

載一篇珠玉見平生去歲爲予序詩

又

太邱子弟盡瓊枝似此材能竟數奇今日韓山應失色藝林憔悴不勝悲

又

莫怪稀齡患耳聰先生患聾四聲六義入心通遺書滿架都莊誦不獨詩名肖乃翁尊人園公先生著述百卷

署後木棉花盛開

花將吐艷葉辭枝淺絳深紅色陸離縣尹無心朱紫

貴如何滿院畫胭脂

讀憲副璞園伯墓誌有作

八十五年夢裏身廉聲畿輔逮三秦禪機儒理皆黃土今日方爲了宿因公有三教儒禪裏之句

又

隔絕音容十一年微官匏繫粤江邊幽宮片石逢聃史宦蹟鄕評兩粲然

又

猶記追隨上

帝畿朝昏畫舸伴吟詩琴堂昨夜閒無事朗誦中郎有道碑

又

唯公眞不愧名流經濟文章事事優後世孫曾尋舊蹟全憑别傳証前修近爲作公别傳

舟過揭陽陳瓊田寅丈留飲

畫閣風生吏事稀寅僚情話兩依依溪山入坐供清興竟日淹留盡醉歸

又

談到宦途事事難胷懷塊壘藉杯寬看君直上雲霄
去回首鑾烟眇小官

鷓鴣嶺

鷓鴣嶺路不聞聲況是春陰雨未晴此夕已非寒食
節如何原上少人行

奉陪禮垣徐集功觀劇

先人同上黃金榜小吏奔趨青瑣間莫謂宦場如戲
劇公名公望重於山

又

海濵荒邑會名賢綺席笙歌繞翠鈿勢位不分齊貴賤深斟淺酌醉蹁躚

將離普寧題署壁

宦跡原如水上萍來時已識去時情兩年長吏如書考且看洪陽百雉城

又

署裏閑花不記名淺深紅紫亂縱横多情惟有榕間月夜夜穿雲共我行

龍湫潭

水秀山幽詰曲奇鑾鄉埋沒有誰知世間雲合方霖雨獨怪龍潭十二時

紗帽峰

觸熱行行過幾重紅泉盡被赤雲封倘來富貴非吾願何事頻登紗帽峰

大塘荷香

千章古木聳巖阿下有清池漾綠波可惜荷香聞十里誰人解唱采蓮歌

不自棄亭文集

近體詩五言絶句

建武食荔支二首

誰把閩方果星馳建水濵但聞香滿院不見素心人

又

含香持遠贈掌上色如丹一種甘凉味應生六月寒

挽春亭

有意留春住言歸不放歸楊花解作雪且伴落紅飛

鴛鴦榭

臺榭俛清池鴛鴦任蕩漾白鳧亦自雙文彩追不上

鶴寮

結寮松樹下養翮待風高倏忽蒼冥去和聲遍九皐

鷺磯

振羽立落磯風標公子在顧影自驚猜遊魚方作隊

字城

鑿石築詩城縱橫只五字借問守者誰屬國與都尉

荷池

圓荷滿方池香色多佳麗水佩與風裳秋來楚客製

雲洞

石洞深無際山雲日夕來有時隨鶴去伴客渡江回

蕉窻

牆角植芭蕉詩成葉上寫綠牕不見人吟向湖山下

東嶺晚望

東嶺炊烟起西山半落暉何人吹短笛牛背牧童歸

題畫

一水穿花徑雙橋隔岸分青山行不盡春雨送歸雲

又

寂寞清溪濱會心亦鑑貌白雲自在飛獨泛寒江櫂

古意

思君不可見想像得其槩不怨江海深只嫌潮水退

又

山木原有枝悅君願致意相思如夢中一別非容易

錢

規矩方圓具陰陽滿漢分通神賴有此三復魯褒文

七年元日對酒用白香山七年元日對酒原韻

南漳頻遇臘東粵始逢春笑語銷元旦銜杯最後人

又

寶曆綿綿遠恬熙處處然蓂開第一葉天保萬斯年

又

官舍知何處朝叅且暫無七年當歲首九域盡驩虞

早春

一春初至止萬象有輝光已化山中雪難消鬢上霜

戍署除夕

春來十日久臘去一宵殘殊覺經營苦翻慚眇小官

又

去歲泊松口今朝憩鑑濵一官猶似故萬事入年新

署廳偶成四絶

綠榕在我前日夕多佳色風過作濤聲雨餘翠欲滴

又

榴花在我側顏色妬紅裙折得一枝去歸遺及細君

又

夜雨滴芭蕉幽人愁不寐明朝起拂拭細寫相思字

又

癡癡名利客擾擾風塵間不及倦飛鳥猶能知往還

蓬瀨灘

瞑色竹林間灘聲巉石外危途我徧經見此不爲怪

篷霜

溪寒日易昏路仄行踪滅曉起一篷霜疑爲昨夜雪

霧漲

天水何茫茫前川烟霧漲但聞欸乃聲不見孤帆上

漁火

前川一火明知有漁人宿世事不關心宵深睡正熟

温泉

溫溫一掬泉饒有烟霞氣琤琤何處聲似喚遊人至

不自棄亭文集卷五目錄

閩晉江黃道泰子寅著

古詩七言

中秋歌寓粵秀書院仝佘兼五羅履先作

仙霞嶺步姑蘇顧俠君先生韻

贈詹峩士布衣

九月三山晤蔡梁村先生知先生爲鼇峰院師喜贈長句

春宵軍署同鄭剡夫鄧與研噱談戲成長句

廟市買花歌同李邠公林象湖蔡梁村陳季芳

賦

龍游縣有懷

薌溪驛順風

過鄱陽湖

題趙千里阿房宮圖

飲酒歌

林叶山西園落成用東坡先生清虛堂原韻

家譜告成誌喜百句呈璞園家伯

展省先文簡公江天垂釣圖瞻仰之下儼如庭
趨追步其自題原韻
澄心堂同施怡園夫子話舊四疊清虛堂韻
鷺署咏雪六疊清虛堂韻
恭輓施怡園夫子十八韻
送郭威子還三山八疊清虛堂韻
喜許省園太守自溫陵來署九疊清虛堂韻
漳江夏日卽事用韓吏部山石韻
題麻姑仙圖題罷自惟音節髣髴昌黎公一二

四賔引

曩蘇子瞻遠竄嶺表行李蕭然常挾淵明子厚二集與偕號曰南遷二友余平生嗜古兼有臨池之癖自泉入漳家藏史筞輭於跋涉止携子美退之兩集位置棱頭多寶元秘二搨懸挂壁上稱爲首宫四賔雖不敢與昔賢抗衡結友然尚論古人吾儒所有事且藉是獲居稽之益四先生未必不許我也因歌古風寫我夙懷

送許立可選拔入雍
八月八日大水嘆
南院看菊用韓昌黎杏花原韻
臨汝感春用韓吏部感春韻
漂母祠仝李世蕡賦
贈遷安令王曾言用韓吏部贈劉師服原韻
京邸聞蟬柬李穆亭太史
偶成仝陳箏湄呂兼霞賦
七里腰霧漲

立春日仰船岡舟中短歌

鳳署對月憶家人寄袁子楚

聞許省園太守仙遊不勝哀悼作長歌一首

自馬寧放舟至江村夜宿三用韓文公山石原韻

自江村維舟至龍江忽憶秉鐸漳邑地名相同慨然有感四用韓文公山石韻

自紫泥歸鳳城五用韓文公山石韻

典裘購書歌爲廣州太守吴樂園賦

梁門劉安人貞孝歌

懷舊吟

故施贛州守鳳山雍正八年冬卒許常德守省園雍正八年秋卒林安平協叶山康熙六十一年秋卒洪偃師令淳思康熙六十一年秋卒四君子予之執友也九年間相繼淪歿唯予從幼多病儌天幸存撫今追昔因成浩歌題爲懷舊

將離普寧告諸父老

自題煉丹圖

入陽山縣界追懷韓昌黎夫子

不自棄亭文集卷五

閩晉江黃道泰子寅著

古詩七言

中秋歌寓粤秀書院仝余兼五羅履先作

去年中秋棘闈中諸生呈卷鬧匆匆今年中秋書院裏篇什紛挐充棟几奪科久已付塵埃修志又乏良史才文事於我乎何有無端偏落庸人手豈是儒官一線牽嗟予命宮斗木躔動輒得咎亦緣此名心直似死灰耳燃則溺之實我憎行使止尼非所能人算

盈千天算一狡兎何勞營三窟不如隨遇且安閒奇
書好友足懽顔佳節當前莫錯過一歲中秋有幾箇
今宵對月發浩歌舉杯不飲柰病何

仙霞嶺步姑蘇顧俠君先生韻

古來閩地多岡巒蔓草荒烟塞四原高峰去天不數
尺仡仡雄夫怒臨關紆縈石級千有奇一轉一節扶
蹣跚松聲颼颼窮萬壑山容鵠立列千官哀猿啼時
四野靜羲和迴車白晝寒矗然石劍攢天開百丈雲
霄仰可干忽憶前春此地遊壯丹開遍未全殘梵王

宮裏聞清籟時有清飈鳴琅玕池上逍遥觀魚樂相
親鳥雀莫避彈攜僧同指山月出征衣颯颯白露溥
我今亭午復經過躑躅山花紅爛爛椎髻老人遥借
問春輪舞水自迴盤榼中常炊菰米飯彷彿黄粱仔
細看幽寂自言安蹇劣漫求骨節聲珊珊山行幾許
偶見之塵坌頓豁心顔寬更來天雨亭中坐俯伏層
巔拜諸孫下連百粤無盡勢上通三吳水漫漫瀑布
横拖數百道珠璣錯落銀河飜奔流迸入越溪水素
車白馬遮波瀾生來頗躭山水癖芒鞵踏遍濕與乾

莫笑我儕誠齊人幔亭九曲眞巑岏芙蓉峭壁如圖
画鬼斧神斤信奇觀惜哉自乏曠士懷憑高屢欲生
辛酸焉得同志二三子追攀絕頂言所歡

贈詹崧士布衣

我聞盱江源出廣昌縣血木嶺頭流一線軍峰卓筆
重疊來仙壇麻姑遞隱現詹子繫籍丹霞陬遨遊權
作西江彥結廬盱水二十年到處山川皆踏遍自署
樓名曰兼山艮止其所絕歆羨究心直遡羲畫前等
身書著百餘卷圖疇秘奧盡闡明提要一編眞貫穿

恥獻長揚媚至尊甘息衡門長貧賤舉世公卿徒咨嗟並無徇監來推薦卽今年齒躋耄期祇有丹鉛堪留戀相見無須憂恨晚中行難得唯狂狷男兒結交聲氣重何須口舌相攻戰君年于我一倍多汲引後生猶眷眷異日共栽招隱詩掇此俚詞爲實踐

九日三山晤蔡梁村先生知先生爲鼇峰院師

喜贈長句

去歲京華常聚首金石交孚忘我醜執經同及李膺門（謂安溪相國）先生眞積學力久奉命校讐性理書微言

大義一時剖書成姓字達

楓宸進結

君心瓦納牖無何秋風引興多追隨馬帳唯恐後安溪公假歸先生隨行握別正值黃花開今夕相逢又重九憶自旌麾返鄉閭魚雁無緣訊起居藜閣他年需鼎鼐桑邦此日重璠璵閉戶造車果合轍中丞幣聘造衡廬昔時鼇峰弟子列今茲臯比爲人師儀封倡首海康繼正誼堂中設絳帷先生不忝居師位東西炳列鷺湖規辯難盡欣得意去紗如匡鼎解人頤愧我疎慵

同餖飣餬口四方麼靡騁俗下文章已不工何能闇修及性命四十無聞古所鄙矯語達觀毋迺佞倘然不爲衣食亂會當負笈來就正

春宵軍署同鄭剡夫鄧與研噱談戲成長句

我家遠在海之角數尺鶉衣嗟落拓天風吹我到盱江好似嘉賓來入幕跼蹐官齋歲月徂因人飲啄類籠鵲縱無鞅掌簿書繁稍有吏塵紛漠漠今年别是一番春二三良友尋舊約鄭公望重吾鄉鄰十載平昌試鋒鍔挂冠只爲鱸魚肥兩袖風清携琴鶴覩面

竟成傾蓋交新詩數首當媒妁鄧子亦稱江海士相從泥飲伴寂寞醉後讙呶語尤顛笑口大開襟諧謔半兼寒煖初春時南北枝頭盡放蕚更闌移向花間坐豔蕊異香氣磅礴左手持杯右手螯古昔狂生伊可作須臾吐出胸中奇此吟彼和相酬酢一彎新月自盈盈斜照冰槃正交錯洗君觴勸君酌春光迅速行蕭索人生對酒合當歌轉盼江山不復識古來盛業易消磨傀儡塲中真束縛燒燈且續良宵遊何論是非今與昨

廟市買花歌同李邠公林象湖蔡梁村陳季芳

賦

夏景初匀風日和芍藥開殘牡丹過漢宮春色艷青娥銀盤金盞擎綠莎茉莉幽香動玉波離披宮錦十樣多榴丹滿眼照紅羅金絲蜨翅飄南柯我經廟市暫婆娑車馬喧闐人肩摩嫩蕊繁枝盡由他就中心賞竹數科更愛萱花黃似鵞憂至能忘免坎軻日坐花間笑呵呵酌酒酬花發浩歌花能不醉我顏酡流年真是一擲梭有錢不買欲如何

龍游縣有懷

初出京師天氣寒蕭疏木葉墮馬前今日渡江適吴越風光不異吾鄉園溪流瀰漫清可掬野花紅紫開斑斑龍遊方山眞聳翠狀若芙蓉插雲端相傳漢有龍卯萇子陵爲結平生歡縠水精瑩明鏡裏臨流一鑑別媸妍鬒髮未衰何早白回頭一想心茫然偃臥艙中惟嗜睡敢稱腹笥尚便便起步洲前尋舊迹姓名猶得鐫碑巔吾宗阿叔宰此地去後人思三百年落日孤雲徒過眼善政善聲未由攀古來繁華齊泡

影悲樂憂愉且隨緣勿謂窮旅不自釋欲歸若無負郭田岍上丹楓知客意凌霜變色落溪灣鳥啼人去寒山靜身閒酒美月華新此時此景誰管領勿惜詩歌世上傳

薌溪驛順風

寒雲四卷風凄凄吹來自北復自西江水茫茫浩無際朝發信州暮貴溪兩岍柏林去若失飛帆不數馬蹄疾篙師把手坐一談人工何似天工逸

過鄱陽湖

渾渾湖水來何所稽厥春秋屬吳楚域中湖水咸知名惟此鄱陽列爲五天光滉瀁四望青烟雲欽納千歲古疏鑿亶窮敷淺原尚書彭蠡今始覩我家近在海之濵出没洪波如門戶有時破浪輒乘風那計朝雲與暮雨異哉柁師不敢過怪嘆相覷停楫櫓黃昏暝色漲船窗隱現星辰歸水府平生險阻所曾經何有馮夷敢肆侮堪笑同舟皆兒戲稍涉顛危面色土我仍掩卷歌嗚嗚還呼大斗酬神禹

題趙千里阿房宮圖

六王既畢四海空祖龍創設阿房宮驛騷黔首無寧晷趙女燕姬輦來充三十六年頃刻耳重瞳一炬天爲紅千載之下趙千里巧施妙筆奪神功點綴丹黃襍粉白重樓複閣生雲風鶩溪尺幅勢萬丈烟霧橫斜出其中宋室高宗甞愛惜珍藏御璽未朦朧豈是當年曾炯戒南渡猶能保江東摩挲掩卷長太息戍卒夜呼卽起戎時移事變憂思集成聚壞空今古同此圖久後亦磨滅那似牧之賦化工千古是非齊夢幻請君爲我畫塞翁

飲酒歌

黄生平日何所長酒量五斗八斗强一日不飲如三秋除却病痛在酒場宣聖尚云不及亂杜公酒債亦尋常知己當前興愈豪呼奴索酒學罵曹胸臆崢嶸盡鋤去信口吟哦續風騷古傳有酒千日醉我醉醒來曉雞號嗟余酒外無他技量窄非劉并非李但與麴生稱貌交酒谷何曾窮到底近日酒徒如晨星汲引後生忘年齒茶鐺筆格且暫拋祇有盃瓢隨生死人云爛胃並腐腸猛如毒藥戕天良我笑謝之此奇

方一服安眠入醉鄉人生百年歡與悲悲時匪酒莫能醫但得無悲便酣暢泰岱雖崩不見之止酒容或保吾軀博得悲來更不虞悲轉爲歡端賴酒有酒不飲何其愚從昔神仙弛酒禁未聞玉宸金闕絕屠蘇儀狄甘旨不足惡合把杜康稱宗稱祖崇祀于仙都

林叶山西園落成用東坡先生清虛堂原韻

年少功成擬築沙西園東去近官衙舊栽老樹垂垂發新種寒梅艷艷花先生公退此間住安排書劍便爲家勤護北堂將乳鶴時遊南圃數飛鴉曾邀

九重親顧問萱輝
宸翰爛春葩萊子斑衣欣再舞蔡經鳥爪不須爬朝
奏麻姑青精飯暮羞建水龍團茶蝸居相距不數武
閒來看竹門頻過與君莫厭通宵話鄧寇能文古所
嗟相期更在雲臺上圖畫勳名映彩霞

家譜告成誌喜百句呈璞園家伯

我家得姓在周時胙土江黃共等夷不知流傳幾百
禩才到溫陵分一支祖居西南圓石衖坊號熙春別
門楣鼻祖肇基稱處士再衍仕元擁皐比敎授生徒

迪蒙古官不滿德謀燕詒傳至中位興以勃南宫高
捷拓始基出宰永嘉龍游邑去思猶存有穹碑我祖
爲公貴介弟有子明經貢丹墀柰何妙齡竟賫志一
綫相延堇如絲篤生守軒懷明發號泣東坰泪交頤
上蒼感格哀純孝恍惚神人若告之指示當年牛眠
處煢煢刺血漬骸肌從此羣稱孝子墓春秋祭享哭
于斯靈氣爰鍾中允公績學亹亹忘倦疲農圃醫卜
泊星曆百家諸子不停披窮達隱顯皆由命積德行
仁老不衰譬彼大江出岷山至楚雲濤互奔馳流之

長兮源自遠文簡於焉應昌期少小神童露頭角見重吾鄉王道思對策大廷擢第二宛如雲現宋韓琦立朝一十有三載餘皆衡泌任棲遲建儲抗疏詞愷切戀毋陳情表淋漓氣節稜層登國史一生忠孝兩無虧人知文章妙當世詎識功勳勒鼎彝分明恥與權相伍枚卜金甌帝曰咨洵哉故國謂喬木蘖芽花萼挺八枝半爲封君膺紫綍兩宴瓊林奏塤篪自子及孫及雲礽蟬聯鵲起績裘箕司寇司馬躋八座學憲中州奕世師一家五享二千石民部詹藩印纍纍

正擬纂修舊譜牒適值滄桑未遑爲邅延於今百餘
稔臯副宗中黍白眉毅然引爲一已任雕梨鏤棗費
不貲是非不讓董狐筆撰述何輸班固詞小子中間
忝末議無乃蠡測與管窺東里鄭僑推臯副竊效裨
諶相追隨卷帙紛拏分十部義例秩然無漏卮潛德
幽光賴以闡儼然直道古之遺宦蹟鄉評洵足採豈
於科甲仕宦私善人貞婦並臚列矢慎矢公毋自欺
洋洋我祖臨在上鬼責人非兩不辭嗚呼譜系從來
重漢晉選舉實由茲唐家李盧崇勢賄通譜僞宗衆

所嗤我家閥閱年世淺脉絡分別如澠淄著代雖稱十七葉丁衆纔五百有奇願各綢繆相保守毋俾城壞失藩籬閑家悉遵父兄敎勿爲嗃嗃及嘻嘻厲厥共勤戒惰佚煌煌祖訓日昭垂後來踵事更增華當奉此譜爲蓍龜告成懽忻聊誌慶長歌百句譜聲詩

展省先文簡公江天垂釣圖瞻仰之下儼如庭趨追步其自題原韻

寓形宇內渾若寄唯有哲人迥然異道德文章紀鼎彝功名富貴同游戲我祖穆宗骨鯁臣蹇諤頻遭權

相忌兩度衡文恥詭隨身居卿貳竟旋轡建儲疏切
感聖明戀毋情殷回天地鹽梅調鼎無容心軒冕辭
榮非主棄立朝一十有三秋餘皆隱遯甘衡泌家食
超遷大秩宗枚卜廷推詔屢至憶昔神廟賦遂初服
官之歲才加四胸中絕不置邱陵眼底常嗤騁巧智
但將遷固作朋儔更把鍾王運指臂本根培壅固夙
懷枝葉敷榮奚敢覬小子於今稱元孫淵源五世生
遐思趨庭弗獲覩丰容展卷猶能識文字令尹中書
奉遺規學憲逡巡親問視不圖博帶及裒冠垂釣江

邊供別致無乃世掌在絲綸願我孫支勿棄置樗櫟
慚非繩武材難學當年骯髒氣遺編在御讀未曾何
當矯語衣荷芰迴思我祖臚唱時史奏卿雲叨第二

澄心堂同施怡園夫子話舊四疊淸虛堂韻

澄淸海宇靜風沙刁斗森嚴棨戟衙夫子華堂開晝
錦狂客羈栖寓浣花頻年托足旌門裏形迹相忘不
戀家忝叨慇勤敦世好雄譚每每到昏鴉煦育相蒙
吹六律頓令黍谷生奇葩捫蝨何須王景畧不拘禮
數便搔爬美醞珍饈都厭惡時爇龍涎泡巖茶縱容

踈孏滋愆咎莫笑疲驢難受撾枯耕猶能蒸芝菌彈鋏歸來勿怨嗟一貴一賤交情見方知高誼薄雲霞

鷺署咏雪六疊淸虛堂韻

屏翳驅雲到荒沙霏霏奕奕徧官衙夜來寒氣侵肌骨報道江城雪如花飛絮初黏謝客袂隨風直入梁王家狂灑渚田鷺宿鷺斜飈旋旆逐神鵶未白已堪歌一闋漸繁更好認六葩炎州氣熱不盈寸稍積旋消不須爬紙窓掩暎淸華色玉盌盛來煮瀹茶忽憶邊庭四野合角聲吹起馬頻撾誰是山陰泛回棹吟

詩聊解北門嗟高臥自應無行跡明朝攜手看朝霞

恭輓施怡園夫子十八韻

太上立德與立功形骸假合原無有古來將帥類銷沉祇有勳猷竪不朽夫子英風振海隅七日平臺掃氛醜姓名奕赫記功宗父創于前子繼守唐有李愬宋曹瑋惟公鼎立光前後胡然騎龍返帝鄉將星昨夜落如斗

天子吁嗟失屏翰滿漢大臣皆回首憶昔初登夫子堂十脡未脩掞二酉眷念先人金石交那計驪黃及

牝牡疎躪竟充入幙賓詼諧不厭東方叟刻燭索我百篇詩呼盧酌我十千酒貴賤軒輊無容心夜雨春燈翦蔬韭歲時伏臘盡追歡琴劍趨蹌公左右常言孺子可施教詎知遭逢多不偶于今寂寞漳水濵一席青氈餬厥口人生聚散亦何常五月江邊財分手追隨已及十載深心喪應歷三年久凱歌未奏輓歌來薤露之章韻二九

送郭威予還三山八疊清虛堂韻

半載交遊漳水沙望衡對宇兩官衙來時黃菊纔舒

蕊別後紅榴又著花揚鞭忽向三山去令我羈人倍憶家情親孔老敦蘭誼雄談每日窮昏鴉並眈山水登臨癖隨處尋春摘異葩種得名花初茁地叮嚀灌漑勤剗爬臨岐愧乏瓊瑤贈一雙葛屨龍團茶屯蹇同悲命在斗霜蹄神駿難受羈自古孫陽不常有一顧長鳴莫咨嗟相期會合金馬門漫笑微官老丹霞

喜許省園太守自溫陵來署九疊淸虛堂韻

踏遍龍江淸淺沙來尋廣文先生衙茅茨數椽無人識半畝池塘蒔幽花黃蕉翠竹參差發便是鄭虔著

作家薄暮解鞍敘無恙共指歸飛接翅鴉顧盼籬邊多異卉問何奇術攢霜葩我對及時勤培壅耰鋤不廢頻梳爬須臾陳庖戒設酒宛然寒夜當以茶太守之意山水間芒鞋著破竹杖撾何日五嶽同遊遍大開笑口莫興嗟相將結廬人境外茹納精華吐神霞

漳江夏日卽事用韓吏部山石韻

暑氣漸侵瘴氣微黃鸝婉娩白鷗飛端陽節過蟬聲鬧乍雨乍晴荔子肥獨有廣文先生宅閒如僧房人跡稀卓犖龍山堪枕藉優游泮水可樂飢日長靜坐

塵事寡呼僮斫竹縛茆扉經史當前供點竄丹黃滿紙亂烟霏臨池摘取芭蕉葉墨汁縱横遍四圍含毫常作書空想習習熏風吹葛衣可嘆儒冠亦局趣不如脫去口中譏坡公妙解韓公意我將奉以爲依歸

題麻姑仙圖題罷自惟音節髣髴昌黎公一二

我生屐齒遍寰區盱水孤峯曾一到維時雲翳雨瀟瀟須臾晴霽日華好匪同韓子謁衡山一點精誠神所勞巖上琳宮塡青黃中有麻姑美而少鬒髮鬖鬖垂兩肩在旁鬼物亦神玅我前下拜仰仙風願厠黃

冠供洒掃今玆漳水得此圖懸之粉壁烟霞繞傴僂何須薦棗梨朝昏惟把瓣香告身無仙骨落凡胎那有靈丹開窾竅滄海桑田總渺茫事屬荒唐付一笑

四賔引

曩蘇子瞻遠竄嶺表行李蕭然常挾淵明子厚二集與偕號曰南遷二友余平生嗜古兼有臨池之癖自泉入漳家藏史策尠於跋涉止携子美退之兩集位置案頭多寶元秘二搨懸挂壁上稱爲首宮四賔雖不敢與昔賢

抗衡結友然尚論古人吾儒所有事且藉是獲居稽之益四先生未必不許我也因歌古風寫我夙懷

居恒詩字作生涯遠慕古人日孜孜漢朝蘇李難幾及晉代鍾王邈莫追特取杜韓充矩矱兼將顏柳凜蓍龜什襲珍藏枕中秘眠食何嘗須臾離一朝秉鐸九龍邑赤脚銀鹿兩追隨鄴架縹緗暫拋却權當割愛付驕兒急覓多寶元秘塔洎乎子美與退之此於我生屬性命奚翅禆補入心脾携到莆宮欽至寶有

如夏鼎配商彝呼以爲賔雖狎侮吾何畏彼或等夷竊恐未能相髣髴遺却神骨但肉皮尚論千古愧未逮年將半百志不衰憶昔坡公竄嶺表陶柳二編幾絶韋南遷藉此當朋侶放浪山椒及水湄貶斥無心戀簪紱祇吟惠州數首詩我今羈旅殊自適六時景仰萬世師況有四賔日晤對勝似百家不停披或把丹鉛供點竄或研松滋學臨池興酣大嘯江天暮何須落拓嗟官卑

送許立可選拔入雍

許君令伯中書公於我大父年譜同徵材出秉龍江鐸從兹孔李兩家通溪庠號稱三百士唯君昕夕賁茸宮嘗剔銀燈談有道不貪金戔笑無功一朝遴選貢
上國老練猶堪誇雄風倏忽驪駒歌祖道旌麾斜指海門東秋深驛館開黃菊露冷疎林雜丹楓越水吳山客與裏肖題佳句錦囊中司農先生（謂令昆通老戶部）會盼望咄嗟同叔途何窮入門塤篪迭爲奏弟倡兄酬樂融融春明掇取花如錦莫惜音書付塞鴻丈夫朗

許在立德勿笑寒氈啼年豐

金華殿上倘遇蔡君謨謂侍御藐郵太史聞之兩先生爲道四賢聲

詩早晩達

宸聰

八月八日大水嘆

水勢洶洶嗟迅速乍返狂飆振林木千支萬派欲東歸浩蕩爭流赴澗谷霞城介在海之濵風迴水湧走鹿鹿六月朔旦財移居仲秋初八又奔逐倒牆壞壁竈生蛙元冥施威一何酷冷淡儒官家晏如床頭只

有書連屋收貯巾箱便無虞何異郝生空晒腹那因
亟餽米數升儼然儋石不知蓄琴劍飄蕭無罣礙但
愁哀哀聲向水中哭

南院看菊用韓昌黎杏花原韻

四壁蕭條嘆屢空晏然熟寐日初紅重陽過後十餘
日天氣陰森飃烈風友生招我遊南院尋幽聊與俗
人同此地菊花多異種培植能爭造化功紅白交開
黃間紫置身宛在五雲中上林鋪錦何足喻真仙恍
遇百花叢琳瑯觸目驚艷冶歸來路上仍杉楓入生

快意祇片時乍盛乍衰變無窮只應爛醉花下好行
恐奔西又走東墜溷墜茵且勿問狂歌先付賣花翁

臨汝感春用韓吏部感春韻

舟行恨不見漁人偶一遇之鬻細鱗携入艙中砍霜
膾口腹累人僮僕嗔彊爲驩笑好相慰女曹勿惡儒
官貧一春跋涉勞筋力數卷詩書耗谷神得魚何妨
且沽酒湔雪征途帀月塵春光九十行拋棄百年過
半誰相親世情大都厭舊故我於良友豈懷新相逢
倘解文字飲共醉長安麴米春

漂母祠仝李世賁賦

未遇英雄嘗棄置寄食于人若游戲知己風塵本難求況敢過望出女流異哉淮上老漂母哀彼王孫忘厥口塚上萬家志已奢千金酬德亦非夸詎知母心不望報一飯相遺豈足道具眼何須丞相何釣竿之下識皤婆淮陰功勳究烏有成敗終歸婦人手烏盡弓藏實可悲斯時老母知不知

贈遷安令王曾言用韓吏部贈劉師服原韻

一行作吏廉且潔斷獄劃然如刀截巨室良家磐石

安健兒悍卒盡厖𩟙我今皇皇將何之嚼米長安同齛齝盤餐草草唯葱韭垂涎遷邑棗與梨欲往從君日當五車馬奔馳覺莽鹵未能聯床聽雨聲落落只把晨星數憶昔亥年結社初高誼凌雲樂有餘雙枝競爽（謂令弟曾千君）干霄漢不才抱鐸窮詩書丈夫彊健總無害峩冠博帶皆身外與君相期十載多秋風歸飽鱸魚膾

京邸聞蟬柬李穆亭太史

南中四月早聞蟬北土聞於三伏天嘒嘒清音感兩

耳紙窗夢破一蘧然忽憶鄉園炎暑時棕鞵葵扇步履遲二三好友濃陰下石髮松鬚任委蛇鳧闖綠波翻藻荇鳥來紅樹啄麗支晶桴擎出光照耀沉李浮瓜兩精妙蟬聲處處叶笙簧宛似侍兒歌幼眇此間喬木絕疎稀枝頭高踞屬危機雖然呼吸皆清露何事貂璫飾羽儀我今飄泊飢且病騾聆哀吟過奔競長安紛紛泥與塵疇氏嘯歌氣空橫溫飽無求古所難優游朱夏暫安命遲到金風肅殺秋退藏于密保天性

偶成仝陳笋湄呂兼霞賦

操刀未能强使割有如肥瘠秦視越素性鈍騃嗜風騷吟哦不厭相如渴自分鹽虀老苜宮胡爲媻珊赴玉闕同遊祿食盡千鍾我徒向空書咄咄冷炙殘羹潸悲辛杜甫詩歌傷至骨捫蝨而談殊可人上床遽臥更僵傴丈夫勿爲亂羣羊孤鶴橫空最曠達

七里腰霧漲

悄悄孤航獨夜宿千尋峭壁萬竿竹淸朝霧漲白茫茫山水渾忘青與綠相逢不辨路東西只說峰要過

幾曲

立春日仰船岡舟中短歌

正月立春在程鄉臘月立春在船岡兩度春來轉瞬耳一歲光陰僅如此鹿鹿經年走塵埃士元果非百里才斗筲從政豈其選囁咿嚅唲形我短艙中几坐但吟詩吟喝詩喉進酒巵一巵一巵停且止酕醄遽遊華胥裏覺時日色上窗紗呼童汲水試岩茶茶熟清香殊可掬滿甌雪乳浮新綠膏粱文繡我何加年少得途且漫夸舌因柔全齒剛折誠哉是言老子說

暮齡所怕唯逢春萬種風情不如人追悔微軀爵薄
宦中夜不眠徒輾轉

鳳署對月憶家人寄袁子楚

鳳署冰凉掩柴扉蟾光閃爍侵人衣回首雲山千萬
疊連年濡滯胡不歸他鄉對月情如結家人思歸心
逾折五嶺崔巍斷雁飛猶記分襟臘月雪臘雪依稀
又到頭皓魄當空照翠樓徒倚危闌頻盼望笑指前
汀有歸舟歸舟强半屬遊子歲暮經商還鄉里我獨
行行策疲驢索米三城沉雙鯉

聞許省園太守仙逝不勝哀悼作長歌一首

浮生倏忽易消磨日往月來如逝波少小嬉遊同角丱于今兩覺鬓毛皤君能乘時居要職秋卿執法鳴玉珂旋擁朱幡武陵去桃花流水任婆娑偶憶江東鱸鱠美挂冠神武還山阿我時伏跡衡門下昕夕追陪歡娛多無端小草嬰塵網日倚長松空吟哦回首溫陵文酒會落落晨星有幾何忽傳先生厭濁世百歲光陰半則那末由奔赴寢門外徒使悲哀激浩歌中夜徬徨倚床立珠淚漸漸雙滂沱已矣問奇與載

酒更有阿誰相切磋

自馬寧放舟至江村夜宿三用韓文公山石原韻

馬寧山邊仄徑微江村港裏白鷗飛荔子纍垂紅錦錯黃蕉帶雨小瓣肥對此偷閒饒逸興泉聲潄潄吏人稀知詩侍婢相阻絕赤足長鬢解樂飢夢魂不離江上水雲衢無路欸天扉一彎清月涼冷甚遠樹迷茫霧露霏粵州草木多瘦軟獨有綠榕數尺圍夜闌清風聒兩耳江深水氣寒生衣宦心已薄萬緣淡柰

此行役絡以鞿但願翩然具大翼騰身直向蓬萊歸

自江村維舟至龍江忽憶秉鐸漳邑地名相同慨然有感四用韓文公山石韻

曉起維舟傍翠微誰家小舸疾于飛地號龍江多錦鯉携來恰有二尺肥因思秉鐸亦龍邑敎事常如吏事稀昔到龍江飯不足今移龍江仍啼飢停橈起步珠岡岸南岩隱結補陀扉三漕一溜水浩浩蜃氣朝昏吐烟霏貞女橋邊千里渺金鈎沙際萬頃圍何時浪蕩江湖裏脫却朝衣換蓑衣可笑犧牛被文繡更

咍老馬纏錦韉居卑居貧且莫問家人念我盍早歸

自紫泥歸鳳城五用韓文公山石原韻

鎮日南風暑氣微舟中卷帙亂飛飛水邊青菱角正熟樹底紅麗支亦肥誰人無事蓬牕坐臨流濯足知者稀松羹苦茗充陽肚六時無飽亦無飢乘風鼓棹剡溪曲依然偃臥舊柴扉宦心世局如冰炭鬢髯似銀逐雨霏二陰漸生三伏候沈老腰肢瘦一圍嗟哉吾儕常骯髒肝膽激烈淚沾衣何年胎換九仙骨不入樊籠受轠轢才命由來相枘鑿聊歌一闋送將歸

典裘購書歌爲廣州太守吳樂園賦

國子先生懷瑾瑜朝昏出入承明廬權門投刺不解趨嘗進諸生坐堂隅六經饜飫擷膏腴上窺羲軒下唐虞時維丙申歲逼除偶策疲驢出五都車馬喧闐塞九衢珊瑚瑪瑙照乘珠麾之使去恐爲汚中有金題玉版書四朝詩家所拮据宋金元明一部俱風騷氣骨人人殊先生嗜古喜積儲雙眸炯炯獨踟躕囊中羞澁貲不敷解衣磅礴呼前驅鷫鸘不惜況白狐狐裘價直僅錙銖此詩胡可一日無旁人拍手誚腐

迂謂書寒不可爲襦先生冷然謝愚夫無裘未必眞裂膚無書令人腹空虛雅俗辨别寧區區古人積書萬卷餘百城南面足懽娱六花飛舞亂啼烏高聳吟肩輿不孤詩篇在手雪在鬚獸炭頻燒紅滿爐床頭有酒不用沽東閣梅花映玉壺千秋韻事説當塗賣劍買書舊有徒金貂貰酒賀鑑湖先生倘亦許之乎

梁門劉安人貞孝歌

海流不回天之道月從西沉理所應吁嗟梁母一寸心高山可頹城可崩念歲鴛鸞喪匹耦機絲寒夜泣

青燈拆盡金釵棄如土雙揮玉箸凍成冰茹苦含酸
保宗系和熊畫荻誨兢兢兒讀爻書奮六翮垂雲粤
嶠類鵾鵬子爲循吏母節母青簡芳名兩艷稱恩光
綽楔當門立報劉之日方東升

懷舊吟 并序

故施贛州守鳳山雍正八年冬卒許常德守
省園雍正八年秋卒林安平協叶山康熙六
十一年秋卒洪偃師令淳思康熙六十一年
秋卒四君子予之執友也十年間相繼淪歿

唯予從幼多病徼天幸存撫今追昔因成浩歌題爲懷舊

鳳山臺榭長荊榛叶山池亭屬他人淳思淪亡將一紀省園淹忽已三春四子定交二十稔衵從月夜及花辰享年合不滿兩百鄰架遺篇咸生塵篋裏魚書將蠹朽夢中形影頻相親若果輪迴有此理大都現化宰官身應再招朋會文酒我亦相知別有新但恐新知不如故追懷舊友多酸辛

將離普寧告諸父老

普寧設邑萬曆始割截綿陽一都耳地名黃坑分三社横直周圍四十里厥土墳壚惟中中栽種秬秠洎蘖芭黃蕉綠橙土之宜香稻飴餳備甘旨士誦詩書農耕耘工商強半皆弇鄙城郭形家號葫蘆洪潦頻侵輒頹垝我請內帑垂葺修啓土鼠年月在巳工料浩繁我心憂倒篋傾囊靡所底爰將五百養廉金犖固屏藩垂奕祀功成攺秩令陽山滿載詩篇充行李不學隱之却貪泉且免伏波謗薏苡二三耆老送江干屢把名杜來比擬甞慚到處乏棠陰那計他年有

畏壘新尹自賢舊尹愚呼牛呼馬皆唯唯我於仕宦如閒雲身逐浮萍心止水會當挂冠神武門三逕荒蕪仍整理但願我民壽而康逡巡禮讓步先軌行矣慎勿向公庭自爾優游遠辱耻

自題煉丹圖

我歲二十便寫真十年一寫一回新形媸骨鯁圖難肖由今視昔如別人弱冠鯉庭聞禮詩彊年臯座爲人師袞袞之登何敢必以言敷奏上彤墀詔謂冢卿記姓名試可乃用縮專城初政哦松臨碧

鑑繼入洪陽理兵刑淸夜焚香曾禱天農桑勸課樂
豐年席不暇煖仍遷去直泛倉淮彩鷁船兎窟鷦栖
費經營行藏進止問君平瞥然浮雲視富貴奚患丹
砂煉弗成古昔仙翁名葛洪作宰亦在廣之東欲往
相從不可得鷲溪數尺覔崆峒萬仞高岡百丈泉透
迤倒峽落前川童子時將鳩杖植紅爐長把汞鉛煎
丹成白日能飛昇道家鷄犬盡騫騰脫却凡軀換仙
骨置身瓊闕最高層俛視妻兒皆贅疣利名奚翅等
浮漚可嘆行年過半百猶作蠻鄉百里侯因大原知

非本來何有面目兩鬢髭從玆縱寫二三幅長康妙筆總塵灰

入陽山縣界追懷韓昌黎夫子

一入陽山山勢奇爭妍競秀多生姿東抵英清百餘里南介懷集之郊圻西北勢連楚郴嶺直接衡湘亘九嶷灘石齒齒波濤急篙工逆溯聲吁噫有時三峽水驟漲上下難通檣檝危壞土磽确絕夷曠刀耕斧耨窮嶮巇朴畧依稀猶近古嶺猺峒獞雜藩籬獷悍兇頑實叵測在乎有術以馭之聞說昌黎宰斯地貞

元末季纔逾期移風易俗何神速居人盡以韓名兒
我來遥遥千載後亟披邑乘尋芳規但云有愛於民
爾如何剏設渺莫窺待到讀書釣魚兩臺上臨風酹
酒憑吊百世師

方日斯先生詩稿不分卷文稿二卷（詩稿）

[清] 閩縣方邁撰

中國國家圖書館藏稿本

方日斯先生詩稿不分卷文稿二卷，清方邁撰。邁字子向，一字日斯，閩縣人。清康熙三十二年（一六九三）進士，三十八年任蕭山知縣，三十九年改知蘭溪，以傲事長官罷。傳見嘉慶蘭溪縣志卷十一。文稿書衣有清黄世發題識，述其生平云：「諱邁，康熙時進士，余曾祖母從兄也。著有九經衍義、四書講義、經義考異、晚村駁義偶述、五燈摘謬、詩文集。嘗任蕭山，與毛太史奇齡以經義相問難，太史經問中多有其名。又嘗爲其父作傳，傳稿尚在余家。」所云經義考異、晚村駁義偶述有稿本存世，今藏中國國家圖書館。

此清稿本方日斯先生詩稿不分卷文稿二卷，半葉九行，行約二十三字，無格稿紙。詩稿凡兩册，首册書衣題「正副共二本」。正本所收以七言律爲主，凡數百首，其次爲七言絶六十餘題。副本蓋以正本重編並增補而成，惟編次與正本不同。後附粤遊草數十首、詞餘二十餘闋、聯句八葉。以詩題中之紀年推之，大抵作於康熙四十年之後，訖於雍正初年。其足跡北至京城，南至海南，所作以抒懷、寫景、狀物爲主，其次則友朋間贈答詩爲多。

方氏詩風宗杜，其中如和八哀詩、述懷和少陵秋日夔府書懷一百韻、感遇和少陵北征韻等，抒情真摯，能得老杜沉鬱風格之仿佛。曾輯所作爲和杜哀吟一卷，有康熙間方氏即石倉刻本。其感遇詩稿本中小注，皆刻本所無者，如「同學異交態，怙勢恣吞滅」句，注云「故太史趙晝三，今銓部余田生同學齊名，晝三怙勢忌克，數凌困田生」；「義憤抑鴟張，全身慚兔窟。飲章密羅織，風波倏蕩譎」注云「孝廉林松址媚趙，密以盟黨揭之當事，爲一網打盡之計」；「幽囚枉鈎考，冠裳從毀裂。鴻飛雉罹羅，魏其哀覆轍」注云「田生避難入都，余下獄論褫」等，蓋刊刻時有所避忌。然本事既不詳，則頗難索解，故知此稿本之可貴。

據蘭溪縣志方氏本傳，「罷官後以虧帑留寓，有以文就正者，輒別白其高下，詳論爲文之法，無少徇，故能興起後進」，知其嘗以文章著於時。此文稿二卷，收序、論、書、傳、祭文、碑記等文百六十餘篇，卷上末有門人汪周麟跋，贊其所作古文：「洋洋大篇，灑灑千古，位置踞先秦兩漢間，晉魏以下不堪作衙官也。至寓言諸傳，或含諷喻，或藉提撕，皆有關世道，非第如昌黎毛穎、柳州乞巧、眉山睡鄉，徒爲遊戲翰墨。」雖誇飾稍過，亦可知爲一時作手。

書中有校語若干，如文稿卷上古今通韻輯要自序，「自北魏李登始輯聲類」句上，校云「壽祺案，李登三國魏人，非北魏」，文中亦圈改之。又如卷上通俗宗祠議「然漢賈公彥謂，大夫之鬼薦于太祖壇」句上，校云「壽祺案，漢字誤」，文中圈改爲唐字。此稿原藏方氏咸屬黄世發處，陳壽祺早年嘗從黄氏作文字之遊，故得見此稿。然不知何時從黄氏處流出，咸豐間乃爲楊浚所得。楊浚字雪滄，侯官人，咸豐二年（一八五二）舉人，官内閣中書，撰有冠悔堂詩鈔等，亦以藏書聞於閩中。（樊長遠）

方日斯先生詩稿

正副共二本

正本

辛酉九月　雲瀛同

七言律

送侯官令譚古庵奉薦入覲

維揚才子早知名，邑宰循良更有聲。推化亞彰齊單父，徵書見下承明。上林柳色迎飛舄，南國梅花戀去旌。疾苦還應陳殿陛，遍將膏雨答蒼生。

又

彤庭特詔簡賢良，茂宰才高足薦揚。百里豈宜淹鳳羽，五雲真合拜龍章。梅花臘吐迎征旆，鳧影晨飛接御香。到日臨軒應顧問，好將民隱對君王。

贈彭艾庵

妙材獨冠五羊城，剖竹爭傳廉使名。但使遺膏千里重，休嫌去國一身輕。蒼梧夜雨孤臣淚，丹嶠秋風客子情。聖代即今隆故老，知君終不負蒼生。

輓朱門池烈女

盡言氣節屬男兒，不及查江女子奇。異室早知同穴義，悼亡先賦栢舟詩。泪羅飲恨騷難續，斷髮摧心石匪一死可完巾幗事，從容真足愧鬚眉。

賦得仙侶同舟晚更移

長安春色日邊開太液波光接露臺絲鷁徐牽雲外路錦帆雙倚洛中才臨風賦就詩千首待月懷傾酒万盃銀燭樹前翻惜別岸花隄柳總堪哀

石鍾山

湖光瀲灔客心驚石勢嶙峋削不成地籟暗從空處發天風細逐浪中生月明松際鶴孤唳雲閉僧房鳥自鳴不有眉山能作記於今誰解聽鍾聲

駐馬椿 相傳爲陳友諒繫馬處

石人挑動昴星移逐鹿爭看靖難旗西楚未寧亡義帝函關

猶開走王難鄱陽討伐風雲會赤壁悲歌烏鵲詩霸業早知難
不遂英雄駐馬更何時

王仰六會伯携觴招同諸子登黄鶴樓

乘鶴仙人事有無漢陽風景正堪圖會心饒得高僧趣索句翻疑
李白誤天覆遠山雲一色地分流水浸千區更看煙火迷春樹萬
里波濤接舳艫

其二

煙波黯淡暮雲平漢水東流亦有情鶴駕已孤江上影笛聲猶向客
中生樽開河朔蒲新綠愁逐鄉關柳細迎鸚鵡洲沉芳草冷

踈狂何處問禰衡

中州懷古

險阻曾聞接太行天中都會數周疆三分覇業雄曹魏千里王
京拱汴梁宣室鬼神前席冷布衣泌水草廬荒驅車更出夷門
道執轡高風照夕陽

野烟青草望無涯襟帶山河壯帝家吳楚東南消壁壘燕齊表
裏藉桑麻梁園此日巢空燕銅雀于今宿暮鴉何事安仁能作
令風流只解學栽花

過黃河

纘禹誰將底績同虞傳浩渺與天通桃花浪漲疑無定鄒子歌成若有功王粒遠輸千里外錦帆斜掛一風中于今喜遇澄清月草色青〻映碧空

登望京臺 臺在衛輝城南潞藩宮內

望京臺上暮烏棲帝子魂歸故國迷長樂鐘聲雲外度昭陽樹色雨中低杜鵑有淚啼新月芳草無心長舊蹊昔日深嚴宮禁地幾多人眺夕陽西

湯陰謁岳忠武廟

君臣一德盡藏羞少保空懷報國憂金匱有心渝舊約水天

何事藉良謀欲將再造憑專閫秖恐三讒泣杜郵未底黄龍身便死故鄉遺廟恨悠悠抵三字獄成宋業荒狐丘猶有一祠堂兩河赤子時含淚二帝幽魂遠斷腸故相豐碑寒食冷諸陵金盌劫灰揚江山幾變餘空廟靈爽依依擁汴梁

邯鄲道中

邯鄲道上暮煙輕馬首低徊百感生瑟冷佳人屢度陌劍悲公子不成行古隄斷續通連河潤旅店蒼茫但月明聞道俠邪猶故里漫將學步望西京

追輓林楚濔夫子

祭酒文壇五十年，終身猶困一青氊。非關吾道悲歟地，自是生才缺憾天。絳帳春風虛夜月，桂闈秋色冷寒烟。每思鍾李承恩處，俯仰雲山涕淚漣。

和鄭香石燕臺九日感懷原韻

望空鴈影斷衡陽，九月寒風撲面涼。對酒不須愁落帽，登高強半為思鄉。一天白露橫秋色，滿地黃花亂客腸。遥憶道山亭畔石，遊人幾處興偏長。

送林伊仲自國學歸省次韻

才名冀北獨爭先，秖為高堂着去鞭。花夢欲隨親夢近，綵衣
還看繡衣聯。菊開燕圃秋方老，楓冷吳江月滿天。我憶故園
風景好，白雲嶺上倍情牽。

送葉撝生之任普定

盤江一曲滙瀘溪，似今見飛到水西。黔郡雲山春日麗，夜郎風
雨鳥聲低。桃花漲急迎征艦，楊柳枝青送馬蹄。地僻不妨棲
鳳羽，御屏應見姓名題。

讀忠孝錄追輓故明卿令趙景思先生

賊燄憑陵震兩川，孤臣無力可回天。直將大節存流水，不把幽魂

托杜鵑萬里怒濤添舊淚百年遺事見新篇錦江杯土酬枯骨風木悲生宿草鮮公嗣子慶麒尋骨不獲畫土歸葬

畫竹

亭亭玉立拂雲長風入微微晴有香蒼翠嬌容宜傍漢參差黛色欲垂堂照杯漸覺琴書潤侵卧頻知枕簟涼但與此君時對面不貪富貴羨花王

尺幅憑將君子裁千尋勁節望中開窮愁不假求綿種潦倒何孤問機材稚子穿籬疑動石老妻燒火欲添杯幾回月落空庭内彷彿身行渭水隈

春日感懷五首

三年薄宦只虚名竟日勞勞過此生不慣事人爭笑罵早知善世肯逢迎疎狂觸落當途輩顛倒心疲使客旌五斗未沾腰屢折清風真謝昔淵明

禄微本欲逮雙親豈謂終天恨棘人匪罪當誅慚奉職 君恩未報先朋身霜凋林下楓先落雪满山中草又春解 網冀沾寛大政秖今漂泊敢辭貧

迂拙原非濟世材真宜蕪沒伴蒿萊羅張門外愁看雀采索他家欲望梅安邑片肝誰是眾中丞立馬幾曾來張帆 江上

春天暮回首鄉關眼倦開

五更三點戴星馳爲報督郵入境時今日晝眠春睡穩不慊早起放衙遲題詩解合尋裨子說法禪疑問老師吾道久孱人共棄蕭條擬向北山知

清白無慚對太空一錢不復處囊中燓巫有計思平糴返火多奇更謝風子弟拋書看落親朋惜字慰途窮柴門寂寞須長閉春色隨人到處紅

和林閏秀走馬燈作

夜來烽火望空明鐵騎微茫靜裏行魏博軍中無葉墜灞

橋屯上斷人聲喧呼盡向邊關震金鼓虛傳塞外情春色滿
城兵氣靖烟塵何事暗相驚

林閨秀集有戲以雪爲牡丹感賦

素質疑傳自洛陽一枝　放泄春光明月上苑初無色風入梅花
別有香富貴場中心獨冷紅黃隊裏品誰當衆芳濃艷皆搖落
向日徵〻暗斷腸

烏牌　福建葉子謂之烏牌又謂之賣結牌比馬吊少萬與千二葉

水泊英雄妖氣收名圖一葉亦尋讐六花埋伏爭分地八面馳驅
展壯猷結隊出奇看後勁賣功破格藉先籌不愁吊去連環

馬萬騎千羣任自休

贈趙思遠

趙生苦學問真筌傳註精神仔細詮辭匪尚惟多在達鋒欲求正不須偏推陳選出清新調蹈實休成斷爛篇多買胭脂輕着筆汪何秘本步鑽研

綠雪園宴集看桂花

名園秋色暗相催異種移從雲外栽素影婆娑宜伴月幽香濃〻欲欺梅飛來點〻侵書幌細入微〻醒酒盃正惜孤芳採落近幾回招隱向巖隈

賦得

御製芳辰麥隴布風和

凍解陽回天氣新平疇緑浪早迎春娟娟弱柳低舒線恰恰流鶯巧向人羽蓋輕飛斜素影翠襟微曳颭紅塵宸遊欲奏虞絃曲草色青青帶露勻

贈醫士

六疾深沉欲諱時杏林千樹正葳蕤引年未帶參苓籠却病爭傳金石劑肘後有方看獨秘目前無恙莫相疑河魚不解尋山鞠畜艾何如覓五絲

負逋受累文致犴獄簿徵期會殆不可救典試周譚二同年暨邑中舊好諸君倡捐義助代輸急逋同門施愚亭明府慨成其事上報論減未遂生還已無死法賦謝三章

玉尺新題太史名更聞啓事澈冰清昔年車笠雖同調今日雲泥久絶行輸載急呼將伯助脫驂先見解裝傾慚無司馬交遊衆古道何論數漢鄉

明公新政化如神花自清芬鶴自馴願我已慚舊令尹多君[illegible]薄古賢人西江涸轍無乾鮒東海驚波有縱鱗雲雨交情紛可歎相期深覺寸心真

密網新開作變更覆盆不敢望廷平貸殖有傳誰堪讀挨止無門抵自驚學祿喜看先輩義推甘重感故人情賜環冀待三年放荷戟還同一葉輕

紅梅

瑶臺舊事紛無賴東閣凝粧別有姿故買胭脂酬俗眼巧將濃艷耐人思全欺積雪饒他淨散作餘霞到處披若傍孤山尋氣色金甕碧罨正相宜

白梅

漠〻幽姿冷尚濃素心長對隴頭峯月明靈苑寒踈影雪滿

孤山老舊容玉笛暗吹花未落氷壺斜挿態方慵異香不解偷韓壽污粉何曾賦遠峰

聽霦岩和尚說法因登蘭陰山

危峰三面俯長流小築禪房歷十洲白業幾銷石壁夏梵聲時帶素濤秋天花到眼開金篦龍樹傳心點石頭病渴欲沾曹洞水頓教大地不生愁

獨立高崗望不窮岩嵬如掌豁然空山連衢婺寒斜日水會滄江散暮風枯樹故浮平野外輕舟微漾小波中廬峯面目紛縹緲指點虛無對遠公

和陳軒年原韻却寄

徵逐深慚彼一時，呼盧煑酒夜何其。一行作吏辜人望，萬死猶輕只自疑。流水有情縈客梦，浮雲無賴借天知。黑貂欲弊懷蘇子，六印何由慰素期。

却驚鵬翅青冥中，牢落深悲吾道窮。斗氣微茫寒劍水，秋江寂寞冷龍宮。芝城留滯銷閒日，幕府蹉跎聽晚風。聞道将軍非好武，馬周封事早稱雄。

立春後一日郭宗王徐雲騫小集和徐雲騫原韻

昨夜春回冷氣收，登樓還復滯荊州。生憎梅蕋衝寒盡，怯聽暈鴉

噪雪遊藉有稀紅留客醉何須大白倩人浮蕭然坐覺饒幽趣雲淨天空水自流

寄懷何必古非今濁酒清談日未陰旅泊不堪遲暮景疎狂欲放短長吟林宗鳳舉離籠套孺子鴻飛遠陸沉正喜二龍方並駕況聞白雪惠來深

贈醫士郭遠功

南渡衣冠獨擅場家懸温國舊青囊千金秘濯池中水三折工乖肘後方香閣春间看續命深閨日永起鮮粧宋儒空有薪傳在絶業誰如墨守長

咏牡丹

伴愁無那藉名花，濃艷新移映絳紗。乍覺羽衣翻舊譜，徐看飛燕鬬鮮華。嬌疑中酒凌風弱，嫩入含羞倩葉遮。一自馬嵬魂去後，黄昏明月影孤斜。

和葉蓼庵見貽原韻

愁城獨坐賦幽居，咄咄空中祇自書。天際孤雲閒入座，窗前春草欲生除。漸添白髮身將老，强為蒼生願已虚。日暮登樓頻悵望，北山應有笑人疎。

風塵荏苒傍名都，東漢非宜肯破觚。憂國賈生空上策，許身身

杜甫拙陳譔一枝暫借還留滯 三經時開半就蕪欲向仁山尋絶業中原文獻足徵無

高士新編惬素心風雲花鳥總佳音揮毫敏捷神俱王用意幽奇興倍深目短宋元分雅鄭胸吞南北别高沉琅玕滿把盈懷抱乙夜焚膏仔細吟

蒼然古貌野人衣萬卷藏胸可療饑揮洒縱横多益善精靈才力老相依投來白雪清新絶坐對光風鄗客違幾度問奇愁索寞推敲不自嘆知希

畫溪舟泛

一曲迴溪浪不生小航微漾同輿清岸舒弱柳攀條近棹沸流萍點水輕歷歷村烟寒遠樹蒙蒙日色隐孤城杳然滙出江源合直向錢塘跨海鯨

輓盧白山併慰陳子宏 盧乃陳婿

少年落思動諸公籍甚才名浙水東宣室夜寒憐賈誼入関秋冷泣終童樓成有作驚天上魂去無留返夢中慟哭錢唐江畔月怒濤添浪溢悲風

昔年蹈雪訪江樓鶴氅神仙與自幽滞正憶吴山看立馬忽驚飛旐送歸舟少微星隕傷人世寶婺城深首丘惆悵東床虛禁臠

丈人峯 冷迴添愁

贈桐廬丞連甸若

十年吏隱傍風塵倚樹沉吟意自真莫以才名慚署尾熟將經濟伴閒身雲山蒼莽懷高士灘瀨嶔碕識異人枳棘飽棲六翮攀碧梧遥見一枝新

客桐江書院

連山不斷水為城木落蕭蕭客子情柿葉染霜稀小翠秋蟲入夜巧多聲破愁欲借雲長伴緩步行看鳥自鳴早晚黃庭清磬寂息機何事問浮名

翩翩仙吏自風流，講院初開帶壑丘。共道文翁能化蜀，空餘王粲獨登樓。梧桐半落聲誰嗣，桃李新栽草又秋。滿徑蒼苔荒屐跡，問奇長有白雲遊。

登桐君山寺

桐君高隱故忘名，採藥山中九轉成。不謂桑田曾幾變，至今仙跡尚留聲。風摇樹杪松花落，日漾江光水氣清。無數羣峰同一覽，兒孫林立自崢嶸。

岧嶢古寺傍雲開，絕磴松風送客來。二水襟連趨海曲，千山翠疊擁花臺。月移塔影空庭靜，霜冷楓林萬壑哀。縹緲只疑

煙霧裡致身福地愧仙才

客桐廬得内人病問歸途口占

萋縞相隨二十年承歡妻曲畫堂前牛衣暗灑茹荼淚象服虔稱集莬篇貧病那堪齊肆虐參苓有效待親煎孤帆夜發愁無寐坐聽鷄聲促曙天

痴兒無計一緘傳之子何辜二豎纏讀罷寸心愁欲折歸來望眼苦將穿石尤有恨翻相值少女隨人亦自偏寢處不遑天問迴幾回搔首盼長年

贈黃子樂先生

轉輸直度塞雲秋已勒燕然掃國憂岳老馮唐傷議吏數奇李廣謝封侯九閽日月憐孤憤一卷烟霞伴壯遊常棣紫薇相映發春光肯為故鄉留

升沉不必問君平讀罷新詩百感生強項支離成鍛鍊折腰潦倒失經營摩空俊鶻窺天遠歷塊驊騮仰秣鳴慷慨朱家邂逅晚青雲浮附見交情

送陳允慶內弟回閩　允慶以弔内人喪來

憔悴鍾情淚已潸臨風況復別離艱九原憶弟無歸路十載思君有遠山樽酒對愁饒隻影片帆分袂惜開顏將雛莫賦渭

陽曲哀思悠悠帶水潺

黄方伯行實圖卷題辭

髮中密札血痕鮮，早識忠良計萬全。覘國苦心籌事外，奪人勝筭仗機先。欲知虛實中軍秘，更有披陳後命傳。信使一行神鬼泣，策勳應與繪凌烟。

傾心反正早成言，坐失機宜見覆盆。一死豈能全國事，九原猶自負君恩。巴山草滿纏幽骨，湘水春深冷夜魂。天意欲覘盤錯利，重教再闢一乾坤。

題雙鹿圖

倦遊中原犄角收姑蘇臺畔老松楸柴門日暖甘跧伏石洞春深
縱臥遊林迴無處看遠害蔦長有伴聽鳴呦羞將聲價憑呼馬
莫使陰晴幻作牛

和陳軒年淨土庵觀牡丹原三首

盈溪習習瀲江蘭富貴何孤讓牡丹正好乘春開次第可堪宿
雨妬摧残遠香淡去風能入嫩色嬌宜酒共看寂寞瑤臺塵夜月
一枝幾得對君歡

況香亭畔舊名花異種傳來點物華慣倩踈枝添媚眼不貪
結子濺酸牙臙脂欲買渾無賴蜂蝶頻探且趂他欲向上林占

春色含烟先銷老僧家
姚魏叢中孰是王鸞傳傅粉有何郎名花肯作窮愁態絶品
偏宜淺淡粧自有色香遺净土不教雲雨怨昭陽麥風遠送催
歸去乘興還循隴畔行

遂安陳明府秋日招遊語石庵再成近體二首

秋净庭虛白日閑探奇有約問名山舊携僂齒登高穩乍息禪
宮把俗刪村郭盡從雲外見桑麻猶帶雨中顏攀躋仄徑追
尋遠數徧叢茸石色斑
從遊多士盡翩〻對酒清談逸興妍先輩一燈留古寺後賢萬

卷見新篇淺深山色嬌如畫明滅波光淡似烟野趣只愁看欲
盡幾回搔首夕陽邊

遂安詹晉卿及第宋孝宗賜詩有桂林争占一枝榮之句

陳明府試士拈此命題賦體湯成四韵

上苑名花出禁中天香縹緲趣秋風早看靈隐栽培異好試吴
剛斧鑿工八桂種分仙客紫三春英發狀元紅小山莫寶淮王賦
炎德南州正鬱葱

陳明府為汪歲星先生立後奉祠詩以紀之

出關一死等鴻毛斷舌身殲義自高趙壁有人覯鉅鹿秋風何

屢泣陳濤史臣筆謝韓通傳故里魂招屈子騷獨幸表忠由
一綫衣冠重薦舊羮芼

遂安反棹余含章闕于面別書懷却寄

鳳雛絢練羽毛新神俊雄姿迥出塵作賦陸機驚晚歲陳□賈誼
謝青春文章肯讓諸名士聲價居然第一人珍重元龍湖海意
碧山萬卷正須親

論文來往信風流惜別空將望眼留語石松聲猶謖謖獅山日
影故悠悠一天白露橫秋水滿眼青楓送客舟惆悵阿戎兼伏
枕數峯江上倍離憂家西叟亦以沾恙未晤

登八詠樓

巍樓獨抱郡城隈，曙色烟光望眼開。萬壑悲風侵座冷，雙流溪水帶舟迴。星移婺女平臨迥，峯轉金華次第來。回首那堪吟八咏，浮雲片片使人哀。

題項學韓小影

龍鱗排幹暮蒼天，不盡濤聲到耳邊。四面嶙峋皆老丈，一編秘密得真仙。達觀静處塵緣滌，引滿浮來逸興翩。名士風流惟痛飲，踈狂何必謝青蓮。

戊子除夕

十載支離飽苦辛艱難怙見嵗華頻拙寧辭我甘為拙一只
到今年始是貧俯仰死生皆有恨委蛇身世兩無真數盈少
反時天道午夜沉吟歎興新

己丑元旦

鳳曆初開四八年一人有慶樂堯天銅龍輦路車相屬昭
應青詞草未宣委珮從容皆燕衎衣裳顛倒久迍邅東南
大澤多優渥湛露春風次第傳

訪霦岩上人留贈

卓錫蘭陰歷幾秋荒林古刹鬱然幽一泓清淨澄禪味雙樹

娑娑澹遠夐佳景疑從天外出遊人莫向鬧中求鬧山更見廬山遠說偈還聞繼白牛

輓王宇乾

天壤王郎信尠儔芳年淑問足風流驚波共逐蕙全禮滅性相從只報劉正憶朝中多行舉忽傳地下有文修金刀掩夜傷琴絕宿草萋萋起四愁

惟逸上人招同蔡汝才林善夫集聖壽寺看牡丹二首

古刹頻過興未休相逢惠遠話綢繆花迎客座晴初艷[illegible]

入禪閑賞自幽和靖新詩多湯賦君謨舊譜正堪修撰、、眉應許添斟酌國色朝酣好勸酬汝才怯飲故解之

名花不與俗爭榮故傍祇園得上生帶雨低徊偏有態迎風含笑語多情似曾解語香留贈無可相酬句湯成二匀遍經過看不厭幾回顛倒逐愁城

客壽陽寓家六書問梅居有作

青繞羣峯翠繞城吾宗別業舊知名玲瓏石透嵌山險濃密枝低過鳥輕春晚倚風扶麥隴夜闌帶雨聽書聲富文樓下聯花萼解　楊何慚阮步兵

題吳卉長明府小影

調鶴奚童秀可憐，主人逸興自翩〻。故抛書卷長松下，笑正衣冠瘦石邊。有夢意難忘赤壁，當軒聲欲吁青天。浮瓜裂餅粮時飽，好伴瑶琴出漢川。

送陳載皇歸將樂

趨庭寄跡古鏞州，學步時登百尺樓。三十年來猶夢寐，二千里外更綢繆。瀔江日永聞新調，玉洞秋清憶舊遊。早晚隴頭花信發，相期同上木蘭舟。

題雪浪和尚出墻梅花畫扇

山僧禪定墨方濡奪得氷魂上畫圖似向東鄰窺宋玉半從寒夜伴林逋全身掩映粧濃淡半面低細影有無驛使其將輕折贈一枝漏洩欲教扶

賦得天香雲外飄兩浙黄中丞課士題

細細浮來韵不羣心清遥向静時分空中縹緲留難駐山上氤氳若可聞滿把游絲虚映日頻携綵袖冷晴雲人間煙火渾無賴何事蘭膏竟自焚

同藍公漪讌集齊華公海舶談及倭市事

四明狂客獨登樓草次盍簪興自幽履險不虞乘海舶凌虚

擬上泛湖舟長天日暖魚龍靜美酒盃飛琥珀浮隔岸霜楓還入眼晚潮風急欲生愁

慷慨曾思泛海遊談來近事不禁愁防閑苛政深秦法束縛羈人滯楚因跛蹇長年猶潑劍銷魂三板備持矛（倭中娼婢名三板）教猱升木終無策破浪乘風早運籌

贈鄞邑毛明府

十年治績歷西江舊譜移來泒海邦赤堇春深馴有雉武陵花滿吠無尨程書不滯南山筆檢牒長懸午夜釭應識鄉（民〻年）題姓字東南治行更誰雙

代令君憂旱作

火雲爛縵滌山川隆景炎曦更赫然焦嶽遠觀連赤地明星長望仰青天阻羸未起寧堪暴巫祝紛陳不可鞭六事自將勤省已恪居何以告無愆

農節方興苦未匀密雲空自望高旻焚山烈焰焦蛇虎擊鼓喧闐泣鬼神瘴癘欝蒸憐道暍瘡痍傴俯拜前塵夜長露坐瞻牛斗延佇青光氣候新

代作憫農

淫霖散漫動經春入夏愆陽過二旬覩土旱悲禾有耳聽蒲

何處隰為畇平疇地圻餘青草南畝膏微長白蘋日暮登城深悵望憔勞祜樺正佚々植物蹉跎半已空決渠猶自竭人工哀鳴欲起溝中瘠祈請難通應上公白日晝移奔雉子殷雷夜過走村翁滿畦破塊枯黃稻旅伯悲吟向晚風

代作喜雨

忽見浮雲四面低更聞風伯復奔馳何當如燬方炎日竟有為霖散足時盈野謳吟齊上下連城歌舞欲提携廣畦禾黍芊々秀飽看紅鮮玉粒滋

葉上初聞酒欲醒紛〻迴灑滿郊坰如絲未散終朝潤滴雷偏宜永夜聽時記老翁應作賦功歸太守自名亭懸知大有頻古歲擊壤風傳徹御屛

代作祈晴

愆陽頻歲苦相侵首夏連綿見伏陰石燕數看飛款〻商羊猶自舞深〻滴瀝階飽入愁人耳承溜哀生文士吟瀰透鐘聲長不寐幾時窗外聽鳴禽

日〻炊珠望麥秋滿畦春水欲平疇兩岐早擬崆峒熟九穗虛看霹靂收珊瑚有情悲杼軸繭絲無計緩徵求竭陳

圭壁勤瞻仰雲漢昭回足解憂

遂安重修聖廟紀事代

聖朝文治重宮墻壯麗遥分捧御章豈意山城遺古殿那堪蔓草鞠周行公餘黽勉留清俸次第經營到講堂式廓漸增看習禮青芝長自秀煌煌大成殿龕長青芝數本今留學中

壽昌青龍塔毀紀事代

高標龍首壓長岡王氣潛消偕育王梵教有靈穿地脉文光無燄破天荒重煩父老條陳切豈待形家制勝方拔去古錐神亦助四圍麥隴正彰彰土人名塔為古錐塔倒正當後山空處四面田坎無損人以為有神助

贈周聖俞登第

彤庭日暖五雲高射策新傳賜錦袍燕頷早聞推厚重雀門頻許飲醇醪吟成競病諧聲穩户閉松筠逸興豪預擬勳名清瀚海騰來天馬醉葡萄

贈邵州牧鄭爾簡

聖朝作牧重循良御筆親題出尚方東國已傳棠韻遠南邦初見福星光蛟龍剸擾開桃浪鴻雁歸飛足稻粱卧治早聞心似水水慢聲應向帝庭颺

贈武進令殷永城同年

甚榜曾魁第一人鳳皇池上沐恩新聖朝德意優江左茂宰
親題屬近臣霑澤洪波隨化日蘭陵佳氣盡生春莊荒陸
氏慙同譜遥聽歌聲愧後塵

贈吳令廖瀛海同年

當今治績孰爭先茂宰神明衆共傳鄧尉山中深駐鶴姑
蘇臺上熟聞絃已看盛政稱三異自有徵書下九天惆悵一
莊荒陸氏齋名忝竊愧登仙

客姑蘇三山會館二首

宮殿凌虛結構奇天然形勝旣江湄連峯磊落山嵌石如掌

平浮水滿池明月夜寒飄桂子瑞雲日暖長青芝蓬萊自是人間世縹緲遥聞絳節移

高會堂中駐客旌寒齋瀟灑絶逢迎静觀止水遊心遠坐對閒雲逸興清梧葉掃堦風自舞芭蕉承雷雨添聲登樓悵望吳山渺霜染楓林點眼明

姑蘇天妃宫恭紀

頽風鼓浪日無光鼉作鯨吞暗八荒三老長年空嘆息鮫人估客正悽惶神燈何有疑相引野鳥無端忽自翔排斡乾坤分帝力聲靈真可配穹蒼

共傳仙蹟類曹娥孝女精靈久不磨驅策石尤捎颶母鞭箠海若靖鼋鼍通漕禮秩崇禋祀盪恩功成荐象儀衛尾艨艟窮島嶼更憑昭應涉風波

肇啓神宮煥帝京東甌處處各峥嶸姑蘇傑搆凌雲出閩海英材不日成金碧莊嚴千載肅山林泉石四時清衣冠雅集敦絪睦降福枌榆祀孔明

麗水陳子宏過傳戴以經別業雪霽招飲賦贈兼呈以經

蘭臺躡屐怯風飄坐對寒江雪已消客子畏人愁載酒佳賓有句早相招長吟雅羨登臨趣盡醉應知逸興饒船火星星天一

色憑欄高處遍雲霄

莫從飛鳥問詞源終日狂歌只閉門門開徑欣逢羊仲駕論文傾倒兕融樽已思昨夜瑶臺景彷彿他年綠雪園痛飲縱談今昔事騷才應有續招魂

高樓百尺渺雲煙為卧元龍鮮榻懸一曲江流隨座轉千家山郭向城偏綠移竹色寒敲影紅入梅花雪綻妍訪戴口、愁歸棹晚醉翁舊識主人賢

擬恭進六十年

萬壽五七言律各一章

寶曆新開五紀周更看瑶島復添籌後庚朔改青陽布太甲雲高紫氣浮天馬遥從西極下碧鷄深向上林遊鐃歌並奏南山曲重啓昌期億萬秋

代輓宋母管太夫人

林下風傳屬大家齊眉名士兩繁華班姑禮法儀三宋孟母義方副六珈作主表忠修俎豆題輿錫號應袈裟（夫人舉長君分守公有袈裟降生之夢）女宗鍾郝流芳遠紫誥尊榮自不賒

厚德休徵百福長孝廉祠宇早輝煌三珠舞綵挑千實四葉承歡笏一床東國泉流開地脉北堂萱色映天章忽看寶婺

沉光影為廢蓼莪慰感傷

章範山先生小園觀白牡丹回惠佳醞併詩走筆和韻

玉又冰壺聖世珍丘園高養自全真不貪濃艷齊傾國早羨清芬占曉春韻事詩成青瑣客雨餘酒送白衣人洛陽富貴知多少幽賞偏慚到隱淪

元夕遂安觀龍燈

紛紛単里各經營火樹星橋處處盈十斛明珠齊的皪千尋白練任縱橫翻來雪浪兼天湧噴出銀濤接地行正恐豫且多俗眼故將鱗甲数崢嶸

盤空夭矯勢依稀照爛天門正欲飛戰野且思聯火隊逆鱗不自怯炎威動揺星漢寒潭影吞吐烟雲静夜輝當道漫疑白帝子挾来風雨足忘歸

組練連圍望似荼火攻長策勝阿奴周郎計就舡猶繫李愬功成雪正鋪六代止齊思挾纊五花變化欲驚烏漸看破壁飛騰上攀髯光流萬顆珠

贈平陽令王升煐

江左風流屬大家烏衣重向畫堂斜文章早看題銀筆岳字應籠在碧紗良會恰衡三徑雨新猷遥映一庭花東甌貞

觀饒丘埜麗句須傳厭永嘉

贈開化張敏公昆仲

三衢佳氣欝青葱京兆才名冠浙東藤紙題詩敲好句金溪泛月遨春風霜歸預識龍種秋翮遥看鵬路通把臂幾時輸契濶論文傾倒一樽中

重望還同席上珍兩京詞賦筆如神早知脫穎稱佳士共羨颺廷應國賓光繞獅山聯鳳好波通鰕沼接芳鄰蟠桃花發穠成錦潭水悠〻思倍新

寄陳嵩山

早聞破浪運良籌建節登壇冠八州度嶺梅花遥對雪金城楊柳動經秋臨風緩帶思羊叔感象將軍識太丘　聖主恩隆元老日東山絲竹豈淹留

贈鄭瑞三

帶草垂垂到處芳家傳治譜紀循良解池總見恩波滿浙水重聞惠澤長國計頻煩籌奠海邊儲全自足通商妙才早有調羹用識履聲宜達尚方

贈星士

我生有命信如何為問虚中識得麽財王生官令若安身

蒻蓬刼且由他神峯謬說終難闢果老星躔亦漸訛潦倒淚

尋路琭予妄言妄聽當狂歌

贈蕭山呂亦上明府

嶺南花發越城東長望蕭然氣鬱葱北海塘頭深澍雨西陵

渡口不驚風已看盛政傳三異自有褒書答九功為憶龜山新

治譜十年回首倍恍恍

送褚廣文之任四明

季野才名冠一時橫經廿載擁皐皮蘭陰桃李花成錦瀲水

梧桐月滿池五鳥早飛帷久駐三鱣欲兆席先移鑑湖秋色遙

相憶樽酒論文正繁思

諸生郭宗王腹笥便便好用經語組織成文於其四十初度戲以經語集近體一章代祝

禮稱四十曰強仕，莫以無聞畏後生。六藝纂修兼學半，三冬游息早觀成。多文為富圭璋重，有穀詒謀丹蘐明。壽考作人冰未泮，觀光叶聽鹿呦鳴。來春二月復行鄉試

寄洪龍吉

獻賦頻年動帝京，迎門到處倒公卿。五陵裘馬豪猶此，三徑松筠興自清。鴛水忽聞歌古調，獅山遥擬續前盟。值

雲不盡流往思欲借桃花寄遠情

贈長洲陳明府同年

早年同譜識元龍廿載交期憶濶蹤表海已聞循吏傳渡江又喜故人逢發鉶妙手看三異題柱高名動九重正好姑蘇臺上月揚輝遥映越山峯

雨晴過嚴近五齋頭小飲尋金海門不遇疊成三首

曉起驚聞鳥語忙重陰喜復見朝陽不愁沾濕迷花徑為報新晴問草堂玉屑好蒸鱣子白金膏滿擘蠏中黄清談小飲頻回首恠爾先生何處狂

炊臼傷心永夜忙寄愁曾不問阿陽饒他俗眼誇金穴看滿
清名羨玉堂楊柳照堦揺月白蒹葭平水帶霜黃柚中新
句知誰贈繞路行吟興自狂
清齋相對且觀忙斗酒留賓勝紫陽問字頻過楊子宅題詩
欲遍浣花堂籬邊老菊殘深綠江上青楓間淺黃三徑獨逢
羊仲跡由來阮籍自猖狂

金海門偕猶子漢倬相過值連雨闕于拜辱再疊前韻

君家小阮讀書忙年少應知重洛陽豈謂翩翩公子驕枉臨士
落野人堂連朝兩足迷天黑到處塵飛滿眼黃雞向桃源問

消息老夫深覺太踈狂

金海門過訪外出不遇三疊前韻

歸來顛倒逐人忙爛醉如同在岳陽聞道琳宮空閉户漫勞玉趾自登堂百年持戒食無墨海門怯肉味是日又值齋期三月行厨虀有黄莫謂主人深避客子猷高致正清狂

過金海門齋頭得小菊數盆仍疊前韻

尋花久與蝶同忙恰是春生值小陽寂寞數枝留淨室輕盈幾朶入華堂菊自僧寺移來放歌清興添浮白矯鬢濃粧伴點黄巡索東籬那可采早拚五斗也非狂

同金海門訪其令姪漢倬仍叠前韻

野岸江邊路不忙，冲和遺蹟繼純陽。迎人淑氣連書幌，好我深情欵畫堂。別意作添橫露白（時余將有毘陵之行），佳期相待正槐黃。南金不數崑山圃，片玉遥看發興狂（漢倬將往崑山應試）。

讀金海門輓陳祥甫文有感叠前韻五首

若將錢癖為誰忙，金谷園中見夕陽。紅粉已銷明月夜，青蠅相對錦衣堂。同心誓斷烏頭白，長恨歌殘鵲影黃。燕子樓前空悵望，舊巢何處逐人狂。

金彈丸飛雙翼忙，承恩舊寵勝平陽。玉釵半嚲珊瑚枕，珠垂

空歸玳瑁堂鸞鏡影孤分寶鈿鳳臺光謝腈流黃巫山別有為
雲月欲賦宓妃恐太狂
鼇窟蘇宮拍浪忙鳴鍾食鼎重咸陽盧家燕合香連屋秦國明
珠照滿堂結客少年皆粉白徵歌佳麗半紅黃可憐寂寞泉臺
夜楊柳風吹別處狂
陶潛不為去官忙卜築封溪幾歲陽懷慨故人情款款率先投
贈義堂堂要盟明信抒衷赤載筆同書豈口黃中道棄捐誰
執咎幽冥長恨狡童狂
昔年拜祝伴人忙隹節兼書動一陽七十老翁添海籌八千好

句獻公堂冠纓絶盡星飛白檀板敲終月影黄今日重來聽薤
露放歌三嘆欲醒狂

毘陵舟中阻風仍疊前韻

到處石尤逆我忙沉冥不復剖陰陽怒號波撼蛟龍窟洶湃聲
聞金石堂萬壑濤鳴翻地白千山木落漲江黄布帆偃仰無消息
轉羨歸舟喜欲狂

閶門舟有感仍疊前韻

[illegible]

[illegible]

當道豺狼膽亦忙曀霾終不掩孤陽早知獨鶚搏丹陛定有三鱣兆講堂市虎那能移白黑貫魚未許戰玄黃知人 聖主民咸服豈但全吳喜氣狂

聞張天門同年移居毘陵青山莊訪之尚未至因得縱觀園林之勝仍疊前韻

燕燕深閨且未忙輞川空闊對斜陽源頭活水通花逕戶外青峯帶桂堂華子岡前雲起白鹿門山下葉飛黃燕公自有如椽筆待取新題發我狂

咏泥美人五首

傳聞后土有夫人素質仙〻似洛神南浦傷春心自冷西廂立月步無塵削成弱體珊〻骨瘦損纖腰點〻唇未慣避人看出浴不堪香汗湿羅巾

濃雲膩玉映明璫脉〻深閨久斷腸姑女津頭猶有恨小姑江上已無郎馬嵬夜月秋風静青塚黄昏春草長髩鬟珮環宜帳外秪今一夢悞襄王

盡日濃粧伴阿誰沉冥長似學相思乍驚嗔喜宜嬌面豈〻小煩愁上翠眉西土願生常辟穀東鄰無意莫題詩鶯啼未

醒遼西夢柳色窺樓總不知

阿堵傳來未得神若為情死也堪嗔無心漫把柔腸繫不語空將媚眼親那得如生添畫類但思有我更分身寂寥相對孤燈下脫畧形骸莫認真

吹氣如蘭竟邈然掌中歌舞教誰傳（用）望夫石上銷魂久金谷樓頭墜粉鮮傾國那愁羣女妬入宮何倩人憐碎身強欲酬知已弱草微塵取次妍

效疊字體書懷

日〻〻長何所事閒〻〻殺幾多春星〻〻髮饒鬟一以逐〻

遂貧老一身去〻〻來荊載路行〻〻盡世無人高　〻望青山外樹〻〻頭雪又新

萬壽開科代浙闈同考官作

維　皇歛福慶垂裳南極星輝　照萬方金鏡共看傳令節珠宮重見煥文光風雲作覲乾元策日月升恒天保章后土汾陰聯盛事作人壽考永無疆

不待喬松學引年欣看　聖主得臣賢雄風大振騷壇幟絕學重開閩海典試（汪學士楚人　吳太史閩人）天南國參苓皆入籠西湖花柳正爭开金莖雖有仙人露何似盈庭玉筍鮮

中丞騶撆久如神鎖院掄材氣象新席帽同升聯國士粉袍紛進揔嘉賓暖風桃李爭舒艷朝日梧桐早占春萬舌含毫催午夜光鋩遥應燭星辰風塵忝竊備文衡刮眼澄心祗自盟茁軋漫將誇綺麗徘優未許覩新清流沙徹讜搜神駿碧海波濤掣大鯨甘露孫囊慙莫獻高岡梧鳳許同賡

、

贈孫彤友潤叔兄弟

使君治績記當時喜識雙珠慰所思杞梓共推南國秀驊留爭羡渥洼奇挍來白雪歌宜雅好去青雲世掌孫老[illegible]不才慚

毀棄忽聞古調益凄其

送葛廣文之任

量移無改舊氈寒猶勝蕭條戴楚冠十載頻煩青玉案一朝長惜寳雕鞍括蒼秋色行方早瀫水春風坐未闌牢落故人今又去数聲鴻雁別離難

遂陽八景詩 并序

攬勝搜奇乃幽人之韻事登高賦物亦名士之清風環遂皆山閉門即是依人作客着屐為艱頋户外兒孫未能際為領畧而胸中丘壑差可稍置品

題各賦一章均成四韵望十錦之盛事勝謝（湖）西採八景之佳名羣空冀北云爾

五獅隱霧

屏幢朦朧晝欲昏在山長似閉柴門坐看豹變棲巖隱定有潛龍帶石蹲擢玉烟鬟迷錦繡妬羅雲幙護兒孫依稀疑入公超市五老祥光擁樹根

六星春漲

清溪如練抱山城浪泛桃花帶月生鳳港瀠波翻地軸龍津怒石捲濤（聱）稽天一柱分仙掌挂斗三台捧玉京欲挽帝羔鞭海若

復陂黄鵠定誰争

語石雲晴

石逕嶙峋接上方氤氳佳氣曉蒼蒼松聲遠滌千家暑竹影平分一院凉携去滿囊宜贈客浮来過水欲生香定看際磨成文彩無待銀花現佛光語石庵本姜京卿方太史絃誦之所今委諸僧徒無有繼其盛者

婺峯雪霽

昨宵婺女散天花冷絮輕瓔綴艷葩寒入朝光浮積素晴隨暮影映流霞削成玉柱凌空峭宛見水山對日斜猶有蓬門僵卧士莫教醲賞黨姬家

乳洞漿凝

何時仙子駕長虹化作雙龍古洞中刻畫乾坤留色相鑿鑱混沌闢蚕叢醍醐一粒千村雨薪火三秋萬象工試拍洪崖問消息點頭無語石玲瓏

靈巖珠瀑

千尋危石咽流泉散作銀河入九淵日色纔臨光瀲灧午風初過舞蹁躚一行紈素看齊潔百斛珠璣訝許圓靈窟最宜高處覓源頭活水只涓涓

樹聲鐘曉

金奏聲宜午夜聞噌吰遥度嶺頭雲獻殘好夢霜初冷喚醒塵心月正紛藜閣伴書催火燦（樓在五獅書院之左）樵、漢隨漏帶更分戢来白鶴傳洪亮猶有名儒識古紋（鐘為元道士所鑄方蛟峯先生有銘）

琅琯松龍

寂歷空山足避秦飽飱煙雨養龍鱗虬枝爛熳將軍蓋霜節支離老叟身陽水笙簧風入幔懸巖琅琯玉為隣輪囷樾蔭垂終古莫艷成蹊桃李春

白菊花

幽姿淡淡待秋生玉帶瓔花浪得名月滿東籬迷嫩色霜凋

老圃妬殘英縞衣欲結仙姬珮皓首宜稱壽客觥最是素心深避俗好隨送酒伴淵明

並蒂蘭

浥露迎風早占春猗娜芳氣最宜人欲賡雅擬交和切解結同心入夢頻幽谷有情堪共隱當門無恙得相親沅江不待思公子攜手雙雙款語新

幽姿空谷理成連艷殺芙蓉俗殺蓮獨趣遊蜂深點點雙飛蛺故翩翩臨風遠送憐香伴解珮分投妬水仙共綰芳心春色晚淡然相對落花天

斗室含香氣並清，驚看雙美態縱橫。斷金有利諧歡約，枕玉相邀家舊盟。結珮同升聯國士，素心交訣識芳名。莫教中谷愁陰雨，兩繸長滋九畹情。

贈江右劉阮

文采翩翩早擅場，家傳大業繼蔡光。西山爽氣浮芝宇，彭蠡澄波挹度汪。挍我新篇紛美錦，驚人佳句滿奚囊。相逢邂逅情多少，潭水桃花引興長。

贈衢州朱中翰

場中結客識朱家，文彩翩翩爍綺霞。薇署風光看泚筆，柯

山目暖暫停車深情遠挹寒潭水别緒新縈楊柳花應憶江東雲散後楓林幾望夕陽斜

代贈處鎮劉秩譙

翩〻儒將自風流坐鎮邊城歷幾秋巴僰謳歌雲外度括蒼烟雨望中收久挹雅量醇能飲何日披襟白共浮麒閣早開需燕頷黄公舊事許重遊

送陳集斯行取入都

相依異地得循良早羨登仙别緒長錦里中丞行入覲荆南王粲轉恩鄉梭梧秋老鸞棲勝臺柏霜寒鶻擊揚幸際　聖朝

無關事不忘四字報　君王

賦得為有源頭活水來和劉秩謙韻

一曲澄泓照底明真源高處與雲平遍看月映圓皆滿始識風來坎既盈活潑涵空隨雨集同流絕凝湖天生臨淵雅羨方塘水咫尺光浮混太清

和廖瀛海芍藥詩原韻

獨留粉蘂殿春開嬌面低垂妬淺苔薇省翻紅凝艷散釵亭抽碧暗香來四枝恰喜同遊賞十咏從教數往細當御只愁無可贈風流誰繼楚王才

輓嚴年母翁太孺人

義方兼訓早稱慈，曾記題輿面命時。苦海浮沉歸未得，望雲惆悵淚多垂。斑衣久結關山夢，繐帳平添午夜悲。莫謂八旬躋壽考，百年遺恨正無期。

和魏儕鶴偕遊趙清獻祠堂原韵

懷抱逢人且自開，披襟潦倒共登臺。四山繞翠層層合，二水縈波曲曲隈。花閉斜暉翻砌葉，蟬銜暮影靜庭槐。告天清節空千古，莫問浮名誤酒杯。

臺閣梅 在報德庵中花開重臺枯而不落

只合空山老暗芳豈知臺閣占春光因風未肯隨輕絮點額無緣伴曉粧獨出素心酬隱士重勻粉面對何郎諸公家家紛調品幾許清芬得並揚

垂絲海棠

綽約凌風態欲仙驚看濃艷自天然嬌同芍藥嗔他瘦靜勝桃花較獨妍宛轉太真初怯睡低徊杜甫不成篇休誇西府輕盈甚萬種丰神倍可憐

兩岸紅葉

搖落秋容澹碧空停橈為愛四邊紅不爭野艷饒春色獨

向寒林耐晚風冷入吴江來韻裏魂歸楚客散愁中飄零莫遣隨流水猶恐輕傳出漢宫

嚴陵釣臺

先生光武之故人胡為垂釣向江濱中興百戰功誰定高節千秋氣獨振漢漠荒臺天地老悠悠流水往來新雲山蒼莽楓林晚醉把離騷讀幾巡

有朋自遠方來

魏鶴儕以所作四書題詩見示為擬作五首

索居非必嘆無人千里相思自有真閒閒字輙多需我友傳

經僾滿畫為鄰雲連渭樹情方切望冷耶溪興倍新何
事南村遥卜宅江干車馬正駪駪

賢賢易色

由來我輩獨鍾情秋水蒹葭念友生把臂久要予與汝素
心長在我憐卿玉温未覺瓔瑶重蘭臭方知芍藥輕雞
珮勝當彤管贈登徒何事解逢迎

宰予晝寢

何處傳來得睡方北窓一枕日初長壇前杏影移函丈社
内松風起屋墻豈效曲肱輕富貴故尋周旦問行藏諸賢褒

衆皆軒寢獨醒尼山也自忙

而有宋朝之美

睢陽公子早翩翩爭識深宮美少年我見猶憐真嫵媚君來相就若神仙車中菓滿招搖過園內桃甘次第傳獨恨婁豬猶未定更教中冓有新篇

齊人有一妻一妾而處室者

海岱豪華萬戶早看夫婿儘英雄總攜靜瑟歡當御又見明星嘒在東綦縞綢繆閒永日閨房笑語藹春風衡門若假盈冠蓋長羨良人聲氣通

和魏僑鶴四時閨詞首限雨絲風片煙波畫船韻限溪西鷄齊啼

雨水新添四溪絲絲斜送六橋西風光暗度催黃鳥片枕沉吟怯曉鷄煙鎖陌頭楊柳嫩波搖朧上菜花齊畫裙空繡湘江景船去東吳只自啼

雨拓石榴欲漲溪絲添續命臂東西風流得意憐蝴蝶片刻偷閒鬬錦鷄煙帶雲峯看幻合波沉荷蓋若擎齊畫成紈扇猶當御船酒無心向晚啼

雨灑銀河度五溪絲機穀弄憶遼西風高早趁凌晨鴈片撒頻催午夜鷄煙起蠻鄉隨水墜波騰瀚海與山齊畫圖

麟閣知何日船泛靈槎聽鵲啼

雨滿巫山雲滿溪孫長一線倚樓西風寒坐聽侵金馬片紙遙傳到碧鷄煙冷梅花迷嶺嶠波隨楓葉入燕齊畫堂砧杵催刀尺船火星星伴曉啼

送宣平令魏儕鶴歸廣昌

括蒼煙雨暗蛟湖擺落風塵首不濡老去漸看非故我歸來猶得是今吾靜垂鼻比身皆易滿載扁舟橐有珠儕鶴近究心筮法兼刻有詩卷獨恨滄江長索寞任教松菊久荒蕪

玉川元夕和張銘軒原韻

火樹盈村動接宵隨人信步不須招近看閑景多添興忽得清齋好避囂若下醇醪頻泛葉郢中佳句飽題蕉春風坐對移殘漏雲淡明河已轉杓

才名早歲重燕山歸隱松蘿手自攀戶外高山青四照點門前流水曲彎彎金尊相對連朝夕玉案先投愧往還朗咏長風纖末起空階吹散雨聲潺

過張銘軒別業賦贈二首

環山帶水讀書樓八景當窗事事幽金谷詩成傳已遍輞川題罷句難酬雲歸遠岫迷樵徑烟淡晴波没釣舟四壁

珠璣沉暮色還思秉燭續良遊

著書閉户幾多年種得名花已接天春意漸生香冉冉嫩芽待放翠芊芊梅經宿雨姿猶韻桃欲凌霄幹亦妍緣筆應知題畫遍倚欄長侍李青蓮

繡户僧蘻菊和韻

東籬初放逐安排點綴金閨韻自佳英落偶然遺隻履蕋開不羨繡雙鞋為嫌老圃閒行脚故向華堂淡映釵滿把禪機同翠竹雲門妙諦亂侵堦

僧房美人蕉和韻

紅稀綠瘦影蕭蕭，相伴禪房逸興饒。早穩芳心沾柳絮，不教啼淚濕鮫綃。老僧拈出頭同點，天女飛來色倍嬌。月下門閑頻解語，庭前栢子共清標。

鏡中秋影

滿庭秋色映欄干，亂入菱花欲盡難。皓魄斜窺侵榻冷，澄潭倒送帶波寒。橫空過雁飛來疾，隔岸凋楓遠自看。獨恨意中人不見，臨粧怯聽擣砧闌。

贈新安汪古民

西溪高隱久忘名，山水周流興倍清。驢背敲詩霏玉屑，奚

囊貯句擲金聲膠餳藍尾隨鄉異白雪陽春對景評

元日後連朝雨雪

好在阿戎家爛醉椒盤新頌許同賡

臘月賀人花燭

銀燭煙濃擁洞房芙蓉褥隱繡鴛鴦藍田舊種聯圭璧金屋新占叶鳳凰林下好賡咏雪句簷前先試點梅粧畫傳絲筆工京兆還羡清平供奉章

初冬趙子殿先招同諸子集文昌閣觀紅葉二首

籬菊凋殘樂事慵吟楓載酒喜相從繞村日照搖紅影隔岸林疏帶醉容騷客賦成江欲冷佳人題罷墨方濃倚樓清

興饒歡賞爛縵何辭琥珀醲
相逢驚座倒芳樽酬勸偏宜有弟昆長吸百川輸小阮
漫期十日學平原（陳子維周又韓昆仲及家履中同在座）蟹螯秋老黃猶膩楓
葉霜遲錦正繁莫訝停車常愛晚烟迷醉眼更銷魂

小春良夜陳維周郭宸章家履中諸子連夕攜
酒饌小集齋頭戲贈二首

蓬門長閉徑生塵晨夕南村意自真斗酒絶無泥婦計客
庖時過禁烟新忘形暫借賓為主攙閼何分我與人日ゝ
待君謀一醉連宵高宴竟忘貧

小春佳景月初明送酒持螯仗友生雅技頻聞蜂蝶鬧高談重見笑顰傾宸章作蜂鳴及十種笑法絕肖腐儒粗糲供誰設良夜醇醪飲已醒更約登堂容我輩相將顧曲佐稱觥諸友謀以清謳公觴爲餐中壽

和力瞻廬見贈原韻

蓬經荒蕪歷幾秋昔遊良覿慰窮愁王庭賓客誰先後御府圖書任校讐雪滿山陰還自泛梅開東閣更難留數園春色知多少早向金門騁玉騮

雪中瞻廬小集齋頭疊元韻見寄再和

瑞應豐年報有秋殘黎此日足銷愁差堪柳絮同歡舞未

許梅花作怨讐僵卧喜逢佳客至烹茶肯為故人留刻
溪水滿衝泥近傍險何須待紫騮

西峴飛濤 藩司觀風金華題

太守風流山水傳濤聲千古寫鳴絃作驚絲竹錚錚一
却訝珠璣顆顆圓河落九天雲外度源傾三峽雨中懸荒
亭澗畔長遺響健筆誰堪續謫仙

客信州和李平萬見贈原韻

孤館羈棲歷幾時塵封綵筆孰題詩靈山對我長須笑雲
洞迷天遠莫窺競病早知愁險巇車斜相繼見清奇西江

風雅今誰嗣，欲起崆峒作鼓吹。

饒署端陽郎事

客中作客倍閑情，愁裏添愁節又更。冰署繁華紛滿眼，葛江風月待誰賡。遲遲已負青梅約，去去猶看榴火明。漫泛蒲樽慚獨醒，且酣歌舞共逢迎。

謁謝文節公祠呈上饒張水齋明府祠在廣信郡城外，舊為疊山書院，荒壞不堪，即土人亦罕有知者

餓死忠臣實可憐，淒涼廟貌久無烟。冠裳剝落窮尤甚，鬚鬢摧殘軀又捐。廢址草荒藏虎豹，中庭雨溜長苔蘚。使君

高義驅千古肯為先生庇一椽

遊南巖寺 古風

何人鑿開混沌竅阿難頂禮釋迦笑巖巖獨立朱晦翁講學

吟詩不同調一滴曹溪眼倍明躡衣五級倚天嘯俯視一[illegible]

渺皇州口吸西江欲大吁

登一杯亭

荒亭寂寞付蒿萊忠定勳名安在哉若昔好官徒自苦

于今太守幾人來漫言清慎勤三字只有笙歌酒一杯閒

悵鐘靈橋畔石講堂處處面江開

遊博山寺

名山寂歷足棲禪，曹洞宗風有正傳。飛錫西來泉欲湧，德山卓錫得泉馳書南去石同堅。粟如却靖藩之聘書載郡志經函寶藏三千卷，寺有明神廟所賜藏經塔記恩榮一百年。無異大師塔碑記崇禎二年立欲謁遠公成獨往，攢眉深對蒲池蓮。主僧尚岩外出未歸

後八哀詩并序

半生患難，乃見交情，感舊懷賢，欷歔曷已。比年以來，師友凋零，素心寂寞，屈指可數，約有八人，用少陵秋興韻，人各一章，聊舒激切，不暇推敲，亦云寫而哀

已

修撰沇元洲夫子

廿年沉頓老詞林草自敷榮柏自森五色早看筵作彩九皋誰聽和鳴陰丁恭弟子成何事陸贄門人空有心烟雨樸頻洒淚悲風四向送秋砧

林碧山太守

金臺雁影久橫斜牢落天涯兩鬢華長欲問梅無隴使豈知泛海有仙槎防城夜月荒茅舍交趾秋風入暮笳甲午秋作

訪先生于瓊州適奉委安南候賊相過防城界上茅舍中秋對景凄然

作賦不須悲舊事羲方先發滿城

薛仲蕃明府

曾聯棣鄂共春暉（薛本姓方與余叙兄弟之譜） 珠履堂中燭影微一擲千金輸雉采蒲浮三雅倩花飛漳濱迹竄風塵隔彭澤腰輕世事違羅網遊魂迷客夢哀鴻空羨稲梁肥

毛西河檢討

險難升沉一局棋六經晦塞獨堪悲縱横萬里餘雙眼上一千年自一時（先生題詞有縱横十萬里上下五千年之句） 張栻最稱聞道早象山應悔讀書遲等身著作誰紹述長撫遺編豁所思

許月溪明府

早携絲竹卧東山籍甚才名滿世間舊入酒壚豪李杜閒揮墨筆遍荆關循聲到處常流澤古道依人欲照顔茂苑重遊尋鶴紫吴儂猶帶淚痕斑

高巽亭編修

孤山亭畔斷橋頭行殿蕭蕭草木秋世掌絲綸猶有憾家餘圖史已無愁功名度外隨黄鶴浩蕩胸中付白鷗繡佛早能消慧業精魂還復到杭州

周漁璜詹事

持衡深羡起衰功南北英雄盡彀中解網重煩學士筆照

驂真見古人風塵封舊笠頭為白淚濕青衫血染紅書劍早知歸故國誰憐久客有衰翁

李慕雲農部

齠年遊戲各逶迤壯思剛腸任險陂北里歌殘楊柳岸南村采遍菊花枝琴調魯國聲猶韻筆判倉曹守不移素漫歸来寒瀫水懸河有淚欲交垂

留别同鄉諸親

投簪老去絶逢迎梓里頻過狎舊盟人世半生長作客天涯相聚倍多情高歌清夜聞吴詠賭語終朝作楚聲今日暫

分潋水驛何時同上越王城

留别新安諸友

相逢莫訝白頭新客子由來慣畏人跡若疎時情自永交當淡處味愈方真黄山好夢隨明月烏石重遊怯晚春惆悵離愁分兩地桃花潭水憶汪倫

留别蘭谿諸紳士

燒琴煑鶴水同清乞竹尋花歲幾更厚意不忘舊令尹高風常憶魯先生凋殘井里資調護淳樸山川見蕩平皓首重過猶有興驪歌莫悵雁歸聲

留別同學諸子

錦里幽居久杜門賞奇晨夕問南村花邊賴有求羊跡人境猶聞車馬喧銀筆題封雲爛縵金釵泥酒月黄昏歸歟自息培風翮遥聽搏扶變大鯤

贈宜興令魏又韓

一代賢良孰與齊延陵聊復借鸞棲冰心映澈芙蓉水花筆祥凝罨畫溪春雨桑麻長被野秋風桃李盡成蹊早騰民譽隨飛舄嫵媚遥聞出　御題

贈句容令施翰英西寧令長公

茂宰聲名属少年，秣陵佳氣接幽燕。家傳治譜稱三異，邑有神君號二天。飲馬龍潭心似水，還丹勾曲興同仙。曾從小阮經過地，白首登堂愧執鞭。

贈當塗令林子紳

舊從立雪椎前輩，新播仁風望後塵。百里士元能化蜀，廿年王粲欲歸秦。丹陽留滯悲遊子，栗里蕭條累故人。携手共看牛渚月，秋風幾度憶羨蓴。

贈興武衛守戎林又彤

投筆狂歌憶昔遊，彤庭射策五雲浮。當年燕頷原無敵，今日

龍旗映莫愁漕輓閑中蕭相國書傳圯上漢留侯相逢異地

歡多少秋冷秦淮月滿樓

登謫仙樓

風急天高拍浪開謫仙樓上獨徘徊半生事業詩三百千古

豪雄酒百杯捉月那知憐皓魄騎鯨誰復到蓬萊煙波不盡長

江水日與汨羅数往回

采石虞丞相忠肅公祠

迸猢馮陵赤社寒長江飛渡更無難書生慷慨與王業使者從

容上將壇采石尚餘風鶴警吳山空作畫圖看可憐舊鎮荒

祠廟草沒殘碑露未乾

江陰署中喜晤許員王鄭惟宗葉宗竹諸友有贈依韻和荅

舊來面目久封塵撥霧重看境又新落拓馬周初入幕一寒范叔獨遊秦素心晨夕無多日白首婆娑已數人且喜蘭陵多美酒他鄉聊共醉江蓴

贈江陰道士陳遵九

玄都深邃户重扃太素真傳得五靈龍虎閒遊銷白日鹿羊時玩熟黃庭香飄桂苑空中度曲奏霓裳月下聽欲向上元問消息玉臺何處覓丹經

繭虎

出薄原資經緯材何須威勢向人開為抽尺寸懸心緒故假銀刀作剪裁封邵變形羞對向馬明回首錯挼胎可憐宛轉隨兒女長使風生傍鏡臺

茄牛

弱植卑棲當野蔬嶄然頭角勝黔驢未堪任重資田父祇可提携付小胥剖出肝腸紛瑣細疲殘筋力只趑趄漫施文繡供郊廟老去偏宜暮賦狙

蒸鶴

骨鯁真堪列上卿秉軒舊日有聲名乍從丙穴珊珊出忽度青田緩緩行一夢早能驚學士半身儘可壽先生待凌霄外尋知己莫過河中泣舊盟

蟬猴

露下秋高欲語難巫山幻出綠雲端伴貂潦倒懸無色辟馬從容忽改觀蛻去正看尋棘刺沐來未許着人冠若教繫檻長供奉何似噤聲度歲寒

橘燈

洞庭春色壓江南焚頂移來伴佛龕素復離披芳度繡朱

衣爛縵影拖藍神童漫擬懷中落棋子無勞月下探頻得光明常澈底流涎不敢羨餘甘

蘆筆

蕭〻洲渚影翩躚飛舞龍蛇帶遠煙指點空中題雁字縱橫江上灑魚箋生花入夢秋方老晝日重逢色又鮮莫道中書無用處廬陵長欲表岡阡

因見鄭魚門令郎和詩再疊前韻

鳳池氷操絶風塵雛鳳聲傳語復新帯草箋經曾表鄭釣鼇題卷早知秦青雲未覲韓公子白雪遙聞賈舍人漫過屠門

誇大嚼何如盍跂下青蓴

賦得嚦嚦鶯聲花外囀爲觀劇作

爛熳春光繞上林嬌聲隱隱送鳴琴低回柳浪湖中客攪亂遼西夢裏心珠貫韻隨檀板落塵飛響遏柘枝沉莫愁綠暗詩人老錦繡橫陳足賞音

嬌香嫩蕊正猖狂認取濃陰記曲娘天女懷春調玉管雪兒對景弄金簧谷中好語疑求友葉底低聲巧喚郎欲遣建章猶未得早傾俗耳惹詩腸

江陰九日登君山感賦

客裏重陽景暗催，君山聊作望鄉臺。長江浪靜心猶競，滄海潮平信不來。皂帽尚留霜鬢健，白衣誰遣旅懷開。杜鵑花滿愁人眼，消息空勞神女回。

君山尋春申君墓

重陽獨上君山頂，為問春申墓已灰。盡說南朝爭王氣，久封東嶽作行臺。陰謀覆楚成何事，結客親秦亦可哀。獨有李園鋒早利，猶慚無忌冢常培。

將發江陰再疊前韻留別許員王

萊蕪久客甑生塵，楓冷吳江景復新。長路回車寧學阮，繞朝贈策欲辭秦，囊空正好藏。佳句鉢洗終當鮮，避人待約道山成二老烹泉小摘水中蓴。

贈平湖令林廣業

陳情高寄臥東山，郎宿重輝照世間。楚水携來琴韻遠，當湖調出鶴聲閑。金閨舊好情猶重，玉案新詩色尚斑。惆悵丹陽留滯客，那堪霜鬢望鄉關。

贈海寧令吴迥齋

廿年飄泊向誰論，雲雨場中任怨恩。贈縞定交輸季札，買絲欲報感平原。安瀾績奏寧千里，保障功成福萬村。分手莫愁長路

隔早占郎宿入台垣

秋為近五各有十二屬詩援引典故不許犯重眼前近事搜索殆盡爰拾遺闕聊為此詩

何年毛落向山遊寒夜窺燈欲來休瑞報使君隨杖走祥徵聖主吐雲浮漸依牛角猶多慮巧作人言豈足憂莫訝四公能揲卦單門京觀早成丘 子鼠

生平舐犢幾多時鼻聽沉吟有所思天子射來成故事相公駕出欲何之壇中執耳羣推重老去操刀孰敢尸可歎敗犁無用處債豚雖瘠亦堪悲 丑牛

聖主當陽早戲朝何勞鐵索更纏腰偏蹄到處風生翼摶像隨人肯作嬌誰解入山擒白額獨憐小制有青要二室侍者皈依久背向追符自伏招 寅虎

吐生盡不識嚴親撲朔迷離孰認真悟道豈知頭有角高談只恨口無唇摶獅空自輸全力顧犬尤須早避身安得中秋明月滿飽烹斯首饕清貧 卯兔

五采成文透碧霄早歸滄海湧成潮長依袞冕香浮滿半入旌旗影動搖見尾有時看變化逆鱗無患可招邀誰教高臥潭無欲頓使陰中久寂寥 辰龍

一州相報動公卿菩薩由來獨得名畫鬼可堪稱幻化斷頭何處見羣行小青二偶長為伴梁后三生亦有情若使玄遁時吐氣不教上國狎齊盟巳蛇

地用莫如爾最強那堪憔悴獨玄黃秪因下駟還先路遂使超羣厄服箱歷塊自慚遺一蹶橫門却欲效微長負圖待啓天一秘更伴昭陵鐵汗忙午馬

性淫比呂亦宜哉西域遥傳得種來智效堯牽猶可笑討窮朱泣正堪哀兩工海畔勞神女髯客山中號秀才不共仙人遊粵去却縱上苑吐珠回未羊

嵩山携榼訪知音，似栗如拳盡盍簪。只好逢場聊作戲，不知何術得安心。報時長伴高人隱，初吉常朝古廟深。麟閣豈堪圖厥像，翠屏猶自見哀吟。申猿

五坊交搆檄爭移，蜀魯雌雄各自持。正愛長鳴堪作友，却憐鬪尾憚為犧。愈風百翮栖宜護，啼月三更店已離。最是尊拳〻冀〻一〻處分明軍令有誰知。酉鷄

白雲深處若聞聲，舊主方歸鮮遠迎。韋出早憑秦相國，縱来好北漢公卿。練香豪士酬勞重，敕蓋仁君報德輕。盡力只思除狡兔，功成何惜一身烹。戌犬

畀率隂之乆擅塲化龍卧榻勢猖狂納肝儘可辭安邑嚼肉
真堪羡魏王剛鬣雅稱君子禮豶牙戒切小人防渡河漫擬移
天象入甕猶沉北斗光 亥猪

得次男捷音復聞部允撥肖之報口占志喜

廿載沉淪乆杜門頻聞送喜欲銷魂一經幸繼先人澤三宥深蒙
聖主恩教子義方今始信良朋古道世猶存樊籠脫去從空闊松菊
何年長故園

癸隞水驛

宦海風波乆未平他鄉留滯不勝情喪人失國晉重耳老母終

堂藕子鄉十九年來同險阻三千里外隔幽明今朝喜上歸舟去願借東風送幾程

返故居

此生猶喜得歸閭環堵依然作客身出入少年多畏老往來相識總嗟貧山川面目還如舊都邑衣冠見一新惟有含飴堪慰寂不妨閉戶對松筠

輓陳門連烈婦

六載同心背負恩悼亡賦罷恥生存珠沉合浦潮聲遠珮去沙村月影昏烈婦合浦令析女沙縣司訓子感三男婦令女那堪稱就義湘娥何處可招魂

浮名早謝人間世，表節無勞問燕門。

軒年令郎卿懷以遊庠簪掛日合巹口占申賀併東軒年

青雲初步賀新郎，喜氣雙雙滿畫堂。采得芹香添繡閣，攜歸花筆點紅粧。齊眉舊案看重舉，軒年亦以簪掛日合巹。跨灶新篇次共揚。桂子同攀甘讓步，抱孫獨許老夫狂。

建溪舟中阻水三首

連宵滴瀝暗江干，巨浸奔濤急泝難。咫尺閩山雲外望，濛朧烟樹雨中看。只堪高臥同漁父，那有新詩動寫官。欲御豐隆鞭海若，騎鯨直上換征鞍。

低垂岸竹浹闌干，三老偏宜行路難。伐木歸來分斧劈籠鷟
讀去得錢看弄潮，那得逢鮫客送酒。何由有縣官，獨羨翩翩公
子興，當関立馬躍金鞍。同舟劉公子由旱路先回念八都
強將排悶數支干，舟中無事日檢命書 曲膝伸腰臥起難。對客問天何日
轉，呼童量水幾回看。猖狂豈敢同名士，寂寞依然似罷官。
仙霞獨不見，片帆長自阻輕鞍。

舟次水北雨久雍飄市中乏米偶值令人來謁屬令轉
售承饋斗許繼以肉燭和軒年口占原韵

停橈幾度望長庚，遏糴深知雍水平。忝竊餘光分子弟，頫

煩推食饌先生加餐顧曲心猶壯大嚼觀塲眼倍明莫道衣冠輸我輩秪今每飯亦關情

張干庭先生賛

青錢入選早登壇珂里宗風興未闌薄海正開新日月武陵復見古衣冠齊眉雙像題來易余曾為題先生暨配孺人雙像一命孤忠[illegible]難偕隱只宜招介弟先生族弟字鳴亦不應試西山盛事許同看

張秀士賛

清河世德獨鍾奇偉器生來冠一時束髮早懷蘇武節麻鞋深慨少陵詩雲移椿樹垂長蔭春滿荊花發遠枝式穀已

看蘭桂茂金貂，應復漢威儀

贈鄭魚門先生

曳履家聲孰與齊鳳池高望隔雲泥堂中落筆書為草閣
上箋經大是藜玉又重懸江左右水壺遥映楚東西起衰早
見孚輿誦枚卜還看出 御題

句容道上書所見

驢背衝寒怯曉征長途極目欲傷情溝塍龜坼場無粒山粉
翻淘土作秔載道携孥隨草宿沿村覔食戴星行有圖欲
繪誰簪筆愁聽哀鴻空自鳴

贈濟寧僉事余田生

復陂誰是障狂瀾，獨為蒼生起謝安。詔下山東皆踴躍，星臨瀫水失盤桓。田生訪余蘭江旅次，余因他出，未得晤別。泖河潦淨千艘穩，魯國風清萬姓歡。騰達故人重握手，傳車相對笑彈冠。

汶上道中雨雪

久謝長安懶着鞭，今朝風雪倍悽然。壯心冷盡真堪笑，徹骨寒生亦可憐。襆被遮頭迷古道，殘羹果腹願豐年。灞橋漫欲誇才子，學得表安已似仙。

腰站早發

漫載空囊作遠遊，一天風雪滯行輈。故人未得逢蘇子，遊旅猶能識馬周。踈柳凍凝花欲舞，曉鴉霜冷影難留。羞將華鬢閒奔走，還向長途嘆弊裘。

壬寅除夕

今年守歲忽京華，朔雪飄風燭影斜。聊自開懷聊自醉，半成作客半成家（余見媳同在姻翁紫山侍御家）。椒花莫獻當筵頌，爆竹初聞幾處譁（司坊以國喪禁花炮，是夕有 音放鬧）。舊事漸看除欲盡，可分春色到天涯（是日立春）。

癸卯元旦

三朝新值紀元年，鳳曆重頒玉漏傳。萬國衣冠留墨色

重霜露動旻天桃符欲換猶存舊柑節雖傳未獻鮮獨限
滄江從晚起辛盤相對倍悽然

送廖靜嵓之任武寧

髫年立雪早同遊雲樹長分四十秋愧我伏鳴同老驥多君發
刃見全牛劘丘柳綻重分袂彭蠡春深好放舟治譜家傳看
繼美鳧飛應到鳳池頭

贈真定太守黃雪溪

粉署含香早羨仙一麾風采動幽燕百花樓上琴聲遠五馬
山頭鶴影翩銅斗便民長共置赤帷行部不須搴故人今日

重携手對酒還欣有二天

將發汴梁主人復留一日遊禹王臺即吹臺舊址上有御書樓

戒途忽復阻歸鞭名勝登臨信有緣梁苑繁華何處是吹臺
遺跡尚依然非關杜句堪乘興為藉王功得久傳獨恨鼎湖
龍去遠中天日月只孤懸

獨上高臺俯汴州憑欄悵望思悠悠蕭條千里膏方動寂寞
三春草未抽微禹神功誰底績少陵勝事豈能酬烟塵日暮
悲風發攬轡狂吟起四愁

憶石門磵桂花東周聖俞

十年未向石門遊聞道中興景更幽說法老僧能刮眼傳燈居士欲髡頭近因病眼艱視日惟閱五燈會元二三章白蓮湧出花連座金粟飄來香滿樓問訊續之清興好幾時有約到林丘

又題定湘楓林停車小影

欲買胭脂畫不成吳江冷去倍分明飽餐玉露添新艷怯逐青陽老舊萬楚高士停車因愛景名人寫照輒移情囊琴莫訝知音少萬壑蕭森聽一鳴

象山署中中秋月色甚佳因微病不能深賞感賦

連朝陰雨起秋聲為灑塵氛淨太清海靜早聞潮有信山高

唯見月孤明南楼深與頻邀賞東閣嘉賓半送行（時諸友多欲回閩）
獨惜病中空好景枕邊刁斗数嚴更

同劉寧山副戎雪夜渡海

戴星久已絕逢迎為趁歸舟泛雪行影入寒潮天一色光搖欵乃月三更暗驚高士空山夢直效將軍午夜征但使年豐波浪静牛衣相對足平生

横溪道上

頻年慣作江湖客老去翻為海外遊一葉扁舟凌絕壑五更清夢渡滄洲登楼不獨悲王粲寄跡何妨學馬周來往經過

長極目炎風朔雪總堪愁余初秋經此冬抄始歸

鄞江阻風

鄞江遥接海潮來，忽聽奔騰萬壑哀。戰罷玉龍翻地軸，敲殘金馬落寒梅。故人有酒長須醉，少女無情莫漫懷。擊楫雄心驚歲晚，布帆安穩且徘徊。

餘姚王文成祠

良知揭出示心源，自是先生創異論。一代功名人共仰，百年道學世同尊。火傳總屬張空幟，舌戰何曾得入門。試問尼山真種子，魯愚相對各忘言。

孫忠烈祠

威武將軍出塞行北司豢豎逆謀成神龍失水終難躍高鳳遭殺只待京就義從容追正學策勳僥倖紀陽明姚江滾滾隨潮浪猶是孤臣血淚傾

曹娥江

小娥死孝足千秋徽號長隨江水流大節已堪誅魏武好辭何以殺楊修潮平似解錢唐怒渡穩遥憐妬女羞古道遺祠留夕照悲風繞樹動離憂

和計蔡村見贈原韻

澤滿河汾傳大業奇探究委見新詞青春作伴愁都遣白首論交喜未遲一夕雄談羞故我千秋巨筆讓阿誰巡簷洛誦眈佳句安得南村数問奇

東林復社風流盡先輩才名重兩河但使遺經堪共讀何妨縱酒且高歌（先生以尊大人玖亭集意教連日捧讀尚未卒業）漢唐優劣誰删定朱陸調停可訂訛此去新安尋絶業好探消息近如何（先生精于理學時將有休寧之行故作此想）

遊雲泉寺和韻

昔年此地草曾迷(飛)錫遥來借鶴棲再闢山川開面勢斬新菩蘿復眉低深林礙日雲歸岫曲徑通泉水滿畦稍待秋風生桂

苑更尋惠遠續前題

過唐氏園林感賦

金谷繁華異昔時，夕陽燕子亦堪悲。落花有意長窺户，秋水無人自滿池。慷慨欲吟思舊賦，淒凉猶恨悼亡詩（園内厝有唐氏子婦三棺）。不妨看竹隨幽興，招隱何須待桂枝（主人約待賞桂見招故謝之）。

玉泉庵玉蘭花枯而復開和周聖俞韻

聞道名花枯復開，招提佳氣見陽回。頻年誰解憐憔悴，此日驚傳説盛衰。縑筆干霄含粉吐，玉山籠月帯香來。風流獨對看生意，作賦無愁壓菌苔。

荒寺婆娑寂寂開，饒他集苑待春回。心經百折曾無悶，病入三秋老未衰。玉笋班知名士至，燕釵斜送美人來。變蓮化涯原非幻，何似瓊葩照碧苔。

留別家載如

天涯兄弟倍相憐，白首依依二十年。萬卷高樓吟欲遍，雙溪明月榻猶懸。阿戎頭角振振見，驥子才名滾滾連。別緒不堪禁客夢，雁鴻聲急獨淒然。

和葉芸三感賦原韻二首

石林才思早超羣，樽酒重逢慰遠聞。負郭喜裁三斗秋，連

連牀猶有百家文息心相對憐衰鬢掀髯高談仰白雲老去揮毫興不淺江東長自憶參軍

春雨連朝久索羣登筵躡屐亦奇聞素心何必拘常禮我輩應須脫舊文訂就佳期思繼日挨來好句欲凌雲騷壇近事新張幟老將真能獨冠軍

東嶽納寵詩 并序

丙午春王上浣之吉東郭軍民嚴具張樂送女像嶽祠云為東嶽納寵先是南郊下渡有鄭氏女子曾夢泰山神聘為小妻忽得疾不起東郭里

人亦以夢徵其事信然遂摶土塑女像肖點睛而

女卒因作斯舉戲成二律聊當誌怪

岱宗佳耦竟誰傳作配曾聞泰水連豈意丈人峯冷落忽

教王女夢纏綿青生齊魯行朝雨雲卧衣裳伴曉煙午

夜試從日觀望小星長傍月娟娟

雲衣雨帶赴冥搜為嫁天孫作勝遊若礪盟言成往事傾

城得意欲銷愁碧霞相望憐新寵玉檢重題咏好逑待向

華堂求一醉恐逢太守擲中流

和陳軒年花卷神樹詩 并序

花巷有古樹歷年久矣偶有行人過樹前蹶而傷足觀者誑以此樹有神宜拜禱當無恙從之果愈次日具牲醴謝從此遠近風聞祈禱接踵將議立廟以祀軒年賦詩二章作之為和其韻以代樹神解嘲

大樹將軍何所知紛紛禱媚總成癡直因兒戲人言耳遮莫高明鬼瞰之自昔衣冠多土木于今臭腐更神奇休欺老朽全無用也有興妖作怪時

秦松漢柏尚堪傳古樹成靈豈偶然紀異應知由木沴休徵何似起槐煙神叢借去疑無效社鼠憑來儘可延山鬼果能驚世

俗不材無羨老天年

送陳平野起復赴補

粉署含香久擅名歸來嶺上白雲横孝思已貫丘園色忠悃難留山水情楊栁風催乘月渡桃花浪送戴星程　宵衣正欲求民隱為聽嘉謨翊　聖明

賦得一道花香穀雨前　限韻

寒食家家花滿園春光到處向誰論細隨流水津難問相送蓬門徑尚存爛縵千林風弄影氤氲百和月留痕黄昏浮動連芳草布穀聲聲隔葉飜

送陳軒年赴黃巖鎮幕

五月乘槎作遠遊嫁衣針線未全收文章有恨遲青眼詩酒無緣慰白頭紫電霜寒幕府佪赤城霞映海門秋翩翩書記饒文采火色從今識馬周

御書名教罪人四字製扁懸掛錢名世里居敕羣臣賦詩遣歸應制

共驩早負帝堯仁媚骨天生出等倫名士風流惟學諂憸人臭味暗相親三章暫逭恩波重四字高懸斧鉞新筆伐自堪垂百代賡歌喜起動臣鄰

集林玉伯環碧軒噉荔限韻

亭亭嘉樹碧塘灣，異種傳來勝火山。曉露乍晞香欲滴，餘霞平散態猶閒。盈筐珠實堆紅粉，飽嚼瓊漿碎玉顏。不用輕貪三百顆，嶺南今喜已生還。余别此味已三十年

送康步用歸漳州

霞翼標才屬對山，鑑亭風雨幾回還。粲花好句欣同賞，櫟樹奇文許共删。秋色滿林聊惜别，荆枝披地待重班。英容鏡映吴門水，為報冰清一鮮顔。令岳栗園黄先生乃余世叔，又八年也

明濮州守林素齋先生崇祀忠祠先生諱真，明洪武癸酉舉人，為濮州知州，靖難師入

濮守死不屈被綁桅杆亂箭射死妻陳氏亦抱宗譜自焚死

靖難忠臣死最奇竿頭百尺的為尸焚身抱譜憐同穴仗節全宗惜蔓夷四百年來徵舊傳十三代後肇新祠聖朝祖豆榮桑梓莫向東昌問義旗

林母李孺人　旌表節孝

龍光遠賁女宗門崇奬深承聖主恩本為艱貞同日皎更無奇節吁天閽義方兼式庭前訓女婦齊安地下魂白首已完冰玉操兩髦何愧昔盟言

滕王閣

滕王高閣面江開秋水長天寫得來一代詞人皆閣筆千年
聖主尚憐才閣內有御書王子安滕王閣序凌雲時有閻公望闕象虛疑帝子回
豈是地靈堪不朽為尋人傑數徘徊

歸善署中閱邸報追輓趙畫三

飛揚跋扈想當年白眼看人信自然風雅擅場儕七子樂羣掞
懺邀諸賢破荒射策星辰近特達蒙
恩雨露偏若觧臣心清似水鳳池誰許著先鞭
再典文衡海內崇起衰無望繼歐公二章未必皆天幸三古真
疑有鬼通象齒早詒伊慼恨雖經猶拜
主恩陰閩南空表

讀書處憑吊何人泣晚風

榮悴何常似奕棋，相依侍御覆車馳。吾鄉蕭藝菴侍御以驕恣得禍，里人早舉相方。蓋棺論定人誰惜，直筆書來世自知。猶有彩鴛同結塚，更教野鴨遠御碑。早看父老焚香日，便是先生永別時。

幾見飛車逮浙籓，又聞緹騎入軍門。一時墨吏無強項，到處殘黎起斷魂。金穴那堪求繫援，冰山誰復長兒孫。不堪再聽廣陵散，永伴雷塘月影昏。

潮州謁韓文公廟

文學初開嶺外天，肅瞻遺像拜高賢。先鋩早已摧蘇軾

倔強何妨識大顛有覺鰐魚長遠避無知佛骨亦空傳祇今山水皆增重直表聲名路八千

韓木

雙幹亭亭不識名猶傳韓子手栽成擂來天上疑無種特出人間自挺生紅白繞枝舒錦繡制科新兆卜公卿爲弘文教垂終古故顯靈株作楷程

同友人遊南岩

隨山結構總幽奇下下高高自得宜石室陰霾銷伏暑危橋曲度轉離迷盤根古木虬龍舞絶磴飛岩燕雀疑同是西湖

名勝地（岩一名湖山下有西湖）獨憐淪落少留題

一覽超然渺絕塵萬家烟景爛如銀（山又名銀山）鳳臺迢貼披紅綺韓水平分帶白蘋日暖陰風時嗷竟夜深燐火暗侵人于今海外無烽警敗堞長留草木春（山上舊有城為防海計）

立秋日作

水淺沙迴漫放舟灘聲不斷亂江流芭蕉風急常疑雨蟋蟀吟哀已報秋燕子未歸縈客思荔奴早熟起鄉愁夜闌鼓角催寒曙怯見星河影半鈎

白燕

涎〻翔舞雲精神玳瑁雙棲皎絶塵入社最宜秋結侶出泥猶恐點沾唇飛來趂兩全非幻夢去投懷認是真王謝風流原不改烏衣舊事却翻新

舟中七夕

風微雲淡夜光浮水静波平月不流又見佳期逢七夕忽驚作客入三秋旅懷幾度歌烏鵲愁緒何堪問女牛人世可憐吾獨拙年〻學拜巧難求

欲賦悲秋興已孤況逢此夕倍踟躕穿針遥憶憐兒女驪腹空思學腐儒離合閑情天地老尋常忘巧故今吾客

星重見真消息試問君平識得無

將軍甲 在龍川縣

嶙峋壁立獨當關壯志平凌千仞山豈是望夫頭不轉真堪柱國骨生寒聽殘夜雨常披甲戰罷秋風未解冠莫歎奇終冷落長江飛渡畏君難

秋夜舟渡石龍和林子紳韻

輕棹相隨下急灘石龍繫纜夜方闌月明作覺三秋迴水色遙分百粵寬對酒不辭終日醉狂歌猶作少年看一天白露寒江影剪燭頻敲莫蹔懽

贈饒州憲副龔澹巖

循良渤海早知名驄馬重看憲府清佳氣遠蒸彭蠡澤雄風遥壓豫章城九江春色隨飛蓋千騎東方領使旌預識　御屏題姓字豈徒西楚動威聲

贈南康守葉學山

起草明光興欲仙一麾春滿楚西天潯陽樹色揺佳氣彭蠡秋風接素烟楊栁已成傳韻事琵琶重見有新篇十年遥憶河梁思潦倒何堪問仲宣

贈三水令鄭虚舟同年

落〻天涯訪舊盟嶺頭花信倍閑情鸞棲自覺勋名遠鶴案遥聞雅韻清彭澤寄懷堪獨賞舂陵好句倩誰賡廿年風雨寬愁思把臂相期聽履聲

將之海南聞太守林碧山先生已往交阯迎賊途中有作

故人踪跡久稀聞黎母山頭切望雲忽報珠崖廉太守遠隨銅柱老將軍共來海外清餘孽欲代安南靖小氛搜轄急須西改撕好看諭蜀有雄文

防城中秋 璦守公署在安南界上

頻年作客飽經秋，却喜清光此地浮。豈是雨晴添皓色，獨來海外遣人愁。遠山烏鵲棲林靜，隔院笙歌永夜幽。茅屋可堪聯玉宇，饒他清興對南樓。時廉守演劇達旦，而瓊守臥病荒邸，景殊蕭瑟。

海南道中

嶺表紛華事已非，征鴻猶自向南飛。潮平澗谷偏宜厲，秋老炎蒸尚未歸。閩女趁人先學嫁，村姑款客遂相依。漸看景物催愁思，滿眼楓林帶落暉。

廉州道中

荒林密箐亂山中，竹屋茅簷處處同。合浦明珠沉夜月，伏

波銅柱老秋風重跰少婦盤頭白飽嚼檳榔濺齒紅瘴雨漸銷飛站站登壇猶想漢時功

沅位山以病辭職為廣其意

循卓曾經黼座知蠻方吏隱亦相宜許身稷契談何易結想羲皇志自奇孤鳳入籠危往事鱸魚作膾喜當時故園桃李應重發莫使姚江冷鱖滋

小試猶堪望大行委蛇吾道有先程却憐騏子男兒好更羨牛車指點明慷慨拂衣辭聖主從容披髮謝蒼生自甘勇退成高尚誠正空傳待漢卿

過藍關

佛骨書陳人主怒上元節後出長安粵行已值春無盡嶺表何由雪擁關縱有真仙能度厄肯將強項暗相干韓祠壁立搏湘黍應與荒碑得共刪嶺上立有步雪仙蹤碑

過大庾嶺

重巖奔峭倚天關南北長分障百蠻一指黃梅空放鉢千秋金鑑早開山雲封松影驚濤靜霜染楓容帶石斑幾樹老梅春信早那堪遙折一枝還

贈江西督學巽兩亭同年

洙泗源分正脉長名題郎署早含香玉壺映澈西江水寶劍光浮彭蠡鄉師範遠看傳白鹿起衰端不愧歐陽聖朝雅化弘文教待啓綸扉重拜颺

贛河紀行

春盡南來冬北行石尤相送最多情扁舟隨溜衝颸轉隔岸揚帆上瀨輕稚子自能求口實參軍長不解蠻聲閒看山色增惆悵遥指青峰閲幾程

新淦夜泊

相隨長是一孤舟纔出韶州又贛州逆浪打艘風帯怒連江入

夜雨添愁擁衾坐覺寒更永伏枕偏知鄉夢悠作客經年淚萬里幾回搔首得夷猶

輓黃德基

風雨狂歌聲滿樓牢騷廣武浪封侯忘形未覺十年長放眼無懷百歲憂皂帽漫愁翔北鳫契闊廿餘年壬寅春暫聚復別素車長恨慟西州床琴一弄增惆悵稍喜三珠采欲浮

鼇峰書院十景詩

御扁瞻天

宸翰親題墨跡懸九闕人士共瞻天恭逢四海同文日寵錫三山養

秀年飛白龍蟠垂雨露浥金鳳翥繞雲煙嵩湖縱抱烏號慟厚澤遺偕帶礪傳

秘書炳日

御製文成駕百王石渠金馬久珍藏校讐不復私中秘頒賜還承出尚方炳耀日星周海曲昭回雲漢燦天章始知照乘非他寶永鎮榕城寒帙光

道南堂薦（中堂祀濂洛關閩五賢西堂祀黃勉齋胡五峯游廣平陳北溪蔡虛齋陳剩夫六子）

鄒魯風移到海濱久傳濂洛與關閩五賢遞衍南來道六子交推北面人中座薦馨陳木主西堂肇祀配功臣千秋

統緒源流在仰止高山咫尺覲

正誼風清（東堂祀儀封張中丞像東南堂祀海康陳中丞木主）兩袖風清得兩賢儀封經始海康連中丞教育爭親炙宗伯哀榮接後先（海康贈宗伯儀封官宗伯）棠芾黍苗留此地菁莪棫樸想當年山頽木壞人千古俎豆長看荐蘩鮮

鑑亭樹蔭

欝葱佳氣滿亭中似鑑澄清接遠空四顧參差紛樹影一團和煦晝春風藏枝鳥語聲相應映水花開色自工徙倚憑欄添逸興道心生趣樂何窮

曲沼荷開

濂溪源遠澤流長，沿水支分曲沼旁。落落大儒偏獨愛，亭亭君子在中央。浮萍掃盡消渣滓，翠蓋擎來得異香。阮逸並非輕富貴，淤泥清處見行藏。

鰲峰返照

聞道峰從駕海來，夕陽西度映高臺。不貪丹灶成仙侶，為愛元灯出大魁。頃影毋忘名勝地，惜陰須步古人才。桑榆收去原非晚，萬丈光芒次第回。

芸閣貽香 藏書樓貯書二十二笥幾萬卷

頻笑遺書付子孫普天能保幾家存全憑經史爲公業留侍

文章報　國恩萬卷㸔羅人共富百城高擁道彌尊遡從

積厚先流遠不盡藜燃恣討論

假山月色

功成層累自何年人尽由來合見天進止爲山爭一簣高

明卿月信皆圓客先照徹知原本弄影吟歸覺自然

翹首廣寒芳氣萃桂林攀折幾枝先

繞院書聲

休明鼓吹屬儒林結伴攻書歲月深萬籟淩空輸諷誦九成

和奏讓歌吟循墻遠近同傾耳拍案悠揚各賞心漫道古人糟粕在破將萬卷有知音

和軒年穰災口占原韻

史巫紛若走叢祠王道人情世豈知今歲滿城皆喜氣去年此日正啼飢提攜歌舞迎神地倒篋傾囊舍利時但使閭閻多起色儘教遊戲恣奔馳

簇簇儀仗擁城闉雜要十番併八鑾掃淨交衢同警蹕朝叅行殿儼呼山笙歌進酒爭從事丁灶科錢少客顏聞道呻吟猶未息衣冠遮莫近冥頑

送象山副戎劉寧山回任

破浪依稀記昔遊，睽違風景忽三秋。玉關老去人猶壯，彭澤歸來鬢已秋。麟閣新猷看節鉞，鰲峰故我愧松楸。喜傳衣鉢佳公子，取次登壇見小侯。長君向曾執經，新捷北上。

君山鎮海海壇十景，和陳軒年韻

昔年重訪舊詞壇，曾到君山一借觀。余訪葉芸三于江陰縣，亦有君山，曾登絕頂。聞說春申初啓土，久為楚國壯藩翰。江陰君山以春申君得名。遥連鐵甕千峯秀，低壓長江一帶寬。更有洞庭誇絕險，何如大海砥狂瀾。

帝灶朝天 山皆白沙最上有冊土一曲宛若灶形俗呼皇帝灶云

鸞輿奚止渺無端仰首爭將帝灶看御廪只抄雲子由雲子白洪鑪長剩老君丹漢薪抱盡誰能厝周器飛來何處安最是高居突並曲欲煬欲媚總皆難

湖環六疊 島有湖甚大徧植蓮花俗名三十六脚湖舊傳曾出龍馬至今黿生大小不可勝計中一嶼曰黿嶼

隔離漲海獨潺湲分派爭奇六六灣香浥芙蕖疑散綺光浮瀲灩若連環負圖想像虛無裏曳尾蕃滋沼沚間漫把風流擬西子空思立馬到吳山

壁立五花 海濱有石五堆相隔各二丈許每堆大小錯落數多黑色俗呼五營兵不知其所自云

生成起数術難窮點石為兵布置同隕在宋都移海上煉從媧后散閩中玄王載旆軍容壯青女連營殺氣雄應識衛公傳獨秘不教白帝擅天工

尾成一片 旁尾有石洞能容数十人望若屋形名一片尾

咸陽三月火連燒一片鎔來自漢朝天地陶成人共庇風雲擁護暑全消雖無大厦沉沉壯終免懸旌靡靡搖穴處早聞稱太古巍然石室已遷喬

洋舉雙帆 洋中二石牌一高一低其色純白遠望若雙帆然

雙帆卓立影戔戔疑是樓船暗伏戈橫海有時搖日月

中流無恙靜風波，揚旗作指甘長泊，伐鼓何人得並過。似向吳門看匹練，無勞赤壁咏狂歌。

葫蘆澳窈（大小環曲形似得名）

小村曲逕盡隨流，賴有漁人取次求。作入繩緣疑削頂，漸看囊括似懸疣。箇中日月形皆古，洞裏乾坤景自幽。安得與君同跳入，方壺瀛海恣遨遊。

鏡臺寨高（竹嶼有石層起上圓如鏡下平如臺）

巖巖高掛信難攀，那得清光遍照顏。百丈影沉花久謝，千年塵暗匣長閉。團圓不假飛天上，掩映常宜

對月閫正恐嬈粧凝立久更須化作望夫山

仙步留蹟 二蹟一淺一深相去極遠傳爲仙人脚步

飛升高舉久傳名何事山中復漫行豈是天台採藥去故從蓬島帶雲撐巨人迹在知誰是孺子偃來也自輕靈氣未能慚學步幾時接武見丹成

猴狀探潮 石生酷肖猴狀磬折俯視俗名猴探水

遥從巫峽暗飛來海外曾聞嘯幾回側眼免冠潮共沐俯身無刺石爲胎渡江泥馬還相恨戲水游龍豈有猜莫怪老僧常作戲點頭垂臂亦堪哀

七言絶

周雪客世伯雨後同陳緘菴鄭二瞻小集齋頭口占

三絶和原韵

辟炎偶集小堂前，一望烏峰草欲煙。忽爾催詩新雨至，却教佳客故留連。

風輕雨細近蒲陽，柳色青青送客觴。座上使君能顧曲，驪歌一唱盡醒狂。時陳太史將歸浙

名士端陽酒數罇，離騷痛飲慰湘魂。傳家詞賦今猶昔，千載臨風憶櫟園。

江州琵琶亭

蕭〻蘆葦滿江湄，月照孤舟水一涯。不用琵琶傷舊事，青衫淚濕已多時。

孤臣棄婦調相憐，一曲琵琶思惘然。湓浦夜深悲自語，誰將舊事倩人傳。

昭君塞外調新譜，司馬江州再賦詩。兩地琵琶同寫恨，南音悽惋北音悲。

教坊歌舞罷繁華，老大商人不顧家。盛事易衰人易老，故園回首可勝嗟。

長生殿上共徘徊細織女牽牛誓未灰脂粉豈關亡國事錯
教風雨暗陽臺
大小絃鳴切切聲猶傳指法自西京三郎韻事高千古抱
器難禁故主情
誤國曾聞李與楊暗挑鼙鼓動漁陽忍拋傾國酬天下
南内時時泣上皇
新蒲細柳向誰論昔日曾沾雨露恩欲使愁人更拭目須
教天寶復開元
曲終江上夜烏啼司馬情深托舊題心事不隨流水去夕陽

亭畔草萋萋

獨有荒亭俯大江空梁燕子自雙雙從今不按琵琶譜撥盡新絃未肯降

謁呂翁祠和魏環溪先生韻

萬年大夢幾曾醒只有黃粱吃得成試問邯鄲道上客竟誰回首學盧生

處世休言我獨醒黃金無術點難成囊中剩有真丹訣遮莫夢夢過此生

紅塵茫茫目睡初醒欲買胭脂畫不成今日夢中還說夢蓋將

心事問先生

到頭有夢總皆醒日日黃粱煑未成添火抱薪更作灶為
誰辛苦老平生

岳陽幾度醉還醒濟世頻將九轉成若使普天皆畏夢千秋
誰復繫蒼生

仙人虛把世人醒幾見高飛學得成夢去夢來同是夢休
將幻景說長生

閩俗雜咏

三山鼎峙傍城隈五虎江聲逐海來風景不殊人事改幾回

吟望越王臺

鳳岡林浦失繁華（劉氏八賢林家五卿皆閩望族）不數王家與謝家冠蓋高人驕貴甚琉球日本儘堪誇（閩商通洋者多至琉球日本）

果然生女勝男兒百兩盈門那可悲多少富人逃債急都緣迎依好爭奇（閩俗遣女先一日送嫁粧曰迎依）

鬼神設教亦徒然五帝于今已絶煙（閩祟事瘟神五帝今其廟已毁）何事人心偏好怪相逢猶自問胡天（相傳閩有淫神胡天保實無其事）

院相先行司伯隨（閩中兩院衙役曰院相兩司衙役曰司伯）許多猴路畏人知（衙門中說事江錢曰猴路）本官去後交情古惟有鄉紳肯立碑

三坊七巷任逍遥窄袖輕衫錦束腰鄉里故人須避道姓名新掛將軍標 近來抽丁着兵隸將軍麾下曰將軍標

寺糧無計早銷魂又比學租夜叩門 寺田學租一田兩稅糧額最重 最是村農無見識分收先已索田根 閩中田根已奉禁革頑佃猶時藉口逋租

東南西路半窮商 閩行鹽分東西南三路 終歲全為院費忙 閩商院費多于正課而徵比尤急 舊引未銷新引積鹽身無計望空倉 鹽商自買鹽上倉曰鹽身

海舶縱橫滿水涯竟無餘澤漏魚蝦南臺新有巡攔在 閩海關設在南臺 尺布休圖趁眼花

海濱鄒魯豈無才百事凋殘盡可哀常袞有祠終不改

高風猶待使君来

絶句

豪家歌舞巧通天慱滑九重翰墨鮮聞道栢梁新體製
和聲應教李延年

紛〻桃李日甦〻競逐春風繞玉墀亂揷繁華堆滿砌空
山松栢老誰知

元臣屢蹕已逾時珍重兼金恤爾私宴勞不憖縻内府
荆楊貢物自多奇

四時閨詞

春暖晴開滿院花風隨戲蝶過西家閒來試把鴛鴦繡雙頸低交着意斜

紈扇新裁皎素鮮欄干斜倚靜娟娟輕搖漾起游魚戲笑指初開並蒂蓮

札札機絲屢罷梭相思無計渡銀河天孫若解人間恨應悔生來巧思多

何處砧聲永夜聞半衾如煖影全分正驚柳絮傷人眼忽覩簾前雪已雰

贈徐漢文

豪雄氣壓灌將軍十萬輕揮鏊一文突兀雲山俠笑傲儒
頭潑墨興凌雲
角力超羣笑動天數奇豎子讓先鞭弊衆不改滄洲趣
爛醉揮毫睍鄭虔

鹿田聽雨

乍聆寒流碧澗濺驟疑三洞瀉飛泉愁心欲寄謝皋羽
抱膝長懷補漏天

蘭谿雜味

澄江如練帶長城天福岡分一掌平鷄犬相聞無隙地浙

東都會豈虛名
風檣如馬兩分流上下交馳估客舟城內擊鐘兼鼎食豪華
直作小徽州
秋霽澄潭漾瀲文雙流滙出此中分欲開七里通瀧口長減
黃溢逆浪沄
中原文獻一燈懸寂寞仁山起暮煙世守僅留衣頂在更于
何處問遺編
浮梁十丈跨長流興革隨時各有由若使餼羊存鐵索
後賢廢墜尚堪修

春秋合食肅明禋家廟巍峩報遠親粔籹蒲携歸餕後
陳平割肉更須均
學士咿唔手一編苦將制藝熟鑽研宋儒傳註删除盡别有
聡明契性天
泮水初聞姓氏香投簪忽自謝文塲少年勇退功名薄皓
首窮經髮任蒼
厚貌深文禮數繁經過雅意媚盤飱洞茗欵客浮鷄子白
酒衡寒撥腐孫
傳舍生妻易去惟遇人不淑怨何其蕭郎見慣渾閑事破

鏡無勞再詠詩
襁褓于歸大禮輕蒼蒼中道故寒盟三星已擬成佳婦速訟
翻驚未問名
田間遊女踏青來結伴同行五廟回且喜春風輕拂面羅
裙微漾不曾開
尋聲吠影各雌黃公是公非孰與詳鄉校管窺廝執政
草茅武斷裂冠裳
封狐無數傍城隅擇肉搜腈白骨枯如意指揮箕斂巧鄭
家一半郭全無

早堂沘澓昔時休猶説清官不久留正使貪泉憑酌取十年賸得一錢不

題畫

陸沉金馬意何奇饒舌多將此子疑天上若教偷得下蟠桃應滿上林枝

秋風夜雨興悠然覔紙題詩若未便滿樹清陰參黛色任情揮灑百千篇

黄方伯行實圖卷題辭

溝瘠顛連起戰爭術窮墨守勢無生飢烏攫食窺湯鑊

困獸投林求就烹

臥榻兵符早漏言帳中黄石惎軍門陳陵磯下西風急敗槳沉舟有斷魂

題朱贊伯小影

挾策馳驅已倦遊停驂何處望皇州一林霜葉紅如錦染得行人滿眼秋

正冠不敢學科頭早識當年儒者流笑指吳江應冷落寒泉片石且優游

題徐蘭侯畫卷

小草何關天地春艷陽到處一時新青〻歷亂橫芳徑點綴風光慣趁人

趯〻爭趨弱卉莖因風委露托身輕深知搖落愁多少不及牀頭蟋蟀鳴

題韓秦玉畫扇

春風嬌面是耶非高髻明眸影不肥舞罷天魔輕約束新粧初卸只孫衣

目送孤飛趁女奴氷肌怯伴石氍毹莛烟一縷同心醉苦厭西涼打刺蕪

題王公小影

道貌仙風興自饒，黃冠野服儘逍遥。鹿鳴鶴舞長松下，疑是重來王子喬。

題青白鯉鱖四魚圖

碧沼嘉魚也数鮮，一池春草吐還吞。尚方美味知多少，未解當年婆子村。

蜀中白小號如銀，質異名同孰是真。莫向王舟呈瑞物，更無頳尾到江濱。

隋家解網幾朝昏，菱荇游行亦感恩。仰首窺天學

變化欲隨春漲到龍門
早趁西風八月肥蟹螯濁酒莫相違季鷹若解臨淵羨
肯為鱸魚自拂衣

題畫

洞口桃花取次開嬌紅輕颭映蒼苔呢喃弱羽渾忘事
猶意烏衣春色來
花影依稀拂水湄淺窺白鷺已多時輕鱗戲藻從容
甚啣出清淵總不知

毛幼範太守為其猶子南滇就婚武林乃閩邑

令君張婿也口占稱賀

嘉耦雙雙正少年
門闌嘉溢小春天
催粧不用尋佳句
自有毛詩第一篇

明璫翠羽恰相宜
林下風傳出閣時
攜得儂家京兆筆
與郎巧取畫雙眉

鳳凰山下鳳求凰
休把西湖比艷粧
三日厨中新妙手
羨湯先進伯翁嘗

爭看禁臠玉菁葱
遥映冰清有乃翁
千里蓴郎無别物
南中應寄狀元紅

題林純如小影

頽然獨坐俯長流，石壁青松景自幽。濯足不須隨萬里，科頭真欲傲千秋。

高山流水意何窮，逸興泠然似御風。瑶草拾來籠欲滿，呼童只在此山中。

客吳門同嚴近五舟抵武林約迓稍遲有作相待

依韻和答

十年久負連牀約，今日同登李郭舟。我是西湖舊地主，惱人風景未曾留。

方干不作桐廬客，相伴嚴光買棹遊。正喜蟹螯堪對酒，隨風一夜返蘓州。

客吳門對雨書懷簡嚴近五

頻年人事絕逢迎，三度吳門托舊盟。寂寞雨中誰是主，試將行止問君平。

客中對雨倍悽然，況復萊蕪甑久懸。留滯周南緣底事，不堪彈鋏待人憐。

石頭路滑未堪行，既覆前車早自驚。寄語僕夫深執轡，莫將朽索聽他傾。

未斷重陰帶暮煙閑門永日似逃禪囊中羞澁頻〻探
何處飛來沽酒錢
依人作客揔勞〻風雨蕭〻嘆二毛安得向平心事畢
筆牀茶灶趂吳舠

和金海門月夜携燈別陳滄洲太守遂入酒肆過
山寺移竹歸疊前韻作

太守重來竹馬迎爛柯山下憶前盟（滄洲令西安日余忝同寅）閒過
鶴市聞吳語猶自籠街罵不平
燈光月影兩蒼然惜別愁分此地懸萬里孤臣〻傷重譴

九重
聖主侍垂憐

黄公酒肆且行行濁酒頻澆自壓驚頗恠當壚輕薄子肝腸容易對人傾

微茫古寺暝寒煙夜叩重闗欲問禅饒舌老僧深妙法逢人只乞買山錢

栽花種竹一般勞十載投閑已伐毛自信盤根無曲處重看太液弄輕舠滄洲向曾蒙恩供奉内庭

口占賀蔡于陵生子

早年竹馬幾經過生子居然奈老何堂上含飴雙白首
重將銀鹿數婆娑
無緣湯餅醉雞頭余在吳門未與湯餅聞道黃胞識異流為報其
勤修井竈莫教直撞破烟樓
先生不待問湔裙膝上欣看紀有羣蠟鳳自能娛愛日
雕龍早欲賦凌雲

口占賀凌履泰花燭

寶鈿纏綿結未開低聲含笑幾徘徊問郎雅有便便腹可
許傳經口授來

覽鏡晨粧有所思為郎珍重自遲疑莫將容易如椽
筆終日深閨只畫眉
額餘檀暈梅方綻吟出清新雪正[illegible]皂莢樹前鷺白日
桃花春暖仰青雲

題金文瀾小影

調鶴尋芝意自清松風長拂水聲鳴幽人剩有書連屋
執卷停吟百感生
箇中識得是文瀾一榻蕭然雲水寒手把遺經長抱膝
縹緗世業勝蟬冠

西施

苧羅山下識傾城，肯把芳心托范卿。杜牧有詩渾不解，五湖長恨月空明。

君王豈解惜佳人，歌舞曾無盡日親。若使宫中酣國色，不教麋鹿走江濱。

題小影

雙桂婆娑露溼妍，檢書獨坐思悠然。樓頭仙侶憑欄望，識得阿家美少年。

遠遝清泉帶綠苔，抱琴童子故徘徊。開囊莫作求凰曲，

自有嬋娟折桂來

小集廖瀛海齋頭觀金海門和黃粟園送芍藥花詩次韻三首

欲乞名花未有詩，白衣相送故遲遲。繡毬落盡玄都冷，那得新開兩朵奇。

黃公佳種海翁詩，相對何妨盃總遲。萬石堂中收二美，一時韻事有三奇。

無花無酒更無詩，獨坐黃昏睡起遲。今日倚欄深賞遍，豊臺何似粟園奇。

題吳東侯小影

名花傾國兩相歡春色依稀繞藥欄漫道芙蓉能勝妾
回頭試向月中看
年少風流興未闌名花傾國兩相歡濃陰綠滿渾忘暑
金縷歌餘徹廣寒
芙蓉如面氣如蘭松竹深宜伴歲寒手托紅蕖香冉、
名花傾國兩相歡

題家同生先生小影

四十年前未老身早看出世絕風塵桐陰繞翠銷炎態

静坐方知向目真

把筆題詩欲寄誰歸來一曲亦相宜饒他萋菶朝陽下
鳳羽高騫已數時

丁酉春仲集報德庵觀桃感賦五絕句

十年未理桃花興今日無聊借一遊花色遶林渾不改可
憐人面竟悠悠（余自丁亥春遊賦悼亡後絕無心到此）

尋芳且逐少年行萬紫千紅任自狂莫向玄都問消息劉
郎還是舊劉郎

梨花淨淨菜花香麥隴青青穗漸長共道今年春色好

碧桃花下任飛觴

風雨摧殘尚未曾莫教結子暗侵陵怪他妖冶傾人甚百
遍相過興倍增

獨憐零落委輕塵眼底繁華孰是真片片盡隨流水去
深情若箇似汪倫

登釣臺二絶句

利名驅我去還來此日猶然舊釣臺漢室可憐今盡喪半
將清節委蒿萊

羊裘獨釣傲君王漢帝于今亦有光貴賤若能無變態

故人天子又何妨

諸暨謁陶朱公廟（廟塑二夫人像，俗傳一為西施）

身老吳宮二十秋，如何淩泛五湖舟。只因錯認樊川句，浣水長流不洗羞。

誰將遺像配陶朱，粉面塵封澤不濡（相傳西施像屢經重修，只裝身從不裝面）。何似捐軀沉越水，芳魂依舊返姑蘇。

浣紗石

西子風流事有無，浣紗一片石長孤。荒亭剩得殘碑在，猶羡當年霸越圖。

浣紗石上久無人國色誰知問水濱漠漠淡煙籠淺渚依稀猶帶翠眉顰

朱買臣廟

會稽太守已無妻廟貌居然配食齊棄婦有情長恨死四山風雨暗凄凄

腰章俗眼莫相驚命達樵夫豈敢輕潦倒窮年踰五十可堪搔首對先生

又題吳良生小影

拂閣梧陰暑氣收新荷花發暗香浮倚欄坐看紅裙戲恰

喜停橈搡已休

獨愛清漣君子姿纖纖女手折來遲侍兒早解攜筵待

取次窗前好賦詩

題林大光小影

青松為蓋石為氊竟日端居勝學禪最喜小童能解意伴

閒時進浦城烟

忘機麋鹿足同遊淺草繁花亦自幽謖謖和風時拂面團

團紅日正當頭

三毛頰上見精神和靖風流宛若真記取他年看故我相

逢應嘆白頭新

題陳位公遺照

十載論交愜素心山陽重過少知音忽從阿堵親毛頰猶見風流繼竹林

丈人君子與先生三友真宜狎主盟白首過庭長欲拜清風弄影想形聲

口占從江桐山乞筆墨

傭書日日費經營磨盡客卿禿管城欲向東君勤借力好隨風雨伴行程

疊前韻贈江桐山

飛將終推細柳營興來七字少堅城莫輕綵筆酬江左花影
還須步李程

黄冠難作菟裘營托鉢頻過出石城牢落故人天外聚盈囊
佳句壯前程

再疊前韻訊江桐山

聞道深知欲寡營眼前風月總愁城箇中若有還丹訣立
雪應當拜二程

題傅殷秀小影

風恬浪静駐輕舟一曲琵琶怨未休假寐不知鄰女恨無心長付水中鷗

天光雲影映楼臺手弄牟尼坐水猥消渴只将茗作友江風拂面送香来

題陳麟先小影

元龍豪氣本翩〻撫劍長鳴欲倚天待靖伊吾清瀚海好将名姓繪凌烟

濃陰滿樹净浮雲緩步郊行踏暮曛挾彈早驚飛鵲印金丸何事落繽紛

宿江郎御和壁間韻

歸來猶載一空囊，三十年中底事忙。生入玉關真望外，洗開倦眼盼江郎。

過大羅灘

危灘急下力難回，鷁首中流忽復摧。賴有先人忠信在，幾經涉險得無菑。

張天翼贊

扶犂初罷便橫經，子職能供豈憚耕。贏得青青衿與佩，綵衣何似一書生。

負米山中為養親赤眉相犯欲忘身秖今重走彭衙道夜雨秋風淚滿巾

題美人撲蝶畫扇

新粧初罷要孩兒步出堦前有所思忽見翩翩蝴蝶舞撩人愁緒上雙眉

怪爾人前栩栩飛綠陰深處戀芳菲輕紈撲入佳人手擲與兒童帶笑歸

又題牡丹圖

淡掃幽姿絕世無輕盈兩美自相扶夜分秉燭隨紅燼遠

勝當年沒骨圖趙昌妙手徐熙意幻出花神下洛陽不語自饒傾國韻好教兒女護新粧

題戴生小影

黄冠趺坐泊孤舟手執遺編物外遊緑水青山看不厭老農樵子亦吾儔

題常山吴定湘濯足小影

黄冠野服興翩翩不羡長生强學仙爲愛松風聊駐足會心川上正悠然

停却絲綸懶下鉤，揚波濯足自夷猶。祇因素履原清白，隨爾滄浪水濁流。

和劉寧山渡海舟中作

投來佳句續車斜，贏得將軍競鼓笳。可笑書生長飯顆，夢中那見筆如花。

莫歎無錢足買山，未酬詩債向人間。禁中若解傳新調，肯使奇材老玉關。

題計蒙村小影

翩翩夢醒眼猶迷，聊把蒙莊檢舊題。忽見牀頭君子韻，會心還復到濂溪。

題何通侯小影

紅蓮十丈可為船，一粟滄波信渺然。千頃胸襟萬斛水，美人懷望九重天。

三十年前志壯遊，長風浪裏不知愁。祇今歷盡波濤警，翻悔輕乘一葉舟。

題陳若磐小影

萬條寒玉碧溪流，不羨人間千戶侯。石上垂綸聊自適，肯教嵇阮與同遊。

停舟口號

清溪曲曲抱迴沙，火傘停空日未斜。一樹榕陰宜繫纜，竹林

深處有人家

咏香珠

片〻旃檀欲走盤纍纍常向掌中看乘風每藉提攜久光勝明珠氣勝蘭

百和團成顆〻匀暗隨紅汗欲沾巾佳人約臂添芳態婉轉凌風擬步塵

蘭質輕〻氣味殊擎來芳訊繞氍毹楚詞若解充為珮不羨當年記事珠

過惶恐灘

見說當年惶恐灘，扁舟急下膽猶寒。祇今浪激驚濤眺，知是孤臣淚未乾。

題香蓀小影

靖節高風世所稀，翩翩公子是耶非。東籬應有會心處，抱膝長吟自息機。

年少雄心正欲馳，何如靜者學餐英。非貪阸逸同高尚，為愛清香晚節成。

方日斯先生詩稿　正副共二本

副本辛丑九月　雲濤記

和八哀詩并序

患難淹留幾二十載骨肉淪喪慘怛增悲昔少陵八哀傷時也余依韻作此自傷也擄懷真〻率爾不文讀者可以知其志矣始終大故服別重輕善戶哀成九首因各立其云

父

悲風號長林哀鳥鎩勁翮陟岵失所瞻寢門成永隔淒〻蕭寺中寂寞同沙磧撫膺痛終天戎罪甘指斥禍患猶未平窮人無匹敵緬想過庭訓先儀尚咫尺父生值喪亂側身避鋒鏑至孝感風雷論交定金石班馬倚長城曹劉無〻壁麟鳳仰德威鷹鸇不搏擊

生平少嗜好，祇有讀書癖。光霽衆皆親，處世忘莫適。策仕值時
危，一氈寒不易。畔藩恣猖狂，忠良遭勢格。因感國士知，保護力加
箴。幾蹈履尾憂，悍然忤凶逆。偽命復丁家，搜求日逼廹。義重身自
輕，安心甘罪責。天討下九霄，親王受命冊。釜魚乞遊魂，亢龍悔乃
釋。從此掛冠歸，閑門隱阡陌。鄭方訓不淑，誦禮箴吾閑，食貧道殊
閒寄各擁載，蓬徑從教闢，頤推爲寒庵
[illegible]失學腕，常搤大匜酌。宜飽作得沾，餘瀝息心走。牛馬甯能辨菽
麥，祿養幸逮存。板輿遠行役，菽水歡未能。承榆景已窄，故園視不
歸，具方此窀穸。天涯剩遊子，漂流長作客。洒淚望青天，悠悠霂
白。開篋讀遺書，尚存手澤迹。闇然默吞聲，鬚眉愧如戳。

母

吾母忽告徂甫及周花甲千里未歸人聞訃慘不惬慟哭摧心肝
萬亦齊洞貧羅人復何辜罹此深惡業遠别十年餘肩未釋重壓
羈繫若伍覺因赧顏羞婢妾日望閩南雲素心長纖纖每得平安書
常如報大捷春閒二豎侵驚魂日夜怯夏初傳少間私衷稍安怡
豈意秋風悲北堂隕萱葉疾痛違晨昏奉侍愧交睫愁雲映乾土
哀聲起暮堞涕泣想音容莫覩香奩匣卷卷念慈母恩惟有夢中接
九泉恨莫從迴腸日幾疊長此撫棬棬何由伏箱篋爲位哭復慟
帶星沮歸楫魂兮不可招楓林艱跋涉霜月照靈幃猿啼暗三峽

妻亡室

旅愁長寂寂孤燈夜熒晶撫几長嘆息儒冠誤浮名薄宦二載
餘十年累未清讀罷悼亡詩低徊百感生鸞鏡久塵積日月歘自
驚兒女各長大婚嫁紛交爭內則少閫儀顛倒任縱橫滿眼憔
悴瞿〔勉〕念卿卿昔在幽居日戒旦警鷄鳴絡緯連書幌敲針伴筥
城入廚親力作齏粱凜懸旌勉強承歡笑曾無亢戾情中年雖倅
提覲閨難未平時復脫簪珥佐我遠行征獨力支門戶側首望神
京鞠子無辛苦尊章見分明及予釋褐後鄉里頗稱榮勢利忽變
態小大益構兵但見淚洗面何日不吞聲諸姑及伯叔後先均陵

行調停深引咎宛轉曲求成婉々憐娉子浮言無重輕亦何防之
棘終不闔負荆一命徽微祿綵鷁遠相迎擬鼓房中瑟同調月下
筵賡廖歌暫畢蚤逢大厦傾南冠對纍縞血淚兩交并子毋各異
路愁恨日盈々心折一寸盡目極萬里程禍患已酷烈重以疾病
嬰弱植委風露金石失堅貞嶽音邈復久淑德任評衡鶴院停孤
櫬馬驟滯封塋存形時髣髴掩涕欲霑纓

弟子敷

吾弟甫弱冠竟作異世人腸斷鶺鴒原萋々歷幾春慈闈失珠玉
窮年血淚頻老兄深飲恨千里尚羈匡念終鮮兄弟爾獨能得親

庶籍骨肉愛長此奉令晨故園扆立隴羈旅絶風塵吞聲忍離別
載驟遽駪駪終當闔永聚相逢未老身歸及調琴瑟私綴得麒明珠頸腸
麟含飴歡早弄廻腸罷轉輪首拔芹宮幟窮人喜氣新世業誠不
墜貪豈愛金銀努力搏秋翮提書期再陳賴此手足振痿痺起不
仁凌風有高雁枯轍無涸鱗八口誠為累三冬亦迺勤復為膝下
別遠作絳中賓九鯉仙無迹涵江草似茵漸覺依人昔束縛加冠
巾沈腰原自瘦娟復闇傷神膏肓遂莫起二豎永為隣修文何太
促戚甚絶天倫荊花返無處池塘孰問津立孫保小寡遺言常書
紳急難猶未平鬱結長苦辛

鄭門長姊

死喪慘相因，至親日陵替。難途多驚恐，重哀安可繼。伯姊匪異人，本是同根柢。早丁陟屺悲，麻絰共一製。孝謹甘齊荼，温恭敏精鋭。從父遠宦遊，正值兵戈際。渭渼應佳期，歡配名臣裔。未及賦于歸，已叶館甥例。新婦返拜姑，僉云温且惠。嗟弟遠伯姊，集枯鮮防衛。六尺孤安托，痴頑瀫無計。生離幾十載，音書常恐泥。故里重聚首，相慰如隔世。饔飧錯珍羞，補綻屬氊罽。從此數歸寧，往返無虛歲。吳航衣帶水，一葦直可濟。喜得姪從姑，提携不避穢。猶恐爪李嫌，深防風鶴唳。幼弟悲蘭折，吞聲掩芳袂。王謝忽凋零，雁行異寵嬖。

門户各自立坐食艱失勢井臼總力撩襟期益光齋十年惜未

字此身若旒綴脱簪親置縢鵂居無疾癘時祝玉燕飛焚香

禱上帝燕姞有佳徵駕乃得所税鞠子盡恩勤廕可奉箕箒咏咏

克有成吾得正而斃良人遘重疾湯藥必躬嚌回首顧藐孤中心

常契契自願以身代呼天叩階砌蒼昊若鑒誠夫生已長逝憶昔

與姊別容顏尚修麗少壯多精神蕙質非柔脆花甲惜未週泉臺

竟重閑雁羽惜摧殘鸞影彩重翳拚將百歲身保此一枝桂雲水

各渺茫山川遠迢遰燎鬢邈無術尚隔撫遺瘞復聞偕老終兩喪

禍彌厲有淚無可揮到今恨留滯閩越境比鄰奎奎濶等參商痛念

艱難時天昏白日蔽

黄門二妹

二妹始生年父方客青兖有母獨尸饔衣釵常屢典裎粟卜歸期
望雲時陟巘兒女對凄涼懷人淚暗泫柴門鎖寂寥肰堦滋碧蘚
少小頗修謹婉娩隨人顧刺繡學畫眉女伴曹稱善荏苒及笄時
余方赴京華媒氏屬空門牽絲得妙選江夏有聲名家風亦大闡
題輿遠雙親氷署還同踐造舟應佳期乘龍煩遠餉嘉禮方告成
復見征帆卷慈母悲遠別抑心自排遣拂衣得歸來持踵情再展
半子幸相依迴腸亦石轉晨昏頻賙給親疎誰復辨就養閱春秋

入門識鷄犬舒眺俯阡陌解懷拜壇墠滫瀡應時供未敢忘一觴
十年伏孝思嘉惠信非淺喪明有餘慟柔腸恒獨剸庶藉愛女
歡忍淚無懷緬坼副復告窆繐帷竟重搴暮年疊悲痛慘怛誰勸
勉凶折懼深殃荼毒戚如贅將姪續舊盟親母應長衍命訃邈未
及遥聞愁目胃今又弱一箇朋來得大蹇臨風氣長結倒懸未息
喘目斷臺江東日夜流水沔芬魂不可求蒿里闕修餞

猶子玉思

本支重大宗若敖悲不饗先人有遺言豈敢忘鞠養患難力持携
繼絶私獨賞天意與人違隐頹終差爽嗚呼今亡矣恨徹讀冥上

四世服屬窮爾祖最居長在孫惟有汝伶仃剩孫掌叔伯靡與同
絕不聞痛癢少遭陟岵悲有毋嘆河廣仳離志亦傷存孤道非枉
竟謂他人父孰知姓兼兩沉隨廿年餘余適捷秋膀負薪歌中途
折券頻來往尋源識真派感舊驚遺響一綫幸尚存承祧尤所仰
擺落非種識庶不墜箕裘以命敢辭貧推食隨几杖入官百未遑
逮吉春生幌女德終罔極丈夫何鹵莽首立沮良謀飽颺無滌盪
空聽浙江潮復泛瀫溪槳食力夜分光忍饑朝拾橡貧深病日增
愁隨髮盈丈態夢竟寂寥煩負何猛魍魎乃知家索憂既悔難追曩
飲恨至沒齒愚衷始開朗債犢竟敗犁下乘艱服軛庭堅祀忽諸

幽冥永絶想夙昔效微勞尊親謬推奬展轉各路人存歿惟吾放去帷結新歡開籠脫苦網泉路有鄉人旅魂無飄蕩

鄭門姪女　杜詩中有二省字二境字依韻屬和不敢輕改

薰猶别臭味金錫各異礦鳳雛齊斥鷃毛羽終不整福禍人所招彭殤自短永敗德及可數竊占空虎頷嗟爾夙遘凶初生父不省顧復賴慈母終歲長迴迴辛苦得成人經歷遍榛梗喜女作門楣泰水漸佳境怨耦忽相尋遇人何不幸的的掌上珠沉隨入市井初聞相攸樂未甚得要領修飾入門來嘻嗃頗寧靜牝雞改好音干戈起內屏婦德信無違閱躬還自省覺悔悄更心吾亦勞吾鼎

安知族類異變幻非人境謠諑惡姱修晨昏盡難諠俯仰慨此生途窮靡所騁一死何足難狂夫庶知警泉流不歸山鏡破無留影嗚咽痛自裁雉鳴仰絕頸凶問畧始終雁鴻阻重嶺隱忍悼薄命尚方闕陳請莫問浙江潮永斷吳航艇

丁酉春仲集報德庵觀桃花感賦五絕句

十年未理桃花興今日無聊借一遊花色遠林渾不改可憐人面竟悠悠余自丁亥春遊賦悼亡後絕無心到此

尋芳且逐少年行萬紫千紅任自狂莫向玄都問消息劉郎還是舊劉郎

梨花淨淨菜花香，麥隴青青穗漸長。共道今年春色好，碧桃花下任飛觴。

風雨摧殘尚未曾，莫教結子暗侵陵。怪他妖冶傾人甚，百遍相過興倍增。

獨憐零落委輕塵，眼底繁華孰是真。片片盡隨流水去，深情若個似汪倫。

○臺閣梅　在報德春中花開重臺，枯而不落。

只合空山老暗芳，豈知臺閣占春光。因風未肯隨輕絮，點額無緣伴曉粧。獨出素心酬隱士，重勻粉面對何郎。諸公袞袞紛同騖幾

許清芬得並揚

垂絲海棠

綽約凌風態欲仙，驚看濃艷自天然。嬌同芍藥嗔他瘦，靜勝桃花較獨妍。宛轉太真初怯睡，低徊杜甫不成篇。休誇西府輕盈甚，萬種丰神倍可憐。

壽鄭文衡六十

牢落交遊數鄭莊，相看華髮尚蒼蒼。盡簪喧馬稱三壽，選部呼盧進一觴。照眼榴花嬌欲語，截筒荷葉爛生光。即今通德旌耆艾，識履遥聞到尚方。

壽黃

王子東山開絳帳溽暑跫然遥相訪入門便道主人賢千頃汪波澄不漾豪氣宜登百尺樓高風排蕩秋旻上平原十日客未闌季布一諾人爭尚門內雍雍棣萼輝庭前馥馥蘭桂藹長夏已逢花甲周精悍眉間猶少壯我識黃公舊酒壚把臂未能時惆悵鶴飛一曲佐稱觴當筵莫謝金縷唱

代壽張申伯

新安畏友獨南軒金華文獻續中原旁搜遠紹善繼述風流不墜今尚存先生早歲淡名利貫串百家無疑義剝

著書耽歲月五十春秋奄然至髫齔交遊愜素心朱陳昆弟見情深賞奇頻得聯風雨調鶴遥聞寄好音瀫江秋水蘭方馥笏峙樓頭酒新漉登堂欲浮一大白長賡南山爲君祝

錢塘夜潮

風湧波心動新潮帶月流氣蒸吳客怒聲吼越城秋匹練隨奔馬飛濤亂聽鷗平添兩岸濶安穩一孤舟

○兩岸紅葉

摇落秋容澹碧空停橈爲愛四邊紅不爭野艷饒春色獨向寒林耐晚風冷入吳江來韻裏魂歸楚客散愁中飄零

莫遺（遣）隨流水猶恐輕傳出漢宮

○嚴陵釣臺、

先生光武之故人胡為垂釣向江濱中興百戰功誰定高節千秋氣獨振漢〻荒臺天地老悠〻流水往來新雲山蒼莽楓林晚醉把離騷讀幾巡

有朋自遠方來、

○魏鶴儕以所作四書題詩見示為擬作五首

索居非必嘆無人千里相思自有真問字輜多需我友傳經屨滿盡為鄰雲連渭樹情方切雪冷耶溪興倍新何害南村遥卜宅江干車馬正駪〻

賢々易色、

由來我輩獨鍾情秋水蒹葭念友生把臂久要予與汝素心長在我憐卿玉温未覺瓊瑤重蘭臭方知芍藥輕雜珮勝當彤管贈登徒何事辭逢迎

宰予晝寢、

何處傳來得睡方北窗一枕日初長壇前杏影移函丈社内松風起屋墻豈效曲肱輕富貴故尋周旦問行藏諸賢袞々皆鼾寢獨醒尼山也自忙

而有宋朝之美、

睢陽公子早翩々爭識深宫美少年我見猶憐真嫵媚君

來相就若神仙車中菓滿招搖過園内桃廿次第傳獨恨婁豬猶未定更教中冓有新篇

齊人有一妻一妾而處室者、

海岱豪華萬户同早看夫婿儘英雄纔携靜瑟歡當御又見明星嘒在東綦縞綢繆閒永日閨房笑語藹春風衛門若假盈冠蓋長羡良人聲氣通

○和魏儕鶴四時閨詞、首限雨絲風片煙波畫船韻限溪西鷄齊啼

雨水新添滿四溪絲〻斜送六橋西風光暗度催黃鳥片桃沉吟怯曉鷄煙鎖陌頭楊柳嫩波搖隴上菜花齊畫裙空繡湘江景船去東吳只自啼

雨姤石榴欲漲溪絲添續命臂東西風流得意憐蝴蝶片刻偷内滿
錦鷄煙帶雲峯看幻合波沉荷葢若蘇齊畫成紈扇猶當御船酒無
心向晚啼

雨灑銀河度五溪絲機軗弄憶逢西風高早趁凌晨鴈片撒頻催午
夜鷄煙起蠻鄉隨水墜波騰瀚海與山齊畫圖麟閣知何日船泛靈槎
聽鵲啼

雨滿巫山雪滿溪絲長一線倚楼西風寒坐聽侵金馬片紙遥傳到
碧鷄煙冷梅花迷嶺嶠波隨楓葉槲絮入燕齊畫壁砧杵催刀尺船大星
々伴曉啼

附稿案此
不復再録

送宣平令魏濟鶴歸廣昌、

括蒼煙雨暗蛟湖擺落風塵首不濡老去漸看非故我歸來猶得是今吾靜垂皐比身皆易滿載扁舟橐有珠（濟鶴近寬心箋法兼刻有詩卷）獨恨滄江長索寞任教松菊久荒蕪

玉川元夕和張銘軒原韻、

火樹盈村動接宵隨人信步不須招近看閑景多添興忽得清齋好避囂若下醇醪頻泛葉郢中佳句飽題蕉春風坐對移殘漏雲淡明河已轉杓

才名早歲重燕山歸隱松蘿手自攀戶外高山青點點門前流水

曲彎〻金尊相對連朝夕玉案先務愧往還朗咏長風纖末起空
堦吹散雨聲潺

○過張銘軒別業賦贈二首、

環山帶水讀書樓八景當窓事〻幽金谷詩成傳已遍輞川題罷
句難酬雲歸遠岫迷樵徑烟淡晴波没釣舟四壁珠璣沉暮色還
思秉燭續良遊

著書閑户幾多年種得名花已接天春意漸生香冉〻嫩芽待放
翠芊〻梅經宿雨姿猶韻桃欲凌霄幹亦妍綵筆應知題盡遍倚
欄長侍李青蓮

○繡户僧鞵莿和韻、

東籬初放逐安排點綴金閨韻自佳英落偶然遺隻履蕋開不羨繡雙鞋為嫌老圃閒行脚故向華堂淺映釵滿把禅機同翠竹雲門妙諦亂侵堦

○僧房美人蕉和韻、

紅稀緑瘦影蕭蕭相伴禅房逸興饒早穩芳心沾柳絮不教啼淚濕鮫綃老僧拈出頭同點天女飛来色倍嬌月下門開頻解語庭前栢子共清標

輓胡門夏烈婦

金溪之水清且漣，澄泓渟蓄滙清淵，凜冽氷心同映澈，媚産明珠的的圓。夏氏有女胡家婦，芳齡恰及二十五，絶粒殉夫自殞身，聞風泣拜環如堵。憶昔成童未嫁時，淚染萱花不住悲，弱息早聞稱孝女，才郎秣馬俯牽絲。結褵五載聽鷄鳴，琴瑟相莊無間聲，沉瘦秋風侵病骨，爲郎憔悴淚盈盈。皦日信誓甘同穴，未死早將死自訣，綵鴛折翼斷雙飛，杜宇三更暗啼血。堂上尊章已分明，膝下孤兒苦未生，此身更無未了事，只圖一死信前盟。矢志捐軀過一旬，勺水溢米不入脣，辟穀非干求羽化，早從地下報良人。慷慨赴死未爲難，去食易生義自安，指點周徽憐墨允，悲歌燕市惜文山。昔

聞義門毛氏女墮樓吞金絶餓死開陽佳氣棲遂陽烈烈高風同一矩慎重輕生　聖主恩近看破例慰貞魂留將大節光彤管崇奬還應動　至尊

和張銘軒韻酬張敏公昆仲

老大百無成銷磨剩傲骨偃蹇十年餘載胥長及溺故園諸舊戚半化為異物冷熱識交情車笠謝儔匹松柏得繫援柯蔭托咫尺一葦直可杭帶水無限隅弱息愧蘋蘩泰山有何力契濶動春思艤舟臥沙磧姻婭纏眷歡彬彬文有質古道長照人冠蓋紛可惜金玉久怡怡篤慶難殫述八葉相輝映才名傾鄉邑念德當不忘

義方追舊績馬鬣啓新阡劍履存遺澤龍鳳蟠山陵鞏[illegible]
佳兆協滕公襲祥去迍厄書樓臨碧水環山翠攢嶺雅稱幽人居
真乃神仙窟絳帳得宗盟光風滿西席皋比宣妙旨揮毫疊箱笈
令兄工國賓養志甘請急銘軒真不愧韓杜少聲色珠玉錯落沒
後慶詎能及二旬馨交歡三益多金石會須息風波直可開尺檄
孝友政有家忠敬行無窒玉樹厚栽培莫使混樗櫟搖井信及泉
王明可用汲惻愴安仁詩寂寞張敞筆菅蒯擬絲麻九畹喜滋殖
水滿送歸航遥情重洋溢

咏蘭十絶句

我愛蘭花好幽香只自知但存深谷裏何處寄相思

我愛蘭花好含情憶舊春暗香時戀蝶逸韻最宜人

我愛蘭花好相逢欲贈難情人如可遇湘水任漫漫

我愛蘭花好溯洄澧浦還幾堪紉作珮公子共朝朝

我愛蘭花好休徵入夢頻不才幸有子服媚自相親

我愛蘭花好瑶琴托操音雅懷投臭味肯許結同心

我愛蘭花好東君着意栽莫教白露折九畹待重開

我愛蘭花好當門謹護持只愁荃蕙化茅菅共威蕤

我愛蘭花好臨風吐氣妍幽居長待女芳訊幾時傳 蘭花名詩

我愛蘭花好新傳易種芳倘容同入室豈借貸東鄰

諸暨謁陶朱公廟 廟塑二夫人像俗傳一為西施

身老吳宮二十秋如何復泛五湖舟只因錯認樊川句浣水長流不洗羞

誰將遺像配陶朱粉面塵封澤不濡相傳西施像屢經重修只裝身從不裝面何似捐軀沉越水芳魂依舊返姑蘇

浣紗石

西子風流事有無浣紗一片石長孤荒亭剩得殘碑在猶羨當年霸越圖

浣紗石上久無人國色誰知問水濱漠〻淡煙籠淺渚依稀猶帶

翠眉顰

〻朱買臣廟

會稽太守已無妻廟貌居然配食齊棄婦有情長恨死四山風雨

暗淒〻

腰章俗眼莫相驚命達樵夫豈敢輕潦倒窮年踰五十可堪搔首

對先生

詩頗見巧
實宜存之

感懷和少陵北征韻

曰余夙覯閔數奇未逢吉旅人長號咷謀夫道築室半百早經過
總在窮愁日滿眼生茅茨載途盛蓬蓽南冠對魑魅羅網何由出
省咎自責躬踈狂悔深失罪詈時慘不瘳中心常忉忉慷慨擊唾壺
浩歌聊激切憶在成童後亂離時恍惚余已九齡靖藩之亂推轂藉良謀戰闘
爭事方畢姚少保特薦施襄壯師師征海文翁闢講堂詩書雜琴
姚運籌施血戰臺灣蕩平
瑟中丞悚存金公司馬康侯王公臯比得名儒甄陶嘔心血業師張配
建義學書院選諸生肄業其中恣
雲夫子丁未進同學異交態怙勢恣吞臧故太史趙畫三今銓部
士閩中名宿余田生同學齊名畫三
怙勢忌克數義憤抑鴞張全身慚兔窟飲章客羅織風波倏蕩漓
凌困田生

孝廉林松址媚趙以盟黨幽囚枉鈎考冠裳從毁裂鴻飛雉罹
揭之當事、為一網打盡之計、
羅魏其哀覆轍（田生避難入都、余下獄論䙝、）太守曲憐材廉使相重慕悅興嶽沐重再
觀光痛定猶戰栗（郡守真定王子諒、臬司北海先後、田介眉兩夫子力保全余、）同梟升尋雛
忽膠漆得喪任自然形迹忘匿實（松址與余為甲戌同年、田生畫三丙子同舉鄉試、松址旋以罪黜、畫三坐塲弊、自經獄中、）江南險阻雖倫嘗身世計轉拙五斗欲逮存一官旋泪
沒籓觸羝退遂棟撓弱本末始進渡錢塘不得窮禹穴三月試卞
刀奔走空皮骨忽聞移潊水傳舍從何卒皇、大名都富庶萃文
物金玉相其外蕭條行窮餘白髮悉索應誅求上交禮固結仰屋四山
青愁聞流水咽逢迎疲俯仰午夜狎風雪弊車擲情慰揄

襪登場臉畫花何用捫吾膝摩頂踵亦捐豈但股屢折劉[illegible]
瘡風霜入裋褐蓋漩一空囊晨炊自日〻羽檄縱橫馳開械愁凜
冽委蛇娟〻官攢眉聚同列撫字安所施違心強爬櫛奉法今良
臣古道都勾抹保障與繭絲經術真迂闊薄始天性恩詎惜親知
聒巢幕且怡堂艱危復誰說父兮永瞻望蜀我傷不卒棘人久欒
囚頭白齒已豁憑檻縶哀猿織籠滯呀鶻日聞湯止沸早知防曲
突一蹶十五秋窮居寡儔匹八口各異方任重難引決慘怛死喪
慼痛心兼首疾百折氣盡銷微骨不可奪淪胥日就深塗泥未振
拔萃〻有諸公連翩俱駿發矯首望青雲高標表燕碣或文武憲

邦予奪專生殺或仗鉞東南出入依日月車笠信懸殊尊崇禮潤
絶弼值時事更朝野勢各別蜀洛互氷炭枯菀分離析奢靡混施
旦任姒齊妹妲爾位惟請共保身賴明哲曩者巨浸收郊原繼焚
烈瘡痍尚未蘇孑遺慘不活秋風起暮笳孤月照城闉誰將擊壤
歌繪圖奏形闕釁臣獲餘生黄冠甘補缺安危仗元老材猷期練
達

述懷和少陵秋日夔府書懷一百韻

搖落悲天外淒涼望日邊投簪驚晚歲鮮綱在何年世事無情水
生涯不繫船彼蒼如有意今我豈徒然荏苒春秋謝支離歲月遷
未能王粲賦且續少陵篇發彩星〻煥濺紋菌〻圓都連閩粵越嶠
邑壯浙江天下〻文才寧拙清時澤不偏折腰徒混迹濡首已沉川
薄急頭渠搶旌搖膽欲懸荊公初載筆劉寵忽名錢引蔓違嚴譴
批根恥乞憐息心深望岫因服阻歸泉乾土淚長濕斷雲眼屢穿
祇今遊子恨未解釋棘人肩回首嗟予季高標弟子員萍蹤雖廢棄
雲路得蚤緣則友方為慶修文何太便鴞原傷急雨僊影斷寒烟

白日憐身後清宵痛眼前開奩空感物聽曲欲求仙奉倩情猶繫
安仁句早傳吞聲頻獨遣掩涕莫教潸血迸三喪急腸回九曲煎
嵗時更雨露魚菽失蘋蘩荒隴彫松柏新宫輟几筵魂依東表鶴
夏羨北林鶊老去愁仍在貧來病莫悛出門皆枳棘到處有戈鋋
壯士行何畏丈夫悔失權尋常忘仔細咫尺見拘攣　聖主延洪
慶殊恩浩蕩蠲萬方歌擊壤三面網開毆貪墨瑕皆滌罪微兆木
全已看前正蕭側聽大猷宣患難安吾素厄窮念昔賢行年踰五
十去國遠三千同病逢多侶羈棲愧獨先升沉移傳舍存沒引聯
翮獄底埋雄劍床頭理故絃羨魚疎結網得兎漫[illegible]謀食[illegible]

卜居且定爲門庭長閴寂冠蓋免周旋有伴時沂白無心贈上[illegible]
誰來花下馬難問瀼西田屢空恒蕭瑟斯飢動接連珠圓看白纍
霞散想紅鮮爨火虛留突樵風擬扣舷慣從飛粉野鷗破衍波殘
陟屺千峯迥懸鄉百慮牽豈知經死喪重復此迍邅萱草更零落
慈闈作棄捐傳來憂情〻訃及涕漣〻南北分胡越東西隔澗瀍
帶星嘶野哭何日卜岡阡縮地迂遺策繞朝闕贈鞭花風飄泛〻
草露濕娟〻隙逝驚龍鳥畢喧怯樹蟬僕僮飢反側子婦疾沉綿
客去懸穿榻朋來割半氊無褌甘受布有竹可充鈿東道封三徑
西戎借一椽斜門臨水岸仄巷向山巔夏永咸堪畏秋深氣稍痊

映堦滋碧草赤地少紅蓮奚子名呼口鷄鶵嫩勝拳自鋤席地筧
刎問講堂纏怯冷懷輸貂帽衝泥憶馬驄窓踈月皎皎簷短霤涓涓
遣懷自嬾綏奔命畢牢張翰舟同泛陳
斬棘蘊嘉秀編籬補缺壖會看生意遂好使蔓延纏風枝稱本性
蓄栂楊穩負交知纏眷尊祿異高
体閒只碰眠鈞磨寅到首砥礪頗能堅公瑾交情古鍾朱家歎語妍
涸鱗資轉徙傷雀任翩翩許俗知非矣隨時尚慎旃前星吴再權
四首自注星移盈數備歲紀再周
執法舍更躔發憤留司馬高歌老鄭虔史官存紀録學士藉陶甄
經術開聊儒先苦指駢紫暘排衆論青簡著新編二代尊崇久
子靜趨猶丞姚江說盡禪口談無實體耳食豈真詮
百家廢黜專操戈來入室引鏑自鳴弦異語乖多楚南轅誤適燕
未能分季孟何事比淵騫大道轍非淺中天景𠃌延晷漫然

莫拾宋人涎濟上巢鸛鴿洛陽聽杜鵑是非斬別白消長[illegible]大覺宗臨濟長生慕偓佺波羅誰得度高舉幾曾褰養翮期搏鵰淩風待我為艱難增遠識淬厲塞前愆困厄焉能激浮華儘可鐫歲寒松挺特春至草綿芊世治身將隱吾衰體未孱狂吟聊自放流品任人銓

送沈尉入都

橫江玉露染楓林把袂河梁趣盍簪莫訝與人爭槃纜早知仙侶叶鳴琴燕臺簡命來時急瀫水歌思去後深㶉鶒已隨鴻雁起梅溪風月許相尋

○鏡中秋影、

滿庭秋色映欄干亂入菱花欲畫難皓魄斜窺侵榻冷澄潭倒送帶波寒橫空過雁飛來疾隔岸凋楓遠自看獨恨意中人不見臨粧怯聽擣砧闌

贈新安汪古民。

西溪高隱久忘名山水周流興倍清驢背敲詩霏玉屑奚囊貯句擲金聲膠餳藍尾隨鄉異白雪陽春對景評元日後連朝雨雪好在阿戎家爛醉椒盤新頌許同賡

豫壽汪古民

歲暮閑居愁仰屋雀庭空閑對幽獨門外忽來長者車贈我以六札珍珠玉貧兒暴富喜盈懷巡簷笑共梅花讀長卿七字無堅城東山長句儘堪續冲和瀯遠劇岑王疊韻聯吟壓皮陸寫懷更有放言篇開拓襟期入寥廓使人名利心都忘置身恍在三十六先生早歲謝軒冕挾策遨遊周五嶽揮毫遍灑天地間清思妙緒紛卓犖冊經梵貝不留行直躡天根探月窟為尋文獻到金華已識新安接濂洛道貌豐腴粹且和衹今七十正矍鑠才力精靈老未衰齒宿意新無住著滿堂花發小春天縧筆重看懸日月黃山佳氣溢西溪請君為浮一大白

戊戌除夕和錢勿齋韻

今歲除看盡，頻年夢未醒。坐愁銷日月，久蟄聽雷霆。更憶操鉛槧，何時徹御屏。辛盤饒故里，霜雪幾曾經。大兒內廷修書未及告成，次兒臘底回閩，孑身守歲，益復無聊。

己亥元日和錢勿齋韻

莫訝履端始，昏霾黯太清。最宜雲蔽塞，未辨日虧明。元旦日食，陰雨不見，罷賀。羞對錫空襟，愁聞雨滴甍。天心猶可問，排悶強支撐。

恭頌陳省齋年伯

御賜松高枝葉茂鶴老羽毛新聯對十韻

帝眷旌耆德天章賁老臣捧來鸞鳳翥懸出動龍鱗日月聯霞璧琳瑯燦什珍稱名知砥礪比興荷陶甄湛露培松盛恩波養鶴馴枝榮敷本固羽潔伐毛新晚歲心彌勁凌霄翮益振文章看際會志氣遠風塵寵錫逾華袞鈞模逮縉紳拜稽惟召虎天子萬年春

伍圖南省覲枉過賦贈

忠孝家聲振八閩少年豪氣出風塵儲將北闕絲綸手還作高堂寢膳身玉案頻投諸好友金章先報太夫人獨慚留滯周南老立馬重生錦里春

○玉泉庵玉蘭花枯而復開和周聖俞韻、

聞道名花枯復開招提佳氣見陽回頻年誰解憐憔悴此日驚傳說盛衰絲筆干霄含粉吐玉山籠月帶香來風流獨對看生意作賦無愁壓菌苔

荒寺婆娑寂寂開饒他集苑待春回心經百折曾無悶病入三秋老未衰玉笋班知名士至燕釵斜送美人來變蓮化蓏原非幻何似瓊葩照碧苔

●和慧林和尚見贈原韻

燈傳神晏後擲杖識安侯法席傾三竺詩名壓十洲效莊吟未變訪戴興何幽還憶高峯下蓮香許共留

題吳良生小影

社峯種德已多時，三鳳連翩羽翮奇。稚子並看蘭蕙質，大兒先付桂花枝。雲山縹緲閒清幽，松竹菁葱澹遠姿。樂事堂中知善慶，添毛頰上見鬚眉。

又題小影

拂閣梧陰暑氣收，新荷花發暗香浮。倚欄坐看紅裙戲，恰喜停橈採已休。

獨愛清漣君子姿，纖纖女手折來遲。侍兒早解攜瓶待，取次窗前好賦詩。

臘月賀人花燭

銀燭煙濃擁洞房芙蓉褥隱繡鴛鴦藍田舊種聯圭璧金屋新占叶鳳凰林下好賡咏雪句簷前先試點梅粧畫傳綵筆工京兆還羨清平供奉章

○初冬趙子穀先招同諸子集文昌閣觀紅葉二首

籬菊凋殘樂事慵吟楓載酒喜相從繞村日照搖紅影隔岸林疎帶醉容騷客賦成江欲冷佳人題罷墨方濃倚樓清興饒歡賞爛縵何辭琥珀醲

相逢驚座倒芳樽酬勸偏宜有弟昆長吸百川輸小阮漫期十日

學陳子維周又韓昆仲平原及家履中同在座蟹螯秋老黃猶膩楓葉霜遲錦正繁
莫訝停車常愛晚烟迷醉眼更銷魂

小春良夜陳維周郭宸章家履中諸子連夕攜酒餞小集齋頭戲贈二首、

蓬門長閉徑生塵晨夕南村意自真斗酒絕無泥婦計空庖時遇禁烟新忘形暫借賓為主發悶何分我與人日日待君謀一醉連宵高宴竟忘貧

小春佳景月初明送酒持螯伏友生雅技頻聞蜂蝶鬧高談重見笑蟬傾宸章作蜂鳴及十種笑法絕肖腐儒粗糲供誰設良夜醇醪飲已醒更約

登堂容我輩朽將顧曲佐稱觥諸友謀以清謳公觴為履中壽

和力瞻盧見贈原韻

蓬徑荒蕪歷幾秋昔遊良覿慰窮愁王庭賡答誰先後　御府圖書任校讐雪滿山陰還自泛梅開東閣更難留故園春色知多少早向金門騁玉騮

雪中瞻盧小集齋頭疊元韻見寄再和

瑞應豐年報有秋殘黎卅日足銷愁差堪椰架同歡舞未許梅花作怨讐僵臥喜逢佳客至烹茶肯為故人留剡溪水滿衝泥近傍險何須待紫騮

、題林大先小影

青松為蓋石為壇竟日端居勝學禪最喜小童能解意伴閒時進浦城烟

忘機麋鹿足同遊淺草繁花亦自幽謖謖和風時拂面團團紅日正當頭

三毛頰上見精神和靖風流究若真記取他年看故我相逢應嘆白頭新

、題陳位公遺照

十載論交愜素心山陽重過少知音忽從阿堵親毛頰猶見風流

繼竹林

丈人君子與先生三友真真宜狎主盟白首過庭長欲拜清風弄影

想形聲

口占祝家嚴中三十初度

三十登壇衆所尊早年豪氣壓[illegible]杯濃添琥珀浮三雅醉灑珠璣

賦四元

驚傳峽水倒詞源三十登壇衆所尊萬卷高楼勤著述九秋徒

翺看飛翮

一曲南飛佐綠樽盍簪朋酒盡歡喧莫辭坐聲酬湯餅三十登壇

衆所尊

壽雪堂和尚六十初度

蓮社同遊識遠公曹溪一滴見宗風興來潑墨神猶韻悟後題詩老更工瘦石寒梅忘色相高山流水想圓空恰逢銷夏周花甲莫漫攢眉對碧筒

○西峴飛濤　藩司觀風金華題。

太守風流山水傳濤聲千古寫鳴絃乍驚孫竹錚〻逸却訝珠璣顆〻圓河落九天雲外度源傾三峽雨中懸荒亭澗畔長遺響健筆誰堪續髯仙

送浙撫朱可亭同年遷大中丞還朝

名臣與大儒，體用同一貫。望散邈風規，紫陽真侃侃。先生得宗傳，鹿洞親窺鑽。文章繼廬陵，經術不斷爛。敭歷中外司，金錫精鍊鍛。利器屢磨礱，廉能百僚冠。吳越東南都，恬侈積罷玩。下吏苦劀瘡，姦宄恣欺謾。災祲動連年，風濤善崩岸。殘黎氣未蘇，撫綏切宵旰。節鉞出銀臺，吳山春爛縵。冬日麗中天，陽和凱澤散。善氣導逆人，貪墨自慚汗。約己肅官常，清心靜囂悍。精勤泣鬼神，魑魅遠潛竄。變俗事有經，禁奢無越畔。力行不務名，設誠威自憚。課士手丹鉛，黜邪轉雲漢。薦賢舉所知，為國培楨幹。甘棠化久敷，績熙奏丹闌。

顧惟朽駑姿廿載墮塗炭手援竭精神幽谷得復旦三疏豁深負
祝網重沐祼信必祁大夫炙熱何足算二天感激深三錫恩綸渙
東山悲衮衣河梁傷羽翰豈得私我公海內方貞觀獨鶚整臺綱
惠文爍星燦田天道委蛇捧日勲巍煥黃冠采紫芝餘生荷清晏
、擬恭進六十年、
萬壽五七言律各一章
舜治揮絃火堯年天啓曆新數周十日子律轉五聲均拜舞千宮肅
共球萬國親億年曆壽考長祝太平春一
寶曆新開五紀周更看瑶島復添籌後庚朔改青陽布太甲雲高

紫氣浮天馬蓮從西極下碧鷄深向上林遊鐃歌並奏南山曲重啓昌期億萬秋

代賀興安孔仝署篆弋陽

治行爭傳冠七城早聞借寇重才名赭亭日暖飛鴉靜烏嶺波分竹馬迎夾路榴花隨皂蓋蒲城麥浪映行旌寅恭況復稱兄弟擁篲欣看兩綬明

客信州和李平萬見贈原韻

孤館羈棲歷幾時塵封絲筆孰題詩靈山對我長須笑雲洞迷天遠莫窺競病早知愁險澁車斜相繼見清奇西江風雅今誰嗣欲

起崆峒作鼓吹

饒署端陽即事

客中作客倍閑情，愁裏添愁節又更。水署繁華紛滿眼，葛江風月待誰賡。遲遲已負青梅約，去去猶看榴火明。漫泛蒲樽慚獨醒，且酣歌舞共逢迎。

題薛裕翰為張水齋寫臺江夜月便面

廿年久與臺江別，今日故人遇老薛。胸中丘壑手中生，寫景傳神兩奇絕。葛陽令君燕山彥，溯源乃是閩中傑。廬溝曉色影蒼茫，何似臺江看夜月。曹州雅製勝穢州，淨比齋紈耐疊摺。含毫寫作故鄉圖出入盈懷風獵〻波濤萬頃漾琉璃午夜暗潮聲潎洌驪龍吐珠鱗甲閃馮夷罷舞氷綃裂番舶燈火泝流光櫂部笙歌永未歇寶帶橫空亘臥虹五虎凝眸渺然接竦林破碎上欄干萬室霜縞紛澄澈釣龍臺上悵閩山白馬潭邊倏明滅惜昔少年恣壯遊騎鯨欲探黿鼉穴風塵偃蹇任漂流南北東西無住轍年〻押聽淅江潮彭蠡潛沱柱跋涉九曲漫隨春水漲澄清幾擊中流楫驚波駭浪飽經過蝦蟇吐蝕圓又缺歸來何日撫孤松側聽臺江聲嗚咽羨君展轉得臥遊氷壺遙映西江雪時鼓薰風噓大塊莫付篋中悲秋節

題上饒署中畫壁

畫風難寫色與聲，畫船難見止與行。正在筆墨不到處，耐人把玩移人情。蕭蕭蘆荻盡飛揚，衰柳垂堤亦自狂。疑是八公山下路，驚聞鶴唳共張皇。片帆飽掛凌大壑，已過萬山渾不覺。我欲乘之到洪都，揮毫直賦滕王閣。

謁謝文節公祠呈上饒張冰齋明府（祠在廣信郡城南，舊為疊山書院，荒壞不堪，即士人亦罕有知者）

餓死忠臣實可憐，凄涼廟貌久無烟。冠裳剝落窮尤甚，鬚鬢摧殘軀又捐。廢址草荒藏虎豹，中庭雨溜長苔蘚。使君高義驅千古，肯

為先生庇一椽

○遊南巖寺、

何人鑿開混沌竅阿難頂禮釋迦笑巖〻獨立朱晦翁講學吟詩不同調一滴曹溪眼倍明躡衣五級倚天嘯俯視一氣渺皇州口吸西江欲大吽

登一杯亭、

荒亭寂寞付蒿萊忠定勲名安在哉若昔好官徒自苦于今太守幾人來漫言清慎勤三字只有笙歌酒一杯惆悵鍾靈橋畔石講堂處〻面江開

遊博山寺、

名山寂歷足棲禪，曹洞宗風有正傳。飛錫西來泉欲滴（德韶開山卓錫得泉），馳書南去石同堅（粟如卻靖藩之聘，書載郡志）。經函寶藏三千卷（寺有明神廟所賜藏經），塔記恩榮一百年（無異大師塔碑記，崇禎二年立）。欲謁遠公成獨往，攢眉深對滿池蓮（主僧尚在外出未歸）。

壽鮑麗東五十初度

炎景麗天火雲起，旅愁日日誰遣此。清江長夏嘆索居，殊方知我得鮑子。桃葉渡頭舊有名，雄才傾倒石頭城。萬溪風月供談笑，潭水悠悠見遠情。椿庭花發倍精神，棣萼交輝滿院春。萊舞妙年方

五十鳫行恰是第三人紅入筵中桃正實碧筒勸酒飛行疾直教醉到百年時尚有一萬八千日

贈薛裕翰

信州作客愁欲死遇我故人乃更生贈我一幅鵝湖絹招我魂魄亂我之形聲廿年久失真面目忽然阿堵相對若有情科頭却洗花臉淨鋥衫穩稱折腰輕高柳下晚風前石上沉吟興欲仙荷鋤童子逸翩翩寄懷長咏采芝篇何如黄綺在當年吁嗟薛先生下筆無點塵吾鄉妙手何與郭君今無乃其後身揮毫橫掃遍甌越所至往往稱嘉賓荒署寥落久留滯酒後耳熱見天真丈夫遇合

會有數內眼徒輕賤與貧我欲貢之南薰殿畫使褒公鄂公凜凜添精神

後八哀詩并序

半生患難乃見交情感舊懷賢欷歔曷已比年以來師友凋零素心寂寞屈指可數約有八人用少陵秋興韻人各一章聊舒激切不暇推敲亦云寫哀而已

修撰沈元洲夫子

廿年沉頓老詞林草自數榮柏自森五色早看苞作彩九皋誰聽和鳴陰鏗丁恭與弟子成何事陸贄門人空有心烟雨樓中頻洒淚悲

風雨面送秋砧

林碧山太守

金臺雁影久橫斜，牢落天涯兩鬢華。長欲問梅無隴使，豈知泛海有仙槎。防城夜月荒茅舍，交趾秋風入暮笳。甲午秋，將訪先生于瓊州，適奉委安南，僕賦相遇防城界上茅舍，中秋對景淒然。作賦不須悲舊事，義方先發滿城花。

薛仲蕃明府

曾聯棣鄂共春暉，薛本姓方，與余叙兄弟之譜。珠履堂中燭影微。一擲千金輸雉采，滿浮三雅倩花飛。漳濱迹竄風塵隔，彭澤腰輕世事違。羅網遊魂迷客夢，哀鴻空羨稻粱肥。

紹上韻

毛西河檢討、

險難升沉一局棋六經晦塞獨堪悲縱横萬里餘雙眼上下千年自一時先生題詞有縱横十萬里上下五千年之句張栻最稱聞道早象山應悔讀書遲等身著作誰紹述長撫遺編寄所思

許月溪明府、

早携絲竹卧東山籍甚才名滿世間舊入酒壚豪李杜閒揮墨筆逼荆關循聲到處常流澤古道依人欲照顔茂苑重遊尋鶴案吳儂猶帶淚痕斑

高巽亭編修、

孤山亭畔斷橋頭行殿蕭蕭草木秋世掌絲綸猶有憾家餘圖史
已無愁功名度外隨黃鶴浩蕩胸中付白鷗繡佛早能消慧業精
魂還復到杭州

周如簧漁璜詹事、

持衡深羨起衰功南北英雄盡彀中解網重煩學士筆脫驂真見
古人風塵封舊笠頭爲白淚濕青衫血染紅書劍早知歸故國誰
憐久客有衰翁

李慕雲農部、

髫年遊戲各逶迤壯思剛腸任險陂北里歌殘楊柳岸南村采遍

菊花枝琴調魯國聲猶韻筆判倉曹守不移素幘歸來寒瀫水懸
河有淚欲交垂

壽昌化李明府四十初度

嶽降材維楚栽花赤縣遥胸吞雲夢澤聲震浙江潮清澈雙溪映
風裁百丈標正當強仕日恰值早秋朝碧漢槎方泛金莖露乍飄
長庚光爛縵紫氣鬱岧嶤酒進仙姑洞歌來仁里橋會看笙鶴下
飛舄入雲霄

贈浙撫中軍葛參戎

彤庭對策識干城建節風清細柳營立馬吳山騰羽扇射潮江水

映霓旌金飈乍轉鬧笙簫玉露初飄進兕觥幕府自饒黃石訣不須句漏學長生

留別舊同鄉諸親

挨簪老去絕逢迎梓里頻過狎舊盟人世半生長作客天涯相聚倍多情高歌清夜聞吳詠晤語終朝作楚聲今日暫分漱水驛何時同上越王城

留別新安諸友

相逢莫訝白頭新客子由來慣畏人跡若踈時情自永交當長處味意方真黃山好夢隨明月烏石重遊怯晚春惆悵離愁分兩地桃

花溪水憶汪倫

留別蘭谿諸紳士、乞竹君寄花

五年薄宦愧無成，廿載深交見真情，厚意不忘舊令尹，高風長憶魯先生。凋殘邑里資調護，寬賞山川儲變更。皓首重過猶有興，驪歌莫悵雁歸聲。

留別諸同學諸子、

錦里幽居似杜門，賞奇晨夕問南村。花邊賴有求羊跡，人境猶聞車馬喧。好句推敲雲爛熳，離筵黯罷月黃昏。歸歟自息語風颺遠，聽扶搖變大鯤。

贈宜興令魏又韓

一代賢良孰與齊延陵卿復借鸞棲冰心映澈芙蓉水花筆祥於然畫溪春雨桑麻長被野秋風桃李盡成蹊早騰民譽隨飛舄嫵媚遙聞出　御題

贈同容令施翰英　西寧令長公

茂宰聲名屬少年秣陵佳氣接幽燕家傳治譜稱三異邑有神君號二天飲馬龍潭心似水還丹勾曲興同仙曾從小阮經過地〻首登堂愧執鞭

贈當塗令林子紳

□芝□雪推前輩新播仁風望後塵百里士元能化蜀廿年
欲爲劉秦冊陽留滯悲遊子粟里蕭條累故人攜手共看牛汴月
度憶羹蓴

贈興武衛守戎林又彤、

浚□□□壯歌憶昔遊彤庭射策五雲浮當年燕頷原無獻今日龍旗
映幕戀漕輓閑中蕭相國書傳圯上漢留侯相逢異地歡多少秋
冷秦淮月滿樓

、口占從江桐山乞筆墨

脩書日日費經營磨盡客鄉禿管城欲向東君勤借力好隨風雨

伴行程

疊前韻贈江桐山

飛將終推細柳營興來七字少堅城莫輕縱筆酬江左花影還須步右程

共述雖作菟裘營托鉢頻過出石城牢落故人天外聚盈囊佳句壯前程

再疊前韻訊江桐山

闈道深知欲寡營眼前風月總愁城箇中若有還丹訣立[illegible]

紀一[illegible]

[illegible]謫仙樓

風急天高柏浪開謫仙樓上獨徘徊半生事業詩三首
酒百杯捉月那知憐皓魄騎鯨誰復到蓬萊煙波不盡長江水日
與汨羅數往回

采石虞丞相忠肅公祠

逆[illegible]馮陵赤社寒長江飛渡更無難書生慷慨興亡業使者從容
上將壇采石尚餘風鶴警吳山空作畫圖看可憐舊鎮荒祠廟草
淺殘碧露未乾

江陰署中喜晤許貢三鄭惟宗葉宗竹諸友有贈依韻和答

舊來面目久封塵披霧重看境又新落拓馬周初入幕一寒范叔獨遊秦素心晨夕無多日白首婆娑已數人且喜蘭陵多美酒此鄉聊共醉江蓴

贈江陰道士陳遵九

玄深處一戶重扃太素真傳得五靈龍虎閒遊銷白日麋羊時玩熟黃庭香飄桂苑空中度曲奏霓裳月下聽欲向上元問消息玉臺何處覓丹經

詠虎

資經緯材何須威勢向人開為抽尺寸輸心腑故作

作何？以封邵陵形羞對面馬明回首錯换胎可憐花轉痛 使風生傍鏡臺

茄牛、

弱植果棲當野蔬蕲然頭角勝黔驢未堪任重資田父祇可提携 作日香骨剖出肝腸紛瑣細疲殘筋力只趑趄漫施文繡供郊廟老 去應空暮賦狙

蒼鶴、

骨鯁真堪列上卿乘軒舊日有聲名作從丙穴珊珊出忽麼賁出 緩緩行一夢早能驚學步自儘可壽先生待凌霄外尋知己莫

過河中泣舊盟

蚍蜉、

露下秋高欲語難巫山幻出絲雲端伴貂滄倒慙無色辟馬從容

忽改兒蜕去正看尋棘刺沭來未許着人冠若教縶檻長供奉何

似〻〻〻驚庭歲寒

橘燈、

洞庭春色壓江南焚頂移來伴佛龕素履離披芳度綺朱衣爛熳、

彩施藍神童漫擬懷中落棋子無勞月下探賴得光明常徹

然〻不〻〻〻羨餘甘

三八六年

蘭蘭洲渚影蹁躚飛舞龍蛇帶遠煙指點空中題雁字縱橫江
灑魚箋生花入夢秋方老晝日重逢色又鮮莫道中書無用處廣
陵長欲表園阡

因見鄭漁門令郎和詩再疊前韻

鳳汜求操絕風塵雛鳳聲傳語復新帶草箋經曾表鄭釣鰲題卷
早知秦青雲未覩韓公子白雪遥聞賈舍人漫過屠門誇大嚼何如
塩豉下青蓴

賦得嚦嚦鶯聲花外囀為觀劇作

爛縵春光繞上林嬌聲隱隱送鳴琴低回柳浪湖中客攪亂遼西夢裏心珠貫韻隨檀板落塵飛響遏柘枝沉莫愁縷暗詩人老錦繡横陳足賞音

嬌香嫩蕋正猖狂認取濃陰記曲娘天女懷春調玉管雪兒對景金簧谷中好語疑求友葉底低聲巧喚郎欲遶建章猶未得早（俗）傾耳惹詩腸

江陰九日登君山感賦

客裏重陽景暗催君山聊作望鄉臺長江浪息（靜）心猶競滄海潮平信不來皂帽尚留霜鬢健白衣誰遣旅懷開北鵑花滿愁人眼清

息空勞神女回

君山尋春申君墓

重陽獨上君山頂為問春申墓已灰盡說南朝爭王氣久封東嶽作行臺陰謀覆楚成何事結客親秦亦可哀獨有李園鋒早利猶慚無忌冢高培

將發江陰再疊前韻留別許員玉

萊蕪久客甑生塵楓冷吳江景復新長路回車寧學阮繞朝贈策欲辭秦囊空正好藏佳句鉢洗終當解避人待約道山成二老亭泉小摘水中蓴

贈吳成充

珠履盈階花滿前，平原豪氣早翩翩。崔盧舊好宗盟重，韋杜新恩御墨鮮。茂苑秋光連越嶠，楓橋夜月帶霜天。雁鴻暫爾分南北，愁聽吳歌漫著鞭。

贈平湖令林廣業

陳情高寄臥東山，郎宿重輝照世間。楚水携來琴韻遠，當湖調出鶴聲閑。金閨舊好情猶重，玉案新詩色尚斑。惆悵丹陽留滯客，那堪霜鬢望鄉關。

贈海寧令吳迴齋

廿年飄泊向誰論雲雨場中任怨恩贈定縞交翰季札買絲名繡

感平原安瀾績奏寧千里保障功成福萬村分手莫愁長路隔早

占郎宿入台垣

秋為近五各有十二屬詩援引典故不許犯重眼前近事搜

索殆盡爰拾遺闕聊為此詩、

何年毛落向山遊寒夜窺燈欲未休瑞報使君隨杖走祥徵聖主

吐雲浮漸依牛角猶多慮巧作人言豈足憂莫訝因公能揲卦軍

門京觀早成丘子鼠

生平舐犢幾多時鼻聽沉吟有所思天子射來成故事相公罵出

欲何之壇中執耳羣推重老去操刀孰敢尸可歎敗犁無用處債

豚雞瘠亦堪悲 丑牛

聖主當陽早戢朝何勞鐵索更纏腰徧蹄到處颭風生翼搏像隨人

雪作嬌誰解入山擒白額獨憐小制有青要二雹侍者飯依久肯

向追符自伏 招寅虎

吐生畫不識嚴親撲朔迷離孰認真悟道豈知頭有角高談只恨

口無唇搏獅空自輸全力顧犬尤須早避月安得中秋明月滿飽京

斯首屢清貧 卯兔

五采成文透碧霄早歸滄海湧為潮長依袞冕香浮滿半天云 辰

影動搖見尾端時看變化逆鱗無由可招邀誰教高臥[illegible]
使隆中久寂寥辰龍

一州相報動公卿菩薩由來獨得名畫鬼可堪稱幻化斷頭何處
見羣行小青二偶長為伴梁后三生亦有情若使主寵時吐氣下
教上國狎齊盟已蛇

地用莫如爾最強那堪憔悴獨玄黃祇因下駟還先路遂使超羣
厄服箱歷塊自慚遺一蹶橫門却欲效微長負圖待啓天人秘更
伴昭陵鐵汗忙午馬

性淫比呂亦宜哉西域遙傳得種來智效堯韋猶可笑計窮朱泣

正堪哀兩工海畔勞神女髯客山中號秀才不共仙人遊粤去却

從上苑吐珠回　未羊

嵩山攜榼訪知音似栗如拳盡盍簪只好逢場聊作戲不知何術

得安心報時長伴高人隱初吉常朝古廟深麟閣豈堪圖厥像翠

屏猶自見哀吟　申猴

五坊較搆檄爭移蜀魯雌雄各自持正愛長鳴堪作友却憐斷尾

憚為犧愈風百翮栖宜護啼月三更店已離最是尊拳難下處分

明軍令有誰知　酉雞

白雲深處若聞聲舊主方歸鮮遠迎牽出早悲秦相國縱來　戌犬

漢公卿練香豪士酬勞重敎蓋仁君報德輕盡力只思除狡、久兎
成何惜一身烹、成犬
卑率除之久擅場化龍卧榻勢猖狂納肝儘可辭安邑嚼肉真堪
羨魏王剛鼠雖稱君子禮穽牙戒切小人防渡河漫擬移天象入
甕猶況比斗光亥猪

附秋為作

秉性生來好兩端穴中相鬬動傷殘宜行却似齊侯武狡
黠能全蘇子鄉看入社难除身負周歆河易滿腹知安只
因窮食張湯肉老吏深文罪莫寬子鼠

終日田間負重佃三犧皆用亦傷哉經營窀穸看眠處樊理陰陽怕喘來隱士角端歌可賦牧童背上笛堪哀牡丹勝賞誰能黑安得劉家朶朶開 丑牛

常配青龍嘯作風威行百獸鎮山中蒙皮曾破荊人陣分乳能全鬬氏童履尾得占終是吉捋鬚雖犯最称雄但求境內無苛政不藉卞莊一刺功 寅虎

缺口長髯東郭逃號爲明視一身豪巧營三窟人称狡居在山中姓是毛南國千城罝肅肅廣寒搗藥月高高我甘株守聊相待不解驅鷹搏擊勞 卯兔

嘘氣成雲飛在天為霖為雨潤桑田僧繇善畫睛休點列
累能剩醞更鮮顱下有珠因睡得角中受聽以聾傳無端
魚服豫且困誰是豨神首尾全　辰龍

閶道常山勢最長一身首尾自相防多疑病是弯弓影入
夢徵為女子祥當道莫教逢赤帝生疣只合憶仙娘嶺南
捕者雖云苦未若征徭疸之壯　巳蛇

冀北群多冠九州追風逐電騁驊騮支公神駿平生愛穆
端龍駒域外遊五百售金燕市骨三千畐国楚丘侯若非
邀得孫陽顧久困鹽車几出頭　午馬

生息蕃孳三百群長髯識角望如雲初平鞭處石皆起蘇武牧時雪正紛告朔牽來还愛礼觸藩身入便难分爛須可得侯閔内誰敢坡間伴夕曛 未羊

王孫出長在山中附葛扳藤捷似風為甩好令人病瘧沐冠殊竟詐难窮狙公養處雖多術唐室傾時却作忠跳獮身輕降不住誰教升木自西東 申猴

生平長技在司晨五德原來備一身郈氏好贏金作距宋家善養語如人聞坊閒處盈千數絳幘鳴時報几巡秦客欲歸〻不得學他三唱便逃秦 酉雞

韓盧宋鵲不相同，射獵郊原各自雄。戴獫秦風誇武勇，呼獒晋国棄公忠。竊麥曾被冤為盗，論賞何堪與比功。莫卧通衢遭馬斃，致令作史筆难工。戌犬

豪豨一族甚蕃多，肥壮相招宴享歌。人立啼為斉国祟，渡河亥是晋書訛。負塗易象占疑污，白豬風詩咏涉波。莫學遼東徒見哂，魯津入夢得如何。亥豬

附近五作

宵行晝伏作生涯，食黍食苗耗萬家。拱立猶然称有礼，穿墉未信果無牙。欲随仙去腸难換，得共猫眠戆更加。直到

虜時還嚇鳳至今嗜尔是鴟鵂 子鼠

桃林放後重農功日夕村々戴牧童鳴犢知音逢介子喘

因見月在吳中三千蜀道開金糞七十齊城藉火攻何事

王家八百里但供一咲示豪雄 丑牛

風生谷嘯踞山城百獸稱君舊有名入市虛傳辟辟易渡

訶異蹟自神明假將威去真难犯畫得形來恐未成一落

人間机阱裡扶躡搖尾亦心驚 寅虎

衣褐跌居爰々行何年入月學長生秋深每伴金蟾影亱

靜時聞玉杵鳴脫擬兵家推武畧穎傳翰苑占文名韓盧

宋鵲休相妬死後难全尔輩烹 卯兎

八十一鱗陽數奇果稱靈物雨雲隨池中花樹看遊處天下文明是見時學得屠成寧適用好爲畫似豈真知河津今有魚蝦隊鼓鬣揚鬐向水湄 辰龍

逶迤常入草中行每被旁人打草驚吞象共誇身不細憐風自竟舉尤輕兩頭埋去終逢吉無足添來却畢成鄭国南門曾戰鬪釁興内外感妖生 巳蛇

風鬉血汗渥洼來八尺爲龍七尺騋逐使貳師馳大宛亦從京兆走章臺驪黃孰解超真相雖芻粟誰能飽美材最是

當年王濟僻空將，金埒試駑駘。午馬

土中掘得亦云奇，卜式為官牧事宜。五羖能興丞相業，萬頭只供侍郎資。皮蒙似虎难称猛，髯長為龍本號癡。衛玠風流曾作乘，群看市上載仙姿。未羊

名號山中是列侯，懸崖掛樹枝常優。棘端刻處無人巧，林外亡時楚國愁。活馬功能神郭璞，騎牛鈍欲咲鐘繇。何人更解分真似，底用着冠可對酬。申猴

紀渻當年養最良，高冠昂尾翰音長。桃都日出先催曉，茅店月明去帶霜。壯士聞聲江上舞，道人警夢枕中藏。遠來

莫漫矜黄鵠何似窻間有五常 酉雞

盤瓠傳自古高辛西旅輸周作貢珍白雀青鸐材並駕烏龍黄耳性隨人舐殘丹爲同辭漢吠入桃源共避秦嫁女隱之休市賣恩深尤戀主家貧 戌犬

泥溲穫之叱群行千足澤中可治生宋野歌傳南子醜漢宫形見戚姬驚公孫海上曾爲牧馬氏門前但有聲尾鬣燒殘何太酷亦同巫厄苦恒晴 亥豬

題傅殿秀小影

風恬浪静駐輕舟一曲琵琶怨未休假寐不知鄰女恨無心長付

水中鷗

天光雲影映樓臺，手弄竿尾坐水隈。清渴只將茗作友，江風拂面送香來。

題陳麟先小影

元龍豪氣本翩翩，撫劍長鳴欲倚天。待靖伊吾清瀚海，好將名姓繪凌烟。

濃陰滿樹淨浮雲，緩步郊行踏暮曛。挾彈早驚飛鶴印，金丸何事落繽紛。

得次男捷音復閩部允援宥之報口占志喜

廿載沉淪久杜門頻聞送喜欲銷魂一經幸繼先人澤三省深蒙
聖主恩教子義方今始信良朋古道世猶存樊籠脫去從空澗松菊
何年長故園

發瀫水驛

宦海風波久未平他鄉留滯不勝情衰人失國晉重耳老母終堂
穌子卿十九年來同險阻三千里外隔幽明今朝喜上歸舟去願
借東風送幾程

宿江郎街和壁間韻

歸來猶載一空囊三十年中底事忙生入玉關真望外洗開倦眼

盻江郎

過大羅灘

危灘急下力難回鷁首中流忽復推賴有先人忠信在幾經涉險得無菑

返故居

此生猶喜得歸閭環堵依然作容身出入少年多畏老往來相識總嗟貧山川面目還如舊都邑衣冠見一新惟有含飴堪破寂不妨閉戶對松筠

壽郭母林孺人

綵舞堂中四代全，稱觴恰值早春天。萱庭共祝八千歲，荼苦深嘗五十年。影斷彩鸞儔節孝，飛來青鳥降神仙。應知介福歸王母，不羨和丸紀昔賢。

輓陳門速烈婦

六載同心肯負恩，悼亡賦罷恥生存。珠沉合浦潮聲遠，珮去沙村月影昏（烈婦合浦令圻女，沙縣司訓子咸三男婦）。令女耶堪稱就義，湘娥何處可招魂。浮名早謝人間世，表節無勞問燕門。

軒年令郎卿懷以遊庠簪掛日合巹口占申賀併柬軒年

青雲初步賀新郎，喜氣雙雙滿畫堂。采得芹香添繡（四）攜歸花筆

點紅粧齊眉舊案看重舉（軒年亦以簪掛日合巹）跨灶新篇欲欲揚桂子同攀甘讓少抱孫獨許老夫狂

壽廖母林孺人七十初度

七袠重賡壽母章松筠春暖彿華堂保終已見同曹婦歸國猶聞重魯姜鍾郝風規傳太史荀焉合範映薇郎（孺人婿為許雪窓太史弟為林鹿原中翰）聖朝表節光千載奉（孺人節孝已旨旌表）不假瑤池晉羽觴

壽陳母林孺人七十初度

四十年餘羨女宗古稀堂北祝華封庭前早見飛三鳳階下旋占御八龍聚動德星環寶婺老鐃春色在喬松懸知此日瑤池燕

紫誥還看出九重

○無題集唐

泣雨傷春翠黛殘枉將顏色忍春寒千年别恨調琴懶幾許幽情欲話難蓬首不梳心歷亂殘粧滿面淚闌干重門深鎖無人到誰倚東風十二欄

背面羞人鳳影嬌肯辜風月度良宵桃花一簇開無主柳葉雙眉久不描白玉帳寒鴛夢絶金鈿秋盡雁書遥自憐幽會心期阻何事牽牛在碧霄

緑楊高映畫鞦韆菱鏡鸞孤貌可憐膩粉暗銷銀鏤合舞衣新繡

曉霞鮮開思勝事多遺恨縱有心期亦偶然香輦不來花自發夢
魂潛繞御爐煙
詞
輕小休誇似燕身靚粧冶服為誰新微收皓腕纏紅袖似有微開
動絳唇玉樹九重常在夢宮花一落轉成塵三年音信凝輦外留
着雙蛾待畫人
絳縷猶封繫臂紗重門深鎖幾枝花鶯傳舊語嬌春日鳳吐流蘇
帶晚霞應是無機承雨露不教容易損年華欲知此恨無窮處雙
眼慵開玉筯斜
待月西樓捲翠羅同心雙帶蹙金蛾蘭閨柳市芳塵斷銀箭金壺

漏水多錦帳羅幃羞更入秦雲楚雨暗相和分明更想殘宵夢風過迴廊幕有波

瑶臺無路可追尋恨滿牙床翡翠衾内屋深屏生色畫落花流水怨離琴情多莫舉傷春目望遠能無化石心半夜空庭明月色笙簫聲逐鳳凰沉

十三初學擘箜篌春色先歸十二樓秦鏡欲分愁墜鵲曉屏無睡侍牽牛春蠶到死絲方盡芳草何年恨始休白玉帳寒鴛夢絕百年心事付東流

鬢樣眉心日日新畫堂香霧煖凝春自傳芳酒翻紅袖似有微詞

動絳唇飛燕有情依舊闕壯冊無路出香塵橫、垂寶、同心結風
擺花枝不耐頻
少別穠華又一年自多情態竟誰憐鴛衾久、別難為夢玉軫長抛
不續絃空翠入簾窺素貌殘紅滿地碎花鈿畫眉今日空留語只
是當時已惘然
只是當時已惘然于今重說恨綿、簾前春色應須惜樓上花枝
笑獨眠半夜空庭明月色一輪清鏡泣流年五更惆悵回孤枕願
作鴛鴦不羨仙
雲雨荒臺豈夢思緑窗寂寞背燈時雁飛螢度愁難歇燭暗香殘

坐不辭瑶瑟愔々藏楚弄爐煙細々駐遊絲芙蓉帳小雲屏暗莫
遣佳期更後期
一飲瓊漿百感生鳳樓凝碧靖無聲琪花玉蔓應相笑紫蝶黄蜂
俱有情惟對松篁聽刻漏頓移金翠傍簷楹象牙寶帳無言語一
段真心畫不成
隔葉黄鸝空好音落花流水怨離琴應傾謝女珠璣簇擊折湘妃
白玉簪金屋獨眠堪寄恨瑶臺無路可追尋青鳥默々西飛去一
夜月明千里心
菱花散亂月輪虧翠黛無言玉筋垂終日相思却相怨一杯成喜

又成悲長疑好事皆虚事莫遣佳期更後期心寄碧流空婉孌緑窗寂寞背燈時

揺蕩春心似夢魂月明花落又黄昏薰籠玉枕無顔色萬袖香裎積淚痕已托焦桐傳密意不堪芳草思王孫橫垂寶帳同心結蟬鬢慵梳倚帳門

回首東風一斷腸銀釭斜背解明璫畫眉今日空留語遠目非春亦自傷玉枕夜寒魚信斷金爐春滿鴨心香自憐幽會心期阻不語亭亭儼薄粧

有時凝思過朝昏回看羅衣積淚痕金屋獨眠堪寄恨繡屏斜立

正銷魂蛾眉半斂千金薄鴇翅低從兩鬢分已託焦桐傳密意錦衾深愧卓文君

建溪舟中阻水三首

連宵滴瀝暗江干巨浸奔濤急泝難咫尺關山雲外望濛矓烟樹雨中看只堪高臥同漁父那有新詩動寫官欲謝豐隆鞭海若騎鯨直上換征鞍

低垂岸竹淚闌干三老徧宜行路難伐木歸來分斧劈籠鸞賣去得錢看弄潮那得逢鮫客送酒何由有縣官獨羨翩翩公子興當關立馬躍金鞍同舟劉公子由旱路先回念八都

強將排悶數支干舟中無事曲膝伸腰臥起難對答問天何日轉日檢命書
呼童量水幾回看猖狂豈敢同名士寂寞依然似罷官望裏仙霞
獨不見片帆長自阻輕鞍

舟次水北雨久碓飄市中乏米偶值伶人來謁屬令轉售承
饋斗許繼以肉燭和軒年口占原韻

停橈幾度望長庚暹羅深知碓水平忝竊餘光分子弟頻煩推食
餴先生加餐顧曲心猶壯大嚼觀場眼倍明莫道衣冠輸我輩祇今
每飯亦關情

張香庭先生贊

青錢入選早登壇珂里宗風興未闌薄海正開新日月武陵復見古衣冠齊眉雙像題來易（余曾爲題先生暨配孺人雙像）一命孤忠寫出難偕隱只宜招介弟（先生族弟字鳴亦不應試）西山盛事許同看

張秀士贊

清河世德獨鍾奇偉器生來冠一時束髮早懷蘇武節麻鞋深慨少陵詩雲移椿樹垂長蔭春滿荊花發遠枝式穀已看蘭桂茂仝貂應復漢威儀

壽遂安余翁七十

蘇州刺史舊風流小阮才名早自優舉案好隨椿樹老稱觴恰值

桂輪秋青囊還客徐前義絲服娛親薛氏儔莫許古稀還矍鑠大年猶復羨莊周閑化滿川徐存禮曾拾一青囊金候客還之金有還金事相類

、張天翼贊

扶犁初罷便橫經子職能供豈憚耕羸得青青衿與佩綠衣何似一書生

負米山中欲（為）養親赤眉相犯欲忘身（総）今朝重走彭衙道夜雨秋風淚滿巾

、題美人撲蝶畫扇

新粧初罷要孩兒步出堦前有所思忽見翩翩蝴蝶舞撩人愁緒

上雙眉

恠爾人前翔〻飛綠陰深處戀芳菲輕紈撲入佳人手擲與兒童帶笑歸

贈鄭魚門先生、

世履家聲孰與齊鳳池高望隔雲泥堂中落筆書爲草閣上箋詩經火是藜玉尺重懸江左右冰壺遥映楚東西起衰早見爭輿論枚卜還看出 御題

句容道上書所見、

驢背衝寒怯曉征長途極目欲傷情滿塍壟坼塢無粒

山粉翻涮土作秭載道携斝隨草宿沿村覓食戴星行有圖欲繪誰簪筆愁聽哀鴻空自鳴

贈濟寧僉事余田生、

復陂誰是障狂瀾獨為蒼生起謝安詔下山東皆踴躍星臨濊水失盤桓（田生訪余蘭江旅次余因他出未得聆别）泇河潦淨千艘穩曾國風清萬姓歡騰達故入重握手停車相對笑彈冠

汶上道中雨雪、

久謝長安懶著鞭今朝風雪倍悽然壯心冷盡真堪笑徹骨寒生亦可憐襆被遮頭迷古道殘羹果腹願豐年灞橋漫欲誇才子學得泰安已似仙

腰站早發

漫載空囊作遠遊，一天風雪滯行輈。故人未得逢孫子，逆旅猶能識馬周。殘柳凍凝花欲舞，曉鴉霜冷影難留。盍將華鬢閒奔走，還向長途嘆弊裘。

冰樹感賦

未有歲寒節，還舒滿眼花。凍含苞欲坼，霧宿葉初芽。翦綵誰能勝，移春那足誇。數榮渾是幻，吟賞莫停車。

壬寅除夕

今年守歲忽京華，朔雪飄風燭影斜。聊自開懷聊以醉，半成作客半成家（余兒媳同在京寓紫山侍御家）。椒花莫獻當筵頌，爆竹初聞幾處譁。

司坊以　國喪禁花
炮是夕有　旨放開舊事漸看除欲盡可分春色到天涯是日立春

癸卯元旦。

三朝新值紀元年鳳曆重頒玉漏傳萬國衣冠留墨色　九重霜露動昊天桃符欲換猶存舊柑節雖傳未獻鮮獨恨滄江從晚起辛盤相對倍悽然

送廖靜喦之任武寧。

髫年立雪早同遊雲樹長分四十秋愧我伏櫪同老驥多君發硎見全牛蒯丘柳綻重分袂彭蠡春深好放舟治譜家傳看繼美邑飛鳧到鳳池頭

贈真定太守黃雯溪。

彩罥著含香早羨仙一麾風采動幽燕飛花樓上琴聲遠五馬山頭鶴影閑銅斗便民長共置赤帷行部不須搴故人今日重攜手對酒還欣有二天

恭和

御製哭

仁皇帝詩

御製傳來滿十行哀傷愷惻孝思長敬承繼述高千古允執敷施溥萬方莫慰 聖衷祗激切更追 祖德重懷望鼎湖弓劍留形影玉几衣冠感肺腸鴉繞上林皆慘愴雪殘燕闕亦淒涼（鴉繞雪飛事見上諭）普天淚溢懸河句薄海聲沉擊壤章草莽尚餘微

息在夢魂猶仰　大行旁載賡　天語悲風起夙夜羹墻永不
忘

、題許半泉畫卷

細剪東籬種憑將尺素裁餐英長不落采袖待誰來香擬名卿
節淡知公子才秋風催日暮把翫動餘哀半泉為月溪明府四君多才早世對此增慨

、又題牡丹圖

淡掃幽姿絕世無輕盈兩美自相扶夜分秉燭隨紅燼遠勝當
年沒骨圖
趙昌妙手徐熙意幻出花神下洛陽不語自饒傾國韻好教兒
女覆新粧

題翁蘿軒先生畫卷

蘿軒先生事事奇作客時為老畫師雲林九龍隨意寫一立一坐自相宜遠山疎林帶茅屋蘊藉人見真面目若携孫竹恣臥遊此中佳處看不足

題許月溪畫竹

竹外一枝斜更好青嵐綠潤隨顛倒健筆誰能譜此君薊州不數黃華老俠君栽花兼寫竹玉版鵞湖任意劚偶拈佳句運精神雪香彩翁凌虛出遮日招風帶碧鮮鳳聲龍影韻娟娟箋中莫漫愁秋節猶有寒光透渭川

將發汴梁主人復留一日遊禹王臺即吹臺舊址上有御書樓

戎塗忽復阻歸鞭，名勝登臨信有緣。梁苑繁華何處是，吹臺遺跡尚依然。非關杜句堪乘興，為藉王功得久傳。獨恨鼎湖龍去遠，中天日月只孤懸。

獨上高臺俯汴州，憑欄悵望思悠悠。蕭條千里膏方動，寂寞三春草未抽。徵禹神功誰底績，少陵勝事豈能酬。烟塵日暮悲風發，攬轡狂吟起四愁。

題陳瑶友小影

紅入桃花綠歸柳，春光爛熳已八九。拂箋欲寫大文章，豁眼靜觀羅萬有。不須苦苦瀹詩腸，待洮墨池試新手。青山無心雲往還，端居莫拜石為友。

題陳梯霞小影

爽氣逼秋先，幽人逸興長。正襟坐磐石，却扇納微涼。漆客知魚樂，童清送桂香。會心濠濮上，素照在毫芒。

憶石門礛桂花柬周聖俞

十年未向石門遊，聞道中興景更幽。說法老僧能刮眼，傳燈居士欲髡頭。近因病眼艱視，日惟閱五燈會元二三章。白蓮湧出花連座，金粟飄來香滿樓。問訊續之清興好，幾時有約到林丘。

題戴生小影

黃冠趺坐泊孤舟，手執遺編物外游。綠水青山看不厭，老農樵子亦吾儔。

題常山吳定湘濯足小影

黃冠野服興翩翩，不羨長生強學仙。為愛松風聊駐足，會心川上正悠然。

停卻絲綸懶下鈎，揚波濯足自娛猶。祇因素履原清白，隨爾滄浪水濁流。

又題定湘楓林停車小影

欲買胭脂畫不成，吳江冷去倍分明。飽餐玉露添新艷，怯逐青陽老舊塋。高士停車因愛景，名人寫照輒移情。囊琴莫訝知音少，萬壑蕭森聽一鳴。

象山署中中秋月色甚佳因微荷不能深賞感賦

連朝陰雨起秋聲爲灑塵氛淨太清海靜早開瀛有信山高唯見月孤明南樓深興頻邀賞東閣嘉賓半送行時諸友多各回閩獨惜病中空好景枕邊刁斗數嚴更

、和劉寧山渡海舟中作

旌節清山路傳呼靜畫船弄潮月破碎得句韻綿連橫槊雄無誰敵揮毫勁孰先小奚囊欲滿珠玉爛盈煎投來佳句續車斜羸初得將軍競鼓笳可笑書生長飯顆夢中那見筆如花

、莫歎無錢足買山未酬詩債向人間禁中若解傳新調肯使奇材老玉関

、迎梅

憶君思泛雪有信却先傳東閣開筵待孤山解榻懸寒衝幽谷寺春滿渡江船珍重佳人約莫教月影偏

、送菊

風雨暗潯陽東籬已斷香欲偕陶令隱羞逐屈原狂把袖情猶繫看山意不忘應憐他日淚催鬢幾時黃

同劉寧山副戎雪夜渡海

戴星久已絕逢迎為趁歸舟泛雪行影入寒潮天一色光搖欽乃月三更暗驚高士空山夢直致將軍半夜征但使年豐波浪静牛衣相對足平生

橫溪道上

頻年慣作江湖客，老去翻為海外遊。一葉扁舟凌絕壑，五更清夢渡滄洲。登樓不獨悲王粲，寄跡何妨學馬周。來往經過長極目，笑風朔雪總堪愁。余初秋經此，今秋始歸

鄞江阻風

鄞江遥接海潮來，忽聽奔騰萬壑哀。戰罷玉龍翻地軸，敲殘金馬落寒梅。故人有酒長須醉，少女無情莫漫懷。擊楫雄心驚歲晚，布帆安穩且徘徊。

餘姚王文成祠

良知揭出示心源，自是先生創異論。一代功名人共仰，百年道

學世同尊大傳綏儒張空幟舌戰何曾得入門試問尼山真種子魯愚相對谷忘言

孫忠烈祠、

威武將軍出塞行北司豢豎逆謀成神龍失水終難躍高鳳遭笯只待烹就義從容追正學策勳僥倖紀陽明姚江滾滾隨潮浪猶是孤臣血淚傾

○曹娥江、

小娥死孝足千秋徽號長隨江水流大節已堪誅魏武好辭何以殺楊修潮平似解錢唐怒渡穩遥憐妬女羞古道遺祠留夕照悲風繞樹動離憂

和許葉村見贈原韻

澤藹河汾傳大業，奇探宛委見新詞。青春作伴愁都遣，白首論交喜未遲。一夕雄談羞故我，千秋巨筆讓阿誰。巡簷洛誦耽佳句，安得南村數問奇。

東林復社風流盡，先輩才名重兩河。但使遺經堪共讀，何妨縱酒且高歌。（先生以尊大人改亭集惠教，連日捧讀尚未卒業。）漢唐優劣誰刪定，朱陸調停可訂訛。此去新安尋絕業，好探消息近如何。（先生精于理學，時將有休寧之行，故作此想。）

題許葉村小影

翩翩夢醒眼猶迷，聊把蒙莊檢舊題。忽見牀頭君子韻，會心還

復到瀟湘

壽王盧崖太翁

名高北海富縹緗南國題輿祝彥方造士起衰開八代作公繼美付三郎潮隨鼓角添歌韻風入芙蕖送酒香定有瑞雲生馬耳遙分華蓋映金章

遊蘭陰山和韻

尚作蘭陰客重來理舊遊波光隨棹轉山色逐雲浮古廟桐孤迴徽風殿角稠北窓聊栩〻日昃不知秋

遊雲泉寺和韻

昔年此地草曾迷飛錫遥來借鶴棲再闢山川開面勢斬新

菩薩復眉低深林礙日雲歸岫曲徑通泉水滿畦稍待秋風生
桂苑更尋惠遠續前題

過唐氏園林感賦

金谷繁華異昔時夕陽燕子亦堪悲落花有意長窺戶秋水無人自滿池悵慨欲吟思舊賦淒涼猶恨悼亡詩（園內舊有唐氏子婦三楹）不妨看竹隨幽興招隱何須待桂枝（主人約待賞桂見招故謝之）

留別家載如

天涯兄弟倍相憐白首依依二十年萬卷高樓吟欲遍雙溪明月榻猶懸阿戎頭角振振見驥子才名滾滾連別緒不堪縈客夢鳴鴻聲急獨淒然

壽人四十和韻

初度稱强仕，春華兆八千。鶴浮秋水候，客醉菊花天。待祝期頤日，還周六甲年。飛騰看過後，暮景孰爭先。

斗酒介眉壽，休辭費十千。未過半百歲，恰值九秋天。杜甫悲歌日，安仁憔悴年。蒼蒼仍不改，白髮莫漫先。

黄守藜六十雙壽

我之姻伯黄叔度，經明行修騁皇路。鹿車共輓有少君，偕前綵舞雙珠樹。平疇麥秀正盈盈，南極星映婺星明。齊眉交慶周花甲，疑是釋迦親降生。黄壽期在四月八日孫復孫

公祖湲祖人生快事無比數壽觴兼進老太翁春秋更高二十五

和葉芸三感賦原韻二首

石林才思早超羣，樽酒重逢慰遠聞。負郭喜栽三斗秫，連牀猶有百家文。息心相對憐衰鬢，掀髯高談仰白雲。老去揮毫興不淺，江東長自憶參軍。

春雨連朝久索羣，登筵躡屐亦奇聞。素心何必拘常禮，我輩應須脱舊文。訂就佳期思繼日，搜來好句欲凌雲。騷壇近事新張幟，老將真能獨冠軍。

東嶽納寵詩并序

丙午春王上浣之吉東郭軍民嚴具張樂送女像嶽祠云云為東嶽納寵先是南郊下渡有鄭氏女子曾夢泰山神聘為小妻忽得疾不起東郭里人亦以夢徵其事信然遂搏土塑女像甫點睛而女卒因作斯舉戲成二律聊當誌怪

岱宗佳耦竟誰傳作配曾聞泰水連豈意丈人峯冷落忽教玉女夢纏綿青生齊魯行朝雨雲臥衣裳伴曉煙午夜試從日觀望小星長傍月娟娟

雲衣雨帶赴冥搜為嫁天孫作勝遊若礪盟言成往事傾城得意欲銷愁碧霞相望憐新寵玉檢重題咏好逑待向華堂求一醉恐逢太守擲中流

和陳軒年花巷神樹詩并序

花巷有古樹歷年久矣偶有行人過樹前蹶而傷足觀者誑以此樹有神宜拜禱當無恙從之果愈次日具牲醴謝從此遠近風聞祈禱接踵將議立廟以祀軒年賦詩二章斥之為和其韻以代樹神辯嘲

大樹將軍何所知紛紛禱媚總成癡直因兒戲人言耳遮莫高

明鬼瞯之自昔不冠多土木于今臭腐更神奇休欺老朽全無
用也有興妖作怪時
秦松漢柏尚堪傳古樹成靈豈偶然紀異應知由木沴休徵何
似起槐煙神叢借去疑無數社鼠憑來儘可延山鬼果能驚世
俗不材無羡老天年

題何通侯小影

紅蓮十丈可為船一粟滄波信渺然千頃胸襟萬斛水美人懷
望九重天

三十年前志壯遊長風浪裏不知愁祇今歷盡波濤驚翻悔輕

乘一葉舟

送陳平野起復赴補、

粉署含香久擅名歸來嶺上白雲橫孝思已貢丘園色忠悃難留山水情楊柳風催乘月渡桃花浪送戴星程　青衣正欲求民隱為聽嘉謨翊　聖明

○賦得一道花香穀雨前、限韻

寒食家〻花滿園春光到處向誰論細隨流水津難問相送蓬門徑尚存爛縵千林風弄影亂〻百和月留痕黄昏浮動連芳草布穀聲〻隔葉飜

高峯書院 黃勉齋先生讀書處巖上有朱子手書二大字

杖策桃枝嶺披榛問講堂絃誦久歇絶宮院委遐荒憶昔黃夫子志堅思彌長紫陽與之處所益信無方深衣傳大道付托得東床劉巖表佳景鈎勤寓鵲翔苔蘚剥蝕古爬抉煥星光仰止徒悵望窮搜重徬徨碼鹿遺範遠金華墜緒茫喟然念鄒魯企踵佇何王

、題陳若磐小影

萬條寒玉碧溪流不羨人間千戶侯石上垂綸聊自適肯教嵇阮與同遊

送陳軒年赴萬巖鎮幕、

五月乘槎作遠遊嫁衣針線未全收文章有恨遲青眼詩酒無緣慰白頭紫電霜寒幕府在赤城霞映海門秋翩翩書記饒文宗火色從今識馬周

御書名教罪人四字製扁懸掛錢名世里居、
勅羣臣賦詩遣歸應制

共驩早負帝堯仁媢骨天生出等倫名士風流惟學諂憸人臭味暗相親三章暫逭
恩波重四字高懸斧鉞新筆伐自堪垂百代賡歌喜起動臣鄰

○集林玉伯環碧軒啖荔限韻、

亭亭嘉樹碧塘灣異種傳来勝火山曉露乍晞香欲滴餘霞平散態猶閒盈筐珠實堆紅粉飽嚼瓔漿碎玉顏不用輕貪三百顆嶺南今喜已生还余别此味已三十年

代壽閩撫毛中丞

名世應昌期大人虎變時朝中推吏部宇内誦毛詩鍾鼎傳家舊循良奏績奇春生夔子國勲紀伏波祠[illegible]指風霜肅湖湘雨露滋屏藩高比闕節鉞遂南移三錫殊恩寵九閩伏撫綏海邦鴻鳫集越嶠沛霖隨援發優多士談　講

師鑑亭瞻赤舄鼇院簇鳶旗挂頴清秋噴蔡光午值吹恰逢嶽降日難罄斗瞻私紫氣連烏府祥雲映絳帷魯侯宜燕喜小子亦歌思側咏華封祝月明王母池

送康步舟歸漳州

霞巔標才扃對山鑑亭風雨幾回還粲花好句欣同賞櫟樹奇文許共刪秋色蒲林聊惜別剪枝拔地待重班芙容鏡映吳門水爲報冰清一解顏（令岳栗園黃先生乃余世叔又同年也）

壽同年高制臺

芙蓉闕下會神仙玉筍班頭最妙年契濶忽踰三十載飛

騰早入九重天揮毫起草動明光落筆爭看似堵墻揮帩
珠花攜滿袖披身蜀錦剩餘香文衡屢典鑑如冰茧軌無
譁盡服膺到處羨莊誇陸贄傳來衣鉢勝和凝登壇運建
節靜鑾煙銅柱勲高日月懸海甸更沾新雨露蜚鴻遥
集滿桑田東渠○蘺畔柔犀芳戲馬臺前共舉觴潦倒
蘭言餘白首肯容戴笠獨登堂

明濮州守林素齋先生崇祀忠祠、先生諱真明洪武癸酉舉人為濮州知州靖難師入濮守死不屈被綁桅杆亂箭射死妻陳氏亦抱宗譜自焚死

靖難忠臣死最奇竿頭百尺的為尸焚身抱譜憐同穴仗節

全宗惜蔓衷四百年来徽舊傳十三代後肇新祠
聖朝俎豆榮桑梓莫向東昌問義旗

林母李孺人 旌表節孝

龍光遠賁女宗門崇奬深承
聖主恩本為艱貞同月皎更無奇節叫天閽義方兼式庭
前訓女婦齊安地下魂白首已完氷玉操兩鬓何愧昔
盟言

林恥齋先生祠永福忠祠

閹豎搢紳蟠禍結飢民流寇互牙蘖鼎湖龍去禄永終四廣三

閩尋覆轍唐藩竄迹駐三山假息游魂尚閉關成旅豈堪
彌戛辭蕨薇猶額作殷頑先生詒績絕循良早遂黃冠返
故鄉松菊未能臨靖節零丁还復泣天祥霜飛白簡起寒
灰赤手支天天不回報父可憐心折盡頭今捨去更何哀先生詩有易捨妻孥惟有文無媿屢點但多頭之句
表闕封墓自深仁禮秩恩榮廟貌新
魏傀九更歸永春忠貞千載重全閩

輓黃德基

風雨狂歌聲滿樓牢騷廣武浪封侯忘形未覺十年長放
眼無懷百歲憂皂帽漫愁朔北偏契濶廿餘年壬寅春暫聚漫別素車長恨

慟西州床琴一弄增惆悵稍喜三珠采欲浮

題馬公小影

三毛頰上張我識白眉良粹參仙人度端居儒者粧雲根
侵坐泠草色映袍光應笑扶風張徒勞赴朔方

鰲峰書院十景詩

御扁瞻天

宸翰親題墨跡懸九閩人士共瞻天恭逢四海同文日寵錫三山養秀
年飛白龍蟠垂雨露泥金鳳翥繞雲煙鼎湖縱抱烏號慟厚澤遺
偕帶礪傳

秘書炳日

御製文成駕百王石渠金馬久珍藏校讐不復私中秘

頒賜還承出尚方炳燿日星同海曲昭回雲漢燦天章始知照乘非他

寶永鎮榕城奎帙光

道南雪滿中堂祀濂洛關閩五賢西堂祀黃勉齋胡五峯游廣平陳北溪蔡虛齋陳剩夫六子

鄒魯風移到海濱久傳濂洛與關閩五賢遞衍南來道六子交推

北面人中座薦馨陳木主西堂肇祀配功臣千秋統緒源流在鄉

止高山咫尺親

正誼風清東臺祀儀封張中丞像東南堂祀海康陳中丞木主

兩袖風清得兩賢儀封經始海康連中丞教育爭親炙宗伯哀榮接後先（海康贈宗伯　儀封官宗伯）棠芾黍苗留比地菁莪棫樸想當年山頹木壞人千古俎豆長看荐蘩鮮

鑑亭樹蔭

欝葱佳氣藹亭中似鑑澄清接遠空四顧參差紛樹影一團和煦盡春風藏枝鳥語聲相應映水花開色自工徙倚憑欄添逸興道心生趣樂何窮

曲沼荷開

濂溪源遠澤流長治水支分曲沼旁落落大儒偏獨愛亭亭君子

在中央浮萍掃盡消渣滓翠葢擎來得異香阮逸並非輕富貴淤泥清處見行藏

鰲峰返照

聞道峰從駕海來夕陽西度映高臺不貪丹灶成仙侶為愛元灯出大魁顧影毋忘名勝地惜陰須步古人才桑榆收去原非晚萬丈光芒次第回

芸閣貽香藏書樓貯書二十二笥幾萬卷

頻笑遺書付子孫晉天能保幾家存全憑經史為公業留侍文章報國恩萬卷蒐羅人共富百城高擁道彌尊遡從積厚光流遠

不盡藜燃恣討論

假山月色

功成層累自何年，人盡由來合見天。進止為山爭一簣，高明印月信皆圓。容光照徹知原本，弄影吟歸覺自然。翹首廣寒芳氣萃，桂林攀折幾枝先。

繞院書聲

休明鼓吹屬儒林，結伴攻書歲月深。萬籟淒空輸諷誦，九成和奏讓歌吟。循墻遠近同傾耳，拍案悠揚各賞心。漫道古人糟粕在，破將萬卷有知音。

和軒年禳災口占原韻

史巫紛若走叢祠，王道人情世豈知。今歲蒲城皆喜氣，去年此日正啼飢。提携歌舞迎神地，倒篋傾囊舍利時。但使閭閻多起色，儘教遊戲恣奔馳。

簇簇儀仗擁城闉，雜耍十番偕八蠻。掃淨交衢同警蹕，朝參行殿儼呼山。笙歌進酒爭從事，丁灶科錢少客顏。聞道呻吟猶未息，衣冠遮莫近冥頑。

送象山副戎劉寧山回任

破浪依稀記昔遊，睽違風景忽三秋。玉關老去人猶壯，彭澤歸來

鬢已秋麟閣新猷看節鉞鼇峰故我愧松楸喜傳衣缽佳公子取次登壇見小侯長君向魯執經新捷北上

題陳柯亭琴鶴圖小影

阿堵矍鑠翁鬚眉森如戟楚南循良吏閩海文章伯一百篇興未闌五斗輕一擲携琴早歸來放鶴飛磔磔科頭坐桐陰清風咽危石昔同吳門遊旅懷樂晨夕酣飲復狂歌浩浩雲水白別後幾春秋宿草成睽隔人琴歎俱忘鶴唳鼓哀嗌二難傳遺經紀拜忘形迹毫素寫精神類毛何肖逼楓林月影皆夢魂憐不釋

海壇十景和陳軒年韻

君山鎮海

昔年重訪舊詞壇，曾到君山一借觀。余訪葉芸三于江陰縣，亦有君山，曾登絕頂。聞說春申初啓土，久為楚國壯維藩。江陰君山以春申君得名。遥連鐵甕千峯秀，低壓長江一帶寬。更有洞庭誇絕險，何如大海砥狂瀾。

帝灶朝天 山皆白沙，最上巔丹土一曲，宛若灶形，俗呼皇帝灶云。

鸞輿乍止漱無端，仰首爭傳帝灶看。御廩只抛雲子白，洪鑪長剩左君丹。漢薪抱盡誰能

層閣岧飛采何處安最是高居突並曲欲煬
欲媚總皆難
湖環六疊島有湖甚大徧植蓮花俗名三十六脚湖舊傳曾出龍馬至今黿生大小不可勝計中一黿曰黿與
陽離瀧海獨潺湲分派爭奇六六灣香浥芙
蕖疑散綺光浮瀲灩若連環夏圖想像塵無裏
曳尾蕃滋沼沚間漫把風流擬西子空思立馬到
吳山
壁立五花海濱有石五堆相隔各二丈許每堆大小錯落數多黑色俗呼五營兵不知其所自云
生成起數術難窮點石為兵布置同隕在宋都移

海上煉從媧石散閩中玄王戴旆軍容壯青女
連營殺氣雄應識衛公傳獨祕不教白帝擅天
工

尾成一片旁尾有石洞能容數十人望若屋形名一片尾
咸陽三月火連燒一片鎔來自漢朝天地陶成人
共庇風雲擁護暑全消雖無大廈沉沉狀終免懸旌
靡靡搖穴處早聞稱太古巍然石室已遷喬

洋舉雙帆洋中二石牌一高一低其色純白遠望若兩雙帆然
雙帆卓立影峩峩疑是樓船暗伏戈橫海有時搖月

題看、小影、

靖節高風世所稀翩〻公子是耶非東籬應有會心處抱膝
長吟自息機
年少雄心正欲鳴何如靜者學餐英非貪隱逸同高尚為覺
清香晚節成」

題陳以清小影

百城坐擁樂何如野服科頭賦遂初淡比菊花人自遠介同危石
與、猶絲筆縱墨瀋閒無事畫卷詩筒[illegible]富有餘抱膝欲問淵父咏
元龍豪氣盡教除

和陳軒年海風原韻六首

滄風豪寫海波揚，妙□傳來異事饒。闤道殷雷先累已，手驚大地震，連朝怒號不自青蘋起。霽㩉非干少女招，寂寞魚龍愁步隊，無邊木葉穗蕭蕭。

布帆安穩渡江濆，春色總臨亦自親。火借東南鏖戰士，涇分南北探樵人。雲飛不禁懷高想，幡動何曾悟夙因。豈識馬虛凌絕岊，揚宇宙盡沙塵。

吹籟虛聲未足功，被襟解袂快稱雄。曾觀滄海飛揚勢，始識扶搖九萬風。姑女

粧□渡裏孤臣橫，洶湧濤中飄飄隱擴□波

月中流無恙[illegible]風波揚旗作指甘長泊伐鼓何人得並過似向吳門看匠練無勞赤壁[illegible]狂歌

葫蘆灣 窈大小環曲形似得名

小村曲逕盡隨流賴有漁人取次求作入網緣疑削頂漸看囊括似懸庑箇中日月形皆石洞裏乾坤景自幽安得與君同跳入方壺瀛海恣遨遊

鏡臺峯高 竹嶼有石層起上圓如鏡下平如臺

巖巖高掛信難攀那得清光遍照顏百丈影沉花久謝千年塵暗匣長閒團圓不假飛天上搀映

常宜對月間，正恐曉粧凝立久，更須化作望夫山。

仙步留蹟（二蹟一淺一深，相去極遠，傳為仙人脚步）

飛升高舉久傳名，何事山中復漫行。豈是天台採藥去，故從蓬島帶雲擎。巨人迹在知誰是，孺子獲來也自輕。靈氣未能慚學步，幾時接武見丹成。

猴狀探潮（石生酷肖猴狀，磬折俯視，俗名猴探水）

遥從巫峽暗飛來，海外曾聞嘯幾回。側眼免冠潮共沐，俯身無刺石為胎。渡江泥馬還相恨，戲水游龍豈有猜。莫左個常作戲，點頭垂臂亦堪哀。

浪驚心望不
憐夔蹸虎摠徒然[illegible]能迷邪包天伏祧夜深愁折棟
欲裝綿退飛烏鵲踏誰止得水蛟龍蟄不眠[illegible]若逢赤亭子悲
歌猶有大風篇
士囊初起本微々榆莢揚灰豈有幾飀母錄來方得氣孟婆老去
漸添威蘭森古樹何時靜浩蕩羣鷗不敢飛縱有張公新[illegible]
愁冰酒掩柴扉
[illegible]涙胭脂紅漸高[illegible]天[illegible]鴝鵒自呼號筱[illegible]鑪欲化冷衾鐵[illegible]
切夢刀萬[illegible]遊龍無住着千[illegible]
十[illegible]

就封嬪[illegible][illegible]逃

題沈山有[illegible]華[illegible]别山圖小影

傳呼簇仗動行人冠蓋朝山禮數親入去知爲丞相右說[illegible]現宰官身梅留心印非空色松帶梵聲不惹塵自是南華境曹溪面目一番新

二

粤遊草

滕王閣

滕王高閣面江開秋水長天寫得來一代詞人皆閣筆
千秋年 聖主尚憐才（閣内有御書王子安滕王閣序） 凌雲時得閣公望闕
象厓疑帝子田豈是地靈堪不朽為尋人傑數徘徊

落星墩

吾聞列星之隕化為石小者如杯大踰尺胡為此墩在江中周
圍數丈當江九彭蠡風濤泛不收排蕩乾坤水中浮大孤小
孤截不任天降此墩殺其流祗如地肺作底柱強知星宿終
[illegible]

無預安得長星隕大江橫截南北無人渡

廣州見荔支

粵中荔子熟恍與故人親作入濃如醴頻投勝快似飲醇大都契濶久便覺滋味新鄉人客意思懸鄉土去誰云廣異與閩尚想

西禪集餖啜融心神

歸善縣贈丘寶亭年兄

買船入惠州沿流復泝流行止未有策來就故人謀故人恩意重契濶語綢繆解榻留我睡酤酒為我酌諸季皆濟濟珠玉爛盈眸高談常秉燭衙鼓未曾休晰理窮太極闢邪斥以

丘廧寐柴桑轍尚友在千秋等身有著作不獨見仕優
契闊踰廿載相見各綢繆款曲邀難罄名勝愧壯遊鶴
峯闕展拜朔乃望羅浮側想朝雲塚青草幾悠悠佳
人難再得名士不可求饑驅即長路大火正當頭多
謝東道主行李未須憂分手暫離别厚意詎能酬

歸善署中閱邸報追輓趙晝三

飛揚跋扈想當年白眼看人信自然風雅擅場儕七
子樂羣拔幟邀諸賢破荒射策星辰近特達蒙
恩雨露偏嘗解臣心清似水鳳池誰許着先鞭

再興文衡海内崇　起衰無望繼歐公二章未必皆天幸　三
古真疑有鬼通象齒早詒伊感恨雜經猶拜　主恩終心
閩南空表讀書處　憑吊何人泣晚風
榮悴何常似奕棋相依侍御覆車馳吾御蕭藝庵侍御以驕恣得禍里人早
舉相方
益稽論定入誰惜直筆書來世自知猶有彩鸞同結
塚更教野鴨遠踋碑早看父老焚香日便是先生永
別時
纔見飛章逮浙藩又聞緹騎入軍門一時墨吏無強
項到處殘黎起斷魂金穴那堪求繫援冰山誰復長

兒孫不堪再聽廣陵散永伴雷塘月影昏

贛州關

章貢水分閩粵路舟車輻輳紛無數使者持符譏往來為抑逐末增國賦我來偶同估客舟滿載遠營皆抱布客子掾贏輸正供奸民指點私門去僕隸交通指障天朋比為危無忌頗白晝轉運出大都空載月明竟飛渡主人鼓吹黯行籌傀儡當場神不吐得來官鈔入私囊中外彌縫鮮敗露直到瓜分首從殊等設與箋為虛兒愚民趨利得錙銖三分欲一走如騖度支

不足轉追求剔髓搜脂終罔措此弊終古相續普天衣鉢
同一脈却憶杭閩最銷魂層羅密網敷鬥隙寸絲尺布盡
輸官胠篋傾囊纖悉出入顛倒任縱橫社鼠城狐虎
而翼上下交征氣息同不但為目且為腹古之民賊今良
臣豈識旅人一路哭計程何日到韶州又是一重心戰
慄〻

平山驛

平山驛路長距海近百里粵鹽通汀贛入倉自此始
車載及肩負老稚雜婦婢得錢資口食仰事育妻子

邇年粵事多齷政紛更屢纍餉加例未除富商病走死長吏畏考成灌輸貿廉恥督責無遺力計口行追比大獄見頻興絡繹走天使供億苦悉索民罷大人喜蒼生日用資地產同粟米如何利歸上公行私則否管子擅青齊霸圖何足紀劉晏能富國禍樞及淺湖齒破山澤道在損益下斯為美足民有本務奠海小術耳

鵝埠渡

戒途發清曉肩輿入平田一窪水清淺乃與大海連含吐潑遵術僕夫聊息肩輕棹撥無力逆風掣滾旋岸花當

函立山島呌綿〻鷩颷吹雨脚無篷遮倚〻立偏亂颭溜〻入身涂覺衣穿川行僅一舍停午尚遷延舟楫雖云迅風波實可憐江湖慣利涉溪壑轉懸〻見大識始廣慎微道乃全履險往無咎居安防未然

楊桃嶺一名羊蹄嶺

始至嶺下息僕夫爲我謀此嶺亘十里攀躋鮮夷猶早趂覓短肩廡將足力休一里一錢直勞勸未云酬揮手不復顧攬衣陟崇立初進趾猶壯躡級稍淹留屢上未及半氣結慘不瘳天步暫坐憩半嶺有亭曰天步披衿恣優游

俯視衆山小白雲當面浮未知五嶺巔有此峻絶否努力再三蹋蹇蹇到上頭復降無留踵宛轉見平疇息微氣亦靜洒若濯清流人生良不易食力作馬牛富厚盖可忽執鞭安可求農夫苦胼胝商旅瘁持籌錙銖實累積絲粒皆有由嘆息豪華子泥沙浪悠悠復有貪殘吏敲朴任窮搜豈知物之艱辛勤死道周君不見楊桃嶺下夫一里一錢甘為奴請君試從嶺上過方知一錢不易圖

東海澗

嶺南三州皆距海惠潮之海乃在東扼要設防兩郡界碑

石一鎮屹其中我行將至東海洞四山烈々多悲風東望一衣
茫渺無際知是洋々天水通憶昔瑞宗駐蹕時君臣泣
數難支蘇利竊據踰二紀月膏斧質委沙泥國運將亡
勢逼迫君陽九厄庸臣亦進航海策（何能立）遊魚假息竄深淵脚不踏
地終作賊王者致力在中原諸夏藩籬亦本根強秦當
隋無海鬱膜々崩潰難久存但得維城固宗子交不愛
錢武敢死朝野無虞見晏清山川伏莽皆安止

潮陽道中

赫曦麗陽景朱明邁炎卿早畏夏日熱何知海風涼狂

颷雀急雨暴疾亂飛揚輕盖支無力爛熳濕沾裳戴途泥滑
〻崇岡複且長流潦錯溪澗厲揭阻汪洋艱將篝店飛蓬捲瓜
果充饑糧神疲魂屢折夜夢亦傍徨安得尾作衣復使
陸爲航庶豁離人憂聊迴客子腸

潮州謁韓文公廟

文學初開嶺外天肅瞻遺像拜高賢光鋩早已摧藩
軾倔強何妨識大顛有覺鰐魚長遠避無知佛骨亦
空傳祇今山水皆增重直表聲名路八千

韓〻

雙幹亭亭不識名猶傳韓子手栽成摘来天上疑無種特出人間自挺生紅白繞枝舒錦繡制科新兆卜公卿為弘文教垂終古故顯靈珠作楷程

同友人遊南岩

隨山結構總幽奇下下高高自得宜石室陰霾銷伏暑危橋曲度轉離迷盤根古木虬龍舞絶磴飛岩燕雀疑同是西湖名勝地（岩一名湖山下有西湖）獨憐淪落少留題

一覽超然渺絶塵萬家烟景爛如銀（銀山又名銀山）鳳臺返照披紅綺韓水平分帶白蘋日暖陰風時噭墅之深憐

火暗侵人于今海外無烽警敗堞長留草木春山上舊有城為防海計

賀謝翔卿年姪入泮

鳳毛繼起早翩〻又見英華屬少年風格高標時共器膏腴好句世爭傳珠宫舊事題名近寶樹新枝擢頴鮮預聽清秋搏健翮扶摇奚止擊三千

偶見唐人試帖有春雲篇惜其于春字少所闡合因學賦此

舒卷青旻上氛氲世帶緑蘋載陽浮五色起岱潤三春郁〻田寒雨萋〻報穀晨非烟迷弱柳似蓋逐香塵靄〻去

晴窗暖𤖸来蓬閣新東坡詩有𤖸雲篇東皇熙爛縵披靚春時人

吳宮教美人戰唐人試帖題擬作

名將初行畧宮中試美人柳眉横殺氣蓮步静囂塵笑裏蜂能舉呼来令欲申細腰堪覆楚冶態足傾秦魚貫行間秘龍韜閫内新繡旗看展處香閣畫麒麟

○立秋日作

水浅沙迴漫放舟灘聲不斷亂江流芭蕉風急常疑雨蟋蟀吟哀已報秋燕子未歸縈客思荔奴早熟起鄉

愁夜闌鼓角催寒曙怯見星河影半鈎

停舟口號

清溪曲曲抱迴沙大傘停空日未斜一樹榕陰宜繫纜竹林深處有人家

○白燕

涎涎翔舞雪精神玳瑁雙棲皎絕塵入社最宜秋結侶啣泥猶恐點沾唇飛來趁雨全非幻夢去投懷認是真王謝風流原不改烏衣舊事却翻新

舟中七夕

風微雲淡夜光浮水靜波平月不流又見佳期逢七夕忽驚作客入三秋旅懷幾度歌烏鵲愁緒何堪問女牛入世可憐吾獨拙年年學拜巧難求

欲賦悲秋懶[只]著[已]書[孤]況逢此夕倍踟躕穿針遥憶憐兒女曬腹空思學腐儒離合閲情天地老尋常忘巧故今吾客星重見真消息試問君平識得無

將軍甲 在龍川縣

嶙峋壁立獨當關壯志平凌千仞山豈是望夫頭不轉真堪柱國骨生寒聽殘夜雨常披甲戰罷秋風未解冠莫

歎數奇終冷落長江飛渡畏君難

秋夜舟渡石龍和林子紳韻

輕棹相隨下急灘石龍繫纜夜方闌月明乍覺三秋迥水色遥分百粤寬對酒不辭終日醉狂歌猶作少年看一天白露寒江影剪燭頻敲莫罄懽

咏香珠

片片旃檀欲走盤纍纍常向掌中看乘風每藉提攜力光勝明珠氣勝蘭

百和團成顆顆勻暗隨紅汗欲沾巾佳人約臂添芳態

婉轉凌風擬步塵

蘭質輕圓氣味殊　擎來芳訊繞氍毹　楚詞若解充爲珮　不羨當年記事珠

贈饒州憲副龔澹巖

循良渤海早知名　驄馬重看憲府清　佳氣遠蒸彭蠡澤　雄風遥壓豫章城　九江春色隨飛蓋　千騎東方領使旌　預識　御屏題姓字　豈徒西楚動威聲

贈南康守葉學山

起草明光興欲仙　一麾春滿楚西天　潯陽樹色揺佳氣　彭蠡秋風接素烟　揚榔已成傳韻事　琵琶重見有新

二

篇十年遥憶河梁思潦倒何堪問仲宣

贈瓊州守林碧山先生

瓊山璘玢爛如玉寶婺星躔光四燭巨靈手劈五指分擲來海外壯南服古人到此皆謫官澄清盛事錄偏難望闕亭孫李衛公惠通泉酌蘸內翰先生擅名三十年經術文章北斗懸鳳池視草分藜火曹署含香捧御筵一麾畿輔重循良盛績曾聞紀趙張翡翠明珠消息遠朱轓熊軾璽書揚隨車忽下桄榔雨銅柱新標來杜母野雨馬黃芉不過夏蜜嶺揚梅長絶取鮫人日暖弄潮潺龍

戶排衙儘日閒村鼓不鳴無犬吠鷩波常靜有珠還昔年快聚在燕都長憶黃公舊酒壚一自瀫江分棹去秋風蒲柳幾凋枯桂席乘虛凌絶壁高蹤那敢希巢谷水深不得見蛟龍歲寒方知有松竹

贈三水令鄭虛舟同年

落落天涯訪舊盟嶺頭花信倍関情鸞棲自覺勛名遠鶴案遥聞雅韻清彭澤寄懷堪獨賞春陵好句倩誰賡廿年風雨寬愁思把臂相期聽履聲

壽丘踪太前

綠野高風繼洛英義方兼訓有傳經競看春暖三珠
秀早聽秋風一鶚鳴玉露華濃歌令節瑤觴浮滿
祝長生大年已見　新恩寵次第還聞紫誥縈

将之海南聞太守林碧山先生已往交阯迎賊途
中有作

故人踪跡久稀聞黎母山頭切望雲忽報珠崖廉太
守遠隨銅柱老将軍共來海外清餘孽欲代安南
靖小氛揆轄急須西改旆好看諭蜀有雄文

防城中秋 瓊守公署在安南界上、

頻年作客飽經秋，却喜清光此地浮。豈是雨晴添皓色，獨來海外遣人愁。遠山烏鵲投林静，隔院笙歌永夜幽。茅屋可堪聯玉宇，饒他清興對南樓。時廉守演劇達旦，而瓊守臥病荒邸，景殊蕭瑟。

海南道中、

嶺表紛華事已非，征鴻猶自向南飛。潮平澗谷偏宜厲，秋老炎蒸尚未歸。閨女趁人先學嫁，村姑款客遂相依。漸看景物催愁思，滿眼楓林帶落暉。

廉州道中

荒林密箐亂山中竹屋茅簷處處同合浦明珠沉夜月伏波銅柱老秋風重趼少婦盤頭白飽嚼檳榔濺齒紅瘴雨漸銷飛跕跕登壇猶想漢時功

沆位山以病辭職爲廣其意

循卓曾經蒲座知蠻方吏隱亦相宜許身稷契談何易結想羲皇志自奇孤鳳入籠危往事鱸魚作膾喜當時故園桃李應重發莫使姚江冷鯸灘

小試猶堪望大行委蛇吾道有先程却憐驥子男兒

好更羨牛車指點明慷慨拂衣辭聖主從容披髮
謝蒼生自甘勇退成高尚誠正空傳侍漢卿

過藍關

佛骨書陳入主怒上元節後出長安粵行已值春蠶盡
嶺表何由雪擁關縱有真仙能度厄肯將強項暗相干
韓祠壁立摶湘黍應與荒碑得共刪嶺上立有步雪仙蹤碑

○過大庾嶺

重巖奔峭倚天關南北長分障百蠻一指黃梅空放鉢
千秋金鑑早開山雲封松影驚濤靜霜染楓容帶石

班幾樹老梅春信早那堪遥折一枝還

贈江西督學巽雨亭同年

洙泗源分正脉長名題郎署早含香玉壺映澈西江水寶
劍光浮彭蠡鄉師範遠看傳白鹿起衰端不愧歐陽
聖朝雅化弘文教待啓綸扉重拜颺

過惶恐灘

見說當年惶恐灘扁舟急下膽猶寒衹今浪激驚濤
吼知是孤臣淚未乾

贛河紀行

春盡南來冬北行石尤相送最多情扁舟隨溜衝颷轉隔岸揚帆上瀨輕稚子自能求口實參軍長不解蠻聲閒看山色增惆悵遥指青峰闕幾程

新淦夜泊、

相隨長是一孤舟總出粵[韶]州又豫[贛]州逆浪打船風帶怒連江入夜雨添愁擁衾坐覺寒更永伏枕偏知鄉夢悠作客經年過萬里幾回搔首得夷猶

題趙天峻小像贊

其色穆以腴，其神安以愉。正襟危坐，儼然其若思；淵然其若愚。一杖一拂，操舍不渝。彷彿爾祖之清風，携琴鶴而相與俱。靜觀自得，造物爲徒。已見大意，吾將遇之沂水舞雩。

黄方伯行實圖卷題辭

圍師必缺，示之以生。困獸猶鬬，直將死爭。當岳州之末下，洞鮒鯨早已糧盡力竭，外絶援兵，計無所出，思潰圍直下，以徼倖萬一之可成，固爲批亢擣虚，出人不意，餘燼借一，倒施而逆行。若非忠謀内剸，牽其勢而散其情，武昌、夏口，岌岌乎幾有不保之城。

題唐受先小像册頁 并序

明經唐君受先篤行君子也守文襄之令緒不替家聲讀太史之遺書克紹祖訓束躬勵行蚤已有成約己好修老而不倦制節謹度循理乃以樂天恭儉温良感人端由盛德鄉邦推為祭酒都邑奉其典型余締交有年景行自昔執經令子忝附一日之知素履幽人期作萬民之望披兹圖像欲添頰上三毛緬彼冠裳不數指中巨擘聊將持贈數語用抒效法私心云爾

年高而德邵貌豊而神腴固由内養之粹而不同于山澤之癯懿美在躬法服是宜維聖朝之更老為邦國之羽儀郭有良田家有遺編令子翩翩文孫綿綿人知為唐氏之受先吾以為蘭邑之壽

仙

題畫像

咦這箇黑漢是仙是癲胡鬚蓬爾髮胡踈爾肩匪當灑掃箠常在前匪竊姮娥長嬉抱蟾還毋幾轉葫蘆肘懸黄金未成何力升天不癲不仙不仙不癲欲學其仙乃得其癲

題吴勉公小影

咦此勉公之小影耶可以想勉公之命負非常其精進也皎如朝旭升扶桑其發越也爛如海氣吐光鋩其特立也巍然中處表氣象之巖巖其善世也不濁不清挹千頃之汪汪吾

更取成語為爾一留題舉頭紅日近回首白雲低

題賴聖岐小影

相君之形蒼然古貌如百尺喬松離奇而輪囷相君之心中虛外直如千竿翠竹密節而綠筠正襟危坐科頭而非箕踞獨恥束縛之冠巾寒梅一枝悠然自賞疊瓣次之皆春如君者真無懷葛天之民允宜與歲寒三友長結伴而為鄰

題陳又青小影

居今之世志古之道儒巾法服皋比端坐出門談經點化成德造歸來松菊天真浩浩我儀先生粹然蒼顏到主敬心齋不離這爾

望海潮 和鄭香石贈侍兒韻

碧空晴斂暮雲初起連天雨濕蒹葭橫江金風西地遊魚吹浪浮沙展轉困征車嘆天涯孤客何處吾家一葉輕舟錦帆斜掛櫓咿啞　容光掩映牕紗勝盈盈吳女妖嬈如花眸凝秋水眉展春山芳心暗動琵琶蜂蝶莫交加有風流仙吏緊護籬笆正好寬心分明軍令隔仙霞

前調前題

天涯遊遍繁華無限〔袁謝〕誰將黍谷吹葭道上山陰苧蘿村裡紅顏〔粉〕泥沙何意得同車有風流張緒年少潘家脉脉含情低頭密語細啞啞　幾回半啓窗紗似灣灣流水片片桃花顰困怯病弱

不勝衣分明怨恨琵琶欵〻意須加休滿園春色漏出籬笆白帝城邊巫山好夢接烟霞

摸魚兒 舟中七夕和鄭香石韻

問人間何事堪耐唯有相思難待牛郎織女本天仙未脫俗情常態愁無奈只相別經年似乍逢傾盖今宵歡愛把千愁萬愁一時解散揔付從前債 承明戒聞道宦情如馬縱然機巧無敗曾知意外猶多害都把妻孥去賣真難怪心重繫遥憐兒女家中在陳瓜設絲祝耿〻銀河明年此夜應許雙〻拜

水龍吟

昨宵喜鵲填橋雙星報道佳期了人間何事一帆孤掛溪迴舟

小又早黃昏紗牕凉透㮊風微息恰一彎新月似鉤漸吐清光遍愁心悄　莫道世人弄巧風雲態變何時好舉杯明月仰天高問幾時清皎安得人人長圓無恨歡多悲少急乘時行樂當歌對酒人生宜早

青玉案　黃方伯行實圖卷題詞

幾回信使因風送遍賊帥連營動更取鯨鯢悵惘貢蒲懷猶豫暫遲歸從重遣人來誦　外防守禦深深用設伏追奔休教空欲開歸降舟莫恐誓心無殺賊皆吾衆仁聞湖南頌

沁園春前題

報國孤忠密謀恢復衆心既同恨小人無識機関洩漏一身刑戮

大事成空早辨株連袖中鋒刃出入提携暗護躬頻推究賴詞

嚴義正擺脱牢籠　因風一介相通爾去報予安與我公且待

時乘勢桑隅未晚賊人分辭次第心訌絶援無糧武昌孤注卜筮虛

言俾罔功勤申請但防閑豕突驚乍華容

望海潮前題

人心思漢歸誠雲湊流言暗敗忠良雀鼠羅空軍呼庚癸師中

望斷資粮菜色入膏肓更怡怡安處怒臂螳螂八棹乘虛陳陵

越渡悠披倡　賊人詭計須防早拒馬江邊濠塹城隍泛泛揚舟

頻頻刁斗一時嚴備雞當夾岸更聲張傾動思歸士解甲從王

憑遣來人報取忠悃布飛章

三株媚前題

蒼頭親囑付急走我軍中賊情重許衆志分離望王師渾似旱時甘雨仰屋絶烟悵死喪陳陵虛度要害糧屯仙鶴新洲早防移處看取輿情齊露便帥領回營華面歸附惟望新恩洗舊瑕得保室家如故長港湘陰鋌走險欲尋生路向扁山頭舟徧烽烟莫誤

南柯子題趙天俊小影

鶴語傳清韻琴聲繼遠休悄然獨坐靜忘憂一片石墩斜倚勝襹褷　脫帽科高頂披襟按膝頭奚童扶杖轉凝眸記得主人今歲幾春秋

徐文長四聲猿女狀元劇中有賦蜀事三調調意寒儉殊

秃䏚揩大氣依原韻和之賦待相如䏚鷫鸘裘當酒爲文君撥悶恨紫綬債

調北江兒水韻

徐文長原詞

鷫鸘裘帶忙解下鷫鸘裘帶去杏花村裏來提向黄公一擲除却芳紫當一壺茜真珠醉滴綬何事跑穿鞋耍引佳人笑口開怕麼損了遠山眉黛虧殺他跟着揩大走遍天涯還消得領雄頭裘付酒家酬債

和韻

窮愁無奈恰值得窮愁無奈對佳人悶滿懷最苦黄昏時候月色

臨棨鸝鸝裘媛尚總携鮮出長街貫卯筒甕頭開待撥遣了鎖

眉愁黛暫時潦倒兒興無涯還剩得領犢鼻褌重釀風流債

野老送少陵櫻桃　前調前韻

徐文長原調

浣花溪外茅舍遠浣花溪外是詩人杜老宅何處野人扶杖敲响扉柴

送櫻桃摘下總一點美人腮破艸脂幾點歪呪不死鸚哥無賴恰遇詩

脾渴在感故老情懷正好飽明珠拚一嘔了杜鵑詩債

和韻

蜀中、外愁絶在蜀中天外望長安信不回還憶寢園春芭新荐

燎柴芙蓉闕會下總消息久塵埃幸相逢野老來重傾出櫻桃盈

袋胭脂滿腮細寫填懷何處有蔗漿寒一還了熱中心債

少陵許西隣婦撲棗　前調前韻

除文長原調

西隣窮敗恰遇着西隣窮敗老孀剔一股釵那更兵荒連歲少米無柴況久相依不是總幸〻一棗熟霜齋我裁的即你裁儘取長竿潤袋打撲頻來餔餐權代我恨不得填漫了普天饑債

和韻

老孀窮愴最苦是老孀窮愴嘆西隣實可哀那更錦江春水新漲盈柴況盡誅求恰又總餔餐何處來棗離〻熟微齋打撲從教携帶老婦休猜老夫那愛只恐那赤心兒着不盡衆人還債

滿江紅 雪中泛湖用沐芷之韻

西子湖頭羨佳景紛紛如擲恰正值良朋偶聚盡簪為客躡屐不妨衝雪凍泛舟偏好風中覓咫尺間吹浪帶烟波渾如夕

橋上望懷蘇白瀕濟井探之黑任狂歌對酒此歡無極十景數留御筆跡亭臺永載千年祟看艇中獨釣一簑翁真長策

又 武林度歲

潦倒年年嘆不盡時光空擲況復遇殘冬索寞作閒中客古寺梵聲寒裏度遣懷惟向杯中覓聽爆聲長夜震天聞愁今夕

開望眼為誰白頭上髮幾莖黑問彼蒼困我此

時何極歲月不留易老去千秋永謝名山業驚十年一卧在滄江終焉策

又武林春雪

風捲殘雲戰百萬龍鱗紛擲恰又似飛來柳絮舞筵窺客古樹乍添花數點灞橋佳句真堪覔問故人何日到山陰留今夕　山改色頭皆白鵝浴罷身猶黑望滿城玉宇際天無極咫尺斷橋流水住孤山卧老高人業看普天三尺報年豐紓籌策

錦堂春　賀人納寵

秋淨廣陵月色簫聲隱下瑶京為報王人 新得意含笑結三生 隋苑氣通吳苑飛瓊舊識雙成並蒂花開聯品字新故兩鍾情

一剪梅 題沙慕山小影

一竿石上釣菰蘆樂只在魚意不在魚竹林獨坐度閒居正好讀書且自讀書 分身寫作兩番圖濠濮為徒稽阮為徒合來總是一故吾江上腐儒林下腐儒

南鄉子 代張銘軒小僮解嘲和原韻

何必怪阿僮喜入華堂解打恭不是狂奴忘故態倥傯為有衣裳省厥躬 淳樸古人風抗禮分庭氣槩雄學士風流任教壞休從

買約忘題且恕容

采蘭十曲 并序　調寄黃鶯兒

悼亡十載久祈寸心永隔音容長縈夢寐忽覩青衣女史髫髺白首佳人蘭蕙芳心林下那堪學步天人眉宇阿堵差足傳神常恨無少君之符魂歸月下妄意同玉簫之約生出人間曲擬求凰半為綠情紅意操同寡鵠盡是怨雨凄風非敢望于嬌貯黃金幸勿哂其瑕生白璧云爾

野草獨閑情山淡淡水盈盈撩人一片芳心警月來弄影風送環聲姍姍立視長孤詠細推評人間天上錯喚作卿卿

風雨五更時蜂蝶驟太相欺不是閒花貪結子人都棄彼我獨憐
伊殘紅滿眼皆春意恨來遲江南柳色嫩緑已成絲
一見我猶憐沓伴侶自纏綿盈庭笑語無靦腆脂凝粉吮花濃羽
鮮開奩揀插滿頭遍倍流連尋芳拾翠去後更思賢
忽泛五湖舟桃花片逐水流一日真勝三秋久踟躕搔首金錢暗
投絲雲飛去無歸岫重添愁傳來錦字虛說再相求
鬘頭鵲語喧忙倒屣啓柴門疑是玉人天外返認劉作阮擬白為
元秋期有約成虛券獨黄昏蓬山非遠何處覓桃源
紅杏亂出墻逐東風到處狂護持春色嬌宜養浣紗石上當壚市

旁遊蜂戲蝶驚心蕩守閨房珍重自愛蘭質惠幽芳
有志學夫人嫦娥寡太認真蹉跎束縛情淒緊誰將線引金谷生
春家鷄野鶩長須積淚沾巾上頭夫婿花燭幾時新
聞道赴佳期鷄匹鳳雉求雌狂亂漫擬諧連理只愁覆水蕭郎路
岐重來還喜眉猶翠信有之但存顏色相逢未嫁時
何事痛嬰心傷折玉苦燒琴病入膏肓常伏枕强支食寢霜露休
侵檢點藥叢斟酌飲最難禁蕭蕭鴉鬢華髮不勝簪
惆悵綠珠篇鸞怯鏡鳥辭箋玉環約指情非淺淚珠暗泫塵粉抛
鉛艱難苦恨誰知見問青天開籠早些莫待再生緣

聯句

淑氣轉九州門外雀聲巧勝人間喧櫪馬
春光沾百阜山中松色翠留天畔老棲凰
家堂柱

上下千百年開拓心胸何處仰須我友
縱橫十萬里支撑宇宙斯人誰與吾徒

帶草蔚儒宗四葉重光春色青葱舒化日
履聲通帝座五枝競爽桂香縹緲動秋風
贈鄭元縉

綵筆畫雙蛾金屋初成復見千秋佳話
天香飄丹桂玉臺新製遠紹百代奇才
張髮駱

河洲采荇來鐘鼓　憑將世上回春手
贈醫士丁衡佑

江漢翹薪秣馬駒　暫作山中宰相人

星臨繡户聽雞珮和鳴相勗明星教令德

雪映華堂酬香奩佳句先看咏雪著新篇

惟孝乃能作忠世德升聞雲捧萬春通帝座

歛福莫先得壽齊眉篤慶日浮五色映霞觴　唐受先雙壽

妙手欲凌雲綠筆移來眉競秀

慧心傳承雪紅粧點出額增妍

星象符占德

龍文待起宗　贈陳良士

八鸞遥引房中瑟

雙鳳齊飛月下笙

書帶草傳南國秀

鶺鴒舞徹上林春　贈鄭公旦出貢

黃絹題成稱犢逸　贈蔡入泮
青雲路近步翱翔
驥子熟精文選理　贈徐孝廉
鳳毛遥聽早朝詩　子入泮
風發早聞稱有子　贈柳入
雲臺高議待書生　武庠
三獻盡知成異寶　方入
一鳴遥聽定驚人　泮
瑞雪映華堂百兩盈歸韻帶王基臺看雪咏
艷梅芳繡閣三星爛照光添銀燭點梅粧　賀冬月娶親

雄文自可懸金馬
大業還思續紫陽　贈朱入泮
睎髮看君猶故我　贈方入
壯猷待爾繼前人　武庠
庭羅五馬逶迤盛　柳入泮
才足十人次第分
黃石秘傳開鶚印　武舉張
青錢妙選見龍文　子入泮

棃花麗落重鷄林擅七步奇才萬選皆中冠南國金箭同珍
早見齊驅聯五雋
擢錦芳聲傳雁塔看一舉成名雙親未老待東觀喬梓争榮
何妨先做讓三郎

占雲叶入瑞春暖杏園萬里搏扶凌碧漢
流水見臣心榮分蘭省九霄延佇作甘霖

龍池早識狀頭品
鹿轂還乙公輔踪　賀鄭登第

兆叶飛熊占渭水
尊浮緑蟻慶南山　賀何八衮

窗外梅花帶雪開看粧成點額五夜閣中添綵筆
堂前萱草凌霜喬喜嘗諳食性三日厨下試新羹　賀冬娶

詩書傳世澤
孝友篤前修

瑶島萱花添晚翠
玉階荊樹發新枝

六桂香飄騰鳳閣
五雲光起映龍津 贈將樂翁孝廉

架上書連屋閉戶深山間抱一編青自賞
尊中酒不空啣盃樂聖頻為三逕常開

雲礽遡睢陽世德相承炳蔚一經光甲第
鬱葱開南寶家聲丕振頡頏三鳳大于門 合下俱上杭華姓堂聯

遡錫山分派以來武毅詒謀紹開衣德念奕代劍履桮棬陟降毋忘爾祖
越鄞江肇祀而後錫光篤慶源遠流長維歷年春秋霜露登祉永介曾孫

生死不忘漢朝五月誕期良晨尚叶失德

神靈長護萬木萬家拜祝嵩呼已遍吳疆
大義在春秋八萬春秋同壽考
孤忠昭日月升恒日月祝遐齡 俱上饒縣關帝壽聯

鳳山毓秀三十年名噪芹宮喜此日席珍還同明允 輝德林文書
蓮阜鍾奇九萬里路入鵬程看他年射策重見平津 出貢

永綏保障之功秉彰癉大權常賞善禍淫明威與蓋山並峙 永福縣
福著和平之德凜聲靈丕振俾民安物阜沛澤偕樟水同流 城隍

箋經大業傳三禮 思君頻設雪 俱贈戴碧先
傲世高風擅一琴 對酒欲聽鸝

獨力正倫常象笏當階大義開千秋理學

丹心存江幔藐峯片石明湮記百代宗功

李忠定公祠聯

千、、、右、、　一千秋、、

元老壯勳勛春雨弘敷表海清風揚八座

作入膺壽考天香遥噴倚雲紫氣映三台

毛撫臺壽聯

毋德聡隣訃動海濱哀赤丁

示恩流澤榮貽京國貴黃堉

輓侯官令管太母

司馬振家聲望著鳳觀虎視羨珠樹雙榮炳蔚祥光開甲第

浮滕傳世德秀聯瑶海玉華對文峯獨峙欝葱佳氣大千門

送江吳姓堂聯

明月有時缺賴燈影常圓渴借餘光留午夜

海波盡日揚伏神麻廣運共沾大澤普闔天

天妃宮燈聯寓意

新春纔幾日看比户笙歌落梅穠李得意處真是十分無賴燈一樣當爲

舊事樂今宵喜此夕晴明火樹銀花美景々能教五夜中々 九

八閩文庫

福建文獻集成

吴格 主編

續編 集部 五一

八閩文庫
文獻集成
375

海峽出版發行集團
THE STRAITS PUBLISHING & DISTRIBUTING GROUP
福建人民出版社

本册目次

方日斯先生詩稿不分卷文稿二卷（文稿）　[清]閩縣方邁撰……………一

方日斯先生詩稿不分卷文稿二卷（文稿）

[清] 閩縣方邁撰

中國國家圖書館藏稿本

方日斯先生文稿 上 二本

先生 諱邁康熙時進士余 曾祖母從兄也著有九經例義四書講義經義考異晚村駁義偶述五燈摘謬詩文集嘗任蕭山縣與毛太史奇齡以經義相問難太史經問中多有其名又嘗為其父作傳傳稿尚在余家 世叢識

辛酉九月雲濤記

方邁芝草稿

日行集序

河可　江可導汝漢可決淮泗可排而海不可測海之大不知其幾萬里也蟠天際地浴日浴月蛟龍之所窟穴仙靈之所棲止惠風和暢波瀾不興浩浩乎天水與天渺不見其津涯或有陰冥迅颷激濤鼓潮鼉鼉噴涼沫排浪駕山洞心駭矚莫測其端倪乘勁風揭百丈水擊三千里觀毛乎方記更數途識島嶼于空濛望望于徽青歷覽倮人之墟泛涉黑齒之邦此誠宇宙之大觀豪傑以紓其憤懣而文人才子所由益以洩其胸中　旨也余內叔陳君表日豪士之襟懷磊落吞若雲夢者八九　才好為人排難解紛臨大事沛然右決江河才不為世　人間

出僊霞渡錢塘泛西湖上三竺過姑蘇徘徊虎阜賢墓周歷太湖三泖南方形勝約畧殆盡因渡江登金山磨崖紀遊稱觀止焉猶以為未也從冊封使昔航海至中山廷揖其國王觴咏彌月然後返于是益思為海道遊須客甬東淩舟山陟普陀禮大士駕巨艦破浪長驅縱經長岐日本東　諸島遵海而東抵膠西稍息足將遂遊京師因病未能也所至必觀風問俗修舉廢墜若築黃浦之海岸營膠東之石橋建聖慈于甬東置穸廬于和義皆率先興事不憚卒瘏作神人休暇則訪名士大夫山僧野老講求典故以其所得發為詩歌皆直抒所見出自性靈不屑屑爭奇于字句間日久成帙益之以雜著方術集辭共五卷雲曙高夫子太史仇滄柱先生

弁言于首余在子婿列因得受而悉觀焉昔太史公好遊名山大川而成史記蘇潁濱過黃河登泰岱而文日益有名此二子者皆未嘗縱觀巨壑遊心溟渤獨子瞻末年海外文字愈入神品然瓊崖儋耳僅屬荒服猶在內地使其得鼓楫維綃出沒于沖瀜沆瀁之中彷彿□□歷窮□島其蔚為雄文健筆光怪陸離當必有進今株守之儒不出戶廷手一遺編輒思繪天地之精華極古今之神妙亦奚怪乎蠡測之見貽笑于古人也哉抑余又聞海上諸□多出珍珠異寶奇技淫巧服食器用皆不脛而走充仞闕廷獨非常之士潦倒寂寞之濱訪羽人于丹丘從赤松于蓬島雖有所表見弗獲與夜光文貝效用一時古常稱海外多隱君子吾見其人

矣吾聞其語矣

募修福興庵序

蘭谿東郊南塘有庵焉曰福興福興者閩二郡名曷為以名庵不忘本也閩下遊四郡有漳泉矣則曷為專言福興福者閩之首郡興其輔郡舉福興可以概漳泉也閩曷為建庵于蘭曰浙與閩壤相錯也浙東之邑蘭為大半籍閩商以通有無閩之商于蘭者衆且久往來廢著十之七聚家族長子孫或二三焉既庶既饒乃合餘貲營精舍為歲時鄉里聚會計外度餘地置義塚以待夫客之不戒而殞者佛說地藏為幽冥教主遂于庵搏像以祀為屋五楹二進肇始于康熙之三年以閩僧通實主之有田二頃作櫂那供越今四十載矣兵興之後連遘水災商困未紓無力他務困陋就簡

雄殿未建山門未立湫隘庳狹不稱莊嚴相先是吾鄉諸前輩家于蘭者護持茲庵稍捐餘貲歲爲息得百十金將謀式廓貲不足商于客〻曰闢祇園供開士善男女事信受奉行無敢異客曰續古之人若梓材既勤樸斲惟塗丹雘罔攸斁客曰善作者善成擧重者若輕仔義惟人不惟其力是在君子詢謀僉同客無他異物所居者烟也計其直約百觔取二十銖以供事其有贏于此者隨心施舍不以溷諸君既成言以告余〻躍然喜曰琳宮梵宇世之營福田求利益者多惑焉糜財侈費無益于事乃若藉是以爲聯合鄉閭敦本施仁之地則于先王婣睦任卹之政不無少補釋氏法得託儒者教以行之名之正言之順事乃有成諸君之擧信可

以不朽乃書而弁于簡端

○募修積福禪院序

聖人觀象雷天而作棟宇所以大庇民也于浮屠氏何有焉浮屠氏之得竄處中土受聖人之厦庇也浮屠氏之幸也作室者十年樹木父堂子構畫茅宵索手足卒瘏僅蔽風雨浮屠氏未有室家布金長者瓊其宮而琳其宇孰為〻之其波及于佛者民之餘也自天子至于庶人廟祀祖考載一木主事天地風雨山川百神戒壇為位事畢藏之浮屠氏飾像莊嚴檀其身而金其容香花塗沐朝夕弗懈然徵吾民為之施舍則將飄颻朽蠹塵封土積于荒煙蔓草中是吾民之有功于佛者甚大世嘗言佛能福人故人嘗有求于佛吾以為人非求佛〻固有求于人非佛之能福人佛實資

人以自福也桐鄉之東郊積福禪院南宋賜刹也當其隆時益嘗金碧照爛華榱璧璫幢幡瓔珞光芒輝映開士雲棲檀越海會奔走乎其域中今則殿傾像毀行道之人無有過而問者興廢之由盛衰之故豈佛之靈于宋而不靈于今耶人之不助佛亦無所施其法也靈暉上人以宏覺嫡孫靚其隳壞而欲修拾之夫幹前人之蠱而恢肎学之功者孝子順孫事也浮屠氏何獨不然仁人以宏齋物為心解衣推食出其緒餘施及外氏匪曰福田利益亦聊以吾德心耳然吾聞君子恥以其身為溝壑使佛而君子也固不敢受無益之施敢白佛言以德報德福有攸歸

林尚禮詩稿序

五言詩起于漢魏近體之作至唐始盛自少陵外尤推王孟詞簡意該雄渾高健聲調骨格無一不臻絕頂故世之言五律者尤奉為入門正宗也今人學詩者不學古先學律學律者不學五言先學七言舍源逐流避難趨易又所作者多慶輓應酬献諛誦禱之作效顰蹙額勉強支吾撚斷髭鬚終不足以抒寫性情導揚風雅詩名日噪詩品日卑故人盡言詩而詩之可觀者絕少詩之亡也其殆易言詩者階之厲乎吾鄉林子尚禮不言詩而深于詩登臨遊覽間有所得則發之于詩奚囊所貯久而成帙皆五律也出以示余余乃知林子誠可與言詩

者詩之始祇有五言古變而爲律是詩之中聲也中聲既得則八音自諧由此而上之以追漢魏三百篇則窮河源于星宿也由此而引伸觸類之以學唐人之歌行長句則騁五達之衢也林子其大肆所學毋務時俗之詩而日窮作者之奥其于詩也殆庶幾乎

○

海外狂吟序

臺灣本不毛之地自顏思齊鄭芝龍引倭人窟穴其中因為倭有已而荷蘭以計得之及鄭成功敗衂江南遊魂假息藉口故業樓船直指鹿耳水漲丈板火焚遂踞安平赤嵌險阻距命者二十餘年至其孫克塽納土歸誠隸入版圖海波不揚往來無阻生聚教訓漸摩禮義卉服椎結之鄉變為聲名文物之地茲乃天啟

盛朝增其式廓故假手逋寇為

聖主驅除集鱗介而被以冠裳豈偶然之數哉夫鄭成功乃海寇餘孽托

名假子棄君背父抗拒

王師彼豈真爲趙氏一塊肉擇乾淨土以自存者特陰陽反覆借天祐天復故事爲夜郎自大計耳寬大之朝寘反側子于度外卧榻之旁容其鼾睡顧乃狼奔豕突寇掠我人民震蕩我邊疆内亂外訌自取亡滅總制姚公運籌推轂定交定謀經營三載一戰而蕩平之雖無血戰之功實由發縱之力大勳既成奮志以殁然而茅土未荐贈蔭未及事久論定亦終無有訟甘陳之冤白蘄逹之績者徒使閩南士女海外遺黎追思事始歷數規爲猶復指銅柱之勳下峴山之淚是則三代之遺直可作千秋之公案者也陳子軒年遨遊海外搜討舊聞得鄭氏始終軼事採擇論斷爲七言近体十二章名曰海外狂吟余讀

之其識高其音壯微顯闡幽寄托深遠昔春秋之作定哀多微詞少陵以詩爲史如諸將北征洗兵馬諸詩亦皆感慨時事婉以成章至如東坡海外所著離奇放縱深博無涯則又情隨境遷文因地異軒年才思斂捷文詞現麗復歷異境交異人讀異書假溟渤瀚海之胸抒石室蘭臺之手四韻鏗鏘一字褒貶雖狂吟乎實信史也然而海外狂歌微乎微者頗以龍文健筆爲牛皮地主發揚歌詠追風於稗傳之無窮是猶懷飛鷄以好音而使南史紀檮杌也吟雖佳謂之狂也亦宜

汪遠俟試艸序

新定爲理學文章淵藪而制義一道本朝不過數人余尤推服毛會侯方若韓兩先生則皆新定產也夫制義者時文也不合于時不可以爲文雖探賾索隐如東鄉吉士亦安能藏之名山以俟後世之子雲耶故余嘗論舉三代法物與明珠大貝以示市人則市人必取明珠大貝而舍法物矣舉明珠大貝與白鏹青錢以易布帛菽粟則明珠大貝又不若白鏹青錢之易于見售何也時之所尚世之所珍也兩先生之文惟其時也挾白鏹青錢以遊于市宜其捆載而歸矣汪子遠俟生兩先生之鄉

而得而先生之傳余讀其歷試諸作温潤縝密高華典雅真如百鍊之金萬選之錢故自成童即已棹厲風發穎脱而出投之所向無不如意新定固多才而遠侯裒然稱首從此而搏翮高秋奮身玉堂直可握券取之也顧遠侯獨謙謙自抑肆力經史百子以其餘暇發為詩歌古文詞劘屈賈而鑠顔謝余雖未覩其全而已畧得其概然則遠侯之所以重于時者豈獨特文也哉

玉山縣募建天妃宮序

江右信州之玉山爲吾閩入浙孔道其自中路來者出杉關陸行數十里一水盈盈遂抵界上視仙霞之崇岡複嶺信宿兼程者人安且逸費亦省焉故八郡之遊宦仕商舟車往來其途者踵相接流寓于其邑中者且十之五置田宅長子孫久久不去自黎愧曾先生分府是州嘉與黎元惠澤桑梓招集流亡立學課士乃遵朝例令占籍二十年許同土著于是吾閩之秀者皆得與郡縣試由是而入泮宮捷兩闈者閩士居其半譬之維楚有材而杞梓皮革自晉往也然流

寓雖久而越吟楚音所在不改君子以爲樂樂其所自生
禮不忘其本雖此間樂安得不思蜀乎古人遷國則載其廟
社之主以行令之客者必有館以爲歲時聚會之所而主之以
明神若天妃者吾閩諸神中之最著靈異者也故自京師以
至各省郡邑凡都會之所必有祠以閩人祀閩神其獲應也
如響而玉山城内一祠狹小不足以稱神庥同鄉諸公謀新而
光大之議改卜地于西關外三里街既得吉將經營然而木
石構造之資梓材樸斲之費塈塗丹雘之勞繁而且重所
賴諸君子之往來出入及同寓茲土者戮力同心左提右挈以

圖茲盛舉垂不朽之規創無窮之業講婣睦之好恢情誼之親吾知諸君子久荷神貺必能歡然鼓舞解囊倒篋不日之功其將相與以有成也異日者余自浙入閩將假道常山浮舟河口一拜斯祠以與諸鄉親言歡道舊見其金碧輝煌淩雲映日所以壯一邑之觀瞻者吾閩之肇祀不忘固將億萬斯年勿替引之矣

王君瑜詩集序

古之學者春誦夏絃詩書不絕于口琴瑟不撤于懸故能心志和平温柔敦厚窮居則歌出金石有考槃由敖之樂而至于辨列國之興亡識肆業之金奏飲酒拜嘉賦詩見志皆本其性情之所自得而出于學問之所素優後世音律失傳淫哇雜響于是學士大夫恥伍伶倫罔知宮徵儒者呫嗶窓下濡首腐心于兔園冊子語以風雅之事則曰務廣者荒今尚未能也嗚呼人才之難成古道之不復蓋亦積漸使然非有志之士曷能矯然自拔于流俗耶王子君瑜習舉子業而

無措大氣習訐然策而無市井氣生平無他嗜惟精于
琹時于光風霽月之下爲余一彈再鼓幾移我情而王子
曰此技也非道也因出其一編曰鳴情集者示余余取而讀
之其和平之作則如薰風徐來慍可解而鬱可銷也其感
慨之章則如猛士赴敵鏦鏦錚錚而金鐵之皆鳴也其描
寫景物賦艷極妍則如志在高山流水置身于梧桐月下楊
柳風前也其懷人贈答送往思歸則如兒女喁喁欲泣欲訴
而不絶如縷也昔人謂王摩詰詩中有畫令即謂王子之
詩中有琹可也夫人之所以不得其平而鳴者情耳能養情

者莫如琹能寫情者莫如詩王子蕙斯二而有之其不謂之善鳴者乎然而王子猶未免有不平之鳴則以其知音者寡而和汝者之無人也吾聞陳子昂碎琹長安市而詩名大噪王子出其詩以問世吾固知其將以鳴國家之盛而不徒以自鳴其情已也王子勉乎哉

雪園遺集序

蕭山為人文淵藪固已家握珠聲人懷玉價踵元度之清高登文靖之閫奥者矣余承乏是邑得盡交其邑中名卿大夫時髦英俊莫不交口佩誦隆周單先生時先生亡已十年餘矣余每慨然嘆息以不獲見先生為憾會視事日淺輒量移去復不獲得其集而讀焉如是者又十年重過舊治先生嗣君存三以其所續刻雪園遺集見貽余始得受而讀之見其渾健高古則盲左腐遷之風格也慷慨激昂則屈宋騷辯之雅調也淵深浩博則太沖平子遜其弘通也典雅溫麗則參軍開府乏茲艷彩也蕭山固多巨手求其

通經學古足以起衰而振弊者誠不得不首屈先生曩者諸君子之佩誦豈虛也耶然先生少值亂離屢遭變故〻其所作大都多感憤之章而不得攄其鴻文健筆一鳴國家之盛雖嶄然頭角聲噪諸生僅以雕蟲小技數屈其儕輩卒欝〻不得志以此終其身孟郊賈島淪落人間此古人所以望北邙而泫然流涕也余嘗謂自以八股取士〻〻之鑽研篆刻咿唔一編蓋有俾而獲選者至于縱達不羈之才博洽淹通之士終身邋遢困粉袍席帽間老死不獲一遇如先生比者何可勝道然先生遇不窮則文不奇文不奇則名不著余既稔聞先生之名又獲誦先生之文則雖不獲締交

于先生而由先生文以得先生之志是猶可以尚友乎先生也先生著述甚富先已有詩集及希姓補行于世兹集乃其文賦雜著駢麗諸作皆其嗣君存三及猶子其親所校刊嗚呼莫為之後雖盛弗傳先生可謂有後矣兹集之必傳無疑也

詩一房同門錄序代

歲在癸巳

皇帝六旬大慶嘉與海內特開文武兩闈于是浙江以二月鎖院司分校者十有八人余倫持衡焉得詩一房閱卷七百有奇呈堂者若干卷取中六人副榜一人剞劂其文附諸薦卷為同門録志一日之知也先是

皇上以久道化成文教翔洽薄海內外賢才衆多而棘闈定例期會迫促恐廣搜未遍致有遺材特下廷議各直省試期寬展旬日著為令余于闈中手不停批者匝一月蒐羅剔抉籖揚之澄汰之精益

求精而鮮類已定猶多割愛余乃知
皇上愛士若渴而壽考作人之化萬世無疆也兩浙為人文淵藪兼以
翠華時臨數加考校凡有一得之士莫不爭自濯磨以思振拔于
聖世比年以來固已家握靈珠人懷尺璧而或元龍之豪氣未除李賀
之心肝欲嘔駢馳不羈之材倜儻權奇之槩猶時時見于行間此
識者所以欲別裁偽體尤有待于起衰之功也夫修辭之要在于
立誠仁義之人其言藹如也客氣未銷難以語于木雞之養善刀
而用乃以成夫解牛之功故夫割裂武斷倒提穿穴格雖奇弗工
點竄圖書生吞左史詞雖華弗採叫囂騰躍凌厲倔強機雖流弗

暢夫惟咀嚼英華厭飫膏澤寄寓于純粹之中巧藏于和易之内秋實未謝夕秀已披苟真僞之分途自雅俗之異曲主司論文志在式靡諸同事莫不虚公秉鑑仰副盛心余雖簿書陳案久離丹鉛而故步未忘或不至目迷五色是則私心自許或（庶）可與諸君子共明之者也且夫言者心之聲也文以足言尤聲之精者雜霸其文彼將雜霸自爲也金玉其文尤當金玉其質也諸君子既以一日之文成一日之知異日立朝之節報國之猷皆可以今日之文卜之則兹録也固即諸君子拜自獻之先資而亦余藉兹下吏所爲以人事

君之嚆矢也若乃營莊田傳衣鉢古雖侈爲美談則吾豈敢是爲序

重修遂安縣誌序 代

余承乏遂邑已及兩考風土人物日以益習余既安此地之偏而
此邦士民亦安余之拙也訟獄漸就衰息租賦亦易催科今歲又
復雨暘時若年穀豐登案牘稀少清有餘閒因得討論文獻詳核
舊章考遂之為邑自晉太康其來已久邑之有志明世三修本朝
再訂數經名公巨儒纂集删定彙有成書然而康熙乙丑以後至
今又三十年餘矣
聖天子深仁厚澤淪浹日久世變風移比户可封凡户口生息之繁蠲
租賜復之典興仁講讓之規壽考作人之化干城好仇之英江汜

翘新之盛其所為可法可傳垂之不朽者所見所聞美不勝書若不及今一為修明恐數傳之後將有湮鬱弗彰是亦非所以奉宣德意振揚風俗也頃余猶有説焉邑之有志猶國之有史也古者記言記動代有專官南史董狐世修其職自史遷班范之倫以及歐陽涑水皆以一人之力或綱羅百代而集其成或專紀一朝而著其美雖取舍各有異趣是非時或過當然而義例詳明文詞修潔作史之法自皆然也自元明開館各司其局而史法始壞總裁分校意見不協懷私挾忌聚訟蠭起取材既雜記注繁蕪故宋遼金元諸史不特不能追踪史漢繼踵廬陵亦且視南北晉唐諸書

相去遠甚以其政出多門論非協一賞罰之權既分故筆削之詞多歧是則兼綜之為難而獨任之不可以已也往者修志之役例有總裁分校擇邑之縉紳弟子員有文行者分任其事乃曠世不必盡蔡邕之才而天人時或抱昌黎之懼定哀既多微詞尊親正難直筆著名簡端半成故事余雖材謝三長理惟一是自始仕以至今日簿書鞅掌繁劇雜投細大之務皆必躬自料檢不敢假手他人以滋叢脞今茲采輯近事補綴新篇亦不憚焚膏繼晷手自編摩參輿論之公而存斯民之直粗定大畧以就有道而正焉此邦之君子其尚有以箴余之闕使陳壽沈約之譏庶或可免而續

貂代斵者無滋罪我之懼是余之幸也夫

沈元洲夫子詩集序

邁自甲戌歲受知于元洲沈夫子晨夕過從訓誨諄摯雖師弟也情不啻父子也及邁出宰蘭江以不能善事上官憎茲多口夫子則渡錢塘親履婺郡為説項斯獲釋憾焉其素心關切有如此者未幾而夫子赴玉樓邁亦以憂去十數年間羈累顛躓支離漂泊幾無以自存每望江蘭秋菊輒不勝乾土暮雲之感今春過嘉禾訪山陽舊居得讀夫子遺詩恍如接謦欬于紙上親色笑于楮中蓋夫子之為詩非以刻畫風雲組織綺麗大都皆抒寫性情爛縵自得故其感人為尤深也夫子擬巍科官

近侍而白雲棣蕚之想日結于懷其立朝則風度端凝不為諭諭訿訿因人熱以干進故強半請急家居雖十年不調而禁林先後輩推重望者必以夫子為稱首夫子雖耿介矛然冲和善下光霽迎人若飲醇而不覺今讀其詩風流蘊藉不事雕飾而自有奇葩異采煥發光鋩豈非天真流露本性情而出者固雅人之深致乎猶憶曩者夫子稅駕瀫江寓止西齋每遇名花盛節遊覽登臨揮毫雅詠落紙雲烟賓朋僚佐小子後生觀者如堵莫不驚異歎息以為真不愧臚唱第一人曾幾何時而流水無聲人琹絕響搜求遺稿僅存一二嘆逝興思能不

共悲夫仰放者哉夫子著作頗多失于収拾遂至散失猶子再韓世尼勤加葺檢僅得古作近體若干首彙為幾卷明珠拱璧固當以少為珍嘗禁廷之一臠猶勝于過屠門而大嚼也

曾孝符制藝稿序 代

昔范蔚宗𣅀爲文士之文謂其事盡于形情患于藻義牽其旨韻移其意也夫事盡于形則徑直而不曲情急于藻則椎魯而少文義牽其旨則拘迂而鮮通韻移其意則緐縟而不節此文士之文所以雖美而不可法法而不可傳也余嘗持此以衡文能不犯斯病者葢少及分校闈中得孝符之文賞其清思健筆獨能脫離斯病遂定以爲本房之冠已而孝符以其全稿相示乃知孝符之于文葢嘗穿天心出月脅幾爲伐毛洗髓而非同于文士之以摶捨作生涯藉覆窠爲秘本者也孝符之文甚

富年積月累諸體畢備遠宗正始則神遡嘉隆幾入歸胡之室近擬名家則排落時輩直以熊韓爲宗其古奧陸離則周誥殷盤盲左腐遷之雅調也其風華典麗則陵顏鑠鮑吞曹掩謝之巨製也若其善言名理究極精微楊子之草玄郭象之註莊有其妙解兼此名通至于披文相質咀嚼英華新聲奔會微言點綴則高山流水之音一丘一壑自謂過之蓋其所以為文者其用力也勤矣其取精也多矣故能醞釀停畜奮萃精華盡得古今之體勢而兼人之所獨專矣孝符生齠齡永嘉之鄉鍾南亭赤石之秀自為諸生已嘗歷其儕輩今列觀

先上賓計偕引試貢生待詔士衡入洛固當宣室前席聲價百倍異日必有以天人三策傳誦人間者余將于孝符乎望之

陸文興行稿序 代

士子閉戶自修身不出膠庠而能聲名騰上不脛而走傾動當世常屈其儕人此豈挾持無本而襲取于旦暮之間者哉飛兔龍文雖在櫪皂中而千里之志已具蘭筋圉趠之資不待伯樂皆知其為上駟杜子美曰文章有神交有道文章之神也即交之道也桐鄉陸子又興余在闈中摸索其文固已拍案嘆賞以為淵深浩博有睥睨一世之槩知其為積學閎通非常之士也亟欲得其人而識之而陸子撤棘之前已奔喪歸里嚴不得請越數月乃買棹嚴陵謁余于獅山署中年方壯莊莊恂恂言訥訥如不出諸口其

養粹矣常有以自下者既乃出其所為應世諸文自童子試以及
學使者歲科考校諸當事來風季試無役不與每出輒冠軍拔螯
以發其文率皆縱橫變幻無美不臻無奇不有懸圃積玉良工之
所目眩而求鄧林千尋匠石之所輟斤而賞者也夫士子砥行立
名先自州里而後乃及于邦國朝廷根之深者其實沃小試大行
左宜右有石渠虎觀鴻文巨製無不自風簷篝火中揣摩而出今
以余闈中之所賞識合之前後諸公之所鑒拔知陸子文章之神
而名公大人折節願交信有道也陸子方以讀禮之餘為六月息
其業益精對天人陳三禮將入彤庭而受特達區區小試之文又
多事也

春曉堂詩文集序

余同年友丘君實亭早歲即以詩古文詞鳴天下及官惠州歸善仕優之後學日益進顧粵中無足與語者放衙休暇輒靜坐著述鉤玄考異唯與令弟國瑞朝夕切劘相師也已而相益故國瑞雖未離諸生尚濡首制舉家言已能絕去席帽庸腐習氣上下今古貫串經史百子發爲詩歌古文裒然成冊余服膺實亭已越二十餘載至是乃得與國瑞交蓋不能不竊歎羊徽一時美器何以世論猶在兄後也夫二陸入洛名士減價而謝家池塘春草之句至今侈爲美談古所稱二龍雙珠人中杞梓者史冊所載蓋僅有傳焉今

實亭含英咀華既可空前後作者而國瑞復新彩煥發相爲伯仲正如昔人評魏武父子詩一似幽燕老將氣韻沈雄一如三河少年風流自賞今以移贈立君昆季定當不以爲阿所好也實亭家學淵源恪守尊甫仁菴先生之教諸弟皆以兄爲師而國瑞尤翹然傑出予姪林立蔚爲國楨奉以周旋罔敢失墜嘗考宋劉繪有子七人俱有文名長孝綽嘗曰三筆六詩謂孝儀孝威也國瑞詩筆固不愧兼長而仁菴公之遺澤亦復與劉氏後先輝映矣況歸善爲東坡謫居之地當東坡在惠日鶴峯鵝湖題咏不少亦時藉有子由往來酬答更饒佳興然則實亭今日之材力精靈久而彌

工者或亦壎篪之助爲多余固不敢謂諏勝于讓然猶深恐

元方之難爲兄也

施氏一家試言序

文章者天下之公也非一家之私也自士有遇不遇而後其言不得公之天下而始自成其為一家之言然非有人焉為之守其墜緒發其幽光則其言之湮沒而不彰者且不能傳之于一家矧天下耶歲在辛卯崇明施子瀛選以五經中副元雖遇也猶不遇也然而施子夷然也益施子之意念深矣彼其先世自太高祖先生為武宗朝名進士及祖父以來世篤其業明經食餼聲振膠庠至　本朝乙丑戊辰　兩先生相繼登甲第入詞林其舉于鄉者則己酉壬子及本科同榜凡五人焉施氏之家學世守

越兩朝三百餘年久而彌光頗施子念其一家繼世代有傳人或不遇或遇矣而未及大展其受知諸州皆其祖父之遺言可以信今而傳後者子孫世守以至今日而乃任其湮鬱不以公之天下是委前人之含緒而沒其苦心也是子孫無挈瓶之智而廢前人之業也是使前人知己之感不獲伸于沒世也是用諄諄檢校付之剞劂名曰一家試言余謂施子此舉有三善焉彰先人之美孝也篤知己之恩仁也表微以嘉惠後學忠也視夫世之自標榜以立名過侈前人先者施子加于人一等矣然施子博通經術學問淵深今茲已得小試之兆異日魁兩閩讀書中秘將盡發其先世

之紀[illegible] 與館閣諸公共論定之則雖謂天下之公言可也而豈僅以鳴一家之盛也哉余于施子有淵源之誼故發施子之意而先爲之弁于簡端

余子希純制義序（代）

睦之遂安爲浙東材藪入　本朝來以文章名世者凡數家余固已鄉往久之及承乏茲邑甫下車即行采風季試首拔余子希純次者方子潞兆遂邑固多材而二子對爲首選余固知二子之必有合也然而二子連不得志于有司往歲

萬壽恩科潞兆捷去而希純猶困諸生間或且爲之歎息余因慰之曰均屬慧業文人生天既在靈運前成佛何必獨在靈運後也及午闈而余子果歌鹿歸矣余乃信遇合之有時而知文章之果有定價也余子之文探入奧賾不欲多買臙脂取悅時態而

鋟肌滌骨陶性靈發幽思自有不可一世之槩故久〻而後遇然欝不久則其發不盛譬之農焉積之勤者其獲必多今茲之捷亦可行之兆而即大用之先聲也余與余子雖有一日之知然余子落〻難合教授山中雖飲射讀法罕見其面昔言氏取士以非公不至亟稱澹臺若余子者非獨文足稱也其操行方正尤有大過人者余因私為得人慶而余子他日之樹立又不僅可以文藝卜之也夫文藝者德器之符也士子脂韋成風多為曲學以阿世屢變趨時而卒不得一遇徒以見其品之卑而文之拙余子之文不求人以同亦知之即世亦無不知之則余子之品亦可讀余子之

文而能者亦知之也余子將出其稿以行世余因道其所知于余子者為之進一解焉若其文則懸之國門賞者必衆左思之賦固不假皇甫謐一言為重也

郭宗玉試藝合刻序

甚矣經學之難也漢唐諸儒墨守一經奉其師説至於皓首鑽研世相授業然人自爲解未會統宗至孔註鄭疏薈萃大成亦未免蕪雜訓詁大義闕如也及有宋諸儒一掃舊説獨標新旨廓然以談理爲歸而六經之真面目始出究之專門者多兼通者少雖以紫陽之究心問學易詩二傳之外他俱謙讓未遑爲甚矣經學之難也邊生之腹戴憑之席以古準今指豈堪數屈哉我

朝文教誕敷崇奬寔學特開五經之科以收博洽士士之有志者爭奔走於其途然從事焉者非上智之資用力專而致功久則恒不能

以卒業蘭谿郭子宗玉閩産也從其先人寓于蘭髫年即為學俟
周蓉湖先生拔入蘭庠歷試輙屈其儕偶五經詞賦早已涉獵及
聞是科開而喜可知也卒先屈首肄業以為諸生倡時余已罷蘭閒
延至家塾命兒輩執贄為晨夕風雨無間居稽因得益習其攻苦
蓋宗玉之于學也行若思坐若忘冬不爐夏不扇口誦手批丙夜
不輟自四子書以及五經全書古藝新刻旁搜遠採竊自釘錄訂
定秘本溢數巾箱每與余質疑問難多所啓發逾旬則搆文成帙
袖來相示率以為常其專也如是宗玉先與其兄章玉俱以五經
相砥礪及一試不售章玉輙棄去而宗玉習之益力以此教授生

徒於後之好履泰王子紹箱蔡子含輝及余次男侗皆得窺聞緒論先後學步以入泮宮蓋閱三科踰十年其精耑之久殆如一日方宗玉之初執業也衆或妬或笑群指目為五經生竊相詬病而宗玉處之泰然不屑及甲午果以五經雋浙闈乃知耿介之論如以為落落難合有志者事竟成也宗玉捷後省墳墓于溫陵歸裒其兄弟及門諸試草彙為一集以代行稿余因忝重有望於宗玉也宗玉祖于閩今之家傳而户誦者紫陽之本義詩傳九峯之書武夷之春秋皆閩產也往歲丁卯京闈始以五經受

特達知者二人吾閩碧山先生寔居一焉自開科以來魚門爾澍兩占

史相繼以五經聯捷兩闈騰達史館今宗玉功崇業廣荷天之衢近則典陳鄭諸君連鑣並駕黼黻休明于

盛時遠則紹漫紫陽九峯之遺緒闡明絕學于海內使人謂吾閩理學之傳金華寔得其精微而經學之傳蘭谿又得其廣大也豈不休哉區區賈馬王鄭之窮經抑末也已

林素亭粵遊詩話日記序

往歲余遊粵在素亭之後道西江入羊城復過惠潮出端溪將訪舊瓊崖不果而西至合浦渡海止于防城斜與交趾為界遂徑南寧泛舟左江以歸自春徂冬往返萬餘里兩粵之境幾遍爲奔走之日多而登臨之興少偶然托筆寥寥無幾山川風景以余之拙而湮鬱不傳者多矣素亭粵游未及余之半每日必有記記必有詩凡天時之陰晴煙霧風土之險易平陂人事之憂愁歡樂客情旅況感物懷人纏綿繾惓可喜可愕之端無不于詩乎發之日記也即話也話也皆詩也素亭之于詩也泚筆即是不知其為話為記敏捷千首直供其

遊戲三昧矣杜子美入蜀自發秦州以至成都次其道途所經歷之
如畫錦城白帝藉以不朽覩素亭之日記可使彭蠡西山入吾坐臥
而暗香浮動猶不啻置身羅浮庾嶺間也昔遊之想幾移我情矣

林劍仲詩稿序

詩莫盛于唐，而近體諸製則自唐始。蓋其格式整嚴，聲調諧協，譬司馬之教戰，步伐無差；如士師之議刑，平反必當。繩墨陳而規矩設，初學者藉以入門，而神聖工巧，則雖杜李王孟，其合格者寥寥可紀焉。近體既精，浸淫而入于古無難事矣。近世學士大夫登臨遊覽之賦，往來贈答之篇，貯奚囊，充行篋，所以代羔鴈而將縞紵者，大都皆近體之作為多，而長句短章則非其選焉，此亦通時而適于用之義也。然而七字吟成，或至撚鬚閣筆，非其才優而心細，學廣而識通，則雖掎摭義山，偷竊任昉，而率意釘鉸，終非可語于剪紅刻翠觑目而鉥心也林子劍仲素以制藝鳴幾售者屢矣數奇未遇聞以其餘力托之于詩邇者自閩入粵渡海至珠崖省其伯氏碧山太守瓊山黎母之勝周覽無遺復取道西江過鄱陽入采石止于金陵所至必交其名人韻士登山臨水唱和酬答纍纍行橐捆載而歸余適邂逅于華陽署中因得悉讀其五七言近體諸作率皆清俊麗逸如三河少年風流自賞即此節制之師可以方行天下將登壇樹幟多多益善出奇制勝自不難綸巾羽扇一揮而定也劍仲大父雪峰先生年伯耐齋先生暨令兄渭公太史皆以博學鴻材為吾鄉先達祭酒劍仲淵源漸漬得力有素加以

天材曠逸，學殖彌勤，故優游藝苑，不學而自工，一涉而即得。今方强仕之年，聲名騰上，行且致身石渠金馬間，與館閣諸公後先頡頏，作爲雅頌，發揚盛美，薄風騷而該沈宋，雞林傳頌，自有日矣。若夫風雲月露之詞，花草蜂蝶之句，又寧足以重珠聲而增玉價也耶。

○婺賢言行畧序

學者取善始于一鄉而極于古人然尚友之方亦必自一鄉始國史之所紀誌乘之所載遺集之所傳故老之所聞非不詳且備顧散而無紀則考索難周雜而不純則折衷無定故必彙成一書而後一鄉之古人善言善行可法可傳者皆可取之以表見于天下後世如襄陽耆舊傳畿輔人物志嶺南文獻吉州人文紀畧諸書雖以紀一方之盛而實與天下之故相關非淺鮮也婺郡為浙東人文淵藪何王金許接洛閩之正傳子充景濂開有明之文治學自漢唐以來忠孝節廉文事武功卓然可紀者踵相接然未有取

而特書之者惟阮元聲有金華詩（文徵）萃之選僅采春華未及秋實（代不數人人不數篇）闕漏實多姜子子發旁搜遠紹綱羅千百年散失舊聞焚膏繼晷鉤玄舉要輯成婺賢言行畧一書藏諸名山未及行世然海內宗工如東海徐司寇早稱其書爲必傳子發没後二十餘年其嗣君居近懼先業之湮没抱遺書請于諸當事率先捐貲付之剞劂居近無間寒暑周歷八邑胼胝重繭遍呼將伯遲之又久乃獲告成披是書也恍如起婺郡諸賢接其謦欬而親其緒論有一善言無不書也有一善行無不紀也尚論者由婺郡而推之兩浙由兩浙而推之天下知人論世之理一以貫之矣然不獨此而已也觸類以

觀因微而著可以見婺郡人物之盛焉可以見子發纂輯之勤焉可以見當事表章之力焉可以見居近繼述之孝焉余景行前賢嚮慕日久今得覩其成書獲掛名于簡端亦與有榮施焉抑余尤重有感也昔揚子雲作法言蜀人齋錢十萬願載其名子雲却之穆修為佛廟作記富人遺五百金求附名修不許之二人者何所見之不廣也君子莫大乎與人為善凡為斯文而捐金者皆有志于善者也太書特書雖曰與之可矣居近之刻是書也其庶幾乎

新安陳氏文昌會序

天下讀書之士所夙夜恪恭虔事匪懈者惟先聖及文昌然先聖尊嚴自學宮丁祭外不敢私立廟及褻祀于家而文昌則特祠私祀禮所不禁益尊而兼親且職掌科名錫籙降福尤士子之所禱祀而求者也相傳二月三日為神誕辰蘭谿士子多相率為會醵金生息取其贏備牲醴致祝餕餘宴飲談文講藝竟日歡是樂而已新安陳君維周頤獨有深思焉聚其昆季六人及諸子姪謀各出己貲相與為息以子錢供祀事贏者積而勿散備試事行李貲其又贏則于郡及省各置數椽為兩試秋闈居停所規模弘遠

用意深厚所以親親而勸賢者埀之永久而不可易誠佳會也昔范文正公置義田以贍族人捨居宅為郡庠而吳中人文蔚起甲于天下范族簪纓至今弗替陳君此舉其殆有文正之遺意歟且夫民者神之主也聖王先成民而後致力于神故明德薦馨而神降之福今陳氏此舉其事神也能不懈也其勸學也務敦本也其詒謀也大式穀也吾知梓潼之靈既右享之珠宮桂籍中必且銀筆重題朱衣加點陳族之大也豈徒叶鳳凰之占而慶德星之聚也哉

古今通韻輯要自序

韻學非古也六書之諧聲轉注已具音韻之原而虞廷之永言依永周官之出均立度皆本人聲之自然以為詩歌之音節若乃南北異調五方各性孺子之歌輿人之誦亦豈必盡辨中終羣分董勇自北書魏李登始輯聲類而齊周彥倫著四聲切韻沈約因之有四聲類譜之作然彥倫之四聲見疑于梁武而沈約之韻陸厥譏之即約亦自言聲韻之巧無當于詞義則其說在當時固已不行及唐以律詩律賦取士始以音韻為重宋明以來門爭戶角遂成一大公案隋唐陸法言詞始作切韻孫愐攷訂唐韻宋頒禮部韻略至平水劉淵始併合諸部為一

壽祺案李登三國魏人非晉魏

壽祺案切韻隋陸法言所作無唐陸詞其人

百七部元明至今所共遵而不易者皆平水韻也余素不解韻兼拙于有韻之文竊以為詩以言志興會所及即可暢所欲言乃拘于音韻出入之嫌適足以窒塞性靈束縛手足且考之詩易楚詞漢魏以前諸韻率與今韻大相齟齬至欲索一解人而不可得此無他古人因聲以生韻聲諧而韻自叶今人執韻以求聲韻拘而聲反戾也蕭山毛西河太史輯古今通韻一書發明有入無入五部兩界通轉諸法考據古韻按之悉協韻學得此不啻暗室一燈然余終恨周彥倫之多事而沈休文之為厲階也夫一陰一陽之謂道一平一仄之謂聲陰統于陽則平亦可包仄雖二聲實一聲也其曰五聲云者兼平與仄

言之非分平與仄言之也今分而為三聲則平一而仄二又分而為四聲則平一而仄三于對待則不均于流行則無謂陽少而陰多此天亂之道也嗚呼先王之道後世不傳者多矣今之所遵守者皆衰世之弊法也聲音之道與政通乃以北〔曹〕魏齊梁僭國亂臣所創之陋例欲以律先王先聖之遺經定為章程頒之科舉歷數代明君賢主而不能一為更正此亦斯文之厄而大道之衰也夫

玉江郭氏宗譜圖序

凡族必有譜〻必有圖〻之例以五世為率蓋本禮小宗五世則遷等而下之至于無窮郭子宗玉寄籍瀫江而于漳之玉江子姓極不忘也甲午捷後錦旋歸里乃取譜牒而重訂之自始遷祖至宗玉之子若孫恰十七世而舊譜僅修至九世宗玉乃分新舊為兩圖各以九世為定或有疑宗玉之變例者然宗玉必有所見非徒取其簡便易覽為也宗玉經術士事合經義則雖變而不戾于古蓋河圖以十為數洛書以九為數二五相得則十也以五居中則九也凡譜之五義法乎圖宗玉之用九其明于書乎然四其五而總得十七兩其九而

亦得十七則朝之四與暮之四又無以異也且宗玉亦知禮與樂乎樂有五聲其正也加以四清則為九聲經禮五服其常也行之曲禮則有九服禮與樂五與九異用而同原皆天之所定非人之私意所能為也昔太公志不忘周君子以為樂樂其所自生禮不忘其本宗玉之惓惓于故鄉本支而為是圖也可謂仁矣

張璣章瑞墩集序

古人云言以足志文以足言又云文生于情々生于文夫文之不本于情與志者皆非天下之至文也維詩亦然六朝綺麗獨讓彭澤之清真而韋孟田家諸詩香山老婢佳句直與韓杜諸公同工異曲乃知風雲月露雖極富麗猶不如布帛菽粟為切實而適于用也開陽張璣章先生經明行修素稱名宿年八十矣精悍之色不減少壯所著詩歌古文詞合為瑞墩集裒然成帙其文不假雕飾語々皆從肺腑中流出而勸善嫉邪之意孝慈友悌之懷伉儷知己之感纏綿悱惻使人油然自得于語言文字之外其為詩寫

懷咏物寄托遥深尤得風人遺旨余讀其嘆災諸作感時撫事藹然仁人之言昔少陵評元道州舂陵行謂在位者若得道州數輩不難坐致太平余于先生詩尤不禁憮然也范文正做秀才時便以天下為己任既而果不負所言而先生需次一氊傷心遲暮繫情雖切徒托之于言而有志未逮欲如道州之行于一方亦不可得孤蒼生之望可為嘆息者此也然而先生之詩與文又曷可少乎哉

家顧三春遊草序

天地清淑之氣皆萃于春陽春之烟景即大塊之文章也夫自玉露凋傷金風蕭瑟重以凝霜積雪涸陰沍寒氣象愁慘黯然銷魂雖有生花綵筆亦詎能于寂寞凄凉中強作清詞麗句以粉飾造物點染太虛耶迨夫陽回黍谷春至人間時鳥變音池塘草綠維時嬌花嫩蕊盡吐生機落絮香塵皆成韻事風景既殊性情亦異愁者以喜慘者以舒騷人雅士倍增佳興變悽惋之音為愉悅之致太和元氣流溢楮墨間非人心之有異時使之然也遂陽顧三兄少遭陟岵之悲長服慈闈之訓半世舌耕奉侍甘旨而困守硯

田文憎命達大抵生平所歷皆值秋冬之窮況而少春夏之敷榮故其發為詩歌類多慷慨激烈有騷人深致歲在癸巳　萬壽開科赴省試至武林時維春也因試而遊次其耳目所經望釣臺渡錢塘登紫陽泛西湖弔處士四賢之遺跡拜忠武忠肅之高蹤每遊一地輒把筆題詩以紀其勝集為春遊草余讀其詞温柔敦厚和平大雅與昔日感時賦事諸作大不相侔固才人運筆無所不可亦其從容俯仰得于天地清淑之氣者多是以觸目騁懷直攄胸臆遂不覺其悠然與天地相似也然顧三兄襟期磊落淡于名利窮年著述以詩古文自命作者氷雪聰明既已老其材于寒風

窮谷中行當除會清時春風得意看上苑之花買黄金之賦側身石渠金馬之間敷陳清廟明堂之上將與吉甫清風雅誦燕許巨麗鴻章同鳴國家盛事使讀其詩者如坐春臺懽愉觧愠披拂宇内豈止六橋花柳為西泠三竺增妍春色紀一時之壯遊已也

曹巨源行稿序

歲在丁酉兩浙大中丞朱公考試武闈盡袪夙弊詳慎公明撤棘後得人之盛為前此鷹揚所未有而蕭山曹子巨源乃裒然居首選人皆稱中丞公之知人而曹子之英年積學為能不負所知也余向令蕭山未三月輙調去十餘年來間或渡江過舊治得復與諸縉紳先生遊因交曹子令兄孝廉某時曹子方應童子試有名偶入武科輙掇芹連翩飛去益其學有根柢從六經子史中來故其為文泛濫停蓄光怪陸離無所不有視切切習鞱鈐家言者不啻有雅俗之別積之厚而發之光宜其于中丞公有針芥之投也

曹子将刻其行稿問序于予﹖應之曰世有伯樂然後有千里馬中丞公今之歐陽也觀其舉主可以知其所舉者予又何多贅焉

9

宋儒師友淵源録序

昔者子思子懼聖學之不明作中庸以昭明祖德夫以孔子大聖與天地參而子思猶復著述表章為一家言傳之于無窮益推闡正學紹統緒以詔將來者仁人君子之深心也追崇盛美光先德以詒後人者孝子順孫之大節也子思述孔子之道以傳孟子孟子之後不得其傳至宋儒輩出紫陽集其大成而孔子之道復著紫陽嫡派傳在金華王文憲之後仁山其宗子而巖南老人則其支子也老人受學于文憲涵養靜存務明本心之學論文抑去浮華必以真實中正為的得其傳者自柳而宋而方而鄭暨其裔孫

方伯冏卿明經文學以孝友政事著者光昭邑乘殆與義門後先
輝映世之論老人者或以為義士或以為文人而不知其學問深
邃源遠流長固與仁山白雲相伯仲而未可與皐羽子善輩同日
為感慨悲歌之士也十五世孫舒文焯懼祖德之湮也討尋墜緒
搜輯遺編為浦江儒學淵源圖録十二卷于老人嫡傳五世録其
師友往復詩文併及殁贈序跋以誌淵源之誼其上紀圖則自紫
陽勉齋始推所自也外紀圖則録考亭之支派自徐文清以下旁
及呂東萊潘默成唐說齋胡汲仲胡翼之章楓山凡在婺郡儒先
師友源流無不支分派析人為之傳其考覈也精矣其殫力也勤

矣然而其用心則尤有非常人之所及窺者夫聖賢之學莫大于求仁仁之本在孝弟而事賢友仁則爲仁之利器也立愛惟親始于尊祖敬宗而推之至于鄉黨邦國稱人之賢者必推本其師友所自此又忠厚之至也今文焯之爲是録也昭先人之德闡聖學之傳景行先父母之邦敦篤及師友之誼可以教孝即可以觀仁矣余忝在宗盟之末讀是録而知吾族之世德相承所以先大而不替者實在于此若乃老人之清風高節昭同日月海内之士當無不誦其事而知其志者固不敢妄贅一詞爲是獄添流之舉也

四書講義自序

四書之有集註猶經之有傳也子朱子薈萃註疏折衷諸儒而出以己見擇焉必精語焉而詳其於聖賢之微言大義固已發無遺蘊又復有小註或問語類精義諸書以補其缺略辨其異同則欲攻四書者讀集註足矣或欲求益參之以小註或問諸書足矣自朱子沒後宋元儒者多所纂述皆推本朱子之意至明定爲取士功令頒有大全一書逮乎中葉姚江之學盛行朱子之道幾於晦盲否塞幸而蔡虛齋林次崖輩墨守朱註力衛正學蒙存淺達各說今之講章所載不可謂無功於朱註然而群言淆亂各執所見

入主出奴亦間有與朱註悖者

本朝文治極隆名公輩出乃所行講章家自爲説如稷下之談不可究詰而陸稼書仇滄柱呂晚村諸君所著後進尤推之顧余竊有議者古之講學以明道也析疑辨難温故知新各有心得不必其相謀今之講學以干禄也指歸一定如遵科律兢兢共守不敢少有隕越少壯之所習口耳之所傳師弟子之所授名公卿之所訓坊刻之講章而已講章之所有註中所無不敢非也講章之所無註中所有不敢是也取其足以備揣摩應考試取科第而已雖悖註不計也即悖經亦不計也夫世之所以遵守講章者無非爲應試

作文之地然而應試作文之法則必不可用之於講書蓋主司之命題也或偏或全或斷或續或簡或繁或虛或寔如詩之斷章取義各有攸當以文者亦如聚裘製錦割裂補綴針縫線紉務極工巧至於才思噴發議論風生時溢於規矩之外辭達而義不足者往往而有論者拘牽咫尺遂以爲與聖賢之理穩合無間譬之覌溪澗之瀠洄觀溝渠之隄障而欲以量大海測河源多見其識之卑而言之誕也余束髮授書初不解講章爲何物長而應試僅取資於集註註之所無則以書詞上下涵泳探索敷衍成章究亦未嘗不售年來罷閑漫事論文課業稍取坊刻講章略爲參閱見

其與集註相悖者十嘗四五輒以所見遂加釐正務不悖於朱註即其所以不悖於四書若其見聞之所未及者則不敢妄有臆說世有好學君子自當共相訂正使四書集註之真面目昭昭若揭而不至於邪正不分是非莫辨則以之明道可也即以之干祿亦無不可也雖然此之饒舌猶未免於謫章之見也若欲應試作文吾得一言以蔽之曰有集註在

婺賢言行畧補遺序

金華姜子居近將刻其先人子發先生所輯婺賢言行畧余既為之序越三載居近復告余曰先君子之為此書也蓋竭畢生之精力成萃于斯棠不忍遏佚前人先思刊而傳之然棠一貧諸生耳力小任重三年奔走僅空皮骨賴諸當事暨郡邑縉紳先生賢士大夫及僑寓好義諸君子捐貲襄事幸完三之一固已水窮山盡計無復之矣棠以此始必以此終亦將竭畢生之精力以圖其濟且不但爾也棠之次豚比年與鋟板者周旋已學操刀解磔運將來可以自食其力不俟他工夫精衛之填海也事則甚艱而愚公之徙山也卒成

其志寛假歳月從容就理庶可以間執讒慝之口而不至為愛我者所痛乎又曰先君子一生授徒藏書未富巾箱秘篋苐從同人借抄或聞見未及則無由採録且去取甚嚴或擇其精而遺其粗取其大而畧其細晚年存稿未及更定間有闕遺棠竊不自揆思欲更加討論益以近代所聞稍為補訂雖棠于先君子無能為役然所以敬桑梓垂典型殆猶此物此志也甫在捜羅弗獲就正今聞先生將拂衣歸里恐江雲渭樹樽酒難繼輙敢私陳固陋唯先生進而教之余曰子之發揚先業其心可謂苦矣其力可謂勤矣惟無幸其速成無廢于末路不以寡助而自沮不以人言而自疑始以為落落難合有

志者事竟成也且遷修談職歆傳向經父〔作〕子述厥有故事余雖未覩
子之書然觀子之志有以知其書之可傳于後無疑也異日全集告
成有自瀫江度仙霞入閩中者俾挾一策訪我于烏石山下余將就
南山敝廬洛誦過日將〔得〕朝夕與發賢相對又時時如見我故人也豈
非餘生之樂事耶姜子曰敬受教遂書其語以弁于簡端

葉芸三松山草堂詩集序

余與芸三先生嘗同受知于溧陽吴夫子次第遊庠則同爲膠西高夫子所拔士及先後捷南宫總裁又同爲孝感熊夫子益不惟同里同學復三爲同門云當其齠齔交遊出應童子試余方濡首舉業學步未能而芸三已獨冠一軍屈其儕偶余固望之避舍不敢踵後塵顧芸三于咕嗶之餘時復叉手長吟揮毫落紙戛戛作驚人語同學少年或駭且愕以爲狂生余獨心服芸三之天才曠逸不肯學經生博士家守兔園一冊綴雕蟲篆刻以爲工者也自余罷蘭谿游歷多難筆札久荒芸三初宰隆平未久以憂去家居

者數年復補蓉江南北睽違幾二十載間或草次偶逢匆匆把臂亦未暇停驂繫纜尊酒論文今秋余訪芸三于延陵官署歘洽流連、樂數晨夕每酒後耳熱擊碎唾壺輒復有暮年壯心之感芸三因出其近刻松山草堂詩集示余余受而讀之皆其比年以來經歷遊覽論古咏物交遊贈答之作而于向時所為叉手揮毫驚人、佳句蓋屢有存者則以其錦囊所貯既美且多及門諸弟子不能遍觀而盡識也故第取吉光片羽作鼓吹先聲以傳之于世雖然芸三之可傳者不獨詩也其為諸生捷兩闈則以制藝傳宰畿輔宦江左則以政績傳從此而陟銓衡躋卿貳又將以勲業傳然後哀其生平著作彙爲全集張晉安之幟振閩南之風與君家文忠蒼霞之草先後流傳膾炙海內非他人必芸三也余與芸三束髮定交頹然白首升沉變幻艱險備嘗感契濶之日多思壯遊之難再故因讀其詩而不覺油然于淵源之誼聚散之情亦聊以寫夙昔慕效私衷服膺素志云爾若其集中詩律之細風格之高寄心摛詞之深妙極妍盡態則汪太史孫孝廉之序亦既詳哉言之矣余又何能贊一詞焉

許員玉詩稿序

余離故鄉二十餘載，雖當患難羈旅中，然每飯不忘道山也。少年遊戲里閈故人，歷歷皆在胸中，而江雲渭樹所極繫懷不置者，尤莫如員玉許君。今秋訪同門葉芸三先生，忽相遇于蓉江官舍，驚喜欲狂，一揖外握手，輒各敘契闊情，剌剌語移日不能休。蓋員玉行葉氏門婿，于芸三屬尊行，以至親而兼密友，故為入幕之賓。比年以來，芸三之循聲善政洽于上下，員玉左右贊襄與有力焉。暇則與芸三分韻聯吟，唱和絡繹，近作新篇已裒然成冊。余讀之，見其才力精靈，詩律漸細，而蘊宿意新，風流豪宕之槩猶不減昔時。道山下狂奴故態余益喜員玉之才思日進而余之離羣索居不獲朝夕承教為可惜也員玉又為余言適年嘗渡海至臺灣為將軍揖容音東坡海外文字愈入神妙員玉過金門鷺島之奇歷鷄籠赤嵌之險知必有掣鯨拾月雄詞麗句可以與木華盧肇爭奇者幸悉出以公諸世俾余得盡聞所未聞不尤稱生平快事耶芸三門人陶生將為之先梓其近稿員玉屬余序其簡端余故不憚饒舌併質諸芸三以為何如也

栝昌文明歸雅會序

昔太史公論次百家謂其言不雅馴而考証古文則擇其言尤雅者著于篇首甚矣文之貴雅也雖古文猶重之况于八比制義號稱時文者哉夫雅之為言正也常也不偏之謂正倒提穿插偏鋒小技非正也句挨節比奄然衰氣亦非正也不易之謂常索隱行怪牛鬼蛇神非常也生今反古優孟衣冠亦非常也少陵有云別裁偽體親風雅今日以文會友惟在偽體之裁以求風雅之歸而已矣浙東栝蒼人文素著如伯厚西山郁離草木千秋著述皆卓然大雅而栢溪尹氏發明綱目尤稱博雅則唐山産也穮于錦雲

生尹氏之鄉守眉山之緒慨然有振興風氣之思糾合同人聯為文會社名歸雅千里介紹問叙于余余何以益藴予哉夫八比制義國家以此取士天下儒者共趨之然唐宋以前未之有也元人王克耘始為此體仁宗用以代經義濫觴伊始猶之天造草昧也有明因之自洪永迄于啓禎體經數變然或渾穆未化或厖雜不經至　本朝文明大啓名公輩出郁郁彬彬風斯雅矣余嘗謂文章與氣化推移體製不必相襲古文有古文之體昌黎之起衰廬陵之復古不必摹擬周誥殷盤也時文有時文之體大士之雄快正希之深刻不必步趨王瞿薛也譬之咸英韶濩時代

異鄭衛[illegible][illegible]和鹿鳴文[illegible][illegible]大異面定非桑濮之奏夫亦曰雅而已

蘊子歸雅之會探驪得珠括[illegible]蒼文風之盛其將自唐山始乎

刊寧山詩序

昔郤縠說禮樂而敦詩書晉侯以為元帥卒成大功夫詩之為教溫柔敦厚與發揚蹈厲之氣殊不相侔然而為將者必先敦之此何說耶余嘗讀六月采薇江漢常武諸什見其從容悱惻正大和平固非後世從軍出塞之作所能擬若東山零雨寫景描情纖悉俱備亦迥異涼州塞下諸曲乃知詩學一道文武兼資往來贈答固可以鳴學士之通材而樽俎雅歌尤足以占名將之風采也余友寧山先生早嫻經史韜略之學兼優穿楊射札之技弱冠即舉鷹揚第一聯以傳臚進士出身為將歷仕晉蜀楚越之地三十餘年屢經薦剡然卒就常調不獲以元戎專

閫大展其材猷幾幾使人有李廣馮唐之嘆然先生不以此介
意也先生素長于詩自入學以至筮仕凡遇合升沉道途遊覽
宦轍所經山川民物美景會心皆于詩發之按年檢點裒然成
帙先生顧而樂之曰古稱詩人少達而多窮吾宦雖不達然得
此以遺子孫人生何必使相使人稱為詩翁足矣余聞而壯之
世之恃長鎗大劍嗤毛錐子為不足用者先生固已置身霄漢
中郎以競病諧聲誇為得意在先生尤可絳灌視之也今
天子雅意右文用人不次封疆遴大吏有以鎮將而登兩府五字擢
英才有以末弁而陟曹郎者先生政績之隆既已久識
御屏而詩才之富又復充乎海内將見

九重異眷三錫頻加如高常侍之晚達張燕公之出鎮際遇倍奇音
律愈壯然後彤弓歌饗醻之恩采菽誌車馬之美與召虎之拜
稽吉甫之燕喜同垂清風巨製肆好名篇以此傳之無窮尤為
不朽區區少陵之詩譜又烏足為先生重哉

春閨叠字詩序

劉越石有云何意百鍊剛化為繞指柔男兒捺三寸不律橫掃千人頤伍首咿唔作兒女子小窓喁喁語非壯夫之所為也乃三日廚下妾夢遠西擅奇千古而王龍標李義山且以宮詞豔體傳播詞場彼蓋有托而興緣情體物慧業文人游戲三昧即現女人身而為說法亦何不可如必綽鐵板唱大江東又冒若三五小鬟歌楊柳岸曉風殘月者之為韵耶思陵吳子遇高年方終賈才鑠顏鮑以錦繡之腸吐香豔之詞為春閨叠字詩三十章諧韵和聲撫時感事刻畫迴環極妍盡態其役使隹人如孫武之教女兵指揮左右無不如意其細意熨貼如夜來奏技

針線綿密而絕不見有縫紉痕巧思艷藻直可奪行九之席而折秋田之角戔戔乎與美女篇麗人行同工異曲矣昔陶淵明作閒情蕭統譏為白璧微瑕宋玉賦高堂亦有議其顏登徒子之所為者此皆非知言者也大凡情之所鍾正在我輩中有鬱而不可言則多假歡娛之詞以默抒感憤之意賞心樂事益見愴神懷春雅調甚於悲秋吳子之詩其亦此物此志也然吳子具此清思弘藻逸品恰翡翠於蘭苕固已窺見一斑掣鯨魚于碧海尤當進乎其上矣

玉川張氏族譜序

玉川張氏余姻也戚晩過從常匝月留連因得遍交其族中賢豪長者併熟其世系源流葢張于海内為著姓上應天星下詠周雅北土則與許史連鑣南邦則與顧吳競爽固不獨五世相韓留封延于漢朝三葉中書珂里鳴于唐代者也顧衢婺之張多祖江東提刑成業或唐或宋于傳無聞焉玉川之祖則始自東山龍公六傳至保義公遷張坂村又六傳至宣教錫公始遷玉川記曰別子為祖謂大夫始來仕于其國別于未仕者即為其國之太祖今龍公之後自東山遷張坂又自張坂遷玉川則錫公為張坂別子即

玉川之太祖而東山罷公乃其所自出也第自兵燹之後舊譜無存族衆抱殘守闕各私其親家自爲譜溯世數則皆從罷公始今夏玉川諸公大合族共修譜余適由閩至與諸公道舊故外隨論及譜事余引禮爲解諸公既然其言定世數以錫公爲一世祖統系既明則其他義例依歐蘇成法而損益之可以次第而定譜成問序于余余于是舉而知張氏之後必大也夫天下事積之厚者發必先余觀新定家渭仁太史之叙其家譜也謂自唐末至明末有大顯者書田公一出遽登台輔厥後甲第翰林蟬聯相繼

本朝世族遂爲一世邑之冠今玉川肇造幾四百年積之厚者猶乎方

也而目前諸公彬彬濟濟藉銓曹列黌序者不下六七十人率皆操行修潔篤學多文敦尊祖敬宗之孝廣收族綴姓之仁知必有選中青錢榮分麗正表曲江之風度紹魏公之碩德繩繩繼武聯臂同升全貂榮戟自是公家舊物公侯之子孫必復其始固可操券而卜也諸公習于禮者且然吾言乎哉

刪

福建毛撫臺壽詩序

葢聞龍圖啓瑞爰開枚吉之占鳳𡀗颺休聿彰平格之應是以高明位列八柱元老必重元臣太甲祥紀五雲壽民兼能壽國恭惟某官經傳風雅望著鈞衡溢座貂蟬閥閱世藏明劵盈門棨戟鼎鐘代勒周封早從弱冠之年已著循良之譽始貳熊軾旋綰麟符岸幘嘯吟夔府孤城依北斗搴帷卧治潯江烟雨靖南蠻建節望重干城屬蕩與龍湫競秀明刑治稱平允澧蘭偕沅芷齊芳遂由屛翰之司重受撫巡之寄矜九遷之寵過盛績久著於滇黔荷三接之殊榮愷澤更周手闢海綸扉作啓威震三山節鎮弘開波添九曲

霜凝畫戟映冰心於玉壺斗燦繡衣凛露章於白簡熬波發運三月不咏聞韶振廩均輸萬户咸歌鼓腹至其深心愛士雅意作人鼇院講筵重見中丞之立馬鑑亭絳帳喜瞻觀察之干旌適館授餐國人知所矜式談經課藝多士莫不振興適變下朽材溝中斷梗昔年浙東流滯稔聞德化之敷（公觀察温處適時流寓蘭谿久佩德化）今日梓里棲遲謬承禮幣之聘安定湖州之教得受詩於范公趙德潮人之師獲真傳於韓子茲逢建酉之月恰值生申之辰介壽躋堂扶杖而來父老稱觴上殿拜手而祝聖人屬在肄業諸生久作公門桃李欣逢覽揆初度愧乏仙家棗梨爰效嵩呼各呈巴唱望魯侯之

芹茆俾爾熾昌樂君子之臺萊遐不黄耇心乎愛矣美盛德之難

名歟以永之期諸福之咸備云爾

存心堂遺稿序

易曰修辭立其誠夫誠者修辭之本也今之為文者習于綺麗侈靡之談務為雕鏤工緻之句矢口而出語不由衷皆偽耳雖滿紙浮詞何裨世用哉韓子曰仁義之人其言藹如也又曰文以理為主以氣為輔夫韓子文起八代之衰而其言如此則知修辭之本在誠所謂誠者理而已矣所謂理者仁與義而已矣余友陳君艾亭篤行君子也自其弱冠從先君子遊余與之同筆硯者累年見其方行矩步言動必依于正為文循循有法度出入經史間及遊郡庠歷試高等戊子闈墨已膺首薦以數奇未遇今老矣席帽猶

求離身人皆為艾亭脫且惜而艾亭處之坦如也間出其所著存心堂遺稿示余曰余秘此篋中久矣弗敢以文炫于世將用以垂家訓示子孫然子知我者盡為我一品題有當于修辭之旨否耶余讀卒卷深嘆其議論有根柢語語皆從躬行體驗之餘洋溢而出而于節性坊淫尊祖敬宗之事无兢兢三三致意焉吾所謂依于理者耶其殆所謂履仁蹈義撑而後言者耶夫今之以文鳴者多矣才雖高未聞道也如艾亭者庶幾可與言修辭矣

樊噲論

陋哉老泉蘇氏之論樊噲也曰椎埋屠狗之人見其親戚為帝王豈有不欣然動者嗚呼何蘇氏之輕于量噲而亦知噲為何如人也噲雖椎埋屠狗生平大節迥異流俗觀夫初從入關諫高帝止秦宮室還軍灞上鴻門之會誚讓項羽此其浩然之氣誠有為　過抑者及夫天下已定高帝寢疾羣臣恇懼莫得進見噲排闥直入見帝獨枕一宦者噲乃慷慨激昂借秦趙高為喻高帝聞之瞿然而起椎埋屠狗之人何乃如是〻豈從君于昏而以勢利動其心者哉夫引援親戚藉資姻婭以鳴得意此後世賤丈夫之所為苟稍有氣節猶不肯為之動而謂噲之賢而為之乎噲與高帝同起豐沛所以擁輔帝者

甚力攻城畧地百戰無餘天下既平論功行賞爵爲列侯食邑萬戸富貴已極即使羽翼呂氏亦豈過此位不加益而徒得逆名智者爲也且噲于呂氏親戚于劉氏亦親戚也人情愛其妻之兄弟當不過于愛其妻之私必謂厚于呂而薄于劉此豈人情可信耶方帝之欲斬噲也彼誠非獨于噲不仁第以有惡噲欲滅戚氏者以信讒之主挾偏愛之心而又適當昏瞀之時則雖以女子斬夫　功臣亦情之所時有而以爲高帝能于十數年前預知呂氏之逆謀而先剷其毒此又不必然之論也夫噲之死于惠帝六年也劉氏之不幸也今噲尚在而呂氏謀逆則不王之說不必出自王陵非種之誅不必俟之劉章而極言廷諍必自最親最密之樊噲始彼呂氏者失其所恃

而其壽亦少有所懲而不敢發又安敢乎曲逆之彌縫絳侯之左袒也嗟乎大義不明于天下久矣以舞陽侯之清風大節猶或以出身之卑微不能免于俗情之擬議則夫世之豪傑之士盍亦謹擇所處也乎

韓信論

漢高帝持三尺劍誅無道秦拔起布衣而有天下一時從龍佐命諸臣類皆感會風雲無所憑藉然其出處之從容未有如韓信之正者也史稱信家貧無行不得推擇為吏嗟乎秦之吏豈有行者所宜為哉信負非常之志欲為匡王定伯之畧而不肯以刑罸術取重當世故以貧自安以無行自晦其識高于人一等矣方秦氏之將亡漢之未興也當時挾奇負異之士無不感憤奮發爭取功名其不度德不量力而致禍敗如魏豹陳餘者不可指數他若英布之無賴彭越之庸劣吳芮之忠厚亦能聚集千人亡為群盜擇所景從以取將而淮陰命世奇才獨泯然無所表見之楚不合則去之漢之漢不合

又欲亡歸彼誠有所不屑者今蕭何無國士之知漢王吝築壇之拜必且高舉遠引遯世不見知而不悔也肯沒于小利邀取一時之[illegible]也哉夫方其未遇也匹夫見辱女子垂憐恬然受之而不以為怪一旦得志大國之相萬乘之君偃然而當其跪拜曾無震矜之色受節而起握手登壇從容議論指陳天下得失如示諸掌非其識明而守固其孰能之蓋君子之于天下有不為也而後可以有為余觀韓信生平所為安詳鎮靜鮮有過舉所徵可議者請王失期兩事耳然安知非其英雄脫畧之氣猶有未能盡平而偶發之于此觀夫蒯通之說與足之利尚無所動而謂其貪全齊之大有要君之心以信之賢必不為此蕭何陳平患失鄙夫嫉賢害能而黨于呂氏傅會其事以

陷之于死長樂之獄蓋信之不幸而非信之有以取之也善乎太史公之論也以閑散例鄘侯而于信則曰庶幾周召之勳其取信也深矣其亦重有所以取之也夫

○平情論

蘭谿諸生郭兆先父夙遘狂疾閒之十數年一日忽逸出遍索不獲有告其為金華人所殺而埋之者兆先具其事于觀察使下縣椎埋驗屍非真坐告者罪兆先以為父故原免後遂無蹤責兆先者曰昔朱壽昌棄官尋母竟得母兆先失父不能窮搜遠索安處故園此非人子所為即信其已死亦宜寢苫枕塊持服終制不當戀戀一衿從吉預試事忘父之仇禽獸奚擇焉其立論甚正顧竊疑未嘗一設身處地審勢察理不為平情而失之刻也夫壽昌之母嫁耳其人固宛然在也然母出與廟絕河廣之詩壽昌寧不聞焉其隱忍待之五十年後者夫亦迫于義而有所不敢也乃此五

十年中壽昌固已有妻子仕于朝光顯矣不聞以毋之故棄絶人世也令兆先之父以狂疾廢人豕突奔潰杳無形影茫茫宇宙何處追尋必欲其裹粮重繭索之于無何有之鄉此固勢之所難爲者也意者如人之多言相傳已死乎發其瘞而屍未獲訟諸官而案已誣雖共信爲死而兆先必不敢有死其父之心即兆先有死其父之心亦必不容有死其父之事乃欲貿貿焉復魂爲位赴親戚告有司而服之此又理之所不得爲者也夫天下之事理與勢而已矣朝廷之法禮與律而已矣如兆先之事考之禮經既無明文案晉建武元年令書有曰二親生離吉凶未分服喪則凶事未攄從吉則疑于不存心憂居素出自人情有如此者非官制之所

本朝故明給諫章裁益從賀循議也史稱賀氏自漢以来世傳慶氏禮而循為晉世
格庵于國亡之後哭
刋坟墓祝髮而去
儒宗朝廷疑滞皆諮之于循〻輙依經禮而對其為此議蓋深得
不知所向其子章
禮意至太興二年荀組議以二親陥没寇難萬無一冀者宜使依
無咎于龍山講學
之次流涕相質其
王法隨例行喪而庾蔚之折衷其說以為二親存亡未可知者宜
附先輩張南士徐
盡尋求之理尋求之理絶三年之外便宜婚宦徫嗣不可絶王政
仲山各咨嗟謂且
尋覔數載計先
不可廢故也猶宜以哀素自居待中壽而服之若賊平肆眚之後
生八十之年而服喪
以墓衣冠陸梯霞
尋覔無蹤跡跡者便宜制服似與賀循之議更為詳悉至唐德宗毋
亦以其兄出亡兄子
沈氏安史之亂陥賊不知所在代宗世賊平已久德宗即位猶遥
已舉進士不能淂
父所在而死諮于
上尊號遣使分求越至憲宗已歷四世禮官始案庾蔚之議舉哀
毛西河西河亦以
為其家人令具服
制服益以其中壽之服為是而不從其即便制服之説此古禮往
士喪若亡者則當計出亡時十二年後乃始招魂而葬之各服所應服之喪

事之可比例者也律與禮相為表裏不孝之條列于十惡内有匿喪之罪又有詐喪之罪蓋以祖父母父母未死而稱死或以祖父母父母舊喪為新喪皆同于詐即皆治以不孝之罪若親之存亡未卜執以為亡者將罪之以匿喪執以為存者又將罪之以詐喪均之不孝議律者將何所法守而可也且夫人之大倫惟君與父弟子員雖微亦朝廷之造士也既養之學宫升名宗伯輒復無故自甘廢黜名曰為父實無救于父而迹近忘君舉一廢百豈中庸之道乎許世子止親弒其父乃曰我預夫弒者不立其位夫不貪位者許止所以自解其弒父之奸也然聖人終不以不立位寬其弒父之罪彼不弒父者乃曰不立位者可以免責也是將與于許

止之甚者也昔衛輒拒父夫子猶食其養臣章通國皆稱不孝孟子亦與之遊孔孟豈不知禽獸之不可與同群哉君子以衆人望人則易從敝蹝天下惟舜為然以舜自責則可若以舜責人恐天下之如兆先者將責之不勝責也然則為兆先者宜柰何執禮秉律號泣陳情求析衷于在位之君子若不得請心憂居素以終其身如朱壽昌之罕御酒肉與人言輒流涕雖一生仕宦人猶以為孝也

○三皇五帝論

孔子刪書斷自唐虞而學者多言三皇五帝左史能讀墳典稱為博物夫子贊易首稱庖羲則唐虞以前聖人間作原有未可湮沒者也金仁山通鑑前編以尚書為據斷自唐堯以下陳氏子桱節取小司馬三皇本紀洎劉道原外紀溯自盤古迄于高辛述為通鑑外紀以冠金氏之編而渭上南氏、其語多不經書非傳信伏羲以前畧而弗存然巳氏之法傳聞異詞書既有載之擇善而從三古以前未可概以弗道也乃三皇五帝之名言人人殊未得其要三皇之號六藝一傳周禮為秦漢之經始有外史掌三皇五帝之書一語而不指其名杜預註左氏三墳五典以伏羲神農黃帝之書為三則三皇也以少昊顓頊高辛堯舜之書為五典則五帝也然神農黃帝皆號為帝不得稱皇秦博士有天皇地皇泰皇之語似信而可徵然天皇地皇並無名號功德可記而泰皇最貴之語後人論其故而不得則又易之以人皇然杪恍惚一無可從至梁武帝以伏羲神農燧人為三皇黃帝少昊帝嚳帝摯帝堯為五帝舜非三王亦非五帝與三王為四代則不經之談愈不可聽司馬貞史記既以伏羲女

媧炎帝為三皇而復存天皇地皇人皇之說摸稜而可迄無定見若五帝之號經傳多有於預之註五典本于孔安國書序厥後皇甫謐作帝王世紀蘇子由作古史鄭樵作通志皆祖其說而大戴禮家語所載則有黃帝而無少昊司馬遷本紀遂以黃帝為始後代亦宗之至宋五峰胡氏直以天皇地皇人皇為三皇而五帝則斷以孔子易大傳以伏羲神農黃帝堯舜為五帝論者以為不信傳而信經守而不可易然余獨以為未安者胡氏三皇之說取信于秦博士然秦博士所稱者秦皇無人皇人皇者司馬貞之言非秦博士之文

六日也孔子贊易偶舉為例中閒後聖有作包括甚夥豈
可盡畧且唐虞為盛並稱二帝未可兼三為五也然則三
皇五帝之說其孰從而定之曰上古應時稱號為皇為帝各
有其宜以三以五獨稱其盛伏羲以上為皇傳聞不一然實
有名號功德可記者盤古有巢燧人此三皇也五帝則較近
矣月令以太昊炎帝黃帝少昊顓頊五帝之德分配四時下
不可四上不可六雖出秦人之書適與孔子對康子之旨相合
此則其確不可易者也若高辛一代父子相繼而舜紹堯亦
為繼統猶之一姓子孫也堯舜自為二帝家語孔子亦嘗

言之則高辛一代自有世糸不得依附二帝之列矣雖然三皇五帝亦儒者約舉之詞猶後人之稱六朝五代云爾記事者信以傳信疑以傳疑編年紀月無容去取則亦不必過為區別可也此史例也

通俗宗祠議

禮之難行。由來久矣。成周之世。禮制大備。然康王之命畢公。已曰世祿之家。鮮克由禮。夫周禮專為世祿而制。古自天子以下。諸侯大夫士皆有祿。下士與庶人在官者。同農夫受田百畝。農之秀即為士。禮雖不下庶人。而文以義起。則以庶人行士禮。亦不為僭。焉。自井田廢。而農無恒產。封建廢。而官無常祿。則禮壞。自漢以庶人為天子。而諸侯大夫士皆出于庶人。則禮變。自是以後。升降無常。菀枯異候。有朝為庶人。而暮為公卿大夫士者。有朝為公卿大夫士。而暮為庶人者。有一人之身。而公卿大夫士。累時而歷者。有一門之族。而公卿大夫士。分戶而出者。人異其遇。家異其宜。議禮者。亦何守而可。夫禮莫大于喪祭。喪禮可以素位而行。祭禮不可以歷時而變。今之為公卿大夫士者其暫。而為庶人者其常。無已則且以庶人之事。通公卿大夫士之禮。古者別子為祖。繼別為宗。皆以諸侯次適。得姓受氏者為言。然周禮太宰宗以族得民。大宗伯以飲食之禮親宗族兄弟。則欲得民親族。辨其等而聯其情。必立宗而後可。古者立宗。以族人不得以其戚戚君。故為之別。混為貴屈也。今雖貴為公侯。亦不得以君臨族人。則宗子以賤領貴。亦貴屈于親。于義無損。但古者大宗必以適。重世爵也。今無爵可世。則當論其長。而不必拘于適。貴則謂之宗子。賤則謂之長支。主鬯合族。必稟以行。庶統緒明而可以長世。至立廟之制。天子七。諸侯五。大夫三。適士二。官師一。官師者。鄭註所謂中士下士也。今惟天子立七廟。間有世爵為公侯。俸入不足。無財不可以為說。則五廟或立或否焉。其為鄉大夫士者。遷徙升沉。家居日少。在其位。既不暇立。位黜則既立復當廢。進退無所據。于是鄉大夫士之家。[illegible]其故下從庶人之禮。而祭于寢。庶人禮不立廟。素封之家。亦往往不可以為說。然禮中士下士得立一廟。古雖一命為士。而又分為三等。若其在鄉曰秀士。升之司徒曰選士。升之學曰俊士。升之司馬曰進士。既皆以士名。即未命爵。亦當在下士之列。則今之遊于庠。入于國學。貢舉于鄉者。皆可以下士之禮行之。間立一廟。原未越禮。今之以為僭。而為之諱其名曰祠堂。曰宗堂。于禮無考。則又不如

竟名家廟之為當也第古者士必自立一廟今則力有不能而必
合一族之力以為之古者一廟專祀祖禰今既合一族之力以為
之則祇可以祀始祖而于三代私親不得不各祀于其寢此亦勢
之不得不然而于士立一廟庶人祭寢固可並行而不悖者也古
者廟在宅左今則鄉閭可以合族都邑反難萃處必于長支之家
闢堂藏主兼以長支三代私親并厠其中毋論長支無加不能任
合族之事而以合族助成與長支併祀私親言之不順且無以處之、
長支之絶無下士者故不若長支私親亦祀于其寢而家廟之制則
專以祀始祖其左則祀合族有爵位及有功德者為不祧之主其右
則祀合族十代祧主自高以上者若支庶之寢不得立始祖之主

青稜案
漢字誤

而長支之寢則得兼祀始祖以別大宗每歲元正月朔夏冬二至則于家廟行禮設祭餕餘燕私以收宗族春秋時薦則長支自祀始祖于其寢不合不燕不必兼及族人至支庶有事于始祖必請于長支而後行支子不祭明其宗也主鬯之禮則祭始祖必以長支尊祖之義也或族人有貴如公侯者則有加籩加獻所加之數以其人主辨分之等（義）也不祧之主則以爵尊者貴貴之義也祧主則以齒之尊者長長之義也慎守筦籥駿奔執事則以能而有品者賢賢之義也此所謂緣情因時從宜從俗之道也有謂祭始祖合祧主為僭諸侯禮者然漢（唐）賈公彥謂大夫之鬼薦于太祖壇士之鬼薦于廟則古者士廟固有去壇之鬼始祖祧主合為薦享之

禮且天子之太祖月祭諸侯時祭今去其春秋而止行于夏冬視諸侯殺其二自有差別抑又聞之士有田則祭無田則薦田者祿也今雖行禮之家自有祭田然非受之于君亦與無田者等則其所以奉歲事者薦而已不得言祭夫薦則何妨併及于諸鬼也哉若夫器用之多寡品物之煩簡則各隨其時之有無少而不至于闕豊而不及于僭奢儉中度去荒殺禮惟其稱與時而已如必待備物而後舉則若敖之鬼其不至于餒也者幾希

○續議

考明祖定制。凡品官俱許祀四代。庶人仍舊祀二代。至世廟復許庶人追祀始祖。則以士庶祭三代。即以曾祖當始祖。而家廟中祀始祖。原未為僭。蓋今制尚仍明制也。但始祖必以始遷之祖為主。此即鄭註所謂別子為祖。若始來此國者。後世以為祖之意。至庶姓起。為卿大夫。既非始。則不為祖。僅可列于有爵不祧之次。為五世則遷之小宗。而不可以與繼祖之長支比也。古者廟皆南向。主皆東向。則以夾室之制。在堂之東西廂。故藏主之向。以東為尊。有事則迎主而祭于堂。今家廟既隨地之宜。所居之寢。亦不能盡南向。且藏主別無異室。而惟各設一座。則不能以方為定。而但當中。

左右為次，如廟中則始祖居中，而祧與不祧之主，各以左右分昭穆，固無可疑者。惟在寢之主，既不祀始祖，而僅祀三代，朱子家禮以西為上，似由右而左；明祖制奉高祖居中，東第一龕曾祖而下以次而列于西，又似由左而右。第神道雖尚右，而先王左祖則原致如在之意，而以人道待其親，自當以左為尊，然或以為並列則有嫌于偶坐者，又不若以曾祖之主居中正向，而以祖考分左右昭穆。其品官祀及四代者，則竟以四代各分左右，而虛其中以避始祖，且無妨于忌晨專薦之禮，尤為得體。若祭必用牲，而庶人四時薦新，亦必侑以卵魚豚雁。俗乃有以素筵供祀事者，此乃浮屠氏之代犧牲之遺教，必不可從者也。宗子主鬯，以三獻為禮，有貴為公卿者。則加至五獻七五獻。其在三獻以上。以貴者主之。宗子不得與焉。為其因貴而加。非常典也。宗子不能任事。則或以貴而長者攝之。愚竊以為。以昆弟之貴且賢者輔之。皆可以通宗法之窮。古者將祭。必先卜日齋戒。今卜日則定于節序之前。後三日。或以筮祈諸祖考。無不可者。惟齋戒則七日之齋。今不能行。即三日亦難盡如古禮。或者。不飲酒。不茹葷。不弔喪。不聽樂。不預凶穢之事。如是者。三日。則亦可以預于祭矣。古者祭必主人主婦共之。今家廟為合族之地。男女或難同聚。祭寢則主婦之禮亦不可闕。廟祭牲殺而祭。寢則或沽于市。亦無不可者。喪祭從先祖。俗有可從。固不必据摭三禮遺文。以疵時王之制。而蹈反古之愆也。

通俗宗祠議 合

蘭谿唐君翼修篤行君子也傷時衰薄雅意復古報本反始之禮兢兢焉稽之于古既煩重難行從俗又多背謬乖舛因取管登之先生諸議暨毛大可先生所著廟制宗繹通俗譜屬余論定擇其便于俗簡而易行者輯以成篇余焉知禮意聊竊先民之緒餘未能免俗云爾

禮莫大于喪祭喪以哀為主祭以敬為主此禮之大本也然喪以送終隨分自盡逮身而止祭以追遠由父祖而上推而至于始祖其義無窮故祭禮之煩重甚于喪自三代以下官無常祿仕無常位古禮難行非獨典章之闕不講亦時勢使然也然則考祭禮于

今日不得不于俗禮之中求古禮之意而行之首在立宗宗法明則得民親族可以辨等而聯情但古者大宗必以適重世爵也今無爵可世則當論其長而不必拘于適貴則謂之宗子賤則謂之長支主鬯合族必稟以行庶統緒明而可以長世立廟之制禮天子七諸侯五大夫三適士二官師一官師者中士下士也古者一命為士而又分為三等其在鄉為秀士升之司徒曰選士升之學曰俊士升諸司馬曰進士既皆以士名即未命爵亦當在下士之列則今之遊于庠入于國學貢舉于鄉者皆可以下士之禮行之間立一廟原未越禮今必以為僭而為之諱其名曰祠堂曰宗堂于禮無考則又不如竟名家廟之為當也苐古者士必自立一廟

今則力有不能而必合一族之力以為之古者一廟專祀祖禰今既合一族之力以為之則祇可以祀始祖而于三代私親不得不各祀于其寢此亦勢之不得不然而于士立一廟庶人祭寢固可並行而不悖者也古者廟在宅左今則鄉閭可以合族都邑反難萃處必于長支之家闢堂藏主兼以長支三代私親并厠其中毋論長支無力不能任合族之事而以合族助成與長支併祀私親言之不順故不若長支私親亦祀于其寢而家廟耑以祀始祖其左則祀合族有爵位及有功德者為不祧之主其右則祀合族十代祧主自高以上者若支庶之寢不得立始祖之主而長支之寢則得祀始祖以別大宗每歲元正月朔夏冬二至則于家廟行禮設祭

餕餘燕私以收宗族春秋時薦則長支自祀始祖于其寢不合不燕不必兼及族人至支庶有事于始祖必請于長支而後行支子不祭明其宗也宗子主鬯以三獻為禮或族人有貴如公侯者則有加籩加獻所加之數以其人主辨分之義也不祧之主以爵尊者貴貴之義也祧主則以齒之尊者長長之義也慎守筦籥駿奔執事則以能而有品者賢賢之義也宗子不能任事則或以長而貴者攝之愚弱則以兄弟之賢且貴者輔之以通宗法之窮也此皆所謂緣情因時從宜從俗之道也有謂祭始祖合祧主為僭諸侯禮者然唐賈公彥謂大夫之鬼薦于太祖壇士之鬼薦于廟則古者士廟固有去壇之鬼始祖祧主合為薦享之禮且天子之太祖

月祭諸侯時祭今去其春秋而止行于夏冬視諸侯殺其二自有差等抑又聞之士有田則祭無田則薦田者祿也今雖行禮之家自有祭田然非受之于君亦與無田者等則其所以奉歲事者薦而已薦固不妨併及于諸鬼況考明祖定制凡品官俱許祀四代庶人仍舊祀二代世廟復許庶人追祀始祖則以士庶祭三代即以曾祖當始祖而家廟中祀始祖原未為僭但始祖必以當始遷之祖為主至庶姓起為卿大夫既非始則不為祖僅可列于有爵不祧之次為五世則遷之小宗而不可以與繼祖之長支比若其廟主之向則家廟既隨地之宜所居之寢亦不能盡南向不能如古禮以方為定而但當分中左右為次如廟中則始祖居中而祧

與不祧之主各以左右分昭穆固無可疑者惟在寢之主既不祀始祖而僅祀三代朱子家禮以西為上似由右而左明祖制奉高祖居中東第一龕曾祖而下以次而列于西又似由左而右然又有以為並列則嫌于偶坐者不若以高祖居中正向而以祖考分昭穆或祀及四代者則兩分左右而虛其中以避始祖三說于禮各有所據隨俗之宜亦無大悖若祭必用牲而庶人四時薦新亦必備以卵魚豚雁今即不能特殺有沽于市何為不可俗乃有以素筵供祀事者此浮屠麪代犧牲之遺教必不可從者也古者將祭必先卜日齋戒今卜日則定于節序之前後三日或以筊祈諸祖考猶存遺意惟齋戒則七日之齋今不能行即三日亦難盡如

古禮或者不飲酒不茹葷不弔喪不聽樂不預凶穢之事如是者三日則亦可以預于祭矣古者祭必主人主婦共之今家廟為合族之地男女或難同聚祭寢則主婦之禮亦不可闕廟祭之外古亦有墓祭雖無定時然春露秋霜如俗禮歲再舉行亦不為數若乃器用之多寡品物之煩簡則當各隨其力少而不至于闕豐而不及于僭奢儉中度凶荒殺禮惟其稱與時而已禮曰喪具稱家之有無即通此意于祭亦無不可也

天妃宮募續置義塚小引

凡事之草創者既定其規模必將繼續而光大之而後可以垂之永久傳于無窮此固非一朝一夕之故亦非一手一足之烈之所能為也吾鄉諸君既建天妃宮復以其餘貲置義塚一區蓋舉肇禋肆祀之禮則生者既可藉庇于神庥而廣掩骼埋胔之仁即死者亦可相安于窀穸其立意甚忠厚而其規模甚宏遠也顧曩者所置義塚既限于財復域于地分疆畫界川原無高下之規[illegible]松少鬱蔥之氣而凡春秋霜露之薦桂椒糈幣之獻亦復鋪陳無所棲托無依于是諸君更謀擴而充之將營高敞之地增其式廓廉

構數椽延僧焚修，可以安山靈、資冥福，此誠不可以緩。第公帑既難以轉移，羨餘亦所贏無幾。欲成善事，當藉同人。念諸君子闢草萊、斬荆棘，既已遺大投艱，成茲巨麗，而此區區一抔之土，不過泰嶽之微塵、江河之墜露耳。諸君子敦桑梓之誼，有匍匐之仁，慷慨衆擎，即囊擲一錢，可以工成不日。知諸君子自有同心，固無煩余之多此饒舌也。

募修福善庵小引

蘭谿福善庵肇建于康熙之三年，至四十有五年復起門楼，創大殿，式廓漸增，規制畧備。比年以來，祝融肆虐，馮夷號怒，旱魃為災，昏墊疾疫，歲儉時詘，主僧衣鉢無資，至潛鬻祀田以作清供，紺宮弗飾，幾有漂摇漫漶之虞。

今上御極之三年，時和年豊，舟車輻輳，吾鄉之挾筴而來者踵相接。其寄籍斯土者，則有東道主誼春正合四郡之戚黨雅集斯庵，談枌榆，道舊故，甚樂也。已而躊躇四顧，相視郊原，見周垣内外尚有餘地，可以構造寢室，為置臺榭。僉謀踴躍，慷慨樂輸，咄嗟之頃立辦百有數十金書之于籍土木之費固已畧具然而崇臺非一成之基珍裘非一狐之腋必藉衆美以觀厥成尚賴吾鄉諸君子源源繼至欵欵同心悉出囊篋之餘廣種福田之益使菩提有不夜之燈桑梓承萬年之蔭將見南郊梵宇與北郭琳宮同踞一方勝地則吾閩上下遊九郡形勢人物已盡托庇于蘭陰片土中豈不盛哉豈不美哉

陳煥章祭典小引

古人之祭莫重于父自七廟五廟而降有歲祭時祭月祭之差禮之詳且備者必以父為先由是而祖而高曾以至于始祖之所自出親遞降則禮亦遞殺此自仁率親之義也後人立家廟舉一姓之主通祔于祠每祭推一尊者為主其餘各以班行禮所祭者合族之祖而衆人之父不與焉所主祭者一父之子而他父之子不與焉是家廟立而人皆有祖而無父始知先王祭寢之義為不可易而後世家廟之立徒習禮文而未知禮意近于矯誣僭越者之所為也新安陳子煥章昆季六人既析其先人箸念其先人寢廟未立四時薦享牲器未備乃各出己貲公為

生息歲取其餘以供祀事所主者皇考而他祖則俟異日次第舉行此誠禮以義起孝莫大于嚴父之深意也余又考古人立宗之法別子為祖繼別為宗繼禰者為小宗煥章之祖始自新安僑居于婺此即別子之祖而煥章昆季于世次為繼禰之小宗則尤當以禰為重煥章此舉又得古人立宗遺意使其後人踵而行之自一世以至五世自五世以至于無窮繼繼繩繩勿替引之人皆有父而祭不遺親陳氏之興其未有艾乎

題徐千仞像贊

徐君千仞蘭江章林人也其生也吾未與之遊其没也吾乃得見其真也粹然者其貌豐然者其形淵然者其神也朝冠法服肅然而端坐者觀光而列上賓也生平懿行籍籍于月旦者梗槩可約畧而陳也少而岐嶷長而好修其束躬甚正而操行甚純也與人交無城府羣接荀令之香而飲公瑾之醇也家庭孝友怡怡聚順花蕚輝映樂一室之長春也至其任俠自喜慷慨好施翩翩不富以其鄰也周人之急成人之美俾寡者有所配而鰥者賴以為姻也閉門却掃抱膝長吟兼參軍之俊逸開府之清新也座上客滿

有酒盈樽得吏部之雅趣漉陶令之葛巾也傳經有子能業其家鳳毛麟趾自振振也宅相濟美蔚為國華渭陽之誼猶將永好于秦也仰瞻道貌若添頰上之三毛子子孫孫不啻親承其笑與顰也贊之者誰瀫江舊尹客于浙而家于閩也

章磻溪像賛 併序

歲在乙巳月紀黃鐘余將言歸明經章君璥儒來叙别因出其太翁磻溪先生暨太母黄老安人遺像示余蓋其兩尊人八袠雙壽時所寫當日者皤然二老黄髮齊眉坐于堂上膝下五桂兩孝廉兩青衿捧觴左右孫曾林立斑斕盈庭可謂極一時之盛今追維往事忽忽已三十年璥儒捧像欷歔余竦立瞻仰見其道貌邃然不減古之隱君子盛德獲福積厚流光徵之所聞良不虚諸先生序賛亦既詳哉言之矣余又考其軼事先生少年時早已立心正大舉動不苟嘗有曰男子之行秘不以告人人亦少知之者故臚其事實多不及其庭訓之語惟諸子得聞

如建宗祠置祭田以祀外王父種種善事皆遵先生命而行弗敢隕越至于尊敬讀書之士隆禮師儒必誠必信故諸子孫咸知尊師取友學業有成此先生之所以壽而康熾而昌者其內行誠修非苟為而已也余與先生諸子遊兩孝廉先已謝世敬儒以青衿食餼需次歲薦亦越十年行將仕矣日月逾邁惟盛德音容久而彌彰雲山之想能無慨然乃為之贊曰

全城世胄濲水名賢潛修畜德循理樂天幽人素履言法行傳鶴鳴于野龍乃在田皤皤黃髮偕老齊年流光篤慶戩穀連綿式瞻遺像道貌巍然先民有則景行在前

復張銘軒見贈跋語駢句

玉川勝地氣接甌閩珂里名家歡諧秦晉屬履端而敦好藉具邇以淹留時則節届上元燈張午夜星橋十丈蟠成五采之文火樹千枝聯為一字之陣東隣賜酺瑞見醉人北海開尊謬叨上客皆盈冠履全貂垂七葉之榮座溢琳瑯青錢盡萬選之美肆筵設席擬象三台接膝高談更逢二妙組風織雅無非燕國鴻裁躡月探天盡是西銘秘旨夜闌更秉燭驚聞綺麗當筵杯乾自可添不覺醇醪盡醉雅懷春宴傳來李白佳章漫興詩篇愧非陶謝巨手謬承奬借過辱褒揚詞費推敲幸瓦礫之居後韻難競病慚珠玉之

在前欲求點鐵之工上塵法眼反錫唾璣之譽重見錦心七字長城既掣鯨于碧海六朝麗句尤擲地作金聲頻來琬琰之投殊乏瓊瑤之報永把過日敢拜下風

迎蘭谿張令啓

伏以郎宿揺光百里共瞻舃影福星莅極萬家遥聽車声披霧有期望雲弥切恭惟某官鳳池世胄江左名宗一柱擎天望重千秋宰鑑片詞擲地奎騰萬選青錢早試新硎隴上梅花種遍秦中大地再觀游及瀫江蘭舊重栽浙水名區生民急藉循良劇邑允資才哲絃歌之化自洽卿圻經濟之猷佇聞宸陛某鉛刀末技樗櫟菲材學製未能愧三年之報績翹霖有待喜一日之來蘇蹻躍登龍追隨竹馬伏願雨旱隨車風先入座星軺戾止欣瞻旭日之光綵鷁飛來快覩陽春之化執鞭所慕把臂為榮肅達一函代申九頓

伏祈丙鑒曷勝寅瞻

迎新任蘭谿許令啓

伏以寶婺騰輝，仙吏光來天際；春蘭擢秀，令君香滿城中。父老懽迎，兒童忭舞。恭惟其官名高東箭，望重南金。人士權衡，推汝南之月旦；朝廷柱石，紹靈寶之風規。手裏運五丁，遂跨月梯擬桂；胸中羅二酉，早登閬苑看花。鳧影齊飛，初覩雲間雙舄；鶴聲自舞，新携月下一琴。百里暫借大賢，三年聊看小試。無襦有袴，歌廉范以來遲；馴雉驅蝗，爲魯恭而表異。此日喧道傍竹馬，他年佩殿上金魚。

其樗櫟散材，椰蒲弱質。淵源一派，慙荒孝感之庄；潦倒三年，久滯瀫江之水。深幸福星來照，得承甘雨相隨。敬憑鯉牘，肅迓龍旌。伏願露冕遄臨，星軺夙駕。河陽花影，盡騰萬姓之歡；南國棠陰，行晉

三公之位惟祈丙鑒昌蹙寅私

候福建提學御史楊啓

恭惟某官清時異寳盛世珪璋擅三絕之奇才胸羅星斗表四知之雅操心在冰壷栢府宣威久作朝陽鳴鳳藩宫造士先來泮水飛鴞起八代之文章昌黎再遇開七閩之風氣觀察重來引蜀秤以居心手有千鈞之力懸秦銅以照膽目無五色之迷月鑑澄空裁稿公門飛李霜鐘遠徹拔建蔀屋茅茹卓然人倫之師久矣斯文有主具閩南腐儒滸東小吏聞周王之邁莫效燕徒覩魯侯之旂未親色笑遠傳譽髦之祝慶芝棠陰載賡德造之章次深梓里敢介通門之好用將尺素之衷仰企龍光可勝翹戴

迎浙撫朱同年（可亭）啓

伏以憲府弘開光動湖山之色中臺望重榮添江海之波嚴鎖鑰于北門爰借萊公夙德蒞車旂于南國允資方叔鴻猷翹首五雲馳神萬里恭惟　某官鶴山鍾秀鳳嶺騰輝玉海全山首擢西江之桂琢珪組錦聯看上苑之花聲名在鳳池霞采久標于金馬敷陳近螭陛羽儀獨冠乎銀臺名德夙孚帝心簡在念兩浙桑麻被野實東南財賦之鄉而比歲鴻雁時鳴屬秋夏災傷之後專咨九列撫循一方衮衣繡裳借哲人于臺閣朱旗絳節資文學以保釐天目峯前擁翔鸞而開節鎮錢塘渡口騰白馬而閱江潮光被西泠瑞氣印三潭之月

惠覃東海祥風披百尺之樓衆切瞻星民歌來暮璽書映紫望郎雨
以膏苗旌節臨毋跋甘棠之憩息其忝附末譜素仰清光況墮塗炭
之中已踰一紀遥企雲霄之上幸得二天越石執鞭眾因喜逢晏子
夢陽書紙望救惟待對山敬遣小豚恭迓綠鷂虔修鯉素用達蟻衷
伏願黃鉞遥臨彤牙蚤貢陽春廣被不獨近水樓臺福曜齊輝立登
比户衽席快覩勳高玉燭佇看名重金甌曷罄寅私惟祈丙照

迎浙江法撫院啓代

伏以棨戟弘開澤國重保釐之寄節鉞新建南邦資奠定之猷喜溢班聯歡騰士庶恭惟某官淵朝柱石盛世笙鏞椒殿懿親甥舅洽姬姜之好木天重望伯仲見伊呂之英建節粵東功不數乎樓船下瀨持衡江左名兼重乎觀察歐陽冰壺早澈乎三吳牙旌旋移乎兩浙梅花迎綵鷁春生檇李之波雪色映琱戈先煥吳山之影歌深夾𢿱慶洽臚雲某樗櫟菲材愧戢駑駘下乘幸叨覆庇得附屬員不勝志切葵傾思執鞭而恐後第緣匏繫職欲負弩而未能敬泐專函肅叩憲駕伏願星軺早賁浹蒸黎霖雨之恩雲蓋遄飛慰吳越陽春之望

謝少司寇張桐城啓

伏以白雲澤沛寬平偕驛馬星流冊筆春回明允援金鷄樹動枯菌頓起涸轍猶歡恭惟 某官 皖國名宗沙堤貴胄絲綸世掌洵推濟美五公劔履家傳允羨叨封七葉穩雄文而獻賦選中青錢出偉畧以籌謨秘從黃石校書天祿藜輝弘四表之光染翰鑾坡蓮炬調太平之燭號比門而兼南省二美先榮歷春秩以晉秋卿三臺清肅羣仰持平之尉天下民以無冤共傳爲政之歌海内刑幾可措某久傾山斗未謁庭堦閩海監儒遥想曲江丰度浙東逋吏曾聞麟閣箕裘愧非製錦之才謬附心勞政拙坐致捉襟之誚終

成附露愆隨吏議重三千條覆盂莫照羈棲嶽二十載稽地誰呼雖承蘭譜之援蠲昭雪幸邀電鑒豈知棘庭之平反回天祇賴恩全鮑叔釋囚竟無分金之素對山救我不煩片紙之投脫累生還此日得慰首丘之望竭誠圖報他年敢忘結草之思伏願鵲印成文繼美珂鳴世業鳩鈎環帶揚休毓卜家風敬藉豚兒代伸泥首虔修鯉素用表私衷莫罄寅悰惟祈丙鑒

遂安縣徵修縣誌啓代

國家治平日久採風不廢于輶軒都邑文獻足徵記事當勤于珥筆蓋十年生聚十年教訓歷三紀而仁已深所見異詞所聞異詞不一書而義可悉維兹遂邑自晉開疆土宇版章建國越二千年之久幅員遼濶編圖積六十里之遥循代以來幸斯文之大備按籍而考知舊典之皆存溯述作于前朝由嘉靖以至萬曆經三修而益彰備美迨考訂于　昭代自癸丑以及癸亥越十載而彌著精詳自是以來未之或繼維三十年中湛恩汪濊　九重之膏雨頻施而十一科內賢才奮興一時之鳳蛟並起水旱罕作即霧山

女宿亦共奠其清寧户口日增雖白叟黄童皆相安于含鼓惟極
盛斯為可繼而有美乃在必傳某一泣名邦五經寒暑視已成事
常借鑑于前人立不朽功業有傳于來者願與此都之君子共蒐
上國之遺文頤廣厦于章必取材于鄧林之圃而聚裘一腋尤擇
毛于粹白之場是用廣徵以資討論或傳疑傳信得諸故老所聞
或大經大猷埀于鄉校之議或節廉忠孝有未發之幽光或食貨
師田有必傳之美政或徵長片技堪入作者之林或斷碣殘碑已
膾名公之口各宜投赴舘局毋或珍秘襲藏借潤色于名儒公是
公非不忘三代之直道出俸餘為剞劂守先待後可備一邑之全

文庶幾褚先生之補編堪續漢史而宋子京之新筆亦號唐書此日各抒三長共成千秋盛事他年重修一統早儲九土弘規懸鐸而求簪筆以待

詳文

為詳明續修縣誌請賜頒發序文以光盛治以廣憲仁事切照三長著美史官司賞罰之權九土分疆地志著沿革之制頗採風問俗必考記載為有徵而納價陳詩亦審貞淫而布化欽惟我

皇上久道化成湛恩澤溥山陬海澨悉沐雨露之施蔀屋窮簷咸被日月之照蠲租賜復民歌擊壤之風解網緩刑户有歌衢之祝菁莪

棫樸壽考以弘作人翹楚錯薪江漢不求游女萬家煙火生齒服
耕鑿之常百歲嬉遊老者飽肉帛之賜際茲三登之世雖巍巍盛
德民無能名而屬在一統之中即皞皞王風書不可闕其承之遂
邑將及六年夙夜俻貟已經兩考查邑中前後諸誌考訂者止于
二十二年而邇來盛美必傳闕畧者將及三十餘載若不及今修
補必致日久遺亡况復逢　憲臺整飭屬員咸凞庶績加新頒
恩詔諮謀利弊搜訪遺賢某敢不淬厲精心勤宣德意念禁絕火耗革
除陋規乃臣子守職之當然即講讀　上諭開設義學亦奉行文
教之常事欲志盛治于不朽惟資記載之成書現在延訪儒紳廣

搜文獻上稽舊誌續為纂修但僻壤遐陬既同被冠裳之化而信今行遠尤必須琬琰之章相應詳請賜之鴻文弁于首簡使日星炳煥垂巨麗于千秋金玉相章流英華于百世則下邑藉兹以生色末吏亦與有榮施矣

鄉賢呈詞 林特芳曾祖

為名德久彰潛幽未顯乞采輿論之公以弘崇祀之典事竊惟尊奬師儒乃　聖世右文之化闡揚賢德實斯人直道之行故典秩瞽宗粢菜既尊乎先聖而禮隆右饗配食必舉乎名賢伏見前明進士雲南布政使林諱某者吳航世家玉泉望族深中夙敏早傳佳器之稱風格高標擅有南金之譽内行敦篤共數江夏之黄童至性孝恭不愧今世之曾子挾雕龍之妙技圓則璧而方則珪出繡虎之鴻材珠有聲而玉有價蕊榜開從天上已看南省之花形騶出自禁中復濯曲江之錦試宰鉅邑報最首著循良入佐臺郎

桼幕更瞻風來一麾望重出守開嶺海之天三錫功高廉使肅桄榔之雨種冦公之竹奕世常青讀諸葛之碑南民共畏旋以異等晉秩滇藩屬世廟之末年任分宜以執政青詞雨露徧分狎客之榮紫塞風波益長元臣之燄公當入臺之日已懷去佞之思牿用童牛早疑白眼推惟為虺預見毋誠頤曲突之謀未經采擇而折焉之忌復肆尋讎哲以保身共惜掉頭之孔父幾能先覺竟為避世之逢萌緑野芳樽三徑只餘松菊角巾私第四壁僅有琴書衆仰東山為蒼生而不起羣瞻北斗奉先輩以知歸陶靖節之清風鄉邦共仰鄧芑夫之樂趣孺婦咸欽著道範于生前已識樂天之院

垂芳規于身後猶表鄭公之鄉某等梓里後生景行先哲念君子之澤尚五世而非遥即匹夫之行亦一言而可法追兹舊德敢壅

上聞幸逢　某官東魯儒宗南閩師表冰壺朗鑑繼觀察之高踪玉尺持衡重山公之雅望斯文將起潛德待揚理合備具事實公同籲請伏乞垂察鄉評重賜論定批允送主入祀鄉賢使一代儒林得分榮于俎豆而千秋鉅典永垂重于膠庠名教增光誦聲不朽

與[illegible]德[illegible]書

僕自解組以來羈留察罪四載于茲惟足下枉用相存無間晨夕古道照人迥異時輩甚厚〻〻邇者足下雅懷利濟刻意興復議欲重建浮梁以通往來累次造謀要僕襄事重以芳訊下辱諄復切懇在足下之意徒以浮梁之改為義渡始于僕手欲以此為晚蓋之圖為僕者甚深愛僕者甚至然不知浮梁之廢僕固不任受罪而今日再舉僕亦萬〻不可與是役也考浮梁始作于宋紹興中至今五百餘年其間旋廢旋興大抵有橋之日少無橋之日多毀之易而成之難也自古然矣然其建之也有出之官俸之餘者有得之顯紳富民倡義捐募合衆力而為之者有上其事于朝派

之通邑民任其事而官責其成者　本朝李公重建之後而河西六十四都之民始偏受其害或修或造差科比歛有踰常賦河西之民痛心疾首不利于有此橋也蓋非一朝一夕之故特敢怒而不敢言或呼之而不應耳己卯之水數十年未有之災也昏墊乍離呻吟未息復欲妄興大作責之鳩鵠孑遺民力何堪即或拘守成例憑長吏之威恣其敲朴亦可以草率卒事要譽衒能然何忍天災之後重以人禍水濡之餘繼以火烈使分甘者德我之恩而使破家者詛我之酷也則浮梁之暫改為義渡亦時勢之不得不然而非僕之輕壞古法況使此橋自紹興以來五百年間未曾有廢々之自僕始僕固難辭其罪乃宋元及明改為渡者歷年多于

橋之半川僕亦設渡夫亦猶行古之道革近今之弊政而非變前人之舊章也長民者因時立法苟有利于民死生以之豈浔狥畀ゝ衆口苟且容悅重剥民以自為功乎且僕原非有意于廢浮梁也河西之民積怨深怒惟恐此橋復作必欲剗除根株無俾育種故雖以無害之鐵索併議銷之陳諸上司就謀私室始怵以威終啖以利僕毅然保護反覆播告以為留此饟羊尚可望興復之一綫若併泯此迹後人益難稽求此通邑之所共知此亦可以諒僕之素心矣比年以來　皇仁浩蕩賜復蠲租大有屢登元氣已復又值廉能在位有為有守足下能倡邑中縉紳先生好義君子相與翊贊當事斟酌施行奔走後先修舉廢墜固易為力至如僕廢

黜之罪臣非有守土之責也淹留之羈旅非負鄉國之望也事有
美而非所宜為者賢母婦妻之言毋乃為識者所笑乎古人不在
其位不謀其政又曰我躬不閱皇卹我後僕罪人也身家之不卹
又何敢仰首伸眉與國邑之大政乎如曰始謀不臧尚圖晚蓋則
僕待罪三年舉動不當為尤多矣焉得每人而悅之又安得事事
而蓋之然僕尤有杞人之憂不得不為高明籌者從來議事之人
易任事之人難前者義渡之役董事者不塞人望至今浮言未已
今若動大衆舉大事必慎選所與精白一心義利之念不可並存
始克有濟不然將使笑人者轉而為人所笑則又不如苟安目前
且圖保義渡於不替是亦因陋就簡平易近人之一道也俗冗未

皇緩于求答茲略陳固陋惟足下裁之

○與毛西河書

日者待罪蕭邑，得望見顏色，光霽之依，未嘗去懷。自涖事日淺，量移蘭江，奔走風塵，刻無寧晷，又值先君之變，受累至今，身命無着，未遑一通尺素，時候起居，然旦夕神交，無日不深斗山之仰也。晚少愚昧失學，僻海之鄉，又無師友可以質問，蹉跎至今，年四十矣，猶無聞焉。近在唐君翼修處得讀先生全集，驚惶愧悚，始知三代秦漢以來，斯文長夜，至今始旦，擇焉而精，語焉而詳，乃不知有漢，何論宋明。世之僅以鴻博推重者，猶為皮相也。前承教西河文選

僅當一臠倘蒙不棄愚陋獲賜全集全刻俾得朝夕
講誦奉為典型則奉承教益不啻提命之造就功是敢有
謏更有鄙見數條併錄請正伏祈賜以明示開誘顓愚
先生無類之教當亦不罪其唐突也
一格物而字早歲讀程朱註解竊疑如此格物將白首鑽
研難言知至遑門誠正修齊若格正物歟又遺却在外
一邊即或解作至或解作來物未有當令先生以物為
即物有本末之物誠為特見但將格字解為量度雖
較簡明然愚意以為上言致知而下言知至以致字屬

用功語有成功言知致則其義不通故特改至字若格物之格原與誠正齊修同一體字義可虛可實可作用功亦可作成功今言量度物則可言物量度則不可恐此二字只可解格物而不可解物格未識此外更有別解否唯先生裁之

一英宗復辟先生謂失國之君不得再主大器竊意春秋凡諸侯出奔者其復歸國聖人皆不絕其位若曹伯襄衛侯鄭曹伯負芻為伯主所執與英宗受辱強敵事可彷彿即其復歸亦無異詞而晋夷吾蔡獻舞見獲

而歸經并不書復入周之襄王敬王居鄭居翟泉仍書天王為共主諱并不以失國之言辭之似失國者原有復位之義如以景帝已即大位不宜再居藩邸古天子而為人臣者甚多亡國之君勿論即如昌邑王亦已即位踰月塟昭帝矣被廢復還昌邑于漢宣無嫌也且晏子有言人君為社稷死則死之為社稷亡則亡之英宗雖多行不義寵用奄人然土木之役乃門庭之寇利用禦之不幸兵敗身辱與荒淫遊畋自底滅亡者又當殊科昔夏太康畋洛弗返夷羿篡竊厥弟五人哀怨作歌聖人取焉景帝

而知此義則易儲禁錮之事必不肯行其監國而即真
即真而易儲或未必盡出太后之意蓋早以懷愍徽欽
待其兄而不虞其返之速也大抵富貴溺人投鼠忌器骨
肉之際人所難言于公雖賢豈易　心此固不足為盛德之
累令先生所議可以戒為君而不可以教為臣可以責人兄
而不可以勸人弟未知其有當于高深否
一三代以後而漢人才最盛意其選舉之法最為近古馬
班作史並未誌及其詳可得聞歟隋唐以詩賦取士而鄙
枚馬楊蘇李鄴下之製寥寥難繼宋明以經義取士求

如馬鄭向歆、董醇賈茂之儒曠世無有也豈古今人之不相及抑上作之而下不應耶漢唐不言理學經術即理學也宋明分經術理學為二而究無一當將博文約禮果為兩事而多學而識者終難語于一貫乎王氏新法誤國當時變更已盡獨帖括一事尚遵至今意者秦城隋河果為萬世之利歟古者有德必有言然又云不以言舉人今欲如漢代賢良方正孝廉茂才之舉能無免于膠柱鼓瑟之弊歟先生學古而通經世之故其必有以教之

一歷朝兵制獨推唐府兵為近古然不再傳而其法已變

意實有不便于行者或行之而不得其道歟明之衛軍亦彷屯田之制然其後日以廢弛至無一兵古者寓兵于農之法固真不可行也然自古名將及通世務者又往往皆以屯田為急此其于經濟之故果切實而有用歟夫居重馭輕强幹弱枝則期門羽林神策禁廂諸軍原當獨重而邊塞海防亦稱重鎮寡則亦弱多則為患自漢至今其得失之故有可約畧指数者唯先生幸而教之

一唐憲宗即位禮儀使奏曾太皇太后沈氏歲月滋久迎訪理絶按晋庾蔚之議尋求三年之外俟中壽而服之請以

大行皇帝啓攢宮日皇帝帥百官舉哀即以其日為忌從之此事果無悖典禮與晉庾蔚之議未得其詳唯先生明以示之

附回書

老父臺以超代名賢俯莅下邑殘年蔀屋倖邀光被且冀于撝絃之暇得時時請教益我未足乃不虞事出意外轉盼之間奪怙恃去至今思及尚抱餘憾特治當趨承時負弩執鞭猶不失後先之節今八十有三歲目盲足痿直癈人矣雖時懷舊故竊聆起居知儼然憂服尚有民瘼

轇輵非不關切而闕于通候乃謬荷垂問千里謞謞感何可言拙集陸續付刻尚未完卷即經集已成帙尚有中庸說五卷聖門釋非錄四卷逸箋索解四卷未經補入蒙不棄唉昧遠道詢及謹以裝成四函藉來郵呈請教益至于別詢四條則耄老荒忽兼之心力不能精進惟駁正之每念經學久晦當世雖不乏才士而留心六學者並無一二老父臺先生家法淵源加之上天篤生之資當此盛年早已通籍長此民物則不惟舉藝可捐即斯世功名亦可略置度外出班范之才而兼馬鄭之學前闡聖教

後惠末哲經術經濟統成聖學非先生分内事乎治年老無成日望海内賢哲昌明此事上下千百年縱横十萬里非典記其誰與歸珍重、、[redacted]切、、

僕生平説經最忌杜撰既識大學有原本則其觧原本信不可妄出臆見故以格物為格物有本末之物此係元儒黎立武并明儒王心齋所説特格字未明因引文選註倉頡篇及宋廣韻量度之訓以合其義非敢杜撰也今典記謂誠正修齊諸字俱兼用功與成功為言格物是用功物格即是成功恐量度二字但可用功而不可功成此真體驗之最細

者如此則何患六經尚隱晦乎特愚意謂用功（成功）只此一事略顛倒閒未然是用功已然即是功成未量度則需量度曰格物既量度則已量度矣物格矣知至亦然經文偶易此字耳致知之致未嘗不可顛倒不必知致便于功成有難通也章句訓格作窮致豈物窮致亦難通乎況量度是格字詁義若恐有碍則仍以格字當之如尚書格于皇天孔註訓至字然至于皇天稍未安則仍曰格天其于經義未嘗謬也故修齊治平假以訓詁顛倒之則修者飾也治者攻也理也齊者整飭也平者均也辯治也謂

身飾國攻固不可然謂家整齊天下辦治究亦難安不知此自有大文無容慮耳或曰審字有究度之義以審字轉訓量度則顛倒俱了此則如來諭所云别解之法至又諭格正物欲遺却在外則物不是欲正欲即又侵誠意功矣若博物窮理則在誠正修中未嘗稍遺但不立名目耳必獨立一名目始不遺外則又須補格物矣此兩騎之解反不可不致辦者惟鑒之

若英宗復辟之事千古創見既無成法可遵又無往事可為引據僕準古酌今參攷典制似于古禮令情不大

遶咈及讀來詢則自恨言之不達致煩更端然又不得不重理前說者僕所云失國之君不得再主神器此為英宗言之非為凡為君者言之也從古無天子失國而再復辟者有之自英宗始故為英宗作此言若凡為君者則太王失國興八百之業紀侯大去其國夫子標二十三條于簡書而為之哀之豈肯漫然作妄言者祇以英宗本清狂不惠幸而被擄一年幽閉七年蓬心漸忘庶得善後然猶甫復辟而即復王振之官刻像招魂造祠賜衣題曰旌忠以致毛里孛羅邊患大起萬一景泰帝早讓則聖質如初內而

曹吉石亨外而也先伯顏中外牽掣無七年之安而有一十六年之擾國祚可幾乎故曰瘡痍未復斷不得再言祁嚚若夫春秋失君皆列國爭勝與此不合即其間秦獲晋侯與晋執曹衛之君無非私怨然且荆楚猾亂時事大變以此比例則又枘鑿之甚者至于周王出居則並未失國其不在此數更可諒也乃僕謂景皇帝不得讓位者使居南宫耶則英宗可稱上皇景皇帝不得稱上皇使出居藩邸耶則世有潛龍舊府並無飛龍再潛之新藩府此亦古來未有之事不特魏晋六朝亡國安置諸

君儗非其倫即靈武正位上皇返國其危險順逆亦大相懸
絕因斟酌再三而為此言乃典記引昌邑事謂昌邑即位
踰月已塟昭帝亦被廢還昌邑則廢立之際予奪生
殺俱非此比當時引故制謂放廢之典當屏逐遠方幾
出之漢中房陵何論故邸況昌邑入嗣未踰月也昭帝以
元平元年四月崩六月而塟而昌邑以六月入嗣則正當未
塟之際故迎立之辭曰請王典喪奏廢之辭曰大行在前
殿然且即位柩二十七日縱使即位塟昭帝同在此月已不
能越天子七虞之祭則其被廢時既不踰月又未釋塟

服朝享祭朔並不一經此與公羊所云未踰年不成君蔡
雍所云殤帝質帝沖帝皆以即位不踰年而不入太廟
者已自河漢況其以天子而居藩邸則大有間也至于太
康失國尚書録五子之歌則嶽欽被虜群臣箋奏諱
敢禁其念二聖者此固不待言也若夫易儲一事則前言
甚倫不必再贅向非知我下問則鄙意未了未免[illegible]人
臣人弟間似有偏滯此則頓首所敬謝者
選士之法兩漢至唐宋皆得三代遺意惟元明特變舊
制頗為未當若謂馬班作史不具漢法則但不云一選舉

志耳其說未嘗不詳也大抵三代選士或以言揚或以行舉
如大司徒三物教萬民即是行樂正崇四術即是文然又
兼試舉兩端如鄉論秀司徒論秀大樂正論秀即是
試其論而升之司徒又升之司馬即是舉是言行與學試
原合一也漢後並遵古法而初分試舉為二惠帝詔舉
人孝悌力田者復其身高后置孝悌官此耑是舉也文
帝詔親策賢良而納以言則專是試也且又分經文與
雜文為二初郡國開四科曰經中博士又增甲乙科曰儒
者試經學則專試經文四科又曰文中御史甲乙科又曰

文吏試章奏則嵩試襍文然且三代試士原有司馬辨材
内史書貳二法而漢以臨軒策士天子親試者為制科
書貳之法以郡國計偕公府課録者為諸科當辨材之法
自魏晋六朝隋唐以至于宋或損或益未嘗改也是選士
一法莫詳于漢馬班范三史雖無選舉志不得闕也且
亦無不可行也
若云隋唐以詩賦取士則此亦襍文之一然其于經學反
加親切嘗讀裴度中和節詔賜公卿尺試題有云頒
續延洪壽千春奉聖躬世都不解延洪二字至今人無

學註云廷洪疑南山之誤烏知此是經句大誥云天降割
于我家不少句廷洪句惟我幼沖人此本是錯所讀孔安國
遵之以註經者爾雅釋經曰廷長也洪大也自宋蔡沈作
註以不少廷句洪惟連下讀遂失此義今經生知之乎又中
庸蒲盧本是蜾蠃以盧非蘆也且家語毛詩爾雅俱有
明註而今已不識矣乃讀韓偓安貧詩有云窓隙日光飛
野馬案頭筠管長蒲盧則筆管螟蛉窓櫺塵影書
齋儼然也又其大者今人誰不曰太極圖係陳摶授乎然
不知所出乃陳子昂感遇詩云太極生天地三元感廢興

至精諒斯在三五誰能徼則陳摶之太極三圖即道藏
元品中三元圖也其五行五圖即魏伯陽參同契中二
五至精圖也然則詩賦家亦知經矣
至于經術理學可合可（分然）而博文約禮與多學而識則全非
一貫曾子一貫只是忠恕子貢一貫只是恕大學有諸己
求諸人中庸施諸己而不願亦勿施于人揔只是恕在此與
選士無涉姑無論矣
若云王氏帖括遵行至今則千古寃枉又不可不暴白者
王氏何嘗造帖括乎今之八比則何嘗是帖括乎帖括造

于唐代名曰帖經自尚書周易毛詩三禮春秋諸、、經外文有孝經論語爾雅諸小經試時取其所習經文、掩其兩端中間唯留一行乃裁紙為帖而標三字于其中或、加四字五字使經生添補上下之字不悞者為中式或一帖兩帖然後又問經義問畢然後又試策或試詩賦是所云帖括經義者唐人試經學之法在試文試詩賦之先其法未嘗不善也王氏變法但以經義多襲舊訓詁而自作王氏章句使諸生習之以應試不特與括帖無與其于八比且毫釐不相干也自元初承金舊習以曲子取士至仁宗元祐二年、乃

辟去曲子始造鄉試舉人一科造立四書為一經然仍名
曰書造書義程式自破題接題小講官題入題大講[illegible]
講原經結尾而以對偶行之名曰八比不特古學荒落即
漢唐以來經學所云策經問經詁經貼經者亦茫然不
解是選士諸法至元一變而有明實遵行之然且明儒無學
不知所自來謬以元人王克耘所造八比因王氏相溷言[illegible]安
石致選文家偽作安石八比以實其說今且遍作歐曾二
蘇多篇彙異鼠白晝行矣雖　聖天子御世曾于康熙甲
辰丁未兩科已經廢斥而終不能去典記大學[illegible]　八所當

大為講析以明選法以救經學此非鄙見所敢言亦至于元試曲子則明初王宋輩作元史者苦于少識竟芟抹其事向非寧藩涵虛子搜得元初十二科取士遺録則蹤影俱絶此又史書之訛舛不足道也

若夫賢良方正與孝廉茂才則一試一舉前已言之但賢良諸科俱係天子自試歷代更名如唐之文經邦國博通墳典宋之博學宏詞才識兼茂等皆天子自試皆名制科與明經進士相間而行二千餘年不絶于世而元明二代無之然且錯認賢良諸科為薦舉明代薦舉以

並不考試觚之不觚名且亂矣此亦選法一大得失所名儒加証定者若漢唐諸法苟能損益無不可行古云有治人無治法凡制皆然不止此數也

若唐憲宗定沈太后發哀之事則亡于禮者之禮在曾子問變禮之外大抵魏晋以後頻涉喪亂多意外難處之變因之賀循庾蔚輩每舉變禮此惟杜氏通典頗言其説然未見全書僕未能舉似其文要之于禮自不謬耳往故明給諫章格庵于國亡之後哭別坟墓祝髮而去不知所向其子〻章無咎于龍山講學之次流涕相[illegible]顧其時

張南士徐仲山各咨嗟謂且尋覓數載計先生八十七年而服喪以葬衣冠正庚説也後陸梯霞亦以其兄出下兄子已舉進士不能得父所在而死曾以諮予予亦以為其家人令且服進士喪若亡者則當計出時十二年後乃始招魂而葬之各服所應服之喪此亦隱附庚氏之言惟并正之

與童海樹書

薜署得親芝宇兼領大教深服足下少年英發卓品軼群自是玉堂中物別後江雲渭樹之感日切于懷新安再晤重承過許屬以宗譜叙文自愧筆墨荒廢不能仰付台命乃復荷手札遠逮叙述源流兼抒崇論洋洋灑灑已為絕妙大文靈光殿賦規模盡善何須改易謹採擇大意參以末議録呈請正惟祈郢削幸甚幸甚所列凡例謹嚴精當不減歐蘇微欲商者如婦人之子再醮夫名下不載止書于子女名下夫不為伋也妻則不為白也母未有無妻而

子者似應仍于夫名下書妻某氏生子某而出尤爲[illegible]
又女聘而未嫁者書字此誤則舉世皆莫知其故按易
女子貞不字漢疏皆解作孕字之字至朱子本義始以字
爲許嫁而引禮女子許嫁笄而字爲証殊不知禮之所
謂字乃名字之字女子未許嫁則稱名如晉惠公女名妾
秦穆姬女簡璧是也已許嫁則稱字如魯之伯姬叔姬是
也若以字爲許嫁則上既云女子許嫁又曰笄[illegible]許嫁成
何文理且禮之上又有男子二十冠而字將毋男子亦許嫁
耶許嫁二字本屬經文即以此立名未爲不可似不必從

俗書作字字至于遷徙移原無大別境內則仍不以鄉似不必另書多生支節若世系考中惟載生卒葬地等事其餘一字不濫及亦是慎重至意然考歐陽子世系譜亦有于名下作小傳者蓋碑傳敘記非顯者力有不及若蜀行潛德無力表章往往漂沒家乘中考據得實載之于冊亦足以示勸懲傳不朽但必須嚴核真偽不致溢美方足信今而傳後耳以上數條愚見如是未悉有當于高明否惟祈與尊翁及令昆季族衆斟酌用之非敢謬謂一得也

與張申伯書

素欽道範時深仰止偃蹇風塵頻仍患難雖密邇隣封未獲常親教益然江雲渭樹神交遙結十餘年恒如一日也近承垂注遠賜佳刻四種捧誦之下如獲珙璧竊念閩學嫡派傳在金華而白雲之後繼起無人足下獨旁搜遠紹尋宣公之遺緒探紫陽之絕業南來道統庶幾有賴第茲事重大非可以口舌為功今日朝野名賢多留心講學然未免俱犯宣公大戒有所為而為便是人欲立見一差諸事皆偽足下深心篤志擺脫名利不為俗解圖將登峯造極為南軒先生重闡宗風于吾道干城深為厚幸也尊集中名

言玉屑深入理奧或持論精有可疑處輒以管見畧辨數條未悉一得之愚可以有當高深否希恕其妄言之罪則感荷雅愛尤為不淺另單一紙尤候示教　一尊集中子路配饗議內有云不能如桓公之救異侯以綏夫子之窮不知是何典故或來鵠文有誤字耶祈查示　一南軒詩集林西仲先生序中有云顏氏子聞尼山猗氏之歌端拱還目得損益始終之訓遂不至造大造哀等語未悉出于何典亦祈見示

8

太極圖約解

太極圖傳自陳摶乃道家升降陰陽抽添水火之術周濂溪以其陰陽五行化生萬物之說有可與易理乾道變化各正性命語相發明故取而爲之說自太極本無極也以上說圖也自惟人也得其秀而最靈以下乃周子自發議歸重于主静立人極一語此則周子說圖之大意是借圖以發明聖學非謂聖學全在此圖故張南軒以爲所本正而取材廣胡五峯以爲非其至者皆深得濂溪微旨即朱子之註叅同亦此意也然周子原文首句乃是自無極而爲太極此是發端之詞以無極引起太極猶云自無而有也其

後復收以太極本無極一語本字正與自字對猶云有本于無也故結之曰原始返終故知生死之說自無極而爲太極原始也太極本無極返終也又曰大哉易也斯其至矣則仍收歸太極正以易有太極斯字指太極而言故爲至易未嘗言無極也自朱子刻其文于乾道閒去自爲兩字蒙混糊突已失立言本意異同之見從此蜂生講理學家聚訟不決遂成一大公案今閱　尊刻講義引中庸費而隱章以爲無極太極註解誠爲特見然竊有未安者在中庸是費而隱不是隱而費在圖說是無極而太極不是太極而無極顛之倒之既難牽合即後有太極本無極語可以申解然

太極可言本無極費不可言本隱仔細體認不能無毫釐之差至于反約解中以圖支離穿鑿亦爲千古巨眼乃欲改爲一〇合于易教夫此一〇者在道家則爲金丹在佛家則爲圓覺皆異端惑人假形隱僻之文其固陋吾儒大道如日月經天江河行地深切著明何必效此狡獪伎倆且周子之說太極猶爲引墨歸儒若尊解之欲改作一〇又未免援儒入墨渾淪三教俱打入一〇中恐聖學自此長夜矣不知尊意以爲何如

〇 伍員復仇辨 答張申伯

柏舉之戰蔡侯因被拘之憾請救于晉晉爲之侵楚復以責賂不與無功而歸蔡侯乃如吳請師吳遂爲之伐楚戰勝入郢是入郢之師爲蔡侯復仇非爲伍員復仇也吳之入郢左傳只有以班處宮一語蓋言以班次尊卑分處楚國之宮猶今之大兵入城各擇公館此亦常事無足異者左傳特以夫槩王奪子山之宮楚鬬辛知其不和必亂記此一語耳公穀遂改宮爲室且解室爲妻有君舍君室大夫舍大夫室妻楚王母撻平王墓之語夫楚王之母即平王所娶秦女子建之妻也當時不知尚在與否然昭王奔隨特取其妹季芊與畀我以出而大夫如藍尹亹葉公弟后臧亦無不

挈室載母以奔若楚王之母尚在斷未有與妹偕逃而獨留其母以與吳人者則公穀之說妄也然公穀只有撻平王墓一語司馬遷作史記遂改爲掘平王墓出其尸鞭之三百此皆道聽塗說訛以傳訛無理之甚者司馬遷好任俠快意恩仇又無又識見故其所載春秋戰國之事逞其臆見謬訛甚多讀者雖取其文亦當衡之以理不可爲其所愚若鞭尸一事則尤鑿鑿難信考吳之敗楚始于申公巫臣滅巫臣之族者子反而主之者共王也太宰嚭爲伯州犂之孫州犂爲靈王所殺是楚仇之當復者不獨一伍員使必以掘墓鞭尸爲快則入郢之時楚之先塋固將發掘殆盡赤眉

之慘恐春秋時諸侯行事尚未必決裂至是也

○徐積辨

徐積爲胡安定門人以節孝著雖無大表見然亦篤行君子也夫孝爲庸德止于尋常日用之間造次無違乃見其孝今必曰服勞奉養爲孝之次不曰夕定省不伏墓閤寒〻几筵温凊而曰吾自有所爲大孝者而不在區〻末節閒也則舜之祇載齊栗文王之朝季日三躬視寢膳俱是虚文僞套可以不行矣至以父名石器不用石行不踐石孝子不敢慢其親觸目怵惕出于自然曾子見羊棗尚不忍食況以父諱而輕于用之踐之耶孝子之于親也自盡

其道而已矣固不必盡責之于人然人苟有心見孝子之思親不忘亦必能體孝子之心以為心徐積自不踐石固不能禁人之不踐然人知徐積不踐石之故為觸父諱而故于孝子之前踐石以傷孝子之心世間固無此喪心病狂之人與攻李賀者以父嫌名阻其應舉霄壤懸隔擬非其倫矣至其賣衣以償人金棊與直不疑之事相類古苦節之士往往如此亦止謗無辨于妄人何難之意也若謂能以書借人者必不為紿言則待小人過恕而反責名節之士不知其好紿言誤為之借書則又未免待君子過刻矣夫人之立言各有所為詞氣抑揚涵泳自得偶吹索于字句之間

則雖周孔之書亦皆可横生疵議今積訓諸生之語乃爲惰者吝者開一活法使其踴躍而爲君子耳然世固有勞力費財而不爲君子者又有勞力費財以謬爲君子者謂君子不勞力不費財固不可謂君子必勞力必費財則無力無財者終不得爲君子亦未爲通論也積又言曰賤于鄉人惡于父母不爲君子可也鄉人榮之父母欲之而何君子之勿爲此亦爲好名者言之耳則曷不借其言而反之曰果爲君子又何鄉人之不可賤父母之不可惡也

○遜國事實

建文仁慈柔懦以致亡國靖難兵入舉火自焚深得國君死社稷

之義當時臣民不忍建文之死者原有易服出亡之議文皇始亦疑之物色数年竟無踪跡則建文之死明矣後人因偽造從亡録紀建文出亡之事編年紀月書人書地纖悉無遺一似真有其事者然文詞鄙俚事迹荒唐即其所傳諸詩强學帝王口吻而音調詞氣終不出措大本色小説油腔其末後結局有使吳亮辨視取入大内死葬西山不封不樹諸事似乎鑿鑿有據然太監只有吳誠無吳亮而吳誠即于正統五年坐征麓川失利弗救下法司問辟論死矣至北京金山口景帝陵北相傳有天下大師之墓好事者實之以為建文帝墳然土人皆莫辨其處則其因揚應祥之獄

而影響附會之其事甚明故神宗問建文出亡事張江陵以國史不載對命録詩以進又以為亡國之事不足觀使有取入大内死四壁西山實跡江陵豈不能据事直對正以事屬子虛故不敢輕為置議大臣對君之體自當如是而谷應泰無學竟以遜國一節編入明史紀事中且高談闊論惜其不能于文皇死昭帝立之時乘機恢復為之嘆息痴人説夢固不足言第以小説亂正史ゝ學自此不可問矣

○至于建文之不議謚不廟享者在文皇私意自以為以子繼父以守成而兼開創故以亡國之君待建文削其年號不成其為君若

議謚則必入廟入廟則建文當在禰廟之中而文皇為之繼統奉祀其肯甘之乎後之有天下者皆文皇子孫若為議謚廟享將從世次則當列建文之主于文皇之上非所以尊祖敬宗固礙于臣子之誼而不敢將從昭穆則當列建文之主于文皇之下先禰後祖又恐貽逆祀之譏所以前後瞻顧終明之世而不敢議及也迨神宗時則建文之當祧久矣沈子木忽欲請祀建文有詔禮官定議南都或祔食高皇帝懿文太子之側之說夫此時議祀亦只宜立一主于祧廟之中使得同享大祫之祭然合食位次終不免前後瞻顧之嫌若別立廟南都則非大功德無別立廟者況宮廟即

遠有毀無立固不可行若祔食高皇帝懿文太子之側則禮之所未有何也祔食之禮如懿文太子可行以未爲君也建文已爲君當在七廟之中豈宜祔食且高皇帝此時已爲太祖無有祧主祔食于太祖之廟者若懿文太子已在祔食之列安容復有祔食之者且即懿文太子之祔食此時亦祧久矣又何從而祔之耶此皆于禮無稽故禮部格而不行良自有故及崇禎中鞏都尉永固請以建文帝入祀典思陵曰建文無陵從何處祭則亦因其當祧已久故思祭陵而建文之陵已無從稽考葢當日葬處當在南都久已埋沒固難指不封不樹不知何人之墓以古爲有也今明命已草

即高皇一主亦僅附享于歷代帝王廟中而欲斟酌建文祀典不知應作何祀法試與議禮者商之若修史之例在當時為實録後代修之為帝紀建文年號革除則在明時其四年事跡附在高皇紀中神宗時既復建文年號自當再修建文實録即使年號不復實録不修而後代修史自必當立建文一紀以存一朝事迹然在

本朝修史只宜稱建文帝紀不得竟稱為惠宗讓皇帝紀蓋此係南都追謚亡國典禮未經通行

本朝既已革命南都之謚必不便據以入史谷蒼霖諸人仍稱建文帝自是有見至靖難之師在建文帝紀中自當書燕王反在文皇

紀中則必書起兵靖難此又史例也

○五人議

周順昌之逮雖出魏璫然口銜天憲實假熹宗之旨以行君命莫逃臣罪當誅周吏部固已甘之如飴何物顏佩韋五人乃敢率羣不逞之徒以辱天子之命吏此王法之所必誅而不以聽者也魏璫既敗周吏部以無辜被害昭雪褒卹所以勸忠五人有罪見誅則亦已矣乃吳人好事東林黨熾既表五人之墓復官為之春秋二祭此何義也自明季相沿

本

朝因之至湯公潛庵巡撫江蘇始革其祭其斷案之詞曰五人雖

一時之義士實千古之亂民潛庵先生理學儒者清正名臣此舉實與狄梁公毀吳楚淫祠同一高見今乃惜吳之士大夫不能為五人並請追恤毋乃慚于獎亂之舉耶

○

啓聖公廟制議

學宮之祀先聖復祀啓聖公此推恩之義也廟制之有大小非詘于財而限于地等殺之分亦禮所當然也事師與事君事親同一理事祖之與事父事君之與事太上皇必不能以一體相視非不知體父與君之心而理一分殊親親之殺尊尊之等自有不容以私意與其間者此天之所為即父與君亦心安焉而未嘗有所歉也

今欲崇啓聖之廟與先聖齊觀意非不善然兩聖並尊使仰瞻宫墻者將何所取法耶至于啓聖之廟多居東北者廟必南向以北為上東者左祖之義親之也又有叔在大成殿西者神道尚右之義尊之也或東或西因地所宜當無不可第欲于先聖殿後接連建一啓聖殿則非禮矣廟有堂有室室即寢也殿後之殿嫌于寢矣祀子于堂而祀父于寢子之心安乎否乎古人父子多不同宫死而同之毋乃其瀆更甚乎且廟有門有庭今與先聖廟同一門將以為一廟乎為二廟乎孔子曰必也正名此一廟而兩祀焉將名為先聖廟乎將名為啓聖廟乎于禮無稽欲尊聖而不知所以尊

則不如仍舊貫之爲得矣至廟有夾室乃東西廂在殿外兩旁今以殿後墻垣當古夾室亦失考據若乃以先聖廟祀爲尊而聖父祠祀爲卑則又狃于俗見而曲爲之解者俗說祠即爲廟何嘗以此分尊卑然考之古並無以祠作廟稱者祠祭也說文春祭曰祠史凡立祠建祠毀其祠皆謂建祭與廢祭非謂創其廟毀其廟也即司馬溫公及朱子祠堂之祠亦當讀作去聲謂祭祠之堂也若解作祠宇則祠而又堂爲重複不通矣雖今之以祠爲廟者滔滔皆是然在議禮者又安可不講及此耶

八詠樓

婺郡理學名區東南鄒魯獨恨以八詠一樓高踞郡城大為山川減色休文之品之詩皆不足取不知馮伉獨何所見取其八詠名樓名門鄭重之若是先朝名公如宋景濂夏明誠皆有議以著其失而相沿已久莫之能革惟斯民之直道未泯郡人只稱為星君樓彼雖不知沈約為何人一似天誘其衷使八詠之名不播于愚夫愚婦之口此亦寶婺之靈使然也門因樓得名郡人不呼八詠樓而猶呼八詠門城門之玷因樓及之可發一慨今欲奉諸儒先祀其上以肅觀瞻誠為盛舉但必須刊去八詠之碑改易樓門之名庶足洗茲樓之醜不然恐諸儒先之来必右享于斯樓也

○肩輿

肩輿不始于東漢前漢書嚴助傳有轝轎踰嶺語則自漢以前當已有之古車不盡用馬書王朝步自周所謂步者步輦也周禮巾車氏之職王后有五路一是輦車皆以人輓之禹治水乘四載山行乘樏史記夏紀作檋如淳註曰檋車謂以鐵如錐頭長半寸施之履下以上山不蹉跌也夫既為車矣又曰施之履下以上山豈謝公屐類耶則又當言著不得言乘淳註之妄殆不可信乃河渠書又曰山行即橋是亦轎之轉音耳揔之古車輦之類入畜兼用在朝名輦在野名轎比 方為車南方為轎平地用車險阻用轎先民有作

所以輔相天地之宜而盡人物之性非以人代畜故作此罪孽也且北方耕汲任負多用驢馬而南方悉用人力則日用起居所須何一非以人代畜罪孽種種皆是又不只肩輿一事矣王介甫率獸食人頤獨煦煦于輿夫緦小功之察亦不近人情之一端也程伯子大儒亦作此語將毋過于愛耶然伯子北人習慣用車風氣所囿賢者不免介甫生長南方而不知轎之不可已此免役保馬之所以流毒天下同此意見也

○附遜國辨

谷應泰所紀建文遜國之事本從亡録而删節之其事虚妄固不

待言第就其淺而易見者畧舉數條以供　高明一笑前紀靖難
事書六月癸亥李景隆開金川門降而此云六月乙丑帝知金川
門失守長吁東西走欲自殺金川門不隔萬里何燕兵已入三日
帝乃知其失守且燕兵入城三日亦並不追究及帝此兵何爲而
至豈燕王因帝兩叔姪俱憒憒至此耶其虛妄一也前于癸亥燕
王入城即繼書帝變服出走今于乙丑始有發薙祝髮諸事則建文
之走在癸亥耶在乙丑耶前後不相照應其虛妄二也前云朝廷
文武俱降帝左右惟數人所云左右者統宦官宮妾皆在其內尚
且不過數人而此云在殿凡五六十人痛哭仆地俱矢遁亡何前

太淒涼而今太熱鬧其虛妄三也朝廷之出入有度雖危亂亦體統不易豈如三家村財主遇火遇盜不論誰何之人皆得直進直出今此大小諸臣盡入殿廷作者肆口妄談全不識朝廷禮法其虛妄四也若乃宮禁邃密雖戚畹宰輔非奉宣召不敢擅入今外官按察使參政內官司務所鎮撫翰林待詔王府教授賓輔俱是卑末微員終身不得一覲天顏者而皆得在帝左右將召之而來耶抑不呼而自至耶其虛妄五也當危急之秋唯與國同休戚者可與謀大事當日忠良用事之臣如徐輝祖梅殷方孝孺練子寧諸人何以並不在側而疏遠小臣如程濟葉希賢楊應能輩乃反

出入禁闥效死從亡事情顛倒不應至此其虚妄六也葉希賢蔡運牛景先既列在奸黨揭榜朝堂何以獨得安然免脫逍遥事外其虚妄七也後殉難諸臣有浙江按察使王良同妻死節杭州官舍賓州知州蔡運遜國後論死東湖樵夫聞新皇帝登極投湖中死今從亡諸臣有按察使王良參政蔡運牛景先號東湖樵夫此一人耶兩人耶其虚妄八也帝王失國出奔自古有之若披緇行遁則從來未有今欲創新奇不得不故示神異然其本意不過為度牒袈裟剃刀諸物非倉卒可辦故特托之高皇所命以自補其破補綻而不知敵兵雖入帝座未移皇家作事三張度牒三領袈裟

一把剃刀何難咄嗟立辦況白金十錠則尤小之小者何必費此心思托之神怪欲補破綻而破綻乃愈甚作僞心勞徒見其拙其虛妄九也帝王門禁宮闕必加美名今此鬼門何名也彼第見傳奇閱目有從鬼門出從鬼門入便信筆填入而不知皇宮中豈宜有此俗惡門名其虛妄十也帝既云往滇南依西平侯何以次年至雲南並不見沐晟且帝既至雲南則僻處天末已脫羅籠正宜入山唯恐不深何乃明知彼方圖我而反由重慶抵襄陽往來江浙歲無寧日招搖途次是自求禍也作小說者第因歲月甚長欲年年有事免致寂寞故借歷游名山以敷衍成文而未曾設身處

地祭之理勢其虛妄十一也據紀中載永樂八年工部尚書嚴震使安南與帝遇于雲南道中是夜震自縊于驛亭夫安南即交阯也在粵西大海中與雲南相隔數千里使交阯而道雲南不知有此驛程否且永樂五年已平黎季犛分交阯為十七府命黃福為交阯布政司矣六年秋交阯蠻寇簡定反稱日南王次年立陳季擴為大越皇帝復命沐晟張輔等征之至八年尚未平此時已無安南之名使之何為想作小説者第聞沐晟有征安南之舉故影響附會而生一枝節而不知安南之不宜有使使安南之不宜道雲雲南也其虛妄十二也應能應賢猶曰高皇所命度牒填實不敢

易也建文納一弟子又名應慧師弟同行此雖小疵亦見罅漏其虛妄十三也建文之詩曰新蒲細柳野老吞聲此用杜少陵哀江頭語在人之弔建文則可在建文自題則不合口氣其題羅永菴二首中聯俱用鳳龍作對黄屋何以寄于團瓢欵段非所以駕鳳輦此其寡學寡識固不足言第首章結句云遥想禁城今夜月六宫猶望翠華臨次章云袈裟新換袞龍袍豈建文全不知為僧出亡已三十九年而故作此夢中囈語耶大凢假人詩文雖不甚佳亦當畧似其人口角方能騙人未有履歷事實全不照顧矢口亂道能以僞為真者其虛妄十四也至其末後一著乃作僞之由然

其弊實更多楊應祥既與建文同寓且欲竊帝詩自首豈不能預探帝之生年何至以六十四歲稱爲九十餘自取敗露況與帝同逮至京一真一僞相形尤不能隱應祥何一愚至是至應祥既以妄稱建文論死帝復踵而爲之萬一不加詳察併從僞論則程濟大凶之兆已爲先見建文素倚程濟爲腹心何以愎諫違卜自蹈危機其愚又至是今僞僧論死而真建文迎入西内則程濟之占不驗世俗所傳術數皆謬矣其虚妄十五也況其所云建文年歲亦不合也建文生十年而懿文太子卒懿文之卒在洪武二十五年則建文之生當在洪武十六年不當在洪武十年洪武三十一

年崩建文方十六歲歷永樂洪熙宣德至正統五年通計建文在位四年出亡三十八年實只五十八歲今乃云六十四歲御史誤耶作書者誤耶其虛妄十六也程濟素以術數著名乃其占卦之術亦未精也若法無以時令尅歲日定吉凶者若以世俗之占斷法則是歲庚申干支皆金至秋金旺而兌卦屬金之卦歸妹又兌宮歸魂之卦正合建文八九月返國之兆乃大吉也以此推斷豈不更見神奇何故反指為大凶按之理則不通考之事則不驗作此者計亦拙矣其虛妄十七也若夫吳亮之誤則尤有大可笑者考正統五年命沐晟討麓川思任發太監吳誠為監軍右都督

吳亮為副將軍五年擊賊〻大敗吳誠吳亮俱逮下理而總兵柳溥之械楊應祥至京適在是年作小說者遂又因沐晟之故風聞其征麓川時有監軍吳太監遂謬以吳誠為吳亮而不知吳亮者乃右都督也堂〻大將忽被閹于作僞者之手吳亮有知豈不呼冤地下耶其虛妄十八也夫今世俗所傳以無為有以僞亂真者多矣惟賴讀書明理之儒有以正人心而息邪說若復助之瀾而揚其波其弊將不止于建文一事者故姑以臆見聊為之辨然猶未得實録正史為之考訂恐言之尚不能詳也

西施辨

偶閲豆棚閒話小説極詆西施余嘗攷西施事不經見孟子言西子蒙不潔解者多以爲卽西施而紫陽註只言美婦人管子書在吳越事前則早已有西施名字列子效顰語乃托言之詞未可爲實據至西施入吳攷之左國史記吳越春秋並不記其事惟越絶書有求美女夷光鄭旦進之吳一語則入吳者夷光也夷光與西施合爲一人實屬傅會若杜牧之詩有西子下姑蘇一舸逐鴟夷之句蓋本越絶書註中吳亡沈西施於江事而立言以吳之亡由惑于西施而殺子胥越之沈西施於江乃所以謝子西〔胥〕所謂鴟夷者子胥也後人曰范蠡變姓名爲鴟夷子

皮遂以鴟夷為范蠡而亡人本此作浣紗記傳奇盛行於世夫西施玩為與范蠡有約言蠡為謀吳故甘於獻妻以成國事范大夫之醜行幾與吳越同科且西施入吳宮二十餘年至泛湖日年在四十以上半老隹人續修舊好豈復風流韻事耶世傳西施居苧蘿村在今之諸暨而蕭山縣亦有苧蘿鄉余嘗聞之毛西河先生蕭山苧蘿鄉土地乃西施也舊例凡邑中城隍壽日各鄉俱於土地來慶祝獨苧蘿鄉土地以妓女為之明末修祀事苧蘿鄉土地靚粧明媚頗動人邑廣文先至廟中與土地語言頗涉狎已而令丞各官齋集演劇慶祝土地忽附優人身指數廣文責其不恭廣文慚服謝罪乃已又有諸生題詩西施廟云五湖

煌水濶何處浣春紗蓋識其泛湖事也時學使者方巡紹夢一美婦人致語曰蕭山有諸生某者汚吾乞懲之學使者訪某諸生行頗醇謹且有文名召而詰之生自頋無遺行思久之乃以題詩事對意者其西施乎學使者謁廟見詩在壁神彷彿如夢中所見令生洗去之且叩服罪曰賜楔焉至今猶在嗚呼西施之靈爽固如是耶余又至諸暨尋苧蘿村附郭不遠小溪圻鑴有浣紗石三字云是西施坐處城中有范大夫廟塑范大夫中坐左右兩夫人其右云是西施土人言右夫人像每新加粧飾輙剥落面貌垢汚如故然則西施之不屑為容以與范大夫並坐也雖土木且羞之而世俗猶習而不覺也刻畫杜牧以唐突西子獄

不畏萧山之土地耶

勘猫論

鹺署有二白鳩。玉質冰姿。潔素無玷。主人為高架寬籠。鋪層粱。擇嘉穀。以飼之。甫三日。有花猫夜破籠。取二鳩。恣其吞嚼。毛血委頓。憐而惜之。為作勘猫論。匪同檄鷄。聊擬磔鼠。托物感事。姑妄言之耳。

看得花猫。乃背義貪殘之畜類也。初為前道豢養有年。及主人去官。乃潛逃他所。新道至。復返故署。竊殘羹冷炙。以潤其身。晝則曝背庭中。夜則與鼠偕眠。非一日矣。白鳩來自他方。與猫[illegible]無仇隙。第因主人愛其異材。雕籠。稻粱。供奉備至。猫心懷嫉妬。

兼從饕餮于某月某日夜毀藩而入直擒二鴿二鴿身屬樊籠
不能奮飛遂為猫決脰裂胸雌雄雙斃命以果貪猫之腹慘
哉鴿也迂拙之性只與山野相宜玉立之姿不與同流俗為伍加
其處高籠啄美食雙棲比翼和鳴自得固以為負奇遇至寵眷
日深于人無患與世無爭也而孰知殺身之機即伏于此彼蠢
茲有猫既忘故主之恩復竊新主之祿不思圖效微長悉力捕
鼠乃逞貪殘恢害陰賊慘酷竄巢取雛連斃二命飽肉茹毛臧
屍毀骨在白鴿以材見忌何異禰正平之鸚鵡而花猫慘毒尤
[illegible]

周子太極圖

張祖年

来教謂太極圖傳自陳摶乃道家升降陰陽抽添火水之術周濂溪以其陰陽五行化生萬物之説可與易之乾道變化各正性命語相發明故取而為之説愚考朱震進易傳表曰陳摶以先天圖傳种放放傳穆修修傳李之才才傳邵雍放以河圖洛書傳李溉溉傳許堅堅傳范諤昌諤昌傳劉牧修〻以太極圖傳周敦頤按此則摶以先天圖相授受未作太極圖也或又以摶傳穆修穆修傳濂溪其穆修牧修訛耶抑太極圖傳自劉牧修也又摶與張忠定語及公事先後有太極動靜分陰分陽之意然其所為龍圖記直陳其數無復文言與太極圖說絕不相似今觀太極圖說精妙微密與易大傳相類蓋非

為此圖者不能為此說非為此說者不能為此圖必出于一人之手必非前人創圖而後人從而為之說也按此則圖非摶創之于前而濂溪始取而為之說于後也至濂溪謚曰元公為千古道學之冠自程朱而下疇不服膺咸稱其建圖立說自得于心不俟師傳豈有取于道術而為之說哉使師摶以立說是竊道術以開儒統諸儒其肯服膺無斁至是哉矧其說之精妙微密迥非道家伎倆也

来教謂周子圖說原文首句是自無極而為太極自朱子去自為二字蒙糊究已失立言本意愚考宋史所載太極圖說有自為二字朱子病其為前修之累啟後學之疑援蘇子容為父辨謗改國史草頭木脚事改之而道學傳則云胡本無自為二字乃史官之妄增胡本

胡文恭也于理可信按此則自為二字固周子本文所本無非始自朱子去之也

来教謂自朱子去此二字蒙混糊突已失立言本意异同之見聚訟不決彼聚訟者亦陸象山謂不該加無極二字于太極之上與朱子嘵嘵不已耳若聚訟自為二字者無有也先南軒曰太極豈可以圖傳也特假圖以立義耳太極圖而為之說其理淵深於穆渾融純粹毫無矯揉造作必以本文是自無極而為太極則此為字幾有扛鼎之力其矯揉造作即告子以杞柳為桮棬之為矣即果有而去之殊不蒙混糊突也

来教謂中庸是費而隱不是隱而費圖說是無極而太極不是太極

而無極不該引費而隱章作註解似顛倒牽合有毫釐之差愚固曰道之為費即理之為太極也道之為隱即理之為無極也惟曰無極而太極一似隱而費者似有悖于中庸之旨毫釐之差在所不免要亦以理衡理耳聖賢引詩每每斷章取義必推求毫釐閒在在滋滯矣即圖說一篇中曰無極而太極曰太極本無極亦似顛倒要亦鑽研義理倒橫直豎無非道也又謂太極本無極太極可言本無極費不可言本隱此本字也要看淂圓活性理解太極本無極曰其渾肰一體莫非無極之妙而中庸諸解謂言費而隱即在其中固非費之外有所為隱也以理推之既可貫通則愚之顛倒周子亦顛倒也何也周子應體認中庸立說矣且免陸子一番嘵嘵也

来教謂改為一〇似援儒入墨蓋此〇乃周子所本有非愚实出杜撰而為之也愚惟欲只存一〇而削去其餘耳若以此〇為道家金丹為佛家圓覺皆異端惑人則太極圖果作自陳摶而濂溪取而為之說矣是摶太極圖爝火為儒脉宿海也或必以諸圖並列為無碍吾儒大道只此一〇便同金丹圓覺則其竅奧愚未能剖白拭拂也

伍員復仇

張祖年

來教謂吳伐楚入郢之師蓋為蔡復仇非為伍員復仇愚考員之仇楚以楚殺員父兄乃奔吳而求歸骸骨王僚賢之子胥知王意每語稍道其仇有切切之色王僚欲為興師復仇公子光曰胥之父兄為僇于楚但欲自復私仇耳王無用之胥因言于王僚曰臣聞諸侯不可為匹夫興師乃止其後蔡昭公朝楚昭公被羔裘楚令尹囊瓦求之不得拘之南郢三年歸至河上曰天下誰能伐楚乎寡人願為前列楚聞之使囊瓦興師伐蔡昭公聞子胥在吳乃請救蔡于是闔閭使員救蔡伐楚按此則蔡之未仇于楚而員報楚之心曷嘗一日去諸懷哉會蔡求救固員復仇時矣是員兼救蔡以報楚非吳僅為蔡以伐

楚也至吳師入郢曰以伍子胥故也子胥求昭王不得乃掘平王墓以鞭其尸是伐楚者救蔡而必入郢者員復私仇也必謂左傳公穀史遷之言皆道聽塗説以訛傳訛無理之甚者竊慨人生千百年後惟憑載籍以為尚論使員果無掘墓鞭尸事後之人亦何心仇員而必刺刺吹毛求疵于員哉亦曰君臣之分有攸繫矣必謂世多不衡其理而惟取其文蓋自盧元輔何景明陸粲王世貞郭子章楊循吉湯聘尹諸人莫不同聲共响矣一旦翻肰掃去為不足信其又將誰之信哉来教又謂共王臧巫臣之族靈王殺伯嚭之祖伯州犁當渡仇于楚者不止一員必以掘墓鞭尸為快將楚之塋發掘殆盡審然則亦共王靈王平王三墓耳奚其楚之塋殆盡也愚考巫臣自晉奔吳教

吴用兵乘車以救楚是即巫臣之復仇矣又嚭與員共事伐楚吴兵入郢曰伯嚭子胥鞭平王之尸以復父仇求教以州犂爲嚭之祖而曰復父仇一似弟員爲奢復仇而否無與焉者不考否父郤宛固與奢尚同時見殺者則其同爲父復仇也明甚必謂巫臣伯否未復所仇殆共霻兩墓未掘耳嗚呼天下必掘墓鞭尸也然後曰此其復仇者未掘墓鞭尸也遂曰此仇未復者惜也戰國嗜殺之君不及一聞之

○復太極圖辯　張祖年

周元公學問純正造詣精實所著通書發前聖所未發誠兩宋道學之宗也第其所著太極圖說雖傳之二程而自二程以及北宋諸儒講理學若易說者未嘗論及至南宋紹興間朱内翰震始進其圖表稱陳摶以太極圖傳种放〻傳穆修〻傳周敦頤而胡五峯作通書序亦云敦頤得太極圖于穆修〻得于种放〻得于陳摶要非其至者則是圖出于陳摶而非周子自作明矣若劉牧則傳河圖洛書者與太極圖無預也然圖雖出于摶亦非摶所自作又本之參同契水火匡廓三五至精二圖而增益之為太極先天

合一之圖蓋全圖是先天而太極則单指三輪圜中一小○與五行下之小○故在摶只稱先天圖朱内翰表則稱太極圖其實只一圖而其本之叅同則朱子與蔡季通屢言之但猶有可疑者朱内翰既進圖何不將圖說並進乃至國史始以圖說載入本傳故陸梭山有圖說與通書不類疑非周子所作之語而朱子編次周子文集書後有自註云武當祁寛字居之又謂圖象乃先生指畫以語二程而未嘗有所為書則似并疑圖說亦非周子所作者然陳摶作圖自有陳摶之説周子說圖便成周子之圖南軒先生所謂假圖立義四字深得周子說圖微意至朱陸聚訟只在無極而

太極一語然周子立言本自無病〻在去自為二字益有自為二字則是流行語無極字輕而歸重于太極去自為二字則是對待語無極與太極更無賓主此其所以異也若謂為字着力與杞柳為桮棬之為字相似則又不然杞柳為桮棬着力在以為字無極為太極無以之者誰為之者有此二字固不足為前修之累而去此二字則適足以啓後學之疑使象山得見自為二字必不為是嘵〻而朱子亦可省了許多筆札矣或以周子原文本無此二字係史官所增不知凡修史之例載人成文賦頌奏議等入本傳者只許删篇段不許删字句若改竄則一概禁絶故凡史官無敢改

人成文之事且此圖說全文通篇無異而獨增此二字在史官必不為此若以費隱分貼無極太極不特字句中有顛倒不合即論其義理亦大有可商者無極而太極此是推原本始與董子所謂道之大原出于天張子所謂由太虛有天之名同意所謂無極即太虛所謂太極即天也若費隱則專言道所謂費者即分陰分陽易言一陰一陽之謂道是也所謂隱即太極易言形而上者謂之道是也故朱子曰語道體之至極則謂之太極語太極之流行則謂之道又曰凡有形有象者皆器也其所以為是器之理者則道也是太極已為道之體已為所以然之理今乃以太極為費無極

為隱是體之外又有體所以然之外又有所以然也且無極既無矣又何隱焉至于太極不可以圖傳南軒先生已一語道破猶欲較量于一〇多〇之間是亦可以不必矣

〇再論伍員復仇

柏舉之戰春秋特書曰蔡侯以吳子凡師能左右之曰以是蔡侯直用吳師以報己見拘之仇聖人因事起義故特書曰以若謂伍員乘救蔡以報楚則春秋宜書吳子蔡侯伐楚而反書蔡侯以吳子聖人紀事為不實矣且是役也蔡侯以其子與大夫之子為質于吳吳子乃為之興師是蔡往求吳也而史記吳世家子胥列傳皆

載子胥孫武之言以為欲伐楚必先得唐蔡乃可是吳反要蔡事情顛倒固已大謬若乃栢舉之戰吳子親將而以為使員救蔡伐楚則史記亦並無此言不知出于何史又謬之謬矣至吳之欲入郢也闔閭早與孫武謀之而武以為未可及栢舉之戰闔閭之弟夫槩王違命以其屬五千人先犯楚師楚師大敗遂乘勝長驅至郢即闔閭伍員孫武諸人始願皆不及此是欲入郢者闔閭之素志而今茲之幸而入郢者夫槩王力戰之功也子胥因人成事何能為哉夫子胥固未嘗忘復仇之志然其告申包胥曰我必復楚國言復仇也即史記改為覆楚則復仇亦止于覆楚而已其為闔

閭畫伐楚之策為三師以肄亦不過如申公巫臣使子反疲于奔命之意故伍尚聞員不來而曰楚君大夫其旰食為知子莫若父也今至于入郢昭王失國出奔楚已覆矣則子胥復仇之志亦已遂矣而謂其必掘墓鞭尸辱及枯骨子胥亦頗知大義必不倒行逆施至此此則史遷之道聽塗說而不可以厚誣子胥者且史記之載子胥復仇之事亦屢異其說在楚世家則曰辱平王之墓此則襲公穀據平王墓之說也伍子胥列傳則曰掘平王墓出其尸鞭之三百吳世家則曰子胥伯嚭鞭平王之尸以報父讎又增一伯嚭以與子胥為對則其誤愈甚矣夫伯嚭者伯州犁之孫也伯州犁

者晉大夫伯宗之子也晉殺伯宗州犂奔楚為楚太宰左傳昭公元年楚靈王弑郟敖殺太宰伯州犂于郟異國來奔之大夫不世爵況濅刑誅故其子無聞至昭公二十七年楚殺郤宛伯氏之族以郤宛之黨出奔而伯嚭乃為吳太宰以謀楚其始末甚明也史記吳世家乃于闔閭元年書楚誅伯州犂其孫伯嚭亡奔吳固已大誤而其致誤之由則起于楚殺郤宛而伯氏之族出一語故于伍子胥列傳又有吳王闔閭既立楚誅其大臣郤宛伯州犂伯州犂之孫伯嚭亡奔吳然猶郤宛與伯州犂分作兩族至楚世家則又曰費無忌讒殺伍奢子尚與郤宛宛之宗姓伯氏子嚭及子胥皆

奔吳則又以嚭為宛之宗姓然史記亦祇錯認同宗至徐廣註則直以伯嚭為郤宛之子訛以傳訛愈去愈遠毋論郤宛為楚宗姓伯州犂為晉大夫伯宗之子異國異族判若牛馬而即以史記所載及徐廣所註詰之伯嚭為郤宛之子則州犂為郤宛之父史記所載楚誅其大臣郤宛伯州犂先子而後父不言郤宛之子奔吳而言伯州犂之孫奔吳舍父而稱祖其文理為不通矣且天下又有祖父及子皆氏伯而已獨氏郤如此註書而猶可信耶若謂嚭父郤宛與奢尚同時見殺則是誤讀史記而本非史記之誤史記是因欲記楚誅無忌之事故先總敘無忌之惡言其讒亡太子建殺

伍奢子尚與郤宛非謂奢尚與郤宛同時殺也故不記之平王而記之昭王元年蓋殺奢尚者平王史記已載在前而殺郤宛及誅費無極則皆在昭王元年史記未嘗誤也夫祗一伯嚭耳其祖實靈王所殺平王殺靈王而奪之位乃是爲伯氏復仇者其有德于伯氏甚大若伯嚭反助伍員鞭其尸則以怨報德爲喪心病狂即如史遷徐廣謬說嚭爲郤氏之宗郤宛之子而殺郤宛者昭王也不能剸刃于生存之讎人而祗洩忿于讎人死父之朽骨以助他人之蹶伯嚭之黨惡更爲無能矣史記之謬訛如是尚論者可習焉而不察乎大抵載籍極博考究折衷不妨詳慎如論春秋時事

當以聖經為主左傳次之公穀則可信者不過十之四五史記則僅一二而已矣讀其文而不細為考究自宋元儒者為史記所惑者多矣豈獨盧元輔何景明諸君也乱

○粉賦

武林驛畔西子湖中畫船泛鷁緑輿夾[illegible][illegible]傾城之艷色播蘭蕙之芳風爾乃軽裙微動蓮步生塵明珠被體腰衱稱身皓腕環約笋甲籠銀修眉横翠丹膏耀脣金雀垂蒸鬟髮行雲瞬美目以邀盼曺無語而默親若夫梅片點額桃紅暈頰玉貌素顔堆瓊積雪淡々梨花皎々明月競修飾以争妍藉傅抹而點綴其為物也鍊鉛成質沐日生輝温潤而澤滑膩且緋捩而出之皜乎凝乎[illegible]揚而籔之皚乎襲以衣襟以蘭桂和以蕪蘼擢纖々之女手飛玉屑之霏々入香奩傍架椸友翠黛伴胭脂膏沐既具水乳交施承權夾輔揉腮掃眉濃施如凝厚污若泥豐肌增重弱質添肥晨星落々

白雲朝曦斷氷緣炭涅匪伊緇遥望則精光横溢若寒梅戴雪而威蕤近睇則藻飾繁縟若彫墻白堊而參差及至珠汗微落瓔液的皪蘭湯将浴紅巾拂拭洗滌浮華還我本質天然面目反觀若失讓虢國之承恩妬何郎之巧飾内有美而必形物匪假而外飭藉五采之彰施亦何裨于國色苟非别真僞而定妍媸固將混二施而不自識

り

黄方伯賊營射卜賦

符分上將職列先行摧鋒陷陣之勇[illegible]斬將之良胸吞乎雲梦氣撼乎岳陽鼓浪兮擊楫逐北兮追奔揚沙兮拔木晝暝兮朝昏槳流兮檣折旗仆兮旆翻猛士為之失色壯夫為之消魂死矣乎非吾罪降矣乎負國恩爾乃懷奇計秘良籌潔心志狎朋儔掉三寸鼓唇喉匪人是使與天為謀馴習狼虎變革鵂鶹鳴鴞心心而改面頑石般般以回頭邀遊二帥蹤跡斯親戈矛敵國兮為同人將去逆以效順行轉故而更新羈旅多暇壁壘周巡覘守禦之虛實窺逆叛之經綸有馬蹻蹻有車轔轔健兒投足裨將翻身爾能各奏伐鼓鳴錞目存技癢後氣歛神思相加以一矢示天授之有

真耀由基之七札易顏高之六鈞維時調唐弓控夏箭決拾佽莖羽繕仰天一笑萬目斯眩請禱神祇視而弗見奏格無言恭默以薦祈有的之中堅兆乾坤之再轉持滿斯發揚風爍電亟若飛隼疾比輕燕匪左匪右征鵠有踐信巧力之俱全輒主皮而卩穿于是千乘雷動萬騎震驚觀者如堵金鐵皆鳴天威不遠南國誰爭天山一發而可定連尹再舉而就烹維絕技之神授兮飲羽而御竿直至精之上貫兮風蕭而水寒雖金石其猶將開兮刻操弓而挾彈果天命之有在兮通呼吸而匪難彼螻蟻之在穴兮何尚拒險而盤桓

竹夫人賦以當以金屋貯之爲韻

閒居曲室，靜憩迴廊。犀能辟暑，草可迎〻。思堅貞之介節，喜瀟碧之幽篁。氣自筍生，正宜脫帽而坐；風從竿至，復欲披襟以當。偶揭紫綃之帳，旋登七寶之牀。求定情之〻女，召稱意之窈娘。爰有夫人，系原竹氏。湘水濱，渭川涘。嫻威儀，淑容止。細骨輕軀，明眸皓齒。勁氣常存，虛懷自矢。既浮艷之一空，將清標之特起。超南國之佳人，迴西方之姝子。對吳天而結偶，非子冒倫；從溽暑以尋歡，惟卿是以。禮將白璧聘，具黃金。期諧連理，願繫同心。未遇兮怨而不誹，既見兮樂而不淫。落〻自喜兮謝其錦繡，森〻並立兮友以瑟琴。三夏永午，漏沉賞當

畔之篠簜之陰儼湘妃之可愛同衛女之足欽招入雲房逕歸雪屋憐若
凄清伴于幽獨捲簾寂若攜之而態益輕盈拂簞瑩然窺之而容彌
靜穆粉汗微侵兮脂柔蘭英時佩兮體馥有闌蘭裝以其中者三生有幸誰謂
凌雲之無心半晌相偎可似游鱗之比目穫評痕以高八斗鑒幽如
處女厥性維直却自珊珊厥質益圓偏能舉舉方沉酣而憩臂疑雨
疑雲復繾綣而親肌將迎將拒抑思無若雖不廢寢而實忘餐同夢
為歡縱免含嬌而終無語雅簫偕弄玉之吹別館宜阿嬌之貯白晝倚
之以驅炎清宵藉之以袪暑中邊盡徹徹右咸宜恣為娛樂備極燕
私青奴之號誠褻命婦之稱雖移非誤流夫色癖實空忍予情癡無

如良緣兮易隔好事兮多齬溽氣退兮思別秋風起兮言辭具挺拔之才離須不以報平安之字會且有期予訂明年當掃榻而待也虞占季夏自折簡以招之

○九經衍義序目

天降下民亶聰惟后皇建厥極一中相濟王敬作所欽哉德茂
制事制心禮義交守惟儉惟勤民生乃厚規匪爲填物將無狃
聲色貨利窒隙塞竇罔淫于樂罔荒于獸甘酒嗜音履帝所疾
民之訛言大命不又鳴皋聞之空穴防之杜漸慎微相在屋漏
上帝昭事無聲無臭宵衣旰食月將日就馳驅聖林游衍文囿
堯羹舜墻周馳孔驟學貴日新政惟由舊率祖攸行貽谷于後
效法乾坤彌綸宇宙恭己無爲垂裳載覯衍修身第一
聖賢挺生實惟國寶川嶽降靈飲食祀禱社稷凴依子孫是保
毋曰英雄惟予顛倒拜蒲師紀要莘歸老帝座　嚴大風咨皓

蒲輪安車乚言問道能〻句得御大猷斯造筌鼓罷吹皇〻□草
詼媒女忌纆綿冕藻雲山蒼〻泉石台〻爰有幽人寂寞枯槁
鷄鳳弗分馬牛同皂尺霧障天洪流折潦旒陽帝天璞懃懷抱
招隱長吟天衢如掃濟〻辟王旁搜遠討車帛載塗塗山映阜
情與透偕中心是好碩人囂〻有槃匀考衍尊賢第一二
天子有人至　孝近王敬宗尊沮也德永光配天享帝源遠流長
伯父叔父曰篤不忘華鄂承跗誼切天潢振〻麟趾百男載祥
本童主罟教育義方下逮九族展親有常坤道應地化始閨房
毋儀任姒后德英皇丁以申旧姻娅姬姜王姪雍肅車馬鏘〻
誠敬匪懈孝孫有慶載旂作邑養志罔傷匹嫡並后殷鑒孔彰

貽厥孫謀翼子用昌析圭分寶屏翰苞桑懿親小忽不起豆觴
制節謹度外戚斯康毋俾非種亂我索疆衍親親第三
唐虞宅揆春秋宰相師保凝承戢惟寅亮周礼六官天工無曠
岳牧旬宣均勞並伏時事孔艱注意于將伏鉞臨戎閫外用壯
登壇運籌內征外攘方叔壯猷召棠錫鬯寄命托孤親賢兼兩
少主可輔動非快快啓心沃心諫官之長繩愆糾謬君德所養
元首股肱賡歌拜颺北面親師齋居延訪一德一心允恭克讓
番番國老典型是望毋以後生積薪起謗毋以親暱分庭禮抗
鐘彝銘勳大烝薦盎恩榮有終厚意無忘衍敬大臣第四
三百六十凡厥庶官侍走役先宣力孔殫勞于王事豈敢　食

堂遠廉高汲引為難亦有特達瞻晃迎鑾天顔有喜相祝　歡
威嚴淵默悚懼浹汗抵亶逆鱗畏不敢干剝兹外吏州邑劇繁
奉公守職或罹譏彈戴盆何望九閽漫〻箠楚未脫敢怨飢寒
穆〻我后覆載同寬毋小毋大手足均看推心置腹比〻帝流冊
日月所照微隱必觀晉接有禮溫恭且安記功宥過長善去奸
主恩優渥不假壺簞廉能報最旌士無譴衍體羣臣第五
國所與立惟民是依天視天聽自我不違載舟覆舟安危之機
朽索馭馬聖主知幾祁寒暑雨百體俱痡嗟我婦子載渴載饑
箕畢異好恒心既微逸居飽以野處多非黎刑厚斂哀鴻四飛
徭役奔命詛咒怨誹剝冒鋒鏑壯士無歸寡妻孤子號泣穹閶

保抱持携頓之復之匡直勞來教之育之蠡賊鷹鸇罰殛戮之疾痛疴癢出入鞠之惜其錙銖藏之比屋肥其肢體毋使蠡瘯誨其子弟胎之式穀光天化日含鋪鼓腹衍子庶民第六

冬官之職飭庀百材楩楠杞梓齒革毛毨兼收並蓄待用取裁通商惠工梯航乃來王者富國大道生財崇本抑末壟斷是榷鐘鳴鼎食下逮輿臺屨絲曳縞傭佼駕駘桑孔心計平準始開牢盆煑海冶鐵胚胎舟車握筭辜榷釀酤錐刀競逐良賈稱能鹿皮為幣莊山救災九府圜法子母交推五銖周郭徧于八垓泉流貨貝輕重輪迴忘淫好辟奇巧之媟平賈司市執法無回譏而不征周道恢恢歸市輻輳泉府長培衍來百工第七

天無私覆地無私載王道洋溢四達不悖慕義聞風重譯來至鱗介衣裳旃裘委珮其或蠢爾不可教誨用張天威捷伐分北七旬舞階六月敵愾帝德罔愆王師不再上策自治修文弗逮閉關却貢遠略是戈勒石犁庭入臣塞內雄心既過無時思悔和親失策始于漢代念彼外孫遥憐天妹黄鵠興歌淒涼厥配如何至尊棄捐所愛王會有圖殊形異態享王自嘉勿事招徠慎固封疆藩籬不拔修德任人萬方永戴

柔遠人第八

天下為公在于封建實與井田表裏相禪唐虞三代未之有變內外屏藩文武為憲強秦幷吞始置郡縣疾與矯枉王侯自擅尾大貽憂椒聊滋蔓推恩削弱剪除乃遍漢器既遷帝室如傅

王國典籤束縛急煎唐宗志古闕焉文獻宋明藩封子弟間見
方周之隆建爾侯甸千八百國脣指相援五伯力征七雄攻戰
阡陌既開分裂莫輓班爵班祿其畧彌遠聖人因時潤澤盡善
帶礪同盟主恩纏眷民土無分永終鐵券衍懷諸侯第九

易卦變圖

大哉乾元萬物資始　九家易曰六十四卦萬一千五百二十策皆受始于乾

上一　乾䷀

一畫變六卦　上經四卦　下經二卦

下十四　姤䷫

上十三　同人䷌

上十　履䷉

小畜 上九 ䷈

二畫變十五卦

大有 上十四 ䷍

上經六卦

夬 下十三 ䷪

下經九卦

遯 下三 ䷠

訟 上六 ䷅

巽 下二十七 ䷸

鼎 下二十 ䷱

大過 上二十八 ䷛

无妄 上二十五 ䷘

家人 下七 ䷤

離 上三十 ䷝

革 ䷰ 下十九

中孚 ䷼ 下三十一

睽 ䷥ 下八

兌 ䷹ 下二十八

大畜 ䷙ 上二十六

需 ䷄ 上五

大壯 ䷡ 下四

三畫變二十卦

上經六卦

下經十四卦

上十二
否 ䷋ 天地不交為否

下十二
益 ䷩

上十八
蠱 ䷑

下二十九
渙 ䷺

上二十二

上二十一
噬嗑 ䷔

下十八
井 ䷯

下三十四
未濟 ䷿

下三十三

上十七
隨 ䷐

下二
恒 ䷟

下十七
困 ䷮

下二十五

一交而為震巽

再交而為坎離

賁　下二十三
既濟　下二十六
豐　下一

漸　下十二
旅　下三十
咸　下二十四

損　上十一
節
歸妹

三交而為艮兊

泰　上二十
天地交為泰

四畫變十五卦
上經六卦　下五
下經九卦　下十五

觀䷓

下二十二

艮䷳

上四

蒙䷃

上二十七

頤䷚

下十六

升䷭

晉䷢

下九

蹇䷦

上二十九

坎䷜

上三

屯䷂

下六

明夷䷣

萃䷬

下三十二

小過䷽

下十

解䷧

下二十一

震䷲

上十九

臨䷒

一畫變六卦 俱上經

上四 ䷃

上十六 豫 ䷏

上二 坤 ䷁

上七 師 ䷆

上八 比 ䷇

上十五 謙 ䷎

上二十三 剝 ䷖

毋往而不返毋沉而不知於變時雍共臻上理維爾不爾不率
典欲肆厥能怠爾職予則有爾罰爾其有靈鑒予將享禮等既
六事靈臺受節以退攝持屏息罔敢殞越自此以後海濱蕩平
紅安樂壽考迄于永徽開元之間淳風未改至天寶後海防日弛
漸為民害浸淫至于五季宋元橫溢奔潰狂瀾不可復障矣
外史氏曰域中有兩大曰河曰海黃河之害壞廬舍毀田疇年苦墊
溢使民不得安其身而苦海之害乃至淪浹宇宙陷溺綱維罔將
文神州陸沉匪特褻山襄陵已也朝廷歲縻數百萬金錢日有事
于河顧元元之溺于海者習為故常恬不之恤豈所謂已然者易
見而未然者難知耶茫茫禹迹誰濬其源民之失德倫胥以鋪節

制靈臺用弭厥害貞觀政要皇哉唐哉

一山日斯方老師政治文章卓然海内今年春抵滬寓文淵之側得以朝夕聚談出所作古文十餘首見示洋洋大篇灑灑千言位置踞先秦兩漢間晉魏以下不堪作衙官也至寓言諸傳或諧諷諭或藉提撕皆有關世道非第如昌黎毛穎柳州乞巧山醉鄉徒為游戲翰墨　老師著作甚富此特窺一斑耳然譬之觀海者及崖已興望洋之嘆矣謹識其

為往

門人汪周麟跋

方日斯先生文稿

下

卷

胡穆孟傳

胡穆孟者閩人。其先以武功。世襲衛指揮。父工琛。當唐藩亡國。率家人朝服北向再拜。仰藥自盡。闔門殉難。僅餘二子。穆孟其長也。穆孟少遭變故。孤苦無依。依右衛守備王邦鎮。有女素聰明知大義。以穆孟忠臣之後。因許字焉。經紀其家。穆孟將門子。韜略騎射。少成習慣。鼎革襲除。無以自效。勉強應武科。捷鄉試。而連江沈廷棟以同年友。雅善穆孟。嘗讀書山寺。旁有荒祠。至夜半。聞人語喧。穆孟心異之。潛從窺見燈燭煌煌。數十人列坐左右。分校其簿籍。若掾吏狀。穆孟竊疑荒山中鬼。有長吏期會簿書。如是其急耶。徵詢故。有對者曰。適者刼運將興四分○○○○遣兵戈刑獄之厄不可數計凡刼中人悉已定此其籍也穆孟試取一帙視則已名在籍中倉皇自知衆忽不見穆孟自是始戒心淡然無復名之志矣

甲寅靖南王反徵武甲武科以為車騎驍騎嘗侍穆孟堅辭偽命逃之連江就沈廷棟家廷棟房師為其縣知縣其以事至省廷棟具書幣修候已入緘未發也穆孟竊視其書中述靖藩舉動垂亂入心不屬難成大事駭曰此何等語豈可形之筆札聞郵往必獲咎因取書潤色稍隱約其詞自為更書入故緘而廷棟未之知也以付使人至城下為門者所詰索得其書涉誹謗發刑曹逮廷棟鞫治伏辜論死穆孟亦以聞之

直奔還家。謀諸婦曰。沈七罪固當。然其母老妻芠朩未有
後。若殺之痛可念。為之奈何。婦曰沈母春秋高。臨年見愛子
受戮。必無生理。其嫂。寡無依。亦必偕亡。是沈君一入死而三
入俱斃也。君素善沈君。安容坐視。穆孟曰然。今惟吾可以代
沈君死。但未知卿意何如耳。婦曰殺身取義。此烈丈夫事也。
君為奇男子。妾井守愚婦乎。君忠臣之胄。有哌々在膝下。天
道不遠。必不使胡氏無後。孰與沈君有戚族之憐。郎。君勉之。
母以妾為念也。顧。术。將。安。出。穆。孟。問。語。之。故。即赴赳刑曹。具狀
自伏。刑曹疑之。召廷棟與質。廷棟實不知易書內。爭死甚力。
穆孟曰書實吾所為。川易辨耳。今第使兩入各具其書。々跡

同肴坐○復何辞○刑書然之○使書○果穆孟肇○乃釋廷棟○而辞穆孟○論決之日○王氏設奠而市○哭極哀○取其首而縫之○具衣服歛○且市兩棺○屬其子于廷棟與穆孟之弟○令撫視之○而自○縊○于○旁○側○觀者○數○千○人○莫○不○感○激○泣○下○傷穆孟之無辜○而嘆王氏之烈○以○爲○此○真○胡○指○揮○佳○兒○佳○婦○也○明年王師復閩○贈穆孟官○蔭其子○而沈廷棟亦以武科需次○授永定門千總云○

論曰、吾閩素稱忠義之邦○靖藩變亂○御先生爵禄有列于朝○或感懷龍虎○千里奔投○或僭擬蕭曹○一心効如伏節死義者○寥寥無聞○爲穆孟之死○爲友非爲君也○當其不染僞命○庶幾乃父之志○亦既越境可免矣○卒以誹謗代人受戮○交○豈以○數之○

難○逃○耶○何○禍○之○酷○也○王氏以大義勉夫○復殉其難○以慨獻
時○之○鬚○眉○而○巾○幗○者○然靖藩叛逆○淫刑以逞○行道之人○皆知
其必敗○同時又有林提使者○以私議僞鑄主致之死○本朝旌
爲義民○嗚呼○逆賊之所爲如此○尚而可醜然臣之乎○

孫秀傳

孫秀者、登州黃縣人、本軍家子、以武世其業、稍知書為邑武生、少美姿容、雙眸炯炯有光、好任俠、遇不平事輒逞身欲出、常佩一短刀時時自礪、礪畢歎曰、劍鋒利矣、誰當試之、康熙某年 秀年二十三丁艱家居、新學使某案臨諸郡、貪婪敗檢、有穢聲、秀訪得實、喟然嘆曰、天子命學臣校一方士、將以識拔真才、為國家用、而庸庸者乃因以為利、不公不明、其人可殺也、拔所佩刀睥睨熟視、復自礪之、其妻問故、答曰、將以殺學道、居無何、學使者案登、秀往探期、復歸于黃、取所礪刀再至登、凡徒步二百里、比及登城、國門閉、漏下三刻矣、躊躇四顧、從水關入、直至憲署、學使者已鼓吹升堂、執事次第立、諸生握策挾筆魚貫候唱名、燈燭輝煌、從群擁秀入、熟視者三、若無覩也、復出立照墻下、儀門外唱名者為郡司馬某、司馬素威重、不恤人情、有諸生後期至、求代達司馬、叱之、且出譏言、秀怒曰、嘻、賊子無賴、姑將以試吾亦、司馬既畢事、入復命、秀從人叢中以刀擊之、中其笠、司馬叱曰、誰敢與吾戲者、秀復力斫之、連冠纓入頭寸許、纓齊下、司馬傷甚、秀連刺要害、司馬死、衆大亂、官役執事倉卒逃命、各鳥獸散、諸生奔走、筆硯狼籍于道、學使者已疾馳入內、閉門自〔自匿秀〕而芳獨立文場、尋學使者不獲、左右顧盼、若有所恨、諸軍衛聞變、操兵器從門外望見秀執刀立、光焰熒熒、懼不敢進、有閫軍在行者、持籐牌直入、抱秀、秀揮刀斫之、傷下四指、曰、不釋、且斷汝手、閫軍不動、秀笑曰、此誠壯士吾固當死姑舍之以成其名乃擲刀受縛諸衛士既得秀尋學使者聚後復升堂推秀至問殺司馬狀秀厲聲叱之曰司馬固然然吾所欲殺者乃爾也爾不死幸矣何問爲次日械至濟南撫軍集藩臬諸當事雜治秀且窮其黨秀大罵曰爾何知夫 誅貪吏以安齊民者乃秀志也學道之惡皆若輩成之恨吾刀不在手耳然濟水東西百萬戶人盡秀也可勝誅耶撫軍怒加以非刑使書狀秀知無可奈何乃謬書數十姓名以對下州縣遍索無其人黃有少年二十六在塾師中名與秀所列同縣令械以就獄使與秀質秀呼曰天乎吾姑妄言之童子何知而以爲戮乎戒少年使自白少年不勝刑自誣服卒與秀同坐復逮秀妻下臬司問妻笑曰丈夫欲除不義爲天下奇

男子固當獨斷獨行何女子之敢聞且使殺人而必謀諸婦則未審法臺今日之廷問亦當承意旨于夫人否臬司無以詰乃舍之而坐秀以瘋疾論斬併及黃少年自是而山左之為學道者募壯士持兵戟所向自衛而有戎服謁陵衍聖公問罪之事

論曰聶政之刺俠累史以盜書君子以為得春秋之旨孫秀懷匹夫之怒悻悻不平至於疾視長上剚刃而不顧卒服上刑為天下笑此盜賊之所為君子無取焉然今天下貪風亦少熾矣上下相蒙而蔑棄王章聞孫秀之事盍亦可以鑒而少紓吾民乎

衡白鄭公傳

君諱紫袍字行言衡白其號也始祖光祖當宋南渡時以官為家遂世為金華之蘭谿人祖一朋父芗以選貢入成均得縣令惮折腰不出學者稱馥殿先生生四子公居三幼穎異日誦數千言每讀書五行俱下年十三嘗睡醒作歎馥殿先生聞而異之先生邃于易公一聞緒論即能構藝闡理精奥先生嘆不及也嘗寅卯之秋海内用兵裁入泮額士子艱于進取公應童子試已拔霞學使者欲因為利使人諭意公曰進身之始而以賄成吾弗為也辭不許竟黜落再試乃入邑庠冢宰黄次辰先生見其試牘嘆為大器以魁天下許之然連戰棘闈屢不利人咸為公惜公夷然不屑益

肆力于學讀書以經史為先文以談理為主不逐逐趨風氣作柔媚語以悅人尤好古文辭家所無書必假歸抄錄晝夜不輟邑先賢文集搜羅殆盡嘗指架上書曰吾鄉文獻萃于是貧兒暴富矣蘭俗塟親多惑形家言營吉壤兄弟各謀私蔭齟齬遷延曠時日公父母同日逝哀毀骨立含殮外即相視墳塋擇土壤高燥無水侵虫蝕者急營窀穸盛暑親畚鍤封堂坊不以溷諸昆季堪輿者或咲以自利之言輒婉詞謝之已而乃大服蓋公之孝友出于天性為人凝重莊嚴不苟言笑雖婦人孺子皆敬憚之嘗言書生力薄有何作為但處已接物于心上打不過去便不可以告人其幸可以自信因榜其軒曰循天又題柱以自省云鄉有婦病孤癡公

過其家婦即作狐語曰鄭正人至我當避之魔忽攝公去復至主人留公止旬日婦尋愈人咸異之公學既醇富汲汲以表章為己任常恨發之何王金許四先生未獲從祀 廟庭續修縣誌顛倒背謬又家乘多舛錯常欲請于當事而更定之力有未逮以是為三恨病革猶諄諄屬其後人易簣前一日作詩別諸親友焚香燃燭衣冠端坐命二子曰生寄死歸亦復何異世所傳鬼物皆虛語汝輩勉四力忠孝無忝所生足矣卒年五十有四所著有循天軒集藏于家子二人長杰次樸樸邑庠生亦有文名

論曰余讀蘭谿縣誌竊疑其文不雅馴是非頗異乎作者屢欲更正之俗吏役役仰屋無資缺憾未能以俟君子異哉衡白乃先得

我心迹其束躬勵行不以睛進身不以學阿世不隨流俗薄其天親彬彬乎質有其文可謂君子矣

劬庵余先生傳

劬庵余先生諱國禎字瑞人浙之遂安人也少聰警異恒兒六歲能屬對就外傅日誦千餘言年十一補弟子員受易於汪嵗星先生之門盡得其秘去教授生徒邑中諸名士執經問字者戶外之屨常滿以歷試高等貢入南雍癸酉舉應天鄉試庚辰成進士釋褐得蜀之富順宰時當明之末造闖獻交訌中原鼎沸蜀道茀不可行先生单騎之官募兵措餉羽檄紛錯中時刻無暇邑有夫馬戶為民累而豪黨猾胥盤踞

作奸持縣令短長莫敢誰何先生廉其弊悉加釐剔豪强歛迹民遂以安聽訟絶苞苴案無留牘質成者恒越境裹糧至皆曰惟我余包公民始不以自寬云壬午分校得人尤盛三年績最撫軍及督師交章薦剡當是時李自成既陷中州汪歲星先生總督秦中殉難襄城張獻忠窺蜀益急先生知事不可爲乃投劾而歸蜀人扳轅不獲至繪圖以祀先生去而蜀遭賊斬艾無孑遺明遂以亡先生歸躬耕奉父杜門不出已而居憂讀禮事繼母尤孝謹冢宰高公爾儼聞先生名以

書相招先生婉辭謝不往

章皇帝詔舉遺逸監司以先生名上之撫按檄下府縣安車徵先生復稱疾堅辭不起乙未甲寅兩遭寇變家破盡身幾不免卒伏忠信以涉風波居常慨息謂少攖多難家無長物惟積圖書數卷以遺子孫屢經兵燹散佚無存良可悼嘆因益縱情搜考手錄五經古文辭積百餘卷旁及制義品評得失絲絲不爽每酒後耳熱輒對諸子掀髯笑曰使吾得再庶童子試與時髦相角逐正恐老婆子猶當獨勝同里毛公際可

章公振夔皆總卯時即決其為異器以女妻章公稱快婿為先
生操行醇謹衾影無慚澹泊樽節不尚浮華常為祖父行營
葬地藍輿不戒曰我緩步以當車至穀交好周貧乏則倒篋
焚券世無知者晚年置報天錄一冊日書所行以自省其學
尤邃於易所著有點易支言田研齋諸集藏于家卒年八十
有四子四及皆世其業季中慎最有聲
論曰余讀先生點易支言探賾闡幽京郭邈不及也當懷宗
之季世封疆之吏得自全者寡矣先生肥遯末流髙尚盛世確

乎其不可拔視京郭何如也愚曰知幾其神乎先生之于易也可與幾矣

霑化縣尹余公傳

余公肅徵字寅公浙江遂安人也父國棠字君平以廩貢任廣西布政司理問吏才明敏贊理著績為人好施與善誘後進里中推為先輩有子二人公其長也性孝友醇謹豈弟近人為諸生有聲以恩薦任寧海教諭時海氛初定文教未興公至則以振育人才為已任課士規條一遵安定成法束脩自行講禮問字無虛日捐貲重修學宮廟貌一新俎豆煥色又構文昌魁閣奎壁增光士氣益振秩滿遷山東霑化知縣邑故濱海數罹水患公親相度形勢為之設立隄防疏濬故道由是卑濕之方免于湫墊霑民永受其

利東省賦役頗重民多逋糧公盡革耗羨設法勸課其尤貧不能輸者出清俸代之催科不擾而民益樂其生嘗有蝗蝻為災公不事捕撲為文祭之次日羣鳥蔽空啄食無遺衆皆驚異以為精誠感格古人反風渡虎不是過也鄰有鹽梟拒捕聚黨千餘闌入霑境邑人旁皇公聲色不動使御兵禦之不敵而退民賴以安他若興講院置義冢造士澤枯百廢俱舉當事正欲薦揚旋以失上官旨報罷霑人挽留不及咸為（嘆）腕惜嘆（泣下）悼而公處之坦如也歸家杜門種松菊樂琴書課督子孫鄉弟雖徵怡怡一室孝友之政穆然可風初理問公積學行善而屈于藩幕未竟其用及公作令有政

績而次子雖徵復以明經需次學博潛心制義皆得庭訓之力居多公嫡母任氏生母方氏遇西征奏凱　覃恩得受封典而繼嫡母吳氏例不得封公乃請移妻封以與吳由是三母並封稱為異數而公之推恩繼嫡人尤多之公六子長肇修郡庠次肇祥貢監四肇基邑庠給諫章范山先生常賞為奇才癸巳　萬壽科已獲雋以額足見遺衆皆惋惜孫肅韓及雖徵子與塏俱貢監羣從濟濟稱其家兒論者皆謂理問公之食報後人固積善之餘慶也

論曰余友今戶曹李君天閣任霑化時數貽書爲余言舊令尹余公之政霑入至今尸而祝之李君篤行君子其言當不虛及壬遂

安穫交公之諸嗣君益得熟聞公之治績向日李君之言殆台矣

古之循吏在位無赫赫之名去後常令人思以今觀之猶信推厥由

來益理問公之庭訓遠矣

孔方傳

孔方者少昊氏之後當虞夏間佐禹平荊楊二州土亦功

官同三品商徙封莊山帝辛之世有善費仲者因與

妲己比得入鹿臺武王克商散其族于四海太公舉

景王將大其[illegible]

其良使掌圜法隸九府[illegible]是時其族[illegible]

[illegible]秦[illegible]漢[illegible]

[illegible]秦滅漢興浸細微後依吳王濞鄧通家布于

天下吳鄧誅廢不用孝武帝時方之遠祖善于灌

輸佐伐匈奴通西南夷功最帝嘉賴之賜五銖

由大司農孔僅進故姓孔氏方之得姓自此

明帝中佛法始入中國瞿曇開士尤喜孔氏孔氏捨

身者至盈千萬佛曰是能與吾教者宜錫之福田已

而方生有光燭地声錚錚然方之父曰佛當言吾族

當有與昔其在此子乎是其將自西方宜名之曰方

而字之以青蚨取飛象也方少不好弄胸中僅識數

字然為人外圓而內通方善羣好動愛我者與日

親不少合輒棄去常聚徒十萬過楊州學通神術已

而不靈避難處囊中一身羞澀喟然嘆曰今天下毛
錐子長鎗大劍皆吾族徃徃得時爲世貴重亦獨匿
阿堵中萬選而不一中何乃齷齪作自守虜爲將遊京
師乃立三人占取周易筮之遇大有之睽曰吉離火
也乾金也兌亦金也金從火圓而明日麗之天之
君比之民悅之泉流之是以元亨大有之睽享于天
子澤動周遲下悅以與利以行險流而不處水火既
爭口是寡覯睽孤在上乃殞厥身是行也吾將[illegible]

而不獲所終時靈帝初即位念爲侯時不能招
居常怏怏方至則載之後車館西邸中日見親用處官
處獄處慎惟方所請輒報可方常存人起家至三公
帝曰吾爲孔君不少靳西帝既尊寵方自后太子貴人
諸侯王大將軍卿二千石郎吏守相皆藉西爲關說
知名士君俊廚及輩亦陰交方游揚以成其名下及
富商大賈尤愛重方床頭臥內任其寢處不敢纖毫
孟浪恐失歡心方亦安之樂與之遊每方所至家輒

美田宅飾厨傳從僕婢鐘鳴鼎食賓朋雜遝徵為光
寵方所不至門外蕭然也無與親者方好任俠善懿
人排難解紛遇困阨死生萬無可救理方一為出力
輒脫然解然既柄用稍恣槙下乱選人政取高皇帝
三章法蕭相國律自上下之清流或以為言帝雖知
其非然心愛之不能舍也方與朱提皆以白衣侍左
右方亦心厚重而提獨細膩多文理常對帝曰臣不惜
碎身以報陛下帝曰吾大事肩鉅致遠用朱君

理繁任重用孔君得二君天下不足平矣會靈
獻帝初董卓擅權孔氏宗或陰歸卓潛郿塢中方曰
先帝以愛吾故使天下事至于此犹錙銖守吾不忍
弃今国家多難輒飛入他族將使論者謂吾貽臭不
欲置齒牙間吾何敢因尚不去卒與漢宮殿俱燼後
董卓誅孔氏族多没入為官用云方與孔子同姓而
不同宗諸生誦法孔子而方非笑之曰孔子之道窮
吾道不窮孔子在一貫唯一何貫貫則不一吾之道

可使百千萬億同歸于貫而不必執其一吾之道可
以朽而不用而不必執于貫且孔子之言曰孝也祿
在其中吾之道可以孝可以無孝可以祿可以不祿
可以無孝而孝可以不祿而祿可以無孝而祿可以
不祿而孝可以使孝者望之而悔其孝可以使祿者
望之而詘其祿大哉吾之道乎通上下貫幽明命乎
天率乎性敷化而川流洋溢乎中国施及蠻貊有不
愛吾者乎有不愛吾而天下乃卒

論曰孔氏之先在春秋時宋衛陳鄭皆有之然非亦人之後則公卿世胄也方拔起塗泥之中融液磨鍊克自成器適與時會見珍于世可謂異士乃恬寵而驕弗（韡）自焚身死国亡為世非笑又何愚也頑（碩檣）猘仰首伸眉欲凶強論道德欲以方駕尼山滅喪斯文豈不悖哉

〇六賊傳

六賊其先不知所自或曰荆揚間人禹平水土始見用或曰淮夷產魯僖公時與元龜南金偕入魯遂散居齊齊田文招姦猾無賴入薛中狗盜椎埋皆為上客六賊之祖善呼盧博梟雉衆爭慕之閭與秦相穰里子通得封于蒲稍貴顯秦始皇（帝）既殺荆軻其徒多荆軻客連坐謫塞外永嘉之乱六賊乃闌入中国大為民害怡（始）竄伏白骨間么麽細小及盤踞象山乃稍稍大六人善分合变化以微利誘人無賴子貪其富也多為所動入其黨始亦少獲比日親狎則席捲以去然愚者不悟遇之輒握手道故依依不能舍至灯闌囊盡勉強別且為後期奸人黨緣為利故寓富家中以鼓動愚

頳紅燭狀銀釭氍毹醍醐飲食甚設六賊亦為之盡所陰攫皆資其家有司聞六賊名所在多捕治主人善弥縫鮮見獲六賊性跕貪饕頗恢諧修飾儒雅每高朋滿坐酒後耳熱六人者正衣冠登場酬客次第行酒惟所命罔有譁者雖縉紳先生一座盡傾不然識其為賊也然善藏匿雖嘉礼宴会以好見則六人齊出饜客所為其鈔掠財物不盡行或五人或四人三則尤見長行軍因糧于敵無大敗者惟覆三路于丁拐再衂于眠羊兵法以一子守二子出五步以下與喪師同罰自六步以上以級勝九十以上則坐而献功至三人雁行出則大勝無敵奇兵尤勁者曰素隊曰金隊曰三豹曰穿花皆剽悍冠軍莫敢枝梧六賊既縱橫無賴從者日益衆

脩心自用願以百萬付之一擲乃僭號大順改元合巧以伍子爲丞相烏將軍爲元帥順風揚旗直犯中原皇帝乃以劉裕爲大將軍帥師致討劉裕者故微時嘗從六賊遊知其中要害熟悉其情形反覆變幻机宜凡賊之短長利鈍進退分合設伏制勝避寔擊虛詐勝僞賊敗種種伎倆瞭然目中六賊亦以爲吾故人無相害理不設備至不則頃一士不折一兵手擒六賊獻俘闕下皇帝則視朝設九賓黃門鼓樂具六賊皆裸而面縛皇帝目迎之曰是猥瑣者乃能賊吾民若是不制大理晨者六賊煽逆誘我元元殘蕩至百萬户大慈罔赦其磔于市諸從遊者多非愿民爲利牽匯贖從刺史令丞覈實上聞當以游惰之罰六賊既伏誅擒其身以戈

上下四肢合二十有一叙創而投其族于海外至刘裕篡位網稍疎六賊之種復入民間剽掠無虚日鮮有能勦絶者

論曰昔者趙氏儆于宋江明室亡于闖献其遺孽至今為梗豈所謂圣人不死大盜不止耶六賊無氏族可稽流殃肆毒尤烈于宋江闖献者彼尚假運筹之勞此惟藉拳手之逸彼尚倚文儒為腹心此則賴菜傭輿隷負販黄童細大不捐故蠹民孔易烈焰日熾論者以為除悪務盡必絶根株然春秋討賊先殄其党連保甲以宼窩罔法行自貴者始可以少靖刘將軍惟賊識賊兵不血刃而奏大功可謂奇士今之與六賊遊者才能不及中人率以將軍為藉口彼將軍者功之首亦罪之魁也

余恬庵先生行畧　方邁

遂安余恬庵先生當甲寅之亂開化賊結土寇攻城城且陷郡將帥師援遂聞先生名以禮請先生詣軍門上謁曰寇皆吾民也爲亂者所誘陷入逆黨無知可念若諭以大義開一面網必鳥獸散是紛紛者傳檄可定毋多殺戮爲也郡將以爲然命先生分道招撫降者日出賊遂退有被俘者訊其曾從無辜力白釋之所全活甚衆事定郡將上其功督撫將特疏

題薦先生曰凡吾所以出者爲鄉里也詩書吾素奈何遠事兜鍪哉固辭不受釋戎服就席帽辛酉赴京闈已入彀以違式被放識者惜之

先生少穎敏篤學好古弱冠補博士弟子員試輒高等以數奇七赴棘闈不遇因循例入太學就京試僅得復失乃受職得州司馬以歸居鄉守廉隅屏干謁惟遇民生利弊則知無不言嘗同方渭仁雪岷兩先生列弊政十二條陳於當事爲均差革弊之議歲省民金錢以萬計性慷慨愛士尤具卓識遇孤寒不能就試者恒饋資斧不以爲煩乙卯大比宮允方若韓先生不欲往先生曰君文章行將大魁天下不獨冠一邑也力趣之行已而果聯捷人皆服其鑑新安汪賈貸千金貧不能償携弱女爲質峻却之贈金令歸擇婿生平無他嗜好惟督課子姪讀書敦倫日手抄性理大全諸書精研經史老而彌篤

易簀之夕囑諸子曰吾祖吾父爲令不名一錢汝等異日居官愼毋爲封殖計也有子十人夔徵以歲薦任龍泉司訓尹徵猷徵登武科俊徵國學生燕徵傅徵袞徵及孫友濂與灃與銑與沛俱遊庠有聲燕徵與銑與余遊時道其先人行累而邑之士大夫暨行道素無知識之人皆嘖嘖頌其德惠桑梓余因所聞而志其大凡如此先生諱國定字君聰恬庵其別號也

論曰昔傅脩期上馬能擊賊下馬作露布史稱其才先生以書生伏策軍門保全邑里拯活生民厥勳偉哉功成不居拂衣而去庶幾魯連之高義然吾聞活千人者其後必大今其子孫簪纓濟濟材名騰

達固知余氏之克昌未艾也

張璣章傳

先生諱延璿字璣章號七齋開化玉川人少失怙事祖母色養無違弱冠遊庠以高等食餼歷試有聲遭甲寅之變奉母住常邑妻族避匿深谷崎嶇奔走卒免于難先生為人孝友敦至好任俠同懷弟常有外侮悉心力為之謀日夜旁皇扞禦倫至為內弟排難保其家衆皆稱之食餼有年已膺歲薦以部費無資遭敲放復學遲十餘年乃以明經出身赴棘闈十有一次數奇未遇晚歲自甘淡泊怡情泉石喜弄筆墨常鑿一方塘于山莊名曰得所池自為記明萬物得所之義又于玉頭嶺捐資構茶亭造香谷庵一方賴

以庇卒年八十有一所著有瑞墩集余既序而傳之將梓以行世先生以明經需次三十年始得臨海司訓及命下而先生易簀九閱月矣惜哉

張秀士傳

公諱延毓字秀士開化玉川人也少岐嶷好讀書治左氏春秋國策秦漢諸大家為文有法度嘗受業于先達程萬鍾先生之門程器而重之及入泮聲名嘖嘖庠序間公父于庭公昆仲三人叔及季先卒猶子四五人俱未成立于庭公雅志撫孤提携鞠育不啻若己出公曲體父意視從昆弟與同懷等人知公之友于而不知即公之養志也　鼎革初流氛未靖邑下戶有徽歙奸宄某某者倚龍山賊為聲援睥睨鄉里蠶食村民張氏宗覆巢之下幾無完卵公發憤冒險裹直走錢塘詣繡衣陳告直指下其章命府縣檄治

渠魁授首餘黨肅清州里晏然而張宗亦全靖藩反閩中以虛名
偽官誘脅紳士畏威者鮮得自全既破閩常賊焰方熾聞公名欲
羅致之里中人亦勸公宜稍委蛇為門户計公堅拒不從棄家逃深
谷賊蹤跡急即流移轉徙崎嶇巖窟間絶食重繭踉蹌竄伏幾不
敢望生還幸　王師開復乃歸鄉里理田宅置業治産為子孫久
遠計公性剛正義方之訓尤嚴子孫嗜學者鼓舞之稍不率教即
授室成人不少寬假以故諸子諸孫咸束修醇謹守其家風為

張銘軒傳

先生諱嗣濟字天如銘軒其别號也世爲開化玉川人父積善公嘗奉母避賊山中母卒賊猝至人皆驚走公獨守母屍號泣賊感其孝舍之去先生幼穎異讀書過目不忘十三遊庠旋補廩餼歲丙寅今相國太倉王公視學浙中奇先生文選拔貢入太學當赴雍試先生不忍離膝下積善公强之行乃與之期十月當歸定省比至都聲名大振時少宰仇滄柱先生負重望初入翰林諸名士多執贄門下獨推重先生江左何屺瞻劉大山諸君皆訂交焉國學爲首善地士之負才名重聲氣者多就六堂肄業以弋富貴上

者取科第邀館選次亦圖教習出身以郎官宰百里先生既與尊人約恐愆期即堅請假歸如期而至積善公喜為加一餐居無何積善公即世先生哀毀骨立治喪悉依家禮馳狀都門丐仇太史為墓誌遠未及至乃權厝東閣磚先生寢處攢所三年侍奉一如生前尊遺命建茶亭禁捕魚焚貸券次第施行罔有懈先生家素封以塋祖父母崔甬連年負獨任其事遂至破家然先生能推分任真意豁如也家務事悉委諸弟不問錢穀出入日閉戶肆力于學為詩歌古文詞才力敏贍下筆如萬斛泉隨地湧出滔滔不竭要以經史為根柢以關洛為門戶一切靡麗香豔之詞屏弗寓目

與聲色貨利同為深戒惟善惡感應之理則時時為人稱説不倦焉先生屢赴棘闈佹得復失何屺瞻劉大山輩皆躋通顯而先生尚滞明經頽然老且白矣頤嗜學益不厭閒仇太史歸里講學武林往請墓誌遂與名人王子重沈位山同參稽論辨位山余門下士也性耿介不妄交遊常為余稱述先生余初至玉川獲從先生遊晨夕論文益信位山言為不虛將別先生貽長歌數十韻慰藉獎借情文交至及重訪昔遊而先生之墓宿草久矣典型云亡南州之感能無愴然先生著述甚富其已刻者陰隲讀註筆山偶集入德迂言梅花百詠救溺救荒等議皆有益于世子三人俱遊庠

能傳其家學

貞勵先生張石民傳

先生姓張氏名侗字同人一字石民青州之諸城人也父惟吉有隱德世稱文介先生石民少聰慧生當兵燹後絃誦久荒家無筆墨常以炭作字從其父口授文數篇時時默誦之年十七補弟子員其明年服父喪哀毀如禮家故貧獨奉母甘旨不以溷諸弟昆母性方嚴常督責以學問不欲逐榮利石民曲體母心遂絕意進取學老萊故事或彈無譜琴吹無曲笛讀書亡句讀以娛母母天年終時已五十餘猶孺子泣不已同里有踈狂不檢者聞而化之皆折節為孝子云張氏之先自豫梁徙東武

閱十餘世子姓日蕃散無有紀石民乃徵舊聞訪遺老叙譜牒
建宗祠四時祀享合族食述祖德記放鶴亭以昭示子孫闢祠
後臥象山得異境焉結茅率子姪讀書其中性尤樂佳山水嘗
北至薊門南遊白下西望岱拜闕里東抵二勞登蓬萊閣所至
必訪其名士大夫賢豪長者相與締交酬唱貯奚囊虛往實歸
率以為常石民貌修潔長身玉立不妄言笑為諸生恥干謁然
遇公正發憤則義形于色邑嘗大饑攫食者蜂起當事蘄弗戢
石民率其儕詣蓋公堂陳消弭策令納其言作條教逐捕衆乃
安黌宮圮于地震命石民董修築之役率作興事量工計程

不愆于素壹齋改觀邑侯馬雅重顧下交卒不一見聞其母卒使人先賜誄乃俟其將行也以祖爲謝其介節類如此石民博通六經旁及諸子史陰陽圖緯百家衆技無不涉獵工詩古文詞臨池在鍾王間善寫蘆雁然皆非其好也生平所專求者在于格物致知之說性習氣質之辨晚年好讀易講說大義每至夜分不寐篤志學聖而功力切實大約以性善爲本以主靜爲功以知行合一爲實驗以盡人達天爲全歸瞬存息養兢兢不懈閑居坐立必正自一器一物下至殘帙剩紙無不仔細檢括嘗注整齊曰一事苟則凡事皆苟矣誨人循循不倦有一善必

委曲成就之而後即安嘗曰生平無他長惟于隱惡揚善成人之美兩言庶幾無愧年八十歲旦出片紙示子孫曰學聖賢別無門路惟有遷善改過四字敦勉諄復疊疊不厭至五月而易簀矣此蓋其絶筆語也生平著述甚富其闡明聖學者有魯論言外録大學解續大學問讀易續言三才傳四太極圖説三古紀畧讀四子書及其樓詩集文集數種藏于家子孝廉霽能傳其學卒後弟子孫扶南輩私議謚曰貞獻先生先生初聘程氏以疾失明外舅請絶婚先生不可後有女許配王婿忽病廢先生竟嫁之婿父致書謝曰何歟先生前以瞽女爲佳耦後以跛

婿兒作東牀一時相傳為盛事嗚呼此可以風矣

論曰石民嘗有言經傳註疏或誤謬不如從白文為是此誠善讀書人語也今世士子寶講章為蓍蔡視白文如芻狗惜無有以此言正之者石民踐履篤實著述閎富彬彬然質有其文可謂君子余同年友顧冊宸先生視學齊魯獨表廬致禮擬諸南軒不虛也

閩中三烈婦傳

三烈婦其一為陳東生妻李氏東生弟大生余姪孫女夫也東生曾祖以孝廉為縣令再傳而家徒壁立弟兄兩人煢煢相守各未有子雍正乙巳夏大生卒東生傷之其明年春東生復卒李氏誓死相從既成服即自經其姒急救之甦委曲解勸佯為聽從越旬餘忽梳洗靚粧盛飾以出姒怪而問之則曰哀極無聊將出遊以寫我憂姒信其語弗之防也既而入戶以羅帕經臥榻中蓋越夫卒甫十五日云其一為岐江林氏女適滄洲唐氏子唐為巨族而氏夫業操舟往來江海間歲一歸家屢數日其母輒詬之誶氏婦其夫

丙午冬唐氏子病瘵卒林氏解髻結夫髮擁屍臥至日中不起姑呼使出氏大聲曰此罌者屍也即竟日寢庸何傷既而延唐族諸明經列庠序者語之曰為我備兩棺余越三日將從夫死是日天陰無雨利于觀者諸族人咸勸諭堅勿聽則為之市新衣二襲以進凡白其事于官至期結高臺具鼓吹氏服新衣登臺四拜南向立母家夫族次第行奠氏笑容可掬立而受之至其父奠則答拜如禮奠畢撤饌取五穀扱衽拋四方祝曰令吾鄉時和年豐毋為厲也轉身即次就鏡臺解髮取一銀簪綰所懸繩復取兩珥呼其嗣子與之曰以是作留念遂手挽其繩稍短呼父攜机敲之升解

姑忽登臺撫屍踴且泣曰甚矣吾之不知人也是某者誤詒若若無恫老嫗是日
所佩帕纏繩引頸以入即伸手長逝時臺下觀者數千人天陰曀
無雲雨其臺下觀者數千人嘖嘖稱神奇共牒令請旌全以格于例不許萬輓詩
詞成帙氏之死不匱也其一為余族姪孫女方氏許配林氏子家
素貧賣餅于市別僦屋以婚結褵之次夕延客未散卒中不起林
有義父語女曰新婦甫一夕耳為之奈何女泣曰吾自有處死吾
分也居停主人知女志不可奪即謬為大言曰吾賃若屋不利死
人一之為甚其可再乎女不應即趨市就餅肆自經死時雍正丙
午歲之十二月距遂沙林氏死僅一月其殆聞林氏之風而興起
者耶余又聞林氏之死四鄉來觀有娶再醮婦者歸以語其妻其

妻慙而經死嗚呼老臣危素守余闕廟而不知自裁義猶出此婦下矣

贊曰余客外幾三十年及賦歸來而故園之俗一變至期月之間聞三烈婦又何風之隆也

聖朝建忠孝節義祠以振厲風俗然與祀者率皆强有力之人而側微幽隱無聞焉烈婦例不得旌亦有倖而獲獎者林氏雖格于 上猶傳于下李氏幾于泯沒矣方氏猶未成婦竟以死殉其烈尤奇乃藁葬鄉隅或稚埋而掠其衣飾亦莫之問悲夫

○處士王春鄉先生墓誌銘　　方邁

武强之東有許由山爲川映明珠朱晦庵嘗過題其地以懷高潔故睦之遂安尤多隱君子云自宋韋芷庵余梧叔而後余又得春鄉先生先生姓王氏名應宮少以醇謹孝友稱明季爲諸生有聲輕財好施授徒冷塢鄉人廼逋負稱貸者輒傾囊以應至鬻產繼之遂積券數百餘金一夕擁爐夜坐盡取焚之曰吾志本欲濟困非爲利也毋留此使子孫藉以暴人逋戶有出妻若先生弟因得所逋逋者更欲償先生負屬弟促先生往先生正色責之曰若爲利而逼人仳離何忍也柰何使我尤而效之竟不往　　鼎革後棄

諸生携家偕隐松源山莊書人爵不如天爵高功名富貴等蓮蒿
之句于壁以見志繡佛翻貝蒔花種藥罕入城市與少傅方書田
先生垂髫訂交及貴顯絶不一造其門時携諸孫出遊遇諸途少
傅迎問且勞曰故人何高潔也先生曰性素迂拙况隔雲泥故不
獲從公遊如曩時耳語畢别去少傅亦不能招致也尤虔于祀事
必躬必親嘗因父忌日買巨魚自斫之嗣子幾諫怒擲鸞刀幾中
其踵視友人疾有感而歸謂家人曰人咸欲壽吾今而知無庸壽
為也卧疾不服藥二日而逝後見夢于松山社人或傳其為神云
先生家世生卒嗣續俱詳行狀銘曰先生之風清且高市義焚劵

蕪嗷嗷肥遯避世丼蓬蒿蓋為鄉相戀綈袍松山片壤䰟~~婆婆~~來皋許

由千古同吾曹

浦江西塘方氏宗譜跋

「往歲余在新定會大墅宗人貽余宗譜一冊詳載得姓之始自雷以下至千九一百三十九世支分派析源流井井名號官爵妻孥塋地無不備具自炎帝始歷唐虞三代曾無少遺余固已心疑之謂必有所受固非大墅一宗所能憑空結撰者也今歲仲夏浦江西塘宗英含弘以所修宗譜見示內有紀原一卷所載視大墅譜尤詳乃含弘親至桐廬白雲村謁其宗長錄而得之實白雲派宗都御史蒙之所纂集也大墅西塘俱遠祖玄英而白雲村乃玄英正派所錄紀原大墅尚是抄本而西塘已剞劂成書然而舛錯謬

○

訛處甚多恒不一解今絕一不淳推由始然得
姓始于黃帝至周而小宗别族其禮尤重自秦漢以後人始有定
姓晉及六朝尊尚門第唐乃嚴于氏族始有譜牒之作而尋源溯
本半屬傅會大紛百家之姓多出黃帝獨方姓乃祖神農顧余考
炎帝姜姓其後有州甫甘許戲露齊紀怡向申呂皆姜姓之後則
此十二族皆炎帝裔也方無預焉今曰帝榆罔之太子雷封于方
山為黃帝左相又曰次子實史曰累為黃帝右相雷也累也二而
一者也其傅會之始則皆由黃帝次妃方纍氏而生乃又曰雷之
女嫘祖為黃帝元妃實之女節為黃帝次妃既以纍為累又以雷

○

陳烈婦連氏傳

烈婦連氏名德馨侯官人合浦知縣圻女也少聰慧至性過人能讀書明大義年十五母病刲股和藥以進病尋愈人稱孝女二十三歸陳生士鑴士鑴父子感司訓沙縣攜之官若事舅姑、女、父、母、與士鑴相莊戒旦有林下風士鑴力學攻苦積勞成病烈婦躬奉湯藥籲天請代竟不起既視含殮即投繯經側侍見救而甦姑慰勉以宜少濡忍慰吾二老人烈婦泣曰婦無子奉高堂甘旨有郎伯叔在雖苟活終無益于世姑乃與同寢處令家人防衛累日夜水漿不入口悉取嫁時衣飾散給家中人抱週歲女泣曰此女長當爲擇佳婿吾死不恨毋徒苦我也六日既成服拜辭舅姑欲就死舅謂之曰節與烈孰難朝廷所旌者節也婦强爲其難者烈婦泣拜曰婦知死而已名非所敢望也因囑娣姒以善事二人仍請殮以素衣隨入室勑女奴出具食比至則投繯逝矣時年二十有八沙邑士民聞之奔走拜奠無虛日合庠具其事于三院以格于成例不敢

上聞皆棹楔以旌邑人以配享列女陳姑春秋時祀焉

贊曰邇者臺灣小警道府以下棄城遠遁

天子震怒皆服上刑人莫有一死所以處死者難也烈婦可謂得死

所矣洵足愧世之食焉而避其難者破格表烈近例多有而烈

婦獨壅于

上聞亦天所以成其不求名之志也余女弟嬪于陳長甥即為烈婦

後故傳其大畧而追輓以詩

鄭沖扶先生傳

先生諱當時字沖扶漳之南靖人也父淳儒祖逵尊皆有名庠序間先生少好學有志節弱冠補弟子員思以功名顯常書簡端曰不天下以仁而孰與為大臣不天下以度而孰與為大人及甲申之變新朝革命遂無意仕進曰今天下事大定矣余髮如此種種猶復束縛冠巾與新少年角技風簷中不幾令柴桑遺老咄咄笑人耶因拂衣謝諸生與配盧孺人偕隱不出頗獨念自祖父以來一經世守而目前諸子林立次第就外傳亟延名師設絳里門凡束脩之奉飲膳之供必豐必潔里中子弟聞之多欲附右先生曰此美事也且館穀

學則師道益尊悉受弗却見諸子恂恂力學則色然喜有欲習計然策者輒愀然曰爾祖爾父遺爾書田而弗耕頤屑屑欲學市儈生涯雖腰纏萬貫又何如識一丁字乎因白二語以授其長君曰為人如履冰隕越須防咫尺教子若種樹成蔭且待十年諸子佩而服之不敢忘先生性至孝父八十有六暮年多病諸子中必得先生侍乃安先生曲體無違久而彌篤與人謙和有過者喻之改有爭者為之平鄉閭式化長令欽重禮致賓筵旌其閭曰耆英碩望先生謙讓未遑也曰岷所為平平耳何英何望敢固以辭先生雖高尚然不為泉石膏肓常寫小影始欲作野服棕履既而幡然改曰必儒冠深衣吾將以

見先人於地下也年八十有一整襟趺坐而終孺人名家女事舅姑克諧以孝相夫子相勗以學御僮僕嚴而有恩生平不苟訾笑唯聞諸兒孫試事捷音始一開顏曰緒業不墜是可幸也然士之事寧止此乎早歲鞠育兒女力操井臼辛苦卒瘏十指龜圻瘦削及至含飴就養稍稍休暇皮肉復生嘗舉雙手示諸子曰汝父嘗謂余手皴裂非富貴相今何如也孺人後先生八年卒年八十有五子男八人女二人皆孺人出長君位崇壬午鄉貢進士五七俱庠生孫若干人曾孫若干人遊庠者若干人入國學者若干人餘方繩繩未艾嗚呼先生之種樹已成林矣其蔭又安有窮耶

論曰：余師膠東高雲曙夫子試漳浦，特求黃石齋先生後二人補弟子員，嘗語人曰：「吾兩試校士，無一私者，獨于石齋先生後人委曲造就，此雖私亦公也。」嗚乎！師之表節勸忠，可謂至矣。沖扶先生以勝國諸生高尚其志，而八龍競爽，媲美荀韓，孫曾玉立，振振繼起，天眷忠節，公而非私，徵之高夫子之言猶信。

清庠生張公英玉墓誌銘

憶丙申歲余始至玉川以姻親之好得交英玉張公時公年已七十矣精悍不減少壯禮貌周至議論諄確余固知其為篤行君子也別後六七年余返閩中音問踈濶及今歲重來而公已于是春捐館矣祥練有時啓期將屆孤嗣泰等以銘來請余既附親末又締交有素其何敢辭按狀公諱延英字英玉行商五十八世居開化之玉川曾祖良相以碩德舉鄉賓祖大綺父王綱俱名諸生公有兄明經公曰延璠字璣章而公居其次公少失怙事母汪太孺人以孝聞與兄璣章公友愛無間兄弟互相砥礪先後俱入泮宮

試輙高等由是二張之名籍甚會甲寅之亂揭竿四起公先期奉母避賊山中其明年公以祖父諱辰回歸祠祭既畢復往省母中途逢賊前後交至有耳公名者欲要至營中奉為謀主挾與偕行公度不得脫徐行至江岸大聲語賊曰若為不義何污我我不汝從必死等死也請先死此賊聞驚愕公遽躍入江中時夏潦方漲江流洶湧忽得一椰木絆公公援之得不溺有小舟望見急棹往救得復甦似有神助公初不覺也平定後復返故廬田園荒蕪公勤以整作儉以足用數年稍復舊規公斷絃二十餘載旁無妾媵季子嗣任甫十餘齡公憐其少也愛之甚親自鞠育勤教誨之

至于遊庠公始色然喜晚歲子孫衆多公課督之暇諄諄惟以孝友二字爲過庭家訓蓋出于天性至老不忘如此公年高德卲族里中奉爲祭酒每有雀角搆爭必爲之平情處斷開陳大義使其愧悔今公歿矣而人猶思之公生于某年月日卒于某年月日享年八十有一配陳孺人先公卒已葬子五人孫八人曾孫十有三人嗚呼士窮乃見節義公以一諸生猝遇强暴不辱其身甘赴波臣使其立朝事主必能仗節死義不肯效依阿脂韋貽羞青史亦可知也公雖終老一衿然望隆于時名垂于後實足之稱荀氏之龍繩繩繼起盛德之報不于其身必其子孫余且爲公卜之矣嗣

泰等以某年月日葬公于篁岸潦園之陽與陳孺人同穴銘曰

清河世族篤生偉人文章氣節士品斯真見危授命不辱其身天祚令德豈汨波臣式穀惟孝昌後必仁宜爾孫子蟄蟄振振潦園佳氣馬鬣聿新高名不朽視此貞珉

清處士文星張公偕配汪孺人墓表

清有處士張公文星諱廷台者閩化之玉川人也生于明崇禎之辛未十月十五日卒于今上乙丑之正月初三日辰時越今壬寅歲已三十有八載矣過玉川者入其里頌公之盛德者猶嘖嘖人口也問其族咸感公之造就者猶欷歔嘆息以為古道照人今將誰嗣也公何以能使人不忘如是蓋公天性侃直與人無城府不肯曲意徇人故人亦不敢以非禮犯之其視人之善猶已之善也有力不足者必捐貲助之或有以匱乏告者竭力濟之無有吝色謹身節用蔬糲不厭而賓客

過從輒盛供具罄平原之歡至晚歲益鍵戶家居絶不與外事歲饑出数百緡運米平糴民食賴以濟是以閭里欽其德望祭酒之于前而尸祝之于後其敦本行也謀甘旨則謝應舉而治生以供母家稍豐矣乃以獎勵後進為己任開館于祠廊喬松下延名師講學其中凡族黨子弟有志從師者聽來肄業束脩以上皆公自行不以相溷故受學者衆而張氏之人材彬彬出矣季弟廷璐弱而能文公尤異之為構一別業使之靜修學既成以明經舉嘗語人曰微四兄之力不及此至諸子姪則待之尤嚴居恒勗以修身砥行反覆講論娓娓不倦公之善造就人材教訓子弟如是是以

族中子姓至今猶服公之教而頌公之德于不衰嗚呼如公之質直好義協比其鄰嘉惠後學振興教化雖古篤行君子何以加茲顧乃不獲一命之榮以自顯于世此公之鄰里族黨所以談公遺事時慷慨而下牛山之淚者也然公之子若孫率皆遵服遺訓修謹能文于公之駟馬王氏之三槐其理固自有不爽者馬鬣之封尚留以俟之乎公配汪孺人素賢淑相夫子善成其德為未亡人教子孫有鍾郝家範生于某年月日卒于某年月日與公合塟于某處子嗣翮孫文鋒等以麗牲之碑為請余故論次其大略使後之聞公名者有所攷焉家世子孫已載誌中不復贅

又贊

昔范文正公置義田以贍族人千古稱爲盛事余以爲置義田尚不如設義學之爲事半而功倍也張公文星頗得此意故其子姪多以文名使其稚而廣之引而長之其所造就寧有涯耶

跋金雪紅松響集

自三百篇外為詩汗牛充棟論者言人人殊紛如聚訟風雅一途幾成荊棘林立莫可廓清予素不能詩一則苦于音韻古今罕通一則支分派别範無畔岸罔所適從雖或勉強應酬率爾妄作然束縛性情拘墟格音終無佳趣飯顆山頭香山老嫗二者交譏其奚取焉錢塘金子雪紅甫弱冠即斈詩比日益工其近作沖淡高古幾入陶謝之室浸淫不懈直可遠追漢魏乃不復知有三唐何論宋元哉抑予又聞先王六藝之教詩居一焉後世浸失其傳泉石烟霞已為錮疾即風雲月露之章詞人所矜新艷者終無當于溫柔敦厚之旨況奔〻一麼百年道何居金子以終貫之年能自刻

苦攟而充之無執一藝以成名雖終日李詩可也雖終日李詩如無詩焉亦無不可也然如金子之詩則固已工之甚

為嫘因次妃之姓并冒元妃之名而不知方纍氏者複姓非單姓次妃者方纍氏之女節猶之元妃者西陵氏之女嫘祖也豈可以之一字併以氏為名又豈可以嫘之一字併減西陵之姓而易之以方可乎方相氏見于周官以官為氏亦複姓也佐禹治水小說之誤耳他若方明居七聖之內乃莊周之寓言方回既與舜友又同堯遊劉向載之列仙士安儕之高士蹤跡各異亦似子虛惟有方叔載在雅詩宜若可信然而猶有不盡然者王朝大夫例以字通詩人叶律取諧音節去族書字亦猶作誦之吉甫太祖之南仲未必即吉甫為姓而南仲爲名也況周之卿士魯之樂師前後兩

入不宜相犯叔猶雜定況可援及雷孚自秦之後方氏之見于史策者所在多有往往因事錯出不必盡為一族如望與紘同時豈得聯為父子儲賓生于漢世乃至混入晉梁此皆支離牽合矯誣神怪未可據為典要以昭示子孫者也夫慎終追遠仁人孝子心雖無窮而分則有限寧為傳信勿為傳疑記曰別子為祖別子者謂國君之弟及他國來遷始仕者也皆自為祖不必更推及所自出今之修譜者閱世既多惟以始遷者為祖于禮斯合遷祖之上雖有可知者存而不論可也

題諸城張氏放鶴亭圖跋

東甌憲署晤樵嵐張先生觀察王公甥氏也出其所携放鶴亭圖示余亭為其先人放鶴悔過而作子孫世守歷三百餘年山人楊雲峭雪後寓宿寫意為圖先生因録前後諸巨公所作遊記及詩歌題詞裝潢成卷藏之行篋志不忘也余披閱之下見寒鴉古木冰容雪態中點綴茅亭與虬藤鱗柏相為掩映與如曠如澹然神遠為咏崔顥鶴去不返白雲悠悠之句以相移贈然而述祖德守先業廣孝思示後嗣先生之寶此圖意深遠矣

○閩事偶記

偶閱王懋宣閩都記載陳古靈先生祠一在城中萬歲巷即今廟巷一在鄉中古靈其所居里宅祠堂也又言先生子孫宋代在婺源吳航科第不絕故里迄今落莫宋時像設屏風猶存遺裔托跡耕樵可爲太息而不言其墓在何處今西門外象山乃有古靈蘭汀二先生墓修飾甚整考記中載陳則清墓在象山則清正德丁丑進士歷都御史巡撫雲南卒于官有司營葬萬曆間祀鄉賢則象山只有陳則清墓無古靈墓此後人之訛也又考龍腰山有林真墓真永樂中鄉薦令三邑有循良績事具郡志近日林氏子孫呈

請崇祀忠義祠乃言真洪武癸酉舉人為濮州知州靖難師入真守死不屈被綁桅杆亂箭射死此為一人耶為二人耶識者當有辨之者

艮庭説

新定王君天叙于其武林所居東北隅新構一椽爲游息地墻下立假山石数片夹以修竹数竿瀟灑書斋自然幽雅余額以艮庭而爲之説曰艮止也而兼乎行故曰艮其背時止而止也又曰行其庭時行而行也君子之學以止爲體以行爲用是以知止貴爲艮之象爲小石石之大者止而不可行惟其小者時止時行順乎天而應乎人故介如而不至于困達人名士其亦有樂乎此者豈徒以礪鑿明志藏袖爲珍耶余又思艮于位爲東北而其反爲震震爲蒼筤竹夫石上有竹猗猗者君子之風也磊磊者丈

夫之行也我行其庭如見其人矣

戇齋號説

巫君子健早歲遊庠負重望為人剛正磊落不諧于俗自號曰戇齋戇之為言愚也而有直意其古之愚者耶人皆曰予知而君獨自居于戇夫戇者不戇者也戇者之病固以不戇者為戇則何妨自居于戇而以知讓之天下也余亦戇者而不能任吾戇小戇見大戇瞠乎其後矣

大羅灘壞舟説

辛丑仲冬余奉先君子暨室人之柩自浙回閩至建浦登舟載先君柩之舟甫開行数里則膠於浅舟子急解衣入水前推後輓移時方動次日涉瀨復中危石鑿破半尺水湧入舟幾沉疾泝流至岸移棺置沙渚囊篋水浸〻下無一寸乾者輓空舟登陸覓匠促修二日方畢開至大羅灘中央水駛激石鷁首碎焉盖五日行未百里舟三壞幾溺者再人皆危之初余始登舟閱浦城下水者舟皆載米然率不過五六石獨是舟私載至二十餘石余阻之舟子反出不遜語及開至灘頭人執一見首尾不相顧篙工水手争揶揄之至是余併責

其二罪始俛首無辭甘還原估復僱他舟以往五日遂至洪
江先是余之扶柩而閩也[redacted]一僕[redacted]攜其僕婦母[redacted]遺骸貯[redacted]筐
[redacted]藏[redacted]篋併納中艙俗忌以為載棺[redacted]舟故多[redacted]凶煞又尾棺
與棺同處則金剋木尤不利及[redacted]舟再壞僉疑及此余竊心
非之既抵家乃為之說曰鬼神情狀雖不可知然幽明之理
一也士人之欲首丘故土有異於遊子之夢寐思鄉者乎作
客登程必不肯自毀其舟以成滅頂之凶而謂地下有靈願
欲顯示威福以自沉其棺必無是愚鬼也若夫僕之從主歸
鄉亦其所也彼纍纍枯骨墝埆餘燼何關生尅制以下犯上
雖在鬼道猶當嚴之而安容其恣行以取戾且是舟之壞也

則有故矣朽蠹之質既不堪以任重而舟子貪而無能剛愎自用以取潰敗若後舟既新且堅舟人駕輕就熟則談笑以涉風波如履平地猶有鬼神何獨為祟於前而不能示威於後耶子產曰天道遠人道邇余亦以為鬼事微人事顯于是舟之壞也得程材之道為警貪之戒為濟變之方為因為是說以解群疑且以自警也

苦海誌

苦海在極樂國東南贍部洲界綿亘四海內外周廣十萬八千由旬開闢之世質樸沕穆民老死不相往來罕有至者禹平水土導河濬川苦海居荒服外未為民害故四載亦不及焉周公輔孺子王致太平越裳氏重譯來貢曰吾聞中國有聖人益苦海之不揚波已三年也東周戰國海隄浸決至秦大壞漢興高惠文景疏塞補苴弗克大治博望侯張騫乘槎至西域迷失道漂入海中遇方六金人指示津途回頭得岸始返故國因得其本末海廣博無涯涘性不潤下而炎上波深浪濶闃闃冥冥曀霾晝晦風雲變幻高天厚地無尺寸可容望之浩浩無垠神光吐燄可喜可愕一涉其

津至頭童齒豁不能自拔淤泥其路多歧遇黑風飄入莫或解脫從儒林國之下流入者為汚港其水間不清流波瀾返覆渺不可測多叢生荆棘塞道載塗如刀林劍樹遍布中央漫有狂狐狺犬嗥嘯成羣尋聲吠異入其中者若中狂病癩面汗背拳跪曲膝[illegible]則吮癰嘗糞習以為宜白日之下栩〻自適疾痛不知惟平旦清明稍識本來面目而精神已消身亦隨殞離竇藏國萬餘里者為利港沙石錙銖累積水黑而多臭穢壅氣上騰薰蒸人心多發鄙吝之疾昧寒暑蹈湯火呻吟籌算丙夜不休或酣歌恒舞如醉如痴雖其至親知友亦莫能識辨又有蟲名青蚨能入人心腹使生錢癖至潰腸胃入死乃鑽胸而出飛入他家屬貪狼星分野者為

慾港其水變動靡常或為奇珍寶玩或為美女妖姬或為名花異
卉珍禽怪獸種種異物見者視幻若真冒風波臨不測殉以身家
繼以性命溪壑難窮終至耗精喪氣沒世而不得一寧環有窮氏
之西為貧港其水清冽如洗多產菜根韭鹽山四面壁立犖犖無
所依入其中者輒覺面目可憎語言無味至菜色黃肌決踵露肘
無浸人形雖其父兄子弟同舟如異物怪不相顧又有五窮之鬼
往來跳躍乘虛欲噬驅之不能去由零丁洋南折為累港其水涯
濁黷汶天日之所不照多蜮狐含沙射人中者刻骨侵肌如因熱
如桎梏如刀鋸斧鉞又四亢旁穴鐵網羅張密布一觸其中骨不
可破必至毀體裂膚剝蝕無遺故經是港者尤惴惴萬死無一生

理其他支派分流千條萬緒難以名狀中有山焉拔地千尋勢若蔽天名曰冰山入海中者々倚々以為島及日光一照融若無色茫然失所瞻依恒覆沒不可救逐山而北稍見一岸有途焉曰窮途平野千里荒蕪無人跡斯途者不百里腹果然輒慟哭而返行途南五百里有城焉曰愁城人民城郭與中國無異其男子多疾首蹙額女子效西施捧心狀問其故輒咄々書空作字了不可解中有黃屋巍然氣翳々直上其國長官司之府也名曰怨府長官司能生聚其王愛之錫甲第加以美名焉山之西南有小嶼近瀛洲蓬萊者曰醉鄉與桃源人同時避秦者也風俗淳古民物敦厚陶然自得游心於六合之外愁城中人時遇見多指斥之以為狂

海其水味苦。不生嘉魚。唯多鯨鯢魴鰈鱘鰉烏賊。牡蠣沙虱。封豕長蛇叢生類聚。卵育于斯。其寶則有瑪瑙硨磲玳瑁琥珀。他珍無有也。其神曰靈基。長不過方寸。能出入天地。變化古今。凡五港之毒皆其所運。神喜則風恬浪靜。百難不生。神一離舍則五港之災一七時並作。延及他方。悉皆不寧。自秦以來。沉淪海中者固難以億計。至漢明帝時有道人自南海來。駕一葉扁舟。維岸側。名曰慈航。欲渡海中人脫一切苦。而衆庶陷溺已深。不能自解。道人亦復徒才空言。鮮有實用。故數千百年間。竟泛虛舟。卒無登彼岸者。唐貞觀元年。太宗既嗣位。嘉與海內聿求至理。時則有橫海節度使臣忠、和州刺史臣良上言。伏惟皇帝代天理物。子惠蒼生。人有利病守臣斯責臣所轄若海上見其氣甚惡恐有凶祲洋溢四方害及生靈惟皇帝肇興祀事祭告海神俾率厥職以康兆人臣昧死以聞制曰可其明年皇帝遣司徒臣禮宗伯臣義御史大夫臣循理太常臣守正賚金幣具盛樂建中和之旗馭安節之車望祀海神詔曰皇帝遣使臣禮等諭祭爾海神靈臺惟爾神虛而明披天根探月窟變化無窮鼓舞晝神惟海中五港實爾統司爾尚相予彌成兆人操而不懈毋離爾舍毋鼓浪毋逐流毋揚波毋汩泥毋往而不返毋沉而不知於變時雍共臻上理維爾神休爾不率典欲肆爾能忌爾職予則有爾罰爾其有靈鑒予將享禮等既將事靈臺受節以退攝持屏息罔敢隕越自此以後海濱蕩平百姓安樂壽

考。迄于永徽開元之間。淳風未改。至天寶後。海防日弛。漸為民害。浸淫至于五季宋元横溢奔潰狂瀾不可復障矣。

外史氏曰、域中有兩大、曰河。曰海。黄河之害。壞廬舍。毁田園。辛苦墊隘。使民不得安其身。而苦海之害。乃至淪浹宇宙。陷溺網維。固將。使。神州陸沉。匪特懷山襄陵已也。朝廷歲糜數百萬金錢。日有事于河。顧元元之溺于海者。習為故常。莫能自振。豈所謂已然者易見。而未然者難知耶。茫茫禹迹。誰濬其源。民之失德。淪胥以鋪。節。制。靈臺用弭厥害。貞觀政要。皇哉唐哉。

靈臺不昧五濁無波皆指剎那旋登彼岸矣慈航在御何有於海而非城

書唐氏券

唐文襄公一代名臣以毋老乞養褒賜有加歸建孝誼堂榮君寵也数傳以來屋朽基鬻裔孫文止子常父子出己貲贖其基而重建之新其楔奉久褒歷代主崇祀其中且為置田立戶以垂永久廣前人之孝思光田居之令寵為忠為孝二善倫爲唐氏之子孫能顧名思義紹令緒于勿替也則文止此舉其得于孝誼之訓也深矣用書之券以遺其後人

題王瑞餘像賛

建德王生瑞餘生平仁事可補游俠可入獨行家渭仁太史既為之傳而未及論斷余仰瞻遺像遍讀題識因綴數言非敢比于固

之繼彪庶竊取于韓之叙李云爾

論曰以余所聞王生義烈高迹其發粟賑饑捐金贖婦豈非中心安仁行好其德者耶至于入賊壘降渠寇談笑折衝仁者之勇何其壯也書曰不侮矜寡不畏彊禦王生有焉名傾朝野澤流子孫不虛也

題肅予張公暨配徐孺人像贊併序

余讀新定家渭仁太史所作肅予張公墓表，竊嘆史官難于直筆，而古來高人碩士多湮沒不傳，爲可惜也。以余所聞公之大節，有表中所未及者，觀公畫像，可以知公之志矣。公在明季遊庠，

國朝革命，加意作人，凡勝國諸生皆許應試，而公獨超然高蹈，隱居自適，時幅巾儒服，優游田陌閭，無故不入城市，清風亮節，殆方韶父、謝皐羽之流亞也。又聞公友愛二弟出于天性，其弟舉丈夫子，

公聞之，責其家人曰：長叔叔姒生男，曷不早告？即具衣冠謝天，謁祠堂告祖宗，往弟及弟婦所肅拜稱賀，曰：若有子，吾無憂矣。嗚呼！今人

有弟不能和協煮豆燃萁日見告矣視兄弟之子猶子也誰復有此深愛乳公聞弟舉子喜心到極即此一念天祖質之亦何俟外捍內禦延師授室之日然後知其可以托六尺之孤耶此亦表中所未及者余故併論之贊曰

姑蔑蜿蟺接豫章客星朗耀下大荒栗里高士傲羲皇幅巾儒服話農桑

新朝華命叶期昌獨卧江湖忘廟廊有弟有弟比三姜呱呱落地喜欲狂焚香拜祖謝穹蒼小阮寧馨慰所望太史摛文失表揚口碑猶記鄭公鄉齊眉舉案得孟光鹿車同輓自相莊八龍三鳳騁翱

翔珈珮璁璜耀明璫瞻公雙像肅冠裳高風令德長不忘

題張公喬峯偕配余孺人像贊 併序

玉川張子若黄積學能文爲人倜儻敦意氣張氏固多賢珂里中推首屈一指閒爲余稱述其先人喬峯公暨妣余孺人遺事因出其畫像示余余生也晚不獲親炙公之令德今拜瞻之下恍然猶如典型之在望也按公生而穎異長而好學初出小試會新政策論士子狃八股故習弱植窘步多不中法程公議論深博才力縱横有韓潮蘇海之觀學使者李公深加賞異拔冠一軍未幾復行八股又以優等餼于庠蓋才人變化無所不可如此公昆季四人素相友愛中年伯氏即世三孤未成立有巨商利其弱欲爲毁室

取子計公綢繆保護倫極辛瘏藐孤幸無恙鞠育教誨之各成佳器而後始釋于懷也曰是可以報吾兄矣公操行端介不苟取與言動恂々恭謹獨至公事則慷慨發憤義形于色時有異籍竄童子試中欲圖僥倖邑中諸生廉得其實訐諸當事當事陰有所袒欲蔽罪諸生公攘袂起曰今日之事一不濟則後且滋蔓諸君無以彊禦爲畏即捐貲遍號同人欲上下奔訴當事聞之乃直諸生斥混冒者則是公之大有造于多士也余孺人端莊淑慎善持家明大義婿族鄭門女有爲江氏婦者孺人僅一謀面聞其雅欲守志而逼于孤苦內外無依未亡人幾不能自存即遣人問遺時々

周給二十餘年不少懈鄭氏以此終遂栢舟之操好行其德成人之美可謂女中君子矣贊曰

天上公子累葉金貂淵停嶽峙聳壑昂霄材推杞梓林刈楚翹腹便經史筆湧江潮因心推愛力挽漂搖鷹鸇搏擊竟逐鴟梟齊眉鍾郝令德伊教撫孾保寡苦節用標巍然道貌音響匪遥保艾爾後儀型不佻

張公字鳴贊

余于玉川張氏得兩高士焉公及公之兄予庚（肅予）公是也新朝革命加意作人而公獨以幅巾終老益明室養士三百年故膠庠中多敦氣節即張氏一門而天下可知矣昔宋之亡也衢州徐忠烈以太學生父子同死節臨安公殆聞忠烈之風而興起者耶

張母余孺人贊

昔周后妃廣樛木之化而詩之頌百男者獨稱太姒初不知管蔡郕霍之母為何人亦不知雍郜曹滕之母又何人也然太姒故自有子即使太姒為衛莊姜其所為百男者猶在也故千古之智婦人

莫如太姒若余孺人之鞠子可謂智矣

進九經衍義表

原任浙江金華府蘭谿縣革職知縣臣方萬言恭遇

皇上七旬

萬壽溥天共慶薄海同懽至邁班阻趨墀情深望

闕誦揚莫罄獻賦未能謹以所纂九經衍義隨表恭

進者伏以

聖人必得其壽箕疇開七衮之祥

帝治煥有其文嵩呼衍九經之義綜萬年之勝事長祝

萬壽無疆効一得之愚衷迸誠

人有慶臨雲喜溢就日懽騰臣邁誠懽誠忭稽首頓首上言竊
惟歛五福以錫庶民皇建有極行九經以修達道政敏在人
粤稽羲農以前暨乎軒昊而後洪荒初啓傳世至萬有千年
盛德相承在位多百有餘歲是以赤文緑字九六登韞乎苞
符玉檢金繩三五亦傳其封號至于靈龜獻鑑有虞應得壽
之徵寶石承書夏后受長生之秘華封有三多之祝已逢唐
帝期頤天保詠九如之章共誦周王壽考無疆之陳戒亦訂占
多獲永年卷阿之矢音天子更期彌性益四方來賀不俟王會
之圖而萬姓躋堂亦有衢歌之獻居今稽古偉事稀聞緊帝

馳王于今為烈欽惟
皇帝陛下
仁開壽域寓
祐調春陽
濬哲欽明統直紹乎危微精一
時雍風動治復見夫歌叙休和
崇奬真儒海內之縹緗煥彩
表章正學域中之翰墨流香
倫孝養于

兩宮五十而慕

廣詒謀于四代則百其男明目達聰猶是都俞吁咈建鼓設鐸

猶（依）然喜起賡歌時廣勵以官常法廉稱職丞周通乎民隱耕

織蚕圖

賜復蜀租戶溢黃粱白鏹梯山航海市盈大貝明珠南極滄溟

洞貌八荒在宥北窮荊漠允稱萬國攸同舞干羽而格兩階

兵刑胥措

巡方岳以輯五瑞禮樂攸興六甲已周廣華太和之元氣七旬未

艾共古純嘏之休徵久道化成盡九經之明效實事數於俞受

皆 愧
一人之藏用顯仁臣閩南監儒浙東舊令誤當繁劇之任早蒙覆
餗之誅幸逢
皇上光天之被長沛賜環之望頒宗元放逐報國惟在文章穢軾投荒
對君不忘君文竊以百王之道法莫備于經千古之治功皆
載于史第徵文大義既輿博而難窮據事直書尤浩繁而莫
紀謬持蠡測畧欲咀其英華私用管窺更爲分其門類窮十
年之搜討不揣拙 淑萬之識綜百代之是非或有裨于得
五之益茲際千百國之朝賀懽以鳴山竊附億萬姓之謳歌

聲非鄭地謨獲陳于堯舜豈同九齡金鑑之編道專取乎治
平庶敍邱濬大學之補伏願
天行時健
聖敬日躋
窮討西山盡啓石室蘭臺之秘
默識紫陽廣延邇英崇政之賢
養萬物以和平覆載同歸悠久
躋一世于仁壽升恒共仰昭明將見七曜珠聯南極星朝北斗
三辰璧合東來氣接西池則彩映文昌不假玉杯之獻光浮

太史無勞緜蕝之陳矣臣邁無任瞻

天仰

聖踴躍惟忭之至謹奉

表於

進以

聞

此表本擬在

仁皇帝七旬萬壽洪恭進天〻又期而

[illegible]〻駕扳髯莫及長楊未遇姑留有行存以志感

原任至臣厶恭逢　　陳軒年作

萬壽昌期

七旬大慶緝成九經衍義一得愚忱謹奉

表上

進者臣厶誠惶誠恐稽首頓首

上言伏以功參天地配悠久以無疆政出帝王垂典常而莫易粵稽古來治法咸折衷於萬世之師凡為天下國家總不外夫九經之理推原道德建極惟皇究

極天人至誠及物內而尊親敬體化始朝廷外則子來柔懷風行海甸始焉文藏孔壁而家語頗異心傳既乃書列曲臺而戴記終殊道學自中庸尊為四子斯政事備具一章經惟九條義該千古唐虞三代之世興衰不出範圍秦漢歷朝以來得失每多借鑑惟為叅互以考證庶幾深切而著明欽惟

皇帝陛下

九德當陽

一生學合聯

中樞極
安天授自内聖而外王
闡性成皆出經而入史
宮府朝野為一體允推無黨無偏
上下中外為一家洵覺有倫有脊崇隆師保篤厚本
支大法小廉邇安遠至四民樂業六服傾心條目次
序之施旁流千八百國實事明效之驗涵濡六十餘
年花甲既已周回

椿齡于焉申祝
乾行不息自古所稀壽考無疆於斯為盛瞻
龍飛之在御肅虎拜於盈庭萬福攸同
天子太平[illegible]四方来賀
萬福攸同
聖人有道無疆府修事和嬈光被之堯天而猶未艾功叙
歌勸賀重華之舜日而更多餘可知虞夏商周之朝
政舉尚難比數何況漢唐宋明之代人存安足等倫
是則久道化成四千餘年僅見因而休徵全盛二十

一史布聞環海歡騰普天慶溢凡有血氣莫不尊親
臣厶閩南監儒浙東舊令叅年釋褐忝竊科名中歲
素餐迂踈吏治謬當繁劇之任遂罹覆餗之條幸逢
寬大之恩復有賜環之望側聞宗元得罪報國惟在文
章每處蘇軾投閒對景不忘君父竊以百王之道法
莫備于九經舉凡千載之紀編無踰此數義妄思蠡
測因藉挈領提綱私用管窺更為分門別類窮十年
之蒐討不無掛漏是虞效一得之芻蕘或亦高深少

助事綜萬禩適聞

萬歲山呼義衍九經代頌九如天保伏願

留供乙覽

充備酉儲

盛世崇文久衍大學孝經之旨

內廷給札類脩綱目性理諸書以及網羅百家奚啻山

積不揣捧持一勺仰佐河流政已觀成豈須金鑑經

能致遠寧假寶箴符實事以闡微言竊効補編之郵

濬總繁文而標大義布同節畧之楊廉將日月中天
奠經常於千百世而春秋廣運綿曆數以億萬年矣
謹按云云若干卷臣云云無任瞻
天仰
聖激切屏營之至謹奉
表隨
進以
聞

與同年朱可亭總憲書

舊臘都門叩謁，深荷注存。今春及闈稟辭，未及獲面別，南瞻馬首，北望燕臺，滿目風塵，彌深眷眷。載塗楊柳，長切依依。近在中州，得見邸報，九重異數，貴及壽母之階，一品貤封，號超郡君，而上盈盈白鏹，輦自西江，種種上珍，供從外府。含飴晝屬天祿，永享弄孫之娛；退食時望雲鄉，無歌將母之諗。益忠臣必由孝子，理本同原。惟聖主之得賢臣，情能曲體，允為千秋之盛事，豈獨一代之寵榮。邁塗泥遂捐，風木餘恨，思負子路之米，徒愧折腰。乍晉頡叔之羨，更滋覆餗；知己頗有平仲，慕執鞭而未能。在位喜見王陽，竊彈冠而自慶。雖歷塊一蹶，騰驤終無萬里之期

而伏櫪長鳴剪拂高邀伯樂之顧撫髀白日翹首青雲欣聞有
命自天受介福于王母行看爰立作相沛大澤于蒼生六[illegible][illegible]
躍之徵誠特肅鯉函以申賀惟祈丙鑒莫罄寅私

請恤節孝常氏小引

竊惟聖主施仁恩必先于孤獨鰥寡盛王發政事莫重乎忠孝節廉片善必揚維士大夫之責匹婦與澤賚良司牧之功伏見原某學生員某未婚妻常氏者氷雪為心金石矢志少嫺閨訓側聞列女之風長許儒林願舉梁氏之案豈意宜家有志弗獲良人而乃得罪人遂致歸妹愆期竟使之子而莫配夫子繫囚四載屬家事之多難望斷于終天遣戍三千迨國典之既行志遂堅于指日猶念高堂有母膝下無兒是用徒步來歸自稱曰婦十年不字願終待子之心三日入廚代紓將母之志膏沐不御朝夕誰與為容甘旨時陳寢膳不離側典窮簪珥難供無米之炊倚斷門閭莫遂有家之願滫瀡悉從十

措夜繼日以偕勞子婦合為一人影隨形而自弔于茲六載永堅一心哀此窮人誰為請念伏惟某官仁心為質孝治居先五内月冬滿路福星臨境上一鶴暫息彌天甘雨遍郊中乞念節孝之窮少加存恤之典廣閨中少婦永無炊珠燃桂之憂而國内齊民亦拜解衣推食之賜

募建楞嚴庵大殿小引

蘭陰山蘭邑之鎮也横絶大溪名勝甲乎一邑而楞嚴庵踞山之中環回吞吐振衣一覽氣象萬千客子遊人登眺觴咏者日不暇給自霦公卓錫以來依山構屋疏泉種樹重闢八景作亭于其巔于是山若為之益高水若為之益深而遊者亦為之益衆益霦霦數十年之力晨夕卒瘏始構造一規模而美大之觀謙讓未遑也茲欲益恢前業修大殿造山門闢塗砌徑以成一叢林稱巨剎然而意願弘深工力浩大非寀官信士大為施舍則老衲雖具一片婆心亦赤條條[illegible]何處下手也夫山水之勝待人而傳以蘭邑有如是奇觀而諸君子復

能相與同心經營修舉廢墜則靈異之境自當日闢而遊豫之風登吟之什必將播之四方流爲盛事于以沐膏澤咏太平雖雲棲三竺其爲選勝探奇垂之不朽者豈能獨異于斯耶若曰給孤祇樹布地黄金借此以作福田利益則佛家常談事或有之猶未免落第二乘也

募建望柴嶺茶亭小引

蘭邑為水陸要衝皇華使節輩於瀫水一驛而商旅之出于其途者四方輻輳各擇便而趨則郊閩之內轍跡尤多西鄉十七都亦往來徽杭閩廣之孔道也有山焉是為望柴嶺發祖柱竿遠以蘭陰為屏障嶺不甚高而不坡起伏若異坦途擔簦[illegible]躡足[illegible]登頗艱于步或時值炎暑赤日中天火雲如蓋行者接踵揮汗喘息道暍相望載饑載渴之苦有視楊柳雨雪而倍深者勝罷[illegible]仁僧宿如目擊行路之難惻焉憫之將謀一息肩之所俾任者負者徒者輿者稍稍駐足且欲舉熇酷熱中之人普說以趙州法普願既

久而獨恨一衲一鉢之外身無長物不得不大聲疾呼遍求宰官長者為之共襄盛舉余惟表道寓望王政不廢而亭烏堠鼓非特以節行人亦可以察非常詰姦宄其所繫於彊域者甚大宿如焉浮屠家乃能留心世故以濟人利物為事固未可與談苦空乞布施者同日而語也夫世之崇釋氏以求福田者或不[illegible]地焚指离身糜有用之財作無益之費若兹之哀我憚人功德弘遠寸椽粒粟易于衆擎吾知自今以往過斯嶺者濯清風而飫甘露有如歸之樂來不匱之資豈徒造福于苾芻記盛于旛幢而已哉余既嘉宿如之志因其有請故為之倡捐而弁数語詣邑中之賢

士大夫父老子弟同心以濟樂觀厥成云

宜刪

祭黃太師祖文

天下有二事焉曰德曰福得其一皆足以傳于後世而兼之實難惟我太師祖太封君有兼焉憶壬子歲邁始總丱從家大人宦歸陽以門下子拜蒼潭太老師于官舍時太老師宰歸陽已六載矣化行俗美士悅民安邑人歌思盛德推原所自皆云太老師素孝友太師祖在家日移書教誨太老師奉以周旋罔敢隕越故治化宏敷大約庭訓之力居多既而太老師為家大人言太師祖少失恃以至孝稱為人寬厚長者好施與持己以恭接人以和御下以禮尤喜儉約不事浮華鄉里皆化之當太老師幼學時朝夕課督期以遠大及登進士第捧檄歸陽常千里貽書教以服官治民之要綱　科勤撫字毋侵

擾百姓即有所適一騎兩從自隨而已又言太師祖年近七旬精力
不減少壯筮仕之次年已蒙　恩封誥太老師兄弟四人皆以太師
祖爲師先後入泮宮諸世叔已舉六七人長即述齋世叔今宰繁峙
者也邁從旁竊聽雖不能悉已心竊儀型之矣及甲寅靖藩變亂太老
師義不受辱削髮引去邑人涕泣挽留且恐逆藩之不利于太老師
也爭以太封君爲請太老師諭之曰念家君所以教余者惟忠惟孝
今日之事正家君志也衆乃不敢言太老師既得代移居學署邁日
侍左右家中人尤皆嘖嘖太師祖之盛德云其明年太老師聞道歸家
粵變繼作復入閩凡兩丁變亂卒行其志不少受污者皆太師祖默
有以成之也居無何太老師捐館舍　天子哀悼予贈蔭賜祭葬四

方欽羨太師祖愈折節自持壬戌之歲家大人有事粵東便道往省歸為邁言太師祖德盛禮恭日閉戶教孫子以聖賢事業猶前志也越數歲述齋世叔尹繁峙邁從京師至其治所世叔方涖任未期月也甫入境已頌聲載道無異曩者太老師在歸陽時晋謁之下聞太師祖起居知年已九十精力如故因出其手書讀之臨池精楷詞意藹切真為政之良規吏治之箴砭也世叔方將次第舉行聿成厥績居數日而訃聞至矣聞喪之日繁士民扶老携幼號哭靈前嗚呼盛德之感人不必其身被之也即聞之亦莫不興起有如是乎邁嘗謂人生不朽之事德可以勉而修福不可以強而致今觀于太師祖好學力行終身不倦有衞武公之志焉教誨孫子勉以修業有蘊明允之

風焉厚待族戚周其乏困有范文正之仁焉行己端方閭里式化有陳太丘之望焉豈非道積于躬盛極而流者耶身受　皇封年登上壽子子孫孫林立滿前長者循良著績振藻藝林幼亦岐嶷挺出桂茁蘭馨諸子婿皆翩翩王謝彩煥門楣豈非所謂吉祥善事而古今所僅覯者乎然則天下之達尊箕疇之五福太師祖皆備之其誠生順没寧脫然無憾者矣獨念邁自總丱以來心儀太師祖之懿德于今二十年竟不獲一登堂瞻拜少抒景仰之懷今則山頹木壞哲人云亡抱此私心長存千古是不能不感極而悲南向嘆惜且泣數行下也

宜刪

祭楚瀚林夫子文

嗚呼夫子其竟棄諸弟子而溘然長逝也耶夫子之于諸弟子也發蒙振滯養育教誨一經指示便有法度可觀因而入泮宮取科第纍〻如也至若同疾苦恤患難勤〻懇〻雖家人父子之情生死骨肉之親不啻過焉乃諸弟子或遠居百里散遊四方夫子寢疾踰時不獲趍蹌問視易簀之日坐牀坐足者寥〻無幾夫子其竟棄諸弟子而溘然長逝也耶夫子之立身行誼道德文章上自王公大人及下婦人孺子無不周知諸弟子雖欲管窺蠡測彷彿于江漢秋陽之間其又何能名吾夫子然諸弟子親炙久嘉德懿修恒心識之不敢忘夫子性至孝生九歲而孤奉太　師母拮据卒瘏左右就養罔敢或缺

中更閩華播遷四壁無存恒十旬九食以偹井臼太師母性嚴毅有不當意杖撻時及跪而受之怡如也方師祖見背時乘之師叔方七歲夫子卵翼而教誨之至其成立當瘡孔之餘猶盡讓腴田分宅以居及師叔舉孝廉宰名邑而夫子喜可知也曰今而後庶其可以告吾父吾母而不憾夫子生平持己嚴處事敬交友誠外和内剛謹小慎微終身無過舉即一剔髮一剪爪亦護持之盛以錦囊屬纊之辰遺命納諸棺以示全歸之義嗚呼孔子之戒毀傷曾氏之啓手足夫子可以無忝矣夫子之學深博無涯文詞詩賦樹幟雞壇制舉藝膾炙人口者五十餘年歷試棘闈一中副車屢登偹卷晚乃以鄉貢出身亦卒未邀一命之榮論者以為夫子經明行脩聞譽廣播而制科

一途竟若厄夫子使不得預咸扼腕嘆息為之泣下嗟乎自有制科以來士之低首下心老死於其途者不可勝數顧有可得之道者或未必得之之不以其道者又守之而不終至今日而流俗横為訾議貪污肆其頤指制科之不足以重人也人又何必以制科重若唐少陵宋明允于夫子何如也抑又聞之盛德之報不于其身必于其後人夫子鍾愛一弟已卓然以功名顯將追念手足之情推原造就之賜其所以圖報稱而大表揚者匪伊異人而大世兄蜚聲黌序二世兄振藻藝林諸孫蒲前翩翩而起繼志述事為前人光直可據券卜之也抑又何憾雖然夫子之德誼國人之所共尊夫子之才名四方之所共仰而位未達于天朝年不及乎中壽人之云亡典型凋謝豈

獨泰山梁木之歌諸弟子掩卷不忍讀且將以高山景行之慕爲天下後世共惜之也

祭陸義山夫子文

嗚呼天何奪吾夫子之速耶邁受知夫子十年于茲矣中間離合計夫子入閩及邁入燕祗三進見追隨之下慇慇懇懇如親子弟去歲邁謁選都門夫子遠賜手函箴以居官大義意深旨遠邁佩而誌之不敢忘今年春仲得蕭山令蕭山去當當湖咫尺正喜便道走謁提命有日而凶問忽至痛如之何邁初入仕百凡未歷平日仰夫子清正高風

聖眷方隆爵位方起郎賦歸來百無戀心天下士聞之贊歎稀有邁菲材也布當大任輒履巖疆受

命以來惴惴然惟恐上負

國恩下負師訓所恃以發蒙振滯左提右挈者惟夫子是望而夫子
已矣夫子口不絕吟手不停披雖身在江湖而志不忘
君父以憂勤之身躬刻苦之事積勞成病時發時止邁私心竊意以
為夫子雖素羸弱然精神健旺可以永年豈意玉樓之召意若
斯之速在夫子明道守志安順而歸可以不憾邁也自受知以
來奉侍左右之日少今甫筮仕密邇仙鄉承教有日而典型云
亡如學操舟者目懵江河茫無畔岸濟川之師復爾棄去曾不
得指迷望洋三歎將于奚極此真可椎心痛哭者也至于夫子
之勳名赫然文章不朽
天子知之後世傳之邁奚能贅一辭故祗述夫子平日教邁之殷與

今日邁不得受教之痛臨風灑淚嗚咽而不能已焉

祭唐翀羽文

嗚呼翀羽何竟殞其生耶余獲交于翀羽有年矣曩者下車蘭邑甫接紳士郎耳翀羽名時翀羽内難既平外侮亦息而銜翀羽者猶媒蘖其短故作蜚語中傷冀新令且甘心焉余陰觀其貌恂〻爾聽其言吶〻如不出諸口心竊疑之因熟詢其行事知為文襄後人家素封性豪華嗜醇酎與人落〻寡交不善周旋世故如是而已矣不如所言之甚也長吏不能于巨室乃至以愛憎私意雌黄流品人將何以自立耶及解組以來翀羽兄弟空所坐堂偃息一汥其長君嗣韓數相過從執業因益習翀羽之為人比年以來風波間作萬金之產日益就落翀羽絕不介懷一放于酒花晨月夕臨

水登山頹然自得幾不復知有窮愁之況其胸懷瀟灑有過人者今歲季秋綠雪園中桂英初放招余生花下飛觴浮白痛飲歡呼豪氣甚劇既而以隔江楓葉秋色宜人猶欲偕二三同志要余為白鷺山之遊因沾微痾約言未果曾不幾時而翀羽竟死矣嗚呼翀羽之齒未也胡天遽奪之速耶翀羽未了之事甚多及身猶可以支持今則寡妻弱子煢煢而立嗣韓日親書案不獲更事忽遭大故當方寸已亂之後風雨飄搖事不及料以是藐諸孤其何以濟余懼翀羽之目不瞑于地下也雖然翀羽豪士也腰纏萬貫直如浮雲之點家徒四壁亦止春潮之落人生實難捺蟹螯持酒杯蜀醪妙理可以忘毁譽齊得喪一生死視夫營營逐逐之枯槁形骸

爲他人作牛馬長生于世何如也𦐂羽其可以不憾余與𦐂羽交
在形迹之外落月屋梁涕泗横落䰟兮歸來其不謬余言而㒰然
進一觴乎

祭唐駿修文

嗚呼璇源圓折玉水方流渥洼驥育丹穴鳳遊哲人之生實匹斯休緊惟先生邈焉鮮儔名家昂吕世業伊周絲綸冢宰藻翰狀頭岐嶷夙慧吐鳳食牛沐浴經史容與墳丘蟲篆脫穎燕頷封侯敦詩説禮克壯其猷鷹揚浙水鵰擊皇州東堂射策目短曹劉秀升司馬腰耻督郵毛錐故我簡棄兜鍪閑居養素緑野平疇勤篤内行約己慎修為善不倦樂以忘憂名山著作大業千秋東郊負郭載營菟裘崇臺曲榭水湛山陬引帶泉沼登降崖嶂棠杜婀娜梅竹綢繆游鱗發發乳鳥啾（啁）啾爽塏弘敞既靜以幽晦鳴風雨藏修息游四時佳興觴咏勸酬名花初放濁酒新篘歌出金石響擲琳

繆繫惟先生式穀詒謀翩〻三鳳玉立不倖西清儲選天府圖球
上庠食餼開道騂騮雕龍繡虎石室旁紬文孫頭角蘭茁蕙稠一
經肯構萬卷文樓門鋤三徑益集羊求論文奠酒校藝燃篝大開
東閣愼選好仇春華秋實廣搜慱蒐七襄煥發藻思文浮主稱嘉
客潔奉庶羞許衡甲乙虛公校讐洵汰沙石融液薰蕕譽髦後生
棫樸薪槱繫惟先生百祿是遒世承祖德永庇餘庥花萼輝映共
被同裯允文允武競爽無尤門懸鐘肆室富尊卣款段上駟綵鷁
揚舟倉庾流衍秉穗不收義流梵券惠匪豆區履豐席厚鄙棄持
籌泊然寧靜不競不絿嗚呼先生惟舉德輶胡天不造憖不我留
二豎遘虐瞋眩弗瘳白鶴啼表 綵鳳歸緱榮名泡影人世浮漚總

帷冷落風雨啾啾伊余寡偶潦倒窮愁庄荒陸氏面背杜洲素心晨夕咽淚嗌喉屋梁顏色彷彿疑猶生別一束慟哭奠酹魂兮歸来鑒此潔脩

祭唐駿修文 代

嗚呼身騎箕尾浩氣直壯山河歲紀龍蛇殄瘁兼傷邦國春蘭秋菊難招湘水之魂絮酒雛雞空致生芻之奠淚沾繐帳聲嗌靈輀惟我先生閥閱名家鼎鐘望族山公朗鑒垂啓事于千秋同甫直言拓心胸于萬古經傳漢相擬豫魁三論比杜陵去天尺五騏驎有種箇々五花之文鷹隼出塵矯々九秋之翮經文緯武衛霍不讓蕭曹說禮敦詩隋陸猶慚絳灌立馬吳山峯上爭看國士無雙買駿黃金臺中共識封侯有數乃安石望重絲竹不廢東山諸葛名高桑麻猶留蜀郡拂衣五湖裏厭直承明之廬濯足萬里流竟返鑑湖之曲山間明月雖多取而非貪嶺上白雲堪自娛而莫贈

灞橋風雪佳句時滿（貯）奚囊金谷絲桐雅集頻投石友座上客常滿
啣盃不為避賢囊中自有錢得酒不（無）須謀婦論文不愧門（庭）羅顧俊
之英投轄盤（冠蓋）歡（賓盡）坐滿東南之美吟風弄月周茂叔之襟懷惟吾與
點採山釣水唐李愿之高曠從子于盤至于二難競爽灼灼常棣
之華三鳳齊飛翩翩青葱之樹含飴膝上文若延賓偕老閨中孟
光舉案歌鐘二肆聞天上之和聲縹緗五車識雲間之寶氣紅鮮
玉粒拾穗許及村翁白鏹朱提已責不遺鰥寡後生小子甘擁篲
以爭先名公鉅卿願執鞭而恐後卓矣人倫之表粹然有道之宗
方意靈椿大年橋圍三老詎知梁木其壞奠夢兩楹棟宇長辭冠
帶空留倫物周親咸湊帷祔曠隔平生聽薤露之詩含言哽咽誦

悼亡之句揮涕流離 其下乘駑駘忝陪瑣婭不才豚犬獲偹彌甥
鄭不偶齊愧鞶援之有日秦常親晉由盟誓以旌天親戚餘悲近
淚常無乾土死生異路感物彌惻斷雲莫整蘭芷之思薄致蘋蘩
之薦靈其如在鑒此惟馨

祭唐受先文

嗚呼　聖朝興廉舉孝崇獎賢良原以厚天下之風俗立一世之綱常乃老成凋謝典型云亡既悼邦國之殄瘁矧素心知己能不為之隕涕而悲傷維先生邁種之美繼武文襄風秉慧姿早歲岐嶷淑質庶幾乎顏閔而豈僅學扇枕之黃香及乎蜚聲太學策名天府羽儀隆于邦國月旦重乎党庠繼志述事順孫而承孝子纘緒休有烈光崇報反之禮廟堂禋祀勤冊籍以永蒸嘗戴高履厚凜　天威之咫尺身居田里而敬恭不懈于　君王允茲忠孝之大節見于行事履之終身者固已該誠倫体歷久而彌彰若乃敦宗睦族之誼謹身節用之美尤中乎規圓而矩方施舍不倦好礼

芬王彥方之聞名里閭知名畏婁師德之唾面恩怒皆消尔其邑勉有無就淺就深之計艱難險阻靡家靡室之謀門生鯉庭狂呼驥子一經遠紹爇紅蠟以攤書三[illegible]径[illegible]宕開倚綠篝而錄事畜夫終畝已成翰墨之勳髦士攸宜且食詩書之報昔年作宰幸托名區屬當校士之期謬有得人之譽時則公家三子裒然獨冠一軍驥足空群如是渥洼之種珠光照乘衆歸老蚌之遺爰采藻于郡庠排風擢秀會食苹于南省披霧登衢洎乎李廣投閒敬通見抵庭前雀滿羞題翟公之門戶外蓬生愁同仲蔚之宅維時頻來載酒楊雄獨有侯芭若乃老去悲秋少陵難依嚴武賴茅喬梓之多情稔悉松柏之彌茂入

太丘之座聚見景星登元礼之堂靄逢冬日菁葱玉樹雙雙競爽于堦前環珥瑳芽六六齊娟于膝上而公年踰耄耋聽視不衰遽近期頤神明自若矍鑠晴原尚臨風而却杖摩娑晝閣或負旭以鈔書方在課子以成名恰值賓興之歲偶沾微痾而不豫（預）示羽化之期十叟不來望橋中而惆悵八公一去倚桂畔以傍徨天不慭遺人其殄瘁白日照滕公之室門誦蓼詩青松遮樗里之墳鄰舂不相千峰雪縞描孝子泣血之哀萬壑風悲益旅人號咷之感搴蔬酌酤聊一痛以陳辭復魄招魂冀九原之來格尚饗

祭張母王孺人文

嗚呼詩美無儀易稱中饋乃女貞之叶吉亦婦職之當然若夫辨得失于興亡識順逆之明義相夫而立大節教子以育英賢則尤巾幗之所難能女宗之稱異事固將誦无疆之應地介眉壽以大年頣乃星暗璇宮月沉瑶室覩白雲之飄去屬在枌榆之誼能不為之涕泗而淚漣維太孺人生居太原名家夙有林下風度當其待字閨中固已才傳咏雪識解辨絃及其配我華翁張先生也相敬如賓和鳴在御孝謹則堂無叱狗邑勉目虞有對韉當其厄運初逢海氛方熾近窟穴之赤子咸盡室以巔

連而先生夙負重名群為推轂思衣褐而亡命乃隱忍以圖息肩維時孺人患難相從默定大計審天命之有在攀龍鳳[illegible]之鞭遂輓鹿車同歸　聖主移駐太末遠絕烽烟幕府上功已受珈翟之錫而同心偕隱遽舉案以歸田爾乃借棲瀫水願受一廛長齋繡佛斷絕腥羶家政獨掾就浅就深之計縞衣聊樂[illegible]江小艇之篇洎乎載咏柏舟已稱偕老教一勞于機上舞三鳳于堂前母訓既嚴篤慶斯錫長君擢秀成均儲紫綬之若若諸孫含飴繞膝聯綵袖之翩翩鶴髮方強象服不遠與大耋之可至指泥封于日邊胡為蒼天不憖遺老婺宿之光忽墜姮娥遽

迓星躔永別母師塵生玉鏡求名香而莫購悲異草之難延某等桑梓情深紀羣交好素仰鍾郝之懿範夙聞慈母之拳拳望旐輿哀執紼涓涕傷鄉色于寒食泣芳魂于杜鵑敬奠三卮兼陳二簋魂歸來兮不遠貯五色之雲軿

祭郭母陳孺人文

嗚呼坤道柔順應地無疆含弘之吉乃叶黃裳安貞副致家積餘慶婦道母道休有烈光音容雖隔懿範式揚追惟淑問愁為心傷惟太孺人晉朝王謝周室姬姜太柳立盛德同甫文章幼嫺庭訓早習義方褆躬靜好秉質溫良賦工絮繡妙鳳皇相攸樂土作對汾陽鷄鳴戒旦婉娩相莊三日廚下洗手羹湯甘旨滫瀡沐稷醴粱冬溫夏凊孝事尊嫜諸姑伯姊先後同堂雍雍肅肅輝映棣棠過人子維護及臧惠風和暢嘻嘻偕忘自學乞婦敢薄王郎同心

黽勉案舉齊梁工紉補綴織紝酒漿慧分菽麥勤數芥薑有無旨
蓄乃積乃倉衣宜綈弋飾厭明璫一勞猶織千樹維桑好如鼓瑟
樂在由房知來贈問雜佩琅〻用相夫子為邦之望汝南月旦善
蓋一〻鄉賓筵秩禮鹿鳴載颺環橋觀聽左右捧觴婦順既著毋教
尤彰宜男維佩蘭草未香碩人載咏心焉悵〻佐饍有婦小星煇
〻樛木纍葛羙匪茹鷄辛而有子載弄之璋蝢宜嬴負蠏則蠶筐
抱餔鞠養寢處不遑寒儲襦袴饑美餳餹飴維時弄蘆不為裝常
調機杼俾富縹緗實兼稱父屋乃呼娘遲洼既種千里昂〻嶄然

頭角騰達飛黃少年穎脫振藻膠庠屢冠多士食餼宮牆後人繼起鳳翥鸞翔文孫滚滚奕世其昌河東三薛馬氏五常方兹競爽多寡孰當螽羽維緝麟趾斯祥維母之德瓜瓞綿長禍水滅火南風熵殃擬斯聖善蘋合蛣蟯謂宜遐福俾壽而康副珈褕翟紫誥金相女宗重望鐘郝齊芳胡為不吊莫問彼蒼唐生二豎乃入膏肓姮娥返月地冷秋霜星纏失彩婺女沉輝霜凋連理雨泣鴛鴦母儀永謝玉鏡塵蒙緬惟懿德白旐央央 ○又欽壼範素仰景行忽聞長逝哀此淪亡翹瞻繐帳感愴堂防薄陳一奠用荐醴聊靈

其不昧來格來嘗

代𦎫祭親翁汪文

嗚呼盛衰之感聚散之悲固變幻之莫定亦人事之靡常若乃歡聯戚婭誼重死生則又情隨事遷境因人異安得不為之欷歔慷慨激切而悽愴惟我姻翁新安巨族越國名家貂蟬累葉自歷代以流光及乎僑寓武林鍾鳴鼎食簪纓冠蓋又復凌顧吳而跨陸張姻翁少而岐嶷長而聰穎孝弟純至人稱江夏之童而世傳大被之姜東躬厲行立己端莊千頃之波渾厚同于叔度一鄉之望姓名畏比彥方說禮敦詩蔚然儒林之選馳馬試劍復通韜畧之良淮陰登壇早稱國士吳起儒服已動侯王

頌謂毛錐之末穎脫非難篆刻為工徘優可似禎改雞冠猳佩之習重登文園藝圃之場一鳴驚人六翮斯舉踔厲已屈其多士而謠詠者蛾眉不讓遂成貝錦以中傷然而白圭可磨謗讟斯息譽髦騰上含名策天朝早儲英于廊廟匪動色乎膠庠豈意生而數奇災連旡妄回祿不仁淘朱三徙貧不足憂素服叔向之訓火而為賀繫懷子厚之章幸而有舌尚存故吾不失四壁蕭居一經教子伯仲叔季共傳弓冶封胡遏末競富縹緗膝上含飴成魏舒之宅相床中坦腹匪天壤之王郎此則目下之差可自慰而為積善者之餘慶者也某等早歲過從幸叨末照鮑

管言歡朱陳締好葭倚玉而增重蘿施松而始長比戚借棲留滯潑水違色笑于朝夕恒渺渺以懷望邇者先君見背繼之女弟云亡聞蓼莪而廢誦悲眷令而斷腸不謂棘人遺恨尚抱終天而赴問忽臨遥增哀慟何當衰絰之餘生重此昏姻之淪喪望素旐而興思傷典型之杳邈指繐帷而雪涕日展轉以旁皇薄陳一奠用荐椒觴靈如不昧尚其翩然速駕而返乎白雲之鄉

祭徐君玉文

嗚呼人之砥行立名者化行一鄉斯爲一鄉之善士化行一邑斯爲一邑之善士若乃身不出鄉曲之中而能使鄰封異壤均被其澤與人稱誦當事表揚其生也可慕其殁也可思斯尤足使人聞風感嘆欷歔而不能自已者矣維君鐘蘭山之靈繼偃王之裔少而岐嶷弱而敦篤年十九而孤奉養高堂以孝稱有弟三人丱〻在疚君獨力經營哀毁骨立之餘鞠子提携以長兄而爲父卒能教誨成立棣萼之歡老而彌篤生平守身行事尤以睦婣任恤爲兢〻建家廟以安先靈設義學以教子弟助義渡以利行人興大會以正風俗至于濟人之難救人之急人之無力不

能婚娶者傾囊相助以延其祀人之有謀相訛者為之悉心區畫必得當而後已排難解紛羣而不黨夫是以詐者獻其誠強者斂其暴里閈欽服而嘉修上聞邑令鄭公使之約束一鄉者知其内行修也君之鄉鄰于湯君之行善于湯也無異于蘭湯小邑也學宮廟社鞠為茂草土著之人無有過而問焉者公以為吾之宅比于湯田佃于湯〻事即吾事而以此疆彼界秦越視之非睦鄰恤病之義也于是捐資以修學宮率先興事舉城隍庙而更新之且及城楼之毁者以為保障之防至于關帝庙一心西竹諸庵皆賴君之力得以金碧聿新庙貌如故凡湯之百廢俱興修飾無遺者大約君之功居多故今

宰杜公特獎借君以為湯民勸賜札賜扁俾以蒞邑之民而約束湯邑之鄉人皆以爲榮而公之意念深矣常有以自下者君之待人處事多本和平而治家則以嚴正爲先舉丈夫子一人君不以獨子故少加姑息義方庭訓朝夕不懈故能頭角嶄然文名籍甚二坦皆士人有聲庠序間嗚呼如君之束修厲行遠近慕悦方之陳太丘王彥方庶幾近之囿宜純嘏尔常眉壽無害俾得長爲鄉國之儀型也胡天之不弔未及中壽而遽使哲人云亡老成凋謝耶君之歿也而邑之人知與不知皆感慨嘆息以爲自今以往無復有能行善事如君者間赴奔馳趾錯于道余獲與君之令子遊又與其二坦六御以宗誼受業屢間丐

之行事信而有徵知君之亡亦不覺為之涔涔淚下也爰以炙雞絮酒吊君之靈而誄之以文君而有知其尚鑒此而來格乎尚饗

祭文

嗚呼至行可師溯洄而動薰蕕之慕儀型堪式仰瞻而望山斗之尊頎乃靈鷲峯顏武陵地斬少微既掩誰迴隐士之星緱嶺云遥不返仙人之旆懿親帶經時歸襚以含畡良友素車亦凭轜以杖涙禮所由生情何能已惟公聲華望族閥閱名家考厥源流睦州五等之苗裔譜其姓氏東陽三徙以蕃昌溯積累于宋朝世多碩德迨肇基于婺郡代有聞人公孝友性成岐嶷天授高堂色笑寢膳無間于晨昏夾室梧棬愴懷匪懈于霜露篤孔懷之誼姜被同温絕相猶之風田枝共秀厲宗祠之不戒回禄降災乃獨力以經營若敖再祀仁心爲質姍陸之

風范文正之義田恩先宗族王彥方之正已化及鄉閭一郡記
爲羽儀四方咸知欽式良禹惟五來在浚之干旄設僎象〻
聚環橋之幅寫詩歌戩穀知五福以俱來易筮其旋料三多之
無愧翩〻鳳子錫自瓊樓婉〻龍孫生從瑤海漱芳吐潤窮
鄭元之經神垂露湧泉探楊雲之墨妙力能逐日當如南
溟之魚翼可追風何異西方之鶼固義方之教所成亦惠迪
之理不爽方期春酒可介籍以稱觴斑衣再鮮得娛戲綵胡
天不弔萎哉哲人繐帳朝寒唧〻鳥啼夜半金釭夕冷溶〻
月影三更淚眼紅桃儼成寒食傷心楊柳永別春風諸君誼
感蔦蘿情深宿草曹公之斗酒預約生前孺子之炙雞兼崇

身後代陳萬里窮附平陵惟遼鶴之歸來魂兮不遠冀緱皃之暫駐鑒歆惟馨尚

饗

代祭陳母曾太淑人文

嗚呼自吾叔母太淑人之再至浙也吾儕子姪密邇鄰封惟藉稱觴之舉得以時候起居親承色笑今茲壽母之期行有日矣不圖絳雲紫氣之祥忽變而為星沉婺隱之異喬松茂柏之望忽易而為木萎梁壞之悲撫栝棬之遺澤傷珩珮之徂音追憶壼則其安能不瞻繐帷而潸然長慟也耶太淑人為名門閨秀林下高風其歸我叔父忠毅公也琴瑟雍珮之好相莊無間偕忠毅公服官中外內治贊襄為力居多及忠毅公捐軀報國幾有覆巢毀卵之憂太淑人欲以身殉難而以是藐諸孤隱忍圖存保抱提攜茹荼集

蓤艱若備嘗俾我副使弟得以仰荷
天恩發揚忠節則太淑人之大有造于吾宗也副使弟起家州牧敬歷
監司太淑人再渡錢塘就養官署日以清廉勤慎不墜先業兢兢
為訓副使弟奉以周旋弗敢隕越故廉能之名久而彌著遂受
特達之知蒙不次之擢此則太淑人之相夫教子忠國利民其大節之
尤彰彰較著也若乃內行之美家法之修尤有不可殫述者執婦
道而生養死葬之盡其誠睦妯娌而脫簪贈縞之永其歡授室撫
孤自所生以及猶子無不受鞠育成全之恩而逮下之仁則又樛
木萬〻螽誦聲交作主于主持中饋綜理周詳安不忘勞貴而能儉

自　族親黨以及賓客僚友於于閭人無不咸沐太淑人之深仁而歸其德只雖顏柳之芳規鍾郝之儀型亦何以尚焉太淑人以夫貴子貴而受封典四男七女鳳麟之種玉潤之奇交輝並美孫曾繞膝含飴以弄者幾三十年益柔順艱貞之德太淑人之盡人以格天者直出于患難困苦之餘故富貴福澤之隆天之所以報太淑人者亦在于尋常意計之外副使弟聲名騰上

主眷方深行將長奉太淑人之訓以酬

君恩而大庇民而豈知偶沾微疾恝然長逝全歸之期詎誕降之晨僅隔三日而坤範空存母儀不再此固不獨孝子之所為廢蓼莪而

慟这天亦諸子姓之所宜望萱幃而增感泣者也其等誼均孫子久挹芳徽聞赴生悲執紼恐後敢進炙雞之奠聊陳絮酒之觴雲軿不遠庶幾鑒此微忱而來格耶

代祭陳母曾太君文

嗚呼婺女歸星璇宮失彩姮娥返月瑤室無光雖青鳥飛來自適仙臺之樂乃白雲飄去能無人世之悲惟 太叔人宗聖名家南閨舊閥動容中禮曹大家之典型發言成章王夫人之矩度冰瑩玉映夙守四箴秉禮蹈和親承七誡及乎既字爰配德門于歸我叔父忠毅公雞鳴警旦羣尚德櫂之風鴻案相莊直媲少君之德蘋蘩不匱克

盡内職以無慚甘旨常供曲全婦道而不忝恩勤育子弘鳲鳩如一之仁慷慨撫孤續鸞鳳已单之影添錦江之春色伴琴鶴以相隨掩乾土于暮雲馴雉免而稱瑞及乎東甌建節適值叛帥陸梁忠毅公為國捐軀魂斷大觀亭畔太淑人誓心殉難淚枯東憲署中頓以三尺藐孤廬深毀卵早拚一身盡瘁誠矢將雛畫荻和丸對掩

映孤燈而飲泣茹荼集蓼時飄摇風雨以驚心乃際日月
重光首下表忠之典乾坤再造兼施恤後之仁出牧鄣南
衆歌杜母入參曹署
帝美田郎名重一麾五馬春生于湖海榮分三錫千艘漕轉于
東南太淑人乃于三至堂中題輿順養一勞機上猶織
垂謨體慈母之拳拳官方時飭奉德音之秩秩臣職彌

修凡茲

恩寵之游加孰匪義方之有訓若乃貴而愈儉安不忘勤力謝

鉛華太原羞車馬之飾性非惰窳汝南承箕帚之風鮓

雖旨而常封益勵藎臣之節綿雖溫而必却用全令子之

廉雜珮贈賢惠均三黨肫籑款客波及四鄰醴泉本

乎故源

當宁屢召嘉予黼黻由于機軸公卿聽而服膺焉
册詔象服歌王母之宜一片冰心麟趾種公族之盛金昆四友先後
頡頏玉潤七賢騰達輝映瑤環瑜珥慶及重孫雪藕水桃
歡宜壽母洵嘉祥之駢集世仰坤儀果純嘏之有常人
傳壼範何期瓊樓月缺塵埋寶婺之光閶闔雲寒影
落祥鸞之彩女宗永謝風木增悲母德云徂蓼莪廢誦
某等誼屬子姓夙受恩慈見桓孟之忽終心傷夜雨

嘆銍郝之頓隕泪洒靈萱望旐輿哀執紼隕涕用
饗二簋敢稱曷俎之陳敬奠三卮聊表桂漿之獻
靈其來格鑒此維馨尚饗

祭毛西河先生文

嗚呼日月經天江河行地惟斯文之未喪亘萬古而不可亡自六經刪定漢濬其源唐揚其波至宋明諸儒而闡幽剔奧幸大道之重光伊先生生于百代之後得不傳之秘于意言之表訂疑考訛有以攻墨守而發膏肓推明忠恕心學以彰博文約禮內聖外王苟淵源之合亦何分祖于象山與紫陽旁搜廣覽深博無涯名山著述脛走遐荒破萬卷而稱神等身既畢乎賈五車尤富于張若乃藝文之末事物之細六書奧妙律呂淵源靡不得諸神解俾長夜始旦而狂瀾爲之不揚根深葉沃實大聲宏

天子側席蒲輪推轂遂叅石渠虎觀之藏考禮正樂陳疇論道許身且比稷契而不獨濡毫繡筆擅史家之三長座乖絳帳皐比談經奪席折角螿杏壇之幟而堅數仞之墻春風先霽化雨宏施三千禮樂五百衣冠東南識胡氏之弟子鑾簃誦學士之文章其願學未能親炙既久探奇問字輙醉醇醪賞異析疑屢開茅塞附紀羣之世好得以入室而升堂猶憶昔秋樂數晨夕精神不減壯志依然而忽謂九十老翁自此無相期見私訝晤言皇皇何乃得此不祥曾幾何時竟聞哀訃哲人其萎不覺慟哭而心傷嗟老成之凋謝微言大義安所折衷輙隕涕而傍徨爰鷄絮酒敬奠椒觴冀陟降

之之匪遠長遑想乎雲山之決決尚饗

祭吳生文

嗚呼夢同泡影哀吾生之須臾歲紀龍蛇嘆人亡之殄瘁少微既掩誰迴隱士之星緱嶺云遙不返仙人之旆所由痛琴絃之斷絕而覩物增悲傷麈尾之徒存而懷人彌切者也惟先生延陵賢冑瀫水名宗世守遺文不忘宗伯之訓家傳絕學猶存高士之風先生遠紹先業夙稱早慧門通文學總爾英年座有顔回便呼名士但營心于經史詞不風雲乃舉足而悽愴孝徵霜露襲先人之餘蔭繼宗子以承祧廟貌不移王謝之風流如昨衣冠再整崔盧之門第猶新爾乃蘋藻薦馨杯棬生感春秋匪懈賴有曾孫禴祀孔

時群稱孝子牛眠馬鬣合三代以同歸木理兎馴感百物而共化

至其禔躬寧靜賦性幽貞囊中襆被不忘寒素之修庭有懸貆仍

明澹泊之志高塵絕俗王庶子之清標義氣干霄魯仲連之達節

加以溫恭孚于閭左忠信洽于邦人然諾不欺吉凶同患貯金為

備類晏子之解驂焚券而施過魯公之指囷所以當世稱為軌範

薦紳奉其楷模乃猶佃漁六籍時披宛委之藏貫串百家日手蓬

萊之卷惟其學而不厭至于耄而猶勤鍾季明之天爵有餘閻丘

冲之虛貴足尚聿修清德尤著義方鸞鏡臺前永綰同心之結鳳

毛池上爭誇雙翮之奇丹桂五株競爽燕山之秀芳蘭再薦共流

泮水之香何期瓊樹將榮喬柯遽謝李長吉早知逝日竟赴天上之期龐居士預識亡時不爽日中之候故人經酒壚而永歎想望河山令子捧簡冊而摧悲流連手澤其等或與紀羣之好或深管鮑之知設素旐而來前神傷青青楊柳想清輝其未遠淚落片片桃花敬對繐帷爰觴椒露潸然出涕冀暫駐夫靈旂魂兮歸來庶克歆夫絮酒

祭朱賛伯文

嗚呼賛伯而竟死耶余之獲交于賛伯幾二十年自解組以來患難相從情義尤篤而令子覲光又復時相過從問業請益與兒輩互相劘切孔李之好殆及兩世客歲余移寓寄邇芳鄰南村卜宅正欲與素心人樂數晨夕乃未及期月而賛伯竟死矣嗚呼哀哉賛伯少負不羈之材長有膠庠之譽家雖貧然菽水以奉高堂大被以歡同氣至老不衰其內行敦也若夫幹濟之畧周通之用始于鄉閭達于郡邑自前後長吏以及邑中賢士大夫與夫往來遊寓諸君子知與不知聞其聲無不願交恐後至于為人決大疑排

大難侃侃持論糾紛立解故一鄉推為祭酒無少長皆愛而敬之余常論士品之卑也由于貧而不能自守懦而不能自立或依阿鮮腆為諂諂熱浮雲蒼狗變幻須臾徒使身供人役而不能輕重當世雖復文章聲氣高自標榜即車載若輩亦何與人世事耶贊伯豪氣不除頭顱倔強經歷風波險阻老益壯而窮益堅庶幾古之狂者然其才可用又非庸庸迂拙者比故余常樂與之遊以匡余之不逮而今贊伯竟死矣嗚呼哀哉贊伯有經世具鬱鬱而未顯覲光篤志力學將必能大其業以善繼乃父之志贊伯任俠自豪而覲光醇謹君子贊伯素稱馬伏波教子之語以為篤論其庭訓

信不愧古人有子考無咎贊伯其亦可以油然于地下獨念旅人久處老失知音視此茫茫百端交集今日親朋盡一哭固不其淚如懸河也嗚呼哀哉

祭趙樞生文 代

嗚呼四蛇代謝二鼠交輪彭殤同盡泡影非真處惟善積名乃實
實百年匪久令德難泯白鷄爰止玉樹埋塡山陽有淚慟哭沾巾
嗚惟先生秀鍾琴鶴瑞應麒麟神姿高澈排蕩秋旻金相玉質樹
藝人倫發聲杞梓最篤天親早傷孤露蓼莪發陳哀深魚泣祥致
鳩剔萱庭日永十指生春孺慕至老藹宿意新二難競爽荊樹恭
々玉羊全獸推讓弗珍英々夙慧腰大于身綴學睟掌傳火窮薪
粲花嚼麝下筆有神文憎命達蹭蹬修鱗搓珠抱玉鱸膾羨蓴變
龍丘壑許由東鄰春蘭秋菊紅蓼白蘋飛觴醉月授韝飲醇惠均

附麥交篤指囷廟餙榱桷龍布松蒟輿梁利涉同行共尊遵義聲載路道濟斯民矣〻著論覺迷拯淪五燈無燄四海沉津揚貞表烈宣欝蘭湮匯同刻翠幼婦受辛不貪為寶夜識金銀王溝尚尾驕吝維均恪共祖訓紈袴書紳詎宜飲器三品璘彬（先生尊遵乃祖文懿公遺訓不以紈綺為袴及銅錫為溺器）芳修既備吉祥洊臻純嘏天錫保佑命申入水不溺若脫于奫（先生嘗墜水似有人援之而起）齊眉戒旦麟趾振〻三鳳頡頏翽羽翽各得膏肸敵千萬縉鹿呦天闕芹薦泮濱蘭芽秀茁並駕齊荀將車坐膝象動星辰公侯之後既比而屯龍蛇紀歲不憖哲人昔年蓮萎哀痛伏呻血淚既竭薑桂離唇風木毀性學海波堙芙蓉

有主雪魄無伸其等孔李世好朱陳舊姻桂席得附令子後塵素
親先齋夙荷閫甄忽聞鶴化腹痛心顰厌釘生感梧竹哀神用饗
二簋薄奠三巡魂兮歸來鑒此明禋

祭汪海若文

嗚呼自余之解組羈蘭幾二十載旅食日久喪難頻仍兩袖長垂空囊羞澁猶幸邦之父老子弟修禮寓公時加存問至于新安諸君子之僑于蘭者亦復不忘舊好吉凶同患深情古道久而彌篤若海若汪先生則其一也先生雖以廢著起家然蚤歲從其伯兄進士君習舉子業有名昆季子姪皆翩翩以文采著今春余同年

汪荇洲學士奉

特恩再典浙學首試杭郡學士以受

寵眷異數愈益冰兢彌矢公慎而先生三嗣君遂以商籍拔取遊庠人

皆稱先生庭訓之力與盛德之應猶以為此特小〻發軔固將博扶日上大享美報于無窮也夏初先生以微痾歸里聆陽男侍者數月都人士朝夕以幾謂霜露之憂得脫然愈緜鶴重來再親風采握手言歡為日正長乃甫及秋初而赴問至矣蘭之紳士交遊同儕執友知與不知一聞先生之赴無不嘆息泣下以為典型云亡不特新安有老成凋謝之嗟而蘭人亦從此失一高山之仰盖先生之醇修高誼深入乎人心有沒世而猶不可忘者先生昆季六人友愛無間生同枕被沒撫遺孤同居同業肅〻雍〻觀其家法萬石浦江之懿範也持己以恭接人以信取與交遊然諾不欺安危

可以伎風波可以涉於其意氣原憲季次之高風也若乃好行其
德樂施不倦育遺嬰修橋路恤難周急誦義無窮有指囷付舟之
仁聞爲粉榆之社桑梓之會鄉邦推爲祭酒異方式其羽儀有太
丘彦方之重望爲是皆先生之盛德在人積厚而流光所以生則
欽之重之而没則哀之痛之者也嗚呼人情莫不戀鄉井而憚覊
棲惟德之有鄰則無遠弗届先生雖騎故箕里而蘭之與先生交
者無不望黄山而隕涕瞻白嶽以興悲知先生之靈亦必眷眷于
蘭陰漵水間而魂兮往來或無憂于路遠之不可測乎嗚呼先生
生離死别道阻且長執紼未逮宿草增傷臨風嗚咽公奠一觴靈

其不昧來格來嘗

祭衍鄭侯文

嗚呼鄭侯而竟死耶余向得交鄭侯之尊人比年長君廷[illegible]又數從余遊蓋孔李之好已及三世稔知其家積隱德世傳經術而鄭侯早歲束修績學有聲庠序自其為諸生時余早以遠大期之乃僅博一科顛連困頓鬱鬱以死其可哀也乎鄭侯家素貧公車後四壁如故然絕不以少進改其素修硯田舌耕擇然後蹈非公不出獨行無慚人皆以為難夫貧者士之常貧而非病君子安焉乃天不徒貧鄭侯而且欲病鄭侯天真不仁耶何其病之適相合也初病猶可為以貧故病日益甚始困貧而病繼遂困病而益貧況

綿委頓越數寒暑竟以此殞其生其可哀也乎夫古之學者身修而遭困阨者多矣至若顏子敗其叢蘭冉耕歌其芣苢人尤惜之以為莫之致而至者命也鄭侯之至此其如命何哉然吾聞發之暴者其榮不久積之厚者其澤必長鄭侯奕世詒書發而未暢當必有繼之者廷爕年方壯文有氣骨為朱中丞殷太史所賞拔昔人謂三公我不做兒子三郎必做鄭侯始少俟之其亦可以釋然于地下矣炙鷄絮酒庶鑒茲哉

祭李允揆文代

嗚呼富貴福澤造物固欲厚其生存沒契濶良朋何能已于慟惟天道有不可解實人情所最難忘維我年兄根蟠仙李秀茁蘭芽長吉之神姿獨異鄴侯之骨節非常鐘鳴鼎食玉友金昆充融卷稷張氏之查梨並茂封胡遏末謝家之寶樹重光方其推梨讓棗斑絲充閭萱庭日永蓼莪聯輝早傳江夏之童共稱大破之妄及乎綴學焠掌粲花嚼麝芳蘭竟體杞梓發聲陸儷稷以善筆曹平實其書倉若乃少年結客逸興遄飛金谷聯吟李園雅集指前樹拂雲少陵之佳句長在座上客常滿北海之豪氣獮狂然諾不欺

吉凶同患世好綢繆麥舟以贈石友素心晨夕分宅而昇周郎是
以聲宏賈大慶篤流光績奏松山元方早榮五馬名標桂苑杜牧
獨擅三塲當其金臺共赴方期躍馬曲江聯步青冥之上何意玉
樓遽成忽聞化鶴遼左竟返白雲之鄉嗚呼謫夫人間早知山谷
修文地下乃見顔回望長白之高峯魂迷關塞漲鴨緑之巨浪夢
斷津梁某等誼切同袍情悲宿草悵學海之波乾難招雪魄悼嶺
梧之葉盡欲斷江腸望素旐之歸來魂兮不遠搴繐帷而隕涕恍
乎在旁用陳二簋薄奠三巡冀暫停夫靈旆庶或鑒此椒觴

祭趙霞舉文

嗚呼先生竟返其真先生之壽已届八旬先生頤養樂不知貧先生有配偕老綦巾先生令子承歡昏晨孫曾濟濟繞膝鳳麟如先生者所謂福人令德壽考解脫根塵身歸天上遺範難泯矧余旅食三世交親紀群之好尤絕等倫憶在昔日綰綬臨民先生重望蔚為國賓因公至室言語恂恂頎然道貌排蕩秋旻款洽既至久敬如新先生雅量諷若飲醇溫克有度談吐生春浮白引滿不厭百巡及乎解組益得親仁令孫過從晨夕陶甄

時時好我旨酒且陳樽開北海座別陳遵先生耆艾倍見精神
名鄉表鄭德星聚荀三徑常過罕親笑嚬每贍蘭桂逆祝靈椿
冀茲黃髮長得咨詢胡天不吊玉山遽淪鄉庠國老儒隕佳珍
西州遺憾感慨城闉親朋一哭淚溢河津生芻絮酒用薦白蘋
靈其不昧式鑒來臻

祭浙江鍾提督文代

嗚呼龍蛇紀歲驚聞八柱之摧箕尾歸天忽睹中台之圻南州士女望衆帶以何依西土遺黎浙江流而不轉鼓鼙嗚咽部曲凄涼維我　鎮臺楚國名宗東海舊閥家傳甲第從龍勳鍾鼎之勛幼守義方和熊凜桮棬之訓風規高潔早聞說禮而敦詩宇量閎深更見經文而緯武少年杖策鄧禹業已封侯弱冠登壇周郎居然出督三千羽衛共稟指揮數萬甲兵咸遵約束毫畢而轅門晝偃息千里之鯨鯢建節而虎帳風恬寧萬家之雞犬小左十二天府盡資保障之功全齊七十名都羣誦生全之德遂由特簡出鎮南邦寄重一方今肅河陽壁壘才容八面化被吳越桑麻

先謚西泠綬帶印三潭之月惠覃東海雅歌看五洩之雲盛績

已奏報于

先皇眷顧遂優隆于

新主榮分三接遍栽桃李于公門

恩出九重頻錫球圖于天府彤弓盧矢奉烏號以長悲寶器名繒被

龍章而增感孔明故事開濟重于

兩朝安石崇班爵賞延于奕代東南半壁方篤爰日之思驃騎一營遽見大星之落死勤事勞定國永靖南海之波生則榮沒則哀共墮峴山之淚某等久隨鞭鐙羣荷帡幪把劍而覓徐君末由報稱對碁而陪謝傅空想音容覩大樹之蕭蕭長灑嘉陵之淚

望林花之片片重起青門之哀敬對繐帷恍如親夫幕府爰觴
椒露冀暫駐夫靈旂尚饗

陳母鄧孺人哀詞

憶余始弱冠執經於先君子同門數十人惟陳君伯熙伯采昆仲與余年相若業相合情又相得也晨夕過從因以通家子拜其大人學博公及母鄧太孺人稔聞其義方庭訓佩服久之既而余宦遊四方幾三十年迨賦歸來伯采與學博公已先後捐館舍伯熙則鬢須白抱孫者數數矣而太孺人春秋八十有三尚強健起居如故余爲登堂稱慶今秋太孺人偶沾微痾伯熙憂形於色晝夜侍湯藥無豫凶事凡絞紟衾冒之屬誠信必飭越數日命赴至余與含殮之後伯熙偕叔季二弟袒括哭踊幾不欲生諸十二孫十四曾孫各授服杖即

次哭如礼帷堂族戚咸謂太孺人全德壽豈五福皆備孝子可以節哀朝夕多進一溢米而伯熙號天拊擗益念太孺人不置也蓋伯熙早失恃與伯姊惟太孺人是依伯熙誕實匍匐太孺人保抱提携顧復若己出稍長學慱公司鐸將樂長汀兩庠太孺人未隨之官獨操家政延師課督得有成立為長姊擇配鄭氏相攸樂土貲遣備飾迨稱未亡人太孺人復始終周給保節全貞伯熙念己與伯姊匪太孺人則無以至今日伏奩感痛宜其哀也哀未已帷堂內外則或泣或嘆尤交口稱太孺人盛德云自太孺人之為陳家婦也弗逮事厥姑奉甘旨侍寢膳舅西庵公吹而賢之周旋後先姑娣間無違言侍

子婦御祇獲恩礼交至門以内肅〻雍〻如也至其勤儉視躬好施
周急脫簪贈珮尤有烈丈夫之所難者學博公修古靈蘭汀両先生
塋松楸蔚然春秋官修祠事太孺人擇蘊藻戒豆籩必誠必敬家諱
時祀率子孫虔恭孝享朝夕匪懈顏柳之家風鍾郝之遺範以太孺
人視之何多讓焉太孺人為進士方伯思踏公嫡孫女名家閨秀早
著林下風為佳婦為慈母信不虛也系以詞曰
兒生兮無母啾〻兮誰乳羌令人兮聖善納諸懷兮腹顧兒寒兮
母燠兒飢兮母哺兒識字兮母口授兒宜室兮母営娶母恩兮罔
極母形兮永隔月何為兮昏〻風何為兮瑟〻靈之來兮若顧子

挂挂在壁兮憭誰語彤有管兮青有史為女宗兮長終古

莫氏系圖記

萬物本乎天人本乎祖始祖以來保姓受氏其初止一人之身枝分派遠乃至數千百人或蕩析離居至老死不往來問其祖宗若羲皇上人否不相識子姓懿親踈遠澗絶如秦越人然情義不屬風俗澆弊職此之由先王立宗之法所以追遠反始教民睦也序昭穆别小大繼祖繼禰倫次明而尊卑辨歲時伏臘廟中相見一序立間而兄弟子姪嫡庶長幼秩如也近代世禄之家鮮克由禮立宗法亡而民益偷返樸還醇罔知紀極莫君其篤行君子也悼世俗之衰弊正本清源自其家始倣古立宗之法為世系圖以昭示子孫蓋吾閩莫氏自宋朝請郎肇啓有家歷元明 本朝簪纓甲第代有傳人官爵

實載在族譜值兵燹之後殘缺失次無有存者某君思欲更正之、力弗逮考據舊聞先為此圖由近及遠因流遡源自高曾以逮始祖推而上之圖不列也自大宗以及小宗等而下之圖不世也閱其圖者若網在綱條而不紊若川有源流而不息莫氏之子孫展斯圖而稽拜之世次之傳位號之著左右之分繼承之義一瞻顧間而瞭然在目按圖以考則遠支近派長幼卑尊或散居別處皆可悠然相會于尺軸之間且思創業之艱難則知所以守念似續之廣遠則知所以承觀族屬之光大子姓之繁昌則知所以聯合而親比之孝弟雍睦之心亦可以油然而生矣此圖雖小也其尚大有造于莫氏之祧余于莫氏有葭莩之親習見其行事知其尊祖敬宗忠厚之報源遠

流長且將本支百世俾爾熾昌而莫與京也於是乎書

蘭陰山新建聖遊亭碑記

聖遊亭者何蘭陰頂上新構一大觀也作亭者誰楞嚴院主霧巖上人也霧巖曷乎為搆斯亭蘭陰作鎮蘭谿達城不數里都人士女春秋嘉勝媻姍勃窣揮汗成雨霧巖卓錫山間開法席闡宗風從遊雲集日不暇給時念升高陟遐末由住足爰于造極大道示以指歸募金錢庀材用物土石程版築高〻下〻奔走經營越三年而後告厥成功益用力若斯之勤也斯亭既成振衣四望決眥呼吸有并吞衢婺直走杭嚴之勢而俯瞰乎疇村煙野樹襟帶長江孤帆漁火與夫沙鷗洲渚之稀微城郭樓臺之稠疊特其小〻者爾夫天下大觀莫若山水世常謂聖賢所生多鍾靈氣余則謂

山水無靈惟人之靈蘭谿命名取于蘭陰谿則言乎瀫水也然未至于蘭谿者不知其山之有蘭陰谿之有瀫水也四方之艷稱蘭谿者聞其水有香溪則以屬之范矣聞其山有仁山則以屬之金矣彼金與范之未生世之人其并不知蘭谿之有香溪與仁山亦可知也然則今日之蘭陰猶是已霧巖一燈照于蘭陰因山以建亭後人即因亭以知山是作亭之人乃開山之祖雖以蘭陰屬之霧巖可也太史黃硯芝先生登斯亭而額之曰聖遊夫遊則敬以從矣聖則余日望焉霧巖既落之將登襄事者姓名于石其善意也余故畧為之記如此霧巖吾閩之興化人傳曹洞宗派居三十一代

重建兵部左侍郎王公祠堂碑記

古之大臣銘盛績于旂常記功宗于元祀大饗先王烝祭配食所以酬勳庸功忠蓋也其有大功德于民者又復制爲祀典通于天下俾同日星嶽瀆社稷山川諸神共垂不朽故祭法曰法施于民則祀之以死勤事則祀之自唐虞三代以來茲率厥典罔有攸易然則竭力王室澤潤蒼生能使所至之地去而思之而久之不忘音容已逝廟貌方新非大功德其孰能當此耶少司馬王公以從龍世冑文孝侍從之臣早歲出撫兩浙興利除弊察吏愛民仁声善政比户謳吟沐膏澤而咏勤苦者罔長與吳山並峙浙水爭流未

几政督八閩浙人士攀轅卧轍號留不獲乃醵金建生祠摶公像而
祀之湖山之上尸祝俎豆歲時奔走方之陸宣公李鄴侯諸侯賢
前後輝映蓋二十年如一日也公之督閩無異撫浙浙之與閩壤地
錯几閩人之往來于浙及寓籍浙中者過公祠輒稽首頌祝歌舞
弗諼惟公之澤其及于两省者甚大故两省之人其感公者尤至
公之自閩督而入為少司寇也道出浙中浙人单里欢迎輓留饋
献至追随数百里把袂牽衣恋恋不忍舍自是而出鎮留都再遷
司馬浙人無日不引領顒望冀公之一再至得少遂瞻依之願而
公之次居乃以中翰轉浙中船政分府游浙人見分府公如見公

焉其明年分府公以特簡遷守婺〻尤近閩〻人之居于婺者趾相接太守公一以赤子視之蓋太守公清白得之家傳服官一守庭訓而性尤至孝念兩省民皆公故所噢咻者不敢以此疆彼界殊成公志也公祠之在西湖者歲月既久而巍煥猶新會孤山之麓建造行殿太守公以為天威咫尺而人臣坐像介于其側恐公聞之亦且蹴踖靡寧乃奉公像暫供他所改卜地于南屏之陽重營祠宇太守公不欲煩我民將獨任其事兩袖清風有志未逮適己丑夏公奉命致祭軒轅諸陵以勞卒于涇陽行署浙人聞之號泣兒噎啼如失怙恃以為向之生而祠公者蓋朝夕焚祝願我公之

壽考不忘以長庇我民也而今已矣然而公之功德于祀典尤宜
其出而鎮撫百姓膏雨甘棠世誦弗替法施于民也其入而勤勞
王家贊襄奔走盡瘁不遑以死勤事也吾儕小人無以報公甚將就
太守公所卜之地重建祠以祀公于是踴躍捐輸斂金庀材經營
不日而祀祠以成遂迎公之像而奉之是役也浙之官吏士民率先
舉事而婺屬八邑効力尤多閩人之寓于浙者亦間附焉匪獨公
之遺愛所感、亦太守公之善政孝思有以開之也嗚呼自公之去
浙于今二十有五年而浙人猶思慕不置以浙人之惓惓于公知
公之亦惓惓于浙也公騎箕之辰而太守公已兆夢于星君樓又

有同夢迎公駕者是公之不鄙弃吾民而陟降保護之也昔宋邑為大司農而没後猶思桐鄉蘇軾之記韓文公也曰公神無往不在而潮人独信之深思之至焄蒿悽愴若或見之然則春蘭秋菊終古無絶公之翩然而下大荒也行不爽矣

玉華葉氏重修崇仁堂記

斈圣人之道者必以仁為本乃聖人于七十子中未嘗輕許之以仁夫仁人心也天下豈有無心之人哉則天下豈有無仁之心哉孟子言仁之實在事親而有子以孝弟為仁之本蓋人能孝弟則如執玉如捧盈是即見賓承祭之所以敬也不敢慢于人不敢惡于人是即不欲無施之所以恕也視無形聽無聲一舉足而不敢忘一出言而不敢忘是即視聽言動之所以克其非礼也故人心中只有孝弟擴而充之即為仁仁樹也孝弟者其根仁民者其幹而愛物其枝葉也純赤子之心可以為大人斈堯舜之道惟在于孝弟欲仁仁至其在

斯乎仁山先生蘭江之大儒也其教人也極言仁義之奧而以居敬立志為先玉華東谷翁師事先生與聞大道先生既為序其家譜且稱之曰敬之志卓行懿所積之厚必有餘慶已而康訪公果大振家聲元孫崇衍公能繼其業爰建樓以昭世緒顏其堂曰崇仁書其室曰和敬蓋皆推本東谷翁之意而光大之明家孝之淵源以垂示子孫君子曰樂ゝ其所自生礼不忘其本崇衍公之建是堂也孝思繼則仁也堂故有記為包公循作歲久漫漶磨滅而斯堂多歷年所亦且圮矣裔孫可謙可英諸兄弟堂構承家壎篪式好相與竭力同心積十年之功乃能革而新之以歲時享祀習礼于其中復置祀

田勿替引之輪奐維新增其式廓後之人登斯堂也如見崇衍公之締造焉如覩康訪公之聲靈焉如聞東谷翁之絃誦焉且由是而上追仁山先生之遺訓則觀感興起之誠自有油然于百世之下者斯堂之作仁之崇也信不誣矣然吾觀葉氏之兄弟子姓雍雍式好太和之氣聚于一堂報本追遠繩其祖武孝弟之至即所以為仁昔仁山先生論仁取于復夫復者剝而反也今亙并之堂剝極而復此亦可以見天地之心也若乃紫雲金臺之勝慈巖道峯之奇鑑水魚龍之變堂中之景氣象萬千余未獲登斯堂而為之賦也故不以風雲月露之章為斯堂頌而特以求仁得仁之説為葉氏諸君美盖尔

祖東谷翁所以師事仁山先生者此物此志也夫

松皋書院記

松皋子祖居毛村距其家里許有書室三楹小山四面環圍若拱古木蓊欝参差蔽空當窗羅户心迹雙寂迴岡曲逕不減輞川華子松皋子幼學之年即讀書其中自制舉業及經書古文詞日往復必百遍稍倦則緩步齋外領畧山色或科頭倚樹沉吟舒嘯倦已復讀旬而理之率以為常碩獨居自得以古人為師花鳥為友杜絶人事者殆將十年其專且久如是遂以文章名海内舉進士薦博學鴻詞科常語人曰質無敏拙勤則有獲學無難易恒斯為貴蓋生平所得力皆在山中尤極不忘

耳松皐子曾大父銓部公爲神廟名臣其先人常六世同居旌表義門所居室規模廣大聚族千百甲寅之亂避入城故居皆燬于賊讀書處亦廢不治松皐子宦遊歸里既倡族人復構義堂而讀書處則數經往復流連久之時囑其兩嗣君以其地幽静避俗最宜潛修必將經理以遺子孫俾族人之賢者得共相劘切以樂于有成兩嗣君志之不敢忘及讀禮家居乃取而更新之增其式廓繚以周垣爲重屋若干間廂廊庖湢畢具且將延名師以待來學榜其額曰松皐書院志所自也夫古之教者家塾黨庠人自爲學而春夏禮樂秋冬詩

書藏修游息皆有居業是以風俗淳美賢才衆多後世鄉學既廢所立講院類皆資游談角門户求如鵞湖鹿洞實能見諸行事者邈乎無有也義門之祖時維常辟泮塘書屋禮請金陵陳孝廉為師講業記事載在家乘松臯之建固服厥考遺訓毋亦率乃祖攸行以光啓其後人夫承先志孝也纘祖德仁也教族人成後學義也一舉而三善備焉是宜松臯子之拳拳在念而両嗣君之善繼善述為不匱也松臯子者毛鶴舫先生別號也両嗣君幼範待旃太守也是為記

遂安縣重修文廟記代

余自康熙四十七年春捧檄遂邑甫至即謁先聖廟見其道茀不修兩廡及大成殿湫隘敝漏頽瞻榱桷几筵愁焉久之我

皇上尊師重道聲教四訖

天章炳煥懸同日月而先聖妥靈之地弗蔽風雨甚非下吏所以奉承

德意也下吏奉

天子法沾沾自守清俸外固別無羨餘可以修舉廢墜然坐視先聖遺像日在漂搖風雨中而弗稍為葺庇即退食之餘亦將何以自安因與廣文先生及邑紳士亟謀整修因邑際災傷之後時絀舉贏

重煩父老又視事日淺仰屋無術稍積俸餘需之明年始克鳩工庀材撤其舊而新之椽棟欂櫨易其朽腐瓦甓垣墉更其卑陋凡為殿堂廊廡門亭齋廚位序有次像設有儀高其閈閎繚以周垣因舊以全加葺者十居其七而增創者三之蓋三閱月而功成方役之興也撤大成殿之材其瓦上有青芝如雲如菌纍纍數本邑人聚觀以為異事昔金明昌六年修闕里聖廟有芝生于林域及尼山廟與孔氏家園凡九本典役者采圖以聞且言瑞芝之生所以表聖德之致學士党懷英奉勅撰文紀事書石以傳不朽今瓦上青芝雖不敢上聞然亦一方之佳瑞也仍藏之廟中以為斯文

慶至于匠石礱斲之外丹雘髹漆稍壯觀瞻別積贏餘重置祭器若干品春秋享祀黍稷菹醢之羞庶其備用無缺嗚呼尊崇先聖以教養斯民者自有司事也後之君子有同心者踵事增華日起而光大之行見輝煌壯麗觀而式化愛人易使之風可以油然而興矣是役也用工若干人用錢以緡計者若干有奇出于俸餘者若干緡醵之邑人者若干緡董役者某某襄事者某某　例得並書

遂安縣重修大成殿記代

余自康熙四十七年春捧檄遂邑甫至即謁至聖廟見其道茀不
修兩廡及大成殿湫隘敝漏頹簷椽桷几筵愁然久之我
皇上尊師重道聲教四訖
天章炳煥懸同日月而先聖妥靈之地或至茀蔽風雨大非所以奉承
德意即退食之下將何以自安顧下吏奉天子法兢兢自守清俸
外固別無羨餘可以修舉廢墜兼以邑際災傷之後時絀舉贏重
煩父老又視事日淺仰屋無術稍積俸餘需之明年乃克鳩工庀
材先自大成殿始撤其舊而新之椽棟欂櫨易其朽腐瓦甓垣墉

更其卑陋蓋閱月而功成方役之興也撤殿材當至聖座上有尾廿餘片盡結芝紋儼然繪畫老樹踈枝如雲如菌纍纍數本邑人聚觀以為異事昔金明昌六年修闕里聖廟有芝生于林域及尼山廟孔氏家園凡九本典役者采圖以聞且言瑞芝之生所以表聖德之致學士党懷英奉勅撰文紀事書石以傳不朽今尾上芝紋雖不敢上聞然亦一方之佳瑞也仍藏之廟中以為斯文慶至于大成殿之外宮垣廊廡籩豆尊罍所宜經理者尚多然醯雞之力不能無待夫尊崇先聖以教養斯民者自有司職也事之所重先其急者踵事增華日起而先大之固非一朝一夕之故可苟為以從事余雖不敏中心藏之可日忘之

遂安縣重修文廟明倫堂及濬文林湖記 代

余既修大成殿之明年將終前志乃復有事于殿之外周行兩廡見其敝漏頹毀憮然久之至明倫堂入其門兩扉洞然登其堂剥落傾圮四壁蕭條有飄颻風雨之懼而泮池外文林湖淤泥壅塞水積不流蓋自十三年變亂之後兵燹傷殘廢墜已甚涖斯土者雖間有補苴而屈于財力左支右詘梁木鞠草所由來者漸矣夫長民之吏豈徒以簿書鞅掌循分守職足畢乃事固將力行教化薪槱作人庶幾可以化民成俗偕之大道若廟貌弗飾藻茆荒蕪奠菜無儀倚席不講其何以對越先聖培養人材古之君子三年

有成余承乏之日久惴惴焉惟文教之弗修是懼故累積俸餘須之歲月次第漸理可以即叙于是外整文廟照墻增高重固次及兩廡各加瓦甓罔敢不飭于明倫堂則峻其垣墻高其門閣堂序齋舍一改舊觀乃興徒徹後重濬文林湖巽水安流芙蕖被畝發峯倒影映日月而重光至于籩豆罍爵器數之未闕者補之壞者修之苟合苟完庶乎藉手可以告成事矣自余修廟濬湖之後適逢

萬壽特開恩科是科登正榜者二副車者一駸駸乎賢才衆多氣數日

盛先聖妥侑之靈與形家王相之術不虛也

遂安縣重修文昌閣記代

考天官書斗魁戴匡六星曰文昌宮周禮所謂以槱燎祠司中司命而又列為五祀之一則文昌之祀其來久矣凡祀者必有主以棲神後世多易之以像刻木而書與搏土而肖星或為人而人可為星其理一也頗文昌六星無所不統而貴相理文緒司祿賞功進士則科名文章之事專屬焉此文昌之三星與六星而總名之以文昌從其所居以為言舉其重者世人不察乃偽作化書欲以梓潼之張亞子當之則妖妄而近誣矣文昌之前有魁星象斗之魁也斗魁戴文昌故以魁星居文昌之前肖其形存其義相得益

彰或者誤以為奎則奎主溝瀆于文昌何有执遂安泮宮有文昌祠乃明廣文楊知白所改青雲樓而為之者舊制祀魁星于樓上而空其中處文昌于樓下夫文昌之與魁星纍如貫珠不可以相離文氣欲揚而抑之居下則文為不昌矣余瞻拜之餘因與諸生講明此理諸生咸以余言為不謬乃重加修飭支柱為樓而涓吉日移文昌于樓上與魁星前後差置庶幾明禋安祀齋肅有翼弗致于褻自今以往當有光鋩萬丈指帝車而動三台者知斯文之永昌也余又聞魁枕參首參為西方之宿而斯樓適居震地魁之所向即其所枕之方則天之象因地之宜鐘人之傑合三才而一

之當文明之世必有大魁應運而出者使余言之而中其庶乎信而有徵也耶

修建遂安縣署記代

遂安縣署自唐武德中遷于五獅山之麓迭興迭廢至順治間靜海高君重修之後五十餘年未有繼者蓋長吏以傳舍相視成毀不以攖其心有其心矣或絀于力則且苟焉而止湫隘卑濕地廣大荒而不治此亦有土者之耻也余始至遂相協厥居貢于外而蔀于內輒思有以更之視事日淺讓讓未遑也久之又久乃獲隨其罅隙次第經營自樵樓儀門以至架閣庫皆易其朽蠹繚以周垣撤大堂而新之翬飛鳥革軒敞有加先是公堂之後為大中堂東折而入為內堂屬之私室加以廂屋數椽僅蔽風雨是宅而已

矣余既修大中堂即移內堂于大中堂之後而垣其東南其戶一啓扉則自內而外表裏洞達無一私曲而于其西闢三楹爲寅賓之所其東則爲西向者三爲北向者二爲南向者一退食遊息賓朋聚處咸于斯焉又東始爲內宅即向之所東折而入者也內堂之後隔以短垣爲西向者三南向北向各一以居使客之往來者內宅之後爲書屋三楹獅山之下闢萊除穢爲茅屋一楹可以遠眺望可以澄心目而其前爲息憩亭則仍高公之舊焉時邑丞奉裁署廢不用浸就傾圮余程其舊物益以新製凡五年中畸零邊幅薈萃而成用之紓而圖之漸工不擾而費不奢册籬堅垐雖闕

有閒規模間架亦庶乎其苟完矣若夫舊貫是因存而弗革者精〻補葺罔敢多于前功嗚呼振衰之不易而構造之爲艱雖一室且兢〻爲況于四境之外者哉故姑記其大凡以俟後之君子有所考云

遂安縣豁除虛税記代

余始至遂安諮訪利弊則已聞有虛税一事為通邑大累余始而疑之以為國家任土作貢咸則三壤烏有不食之地而横征維正者乎及乎催科之暇按籍以考則見有無産之田四百餘畝地及山半之葢天下之平久矣往者甲寅之亂兵火相繼山澤之民逃竄四方草宅禽饗者幾遍四野後雖漸次復業而流亡未盡歸荒蕪未盡墾賦額猶存不能懸缺于是不得不以無着之税攤匀各里之中雖繪圖陳告呼籲者未嘗不切而格于功令不敢上陳此遂之民所以刻肌忍痛坐受其弊而無可如何者也先是三十年

編審之後前令何公條陳利弊首及此事因為之設法通融以補其缺得豁除者三之一所謂寬一分則民受一分之賜者而所餘尚多豈其留不盡以待後人毋亦有艱難牽制而不克竟行其意者耶夫長民者視百姓之疾痛不啻一身既已知其受病之原而不急為之抉剔祛除拔絕根株則瘡痏尚存呻吟未改且或以齟齬支拄展轉于簿書期會之間檢踏查勘上下掣肘迄無成功汲長孺何如人哉其何可不早自計而重憂我父老子弟為辛卯歲又屆編審之期余既列定條款誓清積弊因急取虛稅按圖清核悉為除之顧惟是額徵奏報茍有毫釐虧缺即處分及之而悉索

之下更無尺寸餘地可以補苴其隙因年岀俸餘代爲揹解所費無幾而敲朴追呼之擾得以早獲歲月之安夫損上益下乃謂之益今虛粮之爲民累也子復有子孫復有孫世世相延未有艾也而爲縣令者朝遷夕改若傳舍然其儉者出一時之俸可以濟及萬家其奢者取之一朝之饗而已足其爲益信何如耶後之君子或不以不累民而累官爲余罪而樂于繼余之志也遂之民庶其永瘳也乎

○讀瀛山書院及三賢祠記

瀛山書院爲紫陽講學之所而作記之者王龍谿錢緒山則皆陽明之徒與紫陽爲敵者也故其記中之語陽尊紫陽而實陰奉陽明所謂徵其詞以見意者毫釐千里之辨安可習之而不察乎益自濂溪發主靜無欲之旨明道以大公順應明天地聖人之常龜山豫章延平遞相傳授每令觀未發以前氣象諸儒正傳孰非以德性爲事而世獨外象山陽明以爲異學不知象山之學非陽明比也象山之學以先立其大爲主此自孟氏真脈其自言做工夫只在人情事勢物理上正與紫陽窮理致知反躬實踐之論互相

印證第紫陽欲由道問學以尊德性而象山則以為既不知尊德性為有所謂道問學此中偏重偏輕之故遂為同異之議所由生耳陽明少泛濫于詞章馳騁于孫吳若紫陽格物窮理之事為繁難乃究心于佛老之學煉習伏藏得其見性抱一之旨自謂有悟遂于儒書中取孟子良知一言合之大學致知之解自立一說非孔非孟援儒入墨而其立論則偏與程朱相反程子以為孟子才高難學學者須是學顏子有準的而陽明則以為顏子之學不傳惟孟子猶為可循頤于顏子之學凡所為博文約禮克復四勿擇中得善諸切實工夫皆置不講而獨舉其不遷怒不貳過以為顏子之學舉

其屢空以為合于聖人空體其說浸淫不可究詰朱子以為心管乎天下之理陽明則以物理不外于吾心朱子以天下之方員皆有定理必外之物格而後内之知至陽明則以事物之理皆不外于一念之良知規矩在我不可勝用即象山亦言束書不觀游談無根觀春秋易詩書經聖人手則知編論語者亦有病而陽明則以為禮樂名物古今事變皆不必學是陽明不特與紫陽為水炭亦且與象山分門户益其才似商韓其學兼釋老是以當時目為功名之士即不覺欣然喜之者誠有以深中其隐也大抵宋明諸儒言心性者多混入于禅然當觀其所從入與其所究竟方可以

别真偽横渠明道始皆求諸釋老因無所得復返而求之六經此棄邪而歸正者也陽明若紫陽之學乃究心于老佛因此悟入是舍正而從邪者也然陽明猶善為修飾至其徒龍谿則登堂說法滿口禅玄至卓吾則公然披剃髡首儒服名教蔑盡李斯之亮焰謂為荀卿教之豈誣也哉今之護紫陽者或欲推之于顔曾之上而祖陽明者亦欲引之于孔孟之徒各阿所好聚訟不休然而皆非其正也夫治法即道法經正民興其權自上

皇朝考德論功無偏無陂崇祀廟廷升紫陽于十哲之後纂修國史列陽明于勲爵之班可以息百家之横議定千秋之邪正矣

續重建大成殿功績記

天下不患無任事之人而患無濟事之人蓋任事者氣或一時慷慨再而衰三而竭鮮終之弊往往中之惟夫濟事者識明材達有遠大之深計復出以寧靜之小心故能功成而業廣至于久而不忘以余所聞遂安家仲蘭先生其可謂濟事者乎先生之生平大節如全幼姪保宗祠修祖塚建津梁孝友任卹美不勝書而襄事文廟經營奔走庀材監工節用惜費綜理之密措置之周原始要終越七年之久而罔有懈卒成千秋之巨制為一邑之壯觀當事獎其成勞鄉閭高其大義此尤其公忠練達可傳為不朽之盛事

者也夫從來大役之興也患在于任事者不得其人而中飽者居其半冐破者又居其半赤子之脂膏暗入私槖太府之金錢坐見虛糜簿書期會苟且告成上下相蒙而國家卒受其弊苟得盡如先生者出而經理之量工命日不愆于素木屑竹頭不廢于用則鼛鼓有聲而不虞其惰庶管籥慎守而不致于漏卮斯豈徒爲一手一足之烈僅以成一時一事之勞也哉然而崇飾宮墻妥侑先聖尤教化之先資士人之本務也猶憶先君子司鐸歸陽重建文廟諸生原文錫實董其役功成而文錫遂爲本邑破荒首捷候官廖鳳翔鳳羽兄弟亦以捐貲首事修復聖殿丁卯秋闈二難競爽

今者先生三十艱嗣而芹藻方滋桂蘭隨馥燕天昌後積善餘慶聖人之道爲可誣也先生之功前令何公廣文支張二公皆有文記其事又有春秋賜胙以寵之今令陳公續修縣志復傳其事列于人物余忝附宗盟與聞遺烈故聊記大畧以揚盛美若其締造之勤經度之方則諸公之文言之詳矣余又何能賛一詞爲

福清縣重修城隍廟碑記代

福清縣環山包海幅員數百里而遥于閩中為望邑自復界以來休養生息幾五十年草菜日闢户口日滋財賦日阜比歲時和年豐海濱廣斥鹺艑估舶轉運而灌輸者絡繹如織故邑之富庶甲于九縣此固我

國家深仁厚澤淪浹貽休而亦由明神顯相鑒觀民莫有以錫純嘏而降之福也邑中城隍廟列在坎方為邑屏障素稱壯麗而神復最靈凡水旱疾疫之事求無不應都人士禬禳祈禱奔走祠下者趾恒相錯肇造于宋康定間至明況陸二公從而擴充

光大之其後復經羅葉王三公相繼修葺葉文忠公實記其事

入

本朝來歷年久遠雖間有小〻補葺而未經大為整理故朽蠹漫漶

曾日以益甚而儀門夾屋湫隘崩壞尤失雅觀余以祭盤之役

委攝邑篆謁廟之後見其傾圮竊有振興之志百務倥傯未遑

也乃詢之邑中紳衿士庶早已有先得我心者設法勸輸踴躍

趨事醵金庀材已有成素卜日計工自廟之堂廡寢室以及兩

榭庖湢無不重加整理增其式廓又復重建儀門再造夾室高

其閈閎壯其垣墉堅其丹雘有加于昔經始于雍正五年之冬閱五

月而工成余瞻拜之下見其金碧照耀煥然改觀益慨然增赫
聲濯靈之想會瓜期已屆將代去宜留一言以記其盛余惟聖
王先成民而後致力于神
今皇上膺圖御籙加恩海內懷柔百神凡載在祀典者
特命直省州縣飭祠宇以虔妥祀夫治民事神宣
上德而達下情者父母斯民之責也余承乏茲土既仰託神庥以無
隕越厥職又嘉諸紳士之尊
旨奉法輸將恐後執事有恪俾余得藉手以觀厥成也爰書其事于
麗牲之石若其率先倡捐則鄉紳舉監生耆某某出力襄事則

鄉者某某等例得並書其餘俱載在碑陰茲不復贅

蘭谿司訓葛公去思碑記

國家重熙累洽之後誕敷文教廣厲學官慎選師儒以弘壽考作人之化職至重也當斯任者必其操行足以樹儀型文章足以起衰靡崇奬不倦樂育有方乃能使多士奮興蒸蒸丕變于以仰裨

盛治大啓斯文在位則人樂其陶成去職則衆深其愛慕非愷悌之君子其孰能與于斯乎吾蘭司訓　雲翁葛先生以嘉禾名宿經明行修重膺拔擢秉鐸邑庠甫下車即日晉諸生而誥誡之告之以立身行己之方明倫接物之要繹前代卧碑之文宣

聖主教勅之訓若取香溪仁山之薪傳而為之尋其緒也若溯楓山魯

源之支派而爲之揭其波也無日不討諸生而切究之游之于詩書六藝之途慱之以子史百家之趣賞奇析疑鉤玄纂要自弟子員以及後生小子經先生口授指畫者爲文悉有法度可觀課士一錄懸之國門膾炙人口先生之有造于蘭之人士也蓋彬彬質有其文矣先是干戈甫輯學宮鞠草而學租義田多爲豪強兼併奸胥侵蝕先生至則捐修　文廟重構奎閣經之營之宮墻泮壁赫然改觀其歲入學田清釐積弊日有贏餘悉以佐諸生膏火之需有不足者解囊以繼之恒恤人之患周人之急凡所以爲人排難解紛者口不言勞而國人陰受其賜先生立身正大與人交無城

府就之若光風霽月恂恂如也至于義所不可則公言正論別白是非侃侃然雖育賁之勇無以過之若其操行潔白廉隅自飭則初終一節數十年如一日也蘭之士子得先生為師十有八載薰其德而善良者比户可封蓋先生之視蘭人猶子弟而蘭人之于先生亦不啻赤子之依父母今以秩滿量移麗水惜先生之去者攀轅卧轍思為借寇之舉而不可得則相與歌思誦祝勒之貞珉以與蘭山並峙瀫水同流是則蘭人之不忘先生固先生之深仁雅化有以感其心入其隱而使之終不可諼者也昔者鄭武公為周司徒善于其職周人思之為賦緇衣録于國風以為美談今蘭

人之思先生如周人之思武公爲頑麗水與蘭容邇犇封行字經
來將舍蘭爲東道主先生雖自此升然異日三年報績蒲車就徵
入掌邦教取道大雲山下蘭之人士固當咏緇衣之宜相率適子
之館授子之粲而以永今朝以永今夕也先生去矣爲先生之去
而思者思自今日始爲先生之來而思者思又不知于何日止也
則思先生者終無窮期也已

蘭谿縣新建天妃宮碑記 代

余請急歸里道經蘭谿未及邑里許望見城隅之上翬飛翼然金碧熒熒與江光上下互相輝映實余嚮時往來所未嘗覩舟人告余曰此閩人所建天妃宮也余徘徊久之既而鄉人羅天章等投刺請謁余延入詢其所由則正首事于斯宮者以宮中棹楔為請併求記始未勒之碑碣且曰吾鄉人之構是宮也甚勞且重費當經營伊始則有此方不靖之徒牙蘖其間厲階為梗風波未息重以悍吏煽威深文構禍奸人因緣為利毀廟廢主若敖之不祀也忽諸吾鄉人懼作神羞同仇偕作左控右訴賴諸當事及吾鄉縉紳先生之力得吏明神無廢祀廟貌不移鐘簴再振蓋造而毀毀而復造大獄之不自今

五年費金錢以萬計去一守斥一令覦数矜遣戍杖責者数十餘人而後乃得晏然落成明禋肇祀締造之力厥維艱哉且曰是宮之復也匪獨人謀是賴亦神之上下陟降默誘其衷甚矣神之靈神威之赫濯也當魏守之初斷斯獄也則以蘭孫誌喜歸美神庥及王守之再讞也則有大光燭天大彰靈異用是信心保護力成再造之功至于始禍数人各以先後齊服冥誅故能使謗讟熄浮言靖疑者信而忌者懼今且稽首皈依牲牢酒醴遠近妥祀殆無虛日不寧惟是前歲祝融告警密邇新宮則空中示形返風滅火今茲洪水為災外浸盈丈而神座数尺尚餘寸許濕不沾身夜半復有神燈往來閃爍水勢遂退此皆神靈之顯著近事之不可不書者也余聞之肅然興曰

有是哉我
皇上光被四表懷柔百神海波不揚于今三紀維神實與有力焉曩者冊
使元戎曾經交章論奏請加褒封
冊詔皇華遥賁嵋洲虔修祀事逮夫天漏日出之鄉鼉窟蛟宮之内肹蠁
可通靈爽斯在誠哉以勞定國之上勳禦災捍患之明神固宜其廟
食四方有舉莫廢雖汚吏不能以淫詞黜奸民不能以亂法毀也余
既題額四字遂書其事以爲之記

蘭谿縣新建天妃宮碑記

自東吾混一之後梯山航海者無遠弗届
聖天子懷柔百神崇德報功典祀禮秩而鼍窟鯨宮之内扶危定傾求
無不應則唯天妃為最著故天妃之祀幾遍天下蘭邑之有天妃
宮則始于臨汀諸君子積穀鐵兩業之餘兼以樂輸募化合而成
之者也方余之涖蘭也諸君子早有是議而苦于力之不逮至余
解組後始獲買地取材鳩工庀作當其締造伊始衆驚且疑浮言
繁興在位者不能明察遽加羅織諸君子往來奔命上下控訴歷
三年之久乃克公然重建蓋成而毀毀而復成艱險備嘗而廟貌

得以巍然長存者雖神靈默佑之功實賴衆人之力而亦諸君子戮力同心百折不回以共成此役也夫天下事創始難守成尤難今日者金碧輝煌神威赫濯九浙中公卿大夫吾鄉搢紳先生無不往來瞻仰樹碑題名而鄉城士女遠近遊人亦皆焚頂禱祀至誠皈依自今以往爲億萬斯年計誠不可以緩吾鄉諸君子乃積其餘力置義塚一區贍田若干畝延僧梵修復拓地經營爲禪堂以安梵像上舍以待仕商亭榭木石以備觀覽使生有所養終有所歸起居游息有燕賞之樂行旅往來無乏困之憂于以妥禋祀于無窮顯聲靈于不朽長祝

聖主萬年有道之慶永貽梓里任恤無疆之休則斯宫之屹然城隅者
固當與蘭山並峙瀫水長流矣余于斯宫始之終之皆同其事備
悉其創造之艱而深樂其觀成之後規模之閎且遠也故記其大
畧如此

浦江重立宋户部尚書梅節愍公墓碑記

昔者孔子表殷比干及延陵季子之墓襃忠義也夫忠臣義士其身已死其骨已朽獨留此一抔之土可以興觀感之思顧或世遠年湮松楸莫樹荊棘之所叢狐兎之所穴樵夫牧竪之所芟夷勢家豪強之所侵奪行道心傷莫有過而問焉然後知聖人表墓之心其為慮至深且遠而凡後之為孔子徒者其于忠臣義士之墓表之揚之亦所以行聖人之志也有宋忠臣户部尚書梅節愍公執禮墓在浦江縣南三十里通化鄉黃茅山經今五百餘載子姓播遷他邑碑碣無存致滋他族實逼處此 吾宗含嶽大學為公同

里後人按之縣志先傳請于邑令楊石湖先生立碑示禁時則謗言四起侵噬益急公之裔孫梅文義等寄籍金華展視悽憤具其事控之郡守王順公先生暨學使者宮諭彭方洲先生檄金華令汪壺天先生履勘立界而後節愍公之墓始得歸然獨存是舉也主之者二令君定案者太守及學使而始終其事者含宏也含宏為巖南老人裔世居通化鄉實四賢故里讀書好古慨然有慕于其人居恒表揚理學闡明祖德一鄉善事知無不為常以地多虎患不遠數千里走信州上清宮丐張真人符籙為民除害既立碑以表節愍公之墓又復祀其主于社祠更彙集四賢詩文為通化

鄉賢錄以示後人庶幾能志聖人之志者顧余因是而竊有感于梅公之事也公爲靖康名臣立朝大節如不主割三鎮護衛乘輿沮徽駕之謀皆挺立不拔其不從金人根括金帛而死也外沮奸謀內全民命忠矣仁矣無可議者乃讀嚴南老人所書集後及宋潛溪忠義傳皆以爲公之禍始于與吳革謀擣敵營以二帝歸爲金人所忌故托根索事殺之考之宋史則殊不能無疑當金人之索金帛也獨帝留青城金營上皇則尚在宮中金人托以所需滿數奉天子還爲名邀索不足始殺公然後縱兵再括沮都人迎駕塹南薰門路令推立異姓邀上皇

乙進上皇召皇后太子統

制吳革欲以所募士微服衛太子以片付孫傅不從及三月金人立張邦昌宣賛舍人吳革謀先誅范瓊輩劫還二帝以討邦昌既舉義為瓊黨所殺則皆公死後事而謂公與革同謀為瓊所泄其與史互異之處二者必有一誤至李若水之死亦在公死之後而綱目反書在先亦失于考據嗚呼古來所傳忠隱義士史闕有間矣作史難讀史亦不易余故因梅節愍之事而微辨之以俟世之善于論古者

清溪紫陽書院義田記

國有學鄉有校家有塾其事雖殊其理一也古者入學必釋奠于先聖先師而鄉校家塾其禮無聞焉以示尊重不敢褻也若乃舉報本追遠之地為興賢育才之方即尊祖敬宗之典兼鼓篋祭菜之儀尊尊親親上治下治事出創興禮以義起斯誠可法而可傳者矣紫陽朱子集先聖之大成俎豆學宮徧于海內因天下儒者之大宗而非朱氏一門之所得私也我郡四先生實紫陽嫡派紫陽曾孫洵從何北山王魯齋兩先生遊遂家焉傷之清溪于是清溪有朱氏以紫陽為所自出家廟世祀其來

久矣朱子靄士復念紫陽為天下儒者之大宗而非朱氏一門之所得私也乃建特祠于聚廬之西肖像而祀之名曰紫陽書院尊之也且以别于家廟也又于書院之側立為義學聚族人之秀者擇師而教之釀金收息以次置田名曰文公會田凡書院春秋享祀之資束脩膏火之費皆取諸此有餘則湅以助族之貧乏婚喪不能舉者靄士倡之族人同心協力而成之法良意美衆善具焉追所自出報本反始之孝也隆禮先賢崇儒重道之敬也講迪後進詒謀式穀之仁也優贍周急睦族任卹之義也夫本孝教敬敦仁講義纘祖考以光宗者盛德之事皆可

書也乃爲之記

八閩文庫

福建文獻集成

吳格 主編

續編 集部 五二

八閩文庫
文獻集成 376

海峽出版發行集團
THE STRAITS PUBLISHING & DISTRIBUTING GROUP
福建人民出版社

本册目次

和杜哀吟一卷　［清］閩縣方邁撰……一
余京兆集一卷　［清］福清余甸撰　［清］拙菴跛道人選……四一
瓣香堂文集不分卷　［清］侯官林正青撰……一三七
青圃文鈔四卷詩賦鈔五卷（文鈔卷一至文鈔卷二）
［清］閩縣林枝春撰……三一七

和杜哀吟一卷

〔清〕閩縣方邁撰

中國國家圖書館藏清康熙間方氏即石倉刻本

和杜哀吟一卷，清方邁撰。邁字子向，一字日斯，閩縣人。康熙三十二年（一六九三）進士。歷官蕭山、蘭溪知縣，以傲事長官罷。博極群書，議論醇正。官蕭山時嘗與毛奇齡往來辨正經義。後應邀於開化張嗣溥愿學樓講學數年（見方日斯先生詩稿和張銘軒韻酬張敏公昆仲「絳帳得宗盟，光風滿西席」等句）。撰有經義考異七卷、晚村駁義偶述一卷、方日斯先生詩稿不分卷、方日斯先生文稿二卷等。

是書一卷，録詩十八首，所和者杜甫之北征、秋日夔府詠懷奉寄鄭監李賓客一百韻、八哀詩。既題「哀吟」，故詩中多抒感懷身世、惜别悼亡之感。感遇一首，述其平生遭際，殊爲慘怛。述懷一首，詠其貧病之景況。和八哀詩八首，悼其父母、亡室、弟子、姊妹、姪女、猶子諸親，序云：「患難淹留幾二十載，骨肉淪喪，慘怛增悲。昔少陵八哀傷時也，余依韻作此，自傷也。」後八哀詩八首，則悼其友人沈廷文（元洲）、林文英（碧山）、薛仲蕃、毛奇齡（西河）、許遇（月溪）、高輿（巽亭）、周漁璜、李慕雲等，序云「半生患難，乃見交情，感舊懷賢，唏嘘曷已。比年以來，師友凋零，素心寂寞，屈指可數，約有八人。用少陵秋興韻，人各一章，聊舒激切」，可藉窺其交游情形。

方氏著述頗豐，然所刻者僅此一種，餘皆以稿本、抄本傳世。今取中國國家圖書館藏方日斯先生詩稿稿本與此集相校，則稿本修改處，刻本均已採入。惟感遇詩稿本原有小注，刻本皆删去，如「同學異交態，怙勢恣呑滅」句，注云「故太史趙晝三，今銓部余田生同學齊名，晝三怙勢忌克，數凌困田生」；「義憤抑鴟張，全身慚兔窟。飲章密羅織，風波倏蕩譎」注云「孝廉林松址媚趙，密以盟黨揭之當事，爲一網打盡之計」；「幽囚枉鈎考，冠裳從毁裂。鴻飛雉罹羅，魏其哀覆轍」注云「田生避難入都，余下獄論褫」等。蓋刊刻時有所避忌。本事既不詳，則頗難索解。然稿本稍有殘泐處，如述懷和少陵秋日夔府書懷一百韻「得免漫忘筌」、「謀食爲先也」、「無心學草玄」、「漫然漢氏爐」、「消長逐迴環」句，據此刻本乃可補完。又刻本後八哀詩悼高巽亭一首「孤山亭畔斷橋頭，行殿蕭蕭草木秋」句下，有「西湖行宫花草，向屬巽亭培植」小注；悼李慕雲一首「琴調魯國聲猶韻，筆判倉曹守不移」句下，有「先生在倉曹時，有條陳各省榷關從事，欲從内部撥出，先生力持不可，幾至得罪，後事終格不行」小注，亦爲稿本所無者。非參稽二本，不能得其全也。

卷端署「即石倉藏板」、「閩中方邁日斯氏偶刊」，即方氏自刻者。書衣有「辛酉九月雪滄得，互見正副本」題記，鈐「雪滄所得」印。卷内鈐「黄世發印」白文、「耦賓」朱文、「侯官楊浚」白文、「内史之章」朱文諸方印，卷末有「一生勤苦書千卷，萬事消磨酒十分」白文方印，知爲黄世發、楊浚遞藏者。（劉挺立）

和杜哀吟

方日斯著

辛酉九月雲樵行

旦見正副本

和杜哀吟

即石倉燕藏板

閩中友邁日斯氏偶刊

感遇 和杜少陵北征韻

日余夙覯閔數奇未逢吉旅人長號咷謀夫道築室半百早經過總在窮愁日滿眼生茅茨載途盛蓬蓽南冠對魍魎羅網何由出省咎自責躬嗟狂悔深失罪罟懍不瘳中心常勿勿慷慨擊唾壺浩歌聊激切憶在成童後亂離時恍惚推轂藉良謀戰爭事方畢

文翁闢講堂詩書間琴瑟皐比得名儒甄陶嘔心血
同學異交態怙勢忿吞滅義憤抑鴟張全身慚兎窟
飲章吝羅織風波倏蕩潏幽囚枉鈎考完裳從趺裂
鴻飛雉罹羅魏其哀覆轍太守曲憐材廉使重慕悅
釁沐再觀光痛定猶戰栗後先同彙升尋讎忽膠漆
得喪任自然形迹忘虛實險阻雖備嘗身世計轉拙
五斗欲逮存一官旋汨沒簿䌸艱退遂棲撓弱本末
始逆波錢塘不得窮禹穴三月試牛刀奔走空皮骨

忽聞移灤水傳舍徙何卒皇皇大名都富庶萃文物
金玉相其外蕭條埒窮髮悉索恣誅求上交禮固結
仰屋四山青愁聞流水咽逢迎疲俯仰午夜犯風雪
彝吏輒請冠掄才只結襪登場驗盡花何尺們吾膝
摩頂踵亦捐豈但腰屢折刳肉飽醫瘡風霜入短褐
羞澁一空囊晨炊自日日羽檄縱橫馳開械愁凛冽
委蛇媚上官攢眉聚同列撫字安所施違心强屈鬱
奉法令良臣古道都勾抹保障與繭絲經術真迂闊

薄始天性恩詎惜親知聒巢幕且怡堂蘇危復誰詒
父兮永瞻望畜我傷不卒棘人久縈四頭白齒已齡
憑檻縈哀猿織籠潛呀鵑日間湯止沸早知防曲突
一蹶十五秋窮居寡儔匹八口各異方任重疏引決
慘怛死喪感痛心兼首疾百折氣盡銷傲骨不可奪
淪胥日就深塗泥未振拔袞袞有諸公連翩俱駿發
矯首望青雲高標表燕碣或文武憲邦予奪專生殺
或仗鉞東南出入依日月車笠信懸殊尊崇體濶絕

矧值時事更朝野勢各別蜀洛互氷炭枯菀分離析
奢糜混施且任姒儕妹妲爾位惟靖共保身賴明哲
曩者巨浸收郊原繼焚烈瘡痍尚未蘇孑遺慘不活
秋風起暮笳孤月照城闉誰將擊壤歌繪圖奏丹闕
纍臣獲餘生黃冠甘補缺安危仗元老材猷期練達

述懷　和少陵秋日夔府書懷一百韻

搖落悲天外淒涼望日邊投簪驚晚歲解綱在何年
世事無情水生涯不繫船彼蒼如有意今我豈徒然

荏苒春秋謝支離歲月遷未能王粲賦且續少陵篇
婺彩星星煥瀫紋箇箇圓都連閩越嶠邑壯浙江天
下吏才寧拙清時澤不偏折腰徒混迹濡首已沉川
簿急頭渠搶旌摇膽欲懸荆公初載筆劉寵忍名錢
引蔓違嚴譴批根恥乞憐息心深望岫因服阻歸泉
乾土淚長濕斷雲眼屢穿祇今遊子恨未釋棘人肩
回首嗟予季高標弟子員莘蹤雖廢棄雲路得夤緣
則友方爲慶修文何太便鴒原傷急雨鴈影斷寒烟

白日憐身後清宵痛眼前開奩空感物聽曲欲求仙
奉倩情猶繫安仁句早傳吞聲頻獨遣掩涕莫教潸
血迸三喪急腸回九曲煎歲時更雨露魚菽失蘩饘
荒隴彫松栢新宮輟几筵魂依東表鶴憂美北林鷊
老去愁仍在貧來病莫悛出門皆枳棘到處有戈鋋
壯士行何畏丈夫悔失權尋常忘仔細咫尺見拘攣
聖主延洪慶殊恩浩蕩彌萬方歌擊壤三面網開
畋貪墨瑕皆滌卑微死未全已看前政肅側聽大猷

宜患難安吾素厄窮念昔賢行年踰五十去國遠三千同病逢參侶羈棲愧獨先升沉移傳舍存沒引聯翩獄底埋雄劍床頭理故絃羨魚疎結網得兎漫忘筌謀食爲先也卜居且定焉門庭長闃寂冠蓋免周旋有伴時浮白無心學草玄誰來花下馬難問瀼西田屢空恒蕭瑟斯饑動接連珠圓看白粲霞散想紅鮮爨火虚留突樵風擬扣舷慣從飛粉野題破衍波牋陟屺千峯逈思鄉百慮牽豈知經死喪重復此迍

遭萱草更零落慈闈作棄捐傳來憂悄悄計及涕漣漣南北分胡越東西隔澗瀍帶星慚野哭何日卜岡阡縮地迂遺策繞朝闕贈鞭花風飄泛泛草露濕娟娟隙逝驚籠鳥單喧怯樹蟬僕僮飢反側子婦疾沉綿客去懸穿榻朋來割半氈無褌甘受布有竹可充鈿東道封三徑西戎借一椽斜門臨水岸仄巷面山巔夏永威堪畏秋深氣稍痊映堦滋碧草赤地少紅蓮奚子名呼尸雞鶵嫩勝拳自鋤席地覓勿問講堂

鱣怯冷輸貂帽銜泥憶馬韉窗疎月皎皦簷短霤涓
娟斬棘蘇嘉秀編籬補缺壖遺懷眞爛謾奔命累牽
纏張翰舟同泛陳蕃榻穩眠貧交知繾綣厚祿巽高
堅公瑾鍾情古朱家款語妍涸鱗資轉徙傷雀任翩
翮忤俗知非矣隨時尚慎旃星移盈數歷歲紀再周
躚發憤留司馬高歌老鄭虔史官存紀錄學士藉陶
甄經術開聾瞶儒先苦指駢紫陽排衆論青簡著新
編二代尊崇久百家廢黜專操戈來入室引鏑自鳴

弦子靜趨循正姚江說盡禪尸談無實體耶食豈眞
詮吳語乖多楚南轅誤適燕未能分季孟何事比淵
騫大道轍非淺中天景自延漫燃漢氏燼莫拾宋人
涎濟上巢鸜鵒洛陽聽杜鵑是非難別白消長逐廻
還大覺宗臨濟長生慕偓佺波羅誰得度高舉幾曾
褰養翮期搏鵬凌風待放鳶艱難增遠識淬厲壓前
愆困厄烏能激浮華儘可鐫歲寒松挺特春至草綿
芊世治身將隱吾衰體未孱狂吟聊自放流品任人

銓

和八哀詩 并序

患難淹留幾二十載骨肉淪喪慘怛增悲昔少陵八哀傷時也余依韻作此自傷也攄懷直書率爾不文讀者可以知其志矣始終大故服別重輕差次後先不因久近云

父

悲風號長林哀烏鎩勁翮陟岵失所瞻寢門成永隔

淒淒蕭寺中寂寞同沙磧撫膺痛終天我罪甘指斥
禍患猶未平窮人無匹敵緬想過庭訓光儀尚咫尺
父生值喪亂側身避鋒鏑至孝感風雷論交定金石
班馬倚長城曹劉無堅壁麟鳳仰德威鷹鸇不搏擊
生平少嗜好祗有讀書癖光霽衆皆親處世忘莫適
筮仕值時危一氈寒不易畔藩恣猖狂忠良遭勢格
因感國士知保護力加益幾蹈履尾憂惕然忤凶逆
僞命復丁寧援求日逼迫義重身自輕安心甘罪責

天討下九霄親王受　命冊釜魚乞遊魂亢
龍悔乃釋從此掛冠歸閉門隱阡陌問奇各捆載蓬
徑從教鬬頗惟駑蹇姿失學腕常搤大庖酌宜饇作
得沾餘瀝息心走牛馬甫能辨菽麥祿養幸逮存歿
輿遠行役菽水歡未能桑榆景已窄故園魂不歸異
方此窀穸天涯剩遊子漂流長作客灑淚望青天悠
悠雲水白開篋讀遺書尚存手澤迹闇然默吞聲鬢
眉愧如戟

母
吾母忽告徂甫及周花甲千里未歸人門訃慘不愜
慟哭摧心肝萬刃齊洞脅罪人復何辜罹此深惡業
遠別十年餘肩未釋重壓羈繫伍縣四赧顏羞婢妾
日望閩南雲素心常獵獵每得平安書常如報大捷
春間二豎侵驚魂日夜怯夏初傳少間私衷稍安貼
豈意秋風悲北堂隕萱葉疾痛違晨昏奉侍愧交睫
愁雲興乾土哀聲起暮揲涕泣想音容莫覩香奩匣

眷念慈母恩惟有夢中接九泉恨莫從迴腸日幾叠
長此撫栝棬何由伏箱籢為位空復悲帶星沮歸楫
魂兮不可招楓林艱跋涉霜月照靈幃猿啼暗三峽

亡室

旅愁長寂寂孤燈夜熒晶撫几長嘆息儒冠誤浮名
薄宦二載餘十年累未清讀罷悼亡詩低徊百感生
鸞鏡久塵積日月駛自驚見女各長大婚嫁紛交爭
內則少閒儀顛倒任縱橫滿眼惜憔悴黽勉念卿卿

昔在幽居日戒旦警鷄鳴絡緯連書幌敲針伴管城
入廚親力作齊栗凜懸旌勉强承歡笑曾無亢戾情
中年雖倖捷覲閔難未平時復脫簪珥佐我遠行征
獨力支門戶側首望神京鞠子無辛苦尊章見分明
及乎釋褐後鄉里頗稱榮勢利忽變態小大益搆兵
但見淚洗面何日不吞聲諸姑及伯姊後先均鴈行
調停深引咎宛轉曲求成娩娩憐婢子浮言無重輕
亦知防止棘終不闕負荆一命徼微祿綵鷁遠相迎

擬鼓房中瑟同調月下笙辰屢歌暫畢蚤達大厦傾
南冠對綦縞血淚兩交并子母各異路愁恨日盈盈
心折一寸盡目極萬里程禍患巳酷烈重以疾病嬰
弱植委風露金石失堅貞徽音邈復久淑德任評衡
鶴院停孤櫬馬鬣滯封塋存形時髣髴掩涕欲霑纓

弟子歎

吾弟甫弱冠竟作異世人腸斷鶺鴒原萋萋歷幾春
慈闈失珠玉窮年血淚頻老兄深飲恨千里尚羈臣

念終鮮兄弟爾獨能得親庶藉骨肉愛長此奉昏晨
故園展丘隴羇旅絶風塵吞聲忍離別載驟遽駪駪
終當圖承聚相逢未老身歸及調琴瑟明珠勝麒麟
含飴歎早弄廻腸罷轉輪首拔芹宮幟窮人意氣新
世業誠不墜貪豈愛金銀努力摶秋翮捷書期再陳
賴此手足振痿痺起不仁凌風有高雁枯轍無涸鱗
八口誠爲累三冬亦過勤復爲膝下别遠作絳中賓
九鯉仙無迹湎江草似茵漸覺依人苦束縛加冠巾

沈腰原自瘦別復悶傷神膏肓遂莫起二豎永爲隣
修文何太促戚甚絶天倫荆花返無處池塘孰問津
立孤保小寡遺言常書紳急難猶未平欝結長苦辛

鄭門長姊

死喪慘相因至親日陵替難途多驚恐重哀安可繼
伯姊匪異人本是同根柢早丁陟屺悲麻經共一製
孝謹甘薺荼溫恭歛精銳從父遠宦遊正值兵戈際
渭涘應佳期歡配名臣裔未及賦于歸已叶館甥例

新婦返拜姑僉云溫且惠嗟弟遠伯姊集枯鮮防衛
六尺孤安托痴頑渺無計生離幾十載音書常恐泥
故里重聚首相慰如隔世饜飫錯珍羞補綻屬氈罽
從此數歸寧往返無虛歲吳航衣帶水一葦直可濟
喜得姪從姑提携不避穢猶恐瓜李嫌深防風鶴唳
幼弟悲蘭折吞聲掩芳袂王謝忽凋零雁行異龍嬖
門戶各自立坐食艱失勢井臼總力操襟期益光霽
十年惜未字此身若旒綴脫簪親置媵鳩居無疾癘

時祝玉燕飛焚香禱上帝燕姑有佳徵駕乃得所稅
鞠子盡恩勤庶可奉箕箒呱呱克有成吾得正而斃
艮人遘重疾湯藥必躬嚌臥首顧藐孤中心常契契
自願以身代呼天叩階砌蒼昊若鑒誠夫生巳長逝
憶昔與姊別容顏尚修麗少壯多精神蕙質非柔脆
花甲惜未週泉臺竟重閉雁羽惜摧殘鸞影彩壼翳
拚將百歲身保此一枝桂雲水各渺茫山川遠迢遰
燎鬢邈無術尚隔撫遺瘞復聞偕老終兩喪禍彌厲

有淚無可揮到今恨留滯閩越境比鄰遼濶等幽薊
痡念艱難時天昏白日蔽

黃門二妹

二妹始生年父方客青兗有母獨尸饔衣敘常屢典
握粟卜歸期望雲時陟巘兒女對凄凉懷人淚暗泫
柴門鎖寂寥映堦滋碧蘚少小頗修謹婉娩隨人願
刺繡學畫眉女伴曹稱善荏苒及笄時余方赴京輦
媒氏屬空門牽絲得妙選江夏有聲名家風亦大闡

題輿逮雙親氷署還同踐造舟應佳期乘龍遠煩玕
嘉禮方告成復見征帆卷慈母悲遠別抑心自排遣
拂衣得歸來持踵情再展半子幸相依迴腸亦石轉
晨昏賴賙給親疎誰復辨就養閱春秋入門識鷄犬
舒眺俯阡陌解懷禮壇墠滫瀡應時供未敢忘一臠
十年仗孝思嘉惠信非淺喪明有餘慟柔腸恒獨剸
庶藉愛女歡忍淚無懷緬坼副復告災繐帷應重搴
暮年疊悲痛慘怛誰勸勉凶折罹深殃荼毒威如覿

將姪續舊盟親門應長衍命訃邈未及遥聞愁自冐

今又弱一箇朋來得大蹇臨風氣長結倒懸未息喘

目斷臺江東日夜流水㴒芳魂不可求萬里闕修餞

猶子玉思

本支重大宗若敖悲不饗先人有遺言豈敢忘鞠養

患難力持攜繼絶私獨賞天意與人違隱願終差爽

嗚呼今已矣恨徹青冥上四世派屬窮爾祖最居長

在孫惟有汝伶仃剩孤掌叔伯靡與同絶不關痛癢

少遭陟岵悲有母嘆河廣仳離志亦傷存孤道非枉

竟謂他人父孰知姓兼兩沉隮廿年餘余適捷秋榜

負薪歌中途折券頻來往尋源識眞派感舊驚遺響

一綫幸尚存承祧尤所仰擺落非種譏庶不墜薪壤

父命敢辭貧推食隨几杖入官百未遑逮吉春生幌

女德終罔極丈夫何鹵莽首丘沮良謀飽颶無滌盪

空聽浙江潮復泛瀔溪槳食力夜分光忍饑朝拾橡

貧深病日增愁隨鬓盈丈熊夢竟寂寥螟負猶魍魎

乃知家索憂既悔難追曩飲恨至没齒愚衷始開朗
債犢竟敗犁下乘艱服鞅廷堅祀忽諸幽冥永絶想
夙昔效微勞尊親謬推奬展轉各路人存殁惟吾放
去帷結新歡開籠脫苦網泉路有鄉人旅魂無飄蕩
鄭門姪女杜詩中有二省字二境字依韻屬和不敢輕改
薰蕕別臭味金錫各異礦鳳雛儕斥鷃毛羽終不整
禍福人所招彭殤自短永敗德及可數蘇占空禿穎
嗟爾夙遭凶初生父不省顧復賴慈母終歲長黽黽

辛苦得成人經歷遍榛梗喜女作門楣泰水漸佳境
怨耦忽相爭遇人何不幸的的掌上珠沉墮入市井
初聞相攸樂未甚得要領修飾入門來嘖嘖頗寧靜
牝雞改好音干戈起內屏婦德信無違閨躬還自省
受侮悄憂心吾亦愛吾鼎安知族類異變幻非人境
謠諑惡婞修晨昏盡難並俯仰愧此生途窮靡所騁
一死何足難狂夫庶知警泉流不歸山鏡破無留影
嗚咽痛自裁雉鳴仰絕頸凶問畧始終鴈鴻阻重嶺

隱忍悼簿命尚方闕陳請莫問浙江潮永斷吳航艇

後八哀詩并序

半生患難乃見交情感舊懷賢欷歔曷已比年以來師友凋零素心寂寞屈指可數約有八人用少陵秋興韻人各一章聊舒激切不暇推敲亦云寫哀而已

修撰沈元洲夫子

廿年沉頓老詞林草自敷榮栢自森五色早看芑作

彩九皐誰聽和鳴陰丁恭弟子成何事陸贄門人空
有心烟雨樓中頻洒淚悲風四面送秋砧

林碧山太守

金臺鴈影久橫斜牢落天涯兩鬢華長欲問梅無龐
使豈知泛海有仙槎防城夜月荒茅舍交趾秋風入
暮笳甲午秋將訪先生于瓊州適奉委安南候作賦賊相遇防城界上茅舍中秋對景悽然
不須悲舊事義方先發滿城花

薛仲蕃明府

曾聯棣鄂共春暉（薛本姓方與余叙兄弟之誼）珠履堂中燭影微

一擲千金輸雉采滿浮三雅倩花飛漳濱迹竄風塵

隔彭澤腰輕世事違羅網遊魂迷客夢哀鴻空羨稻

粱肥

毛西河檢討

險難升沉一局棋六經晦塞獨堪悲縱橫萬里餘雙

眼上下千年自一時（先生題詞有縱橫十萬里上下五千年之句）張栻最

稱聞道早象山應悔讀書遲等身著作誰紹述長撫

遺編豁所思

許月溪明府

早攜絲竹臥東山藉甚才名滿世間舊入酒壚豪李杜閒揮墨筆逼荆關循聲到處常流澤古道依人欲照顔茂苑重遊尋鶴案吳儂猶帶淚痕班

高巽亭編修

孤山亭畔斷橋頭行殿蕭蕭草木秋西湖行宮花草向屬巽亭培植世掌絲綸猶有燬家餘圖史已無愁功名度外隨黄

鶴浩蕩胸中付句鷗繡佛早能消慧業精魂還復到
杭州

周漁璜詹事

持衡深羨起衰功南北英雄盡彀中解網重煩學士
筆脫驂眞見古人風塵封舊笠頭爲白淚濕青衫血
染紅書劍早知歸故國誰憐久客有哀翁

李慕雲駕部

齠年遊戲各逶迤北思剛腸任險陂北里歌殘楊柳

岸南村采遍菊花枝琴調魯國聲猶韻筆判倉曹守不移先生在倉曹時有條陳各省權關從事欲從內部撥出先生力持不可幾至得罪後事終格不行

素幔歸來寒澈水懸河有淚欲交垂

余京兆集一卷

［清］福清余甸撰　［清］拙菴跛道人選

北京大學圖書館藏清抄本

余京兆集一卷，清余甸撰。甸（一六六二—一七三三），初名祖訓，字仲敏，又字田生、修吾，晚字芳初，福清人，寄籍南平。康熙四十五年（一七〇六）進士。福建巡撫張伯行創鼇峰書院，延主講席，事必咨商。初知四川江津縣，力拒年羹堯額外急徵，直聲震中外。累官至順天府丞。精於吏事，惟性剛直，所至多齮齕，仕宦三十年，隨起隨躓，而聲名不衰。工詩古文，善書。撰有千卷樓集、田生文鈔等。

甸之生卒，歷來語焉不詳。方苞撰少京兆余公墓誌銘，詳其事跡而不載生卒年，道光福建通志則僅記甸卒年七十二。考林在峩硯史卷六，云：「癸丑六月既望，予至臺江書舍，時田生丈已臥病，强起手談，遂請爲兒子畹作銘，君不停思立就，未匝月，即棄世。」可知甸生於康熙元年（一六六二），卒於雍正十一年（一七三三）。

是書爲拙菴跛道人選輯。拙菴跛道人即趙國麟（一六七五—一七五一），字仁甫，山東泰安人，康熙四十八年（一七〇九）進士。雍正間任福建布政使、福建巡撫。甸晚年以文字爲忌者所糾，幸賴趙爲寬其獄。甸之文章氣節，籍甚一時，生平著述，僅存此一册。是書所收之序跋、記傳、誌銘等十九篇，硯銘數十則，皆爽利可喜，不失繩墨。林在峩硯史撰其小傳云：「公文章初縱横超軼，晚年益嚴謹有法度。」中如曹子復詩序、沉鬱集序等，俱用心結撰。曹子復詩序記曹學佺之子曹白事跡頗詳，又林文安公逸事、韓晉之傳、曾弗人傳、徐五傳諸文多存掌故，盡爲郭柏蒼全閩明詩傳所採摭。書末硯銘之文，具見硯史，多爲晚年所製。

是本爲郭柏蒼舊藏，今多蠹蛀，如曾弗人傳、徐五傳，多所殘缺，檢全閩明詩傳引録二傳，文字完整，知郭氏插架時尚保存完好。福建省圖書館藏有民國間福建叢書稿紙傳抄本，文字缺者如故，蓋民國時已爲銀魚所蝕。卷末鈐「閩中郭蒹秋藝文金石記」、「曾藏林汾貽處」兩朱文印。（祖胤蛟）

余京兆集

余京兆集卷一

拙菴跛道人選

王潤峰詩序

前開封郡守王君潤峰以名卿世冑絶去佳公子氣習而折節嗜學肆力于古今襍體詩歌當其欣喜歡愛拂欝悲哀無聊不平之境莫不於詩焉發之夫詩

以言志言者心之聲也故曰聲音之道與政通而聖人于誦詩者將授政以觀其達與不達以考驗其善讀與不善讀焉今潤峰年未卅而出守大邦以人德之聲聞及遠比以事來山左也艱難顛躓大非人世所能堪襆被緼袍菜菹鹽豉事事不給而冷坑殘燈苦吟袖手走入醋甕聲嗚嗚然若出金石可不謂深得詩人之意者乎予觀其詩爽利鬆秀曲而有直體出入于香山文房涪翁文潛之間未嘗不歎其遇之

窮而羨其中有獨得將日進而益工也昔之勤學者其政事必可傳如黃霸之受書崔瑗陽城之竊讀官書司馬君寔之卧用警枕彼其于宦蹟何如者以是知潤峰之不但工于詩行且授之以政而無不達之誚矣覽斯集者其以潤峰為窮而後工之詩人也可其直道于古之豈弟君子挹彼注茲也亦可

曹子復詩序

辛卯秋七月避暑埨湖精舍數與子復曹丈游得讀其所作古今體詩蕭散遒逸天機流露氣味在韋柳皇甫冉曾之間予反復諷咏之因撫卷歎曰曹丈為鴈澤先生季嗣先生以節義文章主持風會百餘年來領袖清流者海內獨數先生今曹丈能讀父書其工于詩也固宜雖然曹丈未嘗輕以詩示人即予之識曹丈幾二十年而至是乃得見之蓋所謂有諸而

逃非籍以馳驅聲氣之場而竊竊焉雕鏤以求工者也當其為童子時親見第宅園林之盛而江干車馬竹裡行厨與夫鐘磬管絃之聲略無停日比滄桑以後勝事銷歇一時家人星散彼此存亡不可知園宅凡幾易矣主二三弟昆方且混迹于漁樵栖遅于窮巷雲遊于吳越齊魯衡湘蒼梧之區索把茅蓋頭不可得此他人豈所能堪而冒大甘之如飴焉可不謂賢矣乎其磊落恬淡之之如是是得乎詩情者深矣

所以不求而能工歟昔[illegible]起之蘇子瞻皆有子登高第二公名若山斗至問其子人或忘之卲伯溫誨曰馬康子植曰溫公之孫大諫之子賢愚在天下可畏也植因厲學卒有成僞澤先生近代之韓蘄司馬也向令曾夫仍取巍科躋膴仕日享園宅之美不令他人入室焉里巷庸人必羨曾氏之有子能世其業矣而曾夫頎被褐蕭然自少壯以迄白首出入鄉曲間漸且不知其為名公鉅卿之子者然吾所謂象賢惟

肖固在此而不在彼又况其詩亦豈能如此之清真樸茂工而可傳也哉

王竹邨詩序

在心為志發言為詩故曰詩言志懽愉憔悴其志不相同則其言不相假不但此也均之懽愉而發為和平淡薄之音或易此之懽愉為彼之懽愉而不肖也均之憔悴而發為愁思要妙之聲或易彼之憔悴為此之憔悴而不類也言詩于今日蓋人懷詩筒家有詩窖矣然而拘限聲病以為能剽竊雕繪以為工非不駢章麗句諧聲命律也非不描眥畫眼堆翠剪紅

也而叩之性情豪無干涉在宗人謂之濶匾在今人謂之大匠宗工本質盡離而假合于優孟乞靈于土偶豈可復言詩哉江外草者竹邨先生言志之詩也身之所經心之所感興會所之輙發而爲詩是故索之風烟月露而有竹邨在焉索之茅店板橋而有竹邨在焉索之荒祠殘苑禪榻道房深溪短棹而有竹邨在焉未嘗不芳澤而不矜纖穠未嘗不刻劃而不作囈語竹邨之詩竹邨之性情行乎其間他人固不

能為竹枝之言竹枝亦能不强他人喻之也此予所

以好吟竹枝之詩此予所以喜與竹枝論詩

沉鬱集序

執友張丈稚松湛深好書老而不倦凡有所歡欣抑塞必伸紙疾書托為詩歌以自見其色蒼其調古博奥沉雄出入漢魏初盛之間去年與予同作嫁衣于大江南北者累月得讀其三十年來所製古今雜體匆匆別去時獨念于予心今年秋復以浮梗之緣相聚京邸因出其近所為沉鬱集俾予序之吟咀迴環一唱三歎覺其工緻漸不如曩日而不事雕琢自然

合度物趣性真流溢鋒毫之外深服其學之與年俱
進也嗚呼俗學晦蒙苟且塗飾久矣即以詩言餖飣
以為博油滑以為熟寒乞以為清鉤棘以為古吊詭
以為奇人自命為詩伯而詩學愈荒有能辨晰源流
苦心錘鍊以成一家言如稚翁者乎予不知詩然喜
讀稚翁之詩稚翁之詩秘不示人然不以予不知詩
每有所作則不擇紙筆書置懷袖中左右顧睞無人
纍纍出以相示故其訪予不遇詩曰閒坐且思别後

事留心先録近来詩蓋爱予而忘其為擣昧之尤者也乃不辭而題數語于簡端以荅知己云壬辰重陽後六日

松石圖序

嚴氏之居閩也自五代時名啓字開之公始開之為如畢公佳公子以先人仕閩有功德其于閩也如朱邑之于桐鄉然因世為閩人累朝子姓蕃衍以明經登上第躋膴仕高門綽楔相望步武間其卓然為郡國具瞻者如給諫曰海先生之忠節正氣渾灝炯然上升也尚書郎去驕先生之清標宦海激流兀傲勇退也太史如園先生之詞翰妙絕當世幾占大魁為

至尊所特賞也蓋由於世有哲人側身修行淑其躬以式穀其孫子者惟是聖賢名節相為率先而砥礪而修林翁則嚴氏一族之長也一傳為而磵南公尤能光祖允宗子若孫森森玉立皆雋為國士之選嚴氏之家聲於是乎寖昌寖熾矣史稱萬石君以恭謹世其家子孫皆為二千石尊寵駢集朝野之所豔羨然考其所謂不言躬行者不過朝服以見子孫有過失則對案不食改之乃許子孫燕居必冠執喪哀戚甚

悼而已無他嘉言懿行可法今而後傳也盖漢世屈
俗固云謹厚而立名不必皆真長守富貴保家門苟
善是是已足矣豈若翁之世德正直聰明和平神聽
也哉他年志國史者推明國家教化之盛至于海隅
廻異西漢之世必當以翁之家教為則傚而視不恌
矣春王正月為翁初度之辰姻婭賓朋繪松石圖以
獻而丐予言于其端使并致介壽之意維翁雅有泉
石興趣卜築江村目極滄溟背負小山山多奇石若抽

筍若注炙若星羅雲逗宛轉陵巒千章喬木松根可絡足藤蔓可縛肘翁固坐臥其中樂且耽也今懸茲圖于草堂不啻三茅君之在華陽洞焉則可為翁滿酌一觥矣抑予又聞陸魯望之言曰東陽名山金華為最其間饒古松往往化為石柂床薦皆其石也舊唐書云僕骨東境其地東北一千里有康干河松木入水一千年化為石石上有松文然則隋侯之珠卞和之璞趙氏之璧魯國之璠璵今日杳不知其何往獨

此松石更歷千百歲當如故焉則又可為翁滿畊一觴矣是為序

朱復翁八十一壽序

記曰凡養老有虞氏以燕夏后氏以饗殷人以食古之有國家者其于耄耋期頤必加禮焉而又於旅也語曲致其惓心而冀其周行之示凡以人生受命于天皆有可以自壽之理而惟有德者能全其天而致之如符左券故其發爲德音也類足以壽國而福民此老成人之所以爲碩果而爲天地龐厚之氣之所積國家之所當敬而求者也吳門朱復翁先生年八

十有一耳目聰明從容笑語不扶扶而周旋中度神
光内含精強少年所不能及邑之鉅公長德文酒過
從或先生不在坐中衆人為之不歡里中平頭小兒
即之煦煦然暖也所居在大都闤闠而饒山林之趣
一畝三逕中清泉停滀奇峰歷落竹柏森森雜以蒔花
藥草魚鳥泳游與主人相忘而共適其適棐几湘簾
羅列圖史時約故人具鷄黍之局分韵賦詩援毫吟
嘯其間夜深燈火熒然聽諸孫咿唔聲出林表蓋先生

家庭之樂事如此老子曰逸則壽顔燭曰知足不辱造物之福人也有數人無所求多于造物故安其分而心君泰然心君泰然則百體從令而六疾不作然則先生之長享天年詩所謂眉壽無有害者也豈偉致哉先生之嗣君仁宰與余交好曰得親炙先生而知其梗槩仁宰篤于友誼洞達今古當漸次為官而以先生高年不肯一日離膝下其出處不苟如是可以知其家教矣歲辛卯郡邑有司倣古鄉飲酒之禮肆

遜授几以憲老乞言聞先生之耆德而承 筐献饋以陳詞爲夫有司不以玆役爲故事而循名責寔必以
先生當三老五更之選是亦可書也故曰致祝辭于
先生而并及之

贈大司成伯兄惕齋先生南歸序

有宋景祐明道以後得胡翼之孫明復石守道三先生而學者乃知有師三先生皆嘗為國子監直講而其教學之法則不於為直講時始立也平日以道自任所謂堯舜禹湯文武周公孔顏曾思孟之言未嘗一日不誦于口而思與天下之士皆為周孔之徒胡在湖州孫在泰山石在徂徠已居然以名教轉移天下矣久之君相知其賢謂其道德經術宜在朝廷故

均授以太學師吾伯兄惕齋先生貌温而性恬學篤而行確為諸生二十年教授生徒不苟言笑講貫經書雖盛暑必正衣冠師徒相對肅然如奏格神明與人交久而益摯文酒過從雖造次必以禮自檢未嘗少有戲嫚媟褻之容其聞三先生之風而奮乎百世之下者與識者知其不但足以式是邦人而已也丙子秋領袖閩闈丁丑春登進士上第充館選三年授編脩得盡讀館閣秘書所居湫隘所奉簡約後門寒素

所不能堪而先生歌詠自得若此非不樂者戊子初
夏　天子慎簡文臣充直省考試官合甲乙科起家
者試瀛臺以先生友有古大臣風度欽定第一命典
河南鄉試又明年兩月間從編脩三遷而為國子監
祭酒故事翰林遷官論資量俸時資俸多有前先生
者　至尊以此官非此人不可破格特授之先生受
命視事夙弊盡革抑奔競黜浮華講明樸學一時士
風丕變朝右望其衣冠以為有異而先生謙謹淡泊

不改其度視爲諸生時直舉而措之耳其或干之以私怵之以禍害則喜怒不形中未嘗不屹然如岳家軍之不可撼也人益信先生果可以師一世而服朝望能知人予時適在京先生邀余信宿寓齋夜深人靜謂予曰國學一席實難稱職承之以來累月申旦不寐恐折足覆餗上負國家下負僚友每思息機雲壑與君剪燭西窗吟對床老兄弟之句不知當在何時予曰賀季真年八十六始乞鑑湖爲道士而宋祁

傳之稱其高揚巨源年七十白丞相去題其鄉韓昌黎作序美之今先生年甫逾艾精神大于身強少年不能及朝野方殷然矚望黑頭三公在指顧間可以得行其道何遽興言及此雖然難進易退之節古人尚矣果如所言譬之襏襫所以備雨桔槔所以防旱而今則既雨而穫矣何妨束之懸之而以不用為用乎假令布襪青鞵巾車南畝而樵夫牧豎來往比肩不知其為搢紳顯者并不知其風雅儒宗與老農隔

陛對語較雨量晴興之所至時〻形為歌頌增聖朝大雅之什柳子所謂思報國恩惟有文章非吾輩尔時事業耶先生鼓掌而起曰吾計决矣但言此心已馳于彼矣又年餘果以事請假獨攜一長鬚襆被南還予目艷而心羨之竊思夫名者天之所靳不輕畀人然有志之士庸或可勉強刻厲而得至于清福之難享也則雖生而富貴若天之所甚厚者而于此偏不少假焉即如三先生之名在南箕北斗間考其末

路未嘗有一日之家居蕭閑之樂以先生今日之位望視三先生約略相同而其得全于天消受清福富貴不足以當之則三先生遠不逮也然吾觀賢者所處必以類從如影隨形之不可卻董紀陽立精舍以居遠方門徒鄭康成學徒相尋至數千百人孔融為特立一鄉曰鄭公鄉吾知自今以往先生之堂下橫經捧手而請問者應無算焉而好事者又將署其里為余公鄉回憶昔年京邸夜深之語得無猶不甚相肖

手則還以質之先生

樂府原跋

徐伯臣樂府原八卷乙丑歲先仲兄仲雅借錄于南劍峽陽旅舍歸以示余〻讀之旬日喜其漢自迄唐詩樂分合之故瞭然指如諸掌也丙子花朝後五日仲兄自三山挈眷至浣溪與予相依而以此書持贈毅伯是歲冬杪竟卒于浣溪之梅營仲兄所手錄書甚夥不輕與人獨以此贈毅伯若與之永訣者然戊寅季秋予復于毅伯案頭見之不忍釋手因與毅伯

乞回風雨客窓夜闌秉燭脊令餘痛不知涕淚之何從矣

古爵銘跋

張君超然近得古爵此其銘詞也予未之經目聞諸超然口述云爵重十有七觔圓而三足上有兩耳徑周尺一尺四寸有奇圍三之邊作雲雷文款在腹中色瓜綠如濕其光散流溢入水日久所致初得時香烟深積不可識其面目經磨洗數次乃現真形寔周時物也今按其字與秦篆迥別古奥不可辨以臆揣之只得其十分之午首行爲庚子八年五月旅望東

岳宋行爲尊彝萬年子孫永寳用中間有王周家大夫右周卿史令丞吏容介天潢父等字真可寳貴竊歎商周彝鼎雖富貴之家強有力者所不能有超士一寒士何以得此豈非所謂好之已篤則力雖不足猶能致之者耶大瓢先生搨其文裝成小册袖以示余漫爲跋語以質之并俟夫博識者論定焉

封公信墓誌銘

歲壬寅秋待罪兗寧泌河千里帀月必來往周視經
德水城隈聞有孝友之門曰封氏者心識之未接其
人也次年初夏量移粮儲駐州城之西偏曰得與公
信先生交朐朐乎孺子也莊莊乎士也和粹簡淡渟
之天資其於接物温恭誠愨克積有餘而出之如有
剩量予在山左前後餘兩年居德水僅三閱月耳以
予所見參諸所聞正管子所謂水泆之國漏壤之用

者然初未嘗輕果而賊愚疾而垢貪麤而好勇也其民俗之朴民氣之馴安分守貧而重犯法蓋莫如德郡觀封氏一家詩書禮讓門第蔚然非其力不食非其有不取布素蔬淡恬如也而宗族化之邦人矜之則一郡可知矣比予陳時臬事方將造先生之廬而請謁欲以先生祭酒諸生俾此邦之人服厥父事者字厥子者念天顯者念鞠子哀者耕壠上者饁南畝者能爲葛藟之庇本根者教誨而式穀似之者歲水

旱饑疫為糜粥以全活頗貲財以賑卹其鄰里鄉黨者皆如封氏一門焉又推而廣之并使齊魯之民皆如德水一郡焉則風俗成矣未幾以 内召輟之而去然猶望後之君子必有與子合志同方者乃不二年而公信先生竟捐館舍矣先生體頎貌豐素強健善飯乘駕馬涉遠道無倦色而踐履篤寔見義必為與人交終始如一應得上壽頤乃年不稱德知與不知咸歎惜云先生没之明年長君元晋将卜吉于景

州城南封家莊弃啓劉安人之柩與先生合垄予寔
知先生而銘先生之墓非予不可也予不忍虚孝子
之志不復以不文辭因銘之曰耕也餒在其中蔣也
萎在中惟德之崇如流水灖灖積而為川也則洪渟
而為淵也有容君子有穀貽孫子無窮

余氏先塋記

余氏祖塋在福唐臨江里孟尚墩之原坐東南向西北左有龍田何氏石墓三座墓亭一所由何氏墓亭前去歷海壖三里為後周墩々有五帝宫一座展墓時嘗借宿于此又前去三里為南城頭墩々擾海岸横海而渡為江陰山右即孟尚墩世為孟氏居宅故名背左横去五里為薛墩々上二里為呉塘邊離化北白石十有五里而近白石余氏世居也自唐福縣

治至西林三十里皆奇零犖确不可方軌自西林十里至林墩路漸坦夷亙有起伏之勢又十里至本墓略起一坡較平地高三尺許紆徐而下越八里入海前望海中小石山左據倚海小山山有巨石二嶔嶔相傾右挹柯嶼烟火參錯如画其小石山外有大山大山外又有遠山高大倍之平遠端凝而蒼翠可掬本墓八壙皆灰砂夾土所築前四後四後中二壙塋七世祖潛齋公偕七世妣方氏後左壙塋六世祖靖

軒公後右壙塋六世祖妣吳氏前中二壙塋五世祖
熈廷公偕五世妣莊氏前左壙塋五世繼妣陳氏前
右爲虛壙七世孫祖訓今名甸以康熙五十年辛卯
歲十月初一日卯時啓視虛壙潔淨而燥煖中結亂
酥五六條垂垂欵下俗所謂玉筋是也蓋地氣上蒸
日久所成不卜而知其吉遂以本月十八日自尤溪
九都運先母翁氏孺人棺舟抵洪塘取道星夜送至
苦竹二十二日由苦竹起旱二十三日戌時至本墓

二十四日夘時塟先母棺于此壙又于離壙右五尺另開一穴越二日午時塟長兄仲永公棺以是月二十八日竣工十一月初吉謹識

黄楚望傳

黄澤字楚望資州人生有靈姿年十六即以明經學古為務常苦思致疾〻已復思夢先聖授以六經字字画如見由是深有感發作思古吟授徒養親亦以自給嘗云去聖久遠經籍殘缺儒者各以智識相窺議論多而經愈旨晦必積誠研精有所悟入後然能見聖人本意或幽閒寂寞顛沛流離之頃或疾病無聊道途風雨之中深造自得豁然貫通自天地定位

人物未生以前沿而下之遂古之初萬化之原載籍所不能具者皆昭若發蒙冰釋凍解怡然各就條理蓋專精積久而後得非漫然也所著六經辨釋諸書慎重不輕與人言學士李洞奉使過九江請北面受一經謝曰以君之才期月之功何經不可明然亦不過筆授其義而已必於艱苦之餘乃能有見吾非郘子不敢以二十年林下期君也洞歎息而去或問其自閟如此得無不傳之懼荅曰聖經興廢天運所關

豈區區人力所致耶澤年老不復教授歲侵家采人木實草根以食晏然不動其意門人新安趙汸問治經之要澤曰在致思然不盡悟傳注之失亦不知所以為思也謂周易春秋夫子精神心術存焉必盡得其不傳之旨及門鮮能領會當世君子亦莫克知惟臨川吳澄見其所著易學濫觴春秋指要心服之曰楚望父之著經也易歆明象春秋歆明書法蓋將前無古而後無今又得六經辨釋補注觀之謂學者曰

今人無能知楚望者孟子曰能言距楊墨者聖人之徒也楚望其人乎予所見明經之士未有能及之者歟美之不足因以諗于學者蓋必于諸經沉潛反覆然後見其用功之不易用意之不苟云至正六年卒年八十七

林文安公逸事

林亨大先生瀚以成化二年進士選庶常授編脩歷春坊諭德乞假歸里世居閩縣之聯浦於宅傍新搆書室鳩工擇吉上梁有侍女跨正梁而過衆工以為厭禳正梁交口詈之女曰宰相尚書皆在胯下出曾何碍耶先生頗聞其語不半月而書屋落成先生晨夕吟誦其中一日者侍女捧湯餌而至先生見其近有知識也問前日所答衆工之云有之乎女曰有之

先生曰然則固當致而仄室以實前言矣女曰憑何為信先生因取几上小紙書納汝為妾字與之女曰此何事也而以尋常片紙行乎先生益奇之乃取笥中緋衣割裡襟尺幅書付女從容收藏先生遂欲留侍寢席女曰公安得草草須擇日遍告家人正名分方於事理允合比弘治初先生被召為國子監祭酒乃以此女隨侍累遷吏部尚書正德改元改兵部尚書參贊機務而季子生先生七十三矣取參贊機務

官銜而命名庭機後為工禮二部尚書生孫為工禮尚書名位與祖父埒出膝下前語總矣一孫女而坐享夫子孫之福者六十餘年曠世希覯也卒年八十子若孫遵請假在里親友送殯者數百人議書銘旌書母則有嫡子尚書庭掃在書庶則似貶損庭掃乃執筆而跪于父之木主前書曰尚書之妾尚書之母親友咸服其恰當得體

趙家大〻傳

大家姓文名俶字端容明貢士從簡字彥可之女也彥可父元善祖嘉衡山先生則其曾祖也同郡趙宧光凡夫先生以彥可行己端方能讀其祖父書遣子靈均受學焉彥可喜均之聰穎力學也而以其女妻之端容生于名賢世家幼習書禮躭筆墨如伏勝班彪之女合巹之晨公姑自相贊賀曰寒山一片石可以無恙矣一片石者寒山之丙舍凡夫先生偕其配

陸卿子守墓隱居處所今謂千尺雪者是也凡夫先生以六書之學教子考核辨證娓〻忘倦夜深燈火則父子姑媳所咿唔把玩羅列堂寢間者皆金石彝鼎篆籀聲形舉世所不為者也先生没而家遂落然四方之聞聲相思者戶外屨未嘗一日不滿靈均無以支持則盡取給于端容之十指蓋端容施丹調粉摸寫花卉蜂蝶生趣逼真隨筆點染寒山草木昆虫圖千種遠近爭購填塞門外而貴姬淑女造廬執贄

稱弟子欲得其文翰筆妙之傳者更無虛日于是璽
訂之大小篆乃為其所掩不過日執筆題署其画幅
誌以圖章毋使贋手亂真而已然而鷄黍留賓問奇
論古旨酒嘉蔬咄嗟立辦陶陶陽陽享人間清福者
二十餘年此古今才士之所不可得者烟雲過眼風
月消磨固意中事耳甲戌六月端容病不起年僅四
十一無子生一女曰貽讀書通文端容既卒璽均痛
悼不欲生鬱鬱窮愁者數年亦卒嗚呼豈不悲哉予

在京師偶見端容真跡有璽均題欵不知于屬歸真何尊師諸人何如要其韵致鮮妍揺曳欲活非近代画家所及而以價重十鎰遂不能致至今有餘憾云

齊望子傳

齊莊字望子閩縣人世居齊坑幼嗜學家貧不能具膏火爲人夜舂手足操作而置書其旁注視之舂事未嘗不辦也弱冠以五經領袖童子試當萬曆季年閩習漸尚軋茁至天啓初愈甚科歲試場中有諸生自命不作第二人者握筆苦吟改竄數行下旁生問之曰君文早完奚爲苦改慮不冠軍耶曰然文雖早就看來逐句可解如何能出人頭地須臾苦吟改竄

如故菊生復問故則曰經改後學使者不得其解矣然吾猶能解之必至于不能自解方可一不可二也尔時之風氣如是望子獨原本六經不稍雜縱橫家語每出筆根極理要情文亹然前後衡文者莫不以國士相賞累十數試轍空其羣從游嘗數百人讀其文往往掇科第而去旋躋膴仕矣望子栖遲窮巷自甘貧賤者三十年無幾微無聊不平之況在其意中可不謂難歟生平內介外和不肯失言失色于人每

逢春首鄰里閭鷄黍招邀望子不辭必同市相赴至夜分鷄鳴猶扣門自稱某来就席開户納之則索酒肴或茶果一二事領意辭謝復至他處率以為常其曲盡賓主之歡如此暮年著史論四十卷自西漢迄于元代不輕舉以示人予昔年于故友齊文中處曾得其稿本今尚珍之篋中也

韓晋之傳

韓廷錫字晋之候官人幼聰慧九歲背誦六經略無舛訛與鄉里羣兒處不妄言笑未弱冠舉止如老成人家素貧菽水不給而臨財無苟得膏火不具而開卷少衣巾當萬曆季年補博士弟子員時習經者類皆鹵莽滅裂晋之必研究終始於無疑中尋出有疑有疑中看出無疑條理通貫暢乎自得往往前無古人云又嘗以字學壞于鍾王故悉力于大小篆終身

不作行草即真書亦不得已於應試時為之此外雖
朋友往來短札無非大小篆執親之喪哀痛廹切苫
塊饘粥三年未嘗見齒或親戚情話不能斷絶則衰
麻隨身親携草墊在處據地以坐識者以為今世之
王偉元徐仲車也余少時偶見其所讀漢書二十六
册手註與史記異同詳略之處細加評隲皆作蠅頭
斯籀朱書日久吐鈆斑駁陸離可愛可寳今歷五十
年餘矣不知此書傳流何所時往來于余心為先生

特立獨行終身逢革學不徇世〻亦罕稱之余為署
書其大槩之可傳者如此猶恨不使鄉先賢蔡九峰
黃勉齋諸公見此後賢也

蕉翁傳

蕉雲卿廣漢人紹興間來豫章東湖結廬以居待鄰曲甚有恩禮人皆愛敬之稱曰蕉翁翁長身美髯布褐草履披荊畚礫為圃藝植耘芟灌溉培壅皆有法度滋鬱暢茂雖隆暑極寒草焦土凍蔬品無闕者又不二價倍利而售速夜織屨堅韌類草舄人爭貿之故米薪不乏有餘則以周急溉園之隙閉門高卧或危坐終日人莫測識也少與張浚友善浚為相馳書函

金幣屬豫章帥及漕曰鄉人蘊雲卿管樂流亞遁跡湖海有年矣近聞灌園東湖其高風偉節非折簡所能屈幸親造其廬為我致焉帥漕物色之曰此獨有灌園蘊翁無雲卿也帥漕乃更服為閑人入其圃翁運鋤不顧進而揖之翁曰二客何從來邪延入室土銼竹几地無纖塵案上有兩漢書一册二客恍若自失默計此蘊雲卿也翁為汲泉煑茗意稍款洽客乃扣其鄉里曰廣漢客曰張德遠廣漢人翁當識之曰

然客問德遠何如　人曰賢人也第長于知君子短于知小人德有餘而才不足因問德遠今何官客曰今朝廷起張公欲了此事翁曰此恐怕他未便了得在二客起而言曰張公令某等致公共濟大業因出書函金幣力請與共載辭以詰朝上謁旦遣使迎伺則扃戶闃然排闥入書幣不啓家具如故而翁已遁矣

曾弗人傳

曾興撰，字弗人，泉州人。父唯，晉江諸生，僑寓福州。三官里。母張氏，賓槐公女；賓槐，泉州名宿，教其女通文義。擇婿得曾唯，奇其才，以女歸之。翁婿同臭味，甘貧讀書。張氏自合巹後，與唯不常相見，無何唯病卒。彌留之際，微示張氏以從違。母自誓，張引刀自刺，幾先夫而斃。已而念有身兩月矣，倘得男，將忍死立孤；若女死。

乃　　下

興撰字曰弗人，以生而

零丁孑

殁姑卞氏難事母抱兒徒跣負薪水食半糠覈饔飧不常繼姑方詬責無停晷值鄰火焰將及檐母亟寄兒他所身憑夫櫬號慟待俱燼忽反風火滅又二年而卞氏病視母周旋側牏無幾微厭倦謂母曰賢婦難為吾負若久矣傷無及也願吾孫長而賢以報婦淚泣闌干而氣遂絕弗人漸長母早夜紡績教之讀書識字年十三出語奇橫應童子試[illegible][illegible]軍自是學日博而名日噪不以貿

故而少有所〻〻亍人〻文衡〻　〻以國士相待、然歎

一識其面不可得、黎政潞某偶見其從軍行詩曰、紉

歃趯来閱酒楼、黄金賭盡賭人頭、賢王一級爲孤注、

幕府上功輸便休、歎曰、絕世奇才也、陞江右藩司甫

至、差家人来閩、致書延〔幣〕弗人爲其子師、至則潞未嘗

携子之官、不如是設詞、則弗人必不肯来矣、潞乃爲

序其制藝詩文而授之梓、制義名四書論世、詩文集

〻傳也、以蔣水承毋懽

弗人亦已老矣。句署其門曰：傲骨貧尤傲，狂夫老更狂。弗人磊落異才，不肯依傍古人，尤不屑與時賢競勝，獨愛鄉先達曾能始先生所緝列朝詩雅，欲人選，客屢袖其詩達曾先生，先生曰：吾與曾君無緣，每見其詩輒不喜，奈何。然其奇句多可誦，要自成其為曾氏一家言。甲申正月病卒，年五十[illegible][illegible]。子名不夜，讀書自好，能世其業云。

徐五傳

徐英，字振烈，侯官人，寓常豐里。里人呼之曰徐五。孑然一身，膂力絕人，為傭工擔穀上常豐倉，以餬其口。日晡，則洗足散髮，讀書賦詩，自歌自哭，數年不改。漸有知之者，曾鷹澤先生聞而徒步訪之，鐍戶不能見，見破屋一間，柴門不正，題聯曰：問如何過日？但即此是天。歸而遇諸途，旁人指之曰：此短衣敝履、高視闊步者，即其人也。先生喜而揖之，攜手再至其家。

無烟。以殘竹支几。几上頑劍粗硯各一。敗筆可枝。春秋三傳、管子、司馬法、史記、漢書、荀子、董子、越絶、括地志等書、殘缺零亂。不及四十冊、于每冊空白處、則皆具其所作詩謌古文也、先生因強之同至石倉園、并攜其雜稿以行、為具衣巾、延之上座、梓其詩于十二代詩選中、其席上即事詩云、爛醉風辰豈酒徒。愁聲依舊醒來吁。鬚眉閱世誰能稱。貧賤驚人友自無。說劍杯中容眼白。曳裾市上畏門知。一飧不忍千秋恥。敢笑淮陰淺丈夫。夜靜詩云、牢落風塵廿載零。燈前顧影歎伶仃。頭顱賣世誰酬價。姓字逢人恥乞靈。垂釣江潯終抱赤。鼓刀市井孰留青。生涯獨有龍精在。夜夜光摇北斗星。入上已讖集、有芳草栽詩公子賦。桃花泛酒美人家。出西園有病顏窺水三分瘦。傲骨驚春四十過。等句、為時所稱、無何流戝李自成陷城、偶澤先生以里居、孤臣殉節、按烈乃伏尸哀哭句 其舌、噴血數升、越三、日亦絕命士爲知己者[illegible]死知如是擔夫徐五固人傑哉。

硯銘

錦雲堆分一剷寒不氷暑不渴以陳詞莫之過亦光明亦磊落可經常可盤錯處不爭慰離索外似拙中朗徹若懸河不可竭而初無藉乎唇舌莫〻草希世寶恣探討傾懷抱墨花老勤浴澡石田好子孫保口呵之則氷釋手摩之而流液墨不褪筆不格君莫訝嗜成癖

用之可以過珪璧棄置還為一片石

竹硯節

巧匠琢紫雲圓滿飽所欲恐〻墨華流環以此君來用貴虛心失節安足録

淄川石硯

淄川石淨無垢德比玉才不厚直諒多聞真吾友朝昏造次在座右

烟雲看墨起風雨驚筆落他山切琢資耶厚不為薄

中洞水清以泓凝為石温且瑩追之琢玉于成貽哲
匠永令名
何物老坑生此寧馨紫白相間啓我心靈金蘭之契
永歷克莫不啻其口于是乎銘
奇氣所聚其光上升雲乃蒸露斯凝不折尔肱匪尔
之能其惟茲耐久之明
手與心謀心與手得神而明之不遠其則
文之處如遠山質之秀毓可訂頑尋樂（憂）對孔顏

洞有石工則度之美如英匠斯削爲得諸他山可以錯安諸几案殊不悪客謂主人曰是固多取之而不為虐

秀可餐翠歆滴文而明理而澤其受墨也如落擇其淬筆也如霜鍔利用無窮而得水不及一勺

杓斗横天蝃蝀可指錦織七襄文呈氷綺利用注經及勘子史

尓受命長矣致用最良矣豈弟君子俾尓作尓寶食

墨不常矣
武人劍文人硯顏如酡花蔥蒨席上珎茲首選功難
言寶勿倦
千石之膚不如一髓衆美則具尺璧可抵長享堯年
自今以始
瓊瑤在佩蘋藻在沚如蚌含珠如月臨水中心藏之
美言可市
劉克柔克古訓是式美在其中心應手得

寶茲器靜而治墨華發筆妙萃自近今湖古邃事大
小可託寄雖殊玉其迸窯
物可寶曰人乃彰器適用磨礱斯長（良）維茲玉田耕之
則獲慎勿荒
端溪之隈產此硯才其質沃若其文縈苔靜以長智
動無見猜終始如一厥德不回
媧補之餘昆劍所切綠翰搓風翠炯燈澈若決江河
莫之或掣

堅而不澀柔而能立厥思既集心手相習有古皆汲
無遺不拾
文章有神交有道方寸不使塵埃到叔兮伯兮唱予
和汝君上客吾末座
丹峽鐘靈藪蒼璧鬼工剖庖羲作龍書高陽誌科斗
君若丁其時神奇無不有展也席上琰淡濃皆可久
出匣斂光芒射人青花硯文章有神與君交如飲醇
紀君壽如大椿

人惟求舊器惟求舊日盥濯之無纖塵新者如舊々
如新
電光一片若河水清漣空洞無物而腹笥甚便惺々
而如眠安々而能還吾閲人多矣其惟汝賢
藹然者無久近而皆親介然者逢知己而少伸語則
驚人書貴通神企彼德鄰君其問諸水濱
維端巖之下層結絲雲而為氷茲哲匠所物色宜拳
拳而服膺文明以止三壽作朋汝惟不矜天下莫與

汝争能

絶世奇珍採自丹壑紫氣重〻青花灼〻上溯遂初先民有作鳥跡龍文考據鑿〻而况乎漢魏之碑元和之脚

照乘奇光不盈尺投非其所如抛擲置之安守貞上策慎詞哉匹夫懷璧

奇文欣共賞疑義相與析旦晝之所為念茲勤夕惕大扣小扣羣疑皆剖游刃有餘龍蛇其走幽人之貞

君子之守篤貫輝光莫逆執友
蕉葉白色澄鮮鸜鵒眼美娟娟攢經史以窮年數舊物
伴青鐙
靜而動如意指麾動而靜歛手無為藏脩游息鎮相
隨吾樂自此豈其疲

湘雲七星硯

如霞之赤如蕉之白具眼瑩然其數維七朝夕摩娑
殆不忍釋三洞多才頭地出一

、冰雪為肌間紫碧落〻晨星手可摘天然妙質世間
稀無雖十五城不與易

黄莘田先生三坑硯

、唐人重端硯僅識其顏面宋人能辨材近理乃登選
工巧至今時入髓得盡善佳境以此尋舊物爲足戀
精純緼雅難為言可惜前賢未之見
、購得奇琛韞匵藏斗牛夜〻現光芒未須深羨淡交

久邂逅相逢極不忘

求我新特令儀令色出言有章莫匪尔極

雖韞匵亦麃〻不敢告勞令終有俶

其儀不忒彼求我則夙夜匪解好是懿德

美石難得三寸以長匪惟把玩六蓺漱芳

近文章砥礪廉隅莫輕易西抹東塗

有倫有脊取法乎上意在筆先猶運之掌

寧使頹禿墨枯莫教來者揶揄

取才于端知自何昉鶴在鷄羣諸侯盟長刻畫宮池

絲筆干象

閒雅甚都有目共賞遠近幽深不思則罔

我田既戚俊民用章其德不爽俾也可忘

品稱神價十倍貫四時度不改墨磨人筆生彩此無

功〻長在物色者請自隗

李芸甫硯銘

立不易方大不盈掌吐露文光騰〻萬丈

蕉葉如翦青花滿身不踰三寸恰稱袖珎

用貴有恒詞尚體要相對無言不測神妙

墨待硯〻亦待墨筆擇硯〻不擇筆君子所其無逸

亦復退藏于密

形勞則敝神用則竭惟三洞之仙姿億萬磨而不折

汝為太史無忘乎吾所欲論列

案頭位置不無軒輕〔輊〕逸品稱心凡才分棄所不辭者

玩物喪志

下巖石洵美且好匪名款章負至寶均憏瘖以經營

此可爲知者道

秀出南谿實維我儀爰有美製尤而效之所最忌者

俗不可醫

大小青花火捺靉靆象眼金錢是不一類問大夫之

富數硯以對

出自幽谷天姿沃沃相須有時不使僕僕秉心塞淵

坐鎮雅俗

巖之下才可借硜硜然我待價
鮮新古奥迎筆如掃受墨不燥代食維好
款琢其旅尚以瓊瑩天立配歐偷縻管城

顧氏硯

水中月鏡中花美品石不爭差徵雅款顧大家
美石耐久賞古款耐人做門外漢噤聲名手當技癢

竹節硯

石剛而柔竹柔而剛歲寒之節兩美相當維君子使

長生未央

風字硯

右軍古式是生兩翼激起波文君子之德

玉硯

石之美則曰似玉玉〻之功比石猶勝天下事固貴得宜不然者珎重仍錯

白石硯

氷肌完潔淋人心結只可磨丹、着墨則拙

題第三阮硯

伊人在水一曲心爰適于美玉含曰惡此而逃可以一貫而足

混沌既鑿開衆好在端硯得一可不孤多〻且益善

訂耦耕結巖屋澤氣通靈液蓄雲千疊泉萬斛抽奇毫莫浪禿

居則坐卧皆同行則納諸篋中東西南北雲從龍雖有離别無由逢

陰陽硯

一開一闔其製維新互爲蔽障不受點塵

自我作古折旋中矩俯仰之間其利甚溥

不用斂翼而藏用之則舒兩羽張弛之道如斯豈是

翻雲覆雨

首亦可磨尾亦食墨豈有逸才使人矜式維時鷹揚

我戰則克

能使龍賓流涎又教筆陣蔚無雙才如此何嘗不冬

天年

寶物無假識之者寡晉曠審音孫陽傾馬

龍尾鼉磯澄泥古瓦總不及端赫如渥赭

莫精于中洞粹然如出水之芙蓉莫良于眸子瞭然

如曉星之當空

紫白青黄寶光參錯精理内含花紋綽約萬彙包藏

鳶飛魚躍

譬彼嫁裳徒為爾忙贊不容口搜索枯腸

瓣香堂文集不分卷

[清] 侯官林正青撰

湖北省博物館藏清抄本

瓣香堂文集不分卷，清林正青撰。正青（一六八〇—一七五六），字洙雲，號蒼巖，侯官人。祖直隸开州知府遜，父内閣中書佶。正青康熙間貢生。雍正六年（一七二八）應薦辟任刑部山西司學習行走，善決疑案。十二年出爲泰州小海場大使，清課餉，興學校，十餘年歸。以少承家學，受知於張伯行、蔡世遠，讀書立品，皆有根柢。擅詩文，亦工書，能得其父之楷法。平生留心邦獻，纂小海場新志十卷，輯有榕海舊聞、榕海詩話若干卷，以博雅稱；自著詩文曰瓣香堂集，詩集稿本十卷，前已收入福建文獻集成初編。

瓣香堂者，正青父佶嘗於福州烏石山建瓣香堂以祀曾鞏，堂未成而佶歿，正青欲繼先志，終無力，因取以名集。書前冠謝章鋌撰小海場鹽大使林正青别傳及識語一則，識語稱「是集余假之友人劉筠川，筠川得之烏龍程氏」，書末跋語謂「是集原本有王又樸評語。又有學川老人及錢塘許弘祚跋」。謝氏借得瓣香堂文集後，選録「以意區别其闕掌故而步趨古人者，凡若干卷，首抄爲一卷，并録其原目於前，而坿抄目於後，以備考云」。原書序跋及王又樸評語等概未迻録，殊爲可惜。謝氏言「其文頗進退有法度，而不合者十之二三耳」，今檢目録，原目共九十九篇，謝氏選録二十六篇，刊落七十三篇。其中若游心水紀行詩序、陳德泉太母林太孺人壽序、送許石泉入覲序、書先祖立軒公墓誌後等多關邦獻，未盡採擇，且謝氏跋語中别引送陳耕心司鐸序，似意頗愜者，而集中未録，蓋原稿殘斷不相連屬，不忍棄置故。

正青著述有義法，謝章鋌称其文勝於詩，集中二梅亭記、十硯軒記，文特雅潔，謝氏採入筆記中，謂「不獨備掌故」（稗販雜録卷四）。若荒政議、灶籍議，略見正青鹽官任内舉措，女兒香考略、武夷茶考略，則詳考二物淵源、品類。是集雖非完帙，端賴謝氏以傳，亦云幸矣。（祖胤蛟）

稿本清人文集叢刻

瓣香堂文集

林正青著

林正青 字洙雲 矦官人 官淮南小海場大使

有榕海詩話 榕城紀聞 小海場志 辨香

堂集

小海場鹽大使林正青別傳

郡人謝章鋌撰

林正青字洙雲，侯官人。祖直隸潤州知州遜，父內閣中書佶。佶從長洲汪琬、澤州陳廷敬遊，著述有義法。正青傳其學，留心文獻，諳掌故，著榕海舊聞、榕海詩話凡若干卷，顧其書多散佚不傳。雍正十一年，簡兩淮鹽政官，初正青以貢生充兵部行走，至是出為小海場大使。小海窮僻凋敝，仕者鄙以官為傳舍，且飢

職不敢與民事而青至則召父老而撫之曰惟
皇帝惠養下民惟大吏勸宣德意百姓其勿
自菲薄相率以蔭翳昇平乃葺衙署修道
途之社田社學舉民不知費奸宄惕伏一年而
政成民愛之稱為林菩薩而青曰未也有地甚
志是人有耳目即心思之靈何寧有
志而成於外人是痛癢而待摩搔也勞而無當
肯綮能余之力萃焉良法不可忘因條其利病
勸為書以詒來者況而每年老之終養出民之

祠為主以祀且作歌妻秋脩食歌曰柳花飛兮使君
歸兮酹使君如柳花兮下吾民〻家兮神兮來兮
歌莫哀兮其得民心如此正青廿与其鄉謝道承
贊任陳治滸游紹安友若陝歸即任紹安滸尚在正
青乃治館舍為園舫曬日置酒相唱和曰太平庀
人會年　歲卒著瓣香堂詩文集妻鄭氏
左衛依閣極女有賢德在官署閱決囚案輒引
被髮首念佛號云
章題曰儀封張清恪西樓閣時作蕉峰館舍匾

諸生校五子書先生與漳浦蔡文勤公稱莫逆既文勤致麻中外寵冠人臣而先生獨蹭蹬以卑官終不可謂遇已然而今之道小海隝者其民猶嘖嘖述林使君不置益信夫士之不自菲薄者於物皆有濟也

吾閩號海濱鄒魯，自昔以來數十百年，山水奇

以秀於星度，多生文之墟，文風蔚稱極盛。

顧好樸學而不善為名，出一詩文示人，輒納

納函閉鎖，亦故後生見聞寡陋，不知學識。

號於古刻諱語，目以係足纖，而其子弟名不敢

以素之筆前哲為職事，隱然所以相率而趨

於為學蒐羅也，而勝漢秋全盛之壹時聞先進

人皆有餘，著述而皆不得見，幸得見者僅存殘

破，首尾不相屬，此瓣香堂集亦其一也。是

集余假之友人劉錫川錫川得之烏樸庵程氏
為儀室林吉人持副深雲所作吉人持經
純翁往年亦為高亦深雲原編目錄校
其文頗雅近有濫度而不合者十之二三
原乃其生也名不入本集原增損犯集數十年
而鄉黨應有奉其怪氏者豈其才識不如
古經之林之有名譽者非能者不可以知
其傳矣詩曰維桑與梓必恭敬止余因以
意為刪其關掌故而出於趨古人者凡若干

首抄為一卷并錄其原目於前寄樹抄目於
前後以備攷云嗟乎三代以下惟患不好名歟
於名斯奮於學矣一無所動於中而感者
吾雖不敢謂三代以下無斯人也然而難矣
且夫果有其學即好名亦何損於吾顧吾閩
之人思之道光丙午十月既望謝章鋌敬
誌

原目

天風海濤賦 壬辰　　陳情賦 癸亥

送將鶴洲會試敘 丁酉
將心水紀行詩序 丙午
楊吾三嶺南遊稿敘 甲辰
李海仲雅千亭詩集序 甲辰
鄭參亭存稿序 代陳泉 庚子
袁氏族譜敘 代
壽東文宗序 代陳泉 丁酉
呂中丞壽敘 代 壬寅
陳泉太母林太孺人壽序 代鄭魚門方伯 甲辰
葉母龔孺人壽敘 代 甲辰
送陳耕心之官句驛序 庚戌
旌節廖母林孺人七十壽徵詩序 壬寅
壽東甚水利分府朱公文
榕海詩話自敘 壬子
小海志自敘 丙辰
山經志小敘

職官志小敘
竈志小敘
祠祀志小敘
戶役志小敘
團課志小敘
人物志小敘
風俗志小序
土產志小敘
災異志小序
丁溪建魁星閣序 庚申
長林四母哥唱集敘
瞿晉源詩集敘
芸窗鑑鄉音集序
樸學齋詩集後序 癸亥
揀發兩淮同年齒錄小敘 甲寅
送何君浙候補州太守序
壽邵大母陸恭人八十序
庚午科福建鄉試錄後序

送許石泉入覲序

旌表孝子張君星煜徵詩啓 庚申

硯史小引 癸丑

明饌歷壽前集詩館小引 壬戌

藏弆集小引 辛酉

二梅亭記 丁酉

唐福建觀察使撿校使司徒陳公山亭碑記 代 丁未

十硯軒記 甲辰

枕濤閣記 戊戌

遊平山堂記

槐陰堂記 甲寅

此君亭記 甲寅

菊圃記 甲寅

採桑亭記 乙卯

秋圃內種梅杏桃花記 己未

新修小海署看宇記 庚申

寄翁記 庚申

草小西塲文彩碑記 丙辰
重修玉雲石觀記 乙卯
小海塲社學社田碑記 壬戌
新建文昌宫并奎光閣記 辛酉
新建三賢祠記 辛酉
秋螢記 癸亥
鄒邨鄒長壽橋記
社學議 甲寅
社田議 甲寅
荒政議 戊午
灶户積穀議
祁夷茶跋畧 壬寅
女兒魚跋畧 甲辰
鼠說 庚子
豬說 庚子
野鷄說
遊說
名諸孫說 癸亥

募建奎光閣三賢祠文 庚申

募建三賢樓文 辛酉

募建文昌樓文

文昌樓上梁文

中秋示兒子文 癸卯

閩制府范公時崇請入名宦文

討修行檄

跋歷官李廣文夏芸蓉詩

書先祖立軒公墓誌後 辛酉

跋先君墨蹟贈年姪峯暨寫安藏功成序

跋安子香求草書李太白詩卷後 己酉

跋黃處安先生墨蹟 壬戌

跋壽光先生傳 丁未

跋宋搨淳化帖銀錠本 癸丑

再跋銀錠閣帖

跋長林與堂卿吾廬圖後

跋九老圖并詩卷

跋文衡山小景冊後　　跋文衡山竹冊後

書陳有為先生瀑布山莊卷後　　書鼓盆歌後　癸亥

金石錄書後　　書莒國公唐儉碑後

西園雅集圖記書後　　榕園舊雨題詞　甲辰

清敕賜進士教授文林郎內閣中書先考林公行狀

亡室鄭孺人行述　癸亥

莊母陳鄭二孺人偕男荊玉配林孺人合葬墓志銘

抄目

榕海詩話自敘　　長林四世宮呂詩集敘

芸窗盈鄉音集序
樸學齋詩集後序
送何南湖廣補州太守序
明貝胜亭前集詩陌小引
藏弃集小引
唐福建觀察使檢校司徒陳公山亭碑記
二梅亭記
十硯軒記
菊園記
重修玉虛觀記
荒政議
武夷茶考略
灶鎔議
女兒系攷略
跋安子素州書李太白詩卷後
跋黃雯安先生墨蹟
跋宋搨淳化帖銀錠本
再跋銀錠閣帖

跋長林豐州吾廬圖後　書陳有翁先生瀑布山莊卷後
金石錄書後　書莒國公唐儉碑後
橑海舊聞題詞
清欽賜進士敕授文林郎內閣中書先攷林公行狀

瓣香堂集自敘

瓣香堂者先考作室之名也初宋曾公子固守吾鄉作亭於道山為記以傳於前人曾有句云能讀曾碑有鄰人則公之名鄉總自陳后山有生平一瓣香謹上曾南豐而公之學遂張而廣漫紫陽朱子以為根據經術自成一家而公之文章亦益流行天下先人於道山樹麓將由公集以為終焉計鋤地作垣先為命名實未有堂也未幾風雨作垣圮而堂址亦淪荒煙蔓艸中矣青丹年來思繼志述事多所遺憾每念父書不可不讀

辯乎不可無紀也於是盡考視鬼癡寢忌食以為
能知霸理之助賦則作為文章詩賦奏啟以為是
也曩余癖之以正月道名之曰辯乎書集不忌於
自如安肯復入余曰道山宗蔵機鳴休休彼中安有
吾子之書於余曰人生以作述為大豈不樂書之有
無我使志事有先如此而肯堂肯構而辯辯乎已往間
助也從述其間即為其擢重飛擢辯辯乎何肯於文
平原草木生春熊熊乎豈不照耀一時而於進事数
不得復措之而彈射及之矣東坡云相之真癈

殘毀有數其蠹之復存者蓋由野史不可知矣達人云
觀當如是耳予年已耄衰學不能進惴惴於
燦辦香之難續無以承庭訓宗子孫也祖宗其
忍有以失墜乎矣擇其精華去其疵累如其完
者為詩存甲前則一辦香也近可出示先人遠可祖述
南豐豈不厚幸歲乾隆十一年初夏芸蒼崖
林正青識

榕海詩話自序

命太師以觀民風，禮也。則一方之風氣淳漓善惡，不於詩之美刺見之矣。閩僻處天南，而會城為八郡之宗主，憑山負海，南東都會，多植榕，故稱榕城，或曰榕海。予以閩人而語閩詩，是亦採土音以備一方之風謠乎。昔周櫟園謂閩中多才雋，能詩之士，壺蘭以下間有挽宋會，謀以上反正音，第晉安一派流傳未已。謝武林云：元詩之一變乎宋，謝皐羽之功也。明詩之出宋乎唐者，高廷禮之功也。二公皆係於鄉詩

者其論列閩詩如此蓋嘗綜千百年而論之隋以前

閩未列版圖至唐之中葉始以風雅稱宋則道南一

派踪洙泗於鄒魯而失之理趣比興之義未諳自謝

皐羽出而併之精微奇峭唐人風味初林子羽高

廷禮王子輩鳴唐音閩詩一派盛于永天之際

彬彬盛矣鄭繼之起于弘正間獨宗少陵括擘百家

高傳林許共相輔翼閩風再盛萬歷中年謝武林重

結將徐惟和惟起謝公才情秀調清足以雄長一時

閩風乃極盛矣要而論之秀律圓穩風氣沿襲陳陳

相因而閩派遂為人詬病。先君亦有句云：翻盡晉安風雅派，則补而明之，存乎其人，是在後之君子領悟於鹽梅酸鹹之外耳。先君自癸卯歸里，於表章鄉先正輯榕海旧聞一書，迄四月即棄世，青十年來纂次補綴，粗有成書，至評定詩句，向選更有同係者附入本傳，餘散入拾予，但能見錯亦反同嚌慨。今另訂詩話一集，微言奧旨疊出不窮，其有專集引世者歸一二，鬟向亦足以窺豹一斑，或人隨風微而泯沒於壇烟蔓艸荒，一經論列，文獻足徵，則千百年之先哲儒

雅宗風一方之風尚淳古蘊藉燦若列眉亦足為山

明水秀之區張一軍以待太師之陳也不亦可乎

長林四世弓冶集叙

文章扶乎家運，而家學實兼乎中才也。自古簪纓之胄多詣共技，蓋耳濡目染，少成天性，習慣自然。箕裘弓冶之喻有由來也。吾族大丁繁，達不具論。高祖瑞岡公有子三人，長猶菴公以名進士出宰嘉善，政洽民怀，丁外艱，歸即不出，易代後以名節終，一傳而風流歇絶矣。次吾曾祖從菴公，季緝菴公，皆以諸生老。從菴公一傳為吾祖立軒公，以令三原，擢守開建，二州文章政事有聞于時，林泉三十年，蓄經史古今書石

以遺子孫再傳伯父未齋公以拔貢為一邦文獻吾
父鹿原公繼之以 賜進士直武英抄寫 御集友
西清十一年上自 九重下至外國無不知名緝菴
公一傳為靖子以廿魁鄉薦卓犖不羣再傳為依巖
公丙申副車詩文自豪三傳為吾弟澤雲以五經魁
于鄉循新例分闈浙省所得皆知名士了靖子公皆
享年不永今其子培根廿聯取科第分符山陰大邑
布政六年駸駸將且大用者廿不及見靖子公時於
庭訓中得聞公文小篆依巖公則書學受業問字文

手循循有矩矱詩與字皆無愧於鹿原公競爽一時
惜言語期期畏交閉戶收聲名不出里門澤雲弟三
上春官不第中身見少子成名方喜父子相繼承先
業述祖德孰意修文地下驟箕以去也曰陂集書集
雙峰吟則德子公之作炲桂軒集則依巖以作吟壺
詠則澤雲遺篇附以毅齋則培根草也培根公修之
暇搜之補扶合四世而訂之曰書林可詒集以書為
吾掌故也令弟共識予受之讀畢喜動于色不知祖
功宗德百年來抑而未伸之福澤將以暗培植耶抑

培植文采風流，舉百年之潛德幽光，晦而復彰，大顯揚祖宗，父邪？懷清而傳也。抑聞之，在昔先民父子祖孫繼美，唯皇元則趙文敏，明則文衡山。文敏之才望家聲，冠冕一代，衡山官不過待詔，而亦不過學博而德抗衡，並立者實名德，請修以視子孫。標榜于勝國者有聞，則翁木枝國之所重可知矣。抑又聞之先正有言：以父母為心者，無不和之昆季；以祖宗為心者，無不睦之族人；以天地為心者，無不愛之民物。其間規模廣狹，原自有別，要而論之，必自吾祖敬宗泛愛親仁始吾家自蕭遷閩中于今十四世矣百年來宗祠未建立鄉墳未時修山亭廢頹垣之嘆松楸多砍伐之虞瑞圃公以下子孫啼飢號寒指不勝屈後繼之創垂者前人不及爲以待後人而後人復不及時以舉則家聲之隕伊於底也青少承于一第晚歲擺脫名於海角鶴侍孫足奉甘旨惟爲鹿原公刻詩集二冊並以祝乎培柏今乃代而刻布之則光大之業責實在余愧之並培柏年方壯予業已不可量則所以繼先志而和族人者知不僅以文字因

緣畢乃手也玉詩集之多擅卧去我情新傳逸我陂
閩老感則合目共觀青一家子何敢續一詞以蹈目
標榜之習唯務無情之陶隱綴述之大都青象病且
老行將隨情養母唯朕之此心向所將爲春排歸老
山林尚敢與諳相共勉之也

芸窗蛩響集序

固安大令蓮溪鄭公先子莫逆友也少同讀書荔水庄公配黄恭人有才小工詩書為前輩蒙菴先生女先生又先子所從受業也予童時侍公於池鎮聆其謦欬長適芝城拜恭人於敬修艸堂及公長君石幢交久而益篤中年在都門公姊子荔鄉令邯鄲守棠州又相見恨晚詢予詩牒誰椒荔鄉亦擢守山左無有述作輒郵筒千里相聞予與鄭氏蓋兩世孔李交矣迨予告養歸里比鄰及陳孺人閨秀詩家也素乃

詩出風調之知為公愛女予仲妹許宜人與穉人學
衡對宇風晨月夕賡相唱和係女昆弟歡以是知穉
人復能詩然穉人不持示人之壬申歲有郡乘之役
予囊裝筆從塵為家菴蓮讀二君并黃恭人及穉人立
侍穉人出螢響集相示予讀之如怨如慕如泣如訴
餘音嫋嫋其為秋氣乎然非秋之為氣也夫以穉人
承二人之訓令儀徽音宜為令壽世享生人之福
乃早歲稱未亡人中年後喪長子梵梵撫幼子以成
家不為閨閨之和鳴而為啼啼之哀響其遇命窮矣

思含傷霜露洗滌木葉盡脫堦前墻角且吟且鳴
呼其曰春夏之氣少而純乎其為秋也秋為四時之
肅氣亦為乾坤之正氣獨人之慕作寓乎氣以成章
菊卿按定焉而付諸梓人得見韋後景風耳目之感
氣予無遠不届去獨人雖服秦而藐之不得再予象
病無似少同硯席友游心水陳浣泉黃華田劉隣初
指為五老之集華因亦獨人為中表弟心水鄭初則
菊卿同年友予與浣泉皆通家世誼也是時獨人之
春秋亦逾八旬矣獨人即不出閨門惟吟嘯或埀簾

以觀文字之餘迭相唱和是亦風人之技也穉人
其許我乎則將郵示荔卿知必噴飯稱快矣是為序

樸學齋詩集後序

小子青今日乃得訂先君詩鈔先君少年遊吳門從鈍翁先生門刻有賦記感遇詩數篇中年與君有共為匯古文數十篇梓以行晚年在都手出小記付剞劂人尤寶貴然隋玉之輝顆珠之耀未發崑岡之藏採擷寶之蓄也先君少年發憤於學寧足不下樓者十餘年貫串經傳涉獵史鑑上溯漢魏中稽唐宋下逮元黄文獻吳淵穎明宋景濂唐荊川歸震川各家無不採其源而扶其派居安資深左右逢原故詩古

文詞無不請益戊寅再去山東名古播公卿則中書澤州陳公司寇新城王公冢宰商邱宋公司農華亭王公爭相引重而序記之流傳詩篇之軼宕紙貴洛陽矣丙戌戊子在日下畢輯爰之集合海內名公巨卿以及知名之士無不與焉時王父季直公王母陳太宜人在濟署青以冢子侍養未由從遊先君闊達大度遺稿不自檢攜散殆盡及青野知搜羅殘膏剩馥無不收錄庚子入京省侍搜得詩百餘首合前彼所抄為三冊而向所收古文鼠囓蟲穿不復可考

吳癸卯歸里倉皇就道書籍零散而遺稿亦失嗚呼
先君負經世才本領大用所學遭逢晚遇掛名西清
十一載未足展其素抱區區垂卌卷遺著惟立言一
途耳殘缺亦不能搜補僅存者又秘巾笥將使後人
景慕者何所徵信此則孝子所以日夜徬皇不可為
人不可為子也己酉以後青觀政刑部三年大司寇
靜海勵公及荼陵彭公武進莊公及松江張公少司寇秦
州繆公涇陽王公溧水任公長州吳公等不以先集
為問一月作吏就監人於小海公餘之暇纂輯舊聞

增以新取為揭志十卷當事者以為宜刻以小青潜
並西溯田種粕之言為不忍棄而吾父一生心血所
萃竟付蠹蝕湮沒不僅墜先志而廢先業亟郵出都
門下閱學古梅謝公侍御清泉陳公二公皆予中表
弟兄小向受業於先君者也清泉即報及古梅曰何
不揣副本寄正於桐城方靈皋先生鑒定則皆精華
矣青乃出守嘉興而回彙集前後寫副本須旬月郵
寄復如之大人長兒肇宗不能以時日計第一展轉
牽率者年已就衰不克負荷而是本復散失罷何可

贖何如先刻刷正前集再行刪定仿阮亭王先生合
前後詩集定為精華錄例以付子孫之賢者續刻焉
豈不兩美。再以復古梅，古梅曰：所見又高一格矣。速行
之是集刻未告竣而古梅卒于信，靈皋先生告余甫
回時局變遷，豈能兼料。書出刻成而記其始末如此。
至於文々為韓歐，昭々二小詩々為三唐宋々蘇黃
陸則鈍翁阮亭牧仲儼為四公推々于前未所詮姜
西溟方晏皋諸前輩撓々于後。青小子安知，何敢
為論說至于文稿候歸田時廣為搜討附入續集去

人有言曰大孝尊親其次不辱親青卑微不能顯于尊親惴惴焉惧不免於辱也是書成庶幾少逭其愆也夫

送何南湖侯補州太守序

士君子以志於時，大用則為台輔，調燮陰陽，匡相朝廷，以百臣百良敷泰教於四海；小用則為州牧，保主秋民，農桑於畜，與閭閻講儉勤，而敦揖讓，以政教於一方，並而州牧一官耳，聯乎其上，章師察時，有使之不能為與不得為志，則州牧之得行其志更難也。何子南湖初觀政於樞部，即赫赫有聲，旋正十一年，參以直隸安州牧。淮任甫十月，即以內艱歸，而既與又老子未牽衣卧轍，於慰尚不可相送，之百里共為傳述，則莫如開河渠士二尹安州地爲但此上憲題請開河以利民南湖至任方一月檄行開濬擇日從事丁夫數千時方四月沿河委員勘浚數十里居民男婦環擁泣訴請俟刈麥而後行然檄行甚緊但云違一時不能開鑿如有阻撓軍法從事南湖愀然無如久之將令民命嗟慘大工尹立兩難歸謀諸幕僚以大工爲難違夜半南湖舊道回思吾忍惜身家而不爲民請命者乎急草稟呈等大憲具批行通諭民若更生歡聲震地至五月收開方復工五日即大雨堤以無害

則軫念民瘼不顧利害即天心亦為之鑒臨矣其課士也再三覆不已飲食之教誨之又親出於言人多二經學之以博以文藝為功導士風厚變夫推開何一方則凡可以保全民命者何不為也推功士一端則凡可以醇厚風俗者何不為也誰予十月而卓之可傳者新之如是使久於其任則書循良號襲黃者又當何如也前南湖服闋補授巴小海向予請益予何以加者亦因無倦而已人情始勤而終怠方其志盛氣盈勇往向上及供某中之因循条之易怠惰廢

弛而不克振其令，惟持之以謹終如始之念而已。人
患才其，君負才多。人若未能，君爲就熟，濟之以小心，
充之以大膽，知圓則方，廣思集益，視閭閻如赤子。從
政予知家不包，惟一方受其福。君年方壯盛，行將霖
雨天下也。予僻處窮濱，樂道人善，言清美政，據所見
聞，將大書特書，不一書，豈特安州二邑之可傳述而
已哉。將其行也，特爲之飲酒而濡筆以餞。

明賢藏弆前集法帖小引

吾閩先輩徐先生興公𤊹，永寧令棉之子也，與弟惟和熥皆擅才名，人稱二徐。惟和舉万歷戊子鄉薦，十餘年不第，風流吐納，與並名士，所著有幔亭集。先生以布衣博學工文，善草隸，與同鄉曹能始、謝武林二公狎主詞盟，後進皆稱為興公詩派。所居在會城南鼇峰麓，中有紅雨樓、綠玉齋、宛羽所，間入環堵蕭然，而牙籤四圍，縹緗之富，卿相不能敵也。有鼇峰集行世，又著筆精、榕陰新檢等書。其子存永能世其學

易代後居沈論為比邱菴書籍散失　先君收藏自
其迺半曾備其遺籍大半點墨施鈐或題其端或跋
其尾真可寶貴想見前輩好學風韻當時所交遊諸
一時名士皆迺詞林翰詩歌亦復隆盛　先君收
以數十紙藏之巾笥　青宦遊維揚時付裝潢成四大
冊百年前今雖未墜于地足為論世知人者樹一幟
即　先君九原之下亦欣然快意也　先君亦負一
時盛名交遊遍天下其往來翰墨多檢以數十紙裝
為二巨冊題曰藏弆集諸帖今四冊亦標回以賢藏

花并前集法帖真迹流传古今相映合为双璧足以
光前裕後矣先生殁、人曰变之步青若尺下今相契
阅卅余年旧家沦落殊可念也乾隆壬戌九月既望
後学林正青谨识于小海乞花坞

藏弆集小引

漢書載陳遵與人尺牘主皆藏弆以為榮則小札之留傳自漢已然淳化集古所收二王尤多蓋文人學士集諸師言皆澤於雅正不特字畫遒勁也先君以文章名世書工翰墨所交遊皆天下士維時公卿則澤州陳公新城王公商邱宋公華亭王公為主壇卿貳則麓臺王公西崖湯公西北蔣公為領袖詞苑則姜公西溟查公聲山孫公蟾似繆公湘沚汪公退谷劉公大山張公日容宮公友鹿王公寶傳查公悔

餘查浦王公方鏖錢公亮工徐公亮直何公義門孫
公俠公給諫則王公翁林部郎則陳子東泉蔡公靜
山供奉則方公灵皋陳公滄州郭公于宮為眉目共
修咲詰不可勝數前後二十年宾朋過從文酒酬邨
筆墨横飛篇帙騰湧日下之盛所未見也青少壯時
未及追陪杖履惟撿匠篋笥殘膏賸馥縷想夢寐追
溯當年不覺歎唾咳而覩手澤或以經世傳或以才
學著或以文字稱為論之下知人論世亦在其中矣
憶己酉庚戌以後五載趨壺而文章之事邈乎莫覩

青娥天下士，烏能友天下士，抑或極盛難繼，亦風會使然也。畀裝成二冊，傳為世寶，亦猶淳化之收二王，祥之藏弆以為業也。子子孫孫，世毋忘乃祖之流風乎。

唐福建觀察使檢校司徒陳公山亭碑記

古來賢哲推步運大易為之略，禦災捍患，功德顯著，祀宜百世祀矣，乃不能保一抔之土，田夫牧子得以芟夷湮滅之。此固仁人义士所為憤惋而不平者矣。唐觀察司徒陳公巖是也。當黄巢之亂也，起山東，轉掠江淮，為吴越錢鏐所逐，遂由江右趨閩，犯綏安鎮。陳公巖率鄉勇擊走之。僖宗賜鼓角，號九龍軍。巢南下福州，節度鄭鎰不能禦，公勵師一鼓平之。鎰表公泉州刺史，嗣又表公自代，鎮閩九載，大著威惠，撫納

王氏潮兄弟焉及巢陷京師僖宗奔蜀代州刺史李
克用破滅之四年之間屠名城陷王都毒逼天下其
能倡義与抗者惟克用鏐与公三人而已克用父國
昌弟克讓三孫莫代北明万歷中盜發晉王墓有直
指使者感夢發吏捕盜為修墓而表之宋熙寧間錢氏
墓在錢塘臨安者蕪穢不治趙清獻公為請修祠墳
披公表此碑所為作也獨陳公短世讓賢僻于閩
全城於王氏國亂為南唐所并公墓皆以此时墮坏
今歷九百年莫有過而問者康熙四十三年甲申吾

村豊村公銘石求售廣文林公侗兄弟讀其文知公墓

所在詳悉陳祈廣等以表其旧塚請于制府予移石

卜康熙六十年辛丑秋閩人士將之又捐修葺歸石

于壙樹碑于阡冥器備具新塚巍然則李公範之力

居多又以祀典未備無以薦馨香崇德報也復于雍

正三年冬請于署制府宜公檄有司歲撥候富租八

實以供祀予所籌為今而李公之志衣末已也揖士大

夫而告之曰維司徒公倡义旅過茲畈綏懷閩土復

手拯斯邱擇人而授之吾鄉功偉矣何遂不若吳越

沙陀等今即宅旁依其作覗無慕而一椽未建無以
障風日肅觀瞻是妥能然于草野之凡諸土木工役
予安任之乃即公墓右數武崇岡之麓背山面澗築
兩舍一區費廉宏敞垣墉堅厚凡饔食庖湢之設悉
具又築小屋三楹爲守塚之宅經始于龍飛四年十
二月以次年二月訖功畢之之日陳牲薦醴合祭于
費數十年來閩人士咨嗟嘆惋以爲闕典者至是而
崇報之予具奉焉夫予乃不幸而出于久遠野無可
考之臨史無可徵之者古來之王侯將相無碑巨闕

荒涼漸滅若何鄉族陳公之友爵甍趙倫出于綱目
而黃孙討換銘文所謂居于故業鄉太平里者又歷
之可考千百年後又見淑昂墓志之士如林廣文兄
弟參起而表彰之且與陳祈廣諸人毅然力爭共予
又得樂善好禮如李公範者慨然任其後之責將修
不俟以告厥成功是諸觀察公在天之靈默輔之也
按淳熙三山志公兄礦初與公同廟祀于邑之芦川
徙近欽井山西麓封仁濟侯賜額顯應公長子延晦
當宋宣和陳顯靈于海上運變間華異于連羅兩邑

敕封褒應昭利孫子姓九人人皆賜侯爵初廟立連以
東岱曰演宮再遷越山麓曰東瀆九侯廟知宗正予
沂王仲湜為碑記今亦無存而演宮香火特盛是則
觀察公之血食晉閩世世勿替尤非沙陀吳越之所
所及也廣文林公侗為晉閩文獻年八十有九弟信
壬辰進士良中書舍人李公範以子良書李直大夫
陳祈廣為名詩集例皆以附書予既諗其顛末且歌
以祀公
九龍故角隊南方捷役臣懿靖陸畢學功偉績書太

常蔭罔替〻映彤光歷世九百久彌彰墓門無恙松

橫長畏風飛雨何洋〻公兮鸞旗來帝旁九侯候包

相携收黍秋不忒修羞我觴蘭兮秀兮菊有芳惠我

民兮年穀穰自今千禩永無疆

二梅亭記

榕芋山人有梅癖，然居近闤闠，無種植之所也。因割所居廢屋三楹為讀書處，半其地寬半畝，復以半為地，留餘地以種梅。先是屋西角有梅一株，山人時巡檐索笑，種非其志，弗憐也。一日，藉摩挲以綠萼一本遺之。綠萼品特貴，花稍晚，瘦顏遠致，窮之影枝以廿夕為貴。適客多，山人攜裳坐梅下，如素失賓，君起向枝頭簡點，復親視，審得枝只肩，弗覺灌溉以時，如慈母之護赤子。方春蕾始見，予與山人作歌以催之，詩

茗一壺山人跪拜如儀犀水旁立唱禮請長歌竟花
為放數枝以防逐異後復日二株一紅梅置東窗一
燈影移于綠萼蕊半皆臨池霜月之下交影橫斜倚
昂相向疑兩異人拱揖空山流水中而意之二子亭之
付也於是山人借以名亭而創其二如附庸附諸侯
不得列朝會之數復易其字曰古梅花時余與黄子
華甫擬過訪亭前見石几覆以氊列金石古文其上
以秘本善搨為勝負浮大白茗英陶椀咽之使清奪
沁心脾有時相對忘言手一編倚樹立窮日夕不去

哉！忘主人之為梅與梅之為主人也。客有謂予曰：山人長者也，而言多嫉，治舉子業而稱山人，市席而言穜芋二梅，童而頎耳，而前曰：古山人嫉我哉。余曰：山人之志各有寓也，山人束身好處，不懼聲名太盛，故以山人自晦，少嗜芋，因以穜芋為名。昔柳子厚記愚溪羣山水而愚之，人不以為然。今山人貌古行乃古，風愛梅而不俾于俗，則二梅雖非古山人之，即古矣。方今嶺徼叢之老梅不啻數百本，落落穆穆，不得山人嘯傲于其間，梅又安得古哉！然則二梅之古

乃真古不宜以山人為頌也者唯唯而退莘田曰是

宜記不以賤於古梅也

十硯軒記

十硯軒者，黄子莘田舊名其讀書處也。莘田去端州三千數百里，而精神嗜好獨與上下巖下石夢寐同往而不舍。其遊吳越燕粤，訪故家所珍藏，倒篋以求之，甚至典衣而不惜，其好之之癖類如此。既得十硯，乃就吳門顧大家琢磨之，式必入古，裝以異木，飾以玉石，銘刻其背，莘田半畝在是矣。其言云：人生能著幾兩屐，硯固不如屐是之多也。意蓋自嘲而實自喜也。甲辰春，莘田謁選得粤東之四會，去端溪數十里，予簡

以詩曰早出天子使君便令主人前說硯鄰莘田丹
已端溪攜十硯而歸語曰今日送歸寧也甚多蓋
有高要之攝篆則訪坑主共擕而予亦陶淵公之羣
從嗜入幕之賓矣適余客東越因訪莘田于署中則
十硯之外無新得焉是何篤好于昔而薄于今求之
異地而失之當前好莘田之嗜好少壯為趣抑精神
夢寐之所結固自有在而不借一硯之輕重也則莘
田之為硯可知矣昔包文肅公涖端州去日不攜一
硯至今以為美談予謂包公素不好硯即不一硯何

誹誹今莘田之愛硯如襄陽之愛石，形影相隨廿載不去身，而一旦入硯鄉，訢訢不一聯，此其識力尤足誹者。予少與莘田同硯，癖至今不衰，對至今莘田見餘愧焉。然易地以處，使我莘田從我等扁舟入端峽，安知不攫態復落予莘田於畢爲西寶，仍以十硯軒書其額，命予記其後。予曰：予固有相反而情可傳其色。公不封一硯於囊中，備其十硯而仍於端州者不知一硯皆可爲陶泓之隙一作談也。遂記之。時乙巳仲春三日

此篇命意獨高，文亦勁折，足以配之。芑川讀

菊圃記

此君亭前有隙地數弓、向圃參畔、此未育也、予以鋤之、而蒔花其中、有詩云、豆分西墝移、花向陽阿移叉老為予言此方土鹹風厲、不宜花木、予方以揚州繁華甲東南、豈此地泉脈通也、西郊平闤闠枝桑樟柳、比屋綠陰、問所言色沮然、未敢以為信也、而圃中花卉日益茂盛、鷄冠高者盈丈、下者亦六七尺、奇形瑰狀、雜之階砌前、昂首西風、表能姿騰笑、風雨瀟然、各以時变易、予方訝去東南白來之見也、深秋蔣興、九

日暖和而寒花晚節雜披錦綉爭戲之四不遇開彩
豫誰爲知已伴寄人籬落下依舊長精神遂自在花
叢中得所又吟回空出頭上插淺色淺于人我忽身
之在窮海之花之不在東籬也究天情爭之寂寞而
以秋色動其繁華抑抑物土之宜令在培植而不閑
地利也夫草木無知猶因人設養況具心知血氣之
類而爲壽育教誨之所及出乎海島蔑奇葩川原隰
錦綉乎固將以栽培之德參之生物之天也

重修玉虛觀記

玉虛觀在署東邊，頹垣隳瓦，勢將就傾，思擬葺之，為遊憩地，以此役所急，弗暇也。僧正心請任其事，予曰：「子能成之，予為子記。」未半載而頹者以垣，完隳者以補，巍然復舊觀。正心可謂有志竟成矣。夫佛老之有宮，猶吾儒之有廟也。宮中之有方丈，猶儒中之有書室，講業也。文則生徒之處，遠勝于虛無齋廬之讀書。乃佛老之徒寥寥數人，偏能勝其師之說而新其宮，而假儒假釋，儒則於學祀廟，事之叢蕪，書室之即塵其形乃反出佛老子之徒之下也且彼之力能饒自成不藉夫儒之集力以共成之也夫豈不自出其力而反資人之力為人之門墻且誇其驕安宅而不屑舍其田而芸人之田惑已甚矣此其他福田利益之說中其心也夫孝弟忠信者集福之方也不此之求而彼之誘胥天下而為信鬼疑神之人此吾所以于是觀之異像而重有感于人心也

荒政議

海運

乾隆戊午四月苦旱列憲檄行平糶時米價初昂人心尚安即運穀之遲速未皇皇也迨五月河水日涸泰州則自青浦以上皆斷流鹽城則朱圍以下亦祇一墪外運不至米珠日騰予苦挽運無術訪得小海園海口一百四十里有舟可達鹽城旁岸而行非巨浸也因與鄉人謀海運僱二海船可載千石啓行有日矣或阻予曰風波無常萬一失利誰執其咎予曰

天〻帝后以甦（生）民母也民困極矣苟只生路無所賑
憲且是輩為民命即體天心也冥〻之中必有主宰
豈肯覆設以為某處夫事必求萬全則畏葸心勝而
民命不可問矣或曰米穀不許出海定例也　船即
進口如不納何曰禁米出口防通盜也今為國家魁
萬口有印文知會何故不納或曰即米出口縣尹通
報列憲一牌下查則擅託出海〻禁無伺矣曰民常
左呼吸係報可除則則索詐枯魚〻肆矣古〻人擅
免租稅擅發倉粟者比〻皆是第一憲查不通速例

降罰隨去無不敗之故予藉此去厚幸矣舟遂出海未半月米至民藉以生上憲聞之亦不問是冬米價昂至民皆采葛以食至病之而平糶米阻于颶飆代請蓋亦不敷用乃勸富民出資由海運至淮買麥以糶自冬至春不絕民大賴之

平糶

法有定乎曰無定法無定乎曰有定其中因之以時權之以地參伍錯綜不離乎宗而已如海場法之算堰犬牙相錯即去丁溪亦七里乾隆四年夏旱憲檄

平難定例米穀水腳每石每里二毫五絲而海安泰州一百五十里每石二腳只三分七厘五毫而已其實自泰倉搬至舟次自場搬入公垣臥其腳價已適相當水腳俱無所出而耗折量折復不可料此及賠累之甚也四月河水順流挽運猶易初則立限罰之法每户二斗減至數升防屯積之弊尚未分別本場之鄰場也五月以後河水日耗大舟不可則駁之以小舟小舟復不可則縱之以牛運則工腳愈多耗折愈浮推上憲有加倍鎮美之文究之不能顧及也于是

運之彌艱，糴之彌急，經月之運不足供三日之糴，民實病矣。予因際此危急之秋，不能為鄰郡作馬牛也，乃立限地之法，照門牌准糴，啟怨鄰郡，謗言四出，予不顧也。然而窮民貧甚，無錢以糴，及下令發賑散銀，民間市米攤擔不上，老弱無從得食，而錢價湧貴，予又立以銀作錢，減錢價收買，定某日發某鄉，諸君散賑，各村賑銀市米，通算每戶應米若干，一起帶回，無易錢之難，省往來之勞，民大便之。又一種下貧無賑票入冊，收票減直換米充飢，及發賑不特無銀，并無

粜可糶予先期出示要各人領賑糶米而富户不致
抗拗下負均沾後怨息論此以爲例法外之仁要之
因地因時因人人以濟乎法之窮而已矣

查賑

救荒無奇策惟有實心行實政焉已矣戊午夏旱二
麥不登秋禾未移民不聊生大憲奏聞奉
旨散賑予列四條上請合之一辦之雖不如分辦一寔
民均益無大户貿易之家可扣除一條除壯者自食
其力外其餘老幼婦女均宜入册一衿監之户應令

另加矜恤遂于八月中職從親詣各圍舍挨户逐查
按其上下貧與丁之強弱其貧不聊生者口數通同
入冊即給賑票其次貧者除強壯外而男女之老弱
者皆賑之其又次貧則量給數口者即給賑票亦如
之不假手胥吏良民與親相接受即匹夫匹婦皆得
輸情于上一切米菜并胥役日食皆先行給發不以
絲毫供應累民即跋涉之苦時日之需不計也共查
户二千五百二十户零大小口共一万
有奇上不虛糜公帑下無遺漏一户發賑之日先

期出示公事款歲共最遠者復下鄉散給民未費一
文賠出安業以爲向者良委之吏役吏役委之鄉保
上冊有費核存有費領票有費給賑有費強者兼數
十戶弱者至不得沾一口有名文無實惠何如今日
之公而溥也時貧民有疾病者急醫藥死亡者急瘞
埋予先爲支發散賑日煮熱姜湯飲之以敵寒氣復
有二三奸民赴泰州求賑州守發冊問查予檄台訊
所以遠落之故係首法供饑民安恩兩賑前冊無遺
落也予哀其愚爲開移錯冊自十月起賑次年二月

賑以上貧五月中貧三月又次貧兩月三月以後二麥有秋民困甦矣各憲聞公時謂予曰查賑冊應是本場前賑謹獲之造入文冊爲收來耳目也然予自愧平日不能撫循講求耕三餘一之王制一遇歉歲十室九空今雖補救二三聊藉以上宣德意下慰民瘼而已豈有異策哉

捕蝗

海濱土瘠人稀草灘之內易生蝗孽予在小海五年幸安無事乾隆三年六月奉各憲檄因捕蝗于新興

則用人夫四圍驅趕入中央堆草而用草環燒火攻
之法亦大快矣但蝻設潛匿者有之冒煙而出者亦
有之以云淨盡未能也七月飛蝗過境予付攝丁溪
篆丁溪之遺落最多往捕則高飛四散無從着力唯
出示收買灶丁冒露零星促獲來售掘坎埋之幸即
抱草死不為災亦盡天之幸也四年予因京餉之役
五月蝗蝻大發署予平湖楊君搜捕之七月後生楊
君再捕是冬雨雪厚入地千尺矣今年五月旱吳家
泊灶蝗生鄉人匿不報予潛搜得之親往查捕是夜

大雨予喜霉雨足以殺虫而跳躍如故時有議用牛
拖碌碡壓之千鈞之力無有不死者予以碌碡未行
牛蹄早動蝗先奔矣擬行火攻之法鄉人以蒿草方
青火燃不烈而青黃不接之候乾草難覓以二難告
書吏劉一枚等云四圍掘坑用夫捕之入坑而止予
遂行之日募夫百餘名蒞鄉步步蝗聚處數十餘周
圍開坑寬一尺深尺餘掘成坑用夫挑之持箒前驅
以後為主以趨為陣其持木鏟者立持箒之後如有
逸去即行撲殺蝗被驅之隊行以次落坑用土掩之以

足蹋之。如足未登，再如前法驅之，則跳遠者僅矣，亦在坎內不能出坎，此登善之法也。予南人，不習蝗遇事無主見，今親歷之而得其方，因出以告後之捕蝗者。然此捕蝗蝻耳，迨至于羽翼既成，勢將高飛，則須五更湛露沾翼，仍用深坑以帚驅之入坑而已。其不登者，用收買之法。若夫河濁之時，魚蝦化為蝗，諺所云世蝗化為蝦，則人事之調燮足以轉移造化，其道又在捕蝗之先也夫。

武夷茶考略

武夷茶甲天下其真贋之别美善之分色香臭味判于微妙非山中老僧與數十年茶賈不能定其為某岩某種也予以壬寅初夏再入武夷杖履所歷多峰山僧多以小種相饷山光水態悅人心目神氣清爽頗能定其高下大抵岩上向陽者受風日雨露最全品特佳而製法精粗亦異乃同一岩而獨一二株焦色又別于常株則不可得也山僧嘗初春味節來擇識其處則山童不能採如蜀杉獨株之類萃風日妍

好々僧手自採擷以微火焙之候其氣達外如蘭之蓓則急製作若不數種不能詳小種之所以貴也購者以兩計以爲異撰即山僧煙人亦以二三兩爲率外人不得嘗次則花香即岩上向陽所產以請者味特厚則當千貴數之所求即大吏作貢亦以花香爲例以小種產少不可得也又次則岩頂近茅即已粗葉爲大種氣味之厚甚值皆不廉降此則洲茶其岩遠而氣薄于水鄰則味變遂狀在九曲之前後也下此則外山茶近在數十里遠則數百里矣其偽者

則延建福興泉各郡皆有土產也至江西南康亦偽
製之歲得售所謂會降會下也其製作之時則有所謂頭
春二春三春之候而頭春勝又有秋露白嫩白再發
者亦清冽氣味殊佳江浙都門盛行此種則以利於目
耳茶之真贗美惡既難與較而專射利之徒所收只
洲茶外山茶即偽茶亦兼收以價廉易售有條多入
山東行一岩所出又江浙最多白毫紫毫老君眉蓮
子心各種夫岩上太陽所烘蒸芽易長安得有毫其
有毫者皆洲茶也更有宋樹之名夫茶樹不能百年

安得宋樹之今此時得之名目不足憑也各岩製法
之有名者則白雲岩天壺峰金井坑流香澗諸處其
岩在九曲之左者如虎嘯城高更衣各岩則山向陰
受風日雨露偏而不全葉色味亦因以減矣他如大
王峰天遊觀小桃源各處亦在溪右皆道人住持宮
觀不能潔淨且僱人為之美惡所以參半也其製作
以焙乘為工夫究從則走易散其本色重時微綠者
上黃次之紅不佳矣又葉性滲不拘合物並貯即染
而真味失矣收藏宜慎水則清泉為上天中水次之

茶須只一沸二沸三沸了烹過此則老不可用亦不可不慎也更當小種茶須用小壺小盞以壺小則香聚盞小則乃入唇未經于齒舌而入肺腑矣余向好皆立岩上日當小種略具所聞考其大概姑為知味也

灶籍議

灶之有籍古無可考明洪武初年然吳氏為張士誠死守遷其戶隸塩場業當者差灶籍所由定也嗣後軍流罪犯發配羈管供當灶籍所由日益也其制照丁分蕩照蕩納塩此草蕩所以不計畝而論引及所以不徵價而徵塩也其時業蕩者即當丁供蕩者即刈草合而為一灶籍盡在也迨後不徵塩聽商買補草蕩改為折價停場憑商召佃即現在當燒無定籍來則為灶去後為民執向日隸籍羈管可考乎是也

於是役蕩屢轉相吐退鹽改折價即蕩丁起火買草
供用而鹽草判為兩途矣然鹽草雖分究不相離則
鹽與草莫若改定例白草專供蕩不許販賣民灶此
裕蕩之源也夫草地折價繳于鹽政而白草又厲禁
不越賣且蕩地爭訟應行審理則堤以東係灶地業
灶蕩統謂灶民無疑也然地可分而籍難定本朝以
來無灶籍沿海居民趨利不顧義利在灶歸灶利在
民歸民此民將賑恤也即考試大典今日私考為民
明日灶考為灶致有父灶而子民或有兄民而弟灶

其從無攷詰，則以籍原無定也。里戶所以前番免送
以杜冒濫。未蒙俯察，撤令照知新票查送，亦即遵辦
在案。但伊間有無票而借票者，有多票而借戶者，奸
僞百出，不敢逐而問也。盡按票而送，總十分之一耳。
今事寬撤，民灶另何難辦，及茲不赴詢之灶長，則所
指黃丁以外皆民戶矣。於是場中老弱婦女無不派
罪於送里戶無詞，以縣夫造送，而州判順受里戶何
樂不爲。但畫河爲界，前人則之而便，今日踐則之文
便。語云：救荒無善策，上下相安即策也。今各賑俱畢

每月移送州縣置之不理則花費怨咨之賑冊則無
收額外收多場千万户之續賑此項支費開銷出自
何所勢必詳請設查而續送者皆草蕩之民詎我不
恤灶户以鄰為壑于上憲之俾似有所換失被笑咨
民灶甘苦無異情但灶地不種五穀永經叁閲原与
恩旨加賑之係有額不能援理一言空共無獻之求
不用推卸貽人口實蓋昔日鹽丁統為一項煎丁外
即不宜旁及今鹽丁分為二項恤煎丁併恤業蕩灶
户如煎丁已月借麥此外叁送州叙誠恐憲檄未必

豈不簡便直截，而勢必不行。縱聽州縣收而續賠，總係
朝廷庫帑，州縣市恩，壞政為怨府，且嗣後草蕩於侵
可不徵乎？白草不禁越賣乎？爭訟赴愬不伸理乎？不
特此也，蕩地蝗蟲可不捕乎？旱潦不常，不行查勘乎？
勢皆不能，是則業灶之民失根，灶地不可卸也。大憲
總理鹽政，繫四省之命脈，政多急其大者，遠於灶
籍民戶，未暇深求，卑職久在地方，知不可行而將順
之，啟爭端，傷國作，卑職亦忝區屬，敢竭愚昧，致魯莽
一段。如可採，則即請轉詳。此大憲另有深意，不妨明

示以開茅塞之兼听用中之一道也

女兒香考略

粵東古香國也。香楠、沉水來自番舶，間出于海南。唯牙香產于東莞，東莞素但土沉香下，向固不之重也。女兒香名不知所自，然考之東莞志，牙香之美者、堅黑者謂之甲黃，極堅者謂之鐵面。新志修於康熙中年，尚未有女兒之名也。近二十年來，女兒之香人爭寶貴，便與香楠等，而難得尤甚。予甲辰秋自嶺外之貝所道東莞，值岩于使君主我金繩菴中，因得交於李君德仲，移寓榴花亭中者匝月。李君特雅士也，因與考

矣之將來蓋東莞三四五都皆是矣而牛眠石茶園
金桔嶺尤有名中接沃壤外圍溪水居人以種香為
業初植時皆白木高三四尺大如拱把即砍其樹獨
留其根以肥土偎之經歷歲月雨露浸潤或數十年
或百餘年則插其根上居者謂頭黃中居者謂二黃
居下者謂三黃其價頭黃倍二黃二黃倍三黃頭黃
中擇其佳者為進香有凝結黑膩或三五斤或十餘
斤即當年之甲香鐵面而今日之女兒香也或曰以
其可貴如女兒故以女兒呼之此說殊不足信或曰

有鄧氏女父母業香女閨閣中無事取香之堅黑者
剔去白痕獨留精華以售人人爭購求以爲香之
成於女故以女兒香名之此雖近理惜鄧氏之文
女世遠其名無由徵信也女兒之香既爲寶惜世亦
不之重猶莞之士大夫家相尋收藏索價亦不過三
千文而已後有知物之性精於充土物以餽上者價
即頓貴未幾大吏以餽京師諸貴人未幾以作貢歲
有常入于是物良索之民間而山林之搜取無遺以
也民利其價爭相爲斸至今日而百年之墟植皆遺

矣物產于崖者之數撒各里巷每都歲銀二十兩繳
者半亦卹民竭力如數以承繳則里社葢賠否則信
入於免繳尤惠良之不只許也夫百年之物不擇陵
一歲之入反常供其害更有在于株珠步嗚呼孰有
忠直大臣嘉謀入告孰為荒民免無窮之困歟其者
味清遠特從來為獨性辛熱有助于帷帳者烟一縷
直上以薰衣被可三日不散隱隱如花蘂入水能沉
此其大略也更有生結氣者白木成林而精華已凝
百年結泰黑白相融結成一塊此尤不易得又有根

抵楚攀排勝於秦里人以為杯如楚袁克茶酒之具

其子可熬為油以供膏火不堪佐飲其皮可為紙性

堅韌以裝護書籍古牢固且免蠹魚之為用如此之

情閩之椿海仲歎濤仲曰百聞不如一見于是先生贈余待

魚一條女兒魚一盒選魚以下用炉火薰之為再次

第茅亦出小種茶烹之佐其清茶濤仲曰君為茶而

再茶經今為魚可為魚譜以補莞志之未備手予曰

一魚也可以知物便什百千万之不為焉可以知顯

晦先後貴賤之異趣焉可以知物土之宜不為民利

而為民害了可惆焉三善備矣何多求焉且女既無
逸人間鞅队而既貴為京歲二貴為雍歲來吾聞其
晴三貴也則既貴且不得見況遷矣以上矣乎歸矣
裝亦足以傲鄉人矣因紀其略書為郊好道之

跋婁子柔草書李太白詩卷後

嘉定婁子柔明季老詩人五十貢春良絶意仕進虞山錢牧翁稱其經明行修學者推為大師書法妙天下風日晴美筆墨精良方欣然染翰不受促迫其高致如此先君在都門廟集以一書幅掛警露軒壁上予首觀及見不復為此惜年双峰宗老壬寅遊虞山王牧翁書彼其拂水山莊額係先生篆端莊流麗只顧柳家隱又若在友人案頭見錄陶詩一冊係後書未及所書草稿以三弟[illegible]于吳門為予以先生此書

李太白詩七首，筆筆二王，因重裝潢之。夫先生〻一諸
生平名不顯于績律，功不加于民物，束脩自愛，一藝〻
成名，因時重遠，愛老宿如牧翁輩，百年之後為之遺
詠，而先生詩依集字，精使人寶重愛惜如此，甚則人
可不自希慕，以名節自持哉。

跋黃處安先生墨蹟

黃處安先生明季為工部主事以善書名所著有井上述古并和教書詩文集先君少嘗問字于憶大父奉直公字法魏晉有古樸琰絕不為人知伯父來為君酷嗜金石所著有漢隸考昭陵石蹟考蘭話書金石考先君休於庭訓之餘又得侍先生請求筆法故精通篆隸以及晉唐小楷至臨摹米趙二家不能辨其真贋以是　青兄弟以及子姪筆跡亦法先君之貽謀也然溯源所自先生開先之功亦不可忘節

檢閱帖數種，則甲子乙丑所書，時年七十，猶古勁絕倫。而先君少年追隨之日，豐手披覽，則先業今猶家學，自出溢于冊上，子孫世世守之，庶無厭家雞而趨野鶩，即先大人亦含笑地下矣。

跋宋搨淳化帖銀錠本

宋搨銀錠本舊藏吾閩莆大趙家大趙少阮于佛善書收藏金石頗富以布衣終了許生吳彝仁友善帖遂歸于吳壬寅秋彝仁擕帖吳主于何篛蓀太翁家吳與何亦一面之識非故交也吳初以療疾負笈醫日用藥洗眼遂以錮疾太翁爲延名醫竟不起太翁爲治喪衾備禮運以歸閩時彝仁子纔數齡其家人何君曰吾負無以報厚贈念去所襄護之殘帖數十本孫子少未能讀此書但遂館嘉郡歸君家則是帖九

东外少一本并旧榻玉版序也南州书使都作重为

装潢嘱予书其后予忆廿年前曾于谢太史古梅两

至大赵家求示兰亭帖而大赵秘不示后许仁兰编刊

出假月观而又不果尔以是知金石之缘亦有夙缘

兹得朝夕摩挲展阅而黄尘奔走以广陵指画如

链不能精摹为可惜也雍正十一年冬至前二日书

于宣武门之永光寺西街

再跋銀錠閣帖

丁卯小春廿有三日重观于晋江板桥精舍翔前题

又十四年矣夫紙力比生人尤脆薄乃閲人五百年而題識如濟南翁林二公筆蹟尤新而人已古以是知人之脆薄尤甚于紙也此冊中所列者皆古人精力所注歷久如生則紙亦附人以傳也昔人恥修名之不立良有以夫蒼巖識於時年六十有八

跋長林豐草吾廬圖後

先人少具出塵志立長林豐草康熙丙戌入直武
英殿旋膺命門供奉日昃不遑時 祖母陳宜人年
八十九矣白雲西望歸養丁亥戊子間吾同人有錯
友之盟適 先人同集即以長林豐草吾廬圖為題
作者十有四人明時也不特為廬亦并為圖徒寫其
於空中樓閣而已後四年壬辰 先人賜第官中翰
寓京宗園于西宅楣上榜曰長林豐草吾廬作記以
侍則虛立人海中為長林豐草之趣也亦聊以寫其

事益貧卯歸田中秋即棄世則古林學科又來書一
日少安貧外而序與圖又無論矣青不能讀父書懷
先志晚藉祿養吏隱海濱年逾古稀　老母亦八十
五壽思歸思卜居遂初未許每思　先人序記已淹
劫灰而前輩各詩亦不裝潢且復散失但與詩即里
有圖也而海角無名手補圖適三弟蓓雲自吳中寄
前明文五峰山水長卷上有吳漸山題識亭時與四
字下有王履吉詩一首展卷細繹山水迤奧林木鬱
蔥儼然一幅閩中圖也又柴門矮屋中有人讀書不

意先人坐卧其間仰观俯察即使当日見園未必措
意勝此因附諸詩合為一卷則見詩並見園矣他日
奉陳情乃遂三徑未荒有貽我草堂資與鳳山藤澗
之間不特見園而見其序乃展其詩而讀之要知
先人九原中不啻掌大快以為真鹿眠菴也因先跋
以待之丙寅長夏　書于寓齋之乞花塢

書陳省齋先生瀑布山莊卷後

省齋陳公乙未友承

聖祖仁皇帝特命總裁古今圖書集成鎸板丹鉛之六年辛丑夏爲公七十初度同儕八十人思所以壽公惧無以當公意乃合乞工圖公所臚瀑布山莊以公中歲八千子環而拱之或嘯或立或羣而遊或倚樹而思所思或枕經而思所向或登高而眺或臨流而吟斯時也亭榭翼翼雲水蒼蒼師友之情等于鄉里詩書之氣同于孝亭何其盛也及乎晚歲寵名域外

盡室以小舟載困葬以殯世不悟何其衰也夫公所遇之主所特達之知公所寫之文章翰墨之富而詞苑風波困于宦海蓋公之竄逐等于昌黎東坡而若哀莫訴若節號佛更有甚于二公　公之所餘者人也而詎不能其天也及天人交困惟有痛自怨艾亡身而終已也今逢

聖主當陽　公罷笄迺晉入閩妻孥歸里而去春久倫貧庠長孫從鄭號的之出以示　余識其末夫陳蔡之厄皆不及門從安樂之際而思患難猶耿耿不

忘今經星號之緣也彼娟錢賓朋雲散而無師友之
盛家茂之歡如隔世矣宜手論四之交頤也　先公
于公有姻婭之款其禮成也亦為公案二弟　三弟
肯立受經八十人中俯仰三十年存亡聚散有餘
慟焉今因彼諒公有躋臺司者有列州郡者本來面
目為浮紙上應敦古處言念故人無使稽古遺文廣
傳於世也

金石錄書後

金石錄三卷伯父來齋公所輯也公少有金石之癖遊歷最廣積三十年自三代至秦漢以三十餘種晉唐以下一二百種餘萃而裝潢之因而考訂之所時也大父奉直公歸老林泉先人中書公留心翰墨與予兄弟扁戶嗜古青箱之外無別好也海內諸公如葉井叔潘稼堂朱竹垞查悔餘朱字綠楊大瓢無不借觀跋後墨汁淋漓傳為家寶六十以後即以盲廢枕日手自摩挲未嘗一日離豈謂諸孽陽回使死者無

知即多焚楮錢亦復何益哉吳興不昧則殘碑斷碣
日燒數紙依歡如疇昔不亦善乎其篤好如此然耄昏
善忘半為人竊七尺之軀未銷而甲乙之序已忘
矣噫方其張也搜亡補缺如獲友朋周彝乃只散也
惆悵雲散同於泥沙尾洲百年完莊三世遺澤仰
真懷涕泗交頤也余少時與閩學謝古梅大令黃莘
田皆有金石之好所收羅得考略之本然窮困著
不能集成卷帙廿載宦遊晚得歸田著述老屋數間
狀是故業而環列書龕十存三五古梅則墓木已拱

时與華田盱衡兩家舊矣，輒抱腕竟日。首夏七日去

華田，與華喬乃晤松江　沈學子先生，博雅士也。謂

及金石出形冊相示，曰中多魯魚，為我正之。因遍搜

求，乃以副本為改正百數字。古人以校字如掃落葉，

今掃愈多，況老眼昏花，為之遺忘也。公更有漢隸考、

昭陵石蹟考兩書，其昭陵考春間以借抄，漢隸考仍

無副本，為費搜於阮亭王先生與先人尺牘云：不佞

少有嗜好之癖，此只曹秋岳、黄俞邰、得鈍翁三數人

汲汲購之。集古錄向未寓目，為菜傭所有，因憶此與

珠玉庠弟々好等共晨别何足留意達郭所言俯仰
今昔杯棒手擇々思感悵黎々矣乾隆庚午七夕閩
中蒼巖林正青謹識
噫丙寅歲在廣陵梅花書院同黃唐堂查雲在何子
未諸公修志子未出篋中所藏金石拓本相示是亦
未付剞劂吾鄉并無好手傳拓乃三千里外得何君
漫君刂篋相贶以是知文字因緣河山不隔古今今
同心如文書

書莒國公唐儉碑後

古來開創君臣保全功名終始莫如唐太宗而陪塟之典尤百代罕覯況虞褚歐陽瀛壺諸學士書法精擅千古宜伯父來為公樹遂而摹而搨其碑賜余之史集有昭陵石蹟考之編也證其以之雲山之收陵胥信天翁之圖十三陵似也然雲山踐宋之土親見幸朝陵寢大安其怨憤乃爾信天翁易代遺民禾黍傷悲圖而託之時序情分之慨歎夫曠百世相感匹馬荒原噫嘻愚民欣慕之意與淒惻之懷亦有不同於

二子之所愛書則伯父之寄託大有矣但考略中揭十六碑而莆公之志不在焉查趙子函所書與醴泉獨志存二十一石有莆公原而伯父獨缺嘉陵石刻無傳本乃予少年時曾於謝古梅黃華田家所多見一本晚歲歸田則古梅墓木已拱華田所藏亦被人竊去為之悵然華田近搜得一本完好如昔為藍采飲前輩藏本字畫端凝有北海之雄穠波墩俯脫開山寺之門墻惜無換出人名查醴志墓在小詳邨存一千一百字此本字數相符可寶也伏暑灼人作

陰納涼時一展玩如匹臨陵之據見伯父之趨蹌展
謁揖悟書箱偶發未經考正之真碑也因跋於後
按碑公諱佺字茂係太原晉陽人高祖岳後魏刺史
先君與高祖敦善及契公至晉陽高祖初申通家之
交好次論天下之橫流公陳列代廢興成敗於大將
軍記室以建策功加光祿大夫渭北行軍司馬新城
縣公尋改晉昌郡公又公與尉遲敬德論予機又從
賊列圍植從異此公往賊城以陳利害不勞兵萬便
下聊城拜禮部尚書賜以怀息田宅又加隋服卿户

部尚書實封八百戶晉封莒國公則公生平無戰勝略以言語成功名者男爲公主夫人河南元氏封莒國夫人賜謚立碑係殘缺不全跋此碑後三日通李子芸甫爲題後見此揭芸甫云曾按史公永徽初致仕顯慶初卒陪葬昭陵碑內有開元字樣疑立碑在開元時耶金石錄載爲行書天寶三載今碑係正書則金石誤矣本傳無大功績李綱傳內見唐儉爲太子膽鯉稱其能則人品亦快可見矣又搜出段志元姜遐姝阿難多點相黃皆石蹟考略所未備且云蘭

陵公主外有妃陸氏一碑則又趙菌二公所未收也予為移寺留兩日則芸甫亦為有心人也并識之乾隆庚午六月二十有八日蒼巖林正青跋于陶舫時年七十七

榕海舊聞題詞

生長斯地，耳目易接，乃詢其掌故名勝，輒謬不學之士之恥也。故老即有傳聞，又苦無徵不信。癸卯夏，先大人歸里，每談先正遺事，輒思旁搜博採，輯為榕海舊聞。一載，曰：閉戶著書，吾職也。但苦支蔓，秋以為病，不喜。甫中秋而先大人棄世，青苔塊餘稿，恐便湮廢。先業思萬卷遺書，皆先人數十年心血精神所萃，不忍能纂為部次，州居凡係吾鄉山川暨掌故遺事，輒筆錄之，類成卷帙。但插架所有叢書，而域中尤多秘本，至神志荒憒不能貫穿首尾孤陋寡聞所以遺佚凡我同志多惠異書共相參訂庶合二酉之紀閩裁成三山之舊乎則先正之宗風不墜而濱海之邱壑重新先大人未竟之志藉以少慰走在諸君子之惠而好我也

吾郡成書始于東海太守陶夔唐郡人林諝有閩中記宋郡人林世程重修閩中記淳熙則有三山志元致和又有三山續志明正德則有福州府志最後林公貞恒重輯郡志今林氏本坊家尚有流傳晉唐舊

本皆久湮無存政和集之舊無可考而正德本予家藏係徐興公先生訂補殘缺嘆為不可及況今後百年乎淳熙本則愈遠難見幸予探尋于舊書零落鄉黨安所探討予不揣固陋姑合併删纂之益以羣書使桑梓一覽瞭然不費目力遠索也

閩自無諸佐漢將列職方爰啓王業三傳七主而絶晉室南渡衣冠避難入閩乃多甲族唐則王氏竊據初而分藩終而僭號歷三世而亡歷代亦有侯封分王宋末帝即位建都則事運之窮末也王氣歇絶

徙以郡縣大則使相小而州縣坡成良次之第郡志
序其沿革詳其姓名以備參考此志作也予是書義
存諸戒無多續可傳則鑒從略不求備也次則城邑
都治爲城再詢郭外歷宋元而明漸次拓增外而多
邑皆有經始與乎漸廓阨兹金湯之固矣次則戶口
列其民數次則賦役詳其損益而歷代興衰治忽亦
略可觀至于分野麗于揚州雖無專屬而文明日啓
不可不紀此建置之大凡也
閩襟山負海山川富麗首列形勝總其大綱次列名

山叁石附之，次列江海而水附之。若夫祠庙寺观，则丽于山者也；桥梁岛屿，则丽于川者也。闽都记、名胜志已载其详，第诸公之屐齿不出右军之觞咏，无玉阆既无古迹可徵，何必誇多为富乎？今略之不道耳。闽之举进士始于薛令之，著作始于黄璞，名士传道学一派则勉学斋，欤以考亭西传，山川清淑之气于是乎萃，人才辈出，史传叙列美恶判然，郡志分为十條目，失之繁琐，今依闽书体例，以历代叙次，不列道学文章政事等门，至于散见子集小善传长足资谈噯則為逸又言行不中倫慮則為雜綴亦以儆後戒也蓋支派寓則萍蹤垂芳節義則閨閣傳遠各為一志不敢遺忘又廣羣賢之志傳與述錄等所表見要終連編累牘作正覺錄乎

閩中稱鄒魯久矣其君子外魯而内文其野人謹予而畏法斯淳古之風猶而已不辱然其好儉而儉不中禮為奢而奢則敗俗大而冠昏喪祭小而交際衣食衰乎道其鮮矣獨有持世君子嘉言善行錄為法程而類風習為之倫列之使覽其惕然起敬也至于

節序或囿于土風方言見嗤于上國向佐在籍為笑噱同年閩大陸耳

閩中土瘠産薄田雖兩收不足自給半資上游糴之花不斷于四時荔直登于天府朱柑青菓齒頰皆芬車螯玉珧液浮彩溢此足動貴游之歎息而侈豪者之饕餮也坂田為上產而菓樹次之花木又次之鳥獸鱗介各從其類鐵炉銀冶必悉其方山海之珍于形可見玉于壽山芙蓉沈博于玉輳近方出山即為空好事留使不可多得也

右為綱者五為目者六十有五爾繁簡之宜使不失之瑣碎不失之遺忘而已但欲自出之如予知我從而損益跂予望之

是書述而不作凡引用各部必謄註出某書有兩說各標其是則兩存之如予於東都綱則另行低一字以謹按發明之凡著書惟恐不出于己予則惟恐不出諸人也

凡傳記錯見各書只錄一叢則不重出若兩文大同小異則擇其多誤而文簡者存之

藝文以類相從各附于五大綱并各目下不另立藝

文一條存其人之可傳與其文之可傳者

各書評定詩句薈萃有可錄者向匯其同條者附

于各傳錄則散入逸事雜綴但須見錯亦反同嚌嘈

今另立詩話一目合為一帙則微言奧義疊出不窮

不特死央編亦又把金針度人也

昔草創討論修飾潤色鄭國為命各亦所長而況搜

千載之靈寄備一方之文獻也一人之固陋是則綜

徵逑日晨不遑焚膏繼晷予兜黄几赴例纂輯以先

之矣若支增補聞見之缺校訂魯魚之誤則諸君子
有同好共能收伯而助予也

清欽賜進士敕授文林郎內閣中書先考林公行狀

曾祖一鶚贈承德郎妣陳氏贈安人

祖鼎春誥封奉直大夫妣施氏贈安人

父遜誥封奉直大夫開達二州知州妣陳氏

封宜人

本貫福州府閩縣光德里年六十四歲狀

公諱佶字吉人號鹿原生于順治庚子六月二十四日子時方冠補弟子員康熙甲戌食餼郡庠戊寅選拔貢監生第七名己卯本省鄉試中式第十七名丙

戊
特旨入直武英殿供奉壬辰
欽賜進士第一名
殿試第二甲十七名癸巳授內閣辦事中書舍人在
任十一年癸卯以姻親被累鐫級歸是年八月二十
五日寅時卒于光祿里第按林先世係出莆中九牧
其遷福州也始祖考集賢院直學士諱重器公以元
延祐進士爲閩郡教諭遂定居焉四世祖諱真公以
永樂乙酉舉于鄉爲楊文敏所薦選庶吉士侍書任

筵出宰慈谿以守宜興三邑事載郡志又入傳至邑庠生諱一鶚公以子貴贈承德郎公之曾祖也邑庠生諱以材春號從菴少与兄諱先春皆邑庠序而先東公以名進士出宰嘉善而從菴公老諸生亦以子貴贈奉直大夫公之祖也順治甲午科副榜松溪學訓導以特薦授陝西三原縣最績陞直隸開州知州丁外艱服闋補四川達州　諱通字敏子號立軒公之父也公之初生也立軒公蒞任三原方二日籲天自誓不妄取民間一文以貽福子孫三原為秦大邑號

全三原々自立軒公任任六年規例禁革殘冬及陞
開州出閱時蕭然而李圭立軒公馬前者則二騾載
秦碑揭數百種歸則公以六歲兒乘小騾自隨秦縉
紳文老莫不知立軒公之必傳昌歸也在開州二載
立軒公丁外艱公將歸故里立軒公服闋補達州不
一年棄官歸甲寅遭耿藩之亂家本寒素日益以落
公年十四五外為伯父來為公支持門户入則孝薇
承于立軒公為陳太宜人前得二親歡心而后
王師定閩公將鍵户讀書受業于陳先生發憤又

学書于黄先生晋卿戊午娶吾母徐孺人庚申不孝
正青生壬戌左衡生癸亥受知于学使丁公鍾入郡
庠黄、閩葉先生事来閩講学公又執贄其門兄問益
廣閩長州汪先生琬倡道邱南己巳公度嶺拜謁以
請業先生教以学問貴自闢源議論貴有根柢立身
務有本末月已戒無虚砥公佩服之終身居邸月以
父母老告歸先生詩送之有区之朴学待君修自君
歸屋後二楹以貯書朴学斋繙奇作記以紀其事
庚午先生廣信郡書來召公得書即就道作遊吳姓

以見志臨發抵吳先生以自編定堯峰文鈔五十卷
相授曰吾道南矣將在子乎公受之唯謹辛未南歸
先生訃至公設位以哭遂杜門日出文鈔万餘字鄭
公開極提學兩浙以書幣延公閱卷公至自嘉禾爲
以師文未卒業顧有待鄭公不違其志遂得告成歸
貴至邸南遊同門顧君希喆惠君周惕輩爲陳先生
進主邸南出院以公能傳師學特爲之入梓文鈔刻
成天下爭寶藏之蓋不特先生之詩文足以繼歐蘇
之學亦以公之楷法直入晉唐之室也吳中丞商邱

宋公犖每謂人曰近師弟子有絕好者惟林吉人一人而已公既以好學而著世後能黽勉持內政故公讀書栖鶴巢中經史皆宋槧與元刻參不下樓家富金石公購摹殘甎甚多又性好舊書凡有秘本即寢食俱廢嘗脫其世手中錄過之前輩謝武林徐興公陳一齋諸公所藏書多歸架上當代藏書推傳是樓大司寇徐公乾學嘗令其長君侍御樹穀率手書至閩借抄百餘種增入書目凡往來閩中如潘稼堂耒朱竹垞彝尊徐電發釚陸又山棻周雪客在浚諸公皆

名重一時無不以得交公為幸時江都汪公梓東臬
八閩及進方伯少許可獨羅綾不比于蔡端明之札
陳烈周希孟處壬申 左義先 甲戌 王衡先 公以是年
食餼丁丑受知于學使新安汪公薇適以拔貢遂以
公舉戊寅公同甥陳治傳廷試入都過安慶為中丞
陳公汝器留數月治傳途中得病至京數日而卒公
為治喪具時選拔多知名士而閩尤籍之司成孫公
岳頒張公豫章尤以國士待公適總憲華亭王公鴻
緒總裁明史彼辟召天下士四明姜公宸英延譽公

于華亭聘入史館與鄞縣萬君斯同武進錢公名世同分纂為大司農澤州陳公廷敬總憲新城王公士禎皆以詩古文詞名天下後生問業者麕集二公獨介華亭公字交于公澤州公一日召公作詩令君子應聲壯麗傍立學執筆出所紙相示曰昨所纂先生業愧未得其似新城公每有圖像必索公題詠如放鵬禪悅倚杖詩卷之皆請澤州新城二公向與竟峯為石敦坡知公特深也己卯南歸省試主考杏山阿公金臬陵潘公鵬雲督學公泰業已定元因殊

卷內有污點置十七名庚辰會試下第假華亭公寓

六月與宣城梅公庚江東孫公致彌涇陽劉公瀲潛

江朱公載震錢唐翁公嵩年仁和湯公右曾太倉吳

公暻海寧陳公奕禧查公昇慎行嗣瑮武進錢公名

世懷寧晉公如穎如芝常熟汪公繹海鹽俞公兆晟

吳公卜雄諸公為銷夏之會極文酒之歡論者

以為日下前後數十年未有之盛也辛巳南歸丁立

軒公艱公天性純孝以連年不在側悲痛尤深內盡

哀而外盡禮族黨稱之壬午與伯父為立軒公襄葬

于北阡祖塋傍與其宅地合六世皆安厝于此春秋
一來祭掃踐驗實在坦竅仍生松楸莫保乃築牆
廬一區公自爲記又置山園十餘畝爲鄉人看守之
資而公之心血瘁矣癸未以氣血不舒病偃蹇數月
甲申崇安使君王公梓貴以幣聘公遊武夷且校新
城公手札求編錄詩集公感新城之知已爲書精華
錄 參于三十六峰九曲間乙酉再上公車丙戌與
試爲娼嫉者所抑再下第以陳宜人年高辭歸爲漳
州公題名會有日月合璧五星聯珠予因爲炷一通

後録

御製詩一函

聖祖仁皇帝北巡歸駕過寇雲秋斗桐山公伺伏道左獻之

聖祖問係是福建舉人麼公對云是有、

旨與三令箭著于三家居川宮進為大人傳

旨隨駕翰林第吉考試時立查學士昇帳房中以

御製野靜知民樂為題賦五言排律八韻公伏熱地草隱詩以進

行宮門回奏順考林佶詩好可進寫的
御製集亦好
聖祖隨遣內付出問你是福建那處人公對云是福
州府侯官縣人又問多少年紀了公對云四十七歲
了又問是那一科中的對云是己卯科中的又問福
建人朕記得也多如李如藍如林汝記得那個公對
云這些
皇上重用的人作官在外久了可以些記不得隨問
諸翰林汝等記得他麼諸翰林對云他是福建名士

臣都問得他名查昇奏云他極善楷書是學趙子昂

一派的錢名世奏云他師父是前翰林編修汪灝學

問他好古文極了他侍授內付一一回奏

聖祖看云他替我寫了詩集極乾淨可覽賦冊發下

掌院揆公叙等再細看次早諭翰林回

旨云賦好極去了

內侍云賦冊交與南書房收好回京候上

旨十月十日

聖祖在暢春苑諭內務府員外郎張常住舉人林佶

着在武英殿辦理將朕文集照詩集寫一部又諭翰林侍講孫公致彌孫再考他十三日孫侍講以巍巍乎其有成功二句題文一篇

御製詩稼穡天工歲穰為題七律一首公文就孫公回奏他詩文俱好

聖祖云他比諸翰林何如孫公奏他的文與諸翰林趕得上稍遜年老荒疏還不及他丁亥公復與諸公續前館友集舊題則劉公灝查公慎行杜公環新集者錢唐楊公中訥江浦劉公巖長沙陳公鵬年嘉定烽

公大受寶應王公式丹大興蔣公仁錫貴陽周公起
渭長洲顧公嗣立維揚郭公元釪　李公鐏穆東
州宜公鴻歷時鈒澤州相公寓公遺艾東陵詢云林
君子鈍翁阮亭意在厚不故予我如何蓋以光時文
鈔精華錄皆公手錄而緝以年亭文編相托之公感
十年處懷下士之誅為編錄以備戊子九月陳太宜
人棄世以十月聞訃痛不能生即能奔喪南還因於
錄
御集未終卷己丑春間

旨給假葬親庚寅五月爲陳太宜人合葬此阡書塋所居長林山莊於藤洞以磨崖鐫三十六字文作記一篇好傳予先爭傳述予嘗觀王石谷爲翠爲作長卷太倉王公原祁爲寫村居圖以俟辛卯北上過華亭候爲公方家居輯橫雲山人史藁爲公審錄外國土番各傳以成書壬辰正月抵都十七日入直奉

旨照常辦事二月八日有

旨令見大人以入闈奏

上云候闈畢來辦事十六日入直後

旨林佶同翰林陳邦彥候補中書王圖炳抄寫

御試應試會榜發公又下第奏為翰林彭公定刊首

卷大總裁進武趙公中翰尤學素不置以首薦二字

有所置不適

萬壽內廷例以進試公同徐公葆光王公圖炳取公

嗣立杜公詔田公廣運陪以東來楊公瑞以一人為

黃萬壽無疆為韻拈一字為題的皆七言律楊公祖

樣[illegible]後字玉合八字作銘一首書冊進呈

上命林佶等詩敬俱好冊子交南書房收二十五日

取彦由卷進呈恭九卿閲廿九日林佶徐葆光王圖炳
顧嗣立楊瑞杜詔田廣運汪泰來楊祖楫郭孫順何
國宗陳王謨王时鴻
欽賜進士一体殿試時黄榜于礼部前蓋
欽賜為特恩實未丙戌間行之只二三人是科得十三
人尤異數也四月初二殿試初五傳臚公列二甲第
十七名十二日選庶吉士公不與公楷法精工制策
尤得嚴讀卷以第一人相擬有抑之者不得進呈时
澤州公以前五日告假又十日卒于信厲孫白以未

以薦達以為生平憾不謂大臣公忠為國分所宜然
而青一家之銘心刻骨不能忘也蓋降姍以貴之矣
未會試公以外艱未赴此日讀奏又先以病假功名
顯晦之際定例定數額新例進士留京候預公在袁
習館一年癸巳四月有
旨中書員缺可擇善書者補授內閣以候補員缺須
于袁習館進士揀擇吏部以揀擇二字押黃綠攢者
越不如照榜次挨補題奏以
旨公遂與查公雲標周公王妻同補內閣中書癸巳

殿試公與執事出
制策捧黃榜公有詩紀之甲午收掌
三朝國史館
太祖
太宗二紀公欽繕寫焉丙申詩經館總裁王公傑為
摺上以公分纂詩經公遂與翰林蔡公篤等十五人
舉人柯公煜等　人貢生袁公珂陳公嶼等　人同
任其事出內府圖書博求文獻斟酌至是詞林諸
公或出差或回籍將終其事者公與袁陳諸公而已

丁酉闈列江南主考危有
旨命九卿保舉垣中郭公徽祚以公名奏閩撫朱嘗
命旨而江南擬公名無不當半來也戊戌纂修
玉牒例用中書四員公与查公雲標李公慎修徐公
與預其選是時公既負重名凡有編纂内閣無不以
上公請
聖祖亦素知公故有請輒從也己亥公以積勞得咳
血疾月餘乃愈然精神善減數作書促吾毋北來勤
内政是年討經後告歸故予内遂辭了六年得叙

公丙戌入直歷十四年公引退不言叙亦不及武英
大人以格例不敢陳請此叙詩經館四年又攝在子
史英華館總裁印掌院湯公右之庚子春青奉吾
母北上以七月抵都遶膝下十年一旦父母兄弟限
若吾不出也時公以目疾告假八月六日
旨下則公在同考外青 等以迴避未入闈蓋閣學阿
公克敦之薦也主考則總憲孝感屠公沂侍講海寧
陳公世倌公與編修南昌萬公承蒼同分書二房奏
乃士張有歡于柟部士陸沈廷琇王名揚張用楨張

鏡圍引圍山　王楨任樞南徐欽胡宝任王圖永貺
潛康時浚蒹情知名士存而限于額者萬千人榜發
公論翕然辛丑臺灣警報至公以桑梓用兵恐弱中
不能支門戶命青南還又六月　青拜辭父母就道蓋
承色笑者僅一年壬寅公在任十年例進士中者四
五年乃超班特主事乙未引見行取知縣
特旨以額外主〃用共三十餘人戊戌又用廿餘人
投公霄帶不得陞公負債係木而中書除簽票外無
所設施識者無不為公惜未大用十月

龍馭賓天哀動四海
今上御極加恩臣庶例以
貤封如本分乃公以文林郎癸卯正月以甍逝陳公
夢雷一案詞連于公鐫職言歸始丙申夏
欽定古今圖書集成彼閱總裁即陳公夢雷不孝左
衡主裁隨侍京師陳公以名上請乃預纂修外公勗
以出生於天祿當思報稱從我入直
武英之志衡裁晝夜勉勞七年不敢怠媮以万卷書
成于七十

万壽以進乃刷印来淺
先帝賓天而陳公以子獲遺編有
旨福建左依効力九人發回原籍而左衛左義倉皇
就道而公亦于二月朔日同吾母甫函君于陳雅以
姻親彼及而公達于盈虛消息之理引咎自責絶無
幾微見于色人尤高之公孝友天植奉子立軒公陳
宜人能委曲以承其志伯父長于公二十有三公如
父事之廿服訓誨至老無間喜與吾母白首相莊性
坦夷不問家人產業每賓朋讌產穀槩為會吾母篤

蓋精深各以歡心則能成公之志矣吾每內顧為多也公在都十餘載每廠市必攜千文以供搜購書出鬻者有秘本必留餘公非公莫屬也故蓄露軒所藏有萬卷歸田不能載以分贈于諸公道所寓懷書乃鰲峰徐氏藏書五十種錄跋語寄都公喜又子有同好也為賦長句五十韻以勉青焉公善於廿年前與查公昇陳公奕禧擅名日下壬辰以後都門闤闠錦屏椿封非公大書即長洲汪公士鋐金壇王公澍筆也

先帝喜公書坡寫

御集則屬之公寫

御選唐詩再屬之公一日幸掌院撰公第兒聯對

上問誰書撰公以公對

上云是學我千字文書往問之不必明示以旨也撰

公以問公之對以少學趙孟頫書入都瞻拜

御書尤好臨千字文但篤臨下筆無由窺測雲學

聖學撰公以是復

帝在京師凡大碑碣如平定西藏碑資福院碑記宗

人言六十万寿碑皆公手书上自九重宗室下及士庶外而高丽琉球得片纸宝重如拱璧焉公古文行徐委拔入欧苏室旁及黄文节宋景濂归震川而自成一家言诗则出入苏长公陆剑南二家喜谈边务进经公指授名驰翰苑者指不胜屈又平易近人虽仆隶役从伸纸乞书亦厌其求以去徐公藤花册书琉球通聘访青光禄里第入门即问西翁卧居栖雀巢志在楼扑学为安在 青领至其处徐公笑曰小子楼居数椽我以南人游之如蓬莱仙岛盖公尝手书

各記郭行人雜誦之蘇州平公晚況不得大用思徜徉山水間放于西清寓齋榜曰長林豐草之居蓋將來公素志也以四月十二日抵里時伯父年八十有七大姑陳門年七十有二仲姑廖門年六十有九公常曰既使我老年兄弟皆同團圓無獨然天乎豈謂不孝等我不能立功業于朝野唯孝友施于家是亦爲政我惟督子與孫循理守法以光大前業又謂昔葉文忠公里居有名勝必至至必題名我名位雖不及公而興趣不減蘇長公云及身強健須爲樂不

可錯過又謂吾鄉先正迨予散見群書而山川洞壑
湮沒不彰我將發凡起例傍搜遠採輯爲榕海舊聞
一書述桑梓之舊德更吾宗譜久未增修恐便廢墜
暇日須輯録之又樸學齋稿未編定當合而訂之蓋
詩名山蓋公晚年尚欲以著述自任啓發後學不孝
青箐廿不知學壯而無成方冀吾父提撕警覺庶幾
有成孰意歸廬未幾家庭倏遭之言尚未能繼述乃
有八月廿五日之變也嗚呼不孝之罪通于天矣爲
忍言哉公之疾乃痛也雖仰父若支慈又水土不宜

七月末肩背傍生一癤不爲意也八月四日爲李子肇秀邀游鼓山青與玉衡兒子瞟侍行從台江泛舟至鼓嶺登平巷次日上湧泉寺公健步如飛青與兒在衡華尚疲不能從公陟討督兒孫和多寺僧乞書數集公不厭三宿乃歸中秋前一日尚陟詩作字是日右足膝不能久醫者以爲糖大所致敷藥數日則膝以衛消背瘡亦愈但精神差倦善睡少言語廿三日尚與客晤言執意十日積瘀是夜一瀉即脫醫來則脈已散亂不可爲證屬纊繼一日再不壽等告不

終其菽水之養，死未得久侍湯藥，孝思罔極，百身莫贖。含殮日，環注其伯父與陳廖二姓、莊吳二姓姑行輩中，吾父年最少，且先世高曾以上皆少上壽，而吾父必與伯父云：死者無憾，生者無福，此等皆不孝等自貽伊戚，抱心注血，願相從地下也。嗚呼痛哉！吾母係雲福陵為贈文林郎張公諱應良女，誥封孺人。子四：正青、左衡、在義、玉衡。孫八人：晟、昇、暻、曦、旼、曉、暐、普。女二：一適陳玉息，一適陳美士。孫女八：一適李肇李，一適鄭九祿，一適翁念祖，一適何崇脩，卯未字。嗚呼

順親信友維公之見識大識小維公之學守先待後
維公之業畢則憂遠維公之志世周之軒公清白之
益賢而忘公之乾乾惕若有以成之也乃去歲十一
年莫展其經術之富退居百餘日不永其教鐸之施
天不慭遺文獻無徵定將不孝等一家之痛亦邦國
之共爲殄瘁也愧不孝等隨侍下星不能導揚先德
昏迷之中詞無倫次唯
冀立言君子哀而憐之錫以鴻文伐石不朽則幽明
均感矣謹狀

是集原本有王又樸評語按又樸字介山天津人
雍正癸卯進士官至廬州府同知撰易翼述信
十二卷其書著録四庫　十月廿六日平步青記
又有學門老人及錢塘許弘祁跋未知何許人俟
攷
洙雲道孫耕心同釋序云與吾兒已能勉其一所未
至講明義理互相策勵期望集於倫常諭
使通知使善者益勉惡者知改年終則彙而
送之提學憲臣曰某生行某事某友應保信而

有微其不華矣者始則潛戒之中則旺攻之終則

詳熟之於是人皆知善之當為惡之當剷其

雖不異於行也信哉廿八日午後又識

青圃文鈔四卷詩賦鈔五卷（文鈔卷一至文鈔卷二）

［清］閩縣林枝春撰

中國國家圖書館藏清乾隆間刻本

青圃文鈔四卷詩賦鈔五卷，清林枝春撰。枝春（一六九七—一七六二），字繼仁，一字青圃，閩縣人。乾隆二年（一七三七）一甲二名進士，授翰林編修，充大清一統志纂修、武英殿纂修，洊升翰林院侍講學士，歷通政司副使，督學河南、江西，乞假歸。巡撫陳宏謀延主鼇峰書院，朔望集諸生於講堂，示以立品持躬之要，文章氣識之大，一時賢士爭出其門。性孝友，讀書崇實學，老而彌摯，閩中奉爲圭臬。

此集由其子纂集，前有乾隆三十六年（一七七一）沈業富序及乾隆三十八年朱筠序，其時上距枝春辭世已多歷年所。文鈔四卷，卷一奏疏公文，卷二序與書信，卷三議贊題辭記等，卷四傳墓銘祭文等。乾隆二年有翰林科道輪進經史奏議之命，此集奏疏中恭進易經大有卦二五爻辭義疏等九篇，即枝春在翰林時輪直所作。其請嚴禁三教堂疏，則爲枝春乾隆九年（一七四四）視學河南時所上。其疏固意在獨尊儒學，然疏中詳述其地三教堂之盛，於時民間釋道與儒並尊之實可見一斑。其與當事者論三山邇日風氣書，臚陳其時閩地鬼、仙、巫、丐、媒、差、役、訾八害及睹、侈、妄、狡、幻等五蠹，其前後數篇如擬遵旨陳奏閩地停柩事疏、劉按察使論速葬書、禁巫鬼議等，皆三復斯義，凡此可見當日風俗之盛、糾正之難。中州試牘序、鼇峰書院誡諭諸生、邇言四則諸篇言勸學修身，乃所以申其持躬力學之意。枝春自稱曾爲方苞所賞而薦入一統志館，故於苞執弟子禮，其上方望溪先生書言及苞爲枝春祖父及母作傳與墓表事，今望溪集中有三山林湛傳與林母鄭孺人墓表兩篇，即其文也。

詩賦鈔凡詩四卷、賦一卷。詩卷一皆爲應制之作，此當爲枝春供職翰林院時先後所呈，難免奉承，殊少新意。卷二起收録各體詩作，亦以時爲先後。大抵枝春年未四十前，其詩尚時見慷慨不平之氣。如過陳宜中祠感賦四首，哀惋南宋末年史事；又如詠閩越舊事十二首，歌詠五代時閩王審知事；庚子五月溪漲狀洪災之害，乃有「半菽不飽衣如鶉，處處呻吟江水濱」之慘；牀頭久苦漏濕雨夜輒不寐詩以遣之一首，曾發「廣廈焉能庇，吾思補漏天」之感慨。當其進士及第後，除吊亡懷人之作偶見真情外，大多不過風花雪月，應酬唱和，意氣平和，鮮少寄託。其賦除砥厲廉隅賦等一二言之有物外，餘則或致意於歌功頌德，如御試律吕相生賦、時雨賦、民説無疆賦諸篇；或描寫閒情逸致，如冬日可愛賦等，但講求聲韻合律、辭藻華美而已。

（季忠平）

青圃文鈔

今人治學易立言難自天地闔闢迄寸木拳石古皆筆之書自誥命箋奏迄箴銘贊偈皆臚其體竟其義蓋天地之房大洩欲更出一語以佐不逮難矣繁昌令林君出其先大夫通政公集示予予誦之見其文寬閎深粹方駕古人乃其規時立事措之數十百年前見其迂効諸當世見其利則非古人之文也夫人事亦如天矣五緯十二次不變者也暈朓薄食順逆見伏天運而舒日轉而縮雖唐一行元郭守敬不能預測

所至也公之文惟準其度于古絜其宜于今根
諸情酌諸勢故誦其章奏知時所亟比賈誼陸
贄可也而不相沿也誦其哀辭知所以孝猶禮
三年問詩蓼莪也而非其辭也禁淫祀箴緩葬
立學程起其敝敦其教古無是事乎奚爲言今
有是事乎奚爲不言嗚乎生莊周屈原楊雄于
今不必仍爲騷爲子爲元也自有莊氏屈氏楊
氏之文躋時之才人于昔不必卽莊卽屈卽楊
也自能爲騷爲子爲元明乎此而文不窮明乎

此而文不朽於斯集徵之矣公詩清和有度迄今仙職之班皆能道其立朝丰采後之君子聞其風見其人誦其言知其行也乾隆辛卯七月

後學高郵沈業富序

林青圃先生集敘

天地之氣大山大川間之而中之風行焉閩在江南浙江諸嶺西南其人輿轎而柁舟上下水石之間中唐風氣初開南宋以後諸儒蠭起我家文公爲之長流風協氣至今存者嶺以北華靡爛發之習不能亂也鈞嘗奉　使自江而浙以度嶺心知之比來安徽駐旌太平太平之縣繁昌會閩林君一彪知縣事數過從出其尊甫青圃前輩之集示鈞俾爲之叙鈞受讀畢而益

一

慨然信曩之所心知者葢先生鄭幾庭先生開
極之甥也自少及聞鄭先生之緒論有文於鄉
通籍京師由中書舍人取高甲及第以翰林兩
奉　使視學一使河南一使江西輙與其諸生
爲條畫指授出之以誠而士化之年五十餘竟
移疾去又數年卒於家其出處畧如此先生之
在河南也上疏請嚴禁三教堂令所在奉迎聖
像位置於府州縣學之尊經閣中旣得
旨議行矣復移書於布政按察二使司諄諄言

近聞有非三教堂而以聖祠雜諸不經之祀者若偃師有孔子廟而雜祀盧醫廣生大王五瘟牛王靑苗土地諸淫祀羅山子路山雜祀佛並有碑刻固始則祀雷神火神鬼王而聖像在左殿商城則中佛左老觀世音前而聖像在右盧氏卜相村則坐三佛像而聖像在其右廂又民間僧道振鐃伐鼓設醮諷經或繪三教圖張之途路男婦喧逐穢褻尤甚並當一切禁絶之俾民不惑於岐趋混淆瀆亂一奉正道其言尤切

二

至其用心所謂務滋而務盡者耶其在翰林於時遵旨輪直擬進經史之制未罷按先生所進者一言克用三宅三俊而稱夫不舉賢之有罪不求才之有罰一言不解於位而極之於堯桀之分間不容髮一言汲黯傳內多欲而外施仁義以爲切中武帝之病而惜其不卒用一言貞觀元年制諫官隨宰相入閤議事以爲是可力行斷斷諤諤前輩至論迄今二十餘年非後進之所

及聞也竊讀先生爲鄭先生之傳曰公諱開極
字肇修號幾庭侯官人順治丁酉舉於鄉年十
九辛丑成進士
世祖選授庶吉士與張文恪葉文敏二公並入
內宏文院習
國書授職內國史院編修侍宴賦詩稱
旨賜銀幣康熙己酉典雲南鄉試纂修
玉牒寶訓
三朝實錄大學衍義守史局者十餘年以外艱

服除遷右春坊右中允轉左春坊左諭德充
日講起居注官守宮僚者又十餘年辛未視學
浙江所得士若左都御史鐵崖沈公兵部侍郎
小眉吳公禮部侍郎晚楓吳公皆顯名於
朝甲戌乞假歸庚辰特起監修河防告竣議叙
又乞假歸癸巳
聖祖六旬萬壽迎
駕熱河時
世祖朝侍從臣獨公在者年七十有六

温旨慰問再三陳奏謙讓
錫宴內廷賜坐
命和碩康親王送酒
頒御衣一襲副以松花石硯公奉硯服衣拜謝
詔許歸里年八十有二卒孝友弗祿奉身進退
皭然不滓稱於閭人且曰小子生少公六十歲
束髮就傅公以爲有所知識恒津津告以翰林
時事生平遊處與國初名公偉人蹤跡詳甚小
子實聞而謹識之先生云然詩曰惟其有之是

以似之嗟乎若先生者所謂酷似其舅不愧於
其鄉之諸儒而禀其山川風氣者已先生諱枝
春字青圃詩與文稱不更贅辭爰即先生之文
綴屬叙之並附著鄭先生之軼事庶幾知先生
行與文之有所自用告後來云乾隆三十有八
年歲在癸巳仲春之月九日館後進大興朱筠
謹叙

青圃文鈔　目次

卷一

恭進易經大有卦二五爻辭義疏
恭進書經德無常師主善爲師善無常主協于克一義疏
恭進周書立政篇克用三宅三俊義疏
恭進大雅不解于位民之攸塈義疏
恭進禮記無曠土無游民義疏
恭進汲黯傳內多欲而外施仁義語論斷
擬進貞觀元年制諫官隨宰相入閣議事論斷

擬進元和四年制降繫囚蠲租稅出宮人絕進
奉禁掠賣論斷

請嚴禁三教堂疏 移文附

擬遵
旨陳奏

擬遵
旨輪班陳奏

擬遵
旨陳奏

卷二

張文獻公文集序
崔忠貞公文集序
福州府志序代
梁山劉氏族譜序
重修家譜序
重修族譜後序
呂宗則詩序
送朱景伊序

中州試牘序
江西試牘序
朱渝生制義序
魏澹明先生遺稿序
吳劍虹自訂年華錄序
開封李君崇祀錄序
陳隅易六十壽序
世母何孺人八袠有二壽序
與當事者論三山邇日風氣書
與劉按察使論速葢書

上方望溪先生書
與符乘六同年書
與龔醇齋同年書
復周景垣侍講書
與衛允恭門人書
與楊奎曉親家同學書
寄濂江族中諸尊長議添置義田義學書
與族中尊長論申賭禁書

卷三

禁巫鬼議

改正廟祀議
林姓入閩辨疑
書程岵懷學宗疏記後
鼇峯書院誡諭諸生
邇言四則
鄭用山贊 代
開沙合河小引
開河條議
色箴編題辭
黄壺溪畿輔見聞錄題辭

題鳩金義贈徐節婦冊本
徐節婦傳畧
題陳允張遺照
吉祥山厲壇鳩金致祭小引
松圖題辭
自題小影
明知濮州林公忠烈祠記
重建吉安府學碑記
近聖書院記
射房支祠記

重建奎光閣記

振衣亭小記

卷四

宮諭幾庭鄭公傳

家悔菴公傳

順昌黃孺人傳

處士劉篤生墓誌銘

贈承德郎叔囦陳君墓誌銘

徐義士并妻馬節婦墓表

馬烈女墓表

劉節婦墓表
公奠何克思同年文
公奠歐太孺人文
公奠周孺人文
祭鄭人寬文
祭同年張軒西文
哭奠世母何孺人文
祭雲簾八兄文
先慈祭文
六旬祭文

卒哭祭文
小祥祭文
大祥祭文
趙姑母發引祭文
祭葉氏姐文
哭弟詒五文

青圃文鈔卷一

閩中林枝春繼仁

男　儀鳳義文
　　一彪義衡　校

恭進易經大有卦二五爻辭義疏

臣謹按大有者衆情歸向民物繁庶之時也物衆地大致治爲難非有過人才德不足當大任而有爲非其柔順居尊不能虛已以應物故必君臣一心上下相應然後道洽政治澤潤生民而永保其盛大之所有然人之材質各有不同有僅勝一官一邑之寄者有堪以兼綜衆長者有總攝樞要從容坐理者若知

國立中央圖書館收藏

小謀大力小任重將傾覆是懼安有攸往今以九居二剛健謙順且得中位與五相應是能任重致遠者也夫載物者器成器者才屈才者德德與才俱既非巽懦而不前又非剛愎而自用出其經緯之猷養以和平之度鎮靜不驚直方不撓左右承弼則能盡啓沃以爲忠藩翰旬宣則能抒綏靖以爲畧是謂不渝爾載於以尊主庇民必恢恢有餘裕矣至於人君代天理物道在推誠而又必有威以整肅之斯爲張弛得宜蓋六五執柔居中是不狡詐不任術一惟孚信相結者也上以信結則下亦胥泯其疑貳而交輸以

悃忱遠邇內外忻合無間丕應徯志以此處大有之世辟猶人身膚革充盈而血脉貫注靡不周通又何離逷之有然情親易狎勢順易陵謙卑漸積於衰替廢弛毋始於優容苟非崇尚威嚴何以生其敬畏故儀則昭而後人知作肅紀綱飭而後令出惟行若親而不尊勢將夌遲而不可復返哲后知其然故出身加民必使其下敬之若神明愛之若父母則遠者不携邇者不瀆而熙熙攘攘各得其所矣臣觀伊吕之徒展其所學德被當時功垂後世下及孔明韓琦諸人盡瘁馳驅卒成三分之業不動聲色措天下於泰

山之安是皆遺大投艱而無譏於覆餗古所謂社稷之臣者也成周盛時衆賢在位上下同志而乂時巡侯甸董正治官克詰戎兵慎固封守皆不忘震厲率作之意豈有崇極而圮如唐之中葉文恬武嬉習熟見聞以爲當然者乎書曰懋乃后德交修不息正謂此也人主觀象玩辭慎簡才德之臣尊崇倚任明作有功奉順美命則天人交助寶祚綿衍於無窮矣

恭進書經德無常師主善爲師善無常主協于克一義疏

臣按此篇乃伊尹以純德勉其君而此節數句先儒

謂其語最精密玩味其言實人君取人爲善之要也
葢人君一身天命之所式憑萬邦之所取則大而敷
政寧人小而話言噸笑偶有出入而德之純雜分焉
欲其有純而無雜必念念於事物之理求合其當然
率而行之然後見諸言動施諸政教無往不得其當
夫所謂善者卽率性之道散見於事物之間者也曰
用云爲各有不易之則是隨在皆善卽隨在皆師要
非虛衷決擇則不能審其至當故主善云者該擇善
而言之必加以學問思辨之功而後守而不失焉則
得其所主矣所謂博而求之不一之善是也然善雖

不同要歸於一天下之理千條萬緒語其原則一而已所謂一者卽天命之性統貫於本原之地者也非操存之要踐履之熟則不能一故純此心以敬天命則出王游衍罔非對越純此心以畏民喦則思艱圖易罔非求寧至於剛柔交濟張弛因時賞勸刑威發號施令揆以本然之理悉如規圓矩方準平繩直毫釐不容加損而無不協焉則可謂能一矣所謂約而求之至一之理是也博約兼資精粗其貫君德旣底於純而天祿綏民生厚其効有昭昭難掩者矣宋儒張載云德原天下之善善主天下之一蓋本於此抑

觀此篇所謂一者有三義焉其曰德惟一動罔不吉以精粹無雜者言之也其曰始終惟一時乃日新以終始無間者言之也其曰協於克一以統貫萬善者言之也其義雖各有殊要之惟無雜乃能無間既無雜而無間則萬事之本萬化之原皆從此出矣人君果其取人爲善能自得師而亹亹不已極於至誠無息之盛斯能盡其性脩道立教有極於神明變化而不自知者矣此又聖學傳心之要而與精一執中數語可以微相參稽者也

恭進周書立政篇克用三宅三俊義疏

蔡沈曰三宅謂居常伯常任準人之任者三俊謂有常伯常任準人之才者三俊說者謂他日次補三宅者詳宅以位言俊以德言意其儲養待用或如說者所云也臣謹按任官舉賢爲治大要三事之職居其位者固不可以不賢有其德者尤不可以不備三宅之外復有三俊聖主之於賢臣其蓄之廣而求之豫有如此臣因是而思之考功績以勵行能者當幾之晳也廣勤求以備任使者先事之圖也古來郅隆之治羣才爭奮庶績咸熙未有不於儲養待用之士先加之意而能猝收其效者也天之生才不一良楛偏

全成於質之所近長短大小惟其器之所呈儲才之道務在愛養而成全之使歸於有用而已誠使廟堂之上勤思樹人至計務令百爾臣工單心延訪以備詔舉則搜羅所及自足供明廷之用況以人事君忠臣之義亦孰敢不盡心於求賢者哉夫臨事方思擇人每難稱職當官始責實效未易見功試以已然者言之古之所謂與民最親莫如牧令故必別擇廉正愼簡循良而三年計吏求其政聲丕著綽綽乎如卓魯其人者葢不數覯也以百里良吏尚如是其難則等而上之其爲專城領率者視此倍之矣其爲監司

巡防者視此又倍之矣其爲旬宣廉訪者視此又倍之矣又况總壹方略綏靖疆圉如古者方岳牧伯之任猝而求之豈易得其人哉故臣謂非儲養待用不可也夫地方職務有關至要或令遴擇調換或先以署事權攝必詳審稱量而後任用此誠爲官擇人之意然視事之未幾又以曠鰥去職若是者何也其人之器量或有所局而生平志力不可得而盡詳也是故嘗試之術祇得其大槪責成之法僅舉其一端以云克知灼見誠有未敢信其然者然此特論其不勝任者耳卽其人材信美矣而得其性之所近者往往

兼通之難此猶粤鎛之不可爲函輪人之不能爲舟故有長於謀慮而辭辯或拙優於幹略而文采未彰以從容諷諫則有餘振刷紀綱則不足廉靜寡慾則可風隨機應變則多滯似此之類不一而足道在乎兼收而並畜之而已昔宋臣司馬光乞以十科取士始於行義節操下及聽訟治賦皆欲分别科條以備選用一旦有所差遣如汲水於河取火於燧惟所求而罔不給則儲之者不可不廣也且夫今日之一德一心宣猷賛化爲輔弼爲藩翰皆前此所簡拔倚賴之臣用能爲德爲民内寧外謐以鞏無疆之祚則異

日之後先濟美者其原又將悉基於今日也苟不及今豫爲儲畜其才之已成者固或屢其遺佚放棄而有待以成其才者亦且委靡不振不能終收其用矣此又儲之不可不豫也從來政之與人相須而理今當法度修明綱舉目張之後亦貴能行是政之人而已苟非其人則視爲一切文具其甚者或因以刻急煩瑣此豈宣上德達下情之旨哉臣竊謂與其求詳於政也不如求詳於人昔漢武懼積行之士壅於上聞下詔議不舉孝廉者罪董仲舒對策欲令諸侯吏二千石盡心求賢所舉不肖者有罰今則貪贜縱恣

者有罪矣未聞有不舉賢之罪也怠慢疏忽者有罰
矣未聞有不求才之罰也是何其立政之詳而取人
之略也殆非所以成就人才之意也以臣愚見莫若
使臺省大僚及地方大吏皆以求才儲用爲先務其
已在班聯者國家已有薦揚之典若銓敘未及器局
已成則科甲未必無可儲之才也稽古有獲經綸素
裕則庠序中未必無可儲之才也至若奇材猛士或
在草澤之中高識卓行遠居巖穴之內此其生平所
抱負苟非生同方與官兹土者亦何從而深知之釆
諸衆評考其實蹟觀察以得其情辯論以究其蘊非

卓然可用則勿濫其選毋論衆寡咸列名以聞朝廷酌其優待之法與其成就之方循名核實先拔其尤餘則俟其練習明達而後進焉則其材之長短高下各有所宜而舉者之能否亦因以見將大小臣工益曉然於以人事君之義莫不留心物色於以隨材器使必無不舉之政矣夥羣才輻湊異日之宣力効忠者復可寄以知人得士之責茅拔茹連轉相汲引於以輔翼元化協贊隆平豈不足媲商周盛烈哉書曰百僚師師百工惟時詩曰濟濟多士文王以寧此之謂也伏惟

聖明留意焉

恭進大雅不解于位民之攸塈義疏

臣謹按人君之位謂之天位言乎承天子民非以位爲樂也易繫辭云聖人之大寶曰位何以守位曰仁明乎如天好生必常厥德以保厥位也國曷依乎依於民后非衆罔與守邦衆奚托乎托於上思艱圖易民乃寧然則兢兢業業一息無敢康者明王之奉若天道不外此克勤無怠之一心矣假樂之詩公尸所以答鳧鷖也當是時君燕其臣臣媚其君一德泰交可謂極盛乃臣嘗熟復其詞始舉其令德以明受祿

之由繼及其子孫以著申命之美終之以不懈則又歸本王心而致其祈天永命之意其頌不忘規者乎其心卽卷阿矢音之心也其義卽虞廷颺言之義也然則久安長治總在克艱而無逸豐亨豫大勿忘儆戒而綢繆詩人之意抑可謂深切著明者矣臣聞人主圖治奮勵於始者恒易維持於後者爲難何則卽位之初志氣方銳百度維新動必有功施易見德至數載以後綱紀既已釐定臣民既已服從德化之施惟在優游而漸漬之故其圖幾愈微而得效漸寡自非度量過人足以大有爲之主則識見稍狹而志願

稍卑懈心既萌百爲曰弛建功立業者雖知其有爲終苦其多事直言極諫者雖曲狗公論終不便已私於是乎水旱盜賊有不必盡聞觀遊田有不必盡廢而其志荒矣欲其終始如一詎可得乎且夫事以漸而成幾自微而著勤之易而爲懈也必其敬之弛而爲肆董子曰積善在身如長日加益而人不及知也積惡在身如火銷膏而人不及見也是則浸昌浸微語其極至於堯桀之分而其間曾不容髮亦奈之何不謹也臣聞窒穴蟻之隙則滔天之勢無自而成遏佽灼之燄則燎原之憂無自而起謹言行之樞則

千里之外卽時而應人主九閽邃密儼若帝天而起居嚬笑時或傳於小民之口無微不彰良可儆惕此夙夜罔或不勤不矜細行終累大德保奭所爲歎息而言也亦在乎杜漸防微凛之又凛而已夫一日萬幾天位至艱惟明哲之后能無逸而乃逸故一饋十起禹所以興夏也昧爽丕顯湯所以造商也不遑暇食文王所以肇周也古之人君日出視朝退適路寢聽政旦則考政夕而糾虔天刑是則深宮燕處無非克艱厥位之時若謂四方之耳目旣周在廷之職業無曠不妨於淸閒之燕暫一留連物玩陶寫性情不

知此心有所係著卽非虛靈本體使天性高明見而不惑而可欲之事日陳於目前則抑畏之心難保其無替且徒役耳目不求義理喪志之累典籍猶然況竭百工財力僅以供一時一身之所奉者哉旅獒之訓曰不作無益害有益功乃成不貴異物賤用物民乃足人主苟心存儉樸雖中人一家之產猶戒虛糜志崇澹泊斯服食器用之外別無重寶何則有秉道畏義之誠則淫樂慝禮不攖視聽凜宴安酖毒之戒則嶽言懿訓日切羹墻至班朝治軍涖官行法無惰容則清明在躬志氣如神可知也前巫後史宗祝瞽

侑在左右則中心無爲以守至正可知也逮膏澤旁流太和洋溢民心洽天位鞏矣書云允廸茲生民保厥居其卽攸塈之謂歟由是百辟卿士媢茲一人綱紀四方無怨無惡上以答保佑申命之隆下以綿子孫千億之祚皆自不懈之一念基之矣抑泂酌之詩亦曰豈弟君子民之攸塈使民有父之尊有母之親則可謂能休息斯民矣幾見有强教悅安之治而弗立隆於主德者乎夫豈弟之君子卽假樂之君子其無安厥位錫福庶民一也

恭進禮記無曠土無游民義疏

臣按天子不言有無諸侯不言多寡人君富有四海豈無賄之患然聚人理財易著其訓則知理財云者理其在民之財而已國有游民耗財之大者也周禮冢宰以九職任萬民其九曰閒民無常職轉移執事夫以轉移爲執事則職在轉移非謂先王之世風俗淳厚猶有閒居無事之民也若近世游民則不然華衣美食乃逸乃諺是國家一大蠹也卽衣食不必華美而日用所需計不能不饑而食寒而衣也夫以農夫紅女竭終歲之力尚不足於供而安坐耗費之者且將數倍日侵月削其不交盡而俱困者希矣故曰

國有游民耗財之大所當峻其禁防者也抑又有說焉承平既久生齒益煩所以資生者利亦稍屈計農工商賈自食其力之外勢不能人益之田宅戶給以資本彼愚賤無能坐受貧困雖跡若偷安而情非得已則夫籌及纖悉導其欵要俾均得所養而不至於游又有在乎禁制之先者矣今國家取正供以備餉籌耗羨以養廉閒欵留之存公贏餘待其協撥出入稽查可謂有要然穀食財賄之數大抵合一省而較其盈縮至於郡邑之中風氣迴殊情形各別因其勢而利導之則未聞隨地分晰而灼見其利病之源者

夫大吏所轄或千里數千里既地遠而勢難周藩臬爲錢穀刑名之總滙又不能躬歷田野則夫相土性之肥磽審民力之勤惰酌風俗之奢侈權物産之優絀固守牧令之責也誠使各諭守牧咨訪民依而委邑令專其任凡邑幾里里幾鄉田幾等穀幾種宜桑與否藪澤林麓凡幾處漁畋畜牧之利有幾麻枲果實之利有幾閭井習尚何事女紅織作何等其懋遷於外者什之幾他邑來取給者什之幾悉躬親而目睹之勿猥勿遺書之於冊守牧簡稽虛實酌緩急輕重之數別爲宜行宜罷論列於簡端每一郡州各一

冊達於司農司農上之朝廷凡冊籍必精詳而簡要原委瞭然便於省覽則貧富之等盈絀之差可按籍而知而徐議其經畫之方矣自古迄今民情土俗之不齊數十里而異數百里而大異非區分而界別之何以洞其精微而握其要領惟是要領既得則經畫易弛王制修其教不易其俗齊其政不易其宜簡便易行之道惟使民得所養而他無滋擾焉夫守牧之吏知所上冊籍皆朝廷所欲講求而施行也皆將盡心以求民瘼而無敢苟且以從事知上之所考課不外乎冊中論列之數事也必且率縣令以實力勤勞

而不敢飾詐以求名數年之後就其政績而殿最之
而察吏之法亦備焉古之聖王垂拱於巖廊之上而
慮周于蔀屋之下周禮職方所謂辨其人民財用九
穀六畜之數要周知其利害使同貫利是也竊嘗思
之守令者親民之吏也守令與民不親則民隱不達
人主不與守令親則無以宣上意而施實德於民如
果定爲章程凡所蒞之地有利病得以聞有設施得
以告斯情意相通膏澤下究而游惰失業者寡矣大
吏操表率之權司牧奏循良之績上有實政斯下有
淳風此旋至立應之効也若慆淫匪彝舍其本業而

坐耗民財者刑必及之勸懲並行驅率有道然後財用日足而禮教可與矣

恭進汲黯傳內多欲而外施仁義語論斷

臣謹按人主之心惟其誠而已唐虞三代之君或得於性或成於學其本躬而措諸治者未有或載以僞者也漢之武帝可謂銳意爲治之主而其究也繁刑重斂窮兵黷武神仙土木之事紛然並作舉文景以來生息休養之民囂然喪其樂生之心苟非晚年悔悟其去秦政無幾先儒論之審矣究厥所由惟無爲善之誠而多欲爲之累耳夫人心有欲不節尚不免

於禍敗況多欲乎況居帝王之位富有四海而以多
欲行之乎多欲而施仁義則其爲仁義皆僞也孟子
曰五霸假之也以其有仁義之名無仁義之心凡厥
施爲皆所以濟其私也如是則人亦誰信而誰從之
故其所爲亦適成其雜霸之治而止今觀汲黯所言
切中漢武之病可見人主一心內外判而爲二一切
發諸號令見諸施行皆不勝其僞飾而欲其風流令
行必無之事也無本之治雖令不應大學傳曰其所
令反其所好而民不從爲人君者非正心修身則無
以化其下正心脩身之要不外乎誠而已誠則無欲

無欲則靜虛動直靜虛則明明則通動直則公公則溥明通公溥則聖人可學而至而成唐虞之治不難矣此黷之言所以爲探原之論而後世不能易也若夫面折廷爭一意切直譏阿諛順旨之非凛愛身辱國之戒正色屹立始終不濡彼漢廷臣唯唯諾諾以希寵取容者得無愧乎使其出入禁闥補過拾遺職尤易稱夫何始而免官終出之外郡竟不得參與廷議也帝向者社稷臣之許亦旣知之甚悉矧死節守義難彧以非彼逆臣且膽落於黷矣而豈與公孫丞相之發蒙振落等乎無如漢武之不能信用何也卽

此一節已足見其知人之哲久爲多欲所昏而好善惡惡不能用其誠終以成雜霸之治爲可惜已要以公卿輔弼之臣如黷者又曷可少哉

擬進貞觀元年制諫官隨宰相入閣議事論斷

臣謹按朝廷之事惟宰相得而行之惟諫官得而言之果其有失輒諫則廟堂設施皆歸至當下矢公忠上無過舉宋儒尹起莘以爲致治之本誠不誣矣但謂諫官入閣非大臣之所樂此亦爲剛愎自用之王安石言耳果爲公忠體國之大臣則其心光明正大固不慮諫官之議其後而其休休有容之量方冀集

衆思以廣忠益苟吾君之有失歟必喜其隨時規正能盡補衮之義也苟已所行未善歟尤欲其勤攻吾短以明無怙過之心也上以資弼違下以輔不逮總期於用人行政交得其當而後已矧當面議之時是非可否畧無回護則其所指陳必能究極人情深切事理較之形諸章奏更詳且盡於以裨補闕漏其爲忠益不旣多乎諸葛亮云違覆而得中猶棄敝屩而獲珠玉古大臣用心有如是乎何不樂之有哉惟是官以諫名則有未易舉斯職者緘默巽愞無所可否固不足論即或摭拾細故而於大利大害所在未能

洞明得失亦何由直抒胸臆其拘迂執拗者又不足以酌人情而揆治體至使人主厭薄以爲一切敷陳無足采錄是則上下之情鬱而不宣者多矣九閽邃密隱微之失固不及言迨事勢已成而地遠情疎終無所望於回天之力也豈補牘引裾不可再見於堂陛哉取之未盡得其人用之未必盡其道無怪其然也夫今之居言職者固皆欲效忠於明廷勤思夫治化矣然非身參近地則聞見不必真業已施行則論列無所補即遇

御門聽政輪班侍直亦不過旅進旅退而軍國之大

猷渙汗之大號非見諸邸抄行諸符牒茫然未得其端緒者比比也即如六科給事古者屬門下省職司封駁今

綸音所降惟紅本由閣發科此外不及而註銷稽察之外未聞有

勅諭之繳奏也未聞有錄黃之封還也則亦與部院諸曹司等耳安在爲

禁垣之重任也哉然而朝廷設官自有體統凡百幾務惟大臣能定其可否惟諫臣能言其得失所慮者勢之過重不可復返耳故樞要機密外臣咸得以與

聞則恐其宣洩而旁收威福殿陛尊嚴而小臣遽容
其辨論則恐其放縱而輕視台衙不知言官中立品
端方持身謹飭實心為國而不肯沽名植黨者詎無
其人其持論公正果有益於國家固可奬進以策其
後也即間有謬誤而同列得而糾繩之臺長得而察
劾之
睿照所及無微不燭何至居積重之勢啟朋比之端
耶方今九卿會議事宜時令言官參預苟有所見皆
得執簡陳奏所以作敢言之氣意良殷矣然而外廷
之參署不如禁近之論思事後之匡扶豈若當幾之

獻替蓋遲速難易之間固有相懸萬萬者誠使畧倣古制於公卿坐論之頃並許諫臣隨班侍列責以盡言無隱若依違瞻顧漫無建白即別簡端諒之士以充其選於以拾遺補闕千慮一得亦可少佐高深矣大抵前代之弊臺省與執政意見合則恐附和雷同生壅蔽之奸臺省與執政意見不合則恐議論紛紜開攻訐之習故有畸輕畸重而國是因之莫定不知大臣者人主之股肱諫官者朝廷之耳目分職各殊本同一體但使耳目無壅其聰明股肱自善其展布動履視聽交相爲用則一身之精神血脉周流貫注

悉惟天君之所使無不從令矣以副
聖主虛公求治之懷以成在廷都俞一德之美豈不
恢恢乎有餘裕也哉臣是以顒望
睿斷而力行之也

擬進元和四年制降繫四蠲租稅出宮人絕進

奉禁掠賣論斷

臣聞人主志在愛民固不以時和年豐而靳施惠澤
亦不因時艱歲歉而始廑憂勤葢與民同樂者君之
願也而天運不齊水旱之災雖聖世不能免要惟補
救安全使萬物各得其所百姓歡然如遊太平之世

此天地無全功而聖人所以贊化育也然天運雖有不齊天心莫非仁愛苟中材之主能致憂勤則其一時之兢兢業業多方措置亦足以消弭災眚蓋君心敬畏而庶政清明戾沴不生則嘉祥自致此必然之理無足異者臣謂其要在豫之幾先而持之事後而已豫之幾先則計慮詳而防備周臨事不至倉皇莫措及事變已平而長慮却顧常持此不懈之心則終無危亡之患古人所謂戰戰慄慄日謹一日正謂天命靡常禍幾莫測斷不可聽其自然狃於已成而莫或動於中也昔唐憲宗因久旱欲降德音李絳白居

易以實惠及人爲言條指數事皆深切民隱憲宗用
其言立見施行革諸弊政遣使宣慰賑恤惟時澍雨
立降載諸史冊稱盛事焉可謂得愛民之心而善回
天意者矣嘗考春秋僖公三年三書不雨說者以爲
閔雨也六月書雨說者以爲喜雨也文公兩書不雨
說者以爲不憂雨也僖公有志乎民故每時而一書
文公無志乎民故歷時而總書然則觀春秋所紀而
君心之勤怠時政之得失從可知矣向使憲宗無志
乎民必不用二臣言卽用其言而不以惻怛慈愛奮
厲而行之亦不過下一明詔以塞吾責終歸虛文故

事耳天意何由挽回百姓何由得所哉及澍雨既降
繹乃賀曰憂先於事可以無憂事至而憂無救於事
此雖人臣將順其美而其語實爲謀國遠猷葢綢繆
未雨思患豫防惟明主能洞見其微而無忘儆戒若
苟且偷安幾幸萬一精神不屬智慮不生倉卒之會
羣疑並起未有能萬舉而萬當者也易曰需有衣袽
終日戒非卽此之謂耶白居易又作爲賀雨之詩卽
事獻箴可歌可誦臣請舉其辭曰上思答天戒下思
致時邕莫如率其身慈和與儉勤則古者遇災而懼
側身修行之說也又曰乃知王者身憂樂與衆同皇

天與后土所感無不通則古者克享天心受天明命之旨也終之曰君以明爲聖臣以直爲忠敢願有其始亦願有其終則古者不懈于位民之攸塈之義也此豈侈陳功德者所能與耶夫自古人君莫不始於憂勤終於怠荒故有多難以興邦殷憂以啟聖及至太平無事而大釁一開基禍後日豈盛衰之故常爲倚伏亦人事之得失異耳或襲祖宗餘澤罔念前艱或因身致太平不維厥始見府藏充盈則侈大之志生見黎民安樂則興作之事起見時運治平則祥瑞之惑開見邊陲底定則擴闢之念切佐以功利之臣

進其諂媚之說莫不謂令行禁止事事可成向之所謂未雨綢繆者曾無所顧慮卒至國家敗壞不可收拾蓋持盈保泰始終惟一若斯之難也憲宗初政清明亦多賢佐軫念民艱削平畔亂稱中興令主末年柄任聚斂之臣惑於方士不竟其業殊可惜矣不然如唐德宗比邪忮正殘剝黎元及變故屢生幾於殞身覆國曾莫自咎反謂盛衰自有天命厄運恐不在人此則闇惑剛褊正所謂不仁不可與言之人也陸敬輿忠悃拳拳不避艱險彼其賢能詎出元李下而君臣之契不終唐祚因不復振豈不重可痛哉臣閎

元和制詔益深有感於憲宗之賢也

請嚴禁三教堂疏

奏爲崇祀非經仰請

勅禁以隆

聖教事竊惟尼山泗水至德與天地而並參重道崇

儒盛典遵

聖朝而莫踰我

皇上道契時中心符睿哲

御極之初重新辟雍文廟宮墻煥彩俎豆增輝歲

丁祭

鑾輅親臨盥薦升香隆儀備舉是以寰宇之內咸知
嚴師敬學益聖人道大德宏師表萬世
國家典崇禮重用以展誠敬肅觀瞻倡導師儒風示
眡廣俾躋於一道同俗之盛非如二氏以因果脩行
立教誘貪利畏禍者而趨之無論村童市儈皆得範
金合土刻桷丹楹奉莊嚴而求福佑也臣恭膺
簡命視學中州歲科兩試九郡四州之內城邑村墟
道途所歷凡有關於學校風化莫不留心體察加意
激揚務期俗尚漸歸淳正無如積習相沿愚民難悟
雖不至肆爲奸慝而禮教文治所關甚鉅不得不請

禁止者則如豫省三教堂之設甚非經而不可爲訓也臣始按試彰德時即聞城內有堂一所規模寬敞中設佛老聖人三像附近男女時往瞻拜祈禱已屬可駭既而詢查各屬所在皆然如武陟一縣則有三十八處涉縣河內陽武臨漳次之安陽武安濬縣汲縣温縣又次之商邱南陽郾城又次之總豫省合計凡爲三教堂者約五百九十餘處其堂或别稱殿閣稱寺而商城石洞尤爲宏壯其像雜用銅鐵土木石皆藻繪金飾采色耀目其位次佛踞中老子聖人互相左右而署小其身低侍旁側其奉祀緇流羽士而

寧陵鹿邑永城信陽州住持率女僧尤汚穢媟慢而無禮臣既經聞見飭復據各學詳報考其創始多由前明末造好事之徒設立名色既奉佛老以招引愚民復借聖人以籠絡儒士習熟見聞恬不爲怪故歷年以來素封之家不吝捐貲擴地無力之輩輒復募化重修間有心知其非不敢阻抑恐反致流俗訾議而附會其說者又謂孔子覺世牖民亦佛亦老是以有皆古聖人之書有同歸一致之論不知其非聖無法邪說誣民尤莫此之甚者也至分位之凌替儀文之僭越又其小者不足言矣臣竊思

文明之代聖道炳若日星享祀之榮優崇關乎典禮在二氏援儒究末必歸儒而愚民尊聖實不免侮聖非特無知妄作諂瀆不經將使蔑典毀常淪胥莫挽合無仰懇

聖明

勅諭禁止以崇正道而振頹風但聖像既成合計纍纍數百若竟付之椎鑿銷燬理亦未安查州縣學宮各建明倫堂尊經閣類皆寬閒清閟可否卽令有司會同教職將遺像奉迎安設其中一切額牌標示三教名目悉令撤去現存祠宇有僧道住持者仍改稱

寺觀佛老像設照常聽其供奉不必折毀驅除若向
屬公地管領無人因而葺之以爲義塾或作講明鄉
約處所亦從其便併嚴切曉諭俾各脩術業毋得自
取愆尤庶視聽不淆民志有定於興道立教之意不
無小補再豫省界連燕趙秦晉臣每按試邊郡詢其
人情土俗知北五省風氣相類三教堂亦所在多有
惟南方則罕有聞者然臣見僧道建醮陳設繪像輒
以天尊菩薩之號謬加聖人是則誣惑愚俗誣罔不
經諸如此類又未能保其必無也夫崇正道以啟愚
蒙無分畛域革陋俗以彰禮治總歸蕩平若臣言可

採伏乞涣發
綸綍一體諭禁令該地方實力奉行杜異學混淆之
弊絶違制瀆亂之嫌則斯民秉彛好德不惑於岐趨
而
國家重道尊師益隆於千古矣謹
奏
移行豫省藩臬二司文
爲遵
旨議奏事乾隆九年七月初三日准禮部劉祠祭司
案呈禮科抄出本部會同九卿議覆河南學政林

奏禁止設立三教堂等因於乾隆九年六月初六日
奏本月初八日奉
旨依議欽此相應抄錄原題劄行河南學政欽遵可
也計原題一紙等因到院准此除咨明撫都院外本
院再查豫省更有不在三教堂之列本屬奉祀　聖
人而雜以釋道者據偃師縣學詳偃師縣城南三十
里許有廟一堂扁書文廟其來已久內塑聖像旁列
四配東廡供奉盧醫西廡供奉廣生大王併及五瘟
牛王靑苗土地等神立有碑記近復重修每年二月
大會等語此急當釐正者一又據羅山縣學詳羅山

離城七十里有子路山縣誌載孔子自楚反蔡問津處山上前殿祀一聖一賢該學春秋致祭後殿供諸佛像僧人月燦住持有碑記係前朝命僧圓眞鼎建之語殊不可信此亟當釐正者一有不名爲三教堂而輙塑聖像與諸神並著者據固始縣學詳固始縣北鄉橋溝集西廟內正殿供雷神鬼王東殿供道像聖人西殿供火神兩廡供閻羅等語此急當奉移者一據商城縣學詳商城縣西北離城三十里山半有洞高百餘丈盤路二里許安奉像設聖中佛左道右觀音居前諸佛在傍每年上巳以前遠近進香不絕此

急當奉移者一據盧氏縣學詳盧氏縣洛河南卜相村有寺中塑三尊佛像左耳房道像右耳房聖像并四配像此亟當奉移者一其餘或共一廟而有殿前殿後之分或同稱閣而有閣上閣下之別且有總名爲廟而分祀三教外號爲觀而中藏三教如祥符之三教堂則在陳橋鎮泰山廟內堂宇已經坍塌聖人鐵像露立天中蘭陽縣之三教閣則在火神廟內及在大佛寺內寧陵則在關帝廟後佛閣下及在白衣堂最後處如此之類各屬皆然大抵出於愚民公建在鄉村者易知出於僧道添設在寺廟者難知葢問

諸土人則無此名色雜以他像則難於識別此尤亟當詳慎查察者又據開封府祥符兩學詳掃頭集地方舊係祥符縣駐劄衙門建有文廟今毀遺有聖人像貯在三間茅屋內等語誠恐日久剝落且地方湫隘近褻此尤亟當妥議安設者又據祥符鄉紳張文莊具禀云三教之名相傳已久不惟立有寺宇而且繪有圖像凡屬緇流各裱卷軸聖人像之旁并畫十哲各書其姓字於上每遇設會建醮僧舍喪堂隨處懸掛一如三教堂內位次老幼男婦口呼手指其爲風俗人心之害較三教堂之在一鄉一區者更周流

而溥徧將來寺宇雖去繪像猶存誣妄褻瀆仍苦不

免等語查道家繪畫聖像號以天尊現奉

明旨禁止前因此圖未及親見未敢入

告今該紳係本處人所言定屬不謬應檄行各屬嚴

加查察限以月日赴縣繳銷永遠禁止如有私藏不

繳嚴予處分此務絶根株之意本院現在嚴飭各學

曉諭生監人等回心向道勿爲邪說所惑其奉到部

文劄知奉

旨依議事宜自應遵照部議交與撫都院飭發辦理

但以上數條或因近日更有訪聞或因

奏疏未曾縷及其實事在一連均於名教至有關係
相應詳悉開明以便一倂清釐事關祀典幸郎裁酌
施行
擬遵
旨陳奏
臣聞之有道之世人皆尚行無道之世人皆尚言尚
行者不言而躬行尚言者言美而行㦒此必然之理
也國家登選俊良上以備股肱之任下以分民社之
寄非苟鶩其名而已故欲因事建功以期其有用必
先教育鼓舞以待其成材聖王之造士也歸諸學校

董以師儒而又小成大成分其年數六德六行束其
心身鄉舉其秀而升諸朝迨夫論定後官分爵詒祿
殊恩大典次第加於其身豈不以振興教化輔翼隆
平舍此莫屬哉實行修而人材進此有道之世所以
人心厚而風俗醇也我
皇上綏猷建極惇典懋修加意掄才廣開言路士幸
遇
聖明敢不爭自濯磨以上副側席旁求至意顧臣思
之士人所謹凛者名節也名節非素植不成當官所
恃賴者才猷也才猷非操守無本儲養有道激勸得

宜趨向旣端振興不倦則志慮發舒風裁堪以表見
矣夫孝弟忠信禮義廉恥士人立身在是國家元氣
亦在是夫人幼而學壯而行輔世長民豈別有殊絶
不可能亦惟循循謹飭以固其志矯矯自好以勵其
才故在一家則父兄信之在一國則交游重之不求
名而名自至如陽亢宗之薫其德而善良者幾何人
王彥方之鄉里不敢爲不善常恐名爲所知此其節
槪所樹立不洵足爲朝廷儀表耶說者謂一長一善
雖可以成令名而未足以經綸朝宁不知名世之才
閒代一生豈可數覯苟其體立用行何必非大受之

器以阿衡事業而取與一介必嚴諸葛忠武生平惟小心敬慎四字而其立身則以寧靜澹泊為本此豈與夫盜虛聲飾華說者所可同日語哉葢名節素植而才猷茂著有由然也今則不然當其未遇崇飾虛名馳騖聲利觀其辨論著述文采赫然似乎蘊藉宏深足資倚任及至得志則矜耀聲勢鄉黨羨以為榮流俗附之恐後轉相援引逐逐營營縱容門客關節交通苞苴賂遺受之而不愧事勢敗露蹈於文網辱及班聯此其人誠不足惜顧國家則已被以爵服畀之簡命矣豈不重辜此大典也哉夫培植元氣者必

先德性醇厚之儒謹禀官箴者必在品行端潔之士宜命內外諸臣悉心察訪或以孝友端方見推當時者即據實上聞禮聘京師厚其廩糈優其禮遇朝廷簡宿學重望之臣爲之董率俾其講明治道練習才猷如此則數年以後必有明體達用卓然爲國家倚賴者於以宣力分猷必無有拘滯不通者矣又况擇之既精養之有素何致以簠簋不飭致干清議耶即曰科目保任其中未嘗無人然此固並行不悖也若夫中材之性因物有遷引而翼之則可以有成棄而置之則淪於汙下此惟在司教之人宣上意旨示之

趨向每於講讀鄉約時率其父兄子弟反覆申告俾知節行爲大端虛名爲可恥則習熟見聞必有勃然以興者其或蕩檢踰閑告誡不悛則懲戒行焉所以動其天良生其悔悟書云簡厥脩亦簡其或不脩進厥良以率其或不良用此道也夫其儲才備用而名實相副及夫命官分職而才守並程造就因乎德性化導及於愚頑將見俗樸風淳而人材日出於以分列庶位將濟濟與三代並隆矣

擬遵

旨輪班陳奏

臣謹按說命之篇曰明王奉若天道建邦設都樹后王君公承以大夫師長不惟逸豫惟以亂民然則天意蓋爲民以立君也國策云苟無民何有君孟子亦曰得乎邱民而爲天子天子者代天理物必使宇內順治清和咸理而後元元衆生尊爲元后親猶父母苟其不然則亦以位爲寄焉耳故曰天難諶命靡常常厥德保厥位明圭所由兢兢也夏王之垂訓也曰予臨兆民若朽索之馭六馬凛乎有奔踶傾覆之懼焉周臣之告君也曰我不敢後用顧畏于民嵒愓乎有坎窞險沇之憂焉是則三代聖王之治天下如此

其敬畏而後得保有此民也迨觀至治之世不識不知順帝之則詩歌所載父母孔邇又若當其時百姓盡銷其驁鷙忮險之氣相與服教畏神而奔走趨向之恐後民情不甚相遠也顧若是者何也則以明主計安圖治有以淪浹其心志而驅率於不自知也書云無輕民事惟難無安厥位惟危思其難無忘其危是則天之所以立君之意也歟家語有曰君者舟也民者水也水所以載舟亦所以覆舟聖人之訓深切著明豈有異哉夫亦願有天下者之熟復而長思之也臣不敏謹錄曩訓爲標目綴輯成語附以俚詞分

爲六章獻之
黼座以當瞽矇朝夕之誦
民猶水君猶舟氾濫四溢兮孰溯厥所由堯兢兢舜
業業居安思危宏帝猷君其念哉勿以位爲樂而以
位爲憂嗟我婦子衣食是謀望君施澤重以周毋令
墊隘恤恤乎湫以攸艱難惟稼穡樂利在田疇君惠
民厥惟敬哉顧我
皇無逸作所永以爲民逑
民猶水君猶舟羣趨大壑兮勢不可以留溺已溺饑
已饑道濟天下先知周君其念哉有無疆惟恤則無

疆惟休如保赤子惟心誠求一夫不獲于心憂視其疾痛而躬爲之噢咻用康恬且養綏爰鞠復謀君乂民厥惟敬哉顧我

皇恫瘝乃身允升於大猷

民猶水君猶舟搏激逆行兮忍恣以遨遊辟作福辟作威撫我則后虐我讎君其念哉後天下而樂先天下而憂吾儕小人僻處遐陬罔咈其欲給其求其告爾長咸奔走而來投陳常無爾界行德速於郵君誠民厥惟敬哉顧我

皇上下勤恤以迓彼天庥

水載舟水覆舟誰云易狎其性愞且柔可近不可下明訓慎咨諏欲敗度縱敗禮少間弗忍起戈矛曷其奈何弗敬以爲民憂王其戒茲慎幾於微罔所尤燄燄弗滅將爲原之燎涓涓弗塞將爲河之流惟作德心日休思我

皇度兮式金式玉端冕而凝旒

水載舟水覆舟詎云維檝而渡彼中流衣袽終日戒其國庶有瘳見爾前慮爾後汝不謀長誕勸憂曷其奈何弗敬以爲身訧王其戒茲思患豫防計必周與其溺人毋寧溺淵溺人不可救溺淵猶可游無戲怠

敷政優思我
皇心兮保邦制治未雨而綢繆
水載舟水覆舟紼纚維之毋使沉且浮昧爽而丕顯
民主安可偷亂於政躭於酒淪胥以敗譬泉流曷其
奈何弗敬以爲神羞王其戒茲惟懷永圖固爾猶匪
根之茂厥實何以遂匪源之遠厥派何以悠彌爾性
福來求思我
皇德兮燕天昌後以詒厥孫謀
擬遵
旨陳奏

臣謂養生送死人道之大經故親存則致其敬養歿則卜其宅兆而安厝之伏讀元年
上諭以漢人惑於堪輿累年停柩令守土之吏多方勸導按期瘞埋以妥幽靈洋洋聖謨寔防俗之大法教孝之深仁也夫停柩之事閩省爲甚惑於堪輿之說亦閩省爲多臣觀士庶之家衣食儘有餘饒而貪心弗厭訪求地師尋覓吉壤以父母體魄爲市有終身而不能如願者貧者意在飾觀留以有待輾轉遲延終莫能舉遂使一門以內數柩並陳纍纍疊積不幸遇水火之災倉皇莫措其灰燼於祝融漂没於河

伯者蓋不知凡幾矣此固愚氓罔知禮義亦緣紳士之家罔有率先風俗頽靡所由來也又有異者於郊關近地周築土室置柩其中名曰權厝夫權者不得已而暫爲之今乃習爲故常隴畔村墟接連彌望如堵如墉指不勝屈其或風雨摧頽榱折瓦傾依焉暴露即祭掃有人修砌完好而親體幸有居停便已頓忘窀穸倘出外不歸失業他徙轉瞬之間蔓草荒榛遂爲鼯鼪窟穴曾不知其顙之有泚否也夫岡嶺疇阡孰非壟地累土成邱功本易舉乃假卜壤之虛名廢送終之大節違聖人之禮教辜罔極之深恩習俗

無知小術破義

聖諭頒發洞燭隱微邇來地方守令頗知申禁亦或捐耋資設義塚以爲盡心矣不肖之徒入貲於囊舉柩而界之野日曀雨潤曾無茅茨蓋覆徒令過者神傷其稍齒人類者又以叢冢爲羞寧置諸權厝甘爲虫蟻剝蝕雖有差催之名曾無歸土之日其去幾何臣愚以爲宜飭有司悉心告諭一示以禮律彰明毋蹈法網一示以孝弟求福無藉堪輿定以期月爲程官立清查之法先城邑而後村庄先紳衿而後黎庶凡某家停柩有幾某處權厝若干按戶逐鄉開明冊

報如力能自塟毋許少延委實貧寒官爲量給凡遇閒曠之地均與塟埋鄉里好義之人苟能多方佐助給與獎賞有訪查無後子孫遠徙者卽於所厝之地瘞藏官爲置籍不至日後別生事端毋論荒山深谷均須察訪如有遺漏地保與以處分一期之間城鄉悉可廓清夫先之文告動以天良繼之官制儆其不率期限分明稽察嚴謹陋俗一化邪說不行將見靑燐白骨啣戢九原而掩骼埋胔

皇仁直超千古矣

青圃文鈔卷二

閩中林枝春繼仁　男　儀鳳義文　一彪義衡　校

張文獻公文集序

有唐開元賢相姚宋並稱史謂其達變守文同歸於治是固然矣然姚才高近譎宋剛而褊求其正大純粹無可瑕疵者其唯我曲江文獻公乎公以嶺表偉人出爲中朝碩輔雖得君未久見嫉奸邪而道伸於時名垂於後有唐第一流人物固未有能舍公他屬者竊嘗論之士君子讀書論世流覽前賢著作而可

得其精誠意氣之所存者古人之文也而其遺緒餘烈引之彌長令人遐溯遠瞻而不能自已者古人之風也文之聲光氣燄有時而替故名山石室不盡可傳惟夫間氣篤生開運會之先而煥山川之色鴻才卓品不與時世俱湮能使後人聞其風而悠然以思睪然以望則不必因其文而可以見其人而況其文具存而固與其人並垂不朽者乎曲江公之文元本經術制誥論奏體正而事詳在當時所推大手筆者業已許其濟於實用至其名章佳什排沈宋而軼王楊世主自謂終身師之不能得其一二雖事見遺編

傳眞傳贋不可知要其高識遠慮固堪與全集千秋並永也此讀公之文而得其精神意氣之所存者也若其負遠到之器論必持正心切效忠被命登庸則斥宮闈以安國本抑邪佞而進忠良炳逆亂於幾先不以爵賞酬倖功之徒卒至見忌小人外謫以去雖秋氣之移奪終感恩於篋中考厥初終正大純粹允爲有唐第一流人物邱文莊有言自公生後嶺南山川始煜煜有光氣嗚呼豈不偉歟迄今過始興之里瞻文獻之祠俯仰徘徊不忍遽去則豈非公之遺徽餘烈能感人於千百世之後而使人遐溯遠瞻不能

自巳若此哉明皇用人輙曰風度得如公否此特美其有藴藉耳非眞知公者然夷考當日燕公碩望願與聯宗襄陽賢士來依幕府太白答羅衣之什輞川誌感恩之句朝野諸賢氣類投合而公之文采風流足以傾動一時者更可知巳又何疑於後之人耶余倖竊祿茲土適公之裔孫某某輩重刻遺集以序爲請爰不揣固陋謬抒數言請以質諸讀公文集而聞風興起者

崔忠貞公文集序

陜州前明兵備僉事崔忠貞公駐節遼陽天啟元年

三月死疆事贈官贈謚焜燿前史
世宗憲皇帝褒揚忠節特命各省建祠公遂於雍正
乙酉冬得膺崇祀今
皇帝乾隆七年余承乏視學豫省臨校號署公之五
世孫長庚以遺集一冊問序於余公豈以余序顯哉
夫人之爲文章者多矣必根諸至性稱心信理現量
發揮而後其文爲天下之至文公總角舉神童十七
遊黌序歲寒松柏之論識者比之文山正氣歌迄今
讀之猶凛凛有生氣則凡生同斯世撫塵接軌者其
感興更可知已及至取科名登仕版詩書開濟武緯

文經竭節抒誠臨危致命皆本其文之根於至性者沉深藴積以大其設施豈非事君先資其言拜自獻其身以成其信者乎千載下夷考公之行事始則倜儻非常不拘小節終則捐軀報國甘心九泉祠額貽忠都城並建可以使頑者廉而懦者立文山之所謂是氣磅礴凜烈萬古者公其是矣雖零璣斷錦生其後者猶將藏弆而寶貴之而况遺文具在聯爲卷帙不至與蔓草荒烟同其澌滅其誰不起親炙於聞風撫簡篇而慨慕者哉表章忠義風示後人學使者職也故因長庚之請而爲序之如此

福州府志序代

旊陶以爲器弗精其模不可得而市也輪軫以爲輿弗納於軌不可得而驅也守相以爲民師帥不慎持其樞鑰不可得而整齊也守土之官政成法立因得以制度損益之數綜核載籍圭臬前賢勒爲成書用以昭法程垂典則斯則所謂有綱紀文章者矣夫圖志之作自古重之周禮大司徒掌土地之圖以辨物生施政教而職方氏按圖辨地周知財用穀畜數要使同貫利推之鄉遂縣鄙簡兵教稼於是乎詳興事擾甿於是乎集然則外史所掌四方之志蓋詹注之

權輿弛張之鈐鍵雖大小繁簡各殊要皆長吏才力精神所爲彷徨而周浹者也如徒以名邦勝蹟採摭英華有俾掌故其視紀載爲已淺矣福建於周爲七閩福州地處閩中自無諸建國風氣至唐而開至宋明而盛海濱鄒魯之稱有自來矣

聖天子仁澤涵濡聲靈旁鬯閩地數千里名城大都拱護東南而省會則節使軍府駐轅之地所以控制上下游者也余恭膺

簡命總制浙閩次第規畫之餘因得考所屬政績顧恒謂治省郡與外郡殊治福州與他省郡又殊何者

分省畫疆勢取居中鎮外而福州層巒巨浸在在皆邊地要衝所屬介山海之間民無蓄藏仰給上游溪峒叢深易動以肆闤闠間利而巧文而不慚故爲守者撫馭教養恒什倍其心力以求濟而又一城之中戎行商販之所參錯鹽筴軍儲之所屯貯島夷舶船之所往來徵調轉輸之所總滙章程不立則奸宄益滋令甲不彰則觀聽易惑此徐太守勤勤於郡志之修輯殆亦樞鑰在心而參求所以整齊之法者歟我

國家

列聖相承幅幀廣袤開闢未有邇年恭遇大清一統

志告成出自內府賚及羣工周書王會之篇唐人職貢之圖不足方其盛矣顧郡志亦有不可廢者葢紀載典章朝廷職要郡國職詳邦域既分統轄攸屬按志而核之其間版籍戶口賦額所由登耗坊庸樹蓺農功所由廢興服用儀節習尚所由淳漓方物懋遷食貨所由嬴絀以及名卿碩士鍾靈過化之區廣谷大川設戍安屯之所莫不條分縷析較若列眉爲政者補偏救弊於以成其禮俗登之仁壽馴彼驕悍而烝我秀髦不獨宏綱鉅典衣被前光卽村墟之遺事田叟之風謠一話一言皆黃堂聽治所日懸其格式

律令者也詎但稽圖數典無訾其闕遺乎哉夫志者
誌也誌古以範今誌今以垂後也太守居表率之地
能自別利器於十屬中樹之風聲則自兹以往直如
陶之運鈞輿之轉軸推移變化而無乎不利由此志
也以希踪前朝賢守嚴虞程蔡何多讓焉余嘉是書
克成有俾政治而足垂久遠因著其大指若此至於
排纂體例紀述源流博奧詳明太守天祿石渠之彦
珥筆優爲之不待贅矣是爲序

梁山劉氏族譜序

歲辛未秋杪同鄉劉君信吾自其東營任所郵寄手

輯劉氏族譜求敘其簡端時余編摩國史分纂名臣列傳事方殷因受而藏之屆冬稍暇乃爲檢閱不無不遺體裁悉稱既美其用情之篤與其致力之專又思劉君甫膺干城寄抑惟方略訓練是急顧有餘力纂輯此書優閒整密如是考厥所由乃知其尊人自鄰水始家梁山先世以來不常厥居茲爰宅爾宅郎恐卯金一派以地遠勢殊莫尋遺緒久蓄此志以朂後人而信吾受命不忘遂成此舉蓋其貽謀之遠繼述之善均足稱也夫劉氏自長沙以天潢衍派吳楚歷唐迄宋代著偉人由楚而蜀屈指二千餘年閱世

七十有二源遠流長至萬里公兼資文武大邦維屏
靜海分茆以後縉紳奕葉豈非光遠而有耀者乎唐
太宗脩天下譜牒退新門進舊望合一百九十三姓
劉姓遥遥華胄實居崔盧之前而其盛者乃極於遐
陬郡邑靡不蕃衍郎梁山之一支而又復緜緜不替
光前裕後其信而可徵也已信吾生負奇氣練習武
事高掇甲科曩者西陲之役能以義勇自奮遂顯功
名邀督師之獎許首叙勞績膺特達之知將從此始
顧其脩職之餘一惟以遵先志厚本根爲兢兢稽世
德之遠延冀垂休之勿替畢力殫精充拓積累劉氏

多賢其繼靜海而起者乎其豎立爲可量耶抑余聞之投石超距是爲驍將雅歌投壺是爲儒將說禮樂敦詩書則可爲大將矣信吾不忘先志用以追遠報本敦睦族姓合敬同愛禮莫大焉樂莫重焉使本此以愛養士卒扞衛民生爲

國家專方面之任其樹立豈可量哉詩云張仲孝友書曰施於有政此之謂也若其世次遠近支派分合遷徙始末紀載之詳大書特書體例之正信吾得自

庭訓者譜中自述語備矣故不復云

重修族譜序

吾林族譜始於明永樂乙未閱今三百餘載重修者七癸丑之役　楚滃祖贈編修公實襄厥事甲辰分纂射房則弟詒五任之兹二十餘年矣某幸承藉先蔭叨列仕版數年來馳驅王事未獲一掃松楸中心怵惕乙丑夏蒙

皇恩許歸省墓監碑建坊次第舉行因念族譜舊板近已零落無存急謀重鋟乃取舊本校正舛譌補其缺遺而新近蕃衍者咸增入焉親加訂定付之梓人越五月告成將進諸家廟謹拜手而言曰惟祖宗積德累仁克昌厥後昔在中葉惟忠惟孝丕顯前光用

能保世滋大以有今日可謂盛矣先祖有訓動守禮法孝親敬長毋墜家聲溯本源之念推一體之恩啟佑我後人可謂至矣其在於今風會遞變好尚各殊前望典型僅付諸長慨後之視今又不寧惟是甚非我先祖詒謀之盛心也余小子謭陋無識敢謂無忘舊典顧念世澤遠垂不及時修緝致殘缺貽譏則獲戾滋大且是舉也先人靈爽實鑒憑之敷辭貽戒恐乖恂恂之旨惟是取前哲懿規先正格言引而伸之以無忘前休垂訓後嗣庶於義爲當在昔方正學作宗儀九首首尊祖次修譜次睦族繼之廣睦奉終申

以務學謹行歸於修德體仁今日之事此物此志也朱文公之訓曰爲人孫者當思祖德之勤勞爲人子者宜念父功之刻苦李文貞之言曰心父母之心則無不和之兄弟心祖宗之心則無不睦之族人於戲之二說者盡之矣謹以是爲吾宗勸

重修族譜後序

某既重修族譜爰進諸子姓而告之曰吾林盛於閩吾宗昌於有明吾族人推本世閥以別異於衆亦既知之稔矣抑穆叔有言太上有立德其次有立功其次有立言是以不朽三者與民生相終始非如勢位

富厚徒以衒一時耀一鄉而已雖遠近顯晦各存乎其遇其足以傳後世而無窮一也吾林自敬齋公以吉壤公族人晦軒公袖金遺隣里其後登仕籍者撫州公民爲崇祀文安公望重三朝學宮爼豆累葉馨香列在明史一門修飭父老能言其遺事儒林至於今仰之豈非君子之澤久而不沒者乎文僖文恪侍從論思康懿仲山敭歷中外莫不乃心王室砥柱中流虚江公抗疏鋤奸念庵公托疾辭逆世勤公孝徵四瑞堅之公萬里尋親均名教之干城人倫之模楷其餘績在方州澤及親故雖不必鐘鼎銘功而心碣

口碑至今未艾教忠於國教孝於家理本詩書誠貫金石上之培國本振朝綱次之闡遺文垂大義莫不炳炳烜烜爭光日月固不獨家富縹緗人多著述爲足藏名山傳其人也維我先祖創業垂統昔在中葉保世滋大詎不以是也哉今者運會遞遷風氣日薄祖功宗德將何以守而勿墜余滋懼焉無已則謹爲族衆告曰慎勿乖離情義菲薄前型凡我子孫尚其心祖宗之心行祖宗之行以無忘守庵公之訓慎勿別開徑竇自樹畦封尚其貧富窮達隨遇而安遠邇親疎敦睦無間以毋忘泉山公之訓盈滿爲戒謙讓

自居小泉公遺訓在焉其愼勿矜勿傲以招禍尤動守禮法休戚相通司空公遺訓在焉其愼勿肆勿慳以長澆薄他如守清白戒遊蕩重廉恥斥搆爭列祖告誡丁寧不一而足皆當警心觸目銘几書紳詩曰匪手携之言示之事匪面命之言提其耳藉曰未知亦既抱子可不戒哉可不戒哉且夫重圭襲爵四世五公孰如東京袁氏而論者以車服奢侈能守家法不及關西田竇聲勢赫奕不久銷沉惟萬石公馴行孝謹聞於郡國見稱當時相持而論所重可知吾林科甲蟬聯冠蓋相望積善餘慶實有自來而度越衆

流不必在是叔孫子不云乎保姓受氏無國無之祿之大者不可謂不朽吾族人寧未之知耶繼自今孝子慈孫紹聞衣德無廢前功尚皆克自樹立追維祖訓乎則吾言爲有徵矣

呂宗則詩序

呂廣文力圜宏通博雅含宮咀商其所爲詩力追漢魏以上不屑爲齊梁綺靡之習今集中自銘詠歌謠以至於五言七言州次部居釐爲若干卷要皆恣肆於古作者之林不必有意規橅某氏而自得其神似蓋其醞釀於性情者深抑且根柢蟠結輪囷苞孕故

其筆之所到古體樂府庶幾乎破鬼膽而媲皇墳逅體諸什吐棄一切求所謂土苴唾餘者無之非以千金易一搏黍者比譬之張樂洞庭之野韶濩金石升歌間作瓦鳴缶擊頫首扶服觀止矣他日者力園以休明鼓吹之才必將作爲歌詩以鳴

國家久道化成優柔平中盛軌賡卿雲月旦之章應朱干玉戚之舞固不僅擊壤康衢毫毛茂茂作駱駝腫背奇語驚襮好事者之口已也若夫以詩爲教合於周官樂正之所云則曾敔人先生論之詳矣理不復贅

送朱景伊序

襄野朱君秉鐸夷門方余下車時卽有告歸之意余以君持躬端直足稱諸生儀表未之許也及余按臨事竣旋汴而君歸計益决重違其請行有日矣成留別詩十章復出梁園草一帙簡端自爲引言以慰諸生惓懷私悃余觀其去留之際高情雅誼有足多者襄城山水靈秀甲中州以余所聞趙紫芝令武山頭月紫雲澗下泉之句爲學者傳誦而詞林前輩劉太乙先生詩文名雄海內文采風流今猶有存者君夙負儁才又與其鄉先生賡唱往復宜乎韶音令節彬

彬推重於時髦也今君既得遂初服驢背奚囊尋花問柳興致當更飄然不羣抑余尤望其宣皇風揚雅奏金石諧鳴俾襄城士子歌咏反覆知所觀感興起相與敦崇古道而詩教益廣斯則矜式於襄模楷於汴為澤均耳詎必泮林皐比始稱主持教化之人哉余既閱其詩因書數語以贈其行

中州試牘序

學使者始下車按臨郡邑例刊刻試牘以觀風氣初試衛鄭時卽有請者余應之曰風氣者一時所趨耳今姑取其已然者而示諸人耶抑將以觀其後也且

夫一臠之味不足語全鼎之珍也審矣盍姑俟之今
歲莫春兩試既竣乃合向所錄取文字詳加品騭函
稿金陵就正於方望溪師復書云理正而氣清不詭
於法統計得文二百首葢河南三載之風氣於是可
徵焉今
天子昌明正學
欽定四書文頒發學宮嘉惠士子曩使者備員詞苑
幸與校勘之列洎視學玆土祇聆
聖訓切至諄詳緊隕越是懼顧竊念中州風氣向苦
平庸大抵學識未充自安凡陋以故校藝之餘時進

諸生於庭親授以讀書作文之法是非得失反覆指陳亦既樂聞而願卒業矣邇來二三才俊類能自出杼軸不屑屑苟同於衆思力所造沉鍊警闢之辭亦往往而一遇其餘猶知講求理解法脉不至昧没其清明之氣以視從前之荒蕪頹唐殆有間焉得非其奮興激發風氣轉移之一機耶顧余又竊慮之淺陋空踈固非大雅所尚而自負高明者復競趨詭異一途譸張爲幻倡爲與其可解毋寧不可解之說自矜古奥超特不知其支離蒙晦抑又甚焉顧或從而導其先路過矣夫已宿疾者必無傷其本今第使之循

循於理法以經書爲根柢以先正爲準繩久之涵泳有得精光外朗瑕玷勿呈辟則元氣周流厥疾自損而膚革充盈矣顧乃驅庭羸而瞑眩之詡詡然收功於旦夕也哉是集所登不名一體要以理與法爲主而氣以行之諸生倘循是以往勿狃於舊習毋奪於邪說日新月異安知不有卓然傑出追踪先輩名家如望溪師書中所云耶他日采風豫省者慶

聖治之翔洽欣人文之化成謂風氣開先其來有自是則予之厚幸也夫

江西試牘序

我國家
列聖相承教育多士
世宗憲皇帝憫俗學之紛紜特頒
諭旨文以清眞雅正爲主我
皇上紹承治統陶冶羣倫振興士習於應試時文
諭多士必遵守先正典型其所以屬望士子者至矣顧習俗漸染未能靡然向風一二揣摩之士猶未免恃才而廢法舍理而騁詞而冗濫支離之譏時或不免其淺學寡識又相率而入於詭僻虛幻之一途以爲西江衣鉢由前之説則趨時而乖於體由後之説

則贗古而失其眞二者交譏是皆不知先正典則而以已意爲權衡且不知爲清爲眞爲雅之無一不出於正相務相高遞起遞滅欲其粹然復古誠未易言也今試取此四字者與諸生詳辨之凡文之清者有骨有氣塗澤靡曼其骨存乎塡砌猥雜其氣存乎文之眞者以理以神模稜影響其理存乎摶土刻木其神存乎稟經則雅蔑古則俚莊老競陳六經糟粕可謂經乎箏笛盈耳元音不聞可謂古乎凡文之道有體有詞割裂補綴首踵反易其體不正矣誕謾若河漢幽晦如孔竇其詞不正矣體之乖也詞之離也皆

不清不眞不雅之病而要之皆不正之病則所謂正者可得而言矣大匠之制宮殿也先之辨方定位推而千門萬戸不爽銖錙大將之控行陣也示以步伐止齊極之縱横九地九天而不易其位無他繩墨樞轄存焉唯所用之無不應手此所以爲能也若拘方以爲式徑遂以爲程則是迂耳板耳其與浮誕僻詭者相去幾何又安在必以此而易彼哉今之學者欲爲先正之文亦返其本而已精神知慮與生俱來未嘗罔也經書典籍如日麗天未嘗晦也宋明諸儒講解輔翼宗程朱以推闡孔孟未嘗異說也本朝大家

與前輩法程錢王歸胡之程式未嘗不備也擇之也精守之也固習之也熟窮其理則廣大而精微養其氣則積實而充滿由一字一句之微以毫之千條萬緒如車之有轍如田之有畔朝夕由之其有軼而過者鮮矣此舍正路別無可趨之說也造物萬變不窮五聲更迭相代必有從其朔者永歸其壑而萬派澄泓人反其初而一誠無僞朱絃疏越一唱三嘆其感人也和以平此非自然之理乎則爲淸爲眞爲雅之必本於正又其一驗也方今文明日啟道學昌明
聖天子建中和之極金聲而玉振之翊贊光華非文

曷賴況三載開科孝秀於是而升卿相由是而出有猷有爲之士他日出其所學以正人心正風俗而廷獻先資之言顧不出於光明洞達則以心聲卜其志業大小偏全槩可知矣矧又以詭誕行之將居何等乎江右文物之邦鹿洞鵞湖先賢遺澤未遠宋明以前大著述作手恒不乏人而邇日庠序之講說縉紳之發明若有岐論未破藩籬亦其並世相輕之習則然即以時文論近代專稿名家與夫前明之五家四雋相去何如也蓋其作之而傳傳之而久惟其正理存焉其反是者聲價傾動一時未幾而寂然久之而

囂然相詬病皆出於一時牢籠刼制之術灰飛澌滅轉瞬隨之其又足式耶歲試按臨有三集之刻㭗總其成今選合格者如干篇並梓之以爲程式因與諸生詳辨其是非得失亦瞭若指掌更無可置疑矣然則不清不眞不雅者果不足爲正也然則必淸必眞必雅者同歸於必正也眞西山之選文曰正宗近日蔡文勤亦有雅正之選皆重正之義也諸生其熟思之

朱渝生制義序

文如其人者也天地之菁華待人而發彼其未有得

於已而取之外也探賾索隱收視反聽而唯恐失之若夫意境所到神動天隨一動筆間至理燦陳犂然在目此非夫文之為而其人之為也然其顯晦通塞之故則有潛運黙持者殆非人之所能為故雖以奇才異敏之士閱歷困折以臻有成而竟世抑塞鬱鬱以殂蓋其生之成之若彼其難而終不克收其報良足悲也余向閱錢塘朱藕香哭其弟渝生詩悽然人琴之感既而見渝生存稿蕭閒淡逸彷彿遇其人焉夫其冥心孤詣探原而出牢籠物態而其味淵然以永鏤刻精彩而其光闇然以幽論者謂其實擷香於

西江五子要其瀟洒不羣之趣自溢於楮墨外不爲章羅陳艾所籠束則其天姿之高而能卓然自豎可知也然渝生曾不能以此取科名以榮其身是殆有數存焉耳余觀天崇名家往往有終身偃蹇太博一第而斷燼幽光至今猶膾炙人口卽如西江五子以魏科顯達尚不得一二而他又何論耶且夫士固有遇不遇而其顯晦也有時昔陸宣公於昌黎顏子論再投而始見收使天假渝生之年益肆力於所得實大聲宏爲制義之昌黎則必有賞鑒之敬輿而大起其聲價顧賫志以歿豈其文當傳於後而故厄於時

耶抑其人既以文壽遂不必有其年耶余閱其文以審其用心知其能事不止於此而竟以此終是可惜也毛子幼粱沈子萊友偕其執友三四輩裒集其文如干首余爲點定而序之世之讀渝生文者可以想見其人矣

魏澹明先生遺稿序

自余視學江右輶軒所至毎訪其郡邑之文章節義名人碩士輒爲標舉生平以爲諸生訓式其或世遠名湮聲光弗耀亦必搜討遺文軼事因以系其姓氏里居俾傳於後若其人久爲士林儀表而殘膏賸馥

亡而幸存尤急急表章俾勿遏佚葢讀其文足以論其世亦所以爲風教勸也新建魏滄明先生當前明末造逆閹擅威福荼毒淸流先生獨抗言於鄒趙兩賢間駸駸晉臺樞又以奏章忤柄臣補外職懷宗特詔起用而先生引退辭榮已下世矣滄桑變易存稿凋零其五世孫南豐廣文正耀裒集而刻之余夙契先生名謂堪與鄒南皐胡若思羅圭峰何椒丘諸公頡頏先後乃今得讀先生文不勝典型未遠之幸正耀爲余言先生售萬歷甲午第二人艾東鄉以嚴潔評其墨義乙未捷南宮出董文敏之門與湯霍林同

時並奮余觀先生文光潔秀拔洵不愧文敏公家法而元氣冲融精理團結尤能於理齋川南後自樹一幟固可於吟諷之餘而得其眞味之所存雖全稿盂藝寥寥散軼之餘未成完璧然其珠光玉潤要不可掩洵先正之遺軌後學之津梁也先生出朝省監司閩嶠以文學課士所識拔皆大雅才如前輩周五溪及余族林元圃尤其表著亦可想其衣鉢之傳云庚午夏正耀以序請余不敏曷足以窺閫奥惟是訂正名文以扶翼聖教使庠序之士知所法則則衡文之責其曷可辭矧先生直聲凊節著於前朝又此邦之

士大夫所當仰止而則傚者美斯愛愛斯傳而僅以文也哉

吳劒虹自訂年華錄序

夫迹者身之所寄雖情緣境生而身亦迹也昔人於勝槪賞心往往徘徊俯仰不能已已矧身世數十年間上下今古詎一名一物已乎雖然今日之迹明復陳矣新故相仍息息變局昔人雖寄情甚遠要不能不聽其自然白衣蒼狗欲鑄金刻石以求其形模可乎不可文者心之聲而迹之著者也方其儲才抒臆豪蕩激昂自謂足炫耀一時及雲散風流時移物換

氣焰已熸而姓名隨之詎不悲耶觀夫古今之大陳迹與陳言一而已矣余讀坦菴先生編年二卷敘始生以及周甲首歲紀年分年隸事詩文錄其大要附之其間有詳有畧或追書或附見次第秩然頗倣昔賢年譜之例原先生之爲此詎以衒名矜衆抑其持躬閱世殆有浩然不泯於中者乎顧先生自云吾以迹之所寄而心不能忘暮年檢閱聊用自娱云爾要其敘錄之際精神已與筆墨俱傳安知後來慕相如者不一一指其芳踪侈爲勝事而因叅考其所紀載以悉其生平其人其文不且閱千百載而光景常新

也乎寥寂今古之間而勝概常存寸心不泯以視夫轉盼陳迹感慨欷歔者其所寄托果何如也是編所錄天親人紀每事不遺著其大也登臨談讌寄懷贈答不悉書書人以存人書地以存地也由釋褐之年至返吾初服進退出處謹識其時日入告之詞則備焉此微指也後之讀者綜茲編可以知其人論其世矣先生著作全集另鋟板行世茲不具贅

開封李君崇祀錄序

前明功授知縣拔貢生李君以守城禦寇功祀於鄉其孫爲淦編崇祀錄一冊用紀國恩表祖德禮也余

嘗閱守汴日志李君明季一諸生耳破產練伍力保危疆奮不顧身以殉國家之急前後設策智勇俱竭天未厭亂不辱於賊而沒於水志雖不終功亦偉矣禮曰能禦大菑則祀之能捍大患則祀之我
世宗憲皇帝愼重祀典凡應祀鄉賢名宦許題達舉行余偕雅撫軍得以據例上請今
天子作忠勸善允其入祀夫李君守汴距今百有餘年其精神意氣旁魄結轄固將乘風載雲翕忽於傳芭伐鼓之餘而遺直在人歷久不替重以
聖朝表揚風厲之典俎豆馨香合於祭法將使生其

後者撫厥遺文斷不至金銷石泐與青燐陰火同歸剝蝕然則是錄所以存守汴之志於千秋可也爲淦能表章先烈成諸盛舉亦可謂賢矣

陳隅易六十壽序

人未有不以得壽爲榮而蘄人之祝其壽者也稱觴而進之曰是酌也願君得壽若松筠則囅然笑矣又進而酌之曰不寧唯是願君壽如山如阜如岡如陵更暢然喜矣又酌而進之曰願君壽如安期羨門浮邱洪崖之徒呼吸日月與天地相終始則又曠然茫然欲起挹其袂而拍其肩而快然以爲大適矣嗟呼

是豈其然耶自欺以受人之詇相率而歸於妄而已然則南山天保魯頌豳風諸什非與曰是詩人之志也其壽也其理也君子不蘄乎人之壽之而壽之理存乎人是自有說之也是故君子亦自壽其壽而已矣何謂自壽其壽曰萬物之生於造物也有生之理卽有生生之理其生也其壽也無夭閼其生之質在物斯壽矣無夭閼其生之身在人斯壽矣旣無夭閼於生之初而又引伸推擴俾生意暢滿六合以訖於無窮以是爲緜緜之壽而已夫心者血氣也性者實理也仁者生機也有生之理自秀靈以至於肖翹蠕

動而未嘗有遺則試驗之一身肌膚毛髮以及呼吸涕唾何一不相連屬而孰從而問之是由一息以至百年皆此生生之理主乎其中而久與暫一視夫其人之自致故曰自壽其壽也螺洲孝廉陽易陳君行年六十有二精力健旺如壯時適將謁選銓曹以親民之令行其所學值覽揆辰戚屬謀所以祝之功名君所自有亦祝其壽而已抑吾與之爲交也久知其行也詳乃爲之說曰若陳君可謂自壽其壽也已夫陳君自爲諸生時即能推其好生之心以壽於世遭於路有窘而哀呼者無不應也江之涯沙之涡有載

沉載浮者無不瘞也有覆而溺者無不援也鱗介之族有惻然觸於心目者無不市而活之也其識見高明不屑屑於浮屠之教以覬收福利而危急困頓中往往有脫其厄而全之者昔歲舟覆於波濤而卒賴以濟觀者以有徵驗遂生報應之說而不知君之心以生物爲心者也以生物爲心者生理常流行而不息則磅礴而彌綸之於物於身皆是也既於物於身而皆是則又何物足以夭而閼之而奚不壽而奚不爲緜緜之壽由斯以言假祝君以松筠不改柯易葉君不以爲喜也假祝君以山阜岡陵終古不震陷摧

陊而君未必以爲信也矧蹈襲虛無之說指所爲安期羨門浮邱洪崖以相况謂當與數子者頡頏上下於清虛元漠之中而不見其化君有不哂其謬且妄者哉雖然自壽其壽者余之言非獨余之言也繫辭有之矣曰生生之謂易夫天地間一陰陽之理而已陰陽一循環之運而已循環之運無端而不可名則生生之理無終而不可究極人得之以生即得之以壽人常活此心以無負此生是卽所謂自壽其壽夫何以諛且妄爲陳君以陽易字君其邃於易者乎請以是質之君而以爲君壽

世母何孺人八袠有二壽序

某少而孤晨夕依　慈母膝下　母時歸舅氏留某肄業於家則請世母善視之顧復慇懃未嘗或加呵譴某即有小失輙婉詞以勸戒勿使聞於吾母蓋吾母世母均承　先王母劉太淑人家訓妯娌歡好無間言而世母秉性慈和視孤姪猶子無不一體均愛者洎某登第入仕途每聞　先王母及吾母累膺贈誥輙靦然以喜而溯往睇今又未嘗不以弗身受爲戚顧某羈宦在都弗獲躬親左右去歲假歸拜於堂前慈容温潤和藹不殊在昔迎至新居燕樂衎衎

追述數十年前事纖悉不遺從孫輩懽聚而敬聽之依然曩者垂髫奉懿誨時也新春正月屬設帨佳辰二昆謂世母壽益高予適幸在籍宜有辭以祝某誼屬從子又夙叨母愛惟敬徵其所親見而以克遂其可願欲者爲世母慶亦何以辭爲世母出何氏名門爲何祖姑長女祖姑其最有壽者也壼教夙聞遂以中表締姻寒門世守儒業　先王父負宿望以明經終老井爨縫紉　先王母親執其勞及得賢冢婦佐家政乃喜而安焉世父早遊庠序治一經弗營情家計雖累年舌耕而起居服食恒極澹泊之况世母黽

勉有無屏當酬應薪蔬之費半從十指中出荆釵布裙怡然自得也鞠育兄姊妹八人恩勤備至辛卯長兄以五經獲雋方擬致身　皇路祿養有期未幾早折三兄繼之數載以內榮悴轉瞬欣慨交心而世母處之晏然載經載營男爲授室女擇所歸世父向平願遂竟以老壽終無身後未竟事可不謂難與夫閨闥鮮遠圖當其勞心苦志莫不處約而辭甘及中歲侍奉有人則燕息自娛賓祭之儀不一問孫曾之事不嬰心此適以教喻耳世母敬戒於爲婦辛勤於爲母約其歲月甲子既週而中饋蘋蘩事事必親蒞而

督課之提携幼孫至老不倦於以上緒　先王母之家法而下爲子婦輩儀型是皆一門子姪所親見而樂道者今世母晉年八袠有二矣二惠競爽諸孫羅列播芳馨於晚節肇保艾於將來而耳目神明與人不隔徵引指授絶不遐遺方諸在昔郗夫人宣文君不多讓焉人生可願欲之事孰加於此當此春暉明媚玳席宏開賓從如雲笙歌迭奏顧之而後喜可知已某辦裝在卽時時過舊廬問起居世母懽然命坐每曰吾見而滋念而母也惓惓懇懇惟恐其北行之遽心滋慼焉竊窺世母慈和之性老而彌篤且益推

其恩厚以施及孫子則其壽考且寧固其生平善氣所積而導之者今茲稱觥將何以爲祝哉亦願世母如何祖姑之壽屆百齡而更軼而上之凡吾　王母及吾母之邀恩身後者世母得躬受其榮而益見其子若孫之顯達富盛彌加於昔且使一門羣從子姪均得以永荷慈覆而申慶禱於無疆也是則二昆徵言之意也夫謹拜手叙次之以爲祝

與當事者論三山邇日風氣書

昔荀子論官厥有六蝨韓非論政厥有五蠹是則蝨也蠹也皆用人行政之害也聞之物必先腐也而後

蟲生之安知非政之生蠹生蝨而歸罪於蟲蟲其受之乎抑賈生有言天下之勢方苦病腫又云病非徒腫也又苦踧盭及今不治必爲痼疾後雖有扁鵲無能爲已然則病與蠹相因而至亦交濟而深而其終也必至於俱敗而兩傷至於俱敗而兩傷則無可爲已以今日閩省風俗言有所謂害者八有所謂蠹者五請畧陳之

一曰鬼　越人鬼楚人禨自古已然然在今日尤盛况閩俗喜淫祀非有其名也臆名之則臆祀之而驅人其祀之而人與人又從而張大之故每歲迎

神設醮舉國若狂其尤尊且貴者曰五帝官斷不信不從必質諸五帝而後帖服非是不止其天仙府文書儀制儼與官司並行在官吏役陰左右之破家財犯憲典彼以爲爲神出力也凶徒醜類處處團結鬼社以此爲雄近屢奉禁特不公行之而私如故

二曰仙　市井無賴之徒長拳棒慣賭飲自稱曰仙以爲官法不能及平民不足難晏然唯吾所欲爲而莫之禁也於是其品第有上洞則吏役衿監爲之有中洞則教師白役薄有家事者爲之至於下

洞則游手游食者是已至於散仙則乞丐盜賊是已然此雖互雄長各有服屬及至有事則必互相照應或出身或出力益必自固其門墻而後羽翼成而可以恣毗於閭井訏城鄉內外動以千訏幸災樂禍魚肉平民

三曰巫　男呼師公女呼神姊自言神降其身能司人禍福近又有男巫而女名者曰某妹出入帷闥尤不可言至於男巫舊以閩淸人爲靈今更以興化人爲上偶逢疾病必設壇鳴鼓連朝及夕恫疑虛喝假神威造妖語而無藉之徒利其飲食爲之

奔走游揚

四曰丐　老弱孤貧不在此例其晝界分疆領頭索詐皆强壯男子也民間婚喪或据其席或卧其壙銀錢酒食必厭足其願而後已此則城市中僶勉委曲從之結隊一入鄉村苟男人于田丁壯遠出則藉此擄掠牲畜奸淫婦女暮合朝散不可踪跡目今閩清釀成輪姦致死大案則皆此種乞丐之爲也

五曰媒　男女議婣傳言達意其在官則有官媒所以杜拐賣之徒也民間鬻買婢子必經其手今則

合夥賃屋居貯童婢賭引棍徒淫蕩抽錢或以日計或以人計是又明設勾欄而無禁也至於市鎮叢雜南台西河尤多串通漁婦艷妝麗飾撐船開局以引誘往來商販皆奸人出資本而收其利

六曰差　地方官正差一人必有幫差數人皆白役也小事一語牽連動用大鐵鎖係頸非納錢十餘緡不能脱手其拘追質訊總視兩造出錢多寡以爲遲速而酒食紙筆之費不與焉其又甚者本案之外可以隨時禀拘隨意釋放官不知亦不問

七曰役　附郭農民家稍稍豐殖輒竄名司道府廳

班役籍中實不當差而門卽監本官燈籠因之雄長一處遇事風生從中取利逞身涉訟毫無顧忌
蓋衿監可以交學而上役不能褫革也更有旗牌官者非官非役其勢燄與官無異尤上役不敢望焉聞無定額亦茅掛名而已
八曰營　閭閻睚眦營報直達憲府恃其勢燄兼陷官民黑夜四出名曰按緝納賄誣良莫敢與辯其分撥汛防居則爲賊淵藪出則爲賊嚮導無究詰者盜風日熾近有串逼奸民陰首畔逆至動官兵彀矢露刄圍其門第而毫無影響者

有此八害鮮不遭其荼毒者然知害而遠避之尚可以自全無如五蠹潛穴其中則與害爲緣蓋其勢相因並詳其目

一曰賭　衿監商賈下及平民無不賭者敗露責懲特其偶耳重門深閉人蹟罕至既倚爲窟穴而又廣布羽翼偵探勾引或以聲色爲囮或以文酒爲囮一墜其中旦夕家破及其窮也反入其夥以勾引他人爲衣食計葢設局者棍徒而賺誘良家子弟者半皆無行之士人也

二曰侈　鹽當子弟服飾相矜久矣近年婦女粧飾

尤異剃眉復畫高髻欲搖拖帷裳橫廣袖登臨赴會則侍女持長竿煙包筒排列若長隨競爲葉子戲混江遊湖賭勝負歸來紗燈相屬於道青衣女鬟垂髮及肩而挽兩袖至臂者皆若輩之貼身隨從也數十年前見有衣綃金繡錦者則以爲異此則反嫌其俗而陋矣中饋女紅其又暇問乎哉

三曰妄　惟名與器不以假人等級分明民志乃定今則銅臭隸役一朝援例虛得職銜卽製金牌置傘扇朱標封條駢列門首蟒袍補褂服以爲常尋常則交接官吏居停幕客他鄉棲止者利其食用

助以聲勢民間自此多事矣捐監則望闕而謝恩
鹽客則爲文以祭天皆眼見耳聞實有之事
四曰狡　幼欺壯貧捎富徵賤侮縉紳單戶凌大族
忍之不已勢必到官及登有司之庭則爲椎魯怯
懦種種可憐之態問官一覽情形有不暇問其是
非曲直以擊强扶弱爲心而墜其術中矣屢戰屢
勝愈無忌憚又有經官訪獲罪無可逃則訟棍猾
吏教之攀指有力人家爲自已生財之計今則其
術愈工不待學而能者
五曰幻　游手游食喜人禍敗以有事爲樂慣造妖

異之詞互相煽惑署無形影必指一衙門傳出以為徵信意欲快其所憤則廣布謠言暗中捏陷緣此十步之內便異傳聞播之四鄉愈生枝葉所謂民之訛言寧莫之懲比刻小說賣新聞者情罪尤為可惡

此皆財用百物風俗人心之蠹然蠹財用者其弊小蠹風俗者其弊大造福桑邦轉敗為功是在嘉惠閩士者矣

與劉按察使論速葬書

養生喪死王道所先仁人孝子不忍暴露其親使骨

肉復歸於土所以死者獲體魄之安生者盡送終之禮其在閭閻除凶穢之氣以召祥和順閉藏之理以暢生機此陰陽常理爲政者轉移風俗之大端也竊見執事禁邪神嚴賽禳師巫畸人不得逞其故知今歲民氣和樂竟無夭昏札瘥可謂立事有制張弛之明効也今更有欲上陳者南方之俗鄙野樸陋親死不塟停柩於家揆其本心非必盡貪吉壤特以棺衾苟完吾責已塞棺柩一物耳置之舍中何與人事且生與周旋一旦出之郊坰非心所樂歲月因循竟有逾數十年父子祖孫纍然並列一堂者苟非居停易

主從不能以廓清其或因事他徙棄置山坳田隴間蔽以箬篷稻稈雨淋日炙白骨髐然村豎無良因而傾倒之取其支骸餘板以鋪塡路坎屯柵雞豚而是物已泯然無迹矣其在闤闠中者卒遇回祿擁擠屯塞卽時與之俱燼村墟春夏之交溪流暴漲浮沉江海而没者又不可勝數也向使開三尺土覆一簣而納其中何至傷心慘目若斯之甚哉近歲人情日薄齊民中設以此事相勸則曰吾生且不謀何暇及此卽使貲力足辦又以爲此非所急且比戸皆然寧足爲恥因而相視成俗不復置懷四鄉雖設義塚下戸

差厠其間公牒查催則鄉保歛錢投一甘結足矣聞
十餘年前當事曾爲發價然漫無經理祇令出城無
見之徒因以爲利舉而置諸邱隅遂已坐收燒埋之
直今堆疊傾朽者皆是也是又不如不移尚得一椽
風雨之蔽矣自去歲疾疫城坊以内又增十分之二
率皆聯合細材不甚牢固傅以油灰勿令迸裂而已
又屋宇淺隘不爲殯欿不能具帷帟架閣有若床案
生者飲食寢處於傍或反置器物其上曾不知人鬼
異理死生雜糅腐形朽魄非旨蓄備乏之藏也如此
有異於溪峒蠻夷之所爲耶爲今之計莫若以漸使

有歸欲以漸使有歸莫若分其地擇其人別其等次定其期會而官給其資苟其如是一二年間可使數千朽骨盡歸黃壤其爲功德豈可量哉何謂以漸使有歸發令之初先遣官吏循行里鋪親加勸諭約計總數若干分作數起但使每起足數不必更問誰家至日就漸稀則勒之爲限以次而窖葢立法驟則物力人工一時騰踴而從事愈難緩則漸不致詰而其後仍爲具文此不可不因時弛張也何謂分其地四郊官地如東南之豹頭山吉祥山西北之社稷壇厲壇前後左右處處寬廠今郎以其地屬之四門城中

分而爲四關廂附之郭外村鎭市集各歸其界散則
易淸近則便事愚見其價廉而工省也何謂擇其人
周禮春官設墓大夫之職掌其政令聽其獄訟所以
重敎化也省中丞倅豈無事務稍簡足資差遣但此
非如監督工程可資餘潤以求敘進才智者或不樂
爲要擇其勤力而有仁心者任之而已有居中以總
其事更令分委佐雜各任一方俾各分嘶界限登諸
冊籍以杜諉諉則虛實昭然功効不掩矣何謂别其
等次本官各於所轄之地親同保甲察驗先其年深
無主者次其子孫寒微不能自舉者皆官爲出資其

次家雖貧困尚有親鄰佽助者量與補助其間或有依違務開誠勸諭使知稱家有無死欲速朽之理彼見一時並舉者皆不過云爾則亦將俯首帖服勉於自爲況有經管官以督其後乎何謂定其期會凡塟必卜日辰合利閩俗亦然但閩人於每歲中獨以清明及大寒日名爲公衆日子不拘何向皆可啟土掩埋是故節氣屆期四郊之内斷斷如也今擬自季秋初訖於來歲季春則此二節皆在其内省費必多況冬末春初凍餒者藉此以食其力於游惰更有所補此外苟值風日清美即爲月吉辰良要毋令星卜之

家得以居奇而已至於官給其資竊亦嘗籌其法每口工費約需四百餘文次等貧戶略需補助者半之業經拋棄在山者又半之以多乘少約以百金可埋二百餘口商之大府或有無碍公項可以酌撥累百而上接續措備不必尅期整付則亦易爲力但慮奸猾虛糜是又在任事者以實心行實政耳所埋名口旣有冊籍可稽又於其處立標書鄉里年月足爲所親認識則後來他歸及別籍寄寓者或遷或否亦可聽諸其人畀乎投諸水火一往無歸者矣四郊權屋傾圮者寺廟寄頓者卽於其左右埋之官爲之籍永

杜訟端無累地鄰亦何樂而不以請也凡若此者規模既定次第施行及夫條教遠頒則省檄外郡如省郡檄外邑如郡僻鄉遠聚驛巡簿尉皆可分掌其有兵役玩違移牒本官申其戒令當無弗率者夫南北異宜古今異俗閩中停柩北方所無至於誦經作樂僧道倡優之屬類皆不用猶有古人哀感遺意惟是上下游各處不無漸染時趨狂奢越禮而轉陷於鄙俗者夫踵事增華費廣則力單力單則時逾拔本塞源惟在守土之吏逼其蔽而挽其流而已抑又有說焉紳衿者齊民之表富戶者鄉里之望向來會試赴

選以及捐職候補狀結必稱並無停喪過犯日久漸
成虛文近世士大夫有實未嘗葬而以遷葬爲辭者
矣有歷任遠宦終身不得送葬者矣彼此恬不爲怪
此又在出結時詢查其實勿狥情面也且夫富豪之
家豢養堪輿難酬奢願每每遲之又久迨時事已非
又屈於力之無如何甚有窀穸既具復慮其中終使
他人居此室者比比而然又何論於齊民乎此又閭
俗之所由儌合十郡而如出一轍者也方今年穀豐
成城鄉安戢自大府以及百執事一遇百姓疾病躬
親步禱而且多合良劑惠濟兵民濱海之區莫不飲

和食德矣使採薪微言有裨治化願推廣仁術以下及朽骨且使嶺海陬風濯磨禮教以感發其天良德莫厚焉功莫隆焉不特掩骼埋胔謌西伯之仁心而已惟執事酌籌之勿鄙其迂贅則幸甚

閩省樂善好施之士惠濟貧窮素優爲之獨此一節莫有勸行者葢以滅屍毀棺法律最重而訟師地棍含沙射人掩埋一柩即有冒認死者親串索屍索錢利其滅跡以肆譸張號叫公庭求驗求質一遭魚肉旋即破家故衆以爲畏途或觸目鳩貲代謀而得之者仍以自贍其身其

暴露依然也某以鄉紳家居凡有公舉哀疏無
一敢辭而歸反藁椌實無幾人此可歎也族人
物故即闔置祖塋旁側幾經苦口乃得興工此
外旁搜遠採得其踪跡而妥厝者數載中約計
不下四五十口皆宛轉成就其事然其間且有
居爲奇貨者是以不能盡行已志若以官爲之
理諭於前法隨其後罔不濟矣故有望於在位
仁人焉

上方望溪先生書

某於客歲秋杪接都中來信知吾師有書見示並先

祖傳稿在陸先生處未敢輕付郵遞心甚懸切冬月按試南陽爲時稍暇遣人入都往取隨於臘底先接吾師誨言經說二冊傳及墓表二篇數日間來人都回前番惠示亦已收到伏念某等譾劣無似弗克表揚先烈先祖績學砥行歿今四十餘年拒郤逆藩事及門諸君子知之最悉某先祖妣劉孺人暮年毎毎陳說以示諸孫舊傳信無虛詞又先君見背時先慈年三十有四雖未及近今守節定例而奉姑鞠子艱難百折氷霜厲操閱歷二十餘年竟以勞勩殞身讀表中惟不肖子知之之語某所爲哽咽悲辛不能自

已者也今皆得附大賢名筆以垂不朽豈惟某祖父之榮世世子孫實嘉賴之更有請者中州文體頹靡已久近經極力振刷此地向學之士稍知禮聘南國名流主持講席筆下漸能開爽科歲悉心校閱別擇其頗佳者批示頒發約百有餘篇雖其文未足問世念諸生用力頗勤又率知講讀欽定四書文及吾師傳稿意欲刊刻成帙用示鼓勵非得大雅弁言無以堅其志向前周力堂先生在閩刻向若編幸藉吾師評騭推重士林某敢援此爲例爲諸生陳乞惟夫子宏曲成後學之心序中略爲獎借更與指迷庶某三

載培植苦衷藉以不没何幸如之謹泐小啟附魏藩臺處轉達遥承俯詢理應奉覆有疑欲獻伏候明示但事屬覼縷恐煩省覽謹另列一單仰祈夫子另爲批發郵寄或待夏初人到與叙文一同見賜則某尤沐大德於靡涯矣

前承師命先哲名臣子孫加意教育某按試所及隨其材質誘掖奬勸亳宋之間如湯睢州賓静菴兩先生後裔頗稱濟濟而寧陵呂氏次之西界陜洛呂新安風流未替他如尤西川孟雲浦式微日久耿嵩陽嫡派亦未有聞者蘇門孫徵君杞縣劉忠烈之後在

庠者僅一人術業甚淺而劉不甚向學殊可惜也又
師命經說二冊服閲尤要有關世道人心某當以此
提醒諸生但所賜僅此一本此地書吏既不諳文義
士子傳寫遺誤實多伏懇更付二十本先以數本寄
回閩省詔示後學餘俟省試届期擇教職中淹通及
士子高明者付之抄寫講習必能信從通曉庶不負
夫子維世苦心也

與符乘六同年書

文丞相墓在大坑廟在富田廬陵文山之麓有祠數
楹創自前朝配食以督府死義諸君子近已頽毁振

與教化俎豆忠賢令尹之治而師儒之責也既已與周侯言其大致幸爲商略審詳而督率都人士襄力舉行至於舊址故跡丞相裔孫有煥所刻全集俱見顛末而泰和蕭監生家刻有王山忠義志其中載筆尤詳可取以備考証是在同舟共濟者謹此奉聞

與龔醇齋同年書

仲夏抵家之二日即附公車來信於孫考功六兄處順候台祉兼以稍慰雅懷想到日孫兄既彌留或不及見耳臨發之辰酌酒送我登車笑言宛宛詎意此杯便成永隔何堪追憶且渠歸養計決暫遲數月竟

不遂心尤爲其在堂老人泣數行下者也十月杪同鄉吳君傳其凶信且云俸積餘金爲彼鄉人所紿遂成烏有此事不無可疑恐其中或别有故但其來書有甚不滿於黔人者中稍露微指又似弟以亡友連累使之同居不安想其胸中必有不平之處而以屋屬通行前進久停不便爲詞又以護柩家人嬉遊不檢爲苦弟竊意孫兄精明周到臨殁必有遺囑吾輩同志數人處置豈尚未審在孫兄住林之屋何求於吳既已同室同心生則依之死則棄之古道似不應爾況其家原不乏人舊僕聞信卽當前赴亦何至以

羈魂旅櫬飄泊天涯而必爲此汲汲是不可解也但其末云新春伊邇二老在堂欲圖吉利慇慇致托亦屬至情而以告之黔人無一應者就中情節弟實懵如則此事究當何從大兄肫懇練達吾輩服膺幸爲代籌數月之策俾彼此均安勿致以好友旅魂啟人厭薄爲冥冥隱憾飭其家人安静以待故主親屬之來死生交誼於斯爲至弟之宿心則孫兄九原可共諒耳臨楮顒切

復周景垣侍講書

前辱書論　冊封琉球事以汪志太簡徐志過詳酌

於二者之間另立體例標目數條到彼分纂彙輯庶
幾考義按部選辭就班此語正與鄙見相符弟於是
二書曾披覽矣舟次先生雜志楚楚可觀而大體多
所未就末又附以遠夷贈言陋矣澄齋先生在彼頗
久博訪廣咨録以傳信爲名法宜詳備然玞玉並陳
不盡醇雅今繕本進　呈體固不宜寒陋詞必務薙
荒蕪爲擇録中所應有者數則率由典常彰明事蹟
實臣子敬職周旋敷奏恪共之大義而
聖主威命謨烈㫖八紘而度越千古者一一炳著簡
篇斯則辭不虚美事爲可徵矣若悉仍舊貫無貴摘

詞倘盡掩衆長又非述作相承之意故紀載例效前人而體裁必自己出考自庚子迄今事歷三紀其中舊俗已有變更新聞豈無增益凡前二錄所未及見者擬另有續記一冊其同者註具見某錄可也其異者加以案語可也凡世系國俗一切總彚爲一編另列於後庶與兩前輩著述並行不悖璋判而圭合矣其應有者六條謹件繫如左

首以恭奉

恩綸爲一冊內備載請封

俞旨開列引

見蒙恩簡用

賜品服

陛辭請訓及領到內頒

諭祭

詔勅賞賚諸大典爲一類篇末附以詩賦頌贊即如

大作紀恩四首皆可附入但去題中述懷二字

次則驛程日紀自銜

命出國門從略由閩渡海加詳駕巨舸出大洋所歷

關津島嶼與夫水程風信潮汐早晚晴雨氣候備

著於篇介鱗雲物處處文章弁役柁工皆吾藁本

也歸途經過至登岸曰補錄末附郎景紀事諸作

可資

宸覽者亦使臣每懷靡及周爰咨詢之義也

又次則遵循儀注外夷臣服宇下非同隣境邦交此

使命之大者前人業已改訂茲仍其舊或近日增

損得中可垂永久不亢不卑於以明昭令德表著

丰裁詳悉記錄用備掌故况其國漸染華風彌加

恭順自大禮以及常儀必有井然不紊者載之亦

足以誌美若有案斷論列可附於後

又次則神休瑞應天后水仙海上呼籲最靈從前紀

載本非虛言但涉於夸誕則未免粉飾所爲文隱
質則史也若往事確有可徵使臣見聞所及斷須
備登以顯聖人在位百神受職非獨海波不揚而
已須禱報賽之詞各種無妨附載紀聞紀異散文
亦著於篇具此四條大體畧備
又次則及其國人從前入監肄業後在彼國通顯及
居閩館回歸教授術業有聞皆我　朝文教之隆
衣被海表者也必採訪之他若高僧逸士彼地頗
有詩筆文名者或節錄其小傳或摘載其佳語擬
諸周櫟園閩小紀之例

又次則及其國俗夫疆域山川前志加詳矣服食器用率多鄙野不足以塵
睿鑒惟名勝畧有可觀或近年剏造館宇寺觀舊錄所未詳者載之偶有異卉名禽類堪附見遊讌登覽題詠詩文併載其後　以上二條雖無關於大體亦雅裁之不可少者也
使錄應有前後序前序舊用散體鄙意不如箋表之堂皇正大葢進書表原有此體也後序欲華藻可觀用駢言但取樸質即散體亦可惟所便
凡所纂輯皆以上呈案語考訂固必再三詳審至詩

賦古體自不可少然詞備諷誦義取敷陳五七排律唐宋律賦尤合時宜葢貴其端莊流麗也新句俳諧杜老每曰戲爲之恐非對揚正體留儲別集如昔人外國竹枝詞可耳

又竣事即有謝封題奏在彼一遵成例然此番節省數十百倍於前務令其每欵指實聲明至爲使臣陳請議叙斷令削去一以垂示恤小之仁一以崇重天朝之義茲又管窺所及曾蒙許可者幸留意焉臨場卷帙塡委草草應命不及詳審多所鈌遺謹命兒錄呈修飾潤色總在高明酌定而已

與衛允恭門人書

前歲發郵書五封惟君處及萬庶常未報而萬即托君轉達者想均浮石頭城下矣散館在即三年中研練精純史職編摩定分一席遠人惟傾耳好音耳兩小兒公車逐隊應試事宜定當關切但其學識寡陋遠涉長途更兼拋荒安能入彀惟君於文律素嫻雖中榜會墨未見而辛未所閱窓稿正屬行世之文巳而果售聲價固有定也兒子北來特命其時時搦管驢背蓬窓雨夜蕭晨每自拈題弟兄共席苟有所作即錄送閱幸爲指得失俾合程墨正宗斯爲有益目

今之士務爲好語悦人一遇後生行卷莫不極力贊揚送客出門卽束之高閣始終未寓目安從導其先路否則謬持高論故作英雄欺人語以詡其能又有用心於外求其所不可必者以愚度之未見其可君腳踏實地人也決不染時趨自壬癸之年已早知其梗槩兹更閱歷深矣念當年豫署期望深心必不負數千里馳書相屬雅意況與吾兒相聚日久氣味相投卽又何文字之不堪品隲耶唯君念之許君由伯在都亦同此意幸爲語之

與楊奎曉親家同學書

自丙冬別後屢接好音一爲尊公欣幸信積善之必昌一爲鼇峰諸同人生色徵鄙言之不妄昔王三原劉華容臚傳之後自請願効一職不祈中秘讀書既而二公皆登大位蔚爲一代名臣古人出處觀其抱負若何耳豈以内外榮否動其芘念况賡常尚未授職出入升沉殊無定局以君正當强仕之年值親老家貧之會不爲祿養起見乃思淸禁優游亦非計之得也前日造府謬以此言進之尊公初猶以爲寛慰之詞既乃信爲切實之論由是言之足下可勿介介於胸矣但所慮者錢穀刑名事非素習涖官治衆人

不易知旦夕兢兢求免隕越苟有疏忽貽誤實多竊聞衆人之言曰以楊某爲縣令酷之一字自無可慮知本性仁慈故也然愚竊推其意有隱隱未言者想高明亦自能知之在昔居官格言曰清愼勤曰清愼和緩此皆熟聞之論然愚意以爲事無論難易必經手乃灼知其要才無論優絀必經心乃善用其長若不經手經心而漫然應之疑者固非信者亦未必是奢固非宜嗇亦未必得當近日浴齋陳公雲楷張公均有安重之操肆應之才然陳非封君到來衙署不成規模張非得賢郎佐助繁劇毎難就理此尤其灼

然明徵者也至若上司幕友禮數情面勢不可無然我生功名顯晦初不關此有廣交適足爲累奉上反不崇見知者此中曲折頗難筆罄亦不外鑑亭講學云云安分二字而已習勞耐事潔已愛民皆知縣分內事仕途之險昔經親歷而知儒生初試可易言哉必欲希蹤大雅居前速化此非遐陬文士所能學邯鄲者終失故步卽云捷足非吾黨所貴也昔葉文忠序先文恪集云閩人不善爲名有慨而言愚則云實至而名歸又安知非閩人之善爲名耶次兒向來南北隨侍於吏事頗知一二然根基雖立而閱歷未深

且家務叢集亦未敢放手令其相助爲理惟是愚衷肺腑關切私心恃有楮先生代申委折雖未免煩絮然數千里鱗鴻與其套語寒暄不若縷縷過計言之之爲快也幸爲留意

寄濂江族中諸尊長議添置義田義學書

自甲寅秋隨從祖諸父諸昆拜掃祖墳行禮並與諸弟姪輩聚首談歡赴都以來距今三載回首鄉園時縈夢想近琛叔到備悉吾宗諸尊輩咸膺多祉私竊慶忭且聞潭前洲田趙璧復完此皆祖宗在天之靈陰啟默相然非孝子慈孫同心恊力詎易保有先業

增光俎豆哉向在祖家聞有種樹禁賭之説目今行之已有成效可知風水與風化事必待人而成老成典刑既躬行督率於上而規條整肅諸後進復祇循罔懈則風化挽回而風水因之此理之不爽者也甲辰脩譜以來於兹一紀理宜增訂但此時力不暇及若匆遽成事必多闕典暫俟數年諒不爲緩鰓鰓過計惟是元宵悅神一節似宜裁革蓋每年演劇筵宴燈燭統計所費不下數百金雖係鳩本貸人生息或兼自出己力然皆取諸本鄉輾轉朘削徒供糜費竭一村一年膏血以博數夜歡娛耗儆精神妨害工業

時詘舉贏虛約之後重以侈泰必不可繼困人以事神非神之所福也以某愚見不若悉革諸色舊例祇於大祠畧存其意張燈陳設果品三夜而畢其土主諸神供香燭足矣凡可省者悉省之廢物力寬裕所益非少倘謂公鳩銀穀其來已久豈可收回則止有善用之法請將此項合計每年每會出息幾何依限收齊留置祠中擇人主之凡族中停柩未葬及鰥寡廢疾者量行佽助餘仍留本生息迨日久出利漸多或有好義捐助便可另置產業其祖祠公事取給祭田此則專留爲周急之用凡婚娶愆期營生無術者

皆得均霑實惠而喜賀贈遺不與焉再積數年兼可設立義學擇宗中有學行者資以廪餼庶貧不能學者亦得造就至董事捐助之有獎勸出入稽查設法經營立之條約視其緩急次第則吾宗中以老成著望者素不乏人不患乎衆志之不一也雖剏始力微而規模既定繼長增高自易爲力且各省世家大族率有義學義田之設吾林族甲八閩詎宜獨缺射房向無此項果能行之於祖家則與有力者相議將輪祭餘剩附入總祠外隨分捐湊以待一體施惠亦不難行如此既可以廣祖宗仁愛亦可以聯族屬情誼

有睦婣任卹之風無構陷侵夌之患不獨節財去奢一二端而已記高制府看墳時云此地十二代復發發則復盛如前則是此日適丁其會然豈可以祖宗百餘年積累徒托諸風水之渺茫哉導迎善氣感召天和是亦爲子孫者之責也不揣固陋輒以管見肆陳於父兄宗族之前倘有可采則斷然舉行即在新春更勿存姑待之説是則風化轉移之一機耳伏惟酌奪更希訓示

與族中尊長論申賭禁書

日者叔父諸昆到舍商略脩譜事宜意欲暫緩數日

俟建坊事畢舉行所餘舊板一面查尋大指皆與尊長所見合姪云事求其當而已遲速固不爭數時也然業有定局亦須及早爲之勿撓於旁議乃可因便飯席間談及林浦賭博一事廢箸而歎者久之姪云何故不禁皆曰開春卽欲禁矣以前番示禁而不終今故議禁而不决姪云不决則是終不禁也得毋禁之衆不以爲然耶皆曰族長鄉長欲禁卽禁孰敢不然而是舉也尤族屬及鄰里之有子弟者日夜引領而惟恐其不行者也有不然者誰哉夫賭與盜合爲一事今林浦患盜甚矣晝有盜夜有盜園林屋宇無

一非盜藪往來街上者過則人目之曰某里某族人也盜魁也是吾鄉賭友也其自林浦徙者亦若是而已自習此伎以來饒者窘愿者狡桀者狠力田者蕪舉業者荒今其甚矣又遲之一二年是合一鄉而無一本分之人也賭日益甚則盜日益多而受其害者益衆受害者衆則乖氣日生而元氣日削宗祖流風餘澤將掃地盡矣先賢云子孫才族將大使子孫皆不肖也紛紛制作徒爲人笑資耳姪本房游蕩子弟亦殊不少徒以城市散處未能遍行禁約不無遺憾若比閭而處其出入居游可稽其同居鄰舍可問在

本宗則有宗長在本鄉則有鄉長矧老成宿望如叔祖一伯者親爲教督孰不率從哉議者則曰習俗久矣難猝返一二人之力有限將奈何姪謂不然事莫爲之倡耳有其倡之衆必趨之聞開春五日偶建此議吾鄉端慤之士皆私竊慶忭謂長者果能發戒令立規條我等當悉力稽察約束以佐其不逮衆志成城無俟乎官給之示也法在必行孰敢以私情狥邪說撓耶信有是言尤不可默默以辜其志將必獎而進之以爲吾助所助既多持論益固彼不肖者知衆所同惡必不肯容於鄉則必思改途而易業而盜風

其少息矣里無游蕩人安本業而禮讓之俗可興矣昔之過林浦者皆曰此禮讓相先之地而不虞其廢壞若此也今從而力挽之使近鄉聞而慕之亦必曰此禮讓相先之地不料一整頓而遂至此也且不惟如是云爾必將曰始吾未見其能然是某某爲族長鄉長悉心教督而成者也是眞不避怨謗而正巳率人者乎是眞愛其子弟而不姑息以養奸者乎令名無窮流澤不泯矣否則華表巍然瞻姓名不必過閭而式郎譜牒具在安知不竊竊議曰是所列某世某世若而人大抵皆盜案賭案中人耳按籍而指其可

羞甚矣故不可不速禁也然姪意更有進者賭博既嚴砍樹亦所並禁詩云惟桑與梓必恭敬止可任斬伐置而不問但罰演劇則甚無益必僉議其足以儆戒者而後從事林姓其在宗祠乎他姓其在泰山祠乎酌而行之懲一戒百大聲疾呼萬勿顧望吾鄉樂聞是舉者幸以姪言告之勿傚前此勸止悅神一節徒博爲美談竟爲饕餮者所撓是則區區所欲罄其心力者也伏惟鑒奪

國立北平圖書館收藏

八閩文庫

福建文獻集成

吴格 主編

續編 集部 五三

八閩文庫

文獻集成

377

海峡出版發行集團
THE STRAITS PUBLISHING & DISTRIBUTING GROUP
福建人民出版社

本册目次

青圃文鈔四卷詩賦鈔五卷（文鈔卷三至詩賦鈔卷五）　［清］閩縣林枝春撰……一

青圃文鈔四卷詩賦鈔五卷（文鈔卷三至詩賦鈔卷五）

［清］閩縣林枝春撰

中國國家圖書館藏清乾隆間刻本

青圃文鈔

青圃文鈔卷三

閩中林枝春繼仁　男　儀鳳義文
一彪義衡　校

禁巫鬼議

閩俗尚鬼由來久矣無名淫祀如所稱元帥舍人九使尊王等名色城鄉處處有之然閩人所深懼而曲諂之者則莫如俗號所稱五帝初不詳其何神意亦五通五顯之類愚民因而獰猙其形荒幻其跡歲時祭醮諸色人等糜費金錢蓋不可勝數其土木偶本無靈爽何嘗司禍福之權但有坐享牲醪誑惑愚闇

國立中央圖書館收藏

而已無可畏焉閩人於毎年春夏之交多犯熱症俗曰時氣此由閩地山川狹隘雨潦烝潤風氣不舒兼以隆冬凍閉不密春陽發洩人氣中虛內邪外感相薄而發故下濕之地及寒苦勞役之民往往受累此非發黃瘟病可比惟用清涼之劑疏導氣脉發汗自愈而愚民不察乃以五帝實爲之不知何時遂立瘟部使者之名凡病者不就醫藥率乞靈於五帝巫覡廟祝表裏爲奸目今省會之中其爲廟者分爲東西南北中五澗而南澗又分上下殿又有會同館奔走禱祠夜以繼日壇壝周布略無隙地幸而免則曰五

帝之壟不幸而死則爲五帝所不赦亦無怨焉譸張
爲幻衆口一辭牢不可破此閩俗尚鬼猶有裔夷之
習無禮義之風所由來舊矣邇來十餘年踵事增華
不可縷述姑就設醮禳災一事言之致足令人震駭
夫九門磔攘古人不廢然未聞有率生人而爲鬼物
者計一醮之費一社不能勝也則合數社而爲之先
期斂錢男丁婦口按名出算下及黃小無有鈌遺大
戶旣經分派又勒名樂助先期請香於淵廟其供給
陳設一切威儀體制準擬王公輿前多扮鬼卒醜形
怪狀披髮努目手長殳挾利戟奔走後先若四出追

捕者其所屬設有糾察官進表官管庫官廵捕官皆
派人爲之而廵捕官尤無狀擇日到任儼服補褂設
坐褥立隨從皂役五帝出廵則肩輿公服隨其後有
投牒者稟繳候批或頑梗不廻避踞公座輒鞭笞之
愚民儼然以爲此官也而彼亦居然翱翔里閈揚揚
得意以爲吾今居此官也其消耗物力毎醮一壇七
晝七夜神位數十座毎宴十餘次預占居民堂屋貼
曰某神公館某神行臺既有醮壇又有別署鋪設供
具以麗爲恭更立舟廠始亦不過縛筏糊紙百物象
形而已邇者南臺諸鋪競造巨舟樓櫓旌旗鮮明飄

颺舟中物玩一切具備其器皿服飾之精良又無論已江干一炬棄置不惜或浮之中流遇風艤岸則近村相顧震慄又須建醮送之前往舟行之日逐家上供廣羅品物豐腆交矜金鼓震天海潮爲沸而前所扮鬼卒者愈益跳躑呼洶於香煙蠟炬中鐵鍊瑯璫觀者膽寒股慄前導後擁裔裔淫淫雖有青衿胄子躬親徒隸門子之役俯首屏息曾不知恥以爲此可以媚於神而邀之福也送舟之後又有酬神謝恩安座設宴諸劇派累無窮盍自報名投到以及蔵事相率而入於鬼國者率費工力一月有奇閭左小民尤

不勝苦家中錢米業經科派向盡而又以聽候差遣躭擱時日不能入市貿易執藝事以食力於人賦物不備則有罰習禮未嫻則有罰憂勞交廹益不待疾疲見侵而已腹枵體羸坐受其困矣觸目增歎孰無人心然且一唱百和無敢阻撓者葢師巫邪說其氣燄既足以震聾愚蒙而傑黠强横之徒素工詐嚇藉此舉圖餔啜侵尅平民至府史胥徒尤更率先貢諂官司訪問總不敢以實告支飾其辭但曰俗間舊例歷任皆順民情爲民請命卽以爲官祈福而已恐一行禁止卽爲衆謫之叢且黙念宿習行事非神所許

又恐其無路以自贖也故舟廠亦可設於署旁鼓亭亦可借以樂器執事呵呼當場儀注率皆此屬出力故能嫻習整齊尤而效之舉國若狂地方官親見之且曰若之畏吾不如彼奈之何哉且夫幽明殊理神人不相瀆國典有常名器不可假緣飾虛無之說而幾與當路抗衡矯誣冥漠之靈而即以爵服自尋遍張條禁擅行杖笞口傳神語手發文移此豈承平之世所宜有事哉此外更有娘奶勝會其華靡耗財蓋不待說其請轎更衣進肴進爵一應傳呼進止悉準官府行儀而又有手本名帖謝步請安木偶載途遊

行無忌比上元闖神可嗤尤更甚焉今苟當事愛民闖神已申明禁而此時禳災送舟一事竊謂應屬地方官立傳鄉保遍諭城鄉一槩停止於各澗神廟貼一告條不許妄入則巫祝無所施其計而此風自熄矣竊計城坊鄉聚早停一日即可省費千金若推廣德意於巡行勸課時面加提醒俾知作善降祥淫祀無福即有疾病死喪富者出其餘貲可收惠濟貧者安其術業有以謀生則觀聽有定而民志不惑至邊隅委巷朽穢蘊積之區必清街道疏溝渠以流其惡均與開誠面諭勿信巫而信醫勿作無益害有益是

則大賢造福閩邦殊恩厚澤永世無窮也已自時厥後倘有仍扮鬼卒妄稱巡捕等官以及師巫邪說誑誘愚民者訪拏重懲以昭炯戒是亦憲典所不容寬者張忠定公云妖則有形訛則有聲妖訛之與沴氣乘之日今無時疫則已如尚有時疫果屬五帝之爲也詎宜更張其氣燄令鬼魅接踵於青天白日中哉故曰止訛之法惟在識斷不在厭勝此則區區微誠亟欲上達者矣他如閩俗祟祀各種無名之鬼耗費物力兆端左道生長此邦者習聞稔見不以爲怪竝望次第察訪而掃除之請從吳楚淫祠之例亦不可

謂非化民成俗之一助耳瑣瑣瀆煩淸聽伏惟垂採

不勝厚幸

莫春之初按察使來公枉駕見顧率陳此議以代

口述非撰述爲文也爾時事屬初起故所指陳不

過如斯而已以近日所見聞較之此爲瑣瑣無奇

不足掛齒頰矣財殫力痡方興未艾而疾病顛連

者相尋不已何則其氣㷔足以召之也倫紀禮義

廢民之所恃以生惑於邪鬼斵滅殆盡而羣不逞

之徒狂煽愈熾不獨爲風俗憂且爲地方患滋大

耳

改正廟祀議

余祖居林浦之平山下舊爲宋端宗駐蹕處相傳平山福地四字陳丞相宜中手書也是時端宗卽位福州避元兵由此杭海張陳二公實從故村中有張太尉陳丞相祠歲時伏臘俎豆不廢余謂陳宜中者賈似道奸黨其祠可毀也考宜中在太學時上書攻丁大全以救董槐亦可謂鐵中錚錚者旣登仕版依附凶邪遽躐顯貴及似道江上兵潰陳意其已死遂建言請誅其罪且擊殺韓震以掩其黨賈之跡可謂傾險小人觀其去位要君則衣鉢相傳可見至阻文文

山勤王之師與王爚張世傑陳文龍不相能剛愎自用害功嫉賢致元兵壓境兩表請降伯顏召議事則蹙縮不敢往遯走温州奸臣誤國與賈同罪尚何追哉江心奉迎福安再造手握重權未聞能畫一策復一城且杭海帝舟由是而泉而潮而井澚淺灣矣移帆謝女峽諭意占城卽逃歸淸澚故智背主偷生竄身不返生前如是猶且與露香祝天覆舟致命之張越國各據專祠同享廟食遊魂有知豈不面赭顔相率薦馨香致誠欵以求庇焉不可發一笑耶或曰禮俗相沿舉莫敢廢無故驟議墮毀未免震駭愚衆余

則爲之解曰神聰明正直而一者也不忠不孝之人正氣已滅其鬼不靈尸而祝之社而稷之是爲淫祀淫祀無福聖有明訓孰曰不然余向過其廟矣作詩四首深致譏諷以鳴感憤志在扶翼倫常非獨弔古兹故大聲疾呼明告於衆宜疾速削其額撤其主毁其像設使知奸回忝竊旣死亦無倖焉不可謂非快心之舉也然則廟不幾虚乎曰無慮將於何而祀乎曰其文信國可文信國與張越國全死宋難旣祠越國則信國奚不可者曰廟以祀扈蹕者信國當是時開府南劍出師汀漳其未經此審矣何祀之爲余則

爲之解曰古來捐軀殉難之臣肝腦塗地其英魂毅魄無時不在故主之旁戀眷悽愴文信國正命燕山精爽不磨方將與崖山潮水上下推激發越飛揚而况平山濂水爲少主馳驅燕息之塲暮雨朝烟靈旗惝怳庶幾見之又安在舍此而他適哉故因端宗而祀張公因張公而祀文公援禮陳義洵乎其有合也且夫忠臣孝子古今一大瑞也其休風遺像直如景星慶雲雖山陬海澨窮鄉僻壤無知識之倫皆得瞻仰而禱祀之矧吾宗萃八閩文獻自文安公以來世篤忠貞炳耀明史間氣所鍾古今一轍廟貌巍巍烝

嘗勿替重以信國列之祀典豈不與岳殿奎樓茲輝千古哉廟臨曲巷旁即通衢吾鄉父老子弟歲時薦享登其堂拜其人因想見磊落光明百折不回之概睪然而望悵然以悲相與勉爲正直忠孝之行無敢營營齪齪以作神羞則移風易俗此其一道也或謂村墟里社例有明禋苟堪祈福弭災其神何必深論余曰不然凡神之能禍福人者皆奉若天命罔有假易若以奸慝庇人是導之爲沴也詩不云乎豈弟君子求福不回詎惑志淫昏之鬼而因以爲利果其忠孝炳靈日星河嶽浩然終古臨之在上何福不除且

癘疫夭札莫能逢之吾讀公之正氣歌辭益决然信百厲之俱辟易也又何疑之有他日迎神入廟應取公之詩歌書於廡壁以與起來者至宜中所作四字閩已失之後康懿公補書此則吾家先人手澤百世猶新向使遺筆尚存適足貽羞千古矣傳者之言未足爲平山誇耀而徵信也

林姓入閩辨疑

自唐僖宗光啓元年丁巳王潮以其衆從王緒入閩其後據有閩疆傳弟審知迄今閩中諸王姓皆曰忠懿王後而其時相傳有十八姓者皆固始人從王潮

來閩至今子孫類能言之吾林自中州發祥於閩多
顧先世亦嘗云爾吾不知十八姓者果有林否耶詢
閩諸著姓無不曰從王來者又詎但十八姓已耶此
未可以爲據也又云五代末自固始入閩意者依審
知以避亂者歟考晉開運三年李景破建州遷延政
之族於金陵則王氏國早亂至此滅矣何故自固始
來閩也且閩中有林實不自五代始自東晉時黄門
侍郎林禄由中州徙晉安遂爲晉安林氏隋有林巽
唐初有林鷗長樂林婆湖其妻所闢也太和會昌榜
則有林簡言林滋大中咸通榜則林勗林愼思或以

文章顯或以淸操忠節著聞其人皆閩中産其時皆在僖宗光啓以前安得云前此遂無林姓也莆有九牧雙闕福有東西林莆顯於唐福至閩始顯其他支派實繁自東晉以來世系有顯晦無絶續要皆灼然而無疑者矣吾宗之有譜也紀行第住址自十一世十七公始記生年卒月自十九世俊公始俊公生於元至正壬午以三十年一世推之十七公兄弟當生於宋徽宗崇寧間由崇寧壬午以三十年一世推之初祖當生於唐德宗貞元間雖傳世久近各有參差然盈縮初不甚遠約其大勢可考而知也且譜所載

一世祖者未知以分支言之耶以始遷言之耶由始遷爲一世則吾宗居閩在唐中葉矣若斷其可考自十一世居浦邊始計其時則北宋末造之秋也安在其爲五代耶又十四世霆震二公兄弟連登宋進士溯高曾以上肇遷事蹟宜皆能言之已無有傳者顧後此又更數世何以知其然耶余督學中州輶軒兩至光固間頗訝林姓生童稀少聞商賈中尚有人要皆散處無聚族者豈光遠自他有耀此地遂寥寥歟問其先代唐宋以來譜系若何蕃衍東西孰由此而往鮮有能知者中原文獻之邦數經亂離宗廟墳墓

廢爲邱墟一二故家大族澌泯散亡誰復求其所自者固始郎多林姓要不如吾福及莆信而有徵矣故余不敢輕以前言爲信也然則從王之說其皆不然歟鄭夾漈云王審知以其衆撫定閩中於鄉人獨加恩厚故閩人皆稱祖籍固始其實謬妄在宋時去五代未遠夾漈已見及此矣鄭出滎陽世系可考與林在晉安傳記昭然皆斷斷無疑者時俗傳聞不求其故考諸往古無一可徵而爲之說者彼此互矜若親見其然此余所以惑也

此乙丑假歸修譜作據所見而書之後代子若

孫能多讀書知論世者宜再援据考正

書程岵懷學宗疏記後

丙辰丁巳之歲

聖天子方澄敘官方甄拔英儁停捐納悉罷中外諸條欵惟樂善好施者有司得援舊例上聞量予獎賞葢所以昭激勸挽頽風意良厚也維時富商巨賈之慕榮進者爭趨競奮所在輸舍因得以便利自占數目預定其敘遷之高下遲速焉厥後捐數日增而費不必實諫垣諸公相繼以重名器杜冒濫請

天子體之下部定議議既定矣而遲速通塞之機操

券於胥吏者雖稔知其弊而未有以詰也則捐貲者日益廣敘遷奬賞者日益多於是樂善好施之名益嘖嘖遍閭井云林子曰若輩果樂善好施者耶善莫大於敦倫紀守禮節施於不見德之地衆受其賜而不知今吾見夫黠而多財者罔利市廛毫釐必盡其父兄親族間有危急而勿之卹者矣有陰謀而攘其生業者矣藉其貲力交通權貴朋儕緩急閉戸而莫顧固其恒也何獨捐修捐助而傾囷倒廩之不吝如是彼則計之熟矣其施也計償而後施也其與也乃所以爲取也舍實而得名其名必厚於實況又以名

實之耶夫利之輕重富商巨賈其權之也有術棄利以取名則以棄爲取厚攘而薄棄則以攘爲先攘所以棄棄所以取名之與利兩者皆在其術中而以利爲轉樞則其於利也精矣攘利以棄利而又有利則其於利也盡矣此富商巨賈之所熟計而善權也而或者以爲能澤物有仁心焉是烏知其皆壟斷一方侵削平民以自益者耶是烏知資之羽翼以售其罔利之計耶夫世家大族揮斥餘囊以鳴豪舉此猶其近名之念可引而至於善盜入商賈之室扼其背刼其資臨之以白刃有寧死而不舍者安在其遂能樂

善而好施也莆田程氏捐學田捐義田又立義塚鋪石路計其所費蓋不貲其利澤及於鄉族諒亦不少而其意勤勤懇懇常恐其後之不能守凡所立法皆甚詳且整此皆以已意願爲而非呈請於當事以自占其數目也又程舊宦撫寧既去官乃爲之非有所邀求於銓叙而希其起復也而有司不以聞奬賞未有及也吾是以信程公之好義而遠利而因以知世之樂善好施者之所爲也余叙義田記而有感因書之於後

鼇峰書院誡諭諸生

立規非教人意也朱子嘗言有志之士苟知其理之當然引其身以必赴豈待他人設立禁防而後有所持循哉故曰近世於學有規其待學者爲已淺矣然人之性質各殊志力難强故朱子又云苟其講明切究以責其躬或有不至則所謂規者固必將取之不得而略是則聖賢之待學者固如是其厚又不得不如是之嚴葢其意深而慮遠矣鼇峰書院在官立有學規近復詳加斟酌可云美善然在余聞見所及則有不得不諄切指陳者實爲邇日風氣所關甚鉅此後諸生果皆自待不薄是緦緦者卽余爲過計矣尚

何規之足云

業有專營心無兩用既居講肆正可謝絶外緣何必自尋纏攪若有意在世故上周旋卽又何必入正誼堂而談課業乎且例固不容私出也無益之應酬最害事吾親聞諸漳浦蔡文勤先正云

衣冠言動進退有儀當事告誡綦詳而諸生率目爲迂濶樂於放縱故耳馬牛而襟裾韓子用譏不學之士今並襟裾而忘之自命將居何等乎此後仍有科頭進館短衿入市者斷無許登吾堂

夫士朝而受業晝而講貫夕而習復夜而計過安有

寧晷若彼此越舍每日羣談或高枕閉門三竿未起
庸愈於在外奔馳者乎静而篤者余已知之理當刮
目餘外尚煩預戒此不以課文分殿最者也
淨几明窻與自己清明氣志相値徐行莊誦樂趣生
焉近見有亂帙堆床凝塵滿案者其氣志可知又或
粉壁塗鴉緗縑穴蠹曾無顧惜甚則曰居停什器卷
籍皆官備也吾何與焉尤關心術矣宜切戒之
端謹老成有學有品此余於館中夙所欽慕者也彼
哉夸毘呫囁啾喧勿謂不知主名誠待其内愧自返
耳後來英俊勉自修飭勿令霑濡斯爲特立尤須知

此地此時斷無容此等人站脚處

同學禮嚴少長情誼罔判親疏其或妄聽孰居勝勢又謬以地分疏遠爲嫌皆先挾鄙心自生畦畛考德問業非所論矣更聞此中有差次新舊分劃東西者夫豈敬業樂羣之道須大其心以處之

膏火所以資貧學於與受徵廉隅覘器量焉巧避工取終朝嘖嘖館也其市乎若云實爲温飽而來何友之求而師之敬此等卽市人猶羞之矣誠不願自負錚錚之士長此挂齒頰崇雅道故耳

律已宜嚴待人有體令史文卷是司聯袂而登其榻

甚無謂也至役人祗應偶訾肆加威怒此是何等氣質輕佻則喪品躁暴則損德曷不聞伊川動忍之言耶循循雅飭四字余終有厚冀於諸生

隅曲迂儒猥以糠粃前揚幸與諸生親同几席兹已一年矣其中才識性情頗盡底蘊前此指陳古義諒當奉以周旋第恐成見未蠲終非進德日新之道故不惜反覆申誡夫進苦口良藥利在攻劘病根至成訓格言前哲具備諸生行自勉之矣余尚安用絮絮爲

邇言四則

聖賢道德文章極天際地重以古訓昭宣加之名儒推闡理非一端言各有當然自愚思之與其博徵遠引而不適於用何如卑之無甚高論使及今可行爲標四條兼析厥義與諸生共質之若云大雅宏通規模潤遠愚弗敢知要以引歸本身內事不爲紙上空談則於此必有取焉

一曰認眞　末俗之弊動云將就便得何必認眞此所以諸事草草在吾儒則無眞人品眞學術至於一人之身並無眞面目眞肺腸殊可嘆也試思天地萬物五常百行孰是非眞者讀書作文何獨不

然力辨於毫釐深明乎疑似行之果守之不移到
得自己本領事事切實分明始知一切掠影游光
無有是處
一曰崇質　弓調而後求勁焉馬服而後求良焉士
信愨而後求智焉信愨者質也百仞之臺始於咫
尺千尋之榦肇於萌芽根基安可不深且固哉才
士好高騖名汲汲若將不及粉飾千端疎漏百出
皆浮華勝而天質漓也反而自思究亦何補是以
君子論學取友必嚴華實之辨惟文亦然故曰言
有物而行有恒也

一曰心得　六經載道之書諸儒勸學之訓有殊詞異旨乎何以要其歸亦曰心得而已功力純全則義理浹洽但覺此非古人之言而爲吾心本有之言此際最有眞味故深造以道與有事勿正數語互相發明自古大儒文章學問總無襲取於外者學文則六藝所有事也舉業則文章之一體也耳剽目竊云乎哉

一曰安分　日用飲食分也成天平地亦分也盡分難安分易此理徹上徹下無久近大小皆有實際存焉如今日爲諸生卽有諸生之分文宗正軌行

守卧碑非其分乎一事輕脱一詞差謬不應分矣
踰分妄求小則取辱大則召災誰職其咎安分循
理君子之居易俟命聖人之安土樂天無二道也
此尤易知而簡能
愚旣臚列四條尤望學者知自貴以破俗例焉士子
列名書院卽爲朝廷養育造就之人當思時不可失
此日抱負若何他年建立安在寧僅持八股數篇倖
弋科名云爾乎況當路鉅公懃懃懇懇拔擢於前激
厲於後行見中陵之莪日新月盛顧或者未涜俗腸
猶諧俗趣語言文字不出流俗儕輩之間旣不自貴

人亦輕之矣近日之論毋曰書院無人材然則國家期待士子謂何而乃月費俸錢歲糜廩粟若此夫君子不虛取於人此念可以立功君子恥名浮於實此念可以立德士習之敝學校之衰皆由此等關頭不曾徹底理會是以風與俗移相隨而靡砥柱狂瀾請自隗始是則眞豪傑自命者哉請以此爲晨鍾之警

鄭用山贊

永春挺秀靈淑是鍾崑峯矗起鵬嶺孤翀其中有人循理敬躬始蹇終泰實惟德充有母在堂洗腆虔共牽車服賈淳古之風篤念天顯厥兄克恭分甘絶少

其樂融融既勤既節天錫之豐均茲施于以惠困窮
有饑於邑憂心忡忡傾囷倒廩不伐其功有裦於隣
我心載恫遺之布帛矜此鞠凶緝緝刀筆小人之雄
方茂爾惡揮手相攻狰獰鬼伯幻忽射工公呼奮臂
降心相從宜僚絶技仲連高蹤爰化其邑俾睦於宗
敬寡屬婦合由以容彬彬儒雅被服章縫是尊是企
無替厥終深藏者賈力作者農推誠告語大啟羣蒙
修謹其貌豁達其胸聞風慕義跂足喁喁維德獲福
壽耇斯崇退辭賓飲高視冥鴻雙珠啟櫝六驥超空
遂治大邑綬墨章銅爾孝爾友爾信爾忠宜昌厥後

言酬爾庸黃綸燦燦賁厥幽宮天子褒爾厥典攸隆嗚呼匪鵬之嶺匪崑之峯高山仰止惟我鄭公

開沙合河小引

閩處海濱宿擅江山之勝自沙合湮新港鑿會城風氣日益就衰都人士議復舊制而詘於時力中輟是嗟某乞假回籍適鄉老先生暨諸耆舊以首事見委爰具顛末陳諸當事猥蒙許可徵工徒具畚插行有日矣經費攸需諸君子率作於前樂輸不倦洵宜宏此遠模共敦古處是役也衆志攸同厥功允濟挽回氣化興復前規豈惟義舉芳名永垂不朽緊八閩桑

梓世世子孫實嘉賴之謹申衆情用告同志

開河條議

紳士等公議去年十二月十五日具呈請開沙合河塞新港業蒙臺端批示遴員勘估查案議詳興利除弊爲全閩造無疆之福黄童白叟莫不引領顒望一切事宜總在臺端酌奪施行何待贅瀆但紳士等生長此地略悉情形不得不分晰條陳以備芻蕘之采擇者按郡志載晉太守嚴高遷城郭璞按圖定議其入城水道自西北來者經西河口三十六灣由西水關入城自東南來者經沙合橋三十六灣由水部門

入城繞繚縈廻實抱中和之氣以故歷數百年來居民富庶人文蔚起此昔人經畫之深心也自宏治十一年鎮守鄧閹交通彝舶於上王地方鑿開新港遂致沙合橋河道淤塞嗣後强軍作亂揚帆逕出島夷連艦直逼城隈會城遂以多故嘉靖三年掌科謝蕡疏陳六害經工部題覆詔下鎮巡塡塞莆田大司寇林貞肅公俊立碑爲之記厥後新港被洪流衝决故道復湮天啟三年郡紳大宗伯翁文簡公諱正春具揭當事勘驗施行舊河旋開新港復塞至　國朝逆耿入閩貪海舶之利復開新港而沙合橋之水漸次

就淤迄今竟爲平陸矣夏街以南直至中亭市廛狹隘汚穢堆積連歲回祿疾疫相繼皆由水衰火旺無河流以疏其惡故也去歲橋下又被火患而河心搭蓋浮屋日新月盛恐此後恢復愈難歷覽變更之故閭中父老莫不言之扼腕者今逢當事鉅公爲閭造福佇復舊觀而懷挾私心者動造無稽之言假公濟私恐有過聽即至敗謀故鰓鰓過計先與分晰以關其口蓋事理灼然可一覽而知也謹就目下情形備錄四條上塵聽覽

一舟楫便利查會城薪米悉仰給於上游自舊河陻

塞上游諸船到省不得不下大橋趨新港繞道入城今沙合橋既開則上游重載徑由閩安關前循內河進水部門無橋灘風濤之險利濟顯然或謂下游之福清長樂亦多載貨入城由此稍遠不知海濱貨物悉由稅渡進閩安鎮直抵大橋或小船裝載必向關前輸稅完稅之後卽在中亭牙行起卸發市從來不入此港衆所共知是新港雖存原無益於商賈實屬可廢且議開舊河此地更有不得不塞者葢新港直接大江水流迅急舊河屈折而過水勢紆緩若新舊並列則潮汐翻壅半挾沙泥急者衝之愈深緩者推

之不去勢必前功盡廢前代僅有沙合一河故水道深通船隻便利嗣因新港開鑿下流直洩而沙合遂淤屢有明徵玆蒙臺下加意振興不得不長計遠慮俾閩人頌明德於弗衰也

一經費足敷查開濬舊河工程自三叉河口起至銀湘浦塘止計長若干丈闊五七丈至二三丈不等深一丈五尺至四五尺不等工程無多合以衆力原屬易舉而倡議煽惑者輒以動費數萬金爲辭殊不知裏河非江海塘堰之比按丈計工鑿鑿可據前經前閩邑令范前侯邑令陳勘估共應需銀若干兩何用

萬金之多耶卽欲從長估計以長二百十四丈濶勻作五丈深勻作一丈開方計之應若干丈照前縣令核估每丈應給挖土工銀若干運土工銀若干儘屬寬裕亦祗應需銀若干現今捐數在冊者已有六千餘金此外尚有各商樂輸因其零星未及登冊而居民爲桑梓起見莫不踴躍從事源源而來以開濬舊河之土爲塡築新港之需約計兩處工料雜費足敷動用且義捐紳士皆係實數並無浮冒工興之日當公舉殷實數人親董其役仍造細數欵項清冊逐一分晰呈繳以備查核可無中飽虛糜之弊

一居民無累查河心淤地原有浮屋數十間均係有
力之家搭蓋每間不過數椽每年出賃小民收其租
息非有連甍累棟驟難拆卸今官地自應歸官而屋
料悉聽收回移蓋別所仍可出賃取息在彼原無虧
損至賃住之人肩挑貿易本無長物就屋受租並非
永遠以爲已業隨地可挪信宿已定於彼亦無不便
惟其中自蓋小屋居住有年實係無力者間有數家
自應估計工價給與寬餘聽其運料別徙紳士議捐
之時卽已計及此項鳩出公銀辦理同屬鄉隣何忍
獨令失所卽謂搭蓋之人拆卸有費受租之人挪移

有費均當體恤勿致怨嗟亦統聽當事估值量給當官交明、不致短少稽延當無不樂從者即如橋下搭屋最多如某某者彼已於舊臘具呈閩縣情愿拆卸批准在案其餘更無他辭可知是區處各得其平彼此均屬允願斷無强抑之事亦無失業之虞

一舊案足稽查舊河兩岸原係民居河道疏通之時岸高水深無由覬覦近泥淤日久加以附近堆積河心之土與岸平連遂致臨河各家夤緣侵占始而圍籬繼而砌墻始而河邊繼而橋下界限莫淸是以倡議煽惑者動以拆屋數百間爲辭不知從橋畔而觀

比屋連屬似難一律拆卸若畫出河心地界不與兩岸相混安有數丈之廣容得許多間架耶前數年紳士呈請拆屋經前閩縣令勘詳應拆浮屋若干至乾隆八年復經前閩縣令趙勘詳應拆浮屋若干屋後毘連小屋橋旁搭蓋竹棚共多少間均係卑薄浮店無碍民業應令拆卸等語是兩次勘詳均有成案可稽況去歲橋下被火延燒旁屋曾經駐防分府禁止不許搭蓋是目下浮屋冊開俱係實數原無敢減損以聳上聽更有不辨自明者伊等起蓋之時亦知官地難佔在縣受有地米以爲掩耳盜鈴之計今欲清

問數惟弔取遞年徵收地米冊籍一查則多寡瞭如將來挪移津貼按籍議給亦可息衆口之呶呶矣謹列條議用備酌裁某等不勝翹企之至

色箴編題辭

色箴者何箴愚也明哲可與言矣何箴愚之爲嗜慾之溺人也惟色尤甚人亦有言匪哲不愚故檃之曰箴愚也夫愚之爲病久矣請徵言以箴之無已則徵事以箴之又不足則取陰陽應感災祥生死之間不容髮而可爲危慄出涕者以箴之古之爲箴也嚴以約色箴若是其多方與殆有不得已者耶是不以已

智而愚其人者耶善醫者視人血脉腠理以知其病則有藥石鍼砭之術苟親見斯人抱宿疴將遂至於不可療也必多方攻治用力尤詳且審故兹編綜千百言而以箴名凡以云鍼也嗚呼其旨切矣林君以名儒入官爲儒者師其學博而道尊尤善發人隱微沉痼之疾不拔其根株不止鵲非能活死人也君眞名手其顧不起生人乎張子二銘東西並列世有哲人將分置色箴一帙於訂頑砭愚間矣

黄壺溪畿輔見聞錄題辭

見聞錄者黄子壺溪作令畿輔時綜其閲歴所得而

錄之也夫黃子則旣施於有政矣其何嘗見且聞黃子曰此雖躬閱歷所得要不可不衆見衆聞故謹而錄之錄之而後此益得見所見聞所聞以爲政政庶其逼乎黃子可謂有志於民者矣古之爲政也易今之爲政也難一命之寄百務蝟集簿書期會間毫釐失當黜罰隨之令惴惴置身叢棘中奔走疲勞日不暇給其於地利農功誦絃禮俗以及雞豚麻枲一切廢與羸詘之數豈令所有事哉視其民之幸不幸而已故其間非令之才且敏不克以任職然嘗試而掣其肘或有故他徙猶勿爲也至躬親而又練習其事

茲尤難矣雖然存乎其人耳君子一日居位謀及數世攝百里之柄而思造千萬人無疆之福夫豈淵晷自期哉葢撫循黎庶事莫不起於至纖至悉苟講明切究而不疑所行及其成也雖老農老圃善自爲謀者無以易此殆由身履其地習見熟聞日積而月累之故能精且密若此傳曰學以從政未聞以政學夫安知以政學之未始非政耶故吾觀斯録而知黃子之有志乎民也葢其難也然唯其才且敏也是以無難黃子以憂歸今行復爲政膂力方剛經營四方其不唯昔日之見見聞聞將毋有新知新得大惠斯民

者歟南北殊方教養同術畿輔見聞錄一編美哉始基之矣

余毎恨未作親民吏遭時感事輒欲發其迂疎之說兹君北行甚遽未得悉吐所懷隨筆數行寫意不可爲典要他時欲付剞劂氏此不足存存石溪序文足矣又奉行條議事體紀其本末不必切切指名當事固賢能下吏宜歸美者然是編一出人謂我將有希於彼又同時蒞事各有能否前後交際均在仕途君非林下著述以垂後愼毋置軒輊於其間又是錄志在利民各

條應標目其上葢精力所聚與隨手劄記者不

同亦使留心經濟之士便於尋討至山川形勢

雖見聞所及均有關係要是大概論列應作雜

著以附於後唯君酌之

題嶋金義贈徐節婦冊本

八月初吉學友倪子潤兩郭子逵九陳子若珪鄭子

大章來述塘下徐節婦事手一冊示余余讀館前輩

陳公弁言併北海先生傳文喟然嘆曰嗟乎斯人勵

千古未有之節遭千古未有之奇窮乃如是之不幸

哉自劉石湖先生壬寅日記已二十餘年乃今始與

日觀大兄續記並出而孤嫠老矣夫敬寡屬婦古也志之刹扶植綱常吾輩忍出負薪者後歟諸君子義激於中合力經營爲籌久遠志可尚已余其敢忘景嚮雖然有說焉余觀諸先生言恒以有司不聞爲戚向格於例耳茲旌例符久矣節婦卽鮮內外親弗克自達諸君子盍徃告其鄉長者俾率比閭以所親見質語臚事蹟呈於學學當牒縣縣加核焉例得徑申節使斯人也斯舉也度公論正氣尚足維持無有居奇中梗者節使入

告後宗伯届冬彙題逾春而表閭之

俞旨下矣斯則九死不悔貞心尚依徐氏木主而傫然一封股咽芹藥孝婦他年竟享祀千秋闡揚激勸義莫重焉諸君子扶植綱常功不滋懋矣乎余歷茲事頗稔知必有當故爲言之亦以成前志也寡婦不幸之幸也

徐節婦傳畧

節婦名淑金侯官塘下里人姚君章之女許配徐文經未成婚夫亡婦絶粒不死投繯不死再赴水不死剪耳鐶水咽之凡歷五死皆不死乃歸徐氏凡爲之埜夫置嗣養老姑資夫之弟爾賢讀書十餘年者皆

自婦十指中出其刲股療疾摘野芹粿糠𣪠雖鄰人婦不盡知者他茹苦皆類此已而姑亡叔亡嗣子他出又亡內外無大功親婦兩目幾盲於是生人之意盡矣則抱徐木主求入養育堂以待終死衆哀之籲請題達越二年遂邀旌典婦今年六十有七葢在徐苦節四十有八年或本其始仍稱姚貞女云君子曰一醮不貳其心貞也志夫志事夫事不朽其夫節也節非貞不成貞非節不顯姚氏能孝且賢雖事無所成夷考其行皆婦事非女事矣於是閩人遂僉曰洵節婦洵徐氏未婚守節婦遂鐫之石

題陳允張遺照

昔寅之甲來館於爾揮毫賦詩追隨杖履今寅之丙遺像在紙念爾之亡幾十年矣吁嗟乎才也莫展其才美而弗售厥美何岳川之弗靈乃珠玉之遽毁梧桐兮萋萋白石兮齒齒緒先業兮一編想雄心兮萬里宛眉目兮清揚標骨格兮孤峙吾企其風流文雅不愧坦腹之王不意其寂寞銷沉竟爲嘔心之李玉樹既已埋流光迅如彼嗚呼兮奈何吁嗟兮陳子

吉祥山厲壇鳩金致祭小引

夫過墟墓而生哀匪凶殘能無惻隱枕髑髏而細問

雖放達亦且悲辛是以掩骼埋胔之仁既流朽骨爰
及國殤族厲之祀用妥幽魂庶幾鬼有所歸敢云祭
則受福惟茲吉祥山隴適當寂寞郊坰叢塚荒邱入
望纍纍觸目青燐白骨經過往往呼人稠疊縱横窟
宅深藏狐兎高低歷亂徑途半委荆榛或傾側於墻
隅黄腸已毁甚浸淫於池畔便房將頽故址遺磚伐
爲路石殘棺剩板斲作橋梁陵谷遷移沉水豐碑還
置笱溝塍懇闢中田舊穴復眠牛試問春花紅秋花
黄寒食重陽何處覔隻雞尊酒吾見新鬼大故鬼小
赤炬幽壙轉瞬皆寒葉敗灰其或依香火於殘僧寄

遺骸於破寺廡下墻陰森羅敗篋重床疊架高負尸囊編次以歲月爲憑遠近無籍貫可紀想當年攜琴仗劍飄零到處爲家或早歲佐幕從戎犖落依人寄食逞技術逐奇羸殞身羈旅負沉寃逢寇掠賫志泉臺暨夫鰥寡孤獨之儔兼以水火刀兵之厄既塡溝壑莫望井鄉魂兮盍歸來失路迷蹤南北東西招不返死者長已矣含辛茹嘆晦明風雨恨難消豈必精多物宏伯有遂能作祟即使骨灰血化若敖鮮不啼饑吾輩目擊神悽才綿力薄用是鳩金設會僉願布奠傾觴白粲朱提輕則易舉春初秋仲歲以爲常匪

云廣結萬緣放釋家之普度亦曰同仁一體遂儒者之素心云爾

松圖題辭

余族兄元仁早逝嫂氏完節幾四十年其子義益方壯棄世姪婦趙氏撫二孤成立今抱孫焉可謂能嗣厥音矣首春禮秀兄弟圖松於軸以爲趙壽蓋其母六十之年也請余題其上余惟詩稱松茂福也論紀後凋節也記云不改柯易葉心也靡心曷節靡節曷福哉孺人趙心姑之心事夫之事以代有終福履綏之其誰曰不然爰書數語以爲祝

自題小影

爾顏皙余髮蒼余臉團爾頤方余雖非盱其目而不若爾之獨小其眶爾亦豐其下而余較其項領似有微長若然則爾非爲余而寫照而觀者胡輙美此清揚曰是有其趣焉坐綠苔之石披翠羅之裳鱗鱗水色淡淡雲光月臨天宇風起陂塘其懷浩浩其喜洋洋時會心而獨笑聊足寫其中藏必披圖而索像毋乃形跡之未忘也耶

明知濮州林公忠烈祠記

自古捐軀殉難之臣曷嘗覬其名之必傳於後哉顧

天命不僭國典猶彰其顯晦遲速有時而孤忠烈節長存不朽一旦膺褒揚之典爼豆馨香其人其事赫赫在耳目前雖曰礪世勸忠即以慰幽魂於千載可也吾閩素齋林先生諱眞字子純閩縣人以洪武癸酉舉人任山東濮州知州宿有惠政靖難師至先生不屈被執見成祖責以大義成祖怒命縛於桅杆叢射之公笑曰吾守義而死何懼夫人陳氏亦抱宗譜赴火死濮人義之收遺骨藁葬於州之南村洪熙間朝禁弛孫鳴鳳負骸歸後官劉公爲禮饗拜送焉葬閩北郭龍腰山下終明之世未有表揚其大節者雍

正八年

世宗憲皇帝詔直省内外凡忠孝節烈有司核實以

聞

勑所在立祠致祭於是公之十三世孫廷範具事蹟

泣陳於當事疏入得所請建祠於臺江越王山之麓

越數月告成奉公木主入廟陳夫人配食焉每歲縣

領辦祭銀若干兩給廷範衣頂奉祀事春秋二仲儒

學官奠獻如禮嗚呼國家褒忠之典隆矣先生夫

人乃今始克享廟食沐

聖朝恩澤優且渥矣余考金川門之變抗節廷臣如

方孝孺景清鐵鉉諸公受禍最酷然其姓名爭光於日月不泯於當時崇德報功之思不絕於後世先生死節於外又值禁網嚴密無敢稱道其事者故久而弗彰傳世十餘孝子慈孫徒付之咨嗟扼腕英風烈魄將何以妥侑於九原適逢景運昌明而大節應期表著此豈偶然也哉祠成廷範以記來請余因之有感焉語云莫爲之後雖美弗傳古來節義之士湮沒於子孫之式微者多矣先生事經兩朝越數百載廷範未嘗業儒藉手賈衒以自給顧其情懇懇款款不忘先烈半生呼籲卒以自伸其志此固先生夫人在

天靈爽足以默啟其衷而亦廷範孝思鬱積感動幽
明乃得邀盛典表芳名因之春露秋霜薦几筵於勿
替也可不謂賢歟今廷範既爲奉祠生歲時入廟駿
奔走執豆籩尚無忘恪恭乃事以率先族衆他日者
儀文大備榱桷增光君子將於是乎觀禮焉承先啟
後廷範以一身肩厥任者正未有窮也可以其託業
微而少之耶余故爲之記而并及之

重建吉安府學碑記

虞夏商周之盛莫不有學所以萃天下英才而教以
率性由道也人性皆善而教之有方則人知由道人

知由道則賢才出而天下治必然之理也國家
列聖相承重熙累洽重道崇儒鼎修闕里聖廟復頒
御纂四經性理諸書於學宮教育宏敷古來未有故
章縫之士彬彬蔚起爭自濯磨以赴明良之會洵乎
德化之盛也乾隆戊辰余奉
命視學江右次第按試至吉郡謁文廟仰瞻大成殿
規制巍峩堂構整肅既成禮講學明倫堂壯麗宏厰
森然巨觀因而登降周歷則見夫王祠賢廡奎閣星
門莫不檐楹輝煥丹堊維新喟然嘆興詢厥所由乃
知郡太守張公之勤政以有此舉也太守蒞任初見

學宮規制卑隘向背乖方援據歐陽公吉州學記親爲文叙其原委檄令十屬人士協力鼎建益吉郡立學自宋以來卜基最善故賢才挺出說者謂鍾靈有自康熙寅卯屢經兵燹後人草刱於灰燼之餘未能復故太守親自相度基既成按其遺蹟恰與慶曆舊址相符於是吉之人士知與建之非偶莫不輸誠恐後不一年間厥功遂以告成嗟乎張太守爲政可謂知所先務矣郡人士請記其事余惟宋慶歷間知吉州事李寛建新學歐陽公學記謂吉之人士當歌詠李侯之績於不衰予之嘉許張太守猶歐公志也顧

余觀歐公所云教學之法本於人性者則非以人性本善故耶人性本善以性之所有者而教之斯同歸於善矣故性有仁而教之事親性有義而教之事君性有禮而教之事長性有知而教之交友故孝弟忠信之本立而彜倫敘矣彜倫敘而節以禮和以樂則風化成矣學校者風化之所由基人才之所從出故立教必先焉古之聖人盡已性以盡人物之性者也歐公之言至矣盡矣吉郡自宋至明理學經濟節義文章彪炳史冊而其人皆出於學今學制既復其舊士幸生郅隆之世尚思不負

聖天子尊賢育才盛心以紹休於前人吾知張太守振興之功當與李侯並垂不朽矣抑太守復重鐫歐記於石以示不忘所自則夫游息其間讀書習禮其地者誦其遺文得無仰而思慨然而起自力於學以復其性而相與鼓舞奮興於弗倦也乎學使者有教學之責者也樂觀其成而爲之記

近聖書院記

伊川程子之言曰學所以至乎聖人之道也聖道高美不可幾及而六經垂訓範知愚賢不肖而同歸莫不灼然如繩墨彀率之不可易通書言賢希聖士希

賢希之者志之也未至於是知其必可至而力求至焉故爲學莫先乎立志志之克立雖質有不齊而習與性成聖賢同歸葢立人之極其則不遠企而近之存乎其人而已閩故稱海濵鄒魯書院之設自鼇峯嵩山外列郡如梅石丹霞皆因其名勝及前賢遺蹟以萃英髦而擢其秀長溪獨無有山陰余公蒞任之三年脩廢舉墜民安其政乃擇地於文廟之旁因舊祉撤其屋而廣之前庭後寢講堂學舍悉具祀先賢延名師講學其中脯脩膏火之需取諸官產工既告成乃題其所曰近聖書院而屬余記之余惟公之意

其殆以鼓舞多士俾翹望宫墻典型在目覩車服禮器之盛慨然思升降揖讓於其間乎抑將使多士湥身浴德服法服言法言登聖人之堂親近薰炙衣被道德之光華爲無愧泮林之選乎是皆公所厚期者雖然非獨以其名而已今夫士始於下學終於上達古今以來性焉安焉不可得復焉執焉亦不數遘故聖賢教人不侈陳夫優入之事而廣求夫可近之方若曰彼其能是未可知也亦庶幾乎近之矣彼茍無畏其難毋一蹴而止日積月累其於道也不遠矣中庸所謂好學近知力行近仁知恥近勇非欲其大破

生平積習磨揉遷革去所非以求所是日浸淫滌蕩於其中而不自已哉久之豁然有得而生者熟窒者通靡者銳而達德之同得者在我矣故曰知之成功一者此也範木以爲器先乎其節目繼隨其形模漸加損之而材質適相肖焉此近之之說也設程於百里之外始投足而茫然半涉而知奮過此則談笑間一舉足而履之矣此又近之之說也賢之希聖也士之希賢也何以異是長溪之地環山負海其土沃饒民俗淳樸其愚魯者力本難誘以非其秀者可引而至於道以余公之廉勤督率而勸誘之其於力學敦

行必有異於他日繼自今入書院者守程子之訓先明諸心知所養然後力行以求其至則自明而誠入聖人之域不難是在有志者自爲耳詎但以地隣學宫爲近聖人之居樂其名而弗既其實耶余故推本其所以命名之意以朂學者云是爲記

射房支祠記

夫禮反其所自始故報本追遠莫重於祭而宗廟之建尤必其規制咸宜然後得慮事備物以嘉魂魄苟竭情盡愼本於内心之誠則不必有美而文而因時起義其適於禮一也吾射房自　晦軒公始遷會城

累代置有祀田　先祖父常欲節其餘貲以構祠宇幾成而廢每春秋享祀屑越滋憂丙寅秋乞假省墓因時祭届期急謀所以妥神靈者維桐峯叔實有同志而鄭姓適以娛石山房來歸因顧而喜曰此祖宗故物也堂構遠詒吉莫大焉且適丁茲會意者先靈其默有相乎蓋往者高祖別業二所一曰怡雲一曰娛石怡雲爲故居而娛石則　祖楚灊公早年爰宅而　先贈君實誕毓於斯者也地接烏山北麓中高平周數百步亭前山石崖起環峙如翠屏鄰霄道山諸名勝羅列几案間回首闤闠千家越山擁其後左

右岃崱芙蓉峯巒隱見其形勢寬博有餘其氣脉鎮靜而凝固偉哉前人規度之功其不謂無所待而然乎爰與桐峯叔共措直以完趙璧維時弟詒五則經營指畫獨任厥事即舊基而廓之以爲享堂棟宇穹然中奉神主廊楹周達檐翼高拱重垣夾之前東向作小堂安設遺像而大體聿貽矣附垣左屋守祧居之其右傍臺而下舊有數椽幽閒靜深以藏祭器循廊入小門而西因園圃餘地築室焉井汲庖爨之所於是乎在而庋事就理矣門屏峻整繚以周垣登堂而眺矚則見夫階庭軒敞廊廡縈廻石欄花塢之屬

蔚秀高潔與山光石色相映遐想當年命名雅意洵哉娛目賞心未忍一日忘此者乎其在於今仰藉先猷是憑是式儼衣冠之在上冀靈爽之居歆於焉鳩工修葺不必拓地飭材時敏而事繕費節而功完則皆我前人詒澤之長施及子孫者矣說者謂是舉也宜輝煌巨麗以昭盛典余曰不然禮時為大順次之其次為體為宜為稱人渙則情分力合則事舉建置自今用伸前志時也祖宗締造傳為世寶因而新之以迓神庥順也凡祠以內備莊雅潔素之觀絕華侈雕鏤之飾庳有體節有宜無弗稱者庶幾竭情盡慎

無謬於禮云爾不是之爲貴而又多乎哉祠經始於秋仲告成於孟冬爰諏吉日齋戒蒞事迎　主入廟合本支子姓而將享焉俎豆儀物先期告備洒掃陳設各謹所司工役諸費別著於籍其中宣力襄事則常芳叔達仁兄爲多若夫推恩廣愛繼長增高俾祀典有光永垂子孫法守是皆報本追遠之思所不容已而入斯祠者之所有事也於戲可不勉歟

重建奎光閣記

文昌神設像立祠久矣其在學宮體制尤備而鄉塾里社間亦往往建閣崇祀配以朱衣綠衣人其前立

魁星像故閣名文昌或以魁星名又以奎光名春秋朔望牲醪香帛之奉虔不敢替益其謹也余考史記天官書斗魁戴匡六星曰文昌天之六府也其第六星曰司祿晉志在第四主賞功進宋書亦云孝經援神契曰文者精所聚昌者揚天紀士人以科第致身虔潔禱祠意在斯乎意在斯乎然則居文昌而主文運戴斗魁而號魁星皆灼然不可誣者或曰非也星有神主之神爲蜀梓潼人魁枕參首梓潼上直參故應焉或曰是張宿之精也神張姓詩所謂張仲孝友者也夫王艮傅說星得人以名安在其無據乎顧以

魁爲奎者何意者音相近而譌歟說者曰不然奎與璧並稱璧主圖書奎爲武庫今學宮文武並登故額閣曰奎光又曰奎主文明宋乾德中五星聚奎厥後賢才輩出理學昌明益其應遠矣余嘗攷諸書魁近內階而奎也張也參也占驗不一意各有據歟抑圖讖家言與文人學士所宗各不相謀與要之有精則有象有氣則有神天文燦於上則人文成於下皆理所必然無足異也且夫敬其事者必尊其訓文昌陰隲之名義取洪範祥殃之說旨本文言神之威命靈爽尤足以警發愚蒙而鼓舞賢哲則崇其像設壯其

觀瞻皆取諸內心而竭情盡謹者所有事也又何疑焉會城出南關不一里舊有文昌祠爲鄉士人肄業處雍正甲寅夏五余與同學論文曾信宿焉書舍數楹頗稱幽勝乾隆戊辰重修余曾捐資襄事顧規模猶昔也今春諸子復偕鄉人士某某等鳩金凡若干擴地增屋既新前堂以奉朱子始建閣祀文昌及魁像而以奎光名經始於夏竣事於秋於是臨碧沼俯青郊大江東流旗鼓雙峯對峙皆歸欄檻中物識者謂斗南秀氣殆有所鍾焉夫丹桂名籍朱衣暗點昔賢所傳事必不謬士人以科名進身榮落通塞神實

司之是輔國家登明選公之治者也天有顯道厥類惟彰而豈有倖哉命不可倖祿不可干則夫勵宿修敦素業容可一二事苟且爲哉嗚呼勿謂不聞神將伺人挾策决科之士其知所審已憶余戊申秋紀事篇末有星象司命文章魁頭之語曾揭於豫章考署神座用示諸生登斯閣也巍然在上振衣再拜俯仰四矚氣象維新人文其日盛乎異時從事於此者連茹彙征吾於其恊神心也而以覘士行焉天官占驗之書諸家異同之説固可存而不論矣諸子曰善宜爲之記以勸學者因記之

振衣亭小記

鑑亭方池南纍小邱焉具花樹竹石之勝舊有亭圮於颶其東則奎閣榕門陳公所建爲書院奠文星者也亭議復不果余初至則爲剔榛楛除瓦礫徵徑始見繚而西石磴半坍而撐柱樹根者猶攀援可躡焉

年　乃節薪水費庀材召工建亭於舊址躬親督視越月而工成窓虛四面柱根下午木椽廊石覆其上簷題交綴瓦隴間注石灰焉既安且重足以憑高獨立感前此之疎且薄而易頽也游息之餘始來鑑亭攬巃峯若几案徐步登奎閣諸峯羅列闤闠雉堞

間歷歷可數及上兹亭則四圍連山複嶺悉奔輳環集指顧間眼界益寬胸境逾曠然矣同游學者上下四矚飄飄乎皆作雲霞千仞想爰賦左太冲詩而顔曰振衣之亭

[illegible][illegible]文錄　卷之三

青圃文鈔卷四

閩中林枝春繼仁
男 儀鳳義文 一彪義衡 校

宮諭幾庭鄭公傳

舅氏幾庭鄭公名開極字肇修號幾庭系出徽州始祖文靖公爲懷安司訓家於閩遂爲侯官人祖鍾以孝義著聞載福建通志父江封奉政大夫嘗刲股救親感神入夢而母病立愈歲大饑分粟以贍宗族事載
大清一統志奉政公有子七人公其次也幼善病奉

政公憂之有僧診其脉曰是子法當貴壽君何慮焉年十五與伯兄同遊泮水順治丁酉舉於鄉年方十九當赴禮部試公以父愛之篤不忍離膝下奉政公爲偕至前途逾數百里慰諭諄切揮涕而還辛丑成進士入翰林當禮闈校閱時得公卷衆驚嘆以爲老成名宿處以元席陳素菴先生獨曰此必少年高才者改置公第六殿試居二甲前列時

世祖愼簡英俊淸華之選三鼎甲外授常吉者僅數人雖會試榜首不得與而公獨與張京江葉華亭輩以年少選入内宏文院肄習

國書朝士以爲榮甲辰散館授内國史院編修侍宴
賦詩稱
旨賜銀幣丁内艱歸已酉出典雲南試庚戌己未殿
試兩充受卷官纂修
玉牒寶訓
三朝寶錄大學衍義守史局者十餘年再丁外艱服
闋還朝遷右春坊右中允兼翰林院修撰轉左春坊
左諭德充日講起居注官守宫僚者又十餘年辛未
始奉
命督學兩浙浙故才藪公訓士先行誼而後文藻甄

扳寒畯如少司馬小眉吳公少宗伯晚楓吳公皆知名士而總憲鐵厓沈公操行風節尤其卓卓者表章先正校黃石齋九經解親爲製序鏤板以嘉惠後學甲戌差滿復

命遂乞假歸方公在中秘時

聖祖加意文學士二三大臣收羅才俊以備顧問朝士欲速化者亟炫所有奔走當路以希一垂手公自以先朝舊臣於翰林爲前輩簡於應接又有侈談性命之學者脩飾虛聲衆爲游揚客詢公笑而不答居長安日惟鍵戶讀書其或登山臨水及與朋舊讌集

有所賦咏寄意云爾不復自訂其稿闡明經學議論
警策聞者心傾至求其書則不可得蓋恥囿於氣習
一惟迂拙自安用此聲光弗顯雖循資遷陟而不逾
其限公亦不以屑意也公昔銜文在浙江有間公於
巡撫遂寧張公者心疑之及庚辰特起公監修河防
而遂寧適爲河督始至不能無介介及同事逾載始
心折曰吾乃今識公如公表裏洞澈豈復可瑕疵耶
旋報竣蒙恩議敘再得請假以歸至是公清愼雅操
益顯白於中外云公在同譜中惟華亭京江二公素
稱密邇夏逢龍之亂葉靖節武昌及公掛冠歸京江

已晉揆席適有江左之遊值假歸過訪焉京江公喜曰朝廷方嚮用舊臣君何久不出雖然未晚也吾且旦暮還朝矣公曰吾以素心人久契濶暫一晤快攄宿忱耳疎野之資久不足供驅策自分已審君尚未知故人耶笑飲極歡而别家居日未嘗致書朝士同館後進宦閩者慕其手采求見輒婉辭謝惟及門士逼家子弟至一申東道情意然亦不數數見也公所非遇大典禮不命駕故當事罕覿其面癸巳

聖祖六旬大慶赴

闕賀

萬壽當是時普天耆艾拜舞充廷溯
世祖侍從臣獨公一人在而公亦年七十有六矣迎
駕熱河
溫旨慰問再三有力薦之者公陳奏多所謙讓
上知其意不之强爲
錫宴内廷
賜坐
命和碩康親王送酒焉
頒御衣一襲副以松花硯公服以拜謝
詔聽許歸恩遇之榮近世詞臣所未有也居恒念早

歲遊宦未遑晨夕溫凊及遭大故送終之禮竭情盡謹自是後每忌日必以五鼓跽奠哭泣盡哀素衣蔬食不接賓客年屆八十春秋墓祭淚涔涔下徘徊塋側若不忍遽去在浙時伯兄病痺署中竭力扶衰隄疾既喪爲備禮千里歸其柩而安厝之諸弟分異悉推以先人遺産不能守爲贖而歸之又不能則割已業畀之既又不足更爲人授粻月致餼養其孤兒女其孤女婚娶塟埋生死無弗滿其意願者余小子孤寒以養以教幾及十載迄今稍有樹立實惟公之賜先是奉政公值海氛未靖康事草剏公既受祿於朝

原書缺

原書缺

福履者必首公又必稱公之孝友盛德以推其所自
來也然公素耿介不與外事厚施不責其報既老而
貧不能置屋乃就宗祠以處竟告終焉始列朝班才
豐氣鋭欲大有建白上酬知遇既而目擊時趨自念
動招違迕又同鄉後來居上者以姻婭故意有所嗛
於公勢不容展布故決意奉身以退一以義命自安
雖京江公之勤拳終不能强晚歲入覲
天顔遥邀殊眷郎時命駕歸山生平進退大閑皭然
不滓公祖父以來世傳名節至公益以德望爲天下
重前哲之流風人倫之儀表舍公其誰與歸公卒年

八十有二子五人登科者四出仕者一孫二十餘人
公在日已兩舉鄉試復有由京員游歷方面者曾孫
二十六人際熙舉丙子鄉魁來者方駸駸未艾焉乾
隆 年與王宜人合葬於梅亭季子 祔
吾母鄭太夫人爲奉政公季女余小子生後公六
十年余束髮就傅外氏公以余畧有知識恒津津
告余爲翰林時事及其生平游處閲歷與 國初
在朝諸名公大人事蹟甚詳余小子聞而謹誌之
洎余爲翰林公殁已十六年矣詔入 內廷纂修
一統志閲閩中人物傳稿則茀載奉政公孝行而

公闕如心竊疑之退而攷八閩通志所錄乃知前此紀公事實頗畧秉筆者故不採而吾母太夫人入列女傳者又誤以烈稱乃以告同館諸公急爲改正而載公行事附於奉政公傳後蓋編次已定而余入館後二年故也夫以公之爲子爲臣居心立品自卓然可傳於後詎以小子有蓋覆培植之恩耶且有美必揚史臣職也故既筆於書又綜其本末敘次之以爲傳庶將來有所考信焉

家悔菴公傳

公諱萱字乾之號悔菴博我公長子爲邑諸生素以

經濟自負遇危險輒身任不辭丙辰大師逾嶺僞帥諸潰卒南下者乘間擄村民焚刼無虛日公率先鄉民竭力堵禦同里賴保全者以百數閩新定後海寇出入波濤中時時揚帆內地索餽餉不滿其欲不去濵江海居民苦之博我公爲所困適遘疾幾殆公經營贖金寢食俱廢凡九閱月事集而難解博我公疾亦愈鄉黨賢之

族中諸立傳者甲辰以後皆某改作補作二兮伯父後始補入茲傳稿本得之　先祖遺集中未入譜

順昌黃孺人傳

記曰師嚴然後道尊道尊然後民知敬學夫學非教不能入也教無師不能成也師道立而善人多宗族所由昌國家人材所從出可不敬與近世塾師估畢以餬其口爲用出百工藝事下周旋言貌東家意輕之若傭估豪商大賈抑又甚焉若其修飾禮文必豐必謹雖士大夫家往往難之至閨閤女流能崇大體知嚴師尊道而敬學則尤難之難也余於黃孺人有感焉孺人順昌庠生黃載璣女適同邑庠生上官某房帷內交相敬也姑嘗攖足疾待人而後起孺人侍

奉經年意不少懈由是以孝稱鄉先生游元日者明經學夫欲從之遊念寡兄弟弗敢離膝下意徘徊不决孺人慰之曰吾聞能孝無如顯親顯親無如力學親師取友學人立身大事堂上甘旨吾分也爾何疑焉夫乃欣然負笈以往既而受知於學使者阿公其父母色喜曰此而婦勸學之功也　年甫三十學益進復爲程學使所薦拔無何得疾遽卒孺人於哀毁中則亟延名師以教其二子一切供具毋有不腆方是時長子淑甫十一齡而次鴻齒始齓孺人課督無少假借旦令就塾夜則綜畫日所肄習必成誦而後

巳跬步語笑非親受業師明訓指導弗善也二子先後授室淑援例貢入太學鴻亦應童子試有文名是年鴻夭孺人悲之甚自知不起訓子姪謹身節用而於延師供億廪餼之事尤反覆致意焉卒年五十歲孺人生平慈惠及物諸如勤織絍屏華飾喪葬之事情文克稱有婦德者饒爲之獨其嚴師勸學克相夫子用垂誡後人非尋常識度可及余故特表其事而竊慼近世教子之所爲不孺人若也傳以付其子淑

處士劉篤生墓誌銘

始余與同年友滇南介亭劉君同居廣常館以志行

相契合毎語次則各述先代忠厚積累所由交相勗勵余因備稔其尊人司訓公孝友承先大節嗣宦轍分攜或出或處南北睽違者十餘載洎介亭陳臬入閩余適在告乃以書屬余曰先祖忠厚傳家賚志以歿先君司訓雲州已膺貤贈之典及告休回籍正欲經營墓碣未幾捐館易簀時諄諄遺囑今慥歷歲守官於外追維先君遺命五夜怵惕惟君質直務遠浮華言必可徵謹以先君所爲狀獻子其爲我銘俾胞姪裔喆持以歸勒諸先祖隧道之前此先君志也余誼弗敢辭按狀先生諱大英字篤生劉氏出於西江

之安福前明有諱時炫者客游滇遂於北勝清水驛居焉是爲始遷之祖四傳至仕龍生二子長某次即先生也幼穎敏讀書過目成誦年十七遊於庠工舉子業兼通詩古文詞父母特鍾愛之二親卒居喪哀毀族戚爲之感動事兄及嫂如事父母人以是稱焉仕龍公善經營遺貲頗裕而家人婦子輩闇於大義自田產臧獲下及牲畜器皿率攘取美利厚自封殖而出其荒殘頑窳者以給先生先生置勿問久且兼併其所居之祖屋先生弗忍校別購從兄南樓以棲焉兄及嫂遘疾日夕往還躬親侍養不異未析箸時

厥後兄家搆難興訟禍且不測衆不敢前先生挺身
翼衛罄囊槖相左右必得全而後已卒以此無事詩
書所載念天顯急在原先生無愧焉初艱於嗣孺人
勸置妾弗許謂若於房闥間周旋素謹其忍以衾裯
替伉儷歡又自度年力甚壯天必將使有後果舉丈
夫子郎司訓公也未幾以餌藥燥烈得廢疾卧床逾
十載臨殁戒其子曰作好人行好事無愧祖宗父母
可矣司訓公積學砥行爲多士楷模實奉先生遺教
而嗣世蕃衍老壽子姓益熾以昌則又孝友型家食
身後美報而衆所嘖嘖於先生者也嗚呼忠厚貽謀

詎不信哉予嘗攷漢世汝南薛孟嘗繆豫公皆至性天成善處骨肉間以篤行聞於時先生所際畧同而抱奇不遇湮鬱以終則其命也先生生於某年月日卒於某年月日年四十有七配孺人彭氏賢德著聞後先生數年卒子晟基歲貢生雲州學訓導女二一適王中選一適任開先孫男三愼恂庠生慥由翰編歷任府道今爲福建按察使曾孫裔厚裔學裔喆裔珏裔甡裔彥先生初貤贈將仕郎雲州學訓導再貤贈徵仕郎翰林院庶吉士累貤贈中憲大夫蘇州府知府今例贈通議大夫以某年某月某日葬於某山

之陽壙首某趾

銘曰有大志而窮未中歲而終美疢惡石用砭厥躬以其躬之約耀其德之豐

贈承德郎叔函陳君墓誌銘

民部曹曾林陳君將歸葬其祖仁臺公也請余誌其墓余與曾林夙爲道義交辭不獲命因叙次其行實曰公諱某字某世居連邑之馬澳祖某有子三長某次某季爲公父某公生七歲而母孺人殁時海氛方熾歲辛丑隨父移居省會明年父回東塘已酉移光化回鯉溪娶葉孺人戊午復移光化始與長伯父分

居越三年海寇平乃歸馬瀆自始遷迄還七徙居喪二親伶俜孤露幾不自全以故廢舉子業親穡事偕葉孺人儉勤操作以立家計竟用有成公幼有至性方父之卒於東塘也是夕見異物若有光來逼身傍徨驚怖起視者數四心動弗寧厥明而訃至衆咸異之及長歸故里每念桑梓依然瞻依靡托輒於邑不勝嘗過其里中地指所歷處謂人曰此四五歲時父携手聽鳩鳴處今此聲猶昔也言竟淚下聞者惻然噫公之孝思可謂久而能篤者矣長伯父遭海漲廬舍淹没急迎歸以養殁則偕三伯父並營宅兆族人

某三世未耋公爲捐貲痤之他若置義田修族譜皆首先倡導悃欵力行人益以是賢之公之厚本根崇古誼事率類此生平循分篤實未嘗欺人人亦不忍欺家居數十年足不履城邑待里黨以寬和訓子姓必嚴肅嘗營園林半畝雜蒔梅竹以督耕課讀其中暇即召子弟訓之曰力田在勤春至弗播苗其萎矣夏至弗耘草斯蔓矣讀書猶是也以故三子某遊邑庠有聲而冢孫曾林成進士試戶部江西司主政文采行誼嘖嘖縉紳間皆公之敎也晚歲家頗豐殖子孫日益繁衍公惟以淳樸立訓長幼雍睦三世同居

公嘗顧而樂之謂自今以往倘能無替吾老人旦夕從先人地下無憾矣益公之歷艱阻也深故其貽燕也遠而孝友敦篤始終不渝尤其培植夙裕用能化險爲夷保身昌後非偶然也今

天子御極元年加恩耆舊公例得蒙賞賚又

詔品行端方者給與頂帶闔邑舉公有司以名應方

題在部而公適以疾終於家今年三月某日遇

恩詔貤贈公爲承德郎戸部江西司主事公生於某年月日卒於某年月日壽八十有三配葉氏貤贈宜人恭儉而仁克配公德以某年月日合葬於某山之

陽墳首某趾某

銘曰相士於鄉禔躬慎術守正匪違處約奚恤惟公宅心冲和質實始蹇終亨循循如一典訓家垂孝友身率行則罔愆名亦不失業業横山實惟幽室伐石勒銘後世有述

徐義士并妻馬節婦墓表

商邱故武生徐嶠忠勇過人明季流賊犯境徐率同志登城拒守連擊殺賊衆壬午三月二十八日城陷遇賊於城闉縛之以去徐奮聲大罵賊怒殺之棄城壕中事平就其死處覓屍不得乃招魂壟於閼伯臺

東北里許妻馬氏茹痛存孤備歷艱苦里人敬而哀之因以徐寡婦名其庄卒祔塋夫塋側事閱百餘年矣傳紀闕如而烈魄貞魂至今未沫學使者博詢父老輿論僉同爲勒碑於墓題曰碧暈斑痕後來珥筆之士采摭忠烈庶有取於此

馬烈女墓表

許州馬烈女六姐拒強正命索賊弗獲事竟寢越十年鄰人杜含美暴疾見烈女持刀入室驚自首其事因呼號宛轉而死杜故退軍素無賴於鄉者也烈女奇冤莫雪而精魄凛凛不泯卒以自伸其志雖久彌

彰矣余詢諸州人士僉曰信顧烈女藁葬田中未有封樹余亟命廣文往相視捐金埴土豎碑以志擇吉日具酒脯致祭地屬某家庄衆願割數段爲塋域許之復環種柏檜蔭土爲觀者嘖嘖稱羡烈女余爲親題其墓而表之烈女許州靈井鎮人年十八未受聘父海業農老而弱有弟某貧他徙其正命則康熙二十三年十月初六日事也

劉節婦墓表

節婦孫氏劉某妻夫早死未有子家無近親其父母亦貧且老子歿無依孫氏含辛茹痛力持兩家事不

避危險幾二十年葬其夫及舅姑奉父母以壽終越數歲卒族微無可繼嗣者同鄉爲斂而葬之墓近道旁封土陵夷過者心惻邑庠士具呈述節槩請旌表焉余觀孫氏矢志居貧備歷艱苦大事旣畢心力俱瘁弛於負擔可以無憾矣顧無里居可表恐其久而湮也爲書濤淑長留四字樹碑墓上以闡芳修庶有過而知之

公奠何克思同年文

嗟昊天之不弔忽良友之云徂感典型之遽謝悼大雅之淪蕪曾日月之不淹竟今昔之岐趨訂蘭盟於

千古十五載而須臾憶禮闈之校藝
帝首擢以名儒標羣英之領袖垂經國之楷模品南
金與東箭公獨探乎驪珠冠南宮之三百果豁然而
特殊炙汪洋之雅度洵懷瑾以握瑜咸左規而右矩
一動息而攸俱履恂恂而抑抑表穆穆以愉愉惟姱
修之交勉敦厚誼而罔渝飲醇醪而輒醉消鄙吝於
微軀談經石渠之閣趨直承明之廬發鴻文於鉅筆
麗藻炳以紛如精鑒衡其獨運妙鼓鞴於洪鑪萃滇
黔之才俊歸藥籠而兼儲顧森庭之嘉蔭垂美實之
紛敷搴桂芳而再世騁駿足於交衢公精力之未艾

期佑啟以宏圖詎羊腸之叱馭乃厭濁而乘虛方同人之聚首咸屈指於歸途謂征塵之伊邇良讌會之可需抱宿忱與別悃待促席以傾輸胡青陽之在眼竟逝者之如斯朝靈輀兮南楚夕素旐兮東吳溯章江兮浩浩贛石邈以天隅寄愁心於八境馳精爽於鬱孤靈陟降而上下庶北眄而欷歔共臨風而隕涕聊一獻此生芻

公奠歐太孺人文

嗚呼星娥光隕天姥峯傾問鶴馭於靈池蕙芳歇絕聽鸞音於韶石薤露淒涼扶風之錦字空傳奩匣尚

留女誠魏國之荻灰未冷碑阡用表幽貞斯則標懿範而式訓蘭闈瀏芳型而流輝彤史者矣緊我太年伯母蘇太孺人擅黃絹之清芬毓紫微之秀氣令儀婉嫕淑質幽閒賡飛絮而雅調新成理繡紋而繁花間綴徵文在掌無假官占慧鏡涵胸詎煩姆訓其相我贈君太年伯先生也儉堪配德順以宜家潔厨下之羹早諳食性佐堂前之餕備得歡心蘋藻美其僮祁有無於焉黽勉郝鍾禮法雍雍娣姒之間尹姞儀容肅肅房帷之內問賓雜佩佐讀青燈遂令泮水芹香發奇葩於翰藻抑且曹溪瀧水濬靈境於詞源此

則追美鹿車齊名鴻案者也追其操悲別鵠志苦茹荼始則勗三鳳以齊飛俄而喜一夔之獨步杏園春煖頊宴瓊林粉署琴清榮分符綬太孺人則宏丸熊之雅訓勵封鮓之清修用使澤滋閭野岐苗民皆歌父志酌延津杯水泉不名貪百里既大振其家聲一經亦遠紹其世德洵哉父書可讀偉矣母教無忝者矣及夫孫枝秀苗帝里名揚丹詔初傳班列瀛洲仙界青編甫啟光分太乙星精恩推重慶之門手捧五花之誥維時太孺人年已早逾大耋躬復再荷榮施御軒版以逍遙披翬褕而煦耀曾元繞膝五代同堂

簪笏盈床一門濟美郄夫人之神明未隔文宣君之教授何勤可不謂厚載永貞善祥流衍者乎夫何委形造化遺蛻塵凡青鳥西來徵靈符於崑閬望舒東逝沉璧影於滄溟綜其寧順攸宜信已哀榮兼備於茲不朽亦復奚悲惟是某等共叨蘭譜夙仰坤儀悵萱草兮凋零溯寒風兮蕭瑟名留簡帙能無中壘列傳之情日薄桑榆實感文孫報劉之痛薄申椒醑冀駐雲軿

公奠周孺人文

嗟乎彩雲影散璧月光埋織錦字於閨中機絲斷絕

標清風於林下蕙草凋零矧淑德之早聞羌妙齡而永逝此佳人難再奉倩所爲神傷之子窮泉潘生於焉悼歎者也惟我年嫂文孺人幼含蕙質長備德容柔順得自性生婉嫕傳諸姆教鍾碧雲之秀氣映巴水以清心于歸名門恰逢才子我景垣年長兄之珥筆西清燃藜東觀也推恩命服同體均榮孺人言篤軺軿聿來京邑宛桂旗之赴洛擬吹管以上嵩阿閣和鳴椒盤頌美調琴而鏘玉佩戒旦而整朝簪可謂燕婉良辰寵光榮遇者矣夫何一染沉疴遽驚殞落閬苑俄傳三島罽賓忽散雙鸞靈藥渺矣難尋異香

於焉不驗絳囊綵縷何言續命之絲角黍蒲觴便是招魂之日興言逝者能無悲耶方其二豎纏綿九泉旦夕情牽楚水悽動越吟暮景崦嵫莫慰重闈岑寂長天鴻雁誰憐諸季竛竮此則孺人之眷念天親孝思篤摯者也若其夢寐高堂依馳膝下潔滫瀡而難申撫帨紛而空負深衷託諸女侍重累惻及良人譫語傍徨別魂悲黯則又孺人之宿忱和敬臨歿綢繆者也吁嗟乎修短難齊榮枯一瞬大運如是夫復奚辭玉質蘭心此日之芳儀尚留彤史峽雲江雨他年之精爽應傍瑤臺敬奠椒漿靈其來格

祭鄭人寬文

嗚呼天道無親常與善人昔謂之然今替其倫守謙取蹇安節居屯有孚孿如不以其鄰入於坎窞噂噂斷斷孰推移是孰仿孰因吁嗟人寬而今已矣原燎芝焚崑炎璧燬屬纊之辰緼袍敝屣命匠須材不貲曷以衾襚載謀抱布於市胠篋駭然一清如水擗踴拊心孤嫠弱子號聲徹天再絶再起剜肉醫瘡敲骨吸髓孰爲繭絲曰夫已氏陰戾憤盈以築怨壘梟復飯含不瞋猶視彌留告赴余也拊膺厥緒紛如靡糾靡繩天誘其衷不懟而膺爲義之故匪釁之乘可尋

可寒茲惻用矜豈無株枿藩衛來蒸颸濤萬頃一葦斯憑厚不可負弱不可夌德施在昔此焉其徵虛牖垂帷空堂折襬今昨之間渺然隔世遐緬胸襟虛舟不繫齷齪拘纏迅掃以篲匆獻嗽詞敢忘夙契亦又何言君子余婿

祭同年張軒西文

先皇初服頓網八紘余忝公後鳴鹿歌苹羣賢濟濟遷谷新鶯推公雅望外炳中硼雄於儔輩有鏗其鏞比年隨計繫梶王程乃留南劍禪榻燈檠夜琴對撫朝韻同賡夏雲鬱嵂秋氣峥嵘興高景逸志壯離輕

韶華荏苒塵綱牽縈彈指十稔逾丙及庚上都騁轡
捷足揚旌並驅長坂伏軛悲鳴公奮猛鋭謝彼拘儔
簡書就道乃尹羊城畔除蝨賊穴竄鼯鼪心勞撫字
甦我農氓繭絲勿亟盤錯是攖志存噓植吏罷設擄
厓門塹隘席以高閎僉曰公能鍔鍔錚錚百粤五嶺
一柱孤擎力辭薦剡久困盯驪滄浪一曲濯我塵纓
時余在告獲罄其誠握手對語意氣縱横欣生倦極
擔弛身輕計歷三紀時世遞更昔時孩稚玉立英英
儼然鬚髯趨走逢迎提携兒女俯仰支撐曰余冢孫
公子館甥公敬厥義貞卜宗祊遂申約言載固以盟

客冬升堂於吳謚征揖余坐次大論是宏顧惟瞶眊
垂盼含精諸孫左右扶杖鏗鏘羨公老健庶擬喬彭
比當旋軫載罄罍罌公胡控鶴遽返蓬瀛嗟乎維公
壯歲領袖橋黌三鱣世德一鶚鄉評彈琴敷化勇退
辭榮身歸林下人聞政聲毗娍休老得算之贏矧多
玉樹紺碧青瑩其後必大萬數以盈歸與奚悵余莫
勝情臨當一奠百感交振靈其不昧共鑒平生

哭奠世母何孺人文

嗚呼伯毋而今永不可作也屬纊之辰猶聞欬語何
期變成倉卒豈其得數既優不可復盍歟某兄弟饗

飫慈恩一旦奄忽失所依恃其曷以爲情也伯母年躋九袠膝下子女皆久爲人祖父母斑白哭踊一堂作孺子泣是人世最可羡事然而某等推孝子之心其猶有所未慰也蓋伯父老於黌序伯兄成名而早夭半生辛苦不可殫陳逮含飴如願而景迫桑榆矣是九十年中懽娛日短而愁苦之日長也然而餔糜無厭色黽勉有無無倦情奉上接下無幾微忿懟咄喈音聞於人以是稔其德之厚也垂老而聰明强力服勞不倦既逾大耋汔可少休未嘗日高而起亭堦上下未嘗扶杖而行也健飯初不恃粥雖甘旨日嘗

不厭誰知瘵瘧作祟卽以是爲祿盡之年也悲哉伯母與吾母歡好無間某等廻想少年依依膝下彼此情均顧復出則代哺入則交乳情事如昨也一彈指而已五十餘年矣兹哭吾伯母距吾母之歿而亦二十餘年也而今而後前代徽音相繼盡矣尚忍言哉族戚聞逝莫不感傷而咸以伯母厚德故其歸終也一無所恨然而某等推孝子之心雖至於百齡而以爲食報猶淺也倘再假數年以晚節光榮酬當年辛苦猶未爲過甚而惜夫不可復得也能不悲哉

祭雲簾八兄文

嗚呼惟同道之謂朋愼擇交必以類譬桃李之成蹊
寧薰蕕之共器夫其不苟同者升沉趨舍之各循其
途不能異者直諒多聞而無載爾僞形雖判而德不
孤遇有殊而守一致古稱金石之盟卓矣雲霞之契
維夫子之與余或庶幾其不愧緬弱冠而窮經事名
賢而執贄迨同采夫芹茆恒共親乎光霽爾其時君
爲横海之長鯨余則蘭茗之集翠當其浩然獨往四
顧紛如曾不以動其心抑惟恂爾常性百變譸張亦
何足以攖厥志洵德音之不瑕果岸然而自異時或
發爲文章抒其論議竣名節之綱維宏風雅之鼓吹

唱酬更迭余毎欽爲疏越之音領略酸鹹君亦頗有昌歜之嗜以故金玉聯編宗盟連綴均以排行齒其年歲余毎致謹乎肩隨君時接遇以羣季旣而糠粃前颺遭逢猶遲誼靡間於形骸情何分於軒輊謂足怡節母之顏因以壯孤生之氣旣傾杯而賦別章又解囊而籌上計庶贈縞之遺踪靡揮金而市義逺物換星移摶風展翅時邇東華居停蕭寺聯榻揮毫登車攬轡遂增聲價翹然領東國之英一攄奇懷銳矣拔南宮之幟喜舊盟未改於笠車對新篇屢忘乎寢饋豈知抱夜光而暗投刖連城而隕淚從此瞻雲樹

於各天悵羇孤於兩地届夫禁鑾叨嘗掖垣漫厠聞
雞起舞愧祖生之短鞭先揚帖耳伏轅悲騄駬之霜
蹄偏躓每聽鶯鳴益增愁思旣屈凌雲大厦之材願
分學宫片席之畀振鐘鼓兮鏗鏘飭廉隅兮砥礪念
三古化俗之本根實千載彝倫之託寄歷四任而綽
有裕餘詎一朝而肯尸厥位雖大邑之旣膺惟縈情
於儒吏憫時俗之遷流懸鞀鐸而罔濟著色箴以立
言翼儒宗於不墜余每莊誦而長吟慨然想流風之
未替旣而淸源領符沙陽廻枻適罏堂之未升入鼇
峰而把臂顧素髮之飄蕭變丹顔而顦顇歎世故之

交纏想逸羣而焉冀惟獨抱此遺經長齋心於古誼詎料闈期甫臨眼光作祟長揖上官力辭交際馬帳未空楊亭已閉聞跫音而寂如望衡廬而心悸屬枕簟之彌留代傳聲而審諦獨叮嚀於話言斥仙山之淫厲應焚毀以削平禮星宮之上帝屬巽地之文明足起衰而救弊當一息之奄奄尚縈廻於胸次遂拱手而告辭越翊日而長逝吁嗟世儒營一身而靡遑何他人之能暨遡吾兄之雅懷本坦蕩而無繫將構廣厦之萬間合寒士而大庇寧桑梓之一隅忍遂遺于嘉惠惜遭時之杌隉徒蘊胸而莫遂余也以蹇劣

之鶱駘附靑雲於騏驥自少壯之迎趨望周行而屨覩雖未能矩矱之從心抑唯佩韋弦而黙識中歲皇路驅馳慇憂叢積驚宦海之萍飄望停雲而足跂及還初服而無殊針芥之投矧抱羸軀而能忘藥石之餌吁嗟乎覽四海之悠悠悲儔人之泄泄始相煽以聲華繼交締以榮利逮隙末而釁終乃乖違而舍置頽風偷俗既已然覆雨翻雲所以刺惟有道而躬親乃盈缶之孚比悵古處之既淪兮值幽冥之永閟既抱微衷而誰與言兮孰指迷途而勿中蹶悲夫遲暮而別此知心兮頓覺浮生餘年之爲贅陳蔬食以表

誠兮醇椒漿而掩涕君靈爽猶憶生平兮應聞哭辭庶其鑒余之意

先慈祭文

嗚呼蒼天冥冥難測吾 母何辜善不蒙福痛惟不孝罪重孽積殃貽及 母遘此凶厄自兒失怙 母兼父職鬻子劬勞斷虀畫粥 父有遺書 母則兒勗兒讀窓前 母織堂側或理衣[衤卸]或縫裳帛漏盡霜寒猶勤刀尺惟 母之志好勞惡逸粗糲自甘大布不飾自 父見背諸艱備歷計慮周日時憂惕兒出就傅 母訓卒業兒戰棘闈 母勉對策兒歸

來遲　母則旰食兒疾偶呻　母夜不息　母鞠三
兒殫心竭力三十餘年靡間朝夕中饋有婦敬惟
母式醯醬米鹽躬臨區畫　母愛諸孫持抱罔斁願
見其成頓忘已瘠昔　母在堂笑言啞啞亦越於今
凄凉闃寂奉此栝棬惟餘口澤撫几摧心披帷痛嗌
瞻　母衣裳望　母顔色不聞　母聲不見　母迹
嗚呼天乎胡奪母急兒兮奚依　母兮奚適兒早喪
父　母教　母育追兒成人　母引　母翼名以
母成學由　母殖　母志未終　母德何極一旦
分離重泉永隔淚雨淋涔號風慘戚敬値兹辰肆筵

設席　母靈在上來降來格

六旬祭文

嗚呼吾　母之棄不孝也距不孝抵家時甫五十五日耳今茲設奠距吾　母之歿也倏又六十日耶嗚呼痛哉不孝每旦上食弗腆　母怒而弗督惟家中事所最留意者以錢卜之而驗嗚呼母之靈爽神矣其滿腔慈愛篤念兒孫之真精神不可磨滅者無日不纏綿宛轉於堂上而　母亦不自知為已逝之身也不孝晨夕儀牀側憂愁恍惚間有跫然入耳者輒如　母抱孫含笑出步堂中時其或聞衣聲綷縩者

漸遠漸微則又如　母之坐久徐起向房闥而徐行也嗟乎三十餘年中精神命脉息息相關未寒則命衣未饑則命飯鞠育恩勤如天罔極而今而後誰與呼兒者庭闈如昨慈顏已非方春烟雨寥落凄其竟日望繐帳以無言呼天搶地而莫應烏知向者抱孫堂上徐步微笑之爲日無幾且併五十五日內卧床執手細問歸途之時之已不可再得也耶言念及此痛摧肺肝不孝復何心人世吾　母在天之靈其能毋愀然有餘恫耶

卒哭祭文

瞻重泉兮永隔甫一瞬兮三春痛日月兮易逝感節物兮方新音容邈兮莫睹魂夢恍兮非眞嗟皇天之弗弔胡降命之不均曾庸庸而受福乃令善而遭屯矧吾親兮懿德擬金玉兮精純垂楷模兮奕世永終譽兮厥身恨孤兒兮不肖嗟孺子兮長貧幸微祿兮逮養乍捧檄兮茲辰曾吾親兮莫待即長夜兮沉淪甘自殞而請代訴蒼天而無因瞻几筵以涕隕惟栝棬之空陳浹九旬兮卒哭感風木兮悲辛陳椒馨兮薦熟靈降格兮來臻

小祥祭文

嗚呼茲辰某也尚忍言耶歲月迭代來者如斯獨吾
母一往不返不孝悲夫來者之日積而往者之愈
遠而無窮也舊歲臘盡屆春而慈顏見背及茲臘交
春令而不見吾　母者期矣天時人事倏忽變遷雖
使長繩繫白日終不能以有待之思償無窮之恨也
矧會不我待其恨又可勝窮耶念吾　母芳名懿行
遠近周知茲更載入通志上之闕廷是生前大節固
已不朽千秋獨不孝等未盡反哺遽悲風木昔人云
誰言寸草心報得三春暉我罪伊何昊天罔極自今
以往竟使不孝等悽愴瞻戀之誠積歲月而俱長也

耶小祥之辰敬布几筵　母靈在上庶其來格

大祥祭文

嗚呼惟日月之逾邁兮倏已屆夫大祥身蹐蹐以靡寧兮情慘戚而愴悢魂入夢以恍惚兮容如接以倘佯彼慈烏之反哺兮猶啞啞其飛翔獨不孝之乖蹇兮廼躬罹此禍殃仰視高天之窅窅兮俯覽大地之茫茫一身曠而無所恃兮恒四顧而彷徨寒風起乎簾幙兮日色冷乎空堂出衘恤而入靡至兮念罔極之未償冀萱草之敷榮兮謂獨秀乎秋陽慘彼蒼之弗弔兮遽凋萎乎微霜景不磨之高節兮恒終古而

流芳詎綸褒之難俟兮徒揮涕於瀧岡天運既遷流而不返兮人事復參錯而靡常嗟吾　母著兹其遽已兮服有盡而悲難量祗薦祥事於几席兮哀痛廹乎衷腸　母靈其來格兮庶俯鑒乎馨香

趙姑母發引祭文

悵芳華之永謝兮倏彈指而五更乎宿度傾瑤海以媊光兮薤珠躔於寶婺望郊坰而太息兮卽寡寘之長路攀靈駕以遄征兮宛音容其如顧某齠年而失怙兮恃慈親之煦妁惟姑母與周旋兮恩私載被於童孺並垂手以提携兮儼開懷而乳哺詎庭萱之中

萎兮歸北邙而先歌薤露惟先人手足之至親兮曰
姑母其未遲暮昔遊宦於京師兮托鱗鴻而表素重
告別於卯春兮猶體舒而容嫭謂年壽之未央兮詎
午秋而窮於至數某既弗能躬親殯帷兮又曷以竭
情於禭賻徒望雲山而增欷兮心抑鬱而誰訴洎返
旆而登堂兮恍慈暉之載遇羌啟闥而褰簾幃兮乃
欲前而却步冀盥薦以明誠兮逾再期而升祔念此
志其終悠悠兮乃今識佳城之所厝顧姑母之啟塗
兮悲吾親之宰樹相去何曠以遼兮實彼蒼之所祚
抑情既遠而日以疎兮物何新而非故吁嗟銷沉皆

若兹兮邈德音其誰付撫厚德而追往情兮惓長懷而永慕幸與執紼而㰍詞兮敢潔几筵而展布

祭葉氏姐文

重泉永隔相見無期死者日遠生者莫追嗚呼吾姐三十年手足之情遽盡於此耶自戊子吾父見背四壁蕭然母子四人煢煢在疚弟就學於外姐侍吾母於家不再食不以爲饑不兼衣不以爲寒寸積銖累以供口食弟筆墨之需半皆姐手指中出弟性愚懵母督之甚嚴姐時婉言勸慰或怒加譴責輒以身翼蔽至並受夏楚無難色冀承先志而慰慈顔

也孰謂弟甫獲寸進姐遂已長逝耶姐女紅精緻秋冬篝燈輙至夜半除夕椒頌之餘未嘗就寢間遇元日仍親刀尺他若春揄浣濯爲吾母肩其勞手背骨有隆起若斷折者戊戌歸於葉氏葉兩世孀守翁有妾在堂叔六人皆未娶姐爲冢婦綜巨細接上下皆一人獨任之念夫子株守一經家事將大壞吾姐耳目之所聞見晝夜之所經營所能爲不能爲者相半毋外侮內憂相乘迭起食不甘寢不安時爲弟歎息長言卽不盡言弟未嘗不知之深也姐僅一甥女幼而病痺心愛之至三四歲不去懷抱卒以弗育益所

際莫非困苦者丙午科試二弟及姐丈並入學宫姐
喜謂余曰吾父勤學未遇吾母勞苦幾二十年今見
二子相繼有成婿亦幸列黌宫吾爲父母慶且悲耳
其措詞有體若此去冬弟赴北先一日往辭姐在廊
間理舊衣西風撲面弟曰天寒矣盍移入内姐曰近
眼稍昏眊故在此觀其容色頗悴髮似燥未沐者心
竊疑之然以壯年無慮也孰意即由此以殞其軀耶
春闈報罷即决計南旋奈斧資已竭暫依人以圖後
舉都中書至姐疾已困憊床前命二弟讀竟太息曰
吾不及俟其歸當從此别矣方姊得疾時葉適丁大

故每強起治事不令家人知疾益進猶不肯少休及迎以歸則根本已撥視息而已彌留之際每歎曰吾弟若第進士吾幸得不死今無望矣嗟乎向令南宮報至姐雖疾見之必喜而瘳也即不然速整歸裝猶得竭力以奉藥餌縱壽夭有命亦何至死者增別離之恨生者抱無涯之痛耶夫難得者福而難全者名姐在家事母能孝篤愛二弟爲婦則恭順和睦尊卑長幼一無間言至於奉身以儉率下以勤區畫有方動中禮法內外姻黨孰不嘖嘖稱羡奉爲內則徽音著矣享年不永大運如斯亦復何道而弟也憶孩提

之相依追少年之寒苦弱女孤兒戀戀於北堂膝下者僅吾三人而姐忽已告竇骨肉乖離雁鴻影斷撫躬怛悼何以爲情又况病不及侍殯不及送雲天萬里夢感神妻比其歸也孟冬已過功服將終望繐帷而燈暗瞻遺像而容非躑躅廊前理衣舊處几案依然而生平笑語邈乎其不可追矣檄勺既陳庶羞在列果有仙桃是姐手植物也敬摘以獻靈其鑒只

哭弟詒五文

嗚呼我生不辰　嚴親早世曰余同懷惟姊與弟形影相依孀堂攸恃中歲姊亡余赴都試殮不憑棺瘞

不及寢身後遺憂弟殫周理　慈母臨終遺言切至曰汝二人實惟同氣至老怡怡初終罔替泣血禀承呼天搶地奉以周旋罔敢失墜亦越於今廿有七載疾痛兼身悲愉共際事判情聯跡睽意契備歷諸艱咸敬厥義翼弟以成莫予肘掣顧茲藐然叢多辜戾不殄其躬乃歾余季嗚呼痛哉一本三身咸劉厥二胡以余爲餘生已贅况余垂白眼眵足痺弟鬓猶青體癯志銳心血就枯余百不識弟有心精博稽綜萃孰謂余存而今弟逝今夏病暍投余良劑檢討方書較量比擬瘧發於床怛余顛躓饋食伻來哽噎需備

謂言風痰旦夕閑衛幼篤天親老而益摯嗚呼嗚呼孰令弟殂虐不余蹙前月既望力疾墓祭登壟喟然留連牽曳撫此殘羸幾來能遂　父兮　母兮曾是莫庇五十四年隙光駟馳秋風北原泉臺永閉嗚呼蒼天降此大厲創甚余躬截胸斷臂荆有連枝鴻亦接翅我則不如煢煢靡至書攤於床衣猶在笥我則何辜長此委棄弟有精魂臨終不儆允惟上升於父母侍棄我老兄伶俜顦顇死者已而生者誰慰書此疚心陳爾靈次片語千號一行萬淚

國家圖書館藏

青圃詩鈔

青圃詩鈔目次

卷一

崇慶慈宣康惠敦和裕壽皇太后萬壽普天同慶恭
紀六首
臨雍恭紀三首
耕耤禮成恭紀二首
甘霖普降
上召大學士並內廷侍直翰林　圓明園泛舟恭
紀四首
耕耤禮成恭紀四首

南苑大閱恭紀四首并序

大閱恭紀一首

南巡恭紀十首并序

丁巳季冬

上躬謁

泰陵途中遇雪孚感天休羣工拜手時微臣初與館選未入派班隨

駕之列謹賦詩二十韻以紀盛事

恭和

聖製幸翰林院賜宴賦詩四首示諸臣元韻

恭和

聖製幸貢院賦詩四首元韻

恭和

聖製喜雨元韻

恭和

聖製遊盤山天成寺江山一覽閣元韻

戊午元日瑞雪

上宴羣臣於　圓明園賡栢粱體臣恭逢盛典輙

與同榜館選諸臣依倣

聖製成百韻一篇

玉甕歌應制

青圃詩鈔卷一

閩中林枝春繼仁著　男　儀鳳義文　一彪義衡　校

崇慶慈宣康惠敦和裕壽皇太后萬壽普天同慶恭紀六首

儷極

神堯闡教彰春暉還上舜衣裳九瀛恩浹仁風扇八表懽同

壽域翔仗啟

慈寧雲靄靄禮成

長慶佩鏘鏘熙朝尊養超今古錫福箕疇正未央

其二

玉琯陽回值履長時逢協洽更重光兼旬添
綫饒新緜五色書雲屬正黃克纘
徽音周紀似式循帝武雅歌姜應元氣粹開昌運厚
載眞含有美章

其三

璇霄五彩露華濃虹渚千秋瑞應鍾
龍冊輝煌同日永鴻儀稠疊爲時雍嵰山甜雪凝
坤苑蓬島紅芝出禁墉于萬斯年新甲子週

天佳節喜初逢
其四
萬安宮殿遍
慈暉麟鳳叢中舞
御衣天醴雲璈連
寶幄瑶妃金毋侍
彤幃從知問視三朝近更洽歡心萬國依元氣厚坤
蟠紫極猗蘭奕葉正芳菲
其五
山海梯航共祝釐春蒼亦被慶恩私禽魚翔

泳天機暢竹柏慈龍化雨滋七寶蓮香來竺
國雙莖桃實出瑤池翹瞻長信紅光遍圭組
繽紛拜玉墀

其六

宣仁芳軌並深崇翊贊兼多聖善功佑啟鴻
圖綏遠徼默持精意禱蒼穹濯龍波暖春桑
茂黄鳥聲和夏木叢

慈殿千秋傳

寶訓唐虞家法在中宫

臨雍恭紀三首

正學傳鄒曾

敷文首辟雍休明寰宇洽隆盛百年逢寶幄移深
殿星門駐
衮龍經堂昭雅範聖域契遐蹤數仞宮墻啟千官
俎豆供太常陳法物宗祝歆齋容預設前楹
奠先鳴東序鐘升馨嚴對越薦盥表孚顒黄
瓦新棲棟紅槅舊蔭松陰森槐市近演漾璧
流溶已紹聞知統仍標性道宗親講書經人心惟危一節中庸天命之謂性一章堯階綿統緒孔壁盡從容大義
垂金冊鴻篇蔚錦琮見羹神獨接授几儼相

從詎賛高深德惟申啟沃悰多才周棫樸大
雅會章縫比玉皆堪琢如金盡在鎔漸摩聲
教遠被服渥恩濃登岸情何遠循墻禮益恭
周官明備後元化此時鍾

其二

九德開乾運三雍叶瑞圖休隆文教洽彬雅
禮容都肅肅宮墻峻峩峩冠劒趨
睿情欽上哲大法總羣儒韶濩元音播軒楹徃制
殊功聯述作懋
聖契後先符瞻對神如接齋明敬有孚穆皇貽律

度温靄表忠愉壁水英髦會瓊筵藻席鋪芷
容思訪範恭已問陳謨重闈傳心訓頻叅造
化樞澄思游義府眞味飫經厨道濟時交泰
倫明典敬敷
王猷何炳煥民氣已貽蘇稽古榮應倍升賢格更
逾鴻章輝倬漢駿足奮高衢旨酒嘉賓燕龍
光湛露濡皇風宣太史邦教屬司徒文物追
三古聲華耀八區載賡棫樸詠奕禩仰宏謨
其三
洙泗源流遠湯湯萬派宗

聖明述作合典秩古今逢衣德繩先軌崇儒軼舊
蹤齊心嚴對越卜日展虔共爲仰墻千仞先
開門九重翠華森羽葆玉輅動鸞龍璧沼祥
雲繞圜橋瑞露濃星門通玉砌黄瓦映蒼松
入廟神如在升堂禮益恭蹌蹌翔
帝武穆穆仰
天容薦盥儀初畢經幃禮載肅上庠聯黻佩東序
盛章縫祗訪經綸要頻申啟沃悰大文何炳
炳令聞已顒顒思樂歌芹藻於論聽鼓鐘象
賢紛玉立髦士盡金鎔稽古增光寵藏脩得

景從艮材隨雨化渥澤與春穠奕禩鴻猷遠
休明景運鍾幸叨東觀列珥筆頌三雍
耕耤禮成恭紀二首
欒利王猷溥脩和帝業醇重農先率作教孝
必躬親陽泰時交震星移斗建寅青壇開秀
甸翠幕護芳塵長樂虬鐘啟周廬羽衛新九
斿雲靄靄六馭騎轔轔王社齋祈肅民依眷
念頻苧蒲紛水涘童叟接畦畛扶耒農官侍
巡場嘉種陳畞深根自茂脉潤氣含春爵以
班三稱勞仍衆耦均牽牛臨日道布穀發天

鈞順動生機暢烝涵土性勻卽看耕澤澤旋
覺甸昀昀時雨休徵應如雲上瑞臻馨香昭
至治嘉粟展明禋豫卜天心協勤惟
祖德遵徵臣叨珥筆拜手向
楓宸

其二

鑾輅臨芳甸青陽轉玉京西疇功俶載東秩政初
平野色開朝霽林光入曉鶯水融泉引脈日
暖鳥催耕起垡畛畦出縈波甽澮淸輕黃風
拂柳嫩碧草含英夙駕宮壇靜班聯珮玉鳴

紺轅新犢駕黛耜老農擊壤啟如膏潤原連
似砥平橫縱猶往復比耦洽分明重念艱難
業能忘胼胝情順時咨父老力本帥公卿此
日三推重他時千畝盈嘉禾輝
寶冊華黍叶鸞笙蹕路青旂轉金罍勞酒陳熙和
民氣樂豫動物情亨不待田官課寧知
帝力宏從今歌大有萬井動懽聲
甘霖普降
上召大學士並
內廷侍直翰林　圓明園泛舟恭紀四首

雨過蓬壺淨碧埃

天心樂豫動埏垓垂紳元老從容侍授簡詞臣次第陪玉峽靈源穿殿出金塘晴靄擁舟來長堤柳色青如染早遣春暉入翠荄

其二

上林佳境賽春工碧樹丹樓縹緲中盈望桑麻疇壤錯應時歌詠里閭同懸流噴雪千巖白錦浪翻荷一沼紅晝景冲融天籟動吹噓萬彙屬元功

其三

宵衣九夏儆恒暘此日臨流喜降康村瞹烟
嵐薰野氣露凝禾黍蔚晨光蓬瀛寰海三山
下見鵠中流一對翔
睿藻新題同拜手鸞箋擘出麝煤香

其四

汀廻蘭檝上文墀瑤草琪花別様滋碧毯綫
齊停
輦處水晶簾動納京時蓬壺景物圖難盡魚鳥情
懷樂可知
聖主豫遊多勝賞枚臯奏賦敢言遲

耕耤禮成恭紀四首

風物西疇暎翠新鳴鑾載耒擇元辰九旂雲
護青壇靜千畝膏流碧甸春爲播陽和興嗣
歲祇承
帝命立烝民南郊
玉趾勞親涖盛典初行繼上辛

其二

六飛蔥靄幸農場御亭班行盡肅將絲靷縱
橫金犢健畫犂搖動綺塍芳禮循周典三推
舊歌進豳風七月章至治馨聞隆

孝祀年年玉粒貢神倉

其三

春堤荷鍤望如雲繡壤遙連

御耤分終畝敢忘民力勤服疇祗答

睿情慇爵須太寢恩偏浹德應東皇物自欣

盛代嘉祥惟歲稔康衢歌詠至今聞

其四

觀稼臺前

玉輦移田家風物動疇咨綠蒲最愛敷榮早黃茂

無憂布種遲雨過郊原春浩浩村廻花柳日

熙熙

皇情豫順參元化渥澤旋看遍四陲

南苑大閱恭紀　謹序

臣聞揆文奮武王者制治之大端故天下雖安不忘武備葢以嚴師律壯國威作士氣也成周之盛天子歲有三田而司馬以仲冬大閱下綏執鼓表貉弊旗禮容秩秩莫可尚已欽惟我

國家

列聖相承重熙累洽海隅日出盡歸仁壽我

皇上聰明天亶念典精勤凡經文緯武莫不淵涵

於

睿慮神明而條貫之

御極以來仁育義正廟堂經畫舉而措諸兆民者

悉本於存誠主敬之學一時典章文物炳炳

麟麟如王制所陳節性防淫興德問俗者業

已釐然畢舉乃

聖心乾乾不遑自逸爰以仲冬吉日

駐蹕南苑

親閱六師壁壘雲開戈鋋日麗申步伐止齊之令

順少長威儀之節維茲貔虎猛士咸肅仰
威靈奮揚勇氣
皇情怡悅
錫賚有加夫除戎器戒不虞垂諸易象以軍禮同
邦國載在周官維我
聖皇順時稽典簡乃衆士以覲耿光而揚大烈震
疊懷柔於是乎在詛徒臨戎訓武而已然軍
紀脩明衆情豫附振敦書說禮之風儲干城
腹心之寄
聖人至教無徃不寓猗歟休哉在昔成周立政克

詰戎兵小雅車攻駕言東狩詩書所稱親逢
其盛爰不揣蕪陋謹獻詩四章上呈
御覽臣不勝欣忭之至詩曰
休嘉奕葉慶重暉景命祗承式九圍澤潤衢
尊聞擊壤歌傳軒陛仰垂衣明堂說劍銷兵
踐象譯輸琛慕德威吉日蒐苗遵舊典吾
皇神武嗣
前徽
其二
淸笳蹕路白旄揚曙色平分組練光絡繹征

徒趨甫草嵯峨石鼓勒岐陽須禽但順三驅

禮搏虎寧誇七校長僧練元戎昭

聖武威靈旁圯入遐方

其三

風雲南苑護高臺

御駕親臨八陣開金鎖合圍宣頗牧彩毫憑几

命鄒枚林披餘雪寒光薄律轉初陽煖氣來大典

慶成歌大武朱干玉戚共昭回

其四

翠葆雲旓夾路迎天門回輦日初晴鐃歌朱

鷺軍容壯瑞應騶虞德化成本爲師田昭禮
讓遂因旗物辨聲名歡情旁洽
皇風暢經緯鴻猷屬
聖明

大閱恭紀

六龍傳蹕出天閶講武畿南盛典光雲罕臨
墉飛筰筰玉鸞循軌響瑲瑲超騰羽騎淸馳
道絡繹勾陳傍苑墻扈從班聯瞻洛涘合圍
戈盾動岐陽網開靈囿袪三面樂應騶虞節
九章四壁遮羅皆組練中閑調馭盡驪黃神

兵拱護層臺峻平野蒼茫萬幕張鞾鐸聲中
齊步伐旌旗影裡辨軍行龍鱗日繞擐金甲
鵰尾霜明耀劍鋩指顧風雲隨變幻聯翩鵝
鸛競飛翔橫開八陣軍容壯別啟三門武畧
長本爲須禽昭禮讓詎因超乘示威强大田
簡衆春官典吉日蒐徒周道昌伍兩森嚴歸
有制元戎申誡早知方
聖朝久喜欃槍靜中禁偏多頗牧良布令初陽回
律管披原晴雪照衣裳鐃歌朱鷺歡心洽車
載非熊勇氣揚翠葆葳蕤飄繡蓋金函熠燿

捧牙璋白旄黃鉞回郊甸玉戚朱干列
廟堂七德已欣歌勺武九功還欲媲虞唐

南巡恭紀十首 并序

欽惟我
皇上以孟春祈穀禮成親勤
法駕巡狩東南首夏清和
玉鑾旋軫德施之普如膏雨應時滋液滲漉無微
不入東南黎民式歌且舞盍自
聖祖臨幸以來四十餘年未獲遘兹盛典
皇上親奉

安輿惇和茂豫而勤求民隱訓廸官方帳殿疇咨益

周

睿慮洎夫薰風南來舜琴在御阜財解温洋洋無

涯　臣　又有以知

聖人勤恤勵精方新而未艾乾行不息實萬世無

疆之休　臣　不敏輒敢攄其愚誠敬爲詩十章

以獻

於昭景命嗣

聖惟

皇穆穆明明時夏陳常乘權震出繼照離光風行

地上

后以省方

其二

匪曰豫遊

皇祖有制卺厥威靈廣茲德惠協氣冲瀜交宣罔滯

農野樂思

皇容有霽

其三

維此東南吳越遐都襟江負海俗敝民臞吾

皇利濟奠土蠲逋稽山登薦纘禹之謨

其四

敬奉

慈輿夔夔周道

聖孝尊親以饗以保率土風從蕃釐富媪展矣春

暉永惟寸草

其五

皇心廣運八表遐周既助既補以豫以遊孰承渥

澤瞻彼

龍斿鏘鏘

鑾輅爲我民休

其六

載臨江湖載驅原野川后静波雨師洗洒觀

風陳詩聆音奏雅雲漢爲章

宸襟輸寫

其七

春陽鉅麗煥此物華囿羅靈鳥林獻奇葩荷

鋤叱犢我藝禾麻

帝停翠輦曰余汝嘉

其八

揚之貢琛羽毛齒革厥篚織文熒熿舄奕維

皇惠民郄組以帛嗟彼機絲朝不盈尺

其九

貿遷商賈邦賦攸征

上紓爾力下貢其誠節以制度以息羣生羣生孔

阜大有元亨

其十

大化維新典章由舊敦俗厚民棄瑕擢秀渙

其

德音躋之仁壽

聖祖巍巍

皇躬是懋
丁巳冬季
上躬謁
泰陵途中遇雪孝感天休羣工拜手時微臣初與館
選未入泒班隨
駕之列謹賦詩二十韻以紀盛事
北陸馳寒晷同雲散曉陰
玉鑾初奏節瑞霰正浮林乍覺瓊樓迥俄看玉樹
森霏英周近甸散彩入遙岑緜邈荆關道嚴
凝朔氣侵實城光皎皎瑤島氣駸駸弓劍山

靈守壇壝斗極臨昔當
宵旰日長眷雨暘心樂奏豐年曲屏圖無逸箴吾
皇紹丕烈純孝睿才任況掃
園陵肅齋明俎豆欽
橋山馨獨薦畿輔澤相尋豈免祁寒怨能孚挾纊忱
霏微通
御幄瀟灑動
宸襟浩蕩平蕪潤氤氳元氣深
蒿宮輝琬琰芸館疊璆琳積素欣帷透安居愧突
黔祇憐棲樹鶴空對穴書蟫蹌濟班難接騶

馳意不禁粱園如授簡下里綴巴吟

恭和

聖製幸翰林院賜宴賦詩四首示諸臣元韻

蓬島天臨百卉春

皇情懽㕕列儒珍班聯榮注神仙職典領恩推社

稷臣鄂張兩大學士兼領掌院藻掞龍池雲影動輝聯銀

牓墨痕新文明盛事今初遘展采寧誇岱岳

巡時東巡始回蹕

其二

需雲曲宴序鴛鷺監史無勞繡豸冠桂醑先

從元老獻霓裳兼許侍臣看大學士獻爵庭中陳內府伎樂
金猊晻靄輕烟動圭組繽紛異采團醉罷玉
堂還奏賦陸潘江海盡波瀾賜掌院
御製詩許翰林
屬和

其三

青瑣門闌玉蝀聯千秋鴻構紀新篇昭垂鉅
典崇先聖駕至先謁先師錫予嘉名集衆賢繞砌
寒泉通碧甃拂堦文柏蔚蒼烟登瀛學士聯
翩上漫擬飛樓築望仙先發帑金重修衙署

其四

人文成化日昭融敬一亭開愜
庸吏每向儒林招俊乂還從聖域企深崇黃鍾調
敢賡歌載玉篚光分拜舞同與宴諸臣皆獨有綵幣之賜
愧皇華舊詞客三年翹首禁林中臣奉命督學中州未獲與宴

恭和

聖製幸貢院賦詩四首元韻

鎖院光華動斗辰文思
玉趾下重闈中天元會還開子時值甲子年先甲鄉會之期
經綸正遇辛向日菁莪眞得地公門桃李豈

私人六飛一過龍津暖寒谷逢廬次第春

其二

泰符凝曜朗垣台元凱同升八子才衡鑑毋聞谷敬爾蟲魚寧詡訓初哉臨軒三策曾親試籲俊重門正洞開盛世鳳麟郊陬近漫言天馬自西來

其三

欲假長風恣遠搏類看析羽上旗干在鎔始信攻金易入彀翻憐中的難雲路章縫瞻日表奎堂環佩擁仙官聚奎堂試官衡文之地從茲照乘

羅天府肯問晨曦熠火殘

其四

銀箭頻催五夜沉篝燈齊動入乂吟霜蹄踏

處風沙澗驪領探來淵海深翹望

翠華開鎖棘始知黃屋近儒林千秋魚水相逢地

側席難忘

聖主心

恭和

聖製喜雨元韻

南畝憂勤

睿慮中應時欣對雨濛濛先天山澤能通氣至治
清明本在躬日永恰當星火正麥黃又見黍
苗芃賡歌總爲豐年慶願採風謠萬國同

恭和

聖製遊盤山天成寺江山一覽閣元韻

盤山佳勝連畿輔谷口雙岑左右分高閣日
臨空界出諸天身近妙香聞秋郊騁目烟嵐
淨豫景揮毫綺藻紛更識
宸遊懽賞共連疇禾黍䆉如雲

戊午元日瑞雪

上宴羣臣於　圓明園賡柏梁體臣恭逢
盛典輙與同榜館選諸臣依倣
聖製成百韻一篇
鴻鈞氣轉協韶年御製六宇陽亨景物妍木德行仁
司化權絪緼浩蕩春無邊法宮出震應天旋
照臨覆載道不偏五緯光華動紫躔觀象齊
政在璣璇尊親遠暨南濮鉛金馬碧雞貢六
滇海國珍羅百濟船千里龍媒來冀燕器車
遥獻碧山巔炳煥龍文玉殿前八方歌詠嘉
祥延泰交一德孚如攣禴祠烝嘗重吉蠲升

香俎豆潔牲牷神人忻洽祝嘏宣敬迓天庥
福履駢丹扆六箴比韋紘弼違儆戒日乾乾
修明六典均三銓肅肅班聯祗命虔丕基豐
鎬肇澗瀍率由成憲罔有愆作人壽考咏魚
鳶琢玉追金無間然青陽左个布德先行慶
施惠何綿綿三老賜帛賚金錢力田孝悌頼
陶甄賁于邱園束帛戔用作舟楫濟巨川大
廈梁棟與櫨椽豫章栝柏杞梓楩彈冠相慶
茹茅連翩翔皇路同着鞭巨魚縱壑波潺湲
陋彼河干清且漣重開麗正廣集賢雲霞掞

藻鳳文騫高掌仙盤珠露圓萬年枝影覆花
甎正元萬國共朝天劍珮璆鳴步折還閶闔
宏開鵷鷺聯龍樓鼉鼓聲填填列仗驊騮被
錦韉重廊風細繡旗纏鈞天餘響留朱弦九
韶迭奏舞大卷絳節雲移雉尾搴幔城寶炬
輝金蓮湧空飛絮舞蹁躚丹地平鋪皎且娟
元功布濩萬方全三殿蓬萊一色鮮松枝夭
矯采鸞眠點綴瑤華倚鬱芊六花片片下瓊
田農叟歡騰動陌阡滋液嘉穎秀翩翩膏沃
行看好旣堅扶桑晨旭仍高懸晴雲縹緲擁

星旆青郊拂拂惠風扇佳氣紛敷萬井烟
天顏有喜開壽筵八珍五侑齊六籩柏酒稱觴次
第傳宮壺頻賜雪芽煎恭聞
宸翰洒鸞箋理精體大敏且專得心應手契輪扁
文思濬發湧若泉鴻裁瓌偉破拘牽六籍縱
橫珠貫穿中天氣象籠萬千如金範冶植在
埏西清侍列傍華蟬十八學士瀛洲仙祗承
聖製擬蘭荃徵精召巧清慮研擴開衢路會關鍵
譬獲魚兎忘蹄筌鐘鏞擊撞金石鏘鉅同細
響囿言詮微臣詞苑忝備員螭頭載筆願仔

肩玉軸琅函中秘篇浩如江海深于淵終宵
吹燄杖藜燃輒忘愚陋竭埃涓八書十表追
馬遷蘭臺芸閣忝漁畋韈才深愧腹便便編
摩陳力願無顛柏梁佳製景鴻篇簡冊昭垂
莫盛焉

玉甕歌應制

間氣元符開有道丹甑銀罌發華藻矧茲連
抱荆山珍鬱積扶輿儲其寶虛中圜外質天
然神工剜劚瑩且鮮川后岳靈久効順維清
淨地實開先供御尚方迴

睿顧聲價百倍金元前白波海色森陰蔚升降飛
揚渾一氣鱗毛咸若百怪馴象物鑄金毋乃
費迎風寒露抱氷心灰刼雖殘塵不侵法物
三朝輝禁苑淸姿一片朗
宸襟承光秘殿神呵護恩波洽稱雲龍遇噌吰却
擬萬鈞鏞濩落堪嗤五石瓠當年儲用等餅
罍洞酌誰知中有裕恭逢
聖主惠元元願將玉甕作衢樽注兹挹彼無窮源
偏德羣黎潤以温
雲章銘勒壽乾坤寶鼎汾陰未擬論

青圃詩鈔目次

卷二

半雲軒
怡雲亭晚景
遊青芝山八首
過陳宜中祠感賦四首
月
庚子五月溪漲
長至日田家竹枝詞六首
遣興

辛丑歲暮聊爲長歌
癸卯都旋渡海和陳亦哲孝廉韻三首
僊霞嶺
晚投雙澗寺
題壁
牀頭久苦漏濕雨夜輙不寐詩以遣之
竹醉日
雜興
新亭行
清湖道中山行雜咏十首

詠閩越舊事十二首
喜晴
哭房師吳快亭先生四首
普濟禪房感興
旅館不寐
仙霞道中次李敬亭韻
丁未七夕
寄陳統輝
客中憶故園諸子
斗室

烈女吟
晨趨東省
禁中夜直
幽齋感興和吳瞻侯韵五首
夜坐
歸思
惜春
送何劍溪南旋即次留別原韻
題李聲巖小影
即事

丙辰七夕和吳瞻侯

初秋同何華峯劉景南董文學小集陶然亭卽

景拈韻各賦五言三章

送李紫峯歸省

老將

次韻送鄭二與之任緜竹

口占

哭家仰山時張次石初逝

讀劍南集題後

倣羊裘三章

宋宮詞二首
不寐
寒夜讀書
獨居
八仙謠四首
讀先王父遺集感賦六首
感事四首
及第紀
恩二首
偶成

春帆歸省圖爲姚太史賦

悲南樓爲葉紹德作

和黄彬度征馬嘶二首

松亭見示宿雨驅殘暑之作即景寄懷依韻

和路松圃賞菊限韻二首

閒行二首

佛手柑

和李月階古松篇壽何克思

送蔣繩其庚常回滇

紅橘一枚擘以佐酒

除夕同陳駋季鄭綌菴昆仲守歲二首
氷燈
舊社
凝園看桃花次歐眉菴韻
暮春凝園宴集即景分賦得宿字
下直書途中所歷三首
所聞
芙蓉
送吳縣佐之任偃師
初夏陶然亭小集用壁間韻與同人各賦三首

玉河流水路松圃同賦

再賦

買菊四首答路松圃

支山弟假滿入都接家信併詢鄉園近況晚獨

酌散懷

吳妃謠

春日憶烏山舊遊

耐圃久不到館許眞書未付詩以問之

漁者

送路松圃回諸城四首

郊行

題寄朱雲亭札後

雨中紅藥次韻二首

初夏　圓明園道中五首

同松亭緒楚豐臺看芍藥次韻三首

初晴訪友過孫公園後坡積潦未除愛其清曠停車流盼良久而去

青圃詩鈔卷二

閩中林枝春繼仁著

男 儀鳳義文 一彪義衡 校

半雲軒

松竹陰連背小山高臨軒檻俯城闞石欄桐葉題詩遍峭壁藤蘿有客攀過眼帆檣千樹裏凌空樓閣五雲間軒對于山萬歲亭收殘暮靄江天濶石鼓峯頭月一灣

怡雲亭晚景

落日倚柴門松風屏衆喧潮廻江岸出煙暝石臺昏漁唱歸前浦農謠聚小村晚霞飛不盡一抹遠山痕

遊青芝山八首

勝境無如海上奇巖巒确犖石參差林浮春靄千峯合濤捲天風萬里吹嵌竇飛泉聲似玉盤雲高樹影如螭麗眉忽遇山中叟疑向青芝採紫芝青芝山

其二

白石清江一望遙孟溪深鎖四門橋虹垂曲岸來朝霽雪滿平塘湧暮潮誰向石欄題彩筆曾傳羽檄駕星軺鯨波靜後遊踪穩十里春山策杖邀四門橋橋爲前朝兵備使者呂公剿海寇時建

其三

石洞陰陰雲出門雲中貔虎對門蹲遊人莫訝獰猙狀太古曾無斧鑿痕雨後疎煙留竹檻月來孤影散蘿垣個中最是淸幽處不扣重關肯探元天門洞

其四

容成曾遣守丹邱此地袁公跡更留梅嶺夢回明月夜巴山聲斷白雲秋爲尋遺草高巖上洞有葉文忠舊句共挽垂蘿古洞幽獨立峯頭一長嘯海天萬里正悠悠猿仙洞

其五

洞中蝙蝠幾經秋洞口涓涓碧水流礙道蔾條攢似

戟懸空危石贅如旒時平已見蛟龍竄谷暗應添羆颵愁不道力窮難濟勝清波萬頃好凝眸蝙蝠洞洞口傾仄好事者傴身而入

其六

石林蒼靄遠濛濛虎踞巍然矗半空千尺飛虹臨谷口一痕新月出崖中洞有石橋一線天未看長嘯風雲動總覺超騰氣勢雄盡與不辭登陟倦探奇還過莽條叢老虎洞

其七

紫雲東駕駐山巔土作高坪芝作田閬苑虛傳樓十

二蓬萊何必水三千看雲獨倚青松下採藥同臨曲磵邊招隱歸來人已化不應遺蛻伴嵐煙八僊岩

其八

列嶂天欹雲窅冥生光洞牖遠熒熒個中懸石皆成象直上危樓與摘星碧漢泉飛金作井紫垣苔繞玉爲屏白榆歷歷誰家種却笑渾儀漫鑄型星辰洞

過陳宜中祠感賦四首

一上平山太息頻景炎遺躅此江濱地爲宋端宗駐蹕處行宮雨過生春草輦路風廻起暗塵絕域游魂知不返高厓題字尚如新相傳平山福地四字陳宜中書斜陽委巷迎神處社

鬼依依遠趂人

其二

連歲宣麻更築壇垂簾無那北風酸皋亭山上飛遊騎淸澳江頭載釣竿不信美芻親蟨蚷（見爾雅）誰教腐鼠嚇鵷鸞妻凉惟有江心寺（在溫州奉迎益王遂入閩）拚得楸枰一着殘

其三

百戰淮兵到海疆淸波淼淼駕帆檣魚龍窟底爭殘刦豺虎闗前鬬夕陽幾處勤王空築舍兩番投欵又嚴裝西風不見占城使（舟移七星洋宜中請往占城論意遂不返）潮去潮

來總斷腸

其四

當年披牘想英姿攻丁大全救董槐肉食翻忘燕幕危柴市有人歌正氣厓山無地葬孤兒帷前像貌猶冠劍堦下雞豚自歲時越國高祠在江滸平山之麓有越國公張世傑祠松風杉雨滿靈旗

月

纔出清波上碧空初圓還缺古今同誰人解道清虛府多少離愁在此中

庚子五月溪漲

黑雲遮日天不開陽烏病伏榑桑摧東溪千山滙萬派驚濤處處如奔雷洪江夜漲龍江溢一氣混茫光滈滈旁趨四出入城郿城濠衝决爲重淵枌榆社樹隨浮梗參差篙槳簷榮前大官夌晨駕輿出對此洪流神震慄顧視蒼蒼何不靈曷不鞭驅風伯掃玄冥昔聞丁亥波瀰瀰癸巳夏五亦如此安得媧皇補漏天春蠶夏麥晏然眠自入今年風雨惡桑柘陰成還錯莫春前汛糴已啼饑況有陽侯重助虐半菽不飽衣如鶉處處呻吟江水濆安得五風十雨應辰辰樂莫樂兮豐歲民

長至日田家竹枝詞六首

至前至後黄梅雨溪北溪南竹箭流且喜今年安穩過稻花結後稻根遒

其二

此日正逢結穗時南阡北陌尚參差祗緣陰雨春寒甚過了清明播種遲

其三

園邊李樹夏初成脂紫鵞黄顆顆珍隨例摘來先自揀今朝吃得眼能明

其四

金錢貸出富人囊定指乾禾帶息償剜却心頭多少肉何曾醫得眼前瘡

其五

三春防麥更防秧近日陵陂大麥黃煮粥滑甜同一飽留輸新稅到官堂

其六

荷鋤晨出到斜曛鐝盡焦頭筍不肥青未熟時黃未接每交長至苦長饑

遣興

凉風𩙪發透輕裾走券粘詩向比閭癡奴不解金錢

語但道天寒又著書

辛丑歲暮聊爲長歌

有客有客南山陲終朝高卧人不知謀生計拙少所
宜惟有墳典勤孜孜歲單晷短陽律移掩卷長吟愴
以悲破硯秃管世所疵醋大虀鹽意轉痴興來獨咏
輞川詩結廬西麓餉東菑課畊之暇還下帷閒釣雙
鯉羮露葵座有嘉賓醉不辭村醪冬釀聊酌之願畦
芳杜與留夷采采幽蘭遺所思山芳澗碧寒生姿陪
伴白雲供我怡即今玉蕊上南枝尋芳朝去夕忘疲
春風回首轉黄鸝綠楊芳草碧波湄雙柑斗酒待爾

攜醉舞花下影參差

癸卯都旋渡海和陳亦哲孝廉韻

乍闕風浪促歸舟，半篋殘書午夜收。上國臺成初買駿，族庖刀折媿屠牛。鯨呑鼉作胸懷壯，柁轉帆橫勝勢優。况是相逢湖海客，千秋豪氣幾人儔。

其二

瓠落應隨不繫舟，江湖還作大樽收。連年秋信隨飛雁（癸甲之年皆以秋期開禮部試），一曲商歌獨扣牛。楊子談經還寂寞，相如賣賦總俳優。南歸擬作南溟徙，破浪應居第一儔。

其三

浮空渺渺一虚舟雲海微茫望裡收天入窮荒飛野馬人回鑾國笑蝸牛殿前作賦吾真愧海外奇文子自優便駕長風凌弱水瀛洲仙侶本同儔

偃霞嶺

千山行盡萬山窮越嶠天邊一線通莫怪關前人客少往來多在白雲中

晚投雙澗寺

傑閣遙開積翠圍松陰深處訪荆扉沿溪客到雲歸岫平楚僧回月在磯坐對禪枝紅宛宛行聽仙唄遠

微微明朝杖策靈源去大頂峯頭一振衣

題壁

晝日臨池獨掩扉山齋處處任題揮忽驚風雨朝來
急疑有蛟龍破壁飛

牀頭久苦漏濕雨夜輒不寐詩以遣之

腐儒何所有架屋半牀書風雨連朝入綢繆早計疎
蝸廬聊蟄燕蠹簡欲生魚轉徙難教穩沉吟五夜初
稍欣安枕臥復聽雨聲縣礎潤流餘沫櫺虛響瀑泉
遞傾磁甕溢客點皋衣穿廣廈焉能庇吾思補漏天

竹醉日先君以是日見背

傳道茲辰竹醉辰毎逢種竹倍悲辛已增風木傷心恨更想音容未老身幾處佳城堪卜宅連年獻策竟長貧椎牛列鼎終何事獨採溪毛淚滿巾

雜興

窓外青山含紫氣亭前綠樹得秋聲一編吟罷披衣起日暮長空萬里情

毎於獨坐懷良友爲有佳文愜素心靜裏柴門堪永日閑來抱膝復長吟

新亭行

嗟哉新亭何所遇四五兒童翁與嫗阿翁黧面髮如

絲阿兒行行哭且仆可憐老嫗皮骨乾猶有懷中兒索乳梅溪風雨無晨昏艱危數口隨朝露扶携老穉不辭勞生死尚憐骨肉聚吁嗟新亭日色暮行人但行勿相顧君不見溝瘠朝空夕復盈玉融南畔莆陽路

清湖道中山行雜咏十首

危磴絶攀緣崔嵬欲到天穿雲驚吠犬投嶺下飛鳶淺澗濯雙足陰巖息半肩竹筒新截好我亦酌清泉

其二

盤陀俯碧岑修竹古園深露葉横空碧雲梢覆地陰

穿籬思躡屐選石更披襟待看龍孫茁齊抽碧玉簪

其三

林開山黯黯川演水涵涵宿霧蒸爲雨晴烟吐作嵐

黠猿騰天矯餓獸走趦趄絶壁聞人語樵丁歸兩三

其四

山行經日慣籃筍不知勞石塹崎嶇落岡亭宛轉遭

近橋沙磧濶入峽亂雲高卧佛何年寺龍風旦晚號

其五

已涉羊腸險應愁虎視耽高林盤野鶻深谷隱行驂

入險迷逼塞分屯界北南戒心臨遠道莫信馬蹄諳

其六

激水安溪碓頹垣覆草茆轉輪搖地脉噴浪薄林梢
市遠矜商販農貧恡斗筲傍田村舍小雞柵半山坳

其七

負戴關前去鈎籃臂兩竿愁深山雨急踏遍嶺雲殘
下國輸將盡清時稅額寬微生皆有役莫怨道途難

其八

田隴梯爲級泉源竹作標漚麻來澗底采葛到山椒
飯客頻燒筍陳肴或炙鴞暮雲樵徑裏往往答歌謠

其九

山豁心常曠泉冷魄亦寒虛廊通過瀑開牖與安巒
露冷青莎徑芳生紫菊園禪房足幽意留待野人看

其十

龍虎繪烟墩雲霞映戟輳頻聞持節到不假勒銘尊
重嶺臨關盡飛流入海渾建瓴開八郡長此鞏籬藩

詠閩越舊事十二首

潮來巖落戟轅新（諺云潮水來巖頭落陳岩王潮也）劍躍盟壇信有
神（既殺王緒推盟主拜王審知劍躍于地）伯仲當年同建節雲孫今日
僇開閩（王姓後誇其門第皆自號曰開閩忠懿）

其二

彬彬好古舊司徒井里人歸喜再趨審邦嘉讀書守泉有惠政戢亂只應稱武肅殁謚武肅曳裾誰識盛文儒中原公卿如李洵常侍韓偓侍郎皆歸之審邦命予作招賢院禮焉

其三

勅拜瑯琊寶冊光審知封瑯琊王天生豪傑鎮遐方帆檣穩渡甘棠港海中黃崎最險一夕雷雨河路自開故以甘棠名甲士齊誇白馬郎審知乘白馬軍中號白馬三郎

其四

避地衣冠集衆賢王楊賓佐亦聯翩時王溥子談楊涉弟沂皆依審知仕宦却將貢篚輸中土不肯泥封到海堧每歲遣貢於梁或勸

其自立國不許

其五

元氣凋殘骨肉戕審知長子延翰淫暴弟延稟殺之弟延鈞立更名鏻霸圖纔定已披猖千箱石黛粧金鳳審知婢鏻嬖之立爲后百尺瑤宮供寶皇建寶皇宮極土木之盛

其六

龍躍宮中志已迷鏻因龍見受冊寶皇僭帝位改元龍啟妖巫左道事堪悲鐵芒已刺忠臣骨銅斗還傾富戶貲薛文傑制檻車熨斗諸法以傾害忠良剝取富民財賄

其七

大羅僊子總堪哀守元傳寶皇語謂鏻當爲大羅仙龍帳曾如土一坏不作九龍帳以居金鳳幽恨乍牽春燕去驚魂還逐繼鵬來鏻婢春燕有色繼鵬烝之後繼鵬作亂鏻走匿帳中爲亂兵刺殺

其八

高臺縹緲直三清繼鵬立景亦好巫築三清臺於禁中香霧霏微廣樂鳴若是天尊本無始鑄無始天尊老君諸像作樂禱祝何緣正一又先生拜道士譚紫霄爲正一先生

其九

何日丹成得大還擲弓中野淚潸潸爲連重遇所逐出宿野次繼業執而殺之始知控鶴人皆散拱宸控鶴皆都軍名誤認垂虹勢半環

虹見宮中妖人林興以宗室將作亂夷其叔延武等

其十

魏相唐宗孰較賢延曦好賄鄭元弼切諫欲罪之諫以唐太宗乃免朝來買宴有金錢余延英進買宴錢鋤奸未試新羅劍曦以新羅劍戮王倓尸面色如生繫頸先獻武衛鞭陳光逸疏其罪過命鞭之繫頸掛木

其十一

糟邱牛飲日追歡暴主昏迷一例看曦好爲長夜之飲曦衣道服被幽及曦繼立侍酒私棄酒者皆殺之毎愛相公顏色好嬖其錫李仁偏遇遂以爲相疑學士酒腸寬疑周維岳善飲欲剖視其腸

其十二

富沙蕞爾日消氷延政封富沙王建國稱殷百戰殘疆詎可憑纔見從王誇固始審知獨厚其鄉人爾時百姓家多冒稱固始其實謬妄又看封號出金陵李景破建州遷其族於金陵閩越亡

喜晴

浮雲消太虛噓吸廓重陰朝暉入巖壑萬象紛葳森
凉風扇長條新枝濯舊林始競蜩螗響斷續遞繁音
物情欣所適感此亦長吟開牕對清流緑蓐盈江潯
仰看西山岫空翠沾人襟

哭房師吳快亭先生四首

夫子騎箕日清秋露正寒文星猶熌爍粱木竟凋殘

年譜留新帙歸囊載一棺素車莆口路凝睇淚闌干

其二

昔綰專城綬歸從職貢班汎舟舒歲祲輸課軫民瘝
金浦應留碣丹砂未駐顔朱輪暮何處扶杖不堪攀

其三

不遇孫陽顧誰憐負軛才一鳴勞賞識三載愧趨陪
講席虛前哲賔筵揖俊材那堪瞻舊館函丈已凝埃

其四

寂寞篠山道飄飄丹旐飛斷雲催夙駕遺廟記牽衣
鴻雁他鄉遠關河夕照微錢江潮有信淚逐海潮歸

普濟禪房感興

牌樓高敞勢迢迢熟路輕車未覺遥競起峯雲縈殿
閣低飛小鳥傍叢茗多時儤值空書牖深夜濡毫望
斗杓秋露涓涓禪榻畔天風吹落五雲韶

旅館不寐

月色西池冷霜華北牖侵暗燈孤館夢獨夜旅人心
去住商囊橐聲情向杵砧鄰雞始一唱慵舞亦拋衾

仙霞道中次李敬亭韻

籃輿高並鳥飛程疊嶂流雲縷縷輕靑入杉林茆屋
隱白橫溪澗野梅生且謀市酤忘淸濁但聽山雞報

雨晴忽對擔夫顏色喜出關前去客途平

丁未七夕

玉京仙子凌波舄珠佩晶瑩秋露白中宵驅鵲駕長橋咿啞驚起孤眠客仰視河流波淺淺凉風著樹如輕剪世間玉漏最無情不教天上停鸞輦明朝飯牛絡機絲咫尺銀河兩不知

寄陳統輝

洋溪露冷賦將歸寂寞山場生計微驛館每懸千里夢寒房誰授九秋衣臨江雙鯉迎人躍避地孤鴻對影飛莫向鹽車怨長坂由來身世事多違

客中憶故園諸子

山亭一分袂又到白雲天客夢依江海新愁逐歲年
羈棲知已暮貧賤遠人憐郁郁芳洲杜秋來尚可搴

謝春塘

沅澧思公子多才况少年龍文干莫劍鴻筆帝京篇
話別青門後經時白露前風烟如可接高步越山巔

李敬亭

層臺高百仞上與碧霄鄰爾室夫何遠吾宗尚有人

家石峯

風松何謖謖水石自磷磷為抱離懷久因風思更新

昔日延州榻禪房語夜燈今年易水畔寒月掛秋籐聚散情何極風波志未懲永懷公幹病詩骨總崚嶒

家仰山

十載操柔翰隨君大雅堂文章貧不厭師友道難忘露氣寒征旆星文閃劍鋩秋原一延佇雲樹鬱蒼蒼

家奕上

失意事多違君歸我未歸雨殘燕市柳秋老越山薇心跡前期在風塵舊侶稀客居蕭瑟甚復對雁南飛

趙崑侯

斗室

但得心安寓每移維摩十笏亦相宜試鋪短席容欹枕便啟疎櫺納晚颸網戸絲蟲深掃跡營巢語燕不窺楣鄰家亦愛南牕好雨後新抽碧樹枝

烈女吟　福唐林氏女許字孝廉李文江子未結褵而李殞女欲殉節以母病革乃止越數日母殁持服盡禮及祥祭畢告父請歸李氏即夕自經

我聞志士仗節立綱維亘天塞地無窮期維孝與烈女兼之孰爲巾幗孰鬚眉玉融秀挺玉爲骨胸中浩氣吞溟渤嘔心人去不復還紅繩中斷蘭芳歇女也有髮不須封女也有耳不須截慈幃侍奉正彌留何忍更言生死別心比白日昭淚向中宵咽送終報母

已及祥縞素歸來願同穴整容拜姑嫜此身分明屬
李郎含笑從夫子一夕捐軀如敝蹝三百六旬詎後
期女德之終婦之始慘淡炎威懔肅霜海聲日色同
蒼茫碧浪東流去無極屹然一柱水中央人生處死
難此身全所安死爲孝烈女於義得其所嗟乎淸風
嶺曹娥碑千載何人不淚垂毋令女也笑男兒

晨趨東省

天門纔闢曉烟微遙望龍樓更整衣西嶺朝霞明紫
禁東華初日上黃扉分班勑使擎函出直夜親軍捲
幕歸獨立池頭簪彩筆翠蕤搖動鳳鸞飛

禁中夜直

禁籞沉沉夜悄然九門風柝五更天綠牕朱戶光如晝檢罷瑶章倚月眠

幽齋感興和吳瞻侯韵五首

攢眉吟苦肺腸枯傖父何堪共賦都藝苑賓朋歸去盡醉鄉年月記來無靑萍匣裏寒霜鍔黃絹機頭織淚珠習慣輪蹄疎懶甚淸霄幽夢滿江湖

其二

柳塘日日數飛鴉山北山南自有家殘柝簾櫳催宿夢暮雲城闕聽羣譁垂涎堪味吳江鱠消渴重烹建

水芽總被故園松菊笑幾時爲報及期瓜

其三

多謝羲輪作意催魯陽戈短力難回自憐肱已三番折不見眉從一寸開絳帖烟糊餘舊瀋宣爐香爐撥殘灰牽人尚有家山夢烏石峯前幾樹梅

其四

聊憑薄祿慰途窮守拙曾無尺寸功足裹朱門知策短眉軒綺席笑囊空綠章稠疊羅斑管丹詔輝煌貯碧筒儗值乍逢宮柳暗街頭又賣石榴紅

其五

心傭織作舌傭耕，卽墨無功紫玉平。妝點閒文酬等輩，鋪揚難字學經生。湘簾微動涼颸過，茗椀徐浮夜氣淸。驀地頓忘羈思苦，西鄰又送玉簫聲。

夜坐

冷盡檀灰夜色深，擁衾無夢且孤吟。書傭定遠堪投筆，詩客宣陽只碎琴。濩落仍還今日態，夢魂空抱昔年心。玉溪瑤草知多少，踏遍春風不易尋。

歸思

辜盡年華少壯身，留雲閣上夢魂眞（戊申曾有紀夢之作）。絺衣隱約經寒敝，蠹簡迷離午夜陳。歸思每憐滄海月，感

時無奈薊門春卻輸夜夜南飛鵲繞樹猶能匝數迴

惜春

淺綠深紅幾度芳坐看花信一春忙庭前栩栩雙飛蝶又逐東風過短墻

送何劍溪南旋即次留別原韵

別觴傾不盡之子復何言敢擬鵾鵬息祗慚駑馬奔夢魂依遠道風雨隔衡門知已文章在淸樽仔細論

題李聲巖小影

倚石揮毫興未闌風流標概骨珊珊悠然想見山陰客一水瀠洄竹萬竿

即事

挾策垂楊岸新粧薄鬢紗玉驄不受勒顫墜石榴花

丙辰七夕和吳瞻侯

玉泉葭露瑩秋波此夜雙星正渡河深淺豈知天路迥悲歡其奈世情多但言飛鵲塡橋去誰報穿針結綵過瓜果盤前堪送酒且摩雙眼看龍梭

初秋同何華峯劉景南董文學小集陶然亭即景拈韻各賦五言三章

未作歸來計奇懷尚憶陶亭臯留往跡杖屨紀吾曹雲影雙槐老秋容古刹高登臨愜清賞聊此謝塵勞

其二

憑眺依疎牖披襟風灑然層巒來爽氣飛鳥入晴烟

移席鋪凉簟分題擘短箋壺籌堪送酒紺碧果盤鮮

其三

出寺仍流憩高低趂野亭窑臺空偃蹇龍窟想精靈

葭露浮微白雲林胥晚青城頭初月皎歸路去還停

送李紫峯歸省

微霜夜落蒹葭水凉風吹透西窓紙侵曉披衣送遠

行不聽驪歌歌陟屺蕭蕭易水雁聲哀匹馬輕裝歸

去來薊門落日一憑眺黄金臺館空崔嵬故園賸有

敝廬在余冠岌岌飛霞珮酒後時看寶玦光歌成莫遣唾壺碎北堂萱草況春蘩版輿肅肅升輕軒宴林禊汜羅諸昆人生此樂何可諼甑生顧養羞微祿朝不遑朝夕不宿九陌風塵緇素衣小草出山終碌碌似君才華誰不憐龍門聲價祖生鞭捷足揚鑣快年少飛電流星事偶然感時重振歸山策蘭蕊芬芳蘭葉碧循陔采采潔晨飧望雲曾似長安客

老將

少小出邊關心雄氣轉閑抨弓能却月聚米欲成山大漠妖氛淨河源使節還今朝對桑梓未覺鬢毛斑

次韻送鄭二與之任緜竹

纔聽雄談四座驚忽携琴鶴復西行燕雲薊樹三秋色棧道危谿萬里情嗜酒康成元不醉愛才卬令定相傾壯遊未盡平生興欲送長風到蜀城

依隱誰云作吏難新添曹椽擬仙官衙齋花滿春長在庭院人閑晝不關錦水詩箋題夜月射洪春釀破朝寒淵雲自古風流在一曲清風好自彈

口占

客樹含芳色平池漲綠波風光雖滿眼無奈客愁何

哭家仰山時張次石初逝

已抱山陽痛，今來更哭君。有生同閈寂，百感忽紛紜。
里塾升沉共，門庭生死分。泉臺逢舊侶，珍重勿修文。

讀劍南集題後

一畝菰蘆魚稻鄉，三間燈火讀書堂。神仙却笑閒何事，身世都從醉裏忘。

無錢但可遊花嶼，有疾時來檢藥方。山是會稽湖是鏡，天生乞與放翁狂。

軍裝豪快中年事，杖屨逍遥晚節身。絮煖飯香頻得句，誰言無計奈何貧。

新亭流淚悵夷吾，南渡謀身計本踈。六合已平人代

遠不知還記酹翁無公截句示兒云王師北定中原日家祭無忘告乃翁可以知其素志矣

敝羊裘三章

敝羊裘何葳蕤領圓中裂襟四垂晝以章身夜入帷與君卧起不相離玉堂冬暖重衾施

其二

敝羊裘紛以披褐袍爲襲長襬褷縿縫細認匪五絲能欺朔雪犯寒颸東華儤直與君宜

其三

敝羊裘塵已緇三番隨計路倭遲嵐烟沙土薰且吹

念子籃縷待脩治縱好不如初製時

宋宮祠二首

幾載龍池碧草芳陰陰嘉樹冒崇岡宮車忽出交河去一片平蕪照夕陽

其二

巖石層層白日曛玉京獨秀氣氤氳妻凉五國毡廬下不識何山尚貢雲油囊貢雲於艮嶽放之見彭儼五侯鯖

不寐

起看月影向檐低又見明河漸轉西此夜霜寒爐火冷自溫殘酒聽鳴雞

寒夜讀書

物役勞神慮愛此夜景澄寒風號已息餘力尚嚴凝
點書開丹硯稜稜結紅氷凍膏不發焰屢起剔銀燈
鈎籠煨榾柮頗覺煖氣烝鋪茵足盤膝據几仍舒肱
繙書恣諷誦力倦徐一興布衾亦自温夜永寐不能

獨居

我心無所著覺與獨居宜每到忘言處自成即景詩
爐烟侵榻細竹影向簾移隨意抽前史悠然邁宿期

八仙謠四首

王喬舄飛梅福去令尹成仙尉亦仙學道豈眞希辟

穀餐霞何必非名賢近聞市井相翺者鳴榔負橐聲
喧然官有弓兵吏有役里正先醵辦公錢

其二

采和踏歌方朔戲偷子成仙丐亦仙清門儒業有代
序樗蒲十萬爭豪賢何校臧耳趾益壯墨痕着臉斑
斑然誰家婚喪早成禮莫惱肴胾侑金錢

其三

劉安都厠王艮策胥史成仙僕亦仙竦身上界繫屬
籍昂首人羣稱世賢甲第華紳邀上客孟公驚座軀
巍然他日公門幸顧藉敢辭貼婦賣兒錢

其四

季咸却走長孫化巫覡成仙醫亦仙覆手災祥殊賞討應時生死無愚賢意態虛元服色妙假人嚬笑施施然前日招邀今日至何不騶從加餐錢

讀先王父遺集感賦六首

莫將鴻筆問著玄手捧遺文涕淚濺正學千秋應不晦斯文一綫尚如懸風騷推激存先正才俊薰陶盡世賢門下士最多片席儒官猶未遇匡劉經解亦徒然先祖兩經鄉薦司鐸選期將屆而逝

其二

六丁雷電熗光熊搜取琳琅上碧空片璧猶能留手澤開函端已讓宗工先祖文藁多蠹蝕不全中每詮已錄二字必有正本至詩集如越遊草等皆散落人間存者纔及其半驅馳負宰天爲泣衣被餘光氣尚虹一自豐城埋劍後精華直射斗牛宮

其三

諸公袞袞望前旌朋輩中推獨主盟藝苑風流身矩範麟壇義法老縱橫閩省國初最重春秋社社中人非名宿不得與中年燕邸依蓮幕三載杭川借玉衡自許璠璵能待價幾曾行卷謁公卿

其四

欲將詩乘託傳薪四世淵源一脉真自比劉家人有集況逢玄晏序能珍閩中姜脩仁序先祖詩文有天池皓露滌筆氷甌雪椀中語真跡猶存米菴先曾祖詩文稿稿繼山居咏先高祖著忠諫都諫公遺草文傳益甫新司城公齊雲樓集顧溯天池探夜舫先祖著夜舫樓集遠從奕世問迷津

其五

大將臨戎擇冠軍指揮偏誤戰場文舊友陸義山司衡擬處先祖第一人竟以暗中摸索失之玉曾三泣猶難剖骨尚千金豈戀羣手勘丹鉛常壓架躬藏碑碣等高墳傷心陵谷他時異惟待經畬早晚耘所批點經籍及收藏古帖皆以屢經遷徙積漸零落

其六

社集花朝各吐奇如高雲客卞二濟鄭三石陳祖虞等水晶宮殿寄愁思先祖曾著水晶宮賦以折耿藩逆萌亦知驅鱷終頑鈍肯使名駒受縶維竹冊幾層同琬琰緗縑一幅等尊彝橫流拯溺思君子靈運會傳祖德詩

感事四首先大母劉太淑人特鍾愛先贈君不幸違侍暮年於不肖二孤尤深屬望自壬辰見背距今二十餘載緬思穉年頑劣慈訓憂勤報稱無由祇滋悲憤四詩畧陳梗概爰示後人

直云能養不云貧誰道儒冠竟誤身百里梅溪朝負米半園榕樹晝摧薪羊肝露潤經方製鷰鮓秋鮮入

餽陳典盡寒衣渾未顧堂前一笑煖如春

其二

孤子伶俜實可憐拊摩寧爲籲呼偏扶藜勸讀深宵後買栗分甘重九前鎮爲愚騃勞白鬓毎因保抱乞金僊祇今零落重泉冷未掃松楸又五年

其三

菊水頻澆淚眼眵傷心孺子亦何知提撕百遍纔開悟躑躅中途忽更迷力薄可能勝負擔思深願與歷憂危不才遺忽應難追慈訓眞堪百載垂

其四

袖得蝤蛑一對歸連朝喜色動重闈逢人只說童孫
孝背地還增少子悲廿載凊齋留戒鉢七句慈願在
經幃長繩不及崦嵫景欲表陳情願已違

及第紀　恩二首

熏風高殿御爐香臚唱名隨九陛揚太史擬占雲物
異侍臣曾上日華章幾年侍直趨
丹禁兩度叨榮拜
聖恩雍正癸卯　恩科鄉薦庚戌考授中書入軍機處行走是年復開　恩試始登進士自顧
菲才慚報稱秖傾葵藿向巖廊

其二

中天雙闕燦雲霞正是端陽景物嘉五月初一殿試初五日傳臚鼉鼓聲中迎紼仗碧荷香裡颭宮花御觴三酌傾金醴內廐連騎進渥窪並轡每隨華冑客獨憐寒畯自天涯狀元于仲常翰林于公子探花任進思大宗伯任公子皆江左人

偶成

獨坐情不愜乘凉去無期樓角挂明月上弦逾半規薄雲若垂帶飄颺復生姿轉眼忽無蹟皓色臨虛池因想李供奉銜杯對飲時

春帆歸省圖爲姚太史賦

春岸烟明春草綠水滿蒲帆開十幅輕舸中流縱浩歌歸心一夜皖江曲獸錦宮袍日下來江亭水驛遞相催拜疏陳情剛得命昔也陟岵今循陔愛弟天南迴五馬萊衣對舞萱堂下一日三公不足償西清東觀胡爲者江水浮山秀且蒼鼓擢不辭歸路長請看乘月登牛渚何似憑風過馬當

悲南樓爲葉紹德作

遊魂應不到南樓樓下春塘兩兩鷗樓上藏書一萬卷綠萍風暖柳絲柔

和黃彬度征馬嘶二首

會聽嗚鑣灞水東又隨鐃吹洛城中心悲玉帳三更月聲逐沙塲萬里風蹀躞猶流驕汗赤低佪還惜障泥紅章臺日暮塵飛處多少離人怨不窮

其二

嗚珂九陌任西東鎮覺蕭蕭玉漏中猶憶銜杯開陣月一齊驤首逐旗風清笳遠塞霜林白鼓角寒山獵炬紅料得驅馳豪氣在不教長坂嘆途窮

松亭見示宿雨驅殘暑之作卽景寄懷依韻

斜日烘霞拂綺襦夗溝苔暈漲青青初晴物色含鮮態新爽秋懷入杳冥金氣西郊隨轉律石渠東觀聽

談經微雲散後銀潢淨此夜高樓看斗星

和路松圃賞菊限韻二首

佳友相逢耐晚秋擬聯高榻共南州霏香冉冉風生徑弄影離離月在樓搖落芳華悲鶗鴂鮮明衣羽笑蜉蝣誰能不負芳貞操作頌應煩郎墨侯

其二

碧篠疎籬曲曲圍飽凝珠露照澄暉清浮遠渚開新爽淡染孤烟入翠微岸幘莫辭歸酩酊捲簾時復對芳菲扶筇已過登高節贏得高吟且掩扉

閒行二首

小立花畦復自行雞冠紫漲玉簪明幽齋節物新秋
好凉吹中庭夜氣淸檢點詩囊時據案商量茶品且
開晃笑無負郭謀生計却擁殘書傲百城

其二

光明棐几一簾垂數朶秋花笑倚墀浣却塵泥心地
净賺來疎豁眼光宜新毫初試山陰帖高韻微吟正
字詩消受幽閑渾未顧軒車南北正驅馳

佛手柑

枲荑臨鏡笑拈枝金色無端落素磁便向瞿曇修法
供就中香味定誰知

和李月階古松篇壽何克思

李君搖筆泉山巔驅雲灑作古松篇元氣渾渾苞太古高松落落排星躔言持此爲何君壽開函忽聽松風奏信知老幹金石姿對此陰森發神秀拳曲夭矯勢獨奇高凌霜雪盤蛟螭昨日小春正交朔英英清氣動靈嶽華筵莫惜酒如澠霞箋已見珠盈握卓矣歲寒心偉哉白雲吟君不見絶壑流雲風謖謖時有老鶴鳴其陰

送蔣繩其庶常回滇

滇池西望九千里半月纔臨鶴慶城長路驅馳悲暮

歲素車寥落愴行旌儒冠有恨埋鐘鼎仙客無材縮驛程觸緒當年航海痛（辛亥季秋接先慈病耗因乞假南回）臨岐雙淚對君傾

紅橘一枚擘以佐酒

華實團團色燦然遠從江國達幽燕薦盤重是鄉關品入齒殊疑風味鮮令節何妨需酒送剖分聊自當柑傳木奴有分充包貢不向龍洲索絹錢

除夕同陳騮季鄭紹菴昆仲守歲二首

忽忽行年四十二明朝紀歲屬庚申狂風苦霧催除夕濁酒紅燈對故人髀肉驚心思小沛功名隨世悵

平津何須支枕聽更漏直待朝正整晝輪

其二

興豪豈復計杯寬露重從教到夜闌日月其除愁獨醒鬚眉猶昔笑相看爆花隣院星星出蠟蕊當筵細細攢更愛紅柑堪侑酒個中風味半甜酸盤中福橘鄉園佳果

氷燈　分得灰韻

疑剖荆山璧幾枚玲瓏四面見花開侵凌寒氣偏舒啖磊落康衢未染埃盤捧鮫人綃作幕甕留園客雪爲胎九門烟火中宵燼一點丹心尚未灰

熒熒三五鳳城隈雕琢新成夜漏催影透璃屏風不

度光搖銀牓月初來羅紈質薄裁難肖錦繡光圍意
尚猜丁綬舊時多巧製好移椒室上春臺

舊社

三間破屋半頹垣木偶新移住北村記得去年寒食
節家家春酒賽雞豚

凝園看桃花次歐眉菴韻

穠艷何煩作意工天然姿態一林中未酣初潤微經
雨似笑還含乍倚風深淺併歸春日麗參差休妒醉
顔紅瓊筵佳客饒淸賞無賴會如露井東

暮春凝園宴集卽景分賦得宿字

麗景此何辰春風過百六我懷正浩蕩佳會夙已卜
名園新雨霽芳潤交林木粉黛隔籬垣靚粧亦云淑
欣有盍簪朋杖屨相追逐既薰荀令香還炙淳于轂
發興何淋漓春醪傾百斛高亭勢軒豁臨風騁遊目
玲瓏蒼翠間幽意滿山谷日暮花氣冥歸駕命我僕
相期欄藥紅淹留還信宿

下直書途中所歷三首

趂有探幽興朝回信馬旋殘香花冉冉細態蝶翩翩
白塔移林表靑旗到柳邊高粱橋下路繞出石壕前

其二

矮屋圍榆柳隂隂覆數椽枝垂新過雨翠重欲生煙
忙有穿林燕諠無聒耳蟬何因移短榻來就北窻眠

其三

竟日勞征鞅隨時喜靜便欲攜雲洞茗夷茗出白雲洞者最佳

一酌玉山泉樹老圍團蓋僧貧結靜緣揭來香火地

又過麥秋天

所聞

歌哭俱在曉何來人定時戚嗟涕滂若風雨夜凄其
不醒膏粱夢誰言屠酤悲九門鐘漏響屐杖竟奚之

芙蓉

不圖搖落後復此見芳姿薰染朝霞色團圞浥露枝波光凊更美風態冷偏宜曲折雕欄底東皇總未知

送吳縣佐之任偃師

貳尹丞之任凊貧安足辭絃庭還抗禮松徑任哦詩欲倒中郎屣難忘幼婦詞（最擊賞君作而竟厄於遇）周南初發軔鴻羽有光儀

初夏陶然亭小集用壁間韻與同人各賦三首

極目緇塵外昂然望碧空開襟對秋月把酒引長虹更徙槐陰榻來披葦岸風林端澄夕照落落有歸鴻

其二

窞林逼鳥語相對意油然雲影微微落山容面面全

惠莊同繕性邱壑結淸緣頗習僧寮味焚香古佛前

其三

一廛安半榻擁塞意何堪嵇呂情應邈羲皇夢未酣

剝蓮心獨苦噉蔗尾能甘懷古金陵道驪珠試共探

玉河流水路松圃同賦

飛橋百尺亘長虹飛泉繞出明光宮南下水門東隘

口波底擊撞千石鐘疑是神蛟移窟宅鞭策箕伯驅

豐隆玉堂淸迥萬籟寂誰排瑣闥搖金銅氣挾霜鷹

秋獮獮響隨夜漏玉東東浹辰霖雨暗西岫突兀不

見撐天峯烟銷日出水光動晶瑩夭矯如蟠龍此時潺潺清我耳幾看跳珠飛沫落奔洪君不見朝出金墉暮碣石海天萬里青濛濛

再賦

買琴不到高陽里適屨誰歟截其趾朝來何處寫心情清流幾曲玉河水石橋高架倚紅墻潺湲歷落隨風揚聽之似近忽更遠飄蕭凉籟生虛堂座中玉麈瑯琊客葛巾瀟灑羅衣白一幅新詩似水清令我耳根無塵清夢適　御書高樓高百尋樓頭掩卷坐長吟晴窓列岫泉流繞終朝山水爲我留清音

買菊四首答路松圃

淸俸愼所羸買書復買菊愛此晚香名慰我客居獨中庭闢小畦橫縱傍門塾俄然成爛熳黃紫紛攢簇秋氣送餘淸冉冉動芳馥橫枝或委離直本頗脩束生趣自天然意態非一屬開軒讀我書四顧爽心目

其二

我愛賣花翁種菊豐臺側手鋤五畝園滋培力不惜及茲蓓蕾成纍纍動千百根深條自榮豈關踈與密編籬爲長城朝夕守花國雖無品題章佳名長在臆良辰競衆芳分畦仍別色荷擔朝入城分與讀書客

其三

買菊菊成藪不分白與紫淺深濃淡間化工有條理
高枝數尺餘低枝不盈咫但含娟秀姿迎眸皆可喜
昔賢亦有言譬之隱逸士我聞有高賢在門必倒屣
一心吐欵誠豈問貌奚似伯樂相牝驪天機或在此

其四

良友扣我門投我買菊篇自言愜夙願傾槖得芳妍
佳者六七本植置書案前標以青玉篠濯以甘井泉
風晨及露夕頗費調寒暄其餘亦高秀不因時俗憐
願此邀同志開襟席長筵常愁陰雨色不及迎露鮮

高歌秋風辭笑擦黃金錢

支山弟假滿入都接家信併詢鄉園近況晚獨酌散懷六首

爲信燈花喜問關有弟來交親頻細問緘札故徐開長路眞安穩經年忽徃回故園如在眼興逐水雲隈

其二

聞道臨行日登吾山上亭苔垣長自碧竹塢舊來青蔬筍能充饌兒童漸授經貧居交際省且喜鍵柴扃

其三

燕地多秋雨閩天足夏霖逢人詢米價無計點黃金

近喜漕艘達還虞海颶深無田偏望歲因識荷鋤心

其四

握手數相見深衷得暫申鬚眉仍舊日契潤更相親
欵欵堂中話紛紛眼底人誰言搖落後欵聚及佳辰

其五

殘月隱高樹行雲雨點疎秋虫紛聒耳京氣暗侵裾
夢寐烏山石行唫別徑廬徒然嘆行跡惟檢故人書

其六

幽興生遙夜孤斟得半醺年飢瓶甕減秋熟棗梨芬
羞澁囊中物離披几上文對茲澄百慮高詠自欣欣

吳妃謠

吳妃錦纏頭越妃金壓臂人前羞澁不自持背人宛轉迎郎意郎愛百花紅千鍾琥珀濃郎騎青驄馬金鞍蹀平野便施錦幛圍春風便開金埒騁豪雄春日遲遲懽不足又向石家借金谷金谷園林深啁啾燕雀吟莫遣無情風雨入褪紅殘白愁郎心吳妃歌越妃舞今夕何夕願終古小廊曲室麝蘭薰高樓翠幙隔春雲少婦樓頭好容色手撫環珮情默默郎愛多情還憶妾吳妃越妃在郎側

春日憶烏山舊遊

越王城畔閣嵯峨晴日扶藜結伴過倚檻花容春互映拂雲松鬣翠相摩江流繚繞依層堞岩岫盤廻帶曲阿記得酒旗風動處忠貞祠下醉遊多

耐圃久不到館許眞書未付詩以問之

明光共慶物華新並轡歸來又幾旬聞說西園烟景好粧樓閑却看花人

綠樹沉沉翠幌低銀塘錦翼一雙棲畫眉賸有珊瑚筆何事雲箋不許題

漁者

河干有敝廬舴艋亦安居野色孤篷外山風一枕餘

沉浮忘繫著雲水本淸虛但念持竿樂余心不在魚

送路松圃回諸城四首

騮馬翩翩鑿磴銀揚鞭東下過天津便將無棣城中酒直醉瑯琊海上春

其二

眼底奇書還共賞案頭佳句亦如神已堪寒夜詩腸澁那更晴朝送別頻

其三

雲亭返擢粤江濵雲子轅驅東海垠樓上御書樓下月三年聯榻只三人

其四

中帬子舍愛躬親題柱相如詎等倫才入里門先下馬無人知是漢廷臣

郊行

融暖春郊好晴明客思閒脩途從緩轡遠興托高山綠嫩苗抽甲黃輕柳破顏村頭聊小憩時聽鳥緜蠻

題寄朱雲亭札後

玉札新緘郄更開因成詩句附書來宦情總覺朋儕好事業難禁歲月催碧玉青羅雙縹緲高樓新柳獨徘徊側身南望湘南道衡岳峯頭數雁廻

雨中紅藥次韻二首

憐春獨與殿芳時肯爲重茵歛翠眉烟外穠華偏婉約風前羅綺故低垂朝雲自擁高唐髻壓露新勻北地脂寂寞園林憶花會閒情長寄女夷知

其二

淸潤如臨曉沐時綠雲猶濕遠山眉紛披錦障千枝亞却倚雕欄對面垂苾徑濃薰侵蒻笠江亭晚色妬胭脂一尊春酒高吟處應許昌黎作舊知韓詩云丈人此樂無人知

初夏　圓明園道中五首

獨悵尋芳宿願違西郊連日整驂騑春歸客樹鶯聲老水滿空隄燕子飛風雨經旬迷故轍朝叅幾度整新衣周行緩轡吾何戀十里淸陰入翠微

其二

薄雲漏日隱嶙峋麥隴緜連翠色勻蒻笠對談扶耒客錦韉爭路退朝人師儒虎觀虛饒舌毛羽鴻逵未致身宮闕上林遙可望莫嫌塵土涴車輪

其三

曲欄臨水背高樓勝賞無如此地幽深谷注泉紅藥潤素磁堆果赤櫻浮波移藻影拖雲腳徑轉峯尖出

樹頭欲借長康圖畫手清齋終日卧中遊

其四

隱轔車軌似雷闐野色蒼茫鬱柳烟修徑舒時疑獨

往入林深處亦徒然紅墻白石新僧院碧草黃泥舊

墓田千載枯榮同一瞬迷津誰與問疇阡

其五

玉峽高梁一水通村頭游衍水邊同縱横漁艇揺深

碧錯落荆筐鬬小紅葦曲來時愁杜甫習池歸去醉

山翁那堪戍鼓城樓近疎柳深帘夢寐中

同松亭緒楚豐臺看芍藥次韻三首

舊侶看花志未違名園歡賞暫停騑淹留毋惜連陰
後珍重還驚一片飛臨水低垂蒼玉佩迎風輕曳絳
羅衣多情點染憑天趣雲影波光入細微

其二

四圍山翠疊嶙峋一幅花圖色正勻邱壑儘饒觴詠
地招遊多是過來人維揚舊憶繁華會姑射重逢綽
約身𨚫訝芳畦凉氣動銀床咿軋轉機輪

其三

平臺西畔倚高樓還過藏春小塢幽芳韻欲流晨露
重午隂才散綠光浮舞如菡萏還依水開到芙蓉少

並頭願典春衣償酒債城南遊勝曲江遊

初晴訪友過孫公園後坡積潦未除愛其清曠停車流盼良久而去

閒情如有會濠濮詎悠悠每得禽魚趣思添泉石幽凉颸六月動空翠一林浮爲訪幽人宅携壺此暫留

其二

偶然幽興盡無意欵柴門緩轡依高樹廻轅入小村清如謀遠目靜許領微言誰道緇塵裡無緣可避諠

青風詩錄　卷之二

青圃詩鈔目次

卷三

和周緒楚七夕龔醇齋招飲即事原韻二首
再和二首
九日感與同景垣用少陵遊何將軍山林韻十首
又同景垣用少陵重過何氏山林韻五首
不寐
睡起
題畫
感懷二首

汴署絶無花卉舊刻壁間有三年使節多行役偶向花前醉一回之句乃知前學署趙公來時尚有海棠一株也悵然賦此

登吹臺二首

吹臺

汴州譙樓

吹臺覽古

開封使院夜雪

卧龍岡謁諸葛忠武祠二首

懷州同諸廣文登檢沁樓

檢沁樓次修武周廣文韻
汝陽道上
淇上用宋縣津韻
睢陽行
望馬牙山積雪
光州諸生涂山爲父復讐作詩追紀其事
懷汝陽行署
汝陽驛館見梅花
讀賴古堂集
過椹澗有感口占

題斗園古松畫冊
北邙
題新安呂廣文力園圖
風穴寺
石峽
弔竹
農家
夜坐
八月初九日紀所見
劍州

讀蘇詩

古意

至前連日風雪檢舊稿得海淀道中雜述因疊其韻五首

甲子除夕得鹽字

乙丑元日微雪疊前韻

三日立春再疊前韻

後三日出南關疊前韻

衙齋有懷疊前韻

購得新書喜賦疊前韻

艮鄉道上
馬忠毅公彙草辨疑詩
丙寅正月十日偕二兒及運姪潔諸婿同遊磴
園故居因登烏石山憇鄰霄臺過范嵇二公
祠
從姊適陳氏苦節蒙
恩旌表有作
新港舟行即景二首
溪行
宿下城高

武夷曲
憩止止菴
凊風比君子三首
凊泉如吉士三首
食菰柬黄軼千
凌霄花二首
圓明園直班紀事四首
避風軒直日
泥活活
凊署雜詠和韻

夢中得一聯續成截句

招飲百花洲次黃訒菴觀察韻

臨江考棚院史寓廳施愚山就亭故址也試畢乃訪及之

登虔州八境臺和東坡韻

雨後潯陽道上

開先寺二首

南康考棚二首

康山忠臣廟二首

渡江

萬杉寺
饒州學署雙柏
栖賢寺三首
東林寺
江右二儁
從姑山
虔州用蘇東坡鬱孤臺韻
奉新潛氏鄒節婦詩
信州道上
廉泉

櫓聲和韻
過梅心驛有觸馬上作
東嶺道中口吟用韋丹靈澈唱酬韻
再入鋹臺夜直有作
張橘洲侍讀夏日偕諸同人讌集陶然亭次韻
登毘盧閣
東坡秋晚客興句云流年又喜逢重九閱詩有
所振觸因次韻
雨後偶成二絕
述夢

見雁寄弟詒五

明星四章

辛未十月廿五夜夢月中遊石崖下有泉一泓淸澈見底踐之冷侵人足稍憩石間聞江畔有划小艇而過者歌聲甚疾多不可辨末後重唱四語極分明醒而書之然所謂蘇子敬疑姓氏有誤姑記之云

詠史

孝眼先生詩

題李敘來小影

讀金陵黄孝潔先生傳有感書後並爲晉邑黄尹贈行
華星二首
病鶴
融雪
答客
別友
石塔寺
蘭亭
柯亭

西興

錢清

觀釣口占用張忠定公韻

青圃詩鈔　卷之二

青圃詩鈔卷三

閩中林枝春纖仁著

男　儀鳳羲文
　　一彪羲衡　校

和周緒楚七夕龔醇齋招飲即事原韻二首

魚鱗差次晚雲漓紈扇雖凉亦自持天上秋生銀漢水人間月照玉堂枝龍城迴繞千聲柝雁影横斜一道棋夜久未教清興盡柳陰閑步更移時

其二

壓槽何必問淳漓蠏矸雙螯手共持河鼓依然臨淺渚桂林還復長新枝清心自愛無絃曲勝算須尋妙

著棋此夜鍼樓齊乞巧銜杯吾肯負芳時

再和二首

積雨經旬正滲漓芸窻瑤帙鎮常持今宵挹爽來新霽對席傳籌折翠枝送遠登高騷客賦移枰敲子夜燈棋誰知欵欵中宵語碧落金風又一時

其二

甘醴還應悵薄漓蘭芳投贈倍矜持並遊冊府圖書地長對瑤林玉樹枝敢負初盟嘗鑄硯莫爭小數罷談棋西清他日傳佳話記取良宵把酒時

九日感興同景垣用少陵遊何將軍山林韻十首

海畔三神岫天西萬里橋遠懷同勝地高興自凌霄
風雨寒初度朋儔夙見招莫辭黃菊酒一酌百情遙

其二

雲歛玉泉明離宮傍太清葳蕤迴紫鳳毛領競文鶯
渴賜金莖露香調玉鼎羹登高慚作賦羸馬只郊行

其三

渤澥眞無岸崑崙亦有支豹文初隱谷蛙響但依池
至愼宜長醉無營賴自知晚凉深樹裡白袷對風披

其四

講武乘秋令圍場列五花月斜弓避鳥山曲陣藏蛇

廟略風雲壯蠻方道路賒願聞獻白雉重譯到天家

其五

高城邇禁籞華館集賢開仙客題紅葉幽人憶野梅風清宮漏轉光動御書來寓直時歸晚秋陰覆綠苔

其六

白徑迴疎樹紅牆壓亂泉秋容波淡淡風態柳緜緜晨曳趨朝履歸探取醉錢何嘗臨畫閣長嘯俯平川

其七

舊隱烏山下幽巖桂有香盤餘烝栗軟客愛葛衣凉閩中九日半著葛衣登高斜影風鳶定歸帆浦樹藏榕城初月上

烟靄鬱蒼蒼

其八

自營楊子宅不到習家池（時移居）談笑開繩榻逢迎到接籬報書聞仲氏塗字信嬌兒令節長途裡萸囊亦共隨（移眷北行）

其九

玉階深灑露金掌迴披雲並視明光草難摸丹扆文寒衣今日授天庾早時分恐負平生志岐途集衆紛

其十

秋風高太液仙客意如何臺殿中天迴蒹葭水上多

虛空勞接引寥寂漫悲歌莫倚樓船便神仙咫尺過

又同景垣用少陵重過何氏山林韻五首

夢魂惟好友性癖是奇書瀟洒携雙屐悲歌共一廬吟隨幽谷鳥興寄北溟魚此日無詹尹誰與問卜居

其二

望入秋光迥情隨景物移登樓呼酒客逐市賣花兒霜果收林苑雲鴻下水陂農欣今歲稔歌唱出疎籬

其三

策馬東華道霜寒又一時忍吟秋興賦還和早朝詩院靜聞金縷朝回愧素絲荃茆各有性幽谷想襟期

其四

露冷花猶媚簾垂日更長布枰開壁壘候火試旗槍稍喜盤堆果深慙飯厭粱莫將遲暮感客意日皇皇

其五

東觀班應後鸞臺昔幾年才華滄海粟風味峽江泉俎豆新祠宇松楸舊墓田煎觴誰共薦南望意悠然

不寐

心知姑息好撫枕忽情紛易撥終朝事難忘累日文孤衾深夜冷薄酒暫時醺歷亂風前柝頻頻送客聞

睡起

莫訝風寒睡起遲夜來安枕本無思惟應作客年華久夢見於菟尚少時

題畫

短籬矮屋春波淺撑突江頭出孤巘石澗才才木葉鳴雙帆歷落峯前轉林巒浦溆各依依水色沙痕署游衍振衣試上最高亭寥廓江天入遐眄

碧樹丹楓萬壑間翛然杖屨俯前灣溪前響逐凉飈去半在秋林半在山

垂藤枯木映荷衣縹緲峯頭一鶴飛若是前湖風景好莫教處士擢船歸

感懷二首

昔者仲夫子負米爲雙親及至列鐘鼎不咽但悲辛迢迢大路傍按劍皐魚哭摧裂萬古心悲風號林木

其二

施恩不望報報恩常恨遲非無感激志不與時會期千金何足道一飯未湶遺但憐王孫窮况乃國士知

汴署絶無花卉舊刻壁間有三年使節多行役偶向花前醉一回之句乃知前學署趙公來時尚有海棠一株也悵然賦此

花前拚一醉就道竟匆匆風景他年異驅馳此日同

尚思春睡態難覔夜粧紅芳草萋萋綠征鞍又向東

登吹臺二首

木落雁聲哀天風下吹臺白雲飛不盡平楚意悠哉禾黍空郊遠松篁古殿開梁園詞賦客車馬幾人來

其二

把酒對城闕悠然生遠心宋梁餘舊壘杜李此高吟喬木風烟色長河歲月深多情思覔首碑碣亦銷沉

吹臺

誰向梁園續雅音杜高李有醉酣吟西崖聯句猶雙柱（前檻湯西崖先生聯句誰其遊者杜高李四顧封中淮濟河）異代松楸已十尋

醇酒幾時還舊觀憑欄極望欲霑襟（舊有三先生祠今修爲禹廟余欲分北廊一楹以存舊跡後因赴試匆匆未果）名賢去後風流盡落日秋風古殿陰

汴州譙樓

一規猶見洞門開淤盡黃流址半埋却是香塵紅軟地當年爭看火城來

吹臺覽古

宋中風物舊東京梁苑遺臺俯汴城滾滾河流隨霸氣萋萋宮柳送王程酒爐人去乘黃盡碭澤雲飛雁鶩爭（杜遊宋中遺詩云乘黃已去矣凡馬徒區區又芒碭雲一片雁鶩空相呼）我欲臨風

薦清酤斷碑磨滅古原平

開封使院夜雪

脉脉微微隱復軒風簾傳響自敲門只疑虛牖寒生吹不道空花墜有痕影落長條光漸起香留斗帳火重溫騁姸抽秘吾何敢清夢先馳入兎園

卧龍岡謁諸葛忠武祠二首

龍卧岡頭若有神將軍魚水獨相親綸巾羽扇風何遠赤燄紅爐火又新此日高吟還抱膝他年名士是宗臣茅廬深處松杉古猶擬雲雷動爪鱗

其二

三顧橋邊直廟門空郊曾此駐輿旛凄京異代人堪弔灑落當年道已尊天畔樓臺依翠巘春來亭榭長芳蓀前賢遺碣消磨盡爲剔着苔手自捫

懷州同諸廣文登檢沁樓

我愛晴川烟靄重登樓詞客况相從邀看雲際太行樹更指前林少室峯勝地高懷堪接席空郊斜日好扶筇追尋頻過花間路堤柳他年記舊踪

檢沁樓次修武周廣文韻

樓倚高堤氣勢雄沁流斜抱一川風蓮塘頻醉乘凉客柳岸時逢荷鍤翁金獸檐題奔水怪文螭石角壓

鼉宮洪濤靜後遊踪遍碧瓦朱闌一望中

其二

崇巒遙對俯平川雲構長留古岸邊高拱星辰通碧落夕陽嵩少入嵐烟迴瀾共憶昌黎筆鎸石知誰峴首傳郎事更添雲水興沿堤同聽棹歌還

汝陽道上

何物寫春容雲陰淡更濃橋通波灧灧村繞樹重重土潤青膏動巖深白雪封此時堪力作晨起課三農

淇上用宋緜津韻

不見淇園竹但聞淇水流柴門依曲岸浣女坐沙洲

輪鞅情知倦滄浪夢許遊路旁王氏柳過客每淹留

睢陽行

高牙大纛六虯趨中興元帥收東都桓桓侍郎建旌節掃除豺虎馳貙狐嵩洛先聲下梁宋義旗四鎮揮昆吾哀哉孤城化爲燼三朝不及王前驅名馬愛姬肉不足羸軀弱質同烹屠萬古雙忠張與許赤心隻手天綱扶遮蔽江淮遏奔突脫角挫貙城之隅前後艱辛四百戰風雲奇變成斯須揮戈蹀血萬人呼磔裂目眥張髯鬚氣吞逆賊恨不盡中宵策馬蹴亡逋秦庭泣血血欲枯矢聲崒嵂着浮圖城頭六箭氣不

渝將軍鉄面賊驚吁風塵干戈久反覆人倫天道理模糊進明叔龔不容誅李巨何堪驅作奴六萬軍粮分餉賊糜爛兆姓誠何辜城空民盡臣力瘏抉齦噴血爭欷歔南八男兒死勿怖雷將軍姚太守臨危矢節皆公徒二十五將同捐軀照耀青史今古無當時巾幗亦丈夫君不見軍中縫紉死節陸家姑

望馬牙山積雪

天畔玉峯明峯前俯驛程底戛寒氣勁但覺日光晶林鳥飛無跡川雲凍不生村墟經百折回首尚崢嶸

光州諸生涂山爲父復讎作詩追紀其事

歎息滄桑徃事沉抽戈堂下淚沾襟盈腔血漬埋頭甕藉手魂歸押帽簪（事具本傳）博士引經能斷獄淸時弼教許原心芳名瑝琇同千載負斧當年飲恨深

懷汝陽行署

郟山山上三蘇墓十里高墳蔭古邱地有名賢傳素業人於前輩想風流行臺栝柏烟霜老西洛輶軒歲月遒畫筆吟題秋色裡深宵魂夢落星樓（落星石在樓後樓下粉壁幕友閻郇畫竹其上余偕署中諸友賦詩數章）

汝陽驛館見梅花

何來紅蕊着疎枝恰與燈前話舊知記得故山明月

夜西窗清影夢回時

讀賴古堂集

奇懷奇境兼奇筆得此三奇句乃鐫想像高雲河嶽色不堪終古雪霜天弓刀骨裡爭桑梟鼙鼓聲中起謌紘公守栖烏樓時烽火燭天從容日夜與諸名士拈韻賦詩卒以完城桑梟經年思弓刀一夜痕一聯則公悲南臺詩也猶有文孫耕破硯衣巾含淚餉遺編大梁老諸生周竣遷金陵久學例應除名來呈崇祀錄及賴古堂集始知先生文孫也爲破格留之

過椹澗有感口占

凍水黏沙古澗湄枯荄處處朔風吹路傍亦有携筐者不見坡頭沃若枝

閃雷攀樹志堪悲遺澤誰堪問酒巵何似堂前供一
醉筠籠朱實美如飴
盡怪紛紛避賊遲賊來猶有蔡家兒能將至性誇黄
口不道無情是赤眉
樾澗芳名百代垂孝村村裡有遺祠巫陽若唱迎神
曲擊鼓惟歌錫類詩

題斗園古松畫冊 園爲新安呂忠節公別業兵燹後復更他姓洞壑林泉半皆湮没今所餘者孤松十數枝而已其曾孫宗則廣文鬻産購還圖松于冊余爲題之

斗山崒嵂蟠雲根芝泉瀲灔交沙痕名賢意愜風物
美自鋤茆徑開層軒時危身殞騎箕尾跡徃名留稱

斗園斗園數畝耐幽折槎枒老樹紛森列中有喬松十八株一一懷抱氷霜節積翠朝連青海雲飛濤夜捲黃河雪當時紅紫繞芳叢獨愛虬枝壓細風眼底奇書同傲兀堦前碧樹況菁葱太傅楸枰移屐齒午莊觴讌敀詩筒惆悵滄桑成往事風景不殊陵谷異高臺摧塌起黃埃晚圃蕭條委寒翠司馬空傳獨樂名遊人誰讀平原記神靈呵護雷雨爭一株鐵幹獨崢嶸天留碩果剝不盡人愛甘棠蔭復成凄凉尚帶烽烟色淡宕未寒泉石盟廣文三絶擅詞伯騷首槐堂悲劍舄許田西去來歸祊秦關東馳竟完璧既勤

垣墉塗曁茨重以畫圖輝簡冊陰沉霜黛歲寒姿礧
砢龍鱗舊手澤披圖欲到斗山巔憑風吹落洞門前
却對鐘樓迎舞鶴還依梅塢冐疎烟卓立秋堂風謖
謖斜籠春澗月娟娟錦贉緗帙襲瓊玖盤空那怕蛟
龍走化工畫筆信有神高節清風原不朽當年間氣
已鍾嵩此日芳名還識斗與廢榮枯又一時墨跡琳
琅堪寶守剔蘚猶餘碧血痕開函莫指蒼髯叟

北邙

邙山陝虢來西望不見首腰控河陽津尾橫洛川口
跋馬望層巓荒陵數堆阜遠陌蔓深榛欹亭卧殘柳

岡巒抱塞廻井里依城湫繁華無昔人歌鐘歇已久
悲風松柏聲我來亦何有

題新安呂廣文力園圖

峯林青靄外窈窕草堂開曲澗生春水空廊長綠苔
遺經藏石壁幽思寄江梅更識凌雲檜山人手自栽

其二

偶涉皆成趣無營性自安溪雲浮竹細山月照花團
雅負烟霞僻誰言松桂寒歸休真此地莫作畫圖看

風穴寺

陂陀通野櫳合沓向高峯樹引溪橋入山藏殿閣重

品泉燒栢子穿竹拄青節不遇烟霞客誰知物外踪

其二

石洞鳴天籟松門大古風輕雲生別澗清磬出簾櫳塔湧平岡合亭開古木叢汝山多秀發茲地更菁葱

石峽

驅馬上張茅峽驛在井底盤旋逐坡陀落勢去不止緣塹虛以巖依林鬱乃弛青疇高下連側畔見紅紫稍聞呼歗讙聚落成虛市餅肆列荆筐鹽車屯深軌居人無片茨洞澗自鄰里日暮山谷陰土竈炊烟起

弔竹 署有前學使鄒太和先生手植竹并題詩刻額比余至而此君不見久矣爲之太息

頽垣風過處猶想數琅玕誰遣甘棠意飜同碧草殘
幾年扶質幹往日報平安徙倚荒園畔愁心對歳寒

農家

近郊四五里連屋兩三家樹矮多臨水園寛好種麻
雲峯當戸直苔徑傍籬斜更綴春光美墻頭一樹花

夜坐

夜者日之餘春分宜宴眠吾廬無雜客所業在前賢
更闌遣僕卧移卷短檠前蘭膏發素燄剔穗裊孤烟
一唱再三歎得味超境先二兒學吟諷程課良不愆
當其心有得往往致流連妙復起予意隔壁聲相宣

環堵兩三椽書氣盎盎然案頭列茗具清泉自烹煎言咀經籍味永淨耳目緣

八月初九日紀所見

火龍歕啖炎氣烝千山呼洶驅雷霆黑風捲雲相委屬瓦溝括括庭冥冥霎爾明霞魚尾赤幾縷金絲縈列缺青煙消釋蕩虛空天宇崢嶸流白月

劍州

碧瓦鱗鱗霧靄濃差池巖石東高墉探泉客下丹梯遠近市人歸翠閣重岫色疑蓮開九面九峯山在水南津流如帶合雙龍驚心直北雲飛處排突青冥萬仭峯

讀蘇詩

三載風塵客周道嗟倭遲河嵩長在眼俯仰空懷思
及茲試事峻翻成闈域羈講堂無絲竹端坐風吹帷
秋聲刪槁葉鳴鵲爭高枝閒來手一帙蘇公黄州詩
勝地雪堂古長歌銅劍奇蜜酒元修菜坐蔭黄桑猗
孤鶴横江來飛飛啄天池水馬宴濫堆二蟲又何知

古意

汲水供晨夕服勞視容色子婦天性同陶成慈母力
歸來遲遣婦出念姑單寄隣績市珍隣母逼悃愊母
心感悟婦歸來汲水烹魚還翼翼母登堂婦侍側兩

毋共盤飧一心酧恩德君不見和酸醎調鼎實陰陽
順軌五典明不是中書衹伴食

至前連日風雪檢舊稿得海淀道中雜述因疊
其韻

高情梁苑與難違瑞霰纔停陌上騑卻憶風霜驅馬
去何如簾幙對花飛黃封酒暖傾瑤斝白戰詩成卸
鐵衣不信寒威能凜烈葭灰新動一陽微

其二

玉山千仞照嶙峋玉屑平鋪萬井勻披氅臨風驚此
客敞廬高枕定誰人同雲屢降豐年瑞素質偏宜晚

歲春縞帶銀杯經眼過兩河南北遍蹄輪

其三

隸事才多歎玉樓凍合玉樓寒起粟蘇句爲添史潔與騷幽眼明那怕空花眩腸冷還須大白浮賸有奇光生枕上只疑落月在梢頭峨眉天畔誰能到領取高標當卧遊時讀蘇詩

其四

飄蕭不逐浪花闐旋繞輕風颺細烟勾引梅魂眞宛爾憑依鶴翅更翛然溪山好着騎驢客農叟齊來種玉田極意天工勞剪刻來牟明歲蔚南阡

其五

牕欞六紙隙光通彌望緜緜粉樹同吹絮巧添湘素色鬬妍宜傍絳紗紅揮毫授簡從多士擁褐圍爐怯老翁扶質堂開（聖祖書匾在署中）森玉照瑤林瓊樹月明中

甲子除夕得鹽字

筵燒高燭晃重簾傖語蠻音兩地兼紅⿰酉炎喜騰千戶爆白花還擦半空鹽名香座有芝蘭氣鄉果盤堆橘柚甜破例今宵無算爵玉觥清酤喚頻添

乙丑元日微雪疊前韻

幾片飛花撲繡簾良辰佳景此時兼監儒敢謂親風

雅活計深慚算米鹽仍對椒盤聽好語聊同蔗尾覓餘甘宦途酬應隨人事駑力惟慚馬齒添

三日立春再疊前韻

迎風綵勝恰當簾寒色陽和兩地兼鄉味仍烹玉版筍春盤還貯水晶鹽芳醪在眼微醺好短榻臨牕小睡甜忽憶龍岡曾駐馬新年遊興劇能添

後三日出南關疊前韻

命駕關頭捲翠簾軟塵飛處好風兼踏青未上層兒塚朱亥墓捆載惟將猗氏鹽汴中鹽車由安邑達陝州而至柳眼窺春應破凍棟珠垂實可能甜最憐蠟瓣梅花好折向銅

瓶汲水添

　　　　侗齋有懷疊前韻

一榻圖書六尺簾宜風宜雅媿才兼頻嘗梁苑春前
非頗憶尊羹末下鹽已去年華空指數無多滋味但
酸甜分杯入手應先醉蛇蚹何須畫足添

　　　　購得新書喜賦疊前韻

緗帙携來揭繡簾經經史緯眼中兼酬人那用盈瓶
酒汲古眞同煮海鹽但使螢光飛自照便隨蠹粉嚼
還甜珍藏擬上烏山閣從此光華一倍添

　　　　艮鄉道上

細麥風來輕浪生畦間小鳥向人鳴淸陰十里郵亭
路一帶青山柳外横
側嶺横峯是處躭行人十里九停驂才看北郭青巒
好一折溪橋又向南
盤廻曲徑入村長村樹遙連積翠光乞與幽人作屏
障嵐陰雲氣恰當墻
陂陀東下入平疇廣陌芊眠望裏收復有青痕横隱
隱輕烟一抹小浮邱

馬忠毅公彙草辨疑詩

雲烟幻絶龍蛇戰誰敷草聖文塲擅况經膚手摹失

眞面目雖存神骨變撫粤中丞忠毅公揮毫卓犖平原風逆豎强梁逞狂煽艱危百折氣彌雄彙草辨疑留巨筆傳自罵賊拘四中大書手訂姬人註寶劍出匣光熊熊數紀以來乃今睹惆悵當年寸心苦冥潛淵海恣搜探浩蕩天機力揚詡珍重後來操筆人憑此津梁按圖譜遺風肅肅神明欽碧血潛隨墨瀋淋簪花舞劍態非一巾幗鬚眉留至今孰是奸雄孰節義以公辨草辨臣心

丙寅正月十日偕二兒及運姪深諸壻同遊磴園故居因登烏石山憇鄰霄臺過范嵇二公

祠

試憑屐齒破莓苔快爾能隨杖屨來秀竹復開青圃徑緋桃尚擁翠巖隈千家烟火春聲湧萬井青疇曉色開更喜新亭工結搆近隣霄漢俯崔嵬磴圃高亭後接山麓

石坳種竹一畦傍即青圃

晴日登山發興齊山前樓閣半高低青連谷底參差樹白界城堙宛轉蹊海國鶯花從故事松岡祠廟有新題春風猶記雲亭上斗酒雙柑處處攜

從姊適陳氏苦節蒙　恩旌表有作

蘭壺茂音徽星堂禮不違歌成黃鵠寡姐氏稱未亡人年二十有

四
夢斷紫騮歸蓬鬢辭朝櫛殘燈理夜機空閨泣孀
女無語淚雙揮夫亡時遺一幼女未離襁褓
茹蘗平生志艱危恨有餘憐光雙璧碎兩次承嗣男皆弱冠病殤
顧影北堂虛依老姑以處數年姑亦逝露冷啼烏樹烟飛棲燕廬
遭回祿之變屋宇什物俱燼只留堅白質垂老任焚如
峻節人嗟異綸音與表揚龍江光比練臺嶺氣橫
霜同穴銘新冢被旌後始克爲夫營葬遺書託瓣香擇吉告廟重立嗣孫
夢龍何心華表柱抔土哭尊章倂捐建坊爲翁姑襄葬事賜金
鬒綵周甲子彤管姓名尊足慰艱貞操無慚禮義門
文孫承統重佳壻侍顏溫夢龍習舉業女歸鄭姓亦名家子銀牓輝

皇日孤嫠拜　國恩

新港舟行即景二首

放溜東南去波流漾漾清柁廻前岸直潮落遠洲明老樹如張幄新瓜欲上棚過橋漁市散幾處擢歌聲

其二

湖洄依北郭風景恰新晴春服臨流試清泉倚岸烹波紋縈石細雲片界山平魚鳥江湖性無言各有情

溪竹

春江綠滿漾帆遲雲際松林看自移白鳥一雙迎櫂起魚鱗輕皺捲微颸

宿下城高

傍晩扶藜山徑遥如城巖裏叩僧寮山門恰對天游瀑舞雪飛龍向九霄

牡丹春色已含苞毛筍離離滿竹坳烹茗對花還舉觥嫩芬新篁出僧庖

却繞前岡傍碧濤岡頭梧桂翠森森更聞空谷能傳語人籟何如山水音

螺髻盤盤復幾重危梯獨立最高峯恠他躡足空依傍寺裏朝朝負載傭

武夷曲

彩幔雲間天樂鳴霓裳雲板譜鸞笙何緣更奏堪哀
曲未免仙翁別有情
多少曾孫集幔亭劈殘麟脯醉仙醽天風一送飛霞
去惟見峯頭草樹青

憩止止菴

溪行此地饒清曠緩步乘凉脩竹林望見茶寮天上
屋丹梯百丈出巖陰
掛壁蒼藤時裊裊脩廊芳草亦萋萋柴茸迸處霞光
燦一樹荆花映日西

清風比君子三首

拋書置几案無令百慮振天光靈宇豁游氣澄疎櫺
淸風一披拂古樂鳴和平泠然有餘善穆如含遠情
中心一何惠使我孤懷淸諒知君子意不同豪士爭

其二

門巷少人跡庭軒君子寧幽幽蓬室下中有蘭蕙英
朝暉相映發葩萼含崢嶸淸高在氣韻領略欣生平
淸風忽而至四座傳芬馨

其三

鯫生懸薄植服古懷嚶鳴哲人昔已萎遐軌日孤征
紛紛埋堀塿兀兀困醉醒嘉君發人意被面生深情

晨夕逝適我永結山阿盟

淸泉如吉士三首

浩浩長江水百派相吐吞朝宗東赴海濫觴乃其源
山溪駛夜漲觸瞌雲濤翻凌晨得歸壑餘沫亘巳殫
徒令濟川者臨流發永歎獨有山下泉朝夕鳴潺潺

其二

涓涓路傍渠宛轉隨汙潢所托本微細焉希三峽奔
吉士彰厥常九德首直溫一勺流不舍滙爲千頃寬
嗟彼便佞子喋喋生波瀾引泉洗我耳濯纓歸山樊

其三

朝夕鳴潺潺氣淸味且寒一泓鑑我影坐之松石間所希遺世士躡跡青雲端披襟豁胸次濯足淸心源淸標抱氷雪餘韻鳴瑶環翛然塵埃外詎逐衆流渾

食菘柬黃軼干

誰言庾郎貧三韭時不缺嘗聞山中蔬晚菘最可悅玆從安肅來菘出安肅者最佳肥白玉肪垮霜刄下豐苞一本數重切不用芼薑橙調羹快飲啜粗糲飽腐儒盤飧愼饕餮不覺飢腸充舌本留甘冽風味頗殊常食單宜早設君也濵海民鮭菜輕炰鼈寄言治庖人鰒魚在前列黃膠州人冬間曾以鮮鰒見餉故云

凌霄花二首

飄飄紫雪爛生姿盤屈葳蕤勢正奇自倚喬松能接引爲君牢絡半枯枝

其二

宛童玉女意相同施谷凌霄各自工巖畔孤松心最苦只留霜幹戰天風

圓明園直班紀事四首

九衢寒漏夜迢迢西出重城别殿遥華省卿曹仍歲月周廬騎衛滿雲霄迎風炬火穿林暗繫櫪轅駒鬬草驕通籍人來閶闔啟摳衣齊上玉闌橋

其二

帝愛賢良出入同傳綮日在小門東紅橋板外羅章黼緣柳枝頭架葦蓬民部金泉邦計重宮寮詞賦講筵崇（銀臺直班與戶部宮詹同日）南臺出納惟封事譏說還憂聖未窮

其三

林塘隱翳樹千章別苑晨開景色凉騕褭千蹄珠勒控騶虞九節射侯張須臾花外飄黃繖依約雲頭捧絳裳宮闕蓬萊四十景高山眞見水流長（御匾曰山高水長）香山玉泉流其下蓋圓明園四十景之一也

其四

漫賦長楊陪漢輦曾無碩策補虞衣彤庭晷影經過熟紫極星垣跡到稀髹几駢羅春筍嫩金盤頻割野羊肥腐儒飽食眞慚汗蹀躞巖廊未遽歸

避風軒直日

宮門燎火報殘更上路車來殷有聲積潦暗蒸嵐氣重宿雲初散曉星橫宿廬上直收封事畫省隨班綴姓名竊祿已過六百石曼容徒抱向來情

泥活活

泥活活馬蹄蹶前車曳其輪後車屯不發城門小校聲咄咄西風一起捲緇塵泥乾還上綺羅身

泥活活人膝没大渠惡不流小渠漫狂突荷鋤忙殺街頭卒道途平治歲不慗向來徵發及春前

清署雜詠和韻

絺衣短袖坐匡牀新扇兼携六角凉五字揮題成韻事風流惟有蕺山王

榴子垂瓶還抱蔕燕雛拂翅不聞聲花闌日午眠方足石鼎泉翻韻已成

未知花圃事如何但覺簾櫳芳意多瓶内重斟金井

水案頭新供碧池荷

對客無言聊隱几繙書有興輒長吟拂垣蘿薜通青
氣掛隔絲桐報古音

軒檽高敞讀書堂酬唱頻添錦軸光秀句滿投青玉
案清風時拂白羅裳

削藕氷稜堆玉盌何殊涼酹凍玻瓈直廬曾記揮毫
日仙果須來御苑西圓明園直班時有果品之賜

自多清興入吟懷不待推敲意自諧庭下雨餘成積
水天邊雲影落空階

幽事偏宜夏日長數行名帖一爐香依稀綠樹蔽篁

裏烏石峯前舊草堂

夢中得一聯續成截句

御風不見逍遙跡鍊石應多補綴痕水自流行花自放分明豁達一乾坤

招飲百花洲次黄詠菴觀察韻

瀇瀁湖光入遠天芳辰佳讌興翩翩遙臨碧渚疑三島才度花朝亦小年濯雨樓臺春水外親人魚鳥晩風前片雲莫遣催詩去蘇圃堤邊愛折旋

臨江考棚院史寓屬施愚山就亭故址也試畢乃訪及之

亭臺無處認湖西鐫石猶存舊日題淦水破船歸荻港（先生賣船詩欲藏無盤賣不售且繫青溪蘆荻邊）春陵遺墨泣蠻溪（先生彈子嶺諸詩湯文正王漁洋擬之春陵石壕）松針風軟茶烟細菜甲春深竹徑迷衙鼓更籌送朝暮愁心玉笥白雲低

登虔州八境臺和東坡韻八首

八境迢迢天畔樓一舒望眼散千憂溪山已占清涼勝瀟洒人今擬拜侯（陸龜蒙詩溪山應號清涼國松柏宜封瀟洒侯）

其二

帝子鳴鑾去不還盧家臺殿野風寒（五代盧稠竊據南贛人稱盧王）洪州樓閣遙相望只有東坡繼子安

其三

濤頭滾滾翠城隈蘇詩山爲翠浪湧水作玉虹流虹影雙雙抱玉開潮落灘門千騎驟日斜關口萬帆來

其四

儲潭澄澈夜珠明長笑驪龍睡不醒潭在儲山下爭相傳有龍穴似崆峒南澗外碧鱗蒼鬣綠陰亭

其五

不隨粥鼓話三禪佛殿金銀已悄然三老今朝誰濟勝時同遊府佐縣尹三人皆年七旬以外松坡石磴試爭先

其六

晝舫紅樓嵐氣中天風吹散雨濛濛闔城粤客生秋思惟恨江流不向東城外二水南來東西環城合而北流

其七

緜連島嶼起三臺三臺皆在府城孤塔巍然萬堞開桑柘陰濃秋水濶麻姑不用悵蓬萊

其八

松根離立石參差獨抱奇懷衆不知斜景未教清興倦一杯春茗賦新詩處處有儲茶岕茶頗清美土俗謂之貢茶

雨後潯陽道上

西疇春雨後農務及時新目送蓑衣客心疑栗里人

扶犁交遠陌窖樹暗通津路指高原去終朝車馬塵

開先寺二首

大隱擬誰招聽泉且過橋（寺有招隱橋）迅雷搜澗谷飛瀑捲雲霄猿鶴趨林杳烟霞到峽遙上方有經閣僧梵日蕭蕭

其二

山川王伯氣賢達古今懷草覆書堂地塵埋紀績崖清泉聊獨酌（寺有聰明泉在讀書堂之側）碧蘚與重指更望爐峯頂香烟日夕佳

南康考棚

我愛南康校士闈，高臨江介啟山屏。時時雲氣侵書幌，處處嵐光上客衣。竹徑月來深樹亞，石廊風過秀泉飛（臺下有靈秀泉頗甘洌）。丹墀更有凌冬桂，遠送幽香入絳幃。

其二

負墻五老立高旻，案底盤盂俯落星。巖瀑遠拖千岫白，雲峯遥浸半江青。迎潮素鮹充朝餼，帶雪寒梅照夜扃。卽事難忘風景好，紫陽白鹿有前型。

康山忠臣廟

應會風雲五百期，水犀迎銳劚蛟螭。稱降紀信圍堪

田得士田橫死亦隨魚腹不聞封土詔江流猶護墓
牲碑夌烟褒鄂凋零後松柏蕭蕭起暮飈

其二

湖風高處捲雲旗廟貌巍然俯碧漪樓櫓中流情浩
蕩山川終古氣淋漓驅濤龍伯能藏血大樹將軍尚
有枝過客停橈頻酹酒瓣香好爲鑑鬚眉

渡江

金焦雙峙海門間白浪滔滔去不還斜日片帆收鐵
甕逢人先問戴公山

萬杉寺

松栝影璱璱精廬氣象涵三分開水石三分池名水出山椒入寺四面入烟嵐上客徒留偈禪宗未許參庭花開復落僧夢此時酣

饒州學署雙柏

馮夷蹴浪潛虬舞散入湖湑作春雨杳靄烟中雙翠團欲落不落亭前樹庭前雙柏何森森對立蒼然矌儔伍葱蔚中含元氣深婆娑不共大椿古一低一昂自結懽半枯半榮見者歎獨有庭中魁壘之奇士能作青眼白眼與君看我聞梁棟資物色良獨難偉幹寧無巖谷秀苦心未免泥沙蟠豈如春庭偃仰歲月

寬舒肱布爪氣桓桓托根莫擬嶧山壽漢時秦封亦
何有萬古嵩陽岳麓間磊落枝柯堪不朽君不見朔
雪寒風又一時盈盈溪壑迴春姿

栖賢寺三首

高名端愛昔賢栖五老軒然几案齊石磵流雲過嶺
背松林分翠入檐題客能曉事分溪茗僧亦持家聚
瓮虀爲向山中問居士肯容升米換芒鞋

其二

法堂香氣滃林梢郤認精廬不待敲山蕊無名開瑣
細雲峯有路入遼巢春來石耳淸於簟石耳出五老峯石壑間

雨後菘肪白似匏一飯無心識開士他鄉聊訂出塵交住持僧閩汀郡人談論頗不俗

其三

谷暗響淙淙驚泉瀉石磯過橋尋鹿徑倚石聽松風
路轉千峯外人行萬木中上方多氣象五老峙門東

東林寺

遠公開勝地遺蹟在林間松栝寺門古溪橋流水閒
人今思白社僧合愛青山東嶺雲深處高風不可攀

江右二儁

翰林復見羽毛生十二兒童骨氣清故檢討周孔從之子籍分寧

誰是學琴顧元凱中郎惜不與卿名原名子山余爲改學山以勵其進云

十三經義繭絲抽刻晷千言筆未休他日廬陵尋嫡派圭齊接踵擅風流歐陽溥慶文忠公後裔籍分居安福

從姑山以其亞于麻姑故名明儒羅近溪先生肄業山頂有飛鼇峯劈窠三大字羅所鐫也

溪流抱山足隈澳成巖阿從姑近在眼孤峯綰翠螺我來渡盱水喜遘風日和目眩原疇衍足懾崖垠頗緣岡逵紆曲涉澗臨陂陀身隨猿鳥去跡偶麋鹿過造巔意乃愜登頓攀林柯飛鼇出天半斗絕無委蛇

想像偉丈夫特立冠峩峩羣英長俯首趨走承唯呵
昔賢搆精舍圖史日吟哦石橋縱憑眺松門來浩歌
至今磨崖筆着手堪摩挲廻首麻源谷仙壇今若何
惜哉神功釀未遣醉顏酡吾欲問山靈立名期不磨
以茲屹然起磊落而英多胡𫎇僕從稱未免時俗苛
大儒此游息圖經夫豈訛酹君一杯酒易以近溪羅

虔州用蘇東坡鬱孤臺韻

地出天邊險人來塵外遊州有塵外亭崆峒不可極章貢
復交流淈徙魚龍窟風盤鸛鶴秋蒹葭寒露水橘柚
夕陽洲帆影來官渡松陰出驛樓儲峯廻北渚贑石

控南州孤塔三臺接南墉八境留簾泉清澈底一酌送行舟

奉新潛氏鄒節婦詩

生相從死同穴鄒氏指對夫齧三十餘年氷蘖心手中指落胸中央奉若翁以壽終教若兒讀父書書聲琅琅繞機絲曉鷄咿喔寒風悲送翁終毀厥宅妥遺魄歸窀穸十指經營夜不絕鐵痕線跡紅殷殷猶是淋漓指頭血兒學成國典旌百年泉下有餘榮不負床前齧指盟

信州道上

溪流曲曲樹重重溪上看山山靄濃遥指翠屏天畔出靈山七十二高峯

亷泉

一水區吳粤貪亷異古今未過大庾嶺猶是伯夷心

櫓聲和韻

伊軋灘前宛着聲輕揺蘭檝漫敲成纔過夾口依微出却放中流自在鳴野岸紆迴知近遠小航三兩恰分明扣舷合曲高歌去有客推篷訊驛程

過梅心驛有觸馬上作

羣卉競芳辰貞心託寒沍香色妙未呈意態先春具

譬彼淡蕩人獨蘊靈臺趣目擊而道存悠然得吾素
梅驛問梅心春光在何處徒看杳靄中三兩籬間樹
美人雲水鄉入夢隨風去振策南山阿孤標倘一遇

東嶺道中口吟用韋丹靈澈唱酬韻

石澗迢迢明落日竹兜閃閃暗長雲經臺蓮社知何處惟有鐘聲送客聞
林間古塔雲霞色眼底名山清淨身流水斷橋蕭瑟甚欲尋遺跡不逢人

再入銀臺夜直有作

堂上聯床屬舊儀几間接膝有新知黃封字細從容

檢金匭函深次第披歸去天街聞午漏到來宮樹轉
晨曦共瞻銀牓
宸章麗出納毋忘慎所司世宗御書署額曰慎司喉舌
風流秘監佩瓊琚襆被依稀向直廬昔在內閣直宿票簽房司紅本絲綸等事簪筆偏探金玉簡入臺還對鳳麟書星霜髩髮驚非舊冰雪頭銜尚自如披牘不妨吟興健銅壺漏滴瑣廳虛余以癸亥季冬補右通政河南差滿始赴任閱數月即假回省墓時乙丑五月也丁卯六月復補舊缺則上年右通政已裁其一矣未半載復有江西之差戊辰轉左嗣奉俞旨改爲正副則左右二缺俱裁遂以余承乏爲副使庚午差滿辛未元日再赴銀臺凡歷四任計始終將屆十年云

張橋洲侍讀夏日偕諸同人讌集陶然亭次韻

四首

幽居從懶性朝罷户長扃發興來初地陶然復此亭

榆槐雲影靜葭菼野陰冥忽啟層軒豁人來擬摘星

其二

城闕丹霞裏幽居此地分人烟依曲水僧舍有歸雲

短榻宜支枕寒漿易破醺闌前花葉滿半是蕙蘭芬

其三

成佛亦何用聊堪絶世緣珠幡飛繡像香篆裊殘烟

宦境從羈客遊踪學地仙蓬峯如有約不待水衡錢

其四

豪宕人猶昔清尊及此時擬將燕市酒共醉習家池
城堞參差出軒窗四面宜更誰開菊圃秋色一枝枝

登毘盧閣

像設儼高閣突兀金墉西佳辰命朋侶杖屨互招携
頗愛山門古尚餘槐柳蹊邅迴脩曲磴躑躅臨荒畦
平臺一矯首巍然懸牓題稍縱廣延步陰氣颯以淒
繡幡罥蛛蝃蓮座賓飈颸金身一丈六黷黮沉埃堅
昔聞大士像玉質瑩玻瓈誰將七寶相襲以瓌色綈
巨像怵愚戇列戟奮訶詆獰睛海怪叶蹙頞山精啼
恐動精靈徙排柵等牢狴嗟哉土木偶犟此瞿曇栖

壯情恣遐覽興突攀雲梯中廻折幽迥目眩意轉迷
着手拊攔楯戒心臨澗谿井榦漏日晷傾口若罃甀
賴茲始發覆不然嘲甕鷄少然階級盡倏爾雲天齊
危心猶懍懍定息方盼睇中天三殿出雙闕連金緹
緣波帶西苑翠館入棠梨九門何軒翥丹樓欲吐霓
龍鱗翻萬瓦列雉紛覰覰華堂一席地何啻太倉稊
指顧見西岫盈盤堆玉髻曲屏開摺疊脩髻上簪笄
蒼然望平楚螢樹攢春荑原田瀰迤去畛隰交鉏犁
三關控雄涿趙脊青州臍時見征塵起不聞邊馬嘶
邇瞻慈恩塔卓如測景圭平萿旒綴冕銳頂佩抽觿

鈴鐸發空響夌厲逐鼓鼙憑擱俯檐梠懸水呂梁隄
欹垂夏坎陷支拄煩牽締欲落不落勢將去疑有徯
中空忽摧拉騞然分水犀誰能倚僄狡奔騰先駃騠
恐冒垂堂戒失足煩耳提向午益寥迥烟靄開清霋
我將排閶闔伸手摘文奎辰樞西北迴海岳東南低
俯仰曠浩浩穹幕週輪轕黃鵠影已没蒼狗形無倪
欲借離朱眼重刮黃金鎞悠然棄不顧傾榼命童奚
解衣塵埃表岸幘攀呂嵇奇情逐軼蕩勝概相推批
却疑帝座邇恐受巨靈臍老僧山野態衲破面目黧
對我設茗具為解杖頭齎詢知營建始本覬福祿臡

經營殫壯麗詎論斐與萋衰風盛前季輸委來金閶一朝時勢異珠貝爲塗泥懷古情憒悵感物意惻悽幡然拂衣起斜景難久稽

東坡秋晚客興句云流年又喜逢重九閲詩有所振觸因次韻

酸鹹殊味認鹽梅駕蹇空慚買駿臺猶憶紅萸黃菊裏幾人珠勒玉鞭廻紛紛廟市金錢鬧寂寂槐陰鵶鵲來易過年光秋更老淸尊惟對小山開

雨後偶成二絶

灔灔淸波墻外流籠烟高柳暗生秋紅塵不到飛橋

上積翠濃陰一望浮
雨過高城催晚柝風清別院語檐鈴南牕吟罷無人
過新魄娟娟透畫櫺

述夢　謝春塘余同學友也歿已三十餘年往在都門輒以夢遇朱衣貴神之側若隨侍者其後兩經奉使吟魂遂邈適以銀臺夜直故人入夢論文搦管意若甚懽醒而述之涕零在簡時辛未秋九月某日也

幽明渺相隔三紀曠遐邁茲夕入我夢懽若平生舊
風景頗清和揮毫當白晝須臾成累幅擲地鏗金奏
謂言此贈人贈爾吾行搆余亦矢和音營度困馳驟
羡君神骨清塘草生丰秀憶昔競文塲君才驚老宿

恥隨轅下駒仰瞻舉首衰狹途蔽荊榛緘口生誹詬
遲疑月旦評奄忽春秋富吁嗟踪跡孤惆悵情懷懆
英爽詎沉淪乾坤自蒙瞀舊夢若登堂侍立貴神右
得非預修文前賢許閒遊云胡兩持衡眞意闕授受
天路高且悠使我獨心疚誰知獻納司此夜精靈走
排闥儵然來清風隨兩袖憫我猶蓬心申我如蘭臭
形骸電泡間一語金石透撫枕三歎息吾衰詎不懋
所愧響牖蛩難希摩空鷲露團星斗寒高槐動凉颼
魂兮不可留燭跋聞清漏

見雁寄弟詒五

江湖連翅避寒威還向居庸關上飛顧我西風猶北轍憶君東嶺已南歸東嶺在九江南新芳菊圃春容麗靜影筠簾晚吹微舊約蓮峯應得手莫教遲暮寸心違前年約築室於蓮花峯下以待余南旋

明星四章

明星煌煌出自西方三芒兩角耀我東堂

河漢欲斜含光渡柳維南有箕維北有斗

九衢寒榛隨風四馳熹微倏閃不照征衣

離次滅沒餘明有尾亦能幾何天心月朏

辛未十月廿五夜夢月中遊石崖下有泉一泓

清澈見底踐之冷侵人足稍憇石間聞江畔
有划小艇而過者歌聲甚疾多不可辨末後
重唱四語極分明醒而書之然所謂蘇子敬
疑姓氏有誤姑記之云
江上自逢蘇子敬笑談無日不銜杯憑君揖向西陵
去一醉春風廿四回壬申三月十九日至杭州由西
蘭亭登禹穴至廿四日回後與上會稽訪鄭璧齋使君遂遊
思之若有符契蓋前定也
詠史
氷天雪窖事酸辛一例中原奉使臣莫恨歸來典屬
國雲臺猶見畫圖身

孝眼先生詩

新昌一夜妖氛滿千家巢覆無完卵熊生翼父義不回心爲鐵石身干盾鑽鋒入體失左睛墜地珠光猶不散神功能療絶更甦震動鄉邦稱孝眼孝眼先生永孝思事親總角體無違臨危已竭艱難力至老猶懷風木悲遺經充腹笥載酒多問奇匪爲載酒欲問奇願與孝子常因依身異汝南評月旦聞者慚恧識其非國恩與旌表大節更昭垂六十餘年青簡裏刀瘢眼淚尚依稀我讀先生傳浩歌淚盈掬人生罔極惟顧復履險何爲翻蹙縮蓼莪之詩不可讀至性允

矣先生獨元精炯炯今未瞑世人空爾睅其目

題李紱來小影

匡牀棐几據膝披襟兀然而坐興至則吟月牕虛朗風竹疎森發彼天籟淸我道心寄情何所在水之湄奚童古錦一徑苔深橋廻俗客柳隱鳴禽相逢嵇呂把臂入林

讀金陵黃孝潔先生傳有感書後並爲晉邑黃尹贈行

白華不愧先生志仲米茅雞語刺心（一粒仲氏米可羡如明珠一隻茅山雞五鼎豈得如先生夢養太夫人句）欲向崦嵫廻倒景直排閶闔叫

哀音重衾蓋覆寒傷骨落葉蕭條風滿林多少孤生
齒人數慈烏從此夜啼喑

令尹辭榮日彈琴咏素絲家風苜蓿萊孝潔先生門司訓震澤門
士蓼莪詩下國初移櫂遺民已鑄碑趨庭承往訓堅
白幸無虧

華星二首

華星出雲間老樹横秋影孤鴻帶夕烟去去江天永
征騎投前村歸樵出高嶺不挽魯陽戈曷由恣長騁

其二

華星三五出小星亦耿耿閃倏擦金沙明滅自俄頃

飛螢苦不高熠燿秋風冷佳人在洞房環珮隔帷屏何爲自嘆傷蘭燭中宵炳

病鶴

軒遲躑躅意難安舞罷瑶臺興已闌幽徑夢回花影瘦中宵聲咽露光寒猶分糧料慙儔侶獨立松梢怯羽翰咫尺青田歸未得愁軀空負水雲寬

融雪抄書

昔年居許下兒童堆雪山一簣臨軒檻明月照孱顏兹晨飛鳥毳飄積簾幕間吾爲收一匊置之青瑶盤須臾生玉汁溶液不可摶炙研拂素紙光氣生毫端

誰言呵凍手不及戲鴻嫺竹爐煮香茗潑我吟喉乾
惟應陶學士氣韻同高寒

答客

休言宦拙耐閒居不爲才高賦遂初羸得鬓毛斑白
在歸來更讀十年書

別友

詩情酒興各崚嶒別緒愁心共懵騰振策車前一長
揖潞河今日已消氷
路入淮南春草芳片帆計日到江鄉相思莫咏蒹葭
句留取幽蘭結佩纕

石塔寺 揚州唐王播依僧聞飯後鐘處蘇東坡有詩

更無夾袋趨華省空有紗籠傍佛庭遺事尚傳石塔寺驅車我憶饐瓜亭

蘭亭

遺跡還從楮墨尋永和事業暮春心我來不見流觴客古木幽篁處處深

柯亭

茆檐疎竹秀披披淡月微風水一涯欲訪柯亭亭上客片帆遙夜泛清瀨

西興

苧蘿溪釀味清醇西垻樓前問醉人不向嵇山尋賀老酒船空櫂過江濱

錢清

斜陽岸角轉蓬牕烟水村中聽吠厖岩壑向來渾寫意獨流清韻到錢江

觀釣口占用張忠定公韻

終日持竿坐釣磯晚來沽酒賣魚歸明朝又荷長鑱去共道前山蕨笋肥

青圃詩鈔

青圃詩鈔目次

卷四

就軒即景五首
秋夕同詒五弟深諸壻鳳兒彪兒鵬姪就軒小酌二首
數日深諸壻携酒饌至就軒偕弟筆同酌二首
杜集
羣鳥
即景
風鳶

偶題

家蒼巖一硯歸耕圖小影

六言

題雙牛渡水圖

讀史

秋夜讀書示兒作

就軒

宗祠庭下慈竹一叢大石槽蔭焉娱石山房舊物也賦此誌之

秋夕獨酌讀東坡放魚詩卽用其韻

已就宿矣復緒前韻放歌

娛石東軒

慈親見背二十有七載不肖今茲歸里始展墓

自夏徂冬忌日將届愴然悲吟

錄亡友謝春塘詩

松菊圖爲陳惺齋題

就軒晚中風雨大作因憶前年樟樹舟中之險

有作

買雁來紅數本植之小齋用東坡韻

東軒移植木芙蓉用東坡韻

就軒用寄傲軒韻示義文兒

食蜆

贈隱者

癸酉元日

感興

癸酉春日雨中感興疊前甲子除夕韻

和陸放翁幽居作

哭亡友孫靈峯六首

余曾題亡壻陳允張遺像贊邇厄於火裝軸請

重書舊句則其容不可摹矣書畢感係二絕

擬補詒雲亭詩
苦筍
癸酉端陽
道山高祝吳茹原前輩
得學徒都中來書詩以答之
和韻答陳廷榕留別
望九仙觀
示諸後生
同年路雲子以詩勸駕依韻答之
同學鄭大章表姪孫入學喜而有述因以勗之

鑑亭與家支山夜話即書送別六首

初秋鼇峯即事

朱菊四首鼇峯書院作

哭亡友郭韻漪六首

秋意

秋霽即景

歲暮效東坡寄[illegible]城詩三首即用其韻

翁仲慰辭

景垣侍講奉使

冊封琉球惠示紀

愿佳什即次元韻賦送登舟

送端木元珍赴使君涪陵周公幕府二首

閲筠園詩稿

九日鑑亭作

小菊

古田黄氏女撫孤姪終身不嫁子孫稱曰貞孝

祖姑祀於家廟徵詩

丁丑蘇州接

駕和黄叶菴駕部舟次惠贈原韻

獨徃生詩情豪逸遊興頗濃入閩道山主講席

不久卽以病去
新竹困於藤
示兒
讀邵郡諸生李大仁行畧詩以哀之
鑑亭課士詠懷作
蟬
丁丑九日孫卓峯見訪鰲峯書舍時將北行酌
酒送別
題陳隅易小影
新到館

覽鏡
書堂月夜
遣興
亡弟詒五生辰詩以哭之
病中喜雨
病中不寐
已卯春三日
讀鄭少谷集
寓舍積雨
讀山谷管城子一聯偶愛其格秋日習靜就軒

有懷良友因哦律句

讀五代詩話二絶

送袁司訓調任臺灣

送及門重表姪鄭大純公車北上二首

青圃詩鈔卷四

閩中林枝春繼仁著　　儀鳳義文　校
男一彪義衡

就軒即景五首

樊圃藝蘭蓀中間作就軒傾壺臨竹塢移榻向松門井列泉花散風輕鳥毳翻市人鴉鵲遠淸晝不聞諠

其二

傍屋石嶙峋雙榕與結鄰憑高舒望眼孤坐稱閒身谷雨藏深翠秋雲散素鱗暄寒憑節物俯仰得吾眞

其三

頹懶老翁爲吟成付小兒呼童携酒去問字抱書隨
徑帶芊緜草簷垂宛轉枝願言謝逋客泉石足幽期

其四

荒梗耐梳爬邱園別一家隔墻逼美蔭旁架列疎花
入饌惟燒筍揮鋤學種瓜依然衡宇下不是卧煙霞

其五

露晞莎徑軟雲過石林寛但惜榆枋力誰言松桂寒
吟成香一炷睡美日三竿自喜蝸牛宅吾鄉得所安

秋夕同詒五弟深諸婿鳳兒彪兒鵬姪就軒小
酌二首即娛石山房

長林淅淅散秋烟脩竹離離覆夕筵坐對廣庭山月皎携來紅酒海鱗鮮籬櫳霜蕊香初泛關塞征鴻影自聯何必春園桃李夜詩成便作畫圖傳

其二

娛石便爲娛老計就軒堪對就閒身亭前風月雙清夜座上觥籌一氣人氷玉自慚霜鬓短芝蘭還喜紫茸新漫言絲竹東山興可似當筵語笑眞

數日深諸壻携酒饌至就軒偕弟諸子姪同酌二首

玉壺香氣到茅茨豈是玄亭問字奇石徑苔痕深不

掃竹林屐齒遠相隨素風但愛親情邇鄉味惟應久
客知鱸鱠蓴絲今在眼季鷹休悵得歸遲

其二

風景山亭入半秋白雲幽石意悠悠任從岸幘忘拘
束但得持螯便拍浮露葉光流飛水鏡塔鈴聲轉閃
燈毬興來自遣芳樽倒底用花枝當酒籌

杜集

强將杜句破愁懷轉益愁多撥不開垂老亂離羈旅
客感時歷落駿雄才風騷推激心情古天地蒼茫歲
月催尚想宋中高李輩氣酣落日孝王臺

羣鳥

晨風依北林黄鸝出幽谷振鷺不營巢散縞被蘀木
雲鋍露朝光羣羽相追逐布穀禾疇間鶺鴒溝水曲
啁啾燕雀羣于飛向新屋
鸒斯何頻頻糧食倉米盈鵶啞與鵲唶寒暑音不更
賔鴻去已久黄鵠且孤征林雛初刷羽下上學飛鳴
一聞博勞語反舌亦無聲

卽景

炎氣忽而淸紅輪已西匿遠水更澄明殘霞猶弄色
夕秀有餘芳歸棲無倦翼雖聞一閧騰行知羣動息

撫景得清閒在理悟幽默微步散襟顏胡爲嗟偪仄

風鳶

南州風力緩秋老見風鳶過瞬千尋迴危心一縷懸細纏筋骨健平泛羽毛鮮翹首干磐上鴻飛尚渺然學習當秋令憑風亦擬姿渙羣身忽踴失手勢翻垂寥廓孤雲盡村墟暮景移何因偏灑落操縱問童兒

偶題

山風能捲籜井水不容波議論中人定才華得意多醉鄉啞法士夢境付春婆且唱滄浪曲乘流一葦過

家蒼巖一硯歸耕圖小影

吾宗名士霜髯翁平生逸興凌星虹秋曹歷落驅青驄看山直到長淮東綠楊城郭熙春融紅橋歌吹聲摩空奇懷嵂崒不可籠平山獨聽萬松風歸與一舸逐秋鴻幽巖息蔭臨奔潨宏農舊侶長林中相與拂拭重鐫龔詎不菑畬惟德豐掇奇跋馬甘泉宮長生古瓦繪圖工至今綈襲光熊熊摩挲着手將毋同揮毫欲起新城公（王新城有甘泉宮長生殿瓦歌爲其尊人鹿原先生作見漁洋山人集中）

六言

細竹娟娟碧淺高梧落落陰疎月影過墻欲動風聲到榻如無

題雙牛渡水圖

久慣盤雎卧淺泥相隨浮鼻渡前溪披圖記得江南好烟雨村頭聽架犁架犁鳥名

讀史

五鳳樓前三日酺麗眉皓首紛攜扶鏗金撞石酌大斗鈞天樂奏羣靈趨歌管連雲聲沸海魚龍變幻隨山車牧令新詩譜法曲三百里內會東都河內連朝轉華轂紅糚執樂千名姝樓前拜舞聞山呼樓上侍讌盛歡娛豈知一擦金雞障便有延秋啼夜烏驪山金碧掩塵土華清宮闕來樵蘇腥風四起銅駝陌邙

山北望青模糊父老凋亡丁壯盡寡妻雖在寒無襦六龍捲旆西南驅驛門分帛臨歸途亦知奢惑終不醒可憐上訴徒區區東都牧令爾何愚剝民爭寵豈良圖不見魯山元大夫連袂只歌于蔦于

秋夜讀書示兒作

環堵蕭蕭未厭窮歌成金石氣如虹寒蛩何事吟秋雨修竹依然壓細風一帙青編詩老在時看蘇集三更禪榻道人同爲看細字頻搓眼不覺燈花結穗紅

就軒

結屋在山阿茆簷拂薜篠雖微絶澗幽頗謝囂塵擾

舊圃蕪旋鋤虛堂肅以窈南檠抱層岡古道出林杪日斜人景長谷轉鳥聲小游心無隔閡騁目快遐眺靜意寄絲桐天際飛鴻矯

宗祠庭下慈竹一叢大石槽蔭焉娱石山房舊物也賦此誌之

森森高節古墻陰戢戢新苞已滿林欲識當年培植意龍孫長共老龍吟

山骨剜中五石宏堂前作供水泉清須知活水源頭在無限江湖魚鳥情

秋夕獨酌讀東坡放魚詩卽用其韻

誰能澆此胸中塊更倩麻姑搔我背數杯便覺痛癢
平足適忘屨腰忘帶半生濩落等康瓠此日秋風鱸
可鱠莫將往事細推陳恐煩一擊唾壺碎跋牂空復
馳陂陀短櫂何當衝急瀨魚龍變幻廣庭前樓臺出
没明霞外無意誰能有意成有心却待無心會山館
宵分月影沉指顧茫茫渺雲海

已就宿矣復緒前韻放歌

野人乞食惟投塊公子怒欲鞭其背歸來秬鬯錫王
庭表裏山河足襟帶腐儒糠覈烏能肥痴情更望蓬
池鱠飽捫吾腹笑將軍那顧小魚嗤瑣碎高軒燭跋

夜氣淸低轉銀河如淺瀨半缺蟾蜍箕斗間一杯沆瀣雲霞外廣樂聲停鸞鶴悲羣仙宴罷瑤池會巨鼇肩贔冠蓬山無數螭龍卧瀛海

娛石東軒

一月東軒一事無朝看山色暮攜壺逍遥樂志仲公理豪健詩情高達夫雨後秋花還的皪燈前細字任模糊欲呼石丈臨三徑石不能言我自娛

慈親見背二十有七載不肖今兹歸里始展墓

自夏徂冬忌日將届愴然悲吟

揚名猶鹵莽入夢悵音嶶烹鯉時何及椎牛事已非

母歿後六年不肖始叨授館職蓼莪久銜恤松柏又新闉又八年得請假省墓修墳豎碑植宰木焉今歲歸田園則向者徑寸苗皆離立如人長其高者又倍之矣新秋祭掃撫樹悽然惟有辭榮早勿令慈訓違仕途冒寵履險夙以爲戒不肖鄉舉時即敬銘之堅剛成百鍊辛苦爲孤兒不忘斷機誨寧生投杼疑鄰居同姓有作過於尼菴者老嫗來求解毋詑而揮之復陳情不已徐曰果吾兒耶與爾識面當自爽然乃呼不肖出見嫗媿謝而去時同譜張雲階先生適至嘆曰諒哉非賢母何以及此方隅行道拙屯蹇致身遲含淚書阡表名賢有直辭方望溪師爲特筆表墓文中有艱難苦根不肖自知之宜其不能自克因枝春之請而爲林母發此義云傷心刺骨字字實錄也

錄亡友謝春塘詩

傳世何必多風雅自流別大篇如奔濤小篇若霏屑
一撲面上塵載寫胸中雪灔灔春塘月終古照澄澈
誰言廣陵散孤調至今絶

松菊圖爲陳惺菴題

彼喬者松山之阿横雲翠壁枝相摩雲陰散盡秋空
碧黃花數朶霜中色伊人懷抱玉壺清蕭然三徑移
我情未暇百城擁萬卷時餌其實采其英披圖高格
誰能擬岱岳酈泉意在此君不見老圃離離綻晩香
龍鱗一夜秋風起

就軒晩中風雨大作因憶前年樟樹舟中之險

有作

騰空萬馬戈鋋怒黑雲布陣如樓櫓風霆歘薄散淋漓戰退火龍翻急雨東軒幾夜開竹扉星漢昭回倦延佇快此簷頭萬斛泉洗我秋堂十日暑由來甦困荷天公迴斡陰陽轉眼中昔年方舟擊吳榜歊蒸堙鬱愁烟蓬瞬息狂飈發樟鎮黃埃苦霧天晦蒙篙師縮項等縶縶但呼神怪紛虛空椓杙鳴榔手不及樹根一纜千鈞同白浪如山壓艙口檣傾柁折隨流東我對家人笑勿怖宦境本是波間鴻濟川無術幸不死濡首何言入險凶年來幸脫風濤惡穩坐山亭神

儼若任看風頭破屋狂從教雨脚穿牕落三更霽後
更乘凉俯瞰城闉仰寥廓

買雁來紅數本植之小齋用東坡韻

秋英已吐鮮更浹夜來雨宛宛葉間紅洗我眼中霧
我衰亦何能灌園夙所慕尚愛晚花明一聽秋蟲語
蕭齋鐘閉閣殘暑忘冠屨植此省芳時寧爲搖落慮
霜信幾回來稻粱飽何處未披月令章觀物良可悟
何必過東籬即此添秋趣

東軒移植木芙蓉用東坡韻

就軒開牖成三楹自占東間安竹几畫憕生憎沒骨

圖揮毫欲乞澄心紙長愁小圃少芳菲覓得名花終日喜呼童劚土更培基根深豈直泥盆比粉墻綠蘚境幽閒位置佳人應在此笑依簾幕鬬清妍肯傍籬藩等凡鄙夜來微雨朝日晴已看濯濯臨風起紅蕉結瓣漫相矜綠篠抽苞差足齒愛君本是拒霜姿每歷蕭晨心不恥閒情略與剔蒙茸一一輕明足條理直教紅蕊爛雲霞豈逐春華艷桃李由來遇合匪人爲花神雖巧憑天使異時憔悴伴荒榛轉盼吹噓成妍美鶴林一霎强安排何異青泥封石髓更開小沼注山泉看取秋花照秋水

就軒用寄傲軒韻示義文兒

吾視茫茫如種種吾髮禿尚懷一寸心寄此三間屋
就軒亦何爲就我非就俗未能和光塵聊足遠殆辱
京洛多英豪揚鑣錯華轂勢盛凌嵩華時衰委溝瀆
來歌鹿鳴三去嗟龍戰六唯有執鞭傭歌呼隨馬足
此境吾宿經此意吾所蓄秋景足尊鱸春明泛醽醁
遙夜月流光疎林風落木笑聽兒子吟可要蘇文熟南宋時人諺云蘇文生吃菜羹蘇文熟吃羊肉盍爾時塲屋中好尚非此不售

食蜆

蜆乃蚌之族賦材殊碌碌多哆箕口張蒼黃指紋蹙

雖有扁螺名寧稱食單錄爬羅江浦間百顆不盈握薑葱發其滋沸湯先一沃鮮者亦可羹風味頗不濁海國富南烹下箸恣貪饕雙鈴負穴蚌半殼枯崖鰒太眞乳如酥見周櫟園閩小紀江瑤柱勝玉文蛤與珠蚶登盤光歷琭未計何曾錢恐負將軍腹豈如吾儕人近市得所欲瓶盎不須攜升合聊已足昔聞粵俗饒相值論斗斛近者出津門含辛味不渥物產殊貴賤地氣異今昨人生各嗜好無異鶩與鶴我口厭虀鹽何暇謀旨畜試開一畝埕爲種半筐粟土人名種蜆處爲蜆埕其種之小者曰蜆粟時侑案頭供足罄瓶中淥膾炙洵美哉羊棗

是所獨

贈隱者

抗志侶烟霞怡情托林藪誅茆山之坪築室大如斗流淺近依垣峯孤遠當牖鄰里四五家犁鋤二三友日出漾漁舟雲歸揖樵叟隨意坐樵林一問灌園否

癸酉元日

弄晴風色意軒軒似水流年景物存人過五旬還數五春回元日正初元是日立春飽經客路思休復媿說偷閒未報恩轉眼芳華還爛熳東皇着意護靈根

節序推移莫細論纔經臘日又正元即看林鳥交新

語已覺春氷失舊痕扶病耒甘抛翰簡無才端合老
邱樊不辭酒意生容色滿飲屠蘇最後尊

感興

昔有兩部民立國蠻與觸雄心擴疆土霸氣生殺戮
百里已僵尸萬弩猶礪鏃我聞華胥氏衢尊長鼓腹
壘塊本來無城府不用築渾沌死已久淳穆俗益邈
哀哉横目民生意常局促桓文夾周鼎劉項爭秦鹿
天地幾風煙高下易陵谷千年滄海塵一粒太倉粟
無數英雄人齊上蝸牛角
大士本莊嚴寶相妙金鑄雖微丈六身咫尺萬形具

何日覆慈雲凝兒想甘露聞有白毫光竊竊起驚顧
一朝香火微精采先吾故黽勉自摧藏摩挲同櫑具
質劑因市儈抱持隨童孺時聞鏗然聲瓦礫敲其胯
咄嗟俯仰間榮枯閱已屢居高氣象雄處賤形骸汚
誰云平等觀慈悲無喜怒

癸酉春日雨中感興疊前甲子除夕韻

茗椀爐香靜一簾茆齋日日雨風兼但尋歡伯尊中
趣莫唱吳兒曲裏鹽蓮子剝殘心獨苦蜜房割後味
還甜閒思扶質堂前雪轉瞬年華十載添

和陸放翁幽居作

車軌門前日掃除門中三徑復誰敷頻嘗小甕新芻酒再檢高樓舊讀書物態見慵天趣減危途經慣宦情疎眼前花葉心頭事却有經綸待發攄

哭亡友孫靈峯六首

黔雲天萬里旅魄竟何歸虛捧毛生檄終拋萊子衣爐煙寒晝省宿草掩泉扉鸞鵲書猶在長嗟宿願違君以是秋領　封卽投牒告養矣

其二

哀音傳歲暮渺渺獨愁余珍重臨岐酒徘徊下澤車矜情存縞紵憂國失璠璵誰種當門蕙天公作意鋤

其三

文酒志方剛龍淵竟掩鋩夢魂猶雨夜離緒幾星霜宦跡孤雲外鄉書旅雁旁西州雞酒客垂涕向蒼蒼

其四

夕郎青瑣闥已是十餘年羸馬趨朝借繩床寓直懸清名傳令史公道避時賢莫問山公啟寒牕手舊編

其五

近交誰諾責舊侶已聲吞他日西華練當年范式轅瓶罍身後罄雲雨手中翻卓矣金蘭契於今不可論

君有歷積俸餘爲告歸事育計骨未寒遂爲人所窃事不可明

其六

環堵寄韓潭牀聯履竝參雜聲長起舞談語劇能酣意爲徐公重心懷朱季慚春風落西圃碧草又珍珍韓家潭同寓最久西鄰蔬園則與君閒暇相從地也

余曾題亡壻陳允張遺像贊遡厄於火裝軸請重書舊句則其容不可摹矣書畢感係二絕

洋水東流去不回尊前歡笑夢魂猜可憐玉樹埋光後鬼唱秋墳影亦灰

阿堵傳神屬子虛烟煤殘幅又焚如丹青孰與閒生面邱壑重安謝幼輿

擬補詒雲亭詩先高祖金粟公於道山磴園搆半亭榜曰詒雲賦山居八詠八分書勒于亭之屏門中經易主門闕其一詩亡第六章後半及第七章先祖楚濟公曾補足稿逸無存幼時詢諸先伯父僅傳前半章而八詠竟未能全謹擬一章以待他日得還舊觀重書摹勒於上

鳴鳩乳燕草堂深磴道榕門傍小岑石几無塵苔徑淨紋楸聲在碧梧陰

苦筍

饑腸猶抱蕨薇心莫爲河豚溉釜鬵清苦此君堪對案昔人何事不抽簪不應苦筍爲抽簪東坡先生句

鮭菜無勞二七兼生來風味足虀鹽何緣簡寂山中

客不愛清剛却愛甜簡寂觀在廬山道士陸靜修所居也手種苦筍獨甜山中人以爲佳品

癸酉端陽

渚蒲青映海榴丹角黍纍纍出素盤衿袴鮮明兒女秀舼籌羅列歲時歡誰言符篆能驅厲且解冠巾與沐蘭積潦消除炎暑近齊紈珍重手中看

離方朱鳥岳靈遙城闕峩峩百鬼驕近以疾疫城內外大舉淫祀日下呻吟還比屋中天燀赫正今朝龍舟蠻子猶能健楚些巫陽不易招木偶竟肥牲酒盡傳芭伐鼓亦無聊

道山高祝吳茹原前輩

方篷侈道籙文定張以記摩崖失何年松榕留古翠先生東觀賢主席臨茲地山長長道山山高道彌粹昔侍銅鶴筵皇宬慎職志視草花磚遲索鈴生晚吹傳衣更傳經一再曹劉幟桐江江水清雙鯉鮮盤饋尚懷獨樂園司馬損篪意講筵國老崇鼓篋儒先義以茲風俗襟闡彼周孔思吾道良在茲神山安足跂

得學徒都中來書詩以答之

建芽芬馥載閩江紅荔叢中桑梓邦牘有風情懷雅

素不將纖細逐愚惷座閒賔客還依孔隴上妻兒尚愧龎曾到海山深處望天風幾陣引仙幢

怡情筆陣龍蛇戰娛老文章金石撞百尺松篁圍古屋三更星斗挂明牕秋花沃若時將晚班鬓髟如志亦降洛下東山豈吾事敲門慚愧鯉魚雙來書援文靖文正二公事

和韻答陳廷榕留別

心期五岳向禽遊人道朝簪早晚抽訪舊未携娛石棧曾訂同遊烏山歸酌娛石山房送君先上箬溪舟陳收租向閩清超羣不擬材如驥時兒倖提鄉試見譽懶性從啞拙似鳩賦就秋田三

百頃他年瓶盎爲吾留

望九仙觀

鼇頂風迴落晩鐘仙山樓閣靄重重經聲遙接淸虛界鶴影翻回縹緲峯碧甃甘泉丹液潤磨崖石篆蘚衣封閒情欲訪烟霞客瑤草琪花惜未逢

示諸後生

儒門尠世態所志在淸規簡編日吟諷素業艮在茲粱生性恥熱滅竈更晨炊研田雖屢歉自得身獨肥衰風日頹靡直徑漸孤危出門見岐路岐中更有岐涉足歎迷復迴車矧載馳急前趨愈謬誇衆論益卑

侊侊淸門子奔走逐市兒洪河决孟津捧土誰障之彼狂旣不返自顧念脩治旨哉曾直言士俗不可瞖

同年路雲子以詩勸駕依韻答之

不訪東瀛上界仙且依蒲荻掉魚船看雲嶺嶠飛還駐待月花林坐又遷畫筆有時雙管下杖頭更着一壺懸瑯琊豪客多詞賦金馬年來又貢濵雲子新城人

同學鄭大章表姪孫入學喜而有述因以勗之

泮池數尺水聖澤涵汪洋芹茆秀且潔王公羞廟廊高才恥巷遇磊落身名臧古風賴前輩知己安可忘昔余遊郡學舅氏返南疆溫陵馳尺素傔吏能周詳

中逵謝使者甥也列宫墻答言暗摸索諒哉錐刺囊
歸來揖賓從顧見銀花光笑云吾宅相自今慰所望
是時苦炎暑擇蔭命壺觴酒懷本浩落感此語彌長
粤城有方物嘉旨快初嘗金錢與絺綌一一爲我將
孤甥公少長顧藉無傍徨毎聞避席對倍覺酡顔揚
揭來四十載魂夢空蒼凉哲人萎已久及爾曾孫行
清門多坎壈末俗競披猖昔時文酒地雲水兩茫茫
念爾握鉛槧拚飛各一方窮年困徵索寄跡還深藏
俄然剖良璞纙藉列東箱俯仰感疇昔使我心激昂
侁侁同學子摳衣晨登堂煌煌九經解巨帙羅縹緗

中有如椽筆能提衆目綱大書作弁冕深刻垂津梁
撫卷見其人其人温且良鑑亭清風至肅肅鳴佩纕石齋先生九經解舅氏手訂序刻板藏鰲峯書院君家書帶草蔚然擢衆芳
案頭松花硯鬆飾黃金裝舅氏家藏聖祖賜硯一方含毫鋪雪
璽弟兄同頡頏謂其兄大紳素業幸無隕不願尚書郎物
華媚炎景蒲冉沉寒塘臯鷺狎水宿羈翼不忘翔雲
蘿垂裊裊直榦風摧傷後今今視昔榮悴一毫芒由
來青白眼醒醉遞相狂青衿初試耳未免寒酸忙所
欣書種大能令士氣昌前賢矜識鑒後進愼揣量親
情閱四世撫事熱中腸忿爾自脩飭述祖多文章吾

衰百不省椎鈍掩鋒鋩何當躡前跡玉署袖天香老
夫有衣鉢自昔傳渭陽

鑑亭與家支山夜話即書送別六首

一掩蓬門罷苦吟相看鬚鬓已霜侵書堂醉後三更
語玉署風前廿載心

盈盈碧水浸方塘荔幄榕門瞰夜光傾耳誦絃還欲
笑且開春甕話農桑

夷陵舊案借歐公大雅盟心果不同勳業即今山斗
在後生描畫可能工

幾家漁稻晚郵前萬里疆場鳥道邊夷險盡銷杯酒

處春江花月故依然
問俗知從百里階一川浩浩淼無涯中流維檝期先
戒莫道諸生性寡諧
終朝園徑闢蒿萊倚石編籬護短材頗識近來行樂
意山櫻開罷渚蓮開

初秋鰲峯即事

炎威猶熇赫風物已蕭騷過樹雲衣薄當軒山翠高
觸懷翻舊帙經事惜時髦竟日丹黃裏秋燈照二毛

朱菊四首鰲峯書院作

秋林落葉染霜紅老圃蕭條三徑中爲有芳華舒晚

秀故將姝麗鬬春工花凝鶴頂臨風吐瓣帶霞紋倩日烘送酒白衣人去後酡顏相對是陶公

其二

翠葉金苞得氣同朱英的的自天工艷非國色品中品春在籬邊東復東疎蕊擎秋猶吐啖清容防醉乍迎風酈泉舊是延年種更與丹砂訪葛洪

其三

仙巖移種付花僮珍重花神惜錦幪小院數枝人更淡當筵高燭覩難工風情振觸何淸麗月影徘徊亦艷溶宜與先生爲雅伴秋堂吟賞絳紗籠

其四

登高莫放酒杯空琥珀光流金盞中佳色何嫌春絢爛衰顏猶帶氣冲融蓮衣粉褪徒孳蕋蓉靨脂殘漫鬬叢捋取紅英充紉佩謝家先賭紫羅筒

哭亡友郭韻淸六首

衰麻重握手去住兩茫然淚盡登車日神傷赴闕年辛未上元奔喪甲戌還朝首路得疾遽殁鴻儒徵筆札艮俊廢吟編未識生才意隨聲歎逝川

其二

月榻絃休鼓風塵塵漫揮每懷千載恨長與寸心違

素業吟堪瘦時榮戰屢肥望溪門下士從此古音稀君素爲教習方先生所賞與余同薦入一統志館

其三

元圃玉亭亭因風汎遠馨奪鼇方少壯重席是傳經甫冠即膺選拔聯魁鄉會與館選鶴禁香烟繞花磚晚色冥空餘江海客雪涕向文星

其四

初有離鸞恨難禁別雁哀兄縣尹旅櫬未歸有不可爲人之歎兩靈分寄頓一女近提孩聞訃屬其姪守柩即日携幼女南歸余贊成其議冢宰孫公來唁聞而韙之積厚光應遠流謙理可推瓣香終已斷冥宰亦

何哉

其五

醻酒向天涯邱陵宿草遮環滁猶景色三楚已聲華

植足心常懍聯題願竟賒每披拙牘輒蒙嗟賞期以異時並刻魂兮闕

塞裏落月屋梁斜

其六

息壤尋前約瓜期失後圖人先陵谷異信與驛程孤

壬申潞河買舟先馳書過江相訪兼探金陵名勝嗣有牽掣不遂范式虛前軌黃公

闇舊壚他年文苑傳淚眼恐模糊

秋意

絺綌朝來着體輕荷衣尚覺露盈盈何當一夜芭蕉雨風送西牕淅瀝聲

秋霽卽景

闌前花藥故依然怪底連朝風雨顛爽氣轉開丹碧嶂白雲重寫蔚藍天新廻鷺羽方塘靜漸遠蟬聲一樹聯快意詩騷饒苦語不妨重賦感秋篇

歲暮效東坡寄欒城詩三首卽用其韻

饋歲首紅柑福酒香堪佐二物以名祥海錯非奇貨遠問情自長肅將禮爲大綱客時獻鮮盤掩雙鱗卧山雞致野客文羽輝生座貧家酬應微用儉爲小過

吾喜稻粱成年糕歲春磨欠者冬筍羹不待葺葱和

右餽歲

閒居覽歲運白日來遲遲流光隨轉眼一去不可追
獨鶴起松際浮雲落天涯甲庚週復始少壯來何時
初經病纏苦夙慕戰勝肥壯心雖未已撫昔亦堪悲
當歌君莫悲對酒君莫辭歲歲還爾別行行嗟吾衰

右別歲

守歲譬守株得兎擬畫蛇幾見隙駒影能以一手遮
茲夕已云除計惟飲無何叵宵集衆賓語笑競諠譁
開懷竹葉醞醱興漁陽撾雞鳴紅蠟爐醉舞影欹斜

迢迢玉漏終寂寞任蹉跎向明迓新歲春物還相誇

右守歲

翁仲慰辭

朝聞石馬斲暮移翁仲基翁仲別故址臨發淚雙垂
嘖嘖壙中人勸駕去勿疑北山多金穴列爵樹豐碑
虎羊羅羨道松梧蔚陰枝與君成壯觀呵護幸無虧
荆榛蔽寒隴寂寂徒爾爲物情遞往復豪興貴及時
誰見後來人重爲昔者悲銅人辭漢闕淸淚如絙縻
豈知咸陽原銷鑠亦須斯驪山石麒麟脅上有鐫詞
五柞宮何處沙石重磨治莫懷新故感陵谷尚未移

景垣侍講奉使

冊封琉球惠示紀

恩佳什即次元韻賦送登舟四首

樓颿容與溯遐荒龍節高懸島嶼光斗柄星垣紛氣象雲衣霞彩絢文章砰訇笳鼓潮頭宴歷落更籌靜夜香恰稱皇華瀛海客扶桑瞻拜日初長

其二

海壖奎畫簇新題又遣儒臣出紼闈翠鳳織成天女錦盤龍函剖上方圭雄詞入筆能驅鱷巨闕生芒兕瑩鷞一尺朝簪雙玉佩螭頭捧出五雲齊

其三

銀雪岔矛綴赤纓中流鳧鷁逐雙旌冠山鰲頂迎風忭耀日龍鱗引櫂行雷動暗馳滄海使天聲先下島王城旗麾騎卒陳沙汭語笑侏離總不驚

其四

潮平落漈大山宮南北中山問俗同禹會共球尊國典周官閩隸沐華風間程測水能分界杙公以潮汐計里六十里爲一間針度旋南稍向東船出梅花所多黎用辰巽針藏事還朝多紀載梅林深處訪遺翁

送端木元珍赴使君涪陵周公幕府二首

干將猶戀匣劍客漫咨嗟忽破乘風浪真隨貫月槎

父書存手澤孺草謝朝華君所著詩集誰識源流遠宗風

曾衛家端木賢裔由吳入閩

其二

潛身緣澤霧清覽忽披雲海國嗣多士中流屹有君

葩宮半花藥一硯十鋤耘歸櫂梅應發咀英讀快文

閱筠園詩稿

風起高林萬木軒綠筠蒼幹舞名園獨披宿莽來深

谷更劚孤根結小軒磴道千盤迷出入巖頭一線足

朝昏桃源亦是秦人地見說衣冠昔尚存

九日鑑亭作

卽目堪臨遠登攀身已高壺觴矜節物花竹習吾曹爽氣開仙閣廻風掣海鼇亭對鼇峯上有九仙觀悠然供晚對孤坐意能豪

小菊

托根不得地偪仄庭階間亦霑秋露澤頗怪滋培艱荒蕪同委廢盤屈成堅頑幸辱晚芳名免隨蔓草刪物情媢時景命薄嗟遇慳黽勉綻疎蕊期解主人顏聊因風馥郁稍見色斕斑繁英固可貴遜此無心閒但匪東籬侶采之見南山

古田黃氏女撫孤姪終身不嫁子孫稱曰貞孝

祖姑祀於家廟徵詩

不擅門楣寵祇憂宗祀傾風霜留息女天地憫孤生

白露芝田潤高原宰木平村流通百派長繞鶴山清

其二

祔廟眞姑母生平志可悲漂搖予室毀與繼女身爲

帷影收華帨靈風颺鬒絲依然佩蘭茝齋遫捧盤匜

丁丑蘇州接

駕和黃叶菴駕部舟次惠贈原韻

又看江南黛色山入雲臺殿杳躋攀爲投驪領三千

顒惠示詩集二卷已試霜蹄十二閑中散緣慳遺石髓曹郎
韻古領仙班迎龍橋畔駐蹕所在迎無錫縣北
鑾近他日方舟記此間
獨往生詩情豪逸遊與頗濃入閩道山主講席
不久即以病去
仲長曾著獨遊頌獨往還應寄此身爲語錢塘桑處
士平生五嶽是何人
梁苑同雲絳雪開昔年此地采風來崆峒詞伯銷沉
後一卷新編寄古懷曾選崆峒先生詩集四卷
三山亦有名賢跡高詠登樓風雨中五月洪江聞鼓

椎又攜詩卷向江東
嵩華處處開生面古壘荒林物色新却被幔亭仙老
笑不遊九曲負佳辰

新竹困於藤

舊徑荒蕪甚新林遘此材翛然迎露立會見拂雲開
滋蔓原非族夤緣若有媒莫辭頻剪拂重與植根荄
幾費芟夷力何緣却吐絲盤盤循直榦裊裊掛纖枝
浥雨抽萌弱臨風散影疑入林先拔本鳳尾應時披

示兒

衰年心血枯觸緒易昏忘簡編初釋手覆閱如未嘗

丹鉛勒界部搜討竟迷方沉思時一遘忽復墜茫茫
生平負壯志覽古希虞唐及茲竟衰謝跛薾欲涷僵
爲語諸後生魄力及壯强崦嵫薄餘晷詎希朝日光

讀邵郡諸生李大仁行略詩以哀之

未釋披哀痛青衿目肯瞑倉皇傷治命倜健惜英靈
銜恤生何慕怔魂死尚惺空懷千載志寂寞閉泉扃

鑑亭課士咏懷作

漫竊陳編富綢羅安身講席擬行窩老還初服愁懷
減涼入新秋遠思多花氣長廊容蹀躞池光虛牖動
吟哦微風吹送榕陰月水面鱗鱗蹙細波

蟬

抱葉負高志密林有遠儔轉因急鳴噪遂來應和稠
何如擇美蔭戢翼共清流朝露信一飽臨風無所求
時會有變易繁霜凋梧楸此時各寂寞遺蛻不復留
達士信往運羈人悲素秋忽聞歌蟋蟀終焉感蜉蝣

丁丑九日孫卓峯見訪鼇峯書舍時將北行酌

酒送別

獨撫籬英過小園還驚庭葉落空軒重陽節物初經
眼舊雨江帆忽到門蹤跡易成今昔感心情閒付世
人論那堪又唱驪駒曲送遠登高共一樽

題陳隅易小影

臨江千樹亞，拍岸片帆輕。鴻雁秋天濶，魚龍春浪生。脫巾無限興，散帙有餘清。西塞山前去，依然湖海情。

新到館

晚色落池塘，巖阿散衆芳。竹斜曾宿雨，榕老飽經霜。比屋燈光黯，終宵諷誦長。詎躭岑寂況，故業未能忘。

覽鏡

覽鏡祇憐改鬓毛，深宵散帙意忉忉。壘痕尚醮鏤金管，酒暈猶横紫繡袍。交是恒情爲別易，吟餘奇氣出聲高。閉門欹枕休心事，無那燈前興更豪。

書堂月夜二首

幽境忽開豁亭前素魄光微凉生枕席芳氣滿池塘
意盡删新句情閒撥舊忘起看蕉竹影淡墨寫東墻

其二

畫闌隨月影屈折漸移方斜蹙魚鱗浪横縈線篆香
柳風隨縞帶蓮露濕華裳對立秋霄迥深更倚曲廊

遣興二首

庭樹俯方池迎風柳半欹遊鱗驚過影歸鳥睇深枝
眼倦抛書豁情幽得句遲故交睽違道無路寄相思

其二

自覺容華老誰添氷炭腸林亭生晚色時序入秋香擬古窺殘帙尋醫檢舊方深情知宿誤撫事意難忘

亡弟詒五生辰詩以哭之二首

荷塘過雨柳牽烟屈指秋期十四天紅燭杯深還此日繐帷塵暗已經年熱腸知舊情偏瀾素業兒童望總懸老淚盈胸㑹獨咽流連風景益悽然

其二

聚散難憑亦有因遺踪記得去年真爨烟待析違初志饘粥重悲到此辰茶捋久忘深病後袂聯新喜遠歸人前宵猶作垂髫夢攜手橋頭問路頻

病中喜雨 戊寅十月

瀟颯復簾纖汪汪赴瓦檐濃雲行易遍高隴細能漸土潤牟芽茁溪平米販添病夫還擁被夢寐亦酣甜

病中不寐

欹枕聽更漏宵深到耳時一番經夢醒幾點尚參差殘柝因風亂疎鐘隔寺遲短檠明滅際危坐學無思

已卯春三日

起廢徒煩藥料供半年蜷蝸苦無蹤朝來忽地矜豪健舊雨新春發酒龍是日邀舊友小酌瓊液頻斟琥珀鍾胸懷溢盞賽春醲酡顏不省衰顏

巽爲報生年此又逢（余以巳卯年生）
暖襲青陽漸改容未傳消息與遊蜂不知唫與今多
少應繞羅浮四百峯（所居爲唫梅書屋）
簪毫曾擬管城封利市新年作爾庸慙愧石田偏耐
久白頭猶是舌畊傭（授徒計四十餘年）

讀鄭少谷集二首

落日滿楓林南湖深復深平生少谷老慷慨杜陵心
鸞鶴雞羣失風雲劍氣沉草堂帶流水松竹亦蕭森

其二

遲清來卜築身世入呻吟釣艇經綸志柴門魏闕心

湘潭芳芷潔滄海紫雲深袖裏南巡草千秋怨不任

寓舍積雨

爨突壓簷題煙樓不吐氣土溽困熏烝雨絲窖如穗
意緒昏昏然低頭成卯醉醒覺行潦盈坐看堂基蹟
預虞棟橈占數擬鑿坏避九衢淖隱隱輿曳其牛掣
爽塏屋西偏屐齒聊可試乃爲蛙黽叢跳躑亂羣翠
蛇蚓亘根條蚊蝨紛股翅何物獨軒昂幾本墻頭蕣

讀山谷管城子一聯偶愛其格秋日習靜就軒

有懷艮友因哦律句

鄰霄臺挾榕門古烏石峰橫秋氣多向月影中時獨

步交重陽節想經過陶淵明菊還空摘蘇長公詩誰
共哦白芙蓉花開又落望美人兮山之阿

讀五代詩話二絶

梵放聲中玉漏長旃檀片片逆風香天花雨盡金甌
滿次第重開選佛場
鏤管金銀品第奇誰將黃絹寫新詩南宮别有題屏
客先唱江南望幸詞

送袁司訓調任臺灣

汝南淸節玉琤琤郡學曾傳安定名不問可知爲弟
子正容終日對諸生瑤編寶帙新垂訓雲谷潭城舊

主盟海外卽今敷化雨東溟鼇柱仗孤擎

送及門重表姪鄭大純公車北上二首

鴻鵠遊江海波濤淼不驚秋深雙翮健天遠片雲輕伸詘憑知已悲歡足世情遭事變毁其家以紓難經數年始息今朝重拂拭徹底見光晶

家世掄魁譜曾祖幾庭宫諭順治辛丑第八聲華講業堂試久不利入鼇峯始有能文聲心知詒蔭厚老愧報恩長事見賀令弟大章入泮詩中傳鉢松花硯家藏聖祖賜硯探珠古錦囊誰言買艮駿物色只驪黃

青圃賦鈔

青圃賦鈔目次

卷五

崇慶慈宣康惠敦和裕壽皇太后萬壽普天同慶恭賦并序
御試律呂相生賦
天行健賦
時雨賦
四時調玉燭賦
玉壺冰賦
砥厲廉隅賦

如金在鎔賦

野燒賦

冬日可愛賦

修禮以耕之賦

爲善最樂賦

中得天地心賦

艮苗懷新賦

太極賦

竹箭有筠賦

民說無疆賦

濯魄冰壺賦

用天下心爲心賦

青圃賦鈔卷五

閩中林枝春繼仁著　男　儀鳳義文
　　　　　　　　　　　一彪義衡　校

崇慶慈宣康惠敦和裕壽皇太后萬壽普天同慶恭賦并序

臣謹按詩有六義賦以敷陳其事而頌聲之作所以美盛德之形容商周以來彬彬乎盛已我

皇上大孝尊親媲美有虞恭遇

皇太后華齡周甲遹晉隆㣧丕貽景福萬年稱慶八

表同聲矧　臣　曾備官詞垣歌詠其職者哉夫
德厚者詞質實勝者義章是以淸廟生民之
什與堯典舜典並垂千載若浮文華飾博引
繁稱雖極紛華有逾典則　臣　自惟蕪陋曷足
賛揚
高深而躬逢
盛典欣慶交并情溢于衷輙攄其忱悃用本詩人
之旨作賦以敷陳盛美而義歸於頌揚
聖德焉　臣　謹序
懿苞符之顯鑠肇

原書缺

原書缺

王綸蕩蕩巍巍備隆縟而聲靈赫濯煌煌奕奕上
寶冊而藻釆瑞璘是日也天容凝霱佳氣維新
翠華雲擁羽衛霓陳啟
璇宮之宏厰披
蘭殿之嶙峋瑞景霏微而靉靆篆烟馥郁以輪囷璧
彩珠英光連乎五緯金根玉輅象應乎三辰
鳳扆高騫承歡心而雍雍肅肅鸞儀燦設昭典則
而郁郁彬彬允矣
聖人之德無以加於孝而莫大乎尊親者也大禮
既成

壽尊斯舉奏九部陳萬舞爇龍膏羞麟脯貢符珍羅
圭組毛郙曾衛羣繩繩秩秩以舒誠翬翟褕
珈均委委蛇蛇而式序茂典鴻儀隆規懿矩
賅洽情文有秩斯祜外則九衢歌舞紫陌駢
闐仰增
寶算競啟經筵綵幔繡屏
御路布一天之雲錦蒼松翠竹冬曦回大地之春
妍樹是長生飛雀啣恩而託蔭波涵
聖澤遊鱗得所以潛淵高下樓臺儼層城之十二
繽紛葩蕚貢桃實之三千佐以廣樂之音繼

以霓裳之奏添北海之新籌酌南山之大斗
黎老舊臣後先奔走冑子侁侁亦班以造岳
頌嵩呼鱗集輻輳振古希聞於今乃遘斯則
合萬國之歡於以答
慈暉之庇覆者也
九重燕喜殊錫用光雲章璀璨金碧琳琅依豹尾
綴鵷行霑曲宴挹天漿飽德詠仁承恩載忭
顒首騰聲曰美哉至善乎我
聖母備福之隆我
皇上荷天之眷也博稽載籍厥有明文亦隆位號

以答恩勤感猗蘭而應兆朝長樂以崇勛援
今較古曾何足以云也哉夫其流虹煥彩昭
應庭除文明始啟道倫生初則
聖跡所以肇華胥也徇齊敦敏正位居尊依光斗
柄志美璇源則
大業所以基軒轅也五紀敬明八埏如砥蜀山炳
靈茲焉受祉則
昌辰所以誕若水也慶都毓聖爰紀丹陵握登踵
武姚德是與金匱珍其鴻懿石室艷其殊稱
莫不托靈根之永固襲美蔭而長憑

聖子神孫繼繼繩繩其祥長發悠久是徵斯又重

熙累洽太和元氣磅礴而薰蒸者也懿其翊

贊

文謨紀綱內職被僮僮而祁祁表愉愉而翼翼圭壼

藉以升馨冢宰於焉降德讓善推恩均平專

一有周京思媚思齊之則焉元雲覆衛

星宮毓粹維胎教之克端實

聖功之所自以引以翼俾昌俾熾大猷允升宏我

至治則雅頌元鳥生民之義焉若其怡情葆

性篤厚和平旁流蠕跂俯逮勾萌軫此依依

之赤子咸期食德而遂生啟
闕廷之宵旰恒默矢乎精誠卻
鑾輿而步禱霈甘澍以豐亨應時優渥惠我農民
此則仁心為質旁皇寰瀛者也賡續其凝五
辰咸撫德在揆文威惟奮武總六師而建麾
繼兩階而舞羽紀
廟畧于鐘鏞酬元功以爵土維
皇心之載寧戚
慈恩之長怙此又義問宣昭渙汗六宇者也既立隆
於

懿軌亦廣運乎陶甄椒風莤若敬戒祗循玉卮揚兮
以靄靄金枝秀發以蓁蓁莫不神欣色暢沭
萱景而同春此又恬和豫順超越夫常倫者也
玉鸞南蒞慰此烝黎
翠輦東臨崇茲嘉薦雖含飴以極歡眷丕基之永
莫彼夫傳雅化于濯龍追素風于綈練推明
德之儉勤暨宣仁之美善方茲令德令儀亶
兼全而悉遍益自周甲以閱千齡忘勞忘倦
有非外廷所得而見焉洵宜康彊逢吉壽考
且寧如川之方至以莫不增者矣 微臣謹獻

頌曰綿綿仁澤兮載泳載翔
慈闈衍慶兮孝治用章天休滋至兮俾爾性純嘏之
爾常我
皇道隆尊養兮洵超帝而軼王

御試律呂相生賦

稽元音於軒帝美截管於伶倫表陰陽以定
制調律呂以維均長則九寸爲程首中聲而
立本箭則十二並列次高下以相循六陽六
陰而剛柔之體備一唱一和而高卑之義陳
隔八位以相生娶妻生子明其分合五音以

成數同心一統妙其神取以和聲譬一元之
流衍而周環於四序用之驗氣猶中樞之轉
運而鼓盪於洪鈞此所以滋生機於不息溥
聖化於無垠者也原夫至治休和作樂崇德平節
序於八風播元音於四國昭金聲玉振之大
成示辨器審音之定職諦太音之希微酌中
氣以爲則終始相旋左右並列方陽感而陰
應乃下濟而不遺逮陰極而陽回爰上行而
互值緊差分之既明昭毫釐而弗忒雖損益
之攸殊胥三分而取一宮商角徵羽五聲由

是以均調君臣民事物萬類因之而各得爰乃吹律以迎氣調呂以順時發吟籟之清越應鳴鳳以參差其春氣之至兮則太簇寅月之適應其時也其秋令之交兮斯夷則商律之可得而推也夏之爲假仲呂於以開其始冬之爲終應鍾於以慎其司是皆協五行之運酌四氣之宜既六十調之畢應亦十二宮之相隨測日景於土圭用不殊夫羲和之職回温風於寒谷亦何待乎鄒衍之吹是以宣諸明堂奏於清廟泗濱嶧陽之產未足擬其

珍空桑龍門之材莫能絜其妙振幽出滯具
聆揚詡之能著往察來更握推移之要於以
通六變八變之情於以叶六成九成之調洵
乎成文從律驗制作之精詳奏格居歆本和
平爲感召者矣爾其審音知政美善斯彰彼
鐘磬之交作暨琴瑟之在堂或入耳而渢渢
奏厥聲之喤喤皆以表和鳴之盛奮至德之
光惟陽律之得位偕陰呂以相將暢溫和於
悅茂轉摯斂而潛藏固交應乎出震見離之
候亦何乖乎兌金坎水之方運乾樞於管籥

轉坤軸於中黃辨迅舒而知强弱審洪纖而究機祥是葢舜韶周武之所以彰其盛夫豈晉曠魯摯之得以擅其長洪惟

聖朝中和建極文明致治嘘植羣生陶鎔品彙清明廣大契中聲之原優柔平中具大樂之粹撫六琯而八音諧體四時而元氣備不且薰絃緼瑟暢休風於埏垓寧僅緹室葭灰驗陽和於冬至也哉

天行健賦

緊鴻濛之始判氣輕清以上浮張八紘於無

外冒九野而環周其爲體也動而不息其爲
德也剛而不柔一元十有二會統其始終稽
歷年而可指三百六十五度準以晝夜較常
數而恒優左牽右旋貧混元以轉運上騰下
降隨泰始以周流是以稱天下之至健而非
羣物所能儔維天之道得一以清奇爲陽數
象以爻呈一畫而羲圖已肇三奇而乾德斯
名惟二卦之交互實純陽之至精以乾爲天
所以言其形體取乾爲健所以表其性情至
大而通故元始而亨繼實順以正故利遂而

貞成徵四德之孔偹乃亘古而常行是以仰察高穹块然無際五緯不相侵四序不相戾陽和至則物以蕃滋陰肅交則物以凝閉化已故而更新氣方舒而仍逝恒徃來以相循每屈伸之遞繼自積分而致盈及閱人而成世雖變動而有常孰推移而不滯是葢非稷下之所能談隸首之所能計一復一逥循環靡窮既取象於良馬亦顯德於飛龍幕則垂夫平野葢則倚於高空經緯森其羅列辰極屹以當中妙轉旋而無迹運造化以神工易

知則有親於以成可久之德静專而動直所
以成大生之功貞夫一兮固莫測其所始乘
夫動兮又孰究其攸終秉獨運之樞機循周
塗之軌轍惟斯邁以遄征匪弭轡而按節剡
盡復來姤遇夬决坎北列而離以南行兑西
成而震則東出惟乾德之統天配坤元而佐
烈洵剛健而粹精故丞冒而顯設洪鈞黙運
孰窺樞軸之旋元氣彌綸豈云西北之缺亦
何取乎河圖倚柞之談與宣夜周髀之説惟
天上元惟聖體天通神明於無迹昭法象於

自然配高明之覆幬致悠久之緜延萬物因之以茂育庶類賴之以陶甄奉若無私用仰
聖心之浩浩照臨有赫敢忘終日之乾乾

時雨賦

時維初夏節屆南訛暖氣融融識麥秋之將至薰風拂拂遡穀雨而初過時則蘊隆是憂甘霖未沛望澤孔殷近畿爲最
聖天子饑溺繫思召百執事而戒之曰此三農耘耔之時萬物長養之會也匪自天之降康緊吾民其曷賴焉爾乃徹懸減膳咨儆弼違戒

壇植璧羣望並祈爰及初旬之吉日遂溥大澤於郊坼於是朝野懽騰拜手稱慶曰樂哉熙熙乎斯膏雨之適應其時也爾其旋飈飛馳濃雲層矗起乎滄海之濱縈乎西山之麓霴靉濛濛霏微霢霂始飂颼以廉纖旋滋液以滲漉益欲其入土之徐不期夫施澤之速旣而瞑烟四合夜色蒼然沛乎浩浩纚乎綿綿潛通溝洫岧嵽畤阡飛甘洒潤玉散珠聯過平原而颯沓度高隴以潺湲忽蕭踈其欲息復瀰漫以相旋然後優渥霑足達乎千里

之壤而潤夫萬井之田粤稽洪範嘉瑞所成
恭以作肅時雨斯呈天人一理厥應至精我
皇宵旰昭事孔明故其先時之虔共也則傳宣京
兆申戒司農預籌積貯兼緩正供蠲將以紓
民心之欝抑而降彼鴻溶其乘時之無怠也
昭格維殷憂勤實倍求言省躬赦過宥罪又
所以召天心之休和而蒸爲樂愷宜夫神祗
効順靈雨時行雲時飛而合寸雷時動而聞
聲時應而舒卽依旬以布濩時至而化咸及
候以敷榮休哉慰萬物之情不疾而速允矣

頼

一人之慶交泰而亨於斯時也百穀紛敷千畦黈

翠麻麥幪幪禾役穟穟潤澤霑濡流膏凝注

雖箕伯之收功兮驅旱魃之爲祟實

飛龍之在天兮普乾元之美利故自三輔以逹乎

萬方漸被而莫不攸曁百寮颺拜歌喜雨之

詩太史簪毫紀霡雨之瑞而我

后之弛張萬幾綱紀庶事者惟敬以勤弗怠而肆

斯所以有開必先自今伊始迄用康年而拜

上帝之賜

四時調玉燭賦 以聖德光昭四氣休和爲韻

圖籙凝休苞符啟

聖正五位以乘乾攬四時而爲柄熙熙皞皞羣黎共被仁風穆穆明明九野咸敷德政瞻玉燭之調和實道光之輝映察天行而齊七政用不畀於玉衡昭陽德而播千秋功遠踰於金鏡爾其皎潔晶瑩榮耀華色起乎炎海之濱暨彼窮髮之北軼扶桑之東枝距崑崙之西域占風則應候而來望雲則隨方可識葢非百華所得比其輝抑豈九微所得貌其餙斯

含元化之精以表
聖人之德故其浮浮吐彩奕奕凝光徹乎幽則跂
喙匪隱燭乎遠則遼㲖胥彰屈玉龍使銜跂
駕金鳳以高翔飄紫烟於月宸亥火樹而耀
芒麗日亥霞駟赤虬而騰閶闔凝華積素燃
蓮炬而出明堂時則春暉明媚景物含韶資
生機而鼓盪運木德之朗昭膏流溶液煖送
輕颸以暨祝融長養草木夭喬火定中星之
度斗廻南指之杓騰炎光於碧落散華彩於
璇霄若乃顥氣凝辰金方司位肅肅凊商垂

垂縈穗舒爛朗以搖紅澹炎歊之餘熾及夫
水澤腹堅寒威凋翠送少皡之車頓元冥之
轡裁將落燼殘枝飄作飛花上瑞莫不涵元
氣之絪縕順陰陽之鼓吹豈藉伶倫截管和
律呂以成雙何待羲和命官分歲時而爲四
也哉於斯時也馮相考占靈臺察機九土煥
其森羅五色紛其霙霙宣八風於八方順五
辰於五緯烝烝乎合作訛成易而自轉於洪
鈞藹藹乎順生長收藏而咸歸於一氣是知
惟

后綏猷彼蒼垂休渾乎無跡沛乎交流如爇蕭光
焱煌煌而上達疑燃寶炬煒爚爚以高浮耀
八表而同輝何藉祥風之扇横千枝而不夜
寧須爝火之求宜夫三辰順序萬國謳歌瑞
獻東溟之鰈祥呈北里之禾符五風十雨之
期幾見鳴條而破塊達梯山航海之貢不憂
伏莽而揚波潤而能温留精華於川岳遠而
有耀等臨照於羲娥允矣首出庶物而保合
太和者也

玉壺冰賦

緊出塵之殊質獨照耀於寰區貯堅冰以盈握琢白玉而爲壺中外相鮮片片之瑤華疊積色光交射層層之練彩紛敷消渴擬同於甘露招涼寧假於明珠爾其一望虛明四周朗澈凜若秋霜皓如霽雪芒稜稜而遠射疑軍井之時懸光湛湛以常凝匪銅龍之晝咽滿而不溢宛如寶露長涵静而不流詎等寒泉有冽既皭然而殊標亦皎兮而獨絶表瑩瑩之清氣無勞發覆而窺積皓皓之鮮英寧至流澌而竭携來席上置之案頭乍朗如其

掩映忽颯爾而颼飂濯牙籤之秀潤瑩斑管之雕鏤容緻其紋光奪珊瑚之架團圝其影冷侵玳瑁之鈎倚劒鐔而金精遙吐拂湘簟而波縠欲流寒氣襲人徑尺而雪山孤峙清光滿眼一拳而瓊島初浮信奇姿之雙美溯靈鏡而難儔掌以凌人出自寒谷清比樂廣之姿潤同衛玠之目玉山道上朗朗然快其晶瑩冰鏡庭中飄飄兮忘其炎熇若傾於玻瓈杯底定知涼露能凝儻瀉向水晶盤中信有曉珠可掬原夫靈鐘山秀氣肅澤堅殊形

並美同色相宣散如玦判聚若環連圭方以正璧合斯圓視其表也環以温潤之質挹其中兮含夫淸冷之淵瑤漿比潔瓊液同鮮惟靜涵而守素自秀朗以呈妍揚彩豈侔於丹甑貢珍何慕於山船歷落三山海上之蓬萊非渺混茫一氣壺中之天地斯全是以祗就磨礱無煩陶冶光的皪以淸熒體玲瓏而變化洵栗密以無瑕匪砥砆之可假諒託處於嚴凝寧消融於炎夏固宜瑤臺璇室伴金醴以徐斟更許雪盌冰甌滌霜毫而獨寫

砥厲廉隅賦以教孝作忠存誠主敬爲韻

維聖人之篤生奉無私以立教廣至道之範圍表儒宗爲則做石則砥而金則厲匪徒任質稱良堂有廉而室有隅距令刓方奏效惟整齊嚴肅以立防故正直端方而弗撓廉夫儒之立行也抱義戴仁秉忠致孝負瑰質以獨遊景前徽而高趨澡身浴德標峻節於風塵刮垢磨光抗芳蹤於濯淖豈詭途殊轍之可尋何突梯滑稽之足較想其殫力攻勤研心述作遠志睪然深思惕若戒躍冶之非良

期從繩以自約表欲正而形必端直其內而
外斯廓譬彤庭之陛聯九級高不可攀似華
岳之峯拔千尋平其如削若其韜鉗歛采革
薄從忠雖無虧其昭質匪不斲而能工豈始
擊而攸利光繼發而彌融剗附枝之錯出樹
圭表於當中絜四旁而合度準上下之攸同
執其兩而中自呈衡以錙銖不爽舉其一而
三可反理則彼此皆通象設神遇目擊道存
鄙模稜之寡識謝脂韋之攀援歷紛紜之百
變秉一德以獨尊載經載營惟自發其安宅

以游以息曾不踰乎短垣跂賢關子踵武瞻
聖域兮寫誠儆淵冰兮臨履防軼宕兮欹傾
聳松筠兮磥砢響金石兮鏦錚當衆軌並馳
而周行之按轡雖百川東注而一桂之孤擎
且其應物無方中藏有主嚴繩尺於毫芒淡
縈廻於華膴其英英露角大圭剖崑圃之瓓
其奕奕耀鋩寶鍔拭華陰之土其堅韌渾樸
粹乎密緻精如百鍊之金其挺特雄駿奮乎
直前勁比千鈞之弩故卓然獨立而不易其
方介然孤行而不違其矩然而持己貴矜立

身本敬迦聖學之心傳禀彼蒼之明命苟破
觚而爲圓將縱情而拂性惟經德之不回斯
利祿之罔競雖偏材與薄植同遊大化之中
要砥行而厲躬無失降衷之心

如金在鎔賦

維五行之遞嬗四九合而金生質雖堅而能
化體必範而始成桃氏分其職赤堇鍾其英
珍則列乎三品用更備乎五兵光若熒星倍
重雙南之價勁堪切玉實爲百鍊之精美其
從而又革所以庚取諸更原夫神功鼓盪大

化紛敷聖人有作規厥鴻模五方異其淳漓政教所以齊其俗三德歸於正直剛柔所以一其趨鑠以離明之照重以巽命之紆負大力而鼓橐播元氣於八區始融液以周洽繼磨礪而相須是兹藉陰陽以爲炭撫造化以爲爐者也維彼羣生實含五性草則偃而風行水惟清故形鏡雖任質而不雕敢挾材以相競化頑爲秀譬見寶而沙披革薄從忠恍融銅而光迸值朱火之既然汰渣滓而逾淨斯前民利用必推良冶之才而訓俗型方獨

握陶成之柄若乃孕靈川岳誕質秀亘禀物躬之矩矱遊美富之宮墻品則比於淮琛荆璞價則重於盤郢魚腸貢諸天府登彼巖廊澤以詩書之氣發以黼藻之光覩鮮英之爍爍吐異采之煌煌寶氣上騰等梁山之銀鏤清輝四溢比越冶之鋒鋩取自金工刻削皆以成其器出諸六齊赤黃總以濟其長惟各呈夫就範之巧故無虞乎躍冶之強想夫麗水澄泓莊山窟穴或的皪以如沙亦紛霏而似屑匪玉之聯詎珠是綴惟鎔鑄於洪爐庶

熒煌而可悦亦有爛等燭銀精同鏐鐵含兩間之英華超衆材而獨絶苟辭鼓鞴之終懼過剛之折曷不變其生質師彼國工精氣內融渙兮如氷之釋陰柔外屏皎兮如日之中然後謝炎風之廻薄體元化之厖鴻稽成象於太始葆異稟於蒼穹是盍嵇康所不能騁其智風胡所不能奏其功然則金既在鎔固賴裁成於哲匠而況人實可鑄敢忘追琢於

聖躬也哉

野燒賦

若乃蓐收司令律協清商大火傾輝條風扇
凉振長條之落葉凋百卉於微霜飛輕烟於
樵徑噓微熖於蔵莨始氤氳而鬱攸旋赫爔
而熾昌既乃離披猗靡迤邐飄颻穿林越澗
跨嶺廻崗經深谷而忽隱度高原而遽張乍
零落而四出忽廻合以連行驀延乎叢薄滃
勃乎榆枋百枝千枝炬華星列十里五里烽
爟相望震熖驚爆崩谽磍硍蕭騷嗡啞散亂
披猖烟出林而吐白燄照日而含黄及夫西
崦景夕東嶺凝光熹微爍閃若顯若藏聯緜

迨灉時抑時揚諒祝融之息怒忽傳響於土
囊變幻倏忽燗朗煒煌旁見側出易位移方
遂原疇之浩浩趂氣勢之洋洋燭龍千莖發
其秀鶉烏七宿耀其芒燃萬花於繡谷射異
彩於扶桑薰兎窟藕蜂房蓺條灰燼巨野蒼
茫鷙獸趁趯而遠竄寒烏惏慓以高翔

冬日可愛賦

覽乾綱之布濩運元化之含宏伊羲輪之炳
耀秉陽德之至精八表同光離照所以昭帝
治四時代序温肅所以劑羣情雖隆冬之禀

烈仰嫗煦於大明光炯炯以垂燭意融融以交傾葢麗彼中天原屬無私之照而回茲北陸獨稱可愛之名儼示王道近民之樂宛見聖人得衆之誠想其羽律應辰坎方司位纔秩西成旋飄朔吹改新火於槐檀啟輕裘於篋笥北郊則鐵驪元路順陰氣以迎冬中田則乘星滌場先寒風而戒事迨夫水澤腹堅霜霰交集百昌於以固其藏三辰於以周其數實維顓頊之持權乃取元英而見義爾其時也曈曨旭景高掛扶桑排朔雲而振轡傍

黑道以高翔淡霜威於始照融雪色於初陽
收氛霾於巖壑散晻曖於林塘松含青而吐
秀梅舒蕊以呈芳嘶風驤首之毛羣迎暉而
蹀躞蟄巢棲枝之羽族向暖而徜徉葢莫不
澤以溫和之氣而近其燗朗之光則有絳闕
彤宮瑶臺瓊圃薄霧初消朝昕夕照影透綺
疏光凝繡戶頓減紫貂之裘疑酌金壺之醽
及夫掩映堦墀徘徊廊廡文鴛機裡添刺繡
之五紋睡鴨爐中裊遊絲之一縷溫室窈窕
以含韶南榮冲融而增嫵祗疑淑景之方遲

孰識寒天之向午亦有巖居逸叟南畝窮黎凌霜擁褐逐吹聞鷄喜朝光之射甕牖欣煖色之上簷題何羞傲絮何慕重綈俯晴軒而炙背乘霽旭以扶藜苟負暄之可獻望公堂而思躋若乃秘閣芸窻左圖右史惜短日之分陰藉三冬之餘晷照書帷兮無勞雪影之光披緗帙兮寧慕圍爐之侈以暨河隴征夫關梁遊子渺渺天涯悠悠水涘嗟隆凍之侵衣顧嚴霜之在履銅鉦倏爾高懸黃綿宛其被體對茲日之向人更心傾而色喜懿茲冬

令愛彼日暄異秋陽之燥烈匪夏景之炎燔

冷固重陽之氣暖迎春律之温照臨煦育衣

被仁恩薰蒸透徹依戀扳援洵鍾情而願就

胥得意以忘言故曰冬者中也中氣藏而彌

固愛者仁也仁德彰而可慕望圭影而偏長

幸輪輝其猶駐長舒温谷之華擬對長春之

樹暢以廣莫之風膏以流瀣之露衆志咸歸

惠澤遐布何晉臣之足云尚其思我

王度

修禮以耕之賦以行無越思如農有畔爲韻

懿夫聖王之制禮也卑以法地嚴以治情惟曰若稽田爲厥疆畝越其有黍稷敢懈躬耕肇修明於盛代爰溥化於蒼生敎掌司徒旣節性而興德風移閭井自質立而文行於以表整齊嚴肅之度於以杜燕私邪僻之萌然而荷鋤秉耒勤則業而趨焉越陌度阡舍則軼而逾焉故其始也必嚴動履式規模守限制遵徑途劼毖乎防閑之內繩約以中正之區彼膴膴之周原且胼胝而墾闢曾彬彬乎大雅敢崇尚夫虛無及其旣也戒戲渝儆怠

忽表精純虔對越臨薦則著其孚顒賓筵則彌其玷鈌亦猶力南畝者望蒲風杏雨以巡揚何啻歷東郊兮競霑體塗足以越垡是以進退抑揚尺寸有度采章服物九十其儀衣分裼襲珮別委垂周旋視履燕飲歌詩如籍千畝並赴三時從容俎豆之旁既徂隰而徂畛屏除惰慢之氣寧不耕而不菑葢惟無時之不敬斯所以儼乎其若思也且夫綠疇風暖芳畦露湑晨光靄靄舉趾徐徐是則陽和之鼓舞禮度之發舒也錢鎛互舉墳壤平梳

原陳覃耜村過農輿是則軌物之昭著禮器之秩如也若乃圭伯前導亞旅後從讓於畔周室之行人濟濟耕於隴冀氏之饁餉雍雍此皆守忠信以爲器敦卑讓以爲宗葢將參乎明堂之議詎獨嗤夫山澗之農至如春膏甫潤紫翠交阡土脈方滋澄波環畝望井里其遙分偕出入而成耦雖喬野而尚忠匪儀文之富有依然儷皮越席之遺何必三揖百拜之取至矣哉禮之爲用乎統廟廊聯閭閈秩序明經曲煥巨細紛綸精粗條貫本天之

經立人之幹匪徑是遵如農有畔苟臧其心

志何疆理攸殊倘棄厥威儀斯畛域大判夫

惟

聖天子一經一緯以作則乎情田庶幾厥民是訓

是行以共登夫道岸

爲善最樂賦

東平之鎮有漢室之屏藩焉親則魯衛德比

璵璠會同京洛述職帝闕諏居家之樂事陳

爲善之最尊詞約理具道隆誼敦漢天子聞

而嘆曰副是要腹矣葢莫大乎斯言想其融

融怡怡浩浩落落汎兮若不繫之舟矯兮若
出塵之鶴瀟灑夷猶委蛇寬綽曠兮若九達
之逵屹兮若千尋之崿戒軼蕩之紛馳歛情
志以自約曾無慕於組圭亦何榮夫封爵盍
逍遥於仁義之徒夫焉往而不樂間嘗從容
顧盼俯仰流連俯察坤輿之浩浩兮仰窺大
造於玄玄同托體於坤厚實賦性於高天統
衆美而爲善兮居萬物之最先不擾以形兮
其神自定不攖於外兮其内斯全舒一氣之
和兮自若春融之資鼓盪順萬物之理兮更

如規矩之應方圓樂莫樂兮吾性吾心之俱泰善莫善兮客形客感之胥捐亦曷不陶陶遂遂而縱心於自然且夫情無可留理有所止彼衾影之不慚信考祥於視履苟叢訾而招尤將憂伏而禍起故絜其節兮不以利回寧其神兮無爲形使遊蕩蕩之坦途竊欣欣而有喜既弗畏乎鑠金之言又奚慮夫屬垣之耳故知善與惡之相循恒並貢而雜陳惟哲人之知幾引古道以自珍愜吾心兮何嗟以慼稱吾意兮奚怒而顰闢靈臺之妙境契

浩曠之天眞灑若朱絃不足方其暢達醺若醴齊詎足擬其溫醇順四時而自得與萬物而皆春以此思樂其樂何垠也哉士有修德者閭巷蓬門蕭然自足氣若吐雲霞音若奏金玉水有意而常淸山無心而自綠風光月霽留爾室之襟期海濶天空笑塵寰之拘束固不必尋所樂之何從有以知善行之日篤宜其弭志怡神高瞻遠矚無心簪組之縻逌辭嗜慾之梏欣萬善之歸懷矢槃邁而弗告以遊以泳亦寓意於鳶飛能屈能伸詎取唾

於牴觸吾是以孰復劉蒼之言而竊悲夫時
俗之蜷蝸也
中得天地心賦
探乾坤之妙蘊握樞紐於一中顯施生於有
象神變化於無窮秘鑰初開正大而其情可
見靈機獨運渾涵而其跡胥融惟清寧之合
體實動靜之皆逼藏用顯仁鼓萬物者神功
歸於不宰建極歛福居五位者大化溥其餘
同此衍範叙疇道聿彰夫陰隲而參天兩地
德必本於皇躬者也原夫洛龜効靈聖人是

則丹甲負文綠圖呈色或正而應方隅或斜而臨旁側維一始而九終兮乃爲南而爲北彼右七與左三兮分東西而定職肩則二與四之並倚兮足則八與六之異域惟五數之合乎天地兮乃居中而爰卽譬衆星之拱乎北辰兮猶陰陽之統乎太極彼龍馬之負圖兮合五位而相得總萬象之權輿涵百昌之動植式契天地之心以通神明之德仰觀於天生物持權主宰爲帝行健惟乾握環中之妙統四德之全本於無體之體渾乎自然而

然雨露風霆羣品於焉播植春秋冬夏四序所以推遷仰高明兮上覆惟專直兮相宣洋溢布濩鼓盪運旋孰云無心成化固已有開必先若乃無成代終承天者地柔順而性常貞直方而無不利水則流而山則止本一氣之相通靜斯翕而動斯闢成萬物而暢遂雖轉軸而運行實宅中以制義彼五方之邃渺兮咸歸於和會之區繫八極之廣輪兮悉定以坤輿之位然則觀次五之布列不且顯高甲之情志也哉仰惟

聖主丕冒照臨宥密淵微直通於穆流行之載立
極敷錫兼全仁義中正之心徵陰陽之合德
匪偏倚之相侵是以五事五行貌言符乎造
化八政五紀張弛恊乎高深德遍而疑消庶
徵叶應福錫而威用刑賞無濫是皆由我
皇之居中以建極故能使寰宇之効命而輸忱宜
其是訓是行遵道遵路飲和食德蒙其休戴
高履厚安其素鑒觀不爽寧待銅渾之窺鎮
靜有常何煩章亥之步固已貫一氣於鴻濛
通三才於象數所以惟精惟一而見天地之

心無黨無偏而表穆皇之度微臣欣盛治之
攸隆謹濡毫而獻賦
良苗懷新賦
陽和布令木德行仁降嘉祥於豐稔肇蕃廡
於陳因黃鳥囀枝樹何風之不煖白蘋泛渚
野無景之非春乃勤播穀戒我農人嘉種凝
房漸漬而玉芽初茁芳膏敷土勾萌而綠甲
齊勻平鋪碧毯遠疊魚鱗社鼓鼕鼕纔及杏
雨蒲風之候繅車軋軋已屆鳴鳩乳燕之辰
望千畦兮交翠咸一色兮維新猗彼良苗生

於阡陌實種實褎既庭且碩庤更轉於淸和
氣益疏於地脉曾看金針之苗甫芳潤以含
鮮遂經趙鎛之薅愈葱蘢而凝碧細頴含苕
衆條委籍枝旆旆以交颺心緜緜而自繹經
過千畒百畒之畔鬱元氣以蔥芊適逢十日
五日之期暢生機而驛驛睠兹新趣感彼物
情莫依時而秀葉花迎陽而吐榮葛垂陰而
根庇葵向日而心傾彼植物之含態諒有懷
以自鳴矧西疇之既種正生意之方盈薰風
乍扇梅雨初晴繚繞芳塍帶夕烟之靄靄紛

披碧㕲湛朝露之英英固宜其種別秕稗秀
絶蘭蘅薈翳塗間笑莠莨之空茂蒙茸澤畔
鄗萑葦之交横於是畦隴參差村墟迢遞或
出水而吐芒或緣阡而垂翳爰力耘耔爰勤
樹藝别非種而先鋤茀豐草而載薙引清波
以通渠培高堤以爲衛晴天澹蕩千層之空
翠相鮮繡野連緜萬井之丰茸無際黄茂敷
滋螟蟓罔厲感元氣之冲融幸仁風之播被
從此既堅既好奏新穀之登塲行見斯倉斯
箱慶今秋之得歲

太極賦

泰初無名涵混茫於一氣蒼黃旣判燦敎列於三才惟元精之凝聚實秘鑰之未開兆於無形抱灝灝渾渾之體溯厥攸始沓細細緼緼之胎紛品彙之變化咸至理所兼該是以至聖開天尼山繫易尋妙理於周爻悟大文於羲畫仰觀俯察推兩儀四象所自呈沿流溯源識吉凶大業所由積爰著太極之名以統萬物之賾窮健順五行之原探陰陽互根之宅原夫極之爲義以高得名觀夫衆材樸

嶄百堵周横瞻上宇之葢載有隆棟之峥嶸
檐題揭而軒舉列柱屹以交擎所以萬戶千
門環中央而拱衛層基累構企峻絶以爲程
故易之有太極也作造化之樞紐爲萬彙之
根柢浩博淵淪渾涵條理本諸於穆固無臭
而無聲考厥循環亦奚端而奚委當萬物未
生之時迨一陽初動之始鼓盪則氣化逹其
機開闢則乾坤彰其軌普萬品而無心綿終
古而不已周天以九野分度惟斗極之首標
洪範以五數居尊重皇極之肇起葢衆美之

攸歸實至善之所止覩太虛之流行知極之爲義大矣混兮闢兮妙於無窮剛兮柔兮歸於一中繼則成而爲性命則降而爲衷統有宗而會有元隨眞精而誕畀上爲道而下爲器固變合以周通溥二氣與四時兮至和坱圠暢九垓與八表兮元宰鴻濛彼含生之各足固萬川之通其脉絡實統體之不異兮譬一月之瑩於高空神則無方周三十六宮而總其機括顯爲有象統六十四卦而大其牢籠可知理本大全物惟不貳成易之原精蘊

原書缺

原書缺

咸雍雍兮執讓更靄靄兮迎賓徃來酬酢大
小具陳其小者則乍茁之萌包紫茸而樸簌
其大者則徑尋之榦横翠影以輪囷翳參差
其交映紛晻曖其常新雖蕭辰之籜落偉修
幹以浮筠及夫五玉陳三帛備七介在列九
賓列位淮海以篠簜貢珍荆江以箘簵輯瑞
則必煌煌其容秩秩乃事委垂磬折㚟龍韡
以盤空文采風流蔚鸞栖之染翠數尺粉房
圻土宛然膚革充盈一叢佳蔭垂雲穆矣德
容清粹瞻彼竹兮成林洵知禮之有器是以

竭情盡慎去危就安本以立體文以交歡亦
猶皮靡幹而何附竹匪筠而何觀錫佳名以
青玉擬投報於琅玕品則賞其君子友則期
以歲寒雅淡出塵之姿蕭蕭三徑恬讓無求
之志嫋嫋雙竿磊落高標縈翠嵐於曲塢端
莊皎潔漾碧影於清湍信夫懷貞而不變得
禮之大端者矣洪惟我
王嚴恭作則祓椎魯以文章化剛柔於正直何細
何鉅貴自葆其良材不纖不穠要無渝其本
質彼夫嶰谷之所生篔簹之所植旁臨淇水

之濆斜繞渭川之側映帶山陰之茂林披拂
梁園之玉城莫不四時兮含英千條兮同色
郁郁兮青青猗猗兮翼翼嘉彼竹筠昭茲禮
德孰非制作之所滋培惇庸之所輔翊者哉

民說無疆賦以有孚惠心勿問元吉爲韻

蒼黃肇分高明博厚衆庶憑生托體元首溯
下濟與上行本陽奇而陰耦維彼乾坤之二
體象君民之施受移四陽於初陰迺風雷爲
匹偶損上益下益卦是取垂利濟於無窮普
德施於可久宜民說之無疆悉歸德於我

后沐浴歌詠暨及萬年旁魄周流遍乎九有九有
懽呼惟我
后之聖謨議蠲議貸賜復賜租民紓其力吏緩其
逋無罄於室有尊在衢稗者以養老者是娛
不夭札以疵癘紛懷保以昭蘇雖殊俗之蠢
蠢亦向化而喁喁信至德之遐遍故不介而
自孚中孚罔替實我
后之至計桑麻載榮黍稷時藝既衣煥而食腴匪
茹毛而被毳厚生利用六府之事孔修暑雨
祁寒四時之行不沴流餘韻之嘽喈破庸音

之怗懣懿壤擊與衢謠恒未絶於斯世洵爲
不匱之源豈直不費之惠是以寰宇之内總
總林林延頸跂踵劾悃輸忱鼓舞而雀躍扶
杖以行吟食兹舊德懷我好音闇昧昭晳嫗
煦煦臨審降康之有自荷大澤而難任感梯
山而航海願獻贐而貢琛思我
王度如玉如金孰云隔九閽之深邃固已洽萬國
之歡心然而違道干譽我
后則勿從已妨民乃吁乃咈均其德施涣其綸綍
炎海逶迤幽陵郭鬱自西徂東而靡不暨訖

黄髮皤皤勇夫仡仡奔走偕來四方以無拂
仰惟我
后宣昭義問散利薄征灌輸轉運謂衆勝予謂民
可近采彼風謠式茲古訓凛朽索之難馭攝
以衆情審絜矩之易平齊其大分欲已遂而
奚求財已阜而奚愠是知王位惟在德元祈
天永命垂裕後昆相彼小人永矢弗諼含哺
萬井鼓腹千村秋日場圃春酒羔豚以穀我
士女惟我
后之德尚寧爾幹止惟我

后之恩覩君臣之一體慶風俗之由敦天休是以
㳺逛卜筮恊吉時若雨暘順情箕畢彼覇道
之驩虞徒市恩之小術必約已以利民乃聖
王之躬率雖常懷於有仁在上下之勤恤乃
拜手稽首而作頌曰我
后兮誠民終始兮惟一損上兮益下知艱兮無逸
民說兮無疆太和兮洋溢
濯魄氷壺賦
緊桂輪之方滿循花塢以怡情水色涵樓澄
輝皎皎露華拂檻素彩瑩瑩一碧横空宛如

浩渺清波吹朔風而東閉四周朗映譬彼團
圞美玉經雕琢而凝精環抱中虛信此間別
有天地輕清遠射訝異境可接蓬瀛景偕人
而競爽心與跡以雙清爰有謫仙醉後供奉
閒餘斜鋪竹簟微解輕裾高吟自得縱意所
如其息也默默其變也蓬蓬對影成三忽婆
娑而舞起孤懷無偶托歌嘯而情舒坐對琉
璃屏中疑近而遠影透水晶簾外似密而疎
挹清光於層漢濯皓質於大虛時則氣吐若
虹形亭似玉擬蘭澤之初勻臨瑤池而新浴

嗽露珠以灑胷挽銀河而濯足清風披拂兮
姑射冰雪之肌輕雲縹緲兮微步凌波之躅
邀玉女兮捧洗頭之盆鞭玉龍兮嘟照夜之
燭影在冰裡動寒色之晶瑩身隱壺中忘秋
陽之炎熇漏聲方永夜色堪娛風枝翻鵲露
葉垂珠情遊玄圃人在冰壺於以吐清明之
顥氣於以完修絜之微軀寫襟期之浩曠表
素履之不污庶幾乎遨遊廣寒之闕宴息羣
玉之都亦何慕乎塵俗之擾擾俗質之汶汶
者歟

用天下心爲心賦

惟天惠民惟辟奉天孰有心而非公理孰有政而匪同然心萬民之心所以示無私之德用天下爲用不敢徇意見之偏此納言紀徽於漢帝披悃嘉績於鮑宣者也原夫人心至微其用至廣雖愚而神難欺以罔擴以大公之量保民與赤子無殊準以平恕之施一室而千里如響苟穆爾以與懷即勃然而一徃雖委曲以纏綿究昭宣而爽朗同其欲則相應相求咈其情則爲偏爲黨此虛已以聽匹

夫之隱所以得上聞直道而行三代之民所以不可枉懿惟
哲后惠我兆人饑溺由已恫瘝乃心作福作威實欽崇乎天道知艱知恤永繫念於兆民朽馭難持孰謂近而可下衣袽日戒孰謂尊而必親得不順其情欲而結以忱恂是以克綏厥猷惟心是取彼如拒而如迎亦若茹而若吐極展轉而廻旋嗟難得而覼縷我則總之以平衡絜之以方矩限之以區分等之以度數修教齊政因其俗不易其宜審異致同參以

三而伍以五爾乃願遂各足化成不爭審降
命於大始沭盛治之至精既不豐而不嗇亦
何詘而何羸寧待推測而知立達早逼其願
欲不下堂階而理齊治豈外於人情然而
聖主無心靈民是宅不作意以生猜不馳神而物
役心則止水中澄政則真機旁魄極溥博而
周遍咸從容以順適其應用也不見致用之
勞其作爲也不見有爲之迹舉斯心以推遐
邇詎至如面之殊合四海以歸淵衷寧有一
膜之隔故其撝謙崇儉約已省躬景茅茨之

制崇弋綈之風裕農桑之利屛淫巧之工置
敢諫之鼓召諷誦之矇咨諏於以宏其益兼
聽於以廣其聰匪獨里諺衢謠婦子之辛勤
畢覩即使山陬水曲閭閻之呼吸皆通乃知
人同此心心同此理虛則生明公能忘巳皎
絜以發其晶瑩澄泓以去其渣滓寬裕則足
以有容渾涵則自然無倚道達於天下而蕩
蕩平平澤沛於當時而洋洋瀰瀰洵乎統萬
物爲一體共遊於熙皥之天合六宇爲一心
遠媲夫郅隆之軌

國家圖書館藏

八閩文庫

福建文獻集成

吴格 主編

續編 集部 五四

八閩文庫

文獻集成

378

海峽出版發行集團
THE STRAITS PUBLISHING & DISTRIBUTING GROUP
福建人民出版社

本册目次

依園詩草不分卷黄葉村莊詩集不分卷西清存稿一卷　［清］安溪官獻瑶撰……一
緑筠書屋詩鈔十一卷存七卷　［清］閩縣葉觀國撰……………………二九九

依園詩草不分卷黄葉村莊詩集不分卷西清存稿一卷

〔清〕安溪官獻瑶撰

福建省圖書館藏清抄本

依園詩草不分卷黄葉村莊詩集不分卷西清存稿一卷，清官獻瑶撰。獻瑶（一七〇三—一七八二），字瑜卿，號石谿，安溪人。年十六，補邑諸生，選拔貢成均，補國子監學生，受業於漳浦蔡世遠、桐城方苞。乾隆四年（一七三九）二甲二名進士，選庶吉士，充三禮館纂修。散館，授編修。主浙江鄉試，尋提督廣西、陝甘學政。遷詹事府司經局洗馬，乞養歸。著述頗豐，有讀易偶記三卷、尚書偶記三卷、尚書講稿並思問録二卷、讀詩偶記二卷、周官偶記二卷、儀禮讀二卷、喪服私鈔並雜記一卷、春秋傳習録五卷、孝經刊誤一卷、地理書四卷，石谿文集十六卷詩集二卷，然存世者僅尚書講稿並思問録、石谿讀周官六卷、石谿文集刻本三卷、石谿全書抄本存十四卷、依園詩草黄葉村莊詩集西清存稿抄本，與主纂之漳州府志等。

依園詩草所收詩作依年編次，起於雍正七年己酉（一七二九），訖於乾隆四十三年戊戌，其中無雍正十一年癸丑至十三年乙卯、乾隆十六年辛未、二十一年丙子至三十二年丁亥各年之詩。黄葉村莊詩集雖無明確編年，然據所收前半多陪李穆亭典試浙江時所作之詩；其後如除夕前一日丹陽待潮次陳一侯，據依園詩草乾隆六年辛酉除夕渡揚子、除夕同人遊蘅園，當作於同時；其後如四十歲生辰，作於乾隆七年；其後如校士潯江承戴明府嘉什獎勞即賡元韻誌謝及容縣舟中夜雨、發柳郡使院樓、曉發廟頭微雪，皆作於廣西學政任上；其後如冒雨行雲夢壞堤上有「聞陝西去冬旱」小註，如初晴渭北口占、興平見新月、宿寶雞等，皆作於陝甘學政任上；

其後如成雲洞爲文貞公别業癸酉遜齋同年重構書院甲戌春落成奉主入祀獻瑶幸與觀禮敬賦長句誌盛即步原韻，則作於乾隆三十三年甲戌，時官氏早已退居閩中。則知此集亦依年編次，惟未注明耳。然何以分爲兩集，則未詳其由。西清存稿一卷，皆應制詩。官氏之生平不詳者，於諸集中俱可考見。其生平之大略，亦可窺見一二。如乾隆五年庚申作自下佈往東坂拜蔡文勤公神道感成四首，十七年壬申作渡江不樂二首註云「思望溪、青巘二師」，知深感於蔡世遠、方苞拔識之恩；十三年戊辰作宿界首守歲屈指乙丑元日朝賀太和殿越三日來粵於今又之日值戊辰元日四年矣老親改歲七十有三而予離膝下已八載唐人云每逢佳節倍思親誦之不能寐感成一首，蓋已萌歸田養親之志；四十三年戊戌作周官舊稿理訖口占二首，則讀周官之稿成於是年。

官氏以理學名世，其治經，於周易、詩主故大學士李光地，於尚書主宋蔡沈、金履祥，於周官、春秋主侍郎方苞，於儀禮主漢鄭玄、元敖繼公及清編修吴紱，蓋斟酌衆家而擇其粹者。其詩則不主一家，雖有黄葉村莊詩集中讀尚書註疏喜而有作、焻儀禮等理學詩，亦有依園詩草中乾隆八年作四月初二早花園輪班口占、早漏到圓明園備班即景等應制詩，然如依園詩草中乾隆九年甲子作夢片石居化用鄭文寶柳枝詞，渡河有懷用黄山谷寂照房韻，十二年丁卯作初九夕江干玩月師法杜甫，則於詩亦多所用力也。

官氏諸詩集迄未刊刻，僅以抄本傳世。此本中鈐有「大通樓收藏金石書畫」朱文方印，知經閩縣龔氏珍藏。（祖胤　蛟）

依園自訂詩草目錄

詩十一首 雍正己酉至壬子作
仲冬藍溪別諸友舍弟北上
過延平
曉渡楊子
都門送同年陳豈江回閩
游會稽山懷李根侯户部時根侯官奉天
甬上有懷
聞宋兼三訃

舟中遇雨次方雲夢韻

陪李穆亭前輩舟發處州便途游石門看瀑布水漫興

剡溪

寄壽黃培山尊人六十

詩十六首乾隆丙辰至己未作

建溪舟中與佘畏齋敘舊因呈畏齋

清湖小寺分韻得陽字

淮安城口占

江陰楊文定公靈櫬歸里送至白河

惜別余畏齋
先嚴諱日寄諸弟
送王尚卿之大名幕
前韻再寄尚卿
送蔡次老回閩覲親
盃梅和金以寧
又
遜齋李使君得長男寄賀 時遜齋守大名
其二

喜雨

登第後壽方年伯

南苑大閱恭紀 五言排律二十四韻

詩二十四首 乾隆庚申至壬戌作

過趙北口

又

楊花

題晚香亭

口占奉别遜齋太守

天雄署中偶成
渡衛河至臺庄寄李遜齋三首
宿七里瀧
西安見烏鴉口占
登仙霞嶺
霞嶺聞鷓鴣聲
過浦城華山寺錢笛巖因訪秋水禪師留題
自下佈往東坂拜 蔡文勤公神道感成四首
木蘭陂舟行至涵江

渡螺江
冬至日
建水舟中夜聞溪聲
除日渡楊子
除夕同人游蘅園
遊漂母祠
過鍾吾哭徐讓先先生二首
送秀卿回閩二首
詩二十九首癸亥年作

讀陽明先生集
喜藍陽先生被　命分脩三禮
堆雪成山
京邸雪後
苦寒
十五早朝退用白樂天韻
二月一日
琉璃瓶金魚
聞雞

四月初二早花園輪班即景

其二

其三

其四

其五

其六

其七

其八

早漏到　圓明園偹班即景

其二
其三
其四
其五
其六
其七
其八
車中遇雨志喜四首　内城　過玉堂避雨　紅城　景山
九月二十五日小朝

詩十五首 甲子使越所作

乾隆元年七月北上過⿰山四峿山穆亭前輩典試淛中相遇於驛舍越九年予銜　命亦典淛試經過山下而先生已下世三月矣追念愴然 用杜甫憶李白韻

傾蓋亭予於丙辰秋同粵東佘畏齋登眺今別去九年甲子重過感成一律寄畏齋

捕蝗謠

宿下相

題杭州片石居二首

別杭堇浦前輩
無錫縣尹蔡二兄送惠山泉
十月初五日雨中渡楊子
曉望河堤雲氣口占
夢片石居
渡河有懷用黄山谷寂照房韻
晨發王家營
岬峿道上
宿李家庄

沂州曉發

過嵋山

詩三十七首乙丑至丁卯使粤所作

信陽州山行

靜夫姪游岳陽楼有詩予未及登即用其韻和之

乙丑八月下旬自桂海適柳江校士二首

永福舟中

聞鷓鴣

謁柳侯祠

九月抄發柳州
來賓道中
自遷江到賓州
宿思龍山寺
將到崑崙遇雨
院中畜鷓鴣山雞甚馴臨發以贈戴太守長公子承賦詩
謝芊叢之甚戲效其體和之
壮流道中二首
欝林贈郭寯階

蒼梧送客

二鳥

和郭申忝白菊花韻

桂林秋雨

舟中即景口占

重到龍城感懷唐柳州先生有作

履康何君謁唐劉賢良祠折梅一枝得句曰可憐地下劉

司户十里梅花欲送行感而賦此簡何君

和楊觀察重九後海棠花開

發柳州諸生有追送者口占謝之
穿山驛見月
賓州使院夜坐
思龍道中即景
重過崑崙山雨甚
舟發邕州連日濛雨至蔺陽稍霽
謁伏波祠歸舟中作
初九夜江干玩月
放鯉

重游岣嵝

灘聲行

詩三十一首 丁卯冬至庚午使秦所作

湘岸別楊訥菴

唐家司行船

宿界首守歲屈指乙丑元日朝賀 太和殿越三日来粤西於今又值戊辰元日四年矣老親改歲七十有三而余離膝下已八載唐人云每逢佳節倍思親誦之不能寐感成一首

過黃沙驛 楚粵交界
正月十四夜泊紅石山所見水石尤佳
遊浯溪
湘江夜半
湘口作
湘陰放舟是晚泊岳陽樓下書所見
岳州夜雨志喜
其二
奉別岳州吾南黃太守 名凝道蘄州人乾隆元年七月杪明府將入都赴選兼程行時試期已廹

余至附書傾蓋亭下伏李
遯齋先為買卷是科幸雋

應山道中稍晴

度淮吟

喜雨

鄭州道上

雨行成臯

宿鞏縣唐杜子美故里河以北為河內孟縣乃韓退之舊

鄉慨然成詠

渡洛川感子建賦洛神而作

蒲城途中遇雨志喜
渭南即景
七盤坡謡役夫以繩牽輿而上口占志感
度秦嶺憶親
商州道上
渡渭
黄牛驛
夜聞嘉溪溪聲邀同年陳星亭同賦
漢陰泣題

同谷泣題

甘州中秋夜即景懷楊觀察

高平道中口占

詩十八首 壬申假歸道中作

壬申請假覲親出都賦詩四章述懷寄李祠部并簡諸知
愛

過東阿

忝齋師亡九載矣壬申覲省枉道濟寧存其家感成二律

忝齋師靈几猶設再拜淚下

喜二世兄已入魯泮臨岐口占志勖
寄牛木齋
三月十四日桃源風順
晚渡清河
淮安城見月
將渡江
渡江不樂二首思望溪青巖二師
渡江来連日所見二首

詩十五首癸酉至乙亥作

依園即事

庚申冬偕秀卿循北溪下丹霞癸酉重游弟亡已六載一路愴然題新壚壁

浦口買舟訪同年黄壺溪口占

甲戌春仲王君隨孚自東江攜徒過訪别去而余病作賦詩奉寄病起隨孚惠書并詩文至賦荅

石溪紅藥盛開

雨中獨坐

霞邉李氏女以貞殉夫明裝皎服含笑引帛友人黄巺亭

為之傳余高其義作離鸞曲
同李遯齋乘月早行南郭外過新橋
乙亥二月初四夜微雪
夜聞泉聲

詩四十九首 戊子至戊戌作
到月臺感題
題盤中白荷華
題王生小白竹窓聽雨圖 生余庚午所得士
題王生瀟湘問渡圖

畫蘭歌壽林巘陽有引

巳丑正月十五夜宿霞塲時将營新兆

十六日早起

營地将竣口占

即事

曉聞百舌

雨夜聞雞感而有作

夜聞蟋蟀聲甚厲

九日即事

攬鏡
題案頭水仙花
蓬萊道中
蕪埭即景
過紫峯先生故里
先慈諱辰時客蕪埭
立冬前一日重過陀山寺二首
邱克淳過訪寺中
山寺讀尚書註疏喜而有作

其二

将曉山寺聞鳥聲樂甚

僕子以山藥至

寺楼聞落葉

寺楼熖儀禮

三弟璐卿有書来寺感題

七十生辰前一日

許賞夫有書至并寄詩五十韻為壽

其二

戊戌二月廿日題
七月十八夜
七月雨過步到依園
八月十九日夕步溪橋
中秋後盤菊紅白二種相繼開花
鄉廬
弟兄
第九孫彌月姿相端好名之曰松樹
周官舊稿理訖口占二首

年運
羲和
即事
早起小雨
誄王文愷學兄
補編
金魚池口占
辛巳六月十三日感題
梅樹下送甲酉之補陀山寺讀書

己酉

安溪官獻瑤著

仲冬藍溪别諸友舍弟北上

古渡風迴棹勢邪分携咫尺樹周遮何堪寒鴈霜前聽宛爾連錢雪内斜（春令一名連錢）望遠應憐天一角臨岐畏見路三义澄潭如許深還淺送我情多未有涯

延平

斷續人煙忽比閭孤城天險過無諸秀開帶水分丁字雄動龍泉射斗墟（丁字水流滙為劍津）漸少榕花迷揜抑（閩志榕不過劍）海多荻樹點蕭疎今宵不復尋鄉夢為展南來載道書

曉渡楊子

瓊宮將近欝巉巖翠隱金焦鏡裏探海。氣。壓。濤。迷。楚。尾。梅。花。甫。路。隔。江。南。踈鐘纔送中泠寺殘靄半凝北固菴烏榜紅檣青浪穩虛無閒夢落春潭

庚戌

都門送同年陳豈江回閩

楚越分肝膽詎斂合以神長安居咫尺各自愛〻真一見必前席一別即連旬契濶非兒女何用苦悲辛我有空桑琹〻〻子亦遇子春名門無頓悟日習與心均如游者入泊如輿者斲輪當其

破窅渺氣屏不敢眴倏爾驚汚蕩大川未涉津豈不須月舄将
以成吾身憶昨相見初日月會于辰文章交有道憂〻[illegible]惟〻
嗣後不聞久特德亦比鄰鳳翎雖屢鎩龍性終〻[illegible]五岳起董
下萬象為崩奔噌吰非凡調山水相吐吞迴波豈無路氣盛總
難言讀書愛伊洛超然會無垠太極假面貌道義為之根湖每
汉横鶩究竟在閑存以玆悟交理意氣安足論

辛亥

游會稽山懷李根侯户部時根侯官奉天

稽山有竹箭奇鋭匹湛盧良工加括羽致遠若斯須今日[illegible]

樂悒欝起長吁有美一人者宛在燕之隅其水曰鴨綠其山[illegible]
醫無山高不可越水深不可踰想亦應憐我栖栖枉泥塗時[illegible]
慣媮懶業荒誰破愚豈不以文會終然嘆德孤去年五六月聚
首在天衢翩翩千里驥局局轅下駒皎皎雲間鶴泛泛水中鳧
物候分涼燠生態驗榮枯惟君不少棄眷我如同趨出其古秘
笈濂溪太極圖佳言與遺矩連絡如編珠諸子亦薈萃川流源源
不殊鈎元繩祖武入室聞道樞有本者如是辭[illegible]詆僞儒從此
披肝胆不許談皮膚時或陪君坐從容曉到晡時或為[illegible]
巒嵺突呼轉盻西風起征車指遼都別緒悲秋燕鄉心畏井梧

子月北書至慷慨念微軀慎哉魚在沼勿憂狼跋胡回雁過樂浪客星又江湖澤畔生春草萋萋暗平蕪

甬上有懷

四明江水綠生漪。憶昨初來未滿陂。異地春聲聞布穀。故園花事到荼蘼。浙潮不負橫塘信。越鳥終憐向暖枝。畏上郵亭西畔望。鄉心半似草參差。

聞宋蕙三訃

燕臺留滯纔纔分岐馬首江干尚有詩南月虚疑歸李夢。

寄唁歐詞。君歿梁邸先生為作哀詞交情猶見汉君日都中諸友皆視斂古道歎六
贈我時青草白波身後路傷心無地哭靈輛用牛山句

舟中遇雨次方雲夢韻

斷雲含雨入葭蘆。岍意山容俄頃殊。織女機頭傾漢水。鮫人海外拾明珠。時七夕後一日從學使吳興試歸菱花葉密聞鳴蟈。蓮懸深見隱鳧。不惟玄真多逸興。綠蓑青笠老江湖。

陪李穆亭前輩舟發處州便途游石門看瀑布水漫興作歌

括蒼山水最瓌奇秀拔渾如謝客詩我来正值悲秋日日夕但
從屋裏窺雨後閒雲霜前樹人家一半出疎籬明滅聯娟更擔
柳百雉橫罔山蔽虧清水白石無雕飾澄波應與行舟宜是日
闊陰天漠〻布帆穩便風北吹攢岫升雾半犖确卷蹋纖細浮
脩眉前帆儵恍過山脚后帆宛轉穿林碕隴首亭皋拖峻阪丹
楓綠橘閒崇梨村墟正好灘忽轉劃崖崩豁露邉陲背指林巒
皆滅沒樹每峯生石倒垂縈迷紆望續綫縷如雲如人行者誰
蝸房偪仄矮容膝繚以薔蘿蓋以茨上捫青冥下無底

木歟在楣人煙漸少溪逥窄林合舟入天一規薄暮瞑晦𥈤下
怡舟人云此恒見之行〻前去更嶮巇巨石不鑿自根闌鸞剝
虎躍儼相持溫谷玄門深積秀艸樹常春冬不衰飛泉炎夏無
晴日相傳摩漢冽天池過者皆願留姓字弗信但看壁上詞詰
朝長年以篙指神仙窟宅不在茲岈峆繞通變寬坦峠少雜花
路盤蛇青霞不閉鎖葳蕤冰綃簾幕玉罘罳騰空汗漫堆琉璃
纁黃搖翟霱經緯欲倩天孫正湅繚又如七襄㓞上機龍文、淡
掠無參差工人柚手鮫人泣地柚天杼不可師又如帝子馮虛

鼓綠綺四聲如抗黍絫失勢一落强千丈壯哉髮上肝胆墮
散入清商叶笙管崇卭華泰古無辭又如太行之山石髓烝菁
于齊醴甘于飴百斛瓊漿難為携低蒸成菌高成芝峭削枯桐
老無枝龍頭縮蠢柱支頤藤繙其脊草麗龜風来淹冉揚導麾
石嘴菖蒲抽暗節若范有冠蟬綴緌憶昔永嘉理郡時伐木梯
山走魑魎巨靈上訴夸娥怒帝令六丁藩四壓閑来曾檢圖經
語誕謾俱云山有夔果然幽邃寒神骨其境太清難久居長耈
詫予何言而悔君不登游武夷大王山頭玉女腰賜烏亦浮之

東追仰揭斗柄簸南箕鴻濛獨闢狹二儀三十六峯環九曲叹嗟皆生雲與遭石之下者為牛馬上者為熊羆背者為犇象顧者為伏麋峻者為鷩雎媚者為文狸或為贔屭負鉅碑或為大圭琢終葵或為小城起中坻或為崇岵傍丹墀大都通透開洞豁神工慘淡費鑪錘呑若石門七八九驪龍頷下摘一髭暢亭張宴露華滋霻珊珊兮翩來遲蒜户蕙旌薜荔帷瑶粻玉粈赤麟犧銕笛數聲衆仙下只令石帆篙如棖聞言悵悅懟余迷几前所見皆測蠡天脫羈絡不可羈令鵷先戒鳳後隨搴秀尋幽

無窮期

剡溪

朧杪猶隨使者車每臨蹊路暗躊躇剡東山好隣甌郡剡曲村

佳似故廬。木葉成堆霜落後。水雲不動雪晴初。陵陂又長青〻。

麥客道三番見歲除。

壬子

寄壽黃培山尊人六十 翁諱文汸西江名宿

仰止崧高天一涯因睽車笠得通家學弓有子聲方大授杖

翁德不瑕二漢迴西川注酒五雲染㜸佩飛霞岡陵賦就勞書

鳥遥望極南斗蔚華

丙辰

舟中與佘畏齋話舊因呈畏齋

薊門一見早關情多病含愁未許傾樽酒開時人五載。扁舟話

罷月三更。盛年不合悲身事良會何因答聖明同濟巨川知有

意臨流便可濯長纓

清湖小寺分韻得陽字

清湖石上寺人號小江郎獨樹疑無暑微風帶早涼澄潭五六畝斷岫两三行古渡蟬聲午維舟未夕陽

淮安城口占

暫止岍烏飛復栖淮流高與女牆齊長風怕有蘆花水一夜河工盡護堤

丁巳

江陰楊文定公靈匶歸里送至白河

去歲賜環回薊北今年諭葬出都門風雲誰不悲

載泉路料知應戀九閽沙鳥飛飛疑弔客河流隱隱護歸魂典型
日遠吾焉倣慟哭非闗感舊恩

惜別佘畏齋

落第不言戚何為轉徬徨故人別我去感事激中腸念昔同舟
時為我話行藏飢寒何足念貧窶累高堂我時聞子言為子進
一觴方今　天子聖鳴鳳托高岡罷官非其罪應得覲
清光斯言猶在耳子今復踉蹌平生所知交多近日月旁皆勸
子安命豈知貧者傷白華與華黍自古意難忘

先嚴諱日寄諸弟

離居少慰意況值終身憂十年九于役未得奉酹羞望窆展跪拜淚下不能収乃知志四海何如不遠遊萱堂素强健良食依然不識祿春日寄深憂尚淹留豈不願迎養燕闉道路悠賴有同枝樹能舒倚閭愁仲也天性篤色勞兩綢繆叔兮勤力穡剥棗勝椎牛毋氏嗟予季季兮諒無訧以我思親意勉子及前脩人生在家樂承歡更何求

送王尚卿之大名幕

幾陣雁聲橫塞北幾番月色照墻東談来欵〻皆心曲别去栖
栖岂意中湖海未曾逢眼白○星霜終怕損顏紅○元瑜暫入征西
幕竚待明秋萬里風

前韻再寄尚卿

别君正卧病馬首幾時東心事塵埃外交親氣概（桔）中雪花終日
白○燈火夜深紅○應共悲蕭索寒窗撲面風

送蔡次老回閩覲親

晝錦清時事如君今日稀綵綸親手捧棣萼比肩歸白雁随征

馬。黄花帶客衣。令名兼色養。可以荅春暉。

戊午

盆梅和金以寧

尺榦休嫌小能將春意傳盤桓工遠勢彷彿落斜川疎影疑侵帙飛英故拂絃。憑君歌古調比類近蘭荃

又

霜根連夜長。端不畏春遲。石小成孤勢。泉甘且注玆。玉簫三闋後。清。夢。五。更。時。驟覺芳馨發。東風到處吹。

遜齋李使君得長男寄賀（時遜齋守大名）

舊是旬宣處，承家即樹基。人皆稱豈弟，公合有佳兒。棠樹還留蔭（大名隸順天，文貞相國舊治），槐花又吐枝。晚香亭子畔，春色上雙眉（魏國公晚香亭在大名署內）。

其二

積善餘家慶，安溪況國勳。相門宜踵武，宗子屬斯文（遜齋為相國嫡孫）。伊昔熊羆夢，欣瞻鸞鳳群。果然初降日，斗正孟陬分（公子以正月降）。

喜雨

春旱既太甚。愆陽亢不調。豈惟禾稼損。常恐金石流。終風從西来不令。密雲稠搴户見嘒星我心慘以愁農人占穀雨而今已麥秋不識蒼旻意未能免怨尤　我皇誠仁聖。堯祝而舜謳。謂宜釀太和。況廼精誠。求禜雩走百辟。牲玉靡不周。果然澤氣升。雲冪東南游。秉燭窺天井披簾望檐頭夢寐沐餘清欹枕聞颼颼曉起琴書潤萬象和且柔生意溶太虛人樂可不謀解愠兼流惡神功一時收攤卷成獨笑沈坐怱冥搜　主聖復年豐俯仰吾何憂

巳未

題姜上均東窓睡覺圖

昔日彭澤翁低徊卧北窓亦有程伯子東窓睡初起二公千載人高山恒仰止一者坐春風一者對秋水秋水蕭然清春風藹而美元氣流四時觸目皆天理睡覺互循環陰陽相終始迴視跂羲皇獨善其身耳所以圖中人為此不為彼

登第後壽方年伯

紫鳳青鸞恰赴期雙銜書信降瑶池仙郎此地看花日國老山

中晋酒時藕大如船千歲果榴紅於火萬年枝箕来名壽相兼
少莫比尋常説介眉

南苑大閲恭紀　五言排律二十四韵

律應初陽轉、時逢泰運隆、思文光世德。纘武茂前功。天策
威儀盛。神皋氣象雄。来遊周舊鎬。望幸漢新豐。雪色轅門上。寒
花輦路東。波澄南海宇。日麗梵王宮。翠葆森分列。黄輿儼正
中。琱鞍珠的皪。錦轡玉玲瓏。赤羽流星箭。金弧滿月弓。太常旂
九就。司馬鼓三通。有令軍聲壯。無譁士氣充。虎賁皆赳赳。驃騎

更熊〻。上将千人敵。康侯五等崇。鳴鞭凌紫霄。倚劍亘長虹。地
迥宜遐矚。壇高闢四聰。形如環斗極。勢欲壓華嵩。豹略欽　神
武。龍韜運　聖衷。六奇先訓旅。七札乃循戎。始肅行時令。推
恩體灝穹。深仁涵化育。厚澤茁葭蓬。寰宇烽塵靜。敷天福祿
同。泱〻歌狩洛。濟〻慶朝酆。　賡藻追宵雅。鴻圖繼大風。長楊
何足侈。竊頌詠車攻。

庚申

過趙北口

迢遞都城起曙煙燕南趙北兩蒼然浮雲盡處連滄海。沙岍低時灌百川。憶別猶憐芳艸渡。還家最愛杏花天。停驂驛路回首留滯長安已五年

恍同晚飯越中行。隅斷紅塵心眼清。三月水深南海淀。昨宵雨過易州城。黃鶯睍睆如愁濕。紫燕呢喃似說晴。遠遍長堤將十里綠楊橋畔聞車聲

楊花

燕南三月後。垂柳更垂楊。柳葉綿綿生碧。楊花早變黃。依依隨路

遠冉冉共春長牆浪何時雪輕泥到處香縱然饒體態一半是清狂擺蕩因風力低佪逐水光遮桃千萬樹映杏兩三行抹去驚蜂巧啣来覺燕忙点衣真娬媚撲面太倉皇爛熳今如此芳菲且寄將可憐太漏洩欲與細商量却憶靈和殿風流盡屬張

題晚香堂

誰人不誦秋容句可惜難登晝錦堂沙麓到来廵舊圃漳濱且喜近仙鄉緩尋芳草憐春暮獨坐黃昏愛晚香猶有亭亭前代栢銅柯鐵幹拂穹蒼

奉别遜齋太守

詩宗韋柳情非淺，文學韓蘇政亦如。輿誦已孚三載後，驪愁續有四年餘。漳南草色晴侵酒，河北楊花暗襲裾。正好傾尊仍判袂，望雲無那賦歸與。

天雄署中偶成

落盡梨花滿院陰。閒闌漸欲變鳴禽。意中流水深何許。愁外遥山翠幾尋。假寐易成當午夢，閒吟强駐欲歸心。故人留客自憩甚，朝夕開樽頫永今。

渡衛河至臺庄寄李根侯太守三首

非是别無淚。相看各黯然。迷濛經雨地。罨靉欲風天。絲酒[illegible]一樽底。春波已眼前。河梁無限意。惜别近中年。

又

有懷當倦夜光霽信難攀舉世皆趨薄君情欲訂頑黄堂留艷月白屋忽青山。魯衛今宵隔無聊自閉關

又

忽忽来城武悠悠濟[渡]河病因歸里減。情為故人多。行色看班馬

離聲聽玉珂不堪回首望天際麥揺波

宿七里瀧

朝發桐廬舟暮宿嚴溪月兩山高對起長江流活〻炊烟出林間人家真奇絶我游七里灘于今凡六閱每慕嚴陵人藏身善用拙其寔風物佳扁舟足散髮夜半山鳥鳴夢魂都肅括因悟性情恬山川同閩越忽聞欸乃聲披衣待明發

西安見烏鴉口占

疋馬方春别　帝畿行〻五月近鄉闈排空忽見烏鴉陣猶

似

乾清殿裏飛

登仙霞嶺

徃我歷茲山霧深山隱見但苦林壑迷未覩山背面茲來值晴明連峯亘絕巘最高曰仙霞仰望垂一線人語落空中迺知有宮殿憑欄縱眼觀恰在山之半側身出林端諸奇靡不獻列戟攢脩岳駃流若飛電南登牛牯嶺山勢始迴轉鳥道傴前肩上隨相攀援縱然上下艱終喜耳目變況是長夏時草木都然作赤帝正司權萬物都相見一片大地青閩陬聯淅甸

霞類聞鷓鴣聲

花落雨昏鄭谷詩一聲征客淚漣洏我来北地三千里正值南天五月時工部每愁聞杜宇柳州偏喜聽黃鸝便應歸譜鉤輈曲唱去何須低翠眉

過浦城華山寺錢笛巖因訪秋水禪師留題

蓮峯高處俯江城竹院幽深眼界清南浦雲来如畚暖西巖雨過轉分明賦中春水經時綠○笛裏梅花五月生○不謂能詩

遠石壇旛影更闃情

自下佈往東坂拜蔡文勤公神道感成四首

宿草茫茫處古人觀九原由來今視昔況我義兼恩不[illegible][illegible]行跡山空度石根心知萬里近淒惻自傷魂

又

黯澹雲垂空淒涼松栢風名高千古上氣肅萬山中。漬酒他年憶摳衣此日同寢門無限淚。一灑向幽宮。

又

自古感知巳欷歔別有情窮年嗟白首無福嘆蒼生蘭蕙經時

歇梧凰背再鳴猶餘書帶草長憶鄭康成

又

蕭瑟海門秋行〻且少留思韓瞻北斗。弔謝戀西州。人事驚千變。浮生擬再遊。爭如潮汐水。朝暮兩迴流。

辛酉

木蘭陂舟行至涵江

一水盈〻繞巷門。風吹巷仄浪花翻。幾多黃葉鳴高樹。無[illegible][illegible]峰出短垣。小艇偏依新渡口。長蓬如繫古城根。兩灣流水三灣路。半頃人家一頃園。嘉桔（橘）團團隨日爛。清柑个个似星繁。咿啞露索机下上。欸乃棹聲响吐吞。貯火熱腸偏慣冷生花秋　為眩職詩人自昔推鷗靜客子由来畏市喧敲韻聊將消永日騷心賦手獨慚潘

渡螺江

問渡螺江便船輕竹一竿怒潮生海口溪水擁高灘岍勢雙龍踞山形五虎盤風帆片刻渡詩興覺闌珊

冬至日

客中佳節揔銷魂。眼底梅花嬾到門。惟有遠山看不厭。高楼獨倚到黃昏。

建水舟中夜聞溪聲

萬籟中宵息溪聲永夜傳大如涵石轉高欲與雲連嬴女彈清瑟湘娥鼓離弦攪人終不寐欹枕數残年

除日渡楊子

喜得東風便中流擊楫闌騷聲来澤國鄉思動江関臘送、 作

水春生北固山舊年逢客路詩句憶王灣

除夕同人游蘅園

河橋好處暫維舟。惆悵年華不少留。喜有名園隨綠水。北、　仙侶上高樓。鏡中山色來瓜步。檻外鐘聲起潤州。莫怪黃昏頻徙倚。明朝便是隔年遊。

壬戌

游漂母祠步韻

一飯千金事已非。荒祠憑眺竟忘歸。小山何處尋叢桂。大澤多人問釣磯。鮮道酬恩須富貴。可憐週急出寒微。平生每怪乾坤

窄國士無雙尚嘆饑

過鍾吾哭　徐讓先先生

忘年知己那能多猛地傷心喚奈何只道松顏長矍鑠誰知霜鬓易蹉跎墓門我擬踏青草春水君曾賦綠波回首訂交庚戌歲十三年月去如梭

其二

俗情絕不掛胸中猶見南州高士風楊柳岍邊信宿別芙蕖裡一年同那堪白馬山陽過欲問黃公徐泗空此後吞聲惟有

夢屋梁搖月燭花紅

送秀卿回閩

涼風瑟〻動踈林送弟南歸百慮侵毋不遑將懷喜懼兒能就傳恐浮沉蓮縈假寐多驚夢鴻雁無情久斷音子去我留同眷志悲秋無奈起愁吟

其二

同胞叔季揔關情予仲追依似友生土屋秋燈吟洛下連牀夜雨話彭城頻年黽勉家兼族一旦睽離弟侶兄又欲分飛歌小

宛溫恭兩字莫拋輕

讀陽明先生集

莫說成功全用奇多憂多懼善持危出師不憚臣心瘁調發還憐物力瘁坐鎮桓〻赳〻陣新開正〻堂〻旗試看擒濠〻初番戰即是春秋城濮師

喜藍陽先生被　命分脩三禮

多年經袖〻索織茫兩度擔簦游　帝鄉撲碎胡琴非自蘆[illegible]穿鐵硯寔難忘碧霄無路君飛到藜火攤詩我意長記取鴻都鄰

秘府預占摇筆中書堂

堆雪成山

雪花堆粉署吟賞連宵閑漸满輝金馬微髙對玉山玲瓏纔咫尺窈窕好躋攀即此是姑射何須出世間

京邸雪後

馬首西山現雲霄萬里亭蓬根連地白。雁背一天青。壁曙遲燒燭窓虚爱讀經更憐寒月上流彩散空庭

苦寒

凜冽霜威驚晚歲淒涼月色度深宵詩纔起草毫先凍眼欲成
花影暗搖何處哀鳴來鶴鸛。可憐瑣尾歎漁樵。普將長被通城
蓋。此意人間苦寂寥。

癸亥

十五早朝退用白樂天韻

明光纔轉漏閶闔早開關仙掌蓬萊殿金華鵷鷺班青霜鋪石
甃落月下銅環簇仗分龍鳳垂衣明火山雖〻輝玉色肅〻仰
天顏赤墀鞭鳴徹花磚鵠立、 靈芝芬可裒瓊蕤秀堪攀

爐煙携袖裡佩響出堦閒獨有西 客從容吟嘯還

二月一日

時聞無急步令節爱中和迎旭烟光好先春柳色多鶯聲来北
地氷信下南河見説民情樂萬方起舜歌

琉璃瓶金魚

頳尾上氷日條風觧凍初誰知朱鯉貴妙出水晶餘宛〻明月
現輝〻纖翳除涵波疑在沼鑑影訝多魚入夢占豊歲含情憶
素書簾閒金翡翠研置玉蟾蜍光價雖然好生機那得如天池

變化近持此贈同居

聞雞

清機尋乍夢短睡聽隣雞夜漏蓮花滿春潮海水齊因風生斷續隨月度高低喔喔天將曙孳孳念恐迷年華真迅速詩卷且提攜眩眼師雕虎疲精學鏤犀道心悲抑塞旦氣惜端倪猶省披衣起非同率爾題

四月初二早花園輪班口占

假寐頻欹枕瞻天斗指東三號雞[illegible]不四打柝聲同閉户帷懷

主趨班凜在公西山春最好、　鬪百花叢

其二

輪走真如水城灣暗矗峰猶聞長樂鼓不隅景陽鐘整珮翻迎

柳成書待種松石渠推著作似匪為雕龍

其三

低心驥伏櫪費手蜂鑽窓我爱韓如海人誇陸似江前脩雖已

邈國士本無雙試聆鯨魚響誰將千石摐

其四

春星還閃〻驟晦夜何其珂響隨龍尾風痕動柳絲行来知闕
近望去覺燈移多少上林樹将棲揀一枝

其五

養花朝氣暖吹面早風微隱〻高楼現丁〻玉漏稀輕塵皆地
籟清唱是天机詩本吾家事關山看鵲飛先學士西臺公入朝行唫廣川有鵲飛山月曙之句見全唐集

其六

辨色分丹地花磚入直初紫泥傳
內旨黃帕進
天書

娩娩飛雝鷺優遊在藻魚朝儀猶再問惕惕拱宸居

其七

退直尋芳草芊芊綠蒲途柳如垂灞岸桃似豔玄都繫馬爭茶社呼鷹睨酒胡翩翩金雀尾恐是五陵徒

其八

麥秀根初動空郊一望齊舊山因樹隔熟路為花迷風到廿番暎天繞尺五低迴来師吏隐得意便幽棲

早漏到圓明園備班即景

虎坊橋上月華明正對西山逸興生乍暑人思當露宿微涼馬
愛帶星行○春歸玉斗杓三點夜促銅壺漏四更趨直分番成故
事自公早暮獨含情

其二

西角門開簇火光銀紗絳蠟各分行花當紫陌應難睡○柳近天
街別帶香○頓覺濃陰生早夏半賒曙色入青陽清和自喜身差
健只恨無才趁省郎

其三

蓬萊咫尺路非賒紗幕低星霞萬家露浥牡丹花富貴炯籠銀燭樹繁華幾看鷲鵲飛飛月。微露啼烏棲棲霞。金闕玉珂天漢上河源何用借仙槎

其四

喜聽黃鶯百囀歌建章月落掛天河碧欄流水通宵淨。上苑清風到曉多。峰似霧中停馬望。樹疑人立避車過。宜春宮裏春又去容易長安歲月跎

其五

軟紗都長萋迷草矮樹盡生磊落桃白鷺下時春水漫金雞啼罷日華高将軍錦帶翻龍尾學士青衫拂兔毫莫怪王岑詩句麗光輝多在鳳凰毛

其六

歸来新綠逐鞭稍樹底枝頭盡鮮〻掠水燕飛如顧影墮枝雀噪為爭巢當年柳色思張緒何處葩芬憶孟郊更有别情誰領取生机滿眼六陽爻

其七

輕車又過高梁橋羅綺微波更覺嬌憶舊那堪滋碧草懷新偏喜長春苗荷憐葉小珠初轉柳正花飛雪未消比似秦川堪對酒　恩波蕩漾聖明朝

其八

截嵲金城萬井烟買花市上賣新泉麥秋領卜有秋日穀雨難禁望雨天贏得塵埃来扇底抛將花柳去樽前百憂不是騷人意惆悵朱顔非少年

車中遇雨志喜四首 用蒸尤侵覃韻

雨色今朝見天街且自登風飜斜卷燕雲矮暗垂鵬桃汛真無恙麥秋果有憑夜歸酣讀史濁酒盡三升　內城

又

五載標仙籍論才寔不堪唯知憂旱苦彌覺為霖甘繫馬當階下飄風自戶南槐花如有喜相對舞毿毿　過玉署避雨

又

宮勢凌波起難禁苑樹浮蠶絲看雨脚龜印驗泥頭玉井都遮幕珠簾盡上鈎一時凝望意點點總消愁　紅城

又

萬壽山光好偏宜昪雨尋流香添秀色滴翠更清音景物黄梅早恩波太液深瀛臺饒尺水寸寸值千金景山

九月二十五日小朝

端門十二玉欄杆一歲多番月下看問夜方知五夜永驚秋又覺九秋闌身如露菊偏宜冷心怕霜娥未慣寒閑坐玉堂無寸補自公夙暮勵王官

甲子

使越小草

乾隆元年七月廿上過峒峿山　穆亭前輩典試浙中相遇於驛舍越九年予銜　命亦典浙試經過山下而先生已下世三月矣追念愴然用杜甫憶李白韻

下馬便追尋歷歷前所至美人邈雲端猶想平生意昔我出門遊迍邅行不易公時擁旌来我適騎驢墜懇懃君子心坎懍寒士志握手暫笑言勞我風塵悴浮生真過客長苦征途累昔日邂逅歡今日千古事

傾蓋亭予於乾隆丙辰秋同粤東佘畏齋登眺今别去九年甲子重過感成一律寄畏齋

卅日重遊傾蓋亭亭中客散等浮萍十年難醉故人酒五嶺遥看處士星我意不忘沂水白。君懷應似魯山青。戔戔束帛何由寄空對欄杆暗淚零

捕蝗謡

捕蝗捕蝗人簇簇。縣吏敲錞明約束。剪虫毆蟲有專司。秉畀炎火見周詩。途中疲農睨且詈。民不怨蝗只怨吏。計畝徵夫十至

百。暮夜輸金白日易。東鄉飲遍又西鄉。蝗未捕時户已荒。户已荒。蝗滋起。行道嗟傷吏色喜。祝蝗多孫更多子。

宿下相

征車又過古鍾吾形勢風流真勝區山似徽波生海水。雲如巴練曳柔榆。雄圖歇絶猶誇項紅粉銷沉記唱虞顧我有懷非吊古論文常憶黄公壚謂壇長讓先二先生

題杭州片石居

山棲宜本性况乃俯高城所得兼幽曠閒來與送迎人家千樹

曉午日一江明更喜披衣坐秋潮夜〻聲

又

青峰不可到。隱見入踈幃。夕夢江波濶。秋城木葉稀。憑欄如有念據案却忘机倏見孤帆落。遥天旅客歸。

别杭董浦前輩

别後幽思直至今三千驛路恰相尋劇憐桂樹空山發差勝梧桐滿院隂紉佩何須嗟歲晏開襟無那正秋深皇華又促軽舟去莫惜魚書慰素心

無錫縣尹蔡二兄送惠山泉

縣官見説清如水，送我梁谿泉幾多。紺碧雨花生玉井，芳鮮秋露濯銀河。品慚陸羽難開口，病類相如謝起痾。若過江心湏一試，中泠風味更如何。惠山泉推第二，中泠推第一，見陸羽茶經

十月初五日雨中渡楊子

錢塘門外聽潮頭，又向江南問扁舟。楓葉荻花京口渡，雁聲雨色廣陵秋。年華如水憐將暮，客路臨風念數遊。記得來時晴景好，金蕉翠落蕭襟收。

曉望河堤雲氣口占

十里長堤曉望分人家村樹看氤氳浮天不辨淮南水拍岸全生楚尾雲祇欠青峯迷近遠虛疑白雪落繽紛居然一幅鵞溪絹未醮霜毫待右軍

夢片石居

吴山脚下見秋潭楓葉經冬紅半酣馬首已過江北路尚紆清夢到江南

渡河有懷 用黄山谷寂照房韵

秋水讀南華。橫波聞楚調。我行正衡風。臨流起長嘯。大江南與北。有山多清妙。越絕富蘭茗。頗似閩嶺嶠。經冬樹不枯。處處挂松蔦。茲游愜賞心。未敢開顏笑。恐有盈車魚。莫下任公釣。回首但蒼蒼。關河落夕照。

晨發王家營

今晨河北路。漠漠曉天黃。鷺影如迎雪。鴻聲只報霜。石橋憐暮柳。茅舍愛朝陽。差喜浮埃淺。微風動驌驦。

暮宿李家莊

蒼〻沂水流日落古東州看山當薄暮。聽雁度高秋。平沙連野
濶。遠樹載天浮。何處安心好還如不繫舟

沂州曉發

侵星頻早發王事日趋程露地鷄聲曉。霜天馬尾明。驛人多向
火候吏愛敲鉦幸爲皇華使憑軒記太平

過峒山

險絕峒山路岧嶢望轉迷每愁車擊轂況值馬交蹄帽影欹沙
線。鐘聲落石梯。香臺何縹緲依約類雲棲

乙丑

輶軒小草

信陽州山行

前峯勢未平，後峯斷復起。豈不憚險艱，所愛襟如洗。林泉無塵侵，白石清齒齒。高田蒔春麥，下田浸春水。此境如曾經，經過多爾爾。我家在閩陬，風物同南鄙。悟彼達者言，見似便心喜。

靜夫侄遊岳陽樓有詩，予未及登，即用其韵和之

孟杜高吟後，誰人破杳冥。皇華來壯地，孤閣俯南溟。憑檻女懷

壯題詩吾眼青採芳深有願且自問津亭

乙丑八月下旬自桂海適柳江校士

去歲茲辰茗水畔今年此日粵山崟水光好不過杭郡山態奇
無如桂林白雁度雲驚節換皇華繞路感　恩深馳驅報稱非
容易賈柳因何學楚吟

又

平生酷愛柳州詩陶冶心靈無了時雲物看來類外變文章應
屆南中奇金風點點芙蓉水桂樹團團荔子碑不是輶軒那得

到冠裾預整拜荒祠

永福舟中

江行無一事，靜坐豁雙眸。匝水遲飛鷺。迴溪隅放舟。黄花初夜雨，白露曉天秋。對此生孤思，凄〻興溯游。

聞鷓鴣

炎荒秋過半，頻聽鷓鴣啼。已近龍城路，如聞楚水西。黄茅何莽莽。青草尚萋〻。莫作王孫怨。鄉関望轉迷。

謁柳侯祠

吏部文如經。信公傳不疑。去今已千載。高名南斗埀。立言本至性。培根乃達支。拜疏願易播。不以患難移。交友既如此。事君亦可知。大義何表表。名節豈有疵。出守炎荒間。長材靡不宜。所難在忠信。蠻貊弗忍欺。歿而神斯土。惟公正直為。我初來右江。向人問羅池。豈惟山川好。草木猶敬之。摳衣再三拜。幸愜心所期。伊昔君子忱。無陋願居夷。殷殷金石響。風行湘水湄。如何伊人去。斯文遂陵遲。我採百粵風。自鄶摠無譏。大雅不可再。慚愧人士師。惟公啟予衷。無使吾道衰。

九月杪發柳卅

千峯圍象郡。一水遶龍城。連日楼中望。使院有楼可以望遠今朝畫裡行。
墨雲含瘴色。遥角起邊聲。惆悵道旁堠時〻動别情

来賓道中

地以貧生儉風因陋轉醇每逢歸峝女揔為祭山神小巷泉通
户孤村竹比隣誰知炎海外。猶有葛天民。

自還江到賓卅

幾度陟岡緫秣馬一番問渡又登舟水如丹漬何曾見。山似雲

生不自由。

宿思龍山寺

寂寞嶺南夜那堪蕭寺中忽聞天籟發頓令萬緣空樹響昏昏

雨窗飄獵獵風馳驅寧覺遠邕管在交東

將到崑崙遇雨

多熱炎州地。微寒小雪天。楚雲難釀雨。瘴嶺易成煙。游宦無閑

事看山屬偶然崑崙古戍近烽火尚堪憐

丙寅

院中蓄鷓鴣山雞頗馴臨發以贈戴公子承賦詩芊麗之甚戲效其體和之

琉璃形詹細團欒十樣鸞箋紛染翰乞得靈禽來請賦伴将丹鳳與名官翬飛舞動春花亂格磔啼時暮雨寒正值湘南風景好金籠高度玉闌干

北流道中二首

艸色深仍淺山情濬若濃移将小有洞併作飛来峰春暖嵐初動雲生翠幾重神仙天外事暫且洗塵容 葛仙洞咫尺

又

記得江南路青峯削玉芙誰知来勾漏彷彿上姑蘇水荇牽長帶。山松落短鬢。更憐烟雨處。村舍靄平蕪。

欝林贈郭虞階

與子訂交二十秋名流作吏亦名流清風我卜吴〻郡遺愛人歌柳〻州先任柳城薜荔雨多緣把袂欝林石好便登舟相逢花裏又經歲何處思君不倚樓

蒼梧送客

有草名将離，有水名湘灕。潮落與花開，孤舟獨去時。

二鳥

儂豈不願歸，自是歸不得。子規啼山南（不如歸去），鷓鴣叫山北（行不得哥哥）。

和郭申叅白菊花元韵

都無香可並，却以澹生奇。卓彼霜中傑，真成月下姿。張燈銀燭好，送酒白衣宜。頗有餐英興，輸公郢雪詩。

桂林秋雨

風ミ復雨ミ，蕭颯滿江城。本有懷人意，新添旅宦情。寒雲凝楚色。殘葉落秋聲。緫過重陽了。黄花那許晴。

舟中即景口占

勞碌因人事翻成汗漫遊物華矜晚節。雲樹送高秋。宦味真如水閑身那似鷗奇峰爭識我。箇箇趂輕舟。

重到龍城感懷唐柳州先生有作

乍到便留戀重来更有情豈無雲岫好那似柳江清天闢要荒郡人傳刺史名文章兼政事端不愧專城

又

少年驚氣盛晚節以文雄自是德加進非關窮愈工寒芒光斗
壯大力挾川東刻意垂千古浮生一瞬中
履康何君謁劉賢良祠折梅一枝得句云更憐地下劉司
戶千里梅花欲送行感而賦此箇何君
柳守江邊千株柳賢良祠畔一樹梅柳因刺史殷勤發梅為先
生造次開棠泉居士殊好部親把梅花折一枝隱隱暗香浮帽
額離離疎影動鞭絲更張紅燈瀉綠酒花落杯中詩應口多情
欲起雲間人留贈灞橋二月柳我見此花三嘆息冰雪精神出

鐵石。愛之不減名南棠。只許封殖折不得。詩家豪興擅風流。惟有義山真解愁。黄陵遺恨到今留。莫比君家古楊州。義山哭司户詩去年相送處春雪滿黄陵揚州官閣梅何遜事

和楊觀察重九後海棠花開

見説龍城最高秋吐海棠試燒春後燭。猶勝舊時妝。帝女披霞珮。天孫曳錦裳。黄英不負約。相對傲青霜。

發柳州諸生有追送者口占謝之

校士龍城路歲月忽已遒晨興駕四牡王事敢淹留諸生惜我

去追送山之幽臨岐如有失雅意何綢繆種蘭苦不茂○種竹苦不脩○自我来粤土於今已兩週變化苦無術 國恩誠難酬惟存造士心若農望有秋揮手謝諸子抗志希前脩萬行師文節（山谷謫宜山縣為慶遠首邑）高文學柳州南方精華聚（朱夫子語）慎勿域蠻陬

穿山驛見月

一夜穿山月清光入抱開可憐夜色好幾見聞人来聚散年華改（去年同宿驛中諸友皆散去）奔馳旅鬓催征夫遑假寐對影且徘徊

賓州使院夜坐

瑣院夜沉沉寒燈一榻深閑来聊戢影倦去亦關心漏轉驚聞角星回又見參日車不可縶斗覺二毛侵

思龍道中即景

已是大寒月翻成小暑天梅花生瘴雨○春草長殘年○鄉國南雲外京華北斗邊我行又到此風景尚依然

過崑崙關雨甚

底事崑崙路霏霏月雨過只今晨載筆古有夜荷（作平聲讀）戈斥候長如昨丹青久不磨重来增嘆喟未敢怨滂沱

丁卯

舟發邕州連日濛雨至蕳陽稍霽

邕州卑濕郡初春霧雨多我行安所見長江浸白波湘南春色好騂々空復過不知桃與李芳菲正如何故鄉不可望路遠隔關河浮生過四十百感嘆蹉跎今晨晴光好捲幰對山阿森々東綠玉蔚々點青莎冉々抽新蘖娟々擢舊柯韶華忻及時吾心樂匪他尋芳因起興即事遂成歌

謁伏波祠歸舟中作

漢有兩伏波。樹勳俱在蠻。何為忘下滙。伏波将軍路愽德擊南越出桂陽下滙水見史記只是說據鞍。方知死勤事。烈士為其難。長歌武陵曲。慷慨雜悲酸。入廟瞻遺像。毅魄儼桓桓。公名滿五嶺。神在天地間。豈必藉銅柱。乃可壽南山。請聽灘浩浩。猶激懦夫肝。

初九夕江干玩月

初春八九夜月迴波湯湯積水平吞岸稀星遠動山收聲塵慮澹流影素襟寒如練澄江好元暉興未闌

放鯉

春風日逐菜花起○春江浩蕩瀉千里○已過烏蠻石上灘尚是伏波祠前水黑鯉三尺疑有神素鬐玄脊六六鱗鯤徙鵬飛天池近胡為來哉因饗人我有佳賓與佳客未下刀匕動暗魄此物不是凡鱗儔呼吸風雲限咫尺含情各欲轉清波口雖無言意可識呼童放之欝水湄君感物兮我感時正是上冰解凍日衝風直泝伏波祠江妃鼓瑟湘靈和○海若吹簫舞馮夷○月明人靜潛出聽○魚兮長守龍門磯○龍門矶在伏波祠下

重遊峋嶁

六朝芳草尚萋ミ。兩度幽尋路轉迷。洞口依然春又去。木綿花落鷓鴣啼。

灘聲行

灘聲如過雨。峰態似行雲。百丈牽舟入所見適所聞清和天氣凱風起澗草繽紛綠蕙紫却憶當年楚澤人尋遍紅蘭與白芷皇華更宜勤周咨山奇川曲物色熙甚熟麥黃秧揷水。栗留聲嬌鳩婦喜。鈎輈勞我行永久。兩岸提壺啼勸酒。

使泰隨筆

湘岸別楊訒菴

携手復分手，河梁見古情。天涯逢歲晏，別子向秦城。雪柳王程廹，星霜旅鬢驚。試聽幽咽水，已作隴頭聲。

唐家司行船

數載湘南路，今朝回首看。孤帆来嶺北，開歲向長安。濡滯同三宿，栖遲覺半閒。空江千匝水，終日對漁竿。

戊辰

宿界首守歲屈指乙丑元日朝賀　太和殿越三日来

粵於今又值戊辰元日四年矣老親改歲七十有三而予離膝下已八載唐人云每逢佳節倍思親誦之不能寐感成一首

離家已八年違　闕共四載明發懷　君親孤舟萬里外斗柄貞孟陬春風起南戒昔隨燕度湘（乙丑二月泝湘入粵）今先鴈回塞覽物復驚時百感紛交會古賢垂明規公私不相悖而我實無能自度宜勇退履薄更臨深終恐王事廢暗中換朱顏韶華寧可再周道況倭遲筋力苦難耐徒有向日心彌切望雲慨不寐

聽鳴雞家國何以對

宿黄沙

楚越臨分界江頭驛路入當年指白水此日過黄沙髮短雄心折才窮始願賒寄言同志者莫辜負皇華

十四夜泊紅石山所見水石尤佳

楚江多硝石臨水轉幽窕有如太華蓮十丈浸仙沼其時近三五素月冠林表擊楫忘黄昏庶以展清眺夜深俛微躬息心愜衆妙蕭湘值良宵兹游平生少

遊涪溪

平生慕湯叟。今日入涪溪。涪溪一勺水。名與瀟湘齊。摩厓高峷嵂。萬石為之低。粲粲黃涪翁。白首猶扶藜。大歷至元祐。屹然峙東西。其中皇甫君。論古闘榛蹊。評騭窮分寸。洞如照水犀。惜哉元和柳。經過不留題。窪樽蹟尚在。荒祠逕已迷。吾亭（元次山所築）何處是。春草綠萋萋。叢篁襍亂篠。空江浸玻瓈。本饒訪古心。不覺憶山棲。故鄉未能到。吾自愛石溪（溪壑窈窕頗類故山因云）

夜半口占

琴書半舫伴西征細雨連旬送客程慚愧劬勞仍息偃湘江夜
夜坐三更

湘口作

性頗躭玄寂汎〻此江臯輕舟何容與恬風息微濤湘流漸以
濶瀟水忽相遭渺然趨江漢方知所歷高昔年停橈處百里見
分毫（乙丑到零陵陸行赴桂林任）来往成陳跡浮生念久勞方外有司馬吾
羨柳儀曹

湘隂放舟是晚泊岳陽楼下書所見

巴陵之西湘渚東雲頭黯〻低太空豈無石燕能呼雨爭奈江豚好引風〻飄自南倏自北東皇生態變頃刻推遷玉宇展生綃半是深黃半淡墨更有初日如銅盤珊瑚火齊驚異色忽然淑氣動輕旛細雨空濛六〻灣昭潭之綠〻未有澄波如掌堪對酒太白清興剗君山青草湖落少陵手正好看山怒石尤連弩疾不如扁舟八百洞庭縱瞬息春燈已掛岳陽樓城下三更魚龍嘯前于後于號萬竅不用登樓乃悽然身在江湖思廊廟

岳州夜雨志喜

隣船今夕火比似前宵明接地湘雲黑連篷楚雨鳴沙痕深幾、尺漏響報三更不用愁花盡方春正發生

其二

雨打風旋歇風翻雨更多戎〻巴渚地。涗〻洞庭波。喜氣生芳草春聲入郢歌湘靈亦起舞。爲我鼓雲和。

奉别岳州吾南黄明府名凝道蘄州人乾隆元年七月杪明府將入都赴吏部選兼程行余試期已迫附書傾蓋亭下仗李遜齋買卷是秋幸雋

十二年前傾蓋亭豈知佳會續洞庭政成楚望推仙吏楚中大計君奏最

槎泛湘流仍客星聽雨不嫌春水濶譚詩正對暮山青（贈岳陽詩鈔）

澄波千頃重回首芷秀蘭香蒲綠汀

應山道中稍晴

柳葉新齊榆葉生。桃花點〻李花明。人来全楚春方半路近中州雨快晴碧水有波歸大別。（陪尾以南諸江皆入于漢）遠山如浪起西傾。（禹貢豫南諸山源起西傾）敢言况瘁悲周道為惜年芳動旅情

度淮吟

度淮漸近北彌望皆平蕪艷陽耀乖李對之反長吁聽彼路人

言去秋禾稼無今春又不雨嗷〻安所於中州古隩壤汝頴號名區土圭定京雒周官理不誣豈伊風雨會而乃水旱俱連朝天無望今晨滿太虛萋〻已有兆信宿三月初眼穿心語口南北候何殊驅車来雲夢。夜雨暗荆巫。安得西江水。救此二麥枯。翻羡泥中樂。不敢怨僕痡。

喜雨

荆州雨如珠豫州雨如酥不知秦與魯飛灑更如何昨宵猶慘戚今晨變歡娛天心本仁愛管窺自笑愚我　皇幸東國哀

此下民瘏一夜泰山雲澤與大賚俱拜手賡多稼如聞萬歲呼

鄭州道上燕秦分路處

此地稱東道西轅十四程難隨北鴈去且帶春風行岸柳離亭色河澌塞外聲一時俱到眼頓令旅心驚

雨行成皐

春雨細于毛。春雲暗成皐。敢辭行李濕。驟喜澤蘭高。地險襟天室。成皐為洛邑之表時清失虎牢。濛濛楚漢蹟。萬古一秋毫。

宿鞏縣唐杜子美故里河以北為河內孟縣乃韓退之舊

鄉慨然成詠

唐綱漸解紐。偏以詩文昌。工部與吏部。踵起河之陽。吾道既在是。王業乃益張。後之論世者。東京蔚有光。不敢比魏晉。豈非藉文章。校士承　嘉惠。行役近周疆。夢寐想遺像。而況過其鄉。崧高知地厚。河廣嘆源長。寸翰披天秀。寔伊學殖強。景仰不能至。吁嗟吾業荒。

渡洛川感子建賦洛神而作

靈均求女意。哲媛比貞臣。一變。而婦。色。再變。為。洛神。陳義眇無匹。修詞麗絕倫。彼哉登徒子。乃誣曰感甄。誦詩先逆志。尚友在知人。黄初移漢祚。為國不顧親。長歌何激越。古調襍悲辛。豈以溪唾罵。汙此不滓身。我来届上巳。輊航渡洛濵。芳洲多杜若。採佩及良辰。即事遂成詩。庶以誌騷人。

蒲城途中遇雨誌喜

行役逢雨雪。小雅大夫悲。今我泥中樂。但嗟雨後時。去年宦嶺表。雲漢低頭窺。今歲来闗輔。旱魃又相隨。西郊雲密布。不雨固其宜。谷風仍杲杲。令我疑周詩。豈意白露節。殷殷戒雷師。二華連八川，下上氣交馳。風伯助之驅，勢如萬馬追。高瓴瀉箭水，痛快復淋漓。披衣為秦舞，既舞還長噫。築場已無望，種麥甫及期。僕夫亦色喜，阻道忘調飢。

渭南即景

渭南風景似江南，九月九如三月三。麥壠青疑芳草嫩，柿園紅比杏花酣。波光映日浮明鏡，雲岫低空帶蔚藍。報道明朝山更好，玉峰玉水不勝探。

七盤坡謠

役夫以繩牽輿而上口占志感

七盤坡底走藍田七盤坡上〻青天路曲爲勾直爲弦憑輿側望身空懸長繩并力百文牽泥頭雨脚助屯邅曳輿澀于行地船我身差穩心悽然馬瘏僕痡已可憐何爲勞人胝肩〻出莊子安得身輕若飛仙馭風騎氣南山巔不煩徒旅稱輶軒若無其事悵綿綿

度秦嶺

昔人於此望雲天今我来思倍黯然商顏漢書商顔注顔額也終堪窺楚岫○灞源只觧向秦川花開明日仍重九○家近潮州泉潮相近亦八千○

莫恠雙旌搖客緒，鴈書不到已經年。久不接老母安訊

商州道上

纔出城闉已寂寥，亂山槲葉響蕭蕭。迴腸更有丹泉水，三十六番渡板橋。

渡渭

國風首河洲，以漸而漢南。求士如求女，何暇停吾驂。孟冬誡徒旅，涉渭履嶃巖。深林多積雪，寒峰抽玉篸。古簪字紛菲疑蘭杜，鮮翠見松楠。所覽雖云佳，未敢言幽探。懷彼卷耳詩，陟山且再三。

錯薪苟可刈跋涉固所甘

黄牛

嵡樹如相引奇峰矗〻脩地平天失險雲暗谷添幽樵徑通何處桃源或可求前村明月上今夜宿黄牛

夜聞溪聲邀同年　陳星亭同賦

何處松風落枕輕悠〻渺〻不勝情與君共聽嘉陵水○猶勝巴山夜雨聲○

漢陰泣題

年華惜往日家事悲回風江漢傷心泪匆匆行路中

同谷泣題

痛弟成瘵病顛羸尚遠行可憐爲王事欲哭難放聲悲風天来入同谷忽憶子美淚迸落有弟遠方妹鍾離嚴霜未斷紫荆枝我今痛弟何處尋茫茫泉下杳無音弟隔夜臺凡走路月晦星沉慘歲暮已已

甘州中秋夜即景懷楊觀察

萬里天風吹古雪〇一輪漢月起秦關〇也知虚白来相照無那清光不可攀遠字秪憑鴻鴈去浮槎真向女牛還庚楼今夜應歡賞灧灧金波對玉山

庚午

高平道中口占

草蒲緑堤花滿枝去年初發秦州時春風又到隴西路如月行天恰一規

壬申

壬申請假覲親出都賦詩四章述懷寄李祠部弁簡諸知愛

麥漸浮青柳吐黃。回韉競道好風光。一天花事村村鬧。二月春暉日日長。拂羽慈鳩爭哺子歸飛旅鴈正還鄉小人有毋離居久賦罷皇華　詔許將

其二

往事尋思參與商荆枯蕙折淚雙行草名遠志志志安竟花號忘

憂〻轉傷且喜衰年親尚健從今百歲壽而康鳳箋鸞誥天申錫佑及全家戴我　皇

其三

庚申省覲又壬申底事重逢疑有神十二辰周星是客七千里外病纏身雖無險阻升沉患也似東西南北人瘴嶺雪山都走遍髮膚安穩奉慈親

其四

出自城闉喜復悲此心如醉亦如疑莫言聚散尋常事可惜年

華老大時雜佩敢忘公子贈琅玕端爲美人貽鶯嬌柳𩎟燕南路。步步相思恐未知。

過東阿

岱宗不可望閉眼想雲亭忽有峰巒好居然齊魯青祝阿斯地古東路陳王經試誦黄初作。空山走百靈。

忝齋師亡九載矣壬申覲省枉道濟寧存其家感成二律

枉道過東州臨風淚暗流蓋棺心炯炯入夢路悠悠鶴化何年返山頹舉國憂長懷弟子恨無日不悲秋

其二

迭送青冥上相看無愧詞（予鄉會俱出師門）我慚非國士公不枉人師後死成何事吾衰祇自悲病軀兼遠道難卜再来時

忝齋師靈几猶設再拜淚下

階前有淚空滋草門下無人解種松蒲路青山師未葬九原愧見若堂封

喜二世兒已入魯泮臨岐口占誌昜

三千年泮水爾早掇其英（入曲阜學）從此傳家訓行看樹國楨通経

齊博士習禮魯諸生莫患無先路丈人最老成（世兄牛木齋壻）

寄牛木齋

空山堂下樹。開已到江蘺。（空山木齋書室）何事偏留戀。多應畏別離。思親常惻惻去國每遲遲我意良如此君懷亦可知

三月十四日桃源喜風順

風隨人意轉解纜午晴初接地雲奔馬衝波水滕魚桃花紅點暢。青草綠侵書。底事匆忙甚。高堂正倚閭。

晚渡清河

河淮将盡處。水國浸徐楊。澤氣初収雨晴霄如拂霜那知星近遠只覺月蒼茫回首燕南路羡人天一方

淮安見月

初更楼上月恰與河堤平鵲噪疑春曙風多苦暈生紅塵消楚水素練繞淮城靜覺閑吟好終輸謝眺清

将渡江

平生到此便開顔六代菁華咫尺間楊子水通建業水中泠山盡江南山河橋絮落魚爭上。沙岍花深鳥去閑。風景不殊吾老

知春波蓋照鬢毛斑。

渡江不樂二首 思望溪青巖二師

今我不樂思白下風流餘幾傷凋謝獨抱遺經如長夜秣陵草青春又夏嗟哉素車胡未駕十年晨昏睽子舍東歸請急難停罷我舟已西淚暗瀉隅岍黃昏啼謝豹。

又

今我不樂思泰山淮海之東路漫漫歲在困敦問平安送我於門淚汎瀾悲哉嚴霜太摧殘彫松隕蕙更枯蘭東國那餘古衣

冠我今漬酒難又難辜負平生摧心肝

渡江来連日所見

萬事隨勞生息機悟天賦驅馬出京華轉盼江南路青峰何必多曠望浮江樹靜無風濤憂而有山水趣呼童清枕簟琴書亦頗具夜中聞刁ゝ深恐震澤怒嘆息渡江来陰晴亦已屢梁谿雨蕭ゝ何乃望瓜步

又

虎邱寺後地可以俯全吴携兒同登此風雨暗姑蘇俄頃乃微

晴歷〻指具區繁華亦時會江山真壯圖感嘆回舟中簇〻蒲菇蒲維時新竹生娟〻綠玉膚聞有靈巖好斯行莫再辜豈知游子心十載夢歸途歸途終及半綿〻征路紆拂袖出金閶千里瞰平蕪

癸酉

依園即事

歸向蘭陔惜寸陰征夫長顧只如今春暉總謝東皇賜感念君恩深又深

又

一春足雨快新晴鸜鵒飛飛如勸耕見説豐年今有象稻苗初秀黍苗生

又

淺水鳴哇争閣閣小池荷葉亦田田無端忽動江湖興鶴渚蘭汀意渺然

又

静覺空村歲月賒焚香閉户舊生涯鈎輈反舌都無語開遍前

山百合花

庚申冬偕秀卿循壮溪下丹霞癸酉重游弟亡已六載一路惝然題新墟壁

西堂好夢杳難留到處傷心念昔游瑟瑟荻花南浦樹紛紛楓葉壮溪舟山如識面偏生恨水似迴腸易惹憂惟有眷令知我意。霜天飛急滿沙頭。

浦口買舟訪同年黃壺溪口占

命駕無千里離居怨難同限此衣帶水宦轍況西東與君前日

别天星倏一終常恐霜霰降無以明吾衷百年幾良會浮生逐轉蓬今晨已發棹私心尚忡忡南州地蒸濕寒旭類春融連山亘脩竹為我起清風願言闓蘭臭含情待玉攻

甲戌

甲戌春仲王君隨孚自東江携徒過訪别去而余病作賦詩奉寄

石溪山下水瀉到東江難感子情千尺西来路百盤空村愁日暮細雨蹋春寒二妙憐飛動相將古道看二陳生同過

又

懷抱因君盡花朝願永今如何連夕話翻起四愁吟別路思芳草離居怨暮禽柴扉終日掩卧病起春深

病起王君随孚惠書并詩文至賦荅

花時惜別又清明雙鯉傳書百感生勸我加餐良意厚枉君徒步太身輕文歸雅健真能事詩本温柔見性情莫恠病軀今日興春山一路盡啼鶯

石溪紅藥盛開口占

靈均扈爾有騷聲○老我空齋眼暫明○看去渾忘添别恨○折来自嘆减風情○青春冉冉芳偏晚紅艷翻翻體更輕曾在中書堦下見可能詩接謝宣城芍藥名將離謝眺詩紅藥當堦翻楚詞扈江離與白芷

雨中獨坐

鳩呼燕舞未曾停隱几蕭條自看經苔色深連芳草積燒痕沒盡遠山青書求甚解無滋味句會飄然覌性靈底事居閑還悵望草堂久不帶春星

霞遙李氏女以貞殉夫明裝皎服含笑引帛友人黃巽亭

爲之傳予高其義作離鸞曲

離鸞天上歸孤鸞舞鏡裏照影何翩翩那知心矢死夫君今主芙蓉城騎鶴驂虬朝玉京大招小招魂何許地下猶得從君子妾身本是女貞花不信波生玉井水歌罷此曲意重重古來就義總從容

同李遜齋乘月早行南郭外過新橋

如醉難攜手涼歸趁五更月光雙塔迥夜氣一江清擾擾因群動依依見古情帽山不受暑兀鼎俯高城

乙亥

乙亥二月初四夜微雪

澹澹雲冪空琮琮雪打屋一春苦多風及此氣初肅希聲感太和二月半寒燠来年秀陵陂眼中見秋熟里居願降康窮年少儲蓄瞑色起邨墟炊煙遍邦族坐久夜轉溫六花變霡霂失我前牕白呼燈佐兒讀

夜聞泉聲

二月空山夜飛泉作意鳴隨風高布籟觸石細傳聲斷續来雙

峽低徊聽五更桃花春漲後清夢獨含情

戊子

到月臺感題

五十年前事茲辰齊到来已無沽酒邸。那有故人杯。落鴈琴難和。梅花笛易哀。惟餘榕樹好。蒼翠落荒臺。

題盤中白荷華

芝蘭同臭味爾亦不差池雲影天光際風輕月曉時淡應憐我共。清絕畏人知。那用涉江採。留香滿素甕

題王生小白竹窗聽雨圖生余庚午所得士

何曾認錯雄鳴管，淺種深培如許情。風雨滿山鸞鳳響，莫將淅瀝賦秋聲。

題王生瀟湘問渡圖

昔年弭節泛瀟湘，今日披圖天各方。老去已無山水興，蘭汀蕙渚總難忘。

畫蘭歌壽林巖陽有引

巖陽先生工畫蘭，數於人家見之，體態不一，蕭然楮墨之外余爱之未敢請也今年四月其叔子　訪余於清源書院致先生意饋畫蘭一幅余拜受詢先生壽曰八十矣辰在兹月願乞言為稱觴藉詢素所聞於過庭者曰不貪為寶祖訓也家君守之弗渝友于兄弟終老無間如是而已余曰有是哉世知先生畫蘭之美而不知其所以美者在是也作畫蘭歌俾歸為先生壽

畫蘭須畫竹外直中虚森綠玉畫蘭須畫石瘦骨貞姿暎青壁天産國香成三友春去秋来歲月久收入圖中興更奢攤風偃

雨自名家綠葉紫莖稱絕俗況有素心洗鉛華紉作佩纕何紛
縟無人亦芳媚幽獨卷舒隱現總隨時佳人多半在空谷便可
披圖晋春酒更忝一觧未曾有畫蘭畫到無蘭處竹下石邊君
細覻何来真色與生香祗為盤根深且固宜雪耐霜歲寒滋揭
彼江蘺何足数因知德卲年彌高好把蘭花比松樹美人何必
嗟遲暮歲〻我賡畫蘭歌長與先生祝初度

己丑

正月十五夜宿霞塲時將營新兆

老至甘息機於物少滯礙暮投野人宿入門高松對圓魄正三五清輝今夜最流水嗚幽幽村墟絕犬吠此地昔釣遊山川性情會因之營一邱岡嶺環合內人生非金石窀穸安可廢仙人貴虛無烈士多慷慨我意獨悠然晝夜同進退

十六日早起

心閑起我早曙色来諸山物象含新態窈窕媚芳年山溝何縈

紆決決瀉春田阡陌亦交通草屋八九間未必是源水。桃花映前巒。只言嵐氣多。誰知乃炊烟。尋幽方入谷陟巘遂躋巔出岫雲無心吾亦聽自然

營地將竣役口占

形家書汗漫托意在歸藏二氣和乃會辨物慎居方土主發其輿星經彌周詳一差起千謬消息入豪芒蟄蟲猶墐户况人爲物良生前愛膚髮歿後敢毀傷連日戒徒旅宅兆亦既將精英占土膩馥郁驗泉香升望有遺規明擬陟南岡

即事

洗米當清流，僕子頗敬事。野老饋薪蔬，感彼淳樸意。冬笋劚蒲筐，濁醪亦可致。平生戒絶物，暮年趨坦易。燈火坐深更，舊書頗有味。何必考磐居，然後甘獨寐。

曉聞百舌

百舌喜報春，啁啾對吟弄。應是托高枝，妙得東風送。土室絶塵至，清音破孤夢。萬象愛靜窺，時亦觀其動。

雨夜聞雞感而有作

欹枕雞聲急。皇天未肯晴。一春連霧雨。前日過清明。假寐何曾
夢。停雲覺有情。可憐將曉淚。半為故人傾。

夜聞蟋蟀聲甚厲

振羽先秋夜。候蟲自惜陰。試聽高下響。猶似短長吟。飲露蟬鳴
樹。知更鶴在林。職思生展轉。恐負歲寒心。

九日即事

常苦今秋雨。偏逢此日晴。婦能藏白酒。孫解插黃英。令節壺觴
趣。閑身几杖輕。兩峰千仞爽。猶有振衣情。

庚寅

攬鏡

攬鏡詫今我，躭書仍故吾。誤人真是懶，足已定非迂。竹影青多箇，梅花白数株。家山春又到，年已過堯夫。

題案頭水仙花

誰玩艸芳草。相將過一春。伴余忝潔史。字汝曰靈均。飲露無餘滓。懷沙是舊身。不須嗟宛在。脉脉對伊人。

辛卯

蓬萊道中

出門屢屢强幽尋，倦鳥搶飛終不任。芳草初齊無遠近，桐花落盡半晴陰。新畬蒲眼郊原闊，熟路行來煙火深。正值清明偏作客，哀年容易感鄉心。

蘋埭即景

性頗躭清曠，平疇眺望宜。遠風收雨後，新水上潮時。叶夢魚先兆，催耕鳥早知。九天過一聆，靜室在書帷。

又

此境如常見斯遊却未曾雲容疑越絶。山態近吳興。文須柳儀部詩倩王右丞雕鎪名勝地老矣吾何能

又

想像精靈在河山盤履看羅裳靜女佩紫帽高人冠殷地風聲壯（午後多風）迴波海氣寒菁華應未歇猶恨簡編殘（前脩子孫多凋落）

過紫峰先生故居

勇退因何事躬耕只為親先生洵孝子後死仰天民簡易傳經要精微悟性真冠裾已預盤待挹秀林春（秀林先生墓）

先慈諱辰

淚下不能收（用少陵句）吾衰尚遠遊餘生一日恨末路終身憂地濶雲猶隔春歸鴈亦愁兒孫應念我低首奉醪羞

壬辰

立冬前一日宿陀山寺

四紀違兹寺今晨渡石橋尋將躋窈窕暫見樓逍遥古竹分青靄飛泉下碧霄山僧知我至旛影戒壇飄

又

青山對白髮○雲樹亦蒼然○梵響留牕外○鐘聲落枕邊○寒宵生展轉清夢覺流連舊是譚經處焚香更草玄己酉曾讀書寺中

邱友過訪字克淳

君同我甲子老去貌還童却杖詩身健加餐話歲豊今冬大稔便開洛下社共作商山翁相約無迎送時来看桂叢

讀尚書注疏喜而有作

先師曾有訓涵養愛深沉地靜宜稽古吾衰且永今誰言十六字說書萬千心谷鳥欣相和因風送好音

其二

孔氏遺書遠衰周歷漢唐夫子刪書安國注穎達疏傳經何几几流澤豈茫茫淡泊憐眞味希微惜古香北牕松桂響夢寐到羲皇

將曉聞鳥聲樂甚

林深不覺曙好鳥已呼晴似戞湘妃瑟如吹子晋笙能傳谷籟遠併與松風清悔不入林早昏昏過五更

僕子以山藥至

子美劚黄精昌黎掘山藥長鬚知我意傾筐削水玉地鑪疑煑

芝仙嵎勝調兮吾學濂溪翁個中有至樂

落葉

斯楼忻得樹落葉不曾停坐覺丹楓老因知古柏青夕陽遠岫出。人迹空山經。颯沓非関雨。黃昏隐几聽。

燖儀禮

寤歌仍息偃郁〻對斯文恐負明時老休誇晚節芬林巒新意味館閣舊知聞疑誤更須檢鐘聲報夜分

其二

六籍斯為盛勳華世有承相傳　三聖業謂御纂欽定七經傳義親見
百年興柱下吾何敢淹中夙所膺充三禮館纂修搜難偏得趣伴我
短檠燈

三弟璐卿有書來寺感題

勸余歸受祝来日懔無多不吊秋雙泪阜侄、月杪殤何辜爾百罹、愛
兄傾北海哭子痛西河苦語含歡意傷哉問補陀補陀大士名

生辰前一日題

明是劬勞辰呱呱倏遲暮差免膚髮傷苦為形骸悮自憐方寸

心君親豈無負先師顧假年餘生托豪素

許賞夫有書至并寄詩五十韵為壽

老去才難盡（用杜句）相知意獨深自言五百字字〻都從心瀋味

蘭生谷清聲鶴在陰猶憐健筆勢可以破幽沉

其二

斯人遂未第天意竟如何無悶傳三易含芳注九歌雲亭編蔺

盛馬帳俊髦多應有　綸音賁清時正採羅

戊戌

七月十八夜

消溢逢静夜，凉月上東峰。一望稻花秀，涵為秋水容。山深遲過雁，寺古不聞鐘。何處絡緯響，殘更自聽蛩。

七月遇雨步到依園

底事鳥聲樂，須知人意歡。稻香因雨足，竹翠入秋寒。涉園聊成趣，杖藜取易安。憑高縱放眼，斗覺雲霄寬。

八月十九日夕步溪橋

暝色侵藜杖。溪橋立片時。桑麻彭澤話。烟火輞川詩。小水爭灘急。孤雲度嶺遲。為何杜工部。晚歲屢遷移。

中秋後盤菊紅白二種相繼開花

今年花事早看菊未重陽伴桂矜秋色和蘭播國香北書何慢至晚稻喜新嘗廿載邱園客無憂三徑荒

鄉廬

豈有城南宅鄉廬八九間前堂宜見客西室好看山鶩鳴扶杖數柴扉信手閑堯夫香一炷白首憶朝班

弟兄

弟兄皆白首歲晚喜同居短卌兄猶誦長鋏弟自鋤驅鷄看出囯閒盈虛時論古今事滔滔更起予

第九孫彌月姿相端好名之曰松樹

義取邦家貢貞松有夲心因風成鳳舞遇雨作龍吟吾老同衰籜孫枝盻出林圖書都付與囊絕四知金

周官舊稿理訖口占二首

老來書得閒最苦是多忘吾道天中日餘生秉燭光摳衣從馬

鄭方望溪師手授周官析疑簪筆頌虞唐上初元開三禮館余厠名編纂鄭重君師業

周迴不厭詳

其二

祇是心相對韋編恍故人悠然適所願嗒爾非無因三古猶今日千秌共一身思兼良有以恢豁味吾真

年運

又值芳菲節韶華肯改容晚煙歸柳淺春雨入花濃舍外淪漣

水窗中窈窕峰淵明年運往○獨自撫孤松○

羲和

東皇趣羲和爱健行春深魚上水夜靜鳥催更丁冬鳥清明後啼達旦

萬念似灰冷雙眸因鏡明堯夫觀物罷不覺動詩情

即事

山深初過雨五月尚春衣天氣涼如許年光迅若揮叢筠抽密節乳燕學齊飛曉起都無事迎曦坐石磯

早起小雨

徂暑太蟲〻天心人意同今朝来小雨昨夜已終風雲氣千山外。嵐光萬木中。遥憐斜燕羽遠意隔迷濛

誄王文愷學兄

秋氣每增悲春光亦冥莫為君綴誄詩老淚紛迸落君含太古姿肯為塵氛縛亭〻冠山松矯〻鳴皋鶴讀書掇其英至味寄淳意發高文精理自疏鑿遂為識者知名聲動寥廓結交皆英豪簪紳滿京洛咄哉壯溟鯤胡為困一句古人亦有言天爵尊人爵為惠遍枌榆倒廪還傾橐急病乃工醫投方并投藥

惬我濟物心便是匡時略細数平生游不食黃金諾懐德遺子孫他年綬若〻即今庭前樹疇不羨華鄂神交日已多勝會歲如昨遲我文圃山披襟樂莫樂雲將遇鴻濛拊髀但雀躍親舊苦彫零白首欣有託分手訂後期登堂必践約書来勸加餐花朝望履舄豈知十日歡變作一朝愕汪〻千頃波已矣不可作風度留寰區敦夫末忍薄寫心無愧辭持以侑清酌

補編

金魚池口占

言尋柳樹井因憩金魚池脉〻春歸後盈〻雨過時地偏心共遠風靜息相吹到處忘機好無勞難惠施

辛巳六月十三日感題

地圓九萬里羲和日一規姬孔繫乾象健行那許追負此堂〻去烏兔東西馳玄花紛滿眼視物隔褷褵開帙欣有得神者先受之俄頃復昏然沉吟首低埀有如求亡子展轉失根支我末年篤老胡乃明遽衰安得拂扶桑挽兹日昃離餘光冀有助東燭是吾師

梅樹下送甲酉之補陀山寺讀書

種梅將十載梅樹已離披佐以他山石凌空盤逸姿長條弄香雪媚此春暉遲暄風正駘蕩芳馨動我思我思良不遠芬菲須及時卉木尚如此而況人有知深林藏古寺頗與潛脩宜長廊穩徐步曲逕愜幽期眷兹朝暮氣神閑天自隨我昔游其間爾叔復繼之爾曹更鳴和鶴陰即在斯古人亦有言伯塤仲吹篪莫負梅花下慇懃為賦詩

黃葉村莊詩集稿本

耐園即景四首

安溪官獻瑤著

海棠分秋一

輕綃褪落自重〻嫁與西風彈半胸高燭宜燒春後面好花猶帶舊時容曾傳蜀地霞千點只欠杜陵詩一封珍重異香君莫恨撩人秋夜露花濃

素荷宜夜、二

捲罷湘簾趁晚臨花如解語值千金胭脂不染天然相冰雪持看君子心在水可能香隱〻當秋尚爾玉森〻多情最愛陸郎

賦月曉風輕夜半沉

雙峰入畫 三

家近雙峰坐翠微天然圖畫是耶非青隨明月來侵筆秀落寒溪欲染衣向晚雲霞工點綴臨春煙雨望依稀幾回認作屏風看靜對柴荆不掩扉

一水當琴 四

冷冷淙淙彈出誰君聽逝者已如斯調成流水偏無字譜入平沙似有詩恒永漁龍潛起舞月明鸞鳳説相思人間多少知音

侶得意何勞指下絲

王尚卿訪予補陀不遇去翌日小飲芍藥花前寄尚卿

名花綽可比傾城臭味安能及友生采々山中詩一夜離々燈下月三更淮南不獨思芳草湘水無端怨杜衡乘興藥欄還再過林間深處好聞鶯

水口同宋薫三

共折寒蘆驗水痕水寒山勢露雲根半邊楼架虚無地小曲嶺通何處村孤石倒灘鸕啄峽舞帆逆浪鷗翻盆暝煙漸起又依

岸賴有春燈仔細論

吉溪石

飛濤狎慣漸尋常淼石經過托興長峭壁空青迴兩岸小城正黑在中央自開生面迎奇客亂點峰頭拜谷王分得磨金灘底水高吟孤楫未周詳

避風葫山 離建安十里

十里寒塘路維舟忽水坳湅魚吹小浪沙鳥逐輕泡改岸仍青竹人家半白茅建安山咫尺風君引相嘲

釣臺

龍飛鳳舉總非凡九里灘終異傳巖鳳尾頻傳天子詔羊裘不著羨人衫一綵端豈為君繫短啟何曾對使緘慙愧西風縂憶鱠蓴鱸應恐帷歸帆

泊濟寧夜

圓魄如春夜夜添柳絲漏隙賽湘簾廿番花序風生暈半抹眉峰黛露尖野馬光疑浮素簟飛蟲影欲鬧青縑灩泓沁我沂沐水何莫言詩信口占

夜渡黄河

怒痕恍惚見秋濤臘杪淮黄岍未高平蒲星光槎入漢爛浮貝闕月横濛雪崖不夜輝文馬大艑如山汎巨鼇漸覺楚揚風景近深洲淺嶼遍漁舠

穆亭先生使院種梅有詩敬和元韵

癖署亦憐此常収天下春鳴條辭朔雪托類近稽筠南國尊佳樹騷壇興幟人清聲隨玉笛先已動青蘋

陪李穆亭學使游烟雨楼次韵

繞幕蓮花恰繫舟不煩簫管自風流金塘舊按鴛鴦港仲嬰宜登烟雨楼斷續荇菱隨水路微茫草樹出沙洲催詩休管行雲黒早有新題在上頭

呉興舟中即事

蓮塘芰巷両娟々楼榭幾灣到野田纖綠行来皆匝樹尺波将竟亦遥天狎風畫舫窓三面夾岸飛甍寺半邉見説碑亭餘墨妙暫辭鷗鷺聽栖蟬

其二

孤峰物外自蕭然林幕誰知瞰百川久客看山聊永日秋容入望又經年江城縹緲雲低市野岫蒼黄雨過船還向蘆中聽鼓柮筆床茶灶倩詩傳

陪穆亭先生游鴈蕩次韵

陽鳥来時早紀游更逢霜淨走寒流犬牙岸互潜豕豹翟尾旌高映玉虬百道懸泉分澗落两峰暮靄一村收清冰忽化神霊雨是處曾經空翠浮出山遇雨

送徐讓先前輩回宿遷

共乘白黿驂綠螭浙江歷遍揔相隨文先見草忘踰等書重于
金亦不私正喜鳴皋聞子和世兄是冬入泮行賡團葦叶壎吹令兄魯南先生
有書邀歸河冰未下令交手無計繫駒指後期
穆亭先生肅裝還
闕戒行有日獻瑶承誨既久受知獨深悵念睽攜無從考德
輒成數韵畧序鄙懷錄呈削定兼浼贈言
離文忻繼作乾德喜方亨四海慶昌運中朝況舊盟伊巫推世
胄申呂實邦楨賜假因元祀趋班肯後程百年光俎豆奕葉

盛簪纓憶昨星贍斗其時歲在庚通家陳夙昔一顧若平生臭
味蘭薰蕙音徽瑟比室開之以道義勉使重科名校士隨南下
利賔想壮征裁培桃與李投贈玖兼瓊豈獨斧資裕更多僮僕
貞江山無跋涉衣馬有肥羟說劍雖逢趙献琛尚阻荊深秋悲
宋玉羈旅困虞卿荼毒憐集蓼幽憂賦采蝨人都譏落拓公不
改聲評孺子特懸榻樓君兼設鯖嗟予石磊磊羨彼莪菁菁促
膝祛蒙蔽披襟解宿酲譚元遲燭至論史到參橫析理同抽繭
辨疑直抉閎執經固所願殊分輒如驚知已嗟難遇感恩惜未

傾況當臨別日能不瀉微誠雨雪驅　皇路鶯花上玉京公其繩祖武可以答王明側耳風雲會熙康復載賡

萬爾言前輩以詩稿屬定賦贈用元韵

清時華胄晉機雲君父兄俱以武功開閫儒雅風流今罕聞古道何妨自我作新詩端不隨人云鄴侯書卷若干軸荀令衣冠終日薰慹愧未能窺半豹摳衣猶許識斑文

登漁梁

遠看罨曖近看無照日雲煙澹澹鋪山到越王臺上盡水從江

令邑中趣野花滿路開蝴蝶溪鳥對人唱鷓鴣十里平岡登陟好那堪瞻望起嗟乎

蘭溪慰余畏齋

扁舟向晚泊蘭溪回首鄉關入望迷孤鶩落霞江上下夕陽秋水漸東西幾多山色嚴陵好無限星光婺女低夜〻木蘭相對宿客心何事悵睽攜

又過釣臺

青山綠樹晒緡絲想見當年自把持雲路若多超世者龍門應

少黨人碑飛〻白鷺如相識浩〻長江可樂饑六百水程都過眼先生隱處獨幽奇

夜宿桐鄉蔡公子過訪

溪月娟〻又照人溪邊雲樹更精神蓴絲鱸膾他年憶玉露金風此夕親城郭虛疑浮水面村墟强半在江濱扁舟孤棹来相訪猶喜天涯是比隣

泊虎邱和余畏齋

三度春光憶舊遊（三上虎邱皆值春日）兹来偏值蓼花秋綠囊不怕前溪〻

雨趣看斜風泊虎邱

其二

雨退雲收枕簟涼木蘭个个出吴閶問儂何處繫舟好新水池邊有綠楊

其三

虎跡墳空夜月明隔船簫鼓鬧深更如今不唱竹枝曲玉管新翻賀太平

其四

吟過長橋復短橋新詩最可滌煩囂知君筆勢凌雙塔秀奪吳山並玉霄

淮安城口占

澤陂千頃足鮫魚織栟編蒲夾水居隔岸何因聞瀑布河防放閘入新渠

答根侯

致身何幸及明時節操承家應在茲尚友每存千載想獨行恐衆人知頻年多病長相憶此日升堂慰所思風月蕭齋霄漏

永不妨公暇一言詩

壽魯南先生八十

一再摳衣謁後塵兹来猶勝舊精神方知柱下成書者時先生被命作三禮即是磻溪未老身授杖中朝瞻北斗稱觴此夕近王春向時不須公多福況值鍾吾嶽降辰

壽雷翠庭先生太夫人六十

志士重立名立名豈為身鳴鳩懐不寐常恐辱二人先生有道者立名喜逮親朱華被南薄霊萱映大椿婉娩宜高壽稱觴乃

良辰何以祝遐福環珮紆長紳何以頌令德自天賁恩綸惟十有賢子為王侍從臣教胄已三載趋公總維寅芰荷以為衣蘭茝以為紉懸知靖共日敢負劬勞晨以茲仰闈範應是仈侯倫自昔推胎教不徒侈降申即今堦前樹皆為玉與璘菲菲寸草心良可答三春持此長將毋至誠能感神願言錫純嘏庶以式吾閩

閩山高送穆老給假回閩

閩山高兮無極中有深潭兮不測含靈孕秀兮扶輿之氣磅礴

而欝積有美人兮信芳扶雲漢兮分天章朝游兮石渠暮宿兮
玉堂胡為兮歸来製荷衣而集芙裳一　閬山之高兮下有田
疇良田如掌兮泉鳴呦呦秭歸鳴兮土膏流鄰家之人青笠綠
簑兮驅越犢而叱吴牛伊人生兮三樂春課耕兮秋課讀出其
餘緻兮猶足以振頽風而嘉末學二　閬山高兮出雲爛昭昭
兮繽紛班布太虚兮潤物無垠卷而懐之聊以娱悦兮庶幾乎
持以贈君三

承　王賞谷先生贈言即用元韵和　政兼訂誠心堂[illegible]

學

圜橋自昔重鴻儒，不道疏頑容末軀。愧我無能時講業，多君有意善噓枯。絳帷喜接春風座，好句新收夜月珠。最是典型兼大雅，時〻歌詠黻皇謨。

其二

東箭南金豈下乘，深欣京國聚良朋。韓公弟子非章句，安定門墻自準繩。八載德薰都響動，此時文會漸淵澄。聖明即詔更老人範，經師首一燈。

題盆梅

如子甘心者孤山淺水邊為何饒剪削轉覺減天然隙月來窗外寒燈落鏡前猶餘依約態未肯受人憐

又

惆悵家園隔梅花負素期可憐辭朔雪忽地見南枝照眼分明發春深爛熳埀從来官閣興多半是鄉思

海淀口占

碌〻風塵眼今朝暫豁然荷翻新雨後葭亂早秌前白鳥兼〻

鳥高田繞下田應須學杜老終日曲江邊

陪文山先生夜話蒙發唱因次元韻

攬衣無寐步空階清夜披襟笑語諧明月屋梁長似許美人天上邈難儕日来講學尊安定應有流徽近魯齋朗咏知君情不淺宮墻結夢自今偕

賓齋寅老先生邀集芙蓉樓發唱敬步元韻

芙蓉花外夕陽樓神武門西卤陌頭我懶同為不速客君開一

作無心游平添碧水通深洫斜拂涼風下白鷗更有景山晴色

好蕭然草樹欲黔秋

玉蝀橋口占

獨立橋邊久低徊念昔游景山連佛塔水殿接書樓倦去尋青艸閑来對白鷗凉風天末起又是隔年秋

題南陽志圖

萬疊青山一畝居繞簷佳木半扶疎灌園豈是忘機者笑倚南牕好著書

其二

披圖吾亦愛吾廬心事相知十載餘猿鶴不寒他日約耦耕〻

好學長沮

贈　旌表康節母謝太君

五世風猶蔪〻新　天書巍煥照千春先為弱絮詩中女後作

棲鸞鏡裏人不信飲氷非易事想來截髮是前身慇懃疊唱將

雛曲代有生絲綫玉麟

題陳母歐陽太君旌節錄後

瀕手為題旌節詞母儀婦道兩兼之養姑堂上無三宿鞠子〻采

邊少一枝憔悴能完經毀室艱難屢作絶炯炊秪今緯楔[illegible][illegible]
煥應是人間尊淚碑

寄祝　穆亭先生五十

雅望清聲誰得如巖廊名輩每相於三年洛下頻開社五十昌
黎擬著書遶滕鳳孫應似祖學文驥子最憐渠未能歸去登堂
祝遥指台星煥斗墟

其二

別後霜華兩度新知公不負百年身障川東去韓偕李載道[illegible]

歸洛接闈競説雲霄能步武果然松鶴比精神因風早寄淳[illegible]
約擬醉平津閣裏春

送姜上均先生南歸即用留別韵

寰海何人讀九邱那知大業足千秋石渠虎觀因君重孔思姬
情鎮日搜好古可能追柱史校書差喜傍瀛洲無端忽起蓴鱸
興紫艷紅衣動別愁

其二

幾時鶴駕發南州海上靈槎肯再浮忘分自知非汎愛譚、端

擬近清流名山豈為人青眼吾道何勞石點頭無以贈君　屡
我追歡歲月已三週

紅葉 館課

萬花千蕊艷朱顏未審經霜葉更殷拂地初成文繭色焮空微
帶鸕鶿班芳菲綠橘黃橙裏燦爛明霞落照間何似金臺秋景
好上林無樹不堪攀

其二

覔句停車托興同不煩彫飾見天工莫嫌秋色輸春色可愛深

紅賽浅紅金井徐飄流暗水玉楼斜度下西風欲知爽氣浮襟
處揔在丹楓紫栢中

賦得秋澄萬景清館課

極目長空静圓輝一鑑収虛疑銀漢水遍洗玉堂秋湛〻金波
爽娟〻素影幽遠山青屋角零露白楼頭潭徹絲毫見煙消纖
芥淨清思楊柳岸古意蓼花洲逸舉瞻鴻鴈高標望斗牛幸依
氷鏡朗萬象恣羅搜

将出都

塞鴻北向燕南飛終日思歸今始歸葵藿有心春杲〻松楸無樹夢依〻祿雖逮養千山隔仕本為親五載違寄語蓴鱸休戀我此行未暇理漁磯

出西安門

玉蝀橋邊回首頻景山〻色欲留人桃花片〻風光早柳葉絲絲雨露匀虎觀門通西苑水鴻都地接上林春鴛鴦翡翠如相識小別何能不損神

題晚香堂次安溪相國韻

宴客堂開此勞軍龍山佳會擬平分菊栽陶令潯江秀詩製杜陵蜀錦文紫艷何人憐晚節黃花從此沐遺芬升堂疑有英靈在隱〻簷端三素雲

其二

閒游喜過武康軍讀遍殘碑屆夜分好句何曾輸永叔高風真不減希文天雄舊治亭臺古鄴下新詩翰墨芬最愛榕村題壁處紅雲人到説紅雲榕村詩云嘆息超然望五雲

訪宿遷徐讓先口占留别

握手懽從何處陳匆匆卻怨別離頻音書寄去皆無誤消息已傳来半未真寂靜門庭徧灑落淒涼情事共酸辛偉長中論遺編在校理如君幸有人時方校訂魯南先生遺文

朝亭為穆亭前輩詠

方丈瀛洲亭裏客曰歸選勝作朝亭向陽只為春芳早迎旭常邀日馭停傾去葵心思絳闕移来槐景念彤廷閶風岫列仙人掌東甲峰開翡翠屏萬疊千紅古氣象五光十色驗儀形銀塘迴照環清泚碧水流香發遠馨尋到真源皆混混羨君平旦每

惺惺當軒更愛初更月玉宇低垂帶列星

村居旱甚偕妙上人步禱龍潭歸而雨至口占誌謝

禜雩原不是荒唐川嶽由来鎮一方纔見雲頭驅列缺俄看雨脚舞商羊生逢盛世宜神相里有嘉師羙德香多謝高僧懃意禱好將昭事勸維桑

祝芸軒邑令壽

碩望摽山左仁風扇海疆三升周愷悌四考漢循良尺席行徵賈攀轅願借黃金沙仙吏蹟鷄舌侍臣香勝事逢年壽嘉辰爰

日長台星輝井宿南極耀文昌自古岳鍾秀群忻天降康[illegible]膺
君子壽頌美魯侯臧景仰推前輩謳唫樂故鄉藍溪千萬台[illegible]
手共躋堂

李太宜人壽　長公子是秋中鄉科

文星輝斗極瑞鳥度西池介壽逢家慶成名仰母儀音徽齊仉
湛閥閱侔姜姬夙禀河洲範来承京室規珩璜原嫺禮藴藻更
明詩紫鳳翔丹闕朱華傍玉墀繡裳看補衮簪火佐黻黎鸞誥
膺　天錫龍箋綴　膺詞春風生帟幕和氣藹門楣北寢

霊萱茂南山樛木埀雝〻千祿降棣〻室家宜况復如賔肅真
成有穀詒和丸勤課子設醴以尊師昔我游王國親曾領絳帷
九苞何燦爛三秀総葳蕤屈指壽添屋周星歲一朞欣當燕喜
日恰值鹿鳴時金樽傾琥珀瑤斝倒琉璃願唱將離曲同聽鼓
瑟吹寶婺長絢彩百歲永齊眉

十一月初八日發泉城

黯淡欲沾巾高堂鬢已銀心驚如有繫道阻况無垠盐水方[illegible]
渡源山復問津虹橋浮水際鷲寺壓江濱地比鄒兼魯家苛洽

接閩紫陽曾過化韓國侈生申景仰瞻星斗低徊爱藻、蘋、翔翔、
初發興觸緒又酸辛獨鶴鳴夜半群鷄啾早晨張燈照不寐、、
月及初旬攬緒如抽繭迴腸似轉輪愁聞風簌ミ怕聽烏鄰、
已是他鄉夢真成客子身年華何偪仄人事忒逡巡六十度斟
舍七千里羈人計程須漢數憶事暗傷神昨者牽衣拜跪聞誨
語諄皇華稱見義四壯乃當仁況爾承　恩渥何曾仕路屯
鳳池方搢笏虎觀復垂紳盛世翔鸞鷺清時炳鳳鱗奉公當式
敬任職在惟寅勉之筋力弛自昔國家均收淚就長道精誠祝

昊旻願将北寢樹永比南溟椿庶幾離愁遣聊将别緒勻王孫
終念趙公子永思秦北客猶憐蝎南人尚愛蓴陟岡回首数釆
杞望雲頻得句雖容易含情總未伸從来游子恨多半是冬春

二十日下建舟

江峰如熟識好處揔相關終日錦衣巷遥瞻烏石山買舟宜一吉
約出郭蚤開顏百匝南溪水今宵始一灣

舟中遇雨

陽生春意早入夜雨斑斑白漫灘頭水青遥對面山舟軽忘地

窄帆遠羨人閒隱几隨鷗鳥離情漸覺删

蓮花石同余畏齋聯吟處庚申冬北上再泊舟石邊因

十二韵寄畏齋

昔年石畔賦蓮花玉麈金春發興奢我愧昌黎吟艷彭君同東野吐天葩高疑一柱凌銀漢秀擬三峰落暮霞照夜真成傍趙壁支機便欲借張槎依〻帝子来湘渚隱〻神仙護絳紗至寶由来無斲削真姿自昔謝鉛華看如石鼓非今玩未得桐魚且漫撾秋水依然涵菡萏伊人無那隔蒹葭枇風想不輸三彭垂

露也應同八乂問道下帷追董氏懸知入室有侯芭畏齋時掌教潮陽雙魚隔嶺何迢遞獨夜望風頻悵嗟惟有青楓江上夢可憐冠蓋滿京華

除夕前一日丹陽待潮次陳一侯

楚尾吴頭久擅名早潮初退晚潮生繫舟楊柳樽前緑起舞寒鷄夜半鳴春去春来游客恨江南江北旅人情高歌一曲春山暮愛子波瀾獨老成

東阿早行賦得鷄聲茅店月

寒雞啾四野茅舍月凄清澹々和霜白離々照客行金波空外轉素練馬前橫黯淡疑將夕朦朧漸向明遥塘分浦樹近水[illegible]江城銀礫星三點銅龍漏五更膠蕭啼轉急潋灧魄終盈奈是無心照翻如有恨鳴奔波縈旅緒寂寞動鄉情周道露華窑板橋人跡輕轔々遑假寐肅々且宵征所喜長安近清輝接鳳城

祝林年伯壽

九牧簪纓舊三山甲第高大年稱國老小隱勝仙曹逸興傳金谷休祥驗寶刀芬芳丹桂樹婉娩鳳凰毛共祝徽聲遠還看

睿語褒通家欽碩德惇史重英豪擬剪天孫錦兼投曼倩桃年年逢此日開宴醉香醪

站班歸口占

認識花磚趍立班屏開孔雀仰　天顏協共有象明初日拜手無聲肅袞山珠履聯翩皆北上黃封不動只中間一聲清漏分朝刻緩步相隨出殿闌

螢

熠〻憐丹鳥中宵到處飛抱明能耀影向晦若知幾最愛侵書

幌偏宜坐客衣穿花增晃朗映水尚依稀吹焰因風急生光覺
月微井欄添个々簾角弄輝々宵燭看疑似珠光望却非離又
方炳煜腐草也生輝

將到索園

行吟愁未穩已近索家園密樹疑無路青山恰對門摳衣防石
角印履認苔痕猶憶前游夕銀缸覆酒樽

祝張少宗伯夫人

女宗推世婦自昔羨春卿翟茀中朝貴鸞封累世榮皇娥來鼓

瑟嬴女佐吹笙兹夕鳴珂里雙〻紺斗明

中秋讌集同穆亭前輩限韵

秋分憐漢迥夜靜覺天低酒榼邀佳侶詩囊喚小奚花香飄桂子樹好種菩提玉斗皆環比金波未墜西何須銀度燭差勝杖燃藜潔白瑶華比晶明蚌彩齊依稀看月斧彷彿辨牛犁故國蒼葭遠長安露蒴萋歡隨漸逵雁如對辟塵犀吐氣成丹鳳蓄精類木雞泛槎聞有客奔月豈無妻不醉虛今夕相將倒巨蠡

閱吴覲揚封章口占三首

江河日下説頴川縱有昌詞見一邉如此千言傳寓内直教萬仰攀高天昌黎何意偏譽惡閲道虛懷只好賢慚愧懦夫無寸補君謨紙貴憶當年

又

信有良材可濟川一聲岡鳳五雲邉封章傳誦千秋日士論謳歌起尺天草秀堯階能指佞莪菁周代合多賢馬陽應許推同調臺閣風生緬昔年

又

皇家天佑福如川濟〻日邊更海邊喜有驊騮開道路行看鸞鳳藹雲天烈聲自古羞千諾讜論猶堪紹四賢臣直今朝逢主聖樹人共祝萬斯年

泰山夫子命題小照

寫出光風霽月姿吟風弄月是吾師孔顏意思超然得申呂勳名固有之蕉葉拈來清夜後黃花靜對晚香時乞身只為青箱在麟角振〻欲課詩

讀杜

兀兀幽探似子雲長年憂國鬢如銀文章能事真千古騷雅諸家萃一身江漢倒傾原有本嵩華挺秀總無隣邇来頗識多師意不薄今人愛古人

讀曲江傳

塵外置身百尺樓逢時便作濟川舟姚張奨賞非同氣伊呂平生第一流只道端凝推遠識可憐吟嘯為消愁翩翩朱鳥淩空影萬古雲霄仰故州

讀宋四家詩

生香口頰彌難厭只為偷新字句尖壇坫何人推大雅風流餘幾愛清纖空閨描繪冰和雪誰道光精兔與蟾千古寸心爭得失青燈無寐映疎簾

二

長吟反覆夜厭〻疑有江花到筆尖比似西崑丰骨俊居然天寶調頭纖春芭熳爛提紅藥秋露風凉碧玉蟾寞作名家聊學步敲推每〻月窺簾

讀劉長卿集

不用金支并翠旗堂〻正〻冠當時杜韓入坐推先輩温李同稱似小兒雅丽春風瑶樹長鮮新秋夜露華滋五言真覺詩城壯秦系偏師那許知

讀王李詩集

傳来佳句難躋攀疑有英靈筆下還領秀天台森八桂標奇海上現三山騷聲漸入黄初境格調如聞顗慶間堪咲後生勞指摘風流終古動江関

初一會講

諸君卓犖復崢嶸，談吐皆成白雪聲。説到同心真似面，看来衝口却忘情。一樽綠酒清言下，四壁奇書古意生。擬讀萬過鈔萬遍，長燈檠對短燈檠。

其二

華子歲宴念崢嶸，佳會願聽好友聲。説理平心緫有味，譚經聚訟即無情。懸河方喜雄辨起，翻水旋驚異論生。自嘆真愚無一語，且須靜會守燈檠。

初秋早朝

釘〻銅漏報殘更千步街頭見啟明宮樹朦朧分夜色城烏嘎啞帶秋聲燈光正對月華麗詩思偏宜朝氣清却憶唐人朝省句玉珂珠履聽雞鳴

白秋海棠

冷香幽艷賽春花雅愛紅英忽白華我道伊人秋水濶人言仙客玉堂賒湘梅絳雪開茲夕月兒元霜搗甚家應是金天西氣肅滿空蟾魄落雲車

得四弟書

由来家信萬金比到手如披五朶雲毋健含飴萱永秀兒馴就
傅豹呈文森〻玉樹向榮勢欝〻高岡露錦紋空外鴈聲何嘹
喨雙飛鳴和正堪聞

十六夜太常寺有事歸路口占

路轉高頭委曲尋軽車流水走花陰碧天綠幕低仙宇紺斗連
珠綴禁林漏下三更聞殿角月明千步滿街心退之苦效玉川
體且喜重華彩暈深

霜降

葭葉露寒一夜霜美人纖手剪驌驦豐山有信鐘鳴呂朔鴈傳聲律換商遍染黄花無近遠髙凝仙掌豈尋常銅盤更愛瓊花落雀舌閑烹對月嘗

菊

籬角牆腰本色花插頭未許近瑶珈醒携陶令三盃酒醉試盧仝七碗茶香遠寧輸蓮出水影疏欲共竹籠沙新吟舊詠都搶遍鄴下秋容句好誇

九日詠菊花 擬唐

挿茱逢舊節采菊愛新花試問黃金苑何如處士家白雲垂到地秋水澹無涯應是琪園產秋星落梅槎

四十歲生辰

四十年非只霎然自慚無力向高堅風車心放安何地繭緒愁來落底天調古幾人彈寶瑟匣空我亦廢朱絃頹波從此益東注莫對人前說障川

十一月初七得秀卿閶門信

京華訛語若淮陽喜子書來穩度黃東道滿途皆世譜南歸從

此少風浪征車容易星霜過故里懸望日月長屈指白雲将到

眼高堂早暮問行藏

初八夜見月口占學温飛卿

蘭省焚香惜離群舉頭見月夜初分閨中兒女鄜州夕笛裏關山塞上軍工部吟来添白髮龍標隱處有孤雲那堪落葉翻踈影驚起啼烏斷續聞

杜集再題

新詞麗句勦閑西不數空梁落燕泥萬象驚心紛變化百靈愜

意每提携興来伸紙飄然得愁去長吟爛熳題試問三唐誰繼起昌黎差許斗山齊

得家書

獨坐無聊頻捹卷暖香半炷裊爐烟每嗔烏鵲音斷忽喜燈花雁信傳兩字如金翻覆看百篇摛藻從頭編人生信有天倫樂但苦歸無南畝田

對月用義山韵

殘菊蕭騷嗅可憐衰荷那有葉田田屋梁夜落青蓮影馬首寒

高賈島肩露白金莖懸趙壁風清玉柱起湘絃思家不寐尋常
事對此淒涼更少眠

賦得水始氷

稜〻肅氣礪臣能履薄誰人不自懲蟬翼微痕着髩鬅魚鱗少
浪怕奔崩漫堆金井供消渴待貯玉壺占得朋寄語南池風始
厲少年莫認作山凭

伊年伯壽

共占建節歲華長攬鏡何曾鬓有霜此日生風傳白簡當年起

草入明光郎君揺筆賡鸚䳇上客徵歌看鳳凰恰與眉山同月
降鶴南飛曲且相將
雪晴入紅城口號
初過西城更北城萬家瑞雪樂新晴紅塵化水將襟洗粉壁凝
華倍眼明天上無如金闕逈人間信有玉堂清瑣闈應奏詩千
首揔爲先春賀歲成
擬唐
年芳欣霽色鳳輦出都城乘氣行時令觀風驗物情塵消初罥

過陌潤覺天清麥秀連塍起荷新逐沿生團々花露湛毿々棕
雲平順動原師古施膏豈為名萬家軒外見雙闕日邊明垂象
堯文煥謳歌滿玉京

賦得殘雪在樹

照眼寥梢寒影封枝々葉々愛雙清踈麻如折堪貽佩玉樹當
前擬報瓊似絮撲衣添嫵媚先棋綴蕚兆芳馨猶疑皓魄空中
現斜拂南窓澈夜明

郁卿寄入泮書并試草至適冬至朝退喜題寄賀兼示諸

弟

香烟蒲袖出明光驛使傳書来遠方夢艸汝今稱俊秀折梅知

我爱文章共推祖德占三捷已見天心復一陽為報弟昆須蔚

起較量宮線覺情長

到禮館感題

下馬摳衣問窓申驚時話舊暗傷神藏書室已經三徙譚礼朋

来剩四人山色依然宮殿古年光倏覺鬢毛新瓊花蕉葉皆堪

賦相對無詩懶是真

其二

又到西華踘軟塵暄和天氣爱芳晨未飛薊北三冬雪頗似江南二月春片〻丹楓垂鶴頂微〻青浪蹴魚鱗空中白塔燈期近屈指浮生訝昔因十月廿旬京師白塔燃灯

初五坐班

東轉雷聲紫禁開軟塵飛不到蓬萊黃金葉下仍拖柳白雪華殘訝落梅赴壑流光驚似水吹葭暖律驗浮灰閑吟欲把詩供史五色雲邊春漸回

大朝新定樂章

促漏殘更疊鼓吹玉珂珠履一時來光添白雪蓮花炬律動黄鍾緹室灰正喜和聲新案黍預知仙饌早調梅先春從此祥風轉内殿嵩呼獻壽杯

看鈔鄞文襄治河奏疏

奠川誰繼古司空競艷文襄果不同語可回天經事久河真行地見才雄千株楊柳淇園竹一抹金堤瓠子宫火速傳觀宜永鑑桃流安穩度春風

雪水烹茶用東坡韵

雪水勝如活水烹，未須着口已心清。湯看蠏眼初開鼎，葉煑蓮鬚細入瓶。蒲頰生香知臘味，一時高唱起春聲。思家不寐尋常慣，共對瑶華聽鶴更。

雪水烹茶再疊前韵

雨前茶向雪中烹，雪碧茶香澈底清。疑有春風生獸炭，勝邀明月倒銀瓶。黑甜遅入梅花夢，白戰交霏玉屑聲。猛省年華真逝水，地爐夜夜煑三更。

冬青拈韵

禁省傳佳樹經冬自古青爐煙飄藹〻環珮拂玎〻影落松千
蔭陰連竹数莛最憐春院靜覆水對香萍

憶阿酉

書報平安懷抱開隔年不見我思哉頗憐秀色眉間現敢道異
香天上来觸眼寧馨愁只睡誰家啼咲夢初廻人生莫大青箱
業驥子通兒才不才

除日得家書（東坡韵）

朝来佳氣動簪紳雙鯉銜書過航津三百旬中歡喜信七千上外太平人即令柏葉尊前好明旦椒花屋裏新海國燕山均雨露長垂鸞鳳拱楓宸

步廖伯亮守歲

故鄉萬里今宵會猶勝寒燈照不眠竹葉敲詩宜永夜椒花奏頌羨當年星回斗轉物華好主聖時豐愁思蠲正喜傾盃嫖漏促珂聲催我早朝天

穆亭前輩見示守歲次韻之作再和

猶記初元當此夕論文直待五更眠壎吹篪和真雙美雲散風流便七年坐對後生催我老非無俗累到君蠲燈花又向椒花爛合有　綸恩下九天

疊前韻

擁衾無寐由来慣此夕何能穩枕眠華髮驚看非壯歲初心日負惜流年友因文會愁頻減事逐春生累未蠲且喜條風雲外轉屢豐佳兆卜堯天

得静夫守歲和韻詩再次韻

閑門猶未息群動今夕長安誰早眠喜子青雲知爰日嗟余幸髮頰加年人無再壯書難補才豈長貧債易蠲詩有客中無債之語故云轉眼韶華新甲子佇看鵰鶚捩高天

正陽橋雪後

白雪又鋪長樂苑東風斜度正陽橋五更曙色雞聲早撲地秋雲馬足驕行慣天街翻覺遠分明花信不勝遙西山朝退晴光滿喜帶　恩波下碧霄

社日

夾鐘初中律春史更占星靉靆雲低殿曈曨日滿庭天心徵百
福地德保千齡吉土脩先典農祥恊礼經答陰呈秀麥報瑞茁
新蓂拂面風含潤知時雨効靈稑穜看甲坼宇宙益清寧巳卜
神人喜同歌黍稷馨陽和敷六合厚澤比湑湨歲稔先簮輂倉
庚正好聽

御製元旦試筆應制

曈曨日色翠華邊萬國呼嵩
黼座前雉尾徐開金扇影螭頭細裊玉爐煙三登有象占豊歲

六甲循環紀亥年秘閣小臣欣拜手
皇衷無息合純乾

上元坐班大雪

連雲閶闔欝嵯峨更帶瓊霙曉色多燈火通宵原不夜月華今夕較如何已欣湛露傾堯酒擬唱陽春賡舜歌一路天街淨似水花驄蹀躞聽鳴珂

上元夕周衣亭王貞齋招飲口占

對宇差堪慰索居倒衣高枕似吾廬多情公瑾三升酒得意右

軍一卷書紅燭罷燒因快雪青燈獨坐恰招予莫言促膝尋常事好友良宵興有餘

曉起聽周小郎誦書聲

都城春雪冰河柳故里東風露井桃歸夢那知潮水濶誦聲似報日華高琅〻幽韵盈黄卷朗〻清音動素豪却憶兒曹相去遠通家空羨鳳凰毛

貞齋看柳御河得詩索和步韵

高梁橋畔玉河濱千樹楊枝恰鬬新且漫東風飛白雪可憐得

地揔陽春鞭絲影落朝天路金縷歌催載酒人也擬展衣并索伴肴君披氅步龍津

二月初八出西直門望西山

開春此日望西山佳氣氤氳納袖間看去經年真似夢乍来對面早相關雪花半已消金掌霽色端堪照玉顔荏苒長安塵撲袂開襟羞説是仙班

太皇廟寓直早起

到此疑天上雲宵惜羽毛柝聲丹地静燈影佛窓高紫荔垂青

綬金魚動素豪銀河還隱〻春色問仙桃

自西山回寓口占

六幕天低野千絲柳映城飛鴻皆北去宿燕復南征覧物騷人思驚春故國情年華將半百容易不平鳴

古鏡

四射圓輝斗室中菱花對面度春風鮮盤赤鳳來秦殿曾照山雞入魏宮萬象如雲都索照纖埃流影豈難通美人夜半褰帷看湛〻靈光那有窮

又

珍重收藏寶匣中紅塵容易撲西風明星將曉芒埀地皓魄當霄白滿宮秋水一方知可鑑青山入畫覺難通年光催我成潘鬢錯恠菱花恨不窮

圓明園直宿

閶闔雞知候簪紳待曉過依〻斜月近剪〻陣風多正想花迎珮翻疑馬弄珂思書真不寐報稱愧云何

其二

紫陌朝天路今春兩度過濫竽慚技短雕篆苦才多白雪融仙草黃鶯動玉珂低心師比興未敢學陰何

賦得簫聲吹暖賣餳天步周衣亭館課韵

初過寒食又清明陌巷簫吹逐興生楊柳折來原角調玉龍吟瀫捴春聲何須羯鼓鼕鼕急已見榆烟冉冉輕共說賣餳天氣暖廿番風信百花榮

送莊彥三之任廣東

奇氣直淩歐冶劍古香似撲羅浮花果從越嶠飛青鳥曾向延

津下絳紗海國風行資講誦南州俗敝重桑麻愛君因作贈君
語翠鳥明珠敢對誇

貞齋入直折杏桃二枝分贈并投絶句二首索和

開簾日影弄輝〻怕說風花一片飛聞道宜春紅勝錦羨君揷
得滿頭歸

又

折枝贈我及芳辰疊〻清詩太迫人欲把江南佳句答江南那
比上林春

入朝坐班歸買花二種口占用太白韵

春隨斗柄歸天上路繞玉河来　帝家輦道不嫌侵碧草珂聲正好蹋銀沙思尋仙侣逢招飲剩得閒錢報賣花綠蕙紅蘭香未歇風飄萬點漫長嗟

坐班雨晴天氣甚佳

依〻蓂莢落仙臺荇葉萍根一對開水淨涵波雙闕繞山遥積翠九華来青蒀滿路郎官退紅葉翻階騷客廻雨後上林知有賦

君王應問長卿才

萬壽午門行禮時

聖駕東廵

天門巨牓耀黄金聯佩呼嵩遶禁林舊鎬萬雲都北護新豐紫

氣正東臨衣冠已遂瞻雲望葵藿真懸捧日心獨有千秋傳寶

鑑西風吟誦憶恩深

遊金山寺 用東坡韻

逢人開口說金山盡道登山勝觀海一水可渡豈蓬萊幾度楊舲山宛在此行乘興陟盤陀携樽邀侶水無波妙高臺上超然望蕭蕭木落遠山多更窮絶頂数舟楫王灣佳句傳海日坡老偏誇落照奇魚尾燒空晚霞赤萬仞石梯俯動魄郭公墳前潭正黑廻欄四週覺眼明仰視蝸房輒心驚未經遊處眼相識一石一花舟中物十載看山今上山山靈笑我真痴頑人生良游烏可已日暮歸帆阻風水遇風幾不得還

高郵湖岍

驅馬興悠悠，揚州復盂州（高郵古盂州）。日行楊柳岍，勝坐木蘭舟。荻樹排烏鵲，蘆花帶白鷗。搴芳吾有念，無奈過深秋。

飛雁謡（用韓昌黎射雉韵）

秦郵不見山，突兀萬里燕鴻看出没。行行直欲寫青天，前趾未飛後不發。人説今秋雁最多，稲粱棲畝壟交加。一飽衎衎無所競，琴柱相挨箏柱斜。淮南米賤真可賀，日数鴻飛醉白藜。

霜柳

寳應堤邉楊栁枝萬條千縷緑絲〻經霜忽作鵝黄色恰似春
来初吐時

苦風行

来時常苦暑徐方蒲禾黍歸時常苦寒楚天木葉乾原野蕭條
何所有土穴風高吹馬首安得淨洗沙棠舟細醉淮南桑落酒
紫陌紅塵從此多素衣為緇可柰何

曉發

犬吠遠何村寒飔吹瑟〻残燈凄少焰月落曉昏黑已無蟋蟀

聲空山但人跡

鼇陽晚望

鼇山之陽蒙山陰十里人家窅且深清溪一帶茅茨出遠峰濮簇似故林故林極目五千里曰歸曰歸歲陽止驅馳有毋不遑將髙堂應亦念游子霜月團圓起東方那堪陟岡更陟屺

壽許觀察

原是温陵一部民摳衣何幸托輶輪幽江風度懸標遠瓊海文章隔代新棠樹已栽藍水蔭梅花初發嶺南春祝公多壽自天

錫五老星輝牛女辰

五言十二韵頌策制府

北闕資元輔南邦紀碩功樹屏分虎節咨牧錫彤弓斗指三台
煥圖兼百粤雄揆文先布德奮武早脩戎琛献鯨波靜珠還玉
水融羊城禾黍茂象郡瘴烟空有脚春皆遍無私化已通寬和
君子度沉毅古人風仙嶠梓桑近炎州星野同謳歌雖嶺外誦
祝暨閩中雨潤曾思伯鴻飛便爱公難忘瞻仰意歘氣迴来東

校士濤江水戴明府嘉什奬勞即賡元韵誌謝

搖筆江山便興酣雞碑令緒早肩擔昌黎望重星之壯子厚風行嶺以南世事迴腸何啻九人生壽後欲兼三爰公私喜屏公爰勞我清詩真解惔

其二

慚愧無能可訂頑典型後進仰高山已聞榻為南州下延名士為書院師便好經將安定頒父老歡謠惟說尹用子美頌嚴中丞事使君妙語不稱蠻看来古道推前輩儒雅風流兩照顔

漸翁三疊佳什枉投夜来一燈獨坐花香拂拂不禁興動

復步二律誌謝

才退每愁説戰酣詩逋久矣倩誰擔低頭便欲拜東野苦思無端惱翁南（放翁集詩雖苦思未名家）如夢為歡能有幾將花對影也成三心清偏覺妙香發擺弄春風肯宿惔

又

童心真不改痴頑日向窗中瞰遠山玉樹初逢公子到（世兄適自都趋侍）瓊枝三見美人頒梅爭散彩栖么鳳柳欲誇腰鬬小蠻乘興何能説興盡鏤金自愧只師顏

戴世兄省覲潯江枉顧並贈長律賦此答之用前韵

鶯嬌柳辮更花酣趁幕琴書不滿擔信有清風傳匹絹共言寶樹賽雙南高科瀛海群推首絲筆灘江可賦三灘江會左右江為三故粤西有三江之稱莫以瘴鄉便輟詠鳴皐子和儘消惔

又

風騷振古化孱頑快覩大山與小山漢代經師原早著吳興詩格總新頒宦遊自愧星為使良會何知客是蠻惆悵皇華難聚首日吟佳句每開顏

容縣舟中夜雨

一夜篷窗雨，張燈莫憶家。王程隨柳色，春汛報桃花。纜動風吹幔，濤驚水走沙。雷聲喧到曉，隱〻訝宮車。

過勾漏山

吏隱亦仙隱，茲都信可家。問津無洞口，避地有天涯。鬱〻幽人樹，飄〻使者槎。全真非不願，未暇覓丹砂。

郊迎　策制府舟中志喜

卿雲冉〻小春回，桂海欣瞻彩鷁來。膏雨宜追周二伯，紀綱兼

揔漢三臺光華灘水連湘水氣象中台接上台恰喜江皋芳艸
茂陽和到處遍滋培

陪　棨制府　鄂中丞　畢都督諸公讌集棲霞寺

曾聞謝傅東山會一席夔龍古未經紫氣當筵霞隱隱清音入
座水泠泠江潭潦盡偏生綠雲岫冬来不改青留與洞天添勝
事七星巖畔集台星

發柳郡使院樓

鷲山磊磊猴山幽正好盤桓不自由祇恐青峰勞我夢臨當別

去再登楼

崑崙關分水嶺題

賓州三日到邕州一水相看興自悠説是無情全有意西流迎我又東流

元日後三日邕江放舟王許二君有詩紀行因用其韵成五言近體蔄二君并諸同志

路難疲策馬波濶穏行舟因我馳王事勞君賦遠遊樽空慙北海座滿愛南州且共尋蘭芷春江左右流

又

他鄉春色動誰不起鄉情荏苒悲年歲依遲賴友生桃花千尺水白雪一江聲幸有簡書暇相將賦鶴鳴

潯陽上元同幕中諸友看月用東坡韻

宦遊苦與寸心違每遇傳柑憶故扉久雨連旬無秸鞠新晴今夕有伊蟻雲頭忽透清光出天外如遲好友歸何似東坡海上望諸君莫惜露沾衣

立春日舟行甚適忽念去歲邕江放纜感成二律示鄧冷

二生并季弟

元暉性爱澄江淨況是清湘一日春且對淥波深勸酒不勞湅雨遠驅塵草青湖外應離楚鶯囀函關計入秦記得柳州詩有興陽和處〻岍花新

又

去年此日邕州道剪燭敲詩到永淳萬里梅花難燕〻一江春水又駪〻天涯伯仲瞻雲客（仲弟亦游宦臺灣）海内師生去國人猶喜擔簦来季子（季弟以去臘廿旬到粤邸）連船連夜話連句

曉發廟頭微雪

箬笠與簑衣斜風灑雪微遥憐湘水濶未覺楚山非燭影思青瑣珂聲記粉闈玉堂天上隔獨自賦霏〻

冐雨行雲夢壞堤上

十里垂楊堤行〻印馬蹄眼明鋪白水心怯過黃泥七澤雲都濕三湘霧已迷傾將江北雨遍灑太河西聞陝西去冬旱

其二

雜花分左右亂樹籠高低蜨每翻〻舞禽多滑〻啼泥滑〻鳥名縱

然非蜀棧一半近天梯何似耦耕者春雲牛對犂

初晴渭北口占

漠漠雲天乍眼明南山帶雨北山晴遥峰好望華尖秀亂潦齊汊渭水清錦字終遲空裏雁白沙長繞水邊城猛然記得唐人語風物依稀憶弟兄温飛卿渭城詩旅雁来時憶弟兄

興平見新月

寂寞黄昏過茂陵征車四望若無憑南山忽送清暉到太乙峰頭月魄升

宿寶雞

草草長安道征軺復指西長愁雲棧峻恰值日車低舊路分鳴鳳新橋帶寶雞皇華聊息偃差勝問津迷

南星夜中

南星雖道阻可愛是山村弦月寒侵户霜峰暮對門檢書消夜永留火待宵温一枕華胥夢何曾車馬喧

留壩曉行遇雨

漢月秦關雨兩經今朝忽唱雨淋零梁州驛騎如星火道逢飛騎甚急

敢怨前山愁外青

雞頭關

到此一迴首，驚心逐鳥過。高臨深不竟，奇與險爭多。怒石垂崩岍，澄潭聚遠波。關南地勢盡，極目滿山河。

刪丹口占

搖落易生旅客悲，征車八月過燕支。垂楊一夜經霜老，莫怪笛聲哀怨吹。

平番道中寄郭申叅

栖霞寺裏頻酣酒介石軒中屢和詩豈料金城相見日猶如桂海論交時思親我已成心病戀闕公新改鬢絲好共留歡仍判袂隴頭青草悵離〻

望雪山口占

瘴嶺秋來仍似夏雪山夏半已如秋自憐宦轍同邊鴈歷遍炎州又涼州

制府尹公畫松裔先生讀書樓自為之序并繫以詩敬瑶同及二公之門覩此如見古人風尚敬步二律

聚時便作散時憂知已真難欵〻謀好折梅花催驛使更憑鴻鴈置書郵吟来應有風生座畫罷懸知人向楼晋與蘭金添故事玉堂詩話問来由

其二

廊廟江湖俱有憂两公心事如相謀燕雲吴岫宜分繪謝筆任詩各對郵（松裔師亦畫冊題詩相復）此日江山疑縮地他年花月共登楼獨憐巾屨難追奉清淚闌珊不自由（時已南回）

淮南舟中即事寄李靖亭

曉煙漠漠雨絲絲正值淮南春去時偏是王孫多别恨十年芳草嘆歸遲

其二

潤上衣裝翠滿襟人家柳色緑深深軟塵真是南天少一渡邗溝盡日陰

其三

剪刀何用剪長江欹枕吴檣對越艘短夢驚醒終覺穩五更蹀雨打篷窓

其四

韭青蘆白好烹魚，我自閑吟兒讀書。但願餘生長似此，慇懃好友早歸歟。

二月遯齋先生枉顧石溪草堂贈詩三章五月久雨初晴獨坐相憶因次元韵奉寄

雨聲夜夜滴階除，且喜晴霄五月初。小水通池新洗硯，濃陰滿院舊攤書。不曾緣客鋤花逕，偏愛為君掃草廬。安得高車重適我，風輕月霽慰離居。

其二

衣香猶覺至今留寤語非貪林壑幽舊業漸荒傷末路初心日悔誤姱脩閑居也恐私家累獨寐難同泛愛謀賴有清詩能起懦知居高尚在千秋

其三

千仞皇鸞翔復栖相門世業重安溪藏書雲洞供抽討遺獻南邦自品題直以文章通肺腑頻傳經術作階梯先生梓榕村續集又倣閩書例纂先正言行錄近又欲梓萊園遺稿皆辱惠寄平生早有歸依願居近榕邨謝指迷

二月初四夜聞雨喜而有作

萬慮深宵盡，空山夜雨生。驟疑傳谿籟，落〻乃分明。久矣冬春来，流不動簷甍。呼兒披衣聽，此是元和聲。松杉助之響，弗鼓琴自鳴。（皆實事）滂沱未敢望，且釋憂旱情。舊痾失何處，莞爾便詩成。

寄答陳浴日寧侯賢昆仲

乍窺眉宇推来秀，今見文章亦老成。夢草幾人能有弟，占星似尔是難兄。頻開藥裹身多病，四射珠光眼倍明。持贈瑶華須記取，擁書萬卷勝專城。

雨中看紅藥又題

谿聲如雨〻如烟帶雨江蘺態較妍何似紅蘭和碧芷偏宜白石與清泉兩三叢裡真香發十二葉中本色傳猶恨濃陰長覆地不將明月照嬋娟兩三叢爛熳十二葉參差白樂天句

聞鴉

杜鵑捴是愛南枝啼到天津意却悲今日聞鴉偏有喜北来地氣太平時

又

乾清宮裏尋常見，此日循陔兩度聞。似爾能慈兼有孝，天邊遥望氣氤氲。

快晴

雲幕收何處，晨光又到門。人心都不覺，天意亦忘言。萬樹如初沐，前溪未改渾。鋤荒宜及早，深護北堂萱。

成雲洞為文貞公别業，癸酉遯齋同年重構書院，甲戌春落成，奉主入祀，敵瑤幸與觀禮，敬賦長句誌盛，即步元韻

吐氣爛如五彩紅，樓遲一壑一邱中。卿雲有象昭南紀，霖雨無

心付太空烟鎖傳巖芳景在月明渭水耿光同東山不負蒼生
望嘆息先生百世風

其二

扶桑萬里海天紅道在清溪日正中曲〻名山應比斗稜〻瘦
石揔凌空傳經廡洞心相印選韻蘆峰調亦同先生雲洞詩用朱子蘆峰韵
更愛榕邨〻對出隔溪堆起玉屏風

其三

梅發新梢杏吐紅鱣堂宛在百花中飛流遶檻春歸海止水當

軒夜浸空七葉貂蟬誇世美三傳編簡證心同紹庭肯構家方
大共說文孫有祖風

其四

百尺丹楹蘸水紅藏經最好此山中東西烏馭都齊軌上下蟾
弓迭暎空三十洞天休錯比四大書院將毋同龍鱗猶是當年
樹桂牖松窓謖謖風

其五

休分萬紫更千紅揔在陽春噓拂中蕭路煙輕和日霽依然海

潤與天空瓣香彌覺丹青肖亟文猶疑咲語同一席湖山環雋
彥今朝歌咏舞雩風

謁榕門撫軍於泉郡行轅退而有作

閩人亦已多如公真尠見仲山本天生吉甫為邦憲仁思惟一
腔長材乃八面任大舟濟川投艱霖愈暵
帝心資翼為民情仰楨幹八佰與四岳一身將歷遍爰奠東西
都勞公綏海甸而我適里居侍親長眷眷頻年負嘉招今日獲
所願追歡何慶陳自咲言語亂夙退恐公勞寫心無半寸纔見

良獨難作歌申繾綣

雲洞礼成辭遜齋田石谿承惠長篇初秋靜夜檢讀感其情見乎辭和韵奉寄

老至如頹波但覺年華驟空山鵜鴂鳴涼月新秋候其時正三更前溪明如畫開実得詩篇故人意温厚不言户牖新只説巖阿舊榕岈山水佳雲洞復深秀泉鳴環珮聲樹作笙簧奏石色與波光可以供枕漱疏鑿記當年一一經指授草堂位其中蒔花分左右松杉親手植洞口濃陰覆老幹聳千尋下有孫枝茂

荏苒幾周星柱穿蜂窓潘遷書寄有承先公願未副感誦壁間詩悠悠我心疚兩載勤經營庶以明肯構繫予別有懷君家多俊胄

盛朝方作人大雅比薪槱祠宇今巍峩講堂可徐就惟先宗伯公平生愛雲岫馬鬣究在巔佳氣劇奔輳一水泝源流千秌歆俎豆茲事數善兼承先并啓後我更陳其私性頗耽岩竇臨水樂魚游在陰看鳥伏藝苑夙棲遲墨林供獵狩紛吾廣搜羅何曾細討究相知在知心覿面只邂逅稽古應亦然微言要參透

逢源而資深六藉乃紛奏摛華遺其根譬之鞶帨繡官遊走東西業荒彌孤陋四十九年非一往不可救亦願假一枝宮墻窺美富吾道既在茲斯文光斗宿餘年曾幾何那堪更滲漏相戒還吾初共釋門庭寇金風叢桂生擬作干雲扣

牡丹 用東坡有美堂韵

萬玉叢中兩朶雲詞人錯認欝金裙春光黯黯風生暈艷色深深水醮紋檀板金樽掐學士羅幃繡幕伴将軍石谿書屋何来此爲乞巴戕寫十分

和蔣觀察題廣柏府重建洪山橋韵六首 代薛湑山

旗鼓峯高兩岍迎家家競上洪山橋不須楊柳春爭渡最爱桃花晚聽潮紀事往畤環玉帶銘功奕世珥金貂少施平地成天績総欲吾君治配堯

其二

溪瀑乘風震撼聲海濤横溯越王城天鈞黙轉珠宫静水鏡髙懸貝闕明駕浪猶疑麾玉蝀安瀾早已掣長鯨繡衣為政真如

砥萬頃汪波氣象濴

其三

環壁流金（橋名見西湖誌）製一空齊誇匠巧即天工連蜷不藉黿鼉力縹緲無勞烏鵲功河伯驂螭勢夭矯水仙曳珮聲璁瓏喧騰最是落成日人喜神歡壽　我公

其四

聞道行春幷二難隨風珠玉試憑欄青龍白鶴杜江部秋水長天王子安題柱何人能似馬障川有意欲師韓西湖一路添芳

景問柳尋花待興闌

其五

持輪大雅末榛蕪十子風流早並驅如此江山多淑氣果然濱海盛文儒雙虹落處吟仙客駟馬歸時迓大夫但使迴波能砥柱天池變化望搏扶

其六

官箴吏則與民宜夏令橋梁是政基深意如同申巽命大書便可載豐碑雲容水態中和日帽影衣香暇豫時感念恩波千尺

許石欄點筆人〻思

壽徐弱亭

蒻亭先生懷文抱質今之偉長余心交已久無緣合并去春通家子李延永寄到先生令孫徵詩壽冊時余適出游漳江遷延至今乃克齋心成長句四章附諸君子後頌德祝壽自愧年衰學落覬先生必有以發我也

殷勤 猶爱北堂萱翳〻桑榆且負暄晚節身名慈母訓暮年膚髮大君恩也知心事同三益無奈雲山隔一尊賈虎荀龍交進

酒璽芝方秀羨文孫令孫兼寄五君佳詠

其二

晩香亭畔望開州余訪李遜齋大名時先生方牧開州六計天官第一籌振古白華矜雅潔祗今滄海説風流樂於為善真無忝病在斯文恐有求懇懇樹人同樹蕙先生為後秀置桂庄欽君忠孝懋醇修

其三

郢中佳話傳庚寅斗正孟陬恰降神辰在寅月群許文章推後起早知驗雅是前身餐英飲露芳誰匹駕鳳驂鸞眾絶倫更有南華

工妙語靈株八千歲為春

其四

已將長被通城蓋又見如山廣廈居延壽有方歸福德大年真訣在詩書何妨興到還跨犢誰似功成復釣魚（用榕村句）樂事百千都俾爾自囏歲晏孰華余

題綏安李孝子行略

蘭生杜若洲青〻秀百草滋為王者香非誇顏色好一朝鶗鴂鳴商聲起西顥朔風隕嚴霜凋零胡太早綏安清絕地芳馨集

仙島李生尤挺出醇姿蔚天造匪獨吐異芬知德自少小疇不念所生殷〻牢懐抱母疾不解衣霍爾謝蒼昊父病沉不醒稽顙北辰禱古人亦有言惟殷憂用老二豎已纏胸尚爾心如擣呼天絕復蘓慟哭百城倒平生守禮經髮膚以為寶如何喪不勝因傷遂致夭劬勞念北堂無計學烏烏披泉從下地留恨終天杳願以身示罰遺音最分曉猶視貽苦衷幽冥何了了遂令聞者傷齊聲欷懊惱有如吊沉湘又似怨集蓼在三本天綱霄漢白日皎辭名〻来求何異矗坊表吾衰閲人多獨秀每先搞

純懿恐遂忘末俗趋佻巧假令天加年妙職能强矯大義儘力
肩微言已泯討體受乃歸全斯文曾閔紹死者如可生姱脩勤
斧藻因風寄難兄占星聚奎昴

西清存稿

恭和

御製落葉

落花細數已無由落葉翩翻且少留郢曲何須悲歲晏汾歌自鮮擅風流染成文錦溥清露恰伴黃金布好秋爭奈山空人迹少滿題詩句慰離愁

其二

未改青青歲暮心淮南湘渚總情深到頭自發三春蕾轉眼便

生六月陰玉樹秋時森幾尺江楓落後秀千尋空階更愛梧桐

老琤若琅玕貽好音

其三

滿眼深紅帶淺紅半飄衣袂半遥空如花布地還依草似雁横

天學拳蓬金井年年流暗水玉欄處處度西風停車小杜清狂

甚覓遍丹楓紫袙中

其四

比似前春未覺殊楊花榆莢幻斯須蟲書認去依稀有蟬影飄

來倏忽無細雨低空疑燕燕疏星匝樹訝烏烏樓頭忽覺青山
現瘦籜寒梢八九株

其五

遠望登高愛晚秋偶因簌簌起騷愁繪聲手擬秋聲賦題壁人
思赤壁艘龐首清詩勞憶栟大風勝事恰追劉須知　睿藻為
觀物無始無端興水漚

其六

旋掃旋生奈爾何披華啓秀嘆才多詩家只道吴江冷樂府爭

傳楚水波與氣原来浮北闕朝陽依舊向南柯　帝城風景秋
堪繪絳淺紅深繞玉河
恭和　御製新秋試筆
梧桐摵〻玉階鳴為報新秋第一聲逈覺堯天隨眼濶高懸舜
日向空明推牕頓有登山興隠几應多覧物情　聖主乾行勤
勸學石渠何幸厠儒生
恭和　御製食荔支有感
丹果無雙記荔支色香味絶擅三奇自從名動　天家玩𣋡羡

根因海國移孺慕已欣天下養鶩秋還起寢門思曲江詞賦流傳久爭似乾文念歲時

恭和
御製秋日郊行

喜有空郊玉露滋濃陰四面柳低垂已聽蟬急因秋響偏愛風涼向午吹水樹雲峰摩詰畫淡河疎雨浩然詩　宸遊不獨躭光景物阜年豐覽眺遲

恭和
御製消夏十詠原韻

愛此香清遠為開四面牕迎風低綠水照日爛晴江葉暗青千

介鷗飛白一雙畫船簫鼓起玉應更金縱　荷

喈喈饒清響因風送更長能生塵外賞翻喜靜中忙緩吹含朝露繁聲報夕陽萬年枝上宿安穩謝螳螂　蟬

倩誰袪熱暑湘竹幾多莖裁作班姫扇能招宋玉風凉颼来袖底爽籟發遥空善解千人愠虞琴調許同　扇

不剪違荷秀池蛙奏鼓齊聒疑驚水馬鬧欲賽莎鷄雨過沙侵路煙生浪滿隄催人深夜起殘月遠山低　蛙

瓊膚并玉質入夜遠光微花蕊輝輝影琴書點點燈流風飛正

急濕雨焰還增喜有文星降吹藜佐爾能 螢

小暑初過後宮中早進氷氣蒸金椀潤色映玉壺凝抱潔心堪
比含虛態若憑清風何肅〻素履勵吾曾 氷

虛白傳靜夜奚須秉燭遊金波輝皎〻銀漢影悠〻迴見澄江
淨經時大火流桂花窺鏡發凉意欲先秋 月

閑雨旋欣雨空青遍遠村生機真不息樂趣在無言綸閣飛絲
密龍渠激溜繁槐陰兼柳暗高閣易黃昏 雨

凉州誇異產綠玉帶芬香熨齒三冬雪清心九夏霜寧輸朱李

好不羨茘枝良拜手榮君賜瓊漿卅日嘗瓜
候蟲如有意振羽待秋歸露重聲偏切更闌聽漸微牽連環四
野一半八踈幃預想宵衣起清心理萬幾螢

恭和　　御題元宵

瓊靡天上喜非遥渠盌乘来香未消磊磊如珠光雪片盈盈賽
玉玉耀冰條分甘最好同佳果摽韵新傳自
聖朝莫説龍團與歲餅分明皓魄滿春宵

風鳶敬和　　御製元韻

雲端毛羽幻丹繒仰面貪看意不競活潑真機飛鳥影依微變

態絡天繩金烏浪説生三足野馬何曾有一肱悟取摶風因海

運圖南便是九霄鵬

恭和　　聖製御園仲春二律

天桃破蕚柳抽梢郁〻菁〻簇小つ紅荳寒軽鸎鵡語朱桐日

暖鳳凰巢花風洒潤来天末社雨飛甘蒲近郊自是

皇心欣對育乾坤生意認羲文

又

春旭依遲上綺牕風箏玉柱互瑽〻門粘紫燕壐青瑣旛剪楊
絲曳碧幢佳節六宮新献種芳年四野起耕耰侍臣敢侈蓮花
炬自惜寸陰午夜缸

恭和　御製喜雨

清和届候麥秋臨雨灑崇朝願永令果沛商霖歸
帝力共知湯禱格天心風生近殿琴三疊翠落遥山酒對斟却
喜
皇衆周四極郊詩諷誦感　恩深

賦得脩竹引薰風

恰是朱明候薰風拂面幽乍聞松謖〻倏見竹脩〻迴覺蒼冥合清將與籟収交柯聲戛擊獨樹響颼飀不信經冬綠翻成五月秋方知君子意宛與故人謀吹律如相待披襟若可求叢篁朱虎嘯孤管鳳凰啾裊篆縈珠網敲簾動玉鈎悠揚經水殿澹蕩到瀛洲淇澳方歌衛卷阿且詠周舜弦今在御和煦繞襟浮

賦得更達四門聰

睿慮恒周遠皇心樂大中子聞資女聽作哲在惟聰献納中朝

盛諮謀萬國同五聲應如響九土妙從風黈塞非充耳齋居在
飭躬芻蕘含遠邇海岳益深崇有覺皆真慧無偏乃至公如天
推聖哲熙古仰神功

駕幸盤山擬和得山字

豫遊樂趣每相關逕轉溪廻岫幾灣雲扈六龍浮爽氣峯盤三
輔拱畿寰鳴珂泉响清堪和列錦楓丹秀可攀問道橫汾秋作
賦何如　賡藻動名山

賦得珮聲歸到鳳池頭七排八韻

赤墀緩步不勝情朝罷人閒逸興生袖裏爐煙還裊〻堦邊瓊珮恰聲〻悠揚多向桺間轉瀏亮遥知花底行徐拂金魚歸左掖遠含銅漏過西清鳳池自昔推仙禁蓬島原来集妙英曲唱陽春欣共和　詔裁雲錦喜初成風廻碧沼千絲縐水漾銀橋萬玉鳴涵泳　恩波銷永日從容委佩對承明

賦得水上桃花紅欲然

節届中和二月天韶華過眼揔千緜緜〻柳色拖烟綠片〻桃花映水鮮宿露含来濃欲滴朝暾晃去艷疑燃染成紅雨飛高

下灑入情波態萬千終日無言長灼〻有時照影倍娟〻霞為明媚高張錦草愛穠芳軟疊氊綽約猶如涵鏡裏翩翩差勝舞風前　上林更覺陽春早源水叢花淑氣傳

賦得政行思務本

自昔民依重如今惠政行減心崇力穡敦俗愛深耕勸相洵當務句宣豈為名趨時歌蟋蟀勤動聽鶬鶊物阜禾連穎年豐麥九莖　賜金忻列郡馳璽寵專城賢書真國寶循吏寔邦楨共喜官方叙三登樂太平

緑筠書屋詩鈔十一卷存七卷

［清］閩縣葉觀國撰

福建省圖書館藏稿本

緑筠書屋詩鈔十一卷存七卷，清葉觀國撰。觀國（一七二〇—一七九二），字家光，號毅菴，晚號存吾，閩縣人。乾隆十六年（一七五一）進士，選翰林院庶吉士。授編修，歷典湖北、湖南、四川、雲南鄉試，督學湖南、廣西、安徽等地。年七十乞歸，里居省城文儒坊北。撰有老學齋隨筆、閩中雜記等。

是集以葉氏書齋緑筠書屋得名，分九集，系年編排，每集卷首題名下均以小字注起訖，自乾隆十二年丁卯至乾隆四十三年戊戌正月，凡三十年之詩。舉凡山川景物、風土民情、居官日常、讀書詠史、感懷悼亡，皆付諸吟詠，尤以遊歷宦跡詩爲多。臺江集名取自福州地名，所詠多早年之經歷，亦頗涉江南風物；瀛州集多感念朝廷恩典、同僚酬唱之作；滇南集作於赴滇與雲南學政任内；嶺右集作於廣西學政任上；垂橐集乃丁父憂居鄉時作；循陔集則居家奉母及丁母憂時作；炳燭集爲晚年所作，時主講泉州清源書院。總覽諸集，可知葉氏歷官各處之情形，於其交遊與夫各地風土，皆可窺其大略也。

葉氏生當乾隆盛世，仕途通達，心態平和，嘗自謂「我拙且懦百無用，閉門往往思自摑」，葉申薬毅庵府君行述亦謂其父「性剛正不苟言笑，然與人交殊藹然可親，無矜己傲物之色」。以其性謙謹，發之於詩，故平和典雅而激憤之氣殊少。晚晴簃詩匯評其詩曰：「圓匀熨貼，極見功力。其七律專學坡公，蓋亦閩中博雅之才，傅汝舟、謝在杭之流亞也。」

是集有乾隆五十七年刻本，凡十八卷一〇八九首，較稿本多瀛洲後集、得槐軒集、蜀道集、江左集、得槐軒後集、人扶集上下諸集，有蔣士銓序。毅庵府君行述所謂「上自鋪揚盛典、容頌神功、鑾輅賡歌、虎幃屬詠，以及星軺官道、雲物家園、抒景言情，不下數千首」，蓋指刻本而言。二本相校，稿本中所作修改，如篇目之删減、字句之修改等，已盡見於刻本。又刻本卷十二有刻詩鈔成因追懷饒霽南吴雲巖沈欽伯三同年二首，可知稿本之修改痕跡乃葉氏親筆。（張美鶯）

綠筠書屋詩鈔 全

清福州葉觀國稿本

福建省圖書館藏書

緑筠書屋詩鈔摠目

卷一　臺江集古今體詩七十九首

卷二　瀛洲集古今體詩三十五首

卷三　滇南集古今體詩

卷四　瀛洲二集古今體詩四十七首

卷五

福建省圖書館藏書

嶺右集古今體詩八十二首
卷六
垂橐集古今體詩三十六首
卷七
卷八
瀛洲三集上古今體詩一百四首
瀛洲三集下古今體詩七十首
卷九
卷十
循陔集上古今體詩四十四首
循陔集下古今體詩一百四十九首
卷十一

㷀燭集古今體詩

綠筠書屋詩鈔

閩縣　葉觀國　穀菴

臺江集 起乾隆丁卯 訖庚午止

擬古二首

矯矯青田禽寔惟仙家驥閒弄瑤池影高振閬風翅皓質匪日浴瘦軀本天畀偶從華表歸俛仰人間世毰毸步露庭夕戢[illegible]月[illegible]娛籠非不寵雲海固其志猶有九臯聲欲和鳳鸞噦

玉騮詎家產昂藏奇志多旦從荆越來夕向幽并過自矜蹄腕異不友驢與驘豈知古騄耳乃涉崑崙阿上有

福建省圖書館藏書

金銀臺五城高業峩行將籲月崫倒景淩羲和回頭顧
玉騮中路殊蹉跎
春暮同人登釣龍臺
軒鋪席餞歸春江連海〻通吳粵
地闢歐基湖漢秦舊塚已遷騎馬客荒臺空憶釣龍人郭璞遷城銘云遷棲歐基相公騎馬
獨憐檻外梁山好百六青峰眼後新
来騎馬去閩僧
尚對忠懿王語
秋齋集詩十二首
我生屬硃明所業在文字藏書雖不多頗復盈箱笥況
嘗人[illegible]清且利散市擷菁英垂綆收棄墜初知

嘗食此淅苦飽羹截聖域[illegible]未窺要足長神智所媿記
不强八九得一二多聞羨子容不須珠記事
祖龍燔帝竹六籍飈聲去為灰漢氏求遺書寶重逾瓊瑰
矻矻西京儒傳注大義詼論功準開國櫛沐披草萊五
星聚東井宋賢起後來微言闡性命窔奧彌[illegible]愜奈何
俗學偏本末少取裁焉嘗享祖禰高曾斥不陪鄭箋及
[illegible]
幽蘭畏自言良玉羞自獻黯下有殘桐安知此材善君
嘲王漢癡乃是通易彦魏舒籌久辱毛遂錐孰爲由來
特達難動假馬幣先所以國士知報恩殉紫電

二

福善而禍淫天道昭若鏡胡為顏與跖顛倒乖所柄昌黎論詰物好惡異人性又疑不省記枯菀勢無定得路升雲天失意在沉阱人事有偶然君子道其正祚[illegible]江聿至今為美談所見[illegible]隣龍門雖云峻蹤踏羞呈身林宗本佳士何必借片鱗同舟如可誇爇竈亦堪因丈夫要自重抱關甘食貧胡為苦攀援賤己而貴人

詩家建旗鼓惑衆為大言中晚不足學何况宋與元虎賁雖貌似不返中郎魂豈知九派江同出岷山源燕環各[illegible]華去聲均言尊々師是汝師杜陵詩句存但當

擇珉玉司事區蘿藩
國風微而婉二雅裔以皇體裁固自殊難可尺寸量聖
人均手錄圭臬存篇章奈何談詩家所見拘隅方上乘
貴妙悟科律嚴且詳使事犯指戒太盡來譏傷偶然涉
議論嫌與性情妨嚶咿敲細響肴黙搜枯腸於風或有
取雅材嗟已亡
嚶嚶樹底鳴下上求其偶維彼蕙與蘭結根以幽古
人重麗澤講習仗朋友退之一代人郊籍契最厚秦晁
淮海彥並爲蘇門有匪欲借光華寔賴刮瑕拈岳龍涯
上下苻莱芼左右吁嗟後世賢此道缺已久

三

讀書期致用修綆成經綸勳名垂汗竹膏澤被[illegible]民應
嗤佔畢生老敝舌與脣人事難可齊聖賢有屈伸用之
為國幹不用為席珍萬卷擬百城亦足娛其身
富貴固有命名聲亦在天舊聞蕙之晝不亞[illegible][illegible]妍無
聊託塑作三舍避先鞭虞褚書蹟工高岑詩句傳當時
同舍生詎必皆差懸諸公同皦日餘子隨飛煙等之不
龜手得封亦偶然
宋人貨章甫野齋非所收毛嬙絕世姿魚鳥避如讐君
看海畔夫逐臭不轉頭瘡痂或見嗜土炭堪為饈好惡
各有族鄭可物理求

四

時過然後學勤苦功難弋待求炳燭光何如初日明貫終俱年少名譽動公卿白蘇未四十龍鍾先自驚下帷有董相鑿壁聞匡衡揺鞭策蹇駑可致千里程作詩用自勗聡外來秋聲

秋日登九仙山

策策踈林捲緒風寥寥輕靄度新鴻抱城遠碧雙江曲卧地層陰一塢雄丹井草荒仙馭杳石樽苔澀渭圖空書生元有經綸手平遠臺邊紀戰功

建溪

周官載七閩川浸圖莫考無諸始立國草昧在〻造建

哉赤

州置唐祖武德四年置建州出沒半山猿不聞溪嶺間月初誰
通道夏后跡不經道元注未討恐煩五丁排或仗巨靈
斧竊惟開闢無疏鑿殊草草我行買江艇空濶得日早
迢逆泝沙瀨歷歷度雲堡忽驚前路斷破碎巢山倒峣
嶅相枕拄抨擊肆排奔雷霆抉地軸冰雪耀晴昊自省
血肉身何由逐飛鳥麤陳所見並覼縷恐難了矗若懸
壁豎仄似幽衕窈雄疑虎豹蹲奮想鵾鵬矯圓者囷廩
堆銳者刀槍慓俛者兕飲澗跂者馬騰皁其品備甲乙
其色雜青縹頩巔杞面醜巇嶮檜情狡離離斷又續沓
沓貝還抱上有召魂龥吁嘯坐木杪下有垂涎蛟攫肉

待一飽儻然一髮差跂望千金保卻疑灩澦坦翻覺呂梁好區區十八灘汜蒞愧巫小偉哉造化力摶[illegible]為此巧得非補天餘拋擲付溪漈吾欲罪真宰劖刻失蕩浩安得海神鞭遣去守瀛島平流漾溼銀淨淥暎寒[illegible]挂席淩長風攤錢看三老

錢塘懷古二首

割據功存十四州英雄千載說婁留射潮尚荷安瀾力納土終[illegible]係世謀玉帶繡袍歸寂寞錦溪石鏡自春秋猶餘零落金塗塔付與人間好事收錢武肅金塗塔事[illegible]宋居文璞詩及國朝朱竹垞文集

五

泥爲南馳王氣開鳳山宮闕欝崔嵬[illegible]大移都筞
汴洛猶望御輦回他日[illegible]陵無麥飯[illegible]可歌臺
[illegible]復江[illegible]沉寃退後信潮頭早晚来

姑蘇臺歌　董

會稽宮裏門塡土越王句踐出宮反閡其門填之以土事詳吴越春秋姑蘇臺上縱歌舞瑶梯玉城切浮雲南瞰具區北齊楚臨臺妙伎三千人繡幄珠簾翡翠裀就中第一苧蘿女玉顔貌雙眉顰君王罷獵初回輦伐鼓撞鐘趨高宴雕盤行炙太湖鱗翠袖翻歌石城遝銅漏沉沉日易曛更[illegible]蘭燭照行雲東海役臣起[illegible]千秋萬歲奉吾君子胥歎息

六

伯諮笑人生行樂計良杯、誑言黑犬夢為妖况有水犀軍可調朝歡暮娛難具題羅綺場中性易迷豈羨六千君子至臺前咫尺越來溪

渡揚子江

曉渡風烏靜依微辨竹西潮連瓜步濶樹隔蒜山齊溟渤朝宗近岷峨出峡低半帆浮玉路翹首阻攀躋

維揚舟次襍詠八首

鎮淮門外[illegible][illegible]新潮萬岍朱樓瞰畫橋此是二分明月地何人為客一吹簫

歸鴈臨江齊若何[illegible]人臺[illegible][illegible]無多[illegible]今[illegible]有邗溝路

猶帶東時杭渚波[illegible]雁臨[illegible]……路

一坏香土舊埋花生日[illegible]勝若耶[illegible]

本銘許向玉鉤斜[illegible]

平山欄檻接琳宮過客猶能說醉翁欲問堂前舊楊柳

春來幾樹綠搖風

蕃釐觀裏月輪斜尚憶無雙樹影加草木何関興廢事漫

勞遊客記瓊花 宋杜游有瓊花記

逐客淮南竟不還草堂遺搆傍江灣一從白壁爲瑕後

四海何人救對山

南朝舊事笑沙蟲景[illegible][illegible]斷宋室忠 謂史閣部 見說梅花春

嶺上年年寒食烏呼風

琀亭翠館鬬峥嶸豪竹哀絲夾岍清若遺野人題月旦

爭春應不及秋聲清（爭春秋聲皆館名見清異録及名勝志）

高郵晚泊

朝辭帽阜夕盂城遠塢投鴉暝靄生岸樹有風晴亦雨

湖光無月夜還明地傳揚楚諸州脊人憶秦晁一代英

見說神居丹竈在淮南仙侶肯相迎（神居山在州治西）

七

贈摹[illegible]王[illegible]山名卓湖南人

六書繆篆作印章，方填體格傳仲將。方填書即填篆，後亦用之摹印者。後來兼用大小篆，白文朱字隨圓方。誰與好事訂譜史，後有吾趙前顏姜。鐫摹要得古人意，蕤披斂折鸞龍翔。强將弱腕貌秦漢，豈異贋鼎誇周商。柳君骯髒南楚秀，屈蟠蝌蚪羅胸腸。竭來作客長安市，埃塵棲袖眉鬚黃。觧讀石經併石鼓，還辨香察與郭香。有時小試切玉手，及鉼而用善刀藏。史籀陽冰企項背，桃皮花乳堆琳琅。自

從俗書趣姿媚誰師秦相窺頡皇祈年嶧山久湮滮說
文玉篇隨渺茫賴茲小印猶用古奚翅禮器還存羊兢
朴壽匕務青子匕冷球璧在東旁丹砂作尼鈴紙尾千

九

惠泉

乳水空中拔儼然松風蟹眼客因煎頭綱未共羣公賜空封
人間第二泉

虎邱

可橋小泊共追遊短簿祠邊[illegible]夕陽黃面紅[illegible]壓出
石佩必勝真難

二語寫在太白酒樓之後

醉歌

從俗書趨姿媚誰師秦相竊頡皇祈年嶧山久湯滤説文玉篇墮渺茫賴茲小印猶用古奚翅禮廢還存羊蓺林講此務精好比於球璧在東房丹砂作泥鈐紙尾千秋鑒別畱裝潢不見元暉古印記昔人珍重誇諸郎

太白酒樓

采石騎鯨竟不還酒樓遺蹟尚人間平生知己鏡湖客顛頹同時飯顆山紫闥終難迴白日丹砂那解駐朱顏（太白詩浮雲蔽紫闥白日難迴光又詩吾將營丹砂又詩笑我晚學仙蹉跎凋朱顏）空餘千古詩名在金鑾琳瑯照九寰

醉歌

九

有口莫咲於陵李有足莫穿東郭履凍僵餓仆誰復憐
博得虛名作高士君不見秦王宮中舐痔人連騎結軫
何紛綸又不如平康坊裏倚門女翠髻明璫曳金縷褼
衣緩步世所嗤天生傲骨撐寒飢贈袍裹飯古來少焦
先袁安不死亦幾希嗚呼焦先袁安不死亦幾希

滕王閣

飛閣淩空翠岫平新秋風物倍晶明娛遊四美原難再
詞筆三王舊有名世外煙霞梅福嶺眼中衙宇灌嬰城
臨觀欲傲袁州守領略湖山壯此行

過文丞相墓下在廬陵縣羅家山

三尺墳埋不朽身乾坤正氣尚嶙峋從容柴市成仁日骯髒真州赴難辰負骨共多張義士招䰟長慟謝遺民客帆危酒無由酹羅紫山頭草自春

南安道中

地入西江盡山連百粵多雁飛曾不到客倦欲如何千近梅花國清浮竹葉波小村還夜泊燈火翳雲蘿

彭蠡阻風

南昌至星渚只用半帆便胡爲守彭蠡雲月五夕見朝唫對樹鳶夜宿伴沙雁湖神如有意教熟廬山面

愛蓮池

十

舊讀愛蓮說今見愛蓮池棟宇雖零落風流尚在茲芳
隣誰許接栗里有東籬

石鐘山

南鐘聲函胡北鐘音清越少讀坡公文佇想覯奇崛客程彷
一見但恨風帆突似看走馬花紅綠狀恍惚又如過眼雲衣袂
須臾沒何由艤絕壁小艇泛明月噌吰與鏜鞳此景難髣髴一笑
到是何年人生易白髮勝遊非偶然未暇笑李渤

望匡廬

廬岳知名久江城得飽看影翻彭蠡暗瀑對庾樓寒逸
侶煙霞古仙人洞壑寬便思攜楖栗絕頂躡飛翰

琵琶亭二首

舊讀愛蓮說今見愛蓮池棟宇雖零落風流尚在茲芳隣誰許接栗里有東籬

石鐘山

南鐘聲函胡北鐘音清越少讀坡公記佇想覩奇崛揚帆幸一見過眼殊倉卒何由艤絕壁小艇泛明月噌吰與鏜鞳此景等蓬說勝遊固有分未敢笑李渤

望匡廬

廬岳知名久江城得飽看影翻彭蠡暗瀑對庾樓寒逸侶煙霞古仙人洞壑寬便思携榔栗絕頂躡飛翰

琵琶亭二首

樓上庾公動高興，江頭司馬賦愁歌。榮枯事異悲懽別，莫笑青衫染淚多。荻花猶見古時秋，布帆席帽經年客。不聽琵琶也淚流。

兜律長歸那可求（香山詩：海山不是吾歸處，歸即應歸兜率天。）

過鄱陽湖

平明發潯陽，未食轉湖口。長艘破巨浪，捷疾箭穿柳。蒼茫天水接，澒洞風濤吼。鄱陽與彭蠡，異名同一藪。康郎浮水面，一寸覆甖甑。緬懷元明際，逐鹿羣雄走。真人起濠泗，高挈掃天帚。跋浪戲長鯨，强敵竟授首。當時元黃戰，未決雌雄手。後人紬往史，神略信天授。芝山忽在眼

空翠發樽卣卸帆薦福傍暮色恰及酉

詠蟲詩八首 同郡明經慎人王臣作

黄蜂

藥徑蔬畦取次尋粧臺書案巧相侵早衙報後風廊靜故紙鑽来網戶深冐雨翅低歸柳外抱香身重戀花陰蜜官飽蜜能多少笑汝經營苦用心温飛卿稱蜂為蜜官昌黎詩游蜂多思正經營

蝴蝶

鳳子春駒署號多滕王圖裡錦成窠風流合許花房宿愛惜從教繡幕過生怕兒曹拈畫扇慣隨女伴曳香羅

仙衣五色誰曾見滿地灰黃捉野蛾

蟬

苓根化就穴荒塍破殼潛隨夜月升格物總論蟬秉昏夜出土中升高處

對檻吟時風洩怨隔池嘶處樹鬅鬙身輕欲寡飢偏慣

思去聲苦哀多默未能若向人前論平聲品格便應清節勝

於陵

蛙

諠譊誰復問公私跳躑終嫌涴淖卑廢沼草深天雨後

平畦稻滿月明時清泉白石言為近拖紫紆青分豈宜

鼓吹未成敗笙磬為渠翻覆詠韓詩昌黎食蝦蟆詩跳躑雖云高意不離

渟渟又云端能敗笠磬清泉白石本丈字錄說拖紫紆青本下彬蝦蟇賦

蜻蜓

赤衣青弁弄妍姿小苑金籠愛護宜貼水戴飛情款款舞風勾隊影離離釣絲立處窺人久欄角栖來出院遲輊矯莫誇饒六足有人園裡正調飴梅堯臣詩蜻蜓相戴飛又詩蜻蜓出欄角調飴膠絲語見國策

螢

空庭的皪見宵行註疏皆以宵行為夜飛與集傳異度竹經花個個輕一點着衣紅不熱幾回入室暗能明隋宮夜逈歡何極騎省秋深意自驚潘岳秋興賦云熠燿燦於閨闥記否齋頭曾照字策

勳應並短燈檠

蜘蛛

畜緣到處織空虛空供養饞腸有過蟲廢館凝塵懸疊疊荒崖篩處雨綴濛濛成絲才比春蠶拙伺影機同水蜮工寄語西園採花使莫爲容易趁香風

蟋蟀

慣依荒砌簇幽莎切切悽悽意若何七月篇中名字古半閒堂裡品流多似賈道事暗攙吟蚓尋難見遠和啼蛄聽易訛又是一番年歲晏撩人懷抱感奔梭寇萊公詩不堪急景似奔梭

讀史記漫成八首

長河□塹華去聲城城六國平來帝業成封岱雄心還祀
海焚書餘骸更鎖兵射魚未致蓬瀛藥逐鹿旋看漢楚
争若悟子孫終二世也應生愧祖龍名
叱咤喑嗚蓋世姿陰陵一蹶局全移成名鉅鹿沉船日
失計彭城衣繡時烈炬尚驚秦父老鴻溝難限漢旌旗
長憐橦斗居鄛客獨遺張陳布策奇
三章約法帝王基嫚罵偏於將將宜事起斬蛇天意屬
功成烹狗衆心疑治生何必如劉仲遺恨多應為戚姬
莫把重瞳頻較量拔山終愧大風詩
鳥盡弓藏語果真下齊破趙不謀身保全勳舊非無路

終始功名自有人事涉陳稀殊暖昧袖同彭越足悲辛

不知鐘室臨危日及憶淮壖舊釣綸

佐漢元勳藹溢林舞陽謀略自深沉還軍灞上田天力

驂乘鴻門捧日心不死謗言由曲逆無端嫚語訐淮陰生乃與噲等為伍淮陰侯語史家滕灌聊同傳尚論悠悠直到今

桂觀漸臺切太虛祇因仙者好樓居大農正議鹿皮幣

方士徒留牛腹書始有蠻夷通貢使非無文學待公車

空傳靈爽茂陵道甲馬聲聞風雨餘

欽賢東閣中館名見西京襍記開閣溯前模布被清風未可誣正直

終慙汲長孺文章何似董江都時乖牧豕人情熟日暮

一

緑筠書屋詩鈔卷二

閩縣　葉觀國　毅菴

瀛洲集　起辛未迄丙子止

赴吏部恭候宣旨蒙恩授官翰林院庶吉士恭紀二首

詔科殊選重詞林，槐省宣麻上宰臨。驥騄自宜騰踔闥，菰蘆何意厠華簪。芸香心喜窺中秘，藜照情仍惜寸陰。月俸優饒廳館厰，若為持報國恩深。

孤生馬磨愧烏衣，祖德雖馨祚式微。細族得官驚里黨，儒門[illegible]報慰庭闈。素絲贈憶公孫友，故劍貧思李子機。

西首雅壇饒俊侶仍携席帽踏驢歸

上分教館師星齋陳先生三十韻

蓺苑文聲舊蓬山物望高奎精垂景曜鳳藻動班曹根柢詞林茂波瀾學海濤匠心齎龍虎鉅筆掣鯨鼇經義臨川卓（陳大士際泰）詩名伯玉豪（陳拾遺子昂）雅輪扶正軌觚牘丐餘膏燕許論聲價韓歐接鞬櫜誌銘銀管重碑版翠珉牢憶注銓曹籍言乘建水舠未裁尹何錦聊染孟堅毫（先生成進士以縣令試用入閩時適開局修輯福建上官特留先生編纂志書）志擬華陽博材搜桂海勞諏賢來鄭琰締友得黃滔盤敦持牛耳壺觴擘蟹螯有時誇折角寧肯學高尻

特詔徵晁董

交章薦誼褒。電流騰驟足。風順翀鴻毛。　恩渥移蓮燭。
名高賜錦袍。史才用劉向。賦手讓枚皋。稽典金根訂　司
衡玉尺操。拔[illegible]　杞梓。刈楚剔蓬蒿。好士欽珪瑁　憐才
感櫪槽。一長勞眷眷。半面致忉忉。下里歌曾獻。連城譽
竊叨。觀國舊嘗以詩草就正猥蒙許可　櫟樗經斧纆。稂莠荷耘薅。重喜
龍門接。還慙郢匠遭。織成非錦段。奏罷異雲璈。暖谷須
鄒律。雕頑要鄭刀。望涯怖河漢。摩壘怯旌旄。評（誼）從彭戴。
名。思托籍。鄉庶幾弁陋質。提唱近風騷。

戯和張詹事南華先生四無詩四首

無花

二

幾番梅雨弄陰晴，婁尾開過□鳴。坐久尚餘紅片落，来遲空悵綠陰成。迢迢粧閣尋香夢，寂寂銅缾憶絳英。回首可憐三月節，平泉如錦織流鶯。

無酒

醉鄉勳爵信難邀，餅卧空餘水一瓢。把袂客来將底勸，撐腸書在若為澆。貫錢隣媪成拋別，好事門生久寂寥。記否高陽舊徒侶，𣰽船波捲話良宵。

無匕

負從千里念酸辛，況斷晨炊對甑塵。漫意生魚来好語，便思辟穀謝時人。一函空致平原帖，九尺徒愁曼倩身。

太息朱門倉庾滿，如雲鶩鴨飽陳陳。

無薪

破屋含星氣肅然，墜樵難拾雨風天。價高寸寸如難桂，竈冷時時似禁煙。舊日庾彥憐澣婦，誰家榾柮倚歌筵。袛緣童子鴻孤峭，因熱原堪致一饘。

觀太學石鼓

獵碣曾聞響搨敲，墨皇親拜戟門坳。難分跟肘嘉和暗，蘇詩詰曲猶能辨跟肘，又云濯濯嘉禾秀稂莠。揔愛枝柯碧樹交。韓詩珊瑚碧樹交枝柯。歷劫幾經神擁護，諸家漫費論紛呶。長歌卓犖韓蘇在，欲和皲無續尾嘲。

重賦石鼓同吳雲巖[illegible]撰沈欽伯栻[illegible]作

壇山嶧山騰墨香，岐陽獵碣殊荒涼。趩趨奇文世罕覯，誰知神物潛陳倉。貞觀詞臣虞褚輩，博物好古窮凡將。咨嗟重是史籀筆，虹紳瓊樹題評詳。唐竇臮述書賦：遠則虹紳結絡，邇則瓊樹離披。左司韋應物作歌開首唱，繼者大筆垂琳瑯。徵詞索義參雅故，咸云鼓出周宣王。文曰我車攻馬同，其魚鱮鯉，橐柳楊。潘迪云橐宜作櫜，蘇詩作貫，恐誤。秀弓華勒樂天子，中興威靈讋四方。韓蘇諸公無異說，貴逾鐘鼎珍珪璋。黃山谷云：石鼓文如珪璋特達。奈何後儒喜掊擊，疑竇開。似由歐陽或指毀丞主、嬴秦，或摭君庶、嘗偏傍，或稱後周宇文物，馬偽劉翰林馬定國

四

焦（明人焦竑）之論尤荒唐。自從昌黎感涕淚，鄭公（餘慶）拂拭移鳳翔。子瞻八觀此其一，謂與軒頡相頡頏。神霄天子雅好古，輦致闕下重整裝。塡以黃金護以檻，保和（殿名）稽古閣（名）增輝煌。一朝汴京躪戎馬，艮嶽彈指驚滄桑。圖書彝鼎俱北從，此鼓纏裹隨槖囊。悽凉宣撫逢萬宅，幾載傾砢卧雪霜。（虞伯生學古録云石鼓至燕京置在王宣撫家集言於時宰因置國子學大成門內）若非伯生能寶惜，深檐大廈誰收藏。歐公集録取壓卷，四百六十飛鳳凰。（梅堯臣句）生蛟斫角龍折股，祇有歲月增損傷。楊家何處得善本，七百二字羅星芒。（楊升庵謂從李文正得唐人拓本凡七百二字先輩皆斥其虛妄）前我向墨莊見舊搨，竊願禮器觀廟堂。

玆来靚止從所欲碧樹煥爛東西廂還思硬黃拓作卷持歸早晚朝墨皇

首夏同黃（庶常）碧溪元吉庶常饒（編修）霽南學曙編修何（農部）念修逢僖農部吳（殿撰）雲巖殿撰沈（編修）欽伯編修諸同年

遊豐臺

深居意寡歡暫遣幽襟散僉言豐臺好及山夏未半同年五六人戒轄追始旦還迤出郭門轣轆循柳岸微風飄我裾覺與埃塵斷亘路有新流漸軌一水亂詩孔蹤橫渡截流為亂側聞草橋南水木㝡清澳玩芳及萬柳帝京景物畧云右安門外南十里為草橋又十里為豐臺元廉右丞之萬柳堂粟院使之玩芳亭要皆在彌望間然莫詳其處矣架

子

構稱偉觀。往跡邈已湮。想像煙蕪畔。少焉款園扉。婁尾春未晏。連畦彩錦披。被昐晴霞爛。似遊芙蓉城。未數争春館。豈期人。海裏。花海。天下。冠。此地彷[illegible]臺。疑義聊一難。或云遠風遺。朱昆田謂是郭氏遠風臺之遺址圖經似可按。主人安在哉。有客屢操縵。眷言緬先輩。遊興殊爛漫。探芳趣高讌。即席洒柔翰。當年藉甚名。長寐今誰喚。而我步後躅。復此聯笑粲。花事歲歲新。看花人幾換。輸與種花翁。時時閒把玩。

奉題澄懷八友圖為少司冦葛山蔡先生賦二首 澄懷園在圓明園東南隅八友皆直書房供奉諸公葛山先生其一也

高齋重選接匡劉，下直芳園會侶儔。山斗盛名同八頃，文章大業各千秋。地連禁苑風塵隔，人住煙霄雨露優。下界凡夫那許到，披圖真合羨瀛洲。

雅集西園作畫傳，散仙那得比天仙。錦飜鷺渚風蓮綻，練罨鷗莊露月懸。車笠要盟情易隔，雲龍追逐跡難聯。何如晨夕題襟共，比較班僚氣誼偏。

奉命典試河南紀恩恭賦　癸酉

扁趍丹闕，新恩拜白麻。賓興先帝治，使命寵皇華。河嶽英靈在，伊瀍潒臬誇。平生如電眼，莫遣作籠紗。樂天眼病詩：蒙籠物上一重紗。

荆軻故里

博浪椎剄中副車漸離筑擊又成虛沙邱未到扶蘇在不為荆卿劍術疎

呂翁祠 在邯鄲縣治北

人似夢浮生我亦知華胥眼底且逍遙治論我夢如何味纔是懵騰着[illegible]時

圓津菴小憩次棠村梁相國韻同編修劉補山星煒先生作 庵在邱縣內

簜節分馳貢士年停車暫憩野橋邊火雲正面長征客

六

水觀欣逢出定禪，一穗碧煙烹茗竈，半棚香蔓雨花天。王程牽迫匆匆去，擬結歸途一宿緣。

石翁祠一首宜在此首

武祠 在湯陰縣

百戰勳名起〔斜〕偕，山河雪恥抗孤懷。〔採用忠武滿江紅詞中語〕敵軍膽落紅羅幟，將吏心灰金字牌。……究叢蜮覆巢奇。禍到裙釵。蕩陰舊里棲霞路，〔岳墳在西湖之棲霞嶺〕遊客經過灑淚皆。

安人程嫂氏學詩亦能成詠，然不欲以示余。亭後檢箱篋，得寄嫂氏詩一帙，中有臺亭踏青金鰲望上不堪為我兄清明之句，至故作此不祥之語，真不可解。

一舸新從萬里來，合并喜記合昏開。〔寓宅舊有夜合一株〕團圞影對熒熄燭，乘闌懶消瀲灩杯。豈意竇滔迎婦日，翻成潘

水觀欣逢出定禪一穗碧煙烹茗竈半棚香蔓雨花天
王程牽迫匆匆去擬結歸途一宿緣

謁岳忠武祠（在湯陰縣）

百戰勳名起偕山河雪恥抗孤懷（揉用忠武滿江紅詞中語）敵軍膽落紅羅幟將吏心灰金字牌寃叢蜮霧巢奇袖到裙釵蕩陰舊里棲霞路（岳墳在西湖棲霞嶺之）遊客經過灑淚皆

哭亡室郭安人六首　乙亥

一舸新從萬里來合并當記合歡開（寓宅舊有夜合一株）團圞影對熒燈燭乘闌㥏消瀲灩杯豈意竇滔迎婦日翻成潘

岳悼云：依平生風義兼賓友，何但空帏悵玉瑩。

鳥羊遺嫁愧黔婁，辛苦衣十度秋。潔膳奉親分臂釧，

寒機燈讀共燈篝。飢禽覓食栖布絓務，韵濟光燾未酬。

竊書[illegible]貽新羅首，可堪中路失鸞儔。

散為霞水聚搏沙，月正圓時樹正花。動幾回驚噩夢，

歲內余連得惡夢，心識成遺句。

是惡之安人之然。生兒漫意勝王

濟嬉女空今左家。安人無子，有女二人。屬累敲忌臨訣語親恩

未報隔天涯。臨終以父母窮苦屬託。

平生心事托楞嚴，一炷名香晚自拈。三毒障除憐黠鼠，

安人每見捕鼠輒趣救之，余詰其故，不答，意似

以余生年屬鼠也。按翻譯名義集：貪嗔痴為三毒。六書如

重謹殘纖每見余焚棄字紙必檢其灰藏之不欲令人踐踏芳辰家姐蔬親擷

旅日寒衢線屢添漫道前頭桓孟在可能容德一身無口脂　恩澤尚遼迥恰見傳柑及叠春薦薦因緣成破鏡離鸞突難心生麟安人以難產暴卒琴絃粉盃香猶在罨畫羅裙製成新似此如風光消未得　慶是何人脩短心知數不齊分携倉卒恨難題　諸事急情如鹿拆副時危命似難屢體前家殊暇豫營齋元氏漫酸懷從今莫問諸齋宰事超劫惟宜法喜

聖武遠平定伊犁告成恭紀併序

惟

皇上御極以來。德茂洽乎廿載。義問宣昭。萬邦咸正。是以鋒車西指。金川底平。緬甸荒陬。重譯請貢。髽首之魁。鐻耳之長。莫不陸[illegible][illegible]德。回首面內。惟準噶爾負固一隅。荷

二聖之威靈。既翦既夷。餘孽悉殄。迺逢前達瓦齊剿亦於其長。天怒人怨。厥部落之靡寧。糜沸魚爛。舉踐內踐[illegible]關來歸。

皇帝曰準夷倔強。不討之日久矣。鄉邇。邀留。爰隔。撫叛。炊。慮。俯以匪亂。恭。事。勿有。遺。洒濯而生。全之。於是命將出師。分道並進。旌旗所指。自瀚海秋達（天山）以外。

戎人挐臺蔣單夷道蛾伏倒戈羅迎不攻自潰遂
[redacted]擬穹廬碎轅轀頸温禺鞮瑕剗纖
飇馳電奰旬月之内而伊犂以平昔者漢破單于
犾狼居胥窴闕入朝唐宗亦三然皆經營以數十
年計其所得猶不償失疇若我
皇上威稜震疊不待血刃遠徼固已咸穴犂庭圖籍與
壤兕帶與人如家乃告功
郊
廟望祀山川並用虧示寵異蒼隼惔之褫奉懃歸於
聖母以極崇致業然後榮虀酹廟行慶施惠寰海内酌允

九

録

勝春樂眉濤々羣々義々如也 臣以為 王師一

舉而平呉具備至伐暴救民至仁也底定絶域至武

也上継

列聖之志至孝也斷自

宸衷至明也而佑後人為萬世福至慈也帝王之事

備矣天人之應允昭 臣 恭備覽 承明仰覩

聖列聖之懿鑠窮致風人形容揄揚之義謹撰四言

詩一篇凡百四十句恭繕以 進其詩曰

皇帝纘圖珠囊在握北懲南討東征西撫如雨如雷

執同軌疇為不懷梗觸綑犯彼蠢者戎曰準噶爾

太陽叢抽穗松
聖祖祖征親峯玉趾
憲皇申討屢□鞭弭
皇帝天覆冒咸以苟附而要羈□□已天樹我肺是
生肝究蘩究如狼蘩毒如虺乃磨其牙反噬其首叶舒
無來滌揚鬐掉尾人用不虞如瓦斯解共□有察卯関
就郵饋所部人和向其糶叶願効前驅同殲封豕
皇帝曰都雖素何咎叶唉以上饔肥羜醇酉錫之冠帶
細蛾蠲文繡以寡沙禱沙沁沙共沙其止居傍沙妻孥適
差我馬適越我條叶我有虎臣惟

天子使
帝有訏謨，大寫聽廓，擬巘祗陸，若蝶在指。
帝有思言，式訓將士，毋慕毋戕，綏之乃止。二月初吉，元
戎啓路，式爲吭嗌，式爲角犄，日麗風和，士氣十倍。元甲
騎邏，鋒旗飄纚，如以甘霖沃被焚燎，如以御風偃被偃若。
卉莫嶺以西，流沙萬里，濼濼長驅，道無梗阻，我逐於廬。
戲於鄗，以酪貯壺，以安實籠，朝譽門偃倭，如螳螂。
角鞭牛羊扈（?）家惜糧於敵，摧瘴巊嵎，既抵伊犁，被狂
覗禠暫脫，釜魚綏封，睦難控原，剖藪淵，灌垢滓，白看數
人羅布藏丹津逋逃既久，叶自窮乞憐懔，俘之以歸

義路歌凱周邊繖杭薄伐漢錄遊然勤師累載亡
越後王勝負相倚我師之行不違一矢軍有餘糧嘗不
增壘浸戦伐定曽莫能比遂蔑旋頭遂滅旬始僵伯囊
玄邑民以矛鐙西戎有言元惡爲匪類
天子威援我湯火叶西戎有言先迷何情今禄
皇風臣僕没齒區外諸夷貫膺剛耳烏弋朱崖跡所未
履端喁之望風奔走叶稽首闕庭獻琛納琲
皇帝曰俞朕敢専此惟
祖惟
宗惟我是佑叶其告成功假于

廟禰。翼々興京。王業肇起。擧々

珠邱。弓劍斯在。是愛是備。升香奠醴。封域之內。嶽神瀆

鬼。遍設壇場。燗朗瓌偉。嗔噏聲象森飫嘉旨。百靈晻薆。

輸祥竹社。迺朝

章寧辰慶賀禮。恭上

徽號。瑤冊綸綍。逴錄戩功。賞賚遹等。時鐶擢。其家。帛。謚。

冀甄。纘孫廷臣。榮洽寮寀。魏纓彯組。羅拜殿陛煌々

天詔書以黃紙。金鳳。是銜。華。纓。旖。旋。扶杖奉觀。嘻歐失

書。載稽

聖烈。超圖越史。

十二

皇帝愛民廉間遐邇。熟[redacted]徃。釐其罪以嫗以煦淪
浹肌髓。

皇帝神武。雷厲風廉。一着戎衣。大漠寧殺。詭敵。不肯視

萬帝大孝。継志述事。計貿偶、有寇。久稽、礎机。震之一朝

者如市。

皇帝閑斷。元功獨掌。脚慮要覽。審聽深視。廟算洞空。

[illegible]丸水。

皇帝厚緩。功規儀祀。增我式廓。王路如砥。巻主巻臣、永
垂世守。叶小臣作詩。用志休美。

擬古辭

飢不啄腐鼠肉，渴不飲烏頭汁。烏頭乍可吞，腹潰肝摧

嗟何及。人生腰領亡足憐，蔓菁膇骨難重聯。盧仝詩脆骨有似春

菁蔓短布單衣可以禦寒，蓬頭歷齒聊春團圞好，馬蹄云

童幼吉

多不能騎兩匹，胡桃八百斛，嗟用何年畢。云云后

盈盈博士弓戟刺彩行

奉命典試湖北紀恩恭賦 丙子

禁門祗命拜恩綸，簜節道之指漢濱。三楚舊傳多

秀士，九重原為禮嘉賓。杜詩鄉賦余嘉賓 落梅擬聽江樓笛，

萊衍重尋淇水春。上科典湖南試驛傳仍由此地 今屢忝驅馳慚報稱

十二

聊憑佳士答楓宸。

重憩圓津庵疊前韻

蒲褐逢迎記昔年。重來繫馬四楊寺外（橋名）邊。浮雲變滅三生。縈。（癸酉秋東憩庵中与主僧蕩然上人談良久今再至蕩然於去春已滅度維摩經是身如浮雲須臾變滅 三生石圓澤故事）窮地清涼七祖禪。寂寂軍持披丈室。迢迢兜率諸天空。令門外風塵客。惆悵松楸半日緣。

又次制府問亭方公韻

晨景遲延馬步遲。粥魚已報午齋時。閒看搨石官如筆（制府刻詩方細）。水龍蚴蚴歸詩（自王盖津梁崇村湯西涯羅璟南華諸公皆有題詠）。澆背半瓶甘露飲。爽當頭一片法雲（其詩字俱佳）。總令明戀戀緣。祇樹不覺西廊竹影移。

聊憑佳士答楓宸

重憩圓津庵疊前韻

蒲褐逢迎記昔年重來繫馬四楊（橋名）寺外邊淨雲變滅三
生架（癸酉秋東憩庵中与主僧藹（然）上人談良久今再至藹然於去春已滅度維摩經是身如浮雲須臾變
滅三生石圓澤故事）寂地消涼七祖禪寂寂軍持挂丈室道道兕
率（颯）諸天空今门外風塵容惆悵松林半日淡

郾城縣宿楊氏亦園地殊幽勝德侍講春齋保
先生有詩次韻奉和

不圖塵鞅裏落眼有滄洲一徑林光合到门暑氣收幽
疑鹽谷住清比輞川遊草趁閒眠鹿池奮靜浴鷗煙疎

藤塢晚風細豆棚秋種菊樊長圃看山架小樓本期娛蠟屐時許駐鳴騶頗托羊求侶常因醉月留

西平縣阻雨疊前韻呈春齋先生

玉節停蘭室金風響荻洲潦深行未得衣溼卻難收移步真無地孤吟誰與遊栖檣愁亂雀佇舍浴群鷗短句聊排悶涼聲欲賦秋苔青痕入户雲黑氣沉樓屢借主人榻偏羅使者騶晚看天膜破明發免淹留

宿應山縣有感

踰關愁犖确就館詫喧闐（是日入楚境有官吏來迎）入境欽名縣孤忠憶襄賢南臺辭切直北寺獄牽連已足當霆擊何知

十三

計瓦全科名真不忝，桑梓亦增妍。過拜思瞻拜祠堂何處邊。

試竣撤闈捴督碩（長白）公巡撫張（楞阿）公招飲黄鶴樓

黄鶴高樓海内名，雄觀落眼快逢迎。水無江漢黏天淨，舟下襄樊掛席平。旋聶隊中雙使相，笙歌叢裏兩儒生。千秋絶唱唐賢在，謄欲拈毫句不成。

晴川閣宴集

傑閣層梯逼斗牛，臨風釃酒意悠悠。落杯翠影漢陽樹，隔岸畫圖黄鶴樓。割據英雄悲往代，悽涼詞賦憶芳洲。極知地主招邀意，好向京華詑滕遊。別武昌付樓察吳淩雲先生諄〻盤

属到漢陽必須
一登晴川閣也

十四

綠筠書屋詩鈔卷七

閩縣　葉觀國　毅菴

瀛洲三集上（起乾隆戊子三月盡己丑一年）

先大夫服除還朝二首

衡茅棲未穩，倥偬踏征塵。尚有尸饔母，難爲誓墓人。澗河京路杳，書硯客裝貧。惆悵春暉遠，重話陂淚滿巾。

鮮纜循遥浦，鳴篙上曲灘。溪山吾土好，道路此間難。古樹貯晨靄，空江生暮寒。九仙回首望，已隔碧雲端。

以端石硯贈行賦謝奉寄二首

一片谿英琢水蒼，琉璃製匣錦爲囊。親從詩老齋頭餉。

猶帶蕉黃墨瀋香。似今親湛林銘詞片片賞清裁。此君雖未經題品，也友高軒十硯來。東坡謂研為石君，黃文所居齋曰十硯軒

自浦城縣至清湖鎮道中襍咏四首

嶺屬岡連降復登，篌輿坐倦半懵騰。迴溪帶郭流如篆，細磴盤雲路似繩。花落故園春樹暗，雨餘山店暮寒增。舊題壞壁猶堪覓，霜鬢重來意豈勝。

檐間鳥語報新晴，古樹曈曨湧曉鉦。崖際天紳斜更整，雲中佛髻翠還明。一犂雨足[illegible]，半嶺風來谿鼓清。

獨猒喧豗雙澗水，萬洪猶似怕灘敲。

甌越東西一嶺分[illegible]險塞有稚[illegible]車[illegible]前[illegible]

鳥外陰連淅右雲天雨庵幽[illegible]浣霞池迴樂魚郡

勞塵暫喜依禅榻倦僕催行日又曛

嶔崟度盡就平阿郎馱匆匆嶺日矬佑客帆檣烟水澗

墟人門巷米鹽多数聲畫角傳雲壂一點青霞露黛螺

青霞山在衢州此去下瀧雙槳穩春江遥接海門波

西湖小泛六首

琉璃千頃曉雲凉翠館紅亭倚淼茫恠底湖山添氣象

龍[illegible]鴻處[illegible]

宸章

花港東偏葛嶺西，垂絲楊萬樹綠雲齊。使君名與湖
果然蘇[illegible]白隄。

一簣孤山曉髻新，四圍漲玉淨無塵。如何月地雲居勝
偏讓妻梅子鶴人。

棲霞祠畔欝楸松，路轉三台宿草封。一對芳墳誰比
南高峯與北高峰。岳墳在棲霞嶺　于墳在三台山

桃花開過柳花飛，錦纜金羈影漸稀。不惜尋春來較晚
湖山眼底倍清暉。

不須深淺論愚賢，雙槳匆匆北根廿載重窺西子面
勾留何計住三年。

東坡詩：西湖天下景，遊者無愚賢。淺深隨所得，誰能識其全。

香山詩：一半勾留是此湖。　詩：皇恩只許住三年。

三

六橋花柳人能[illegible]三竺烟霞勝更多誰嗣辨才[illegible]程
不教風月等閑過

金樽玉管日紛紛浪蘂閑花自作群一棹拏空誰是伴
欲携李甲共蕭耘

瘧疾

虛羸寒熱攖天和酒戟拋来近藥籮吳苑鶯花愁裏過
楚江風雨盼時多三年求炙醫無驗五月披裘病有魔
便欲回船趂歸鳥長安天畔隔滄波

沿陰咏古五首

胯下橋

帶劍空長大。心甘胯下侮。如何尊寵後。羞與噲爲伍。

千金亭

千金酬漂母。百錢謝亭長。天壤一滕公。功高若爲賞。

淮陰祠

蒯生但相背。未識韓侯心。哀哉萇弘宏血。化作朱草深。

劉伶臺

出門長荷鍤。閉關時桃麯。千載有遺臺。平生一頌足。

徐夫子廟

隻輪躬奉母。純孝可錫類。猶傳以王蕭。三反有共二。[illegible]

公和詩小注

咏隋史六首 維揚舟次作

踵接屠耆帝業尊魚龍散樂集武門諸蕃畫諾中華好
錦樹重重向日飜
三山海面跨平矼綵樹長春映玉窓十六院門臨水啓
絳仙風貌更無雙
法曲新翻教玉娥夜遊唱罷月明多豈知別有淒涼曲
飄蕩楊花可柰何
平壤孤城薩水隈九軍飛渡勢如雷何曾斃得高元頸
早省黎陽羽檄來
四十離宮敞繡甍洛城東下更無城自從元武門前火

遺恨丹陽任不成

邂逅雞臺聽曲時紅梁新醞酌瓊卮匆匆大業無窮事

更待才人為拾遺顔師古作大業拾遺記

出塞圖為李明府翼之賦其尊人□坐事戍塞外

君不見安西西去玉門關秦時明月猶團團河邊萬古

雪痕在塞上八月霜草乾行人到此魂欲銷渭城一曲

餘悽酸何況出關更萬里黃雲覆路天漫漫問君胡為

涉此地非征非戍非之官欲省所生賦陟岵千山隻影

行蹣跚我聞大漠乃在居延北平沙浩浩黏天寬卻睥

風捲沙作雨隔面不見襟與冠其間小處號甌脫人稀

五

誰與謀壺飧況復不周風氣勁望秋已作窮冬寒攔頭雪花大於掌落地化作山巑岏豈無復陶與倒頓排鐵十指如刀剜烏飛不到馬亦病君心耿耿殊未闌但望孤雲俱雲徃不辭長道歌道難拂廬一見骨肉聚喜極飜落雙泬瀏買羊取酪供春酒椎牛作肉登朝盤回頭卻望來時路得非兩腋生飛翰嗟君篤孝似者少壽昌路隋差同看至誠感天天為動移孝作忠忠必殫會見賜環來日下春回草綠挾歸鞍

奉題蔡大司寇葛山先生觀海圖小像

夏蟲語冰疑井蛙窺天小秋河意自壯向若乃驚棹誰

云雲夢寬八九吞亦了至其孤氏言觀海可喻道我邪
號海國委輸納群潦漳南直尾閭涯涘益茫渺峩々太
武山千仞聳雲表憑高一縱目天水两浩浩潮雞鳴夜
半日出榑桑杪粼瀾爛眉髮城市方未曉涵負結靈氣
篤生見奇矯先生寔挺秀軒鶴謝凡鳥緬昔文勤公正
學獨遠紹淵源溯濂洛章句陋貫趨青雲繼仲容堂室
叩深窈履聲三殿識鳳彩九苞皎文章乃餘事勳業況
未老曩歲屬循陔杜門跡如掃陶情山水窟遵海仰晴
昊滔滔寄胸臆汪々想懷抱末學昧源流自待一何藐
撳水掑重負斷潢事孤詣豈信九州外更有重瀛淼持

六

蠡測尋丈谷王應絶御披圖寓意深宏義試探刱不比

學仙輩蓬壺慕三島

秋日何少宰（念修）[redacted]招（同年）同人（集）陶然亭小集二首

重拂征塵到上頭清樽禊版記前遊等閒歲月奔輪似

一別春明七度秋

霜林蔟錦韱楓灣合沓晴峰擁髻鬟秋色較如春色好

臥屏新染郭熙山

跋蘇文忠公清虛堂墨蹟爲周奉常（立崖）於禮賦（同年）

坡公詩才授之天餘事書翰猶雄姿往往醉中供硯墨

一一紙上飛雲烟君和善書鍾印道人亦工此良非偶

吾雖不善書時人謬說云工此皆坡公作印如此卷勢豪縱字字龍躍鸞皇蹁躚盤鋪茶擲瀉洒玉沙聲裡題銀箋神呵鬼護歷百刼巧偷豪奪經幾傳大常嗜古入骨髓見之絕叫喜欲顛訂訛考異詳甲子庀材礱石付雕鐫由來榻本禩真贋金號玉蹼空輝然橅痕依約冒官帖棗木傳刻非神全學之不善失故步黑短醜反誇嫂娟吁嗟神物晚乃出真當再拜墨皇前

秋日襍詩十首 時在都下候補官

閒門兩版閉蕭晨冗士初來寄病身晚漏未隨龍尾路軟紅又蹴馬蹄塵夜窻擁鼻招吟侶秋氣關心是旅人

僂指落帆通潞日，兔華圓缺四回新。

觚稜朗晃耀晴空，玉宇高寒瑞靄籠。北牖追涼新宅爽，西山入座故人同。揚雲事業元無用，王式行藏本不工。夜裡秋聲還可賦，爐灰畫罷一燈紅。

散策閑尋古剎幽，霜螯正美酒初篘。濤雲白塔穿西路，細雨丹楓塞上秋。往事屢循新鬢髮，歡場遲憶舊朋儔。次公已老車公去，狂態年來少減不。

奔輪歲月去堂堂，又換綿襦履曉霜。七載重沽燕市酒，千金空憶陸生裝。縹囊烏几書三篋，薄被踈欞月半床。夢斷紙如聞漏鼓，驚趨闕倒衣裳。

七

向晚長廊散步遲。砧聲萬戶動涼飔。一繩寒雁初辭塞。三兩樓烏未定枝。秋意到門桐葉覺。客心中夜砌蟲知。朝來買取黃華好。卻憶東皋舊短籬。

霜華未散日鉦懸。照見先生企脚眠。曉市風高聲近枕。秋庭陰短侯過軒。彭殤歲月知誰壽。臧穀生平定孰賢。若就閒忙論得失。閒中風味我為偏。

郭外高臺秋可登。平章風月古人能。欄花檻竹栗院使。載酒題詩廉左丞。蟋蟀吟陰原有俟。鷹鸇摩翮豈無憑。欲因九日茱萸會。一踏來青寵上層。

嚴徐同日拜黃麻。玉尺分持代及瓜。時學差更換，重選諸公

經
帝簡前塵賊子憶雲樣官樓夜對滇池月畫舫春吟桂嶺花彈指十年霜鬢髮雪鴻蹤跡落天涯

薊門直北萬峰圍瘦馬凌兢度翠微衣柳黃如新柳色霜華寒出古雪華威迎　鑾輦路鶵行集校獵袮身羽騎歸欲獻長揚懸子墨形雲翔處望龍旂

檐間餘滴弄新晴斗室閒觀見物情帶露殘蟬多羽調閒人老樹少商叡風寒蘆水波痕減霜落津門曉氣明却喜書齋省緣撲窗蠅就凍帳蚊清

出郊

跋馬東郊路，新晴雨氣涼。高樓秦氏宅，翠竹贅公房。野澗雲垂地，蔚幽水止瑩，嶺小航来往，閒風景似在江鄉。

題周奉常亦園圖即次奉常元韻

蘭亭無絲竹，暢敘幽情。亦予山本蕭瑟，小園聊自歸。吾儕也甘淡泊，耿耿介不易。側聞奉誠園，舊馬家宅，林亭如傳舍。主人身是客（香山詩心是主人身是客），高懷居雖實豈敢名任語遑自信。良策萬間固有願，一枝行可適。嗟我老就書[illegible]片席，長安居不易。屋券債常責，半歲已兩遷。緣盡隨拋擲，平生似磨驢。見人意誰識，太常有道人。昌志恥梔澤眼，觀古今與心空。雹雷跡躬營園，一目未暇及。筋力惜縱橫。

九

得句十宛轉爲弓百種竹經兩番開徑來三益家有寧
馨兒課訓匪廻盈盤陀晚踞坐擎杯酬月魄眼大千
界净鐵從所擇以平泉樓臺勢烜赫長笑李將軍
別業煥金碧何曾一載酒冷面看人赤東坡詩冷面妬君赤

題譚郡丞有德小像三首

繡榻晶簾硯几俱文書秉羅小跏趺風光絕似西泠畔
萬柄青荷十里湖

曲江宴席看花同年少鬚鬚王筍中廿載金臺重把袂
樽前齊羨美髯公

三異循聲遍嶺涯滌書新下拜 龍墀頭銜換了翻蕭

散倍有心情賦荔枝

綠陰春之圖為郭明經文煥〔可新〕賦三首

一篙新綠欲平堤，畫舸相將日未西。最是江南好時節，楝花生樹亂鶯啼。

有例詩人愛討春，聽鶯載酒趂閑身。披圖省識先生面，一領君家折角巾。

畫家平遠最難工，好手楞伽自不同。也擬鸞溪買生絹，憑君著我尺圖中。圖為盧蓮麓明經所作

五十初度二首

漻泬秋光攬揆辰，樽罍聊慰客中身。百年今歲行踰半

九日明朝謝又新，綵筆尚能賦鸚鵡，金鸞未怯跨騏驎。同儕拍手盧胡笑，此老癡頑似勝人。銀燈圍處儼成翁，東坡詩人生五十即稱翁少壯光陰轉轂中。莫訝官班不冷熱，樂天詩豈論夜冷熱應知甲子有崢嶸。旌麾已覺買臣貴，詩句誰如常侍工。二句皆用五十故事等是虛名煩較量，教須且醉菊花黃。

送別孟郎中超然瓶庵視學四川蜀中二首

陶甄在手鏡懸心，一道文星益部臨。劍閣豈撐空連井絡，峨山飛翠落江潯。蕩開行處雲生棧，絳帳闢時月滿襟。樂職諸生方講德，使君更況有度人鍼。

十

濯錦江邊錦段多。合教宗匠管機梭。湘灘舊節傳冰鑑。梁益新麾拂翠螺。一半詩篇成道路。三千卷牘費研磨。想知君行部饒清興。獨上淩雲縱醉哦。

移居簡張侍御光憲四首

一車家具兩車書。半歲京華再卜居。生事年來轉迂拙。當時近市有吾廬。余嘗買宅宣武門外，今已屬他姓矣。

虎圈東頭煤市西。門臨大道舊沙堤。緬懷先輩瞻梁木。拂拭空堂檢燕泥。宅為安溪相國舊第，時少宗伯郁齋先生視學兩浙，故余得賃居焉。

堂開北戶面層城。雙闕紅雲對檻明。恰共籬根葵藿似。朝晡長向太陽傾。

卷七　十二頁起

園圃樹影兩家分，風度書聲隔院聞。此是郎城新劃宅，買鄰何幸得如君。宅為兩府西偏侍御居焉

題湯給事世昌對松同年臺端就日圖小像二首

西掖曾吟竹影寒，皂囊舊草在臺端。如何鳴鳳朝陽客，不着神羊柱後冠。再黜也知中有鬼，同朝猶望起為官。少陵詩子雲清自守今日起為官披圖窺見先生意，未減輪囷一寸丹。

憶持繡斧渡南濱，海外番黎識使星。秋水兆知心跡白，春茁號羨鬢鬚青。哦松有興科頭慣，給事自號對松令此圖亦作蒼松中形闌秋無資醉眼。醒蚤晚

聖朝徵郭杜，肯容寥落老江汀。

次張少詹曾㪣韻再題給事像（旁注：檀亭　同年　湯）

黄門早歲婷羣雅○探懷綵筆追江淹○萬言射策達楓
陛○五年中秘繙芸籤○是時同儕盡少儁○眉稜凜凜鬢鬑々
鬑○諫垣首先膺
帝簡○（同年改官侍御者十六人君為先）長身鐵面承脩髯○行避路人想
柏鮑○書陳世務比終嚴○可憐騏驥正騰踏○頓仍乍鈌昆
吾銛○手裁圖異立仗馬○功名卻似緣竿鮎○兩年鸞渚雖
再入○席未終（路已）煖突寧黔○掉頭出都留漢上○客窓紙破秋
風撏○鐵翎身谿遠　魏闕○芭羽性自親朝進○昔人一作
輙自廢○頽唐詩酒杯頻添○君才卓犖醫國手○肯皖糟麯

持螯箝。誰與意匠寫生妍。毋乃老手愽陵闕。

哭戈給事濤（芥舟同年）三首

言中謀猷動中經。姓名天上久書屏。百年際馬歸長夜。萬里靈槎失使星。（時方典試閩中）賈傅南荒成鵩賦。元卿西麓署宫銘。（使回至常州卒）蒼皇未竟瓌材用。鏡裏猶看鬢髮青。

七年風雨悵離羣。各有詞篇擬子雲。訃至獨傷亡郢質。生時相約定傳文。封章慷慨西臺中。壘遺墨淋漓重右軍。太息晨星同輩少。秋城鄰笛郡堪聞。

次韻丁給事（芷溪同年）正月五日至八日雪用禁體二首

十二

淅淅窗紗際夜明。曉窺庭院轉盈檠。應時甘澤春疇遍。

獻瑞正元淑景清。盱陸瞻叢光互映。隨車逐馬象齊呈。

瓦盆滿酌村農賀。姑射先來報歲成。

作賦梁園我尚堪。龍團碾就試清甘。香塵細賜天街六。

花片平鋪廣殿三。甲帳圍爐寒轉峭。辛盤燒燭酒初酣。

興来遥指西山路。詩思還從馬上探。

題彭明府樂園春郊聽牧圖小像二首

桐帽莎衫趁曉晴。半尋春事半觀耕。郊欣柳外無腔遂。

勝聽花間鮮語鶯。

聞說牧民似牧牛。知君寬政有天游。吠尨卧了烏犍健。

十三

軟草鬆繩總自由。

題郭明府六宰詩集二首

七子敎華首李何，淮壖大復（山名）尚嵯峨。瓣香不遠能私淑，又見新編俊語多。（郭信陽人，余癸酉所取士）

八載栽花澧水潯，湖光岳色拓胸襟。一篇古意親騷雅，信有江山助嘯吟。（集中呈冀醉齋觀察古意一首最佳）

題馬提督負書小像四首

新息威名遠近知，鄂褒毛髮見雄姿。穿楊盤馬天顏喜，尚記蟠坳首唱時。

三十登壇

主眷深○羊公遺澤在人心○便從東海移南海○總有隨車兩作霖○公初鎮山左調任閩中

至性平生識孝忠○洛濱侍從古人同○蓬萊况是神仙宅○何限春暉語笑中○

緩帶優游際盛時○景宗元自解聲詩○傳聞十里清源路○著處紗籠幻婦辭○

次韻丁給事病中作

暮歲崢嶸雪意侵○幽人抱病（疾）擁重衾○名僧退院依彌勒○廢將閑園臥綠沉○解道是貧元壯語○借用貧也非病語似開良藥只安心○蘊詩安心是藥更無方知君無那燒燈節○抛却春宵幾

刻鈔

次韻丁給事攬鏡

靈運元爲有髮僧，病來鬢髮想鬅鬙。花枝頭上新春好，黃氣眉間舊日曾。莫歎衰顏成老大，須知昌奐會騰升。因君自驗疏隤未，白羽西涼我尚能。

送張郎中孝泉（蒙川）出守（同年）南雄次留別元韻二首

嶺外名山數謝公，雙旌南指意匆匆。畫轓領郡饒公望，華省仙郎簡聖衷。琴潤曉飛丹荔雨，衣香晴印玉梅風。知君美政漁陽似，兩穗歌傳叱犢翁。

山城吹角畫樓雄。雲際危闕鎖粵東。燕寢爐香情自遠。梅花驛路思何窮。三楓亭上傳新咏。五渡村邊採舊風。若向雲封參六祖。灶香爲我發遊蹤。雲封寺在大庾嶺

題蔡先生可遠遺像三首 少宗伯文勤公季弟康熙甲午舉人官桐鄉令

名儒循吏譽兼收。霽月光風道貌留。見說桐鄉諸父老。如今不獨祀朱侯。

戰勝紛華道氣深。季通家世冠儒林。難兄更有元方在。瞻語如銘復似箴。

不緣簿領廢編摩。散帙尚齋政自和。可信紫桑無俗韻。

蕭蕭風竹北窗多

讀北齋書六首

義旅雷轟起廣阿
鄴城青雀又如何
到頭還有無窮恨
都付匆匆欷歔歌

高竿百尺信強梁
誰與亡韓作子房
倉卒柏堂濡血印
燃燈才得片時光

無愁新曲按琵琶
鏡殿沈沈日易斜
滿酌清觴不辭醉
臨風玉貌有黃花（後主穆后小字黃花）

校獵天池萬騎飛
平陽烽火照宮闈
也知羽檄非常[illegible]
明旦難辭更一圍

十五

百戰勳名虎氣騰。涼風遺事恨填膺。無端檞樹摧殘了。不惜高山不自崩。

龍文駒齒許誰儔。造勝區區社稷謀。若向嵩陽遊高隱。不教猿鹿角生頭。

題顧明府敬臺吟草即送其赴麻城新任

君家老著作。粲粲江南英。（唐顧通翁況官著作郎）稱詩大歷閒。盧李實齊名。踵秀匪一賢。君復光前藝。文瀾羅武庫。詩壘屹長城。絅懷結識初。嶺外欣逢迎。寒溫語未了。臭味心已傾。誦君琳瑯句。齒頰餘琮琤。別來五冬春。燕市重班荊。入門攬鬚髯。各惜顏而如。示我百篇詩。爛若堆瑤瓊。

雲機翠織錦。中蟠掉尾龍啾啾孫鳳吟。衆竅徒嚶諍。疑有風胡手。鑄此百鍊成。如皐騷雅藪。水繪傅餘清。多君吟侶盛。宛見題襟情。我詩本無法。牛鐸時彭鏗。伍頭拜謝公。傑句人天驚。何當共晨夕。攻我心目盲。君今應官去。驪駒曉已鳴。齊安古名郡。臨皐秋月明。坡仙舊遊處。山色空崢嶸。知君高興發。不受簿領攖。詩成儻寄我。有倡吾當賡。

七夕

看具圓方綺席陳。樓頭娟月一梳新。牽牛此夕真徼倖。何限河梁悵望人。

題顧明府秋林獨步小像三首

才地江東數顧榮。騷壇幟纛衆峥嶸。即看倚樹沉吟意，可是哦詩句又成。

桂管歸來石載船。囊琴又向楚江邊。平生脉望䑛書字，偶復閒行手一編。

鵰鶚經霜刷羽毛。黄州木落衆山高。看君老樹凌秋意，不競春條豔李桃。

寄沈運使（鋐，省村）同年

京國分襟十載新。嵩嵐迢遞隔音塵。薰風慍解鹽池潄。郇雨膏深黍谷春。書至知君霜鬢髮（來書有鬢髮半白之語）。年來念我飽酸辛。金臺重問訊，祀佀大似明星夜向晨。

題胡觀察（雲坡）李堂竹陰獨坐小像二首

寒玉森森擁露銀，盤陀孤坐小齋新。十年不見勞延佇，一向橫圖對故人。

綠鬢金臺共素心，每從休沐盡用簪。此中若寫同襟侶，便是山王衟竹林。

喜徐太守（鄭武）良至以詩就索書翰

杉巘分襟五歲寒，軟紅重踏向長安。中書雖老能揮翰，（太守舊官中書。）太守長貪蠶繭紙。碑榻茶烟消永日，金蹄玉軸（太守寓居法源寺，余訪之）攬奇觀。（盡出其所題跋諸卷見示）便從內史求真蹟，不要黃庭榻本看。

秋日周大立崖同蔣編修良騏小飲聽雨樓次東坡先生清虛堂韻

六街滚滚揚塵沙，達官騶從初放衙。幽人喜見折簡至，似記昨夜燈生花。聽雨樓依宣武畔，度書庫似鄰侯家。八門主客三人共，來慣不噪棲林鴉。反用坡公夜走清虛宿扣門驚鵲翻意。嫩玉新分上番去聲竹，細釘微坼東籬葩。脫衣落幘徑耳醉，醉聚更醒呼茗茶。不覺紗燈閃閃暗，已聞街鼓鼕鬢搔。回思平時闔戶坐，文字欠覷勞搜爬。癡蠅穴紙蝸負殼，終日閔默徒咨嗟。焉能似君常飲我，愧無長珮凌飛霞。

蔣編脩招同羅侍御（巖五）周大理（立崖　丙同年）小飲再次清虛堂韻贈編修

萬人生身埋泥沙。正坐東方溺殿御[illegible]異時長壯韓夫子。狂言驚衆罪天花。文人掉舌無不可。詎必詩禮繩儒家。編脩軒軒老鵰鶚。肯覷攫肉荒田鷄。有時抗論破語阱。如晉夕秀披朝蘤。御遨海中聖人酒。泅黯正似君子茶。東坡詩建溪所產雖不同一一天與君子性縱復苦硬終可録汲黯少戇寬饒猛我拙且懦百無用。[illegible]思自擲鷃翅短搶榆起。蟾蜍脚鈍緣沙爬。閑右快語心眼豁。長言不足還咨

平生有口作何用但從君飲斛流霞

生日李上詩為壽次韻訓之

少年簪筆廁清班素食長慙職守閒寵命幾番充使節遊蹤真欲遍人寰夢其夢哭半生安林不林居二者間回首兒時似初日高舂今已近西山

客懷六首

客裏時時問盎儲幾回彈鋏歎無魚正平但自從文舉鍾毓何曾識魏舒晚寄清風修笛譜閑消長日勘鹽書窓前飄蕩楊花影句[illegible]生涯欲類渠

簾閣涼生雨氣新綠陰青子景宜人客從卯歲授三館

夏入今朝又六旬。纍纍棗花垂屋重。田田荷葉貼波匀。
近傳到處飛甘澍。好洗戰塵時方征勦緬甸。
筋力初衰莫行陸。逢迎懶慢岸冠巾。[illegible]中高樹垂垂老。
塞上晴雲片片新。犀首正當無事日。押衙空作有心人。
晚來[illegible]毬邀明月。花似紅粧草似裀。
閒來辜負好年華。折脚鐺邊自煮茶。八尺風漪新事業。
一盂虀粥舊生涯。拳毛久已慚騏驥。袖手誰從別鏌鋣。
剩有雄心托何處。漁陽三弄試摻撾。
東華重到踏鬆紅。壯歲風已昔梦中。海燕尋春同社散。
林烏覓樹舊巢空。余舊有寓宅在宣武門外今已售他姓矣因緣休問三生

石意緒淒憐半死桐（鄭孫兩宜人久謝世）洗泥掩門奚所事
來彌勒一龕同
作繭悠悠未有期蓼蟲食苦許誰知心心知處藤初降日
身似江舟不繫時成佛已慙靈運後學仙終笑遠遊癡
（吳遠遊北宋人屢見東坡詩集）尚餘一着昂藏處待策吟功替奈詞

吳何少宰含修同年七十韻

顯懍中台拆嚴凝朔雪麤（公卒之日暴寒雪下）平生知己喪衰老
素心孤析承擎久柱撐扶拙株撐餘滯泗述舊重
嗟吁總角同鄉校種宗交投縞紵校藝指瑕
踰崔杜鞭齊下曹劉軌共扶書林抉根柢文苑闢荒蕪

廿

刀腕驚風雨，探懷滿貝珠。名希唐代傑，才薄鄴家奴。利鈍雞雞粟，余弱冠業□□□基心艶之疏 而公以□□□□□先余一科 要盟揔不渝。先飛鵬避鷃，同守□□□，結伴遊□□，揚舲過越吳。柏眉文共賞，交蹠席連鋪。吟苦箋頻擘，談深酒屢沽。風沙黏□□，八海帝王都。杜甫生平搊，揚雄意趣迂。投人懷湯剌，字猞狫奇觚。氣感昂頭名，時乘蹠穎俠。士留辭樹葉，南北越風艫。戊辰下第後公入秦中余遊江右 退鶂翎重刷，寒魚沈耳濡。辛未春試後与公同起居 三條酣戰蠮，一擲□成□，□□署君判牘，瀛洲我漫竽。朝移量體製，華纓貼腰紆。性懶稀攀附，宦秋慎步趨。馵蟄帶亙倚，鐵石亞樹須。衣共裹蔓□

二十

居分宅一區連襁歸祀夜弦馬出侵晦問貫麻姑酒寒
投玉女壺近郊聽鳥啼破寺剔龜趺春色媚儂柳秋風
悲落楊情親忌客旅喜合少齟齬萍聚[illegible]蹤信
不語君歸悲枕卧我出泰分待乙亥冬公以外憂歸里明年秋余奉命督學滇
滇南踽鏑淚茲左升沈向隅殊蕩菌移嶺嶠續一[illegible]湘潮
壬午秋復奉命督學粵西公亦於此由江右監司提刑楚南、
帝重明刑呂人稱敬獄蘇封隣連斥擲誼客託葭莩附与
公辭婚姻主好健鴻方薦[illegible]黃魚際塗長沙隨見召公治本
非辜公以寶慶守王表[illegible]罪自縊事牽連[illegible]賈清望東曹實要樞部
㕵仍新徑任天文志郎任十五星鄉月方諮升欄公以選郎擢少司馬旋晉宰善畢數也

遇

聖天子班資上大夫甄才擢異等鑄物待洪鑪嶔崟名

臣度恢宏國識邂根卹加額祝栘榆屬廖三秋

鳫方號五夜烏（余去詩註乙酉春先大夫自粵西歸里）聞雲意松桂舊雨記

蕤蒙三年別看七載逾樽前翰肺腑燈下攬髭

鬚户大懷暢軀庵貝道腴甯謗謝䑛貴（不敢貴 詩下韓淵）

貴詎知仰舒愚榮悴機潛伏悲懽事不虞乍看懷抱思

漸惟面麗灑孟浪針砭褓縫蹉跎歲月徂眼卧

蠹葉先枯力疾猶修贖恨　恩敢（告）濟漏舟聊補茸傾廈

貴支吾閔默豐鏽低細頤弱拏日頽難挽繫雷滅

廿一

須臾昔人

啼。維。悟。涼。

宮、達、寞、裡、也。地、雲、

易散。直不果先到。

。尾尸視在衢延。

如、縷、淚、堪、也。

綠筠書屋詩鈔卷八

閩縣　葉觀國　毅菴

瀛洲三集下 起乾隆庚寅訖壬辰五人

敬承堂耆年讌會詩 會中曹君錫年百歲其餘九人各八十餘皆上海

春申浦畔醞春酒鶴髮龎眉二十叟賓[illegible]晝繡開筵禮黃耇 鄉人梧州守李君宗袞為置酒 座中長者年滿百[illegible]十八十肩相後五岳真圖想在腰六尺[illegible]手東都老未足數洛下耆英亦何有此事特奇古罕聞邑里傳誇喧萬口我聞

聖人布太和。物不夭閼人康阜。上有堯舜下。彭咿佗日舒々杳氣。母水深。由來長。鱓介土。沃。自宜。獻花柳。此老三世閱太平。各亭大年得天厚。松生。有巢鶴。有侶一一方瞳齒閏右。九峰三泖恣行樂。張丈殷兒自賓友。有時扶路唱康衢。醉踏花陰坐連時。是知此由德澤歸䑃還為一人壽。

曾孝女詩（孝女濟南人。母病風癱，女奉事惟謹。一日火焚其居，抱持母遂匍，母死於火。）

爇。倏。騰。歘。燔。修。棟。避火絲々開夜闥。火中有女屹如山。

抱持病母肝腸痛。母也苦痺兩足枯。惟女蚕晩相携扶。
皇。天。高〻。照。不。及。更。遭。祝。融。加。毒。荼。可憐好女年十五。[illegible]驅虎。
腕弱腰単力幾許。漫思身作[illegible]貧蛩。豈知勢[illegible]
衆中滅火〻不回。外間抱女〻不來。母已存女待何用。
不如随母歸泉臺。髪膚可焦骨可燬。此心炯炯終難灰。
[illegible]皆婦事[illegible]戚。千秋萬古事[illegible]今名義[illegible]一[illegible]生
男則喜女怨何。君。不。見。緹。縈。上。書。[illegible]免。[illegible]升。[illegible]。[illegible]。
豚。犬。

題明妃出塞圖

結束襜褕跨錦韉。長途哀怨託鵾絃。披圖選色[illegible]

傾國無媒亦可憐不肯黄金求畫工故應青塚[illegible]
當時偏寫如花貌一片冰心筆底傳

歸計

搔首向長空南征感塞鴻前程魚上歸計鸁搖風
上林[illegible]與[illegible]伏[illegible]影移[illegible]日[illegible]

題人畫冊四首

門外青山門外田桃花流水小橋邊閒隨鶯燕尋春去
恰有杖頭一陌錢
籃輿款段兩無須柳栗隨身偶自扶欲向[illegible]脚加
回頭已失小奚奴

麒麟圖畫得何年，句漏丹砂也枉然。明月當頭杯在手，人生只合似青蓮。

淮南雞犬向雲間，磧上龍駒老未還。誰似穩眠春草軟，爲犍偏得一生閒。

即事三首

勢尚如此，農情近若何。啼[illegible]樂[illegible]，鄉堤栗[illegible]風多漕。遠 声

舶來殊絲移，秧候欲過。桑林申禱切，旦夕晚得滂沱。

聞道畿南縣，飛蝗蔽野過。災成煩撲滅，孽起本么麼。先慮兗洛及

春仲即有諭旨令近畿州縣留心察看蝗蝻

分畬使節知令嚴 本

畀未何消嘉禾。

一雨翻成澇，連宵復浹晨。雲乘時到地，泥重欲埋輪。米價逢人問，園蔬入市珍。近傳河澱溢，雁户或含顰。

閩羅烈婦詩 州牧李君文耀室。州牧于役之歸，前妻弟陳三者窺氏獨處，中夜挖之，氏持刃刺陳立斃，羞憤自經，釋得間自經死，有詔旌之。

玉因石錯辨瑕瑜，濁水難將雪井污。纓首終期從介雉，揕胸先已殪綏狐。如生貌在蓮經火，事具行狀中 不朽名存筆用朱。天語輝煌書綽楔，巋然青塚照平蕪。

月波樓新居 在宣武門外梁家園

年七[illegible]過囂譁，幽曠欣依古水涯。巷僻路仍隣菜市，

園荒以下尚記梁家高樓自照東南日曲徑□栽紅白花觴詠當時傳盛事煙波皆見泛雲槎王漁洋宋荔裳諸先輩皆有泛舟梁家園詩

嘲白鷴

舊得閒名五客中金鑾題目荷詩翁如今卻被羣鴉笑白盡頭毛未出籠梅聖俞送白鷴與歐陽公詩金鑾人物世無双

讀南唐書八首

功業成來鬢已絲半生心事鏡中知齋郎枉負中興佐畫盡爐灰見事遲

燈籠踈葛屨編蒲杉木雖多戰艦須一事秋詞

四

金丹無念失雄圖？

龍舟南下意匆匆。青峭遙峰羨皖公。從此金陵勞北望，長教堂上障屏風。

郎了山龍着水田。團蒲長禮命燈前。可憐累郎圍城裏，祇望日日楞嚴法力全。

紅萸氣烈菊香豪。每對秋光把翠醪。一自鴒原迷望眼，空垂双淚却登高。萸房氣烈菊蕊香豪後主郤登高文中語也

附鳳攀龍盡起家。建牙吹角萬人誇。巡官不識升沈事，尚問當年馬押衙。

黃沙如霧北忠臣。劉仁瞻 政事堂中碧血新。陳喬 五鬼紛紛

堪齒笑南唐人物數劉陳
一池春水馮延巳數闋清歌徐楚金獨有翩翩老書記
踵門蓑笠舊臣心

辛卯元日賜宴太和殿恭紀二首

衣冠萬國曉朝元晃蕩鈞天廣樂宣淑氣乍回飄綵仗
祥雲高擎拱金根筵開玳瑁依蟠陛人醉醍醐陋歡樽
况喜
璇闈稱慶逅壽星輝煥盡珠垣（是年恭慶聖母皇太后八十萬壽）
黃羊擱馬出天廚翠釜銀罌品物殊日月升恒歌繼雅
雲天飲食象為需六花獻瑞沾裾袖（是日微雪）萬舞成行聽

瑟竽。近　御上公齋鞠𩠊。小臣何幸與晁趍。

春日鎮國將軍嵩山主人招飲周少廷尉郎席

賦詩次韻奉和

汝陽能變容。春館盛招携。酒看黄封坼。詩將綵筆題。時清閒叱撥。心淨印闍黎。主人喜談佛乘醉矣催歸騎。衝峰日已西。

無題戲效李義山併次其韻四首

縹緲陽臺夢裏蹤。幾回魂斷歷譙鐘。縷衣巧製三銖稱。香幄寒熏百和濃。脂地風流金蕊御。傾城顏色本芙蓉。無因得倩銜巾烏。一道紅墻抵萬重。

傳人名皆

簾幙雲匕飄軋風王昌空自住墻東千絲翠網曾教織
九曲珠心不易通噀袖今明成紺碧淚巾點滴是猩紅
也知燕羽差池後鸞鏡長拋首似蓬

瓊扉敞處玉蟾來香撲閒調小忽雷口爲石碑常不語
腸如江水宛多迴畫成應妬崔徽貌賦出都誇蔡琰才
賴是卷葹能不死未因磨折便心灰

阿母前頭欲語難蘭膏銷盡曉星殘鬢雲乍卸香猶濕
眉黛初成筆未乾鶴使每愁芳訊誤鵲媒深恐舊盟寒
依稀記得朱書字醒拂箜篌不忍看

次韻詶陳西曹蒓溪庭學時西曹副余典雲南試

六

舊忝滇池使承
恩復此行十年思影事萬里喜連旌市駿　朝家意登
龍士子情孔瑋河朔彥端不愧冰衡

奉　命典試滇南道中襍咏二十首

蹀躞驅輕傳逶遲宿近郊城南常杜大京輔趙燕交陌
曉牛趋壟林含烏古巢征途饒埜趣小憩愛塘坳
昨夜黃村雨徐河水乍肥似人堤柳臥如馬塞雲飛戍
堡憑孤眺僧寮許暫依太行青不斷千里送塵鞿定興縣本
古范陽黃村地徐河在清苑縣
曉上天寧閣高臨鼓子墟青淨秦樹暗白[illegible]捲趣雲徐跋

亹唐藩久崎嶇漢業初蕪蔞亭外路波浪渺愁予真定府春
秋鼓國地天寧閣在府治東
滏水添新綠菣臺失舊基夢生因魯酒事急賴如姬蚤
悟浮生夢長憐學步癡平原能愛士何止重當時邯鄲縣有
呂翁祠學步橋
懷古重嗟咨蕩陰日暮時月生必保廟留暗侍中祠水
滿蛙聲暢泥深馬步遲蕪門煙靄外扳接若為期
每涉中州地偏逢霈雨天鵓啼泥滑滑魚戲藥田田埜
寺層巒裏人家積水邊向來騎馬處今日卻乘船
行行及匝月遠道更炎天草[illegible]晨無露原焦午有煙披

襟接茂樹濡吻搁清泉因見擔簦者伍頹一洒然

蕁食催排馬微涼生曉堤地隨江岸（勢）轉天帶楚山低鞭

影林梢月村聲屋角鷄南陽多古蹟是處有詩題

襄陽楚門户形勢冠南州重鎮多名德騷壇有雋流江

山經百戰柳壑自千秋耆舊遺編在高蹤動溯游

羯羊孫障迴白馬急湍迴徑仄山徐合村通地忽開

津長寂寞古洞任疑猜倘有秦人在時淸好出來羯羊塘白馬渡皆在桃源縣

荒驛五谿濱崩厓與亂榛穿廚烏攫肉隔箐虎窺人盬

谿遺風舊文淵往烈新稍嫌儒雅短如對葛天民

六

八

借栖依古廨小卧憩勞鞍嵐重遲朝日山深作被去夜寒

尒頭帊驛吏衙尾過高官困念荷鉏叟徵呼若為寛

一徑蒙龍外長沆古路遙山連大小圍戶褋黑紅笛與

鷁爭殘照隨螢度鄉檣慒騰見虹火鼻夢下嶕嶢

登山復臨水風景喜双清樹杪交帆影巖中荅櫓聲 司

湍江郭小架壑篾樓輕也應乘舟客擡頭聘使旌

十里八九折一村三五家山多易雲雨水迅足魚鰕羨

黄雞從脆花簪龍介斜時逢歸峒客恰及宿林鵂

何年五丁斧闢路闢嶺屹孤成雲頭住高層城井座看羅

施門戶邃犵狫拊循難天險須防護泳平慶又安 鎮遠府文

德閑險甚

雲物新秋爽澗山舊日來峴傳諸葛洞詢是李冰才崖

喜飛雲怖瀑凝素練開龍場遺範迥仰止首重回諸葛洞在

施秉縣巡撫周人驥鑿之迄無成功飛雲岩在黃平州

木穴原脊土金筑本蠻區馬日來鹽集龍家鬢髻殊送

行惟鶴雀爭路有狼貙此去青天上還應叱馭驅元大介

登麓星初落下山日已昏穿雲人影小迥極石峰尊邪

長官司屬貴陽府

許穀何苦砥隤馬亦煩阿都與花貢來往揔銷魂阿都田驛

花貢塘皆在安南縣崇山接天峻嶮特甚

忝是三年使重為萬里遊碧雞仍照眼白雪已生頭細雨宜蘭暮蹴楓菜海秋當時同輩盡驚下愧轅輈宜蘭故城莊蹻所築在雲南省城北又省城西北隅有地名菜海學使署在焉

贈張編修惕菴甄陶二首時編修為貴山書院山長

季鷹投劾後蹤跡久飄零瓠大竟難用箕揚獨有靈帷下講學開濟在治經預遺芻居擬相逢眼定青編修在貴山掌教近七年巡撫又奏留之嘗着有正學堂五經通解

見說衮師好側聞通德賢如何長作客可計老歸田風雅吾師是酸鹹我嗜偏相期事蒐輯耆舊有詩篇余欲選輯國朝閩中詩

九

次韻和陳西曹見寄時余自鎮遠登舟西曹[illegible]

陸行

湖墕猶未凍秋蠅，雨勢連綿水勢增。跋馬衝泥君獨壯，乘舟破浪我偏能。崴崟翠嶂仙人宅（辰谿瀕江有仙人宅），明滅烏蓬似客燈。自笑土牛多滯鈍，如何騕褭踏崚嶒。（聞西曹已先余兩程）

有疑余與西曹驛程睽異為不相能者，適得來詩，次韻奉答，併以解惑

蛩蟨相依比輔車，芝蘭衿契保終初。先鞭偶着吾非躁，後[illegible]尾前予未踈。歲月飛騰同過鳥，江湖浩蕩自忘魚。

市此有亮溤爲嗚太息人言是子虛

再次蝇字韻寄西曹

散帙仍同鑽紙蝇孤舟几坐趣偏增清酣一枕呼難覺軟飽三杯老尚能涼雨瀟瀟和夜柝澄波漾漾閃秋燈此行蹭蹬非無得穩臥蓬牕看翠嶒

月夜放棹自界亭驛抵桃源縣再次車字韻寄西曹

一抹殘霞餞日車數聲清角閉城初月明水石浪全現霜落林塘影乍疎寒夜輞川聞吠豹扁舟和赤壁對鱸魚此時風味無多別祇少同遊好景虛

仙人房并引

距辰溪縣東南、六十里許、瀕江皆石崖壁立、高數十仞、上薄霄漢、下浸漣漪、崖之半往往闕然為洞、仰望莫測深淺、洞口多有巨木縱横撐架、高下作三四層、度以板片、如人間樓閣者然、又有欄楯長梯木匱緣箱艇子之類、如是者五六所、土人稱為仙人房、其地皆斗懸水面、非人跡所能到、器物俱列置戶外、莫審其始自何世、而曾不朽敗墜落、噫亦異矣哉、昔昌黎疑桃源之説為荒唐、此地去武陵不遠、而所見之異有若此者、然則安知桃花源不信有其處耶、

圖經紀異稱辰山，大小二酉峰廻環。琅函金簡世莫覩，
但見石壁青孱顏。頂摩蒼穹噏沆瀣，根蟠翠浪鳴潺湲。
雲斤月斧天削就，堵墻千仞形堅頑。呀然壁閒開洞府，
蒼崖作牖雲為關。巖欹複閣相榰柱，詰曲廻通往還。
豎者為梯橫者艇，中有秘笈丈朱殷。風吹雨淋兼日炙，
不壞不霣亦不黫。其上無階下無磴，鳥巢不到猱愁攀。
誰與狡獪作伎倆，毋乃仙[illegible]非人閒。我欲鞭鸞排紫霧，
騰身上羾扣戶鐶。安期羨門在何許，侍晨告余以不關。
揚舲惆悵舍之去，回頭煙水迷空灣。乃知神仙在人境，
拍肩挹袖緣徒慳。洞中雞犬自[illegible][illegible]，桃源何必非塵寰。

韓公詩語雖云正淵明記在未

題李（咸豐）舍見□蕤竹圖小像

我性苦愛竹書齋署綠筠（余家小齋名綠筠書屋）乞得東鄰栽移向北牖親冉期根葉遂一[illegible]所坐我碧紗窗岸幘烏角巾都忘五月暑況識六街塵自從辭故園倏度四歲春時々入我夢平安報莫申披圖忽悵觸喜如逢故人森々憂寒玉冉々濯露銀中有澹蕩士習卷帙陳期君加灌溉無[illegible]剪鄙蟖寔成來絲鳳幹老淩秋旻規為松栝用儲作東南珍他時遇賞識[illegible]價柯亭均

贈墨客吳舜華（舜華以孝行稱於時）

十二

松滋出後代名者李與張印以盟龍紋鮎之赤豹囊用下
侶硯筆紙紈縵成文章茍非忠孝々月露徒熒煌豈惟
劇藤究想覺易々殃吳生有至性孝行同壽昌閭關歸
父骨甘旨供母糧生涯亦何有仰此烏玉良鄉爭買
致粗足資行裝白華美孝子潔養意何長頓令數鋌林
造勝千璆瓓珪遇固名々重技也安足當

壬辰禮闈分校次[illegible]文彌韻二首

棘院重々鏁閉深清嚴咫尺帝天臨十行翻下銀鈎
檢三月繁花鈔作林矮屋半間風悄悄明燈萬點夜沈
沈囬思席帽身如昨敢忘當年[illegible]一心

試牘堆如束筍森。敫勤批點趂[illegible]駿因樂頑空燕市。材為般求出鄧林。精敏共誇宗匠識。（捴裁為相國武進劉公 少司馬覺羅奉公）閣學齋汪公持裁培羣荷。聖人心。（欽命詩題賦得匠成翹秀）自[illegible][illegible][illegible]酸習。把卷時為擁鼻吟。

再次前韻二首

街鼓鼕鼕夜向深。空庭如水月華臨。極知蝗[illegible]馳文鞅。誰是蠹叢脚藝林。珠礫已看從揀擇。魚龍猶自[illegible]沈。

無端識得焦桐價。始信中郎苦用心。秋闈曾對樕蕭森。（壬午鄉試余忝與分校迨今已十稔矣）回首潛驚過隙

陰科第忝稱前進士頭銜聊數老詞林朦朧自惜生花眼落寞俱知古井心賴有廿年同榜侶夜闌燒燭共聯吟

同年湯學士先甲王侍御紱

請假歸里留別都下諸同好四首

乞歸非敢為鱸魚有母衰年遠倚閭萬里鄉園違祿養廿年簪組廢耕鋤宿舂辛苦春逾夏鞍載輪囷硯共書見説潞河船舫少遲留猶傍[illegible]階

春明再入直銅樓小草虧承雨露優鈍似土牛經累調使臨金馬續前遊魯陽何術回三舍平子無端起四愁從此棲遲向林壑高寒時復念瀛洲

十三

碎步駑駘不任驂，何如開齔故山菴。莊周止日從呼馬，
禦寇歸來解食貅，負米尚堪供分膳，研經還欲趁斜暉。
殷勤乞為取秋風便，十幅蒲帆去似飛。
廿載承明出入頻，推排身已忝陳人。共知空洞胸無物，
似許癡頑意近真。酒伴扳嵇兼締呂，吟壇短李與迂辛。
憑君問我合并日，指似行雲谷口新。

和詩

嘉定曹仁虎習庵

金坡頻歲見垂魚，重憶林泉返故閭。蘭砌好修馨膳
養，秫田還擬帶經鋤。筵前別思驪歌曲，篋裏榮光
鳳誥書。想像板輿親侍處，春萱慈翠繞庭除。

十四

梁家園畔小岑樓（先生所居梁家園小樓嵌清曠）前輩才名數宸優
聯轡曾陪芸館課（巳丑歲余與先生同教習庶常）舉觴忝與竹林遊
題襟款〻慚同調祖帳匆〻惹別愁振翮秋風歸興
滿家山一樣近滄洲
文成天馬脱凡蹤捧誦真應露浣薇校就書篇刪帝
虎編來樂府陋妃豨秋蘭氣味原離俗春草心期只
戀暉漲遍潞河依蔓水汔帆好逐白雲飛
持衡遠道往來頻幾輩春風絳帳人廿載宦遊恳
較遲八旬慈蔭樂偏真菊栽晚圃香生豔橙熟鄉園
味破辛九陌煙紅留不得愛看嵐翠曉峯新

南滙吴省欽白華

遠排歸訊寄双魚喜説寧親返舊閭京國貴遊逞舞綵（先行一月為太夫人遐壽）鄉關耕養慣携鋤班非供奉容投牒里近麻沙好著書重與高堂論遺際幾行御筆貴親除

作手絲綸起鳳樓三長史華數聲（上）君優似閶館吏傳餐逮時（先生與脩國史例得支餐錢）况有門生載酒游花市書坊行趂意藥爐茗椀坐忘愁梁園数頃春波暖何必家江傍蕪洲

名銜一昨解塵鞿只采陔蘭不采薇屋角便應喧語

十五

雕軸頭爭顧綬膏稀闌風伏雨泥埋路玉署金坡曙散暉却共長安小兒女布帆十幅潞河飛楚徼西南節使頻不才踪跡類通人欽連主點粵楚試皆先生使節舊臨之地居鄰瘦弟過從便舍弟與先生寓齋才隔數武既鎖春官笑語真今春欽與先生同校禮闈言笑最洽忽御板輿樂清暇但揮羅袂意酸辛他年得訪康成宅壯礪墻邊帶草新

南滙吳省蘭稷堂

揮手姑辭同隊魚潞河秋好趁飛閭蘭陔許奉詩人餞菊徑思攜處士鋤裝重篋留金管錄思深軸捧紫泥書八千山母承　慈慶長引春暉灩玉除

身倚高寒第一樓條冰廿載署銜優久留秘館推前
輩幾度輕軺續勝遊北向漫酬鴻鵠志南飛為聽鷓
鴣愁當門山色開旗鼓佳境寧須訪十洲
公才天馬脫塵鞿　三殿簪毫近紫薇大呂敲原諧
噦鳳新裁體肯襲呼豨揚波學海分餘潤砥行儒宗
仰吉暉七字詩成遥惜別歸心蚤逐白雲飛
梁園風雨過從酒（先生寓梁家園與蘭衡宇相對）談笑能傾四座人
別鶴乍彈冰柱促焚魚始信碧山真護持籤軸勞丁
甲料理煙雲忘癸辛叢殺板輿扶處穩紅蕉照眼佛
桑新

德清　徐天柱　西湾

陳情喜得解組魚子舍言旋慰倚閭風日循陔張綵戲田園負郭帶經鋤明時豈合謀歸老良計由來在著書東坡云著書暇日真良計况是西清資史筆藏山書梦皆全除

廻翔鶴禁與龍樓使節頻年知遇優銜鑒一時推哲匠山川萬里供奇遊留元無滯彌形曠詩爲求工轉益愁此去扁舟真落手朝朝散髮傲滄洲

征帆如馬不須鞿即景還應賦紫薇用韓致堯事舊事追尋觀鬥鴨新詩點勘譜呼豨茶煙禪榻添秋興水郭

山城送落暉，到日支離先飽啖。趑王臺上看鴻飛。

三年京邸往来頻，風度分明近古人。戀闕轉憐時序速，望雲彌見性情真。從知佳境如嘗蔗，到處留題此受辛。佇待還朝酬物望，槐廳事業一番新。

将去京國寄家振弟山左

来時竝舸宿江灘，花縣蓬山各服官。東望每嗟荊棣影隔，南歸彌覺雁行單。……待奉供吾職，清……豈汝難。寄語一心懷期許國，莫負瞻此勉加餐。時弟亦欲乞終養

次韻訓徐編修西灣天柱

徐陵聲譽宸清芬，兩版業書掃俗氣。詩句流傳遍我

賦才盧則久推君移床相對如披霧解組言旋爲望雲他日重來東觀裏定知軒鶴已超羣

原作　徐天柱

承明廿載仰蘭芬今欲投簪謝世氛籍〻久通金馬使一帆歸揖武夷君翱翔不定天邊鶴舒卷無心嶺上雲芸館追陪叨問字驪歌何止惜離羣

十七

話說，就是來說，這種會議幫助很大，建議能經常地每月開一次。」據該區座談會的發言比較集中的有如下的幾個問題：

第一，要以得到領導的重視與支持圖書工作才能做好：

乃是得到領導重視和支持的圖書工作的開展就較順利有成績，如紅星第一分社、縣上第一大隊造成群眾中談，幾年以來的圖書工作就是具體的例証。但如何才能取得領導的重視與支持呢？首先是圖書工作人員本身要重視圖書工作，發揮圖書工作的責任感。其次是發揮圖書的作用，把購進借到的圖書各得其所地得到應有的讀者，如「領導者的參考」、「如何做一個好的領導者」等書就應主動地送給領導審閱，故凡屬當前中心工作所需要的書，就應配合中心主動地請示報告，如需要什麼樣材料，需要如何配合完成領導上布置的工作，在總結上以一定時期如一個當運動或一個中心運動過後或一個季度以後它的圖書工作做個小結，用口頭或書面向領導會報。

第二，要看有沒有實行的制度，圖書工作才有保證：

中心的生產合作社的圖書工作負責人在座談會上說：「以前沒有建立圖書工作制度，以致圖書籍的同志去帶頭，堅持以閱覽室為陣地人留值，就不能說管書的人也留得多以。」我認為這是第一大隊，

去非齋詩鈔卷九

閩縣 葉觀國 毅菴

循陔集上　起乾隆壬辰六月盡癸巳一年

歸途即事詠懷一百韻

懷歸尋蟹舍，請急別花甎。戀闕情徒切，倚閭望久懸。勾留看暑退，擗擋自春前。月駕臨三五，雲程計七千。舟租青雀舸，[illegible]捲紫騮韉。漸望舲稜隔，深愁轂觫顛。祖無踐廣帳，贈有繞朝鞭。次坎開帆鼓，遲遲上水船。仍鋪平處案，重展蠹餘編。沽市沮洳匯，津門渤澥連。同心欣邂逅，共事記纏綿。（是年同張侍御敦鈞侍御分校禮闈，侍御亦以是時歸姑蘇。）亭眺時

推艦高唫每扣舷碧沽滄酒釅紅斫淀魚鮮堤越長渠
曲村依古驛偏遠郊戍莽蒼重鎮乍喧闐黄犬書曾附
青猿至已先觀海弟宰長山遣僕至德縣矣迎徒勞春草夢長憶夜對牀
聯置驛當時在閑樽北海賢觀察沃芝厓圻駐節德州通謁留飲徵歌調
玉管罷醉踏花驕汶水流如線蜀湖浪接天渡黄驚湏
洞出閒歎迴邅極目長洪外振懷宿預邊魏城先下世
樂令父歸田外舅孫華中先生家宿遷入問起居時孫宜人已謝世甲第摧鴛瓦
長床布馬韉低眉相悵怏揮手各悲愴重叩韓侯廟言
尊漂母阡弓藏何草草金報亦戔戔覽社秋方半雷壇
月正圓吹簫文日[illegible]騎鶴媲胥纏安定書齋古元卿講

席專（蔣編[illegible][illegible][illegible]編修為安定書院山長）袖歸覲草手閒篝作詩肩陶母能留客楊亶早與允才應論一石祥或兆三鱣去未久州鎮冥冥京口煙蒼茫愁衛玠俛仰感彭宣（壬戌春余廷試北上從學使北埜于公至京口居月餘極遊覽之樂今梁木已壞不勝師門之感）尚記登龍日尋思立雪年陸雲初赴洛郭隗欲遊燕提挈隨蘭櫂居停托蕙樓同人皆矯矯羣從總翩翩閒話南徐勝齊攀北固巔射堂呼酒伴海嶽訪書禪石詑眠羊狠銘搜瘞鶴鐫閃金江湧月浮玉寺臨淵豈意門墻隔遥嗟館舍捐西州雙淚迸東郭再來還陽羨田難買慧山泉可薊鼰陂吳郡勝崔市古時壚臺已傾遊鹿逕還問採蓮廊

喧露蟀香徑咽風蟬岳牧敦盤舊蓮迎梧掌傳三巡不
浹洽二豎忽拘攣胡檢察季堂五兄陳泉江蘇招飲席間忽得瘧疾怕冷爐當
擁防風幔懶褰支硎尋友誤林屋約遊愆枉辱雙旌顧
長憑一榻眠移舟過肅皁伏枕聽鵑絃覇氣看銷矣充
風亦邈焉曉帆經震澤晚棹泝由拳重凶看花侶新魚
執法權同年孫芳圃恕以鹽法道蕉泉司事招邀攜酒榼傾倒誦詩篇俎
薦團臍蟹監登縮項鯿親分諸葛筆從乞右軍箋湖上
停紗舫城西坐竹篷淨青環岸學淺碧泛漪漣甜美金
沙井清冷亦一泉高蹤懷處士遺蹟白憶坡仙寶地闢仙
磬歸橈見翠[illegible]躬三竺勝郷續六橋緣野館幽容借

江潮靜可沿巖[illegible]錦繡瀫水蔚蘭崖[illegible][illegible]赤鷥鼬空
林嘯餓鷉溪山竆越角星斗入閩躔北望京畿遠南來
日月遍旅懷從可減幽思若為蠲自念菰蘆賤深慙樗
櫟全束身趋學校結髮事丹鉛砥節師黃憲治經慕服
虔燈點還鑿壁衣冷未裝綿共笑堅如鐵誰憐直似弦
南宮叨入選祕館忝充員藝圃勞芟擷文場縱獵畋鳴
珂趨　望苑槖筆近　經筵衛　命持衡數蒙恩兩任學政四
事典試懷　恩奉職乾羣曾空驂驥貢必致枏楩山館隣
啼狖春江有站鳶莊應誇陸贄槎不羨張騫循省沾優
渥思量効滴涓鉛刀難許劉魯縞未容穿修史毫頻腐

抄書袖屢擷。懶踈求馬綱。迍守得魚筌。蒲柳姿非昨。煙霞癖本堅。海鷗從浩蕩。櫪馬謝羈牽。放溜拏長艇。逢灘撇怒漩。險同投虎口。深或吐龍涎。未數零丁水。難誇灩澦川。崎嶇良可駭。幽僻亦堪憐。傍巘園千稷。臨流屋數椽。松篁寧問主。魚蝦不論錢。雙塔瞻雲際。三橋直海壖。雙塔三橋蓋福州之勝道途饒險阻。兒女幸安便。白髮高堂上。迎門定囅然。

書局即事四首乾隆壬辰有旨求天下遺書各直省設局蒐輯恭進

昇平盛事古難逢。籤軸新增四庫供。典學已聞徵傳詩。求書還見詔陳農。茂陵身後遺文出。[illegible]積卷重。

共覩榮光騰壁府，時懽舞屬童縫。
廿載西清老校書，招邀入局効三餘。琅函積疊琳連屧，
亂帙縱橫獺祭魚。天祿藜光分照耀，琊陵蠹粉待吹噓。
知芸閣迮劉輩，橐筆朝朝上石渠。
抄書鈔選重唐時，唐貞觀中購天下書選五品以上子孫繕寫 蠆尾蠅頭細
似繇適館官廚傳，向槊展窻晴旭拂，烏皮研磨石黛濃。
雲態裁截溪藤東雪姿，可信為山成一簣，縹囊緗裘湅湅
纍纍。
無力何由致五車，坐看珠貝列貧家。應嗤白首駝黃妳，
不惜青燈晁黑花。珍重有時逢拱璧，紛挐何止數恒沙。

紺珠一粒憑誰乞，好向人前記事詩。

耳鳴

中乾外益殭，畯漲火將熄。目昏乃見花，腸飢還夢食。由來清淨地，滋擾實戕德。嗟余有兩耳，司聽是其職。胡為不自靖，啾啾鳴弗息。鬧若哀蟬吟，細作暗蛩唧。又如煮活水，鉼笙響坐側。幽幽聲戛空，滮瀄溜趨溢。以彼萬竅喧，聒此覺元國。母乃腎氣虧，心牖爽其則。或云作勞如，天柱受熒惑。二者皆不免，性斧來六賊。分無三耳生，行恐兩豆塞。會當斷聲聞，內捷但守黑。

奉題巡撫寶岡余公品古圖小像長卷

岐陽獵碣臥秋草陳倉野不知寶隱侯身負天下名
古器犧尊未深考夏縣禹瓢毋乃謬鳳翔銅盤誰所造
秦權漢料了莫辨長睿尚功應絕倒鄭公柏寢對獨詳
潞國歙硏世猶保由来通人能博古豈為玩物慮害道
我公淹雅誰（近）比（罕）儔博聞邃父知名早審定篆書探頡籀
等第古圖泝殷鎬閒收鐘鼎互羅列時為摩挲遺懷抱
世人信耳不信目所鼎紛紛搭富媼山文葉文差髣髴
雲回雷回漫妍好紫褐誰嫌氣濁腥硃斑還忌色枯燥
公也鑒別到毫芒如較淄澠判蒼縞而我謭陋故無因
尚記西清校梨棗古（御刻西清古鑑皆繪大内所儲器余為編脩五百十洛殿得與校）

訂役之天宮法物重球刀考訂源流[illegible][illegible]藻辛尊癸卣附鏊流白虎赤璋加藉繅自哂見圖未見器有似餓夫說秔稻會當從公問奇字趩趯竊蹤細搜討

贈盧[illegible]（孝廉遂名遂後舉乙[illegible]下薰進士官翰林）

渭南老詞伯平生萬首詩太白謫仙人百篇信筆爲想其搖毫風雨快煙雲滿紙傾險麋豈似寒齋聳肩客吟成幾字落莖鬚盧君天才優且敏十齡能賦秋散辭士龍入洛正年少羣公倒屣相嗟咨鵾鵬一擊偶垂翅買舟通潞循河渭往還燕齊暨吳越去衡湅雲歸炎曦他人困頓多閱歷君獨嘯傲[illegible]痾懷人詠古無即景千

五百首新詩（孝廉以公車草南歸襍詠二帙寄示共得古今體詩千五百餘首）定知篇成如潑水駕天，高浪臨秋颸，共詠金鹽堆火齊，詎嘲螻螾襍蛟螭。眼前所得已如此，盈箱充棟看他時。嗟余老朽百無用，猶舵唫興時嚘咿。才微膽弱不輕作，有作往往愁鈍遲。即今歸程涉萬里，曾無壯句供遨嬉。安得借君銅丸飛彈手，寫盡道中風物襟懷披。

有感示華宰（華故少同年故少宰念脩子宰念修子）

介壽筵開歲籥新（少宰太夫人正月初度），華堂依舊集朋可堪。截髮存陶母，不見稱觴有伯仁。西第未經生信宿，北邙待築塚嶙峋。黑頭黃土成泡電，何一莫遲半百人。

壽巡撫寶岡余公七旬壽四首

威鳳聲光矯鶴姿。天培耆德輔清時。漢廷公望尊經術。周室元臣重保釐。節制東南貔虎肅。均調暘雨黍禾滋。邦人共慶生申旦。首台輝祝壽眉。

中外迴翔踐上台。衮衣銜命戟門開。敬刑久奏蘇公績。為憲同推吉甫才。屢涉鯨波橫海過。曾摟虎穴洗兵回。公自臺灣守歷監司往還八渡重洋嘗擒臺冠黃教等置之法德星長喜臨牛女。霞嶺油幢幾往來。

重如山岳凜於冰。腰玉簪犀布素仍。清獻衷懷天可表。忠宣道誼世相承。千間廣廈春風遍。一榻清香朗月升。

見說衙齋公事了，披函還對短檠燈。

長生極貴例相兼，絳闕雲臺地位嚴。餐玉舊傳丹竈訣，（公精岐黄之學）駐顏常作紫芝瞻。齊眉案在輝褕服，舞綵衣新拂畫簾。忝逐村謳來獻頌，年年記取海籌添。

湧泉過長老貽牡丹賦謝三首

一枝物露自僧房，紅粉為肌綠作裳。端好真看菩薩面，故應芍藥讓為王。（惠人詩：芍藥花開菩薩面）

鹿苑偏宜康韭春，曼陀優鉢不為珍。阿師正有拈花手，故散天花與世人。

十分穠豔冠春叢，惆悵將殘褪粉紅。會得禪心成一笑

開元非色落游空

逈句又貽白牡丹一朵

只言姚魏領芳春，琢雪鏤冰態更新。歸國淡粧初下馬，錦幃應避衛夫人。

無田二首

無田孟浪亦言歸，況值鄉園歲洊饑。剜肉醫瘡謀竟拙，撑腸煮字計元非。天邊鴈影新緘少，門外車塵舊雨稀。莫便摧藏愁鬢髮，一壺吾且典春衣。

闌風伏雨坐連旬，入戶浮階野水新。白醭上衣頻燎火，青禾生耳更愁人。牽蘿補屋移穿榻，數米為炊爨濕薪。

郎記年時春俸下盎盆高貯太倉陳

讀明史二首

巫臣首導吳楚國疲奔命衛律鬥兩主邊事紛莫竟由
來殘賊子反噬滅天性君看正嘉中板升為國病邛富
與趙全逋逃事窺偵教猱謀益狡嗾犬勢逾橫遂使中
國人萬骨填坑阱區區肉食謀奸人竊相慶天道果好
還罪貫案必遂那吉既北來此輩釜魚泳駢首戮鯨鯢
快心殪梟獍邊吏寄藩籬闔纛古爲令

倭奴本桀黠猖獗自明季禍生固有胎啓之由壘吏驕
驕大艑橫朝發夕焉至沃嬰看號剖孕作嬉戲師

輟興尸。兵塵悵淮寄。桓桓襄愍公。行軍勇且智。王江[illegible]第一。賊膽已落墜。未錄上。將勳先。中讒。人忌。至今讀誅史。欲洒千秋淚。宗憲事權宜。行間俾自貳。雖、短、捷、伐、威。癘、幸、渠、酋、致。猘東惡少息。轉徙窺闖地。向微戚與俞。桑梓罕譙類。由来家國詳。要窺予孫。利。以。彼。習。暴。貪。何。足。責。琛。贄。絕之勿與通。廟謨炯萬嗣。

題无悶堂詩集後

飄、泊東西南北人。粤黔吴楚、文燕秦。貧。如。杜。叟。歌。同。谷。詩。與。蘇。髯。作。後。身。藝、苑、已、荒、徐、謝、軌。（徐惟和兄弟謝在杭）題、襟、猶

及應劉賓崎嶇斗絕標名曰雙髻蕭蕭半似鉏（与朱竹垞顧侠君諸名勝相唱和）

寄徐盐臺芳圃同年二首（芳圃名紀）

師川才調許誰倫更聽徐兢政譽新兩紀官資兼內外
一時知遇見君臣棠枝布蔭南天潤暑路飛霜（用張融海賦語）
海國春風說清香凝燕寢左司吟賞擘箋聊
歸艎往歲過臨安話舊欣陪渶日歡白飯青芻煩地主
紅蓮碧沼倚吟壇垂魚君正誇年盛負米吾方覺路難
賴是鄰封情不隔郵筒容易達江干

自題讀書秋樹根圖小像四首

少時懶惰誤三餘奔走東西老更疎邇說讀書應汗下

何曾讀得幾年書

慧業由來有夙因，十行一目始通神。饒君辛苦丹黄意，表約前頭鮮笑人。

擕備待日睹梟盧手，煮字難充莧藿腸。不識讀書成底用，可憐撼穀等亡羊。

未妨我法殊卿法，書我用我法 前輩作詩讀 已是長閒勝暫閒。遮眼文書元不讀，祇宜拄頰看秋山。

春日同人遊湧泉寺即景有作并贈遍照長老

二首

廿年不踏石鼇梁，靈源洞有蹴鼇橋 杖屨襆被重來豊竺皇，夾磴松杉穿蒼蔚抱江城市落蒼茫忘歸坐久雲生袂忘歸石在靈源洞淨葉談深月滿床淨業堂在東廂卻憶舊遊成影事追尋秪呂感山陽乾隆戊辰春偕莘田黃丈李霖邨鄭光謨諸君来遊距今二十稔諸君皆已生忉利天矣

龍象威名自國師迢迢宗嗣一燈垂元風此日尊從諗古德他年數大溈松蓋成陰經手種鹿園重闢遂公期

又

叅背觸拳頭義慙愧當機轉語遲

宿湧泉寺次魏岱巖郎中韻四首

瓶鉢香燈事事幽粥魚聲罷晚悠悠歸雲入洞窗前落暗水通厨榻下流

蒲龕一枕有餘清趁趣經堂放梵聲欲攬江天無量景

水雲亭上宣分明（水雲亭在霧源洞左）

金烏翁海曉星殘，擬上尖峯瞰紫瀾。濟勝具踈還却步，名山只作五分看。（寺正在山腰）

不求入社不參禪，為赴招邀到佛天。記取後遊新歲月，吟箋留續舊詩篇。

題高萬林處士自寫小像

詩句達夫才不忝，丹青曹霸筆能親。興来自寫昂藏影，勝貌尋常行路人。

奉題巡撫實閩余公渡海圖小像

荷蘭還築環重溟，乾坤東港闢障屏。巖疆久經歸版籍，

十

番俗猶待鐫頑冥宣承師帥藉良吏畫轄更代如流星
公今建牙來開府維昔分竹曾揚舲弱翁治行冠郡國
蕭育耆德聞 殿廷是時西南風正便檣烏高轉鳴旗
鈴開帆乍離白鷺島挾舵已失金雞亭中流所見更空
濶上下天水同蒼青夜明仰眡星斗大波靜氣禁魚龍
腥須臾赤嵌落眼底番童社叟迎簞筐三年報最理[illegible]
艦安渡如[illegible]雲[illegible]翔王尊叱馭古稱壯諸葛渡瀘躬不[illegible]
寧乘槎博望語涉誕破浪元幹言空聆豈若公游[illegible]可
絶八面蹴踏鮫鼇局（公自題臺海凱旋圖有鯤身鹿耳八揚船之句）胷吞雲梦
眞一芥事傳紛繪誇千齡猶記年前縛鼠冠雞籠鹿耳

象重經。

題李瑶圖州牧讀書圖小像

漢世仕循良，經術飾吏事。春秋可斷獄，論語用佐治人。官不學古，必受其所寄。君家本鄭侯，夜萬卷堆箱討荔衣古君子。才比翁歸備尊人保定守荔裳余拔貢同年頌聲蒲河[illegible]達。丹地君世實，象賢青箱舊業。嗣佩符牧嶺右尹鐸習吏事。一朝奉諱歸，三載守廬次。古云喪、慶、業，豈云佔畢忌。讀禮兼讀書，於義無謬剌。杜門事蒐討，嘗鬱更嚌。戴阿連亦頡秀，侍側談文義。心期曩喆親，意與書生異。自從世好殊，仕學判爲二。芻頭紬被溫，鑪卿短藥藥漸

嫌對□墨自足識丁字如君信可人展畫見深意

喜朱郘丞幼□歸自臺灣二首

十年卯雨遍甌閩海外歸來及好春舟過七鯤鯨浪潤轎隨雙鹿鶴書新時以秩滿內地候陞攀轅走送連番社夾道歡迎舊部民莫訝使君蕭瑟甚數肩書簏尚輪囷

江舸分風會面慳高軒惠顧一開顏集成海外□詩擬春陵山眠食情敦京國舊詢及劉司業亨□劉編脩校之近狀見聞書討宋元間時余摠校書局郡丞曰述所見吾閩流傳各種舊書文章太守今誰似六一風流可接攀

臺陽紀遊圖為巡撫□□余公賦即次元韻四

首

樓船十丈擁元戎，縱指貔貅渡海東。盪寇分頭探窟穴，安良隨手辨麻蓬。近帆夜閃戈鋒白，近舵瀾翻幟影紅。一鏃乍加[illegible]，鐃歌齊唱破蠻功。

渡海圖成紀昔遊，公守臺灣日作渡海長圖 旌麾重上赤嵌陲。[illegible]有加同驅鱷，[illegible]物[illegible]無靖[illegible]沁狎鷗。雲鳥列營開陣勢，山川聚米熟邊籌。安平鎮畔輪囷石，好與麾旌勒壯猷。

雨膏聲去風扇平[illegible]六十城，聲稀桴鼓樂昇平。謝公帳下多襦袴，范老胸中有甲兵。艘艓過時波自靜，弓刀屯處夜無驚。師泉記裏前徽在，[illegible]順惟憑一念誠。靖海侯施琅破臺灣日作

井師記

風雲爲氣海爲標，鰲背平過墨水陰。臺灣在墨水東秣馬軍聲雄畫角，燃犀恠影現波心。七旬頑格如摧朽，六月師興喜得霖。圖畫合譥向麟閣，流傳盛事付謳吟。

題余[illegible][illegible][illegible][illegible]荷凈納凉圖小像

驕陽困蒸溽，白汗如翻漿。安得招凉珠，懶移局脚床。不如辭襛襶，獨[illegible][illegible]方。況有藕花繁，翠蓋圍紅粧。一把淪漣清，頓生肺[illegible][illegible]。因爲誦杜陵，句意味悠且長。君本貴公子，態度殊膏粱。翛翛冰雪胷，粲粲錦繡腸。偶為逃暑計，企脚清泠[illegible]。[illegible]有書與琴，幽有茗與香。遥颸一以度

十三

郡伯下空二字

荷氣揚其芳定知高興發點筆舒麥光卿心追鑑曲秋思橫瀟湘應嘯丈八溝但醉紅氍毹

鄒郡伯□□同年自臺灣來福州相見之下喜而有賦即送其赴 闕二首

曲江宴罷各分襟海上欣逢玉斾臨五袴風聲常滿耳廿年乘濶一輪[illegible]文武才兼備元結慈仁念獨深此去便同宣室召待陳民隱莫沉吟

見說雙旌到木岡探丸鼠輩正跳梁短衣度箐追窮寇責餉趨田飽宿糧鬢髮經勞絲蚤白除書重捧紙仍黃臨歧特為邦人祝再乞 須海疆

採菊圖為姜笠堂賦

涼吹拂脩林，庭綠紛已歇。爗爗短籬隈，黃華燦成列。此花稱隱逸，氣澹品孤潔。曾無適俗韻，但有凌霜節。自非栽桑翁，誰能勤採擷。

盆魚

瓦盆何局促，喁喋聚寒魚。卧斂形猶困，起鉤意漸舒。尾頳勞念汝，忽暇溺憐渠。已失江湖樂，聊同沼沚居。鯉魴辭澤侶，繒餌謝寸鱗。撥剌興波瀾，延緣鼓鬣徐。潛淵情未滅，跋扈興全除。曳尾泥龜似，垂頭圈鹿如。牽知飼犬免，終分化龍壺。[illegible]應成曲，無心爲致書。風雲嗟已隔。

奉題巡撫閩余公桐陰聽琴圖小像二首

段生昔善琴，愛向松間奏。松聲挾風籟，恰與琴韻湊。三者皆自然，響發妙難究。翠桐本琴材，涼影散清晝。理絃就之鼓，散泛越林竇。瀟瀟疎雨過，飂飂孤風覯。借問蔡中郎，何似松風驟。

琴經祕不傳，廣陵音已虧。豈惟良工少，識曲人亦稀。揮絃者誰子，毋乃古頡師。主人達琴理，能作聽琴詩。高山與流水，妙契入希夷。請君續續彈，曠世逢鍾期。

蘭友[illegible]首圖作側面照大方鏡就馬
鏡中鏡用兩美[illegible]
寫正面
之像掛寶劍一具

欲傳阿堵筆難親，卻借菱花爲寫真。不是畫師誇妙會，由來法執多身。

妍媸萬態看他人，有眼無由見自身。三尺青銅是知己，此中面目認來真。

蹁躚鑑井欠端詳，問景空齋更渺茫。肝膽輪囷冰雪似，正須秦鏡照毫芒。

玉尖金釵意氣雄，晚參道妙證圓通。豪情減卻風情退，併入空明一片中。

題蔡梅坡封翁清秋染翰圖小像三首

鵞館桐陰散遠青，烏絲闌就寫黃庭。右軍去後知流別，惟有端明具典型。

冷金銀錠遍研摩，典到濡毫許換鵞。繭帖不隨松雪去，流傳墨本至今多。

野鳥家鷄不用嗔，辨香膝下有傳人。蘭亭已重羲之蹟，又向官奴乞洛神。謂長公和亭明府

題余松山主事小像四首

琅函繡罷作銀鉤，周鼓秦碑細校讐。除是景廬同贛叟，世間誰並此風流。

金貂七葉盛文章，家集編成竹素香。中丞近刻家集凡數種嘉樹樓頭春晝永，中丞著有嘉樹樓詩集又看延壽賦靈光。

十五

閒來浣筆寫蘭箌，露葉風枝意態真。三絕書詩兼繪事，端應松雪是前身。

香土東華逓曉風，馮珂他日控花驄。罷朝應向鵝兒看，絕少紅塵到此中。

顧太夫人九十壽四首 方伯錢湘蓴先生之太母

魚軒輕穩翟衣新，禁掖遥頒拜紫宸。昨歲方伯入覲，御賜太夫人壽扁。八座班行孫晉國，層城名位魏夫人。含飴為喜循陔近，進酒時看介壽頻。鳩杖藥鑪都不事，便從九秩祝千春。

清和時節景初長，薇省張筵繡帨光。彩燠九樓瑶鏡瀟

太夫人四月望日生辰

福輝騰雙壎綵鳥翔餘桃甸福州舊有蓄宣五雲等九樓
足仙人酒眉壽重開舊日堂蕃署有眉壽堂是張魏公爲其母秦國太夫人建
況是昇平豐歲乖一犂新雨長針秧
珠胎玉蕊定殊常誕育名賢作棟梁中外馳驅兼節鉞
君親忠孝動班行傳經自昔高常母脩職無勞勗敬姜
況有孫曾看繼起蓮蘭砌樹摠芬芳
幔亭仙曲記賓雲錌鉳遺聲此日聞潘令軒輿洲貴盛
洛濱侍從太紛紛焜煌寶婺家家見煦嫗慈暉戶戶分
翹首祝筵多喜氣甘棠門外簇彤雯

七夕二首

玉宇宵澄桂影新天孫今夜款天津一年一會猶傷別
其奈多年判別人
東社殷勤[illegible]綵河[illegible]裳作合竟如何天孫不把人間巧
自為人間巧更多

題陳觀察望之淮玩松圖小像

藏春塢裏含香客手種萬松容如簀浣花詩老調韋偃
欲付鵞溪寫松石畸人自昔具心賞愛此蒼虬勢千尺
欝律太陰貯雷雨蕭騷遠籟散空碧紛紛桃李漫華榮
大厦棟梁非所職公才正似合抱姿作屏鄣東南撐半
壁文章已推班馬手勳業好繼夔龍跡昔年佩印守羊

城。襦袴歌聲傳海國。今來持節莅閩越。膏雨芃苗頌卻伯。清才肯令騷雅疎。高情未與雲林隔。三山南徼苦毒熱。夾道松陰今異昔。夾道松蔡端明知福州日事安得寒濤瀉天半。一洗驕陽作涼夕。知公胷有凌雲氣。指點畫師潑濃墨。披圖突兀見龍拏。毛骨生涼失炎赫。慶雲威鳳想光儀。秋月氷壺覩顏色。不須更踏雙松嶺雙松嶺在越王山謖謖清風來座側。

贈金竹蔣先輩二首

西清三紀老詞臣。半壁南天柱石身。玉珮瓊琚傳述作。袞衣繡斧見經綸。無諸城裏棠陰徧。太武山邊黍澤新。

賈董才華韓范業，廟堂真用讀書人。

量比洪河氣似虹，廿年閩嶠荷帡幪。嶺南士畫師韓子，海外人欽[illegible]公[illegible]嘗臺灣[illegible]臨陋巷，所[illegible]函丈生春風。鳴鸞不厭啁啾響，得句還郵尺一箇。

蜀東陳母李孺人節孝

紗扇纔披賦別離，豈知龍劍合無期。磨笄一死非難事，畫荻千秋有令儀。丹穴已看雛鳳翥，雲安猶聽杜鵑悲。他時東觀脩彤史，名並懷清巴婦垂。

題沈心齋郡伯松梅吟嘯圖小像四首

薄領寧妨翰墨幽，衙齋吟賞足風流。文章太守今誰是，

合讓東陽沈隱侯
墨妙名齊米薛豪，袖烏池黑未嫌勞。文書判罷衙官散，預展蠻牋待引毫。
帶將甘雨灑閩州，齊楚烝黎頌未休。丁字溪頭風月好，毫端收拾倚新樓。郡伯於署中摘大觀樓賦詩紀之樓正臨城南丁字水
浴殿同傳內府餐，廿年乘隅海天寬。披圖青鬢還如許，應共松梅耐歲寒。

徐八十壽丁未進士官倉武人家

循良舊譽動纓簪，白石清泉愜素心。陶令琴樽三徑淨，偉長著述六經深。壺中日月朝還暮，洛下耆英昔視今。

十八

好繼鄉邦人瑞老，明程畬守林春澤年百有餘歲稱人瑞翁長春圖卷重琛琳。州牧彙朋遊投贈壽言為兩帙題曰長春圖卷

題沈華峯泉之小像四首

燕寢凝香意自清，平泉花木正敷榮。如何卻愛江頭坐，智水仁山有性情。

雲帆煙渚泛虛空，五宿澄波皓月中。二語本香山泛太湖句千古風流誇白傳，猶嫌旗影閃青紅。太湖詩又有避旗飛鷺翩翻白之句

兩頭簫管徒喧鬧，千里舳艫湯侈雄。誰似我公清絕處，一甌春茗坐烏蓬。

閒中凝思靜中看，渺渺空波點點巒。濠濮胷襟湖海意

一時描寫入毫端

題黃明府心庵同年課兒圖小像三首

香草齋深重（去聲）掃除，高梧脩竹影扶疎。紫桑歸後無餘事，散帙時還讀我書。

辛苦龍洲種木奴，何如韋相一經迂。課兒圖是傳家訓，好配樓家耕織圖。

快馬蟾蜍莫用疑，封胡遏末總英奇。阿翁賸有金針在，不度兒曹業讀詩。

題人奉親圖冊子

丁蘭鍥親形，曹休泣父像。由來孝子心，謦欬餘存想。況

經少貧賤鞠育多艱掌雖奉椎牛祭未受雞豚享劬勞
恩罔極風樹情徒愴之子何怡愉至行稱閭黨慈孝董
台南甘旨奉亦必恭謹石恬侯起居儀不爽堂構喜漸
新音容嗟已往作圖寫遺貌梓倪橋則仰愛慤儼生存
辛勤憶疇曩庶幾風頹俗孝悌神所獎

次韻和人無題四首

望仙樓上倚層霄青鳥銜書出紫蘭（紫蘭西王母宮名）報道飛
瓊朝夕至幾回潛向碧雲看
妬花風雨曉凄凄簾外春陰接檻低萬疊雲衣千疊岫
寞濛何處望樵溪（樵溪在邵武縣）

另起

綵[illegible]天際一朝回，寶鴨猶温萬轉灰。恠道昨宵筵上燭，雙花特地向人開。

滿抱陽臺一段雲，朝朝相對盼斜曛。應知繡被纏綿日，不信人間有鄂君。

奉送巡撫余公入　覲二首

袞衣銜命撫巖疆，六載風清節雨暘。戀闕每懷温室樹，朝趨重近御爐香。

主恩稠疊勤三接，一襲貂襴徧捧十行。便似嚴公向丹地，殊榮出入冠纓裳。少陵送嚴公入朝詩：閣道通丹地。又詩：三朝出入榮。

嚴裝便待鶴書臨，直爲傾葵一寸心。玉帳風高秋度

空一字

二十

嶺紫城寒重曉端簪抗懷開濟情滋切造膝敷陳語自
深預數棗期候歸騎南枝梅發越山岑

乙

工部齋詩鈔卷十一

閩縣　葉觀國　毅庵

炳燭集　起己亥重□盡戊戌正月

烏二

睠彼庭隅，有烏巢樹。禿尾畢逋，歸哺其母。叶哺母不食。烏嘑聲苦，嗟爾物微，誰能念汝。

有牸在欄，罷耕乳犢。朝舐犢背，夕舐犢腹。牸出犢從，于垧于陸。人無父母，曾犢不若。

宮人　二首

風樹灾生痛未休，紉絮況迫歲華遒，葺蘿補屋無全策，

畫餅充饑枉借籌詩磨尚可團寧論拙○坡公詩應笑謀生拙圓圓如磨驢
酒如飯研木成愁○瀟瀟一夜西窗雨的為窮人換白頭
桂桂薪珠米飽辛鹹親串相看此味咸西第門闌人久
換南隣鐘磬與全芟投醪邮救千軍渴○割肉難供一鳥
饞○用度無極經薩婆達王割肉救鴿事猶把黔婁作猗頓○不知頭上是氷
銜○

菴中見僕窮人之作次韻見和疊前韻

翁陵便擬作歸休太息春暉一夕適出處孤生應自審
全局待誰籌每當痛定滋思痛直為愁多不記愁

載縛船兒戲事何如高卧絮蒙頭
虀鹽朝暮嚼酸鹹自信能貧似李咸擬築高臺携債避
難尋利[illegible]茭謀身去去偏形拙食指多来但覺饞
緜絡[illegible]在此生何計脫羈銜

除夕次[illegible]韻二首

崢嶸暮歲役車休赴壑脩蛇力較遒貧裏送年疑度劫
老来增算愧添籌平生不觧營三窟晚節偏工賦四愁
回首前年今夕宴繡衣被體玉簪頭
傷心未忍近腥鹹廢業新塵集阮咸車馬到門原自少
蓬蒿生径不須芟影堂薦食頻增感隣甕浮香意亦饞

全字須格寫不用空

郤喜曉長簷滴斷紅綸一玦翠峯銜

元旦[redacted]次[redacted]韻二首

潮雞再唱爆聲休守歲殘膏曉欲遒玉珮朝元齊聽漏

全

金輿出闕待傳籌雨濡高壠占年熟風掃層陰散

客愁惟有鮮民苦堺裏避人銜恤獨埋頭

人土戊戌作長期物阜應韶咸新恩山左當春沛

只空一字

令吾巡幸山東聖駕餘藥川西指日芟日征大勳兵金凱川旋不省有鳴

鸞常奏瑞田無碩鼠豈憂饞微生頂祝無多事不望牙

牌蜀要銜

卻喜曉來檐滴斷紅綸一玦翠峯銜

元旦[redacted]次[redacted]韻二首

潮雞再唱爆聲休守歲殘膏曉欲遒玉珮朝元齊聽漏

金（金）輿出闕符傳籌（又旦後聖駕先詣宮受朝儀乘輿出行）雨濡高壠占年熟風掃層陰散

（又傳籌為候漏第二句則鐘鳴而候駕至改）

客愁惟有鮮民苦塊裏避人銜恤獨埋頭

又土戌光心作歲長期物阜應韶咸新息山左當春沛

令（春巡辛山東聖駕）餘蘖川西指日芟（征勦金川不日大兵凱旋）省有鳴

鸞常奏瑞田無碩鼠豈憂饞微生頂祝無多事不望牙

牌翳要銜

過萬安橋惠安晉江二縣交界一名洛陽橋宋蔡忠惠公建

萬安本古渡○厥流實支海○忠惠記實支海渡東南平地坼○蛟鼉腥濤駭○維、昔、劉、與、留○劉鋹留從効嵎負、抗、戈、鎧○誰能揮翅飛○動貽滅□○而○不其魚、腹恨○沉抑幾千載○蔡公信劉者○王梅溪詩蔡公量真劉者力營橋疊硯礧臥虹三千尺○突屼橫碧瀨頓令萬萬衆○蹈○浪○容○不○改○晝夜走牒符○南北通貨賄○譬於苦海中○見□□航、艤○傳聞築版初○馳檄投有灌○江神聽約束○為縮潮頭待○此、事、定、有、無、遺、編、多、錄、採○王遵岩以為公自為記無是事亦人托于神以□□耳我來三月朔○甚雨新流漲○人疑○行○水○面○漲○正○乎橋○齒○下馬款祠扉○黃絹穹碑在○橋○長○記○獨○短

雙絕晌茂嵬百五十四字字字嵌珠琲明濾觀河洛神功緬模楷兆時脩陰隆尚期後守牢

清源書院即事四首

負郭無田[illegible]耕，授經聊復學康成。半生馬走仍為客，四海鴻蹤欠此行。（余遊迹半天下獨未嘗一過烏龍江）

春桃滄溟春浪近，捲簾茶帽曉嵐輕。刺桐花是詩家料，潑眼紅芳午院晴。

水檻風廊次第開，未荒微圃舊池臺。（書院本靖海施將軍微圃別業）雨拖鎖甲將軍去，日照朝盤弟子來。鹿洞規存勤拂拭，（講堂有洗馬官石溪先生手書白鹿洞規條版子）兔園冊在自謿訴。丹黃點罷無

餘事且聽邊韶夢一回

書囊硯匣鎮隨身絳帳青鐙夙因徑菊荒蕪頻入夢酒鎗抛別任生塵（温陵作酒無）悠悠未了三千牘滴滴難過七十人（用義從先生者七十人語）襆被遠來緣底事敢誇憂道不憂貧

清源文獻古名區先正風流近未孤師說世方訾吏部敎條吾欲[illegible][illegible]湖湔除氣習功為大敎核詩書語自腴不識安昌絲竹座有何衣鉢付生徒

贈李鼎先明府（名夢登上杭人乾隆丁丑進士官孝豐縣令罷歸時為梅石書院山長）

峩峩卧龍峯下歛千仭雪山雄水深駛挺生足奇傑往古不具論似歎今時喆卓犖泉上翁（處士李世熊居寧化泉上里）揚馬困轅突斷斷愧曾老（參政黎士弘）托素光詭譎（參政著有托素齋詩文集）寒泉（明[illegible]能靈[illegible]）吾及友研易長硁硁翠庭（[illegible]憲[illegible]鋐）名先輩龜判聯袞歛亦有同年生日乾（丁卯孝廉余起）才雋絕數君雖令人古學賴未輟先生實踵秀穿貫經傳穴黃河瀉胸臆萬里清淑冽秋月寄兩眸鑄隙入披抉高者喚莽魯下者哂寒乞二劉三孔間揖讓相頏頡奈何仕不諧蒞官纔匝月佩玉妿走趨今古同吒咄夜光或按劍長柱斷成梲歸来垂一橐代耕尚存否毿落雖難容鍾虛幸

可憂榛菅翳幽桂，春念勞蘊結。碣来刺桐城，一見心為折。昔為燕與鴻，今如蛩與蟨。顧挹崑崙渠，溉我潢港湄。

謁明太師文忠公墓在閩縣方岳里

十年鈞軸障狂瀾，門館如冰素節完。納牖昏朝心獨苦，調羹衆口事偏難。懸車情切收身早，下馬陵存卜兆安。塚地公所自卜敢辱梁公尋譜系，同宗奚止視何韓。

官軍平定大小金川凱旋二首

掃穴功成解戰袍，劍門歸陣凱歌豪。為安饕餮煩楊僕，已向崑崙縛猾高。玉壘又添新版籍，雪山應罷舊弓刀。聖人首出真神武，況有干城此鄂襃。

桃關西去萬峯連，縋險千軍盡裹氊。飛渡每看先奪隘，仰攻仍喜衆摧堅。檄鈴禁禁漏常三商。儀禮漏下三商為昏商音滴轉粟青天巳五年。從此錦城停羽檄，扶犁户户事春田。

題孟瓶庵郎中採芝圖小像三首

海鶴心情嶽鳳姿，蹔辭仙署卧山茨。清時肯說躭泉石，為採陔蘭一採芝。

晨羞夕膳饜慈歡，園笋江魚致不難。更向仙山求上藥，延年新得玉芝餐。

歸裝先後出春明，河上歌中數載情。欲借新圖白和柄

療飢為我劚黃精

即景感舊二首

錦屏珠箔玉樓臺客到都將月地猜誰信阿儂寒乞甚
也曾身住此中[illegible]
小草何心競物榮偶霑春露蔚苕莖而今每到看花地
回首當年似隔生

新居示兒子

我家蕩析餘兩世居賃屋先君晚買宅纔足布牀褥爾
来稍改還小子忝竊祿一徙通津衢再徙九仙巖開閣
雖漸高坐處仍若促小齋一書榻竟日駐羲轂炙面在

巳墮橫肱輒遭觸。悠悠思古人。游息恒自足。少陵貧。草堂有遺躅。昌黎亦窮士。南亭松果屬。昌黎示兒詩 松果連南亭 樂天較優饒。履道居早卜。東坡雖遠謫。白鶴賦新築。嗟我獨何為。老死守踐躅。今春又西徙。近傍闤曲。非為慕高華。庋以避炎燠。有樓敞可憑。有池清可掬。軒庭雖不大。頗亦蒔花竹。同志三四人。談嘯慰幽獨。喜餘還竊歎。住穩轉生恐。持竟何具。享此書一束。肯構要兒孫。傳家惟誦讀。此屋閱人多。世事如棋局。不見馬家宅。作園在轉矚。不見鄭公第。乃伏他人牘。[illegible]嫁宛棟低。莫訝堅塗墣。堂堂宰相廳。旋馬不為辱。況我官秩微。後人非

太祝○而傷先子逝○不及奉休沐○

孟瓶庵郎中與林千萬長[illegible]之實三孝廉唱和（李）為詩次東坡岐亭韻詩亦如其數僕從郎中齋頭讀之愀然有感輙次韻奉和寄呈郎中併簡三孝廉兼呈張惕菴編脩五首

閒居事醉哦○濡筆吮墨汁○唱予孰和汝○情性異燥濕○獨愛孟夫子○浩歌中有得○況多同調人○覓句意急○三林清廟罷○文采丹毛鶡○亦園（郎中書齋）共偃蹇○花霧春壓冪○同斝酒瓮香○各樹詩幟赤○我來誦新句○一路塵眼白○細字○籠壁隅○就讀○礙巾○幘○清辭意也消○苦語感想泣○（弟孝薦令）

編（新遒其詩多叙鶴原之痛）俗學期速化○豈念風騷缺○誰爲嗣土土
耶復圖主客○諸君扶雅輪○題襟裒成集○
我非學佛人○頗復躭米汁○爾來斷晚飲○衰滯患脾濕○何
況鮮與肥○果腹竟奚得○久怪飲食人○朶頤情急○然
盡魚鱉○刳剝要鵝鴨○諸君俱仁儉○食篹去巾冪○當餐戒
濫殺○得路看保赤○吾生既老矣○學道知黑白○豈惟獻羶
腥○早已掛冠幘○隨山鹿遊○長念枯魚泣○坡翁飽憂患○
因鐫朋友缺○岐亭人化之○祝此遠來客○何曾爾何人○一
箸萬錢集○（次章諸君多及殺戒事蓋亦原本坡公之指）
熙春二三月○濃綠雲柳汁○當風鶯簧和○宿露花房濕○新

居頗爽塏俯仰方自得胡為舍之去戒轄星火息淩晨
涉大江泛泛如鳧鴨田思新種竹還召清陰冪小池尤
可愛宛轉雕欄赤分宜從醉卧家事斷閑白晝遊皆怪
我曉別不及幘客言我不行奎米何由沽人生皆寄耳
明月有圓缺一枝聊可栖六幕誰非客無為更戚戚枯
菀隨所集
種松期作柱種漆期取汁當其封殖初必審[illegible]與[illegible]
鋤芸人田於我未為得家有六男子訓課事最急敦希
龍與鳳莫作豬及鴨學堂利幽靜簾幙命遮冪我家寡
憑藉所恃寸心赤仕宦二十年未敢蓄黃白有子[illegible]賣

書愢此頭上幘去歲兩兒即喪母日號泣阿爺又出
督責道滋缺石虎慮破車孔融能對客念兹杵撞胸
夜百端集
溝澮涸復盈微流仰雨汁江河苟一決千里原濕
學貴討源自叩慚所得誰似張夫子著書如火急坡翁詩火急勸
著書六經究終始閉户炷金鴨文成逾數萬一一緗函冪
先聖倘策勳上可配高赤長君才雋異余文經婿邦出語
壓元白有作已成囊燥髮初加幘定為張鷟選寧效下
和泣談鋒凜可畏往往攻吾缺良嫓勞勸悰賴此乘龍
客他時如李漢為我選集

寄送蔡（如亭）[illegible]府之官粤西仍次岐亭韻二首

五年遊東軒魏岱岩郎中書齋飲酒如啜汁狼藉槃桨空顛倒襟裳濕就中君大戶玉山推豈得興来敲短竹宣索牋毫急吟為解語花賦及能言鴨有時蘸[illegible]樹影亂蒙冪共屏禮數苛各輸心膽赤君才如鏌鋣氣吐長虹白霜蹄雖偶蹶新復彈冠幘我老窮益甚屢洒步兵泣心知握別近一餞禮竟缺形迹安足論恕我遠[illegible]客饑倘南指佇跂飛鳧集自閩入粤取道多出溫陵多錢信為累如渴飲堇汁無錢亦大難涸轍疇相濕訊能似齊如食宿欣相得君豈愛錢者往往先聲去人[illegible]三

九

年官嶺右未敢賦鷄鴨桂管我舊遊古洞青藤冪高峯
鑽石劍晚照千尋赤雙江清可泛仰送飛雲白但恐[illegible]
領繁曉沐不暇幘行當理鞭箠聲上據案數因泣人生少
如意此偏定彼缺耐勞作熱官忍饑作閒客祝君為女
語領邑視懷集俗以官嶺右者得北流懷集為美缺

銅盆歎故姊婿郭公所貽

銅盆屬我久持贈忝故人相從二十年萍[illegible]走關津故
人化為土此物猶鮮新雕鐫花草細摹寫翁[illegible]真尋常
付包裹盥頮供朋賓一朝成訣別留此朱提銀僮僕竊
歎喟拙哉[illegible]物[illegible]足道感舊潛酸辛

題[illegible]峻[illegible]小像二首

訟庭寂靜少埃塵，吏隱悠然似子真。匡鷟行歸鞭掛壁，凝香齋閣賞芳晨。

孺人稚子娛馮衍，修竹茂林憶永和。宦海相隨如泛宅，油幢何必羡沙哥。

[redacted]旴菴

次韻訓黃旴菴職方二首 名日紀，龍溪人

芙蓉闕下共朝天，跋扈詞壇各盛年。解紱吾因求恭[illegible]，抽簪君早賦歸田。飛梟閣畔看敲韻，留琊亭邊想草元。珍重故人雲樹意，郵筒幾度寄新篇。

詩名硉矹樹長城，覓句應知遶榻行。藥有君臣聊卻病，

聞君近善病常服藥

兩無今舊揔關情，館小容駕足，鷺島波寬隔雁程。欲問阿儂牢落狀，吟誰和感嗚嚶。

題陳明府旭世小像二首

竹王祠畔烏毫留，銅鼓村中五袴謳。袖卻安仁種花和，歸來種秫遍平疇。

楚荷自覺為衣好，燕玉還看燮老便。麈笑香山老居士，遺樊鸞駱意蕭然。

即事

門無車馬出無騶，五月軒庭氣似秋。客笑為官何落天，衰老予使返[illegible]。清源洞古宜携酒，滔石江虛好泛舟。日

噉荔枝三百顆（李年荔　杏熟甚）殘年此外更奚求

野廟

野廟人蹤不整停搽豚釃酒滿中庭生成[illegible]公德
禍福爭邀社鬼靈飽及烏鴉聲啞啞竄來鼪鼬影冥冥
可憐佛宇前頭是寂寞寒燈古火青

題傅翁在山遺像其孫秀才　偕孟從余遊

我來清源歲再更濟濟門徒屨户滿先生周孔那敢說
弟子淵騫固難限（蘇詩先生周孔　出弟子淵騫寢）中有傅子必且賢經
義何止了了瑟僩（韓詩鮮摘權　了瑟僩）毛骨蹴騏驥溫栗精神
對珪瓚引嶶落斧我不辭貫蝨穿楊子奚赧盈川先生

十二

雅好士（謂大興楊君廷柱進士）許子人文閣館賞音自昔有特

鑑剎自誰知非左袒頗怯鄉膠（去聲）矛舌答問匆匆席

未爕龍游老令我同年（謂同年傅君應時）輩行（去聲）於子為大阮

故知家學有源流世業青箱自紹纘朝來亦我六尺圖

欲述祖德丐銀管側聞長者陰行善貽厥寧須萬金産

期君繩武且亢宗莫負秋堂燈檠（從上聲讀）短

題薇閣偶存詩草（毘陵女士王采薇著）

容華剋玉氣吹蘭緗帙長隨鏡檻安罷繡[illegible][illegible]隳紙貴

留香草在墨池寒生天有籍宜切利住世無多似小鸞

若向詩家論格加長江昌谷重登壇（罷繡吟侯宮女郎王霙鳳著留香草）

合刻濟美[illegible]瑟

沈[illegible]詩

題林廣文心蒼讀書圖小像二首

讀書如富賈用意在博收又如繰繭絲引緒[illegible]出使文

略浩煙海萬卷汗馬牛仲文信儒雅殊愧袁豹儔歐陽

一代人古事咨二劉哀我東書徒牆面空衒鬻君家精

典籍藝圃勞鉏耰白髮不灑櫛青燈長槃頭要令便便

腹貯彼墳典邱披圖識君意大業期千秋我亦失學人

願從君湖游

先正亦有言讀書良不易每[illegible]世網牽似犯造物忌譴

能百年內得此三餘事獨有[illegible]賢倫然成隱勉華辭

趙文敏云聚書觀書亦一高事

十二

簿領攖稍救饑寒累翩翩媚[illegible]載酒問奇字幡幡劉
薷羨酌客談經義身為待扣敢作寒竽置但恐及表
除短擎一朝棄

題林上舍暢竹崖吟嘯圖小像二首

黄塵撲面事千頭酒賦琴歌取次休誰似高人瀟洒甚
清吟能續竹林遊

裙履風流似謝家二難謂尊兄心香廣文聲譽玉無瑕知君他
日成吟稿花萼題編一代誇

題薛明府縣佐肇璜小像三首

不籌[illegible]不垂紳笏立淵渟意態真豈識林坰茁麗容

當前立下宰官身

綱常名教待人肩一瓢橫身敢自便況是居官求任事鍊磨骨力要剛堅

君家樂廣我同年君為同年周賁部日贊子婿風度曾披鳳羽鮮惆悵故人成永逝重親玉潤嶺雲邊

宿大田驛

舁轎循長陌呼船渡急湍江雲催暮雨隴麥趕春寒殷殷新雷動丁丁夜漏殘幸辭鹽米累敢畏道途難

莆陽道中口占

莆中風物昔人談幾度經過我最諳丹荔黃柑真海國

十三

欄綠浪似江南（舊有小江南之稱）如弦官道連秋穗勝畫名
園對曉嵐便欲誅茅來此住木蘭陂上縱歌酣

雨滯莆城以詩代書寄懷林編脩南池 兆鯤

一燈搖焰夜籌闌堦滴頻添絮被寒客戴漏天彌覺倦
身留孤館乍嫌單敢言含雨人來少實畏衝泥我拜難
咫尺思君賒會面瀨行特為訊佳安

二首在寄示之前雨滯之後

柳枝詞二首

底事逢春欲斷魂垂垂一樹怨黃昏永豐園是人攀舉
未必穠華勝沈園

撓雨拖煙濃似黛牽情綰恨勒於絲提花小院知多少
但許臨岐贈別離枝

欄綠浪似江南舊有小江南之稱如弦官道連秋穗勝畫名園對曉嵐便欲誅茅來此住木蘭陂上縱歌酣

雨滯莆城以詩代書寄懷林編脩南池兆緄

一燈擁燄夜籌闌堦滴頻添絮被寒客戴漏天彌覺傪身留孤館乍嫶單敢言舍雨人知少實畏衢泥我拜難咫尺思君賒會面瀨行特為訉佳安

寄示兒輩二首

延士捘閒課子宜舌耕仍遣別山游家無金谷惟資讀業在青箱要及時狗鶩低昂思馬訓龍豬得失味韓詩

汝翁但[illegible]童年誤不厭丁寧教汝知

踈竹寒梅野性憐，桂香橘烈抱欣然。移從昨歲愁根淺，別到經時想蠹穿。曉起連筒宜灌溉，閒來稚子莫攀牽。休輕眼底閒花木，頭白絶封樹幾拳。

題林孝義家傳後（諱賜魁，晋江人，辛卯進士聰之父）

握抱珪璋佩筐筌，清脩矯矯里閭傳。艱難奉母如徐積，緩急同人似巨先。布素稱懷州府重，科名食報子孫賢。熙朝史筆褒忠孝，好並東京卓行編。

巡撫定圃德公六十雙壽六首

柱石才猷川岳英，蘩禧天錫翊昇平。幢旌寄任封圻，褎玉恩兼出入榮。南國喜邀郇雨澤，東方原是歲星

精齋年齋體（与夫齋體語本白席通）真堪慶台躔高連寶婺明

韶齡珥筆賦長楊王尺頻持鑒定衡北斗文章尊吏部

春官桃李羨歐陽陶甄胄子懸冰鑑領袖羣仙長玉堂

黼黻續成經緯備還資舟楫濟川梁

戴斗文昌將相并范韓勳業在蒼生優隆

主眷常三接遷轉崇階半六卿（公在内歷官少宰少司馬少司空）開府

藉籌軍國重領漕頻報庾倉盈便將南海甘棠樾移麼

西甌六十城

玉色金[illegible]邦宜都從學問展猷為夢吞三畫天根徹

座揚雙銘聖域窺廣厦襟期寒士庇平原心事衆人知

心似中原萬里平明周畫〻向銀筒丹鼎皆虛妄。仁者由來慶壽眉。軒裳初不廢情。嚼玉揮珠潑水成。古寺題詩溥琬琰。粤東海珠寺池州九華山皆有公詩刻雲帆拈韻紀鄱程。公任摠漕時著有楷程草一卷韡豪杜聖篇篇聲。緒礫虞戈筆筆精。忝向瀛洲奈未坐。每披詞翰摠心傾。偹福宜賡阮醉詩。詩說阮醉詩偹五福戟门佳氣耀晨曦。齊眉象服榮申國。置膝瑤環膝坦之。綠酒紅燈開曲宴。青蒲黃菊記良時。公以端陽後七日生辰夫人中秋後三日生辰從知極貴長生證。十賚文同九錫貽。

自題畫像

依稀似我看仍差，時至終當上畫乂。已作蜀川爲像供，兒期麟閣作圖誇。沐猴且喜衣冠好，跨犢先辭組綬子。兒女莫須相歎泪，還將自祭學陶家。

八月十二夜得月樓玩月（樓在泉州清源書院）

火急完清課，料（平声）量賞好秋。笛聽江客弄，壺對舍人捘。得飲健嬉痛（藴詩一飲百觴痛未痛），觴間賴是偷。桂輪雖未滿，華彩

中秋大風雨效樂天體晴明效樂天體

雨橫風顛鷩定，月來雲破醉難謀（是日本有集因風雨而罷）。天公錢弄真何意，不要人間准備秋。

二

偶作二首

仰床讀偈謌仙（蘇詩：楞嚴在床頭，妙偈時仰讀），判月持齋笑樂天（白詩）。三旬齋滿欲銜杯。我愧昌黎勝二老，不能澥佛不逃禪。

十六夜見月院中獨飲

星辰纏敗興，補貼要今宵。雖覓同工曲（進學解：子雲相如同工異曲），聊成獨酌謠（沈炯、陸瑜皆有獨酌謠）。酒蒼風皺面，墻白月横腰。賴有香山集，能消夜寂寥（時正點勘白集）。

君莫笑

予祠仍書沾恩澤（宋時大臣罷職多請祠，得支祠禄），半俸獨堪療困窮（庚劇致仕官准支半俸）。僕僕道途君莫笑，清源山下洞霄宮。

六首不抄

書院庭前種竹二首

新移綠玉兩三竿，容裏聊期伴歲寒。自哂水雲蹤不定，殷勤排日視平安。

獻歲淩雲未可知，祝君一事我心期。可於此証孤山上，記取高賓手種時。孤山有竹閣，白香山守杭时種竹於此。東坡有詩：香山堂為太子賓客，自稱為

感事二首

心翁似似母慈，背飛燕念作誰時。香山詩：毋爲雛日高飛背母时。

莫傒繼體如奕，宋必嘗身是伯奇。

祇聞闌那見鷞鷟誕鳳鸞，此地郡將圖射虎。

遊內又 ……刪

宜低二格

咏石盆 有引

劉爽衡山王子見史記

清源書院講堂南池畔有方石盆一具高三尺四寸横長六尺五寸面徑半之石質堅膩淺緑色外鐫花卉之狀有題識其中呺然以深可貯水三十餘斛若用以蒔荷畜魚皆宜嚮余因閒步見之惜其以有用之物置諸無用之地欲移置東齋以絶重難舉而止暇語君鏘王子竟以二十夫舁置齋頭殊為一快事也當移舉時有識之者云此物原在東齋十數年前始移於此然余未之知也豈物之遷徙之位置亦皆有

十七

數存焉耶曰賦五言律三十韻紀之并示及門令同
作
妙手劖山骨窪中刓四隅盆池遺制度漆斛比形模淺
色含璁珮平膚潤玉壺重迴秦武鼎堅勝魏王觚古蘇
存標格幽皰錯畫圖清宜憐水檻玩合配花盂棄置緣
何事摧殘貌已殊埋胥堆瓦礫被面附泥塗貴客摩挲
少芳辰賞詠孤微瀾黏晚絮敗葉積秋梧解憶浮榮否
曾傳往事無（書院本靖海侯施別墅石盆當亦為施家舊物）高臺圍錦繡曲宴
布氍毹玉帳千士金釵二八姝綠觴浮琥珀紅樹碎
珊瑚也伓陪以於今歲月徂繁華時去汝團蠹狀獮

吾動々移山力行思縮地符繫維須六馬捧擁要千夫
掛壁弨難檠圖南路若紆無言奚自致有美欲誰沽好
事門生在翹闗壯士俱鵬鶱看從運蟻附轉崎嶇碣想
陳倉馱鞭疑海上駈萬牛離鑿木百丈蜀川謂挽舟上之纜為百丈
灘艫似壁重歸趙如鉚作屬吳安排期妥帖指洗助勞
劬湍汲清泠淥遙騰瀲灩舨旋看游錦鬣兼欲泛雕菰
琢句憩敲玉聯吟佇貫珠可憐淪落久顯用在須臾

秋日遊賜恩巖在泉州郡城北三四里清源山之東麓也

清源六六巖賜恩特幽美可憐牛鳴地今日舉遊趾霜
林披錦纈雲磴踏崎嶬上有苾蒭房輿從聊一弭卸我

十八

深雍鞾繫此分梢履引步　兩僧隨行一三子升高期

造極出險得雄視茲茲俛沙界隱隱瞰塵市東隅隣谷

玉空碧但天水田思鼠穴仄因悵風禪庵自從有此山

遊躅聯遠邇幾人傳篇什何者著名氏緬懷四門歐石

室今未圮（山有歐陽詹書室）科名天荒破詞筆椎輪始巍巍韓

與崔韻頡驤鑣軌許公亦豪傑憤發投杯起（閩書載賜恩巖唐賜許刺史稷之山投杯事見閩川名士傳）三秋養毛翮千仞辭棘枳故山荷

敕賜勝事鏡湖比温陵信多賢先河數二十向夕別雲

龕高山勞仰止

池上　四

冬淺如秋序水軒晚獨臨高樓瀉輪月老樹半池陰公叔交久絶少陵詩自吟非醒亦非醉誰識此時心

野煙

垂〻漠〻斷還連一抹脩原與廣田雨歇殘星初落後風蹤茅舍未炊前横拖山脚千尋帛低絮江湄幾疊綿等是后皇騰上氣不如雲霧會升天

題王孝廉東演陽開小像二首

長松磊落想清姿寒歷秋英晚節期尚有閒情刪未得石欄頭畔坐題詩

牒訴裝懷隴笑騰琴歌酒賦事難仍君今便踏朝參鼓

似此蕭閒照未能

送別王明府執山光燮引疾歸里

籍甚循聲嶺海間，志成黜突拂衣還。脂膏不潤如公紀，瘠苦相關似汝山。父老即今思繪像，舅姑從昔愛低顏。香山詩老歸低顏事舅姑河梁灑淚寒風緊，無計劉車許卧攀。

歲暮書懷四首

瀟瀟寒雨閤城闉，半錢殘冬半引春。歲內立春踈影池塘梅信退，簷煙園館柳萌句。迂情韓子驅窮鬼，懶愧陰侯祀竈神。獨有癡獃小兒如，鳴鐃疊鼓慶年新。

璅闥追趨雨露深，滄江一卧病衷侵。歸田本興張衡意

釣水雞諧李愿心窓谷間雲多懶慢出林寒鳥久沉吟
極知樗散宜邱壑差計壺觴許酌斟
羅飯循廊百感生影形同吝對孤檠簷蜂旋在懸仍舊
庭樹栽遲實未成擾擾情懷風莾蕭勞勞蹤跡絮纏荆
蜀莊不作唐生死誰證前頭汗漫程
衰齡急景欺奔梭六十明年更奈何暴日徂移馳叱撥
祇今藥裹同伽陀人情楚醴坊顏面世事齊竽忌嵬上声
我漫道詩因窮後始窮來詩且苦差多

己亥元旦次高詹事江村先生韻

朝正久已隔天扉畫篋蟫生舊繡衣翠墨題朝盤新節

重紅粘庭樹好春歸行辭去棠詩身健瑞在書雲書國
肥狷愧衛遷能寡過心追五十九年非

重作

漸作屠蘇家後人尚非五嶽遊身貧隨老境層層進
愁遂年光陣陣新營墓未能丹白史古筵聊復學雲均
何嘗乞得隻飛翼不藉梯航扣帝閽

題許編修雪村均先生折枝墨梅為李給事敬
堂廷欽作

澹似楊无咎清於沈啓南靚粧呈面平遠般及春三先生
題款能事家庭擅先生尊人月溪翁工六法殘縑箋衍探好將京洛
云

其一 幢供花龕

次韻寄訓黃時菴艤方

蘇黃聲望本齊肩。清絕詩篇叶雅絃。迴雪流風神自遠。施〻着粉質非妍。樂間疏傅良辰宴。善病東陽暑月綿。愧我紅塵緣未斷。焚枯把袂待何年。

獨坐

縱好難拈花下影。經纔不斷藕中絲。此生有恨無人識。月白風清獨坐時。

盆池種荷葉而不花室謂下栽過遲之故有感而作

漉泥分藕滿盆池，眄望生華惜後時。擎雨湯摧青蓋影，出波難覩洛姿（洛神賦：灼若芙蕖出淥波）。愆期老女宜男晚遇，文人遲。欲把從花卜身世，為吾遮莫莖瓊枝。

驟雨

驟雨時當午，收雲日未晡。祗堪洗蒸燠，那解活焦枯。牛老偏工喘，鳩閒不肯呼。深居猶苦熱，搔首念征途。（時將秋）（郡日）

聽歌

纈手一串珠，生車子喉及未譜，時着意聽。（纓頭）（日）

買竹夫人不至

風床露簟要青奴，韋甫初非越客須。泉州老我較涪翁更淒絕，不惟娛夜步紅襦。山谷詩我老此物紅袖堪娛夜正要青奴一味涼

此生

此生潦浪信遭逢，鬻萬譽於奇意揔慵。呼便應云莊叟馬，好非真者葉公龍。若吟世豈無東野，愛士今誰及建封。得失寸心事千古，端應未始出吾宗。

讀楚辭題後

試纏綿悱惻意堪哀，生時身已中詈。露才枚賈追風去，臬在劉安王逸作傳典

97346

福建省圖書館藏書

八閩文庫

福建文獻集成

續編 集部 五五

吴格 主編

八閩文庫
文獻集成
379

海峽出版發行集團
THE STRAITS PUBLISHING & DISTRIBUTING GROUP
福建人民出版社

本册目次

樟汀詩草十卷存八卷　〔清〕將樂廖偉傳撰……一
炳燭齋詩集三卷補編一卷　〔清〕霞浦游光繹撰……四四一

樟汀詩草十卷存八卷

[清] 將樂廖偉傳撰

福建師範大學圖書館藏稿本

樟汀詩草十卷存八卷，清廖偉傳撰。偉傳（一七五三—一八一四），字萬英，號蔓茵，私謚文長先生，將樂人。諸生。廖氏乃將樂著姓，代有文人。弱冠時操紙筆爲文，往往傾其長老。出就有司試，連冠其曹，爲博士弟子，飱於庠者二十餘年。然屢躓鄉闈，以生平所得，發之於詩，故其詩頗負重名，亦授徒里中。著樟汀詩草，有道光二十六年（一八四六）將樂廖氏友石齋刻本及此稿本。

稿本卷前有嘉慶二十二年（一八一七）仲秋月中浣日雲浦王仁輔撰廖蔓茵先生家傳，次同年孟秋月上浣日余敬思撰門人私謚引，又次門人余紹思、余劍騰題詞，再次嘉慶十九年甲戌夏自序。據序云：「吾今且老，暇日檢舊紙，甄而録焉，共得一千一百餘首，釐卷十，作詩先後，不悉記憶。其以樟汀名者，予居面溪，溪畔有古樟，不知何代物，幼即婆娑其下，迄今葱鬱猶昔，我則何堪矣。」末署「甲戌夏」、「自題」，知爲所卒之年手自編定者。卷中又存卷九末葉，云一百十四首，然詩已無存，則知原稿確有十卷，而道光刻本亦止八卷，蓋當時已散佚不全。

家傳謂廖氏「授徒里中，所成就多知名士，其持身簡約，居處衣食僅取足，不求贏餘」，故詩多闕酬唱宴飲、登覽懷古、題詠賞景、節序物候者。其論時文十二首示同學，乃授徒之寫照，如謂「誰輕帖括等雕蟲，此議雖偏卻亦公。請看彼哉膚受者，貪常嗜瑣語雷同」，證以家傳所云「其制藝華贍清新，能窺時俯仰以趨勢會」，益知其好尚。又以數赴秋闈，亦有詠會垣景物如榕城秋燈、烏山古剎、西湖疎鐘、南臺廢園者。家傳又謂「爲詩不名一體，自漢魏六朝及近代諸名家，無不各取所長而自出機杼，獨發性靈，間亦詭譎離奇，與人悲喜、駭愕不可端倪之狀，要歸于不悖古法，以求是于心而已」，然於黄殿恢秀才以箋索句率成説詩一章應之觀之，其於前代閩詩，亦用力匪淺矣。（張煜傑）

樟汀詩草

共四冊

廖蔓茵先生家傳

蔓茵先生姓廖氏名伟傳字萬英蔓茵者其所自署號也以詩學負重名于是、識與不識者皆知先生為詩人廖為將樂著姓代有文人宋时明畧先生名在蘇門次于晁秦諸子哉

朝則蓮山侍郎、皇曙亭文學尤以詩顯先生為明經晦十庵公三子幼出嗣伯父儼齋公儼齋公多隱德有拾還遺金活人之事先生善承家學弱冠时掭纸筆為文往往有作其長老族兄

曙亭先生見之驚嘆曰子所造已如是耶出就布司試連冠其曹為博士弟子候于庠比二十餘年猶資入貢自

乾隆庚辰

詔

天下取士增試帖學品例于校文前先試古學其題則古律詩賦及他雜文甚多專畏縮鮮應者而先生屢與是選故名益震當是時人謂先生取科名如拾地芥先生亦以自期其制藝華贍清新能窺時俯仰以趨勢會顧屢躓棘闈僅以明經老猶以其生平所得發之于詩云

为詩不名一体自漢魏六朝及近代諸家家無不各取所長而自
出機杼獨發性灵聞之詭譎離奇与人悲喜駭愕不可端倪
之狀要歸于不悖古法以求是于心而已先生學詩而思深
于事無不通曉歲授徒里中所成就多知名士其持身簡
約居處衣食僅取足不求贏餘妻子皆恬然自以居恒無他
嗜好繩床經案卷帖滿前手披目下遇所以意輒抄録積
疊几許其與人交無少長各盡其歡論及古今事勢成敗文
章得失語琅琅踔厲風發常屈其座人至人有一善則反覆

嗜學如恐不及性嗜飲友朋讌會乏先生不歡卒之前一夕猶豪飲友人家漏三下始罷同行者扶掖以歸旦而病不語人皆疑不肯信也易簀時來問視者就探衣箧中取詩藁以去嗚呼何不謂古之狂簡與先生既沒其門人翁陵陳、余毅思等援陳文範王文中孟貞曜之例私謚曰文長先生古謚也所著樟汀詩草十卷藏于家

贊曰余少聞先生才高甚口使人莫敢近及與之交真豪而慎簡而不傲久而愈可愛慕往者常云了齋愛客亭與先生

三

同輩十餘人嘗聚其家飲酒諧謔凡九年間不忍一日相離了齋之沒也余哭之以詩有片石青山之語蓋心許之而未能為也今先生沒又三年矣回首交遊山河寥落追念作此用以誌吾懷耳

嘉慶二十二年歲次丁丑仲秋月中浣日

雲浦王仁輔頓首拜譔

門人私謚引

嗚呼吾師夢茵齋先生之歸道山也有日矣生平紙毫〔毛〕墨渝手澤雖存其人已遠獨念弱冠執經受業迄今垂四十年誨我于語言文字間者何能一日去諸懷因與同門受業諸友議加私謚按謚法道德博聞曰文教誨不倦曰長先生以靈異之才淹貫羣書發為著述卓然成家文不待言矣而教育居心曲成者衆于長之義尤脗合焉掇取二字為之神主先生九原之下必不以為誣即質諸藝林之論亦非阿

其所好也已

嘉慶二十二年歲次丁丑孟秋月上浣日

受業余敬思謹誌

題詞

槐安夢好不須論，讀到公詩道自尊。閱世誰來遭白眼，狂歌肯去擊青門。語言巧妙聰明露，桑滸遷流著述存。唐宋而還多作者，買新絲又繡平原。

求轄行間字字新，怕教門戶傍他人。此生才大兼仙鬼，別派名高孰主賓。夜飲鈀尊同拔劍，槃操牛耳蚤扶輪。十年許入崔儦室，敢[redacted]附師傳火有薪。

受業余紹思

五

嘉慶歲辛酉始入安昌堂之後左圖右史懸洪鐘動把寸莛大小叩謳詠偶從牙頰流一鬮尚未足於口僂指星霜六度更樟汀著録裒然一千有餘首濃向鄒平稽憲章渼發太羹飲元酒忽如碧落飛仙人御風筸策蛟螭走又如制勝出奇兵響震靈夔伏拏醜機所未動書在胸胷所欲言筆在手浮雲舒卷無定形掃盡[redacted]猥瑣之窠臼讀不厭百回飲須盡一斗揚之聲滿天地間疑為阿其所好則曰否

受業余敍騰

久

少長筆墨間為有韻之文，然屬稿輒十去八九，閱歷日增，句亦漸夥。一切得喪欣戚，多于此發之。古人云「觸類而作，無識者哀」，誠非是言。[redacted]昔今且老，暇日檢舊紙，甄而錄[redacted]焉，共得一千一百餘首，釐爲十卷。作詩先後不悉記憶，[redacted]仍[redacted]其[redacted]闕[redacted]以樟汀名者，予居南溪之畔，有古樟，不知何代物，幼即嬰嬰其下，迄今葱鬱猶昔，我則何堪[redacted]矣。

甲戌夏　乳音自題

樟汀詩草卷一

閩鏞廖偉傳　萬英

步月

造物娛人心清光滿寰宇一壺兼一琴乘興涉芳渚手美香馥馥衣凝露滑滑玉雞何處聲慨慷歎輕舉

觀物吟

閶闔開爛霞雲兮日之彩揚國之華膽有丸口如益蜂嘴蜜甜忘其螫牛心甘為鼷鼠食土圭測景兮刊可量一座靈臺變動無方

咏桂歌

小園丹桂樹歷稔芳菲乾隆甲午夏水漲垣頹花時

被兒扳折殆盡爰咏以歌

吁嗟乎仙友顯然面對重搔首自昔鄰林絃誦時霜朝月夕〻培以嬾隨桃李驕春光生成傲兀金剛陽簾幕西風動瑟〻墨花劍氣縈天香醉尔濁醪〻〻情素~~悽悵~~所拋朗唫招隱句數尔金粟纍〻無興高鷲嶺僊嶢處鳳幡匪庚辰不制無支祁垣付波臣樹亦危惜芳直逾九莖芝俄與薪芻

相等夸荃蕙化營蠅棲不分樵夫使牛子科頭斜插一枝歸心徒愛蘐𦡄双附却笑黃楊厄閏值其偶畀日托根得伴歷〻之榆萬丈高尚許等閒浪折爲吁嗟乎仙友

呂城秋鐙詞

冶游塲蘭麝風中笑語香秋月總贏春月皎虧他點遺讓鐙光

墖尖双挂道〻孤九子鈴懸照夜珠更出心裁婿迦葉家結筒小浮圖

羅城開畫出重城 打槳桃根可待迎一簇烟花忘露冷四更猶趁蹋歌聲

一樽閒話舊風流燕子飄零鳳侶愁消得百枝鐙艷鬧湖邊光射荻蘆秋

題画

桃花夾緑波輕舠破浪過待飽看花眼其如風利何

語惟石點頭甲乙不曾懈久作忘形交何必更下拜

煙雲鎖前溪茆屋列其後人言畫裏詩句得未曾有

九

荆扉趂蚕閙樓無未辭（樹）祇為伴宿雲天明亩不住

寒雨

寒雨仲冬初郤掃毯着（双）结拚添一夜風猶（尚）博千山雪

洗花

妙選花苗當選才一叢叢傍小軒栽色香有待超群出晨夕寧辭抱甕來元子金城多漏淚齊奴梓澤總塵埃人生行樂[illegible]且對春風潑舊醅

四言

摘花帶露〻作淚容今日髻上明日泥中
莫恃于智顛刈剖腸莫仇于死虎則有倀
狐戴髑髏瞰彼華屋绝代名姝幽居空谷
鷓鴣憾魚未殲汝族魚笑鷓鴣焉果汝腹
墨〻浴〻渾沌鑿竅生〻化〻布穀為鷄

雜言

一手撚鬚一手磨墨鬚撚則白墨磨則黑
蝴蝶来百花開蝴蝶去百花落叶百花有枯榮蝴蝶亦無此首仿尾

情

屠龍拙屠狗巧方朔啼飢侏儒飽

種松成林種竹盈畝飄瞥浮萍生隨風化烏有

吾儕藹藹瓦全者柔玉碎者剛一柔一剛判別陰陽

直入繩墨曲入丹青適觀適用木乃殊形

罔下胃鳥餌出淵魚匪人則巧迺物之愚

無絃琹

趣在絲桐外音希魏晉間除却紫桑老誰與伴汝閒

一錢囊

阜囊有底物供奉一錢神細測生〻理孰云南阮貧

○○

小桃將放

待得名園冉〻春流鶯喚醒綠珠魂紅樓獨有人凝睇一點芳心且自捫

尋春杜牧怨何如綠葉成陰遇已踈些際風傳消息好娉婷恰值十三餘

新柳

七

三眠有夢憶前回知是盈〻掌上身薄織機絲盧少婦淺粧眉黛號夫人含風莫解纏綿意蘸水難消蕩漾春我本形模似君叔青〻靚面倍傷神

相鼠對

殘更催月去兀坐瞑然餘風吹寒釭休檢書蠹聲裊〻臨籧篨掛林撼〻疾作徐嗟爾黠非擅五技乃知爾技〻止畎田社稻粱粢如墉太倉紅粟陳〻累捫腹摩頭恬不驚敗塗燒木兔戲爾一畝之宮知我貧突冷無烟瓶無米擇

處胡為[redacted]其此愚窺甕翻盆聒人耳[redacted]僕幻陳豐衆囊許口中

高詠紅輪詩、黃頭郎老而飢利吾財悔已遲我黍我粱何不堪

忘耶區衷臣有西閣舍人南宮書佐[redacted]人爵无推移[redacted]蜀似穿墉之角飲

河之灣餘蔬無恙群相嬉兩端不事多狐疑聽來低首悄

無語欹眠不眠足延佇靜向言中紬繹之却嘆人生不如

鼠

雜賦十首

縻弧鬻罷國爭分毀棄黃鐘瓦釜鳴莫道戟鉤等毫末況

十三

来折軸是羣輕
策名雄畧出閨房蠶妾頭飛劍底霜季隗辰嬴終偕老河
汾未許渡齊姜
周瓔剪下陳蕃榻漢室牛牢亦故人名山自有藏身地何不
入南州共富春
天生騏驥許同槽典論鋪張亦足豪繼叔灌均阑底事終
緣阿弟太才高
遠公自許持冰鑑援引名流十八人蓮社風清辭謝客還

虛一席待盧循

陳橋一晌甃黃袍無限弓車彙草茅回首東西京陳學究桐

江羨煞布衣交

益王座右淚潸潸有力回天壞血山彈指莊嚴開寶寺浮

圖高插白雲間

不益年華瞰有司大廷衾影兩無欺天心已見回枯竹人

去猶傳變黑鬚

妙筆珊瑚間不難天人品格走邯鄲長吟島峙洪波涌霸

十三

氣終須讓老瞞

吏部南山杜比征一規班馬一卿雲詩評遂折黃童語老

合西江將一軍

龍頭巖

古寺松杉裏周遭若護禪嵒頭吞曲徑殿角掉飛泉嘷鳥

梵聲外落花池水邊不知畄戀以明月淡秋煌

觀獼猴演劇

升木不可教差許為優伶人資獸之技獸象人之形鬚眉

巽巾幗肖速于螟蛉誰昧炎涼態梨園曾一經纏頭爛如火喁喁蟻附膻須臾阿堵盡眼白寧回青此君共行乞浪跡風吹萍豪家枉招致跳躑不肯停

鏡中花

[redacted]一樣花[redacted]来閗紫紅香匳開處豁双瞳龍盤四面春徽露鸞舞雛魂色[redacted]未空髣髴有光桃洞口清虛無滓桂輪中芙蓉自昔曾窺取箇裏因緣任化工

惜春

惜春如惜少年時身世由来落巧遲珠箔空彈湘水淚白頭還憶遠山眉紅芳飄鬌餘藍尾色味俄看變荔支陌上即今花爛漫青驄油壁任驅馳

聞鵑

莫尋啼血處淒切出林皋噫促侯光曲憂多屋子驕九回腸欲斷千里夢徒勞徙倚孤松下山深月影高

戲贈友之應試

手把昆吾淬鸊鵜及鋒應使玉如泥劍津只合潛蹕渡莫

惹奴龍笑割鷄

秋月

萬里浮雲斂光生碧海潯行空消岫鷹入樹破烏瘖茅店

三更夢蘭闈一片心應劉零落後空費仲宣唫

秋風

同發青蘋末無端還颯遝黄飛金井葉緑蝸洞庭波破屋

揚聲澌砭肌浮力多佳人在天際奈隔白雲何

秋山

何處著雙眼喈然當翠微孤高衛日落縹緲納雲歸爽氣挹
幽人袂跡懸白版扉我懷黄子久指點是耶非

秋江

斷岸隔千尺泠泠水一泓懶鷗徐入定柔艣客傳聲劇躍
翻霞爛珠回襯月明蒼葭緣邈際最觸溯洄情

秋蟬

爾爾悲秋者臨風訴與誰數聲黄葉動餘韻夕陽遲咽露
神如冰凝霜鬢轉絲托身尚高潔爭之守其雌

秋砧

無那心如搗搓々何處敲風（随）催落木和雨攪寒更烔迴啼

猿續山空過雁驚剷憐旅人歸孤枕若為情

落葉

漫矜丹汞可還童榮悴乘除屬化工雙杵聲催寒水外孤

蟬[illegible]翼冷暝烟中垂陰已歷千竿竹鋪徑全憑一夜風最是

寥天紛點處[illegible]堪（吋々錯誤）重[illegible]北來鴻[illegible]伯兄（在都中棠浮廿消息）

莿根酸瑟殆如何領畧秋聲入夢多頓使平林撐傲骨還

看遠岫露修蛾高懸栩〻滕王画宛唱蕭〻易水歌幾度

茅齋供煑字春回藝圃蔚菁莪

金泉寺口號

枉勞踏險覓山林城闕才離境便深半畝方塘澄慧眼殘

煙一縷繹禪心雲藍染就詩中畫風竹傳來海上琴時有丹青

客炊儵歘茶竈筆牀都不俗暫時容我浣塵襟

奠擅烏竹

詠古

右更號智囊逆及身後墓下蔡棄蒲阪餘光亦足護前有

公孫鞅灌園非所務當其策魏螢如料祖喜怒褒裒罷池
間~~輕易~~直同搏一兔
鄒魯爲曹邴去文而趨利丹穴巴婦清用財以自衛君侯
猶患貧而況編户細極能焦精神刀鋸且不避賣漿販脂
膏掘冢雜博戲諸虜民遠遷桀黠奴愛貴牛馬可谷量粟
以萬鐘計千役萬則僕物理本一致姬女設形容揳琴揄
長袂公子樂閒遊飾冠聯車騎山深獸往之無之因失勢
朱劉不愛軀千里誦高義睥睨紈袴兒只解事遊媚拘學

抱尺寸久孤于當世當世竊笑者誰欲遷其次讀貨殖傳有感

史公探禹穴屈賦遠游篇文名赫千古陶冶資八埏胸無山水奇宛女語空喧胡爲董與管穿席不窺園亦有柱下史道德言五千身不出戶牖可窺天下焉浩乎方寸中孰得規（窮）離藩門生訾大愚後學譏覆瓿樹立牢不回卓爲漢氏儒廣川遂經術竹林籍多儲周旋驕主間道誼全其軀嗟哉草元者美新爭貢諛好〻爭爲〻申辯喙長三尺餘或表德偶混或年齒未遂應詔作哀誄筆〻西漢書文典而亡實典引誰識欲班掾

世匪遠持論豈全誣我曾披吾子竊比聖人徒欄羊與圖鹿恥受千金汙胡為冥靈根甘心莽大夫自入紫陽筆南山可移乎觀人于宋路没嵩愧江都　書揚雄傳後

寄卯冠文

分隔汀洲二里餘依然對宇望衡居舉杯邀月兼予汝倚檻看雲共卷舒小欄何堪三日別名山定著萬言書鳳輝到底翔千仞莫戀卑栖舊草廬

冬日弔隋刺史穆公墓

孤臣萬里託邱原，回首迷樓杳不存。但聞呼韓來頓顙，誰憐正則為招魂。

雪消寒月洗纖埃，疎影移將塚上來。好是梅花當蘋藻，生前怕見李花開。墓近梅林

春郊

恰是孤舟野渡横，東西泛泛受風輕。雲烟作畫舒還卷，桃李窺人暗乍取不江康遊鞭追蛺蝶，誰家吹笛和流鶯。西疇萬頃合春色，猛聽枝頭布穀聲。

○○

花朝戲作

春烟著樹濃濃手酒曉起花當沈醉後封家姨爲生辰來搖動海棠醒也否妙舞薔薇小垂手樓西翻向樓東柳玉茶濯濯緒依依值得芳姿一回首

清明山舍書懷柬何美齋

每逢令節一徘徊羨殺揮鞭暗裏催門外鳳鸞音尚寂欄前蝴蝶夢初回小桃酡靨含風醉遠岫顰眉候曉開研北

七九

有田誰載酒濡篝聲擁短犍來

家〻妝吹火起新烟客裏心旌鎮日懸迷嶺白雲窮縮地打

窗寒雨佐談天春深折筍森如戟冰近叉魚不值錢沽

杏村頭拚一醉風懷誰是杜樊川

清明即事次美齋韻

遠山凝睇雨痕稀顛倒墻間趂落暉青草既行驅犢返白

楊無際縱鴉飛主南面居多詠泛水虛舟我獨依點綴

春光閒把彗殘紅片〻欲黏衣

○○

劍浦蚤發

話別雙龍發旅程峰回一座化人城禪關莫許僧開早放
出鐘聲促客行

和女冠法雲游仙詩十首

璚樓十二列金晨弱水沈沈悵煞人但得羽輪津逮去周
妻何肉總埃塵
紹介全憑郭密香回頭縣邈絳河長贈人底事紅蕤枕且
向靈賓問紫囊

二十

紅牆銀漢信誰通甲帳珠襦墜未窮小字分明鐫玉簡鐘聲徐聽晚來風

妙想衣熏郁郁香觀靈姊妹寔回翔連裾倘入東華座一曲排空好道場

風裳水佩韻便娟隔絶腥塵路幾千淡想已空文十賚墨池筆冢會書仙

玉馬騰空汗漫遊華山白水至今留幾時喚取如船藕孤杖扶身看洗頭

飛馳千二百輕鸞小戲江天眼界寬自署紫清宮内侍擕
捕羅鬥杏花箋
吸露餐風〻世情那堪歸隺話空城嬌娘侍左英妃右一
片箏琶笑語聲
居隔銀河縹緲雲〻中想像九真居一泚眼見交梨後合
受璹璃玉札文
邂逅西山吳彩鸞蹈歌聲裏月團欒綠窻人去秋風冷不
作癡蠅故紙鑽

廿

縱蘆吟

中林拉颯塵飛揚中林羣獸奔且僵來如風驟去如雨何
物走狗[redacted]爭披猲戟牙戈爪猛成性信々復濟指揮令攫脂
攝肉稱良材薄噬無功款加刃君不見戴冠蓄火[redacted]家人驚
緇衣楊布嗥而攖況馳原野之縱橫

放雀唫

有馬有馬翔[redacted]之空々差踏朱頂[redacted]毛豐茸本期仙家作騏驥網
網羅々入閒庭中飲啄儕[redacted]雞群鷄羣羞與同棲息隣[redacted]燕雀

燕雀[redacted]形[illegible]鐘蕭索眠孤月延頸嗁悲長風幾番騰翥身牢籠

崑崙島閬苑惠〻蘭〻元梧樹舊遺蹤回眸鎩翮怨忡〻怨忡

忡心自雄林邉人具双瞳

秋亱對月

女嬃砧搗薜蘿衣側耳徬徨獨倚扉萬頃波恬風已倦四

圍山淨月無依墨兵鋒仗青霜礪酒國魂招采石歸環顧

踈林亩薄蔭翩翩丹鳥炫餘輝

山村即事

廿三

生平耽寫卧遊圖此種山川寫到無挾得行厨兼負局登臨疲處即吾廬

西疇有事四時春火種刀畊實苦辛幾箇神游懷葛上垂髫白髮負暄人

七夕閱薇閣偶存詩次美齋韻

人返瑤京掩佩環姍姍宛在墨行間鳳聲硯託吹簫玉兔頳香薰績史摇招藻大都成幼婦采蘋真合處空山迷人只山雨立乘蘋表聖詩名語蛾着乞畫天孫巧賸對銀潢一破顔

聽釋沙明吹笛賦贈

船子垂綸契永言，間情種種樂何如。忽來一曲梅花落，楚笑無勞載酒車。

詩家清絕假孤吹，霽曉依然橫一枝。高築愁城百千疊，無端空處極閒麗。

田家晚景

斜陽在木杪，炊烟出荒徑。亂鴉催人歸，荷鋤有佳興。遥認自家門，犢兒先驅進。泥塗浴方畢，麥飯取諸甑。一飽復何

廿三

求形勞神斯定枕畔囑荊妻悄聽晨鐘磬

讀柳詞

香浮寶鼎酒浮盃邂逅耆卿按拍來低唱淺斟聽不倦只
嫌多了醉蓬萊
吟魂不昧仙人掌應見羅公幟敵還桂子三秋荷十里快
將艷曲到完顏

答友

經々綈史特稱奇粉蠹叢中得盡窺聞說建州楊學士談

詩不解比紅兒

秋日登祖墓

踈林葉葉散郊原，躅盡秋聲叩墓門。自有詒謀書在篋，爰申貽報酒盈樽。蟬鳴古樹西風急，鴉返遙山落照昏。寒賤耶禁樵采利，顏生慷慨且休論。墓有古松數株，大數抱，被人竊劊松脂，狂風折去，僅存者又將仆矣。

秋日登西山經讀書樓故址次韻楊文靖公舍雲寺

即事六首

步

載道南来日正中鳴鐘響鐸啓羣蒙當年樓畔讀書處蔓梗荒榛一徑通

谿山寥泬四圍賒小徑縈回大隱家自去籌邊庭索寞空餘兩部鬧羣哇

天邊賓雁水鳧翁時止時行意自融足〻趺〻山腰看不盡徐來兩袖鯉魚風

椰樹陰森未十圍踼風猶見影傲〻電光石火待頹唐舞柘枝

登山臨水破愁圍千仞岡巒獨振衣看到牧兒牛背穩夕
陽林外詠而歸

儒林事業亘長存精舍荒凉景不同歷歷岩阿千載樹當
時猶浮拂春風

哭邱冠父秀才

六載蘭同臭如禪有導師交嗔雲雨幻論晰古今疑竟碎
連城璧偏存無當卮生平流水韻佐我淚漣洏
定有閒心處輪奐頓及真泉臺瞻望父繡閣未亡人文少

芝

楊烏與書憑蔡琰巫咸待椒醑何日下蒼旻

春寒旅塗

水複山重面面開芒鞋峭緊躡寒來荒村曉日催行李古道淒風送落梅浩水空勞歌載路征塵暫慰酒盈杯好峯杜若芳洲畔歸向田園爛漫栽

踏春

陰晴天氣雨無定挈伴登臨趁好風鳥語喚回枯樹綠漁刀劈破落花紅橫斜簑笠忙農事濃淡雲烟想化工怪底

滿塗香氣逼有人撲蝶粉牆東

盆茶春仲未花詩以催之

含煙吸露一年餘正值花期二月初任李桃驕猶鬱鬱憑蜂蝶亂(嬲)故徐徐韶華易逝情殊惡須刻能開計尚疎裁薄赫蹏藥欄畔催粧吟到竟何如

閨夏

趁曉拂鸞光簾垂日故長黎渦愁漲膩羅帶倦團香搓(拋)琶斂湘簟吹烟繞畫梁並頭開正艷多負水亭涼

廿七

消夏

消夏江邨任息機櫻鞋草笠芰荷衣避人蹤跡雲千朵伴我形骸栁十圍亂石峰胥崩活水扁舟渡口臥斜暉林行駭聽鴻鳴早拾得遺音信步歸

憂旱臥聞雨聲

適來苦與此聲疎頓入中宵撼撼餘情緒憒騰敧枕畔猶疑念切夢中虛

秋夜集浣俗居

飲興何怦〻清秋趁月明循行三徑曲恰好二難并酒氣浮花影池光咽水聲良宵不易得休問處誰更本来跡禮法相對息猜疑不數陳驚座許多庭鮮頣涼分松露浣醉倚竹風敲消受名園景秋光如有私酒自分賢聖人誰辨主賓捲簾空眼翳揮塵拂心塵拇戦遥闻陣襟披草上茵不同冠蓋地車騎響轔〻胸中無點物雁影淡高旻并覺忘聲氣何消飾笑矉坐酬清夜月如结素心人花圃芳多歇秋蘭尚可紉

支

夜游嬉秉燭環歸月溶溶聯句才都推敲碁著暑鬚茶烟蘇夢霍花露響鳴螢見說碧城五今宵坐幾重

秋晚步北郊見古冢纍然作

北山山下北溪濆山色溪光子細分溪下三聲猿叫雨懷牽千里鴈排雲珊瑚鬥巖灰多劫松菊回看酒半醺彌望白楊蕭槭裏可堪鮑句唱秋墳

丁酉舉男誌喜是兒耳閱歲而殤

我身為人子今乃為人父唧唧閨闈中側聞寤生苦胡不

試啼聲料是愚且魯胡不會湯餅召客苦貧窶一傾囊遂
空草草市酒脯堂上二老人樂倍膺圭組杯盤羅几筵抱
孫拜先祖未解含飴嬉時時用摩撫以博暮年歡戲對斑
斕舞子職我有慚天遣是兒補

鈐谿巖

一轉峰腰一度迷攝衣爭向亂烟梯山禽認是鳴騶者穿
破松篁未穩棲
四藤閣畔繞青綠萬頃田疇稏穲多中劈一條衣帶水遙

赴江郡小酌歸塗憩圓通寺晚眺

颸颸雨脆御風回，逢著精藍醉眼開。亂點流螢辭樹去，一聲長笛渡江來。繁華閱盡山如瞑，輿籟鳴時鳥暗猜。但得韓陵片石在，何妨永夕共徘徊。

戴蓬家兄墨牡丹爲嫩蛾題

天香滿幅淨無瑕，姚魏聲名莫浪誇。一自花王標雅淡，羣芳也合洗鉛華。

少婦春愁困倚欄洛陽花繞鬢雲寒筆尖橫抹盧陵譜[redacted]一
个[redacted]時人眼耐看

○○

無題

如醉如醒枕上敧三更漏打鴈進時魂依紙帳隨風擺焰
冷蘭膏縱月窺排户暗鬆金屈戌倚樓悄聽玉參差離情
咫尺蓬壺澗瀉對双魚欵賦詩
亭池回繚鬱金堂光碧青琳許頡頏雲母屏開尋倩女雪
兒曲度押周郎顧憐傾國睠初轉人隔重簾意欲將諷羅

廿九

惱公成底事好求銀液鎮心狂

鬥畫眉

文采被其身絲管出其味匪鶻匪雄雞技應不在鬥秖跡青林間回翔地廣袤雌者雄之囮遂迺為人囿寂寂受羈紲定戒前車覆竟似鳩有婦長憶雨晴候踴躍初聞聲鑽穴苦無竇既而隔籠窺一雄却伏後憤然決樊籬挺身互馳驟一鼓氣都盛嘴爪距雜糅再鼓氣不衰揜[redacted]翻羽絕脰三鼓勝敗分毋或作困獸嘵哉女戎烈牀笫伏介冑南

與晳兩傷反與靈交摘請相彼無矣孰非自致冠無端游冶兒不惜多金購飼之以芳香籠之以雕鏤偕鐵馬懸
敲偶贏女曾喜勝凱歌奏盡
雅韻聽清晝

春晝

日漸舒長起漸遲廚頭已報爨晨炊且教乜筋從容設昨夜還餘未了詩

準備双柑到柳隄垂陰烟際綠萋迷生憎樵斧丁丁響未許流鶯自在啼

三七

貼地青〻繡成〻苗不多時見已齊腰此中恰好藏飛雉鷺避遊人未可招

百花爛〻放庭柯日暖蜂兒盡出窠〻莫笑貪營滑〻未比鑽故紙自由多

立春日見蝶

粉翅俐纖壓園林點綴新六花消滿徑一葉昧前身隔歲還鄉客春風得意人從此入佳境到處惹蹁躚

卷一　一百三十九首

樟汀詩草卷二

長歌行

空山修竹開曉烟獨處佳人何娟〃藥房睡起排方連鏡臺帖妥朱塵簉斜簪却月雲鬟邊顧影亭〃自生憐丹脣外朗齒內鮮曼睩秋澄趺春妍雄鳩佻巧盤林間聒耳游誒胥棄捐盱衡澧沅空忘餐奇有侍兒芳信傳參媒氏妁來涗天鵝爪無匹良可歎頤先雲錦將纏綿佳人把玩宜笑嗚裁爲上體衣蹁躚耀以瓔珠熏以蘭珍重盟言擘寫

牋區々兼倚暖玉環但期終身無少寒
堂東曲宴真蘼都下鋪大小嫂茱萸上張組幃懸[illegible]種楚
胥衛鬢排庭隅巴姬漢女紵奔趨阿裼袗裶纖縞揄初撥
鵾雞聲紆徐泛調火鳳落盤珠抽簧未絶還吹竽間点搖
虡援雙栬嬌喉幼眇相喁于風歘然輕風揚半除交竿垂
手左右俱鶤跕蠵臛若芳臑桂柔招搖芸陽華　叶扌丶蚤品
齊卿公廚主賓拚射參博壺高捲白波聲洶呼絶纓交舄
情不拘坱生無死長歡娛方　外有客來冥如當莚顧献駐

卅二

景符異林異被論近迂衛鴨以鼻飯貍奴臨歧清淚流楊朱安得歆董熊供魚

雁字三十詠和家兄對溪

豈是循鑾擅化工結繩一變啓鴻蒙南征譜就關山月址彎編成海國風夾岸明淑慈曳白滿江落葉怨題紅簡從法帖揄真贋戲海鍾繇略許同

頻年旅食効書傭雲路蒼茫志舊蹤湘水漸鋼輕離筆雪泥印爪畧藏鋒騰椰碧漠真還草批抹浮烟淡復濃定有

家音傳朔漠連篇累牘倩誰封

咄咄書空㦸滿腔丰神掩映綠天䰀鸞鳳鳳[redacted]羣三五[redacted]鷲鷹時逢採

沙兆躍龍[redacted]翅一隻排陣黃昏垂鐵畫臨池清興下滄江鴻毛

到底輕如許萬斛休誇鼎可扛

挾得毛錐繼研之緜緜萬里不停披文如刻鵠形差類技

笑塗鴉俗莫醫峯目十行應並下開天一畫可徵窺高標

究於人爭託名愛慕思揄上上垂

凌雲體自古來稀偷得些兒興欲飛箋展毫尖排鳳閣還

其三

投翰素毦漁磯題空筆陣餘三折罩頂烟綃試一揮殘稿太邨成湯滅雁奴虛負錦囊歸

西抹東塗大展舒山前落翮正飄如狂飈拂亂烏成馬晻靄溟濛魯混魚燕領滂懷投筆志鵲巢難奮擘窠書天涯有客都翹首仗爾題封訊起居

破敵名標落雁都飛飛露布還征塗玉京翔處樓堪記青篆歸時墓可諛風拔千尋朝起草星陳一派夕傳摹臨江竊效雷家法聽去因隨泥水鳧

徵將鳥篆露端倪著墨高渾不可躋幾點初加疎雨下數
行不罷夕陽低聯吟題贈薛秋燕警句書催唱曉雞騰紀
衡山才思竭回文還襲竇滔妻
楊風千里暢襟懷兩股翩翩叶古釵恰似蠹書逢朗霽將
來潤筆值陰霾龍蛇脫穎參差上蝌斗分行次第排幾款
高鐫五色石知紅勒帛有神媧
爲太　光穎運新裁卷軸蟬聯　盡放閒夜靜推敲依月度秋
儀羽成章落上台燕雀

之無都不曉甯摩抄蝌澤貴起精

日鳥遺研火倚蘚點黯依稀似入神碧海鷗封翳尾丹

〃〃遺研火傳蘚點黯似　女入神碧海鷗封勞暑月〃

山鳳詔特書紳撇開芳藹痕無露鈎破梨雲影帶銀飛近

瀟湘忽濡翼投書款弔屈靈均

浪誇柳骨與顏筋評騭誰能受軍〃右點竄天章銀漢遠〃飛

傳月報素秋分層嵐拂過批青史皺縠拖來綴練裙脫僎未

〃目目送高超情爾狀〃空羣

可而寒威越塞垣漫塗在〃紀倫言裁成傳款名毛穎擬報

章來近紫閣雲結巖坳多聚墨天如渠凡不留痕史皇

上津〻爾古意憑君約略存

恥共游蜂故紙鑽幾回聳勢學翔鸞烏絲界劃青霓現碧

玉函開曉霧殘風裏懸針文易曲蘆邊倒薤蹟能刊五角

圖從無真本矯首清虛借一看

點綴蕭疏水復山纖波妙在有無間朝飛晨〻鐕花去暮

箱絲〻畫荻還尺素遙傳〻霄信蚕婁鉤巧印月痕彎〻映〻

休悵謀渠昔藝苑曾聞乞米顏

脫帽猖狂態欲仙冥鴻軒翥效張顛雲中微露心中畫塞
々長諸研比刀落影平沙蛇八草呼暈晚日驟奔泉厲樓
修浮（翬）飛々樣硬筆橫空不用箋
浣畫塵埃只白描蹤々落々碧雲霄愁懷傾寫鷓鴣嶺壯
志角題烏鵲橋憾失秋來千葉柿欣逢春去一天蕉竚看
點々隨烟沒繞有餘光散泬寥
雋才豈類小胥鈔約蹟留空忽瀉拋龢近八分因對々名
齊二妙總交々舒開廣漠無邊幅排到先天第幾爻只合

偕聲通一義象形指事[illegible]之誰教
氵泗閱河寫鬱陶行間大半雜離騷神姿氣是批風[illegible]
格相期射斗高翼向霞舒文畫綺綢當秋銳撇如刀華峰
傚得驚人句飛凌天門立足豪
空園將去慈識訶瞬目成篇擅著何無跡微茫能認否鴻
章絡繹可傳麼翱翔作態忘羞澀起伏無端笑杳拴悋底
有碑看沒字都緣羽族占偏多
露白蕙蒼望眼賒人〻兩字憶誰家榆閱春度慵簪筆蘆

卅久

渚寒依鬥画沙剥啄残英天雨粟飘零片翩墨飛花身輕
一与模糊句是處窺尋定不差
抗跡青冥正激昂紛綸寫就一行、斷雲冉ㄟ摹飛白落
照悠ㄟ拭硬黃結隊中原（華）聯譜牒來賓上國貢文章駕鶩
不是籠鵝客任爾山陰道士忙
草聖由來弟與兄雁行競爽劇縱橫晴霄細檢摩空賦寒
肯遣聞擲地聲見說規模兼啄磔果然体埶扶飛
肯（青）受嚴家餓隸名

尋芳穿過蓼花汀徧體如聞翰墨馨懶向人間將羽檄聊

從天末衍禽經遠纏鷺尾龘成象低映螢光暑有形〻平

往來近閣盡毫端精銳走雷霆

吉了鸚哥語潟孫賓鴻獨擅容卿能作看紫塞連翩峯頓

覺丹霄點畫增朝奏重闌烟落紙但裁尺牘月張鐙弋人

不識一丁字手挽雕弓競著增

銜言貢瑞湖陂周文藝滋知〻源所優忽整忽斜森蠆〻入

元八細作蠅頭千行畧徧天南景點墨寧消

廿八

雞碑熏雀錄禪身魄力最清遒

翠雲燕雪苦相侵浪跡偷閒譚藝林比翼慣臨金剪纂雖

聲不錄白頭吟署門凡鳥空塵土斷簡參禽判古今何似

江天清淨裏一聯草草度遙岑

鬥蛇舞劍總虛談八法森羅滿蔚藍透入明霞箋箋忽裂揮

洒霖雨筆猶酣文初脫稿騰芳漱影漸籠紗浸碧潭想見

推臣簡書暇題殘〻壯共江南

稚粱肥近墨豬嬗別具丰裁任顧瞻歸信乍沈寒水外行

岭半搨遠峰尖脊暈色相含毫邀多挾風霜結陣嚴碧落

斜懸來跋尾一波滅去一波添

縈蚓綰蛇俱就範鴻都奇祕洩琅函方來陣馬神逾速軼

出家雜品不允閱歷雲山隨日札郵傳雪窖幾時織乘秋

振藻天衢去無紀官居第一衢

送春八詠

匆匆來二十四番風報最應多嫗煦功今日東皇出城去銷

魂橋畔太匆匆

卅八

韶光荏苒只斯須三疊陽關景頓殊更盡一杯花下酒春
騎權當策驪駒

陽和美處好徘徊不道春愁次第來去轍若教能小住言
愁洗馬亦佳哉

拋却園林皆繡幃遲遲佳日轉難遲以　不如鳥鵲
鳩枝頭訴別離

綠怨紅啼粉黛銷斷橋流水路迢遙人間浪說長春院已
逐歸鴻向碧霄

蠶作飛蛾燕引雛桃腮消瘦柳眉麗等閒費盡天公力繪出郊原祖餞圖

任教鄒吹律響天门博得些時氣候溫至竟名園歌舞羅悄泄樓下弔香魂

蹴地黏天妒綠楊絲絲不肯留春光與居重結來年約好趁和風到草堂

四時憫農歌

平疇醞釀[redacted]候和煦刺水秧鍼[redacted]一齊吐買餻聲衝樓柝烟饁

田衣濕杏花雨誰家女伴佩珊〻向緑窺紅笑語歡弓彎
印著郊南北手挽雲犂不暇看
忙〻過了鶯花景庚癸將呼[redacted]畫永佛差可療飢麥已秋誰
能計日禾垂穎芊頭峰巔雲雖奇溽暑渾身汗雨霖薙簞
有人[redacted]睡[redacted]初[redacted]覺巡欄怪煞午風稀
望杏瞻蒲[redacted]負薰[redacted]歎西成未必[redacted]滿車載苗[redacted]方待秀依催科穀
未曾歸償宿貸剝落衡茅肅〻秋可憐稗子不知愁[illegible]粒
飽餐無箇事跡林斜照學騎牛

廿九

原野空寥鳥飛絶樵蘇敢共田功歇鱗鱗皺瘃無完膚風尖刺入懸鶉結蟋蟀斯時宛在堂黃冠草服[redacted]約趨蹌蹌循[redacted]蜡臘酬辛苦暫見翻起舉國狂

山居春興

深公太迂傲無計買山居聊假維摩室遑云處士廬雲烟閒作伴禮法莫規予樽酒遲遲日陶然到遂初

野寺景稠疊山僧風樸淳是非忘月旦畊鑿葆天真林茂常如暝花多早得春無邊自家意靜對總怡神

又

地適疎慵性，幾忘七不堪。相看人是仲，誰道徑非三。拜石翻成癖，澆書最易酣。繞林鶯弄舌，底事覔双柑。

境必窮幽峻，身居第幾層。比閭樵住睫，遠水亦洪繩。草亂簪新筍，崖懸縛古藤。沿洄孤月上，恰賸晚歸僧。

曉霧横空際，峰高分外寒。花源扃洞口，海市矗雲端。鳥語盤風細，鐘聲渡水殘。眼前丘與壑，還作畫圖看。

一徑雲常白，三間屋不華。襟期還我輩，風味逼僧家。燕壘春秋社，蜂房蚤晚衙。粟中藏世界，佛法定非誇。

柴扉真寂々杖履總于々妄擬梅兼寉聊將柳貫魚岩泉
和露汲藥圃破煙鋤畊釣尋常事經綸且莫踈
澄心觀物化門雀不須羅舊業春愁重新苔雨々意多登山
容足蹁踞樹任頭科見說貧非病閑々曳履歌
記取禪門偈明珠祇在衣堂名標是々心想涉非々樹鑄
收餘靄篆波泛落暉誰許共幽興身外遠山微
苔痕青未了隨意涴窓紗振筆多題葉扇閑半護花分甘
烏鵲粒同臭蕙蘭芽行（天地）樂蘧廬在吾生信有涯

柝覺鳥

余館山寺春時有鳥隱密林中晝默夜喧聲如擊柝然訪諸山僧不能名也豈月令所謂鶡旦者類歟相彼盍旦尚猶患之予則嘉厥聲而錫之名義各有取尔

林木茂亂山巃嵸山鬼窈窕若為容湯湯長夜萬竅寂何物振響搖松風曾聞古帝魂不死洒樹涔涔嗁血紅又有胎禽凌皎月鼓翅翩躚聲摩空此鳥不悲亦不喜按節疾

徐蘞薄中側耳細繹求其肯重門擊柝將毋同我思蠶慈
一百箔快快插禾忙春農妙取禽言勸畊織女人濫觴流
何窮肇錫嘉名曰柝覺受之不讓非狂惷自古在昔少皞
氏鳥官師師列花封挈壺野廬亩曠職　招以弓
迩來瘖歌在槃澗聲入清夜心怔忡書帷鐙灺不安席究
如款覺聞晨鐘宛如款覺聞晨鐘安得頻伽提偏偏方之
瞶聾

山舍雜詠

三

我來樹未芽今已陰森茂我來田未秧今已苗而秀意而引雛飛反舌學雌守山中別有厤色〻占氣候百物懷其新人乃安其舊

漠〻泛水鷗刺〻爭枝鳥綣〻雲氣飛掩〻烟篆長靜者浮聽妄動者神惶擾虛室挂明鏡妍媸自了〻

紅紫圍山屏迎風氣芳烈芳烈太薰人振榮陟岩穴扶輿探聽鍾幽蘭恰一嚐下飲露漙〻上友松鬱結心許佩佳人國香不輕洩

生平湯説行踽涼飄〻少推（女）址窓紙帳臨摹竹千个荊關
啄〻剥〻寉一双〻出岳峰巒影獨秀憩林樵子言多唬静看道
書莫新茗沁入肺腑睡魔降

白桃花

幾番春雨洗濃粧伴李夫人在一方羞拉（綰）紅絲引崔護爭
披羽服待劉郎（刘晨）前津路[redacted]（幻）三冬雪再度人驚兩鬢霜開到
西池冰结實等閒天艷湯成行

消夏戲用五平五仄體

赫々日可畏遙尋清涼閣屐破十里霧家藏千重山枕石

夢栩々熏雲馨瀑々陋彼避暑飲依然居人寰

散策入曲徑猶堆春莓苔竹影隙日去山歌隨風來結伴

石作丈尋芳蜂為媒茗椀薤葉簞何湜侵塵埃

渴飲雪竇水飢餐虬松英落照牧笛返微風漁舟橫鳥語

助酒陣花陰搖碁枰不管節候換無勞秋鴻鳴

四望臺次明解元余廷潔廣壁間韻

歷井捫參孰不難巇奇鷲嶺崀幽澗清池活水徐々波[illegible]藝

圃荒榛細〻删出岫雲擘紅日上陽林風送暮烟還蟪蛄

春草循環度想見淮南大小山

連平同誦古今難石丈亭〻伴我閒響籟每從雲外發燒

痕多向雨中删花常自媚濃兼淡寵解人憐去復還索華

不愁箋紙畫紛披柿葉淋青山

孰為居易孰居難信口狂歌自遣閒竹韻推敲如索和禽

言絮聒底須删雛〻星漢天將曙漠〻溪雲日小還牧豎

微系方外趣無腔短笛落空山

雲居浮地別離蘺（雲居庵在四望臺）運海翔蓬總等閒苦味如僧甘就淡頭顱多髮不勞刪研摩未解勤三上鍛鍊何從到九還文定千秋典刑在宜令修士仰高山（原唱有不展家書投澗底至今人說徂徠山之句）

、讀梅村物幻詩戲作五首

蠶寉

析縷分茧骨未殘幡然矢志在雲端金鱗委蛻衣偏縞石首流光頂欲丹乍認乘軒出枯肆長辭涸轍展奇翰撫形

到底餘腥在湯鑊孤山結歲寒

蘭虎

底須彪炳變山南狐假原來仗八蠶細任絲纏斑簇々圓如麃鬩視眈々三眠應候神威起一嘯餘風妙緒含別有雄才騰繡虎佳人未許鬢頭簪

蟹蝶

誰偷花底玉腰名博帶鬆開便有情色本含黃旋傅粉形如側媚不橫行翻風肯為無腸死解甲爭誇兩翅生謝逸

才高端賴爾前身合是馬長卿

茄牛

首尾安排出性靈園丁養就付庖丁直将隋苑崑崙種化作郊壇繭栗形薄植不勝（那堪）敲角（撥）[redacted]批根詎（不事）待發驚（于）研落蕪

洩此供烹影免向屠門取次經

蟬猴

沐猴官製本蟬緌羞勝纖纖棘刺窺恰擬貉（遺）唐緋待著遂

（浞）教秋樹蛻先遺翼鳴郤下三聲淚腸斷都緣兩鬢絲記否

清標曾吸露迎車莫惹伯淳嗤

春日登四望臺經夏徂秋時物歷歷爰述所懷寄陳

文研農六十韻

梵刹千年古名山四望奇林泉深構引杖履此栖遲岩埶

仰孤掌嵐光混九疑斗凌霄清漢表俯瞰曲江湄峽束奔泉

怒藤纏怪石危銖箊懸箇箇栗橡結纍纍影瘦當閣寉腸

迴夾屋籬旗檀香馣靄貝葉字紛披認取恆沙界包函半

畝規指揮松麈淨周折衲緇衣未了談三昧何曾挂一絲

襬

結徒安襬襶課藝托耘耔薝蔔緣賓埽伊蒲餉客炊湯布
徐孺榻敢擬董生帷甲乙牙籤疊丹鉛虎僕馳輿高琴出
匣[redacted]談快酒盈卮駒隙朝騰蹴雞窓直喔咿麻占崇落候景
憶豔陽時油碧追蹊徑葱青泛沼漪翕言和露屑桃面隔
烟迷牆亞蜂衙鬧簾掀燕剪款詩從蟲草入詠許冠童隨
風信催花歛雲峰帶日移品圖消永晝枕石謝炎曦野曠
無腔笛陰濃數著棋調冰甌屑玉試藕雪齏匙雅稱蒙纖
葛奚妨岸接羅俄然逢夏解遂尔重秋悲金氣鐘初動銀

四小

綝葉早知山殘〻暑退衫薄〻寒欺促織縈孤悶啼猿續
五噫久拚青撇眼畧覺粟攢肌竹月溫存處薰霜宛在茆
汪洋湖海士振觸溯洄思父執年都忘先民典可儀本来
超俗累萬淂壯游資屐徧蓬壺島葦杭滄瀣涯盪胷渾蔕
芥放眼納須彌染就通靈手吟回幼婦辭研農工丹青又有客游臺陽詩
稿子桑曾慰藉裴迪暫羈縻螺黛衣間惹蠻箋筆底攜繼
横霏咳唾盤礴露襟期李杜清狂客阮荊大小兒品原鶩
満座城邕下偏師詣予山居信宿而去留贈五律一首舊雨應相契故吾秖

自嗟生同鳩性拙絶浮虎頭癡浪説蛛盈握休論穎脱錐
蝸蠻尖角戰鳳凌蟜丸嬉擿埴空勞索叩門羞耐飢分陰
麝礦礴卌載緦支離斂伏覩積豕拚飛避嚇鴟鱣笛王子
敬書悔沈攸之弔古膠投漆[redacted]鐵引磁幾番開笑口强
半屬頑皮盈斛常持鑑卄沈嬾別著畊猶餘舌在病或免
心疲近覽層巒勝潛潛坐井疷樗材遯揮霍蘭臭忍羞池
偎馬殊難默布毛還待吹世尊不言説依首證摩尼

小軒

小軒清晝藝名香，烟篆隨風片片翔。自愛拈花非學佛，誰来看竹可容王。雲如過客蹤無定，無覺留人語故長。便尔作濠濮間想，一根榔栗拄斜陽。

孟冬山居志感

山舍無心稽日月，節逢初度費思量。不堪三十牢愁境，閱徧紛紜傀儡場。圖史手殘猶似霧，鬢眉鏡去欲凝霜。攜樽自祝青松下，修幹年年蔭草堂。

枝徒叁曲實徒喝，合向深山挂一瓢。堂上負慚萊子戲，膝

前方詠左家嬌論交五術詩魔在謀醉無鄉酒興消坐看
農夫納禾稼從容譜出太平謠

盜綃圖

空將手語寄遙情氐妁參媒想再生舊地人從天際降重
閨無鑰犬無聲
雄能飛本伏如雌黯俠腸柔手段奇離恨天千卿底事鵲
橋填向月圓時
大隶居停計總非我心翻怪現來遲肯談劍術元宗末誰

許眠牀底屢移
只今何處覓崑崙欲托微波總斷魂珍重剡溪藤半幅寫
生準繪趙平原

獨坐

獨坐空齋裏烟蘿挂短牆吮毫圖賈馬吊影暗裘羊樂引
琴中趣愁消酒後狂膽瓶梅數朶鎮日賞孤芳

送洪耳莊師歸南安

久向洪鐘撞寸莛春風分手話丁寧詩書滿載囊偏富松

菊猶存室可銘筮奏南陔觴母壽月懸東壁課兒經教思餘浮齋前草同不其城一樣青

、弔金泉寺

垣圮壁壞戶長閑細認昆明舊刦灰只合茶毗起火宅翻悽烟燧散香臺（丁酉寺被回祿今七閱歲矣）響沈鳴磬巢烏避花繞荒坪野蝶來頹朽一椽僧寄盋忍教龍象泣蒿萊

四時閨怨戲效家曙亭用十二支成廋字體

子藥含苞放淺春色香無乃太驕人自悽猶是經秋葉憔

悴容光嬾效顰
扭斷椒蘭靜自焚多才未得襲餘薌梨花風捲明珠箔吹
度晴空半作雲
演迤流近百花樓散水殘紅淡不收賸有隔江飛絮最
能牽得玉郎舟
聊將別恨託瑤琴耳畔長聞笑語音誰趁麥秋天氣好娟
娟蓮蘂散芳林
晨起晴光射翠翹深閨長日等閒拋輸他小玉勤梳洗綠

縷香霏豆蔻梢

祀花神藝博山爐并蒂休徵肯示無待得蓮塘歸櫂晚掩

閣仍守夜鐙孤

杵砧聲裏忽鳴秋落木初驚點畫樓認取齊紈新製樣涼閏

飈會到合歡頭

眛思曲裏六刀頭盡日珠簾空上鉤驀地征鴻來幾點總

無消息到粧樓

神劍無端合後離幽憂空示小鬟知偶泛病裏尋秋色冷

吶踈風瘦不支
醉倚菱花默自籌卒難留禁圍啼殘如怨粉難留覺
蟀牀頭前訴不休
葳蕤亂墜雪花肥草沒香堦女伴稀日子空舒添綠倦停
鍼怕繡鳥雙飛
駭人頭上點微霜對鏡羞看隨墮馬粧鬆慜綺筵分歲會紅
裙作隊鬥年芳
、鹿角草歌有引

乾隆癸卯夏五月邑中大水西鄉陽原尤甚山崩地坼田園廬墓盡付波臣邑自建置以來未有之變也居民方苦飢有市地蓬生者不糞而自茂俗名鹿角草是草也往時間有然則其淡渠等鹹鄉人焙乾研末調為餅餌啖之味頗甘美荒賴以藉過候蹟跡者仍如故矣其鄉友人翁秀才翰蜚述于予因走筆紀其異

西鏞之西百里逾陽原村落雄六隅人烟錯雜田膏腴衣

冠文物美且都天忽降災多憂壹〻鞭雲〻扑〻電風雨俱波撼贔屓奔天吳或沈湘沅法左徒或填岩墻飽螻蛄先是四野兒哭玉初七天曙凡山望見黑氣一縷立即崩裂水噴涌出甚有飛墮數百步覆壓民居者平地水壅成大河屋舍多拔地流去人在樓欄間如鼠穿墉鳥帀樹俄衝樹石解散盡入魚鼈〻窟矣其間遺子幸全軀亦僅軌處集于枯陵谷變遷形模糊高原下隰塗附資舍我穡事坐荒蕪室家庚癸交相呼斯時民苦誰謂荼監門孅繪流民圖繼使雨玉而雨珠飢仍無粟寒無襦俄有青蔥原野鋪非麥非黍非秔稌爭執鐮刀同刈蕘生魚釜作印

五二

烘需霏々屑末分錙銖製傚畢羅櫻笋厨鳩形鵲面浮漸
穠黄精真解救窮無柏脂果能療飢手如攵叢生給待餔
天心率育終不渝誰策輶軒下塵區九莖紫達徵瑞符

醉後吟

我將躡影搏風躋九天々々閶刺署飲中仙我將役琴高々
魚腹書投九淵淵々鮫室尋酒泉我將覓風法華而談禪
一杯々澆繡佛前我將揖浮邱々袂拍洪厓々肩酣抱圓
邱孤月眠如何潦倒紅塵間山々瑯嬛蝎纏抱璞幻成

市中鼠飛榆空化杖頭錢匣藏廿劍辟挂一張焦
尾絃楚覓越軋䩞誰是衣狗浮空憑倒顛十擲輭犍拙若
宜眈碎壺不敵愁城堅旖旎帘垂緑浮渴羌憐賒來痛飲
狂舞衣褊襹朗吟挞馬名都蕩

琢玉泉

緣岩椎鑿巧尋搜洩地精英歷幾秋石竅瓏玲飛碎響水
光潋灧帶方流功能澤物羣生共味可清心一掬收閒倚
西臺山眺望白虹仍繞轆轤頭

朔風

朔風入隙膚欺我衣裳薄起視天無雲月向梅梢落

歲暮

歲暮寒逾逼愁來夜故長鼠聲徐出穴鐙影淡窺床 跳滿

塵誰掃囊多句自高眼前不必計急送舊年光

雪彌勒

跏趺一笑全不熱中形骸自外與物消融

剪

任教并鐵利用拈奈渠何一入公輸手斬裁觸處多

鍼

款展弥縫力憑居善導之倘能不自小補衮定須誰

尺

龍秉木幾許億萬里游神偏遇曹公子鰓々量一自

秤

俛仰承眷睫全身為利驅替人角輕重消受半分無

、題官龍池（司理）畫壁上達磨像

蟋蟀鳴高秋道超在何許只跣一足有全神活栩ゝ人天
有漏因扰言覺梁武可知佞諸佛翻爲佛不耿惜ゝ鐘磬
徽摐ゝ葉如雨當年面壁人依ゝ壁上睹

仝蕭丈逸耕陳丈研農家曜亭飲吴尚周鍊師銀魫樓詠

觀樓前李花

梅花白許李花同花事連綿兩月中只要娱他遊客目築
脂刻玉費天工

看花看到興高騰轉引危樓耿ゝ登宜酒更兼宜綠鬢卻

倣宋景第三層

和家耨田先生藍田雜詩八首

薄暮垂虹影漸收談奇有客共維舟天心大減乾芭後終
古湯〻灞水流華胥渚

模糊斷碣蘚層〻節士長歌怨不勝似聽壟頭飛燕語身
輕無力啄蒼鷹臨江王墓

兜離僸佅不堪聽埋玉山仍隷漢庭料得香魂含笑處豐
州盼到塚青〻蔡文姬墓

鈿車耀日夾城過，此地當年簇綺羅。自駕六飛西去後，嶺頭憑弔夕陽多。繡嶺

名功一曲鬱輪袍，卿蠻移人去處拋。淮海畫圖曾已癯，何如臨眺孟城坳。輞川口

色正芒寒氣吐虹，平原節與阿兄同。合歡堂廢華清冷，簫鼓爭來半畝宮。顏魯公祠

謝家別（甚）墅習家池，多少名流載酒嬉。莊與玉山無恙在，重陽賴得少陵詩。崔氏莊

壑辟徒勞嵩姓名昌黎記悉匡山 情只今樹死哦聲斷誰

復匆匆唱渭城縣丞廳

有贈

姍姍來近小窗南一帙宮詞上口諳花蕊未經風廿四番

彎恰印月初三眉池燕羽漣無著細瑣鶯聲半款[illegible]

妙年心性別重衣便處孔和眼暈

卷二 一百十七首

樟汀詩草卷三

大雪即目

甲辰立春前二日繽紛雪花大如拳獰飆獵獵逼臥榻起視天山相蟬聯巢馬僵縮[redacted]冰魚伏臞松瘦石孅還妍兔啇〻冐穴競作劇偏[redacted]如摶沙土加雕鐫造物在手形維肖或為繡佛為謫仙其餘猛獸更生動[redacted]鋸牙[redacted]戟[redacted]爪蹲几筵怪哉見睍旋委蛻行人指點空生憐君不見冰山海市峥嶸起刹那變幻隨雲烟陶家茗椀黨家酒就中優劣何須權宛然纈

馬闐風前應有[redacted]玉戲真人霓裳[redacted]徽縃來[redacted]洪天

春晴蚕眺

日景初騰烟景收峰巒先角翠交流坐看燕嘴將泥入行聽鸝言載酒酬榔不撩風眠紫陌花囘吸露醉朱樓隔溪閒煞垂綸叟蘆荻叢中理釣鉤

晚眺

望春樓畔偶憑襴無縛無纓娩在心鷺轉碕彎流素影鴻歸天外落寒音炊烟小漏郁墟遠斜日微窺竹樹深指點

陌頭晨屐逐，听然一笑拾遺簪。

寄意八首

乍認回身化作雲，只餘空裏散清芬。沿塘隄妒煞蒙茸草，曾拂鐵羅六幅裙。

亞字簾櫳丁字闌，為貪月色一凭百，參横姊妹都催促，露浥凌波透衣寒。

深閨學製斷腸詞，窗外鸚哥便得知。約誓自今除綺語，春心偏到筆尖兒。

丹砂細碾漏丁東倦倚篝鐙飼守宮自躅春回胥瘦減怕
看點點舊猩紅
料峭春寒不上簾金猊獸炭幾回添東風畢竟無拘束引
得心香裊畫檐
嬌憨不解覓溫存節到填橋也斷魂天上星雙人影隻拚
將小胆立黃昏
陸離牙管一痕　　試淺巴瞥向碧窗風約處輕煙
籠罩海棠花

蕭怒寒衾伴寂寥夜闌猶自學吹簫樓頭占斷二分月何
必揚州廿四橋

論時文十二首示同學

時文鼻祖溯荆公藉以掄才矮屋中八百年餘典刑在不
隨新法散飛蓬

代聖賢言即立言清濃題奥各分門果然談史研經入揮
灑成篇道自尊

諸子百家瑕並瑜冬烘學究戒生徒解淘沙礫披金屑莊

屈荀揚亦典謨
韻學全荒倡俗論有妨制義任六侹昏還臣廬山頂憑居望九
派潯陽共一源
華藻來從織錦機縫裳妙手見應稀天吳紫鳳形顛倒宜
稱還輸一布衣
誰輕帖括等雕蟲此議難偏卻亦公請看彼哉膚受者貪
常嗜瑣語雷同
化治而還王守溪方珪員辟法都齊淮南一箇丹成後無

數人間舐藥雞

錢唐瞿薛焰長留復有茅胡美並收眼内總無餘子在逢

歸太僕也依頭

章黄一例數難終不獨金陳角兩雄文社後来却居上莫

將除萬比[illegible]宗

我國朝聲教達垓埏文運甄陶歷有年一自熙劉高唱起

金春玉應會鈞天

作手拈題重若輕一枝健筆任縱横鵬雛養就垂雲翼方

浮培風九萬程

總期洗伐雪髓和毛冰雪聰明結習消若問升沈澂迄事

劉蕡未敢薄顏標

八景樓

棟宇巍峨雉堞環鏞州勝概倚雄闗層梯合沓烟浮屋八景披呈米聚山乘興不知黃寉杳尋盟長愛白鷗閒休提問舍求田事認取元龍在此間

西鏞八景限韵同蕭樸林萧藕船王蘭圃家對溪兄

濟川族子賦

桃溪春漲

碎錦[redacted]娃[redacted]同路溪絲[redacted]浣[redacted]中島頭帶雨騰新綠人（与浣花溪約略同）（尋春之入畫圖）

面淩波漲軟紅隔浦[redacted]映日[redacted]畫前[redacted]歸[redacted]飛空渡頭（岸香浮烟出樹亂流錦碎棹）（長歌渡）

[redacted]今兮誰且傍漁家醉暖風（口）（誰倘倒）

虹橋暮雨

天半恆垂霹靂容漁深日蒙谷一虹封鐙懸雨脚明蜖蜺石（宛泛）

吼濤聲撼臥龍釣艇陰移江蓼峰層樓寒壓瘦肩峰題橋

料有停驂客數徹風波第幾重

五馬晴嵐

樓外層峰倚大江峰峰挹入碧紗窗青隨髻薄天盈尺暖拂屏飛舄疊雙斷凝歸雲新潑墨幽林斜日半殘紅搜奇何必[redacted]瀟湘市風磴披襟興滿腔

九僊霽雪

旭日烘開六出奇峯鬟鉛粉娃敷旋瓊樓冷透人初醒玉樹光搖寉未知十二冰簾垂繞島三千羽服棨蓬池好收

妝景歸留次耶許紅塵對撲着

玉洞秋雲

石門呼吸靄空微舒卷秋風送落暉縹嶺非烟梯羽仗楚
山無夢鬥腰圍氤氳藥爐丹猶冷繚繞芝房綠正肥想見
赤松儔栖隱飛昇散擲六銖衣

金鷄夜月

灤山曉晚罷樵漁飛閣憑臨月上初影瀉星河澄水帛光
流鴻雁偃波書冰盤碎碾蒼蟾窟玉兔高飄青羽裾何處

洞簫聲不斷懷人渺渺正愁予

龍岫烟霞

何年飛錫裂榛莽（昔有高僧名蓬頭者隱此）絶巘嶕嶢薄紫都遯入烟窩僧劉藥踏穿霞綺牧吹蘆低迷澗水羊腸曲淡罨松關寉影孤猨似淩風游汗漫塵中蠻觸任吞屠

龜山絃誦

疊疊青山曲曲溪蕭齋環繞画橋西春風入座揮談麈雪影橫窗蹴舞雞鏗尓餘音寒水外琅然高唱碧雲齋泄容

指點南來意花点[redacted]含情無点[redacted]唬

、搏浪椎

屬車呵殿走山鬼鞭石長驅一萬里祖龍鱗爪猙獰張霹
靂一聲亂沙起冥鴻俛晚雲糢糊去尋老人赤火書澤間
自有斬蛇劍久為韓仇摩厲須

、碎玉斗

黑雲低壓清泠淵曳尾白魚罹于簺目射玦光神三踴拔
山雄力雌不動居鄛老子空好奇元黃血鮮龍分飛擲刀

拚碎双玉斗，可堪身踵亓和後。

玉簪花

一枝枝琢就花神，斜插繽紛照眼明。結蒂不隨前墜珥，含絲好得下垂纓。香侵入鬢儂稀髮，風引搔頭尔有情。惆悵李夫人去後，凡姿未許玷芳名。

金錢花

托根何必蜀銅山，造化爐中旋旋攢。數遍繁枝秋富貴，撒漫芳徑在團欒。籌爭采局呼盧易，才博紅裳潤筆難。合種

茅齋千萬本客來寧復笑寒酸

和對溪古名媛詩存十八章

博士今文著辟雍繡幃函丈語從容倩渠耳受鼂家令不記王言小子封　授經

蘭臺織錦斷殘機紅女新裁更嗣徽多少男兒貂續尾何如無縫擬天衣　續史

錦幃初卷墨初勻玉腕回旋體格新除却戴山王內史誰堪小婢學夫人　插花

絲竹東山調往還悠揚絮雪媚朱顏不須坐論傾劉尹（椰）林
下風高已莫攀 詠雪

撲朔迷離認未真沙場一鼓氣崚嶒怪來戰士多寒膽動
說軍中有婦人 替征

長門踰佚老多人穩坐明駝去不停艷色遂傾天漢外拂
雲堆草為誰青 出塞

芙蓉依亞酒壚頭釀眼燒春春色浮怨到朱絃明鏡曲杜
康祇解別人愁 當壚

霧髻風鬟鏡碧波安排青眼閱人多風塵休洒英雄淚濮
水津頭聽棹歌鼓枻

千絲綱到若耶濱烏喙英謀寄一顰自去沼吴沙罷浣淵
身合作浣沙人 浣沙

走筆旋風吴放顛敵軍雌伏研臺邊但來飛度龍文佩覬凱
奏紅粧未曙天 取盒

唐王好色總非真忍使宮娥怨晚春一葉拈題冰語合勝
將釵鈿結来因 題紅

巧奪天孫費剪裁，妙文回處点心回。陽臺[redacted]料浮工[redacted]萋斐也

[redacted]似荊襄學製來織錦

腹笥寧徒貯簡篇，琴中妙緒意中傳。天生性地聰明女，聽

到胡笳亦可憐鞞絃

西湖長命女歌新，隔幔偷聲技入神。小字達宜春院裏，忍

教妙選失才人記拍

嬌喉餘韻繞梁聞，啼笑移人總斷魂。偶為飄零資口技，贏

他操瑟立王門鬻歌

十

姹女金錢數不停小帘敧暎柳青〻滌甌任賭官家酒兵
具（入雲龍）兵乘尚未醒沽酒

紅箋才調女相如北苑粧成入畫圖秀可療飢魁殿腳不
妨孤負好頭顱　畫眉

不學山陰狎所私梅粧〻就日遲〻分明花貌傾宮儗〻
到司徒障面時　點額

洋口夜泊

浮玉經過後孤蓬坐月明樓吞鐙火焰林吐野春聲晚（響）露

雁初醒喁波魚不驚會須高枕臥嬾數未行程高溪有石常沉深刻浮玉二字大徑尺餘朱晦翁筆也

馬石山憩古刹

閱過宿猿洞超〻物外情深林將曙色衆壑盡秋聲書欵牛腰重衣憐雁氅輕津梁信疲倦默對兩神清

客夜雪

北風吹不斷飛雪亂窗紗料得故山裏梅株盡著花

宿山寺

一吼蒲牢十日聾幾人梦出大槐宫遠山静氣凝初地老樹奇姿傲朔風窺窗影當明月上譜泉聲入素琴中石林四望都冥寂歙抱丹經問射洪

客中連雨遣悶

春雨理園然今春雨不歇四起烟冥冥白晝聚林樾梅開爛已謝芳蘭欝未發饒他草滋肥亂如不櫛髮旅寓才數椽屋瓦多破缺滴滴暮復朝暗拍聲中節混氣蒸門辟菌蕈自芽茁卜居安樂窩漸近魚龍窟蹋天割紫雲長吉句

奇傑陰霾厚幾重可能片片切磨刀向長空罷風或可挈

又

君子守素位無地不徜徉賒求所難求須癢神亦傷斛可眸而得喫詬珠仍亦傑士志文學風虎從南陽貪夫工持籌揶揄鬼在匊豐嗇本有定譬猶手挽強力絕與之角能不愁蹶張往何必蒯懵破甑而亦弃來何必將迎岨峭而康莊偶得一尊酒便可豁詩腸偶得一佳話便如對惠莊處材不材間舟山可無藏值茲風雨辰高歌聲琅琅

十二

答林菊人

古人論交有五術踈拙性成不得一抱技曾遇繁會場人
盡吹竽我鼓瑟鼓瑟安排五十絃悵然回首思華年亂頭
麄服不諧俗至今髮散童其顛伏枕空懷霸雲志怒馬如
就謹趨避海濱先生林叟軒邂逅偏得孫陽意索我小草
加丹鉛怒我詩癡快我論成行在胸電在眼赤城之霞供
吐吞以茲不忍自菲薄爨桐依舊理絃索合向秦青覶縷
歌行路悠悠付一噱

重建始祖唐刺史廖公諱前字勝啓祠即六施寺志喜五十韻

刼餘尋勝蹟突出荊榛場自非大惠力流澤焉得長勤事
死則祀名宦有桐鄉憶彼貞陵後人各譽星稱祥狐嘯滿城
邑如沸如蜩螗至尊下殿走興元更鳳翔鶚軍獨羽翼盡
歎屯東塘暴骨紛如麻怨毒干穹蒼咎徵捷影響曰恆雨
恆暘其始近畿輔蔓延徧遐方我祖刺史公篤生於會昌
邑乘載唐矣矣循良聲攀吳蹻龔黃家譜歷與縣志紀載
初人誤
又有以為南唐人者僞
無遺悉初援任子例筮仕在維揚旋試盤錯才守牧閩岩疆

七三

七閩之上游厥土多洪荒緒潮兵已往草竊叢蠹芒公来設
方畧閭里交守壁制梃以撻之魑魅去且僵墾田課樹畜土
爰心烏憾遂令蛇虎區藍縷而冠裳長安西來里引領溪淋
浪河南户可師投老家于將々有虧汇團儲偫環廒倉痌瘝
切乃身計慮何周洋乾衍々初載旱魃橫為殃村落數百里
刮地埽粃糠廿餘萬石粟指囷戒勿償比户歡忭起口碑聲
洋々使君肉白骨使君身金湯何人以配使君象教々空王迺
庇爾材不迺相其陰陽釁食仍龍池歸比魯靈光生為祝釐

地没共修丕嘗等閒方外居未許同韻頑由文德迄明歷兵燹風霜漸而毀楹桷漸而屏垣牆田圃繚四圍次第侵豪强更舞鼪鼯技散穴基中央危哉一數畝宮殘化為北郎言念公雲仍更僕數不遑支流分散注湖源抉濫觴靡靡行邁者目擊心猶傷豈一脉留詒孫坐視委易倉　大道剗去漫碩果未全亾樸斷還舊觀字孫支勤者襄鐫石遺像在石博二尺徑二尺有咫勒官氏其上像極尊　嚴肅瞻新影未章路田劉華彼時盛甚張題識于寺基中掘得

織青史當道容豺狼似何千載下蕭瑟餘馨香

七四

、方竹

同解龍包特地長，獨留圭角厲冰霜。孤標未必無知己，肯
效圓通自毀方。

仙人塘、

牽蘿捫磴陟層崖多少峰巒[redacted]眼底排欄拂松英清客路喜地
苦寒樹為甕開蔬菜味僧齋醃菜經年不壞寒故猿聲帶
冰雪壓依也餉客以此無兼味
雨呼山鬼鴟翅盤風兔野骸我選勝遊兼弔古百年遺跡
重傷懷郡山綿亘百里要害處丸泥可封有間道通汀郡邑諸
國初土寇吳賽娘守一星哨聚于此恃險固

蹤躡村落暴骨如麻閱二載千總柴自新請殲之吳結寨七十二所有紅旗酒堤鐵門諸號至今遺址尚彷彿焉

和曙亭金陵懷古八首

秣陵煙樹鬱蒼蒼往蹟盱衡石子岡百雉至今雄虎踞三山自昔駐龍驤黃旗瑞氣埋秋草碧眼英姿暗夕陽地險悠悠南北限不知人事幾滄桑

同槽如虎視耽耽五馬旋從西渡南半壁山河傳白版一時冠蓋續清談卞公墓灑游人淚周處臺維過客驂數到舊家門第好野花開落燕呢喃

彈琴片石剪蒙茸閒話當年一卋雄電埽旗頭威海外霜
雕(凋)玉葉怨湘東青園酒醉人安[redacted](往)粉額花殘色已空瀛浔
石城可憐處風謠依舊醒頑聾
樵蘇荒絕野雲愁永壽神仙樂未付々條面當壚烟椰媚清
風奏幔廚蘭浮三橋羽翼來威鳳六貴衣冠笑沐猴寂寞
蔣山訪遺躅靈旗百尺曳殘秋
寥空不放紙鴟還倚苑城西眺望間烟草可同青布色風
帆何處白茅灣樂游濱盡歌筵冷同春身回梵宇閒剩寶誌公

尚留孤墖在和雲和雨鎮名山
鳴禽鼓翼出林阿猶憶黃奴喚奈何不復斑騅乘柙客空
餘辟月弔嫦娥巡欄外日脂痕淡繞郭當時橋樹多惆悵
萬安骨灰後夜深燐火照藤蘿
黃花春漲久平沉傍榻眠來得幾肰上將西圖懸虎穴高
僧清梵出龍樓澄心漸鐲書千卷金屑終歸土一抔誰覓
舊宮蓮葉舞月痕彎處想双鈎
雞鳴古廟數英雄崛起濠梁六代空天塹橫來鯨息浪都

城高處燕凌風緇衣杖屨寒山外淡粉樓欄落照中遥憶
青田湖上語只今雲氣總冥濛

弔長平公主墓

十三鴿集昌平州天祿石人盤松樾遥追復指薊城北玉
骨棱棱埋小邱太息思陵長公主錫名徽娖端珩璃曾褒
國后賦條桑那管齊（邢人）民歌刈楚十五娥臺未嫁身九霄甥
館屬何人翩翩太僕周公子都尉新銜光紫綸西壖未遷
天孫（渡）逼近妖氛塞黃霧禁鑾俄成喋血場鼎湖髯絕攀無

路龍種變（妾薄郎當）何處歸兒家女子生胡為怕說溧陽辱彤管
好泼阿母徇璇閨已斷璚枝回雪艷迷離金異舊宮院梦
逐飄零姊妹花心灰作合雄、雌、劍瞬息仁風扇九垓恩敎
良訣易緇來鐘鏞紐斷赤繩在沁水園亭蕭史臺裙釵徧
解戀宗社殳刃笛癖淚盈把盞脂塏粉黶（黶）無顏到底埋憂
惟地下噫（悲）□乎穠維桃李時維秋壟雲慘淡風飂颼鵑啼
狖嘯聲啾〻重感香魂離黍謳誰擘蓬蒿酹清酒費宮人
料分一區能假芳名斷賊頭

~~感~~懷舊

憶向春風卸錦韉[redacted]（深深）花徑步延緣狗兒吠客青籬外鸚

母呼茶畫檻前依約虔辭[redacted]（真通）懇欵[redacted]（文雖病懇貴周旋）筆牀

琴薦紋楸局消受沈檀一縷烟

[redacted]（比似）[redacted]璈琅響玉京飛瓊（卞山曾見許）[redacted]佩香[redacted]座中綠筏文非幻夢

裏飈車足自輕漂泊東西萍梗聚荒唐朝暮雨雲行晨烟

別後河橋斷鄂渚風花觸舊情

秋夜

獨散花間步天高小片雲螢光依樹隱書韵隔窗聞一葉風偷落羣山月細分湯言訪良友相對歎何云

仲秋望日同蕭藕船邱園原王蘭圃家對溪戴逢飲觀化樓

萬[redacted]井風輕散暮烟拍歌驚起寉蹁躚杯招海角三分月人踞城南尺五天金粟可聞香郁〻草茵誰惜露涓〻統如聲請[redacted]嚴更緩[redacted]勝會相期動隔年

秋日坐雨

九八

由来秋氣爽連夕雨霏霏雁信雲中斷砧聲灶外希杜門捐蠟屐傾筒覓寒衣獨有籬笆下黃花葉正肥

規友

蕉鹿難分幻與真芸芸芻狗任天人笑肥總為吟詩瘦非病何妨見肘貧到處成蹊桃李艷長年鍵户無魚親斗藏久待登音至滿酌同君洗俗塵

蠟梅

豈曾梅樹結同根花信爭居第一番黃髮別逢清友面金

衣斜掩玉妃魂隱(穩)藏麝氣逆風動冷抱蜂鬚炙日暄却怪
何郎林處士賞心獨尔少温存
涪翁坡老許相知擲簡平林大笑詩春入檀心初綽約昏
来花貌轉迷離嬾泛香閣誇瓊樹宛近冰嗟釀脾蜜脾會
得嘗前梅子熟横陳一嚼淡偏宜

○○

自君之出矣

自君之出矣幻如瞳子面本是眼中人偏許他家見
自君之出矣睡比平時早君倘夢回鄉懷抱共傾倒

驟雨

炎羲執方張，雨師解人意。謖謖風滿樓，飛溜灑庭砌。隔林失遠山，濁浪翻贔屓。歸燕剪拋空，亂鴉飛蓬鬢。我欲躋碧霄，近觀牧龍戲。

山徑晚步

偃蹇入山徑，斜陽翳晚烟。歌傳牛背上，影亂鳥巢邊。隔浦人間世，臨風我亦仙。登嵩七十四，計算何其顛。

登南山最高處俯眺平疇喟然有作

閶天不可階，今已陟其半。脚力不知疲，眼光倏忽換。孤城大如斗，遠岫平於案。繡疊萬頃畦，穲䆉風中亂。去年奏艱食，敢把農功玩。新穀新絲詩，讀〻嘗把腕。天意寧泰忍，祗期無越畔。深谷仍為陵，無年漸有幹。點[默]〻歸林麓，猶闌轂畊嘆。

山寺蚕眺

晾罷踈鐘曙色分，天風為我埽塵氛。散重村落依迷霧，萬仞峰巒突出雲。雀舌新烹泉正活，麝臍騰經宿草猶薰。占晴

三十

亡雨何泛之祇有鳩聲隔樹聞

、題謝鄭兩先生集　皋羽　所南

萬古綱常危同宗愚論憑仗睎髮引千鈞文山開府南劍

浦布衣諮議多指陳揮戈擔反日西墜嚼眼紫市碧血新

漆身不得隨豫讓西臺哭聲入青旻如意擊石〻盡裂七

度鬼戰氣倍伸吁嗟字雄才大畧跨海內江淮遠游托靈均

不逢中天效颶拜賸有冬青杜宇悲孤臣汐社殘編血和

墨許與谷音叅內[redacted]二十有九〻遺民

潑來血性文章欽鬼神鬼神呵護不許銷封塵心史淪胥四百載濬出楮墨嶄然新溯自牛角山河日尖削雲合厓山天不春寒菊枝頭抱香死忍逐故園桃李漂如萍本穴囂界嗟何及奇〻有集空鋪陳濂洛關閩理學培元氣贏得十空經卷火傳薪山林麋鹿九泉護龍髓湯勞承天寺裏尋青燐

重游太平庵次濟川韻

小憩禪關日款依莓苔不改綠萋〻塵心未證三生果亻

廿

足仍攀百丈梯破寂鷲濤松頂度忘機僊鳥枝頭栖耳謀
目治拈來是薝蔔林中繼品題
當年角筆陣離奇拔取螯弧趁一麾岩辟光騰新染墨澗
泉聲訴舊吟詩由來聚散同浮梗忍待飄零空折枝原唱有墓
門峠拱白楊枝〻與尔蠟屐將千兩屐名山洪坎徧游〻
句傷舊游諸友也

雨跐

滿滌舊塵氛人天界莫分岫懸顛米筆澗濯大蘇文鷗侶
馴依釣猿聲裂入雲願來双不借裊〻檻前聞

雨夜檢得亡友邵冠文手札

苦無尊酒下離騷青暈寒燈伴寂寥知己冥途宿草墓手
書親纏舊詩瓢車三步過盟如昨人再生來夢已遥埃際
心清何所似數聲殘雨冷芭蕉

刈麥行

浹旬陰雨一朝拓短長腰鐮磨霍〻稚子攬衣妻挈筐相
將打取迦師錯去年無禾先鬻綢家〻種麥盈隴頭今年
新絲賣已盡大麥小麥仍無收擲鐮浩慨息啼飢聲啾〻

廿二

何如太倉鼠熏之不可灌之無由祁寒暑雨怨咨休悱懞
之寬果腹游

舟下燕子灘

飄飄一葉縱軒騰羽化真如仙可登勁鏃飛穿青柳浪飢
鷹叫入碧雲層龍眠浩水聲遥撼峰插秋旻孰欲崩萬里
長風爭激盪披襟倚櫂壯懷增

竹崎閣夜泊

人語四邊靜柝聲中夜聞水浮双槳月風割半帆雲商船

經無數書裝值幾文越王山在望秋色待平分

山行

山行勢引卑然蛇傍水依崖有幾家信宿不知誰是主且從園角看黄花

延賓野老劇情多日暮天寒無渡河笑指衡茅最幽處坎間差可避風波

徐潭弔古

延壽橋頭石齒齒延壽溪頭水瀰瀰釣客千年勞躑躅釣

磯冷落暮烟裏唐家未造珠囊傾傭奴拔出乞丐清望遂令
山雀凍難飛洛州一隅為刺史夢昭生際板蕩餘蔔坐看鄭
五躋憮伍仕搖毫躍露英雄姿屏障金畫震遐迩搖鶴之筆
非丈夫人生幾何誰不死徐有人生幾何賦尺水難容萬斛舟一
領烟襄諭金紫替撼後村魂猶生錦囊久已還三矢

清風嶺

旅雁聲中歸思添趁將秋色度峰尖斜陽正覺山邨遠忽
地踈林露酒帘

秋晩書懷

閉門同處子憔悴不勝寒大地餘楓艷繁霜釀橘酸酒蹏聞競祝珠雀笑空彈賴有舊編在蟫蟲未盡餐

訪友山齋

空谷秋高木葉疎觚棱橫出故人居爐鎗吹雪調山茗畚鍤衝雲剪澗蔬對菊不知身是蝶臨池敢笑子非魚長物纍纍積燦眼琳瑯自著書

梅林次濟川韻

步

隔水思君總判年相逢多在嫩寒天茅庵清供斜陽外草
徑[redacted]行吟曉月前未免有情聊一粲似因知己更增妍神交
也要形交密日日溪頭向畫船

陳研農閱予梅詩有作次韻答之

酒後難禁放態狂梅花花下擅平章何來金粟傳形神筆寫
入瓊姿點額粧南國只知翻艷曲杜枝別覺噴幽香憐君
抽秘兼併色又見示雪詩稠疊吟箋勸草堂
上元夜

策策荒階響候蟲一庭花影半簾風赤欄橋畔燈多少獨

倚琴牀檢鞠通

漁樵畊牧各賦一首同蕭藕船

擊斷紅塵境便佳橛頭船[redacted]好寄生涯蘆汀晒網憐鷗[redacted]伺蟹

舍調鮮引雀偕歌嘯猥從江月度姓名長任水雲埋上書

多少侯門客一卷漁經讓尔儕

舍南舍北約羣來礴[illegible]中林點快扎籟發鐃鋅山葉墜風

生斤斧巃雲開慣餐野果緣青木學門棋枰畫綠苔

黄

險巇行坦〻鹿蹄狐蹊了無猜

稼穡相循未了因英雄退步亦斯人鳩緣播穀啼偏巧雀

任他分糧食不貪晴雨雜占聲藉〻桑麻閒話味津〻可能

社宴春秋共村酒無妨漉葛巾

玲〻叩角小郎君薄飲清流臥白雲笠捲風前寒料峭芻

肥烟際綠續縈長林趁曉聽鸝語短笛橫秋送雁羣物色

漫拋吪寢地讀書曾狀見辛勤

、蘊澱

農家麥正秋滂濾雨不歇西疇驟秧馬峯蹏愁滅没舊秋
田龜坼今占離畢月余居面前溪坐看波矗凸遠灣鷗嬾
漁雛覓入詩窟天吴媚佳景任教農咄々

、玉華洞用龜山先生韻

谽呀𧮫谷敞椒庭現葆光樓列翠屏見林子鳴盛集刪遼隺携家
藏浩刼癡龍[redacted]偃地墜空青泉砭頑石頭爭點怪燭靈犀眼
作醒應悔桃花輕洩漏遂教游屐等閒經

楊文靖公祠次先輩羅璟韻

芝

理學流風振七閩先生傑作肯堂人載來洛水源頭遠頓覺廬山面目真玉洞雲烟同不朽雪堂松柏然更新華夸宗仰當年事碑蘚摩挲尚炳麟

迎禧觀次先輩俞一中韵

迎人山面面乘興訪南華苔石披殘篆松風譜落霞未求丹貯鼎且載酒盈車醉裏談蓬島相逢水一涯

觀化樓次先輩車鈲阿韻

壁稜懸鳥峻蕭爽画圖開流峙状終古烟雲知幾回閒愁

隨葉吟秋興逐蟬來把酒狂歌起何曾減吹臺

、中秋同藕蕭船蕭樸林平松谷卯園原伍健亭王蘭

圃兄對溪戴蓬姪濟川金谿岩看月即事五十韻

月滿懸清夜天高亘素秋光同千里外景萃萬峰頭寤想

神偏躍登臨興轉幽筏緣今日蟎釀得舊時芻好趁攀嵇

鳳欣逢喚婦鳩郊原裁把袂巒嶂已迎眸徑仄盤空曲榛

荒肆躪蹂彈丸依樸地棋局俯平疇兀傲孤根石崩騰百

丈湫楓殘嫣錦蠹松瘦老髯虬鳥語雜難韡樵歌遲未休

廿七

排青垣角峭破碧尾鱗浮木末纏奴橘籬腰帶女婁珠龕

雙樹繞烟縷一幢牧搨辟画微蝕摩崖詩半留曇花獻優

鉢雪瓣起瓷甌自尔齋廬阜誰欤配陸修煩襟消麈尾塵

網斷鴻濤坐愛孤團穩偷（润）泛老衲偷蒼茫窮碧漢飄聲滚

晶毬隱〻蓬萊嶼娟〻杜若洲鸛鷺鳥梦悄朗徹綠陰稠

練摺黏城雉芝寒逼斗牛虛明篩石罅激灩碎池漚雁字

濃旋淡罨更清且適山容無垢現溪舌廣長柔衷諸端如

此庚沐飯再不豪應分灶海焰豈借南油適意卒張席忘

形弛帶簫較楸鐃緩著湘瑟合輕擫按拍衣翻羽藏襟手
送鈎有時交履爲未免亂觥籌說鬼曾贏阮談天肯讓鄒
驚才翔藻耀佳境佐雕鏤顛倒管城子淋漓即墨侯揎于
駒足逸紛比絸絲抽帀坐都含貝窺銅賸宿瘤尾囘焦並
探步却學還羞車笠盟何擇湖山物最尤知音絃內寫泉
響辟間求落〻芳徽在依〻臭味投甄陶憑大冶曠藏緣
虛舟慣訪雲端寉歡尋水面鷗搖鞭馳款段鼓棹泛夸猶
抗跡遶三徑披懷屏四愁不圖摩鶩嶺直等倚瓊樓看取

廿八

今宵樂全將風頭酬風涼人盡醉囊括句多裒颯沓霜鐘

急橫斜桂晃流開年值佳節牢約整重游

、虬髯曲、

楊花[redacted]衰李花盛外間圖像不一姓中有仙人落塵凡瞻
俠才雄須古勁尺五手愚紫而虬双眸睒睗電交流閱人
走遍中原道恰逢女俠臨粧樓一彎犀梳新月小一聮蟬
鬢綠雲攏英風時露巾幗間跂足掀髯看未了斯時逐鹿
紛騰逃躍州連鄴誰英豪一顆人頭下村酒聯絡擒藩汾

陽橋汾陽橋頭[redacted]錯[redacted]閭盡雲披[redacted]日角握莫由來爭一（延相）（透）
先初下子知全局錯丈夫精神滿九區待免[redacted]堪[redacted]守株（庇）（牢）
廻光頓失驪龍頷纖〻鱗爪將何須事業因人動掣肘拚
将資斧贈良友扳鱗附翼好為〻壁山別出巨靈手[redacted]（縱聲）
一[redacted]滄雲開飛策珊瓊[redacted]同春山亦有[redacted]洪客[redacted]（霹靂）（酒醉來南佳氣來）（自）（滿腹瑰奇埋）
懷[redacted]草萊

夜泊聞江樓哀絃

江風淒以清江月寒且明潭心瘦皎泣元禽空碧横物理

九

不可議珀芥通精誠船窓欲深搶況乃思婦情

舟中觀泗水者

望洋不見底拍浪飛水仙距躍復曲踊如履平地間行路都錯愕翻歎驚長年長年且匆驚生涯刺一船南朔東西人爾輩多周旋茫〻自溺者豈盡溺于淵

卷三　一百十六首

三七

樟汀詩草卷四

一 和高季迪唐昭宗賜錢武肅王鐵券歌

鐕筆明龜文喬皇熹鼇斬鯨功堂々動隨誥勅鸞嫺族誰

劍戟嘗々炎々、、歡嬉分器晶々照錦衣龍章自[illegible]膺天

籠雀趨淮知帶雨飛

秋江晚眺

城上高樓接大荒柳宗元蓼花紅淺葦條黃鄭谷秋聲暗促河聲急吳融塵夢那知隺夢長曹唐自拂烟霞安筆格陸龜蒙更無名利到滄浪姚鵠物情多與閒相稱劉威萬里沙鷗美夕陽杜牧

○○

舟中話舊

樂在風波不用仙張志和直蟾寒照兩嬋娟薛逢暫分烟

島猶回首崔珏莫見洪厓又拍肩李商隱萬里憶歸元亮井李商隱三年閒上鄂君船陸龜蒙自知白髮非春事杜甫重到雲居獨惰無皮日休

、黄穀怓秀才以箋索句卒成說詩一章應之

歌詠淑性情風人代有作詩話百十家斯道多揚搉我輩生閩中且論閩詩學草昧開于唐莆着賦官閣之薛令四門接踵興唐歐陽遂同玉出璞鈞磯錬而豪寅徐衡州婉而樸文鄭賓洎宋元間作者列星若龜山考亭董薪傳溯河洛介夫伯紀儔才節高嶽岱

亡于詩寫名非于詩托傑出西崑體楊億遺詞尚宏博實起
五季衰毋徒訾雕琢偉哉滄浪客嚴羽羣書觀卓犖罕辟三
乘禪根柢非剽掠體製後村醇劉克莊識力臞翁確敖陶孫千
巖一老人蕭德操誠齋步歘卻載讀晞髮編謝翶聳立雞群崔
隨餘風會移氣卑辭多弱百戰誰健兒仲宏鼓其橐楊載景
瀟稱翠屏張以寧亡覺光煜爚有明首二藍仁智朝野互采譽
唱喁者何人十子爭磊落袁景瀅馮用昭選十才子詩為林鴻陳亮高廷禮王恭唐泰鄭
定王偁王褒周元黃元閩書則有陳郊陳仲完唐震而無陳亮周元黃元
禰唐祧宗元豈盡刻

卅三

舟索由宏正而還生面別開拓少谷鋒棱々鄭善夫力為勤

樸斲秋實銜春華高傳塗丹雘高瀫汝舟傳古意道思存王慎中

心得謨鑿々石倉小草齋曹学佺謝肇淛各自蛇珠握二難有徐

氏熥燉香艷洩花萼明季回狂瀾[redacted]厥功不為薄大體[redacted]奇奥區

山川[redacted]氣磅礴閩詩出雖晚直與中原角上下千餘年聊茲

舉其畧念子方妙齡銳氣凌千莫紛綸風雅垂粲如八珍

錯出中苦和甘可曾費咀嚼詹々語管晏遑恤齊人噱

秋閨十索

綠褪門池荷蓮子匀員萃采ゝ指痕纖認吾分嘗意箇裏
比儂心涎郎索滋味
教妾學塗鴉惋彼花箋蠹鏗然揩葉來恰與筆牀遇合意
故遲ゝ涎郎索佳句
剪燭話窗西嬾卸雲翹鬟小姑偏撩人搗練砧爭趁纖腕
不勝嬌涎郎索持襯
趁得可憐宵園林展清眺無語倚西風雲淨天高妙莫負
廣寒人涎郎索花笑

廿三

約到雁來初言歸慰惆悵爲憐首飛蓬膏沐殷勤覓景莫
摇綠雲泩郎索新樣

年年製寒衣肥瘦摹依約何似錦團花相將舒倩閣款剪
剪還停泩郎索腰摇

楓葉荻花飛頻憶潯陽地愛煞琵琶行寫盡飄零致惜玉說
情多泩郎索珠淚

自小不知愁贖着羞作態無端蕭瑟中淡與黃花對蹙損
遠峰共泩郎索螺黛

沈沈玉漏今銅荷灰燼炬簾透鯉魚風半榻涼如許篝籠

淡不熏洪郎索溫語

淒淒切白頭吟半屬芙蓉面盟言終終如絲可續風流緣只今

淸秋高洪郎索紈扇

○○

閨詞和平松谷

倭墮雲鬟巧樣梳晶晶鑑入織流蘇淡蛾恰待摹京兆還

倚簾旌瞰小姑

繡幕迎風乍放開蓮鈎趁曉踏青回背人折得宜男草袖

與檀郎子細猜

唐芝聽事

其

任是何郎粉未消紅晨到衣擅嬌嬈無端倚著休文病偶詩

立風前品細腰

海棠初醒帶餘酲若椀相持味轉清吃吃喝喝碧牕下不

教鸚鵡得聞聲

、聽秋

避喧小築傍山隈萬籟秉秋暗裏催浪靜鼉更徐按節風高雁陣不銜枚唯鍾鋸爽愁霜墜〔隕〕落葉鏗鏘覺殷來側耳漫言騷屑甚何如画角徧龍堆

初冬東溪南梅樹

憐君依水石媿我逐風塵輒許丹崖津長盟白首新斷雲飛處〻歸雀顧頻〻便擬攜尊酒芳心叩小春

、遊梅林放歌

亂山顛雲天覺低女蘿環帶罡風吹縹緲伊人寒獨支褰裳淺之水〻滑花鬚數入曲而窈雁櫃一肩瘦便了酒氣觸梅〻點醺南枝北枝款縈繞生來蹤跡落〻骨崚峋長年穩抱幽人貞紅亭曲唾師雄襲𢶏首祇堪（供）持贈人就中真賞遙指孤山角踏破蒼苔一隻屐主人却欲妻此花善戲渰兮頗為褒況復差池蕭與荃雜糅將無臭十年上清李妙寶蓮玉芝瑤草蓬萊巔會須覽察千古奇芳並一蒂

煦赤黄而潑醴泉喚醒梅花魂反照定知闌言相視笑

繡毬花

鶯簧蝶拍劇場寬蹴鞠芳堦借一看碎錦纏來絲宛轉柔荑攣出影團欒形幾撲地迎風起執欲拋空壓露寒倘是宗儒軍令肅教人擲向百花欄

虎刺、

嘉種移來自虎卯名山不朽姓長留（枝有微刺且以生蕃虎卯得名点名壽庭）青眸盼我襟如浣（柯蟠葉密四時蒼翠）治態狂香只善柔

其

甃斜高下瓦盆中邱壑天成曲徑通安得蘭亭右軍筆茂林修竹寫來工

林際橫堆幾瓣春繁如碎綺粲于銀花開花落都依舊不見看花獨立人（先君子手植性酷嗜之）

、壽蕭藕船五十（明經）

長我年華十有六不健不羸不寒燠居為游龍我為雲酒場詩社互馳逐有時傾倒奚囊中殷殷轟轟氣獨雄山下出泉萬斛湧涓滴蹏涔一洗空有时揺毫作飛白執逼饑

鴒叫中澤有時生綃[redacted]妙手橫觸石雲潑空碧行其餘色〻

都鬱〻絕聊復近〻終不屑分居一枝足知名君已霏〻雙

鬢雪[redacted]行年五十豪氣猶昔時幾回呼酒習家池醉來摩美芙蓉（藕船自三十六歲鬢髮全白）

鋸〻騷屑微吐胸中奇我聞連牙風塵〻外賡同調邂后定

須相視笑龍媒別有權奇姿眼底驪黃安足較彈琴石父

選樓[redacted]銘繫絲桐春復秋君家韻事分明在巷口青楊葉正

稠海岳翁天隨子扁舟傲睨雲烟裏今看圖畫生面開寄

寫遥情良看以（藕船自繪一圖浩水小舟身坐其上）我媿忘年交猶然鸞吳

艾

蜩君是清狂友雲夢吞八九劃然長嘯撼鼇山鐵網珊瑚作釣竿駐顏底事刀圭力千載都將旦暮看

丙午端陽

也循荊楚歲時書滿泛昌陽酒一壺益智有誰投角黍新粧幾處品釵符舟飛宛入迴風隊樹擁高懸避暑圖怡聽呱聲慰懷抱（是日兒生）詒彬彬異雀肯來無

蠹魚

陽鱎憑他吸濁流芳踨那肯混相投無涯理窟沈潛入萬

頃文河活潑遊盡味咀含醺且飽墨花瀺潸炳而彪鑽来

故紙休輕薄字裏神仙可待搜

中秋野眺

長空如璧了無瑕野色近眸趁日車遠寺鐘函山窈窱隔

溪村閃樹杈枒棘人嘔血賡唬蜼秋士同心式怒竃[redacted]回首提

筐蓉新地荒二只見端林鴉

[redacted]横[redacted]潑放漾[redacted]花

臘月十七日立春

細胥方報隴雙角遂鞭春舊疊尋歸燕殘冰待躍鱗不堪

卅八

萍翳擾頓使稻秔珍編户求滿味真宜嚼五年

對酒吟二十首

小齋偶得一尊酒有酒無肴亦無友元子老兵招不來況乃炙輠談天口崔氏縹醪南岳酥富貴神仙我何有吾將老焉營糟邨下書妓味差相投

視事閲五年百產大豐美上壽貢諛詞下座勃肰起男兒莫負好鬚眉夏畦之病徒爾爲意氣洋洋甚自得自有大儀聞見之與其敎咸諂無寧笑娭癡

我愛袁司徒拉人郊野傾酒壺又愛王無功斗酒日飲陳
侍中名士由來任踈放醉鄉未必無英雄天半朱霞自軒
舉紛紛韲鹽何足數不恨我不見古人狂生慣作欺人語
炙手可熱光雄熊熊二十四友傾王以絳幄圍香走劉寔
紅閨韡寶引翻風綷翻衣裀浮雲態豈料利財有奴輩當
時游劇輕顏原果能酬否身名泰
策馬專諸巷躡屐要離塚劍術不須論臨風作一嗥天地
古今兩大仇非激一時血氣勇君不見龐娥都亭國士橋

卅九

弔古游人杯酒澆
霓衣羽服座間擁鼓橐氣盈轉鉛汞待餐沆瀣游三清且
聽阿難談十種叢館翹瞻雲氣霏青詞一奏手雙捧居不
見八公山上雞犬同飛昇山下剩浮劉安塚
揚帆直指蓬萊山陣〻罡風吹却還弭節落伽山路去怳
人宮闕之何處卮言日出如泉源六合之外存不論具大
辯才說無罣〻偏來戲阮千里當頭棒喝商英妻佛既無
矣論奚為

一讀窮鳥賦再讀乞食篇漢晉兩高士一圖冥報一呼天
三公長揖手元非不傲五斗嬾折腰淵公非不拗獨有
感恩心未忘人間可葆民彝好
丞相壽客自行爵客皆避席神錯愕灌夫使酒罵座人遂
敖頹水有清濁古來酒禍不勝紀憍氣貽譏紀渚子居不
見廷尉顧結王生韈孺子親納老人履
涼臺燠館參差布怪石佳花不知數主人勞以優養尊門
森棨戟禍免怒免曾替芻堆滿林女樂如雲降上方管絃

四七

繁會曼聲起奉觴行炙多侯王有時開閤禮賓客一荷吹噓生
羽翮逡巡躡優連雕瓦表烈揚徽懿爵、姓字多年銘鼎彝
弨弓鋈春岌光輝丈夫功遂身退有如此窮奢極欲無又[illegible]（之行跡人知）
君不見客星干御座帝與故人共偃臥又不見長安賣藥
翁婦人都識伯休那望、逃名名卻隨朝廷似小瓜廬大
無端泉石多紅塵輕舟詣闕繫何人
鄭人珍為璞周人賤為巖司空城旦書不勝家人語彼一
是非此是非軒孔莫定從與違名家駒即論秉犢一人倏

忽兮褒談

錦衣玉頦珊胡鞭彎弓躍馬章臺前小婦依聲問夫壻可
是誰家美少年父也長松一都尉兄也將軍號驃騎將種
由來標格殊不堪髀肉生無事會看磨盾英風生弱冠終
軍自請纓富貴應須致身早莫如皓首歸穗鄉
翟公自署羅雀门感深貴賤死生際游士賓客爭來歸可
知魏其未失勢殷勤銜杯酒肝膽揭相誓竊自許延陵存歿
心不貳君不見西華葛子寒練裙到公無見亦無聞旁人

四八

為廣絶交論

聞昔魏無知介紹反陳平游揚楚季布亦有曹邱生玉蘊
珠懷總輝媚扶搖乃翼鵬鶱騰居不見馬卿作賦揆才藻
不逢楊意壚頭老顛倒丹青仇畫工天子始知顏色好以
茲浩歎瞻青雲曹蜍李志非無聞
季子立談取卿相横歷天下莫之伉范雎拉髂西入秦頓
使穰侯氣彫喪乘時得志如燎原光焰隆隆燭天上一朝
撲落要領分得種田瓜幸無恙

以貲為郎者漢室多名宦草茅常為貲格拘憑仗青蚨作
美雁一見公車令再見中大夫澤期蒼赤潤[redacted]名可汗青書[redacted]如賣
王倍有[redacted]
出奇利[redacted]底事鴻都大開肆[redacted]敎[redacted]
崇門長却埽有客願言靚倘非井紵綸定是伏不闘嶽〻
觥〻言滿堂頗能開拓俗儒陋蟀蛩响啾〻上擬鈞天奏
蟪蛄形彜〻上擬籛鏗壽閣筆焚研古人為汝汰有漸珠
玉液可憐窮愁多著書等閒醬瓿需他覆
美人貽我壽潛草云是托根閬風島上如車馬中人形甘

二

露滋培瑞烟繞兆以王者仁德之休祥叩之聲响金石之鏗鏘五都市人啫蕭艾掉頭不顧遺道旁何如藏弆名山裏與他玉蘊生輝光

林第渠莫戀風霜苦莫厭未聞萬户侯掇取自荒宴贈君楚筋燕角之堈弓切玉制鐘之寶劍奮臂斬樓蘭偃草風傅箭勒勳凌烟閣賜酒延英殿亦可耐春宵君豈捐秋扇封紈逢首待君開斬新換取笄珈蛙

史漢偶筆

獵狗走不休飛雉啄不止婦人餟之生婦人踏之死區區
兩婦人生死奇男子
緜蕝習儀文彬彬獻爵臚句九賓列始知天子尊大東
瞻泰岳兀傲兩生存
如意不似君如意卻似母母也龜其形不死更何俟輸矣
安陵後嗣者他人子
圭幣只明虔先民兩後已誅卻幸垣平姑試汾陰祀竈神
金馬神紛紛然來矣

大辟不得活次亦城旦髡鉗耶五鹿耶燀赫如燎原誰爲

考終者周堪瘖不言

經術釀囹圄循聲足千古神雀來休徵胥由和氣鼓顧集

太守堂莫集丞相府

壯髮額垂垂休教燕子窺綠簾書已乏空作叩頭啼平恩

目應瞑身死帝其免

信是生女好生女充門閭基擬白虎殿人投金匱圖宗社

任邱墟璽綬莫覬覦

徐州酒家傭宜城酒家保此中大有人命如秋後草莫輕
鼠和雖驕人方好ゝ
異類居涇流同類居渭水濁浪滔天來莫挽龍門把毒流
百十家逃得一人死
焰發五侯家鬱攸不可止兆寺獄張羅ゝ盡天下士呂强
空丈夫張趙乃父母

七賢詠

吾邑人也所謂鄉先生殁而可祭于社者各系以
詩竊比近年之詠偶借竹林之称

中村雅抱孤桐琴彈出潺潺太古心人品文章陶靖節更兼墨跡重儒林余中村名思服字不遠原名有成明季諸生自棄諸生役客游江南最久年八十餘歸卒于家

寅庵風慧綜羣書通籍即逢明社墟怪底詩才似昌谷曇花開落廿年餘徐寅庵名日暐字賓曉明季翰林卒年二十有六

未升自作塚中銘夢綴太美聆希聲銘中數叁綴書共[illegible]作句竪後生未必盡聾盲鄧未升名拔萃字渭升明季諸生

瓠阿兵燹後之身垂老悲歌婦津晚年乏嗣有婦津頭水不流之句錄編蟲吟草千首不稚俎豆豈無人車瓠阿名晉奎字含光明季諸生

默庵志趣瓠阿閑，一嘯秋生闤闠風。棗梨爭奈燬于火，拾浮零瑛灰燼中。王默庵名言雅，字元度，明季諸生。

深谷有堂名後知，實之舉奉為經師。遺編第一史論好，埽却陰霾見午曦。蕭深谷名正模，字端亦，康熙初歲貢以寧縣學教諭，卒于官。

東華年頗後舉公，尚角文壇雌與雄。一樣離騷終奏雅，總緣生長太平中。吳東華名日彩，字彤雲，康熙中拔貢生。

〇〇

泥美人、

胚胎攝壤飾衣襟，艷質如蓮淤不侵。端重可知身受範堅

四五

貞匪籍石為心印来纖指題鴻雪封到香閨盡紫金柳絮

未沾風已定卿休脈脈憶雲深李賀詩誰知泥憶雲

送邱閬原孝廉之粵東

一囊詩卷一扁舟望五羊城修壯遊花繞珠江迎劍佩雲

蒸玉洞冷饒籌滿林鮮荔闢南似曠代奇文海外留去、、

遺風事非偶知居家世本瓊州

祠堂古柏為大風所拔歌

九九古柏楠榼外下盤銅石上偃蓋拏雲攫雨飽冰霜閱

歷循環否興泰當年競奕磊落才騰驤天馬從西來樹亾
秉時挺芳烈謝有芝蘭王有槐[redacted]鳥巷斜陽睃百丈名（鸑鷟）
材伴菅蒯雷鼓梵輪萬竅號囂然一聲喬木壞凭欄惆悵
草萋〻婦夜啞〻烏（覓巢）亂啼本來婆娑生意盡依風从
昌黎君不見金城種柳還自認十圍輪囷不逾瞬安得萌
蘖重滋培葳蕤永作宗社蔭

（丁未）仲秋望前五日宿飲浣俗居分韻得蟾字

高齋風颼蝦鬚簾半輪月兔同圓蟾如此良宵風月兼曲

欄徘徊秋思添饞我椒蘭烟裊檐坐我落花清露霑領畧
光景心無厭辭彼唉蜜中邊甜須臾蒼頭掀長髯呼來麯
生膠漆黏攬衣入座言炎炎接羅倒著無精嫵酒興飛上
狼毫尖韻分競病泚容拈高唫一字酬一纏墨瀋濺入沼
痕纖纖堂堂策策爭喝喚臺陽即今盜鋒銛青燐匀
斂誰復褰壯服韜鈐師行廛井醜類殲我懷時詠蒼蒼薰
乘吞壤地風波恬且飲無何交手遲淹丁冬何處催漏箴
遙指金樞月將入酩酊不覺宵寒嚴

中秋值雨

小立江樓待月華，薄寒不惜柳風斜。天公別著滿培意，細雨濛濛濕桂花。

早梅次研農韻

北風初覺拂衣來，已報春光洩嶺梅。襯艷尚餘楓樹錦，酣酣芳好倩菊花杯。宗宗綺[redacted]玉立先偷眼[redacted]霍女[redacted]鬢[redacted]垂便得媒黯淡，景中欣遇原從茶，未許壯心灰。

哭內弟喻景標

控弦擐甲遠從征，一去誰知判死生。海外関山烽燧熾，軍中身命羽毛輕。仙源杳隔三壺境，晃火輝微半綠城。多少材官齊敵愾，捐軀諒尔自心平。

熠燿旄頭指日躋，策勳飲至沒無緣。筋骸槀瘞青鯤腹（青鯢），魂覓雲迷玉洞天（地名）。瘦盡楊彪彈老淚，纖殘蘋蓄（一作芸），羽林那得孤兒在，三別酸吟老杜篇。

丁未立冬

籬菊何曾歇，嶺梅方欲開。風衛岩虎嘯，寒咽蟀蟲哀。赤嵌

猶兵甲青畦半草萊冥茫東海外引領捷書回

和研農看牡丹詩

紅酣鬈嬌趁芳辰君獨遲遲殿一春本自豪華非作態羨他富貴且猶曲人雕鞍繡轂遊方侈蔟杖茲樓鞵賞景真古〻欄干四香閣肯將標格共埃塵

題壮符見聞録後

象鳳皇山傍景龍牛車叵耐去悤悤不知通塞洲前景可勝芳華太乙宮

目斷天南無雁飛句道居邊風塞月冷侵幃孤臣戰死渾閒事儗瘦金書傳李妃妃即師師背地單傳費審思遙遙屬望九哥知金鐶至竟成金玦錄到衣中淚滿頤

明史四詠

半邊月落影依稀回首堂廉計總非桂柏叢叢~~摧~~戕折盡六門方戒極兵威

少保難逃意欲誅與三字獄共爰書~~權好轉~~[redacted]即看仇身自身名裂底

用烏金鑄石徐
江陵十載震朝班比似休休定汗顏但使台星長照耀貂
璫何自滿人寰
苦澁椒樝正彝倫楊左何如鄭李親應識此時及騂無侯
家奉聖亦夫人

題懷素草書

藏真少年工書技太白一歌極摹擬石刻祇今芸閣垂依
然落花飛雪驟雨漂風滿箋紙藏真之豪翰墨揚太白之

豪歌詩修两人異曲却同工宜其津津獎借芬齦齒我生腕鈍不善書臨旦亦曾鞾醜美緑天妙墨本天成鍾王而外新辟壘邯步强學多踣僵性近乃得神相似譬諸礜石同一石蠶食則肥鼠則死

劍化閣懷古

劍浦初迎罨岸風羣山怫鬱水沖瀜千年神物蒼波底百尺危樓夕照中虎脊大都分牝牡龍文誰復認雌雄荒凉倚檻追遺事岸蓼江花幾度紅

偕喻二景銘遊榕城西湖

越王城畔小西湖，秋色移人入畫圖。水閣玲瓏窗八面，座間曾着點埃無。

荷葉田田花滿池，采花人唱渠游詞。水晶宮壞穠芳歇，只賸有清波似昔時。

半彎畧彴偃清渠，聽去泉聲步折紆。喚醒秋墳陳叔度，一甌寒茗薦詩臞。一山在水次，終日有泉聲，叔度西湖詩也。叔度名鴻，兆葬湖側。

極目澄瀾閣外山，閣為宋趙忠定建。青蘿徑仄屋彎環。臨風朗誦

柴桑記光景都非魏晉間

踈鐘鏗入碧雲深開化精藍倚竹林誰擬三山題別島明守江鐸題磨崖真費短長吟

遊道山

突地飛來海外峰層層曲磴步從容橫雲客棹江湖遠郭人家樹影重跡韓魯魚千載碣回夢蕉鹿一聲鐘山形無恙南豐杳獨對斜暉掛古松宋郡守程師孟以烏石山可比道家三神山改名道山建亭其上曾子固為記

道山謁范忠貞公祠

潢池兵起首鋤蘭骨可成灰節不可刊嘔出丹心光射壁公有獄中画壁吟聽来画角怨衝冠三年伏莽推蛇豕百尺孤桐見鳳鸞芳草萋萋松鬱鬱幾經雨露蔭岡巒

贈隱居、

蹍地紅塵亾大都深山深處把茅誅秦松漢柏耆英會春燕秋鴻主客圖梦裏無心通蟻穴飢来隨意掎羊鬚蘇门老去遺音在長嘯清風據槁梧

南臺柔遠驛

種落三山舊萍蹤萬里遥長安身就日大海夢隨潮座右言辭達遠寔西翰墨標休訖　聲教遠九服受牖調

游南臺某氏蔡園、

主人何必問信步且遊之額觸垂珠遯門迴老樹欹斜橋水清淺空闊遊羞池眼底蕭疏景全非壁上詩

古盂行

塵勞偶息小村落墻側雞鶩爭剝啄中有瓦盂盛稻粱

隱漾泥塗露斑駁爲問主人來何方主人云是冢中藏冢之年代不可識拱把蕭森蔭白楊狂風拔木地迸裂黃腸明器都朽滅獨留瓦盂出人間等閒無用充塒桀我觀外黶内光浮考擊依然古音流體製總非近代有模糊款識勞討摟官哥定汝成宣品到今珍重逾琳球誰察服匿匽辨銅盎坎盂定教拔其尤漾來題晦物非偶抱璞求售君子醜雖遭淪棄人知希精英自有鬼神守君不見周宣石鼓魯壁書荃枯蠹塞千年餘忽被摩挲春華敷顧坎區區

一尾孟仰空搔首胡為乎三薰三沐登氍毹引滿文慶儀與渠

題昌谷集

坦坦游康莊輪蹄終日忙神臯滙靈秀山川流清光一境復一境可以道里量逶迤涉幽趣逼〔偪〕仄通華陽別有天地在森怪無盡藏乖龍護其耳瘞劍葆其鋩泯絕斧鑿痕地脈可彿傷逸目極搜索俗子走且僵顧言長爪郎翩然下大荒

讀史截句

蜿蜒大繖蝮蛇游螯手無厭復螯頭典午中原騷擾盡泛隨(容)倚柱有(只)涼州

草臥銅駝風景非新亭淚不浣青衣禿當滂決輪鈴語共是蒼鷹去地飛

山頭廷尉久相望兵入深宮作戰場不墜元規塵污者生溫驃騎死成陽

修魚東海駕風雲撼代吞燕不世勳一自清河侯老去夫

五三

人城上見秦軍
跳脱魚羊可自由倏淀涼馬去悠悠桑榆斬盡銛鋒起不
顧氐王角在頭
宫掖何勞更鑄金長蛾鬖鬋蕩王心天生孽種空懸井至
竟飛鴉不改音
家素防閑計不踈生男懊惱女懽愉握蛇騎虎經危險畄
浔充華召爾朱
宫中有一兒能吟賦棟宇夥頤方創逢拾浔蓮花间市令土

金時價將毋同
胸藏兵甲體清臞韋虎威名到魏都滿市飢雁(鷹)齊斂翼爭
教一擲不成盧
擁兵坐任鈇金甌代景行師快敵仇寶劍折殘書一炬泉
臺去見永安侯
天池部曲猿初還路指平陽敵膽寒好語圍城休便下停
兵徐待小憐看
阿兄兵(任)自取并州獨對殘軍笑不休斫柱枉教聲激烈須

知天子踊無愁
百尺臨春接望仙大家偎倚隱囊邊韓擒只合徐飛渡閣
上佳人正擘箋
朝霧空濛醉裏過飛〻羽檄刺閨多重閫自有臙脂井绝
勝長江千頃波

病感

癡将儆帚抵千金病裏誰堪十日霖隱几有時吾喪我望
空無際目憐心支離瘦馬驚長道飄瞥飛鳥擲寸陰憶昔

小園曾種竹檀欒箇〻已成林

戊申元日〻

風掃濃陰一夕開羲和振彩上靈臺亭池絲管喔啞出里社衣冠絡繹來香榼戲分新歲果膽瓶閒對舊年梅而今甲子從頭起（是日甲子）數去仍（應）煩曠也猜

春郊獨步〻

閒來遂獨往眺聽總成詩澗響啾禽語風驕侮蝶癡春心隨物足幽趣任人私何處寺鐘動前邨正晚炊

春日詠懷、

百昌同翊艷陽天何處春光不可憐湔水霓裳歘結隊凌風燕翼渺如仙寒潭劍偃鋋三尺紫府雲湧路八千曳履歌商有清況衡廬終日聳詩肩

當門流水漸生漪牽引東風細細吹陌上看花輪捷足尊前照影欲飃眉新愁紛比蕉初剝往事茫如甑已隳楸局儻然夲似砥垂簾清晝好彈碁

血指紉鍼淚暗彈年年博得嫁衣看多緣野鵲投瓊玉每

愧山雞愛羽翰身世總成匏拓落庭除差共竹卒安淋漓

正值春膏港小圃兮将溉蕙蘭

伏誇七尺軼僬僥擊水搏風志欲消揮劍可能留隙影垂

楊依舊舞纖腰難憑虎僕成如顧會向錢神賦大招覺夢

流鶯韻破耳春婆有舌不須饒

偶成

牀前蟻鬥響砯礟倏爾聲銷寂不聞敢以新編矜擲地間

披舊賦想淩雲崑崙執矗羣山拱星宿源長萬派兮安得

麈恔蕙襟馬登臨清爽好風熏

苦雨、

漫天雨氣逼人来看字經旬夢不開濱瀝群芳消粉黛悠
牽嫩绿織莓苔風波踏觸江鼉怒烟樹寒增蜀鳥哀料理
琴書都黯淡圍爐何计好潑新醅

冥茫不辨路回環竪臥匡林畫掩關未卜膏腴成樂土将
持筆研賦因山蝸涎亂點堦墀上雀舌三緘棟宇间九十
春光半虛度襟懷冷付水潺潺

贈余心田秀才

若翁與吾翁文社最相得往者過從餘侶談移晷刻我時顛髮垂六七全不識猥以猶子列[redacted]燮桐邀拂拭匆〻廿餘秋人事遷變亟父執矜許辭强半還記憶窺銅故我存夙夜抱歎及几〻窮年中華斷而舌織吾子未弱冠逡巡几席側家學淵源深質復克岐嶷聲牙如盤誥瑣碎如內則手披口朗吟毫無艱沮色抒發為文章詞意多挺特殫心羊可以武載同瞬息今歲舉茂才小試夙學殖相馬逢孫

陽傑然空冀壯驤首前途賒尚鼓追風力青箱拓其傳揮

乍知莫測

五七

腐儒、

寂歷蓬窻一腐儒少年回首失東隅佳人自尔古蘭蕙大匠何曾盼樸樗跕混泥塗雞鶩食名混塵俗馬牛呼古来亦有瑰奇士意氣飛揚起狗屠

卷四　一百[redacted]二十[redacted]五七首

樟汀詩草卷五

閩鏞廖倬傳 乳音

曬書

鼠跡滿牀頭殘書次第搜未能藏腹笥聊慰曝衣樓金石輸君壽兒孫笑我謀囊空都為此果尔癖飢不

洗研

自覺磋磨以還須滌濯勤犀紋初浮水龍尾滓生雲宿物都都教淨殘膏尚帶券君苗底遷怒才拙便思焚

雨後

雨後泉聲沸山前 日影微寒汀双鷺起遠浦片帆歸飛選地逢奇石臨風根短衣憑誰欲賦招隱是處鱖魚肥

画鯉

蕙亭先生示我画鰭眼炯波碧空挂内中幻出六〻鱗執歆燒尾騰高旻大魚躑浪賈餘勇小魚溯洄神倍聳噴薄鰭鬣撼鯢桓尺水非隘海非寬古来杰士襟磊落臨流緋徊多寄托洋〻樂飢品徒高儵魚浩水空寂寥何如使鼉槌桴鼓鯨鏗蒲牢高標雌蜺妙舞瘦蛟白黿騄駕蒼螭揚

鑣吹參差于極浦擊中流〻蓀橈豐隆呵風而先導罔象望塵而遯逃闔盡上排僊一握溟渤俛睨藐堂坳自是蟠飛轉彈指小可囓蠋大千里拘墟莫浪游濠梁逍遙真諦畫圖裏

秋山寓目

詰屈出谿徑谺然眼畔空田疇踈柳外城闕淡烟中逸韻分林霍遐心托塞鴻身閒本無繫何必感秋蓬

江樓坐月

琱刁響林薄襟袂空中橫緬彼秋月潔澄蘇在氣清露華零散處沙草交相 明樓陰漸南渡悠哉冰一泓

秋柳

鷓鴣聲聲萋衆芳沿堤極目總荒涼拋殘南國三春雨送煞西園半夕陽憔悴欲憐寒芭叔風流羞說老徐娘扳條客去多遺憾烱水湯湯渺一方

金風蕭瑟碧雲愁非復江南舊酒樓舞態不成胥倍削芳心已盡鬢都秋寒生羌笛嘶邊馬豔拂齊宮泣秃鶖古往

三

今來幾榮落愴懷即在柳梢頭

贈揭二伊千

與君定交年兩人甫弱冠譬彼驂之靳雁行無分判生駒騄入小獵塲斯時意概何飛揚翩雲逐電等閒事違恤一十九萬三千五百之道阻且長勞之重繭窺齊門操瑟趦趄麾守闍書佩塵埃總依舊竿頭高標犢鼻褌坐觀隙影飛野馬埏埴殊形憑大冶我懷泱坱如啜醨爵行多又頹不赭美哉渢渢之入耳金石聲出君精廬之檐楹英雄三走

無摧捽躍馬寧教髀肉生擊壺高歌飲居酒居聽匣劍已
龍吼

田舍

閑閑十畝足桑麻可是先秦隱士家挂樹蜂鬚黏宿露編
籬麂眼眩殘霞村童共濯前灣足隣婦分簪隔砌花供客
山肴滿筵席就中邵平瓜

蕭丈逸耕七十

乾坤物態一犁園達士泛觀見大千投老西山數弓地狂

歌金石響潺〻
聞道[redacted]彎弧控玉驄梟頭出火耳生風即今說劍酒闌後尚
却鯢雌鯨雄噀白虹
簾捲覘烟圖博古衣翻蝶粉[redacted]品羣芳閱來世外蕭閒事駐
景都為肘後方
家居疇昔訂心知[redacted]話雨吟風[redacted]淂〻隨身世還沉漚共夢先
生猶是舊鬚眉

、機上吟

四

晨光尚熹微織女翩上機工夫生小慣市者接踵來昨日東鄰新嫁女促織紅綾十丈許今日西隣女新嫁定作研羅倍增價中間半尺小踟躕名梭抛去抛來不敢徐白袷玉郎笑相譏自家那得寸絲著豈知儂身衣敗麻儂手曾開五十色花浣沙泄古逸東里何須羅織生洛嗟

洪山橋夜泊

日落風恬五兩收危檣徙倚蓼花洲三山月色連滄海萬户砧聲動素秋世路奔馳雲擾擾年華代謝水悠悠高談

夜靜驚河伯擬待天明覓酒樓

望鼓山

屹作榕城鎮怡神日欲晡雲中藏古刹天外接方壺木葉
寒砧急峰陰旅雁孤無諸啓疆後閱歷幾榮枯

江亭

散步江亭上蕭森秋氣高亂沙群鳥落裂石一猿號天地
容雙眼星霜釀二毛坐看濱海水坎去湧波濤

、秋夜讀余中村先輩詩集

昔見先生字今讀先生詩字法绝流輩識者共寶之詩如
雲在空舒卷隨輕飈又如葉與花欣欣發舊枝色孕春然
許化工非易窺惜生萬歷季乃遘黍離離掉頭走吳越筆
奪山水奇倦還舊田里頹然盡就衰中流不可渡四顧浩
無際十字先生詩只餘月高潔神晤商山眉

九日登西臺次陳巨山韻

奇峯敞作步虛臺踏葉俄驚寉夢殘晚日寥天催去雁寒
雲極浦咽危灘廻山樓榭荒難跡讀書樓在含雲寺左今圯虬樹根株

老已蟠賴有碑陰同石峴首登高幾度撥塵看

、出塞聞笳曲和蕭藕船

雁磧龍堆山復山沙黃草白血朱殷雲頹不飛天野合邊聲四塞穹廬間橫戈躍馬誰家兒雕胡草食氈裘披勒勳欲掩燕然上不耐酸風入耳摧肝脾乍起玉笛倚涼州紅桃杏隔戍樓頭又起吹篪淚淒園城裏霜重鼓寒無女子何事長聲續短聲聲聲都作不平鳴牧馬驚嘶夜嘈雜哀鴻響答寒烟橫丁寧萬里關河客且枕戈鋋妥魂魄聞笳

空惱鬢星〻可能吹得烏頭白

塞月曲

晚笳吹動秋風腥䰟懸毳幕鰥〻醒滿地草荒野烟死寒流月魄青熒〻關山萬里遠離別眼枯見月盈復缺還家倘有河清時不照錦衣照白骨

己酉元夕觀燈

城外待雨農瞻眺四閭不雨月城中待月人誇耀朱扉繡闥鱗鱗鬧糕欲嬌嬈舞歎妙鈿車碾地觸溫馨玉勒嘶風喧語

笑鐙花色〻不一名百丈霞標建赤城紫霧直遮遊屐甚
碧雲齊遏踏歌聲〻未停雞已鳴曼衍魚龍人巧極飄如
鱗甲御風輕恰好為霖燒燈後還看郊原秧馬行

一送喻景銘内弟選拔入都

方今設科重經術猥從春華擷秋實多士冥心勞討搜龍
威弛守肆蔵出我聞六物監大酋取材先與稊稗謀湛熾
〻屬從容擇醞釀乃得醇醪流吾子生質本真粹六籍咀
含口不置往者風雨從雞窗餉我文字輙心醉燕都百尺

黃金臺主人方索真龍媒霜蹄龍踏春風去千里迢遙雲路開我同跛鼈嬾騰踔說及長安向西笑[illegible]賦就凌雲篇好托賓鴻達閬嶠

不寐

瞥眼浮花不耐看半牀書護短檠寒更長漸覺眉棱重拋卷依然夢未安

昨日江頭送遠行春風如駛布帆輕不知此夜溶溶月照到孤篷第幾程

次蔡菽畹歲暮暖寒即席賦詩原韵

帳底羔羊未足誇往搜陰覓極幽遐形如蹲甲堅斉徹
勇倍銜枚寐不譁投轄周旋多雅誼飲醇醺醑總柔嘉
酒甜與發黃昏後翻首星河欲泛槎
悠悠文態薄于雲風雅騷誰可以摩書卷百城家爾傲芝
蘭掛熱快予熏公業但如常傳頌同舉何須羨數輩打取
梅花供粱業 晦木滂沖云
衛歲歲迎勝劇 劇 忽忽什

ㄣ〻〻一十點夜寒
得修髯無短〻夜行〻漏綿
流光〻仙指歲將除准備〻〻人盞照下
〻燭通宵
風吹首到蓬〻廬織風對怨〻邊園花錦浣霞橫披倒薤書
酖羅綵朱絲〻三峰起匯君青盼飄華亭

花魂

無言脈〻更搖〻月下迷〻離露下消來復旋知神女幻 神女
賦若歸來是耶非怪美人還〻室留軒窗歌長恨好作風騷
雨後旋

九

賦大招迦葉笑拈花亦色禪心領悟最超乙

鳥夢

非因飛去倦飛餘穩傍丫叉三兩株鸛翼比來歡栩乙女

牀眠後覺夢于旅夜近樓緣何蟻月上俄驚鳥匝樹烏若

箇鮮羽晨不寐

北翰 首手

卷九　一百十四首

孟夏憂旱

幾載多苦旱今歲更堪虞昔旱在夏季今旱在夏初夏季尚有獲不過農減租夏初難下種坐視田荒蕪況經冬雨少巖谷泉脈枯風捲浮雲斂雷瘖霹靂無胡為春夏交景物秋蕭疎畊三復畊九那曾一粒餘貧人當此時綢繆計終虛富人當此時[redacted]粟如珠隸人秉此時未肯紆征輸匪人秉此時尊竊伺里閭今雨澤降禾苗蘇可蘇天心大仁愛卯空意

、題吕孝廟侯厉家曙亭對溪

死冥〻上疏〻懦夫朽骨〻〻濟瀆搖玉麈執　慙典午蒼

生逢百憂將軍杰出奇男子跌宕飛揚草茅裏滿腔熱血

向誰傾嘔盡當塗肉食鄙軒然振翮擺風塵華峰秋隼摩

青旻炙手權門力排擊忍使銅駝臥荆榛涇陽白晝走魑

魅六陌鼓鼙動天地安西麟楦負且乘梁王弟子稱戎帥

衆方詠蛾眉阜棧馬纖離卓犖文武才敵氣危彎支矢盡

弦斷劍鋒缺愁雲四塞援兵絶引頸茹刀酬國知遺壯渝

七

生豈豪傑當年西汊與南山小試雄才指顧間自逐清河
人去後聲名赫奕滿塵凡寰中黃欣飛勇無偶血氣之怒
君子醜殘魂零落空山邱誰索斷碑一回首居不見周將
軍忠肝俠膽朝野留奇勳天風滿旗揚靈旂氣到[redacted]今蝦虎城
中椎牛釃酒賽饗來紛紛

題張雎陽廟　十絕

睚牙喉絺紙搜毀戰未休元圍夢夢追騄駬孤

古〻風流天地叢祠代〻必異更樓

、孝犬行

事見留溪外使狀以韻語達之庶幾聲音之道感

于心者深也

東莞陳隱士風高漢黃綺有犬牝而騂義俠卓無比奔走

兩歲年餘一乳生五子五子甫長成主人分閭里母犬日一

周撫子聲〻母善訓以勤子則應曰唯未幾母不往晨

昏子省視得食遺母嘗服勞承母使佳節逢春元忽自歿

十三

容止俯仰阿母前儼然賀新祉無端母尫羸瘵蠡頭及尾
宛轉不欲生五子爭相舐會待母病痊母喜子亦喜父〻
母犬斃主人重恩禮青山地可塋瘞蓋蛻可委子作辟踊
形長號潛出淨塚草有枯榮不死哀不已以犬較量人人
將怒且恥即斯孝行觀允宜勒青史毛裏依〻情畜類猶
如此

、送高閫戎移任雲霄

廣武 高都

[redacted]山[redacted]嵔以溫自古稱多感慨士將軍拔[redacted]起并州兒

晴霄一鑑照秋水少年便蹄千里駒騰踏當途駕緑駬冀
壯孫陽經品題英聲藉々滿朝市長鞭分閫指閫南溯洄
鐔津々灕々玉帳宏開太乙門寬猛兼施程與李談兵耳
熱酒酣時閒披肝膽示知己曾聞據鞍騁雄圖彼何人哉
丈夫耳昂藏空負七尺軀平居肉食真可鄙往者欃槍明
東寧突峯蝟鋒觸城雉羽書飛來腰劍鳴揚帆島嶼擊堅
壘枕戈塗腦人自為寧必推轂權專倚僂指星霜二載強
全銷銷烽火靖蛇豕歸從海外話塵勞意氣激昂顏色喜

七三

○○

國家養育歷多年幸以涓埃報　天子一身伸屈何足論
遺黎泣𢿙免瘡痏[redacted]俄有旌節移雲霄雄光尚射斗間紫高
歌都護驄馬行天際揚徽待子美

一閨怨

嫁得浪游子幽情望尺書清娛偏自好長伴腐遷居
塵壓金多羅笑將鉛粉檢轉貽新嫁娘勸爾好粧點

一聞安南平

蠢尔交南域無緣相剪屠　天威重譯達民困一時蘇銅

馬仍猶留式朱鳶悉紫圖濤々浪泊水泛此浴鷗鳧

、春野八詠

春色濃于醴春心淡若烟無言倚孤樹何處一聲鵑

牧童亂烟中長歌短歌續我待和其聲騎牛轉山曲

曲徑昔痕掩疎籬竹葉遮不因庬也吠誰識有人家

田家相邂后晴雨費然疑穀々林鳩語農夫知未知

峽水空自怭山花為誰好何疑塵圜中長此夢覓擾

野草抽新芽沿途綠未已生憎樵采兒莽踏斜陽裏

竹徑恰逢僧空談味不盡荒村何處沽下坐驚雷筍

幽林賸雪泥虎行跡歷歷欵效李將軍防他洞崖壁

同平松谷卯南園王蘭團修禊準提閣即事分韻

凡字二十二韻

禊飲逢初地流清石壁巉巉鷗鳧美盧碧猿狖去空嵌上幕

迎神燕（李賀句）先春買小蝛（陸龜蒙句）賓朋紛自集杯杓且徐銜

障耿花重繞茵當草未芟林無分上下好豈異酸鹹洗耳

淙淙瀨迎眸片片帆和風交浦溆芳靄出松杉林際窺黃

犢籬邊露菡衫擁袷髩縷々捉蝶手摻々若華都行樂吾
儕忍立監逍遥青箬笠淡漠紫泥函奠馬毛休剔婁鯖味
止饞無衣誇短褐有命托長鑱夢轉魂猶栩談傾口孰緘
冥飛翅抱朴夕降謝巫咸笑不妨容鶡憂寧許似衛即看
情跌宕誰作語呢喃險韻驚逢樓偏師超鼓饞胸前空结印匣文倚麗王粲筆森嚴我待
習象外入雕劇攢々涵詠流觴渚超々喁于說法岩氛埃埽丹黑長孤居
泥僉倫一枚雲烟起襟袖絲
忘在塵凡

哭陳巨山秀才

十三

紀率羣来共結廬（研農近卜居予後屋）羣真弟若我兄如那堪引我繩繩淚濺汝寒窗舊讀書

研北追隨[redacted]（五更）春宵憐解悟不猶人生前壯志今何在一領襴衫萬古塵

繫腰觀井總成塵諒汝彭殤了不疑獨有夜臺銜恨處衰年父母幼年兒

對客豪談被酒多俄因一醉便沈痾僞將委蛻營新兆近傍陶家意若何

時復中之我亦然須軀七尺尚塵緣應知生死狂身役乘石今猶說謫仙

每到登臨手共攜吟箋爭趁小詩奚從今濟勝非無具獨對溪山不忍題

輓卒松谷

鐘蕙焚芝埒草菅行膝踏破幾重山十年交在形骸外一縷名垂翰墨間（字倣王米二家）棋局未更拋劫去（伊與手談）首卯無恙迷魂還籍（山陰）晁憐猶遊子雲千里（子客九江）遊夢裏依然舞袖

斑

飲酒

擬求田數畝，荷鋤破荒蕪。黏米應多種，醇醪不用沽殊。嫌柳媚似我，愛松臞良友。隔秋水秉，洞一到無。提壺喚不歇，把酒對青山。樵唱隨高下，雲蹤淡往還。談禪醉生慧，却病藥輸閒。勞擾車塵裏，徒滿兩鬢斑。

素心蘭

花皆聊小立，孤緒總冥冥。愛尔心猶素，擦予眼乍青。露

華深澡雪風格表芳馨何自雜蕭艾皭然依瑞萁

壽卯亦山表伯父

景星爛爛慶雲浮定許先生共炳彪大父當年誇宅相者英此日重儒流永和南面三千卷貞白方瞳八十秋每爱春遲炙顏色披懷絮絮語難休

弱冠曾聞採石渠經綸端的裕平居洪都馬蹟驊黃外鳥苑禽馴撫字餘衆口有碑方載道遐心空谷已懸車低徊數五十年前事滿壁滄洲證遂初官濟陽縣三載解組歸里尚雍正乙卯為江西鄉試同考官

七七

清風一欄捲紅塵，珎重南村漉酒巾。虎氣尚吞詩韻險，蠅頭還點墨痕新。離奇樹石平泉第，古樸衣冠洛水濱。子弟自佳身自健，閒庭指授倍精神。
槧鉛旁及舊傳奇，老筆縱橫幼婦辭。豈獨閒情比陶令，泛來美錦屬卯遲。紅牙綠綺徵歌夕，玉案金尊上壽時。倨取名花簪雀髮，若榴初放最高枝。五月初度

讀家曙亭待刪草賦贈

吾家有名宿，年高八十六。鵠嚇蟻鬥如弗聞，猶是埋頭一

書屋[redacted]作為文章書塗編家飞丹鉛文歷録乘閒載酒泛问

奇示我歌詩破塵俗慨自詩道多榛蕪折楊皇荂交嘔喻

飢者吐奇鷃鷗有闍飽者[redacted]求工獺祭魚豈知矩矱[redacted]秉先正雜

博空蹤本同病妙手[redacted]誰鏗金石聲陶鎔卷軸寫情性先生

渟蓄浩無涯導河積石至大伾委折傾瀉九千里隨風宕

漾生淪漪見說高人中墊雨風流且欲傾鄉土儗将杰ㄓ

懸國门障川回瀾非小補只今磊砢松柏姿祖蓮山公父西疇公俱顯宦而曙亭翁老著书飽餐冰雪鱗

之而霖雨闭门足音寂怪ㄑ奇ㄑ祇自嬉祇自嬉且莫悲

不見覆瓿投溷知者稀自有山居樊川千載揭芳徽名山盛業期不朽眼前涼燠空尔爲

庚戌秋華山萃靈宮落成登眺有作

華山天半落形勢扼金湯徑折觚棱聳松蟠樾蔭長槖囊傾任俠丹碧出荒涼（山爲吾邑後屏障舊有廟傾圮邑人李建章家無甔石儲獨肩斯役）礫礫林棲馬都緣過客忙

絶頂趺雙足風烟一攬收寒砧千户晚黄葉萬山秋引滿殲豺狼虎（茲山近有虎警）凌虛挹斗牛雄心我何與插菊合盈頭

重九前二日同何公梅齋賦

滿城風雨近重陽，徙倚危樓矚大荒。蘆荻賓鴻秋上下，蒹葭人面水中央。

節序驚心鬢欲霜，滿城風雨近重陽。園林濕角春花色，橘綠楓丹菊嫩黃。

筆泛秋仲寫圖光，久臥齋頭烏木牀。忽覺登臨動詩興，滿城風雨近重陽。

讀劉項本紀

七九

匈匈寰宇幾時休百二河山踞上游亞父早曾驚虎氣兩
雄徒自限鴻溝分姜慷慨軍前語擊筑蒼涼醉裏謳裂地
侯王
[redacted]如望活先教紀信澤松楸
三户天教翦祖龍那曾真主便重瞳王孫落魄還貲敵豎
子何心歆淂雄勝國烟花焦土下舊鄉雲樹大江東虞兮
免受
羸淂尊前盡[redacted]遣春鉗惱漢宮

、臥聞水碓聲

紙窗一枕秋宵長人聲悄寂雞聲荒隔水舂容吐幽韻似

淒似囚相依昂漢陰丈人勞搰〻不以機事縈心腸磑船倍勝桔槔巧鑿竅遂令真形亾胡為清響來鏗鏘浩如孺子歌滄浪飄風大和泠風小鼓宮應宮商應商憶昔高僧處空谷妙明心止神飛揚淵〻伐鼓夢中幻別有聲聞來睡鄉我亦蕭閒老衲似貝多一縛絲空王犖〻確〻春不盡側看露白葭蒼〻

經耿逆故壘（旧时营）次邱一園原韻

江都遺老鬢如絲能說強藩抗敵時草昧已開三尺劍鋒

二十

鎚徒競兩錢錐鯨波歲久澄榕海馬埼鋤多露戟枝為问精忠々底事（逆名精忠）夕陽臨眺費猜疑

、仇十洲獨釣寒江雪圖

畫堂斗覺風蕭々無邊涼氣生々绡雪泥波髁人寂寥几然漁父橫輕刀際此誰何[redacted]（禁）苦寒江天獨對雲瀰漫一笠一簑自世界或在元真伯仲间河東一生遭齒舌唾々吹向越州雪因山四望悲蒼涼安得推青伴騷屑[redacted]（近）靓此圖風格奇依々江上孤吟時腹堅魚凍不欲出五尺輪綸竿

千古思

、贈蕭在中

丰標抗爽出埃塵縫生瑰馳世所珍名姓久儀蕭穎士山林如晤葛天民近賓雅誼多投轄醉我清言快飲醇自分樸樗枯道左温存何幸煦陽春

紅梅

頭銜久署百花魁合向東風奪錦回姑射雪膚翻借色廣平絳蕚點徵材[redacted]悄貽朱草同心結[redacted]冷傷丹崕笑靨開怪底

宋璟梅花賦絳蕚著霜

露痕初漲膩含章人起面糚臺
曾受楊妃一捻無嫣然作態媚林逋久餐嗛雪仍前瘦似
服靈砂分外皎素面偶來勻琥珀清門也學鬥珊瑚蕊珠
宮却遺佳卉歷歷空闌種白榆
幽人宜服芰荷衣天為寒多亦賜緋竟屈孤高趁絢爛却
先桃杏占芳菲艷分南國傳新曲景麗西園燭翠微烘染
著將疎影裹霜衾偷眼欲驚飛
莫問南枝與北枝天工襯點總希奇冰凝步障熏香解野

燒幽岩帶雪窺孫窪愛添丹頂瓣冷蜂慵採臉邊脂蓼花
落盡江楓歇賴以妍姿破臘時
點混青山白水鄉丰標卓犖老逾芳朔風吹入芙蓉隊蜀
錦周遮薜荔裳未必枝頭嗁杜宇非關竹淚滴瀟湘暗香
引到通明殿定與卿雲捧玉皇
庾嶺霞蒸百丈高遊人錯認赤城標肯隨蔓緑排雲上倚
遇桃根鼓枻招瘦臂繫來縱旖旎寒風嗁出袖飄搖韶華
孄々回孤與淡熱春光洩柳條

廿一

[redacted]良宵有梦到參橫撿淂華粧照眼明破冷一杯人暈酒巡
檐相笑艷傾城滿坳榾柮鎔丹咢十里杈枒架綵棚茜色
鸞箋裁成事折枝恰好寄鄉ゝ
不是花源莫問津楮頭偏惹陌間塵浪傳處士諳黃面須
識江妃點絳脣縹緲朱樓烟水地繽紛霞帔閬壹人尋芳
詎惜疲驢足[redacted]仡[redacted]凱泛蘇[redacted]嬾一瞶

、題王蘭圃又一齋

又一齋中花事繁春雨春晴頻叩门石甃苔痕沒屐齒池

塘鏘鏘清吟魂亂紅埶壓帽檐重雙燕風回簾額掀認耵
蛣蛇可憐意產司未許詹詹言
烟篆博山淸晝長畫欄四面環春光思將五岳約會夏且
盡一尊吟爲强乘興何妨醉言舞忘機時復醒而狂花鬚
數到曛黃候顧兎分明過短墻
春雲勢處楊花飛攪入樓心眼欲迷定瓷鬭茗槍頭出湘
筆撤碁中角依窓横遠岫墨濃淡樹雜鳴禽聲勃簇居家
擅有木蘭柴肯許辟疆專品題

廿三

仰看正色天蒼〻野馬塵埃紛自忙一自蕭齋共捉席流光忽瀉十年強簪花笑我頭将雪斫地勞君劍歎霜好趁東風極遊興拍肩還入踏青場

〻春日同蕭藕舫明經熊念闲孝廉過何以梅齋留飲賦詩歸後作長句奉贈〻

公〻祖姑與從姑為我高曾兩太母[redacted]劉[redacted]盧累葉成婚姻宛轉絲蘿互纏糾[redacted]居亙[redacted]細數老成人零落不堪重回首卓哉公年了六下[redacted]餘神愈精明氣愈厚精廬日聳双吟肩蛇島[redacted]

雲〔雷〕筆　之我值風和烟景明穎士安生共攜手踏[redacted]〔殘柳眼〕花鬚

柳眼場悄聞歌聲撼戶牖迎門一老產將軍旗幟耳樹靈

夔吼斬新壁壘堅無瑕命題限險韻　難弭周旋都掣肘將軍纓

奕橫戈來福入重圍如拉朽頃更覺報歡融融策勳飲滿

步兵酒聚米雄談聞未聞蕉葉之量大於斗洪來真杲人

自尋位置何嘗委芻狗懷古忽攀大山高應知斯會不為

偶

〇〇

十宮詩

出

啇魯稱兵後蓮塘日歎昏已罹文種計寧憶闔廬寬簏愰
顏如玉烽烟目在门獨憐[redacted]鬻薪女默負館娃思吳宮
香奪芷蘭叢讒工媚亾工謁来高髻樣傳入細腰宮神女
行藏異登徒好尚同披襟修雄畧到底讓雌風楚宮
[redacted]鋒鏑[redacted]千秋㑹羅兵氣銛吞列國人肯失傾城渭水
脂痕膩椒房霧影横平臺何日返望幸貴深情秦宮
的的雲光殿懸染鑑[redacted]綺羅尖精尚司[redacted]令禍水任生波扇怯
西風冷花笛廣袖多鳳来知復去飛上別枝柯漢宮

周郎風力便兵挫老瞞驕銅雀誇闉[redacted]諸伎玉人空二喬香分
英氣短墓陳艷魂銷何似佳公子芝田解佩招魏宮
垂裕遵何術傾宮竹葉標湯噬牛易馬先見鳳為梟惑主
前星墜廿〻二〻四海搖區〻幾〻乾〻壽〻且莫訾嬌嬈晉宮
芳樂醉沈〻笙歌快不禁裏魚黃紫裂屠內褻衣臨麝溫
成[redacted]溫謫鸞啼作好音黃紬賣太急未得與生金齊宮
窗啓拋林下憑他宿蠹魚後庭來宴不同井去相於鬢髮
真堪鑑心肝火已虛底須多快〻三十六封書陳宮

廿五

無賴楊花蕩春窺鏡殿深剗孅逢老草爭似結同心西苑
臨流宴東都尉別吟憐他顧日景幾許臥鴛衾隋宮
樓東難買賦一斛獻珠多誰浴華清水能招曳落河誓深
牛女渡夢斷馬嵬坡枉聽郎當語聲聲喚奈何唐宮

酬梓洲

丈夫不能馳騾萬里里邊疆盾頭磨墨森毫芒又不能身
騎騏驎游帝鄉招邀盧若參翱翔寂寂寥寥晝滿牀歌聲一
闋酬一觴狂奴故態依然狂學語牙牙不足道何來說項

意傾倒懸瘤歷齒麗廣姿目以同宮孟陬好即[redacted]看搖毫高
歌縛虎行據鞍意氣猶崢嶸幾欲唱喝湩其韻啾々動作
寒蛩聲好是并州老词客画壁旗亭專擅名我乃酒徒只
知酒況值之事似犀首春風把袂千秋亭仰天酣叫動星
斗

、縛虎行和梅齋

狂哮虓走聲雷硠陌南陌址塵飛揚𢓭履匆々間消息猛
虎擒自山之陽虎蹄三載躪鄉土齒膏腥血餧人脯飛澁

廿七

城邑風怒生突出村墟日剛午二句乕患實事耽〻逐〻何紛〻
魎〻[redacted]野哭天陰聞疾足年來少獵多少跳梁總未殲其羣[redacted]共時
時頭尾橫七尺小兒踏如蜀狗脊急須裂肉調酸鹹不食
乕窰乕可食醉飽高歌拓金戟

、圍棋行示王蘭圃

午夢蘧然覺户外聞剝啄客來笑不言張枰兵〻角兵爭
湯道觸和蠻咫尺縱橫千里寬二三驍〻騎〻分部勒總乃如
荼後如墨六花八門森重〻運籌帷幄神從容師老一隅

計六左幡然墨守兼輸攻以臂使指自相顧銜枚士馬奪先路陰謀乍解白登圍奇兵忽向陳倉度勍敵相逢兩陣間非同枯朽便摧殘力持破甑沈船勇諸將驚從壁上觀此[redacted]到贏輸差可問贏者易驕輸者奮勾踐有時竟沼吳得臣未必真無晉吁嗟乎千古興亡如轆轤局中殘劫爭須史棋收客散草堂上坐對風清山月孤

贈友

聞說射洪入都市碎琴聲撼流俗耳又聞羣士隨文休意

廿七

概軒洗馬磨起丈夫牢握靈蛇珠風塵何處不知己我生勾贅欲指天瓠落呺然甚無似市井〻間行踽凉況乃鴻軒爲落士居家南劍〻水濱隔我雲山數百里夕摘雄鎚牛斗低朝探幽秀九峰迩蕩胸并納江山奇陶冶靈芸不穹綺有时驟入詞壇中筆鋒相直畫披靡我曾躡屩登君堂脱略寒暄笑相視感君騰踏飛黄姿双眼青〻及逢累木則有瘿屋有遮物〻所病君所美可而〻離別動經年瞻溯伊人渺涯溪水雲邨畔將買隣素心長話雨風裏

夏日偶興

清閒其奈日長何偶會心時便放歌柿葉披來供小草桐竹陰疏處見新荷白曾嘲我那須解墨不憐人只管磨癡是將軍寧負腹[illegible][illegible]吾飯有塵頗幼時哦松才及肩青蒼已接蔚藍天任教地可銘文塚未必詩能質酒錢歌嘯每當牛飯後馳驅別有驥爭先不如游冶端陽近倚徧江樓看畫船

、袁秃筆

廿八

嗟我齒已豁憐尔頭先童汝當腸肥腦滿時墨花噴薄千言中心膽向汝傾甘苦許尔同一朝中書不中書令我攜手長唏噓髮短心實長尚可効馳驅汝乃鋭氣全消除𢤱𢤱一病成籧篨投之太恝焚之則愚奈何勤勞委子虛故不失故尊何禮古來智永善終始中山之陽東郭之里邱首巍巍墨食坟豐碑特署管城子

○○

效東坡四時詞

蝴蝶復從花底活移酒藥欄叙契闊和風不礙柳三眠遠

岫恰宜烟一抹粧臺少女作梳鬟催促秋千未許閒身材

稱得春衣薄結束纖腰賽小蠻

桃

綺筆消永窗畫[redacted]如醉小玉偷閒簪茉莉誤觸金鈴罵雪娘夢

回粉汗羅衣贓選來亭子[redacted]池之濱楚々荷風絕點塵若盌

冰甌人入畫[redacted]任他簾外喚真々

落葉和風打簾幌江天四面環蕭爽過雁空傳咄々書懷

人幻作非々想紅樓向晚鐙熒々子夜無端刀尺停可曾

孤枕貪眠穩敲月寒砧不耐聽

鼉磯墨瀋冰筠管，纖手呵寒詩思嬾。煨殘榾柮博山紅，篤耨熏衣衣乍暖。侍兒犯雪闢双扉，拗取梅花三兩枝。横斜影對紅鑪酒，罋裏芳情蝶未知。

越山孤眺

懷古登高眺遠時，杖藜無伴共談奇。地占分野牛兼女，天闢名山鼓吹旗。海外帆檣重譯聚，樓頭簫管半空吹。不知坐北臺邊石，可以濛濛霧蔽虧。前無諸後復瑯琊，爭比今爲樂利賒。螺渚魚蝦腥市肆，蓮

湖潮汐灌桑麻衣襟綠意此碑蘚舌本香留梵宇春柏

手高歌峰絶頂一声〻鳥動入林鴉

○○

題黄華田香草箋

美人遅暮最関心騷辨而還誰嗣音楚雨含情皆有託李義山句

國風好色不曾淫三年薄宦蒙萋斐一帙清辭韻古今

十研軒前人去遠寫懷猶贖伯牙琴

卷五　一百五首

樟汀詩草卷六

山居消夏十二詠

佛說燈無盡，何如點點螢。光流欺夜黑，焰冷濕燐青。乍散迷離樹，遙同錯落星。嫩涼人正倦，勞汝入書櫺。螢

殘聲曳不斷，綿邈最高枝。便覺秋懷動，潛將暑氣移。遙山催暮急，古道送行遲。聽取沈吟意，知音歎許誰。蟬

嚥藕清詩脆，蓮塘浸種幾叢。生成冰皎潔，奇奇出玉瓏璁。味在肥甘外，絲藏竅妙中。何當雪藏手，羨煞浣花翁。藕

三十

滃然空際湧高挂碧峰奇潡磴投珠簾含風溜竹絲淡將

須我遊友清[redacted]不畏人知[redacted]渴年病來甚真空[redacted]滿素瓷泉

幾箇娟娟竹當窗帶影斜清幽賡鳥哢寒窣裂蟬紗響沸

棋青茗鏗笛景倩車柯亭費穿鑿人籟總嚣譁竹韻

幽谷空無際婆娑樹影橫根蟠鱗忽動風激雀都驚渡嶺

洪邑

滔滔勢懷山謖謖琴虛舟林下泊觸處夢魂清松濤

田田青葉裏開到水灣灣稚度分蘭佩芳名竊玉環潔宜

跡雨後香送小亭間不必六郎面臨流亦解顏芙蕖

廿

花田㮔佳品竟尔遯山扉底事風輪鼓都如雪瓣飛憐居
純素質宜我白凉衣莫話劉家妾徒令弔落暉 素馨
竹林無長物肘畔一枝橫淺埽蠅頭溷閒陪燕語清贈来
風自好麈向酒初醒韻事誇王謝炎凉幾度更 蠅拂
陰陰垂柳岸恰稱把竿時靜倚離奇石徐抽宛轉絲烟波
誰共領冷暖自能知鎮日魚都忘空勞鷗鷺窺 漁竿
竟將青箬笠衝破一窩雲牛背聲聲手蝸廬續續聞無腔
還萬籟餘韻送斜曛幾許山陽恨何緣訴與居 牧笛

十九行間妙身削意自融子聲山葉下松影石枰中余汝
消長日贏輸委太空眼前柯未爛秋氣已潜通圍棋

。小集楊二拙庵雪香齋賦贈

小西一水流彎環忽覺忽的山屛顏竹樹蕭疏覆書屋雪
香主人居其間主人虎脊空千羣曾濫三湘吊湘居轉帆
直指衡九面兄亂芙蓉峰頂雲收拾湖山入囊橐北窗一
枕樂復樂時逢佳客排青來刻燭拈題雲噴薄我生蹉跎
同醯鷄棲伴牢愁終夜披拍浮莫放杯中物笑煞瓢居々

卅二

井督[redacted]登居之堂任喜劇探奇便是子雲宅昔游話到飛吟
亭振觸遙情浮大白

。贈拙庵令子克謀

顧我頭顱已如此黄裳憐綠負當年靈和殿裏依〻緒正
值韶華二月天
詩社長城數若翁君為後勁復稱雄他年鞭弭中原會勒
石誰標第一功

。悼亡友 有引

吾友山陰平松谷死及朞矣妻仍旅寄昔勝茹荼
子尚客游漂如泛梗何以給晨朝夕遑云復尔鄉
閭傾遙集々囊不成飲助聽子期々笛用寫哀矜
故人已宿草妻煢尚他鄉二三黄口孫索哺聲喤々雖云
下農食奈無越宿糧琴書與蓋篋搜剔無遺藏亦有兩男
兒各在天一方小兒不知處大兒客潯陽昔曾走紀綱千
里促奔喪聞說初即次橐金一擲亡遂令空家重棄々如
亡羊死者長已矣一往魂茫々隨地尸陋林寧必梓與桑

卅三

生者胡以生終朝淒履霜血指齧歆斷雲樹空瞻望鮒魚未索肆濡沫猶洋々何處一舟麥蒿目心徒傷

秋燕

翩々猶是舊烏衣回首青春事已非晚日欄干愁獨語昭陽裙袂冷相依不堪浪跡隨蓬轉無那征途背雁飛、分付主人珍故壘閑年仍向画堂歸

病述

卅九年來兩鬢華重々藥裹寄生涯眼昏載籍蠶魯魚魯

目病四年尚未豁脫齒齶嘗羞痛䶢車切時齒杷血痕幾殆盡今食拗輒截牙頰間疼不可耐零悴懶看秋後葉芳菲空負筆頭花只應跛腳蓬牕比乞取黃州舊画叉

于山秋望

凄
飄蓬隨鳥委飛翰斜日如舟下急湍風度林岩宮變徵[redacted]平
[redacted]郊島瘦魚寒九仙爛碣迷秋霭一徑黃花訂古歡指點龍湫猶濺瀑垂綸遮莫起泥蟠

次韻曙亭詠雪二首戲用[redacted]禁體不以鹽月銀玉

粉辟瓊瑤雀鷺緜絮鷥蝶飛舞之類為比并不使
皎白潔素等字
連錢草際減還添片片分來壓帽檐喋鳥妖時窺絕影歌
樓隨處隔重簾久拚雞肋繁生粟只恐狼毫冷退尖驪履
可能追銕脚和梅爛嚼味應甜
危欄一杖伴形單帶挈徐陵頗耐寒漁父江頭都入畫羔
兒帳底輙加湌兵談洄曲心猶壯客弔梁園興欲酸帀地
崎嶇何處覓渾淪還作太初看

○雪霽二首用前體韻

睡鼻連宵歎炭添淩晨破冷一廵檐冰方瑣碎聲留竹日已盤旋影上簷大地鴻泥餘指爪遠山螺黛露眉尖誰為擁鼻孤吟者居枕寧堪向黑甜

小飲添新問食單圍爐霽[redacted]後点生寒橫堆石磵休來汲低壓松英或可餐姑射潛消仙子瘦[redacted]痕風痛掃腐儒酸曾聞盈尺斯呈瑞陌上篝車拭目看

迎雪餞雪二首再用前骵韻

廿五

翦〻風棱埶倍添，披衣翹企草堂檐。遂勞小隊紛排闥，忍避嚴威悄下簾。[redacted]淪[redacted]芽尖淺交（歎冷未沽青竹葉，溫存游嫩茶）[redacted]（列底）泛天降似蜜，新知浪說甜。

避后三冬歲歉單（用祭義歲既單矣單字），冰心長禁誓盟寒。杳隨逝水翻成別，冷對離筵未忍飡。斜日拖來驢背晚，壯風颭去雁聲酸。憐他西嶺千秋在，安得排窗子細看。

次韻同蕭藕舫看梅限韵

落〻孤蹤近野田，杈枒敢對寺门邊。春回古塢全欺雪冷

拂青鞋欲破烟載酒逢蒿盟仲蔚撫琴泉石得成連徘徊
直到樵歌晚幾許尖風淡月天
嬾至今拋研比田偶携毫素到梅邊觸人幽趣襟如水贈
汝清吟総著烟〻有恆蹊休寄托底須索笑始流連誅茅
任老臞仙宅不數桃花有洞天

落梅

片〻翻騰滿地秋枝無南北總離愁乍傳芳信來天外賸
得空園寄隴頭[redacted]孤艷骨埋蘚小墓餘香端繞綠珠樓誰云

芟

玄態榮枯異一種蕭踈亦雅遊那曾耐雪不禁風是色分明即是空壯士衣冠行擾擾仙人環佩鮮匆匆梦魂已斷三更後消息都歸一笛中放帚寒山枕孤樹黃梅事問水流東

○讀吳東華先輩名日彩遺稿作長句兼贈其令孫昂昂千

東華老人著作充篋笥我生恨晚不得被指示遺編錯落流人间吉光片羽總珍異昔年曾讀古文辭諫果嚼來味不啻就中剖晰羣儒書辣手平反漢廷吏書大小戴記說讀書錄居業錄傳

習録困知記諸書學術辨之謬爲綫得歌詩百餘篇匠心所到各成器忽而
微婉談興亡千秋龜鑑寄孤媚和高季迪十宮詩之屬忽而屬兕生毫
端長歌楚些血為字題穆公祠劉公祠謝疊山卜肆行弔王忠毅公古風之屬忽而托
物抒寫兀傲之襟期謖謖清風满天地孤松詩三十首之屬曾澗載
筆驅中原嵩者人馬盡辟易晚来嬾競流俗名自理名山
不朽事居今手不停披口長唫一庭濟美真無愧笑冷门
閒人晏如孤懷直把羲皇臂幸我剥啄未肯嗔相對胥融
笑羲意莊休連狝施多方紛霏咳唾隨風墜[redacted]嗸望寒梅繚

廿七

花開滿路幽香撲人鼻肩頭戴得羅浮春追隨蛺蝶欣欣至須君傾倒青箱藏一讀一酌花間醉

。題却聘書

舍舊謀新類土崩獨將恩義判淄澠匡山莫雪風波恨卜肆何勞幣帛徵梁化飛龍辭魏武樹藏鳴鳥憶韓憑應齊文字誇知己碧血圜書解未曾

辛亥除夜

點點嚴更出麗譙鐙花徐向短檠挑 三分飲興酬今夕四

十行年屬詰朝閲岦可能雞似木廁身骨付鹿藏蕉青編
捡取琳瑯滿錯認厨頭擁紫標

初春即事

緜緜七日雨隨風高下飛澤下漸不驟一犁還一犁生氣滿天地百物争滋肥紫门對江開漁舫向晚歸笭箵持數尾買來佐一瓶味得此中趣時事安能知

望春感賦

對此花花集百端倚天長劍不勝寒双丸迅比烹羊胛兩

廿八

珍飯
衰徒拭馬肝燕掠柳花風浹沱漁歌桂櫂水澶湲託身快是無拘束何事依人鋏浪彈

○邑甲虎患屢載未作詩窮其情狀敵希帖耳聽寫憂心而已

尋

笑尔久空炳逢入口便張貪殘本情性驟攫徧城鄉〻引類〻如添翼無辜乃受殃然欲飽欲死呵辟問蒼〻

豆腐

至濃還愛淡蔬與水兼謀説自淮南造充蔬案上羞紛遝

石磴入迸作[redacted]麗聚流渣滓澄全去燖湿爇半浮形方因就範價定免持籌和味甘能受如圭玷不留儒名宜[redacted]我贈史筆鑒伊休另把來其喚方言豈謬悠

○紀夢

葳蕤自啓鎖重重十載分離意外逢衣桁尚懸金裲腹花欄未老玉芙蓉定教解佩偎遊子忽聽鳴琴譜慎儂一覺情懷商隱會月斜樓上五更鐘義山句

三月三日

廿九

約臺三[redacted]令節[redacted]（访友画）橋東衣怯迎梅雨身禁擘柳風生涯
浮大白世態寫嫣紅獨有青山色長年聳碧空

○○戲簡

珧押搖風露倩粧低頭不敢作勝常却教淺月踈星夜縷
縷清謳度短牆

東風如剪剪雲霾賽卜油花約未諧偷向西園捉蝴蝶柳
絲拖曳溜金釵

°通儒

邅儒先識字汗簡費爬梳口誤寧惟獵形訛半是魚念
根文自攷銀海障誰除却笑美新者多載漉車

。題卯大培園長亭宴別小影索題

遜哥闢書局香䕺不曉天沙哥擲紅綾滿堂艷神仙從來
瞬壘士矢志在先鞭嘗其鉛脫時情亦錚錚嬋娟瓊山貴公
子玉削明珠搴響周龍虎文墨妙雲和[redacted]淵吳勾淬鸊鵜
莛寒星斗躔見慣鶩鴻舞聽慣鵾雞絃紅羅翻酒污纏頭
不計錢耳麩酒方酣彭觥鸞四筵慨慷自期許東川與西

四十

只我嬾嵇中散鎮日一寒氈伯休有名字不到紅樓邊辟
彼駒韝下鷙心道里千何似權奇足蹴踏風翩翩灃蘭湫
愁目交睇篇雲鷤安得若水騶騄靳閬風巔

◦斬蛇劍歌

短衣结束曷胡缨蓬頭瞋目聲噌吰區區力敵一人耳[redacted]怪
扰[redacted]亭長腰間横當年山澤狐夜鳴摯款上天埽欃槍妖嫗
倏泣滴中斷秦灰項馬從容平夫人匕首漸離筑千秋抱
痛功無成三尺直倡發蹤力[redacted]無端風蕭蕭輕衡平

○無題次研農韻

抱取筌俣兩溪流誰泛朱字認歸舟辟車驄馬踈排闥玉
笛金笳倦倚樓傍沼蓮花香自愛濵溪藴藻味堪羞可憐
製得紈如雪閣在巾箱幾度秋
簡點羣芳入小詩金徽何處覓鍾期白諸楊柳風中絮直
壓珊瑚網內枝腸似明珠穿九曲溪兼紅豆結相思那堪
幽谷牽蘿者恰值天寒日暮時
滿園春色去堂堂草亂橫遮半畝塘紅樹間關鶯舌老玉

91

鞭飛鞚馬虢怟絲緣獨繭流衰響劍儗雙頭棨寶光好待
江皋捐佩玦葯房孫辟話愁長
雛騷[redacted]（詎遣闕沉沉）痛飲寒窗不絕吟謠詠孰憐仙子貌嬋
嬡翻激壯夫心吼獅換馬[redacted]（吾安排定之）攬茝紉蘭[redacted]（綿結）深古押
倚官磨勒叟寥寥閨閣兩知音

小兒讀春秋內傳作此示之

二百年餘事列麻天生左氏擅才華特闢司馬傳神技不
類公羊賣餅家義例[redacted]（点多）符筆削語言
浮夸搜尋

倘具胸中癖武庫森羅銳莫邪

孟秋三日同蕭藕船邱培園遊崇業寺偃茂松留飲

到門疑雨後襟袂斗生凉野馬排空遡山翁隔樹翔共停傳

謝客屐雜坐贊公房不覺鐘聲午呼來美索郎

我非方外者結伴愛[redacted]大禪半偈閒中味危言醉後顛物言

情真幻覺詩思在鳴蟬擢撚筆松窗下曇花散墜肩

舟中作

澄江歛起峭帆風趁得斜陽放短篷橘柚千頭寒屋外鳩

鵲一隊亂烟中蕩舟雲鬢非前綠繞岸霜林似昔紅銅斗
有歌々未闋漁燈々上大橋東

代贈梅兒

卷幔剛逢爇博山分明心字篆環環纔丿[illegible]懸吳帶曹衣外品
入環肥燕瘦間三疊霓裳傾白墮一聲盧采破紅顏小名
直共梅爭潔合在踈籬淺水灣

客寓中秋

發策縱橫對鎖闈墨花亂點濺麻衣紫頭快捲團欒月乘

著秋光浮浮歸

囊底拈來幾箇青茅柴小飲醉俄醒紫雲四恰傳新譜好

躡罷風子細聽

烟草六絶

西蜀徐諸虛 引月靈芝結瑞烟

[redacted]長[redacted]傳[redacted]一食上辛分種後野

畦高下綠芊眠

分斯合切製良佳去蒸筋納向筠到處偕我有文園消渴

為斯 筒

病蚨居風味最和諧

吟興無聊酒醒餘閒敲小欄細吹噓蜃樓縹緲仙靈現六
椀盧仝趣不如
襟懷落落淡如水雅愛菸名是淡巴菰跕金山兼鐵嶺無
螯無酒亦生涯
[redacted]篆[redacted]兒小語檀奴故故長一樣勾驪埃畔草分
來偏帶口脂香
命兒焠兒來色正紅傳將舌本散空濛莫言腹內無些子宇
宙雲烟吐納中

○賀卯六山先生重赴鹿鳴宴（壬子）

路入青雲问已經，龐眉皓髮領羣英。在覘斗上弥南度，一色光芒燭太清。

蕊珠宮裏姓名留，六十年來得再遊。好去摩挲金粟樹，新花還發舊枝頭。

吾閩詩宿數莆田，作舊嘉賓六詠傳。詩見秋江集公亦笙簧重引去，定教墨瀋淹雲箋。

霓裳奏罷大羅天，人士相摩夾道肩。看到老翁神倍躍，乘

時爭著祖生鞭

◦秋暮懷人

北雁南雲一片心低徊漢上舊題襟遙山冉冉日沉影落葉蕭蕭風滿林草徑寒吟憐料竅荊扉晝聶似槐陰龐眉畫客誰為伴三尺龍泉百衲琴

次韻寄荅泰寧江景周

飛飛賓雁下晴空尺素將來片辭同秋水盤桓孤艇上暮雲藏寫七言中我儀叔度慚周峯誰料侯光懷伯通尚有

生平未傾倒心旌搖颺任西東

挾得金丸動擲空癡人癡絕許誰同一身輾轉虛舟裏半世辛勤澼絖中觴詠無端成珀芥雲泥有分付參通幾時把袂鑪峰頂話到陽烏西復東

贈滇南日者聖漁

野隺形全瘦飛來洱海東古今雙眼電晨夕一簾風劍影燈前亂談鋒酒後雄我生不勞問五角六張中

○望獅子砦

雄蹲西北隅環山盡雌伏石齒巉巉開巨靈不敢觸幻出山山巔平過彈棊局天為民設险故老言耳熟明際懷宗時赤眉雜青犢大者跨州郡小亦躪鄉曲地失桃花源雞犬無寧宿連鄉鉦鼓喧喧。詳山麓逋逃藪于菻埤堄四圍築承平百餘年斷壁散林木鼓勇登眺者往往拾殘鏃不知幾由旬心壯趾局促臨風溯遺事但見奇峰矗

兩髯行有引

向讀禧天石髯樵傳徐天璧髯參軍傳而壯之恨

不得大其人又恨兩髯生同時而未聞相把臂也偶見友人齋頭合圖一冊義憤之氣栩栩欲活實獲我心矣因索筆題其紙尾

雲崩電掣赫濺上兩髯磊落從天降一髯樵采不知書橫噬豺狼奮剪除京闕俄聞陷羣盜不惜將身投具區一髯身負拔山力生日腥羶飽梟鳥弓刀死賊生人多夭矯神龍莫可即維時禎惱滿朝班斗大金印懸腰間文武英雄一網盡天心獨放兩髯間嗚呼兩髯已如此明季之事可

知矣

初度日作

斗酒妻孥互獻[illegible]容成顧影終含羞鵬圖未擊三千水駒隙空過四十秋筆墨冊[illegible][illegible]歎石風塵閱歷蜃為樓蓬门日對青山碧慚使青山笑白頭

鷺紅駭綠鬥春妍瘦影梅株釀雪天空抱俠腸淩劇孟好拚酒膽傲張顛支離鼓策偏宜壽膏火流光只自負揮地長歌濯襟袂愁愁何處舊名泉

○白明府雨尊人輓詞

同雲黯黮翔風哀冀壯鴻飛惡耗來太息龍阿双矯角斗
間光墜一聲雷

錦文有翼比鶼〻珠樹回翔六十年舊地觧懷樂天語劉
綱與婦共昇仙

輪囷壯梓棟梁[illegible]花向衡山處〻栽指點白雲天外路迢
遥曾迓板輿来

圭璋品格寉精神夏雨春風〻雨人不為采蘭多眷戀吾

儕邪浮奉清塵
遊倭南邪便址歸首卯魂步總依〻頓令清署橫琴者彈
不成聲掩玉徽
身後休光炷綺霞底須丕步押〻蘆花逕知宰木蔥〻地百
尺豐碑壯辟邪
一古硯
邪曾棐几暫時拋我輩由來重石交偏灑雲烟通大造襲
經日月見徽〻摩挱不亞岐陽鼓溫潤真符麗澤文一畞

先疇垂裕以莘々畊饮同地肥磽

古畫

尺幅搜尋故紙叢幀頭題跋款認朦朧懸知噴薄淋漓下
盡出經營慘淡中觸手半銷蟬粉白宜時合讓牡丹紅自
黏壁立相如宝生伯通窶趁兩風

古鏡

容成品秩舊恩波去、伴濟夫照一窩故掩埃塵憐我老本
誰記錄到千秋上耐得吟成十載過[redacted]
来面目閲人多[redacted]

問汝一團何代物，秦宮漢院溉烟蘿。

古劍

堇山山合若耶溪，三尺流傳故至今。紫氣星河伸蠖屈，寒窻風雨答龍吟。鏽磨曠代鋒鋩鋭，把玩到中宵酒滿斟。誰道清時無事尔，漢文曾賜漢儒林。

古琴

玉軫金徽尚宛如，名材幸未盡焦枯。總年交契陶斯詠，造物成虧有也無。安上朱絃誰解和，貢來桐樹本稱孫。撫居

似人对[redacted]薰風[redacted]曲語〻〻耳新聲總不須

古器

大冶何年鑄得成[redacted]工倕甗斲指[redacted]曾經土花痕在知非贋每

跡文多認是銘蓋世勳勞憑不朽一生饘粥餘馨案頭

有物都求舊金鉉古來限倍何

〇餞飲詩答方玉山

見說杯中物解憂十千沽到速朋儔漸教盛氣謹吸起絶

異初筵禮數優訌〻醒來都惝怳留心聽去即懲尤醉鄉

如此無聊賴定遣詩苗射不休
我涉糟邱亦便駐車今還有口為蚔蠹好憑潤筆波流峽豈
到濡頭海有涯永興但知其熱耳此生誰道便埋耶補牢
請看亡羊後無復歧途醉眼記

。閱隨園詩話

隨園十畝早歸休園裏省庶聽客遊天許力持宏獎柄才
情到老亦風流
倒海排山名明七子牢籠萬態阮亭家虎貔森布堂堂陣

苦用偏師瞰敵瑕

[redacted]三[redacted]月見菊花

一春花事㴸江南冷淡籬邊嬾去探上帝似令飯七七東

風[redacted]催到徑三三[redacted]落英[redacted]人花韶光老[redacted]修禊[redacted]觴[redacted]分隱士酣[redacted]畢[redacted]竟

傲霜枝尚在折腰斜𢽄對居[illegible]

春暮倚樓

極浦雲初起層崖翠歛沉鳩傳晴雨兆燕話古今愁生計

餘杯酒韶[redacted]華付水漚青青鬢夢好轉盼髑頭秋

惆悵詞

芙蕖開到畫橋東若箇人兒笑屬同踏月有塵追細馬揮絃無語送歸鴻神妙只解將愁繫花嘆何緣與夢通用東坡夢作回文事天事渺茫人事左恣顛泥怨石尤風

滿堂香氣擁襟裾一目成〻有意無蹊越朱絃三嘆起贈詒金錯四愁俱仗誰手持〻憂草憐尔胃藏益智珠寮友

良朋重心許松楸挂劍想句吳

飛宇承霓十一樓法嬰一曲衆芳收塵埃豈少鸞鴻舞蹤

跹偏如画鷁泝[redacted]音寂[redacted]秋[redacted]春子思[redacted]悠悠何嘗

月冷風清夜再聽湘靈玉瑟撥

未必前因種合歡偶從空空嘆幽蘭臆西擁髻樊通德堂

角抽書李易安雲繞高唐都是夢風吹大海不回瀾銅荷

黙對幢幢影蠟已成灰淚未乾

蘼蕪采采剩卒 助我見猶憐到十分遂有小姑同處子曾

無新婦配參軍寒依翠袖玲玲竹淚寫红绡朵朵雲吟到

斜陽挂衰柳城東惱煞杜司勲

。贈吳魯川

生來頭角異未冠便知名翼漸摶風上文曾隱霧成投人珠是唾劇壘墨爲兵偃蹇塵途客空勞躡屐迎柳塘吾好友壯而能憐君骯髒何曾幻蘭言倍覺芬詩消日永把酒醉風薰別後看雲樹鳴禽處處聞

。九僊山紀遊 峙東北隅治六十里高出羣山之表

撞足輪流輦層雲點可梯猜人禽語塞揖客樹枝低塵慮徐徐浣清風萃萃圮華鯨何處動翹首認招提

豐干未饒舌便尔四實山貝葉三生幻蕉園一味閒忘機

猿歎定後翻雀知還料是行蹤少沿塗草不刪竹撐

袪衣勤老衲絶頂得奇觀[redacted]岸縈襟帶層城纍彈丸[redacted]

將墜[redacted]辟風捲作飛翰偶憶林鴻句還登檄雨壇檄雨古壇暝禮星寒

殿閣林子羽遊九仙山詩即瑤華洞仙所學自老

五岳圖曾佩蘇山不必非連林暫止宿振策忽言歸石罅

泉仍沸雲窩路漸微遂何年尾會尚叢桂正芳菲

○明翠閣

山川衛飛閣欄堦錯玲瓏疊巘摹人跡緣崖肖鬼工能瀰
氣騰上燕尾水流東與劇河妨暮霞光一道紅

三

謁文文山先生祠

冬青杜宇泣寒呞妥侑孤臣有片椽廟奠百年知割地時
危一木欲支天小樓切盡厓猶勢大海風狂石不填同作
狀頭同柄國留家何處覓　　牷
鍾津煌爚亘天衢直與先生浩氣俱異代升堂爭（增）慨慕當
年聞府僅斯須六歌哀響賡[redacted]（離垂）百辟名岩掩綠蕪安去

曾字恐是劉字之錯与文山先生同榜狀元宰相比作劉中齋耳

壹山卜肆近縣縣（蟠）宿宿空谷呼

薛老峰

向陽峯岌嶫神秀匯甗閘　淨双椿迴烟低萬井匀靈觀
跡已舊周朴句還新於眼窺溟渤樊桐或比隣

般若臺觀李陽冰石刻篆文

般若臺依薛老峰　隴西少監有遺蹤離奇可配陳倉碣瘦
勁如攀泰岳松歷刧鬼神護蝌蚪九霄風雨走蛟龍泛來
寶物乘時出會洪雄光炫辟雍

。村夜

鞋韈撼窗戶雨秋獨惺響澗津浸雨殘燈乍作螢登臨

多物感躈躠我時停詰旦訪農舍間評種樹經

上官同一經教之圖

且任浮雲擾太虛扶陽一卷校勘勅石渠聲價千秋重可

信黃金買得無

。答吳昂千

甑底塵埃釜底魚鱗插架轉多[redacted]儲歐陽洪趙三家錄

濂洛關閩學書重〻骨收先緒墜任涼遂覺其情味我
偏味共酸鹹外輒〻辱齋頭問起居
[redacted]晴水中網得片石〻
魚畊蕭公
研匣以紫檀受墨處堅潤可愛
鐵龍塹尺〻案用耳[redacted]製為
[redacted]晴鄉徐公見之
乃歎不知貴游非獨黄
氏為東坡所誚也
媚川一樣秀靈鍾曾〻〻歷埃厚幾重淚滴蟾蜍猶往事身
親翰墨策殊庸無言尚未知駿茂跪石誰能下鮑龍情作
他山珎秘以任人犀玉櫝匹寶
卷六　一百九首

樟汀詩草卷七

開化寺即景

花宮傍湖水日麗波光橫于蔦舍舟入隱動鐘魚磬古尾蔭松鬣對赫炎歊清啜茗且未暇割尔雷匍窗高閣一登眺草樹紛鬖髿前山雨如幔直欲遮八絃路人鋌而走錯趾爭前程四民各有業跋涉勞其生回首釋迦笑如〻方外情

觀比邱濱香花

爇閙場中試一凭當年臨濟有傳燈金鐸響動旋風舞寶炬光搖厥角崩縱說黄花非般若權將白足替迦陵談鋒突起林西仲八比許衡撻老僧西仲先生云有建州僧問予曰儒教做八比何用應之曰儒教中做八比猶佛教中做香花耳僧愧而退

客中雜興

艇子今猶箇箇輕曉烟開處靚粧明捕魚小婦囊空解不敵篷窗一笑聲

浣藍袴褶赤蓮臺[redacted]百種花從髻上開莫向兒家問夫壻羅

數只爲采桑來

罷擣衣砧悄有思箇中消息許誰知苧蘿村畔浣沙石過

客爭劃幼婦辭

踆烏刷翅雨初晴倦蝶迎風百媚生碧尾鱗鱗銀蒜捲門

前一片賣花聲

和曙亭兄孝貞詩三章原序

山陰陸孝子尚質從父舟于水湄風浪大作舟將

覆孝子躍水往援父獲濟而孝子死鄉人名其渡

曰陸郎渡

風伯冰夷虐人以嬉生我者溺我生胡爲裂地一聲躍入水瀨死者生々者死々乃身生乃父魂渡上虞江快然瞑泉下叶

孝子既死所聘李氏女聞訃辭父母歸陸事其翁姑立嗣奉孝子祀以貞女終老于夫家

妾身猶是李家女妾名已達陸郎所郎々死々于父妾々生々安處踵門拜姑嫜伴影空蘭房天能奪郎壽不能易

妾腸但得陸郎無餧而羸負之苦甘如飴陸郎渡頭石激浪行將化妾之儀狀

孝子之孫國安世居丈五村適寇劫其父華宇國安持兵入賊壘殲其魁奪父還

父也子身陷羣醜子也振臂虓虎吼風鼓神威塵冥冥直擣賊巢斲賊首賊首擲來貞女知貞女喜劇心還悲汝能殺敵六鈞弩射潮無計殲鯨鯢

紫菊

蕭索園林木葉稀，寒花糝入栖楓園，重閟道氣還秋谷，一徑烟光帶夕暉。自有孤標爭逸品，何曾間色不仙衣。籬邊坐到黃昏候，比似香山對紫薇。

白菊

西風披動好肌膚，蹉跎何來定藐姑。漸染寒霜全體淨，分明碎璧點瑕無。素心共話陶徵士，觴色[redacted]堪餐[redacted]山屋大夫。滿眼春紅盡消歇，恰尋瑤圃[redacted]擷芳腴。

史事

史事如碁多變幻不平看到局中心蒲桃一斛身拖紫薏苡盈車口鑠金苦向方皋繩牝牡柱從詹尹問升沈秘書未稔何如體兀兀長年扶冊吟

寒雨

黃昏釀寒雨瑣屑受風吹漁火懸江靜山鐘出寺遲天關排虎豹澤國隱蛟螭萬里行商旅誰同縹緲思

九日登正一閣

如環睥睨拱危樓光景迎人踞上頭秉亂枸楓千双屐冷

音傳鴻雁一尺秋平陂道里山長在聚散毋帆水（檣）自流且
看築場幽蜡近閭閻知有稻粱謀

王蘭圃四十贈言

门風槩託頓觀翩（格高寒）同調賡酬二十年岸幘青（看）山盟白首披
衣擊劍撫青顛紋楸數著塵氛外濁酒盈樽樹石邊移我
情如蓬島興滿腔襟事付蹏箋
逶迤屋畔結精廬日涉園中趣有餘壓架叢殘搜粉蠹臨
池墨妙動金魚酸鹹異味湛吾好紅紫浮花任汝鋤更（合）有（把）

家珍張壽域[redacted]右丞詩畫右軍書

高軒過圖上官周筆

凝虛殿宇工未成神馬尻輪陸地行仙才鬼才那可辨聲
華震耳春雷鳴家在昌河近都會碾地輪蹄如踐更總角
荷衣肅客入通眉秀奪名公卿心花怒開走天女橐鼓雷
公腹笥傾風檣陣馬集腕下鯨呿鼇擲波濤驚詩當[redacted]
元和長慶際漸趨靡薾俗且輕昌黎破硬語力排奡溧陽尉出
同聲賡明經擢第不知數辨諱空勞口舌爭擲置黃金解

五

龍馬飛〻鶻雀青霄橫士得一知已不恨秋蓬歎死華風生奇文呵護有神兕涸劍寧湮身後名好將此匣重藏弆赤虬恐復来相迎

次韻贈歌者

檀板銀箏策擅場鞭絲挂處小名香清襟照我憐裴叔俠膽逢人說季良碧樹鶯流音下上紅蕖花放水中央尊前倘屬劉賓客那復匆〻覓泰娘

通辭莫湯託微波杳隔銀墻悵若何恰想華年調錦瑟好

酬芳節醉金駝丰神綽約三眠絮心跡回環九折河聽唱
臨春後庭曲任教翻酒濺紅羅
繞欄花種逼来馨空外明河映画庭玉漏移時驚點〻艷
歌酬去惜惺〻不煩大令迎桃葉宛遇成連操水伶流落
江南誰白髮憐居双鬢綠青〻
操瑟齊門淚暗濕纏頭爭似放歌時秦宮花底銅盤燭夷
甫林間玉樹枝鄭舞吳歈誇綺麗嵇心羊體入冰絲可堪
浪跡同浮梗饞眼征車詠截脂

壽彭晚松

我年方齠齔，侍先君講席，學子賓賓來請業，匪朝夕。惟晚松先生壯面般勤劇，丹鉛不離手，索隱而探賾。顧我只好矣罔知，耿處澤，祇今卅載强撫髭，空自責。回首同门者，曷禁生慨惜，黄壚烟冥冥，白楊半蕭槭。先生好健在，六十顛未白，精神滿腹笥，曲踊可三百。時值剪樺燭，慷慨瀝腸肝。腸亦有噓雲氣，無端點其額；亦有培風力，無端鎩其翮。户服艾盈要，揭車競妝摘，歲晏孰華予，徒遭腐鼠嚇。晚松廪膳生以

雀角徵鍾功名被褫我昧思古人磨蝎纏不釋南箕口呀張一身多
讒謫我若耳不聞韓退之醉贈張秘書句于焉傲今昔韓退之山句假顣頷庸
何傷對景情自適更淂起衰文煌〻炳遺册任教尾缶鳴
誰令黃鐘啞他如欝輪袍又若計然策貴聞金與張富聞
鄧與石為問人一生能著幾兩屐猥[redacted]入先生居竹樹美幽
碧蘚徑防落花禽言靜中譯迎風掀壯窗卷軸恐充作萬
象劃筆鋒不數雕龍奭欣然有淂時如以芥投珀衣徇看
浮雲寸心奚役〻玉笈良在茲勝將内景繹黔羸本難知

无疆操券獲

讀楊椒山集

沈厲紛〻竄遠方批鱗突見一曹郎才堪醫國肱三折力不回天淚迸行鳳闕免冠誰慶忌牛衣奮臂友王章最憐紡織辛勤婦泣血無由徹上蒼

丹心浩氣兩魁奇覆載綱常好護持抗疏不須蛇覓膽遺芳自共豹留皮九天綸綍光泉域（隆慶元年追贈忠順大夫太常寺少卿易名忠愍）一卷文章墮淚碑靜向風檐展書讀寧徒筆力控雲螭

戲作酒兵行同卯培園

跐跕浮沈在酒國對酒每将赤幟植諮議曾云酒猶兵笑煞無謀空肉食客聞攘臂呼蒼頭為我運籌入庖湢須臾團欒亂星飛軍令不徒一雞肋鞭箠捆馬馳金駝青州卒原受約飭分曹射覆手藏鬮戰拇呼盧枝色色伊誰雅歸飛将軍龍虎鳥蛇分部勒江東步兵潛窺營頸觸長纓遭糾纆中散散師倚玉山水決百川立傾踣方外司馬酒未寒胆落崑崙關已克迤迤莽莽據鞍來遯入澠池垂兩翼

七十餘城〻盡傾何有區〻莒即墨投醪痛飲三軍歡蝗
斧蝟鋒消反側[redacted]良田莫更屯糟邱藝圃先疇好力穡

乙卯春日即事

湘亭望不極回雁控南維宦績鐫垂範蠻兵鑿仕義想除
枯骨梲好〻障洞庭陂蝗臂么麿尔迎車向隂巇
荷蘭拖要地還接鷺门津海舶騷羣醜山魈熵小民枉营
三兔窟終殪七鯤身料浔渠魁外同遊浩蕩春
狗黍屬也有噬予染指者援筆賦此

燕市英雄隱屠狗吐氣如虹膽如斗磁石安能黏曲鍼過
門大嚼必其偶座間有客大軒眉海山珍錯嘗八九操刀
厨下左牽来不堪嚮迩寧入口遂教邪許同一聲解人聞
言則曰否天地生物人為貴養荣養衛列左右饕餮之性
多拂經大惠自得[redacted]配葷卤就中羙獻羞鬼神更與雞豚養
黄蒿備因逐臭腸可賤百族誰是飡雲母不然慈悲戒殺
生禽獸何分薄與厚不然飲露吸黄泉蜩蚓始充其操守
君不見諸公羣筋鱠加飡玉署三牲一齊剖桃花作飯徒

勞〻以甦為蟻功何有仙佛点具真機緣豈在口腹分棄
耴有時舐藥隨[redacted]雞[redacted]飛轉笑凡夫落牛後

○○

美人折花歌

象口吹香曉烟起開匳偷眼一泓水壓鬟生憎舊翠翹挽上
[redacted]鳥雲[redacted]蘸徙倚檀郎[redacted]恰好[redacted]推簾來[redacted]詫說[redacted]園[redacted]花小朵開[redacted]起素
紅芳嬌欲語葱尖一捻仍徘徊美人如花不堪褻花似美
人恐輕折〻來偎傍美人頭為問花神〻点悅郎說名花
多助嬌年〻伴[redacted]汝培花苗從此折花莫折柳免教相憶鬟

雲消

撲蝶歌

櫛露梳風飛香走紅柳堤花塢春光濃丁當響下画樓東
苔堦小步影兒弓鶯輸巧囀花輸嬌面歌唇為萬舞腰為
燕鬥草繽紛眼波睇不睹金釵睹金釧金釧纍纍腕欲瘦
金釵留卜遠人歸驀驚蝴蝶双双飛團扇迎風散粉衣

黃癭瓢麻鞋見天子圖

賀蘭山色回朝暾千乘萬騎如雲屯捉襟露肘者誰子雙

足踉蹌朝至尊天寶〻末腥臊出鯨吞九州地軸翻蹀躞青騾走劍外飛鳥啄入延秋門凝碧池頭管絃鬧五陵誰更哀王孫白頭拾遺聲暗吞鄜州白水間道走身羅虎口驚斷魂髑髏亂踏蒼松根此時室家豈不念匡復恐孤明主恩子身直遠行在所失喜仍留双淚痕瘦瓢画筆風雲奔屢覩古人生氣存杜老許身稷與契寫形兼得窮心源麻鞋一兩足千古何事淋鈴雨夜空想馬嵬繡襪〻溫磨

秋日同蕭藕舫小集雪香齋分韻得潮字

曲欄干外曉烟消，四野秋光似瀉潮。修竹依人清影瘦，寒花拂袖晚香飄。吟箋直掩紅兒譜，勸酒偏宜碧玉簫。幾度西園伴飛蓋，[redacted]風流未覺建安遙。

歸自雪香齋途中即景寄楊拙庵

傾談曾幾許，冉冉日西斜。落葉行蹤亂，征鴻入望賒。霜鐘何處寺，烟塢定誰家。恰值臨溪叟，從容罷釣車。

酒後餘清興，披襟趁緒風。吟來高隴畔，響墜短笳中。送客鏘〻瀨，驕人艷〻楓。五基山待火，還擬上巃嵸。

郊原秋望

冥茫孤緒話誰何，若有人兮帶女蘿。落日荒荒寒水遠，歸鴉隱隱暮烟多。此時田舍醪應熟，幾處松阡石不磨。鐵笛風高橫嶺畔，一聲入破蕩愁魔。

觀穫

西風到處喜迎眸，簇簇黃雲瀉隴頭。小婦持竿驚野雀，兒童饁飯跨村牛。自傳（嗌）學古曾無穫，何似逢年便有秋。覔取松陰半畝地，誅茅好築稻孫樓。

盆石

飛来自何處屹立两三峰峭壁行雲觸空嵌積蘚封生成謝斧鑿磊落蕩心胸不是終南徑應無俗客蹤

題蔡藐畹小照

選地無勞問赫胥濃陰十里浣花居胷中星宿誰窺得半欄清風自著書

人頽而天物可齊玉徽間付李家奚滿林畏佳去声聲々籟底事成虧入品題

嘉慶丙辰元日

三元新啟歷頒向鳳樓前八極彌綸際重光次第宣宮寧誇德壽酒不數淩烟一脈　勳華聚春風鼓腹天

笠屐圖

子由指口別宦海真莫測按劍者胡為才高來鬼蜮豈恤為范滂毫無裨家國犧牲文其身曷若勤稼穡買田陽羨間鏟彩計良淂楚頌亭未成崦嵫日沈里不見春夢婆誰為訴腷臆遺須懸憕頭宛然舊相識

雜興十一首

寓形寓宙內俛仰何茫茫風花不主自簾溷隨飛揚自非松柏堅安能歷冰霜古今入聞見悲愉雜衷腸慷慨寤歌聲繚繞白雲鄉

沈碑于深淵石泐夫何有藏山于大澤宜半負之走居子疾無稱何術可長久曾將身後名持較一杯酒後生聞斯語頹然到白首方知有為言死不如速朽

辛勤有屋廬門揖卿大夫昌黎道自任措意在榮枯何超

末學者執力爭奔趨蠹蟫不敢息大地如熾爐清風拂殘帙淵明與子書

滄海浩無涯非蠡可以測風浪無時休萬怪都惶惑河伯未東行面目忽偪仄奈挾牛蹄涔栩栩然自得不見不起歸三年鋤其色

宋人上梧臺寶石如珪璋虎頭得蟬翳持歸什襲藏鑑昏人則愚美惡物自彰深山澤毛羽苞彩流輝光蹁躚百鳥羣間以孤鳳皇碎琴既多事泣玉徒蒼涼刖葵與覆危戟

鏡庸何傷

戴嵩画牛鬥惘肰自謂工不知擂其尾譏彈来牧童咄哉

陽翟賈集牐成蒙茸懸金許易字幸不逢楊雄

七聖歷襄野牧豎指其迷九曲穿珠竅還問采桑兒于事

顓蒙于理或有々愚者有一得智者豈無遺狂夫逞胸

臆觸藩突如羝虛衷鑑物理蟻馬点堪師

四圍莞葭墻一兩鍾阿曆翹然車乘来曳尾甘瓠落清風

愧鄙夫脂膏肆貪攫倘具公輔器蒼生命何托留侯從赤

松鄰侯返衡岳功成身投閒誰能測涯畧

憶昔夢遊山直陟太華頂箭栝尋無蹤明星㵎天井邂后

一異人鬚紫修如綆風翻鳥跡文烟霏九轉舄鞠膝前致

辭異人齒欲泠伊胡自有丹勞勞方外請天際一聲鐘到

今猶耿耿

弱齡好論古涉歷苦不多如隙中觀鬥勝負定如何儗謝

塵網絆築室名山阿十年出問世差免何休戈出志既不

遂歲月傷蹉跎

十五

從來高蹈者每當天地閉處世夫何常幸與承平際高低
播碁九萬物生各遂窮則翔蓬蒿達鼓圖南翅雲泥視同
途何處不居易春風吹我衣有酒陶然醉

管道真画冊竹為余西園題

蟬粉叢殘古画冊魏國夫人留真跡玲玲幾箇青琅玕嫩
枝細葉漾寒碧林下傾敧三兩椽巉岩直欵壓危石懸懸
四壁〔風〕穠穠飽看何分主與客溪山清遠鷗波亭彬彬匹鳥
排修鋼輪藻窮追唱隨渠至今妙墨猶逼靈可憐禾黍滿

宮宇金枝散作波間萍竹上休論少斑淚男兒若箇悲冬青○○

竹夫人

有箇娉婷住碧林訂盟真仗斧柯尋拋將舊産家千畝下得佳期月一陰交頸未須矜解語專房反覺倍虛心老妻見慣全無妒也要攜持伴枕衾

睡鄉空憶北風圖能滌煩襟似汝無抱處忍教沾粉汗夢回疑是對冰壺半痕血淚知應淡一把腰圍不算粗昔日

绿衣都卸却小名未許喚青奴
江干浪打女兒箱爭似輕軀入洞房輾轉何曾作雲雨圓
通誰料帶冰霜想因孤冷来求偶那羡温柔別有鄉石枕
紙屏棲托慣夢中寧復到瀟湘
生来勁節本淩空却教桃根賦彼穠西谷曩時曾引鳳壮
窗今夜當乘龍得卿勝服清凉散偎我同披淡泊胸秋別
轉期庚伏候平安依舊報緘封

啖荔支

丹荔如美人物色可人意非關十八娘偶然竊名字弟榴兄林檎中冠履其次品評色味香寧肯居第二紅綃紐扣鬆紫綃露半臂軟溫雪肌膚緋緋撲入鼻古云秀可湌妖語非罕譬鑑彼唐羌畫有堠復有置紅雲宴方闌降王長已醉顧然真尤物我輩不妨嗜適當夏之季涉足楓亭地唉過三百顆尚覺含餘思舊譜仍未詳繪圖誰却寄顏作譚薇之桓桓來夢寐

食蛤蜊

海陬多海錯食單不全記蟹螯誤蟛蜞鰣魚憾多刺甘圓
内史名甚及有餘味為问甲渾身自衛非不倫侯當風雨
来冉冉鼓双翅胡為觸网羅嚴戈不知倫避邇来生甚緐
山澤無遺利魚蛋尋常物亦覺頗難致賣聲隔墻闻豈惜
費時值我非若士傳口腹同所嗜何必用鐵絲烹調郭索
類飲之以糟卵飫之以薑桂旅館秋霜高座客共一醉談
毋饕四筵不知爾許事

冬日友人過訪酒後[redacted]見贈依韵奉答

戶外轔〻[redacted]（蒼萃）車春溫頓逐仲冬初雕龍讓汝[redacted]（才乏敵）蒸鴨笛賓[redacted]（猶有）餘共把寒梅神競爽半憐衰柳鬢難梳琴樽且餞流光逝素地楓天問久跡

埽雪

埽雪援松塵煎茶傍竹爐豈惟孤悶破還覺凍魂蘇梅樹[redacted]（同）開落江村望有無獨留瑕一點城上畢逋烏

臘月見桃花

亂草新梳雪過天晴暉流影到檐前掀窗忽睹桃花面知

是江春入舊年

年少娥媌解美春靜拈紅袖立亭亭傾城一笑誰窺取鶯

未翻風蝶未醒

紙帳　咏物八首

斗帳周遮淨如雪風動劃藤氣蕭瑟此中不稱懸香囊罩

得論衡書一帙　依帳　仍倣此

瓦壺

達士神遊酒中趣頗言死葬陶家處傾壺了了悟前因讓

人爭把黃金注

竹刀

鉛刀一割鋒便折拋來竹片〻留如鐵案頭長伴楮先生已

利〻人抱堅節

藤杖

更生閣上曾拂拭花〻一去無消息覓一枝來挂酒錢脚

跟穩蹹非尔力

釣竿

無魚便作歸来計有魚為問酒沽未岓側持竿三十年洗来不識婁鯖味

画义

户外溪嵐皆我画四壁丹青莫浪瘠錢三十塊須居来朝朝挑取屋梁挂

鴉嘴鋤

一畝淡肰人境外傲美雲烟經可帶揮鋤嘴角鋒棱ㄥ莫啄芳蘭啄蕭艾

鬣毛帚

拔出雞栖守純素曾向山陰伴野鶩玉今羽翮雖飄零碧窗尚埽无規污

漫擬

麾策蛟龍一蓦同裶々雀鷩御罡風十洲宮闕人烟外五岳崑崙天柱中蕙圃不煩征税吏丹房會見轉顏童徐生杭海書應在佔畢餘音徹碧空

九重營度聳陛式涉目侁々立埽開路少崎嶇媧石補庭

二十

多笑語客星來釣天玉琯翻新調北斗瓊漿出舊醅點〻
齊州一回首茫然不記劫餘灰

李誕女寄斬蛇歌

吾邑有妖奇女子編志不採入邑人士亦無歌詠
及者芸窗搦管聊當補遺

九女駢肩葬蛇腹都尉徬徨計愈蹙李家小女仗劍行姊
妹挽衣爺孃哭〻聲空上青雲霄但求香餌飽所欲饞口
兆合占見血圍者其頭鏡其目斯時毒霧虛空橫腥風慄

淩嶺頭木突飛劍影搖星芒匉訇一聲崩地軸無諸自昔開闢闢陬匃匃剪刈蓁狉茁爲虮（虺）弗摧薦食亟遂令孔道回行輀三郎射鱔而死藝釣就一去空寒湫壯哉蛾眉具帍膽殪蟒如殲蠅與螻身披揄狄入椒寢金鎔玉洞充松楸老嫗兒曾斬當道好是昂藏男子流

小集王心田比山書屋即事

王郎有精舍標置比山麓石磴羊腸迴高低沿小築蒔花爲藩籬陰陰雜灌小木遶當失曦張蝙蝠等飛鏃桃笙困

一場沾肌汗如沐同儕解事者相將款其屋初入境便佳
壯風圖滿幅愈上境愈奇應接勞心目烟扉風自開闔入
羣峰矗隴首懷新畱彎環黛可掬悄聞樵者歌和畬松謖
謖葺〻帀地畱雜坐寫心曲移我成連琴遣我昆連俗怨
我禮法疎醑我舊醽醁諸居吟興發詞鋒相牴觸大白我
斝浮巵角森在腹酒陣與詩城揚枹兮逐鹿勝會亭有常
要在適所歡點〻林鴉歸更呼短燭續

楊二拙庵新雪香齋過訪賦贈

雪香亭子汴城裏粉黛争妍綺羅修址溪〻畔雪香齋玉
池玉軫繽紛排先畵樽酒恣披玩款扉今忽眼光換維摩
詰畫湛新開松篁美影無纖埃當年雪花騰洛下遙〻誰
擷瓣香者流風漸染桐孫枝一家師友相切劘萬卷淋漓
踠
烷鉛墨辟懸址日不再得齋辟書龜山先生址日不再得詩蕭藕般筆飛鷗歸
鴻鞠草間飛鷗亭歸鴻閣俱龜山先生官劉陽時建有石刻圖記憑菸小築通賢閣
客來不速主失喜接羅倒著屐折齒清言餉我澄靈淵勝
漱君家阿對泉

廿三

夜眺

入夜暑蒸退危樓獨自臨竹風徐透腋螢火散林坰協騷人韻魚希靜者心更餘清賞在殘月吐遙岑

草宅雞三唱嚴城鼓四更雲開星漢遠潮落渚沙明宿鳥閒中夢空山世外情羽人可仍否恰稱一身輕

伍致莊邱培園敵廬夜話

茗甌相對久襟袂了無黏[redacted]蝶夢沈花徑僧鐘墮草檐感時同拊髀快事一掀髯問夜將闌未涓涓露滿簷添

贈別閩西少年

帽影鞭絲玉勒光征袍濯錦劍磨霜簫吹子夜歌三闋人
度清秋水一方白首心情盟劇郭青雲意氣薄金張西行
倘過秦碑洞便搨松烟寄草堂

秋郊

平原一眺眼初醒莽莽長亭復短亭獵客媚人營兔窟牧
兒傲我相牛經烟生極浦知何盡葉下寒山未肯停撫景
蕭騷誰從者清臞野雀正梳翎

朱筆竹

反覆蒼黃共一身馳烟款勒壯山文緣何染〻緋衣色信手橫加抱節居

一湛二女泣湘雲寂寞株莖罩夕曛分卧幾根纏素上到今血淚尚縱橫

艮嶽圖

花石窮搜命不堪介亭北望共天參他年種滿冬青樹更有浮圖歸鎮南

卄三

山行暮景

前村日流影即〻在峰巔尋巢鳥飛倦樵牧歌言旋羣動總休止征人未息肩一聲發長嘯崖石砉崩騫何處廣成子挋衣問真詮

山行夜景

鬼火乍明滅不客時一吟冷風出岩岫逢蒿毛髮森不聞戍樓鼓焉知夜淺深熹微忽辨色紅輪湧高岑如天造草昧初九正感臨

廿夕

六言雜詩

墻前數去千佛海外聞來九州方寸有田草宅勞勞越畔
鋤耰
磨磚自尔成鏡言帚任彼忘筌但問米春驥未傳衣恐（合）在
今宵
晏偃一廬凍雪長歌二室清風錢冶匯優張説銅山莫療
鄧通
諸葛不求聞達安仁渠賦閒居一樣乖違風願流芳遺臭

何如

果蠃祝云似我庭幃式穀偏奇共羨牛醫有子可憐馬駿

無兒

新莽曲摹周誥超回巧襲化書竊國竊鉤伎倆黎邱暗地

揶揄

攻錯他山有石不妨朱陸相爭派水未觀餘耳誰知刎頸

交情

画虎先為活虎好龍反走真龍到底同林各夢爭如形隔

神通
摩詰誤投醋甕浩然脫去鬢毫費盡苦心湛熾釀成造口
醇醪
澀體篠驂虬户奇才牛鬼蛇神李杜文章焰在那曾作意
驚人
大度包涵似海蛟龍蝦蟹浮沈熙載苦多艾氣歐陽雅集
文林
入市塵氛拉雜連鑣紈袴飛揚蹁蹁腳跟無著真宜總轡

扶桑

買得數椽山曲愚公蒙叟爲隣序齒幾忘甲子捫心不守

庚申

兀坐作何消遣殘書信手披〻幽憤厭聞中散清吟愛讀

左司

風雨山歌處〻春秋社燕家〻畜馬何須籠罬種松不礙

桑麻

邱卞山先生遺像

廿七

公年八十有六度雀雁旋旗纛先路欒棘人啼〻未休兩手追摹寄思慕低細杖履平居時清言移晷神不疲温潤縝密比于玉經師人師兼有之從來有道風倜儻山斗名高共欽仰雖無老成尚典刑摩挲遺器都神往況復春風披画圖公今別來無恙乎顧我支離舊形貌不堪相對入清矑

三月

客至

後軒前輊總休論風雨圖書閱旦昏僕本恨人三太息居

真長者一溫存鶯花鬧處饒青鬢蝦菜聲來倒綠樽。小住為佳行有約他時卜築共江村

瓜廬

誰曾卻曲唱迷陽一箇瓜廬課亦忙指甲誤磨因墨短眉棱欲蹙覺篇長布衣且任饑為爾塵甑先憂窘缺糧為問楚〻小山樹幾時培植蔭濃芳

靜遠樓雨眺和楊拙庵

樓頭簾捲楝花風樓外層雲墜碧空幾日約來寒食後一

時誒雜雨聲中天垂画筆娛佳客電掣吟箋讓老翁更指平原蓑笠滿課詩餘暇課農功

榴花洞

昔聞榴花洞藍超入其中々有避秦人載筆非陶公我行東山上一壁雲冉々榴花何處開總被桃花掩懷奇負異者有顯晦本無常夷淵淂孔子千秋名益彰

卷七 一百六首

偶拈二字為題第二行低一格寫恒其德云云

樟汀詩草卷八

偶拈

恒其德貞婦人吉也至蕭娘呂姥襲巾幗而有之則夫人城娘子軍屹然千古矣偶拈列國女丈夫事得詩四章用志梗概云

文穆諸姜釀禍胎河魴評枝使人猜那知命宥天家醴都

廿八

前有侯生後李同總憑纖手妙空〻虎符飛去兵圍解不
數田啟狗盜雄竊符
椎環徑謝帍狼都晚柱無多上大夫可是英謀磨鍊久妙
年便識敫家奴碎環

龍溪口晚泊同何洞岩

響罷鳴榱後潦生碧水灣林暉斜度鳥潭影倒浮山旅客
驚秋迅家人計日還村沽近咫尺差可借酡顏

哭喻友竹外舅

廿九

蘭荃處空谷無人自芳蕤幽崖千丈松礧砢益見奇丈夫
立身貴耿介蠅營狗苟心徒瘦手持白璧還大造生無愧
怍死何悲公稟太和之正氣溢爲詩書潤澤之藏修信姱
以練要茇刈薋葹畦留夷忽忽中年感多故伏櫪空懷千
里馳大兕文梓臨風折季爲國殤哀楚詞人惜夢夢代呵
辟乃公茹檗甘如飴由來侏儒飽欲死金门據地歌胡爲
賤子才非舜欽若少年便辱祁公知丈人峰頭高巘業術
晚操壞鐵不辭坎壈常遭俗眼白頗疑知己爲阿私但如

公葦作坊表末俗羞可回澆瀉夫何天心不慭遺竟爾蘭
衰松枯萎恥同衆草爭華滋欻乘回風載（揚）雲旗城額芙蓉
宮靈芝魂兮歸來無久羈孤子號咷女淒（漣洏）其觸我淚下如
綆縻泛扶西州嬾投足山邱零落陳思詩

春雪

小園怪底桃花稀讓雪花追蝴蝶飛入水斷然易澌解為
山却也成崔巍誰來浮白暖寒會共約躡青心事違投筆
仰空一笑渠任他繡上蠻弓衣

三十

種柏歌有引

祠堂古柏折于風雪歌以悼之閲十餘稔矣因命兒輩取盆内柏苗移植故址輪囷之埶尚需十年未知目擊其成否

物生必蒙物穉必養藐爾孤木大不盈掌遷地弗良斯言近罔立幹結繁自爾以往君不見觸石之雲澤徧穹壤濫觴之源漸成漭瀁矧近旅楹呵護靈爽蔚者材成資棟梁後秀後作參天想

雨後觀釣

斷雲絮〻壁江頭，滿樹斜陽帶小樓。崖壁拖來千尺瀑，荻蘆吹動一聲謳。詩中圖畫懸漁艇，世外襟懷寄酒甌。寔美風標兩公子，閒游沙尾弄清流。

萬松精舍歌為楊二拙庵壽

我聞泰山〻松參碧落，垂陰徒衛兩風惡。又聞景山〻松數十圍，是斷是虔偃卧磴。亭〻物外夫何求，爵則可縻工則度。精廬數畝含雲巘，宋儒曾此勤鑽研。流風餘韻近千

卅

載蒼髯老叟形依然掛飛凡羽不敢止禽柯差許寉相傑

倚[redacted]黌堂嶺草流芳菲那得[redacted]輪囷長若此神白[redacted]樹呵護有鬼神

凌寒柯葉雪光新葛藟由來芘根本孫枝還作虬龍鱗

雪香齋坐雨

[redacted]縹緗四壁築詩城嚴樂長驅閫筆精浪作前茅飛度去[redacted]投壺唾

会把崑崙関奪去偃戈閒对雨縱橫

入窗[redacted]雨[redacted]中声[redacted]

更倚[redacted]危樓[redacted]路[redacted]雨[redacted]眉樓頭晴好雨偏奇朗吟要樂希文記絕勝

[redacted]樹[redacted]鳴[redacted]斜續[redacted]無[redacted]

模摹山範水詩

蕉放[redacted]陽[redacted]

僧茂松和尚秋日招飲賦贈

閩南山水信多奇兮得扶輿到赤縣一自廬陵品題後惠崇冠絕九僧詩

真師性地月澄沙百句圖留惠崇作伴法華繼尔西人少文字揮談便覺帶烟霞

楓桕林間雜屐聲欸迎未肯太僧生遥山指點残烟外黄大癡来画不成

厨頭有酒忍攢眉援筆多留醉後詩好語主人三笑罷莫

卅二

教林落曉猿知

余心田假館崇業寺賦[redacted]並示之、

余生耽古如耽飴窮年矻矻忘其疲雲龍上下二三子晤言不數韓陵碑几有青山枕有月風搖書幌松參差悄聽萬籟發空谷如清肺腑之軍持我步郊垌訪開士秋花滿目淵明詩琅琅東壁出金石依然予汝疇昔寒窗風雨時君不見醴泉寺中畫清粥先憂後樂盟心期又不見家書报畀祖徠山澗下遺编依附磨崖况值春秋月幾望光

燭幽遐無邊陲古来奇杰丈夫也磊落功名人自為休将買去不龜手藥似我洴澼江水湑

宿僧舍即事

雲容罨合结璘微一綫長明總落暉丈室聞香僧放梵小軒扶醉客忘機鎗調活水新茶葉榻倩寒山舊衲衣乍醒蝦蟇更裏夢心苗孤茁興遥飛

觀缘橦之戲

平地身一聳躋入碧空際震〻竿〻顛騎危妾巧藝或飛

卅三

猱攀枝或飢鷹側翅或三帀為鳥或孤懸為蜼俛或成郭索跪螯失附蜃仰或成蠏蝲花鬚倒繫臭如蜃娟風前欲避不得避如飛燕掌上欲墜却非墜游絲無坳柔棘端無坳銳作翕忽作張不即亦不離騰挪蝸角尖萬里有餘地盱衡川楚交[redacted]醜未全斃沈家肉飛仙好鷹翅閣試懸布城可登輪囷敵可致胡然駕都盧掣群喧市肆入手金纍纍祇供狹邪費機事生機心匪比穿窬細蟻聚快游目識者用心悖敢告良有司莫但移郊遂

題黃繡章画册小律二十二首爲余西園

一螺鍵其户一螺敞其扉回旋樸自寓園闢理誰窺鸚武依然似劉臻莫采頭顱 螺

風月横窗夜思君喜可知匪魚忽依藻走陸亦持頭自伴圖書府文淵忍復嗤 蛙

蓄怒欲相鬬肥胖項與身半閒堂已壞三段錦猶新嬾婦休頻顧鷙心認是真 蟋蟀

展卷名香供遂逢村裏來翩翩神乍定彷彿夢初回紅紫

易消歇春風莫作媒蝶

江干立釣絲品入少陵詩尾似多亭午花宜小折枝託身
芸閣蠹差可免膠飴蜻蜓

一蟹淺一蟹誰云有不如妙循槩几落還憶草泥居右手
持杯酒素心將不虛蟹

麥光如白角棒出水晶人未肯忘頤頷何須撈富春東坡
求侶後應作席間珍蝦

橫空走天馬驤首一何豪遯影憑蟬翳窮形在兔毫栗林

慎所處異鵲莫貪饕　螳螂

誰家小牧童牛背笑清風相遇野田畔休疑問道東我將

尾其跡烟靄正濛濛　牧牛

案頭聲槖槖無計可驅之偶值烏圓好悵淂素練窺癖情

似山谷歆賦買魚詩　貓

點綴勞心巧丹巾赤幘同何來尾君子還覺目祖公供奉

銜猶在朱三往事空　猴

生涯淺水邊浣露點棲煙愛爾分行立依然一足拳不堪

相對久吹羽上華顛鷺

深山落木風引頸向晴空格磔聲如許續斑色自工世塗

行不得勞彼警愚蒙鷓鴣

不管春秋侯飛飛態有餘乍低双翅小合受午風躁多少

争巢幕輸爾得所如燕

敢云寄生肉愛妝羽斑斑任促農人急方知拙者閒不分

鳴與祝孤子淚潛潛鳩

双双毋與雛嘤嘤出菰蒲腳豈因人滅名曾解自呼風塵

鹿〻者請視水中晃 水雞

寒倚梅梢雪襞椒鷺不停于焉澤毛羽無異沐脂毹儘有

張羅者依〻近户庭 雀

傍水學鷗晃蕭踈隔岸蘆蹤跡來紫塞吭歌唳清渠遠夢

困君翩芝無片紙書 雁

撩風舒兩翼側首笑虞羅志在烟霄項身藏脈望窩休提

上蔡事指眼費摩挱 鷹

雌雄且莫辨躑向草萋〻積市憑誰顧守株空自迷晴軒

艾

俄邂后我意已忘蹄兔

不聽瀟瀟雨（響）多應夜雨殘病原空色相綠轉蘸欄干知已

維摩詰標居耐歲寒 芭蕉

妹行居第幾裊娜研臺邊笑不須錢買神堪信手傳竹林

堂簇簇爭及秋清妍 薔薇

題樵川龔氏遺事 有序、

邵武郡志載龔慎儀仕南唐爲禮部尚書入貢于

宋藝祖命賫書嶺南招劉鋹被執鋹國亡得還後

隨李後主歸宋以駕部郎中出知歙州值宜春賊
盧絳陷城脅慎儀降不屈死舉家遇害二幼女被
虜入閩止邵武之香嚴寺僧母喜曰吾首卯地也得
間共投繯其兄子穎奏請討絳絳未幾來降穎殺
袖鐵簡擊之朝堂藝祖大驚按覆得實嘆曰江南
小國有烈士若是耶誅絳義穎而釋之邵武陳若
庵堯俞詩賦二章詳詠其事于慎儀猶未悉其隱疾
也因賦此

艾

宜春馬蹄聲轟砯火光直射黄山隈羅卒鳴馬起倉卒執
危援絶城摧頽尚書不屑屈南漢郎中肯逐盧循叛白刃
交光頭亂飛一門噍類盡糜爛可憐二女[redacted]絲牽纆破巢有
卵[redacted]寧求全花宮埋玉一抔土香魂去訴阿爺前[redacted]對阿爺九京
應慟哭壯身悔食趙家粟金陵一劍殉孤城白頭免葬長
蛇腹幽憾綿綿何日消墓門雲慘夜迢迢仗得循兒三尺
鐵到今寶氣干青霄

題卯乩仙勷野遺稿

才士矜才死未休，六年雄踞曠然[redacted]樓。風生肘腋盤孤管，紙唾烟霞到十洲。仙以墨筆作草字，極飛動之勢。座客都如楊說項，行蹤翻比粲依劉。我來壇坫塵封研，把卷神交酹滿甌。

鐵鑄秦檜

傑閣崢嶸署格天，緣何双膝屈堦前。工如揑鬼差成像，婦不羞人尚比肩。三字爰書誰鍛鍊，滿腔義憤共笞鞭。獨憐一片錚錚鐵，却被他遺臭萬年。

春日如南窓書舍即事

沿洄溪而上邕行四十里雨脚如垂緌鵓鳩罵未止罷人覔捷徑棄坦就碨礧左臨千仞窠峭壁右旁起盤旋鳥道長泥滑淶差似睇彼肩輿夫一步一顛趾叱馭與回車狀際雨難恃劃肰豁眼界主人忙倒屣把酒道殷情夜闌足相抵人生蹉跌危不分險與砥茫蒼天壤間君子慎所履

村居上巳日即事賦詩偶憶坡翁應映籬空復小桃枝乞漿不見應門女之句因以為韻

嵐光如水々如鏡游目静參魚鳥性酒旗招去老顏酡低

頭蓋與繁花映
有時影度交交馬何處歌聞昔昔鹽十里嫩寒烟乍斂樓廊
[illegible]尚隔避風簾
陌上相逢桑苧翁杖藜倒地話春風年來供稅忙耕織不
見秋千入碧空
宜人卻壑行魚魚過客輪蹄走鹿鹿就中盤谷可相羊窈窱
而曲如往而復
褰裳拂動沿溪蓼艇子炊烟一絲晨水冷魚兒嬾上鈎罩

卅九

来下酒鮋鮊小

寒食初過情豐陶更兼風雨響蕭騷全憑霽曉蛙兒鼓催

浔春回雨咋桃

不是尋吟春[redacted]句較遲[redacted]再眠蚕候趁抽[redacted]然攜琴合上凌霄閣遠

和聽山童唱竹枝

藉草頻澆杯底物滿腔塊壘自奇掘不復知音唐六如可

中亭畔休行乞

拗浔山花插鬢萬臨風作態舞顛唐[redacted]挑筐女伴嬉戲稚[redacted]轉[redacted]笑

滿却天寒尚賣漿
柳葉窺簾看彷彿黛色只宜細紅袖拂風動玉鉤蝴蝶怕踏
香偷去人知不
日射幽林天一綫飛〻小鳥落如霰百頃松風濤送客還風
吹草低牛羊見
代漏池魚未足憑更長焰暗一寒燈生憎黃嫞緣偏薄只
伴奚童喚不譍
生風一嘯出前邨野老高扉欹斷魂屋角烟深鳥啄木猶

四十

起猛虎在敲门

觴詠只今渾漫興金錢有會在何許莫問佳人錦瑟旁後

車火帳胡琴女

清明日作用李泰伯韻

睡起庭林透隙曛雨（師）絲方便賞花辰莫將蕉葉夢中夢負

却年華春復春茗椀味通淘井脈柳堤衣惹蹴毬塵扶筇

叟屬忘形友[redacted]（慰癖譸勉）不厭頻

山舍永在蛙聲不绝于耳

星芒點熌散林木山禽韵歇野蛙續斯時萬慮澄于澗闃塵埽淨闌轉觸當年輸音鳴膠〻雄心索劍悵中宵一自長江擊楫去名爭鐘阜高岩嵬吠夜吠聲亦非惡為公為私同閣〻寒漏撾殘鼓不起無乃士氣頹衰弱般公何必若耳聰道樹禪心空更空披衣慷慨聽未已雄雞叫出扶桑紅

次韵楊四椰塘寄懷之作并候黄大了齋

何必靈犀方辟塵下惟兼習種漁經玲瓏石丈〻人〻堪〻語唱

哳都歌亦好聽鎮日長教委泥絮停雲時復面山屏一緘
認取楊風筆想像登音户不扃
一洗獻歲隔清塵餞得春歸夏又經舊雨已疏同社飲寒
霖可耐徹宵聽詩能助我攻愁壘名足承家寫御屏兼向
涪翁身健否曾無一字到岩扃

規友某耽博局家驟落矣詩以規之

同是亡羊趣若何貪嗔兩念總成魔膽如劉毅誰曾敵藝
比袁耽孰較多州鐵聚來空鑄錯虞淵挽去任揮戈請君

認取隨身木，鄧隱峰前自在過。

寄仲兄晚漁

浮生混入百花塢，藩溷茵簾聽彼蒼。心緒那堪愁永日，鬢毛未免變繁霜。珍收泥蚌畢原好，境似渠鱣晚不妨。見說陶公真達者，杯中物在興偏長。

兀坐齋頭百事無，拈毫未敢擬潛夫。招携樵牧（野老）游三古，酬酢山靈杖一壺。笑我刻舟牢索劍，逢人買櫝却還珠。短檠燐焰清宵裏，宛聽孔賓門外呼。

挽余西園 諱文瀚

圖史依然在，舟山未許藏。分原屬錫（華）年，却列兄行。君為族兄，若能公外孫，而十年長我。夢寐三更月，睽違十度霜。愴懷君遠逝，始詣鄭公鄉。

天心何必問，月旦重鄉評。挂劍吳公子，推舟石曼卿。胸消鱗甲銳，耳淨觸蠻聲。建德誰為主，今看竹馬迎。

佔畢娛情外，多君總擅場。楸枰森壁壘，竹肉妙宮商。畫傚倪黃范，詩傾衍與莊。風流竟消歇，宿草眩斜陽。

奄臺恒寂寞還引婦偕行其內人後七日亡殁重漉孤兒淚全抛幼

女情琴心三疊解犀角一枝橫瀧表他年事權將絮酒斟傾

偶見野花可愛不知其名也

山行十里亂蓬麻幽谷亭々一樹花暖日欲爭桃靨縱粲

春風不共柳腰斜綠珠自昔來双角碧玉從今落小家安

得金鈴護枝上免教鳥雀近紛拏

次韻余東垣春日圍棋

蕭閒莫遣晚春天砰々響丁々畫檻邊客向枳籬值々真々從風

湺花徑過茶焆（烟）[redacted]（潛行俗涸襟）回雪[redacted]（側之漾去態款山）盼固

欣然敗[redacted]喜有誰低劣有誰賢

立夏日南窗書屋作

僑爺恰一月大半雨如注適逢天氣清春光不肯駐昏欲

正南門丹藥被風妒差喜山水環綠黛爭奔赴曉喧出林

鴉夕下宿沙鷺主人察索居登然時一顧妙解鴻烈文肯

因泥濫誤引我無功鄉同心領其趣數去暑愈長遺情惟

此具

午飯後

鷓鴣叫深叢動云行不得竹雞復丁寧到處泥滑滑一片老婆心祇聒看山客嵁岩未必危草廬未必窄廿一仇池道卅六洞天宅清夢時往來但覺飛絕跡睡回日高春蕙風在我側三杯竹葉青數匙雲子白一甌日鑄茶冰雪淨胷臆

端午余東垣置酒賦詩即次其韻

節逢地臘饒風景目極天閶曠雨絲剪艾高懸笑氣戲采

蘭新沐愛軍排〻區明石醋紅傾國人酣荷亭綠滿戶聽唱
白銅鞮一曲儌肽身在習家池

余素齋製刻漏一具意匠工妙作長句歌詠之、

山居遠隔嚴城更屋角只聞風鳴箏解人鑿空出心巧欲
驅神鬼襄經營鏽鴛央針不自秘置酒招我落其成我觀
內箭互相錯左懸一榱右一鉦如身使臂〻使指轆轤注
水聲鏗鏘省括不差累黍位伍崔六燕衡斯平從來滴〻漏
器非一惟爾倍覺神而明亦奪閑昔說般爾丁緩点以風

輪名商村何曾益人事　廿于刻楮徒精專此物能補化工
力應候無異蓂枯榮逮士取為吏者鑒並可通萬物之情
顧我嗒肰子綦似訓瓠雖理晨昏爭短衣單布歌一闋參
横彷彿西長庚倘能乞置短檠畔掃盡萬井鼃蛙聲

弔揭貞女秀娘墓　有引

貞女姓揭氏同里張某之妻也容堪絶代掩璞玉
而不言年甫及笄遘藁砧之無似自倚銅山世業
盡輸梟雉之場因免錢樹生涯待摇鴛鴦之被新

廿五

聲入耳囿非濮上桑間比匪填門惟覺跋前疐後
守身為大含酖如飴緬黃土于荒郊應築懷清〻
臺榭擘㠯照于淨几都成懊惱〻謳吟

辥碎珠沈四十年斷碑猶解認荒阡滿腔血化紅心草一
縷香分玉井蓮騰子有靈甘死後狂夫無賴恨生前風帽
月幰溫存久肯聽春山叫杜鵑

天公也覺妒蛾眉須則無雙數則奇綉閣生來心匪石黑
風吹斷命如絲蒼涼烈魄輝燐火擺美纖腰笑柳枝不是

真娘卯壟畔丁寧過客好題詩

薄命词為揭貞女賦

鳥中有比翼花中有並頭寧為萬物靈而不耽好逑好逑原不艷絕綺但淂同心魚水似段脩有暇便卿卿荊布相隨聊尔尔盱江彼美珍球琳飛瓊飛下五雲深菱匣侵晨偷顧影蘭釭子夜巧拈鍼芙蕖一朵幽清處浪蝶遊蜂不淂覷輕盈合入柳枝词綺麓羞賡桐葉句無端窗外鴆媒來安薄蓮花舌底開數夫偃蹇清河豪阿母阿兄了不猜

卅八

綉幃牽去紅絲鐙漾光爛盈门車百兩粉盝熏濃迷送香睍瑠
射偏流蘇帳不是五侯七貴家錢刀狼藉鬥豪奢狎客調絲
鬧明月纖兒交睐醉流霞夫壻本来纨袴子情瀾倒合涌々水
凱風有怨々都忘羣小為歡々未已堂前徽曉攜箫聲一擲
再擲囊盡傾鮮彼六國路秦地々盡將長驅咸陽城遂把亭々
女貞不認作野桃械花䕸々拋縷金箱質鈿釵更將玉真鬟眈々
目隔簾咫尺伏妖魔眛眼欹肩醜態多鴛央對々回翔好妾
獨搖風墜網羅由來一蹶終々身託夫也不良妾命薄寧伊負

我羞負伊片辭無瑕還碧落酖酒盈杯慘入喉馳書阿母淚交流曇花影許霎時現廿草心期再世酬綠窗顯坐起如搗蟬鬢嬾梳眉嬾掃香魂冉冉逐飈車玉骨珊珊瘞秋草君不見青陵臺金谷樓南山有鳥聲啁啾危樓檻匣陷良人手紅粉銜冤尚可休極目愁雲陰黯曠野一卯卯絡九原下羞可摩抄鮮碣斑不堪想像花顏冶寉唳猨啼聲自哀愁天荒地老誰寫抽毫新補彤史遺窈窕應來含睇者

冬日撥悶

又

連朝天氣清日出即暴背雖值隆冬時敝縕差可耐荒齋

久枯坐圖史懶酬對蕩〻清寧中俯仰百千態逐隊羌蜋

飛處園款其濺猿猱饒捷足升木誰教誨薈蔚南山多瀼

瀼零露溉咄孔桐已焦那得琴可碎衆中置安身令人嘲

褷襳散襟臨前軒木葉踈無礙斑〻野燒痕一點有餘黛

物情恬以熙橫經亦負耒水鷗隨去留雞犬時一吠亦有

絲竹聲樂神勤報賽雞豚等春社醉倒斜陽曖便是和神

國身心得自在款語塵勞人恨無三尺喙

皇初平牧羊圖

神仙在何處求之匪朝夕偶於尺幅中瞥見紫煙客之本丹溪人弃家幾度春問臧奚所事松根鉏茯苓自入幽岩裏阿兄疑其死阿弟原不虎羣羝蹶然起駈策梅花洞口麐門之仙童爲求芻牧執鞭箠烟霧空濛不可即撫景移時坐太息

蘭庭別業看金魚

袖拂欄干小立時非魚之樂有誰人知無力婆江上風沙亂何

四八

似淵〻半畝池
主人相對已忘筌興在湫園秋水篇怪我空持五十犗風烟
簑[illegible]雨笠坐年〻

訪朱[redacted]蕙三秀才

畧彴衡煙度沿流石徑斜行吟小山桂指點大方家雞犬
春長煦琴書辟不瑕豳風圖一幅寧止繪桑麻
一見習如故多年交以神佳山隹水地古貌古心人荊璞
摩挲慣青箱什襲珍碧翁留碩果里俗總還淳

春暮秀野草堂作

不越人烟外翻成小洞天折旋苔徑滑穩度石橋連物態

花含笑春心柳晏眠盤桓日亭午林露尚涓涓

歷涉園中趣凌風到爽亭（園中亭名）村烟飛去白山雨過來青

雀喉憐同調漁歌歇獨醒韶光如可駐焉忘鬢星星

過伍致莊福山別墅別後却寄

一春憎對雨塵纖訪舊山莊破黑餅濁酒傾壺談未了清

宵見跋燭頻添盤桓履跡都浮梗指數年光自責髯詰旦

隴頭揮手後，岩花峄草費遥瞻。

題綏安朱梅崖太史集後

古來豪傑士，立志尚不苟。壯夫悔所為，宿習總無狃。身踞太華巔，下眺羣培塿。諸子百家書，錯出六經後。為玉石互陳，為鐘釜交吼。形聲糟其真，遂被贋者誘。詭隨流俗好，瞬息等芻狗。茲（弱）蔓負無力，良由積不厚。剽竊以為工，點綴點土偶。梅崖起綏水，獨具回瀾手。駢儷擘悅詞，弃擲同瓦缶。得力良非誣，經訓作樞紐。荀揚及史漢，歐曾與韓柳。含咀歷有年猶勞人秦悅口聽說文初出見者反却走詆諆即隨之奚啻耳有鼪稽古力愈堅卒不易所守賞識逢宗工品遂齊山斗一麾宰小邑旋反舊田畝經術留有餘書倍淺二酉明窗一展誦恐臥意良有會攬味美於回精神乃抖擻古色斑斑然摩挲商彝卣古音嘐嘐然考擊夏鐘鈕氣感理昌明何至供覆瓿詎載道吾未知饒山可比壽

虹橋納涼

溪聲悅我耳天風吹我衣危欄送遠目出入烟霏霏稏穲

五十

疊千頃高低山四圍空無著一物但見鷗鷺飛咫尺便亦落邈與世情違落落河上公蹤跡未必稀悠然結邂遘覯波光搖夕暉

凌霄觀

凌霄塵外觀古樹繚蒼蒼龕冷茶烟斷苔深蘚屐荒尺書誰付寉怪石不成羊獨感絡新婦臨風牽客裳

初夏

花風二十四番餘薄薄棉衣尚未除倘是山中無歷日幾

寒猶認沖春秋

繞架薔薇綫〻開董風拂袖軟紅偎分明似箇人兒樣去
大心情憶不來

往來如織白雲窩半叱烏犍半插禾聽得農家講好語舊
冬冰壯水泉多

倡條冶葉滿征途趁此歸鞭亦足娛不為吟詩身自瘦動
勞筋力問妻孥

讀晚漁兄感遇詩作此奉寄

新詩寄空谷卅首之云多擷得離騷艷成吟懊惱歌數之矣
奇若此語却妙如何讀罷悲翻喜急尋金叵羅
口中窒石闕何似不平鳴妙解温柔旨方諧風雅聲言愁
衛叔寳寄傲晉淵明極目奔濤遠浤浤水一泓
素篇噓冥漠胥歸大冶鎔安知霜復雪非玉柏和松履坦
魚蠹路愁消芥蔕胸芳華一炊黍夢覺尚惺忪
放著如箕眼嬉娛現在身流光都過客冠木豈由人風定
諝刁寂 大務魚鳥親殘編助舒嘯驪赫之吾隣

趙文敏匾

光纓湘烟滿目秋當年松雪寫閒愁殘圭斷璧人爭採、莫挂彜齋一葉舟

南華庵

前邨猶在望身已入層雲仄徑緣峯轉鳴禽雜葉聞海桑看梵宇寺不戒于火今結茅數椽苾芻亦甚寥落松石閱人羣俯仰俱陳跡斯言感右軍

鐘魚都閒若風景自依然妙墨嵐黏壁清音澗入絃腸、元

山果熟面靚野花妍幾許高明室輸爾穩晝眠

望百丈山

一名羊角晶又名鉤刀山懸崖絶壁高出羣峰之表明一統志云昔越王校獵於此建立臺榭遺址尚存

閬闔晴開宿霧霏凌空削出碧崔巍南天半壁擎華表大地羣靈泄翠微閲世不隨雲起滅留人直到影依稀懸知嶺上潺　暴曾送雕鞍校獵歸

古松

松風何處堂金碧坐空王僧定蒲牢伏燈昏蝙蝠翔西宮
流沙漠一吷笑滄桑獨遣停驂客遺徽憶不忘

卷八　一百四首

炳燭齋詩集三卷補編一卷

［清］霞浦游光繹撰

湖北省博物館藏清賭棊山莊抄本

炳燭齋詩集三卷補編一卷，清游光繹撰。光繹（一七五八—一八二七），字彤卣，號磻田，霞浦人。乾隆五十四年（一七八九）進士，改庶吉士，授翰林院編修。嘉慶三年（一七九八）、六年，兩任順天鄉試分校官。四年，擢陝西道監察御史，以直言聞名於朝，先後上疏，論「用人」、「查州縣虧累積弊」、「君德」諸事，具見憂國愛民之誠心，及經世救時之實用，嘉慶帝嘉其鯁直。七年，以言銓政不當，去官歸閩。八年，主講鼇峰書院，歷十九年。道光二年（一八二二），與巡撫葉世倬不合，辭去。光繹好學，至老不倦，故以「炳燭」顔其齋。撰有炳燭齋詩集，主纂鼇峰書院志傳世。生平事跡，見其子大琛所撰皇清誥授奉政大夫掌陝西道監察御史前翰林院編修顯考磻田公行述。

是集分上中下三卷，録古今體詩三百餘首，另附補編，録詩二十三首。上卷自燈花至筠谷又鍛煉二首作此報之，六十餘首無明確紀年，大抵爲在京期間所作。可考者，如送陳秋坪之官四川即用留别元韻及送秋坪二詩。按，陳登龍字秋坪，閩縣人，乾隆三十九年舉人，乾隆五十五年以大挑一等分撥四川，署天全州知州（見四川通志卷一〇五），則二詩蓋作於乾隆五十五年陳登龍赴任時。罷官日作一詩前頂格標「壬戌」（即嘉慶七年），其後正編三卷均有繫年，卷下末首何梌海親家遺照，繫於道光七年丁亥，則此三百餘首詩乃光繹三十三至七十歲間所作。

光繹工詩，然不輕下筆。曾入梁章鉅主持之藤花吟社，多有唱和。謝章鋌稱其詩「磊落有奇氣」、「與汩没世味而望富貴者不同」，梁章鉅則稱其「文筆傲岸」。集中若李忠毅挽詩、送葉七培根宰富民、送鄭松谷太守入都補官，皆有寄意，而出之以婉曲。另詠史、詠物諸作，均深得比興之旨。出都别諸同志頸聯「陳根有日容承露，秋水無波穩放船」，魏秀仁稱「胸次灑落，迄今如見之」（陔南山館詩話卷二）。黄曾樾謂「其詩無憤激之語，粹然有道之言；即涉及身世升沉之感，亦出之以冲和，託物以寓意。先生詩雖有近於怨者，亦其遭遇使然。然怨而不怒，此正先生詩之真，亦先生養之深也」（黄曾樾炳燭齋詩手稿殘本）。

光繹交遊，集中贈答往還者有阮元、陳壽祺、梁章鉅、葉觀國、辛從益、蔣祥墀、汪志伊、胡長齡、陳登龍、葉大觀、林軒開、齊鯤、吴賢湘、林鳴岡、何治運等，均一時名流碩彦。詩中小注，多存掌故舊聞，有裨史乘。如嘉慶二十年作聞胡西庚同年凶耗詩「歸舟殘歲到家遲」句下注云「甲戌臘月卒於臨清舟中」。按，清國史本傳云嘉慶「十九年七月，因病請假回籍。十月，至德州卒」。由此詩注，知胡長齡卒日有兩説。又嘉慶十九年作和吴清夫花字韻詩首句「姓名新喜列仙家」自注：「吴去歲升翰簿」。檢道光重纂福建通志卷二三九及光緒邵武府志卷一五，僅言吴賢湘「後擢翰林典簿」，未言年月，由此詩可知其任官在嘉慶十八年。

據卷前光繹門人饒廷襄序，是集乃「從簏紙堆中檢出，以意屬讀，釐次成帙」，此本則爲謝章鋌命人據光繹曾孫學誠家藏稿本抄録，並親爲點勘者。卷首有光緒二十七年（一九〇一）謝章鋌題記，此序收録於賭棋山莊餘集卷三，作炳燭齋詩集鈔本記。（黄林灝）

鈔本

游光繹

炳燭齋詩集二卷一冊

炳燭齋詩集未編卷侍御游彤甸先生之遺著也先生所言多
去官詩藁藹有奇氣與暖暖姝姝者異其後人學識在無聞出
集請爲序予不敢辭易下筆藏之篋衍數年矣頃聞集係先生
手寫子孫此宜珍襲久留之不可因令侍史傳錄一副以歸原
存於其家而學識遂福安祖籍久不得見又不敢託人遂寄尚
當保之異日耳先生曾主鼇峰講席平易近人而自守則嚴於
讀其詩頗似去官爲朱高山刻志士思有爲與汩沒世味而冀
望富貴者不同也況文道之以隱顯哉子大環字漫郎跌宕擅
文采一日能奏千數藝予曾見其萍緣小記蓋計偕過姑蘇有
訪眷戀之作散文二千餘言隨筆抒寫不冗不蹶隱名自稱方
者其十年

小玉嘆殆可語冰雪淨聰明弟先生畏之甚篤敬之又甚嚴亦舉進士而不甚達今日世風沉錮眼中安得有是才歟光緒辛丑季春長樂謝章鋌校畢記於雖平室時年八十有二

先師　游侍御公、詩從敝簏紙堆中檢出、以
意屬讀、釐次成帙、其所作駢體文、館閣奉為科律、散體亦峻潔
醇雅如其人、既不欲以文字名、隨手塗毀、稿或為人持去、亦不
復問、今令子方勤勤搜輯、他日當與詩合刊、以布之通都大邑
焉、　先師篤內行、立朝以直節著、歸田日中外想望風采、而對
客言、歛然若無足道者、矧于詞藝、固非所矜、然隻字出自偉人、
百世猶傳寶之、固不論其詞之工不工、　師詩高者入盛唐、次
亦不失范陸、雖專門名家無以尚、則又兼有前賢華實之美矣、
小子襄常侍講席、受知特深、後以居遠、或間數年乃一見、見則
懇乎其容、屬屬乎其言、未嘗不有意乎其人、今白首無成、捧誦

遺編能無慟耶

道光十年　月　日受業弟子饒廷襄謹識

叢叢著述接元經。餘事風騷亦典型。冰雪一編熏手讀。瓣香合供道山亭。琅玕披腹寓忠規。（只知披腹獻琅玕、集中句。）林下時深魏闕思風節。百年青史在。鑄人不但作經師。

道光丁未春仲讀磵田夫子炳燭齋詩集。

受業陳篆謹跋

炳燭齋詩集上卷

霞浦游光繹礩田著

燈花

孤燈燄燄作花光，送喜何知此異鄉。入洛陸機非綺歲，登樓王粲有離腸。關心海國鯨吹浪，失意雲霄鶴在梁。却撥瓊葩仍未忍，魚書詰旦水中央。

送陳秋坪之官四川，即用留別元韻

清歌聽罷正添愁，況作西川萬里遊。劍外曉烟來漠漠，雲邊獨鳥去悠悠。壺樽應入三巴夢，意氣還高百尺樓。為道政成歸去好，崎嶇隨意共經邱。是日同觀劇，故有首句。連同杯勺，故有第五句。

聞蟬

孰賣燕臺駿，仍聞薊樹蟬。卑樓應未穩，高調向誰宣。搖落秋風近，頹唐夏簟便。我懷正蕭瑟，爲爾倍淒然。

閱春明夢餘錄雜題

時雍坊外一堂深，公退潛修此盍簪。學問由來皆職業，南皐何礙似東林。千秋卓行嗟羣吠，兩疏元臣枉苦心。別是王畿傳首善，寺人祠宇總瑤琳。

黨禍科臣解預防，誰將吾道問蒼蒼。偕來偏遜鴻都學，不毀應懷鄭國良。人仰高山猶向往，天教帝宅竟同荒。華亭妙已傳家法，講學由來是佛堂。

千秋遺恨叔孫通，原廟繩承異代同。君看奉先崇閟殿，睿皇還

在王芝宮、

生來義憤似陳東、慷慨批鱗氣貫虹、早擬裂麻扶大義、輒緣折檻納餘忠、神靈九廟臨廷杖、魂魄千年怨帝弓、若輩寒蟬今在否、史書凛烈是儒風、

和葉椒圃夏夜飲、

一行高柳挂殘陽、又見林烟萬點蒼、池草漸分霞彩麗、風簷斜傍月華涼、有人歸思臨秋逼、元作有懷歸意老我閒愁似日長、躑躅良宵還不寐、流螢幾度點羅裳、

又和澄懷園寓齋韻時助其尊人校書余亦嘗往遊焉

御苑風光畫不如、勝遊聊駕短轅車、狂呼槐市傷多酒、飲王六丈寓齋

時為國子先生快讀蘭臺未見書長樂月橫宮樹曉華林風遞暮蟬疎
憑君更作他年約藜火聯輝傍帝居

四無詩和穀斧前輩韻

無花

林園翻厭踏新晴驚鳥鈴收鳥自鳴尚有折枝心未已絕憐真
色翦難成空庭隨意餘芳草故篋留香賸落英莫怨繁華便銷
歇明年芳信看流鶯

無酒

朝來折柬誤招邀餅罄惟餘舊日瓢巨口空憐魚可膾枯腸徒
借茗為澆心疑畢卓忘名教傳檢陶潛伴寂寥拔劍未妨歌一

曲爐頭曾是醉連宵

無米

殘杯冷炙漫悲辛，太息萊蕪甑久塵。只道便逢指囷客，怪來須作折腰人。糟糠字有中閨諱，菽水愁專暮歲身。剩喜米囊花種在，懸窻權當太倉陳。

無薪

生涯晨起便蕭然，又是獰飈朔雪天。炊憶秦關猶有桂，看墨突已無煙。謬希絳蠟燃豪族，悔製焦琴伴綺筵。為報廣微能作賦，汪洋未易得羹饘。束晳貧家賦：煮黃當之草菜，作汪洋之羹饘。

送秋坪

君此揚舲錦水湄、客中送客我心悲、峽猿代馬鳴聲裏、一樣天涯怨別離、

和林桐峯同年聞蟬雜感四首、

鸝鶹憶送隔林音、謬想　君染素襟、草澤那堪長蠖屈、蕭齋無奈又蟬吟、山銜落日離人恨、秋近平林晏歲心、試掃殘豪賡古調、不知若箇最情深、

詞賦誰當獻

帝居、茂陵愁已病相如、此聲恰稱松齋靜、鎮日長憐酒盞疎曉簟正涼驚夢短、夜輪孤映怯窻虛、膏肓便恐叢三障、靈草山中漫荷鉏、

又聽殘聲和漏籤、簾旌不動晚風恬、書生輩下猶跧伏、大將瀛壖正戒嚴、天討肯容么麿醜、家山仍笑夢魂淹、何當羽化南歸去、坐看重洋海舶添

陟岵連宵望壽星、雁行重感跡飄零、凉迎榕樹千枝月、秋送錢江一葉萍、遠夢同應愁索米、短謀獨自愧譚經、撩人最是清吟切、錯恨長安酒易醒、家有大榕樹得月最佳家伯兄時在淅

對月

夜深明月小、暑重客眠遲、凉意光中得、離愁暗裏滋、可能千里共、已閱幾回虧、坐惜佳期誤、微霜欲下時、結用謝莊月賦意

古栢

古栢雖半枯，猶能蔭數畦。長槐盛枝葉，但恐秋風吹。祥鸞下珠樹，人寰俱喧卑。槐柏不擇鳥，鸞意將安之。

對月懷林桐峯

今宵松際月，應照病中人。一榻燈猶爇，三山夢轉新。風霜欺遠客，形影怨芳辰。顧我慙匏繫，相思漏幾巡。

澄懷園之遊，椒圃既作七律一章，桐峯復為長歌索和，輒次其韻

中郎不倒屣，貢禹徒彈冠。生涯託筆舌，始知行路難。遊屐卧庭草，萬象時冥觀。拳跼笑檻虎，夢寐猶岡巒。是時啓中秘，

詔向蓬萊看，才賢盛儺校。譽望俱巉岏，弇州謂王六丈贍精力，奧境
怡叢攢，憐我講席，乃無形羅戀。意謂湖山勝，合展杯酒歡。招
我門友，共攬雲水寬。微陽破曉色，遠風吹檀欒。聯裾駕欵段，
徑似離長安。馳逐三十里，羲轡天中端。遊興鬱欲發，塵慮誰能
干。招邀循周廬，高樹風聲寒。心第醉仙苑，手竟忘輕紈。梁園妙
接壤有誠親王含暉園，聞棲鳳池翰謂李劍溪年伯。世交溯孔李，攬勝呼園官。
却羨
帝子貴含暉園為誠親王別業，愛考碩人槃。修林豁青目，奇石窮雕鑽。有
松可巢鶴，有竹能飼鸞。芙渠一畝紅，絳仙如可餐。香風不肯散，
夏景嗟欲闌。徘徊出略彴，徑盡境未殫謂斷橋。勝賞自藏寫，歸步

無磐跚人生貴適意豈待頹陽殘我本釣鼇客傲骨神難剗第
擬謝塵鞅不願依
金鑾自逢按劍怒屢作式微嘆願尋鍾期墓素琴聊一彈漂泊
喟萍梗夢魂橫歸鞍寂寥馬融帳常眠日三竿相依厭形影鷦
鵬藉弋矰抑鬱入骨髓教戒雜吽讙所幸斷金侶臭味逐沈檀
縞紵半僑札雲龍唏孟韓俊遊復茲日烟霞留盤桓譬彼欲萎
草忽逢露華溥牢愁勿復道素月方團團命酒共醉月金波搖
朱欄對壘各競勝逃席或面謾謂葛謙亭褔量雖蕉葉如泥已先拌
薄技況軼衆一鶚秋霄摶拳戰屢捷玉繩何遽低酣飲猶未忺飲罷
始相笑酡顏皆渥丹陶然臥八極安知升與蟠

夏夜

雨意闌珊竟不成，碧天寥泬夜初晴。二更人語遥仍辨，一枕鄉愁久漸平。涼月當窗窺客夢，草蟲吟砌有秋聲。流光轉眼看飛電，又是華鐘出禁城。

策馬吟

策馬上駿坂，馬勞不敢辭。養馬置牛皁，馬賤心銜悲。權奇本天賦，顧影常驕嘶。豈有棧豆戀，每懷天閑期。德厚命乃薄，棲托仍喧皁。坐令天駟星，天上無光輝。暮入宿牛皁，朝出駕鹽車。車驅上太行，汗染紅躍踰。蹄申膝且折，遭逢竟何如。行行且努力，伯樂在爾側。

題王蘭江負薪圖

我有百鈞薪、繇力未克舉、君乃負以趨、餘勇尚可賈、我薪非君薪、我怯君何武、君薪猶我薪、君奮我何阻、峻阪或九折、風雪滿四宇、不惜負者勞、祇為析者苦、感應飄零中、中夜方起舞、

息夫人

舊寵新歡轉眼殊、緘愁長息憶蘼蕪、何如司馬家皇后、解把開天媚羯奴、

承恩深處轉生愁、應識無言有淚流、千載玉奴同一恨、焚香夜夜拜張侯、

彩鳳多時托碧桐、無端吹散怨南風、九原他日應含笑、聞道吳

王宿楚宮、

鄭莊公、

此公不孝友、機權乃出衆、幸逢潁封人、良心始一動、段也胡不歸、武姜能無慟、姜亦不敢請、城潁有餘痛、出師戰繻葛、乃至射其君、春秋二百年、此事僅一鬪、亂賊人得誅、何必桓與文、惜哉盲左筆、但道王能軍、

呂后、

稱制臨朝牝不疑、金輪千載奉明師、可憐作俑兼人彘、月黑唐宮骨醉時、

李不可為武、劉不可為呂、及身人已非、傳家天豈許、南軍一旦

皆爲劉呂氏之鬼啼啾啾可憐呂公奇此女此女之奇能滅呂

戚夫人

彘不爲人人則爲彘刀俎頻煩圈牢不庇是誰所爲嗚乎高帝生不私食其死不辱赤眉告語人彘無嗟悲彘肉猶可食雉臭不可丈

惠帝

諫人彘愛如意毋鴆子鸞物豈必類君不見唐章懷漢惠帝

武侯

惆悵軍前落大星彼蒼無意祚炎靈遺民衢路休私祭俎豆千秋在孔庭

朱博

議禮逢君亦可哀、漢廷空數子元才、傳衣千載蘿山老、又作中朝宰相來、

虞美人

王歌將若何、意在美人死、美人和王歌、意與王相似、鋒鏑亦等死、豈若王前美、殺身報王恩、茲爲烈女子、遷不傳烈女、此事例難紀、不然漢宮中、美人亦人彘、灼灼花搖風、似領吾言是、

岳王

岳王死、康王喜、朕今安穩作天子、分明心語口、欲報五國城裏、太乙宮主做不得矣、

錢塘江

錢塘江、流不息、朝來潮、夕來汐、如何不至、連三日、江神干爾何事、乃慮元不興宋不滅、行人過江聞江語、昨夜朝天天勑取、借潮三日上天去、明日潮來還復故、宋潮去、元潮來、行人過此心徘徊、來日聲厲、去日聲哀

揚子江

揚子江、方非風、一箭火、射斷篷、篷落水、天為紅、可惜清涼居士、坐此無成功、功成公勿喜、不成公且已、公如盡敵返、請公向東市、

順承門外晚步、

日正沉時月未生、順承門外碧雲横、不知馬足緣何事、猶作雷轟雷擊聲、

聞歌和林鶴泉、

微風淡蕩月輪圓、偷取鶯聲伴綺筵、我喚奈何伊濺淚、風塵憔悴李延年、

夜過小松同年歸而有作、

佳言玉屑落霏霏、曲巷回車傍素暉、怪道馬蹄驕不住、今朝載得異聞歸、

南山詩、戲為辛筠谷同年作、

騷壇昨夜起戈兵、攘臂居然廢北征、也識涪翁公案在、南山無

奈向人明

高向雲邊挂落暉烟鬟一點認依稀憑君富有登臨興只合將
身住翠微

秀態分明入畫時長勞望眼倚東籬莫嫌智叟從旁笑自古南
山本可移

名士名山結契長還從眼界破拘方向平五岳尋常事勸駕來
朝便裹糧

薈蔚朝隮擁不流扶筇幾日到山頭解從名教尋真樂南澗當
年柳柳州

筠谷既和南山詩復作絕南山四首意不謂然作此投之

林壑幽深俯仰間，最傳靈藥駐紅顏。瞿湯却聘真高節，也為平生愛此山。

轉眼浮雲萬事新，要將初志質明神。出山莫笑盧藏用，佳處還曾說向人。

橫看成嶺側成峰，雪裏鴻泥憶舊蹤。山不飛來君不去，猿啼鶴怨意千重。

莫問三山與十洲，奇觀且向畫圖收。撫琴動操柴荊裏，宗炳平生足卧遊。

筠谷復有和章，語多不相下，復作此

秦嘉遠在五雲間，消瘦菱花損玉顏。唱到藁砧何在句，示云夫人能誦

藁砧詩

一時齊上望夫山（時余亦獨居）

春光又作一番新，誰向深閨誦洛神，為報清修辛起季，在家僧是出家人（史稱辛次膺操修如在家僧）

彩筆曾描遠遠峰，去來誰繫白雲蹤，紅蘭紺蕙俱空谷，路隔蓬山幾萬重（蕙蘭其夫人小字也）

縹緲麟洲與鳳洲，風光猶想眼前收，壺中仙客今安在，傳語遊仙是夢遊（來詩有縮地之說，又前有句云暮雨珠簾入夢時）

復得二首戲用二姓事博一粲也

元龍　畔幾回翔，曾相池邊氣轉揚，慣愛雙棲愁獨宿，人喚作鴛鴦

便擬摳衣上將臺、橫戈躍馬壯懷開、只愁臨陣渾無勇、還向軍門仗節來

用二姓事、筠谷亦有和章、並作此仍用二姓事、

人面桃花相映紅、去年春思此門中、三生渠亦採花客、化作狂花慣惹風

紛紛暮楚復朝秦、不似葵心即佞臣、我是朱游思請劍、君能更作叩頭人

又二姓事各二首

夜雨、聯牀燭影紅、綠楊清蔭一宵中、移根舊在靈和殿、不染人間懷溷風風謂雌

便是連城不易秦晏然完璧駕才臣吾家亦自珍廉白不盡當
年奪婦人魏書游雅傳在任廉白奪婦游販事見左傳
門第從矜王謝家話來花裏歲年賒鄭恒張珙尋常事瑜瑾何
須更匿瑕
腐史繙周紀篇釋還西伯孰居先陸法言謂有莘氏之後為辛氏相逢　語
花應妬錯道前賢畏後賢

筠谷又鍛鍊二首作此報之

程門雪裏古通家回首班荊歲月賒珠玉也知常在側明珠無
類玉無瑕
愛讀儒綦論一篇相逢恰已早三年如從漢代論諸將先到樓

船後武賢

壬戌

罷官日作。

只知披腹獻琅玕，不覺狂言欲逭難。回首白雲龍首畔，倚閶剛待說金鑾。

中朝人物強裁量，白簡盍云筆有霜。從此頭銜全換却，祇應風月恣評章。

出都别諸同志

主恩未報恥歸田，東坡句我亦臨岐意惘然。待漏夢懸三殿日，循陔望切七閩天。陳根有日容承露，秋水無波穩放船。欲向長年問征路，觚稜回首五雲邊。

朋舊年來契分深、河梁執手費沉吟、莫嫌我作還鄉客、祇願人懷報國心、千古旂常須駿烈、一時林壑寄澄襟、天涯異日如相憶應笑閒雲怯作霖

贈送者

揮手謝諸君吾方卧白雲、塵勞真擾擾、別淚漫紛紛、夢到黃粱熟、襟從紫陌分、詎應學肥遯、康濟本無聞

新月

危檣獨夜思無端、淡淡微風漾碧瀾、翹首一彎眉樣月、今宵不是鳳城看

孤舟、

行年四十五、不識有窮通、今日言歸去、孤舟皓月中、閒情看野鶴、遠性想烟鴻、揮手從茲遠、丹砂訪葛洪、

中擇虱戲作、

一笑褌中處、窮搜柰若何、抑搔煩暇景、投竄付横波、霸略誰王、猛、公才倘顧和、從來除惡意、未肯恕么麼、

路旁見柳色可愛、

也共伊人在水湄、曉風披拂共千絲、天涯不覺秋光老、猶似靈和殿裏時、

過董子祠、

下馬難尋董相墳、聊從遺廟仰清芬、士如不遇應多感、儒到能醇已絕羣、椒醑有人陳故里、竹林何處補鴻文、疎狂莫漫談王佐、回首階前樹拂雲、

食蟹、

西風獵獵吹燕南、河干介士紛趍趪、二螯八跪不禦侮、緯蕭一舉登筠籃、春明薄宦十餘載、珍茲水豢輕肥甘、午市雖繁求者衆、高價詎復貧兒堪、析津臨河又濱海、此味政與魚鹽參、落帆古岸日之夕、計值一枚錢兩三、僮奴縣喜兒女笑、杯盤位置薑椒諳、察貳廉空苦無策、悤攫嗟咲皆春蠶、選雋務覓團臍劈、擇肥更詡紅腴含、孤舟鮭菜纔取足、詎有旨酒資況酣、登筵氣輒

凌饕餮着手醒却疑醎醃我亦癖嗜久彌篤常思一飫逾螺蛳
第遇蟛蜞亦不惡頓棄郭索　非憨用心要勿同汝躁從容咀
嚼還窮探意謂所向揔如意憑煖不用彈星鐔日來盤飧竟蕭
瑟儼似顛頓行江潭銜芒向海舉族去祇有黄虀供貪婪可憐
小婢不解事馳想日夕猶諵諵人生得喪皆細故口腹嵬瑣焉
足談我嘗飽食蓬池膾即今牢落成抽簪鄉園雖遠日漸近駢
田海錯思盈擔江珧海月懵不惜文蛤老蚌惟所姚蟛蠘蝤蛑
海所孕擁劍執火泥能函祇恐蔡謨轉昏瞀那慮陶穀工嘲唅
涼州蒲萄尚可換罷官得食差無慙何況水程出吳會澤國水
族歸泓涵無腸公子修尺許承筐時露毛毿毿佳郡孳生俱雄
着其山左

伯、餘如小國俱滕郯、計程恰喜近重九、方尋虎阜摩穹嶐、把酒持螯一笑去歸求繕性齋彭聃、

懷張蔓樓、

長途不結伴、如彼商羊烏不有六翮飛、一足行豈了、秋風颯颯吹、橫波、張侯許我同酣歌、滿船明月攜手去修阻那復愁關河、新知暗被陽侯妬、迢迢一水成歧路、我已心馳杜曲田、君寍返獻金門賦、待來竟不來、蒲帆依舊開、難尋雙鯉傳書去、祇見孤鴻側翅回、

中秋對月、

清氣如堪嘆、孤光豈待磨、披懷揔氷雪、落影又關河、彩定浮

丹闕行看晃白波涼雲帶征雁南邁意如何

荒村

莽莽數千里滄波自往還天低欣得月野曠恨無山旅夢風雲外荒村草棘間那須賦秋興早見鬢毛斑

得邀

得邀薄譴合歸休買棹河干亦壯遊士為盛年多感遇身非詞客亦悲秋晚林留蔭迎清籟涼月搖光瀉濁流記否當年杜工部飄飄天地一沙鷗

四女祠

承歡我正愧鬚眉鼓棹遙過四女祠倘有琴書歸弱息都無環

瑱即嬰兒陔蘭采豈容他姓隄柳今應發幾枝自古慈烏能返哺何人更與判雌雄

懷萼園伯兄

祇應留得語音存華髮居然老弟昆聽雨舊知勞夢寐望雲近喜奉晨昏兒曹指望誰千里談笑從容且一鐏記否武林門外路斷橋寒雨共銷魂

一水

一水殆為魚荒村瑣尾餘羸童各行乞敗屋未盈居林果收梨棗農耕雜馬驢蝗蝻正紛若留意灌秋蔬

四女祠詩意有未盡復作此

夫婦維人倫父子實天性去天而就人所以成子姓孝養歸弟
昆洗腆各致慶是以已嫁女服以減為稱乃翁業無男贏老孰
温凊四女義不字純心成卓行亦知得佳婿足展丈人敬恩輕
意或怠事豈我為政顏色躬祇承被服謝華靚聚若聯雁行恥
不貽餅罄甘旨羅高堂織紝橫短檠翁初或未允及其久乃聽
無男忽得四更比常男勝豈無聞名人景慕漢梁孟心皆鐵石
堅身如氷玉瑩此事世所無行權節彌勁出家斯為玷養親復
何病譬之於君臣委贄本云正自古有隱淪窮居却幣聘女實
以孝隱佩服蓼莪詠至今手植栁祠宇青掩映薄俗有出贅委
親别託命歿或不持服人梟任譏評願讀祠中碑庶用激澆競

以下另一番

夾馬營

卉木尚餘香真人此發祥武能戡暴亂志本不尋常半仗房陵慟殘魂楚邸荒長憐金匱字草草付韓王一笑墜驢人乾坤正斬新紅羊嗟浩劫泥馬問前津輪廣圖原窄金繒國早貧蕭條看石紐殘月大河濱

武城

先哲絃歌地層臺突兀高俗猶鄒魯舊吏豈簿書勞夜火明連市喬林碧繞濠橫舟看野渡未敢笑牛刀

看兒曹學書作

虞褚歐顏各一家揮毫顧我愧塗鴉探原筆定從心起得意筋

能入骨嘉少日英鋒排劍戟老來餘興走龍蛇風流莫更斜川擅奴隸應看蔡少霞

秋陰

窮秋天不樂連日作沉陰雲樹動寒色烟波愁客心

吴江

清霜昨夜冷江楓吴榜趁趯笑語中為報鱸魚高價賣有人歸棹趁秋風

蘭溪道中

幽鳥翩翻到水湄溪烟蓬勃儼晨炊扁舟銜尾西崖下正是漁家曬網時

處州

藍輿又到虎頭州俛仰羣山憶舊遊陳跡不須多感慨一園新月正當頭

却金館曉發

晴旭光摇曙館紅插雲危磴一眉通置身敢道高無際只覺羣山在下風

田家束稻草樹上爲數層若蓑衣然

强相束縛定如何凄寂空山雨雪多多恐棟樑無用處不妨隨意着漁蓑

遊武夷

造物有意開南坰、鞭笞百怪麾五丁、合力劖山山態出、三十六峰相映青、青蒼下瞰波流冷、蕭若川后朝山靈、山光水色浩無際、九曲曲曲仙門庭、大王一峰特雄傑、凌霄玉女增瓏玲、最奇接笋三斷三接、如笋形、餘或如鼓如掌如畫屏、瘴雲毒霧三舍避、時有佳氣來青冥、老樹盤拏鸞鶴停、松根如斗滋茯苓、瑤草靃靡繁如星、碧桃爛漫無畦町、窮巖揭孽誰揚舲、虬骨一蛻三千齡、瑰瑋連犿不可以指數、遊人領畧看圖經、縱有雄心恣搜剔、蠟屐未到雲先扃、此豈往古夷落栖岭嵤、漢家魚腊真羶腥、分明朱鳥張其舲、幻化雲阜涵烟汀、文明鬱積挺賢達、劉胡朱蔡俱典型、其中物產亦卓絕、龍團鳳餅含清馨、高人羽士世莫

者其山在

見入山鍊性隨雲萍丹成雞犬各仙去丹崖翠嶂空亭亭我生濟勝喜有具騎鯨早日遊東溟蓬萊方丈非縹緲盧敖若士盍彫零興來鼓棹沿溪去塵樊一笑真拘囿武夷君兮在何許何不夙駕來雲軿虹橋天半橫清熒仲秋佳日占堯蓂東處冠劍西娥娙紫雲法曲徵羣伶豹胎麟髓區盞鉚延年益算斟仙醽曾孫頭白非天刑乞取絳雪頤黄盍

題姜蒼雨杏花蛺蝶圖

玉腰春暖戀青芳振翅紛來碎錦坊妙絕毫端天趣乏只須粉本搨滕王

看花剛到杏花天宋玉墻東艷可憐風景分明仙苑似故應位

置太常仙（太常寺署仙蝶己酉冬日嘗呈御覽）

不曾幻夢似莊周慣向花間等俊遊一逕緣蕪千樹錦教人春思滿高樓

聚頭小景想姸華辛苦登樓歲月賒慚愧諸君多好事却教鳳子侶羣鴉

炳燭齋詩集中卷

霞浦游光繹礩由著

癸亥

二月初七日束裝之浦城

寂寞離亭上，篋輿笑此身。青分嵐氣曉，黃見菜花新。甘旨負無策，關山夢轉親。言歸歸幾日，又作遠行人。

過羅源有懷葉蓮山檢討

生死論交地，如君有幾人。鸞騫初得路，蘭殞正逢春。垂白看尊老，紆青感近臣。不須鄰遂怨，回首自沾巾。

羅源遇雨

今日侵晨雨，盍當阻客程。麥田青漠漠，蓮岫白英英。春遣輕寒

任愁兼薄霧生可憐忙底事林烏自咿嚶

溪聲

誰與臺省客來此聽溪聲得雨知能壯隨風似不平鐵騎莽奔迸雲碓浩縱橫澤物論功實歸田愧世名

連江道中有懷章仿軒詹簿時章已奉諱尚未歸里

汝定辭京國何方尚滯留長途惟有淚歸計若為籌旅夢疑殘月春寒感敝裘相思隔雲樹行邁兩悠悠

雨宿陀市

晨雨晚來續瀟瀟逼旅局庭涵微月白人倚一燈青天地空搔首烟波幾泛萍願言留後約待作對床聽

題王制府桐陰課子圖

碧梧花發長繁陰，將子時聞老鳳吟。艷說歸昌能應律，等閒誰識穀貽心。

青雲望子意何如，珍重瑯環萬卷書。功列鼎彝門列戟，從來經訓是菑畬。

浙水閩山拱福星，丁年玉樹自橫經。青箱重欲傳家學，看取桐孫綠滿庭。

邂逅長教說陸莊，珠遺滄海豈終藏。薄材愧負趨庭日，衣鉢無多只玉堂。

寄斌敬亭

修門一為別南國又春深鳳集俱阿閣鶯鳴只故林閒雲晴處卷彩筆夢中尋珍重奚囊亦空山和越吟東風能煦物南浦正揚舲驛路談雙劍厨烟託一經長途嗟驥伏餘蔭發蘭馨媚學今何似閟通屬妙齡

張研齋明府詩集索題

橫戈早日奮能羆文采驚看篋裏詩下馬區區成露布從今不羨傳修期

邂逅溪山險絕中曲江詩派有唐風怪來丁卯橋邊客覼縷才名話短篷謂許畫山

戲贈許畫山

桃葉復桃根，相隨老許渾。花前爭送盼，水上亦消魂。迓宅三篇

暖，移春一舸尊。天涯遍芳草，未解怨王孫。

贈別張研齋許畫山兩明府

宰官方望闕，遊子正歸山（上句謂許，下謂張）。一笑烟波裏，吾生去住間。忘形真軼宕，隨意共蕭閒。賦別愁南浦，行旌詎可攀（在浦城言別）。

浦城講院

好山鬱靈秀，塵慮息紛紜。古木千巖雨，高齋一榻雲。野人吾豈異，仙客幸為羣。鐵笛久寥寂，夜深宜可聞。

聽雨

草草為官過十年，槐廳栢府總隨緣。空山卧聽瀟瀟雨，懶把前
途問老仙。

空山

歸去來兮豈數奇，空山野性本相宜。陳編静想千秋鑑，生計閒
添一卷詩。曾向
殿庭瀝肝胆，且憑林壑養須眉。祇愁
温詔從天下，未必輇材足濟時。

閑門

氷雪豈應染俗塵，鏡湖聊此養閒身。季陵合是清高士，太白豈
非淡宕人。到眼雲烟知幾幻，閑門花鳥自成春。猶嫌鳴角聲相

逼待整柴桑漉酒巾

溪聲

溪水紛淜湃宵來怒未平定知作鼓考何處忽雷鳴漱石風難辨挑燈夢不成連朝更陰雨助爾壯虛聲

驟雨

凍雨颯然至涼風生滿庭金蛇光閃爍鐵馬韻丁東急溜連檐白殘燈一穗青及時須澤物莫厭隔窗聽

閒愁

倦倚隱囊坐閒愁竟不禁詩情挾秋色人意似春陰晝靜門仍掩林繁鳥自吟虛堂正蕭瑟莫奏雍門琴

聞龔海峯太守凶耗以詩哭之

執手淒涼十載餘，天涯雲樹每愁余。祇疑導引長無恙，那道流光竟不居。計日心驚元伯夢，隔年淚灑秣陵書。玉樓未必煩重賦，委寄憑誰問太虛。

連軫曾聞卷軸香，字人到處紀循良。勞心渤海真龔遂，高足河汾説董常（太守先出大興夫子之門）。時務洞觀今俊傑，性靈直抒古文章。傷心坐覺風流盡，佳傳何人為表揚。

幾年辛苦為從軍，決策元戎每顧聞。輦下最傳堅壁議，帳中得表運籌勳。剛膽

香案紅雲遍，豈意泉臺白日曛。卓犖千秋終不朽，莫將燒劫怨

蘭芬

風雪殘年記一尊睟容長喜似春温惠民有力能驅雹駐世何
香說返魂此老直應為
國惜素心今更托誰論瀟瀟幾番黃梅雨衫袖斕斑半淚痕

螢火

氣候空山異殘春已見螢浮光初拂樹流影乍疑星高月娟娟
白長林黜黜青肅霜無道遠速化易飄零

寄懷薩檀河明府

嘗聞賀下不賀上吾與君歸何足尤一樣生涯依筆硯得無窮
餓卽勳猷

春明聯藝十年前，彩筆琳瑯艷百篇。老去文章歸庾信，挑燈幾度掃吟箋。

苦愛穹官計亦疎，澹懷隨意伴樵漁。前功莫問西涼簿，門對青山正著書。

等閒吐氣揔如虹，王謝家兒故不同。（謂其姪孫育齋）寄語文章老宗伯，大鵬端的要培風。

珍重良箴莫作詩，擬焚筆硯已多時。天涯要把離情訴，只當魚書一笑披。

送別黃蘭臯恬明府即用留別元韻

又是江郎送別時，最憐豈弟洽嘉師。陽春布德千疇喜，膏雨流

恩百彙知、烟黯離亭人洒淚、燈深古驛夜吟詩、相逢一笑來何暮、長共窮簷說去思、

一笑皐比坐擁時、經師猶媿、況人師、幸承惠好殊無已得托神交未可知、華月一林縈遠夢、停雲何處寄新詩最愁鄙吝萌生易、雅量從今更繫思、

周賡廷明府得部頒新印、

彰信頒方國、維新入縣門、容臺成式稟、繆篆古文存獲豈同師力、戲用范史懷曾感、國恩摸棱非素志朗徹契靈根擿埴崇朝異、排衙一架尊歲無三豕誤字詎四羊論書笑麻沙本砂分句漏痕流行周四境教

化肅連村弄竟無能易剗應不待言此邦剛願治幾政未清源
豈爲銅章敝徒令鏡影昏東萊欣選俊南浦早除煩巢鮮爭栖
燕庭無不獵貆圍山窮兔狡當路想熊蹲勸義綏懸磬含悽啓
覆盆規模春潤木氣象海騰暾陟覺觀瞻改時聞頌德喧神機
覘巧構典物錫維藩斗大思他日星移定幾番煥然符治績藹
若洽朋尊是日招飲結綬情何極銘盤議弗諼琴聲調攫醳花氣動
温馨福命羣生繫仁威長吏敦履端方告慶心印屬元元

即事

臨池種得幾株茶短幹離披整復斜曾記清明紛摘葉却逢小
暑也開花

長閑習得睡工夫，攲枕吾真欲忘吾。人語夢中聽恍彿，山禽簾外喚姑姑。

静疑僧舍僻山家，步屧隨方玩物華。二十四番花放盡，南風開到紫荊花。

偃蹇輪囷幾豫章，翻風時作北窻涼。伴人好向山中老，舟楫難勝況棟梁。

夜雨淋漓漲碧塘，濃添樹影淡雲光。憑欄客正思何事，笑看浮沉鴨一行。

寂寞空山借一枝，聊憑風露作生涯。高吟不信知音寡，又到巖頭月上時。

奉酬袁少尹見懷元韻

耳熟吾州好長官，客中邂逅小盤桓。質非徐孺曾留榻，儉似齊嬰有濯冠。此日雲山紛繞夢，當時談噱恣翻瀾。開函莫便胡盧笑，詩思如船正上灘。

送劉心香同年時由詞林改為令

廿年挨眼幾升沉，客裏相逢一整襟。南浦正當離别地，中朝共有惓懷心。一官落拓難忘酒，百度紛紜漫理琴。聽到衢歌皆誦德，風流何必減詞林。

戊辰

僧還俗

爲僧尚不了，幾見是好人。當時少師姊，此言良有因。汝俗而爲僧，出家非王民。汝僧而還俗，汝乃我之倫。衣冠何儼雅，揖讓時逡巡。有如外藩客，來充上國賓。汝入則爲子，汝出則爲臣。忠孝乃實地，虛無靡所聞。迷途尚未遠，回頭皆通津。願言髮羣髡，一使風俗淳。

詠史

成法溯前王，財成具深義。後人或改爲，法立弊隨至。上官一令出，褰裳各求利。要在彌難行，作威乃彌厲。陽奉陰則違，坐可千

金致官橐幸已盈吏亦連朝醉舊貫故可仍紛更定何意不見王荊舒千秋同感喟

望雨

疎疎數點過雲雨未抵村農涕淚多我欲排雲叫閶闔直教壯士挽銀河

黃花

喬松礌砢托厜㕒叢竹蕭森亦水湄堪笑黃花　高節秋來未免寄人籬

聞某鄉民有慘死而非其罪者詩以哀之

那便無天性如何被惡名千金知是累一死豈容輕勢會旁觀

畜疑嫌衆論清，憑誰任昭雪，為鬼亦分明。

白髮

我亦還家尚黑頭，年來贏有雪光浮。蕭蕭那論三千丈，忽忽曾過五十秋。回首繡衣誇少俊，希心黃鵠忽遨遊。何當一葉飄然去，高謝紅塵訪十洲。

講院榕

此木盃論才不才，托根差喜遠塵埃。參天幹想高難企，跪地鬚驚老漸催。消受誦絃還是福，懺除斤斧不為災。最饒盛夏濃陰蔭，滿引得涼風謖謖來。

送章六仿軒入都

又作春明夢將如戀別何前程應有待時有効力南河之議舊雨已無多

健步看騏驥幽棲媿薜蘿揚舲思利涉買舟溪行努力莫蹉跎

挽陳綺石侍御

握別春明歲幾過藏舟不固奈君何槐廳栢府周旋舊丹荔黃蕉感慨多桂嶺林繁須大匠時督學廣西灕江秋老有驚波傷心不但山陽笛愁對蹬潭兩鬢皤

寄答同年蔣丹林少司成

天下文章類壁中南金東箭六堂雄盂徒寒谷資鄒律會見騷壇變楚風時大司成為帥仙舟同年亦楚產也解褐有人欽杖履失途何處附鴛鴻荒江老屋渾無賴學聳吟肩也未工

一紙詞林故事修承以紅帖換白帖長言覼縷感綢繆浮雲蹤跡寍常住書中及辛筠谷秦曉峯諸舊好少日鋒鋩好漸收著述有年慿蒲篋行藏已定不登樓獨憐病骨頽唐甚未老無端已白頭

回翔門下總神仙出試牛刀亦偶然話到管絃親入室喜聞鵬鶚已摩天晤夏明府以槐詢知為門下士因悉近況並聞世兄於甲子秋捷通儒貽穀尋常外才子升庸日月邊不識兒豚犬似肯教來歲作齊平年

雲林水石占名區滿眼荷花似鑑湖靜裏更無塵跡到閒來但惜歲華徂題襟遠道懷良友擁被中宵感故吾記否殘年風雪緊新詩吟罷共咿唔

詠史

膠漆自謂堅，未若雷與陳。如何翟廷尉，雀羅可張門。貧富與貴賤，交情從此見。君看天半雲，蒼狗須臾變。升沉亦時命，狂癡定誰勝。腐鼠嚇鵷雛，所見等婢媵。試誦貧交行，貧交皆吞聲。世無張德遠，誰憶蘇雲卿。

天道本神明，人盗可獨殺。古王重民命，庶獄哀矜察。如何後世人，鷙忍兼狡黠。殺敵猶逡巡，殺民何奮發。武吏既邀功，圭組憑詐奪。文吏亦效尤，鍛鍊不容脫。機穽自上施，誰能保膚髮。偉哉徐有功，能噓白骨活。

寄答陳恭甫太史

長身玉立綠槐廳，幾度人間認使星。早信扶輪大雅新，傳穿

穴到遺經、消磨鶴俸、頭今白、鄭重眼尚青、遠道相思何處

寄、寂寥寒雨夜深聽、聞新纂尚書義未見潦倒乾坤一腐儒、悠悠勳業只

生徒、四圍榕蔭疑水署、萬柄荷花是鑑湖、老媿文章成寡昧、閒

憑博簺作歡娛、門前也自饒桃李、聳壑昂霄定有無

挽李提戎忠毅公

南溟國之帶、鯢鯨穴其縫、妙手故可除、元機渺難洞、觥觥忠毅

公、大才必有用、受

命討凶渠、死生誓不共、英心磨盾能、親軍背嵬從、功狀餘文書

積威讋頑蠢、方靳續命湯、敢貽益智糉、曩緣掣肘乖、每抱拊心

痛、彼既避我鋒、公彌勵厥衆、潮汐有昏晨、追奔無暑凍、驚濤或

比山鼓柮同飛鞚勞勞歲且徂嬌嬌軍猶統邂逅賊咸驚急切
川難壅我師虎出林醜徒魚在縿公也掀髯看水仙今縛送陽
侯何騰掀箕伯來倥偬遺恨水墜鳶傷心坡落鳳食肉虎頭豪
裹尸馬草重樓船有積習巽輭靡淯傣曾無立懂心慣作還家
夢惟公實冠倫忼慨丹忱亘平生十硏翁詩篇事研綜（公酷愛黃莘田）
詩命筆寫鐃歌飛觴酌春甕克詰意轉閑以律兵無縱形思麐
閣圖志戢潢池弄往惟俞虛江（大猷亦泉人）才畧實伯仲近者陳遊
戎（諱名魁死事廣東亦泉人）聯蹤亦屈宋擾擾嗟萑蒲濛濛愁霧雺此輩如
飛鴞安得好音哢歸命亦偶然那復事耕種所賴上將才一奏
出師頌遊魂猶假息蒼綍誰為訟可憐貔虎姿頓取蘋蘩供

天子為揮涕羣公各長慟爵追五等崇
恩予千金賻
諭祭馳鳴騶
褒祠鬱危棟成功良最佳遂志滋足諷蕭颯陰風來砰礴怒潮
聞靈旗從空飄鐵馬分明控精兵森重圍惡氛洗一空為鬼當
殺賊壯語為公誦

齊北瀛編修奉使流求還日以詩集見示奉題犇送入都

遊好紀羣閒星槎喜迅還（舟還前一日方與太翁侗席有以舟至五虎門來告者太翁方斥其誣也）
驚看才似海遮莫浪如山（酒間談及波浪之大）忠孝開雙美（集中多性情之言）文
章動百蠻上台行自致鴻筆稱崇班（北瀛嘗戲言抵都日當降十三級故以大考升官為

祝

人情

人情每愛佞我意恥護前行年五十餘所在多過愆每覽古賢傳賢愚媿相懸區區作文士百行寍舍旃受才况鈍拙修詞殊未研願言告我友直言隨處宣勿慮我面赤我瑕行自湔

枕上作

庭竹響丁東寒燈不斷風手嫌書待展足愛火微烘酒力低帷後詩情擁被中殘年畏陰雨遥企日曈曨

前型

牘有聲華在寍闡意念深須眉難俛仰名位幾升沈衆怨愁銷

骨前型憶式金從來愛敬器宥坐合銘心

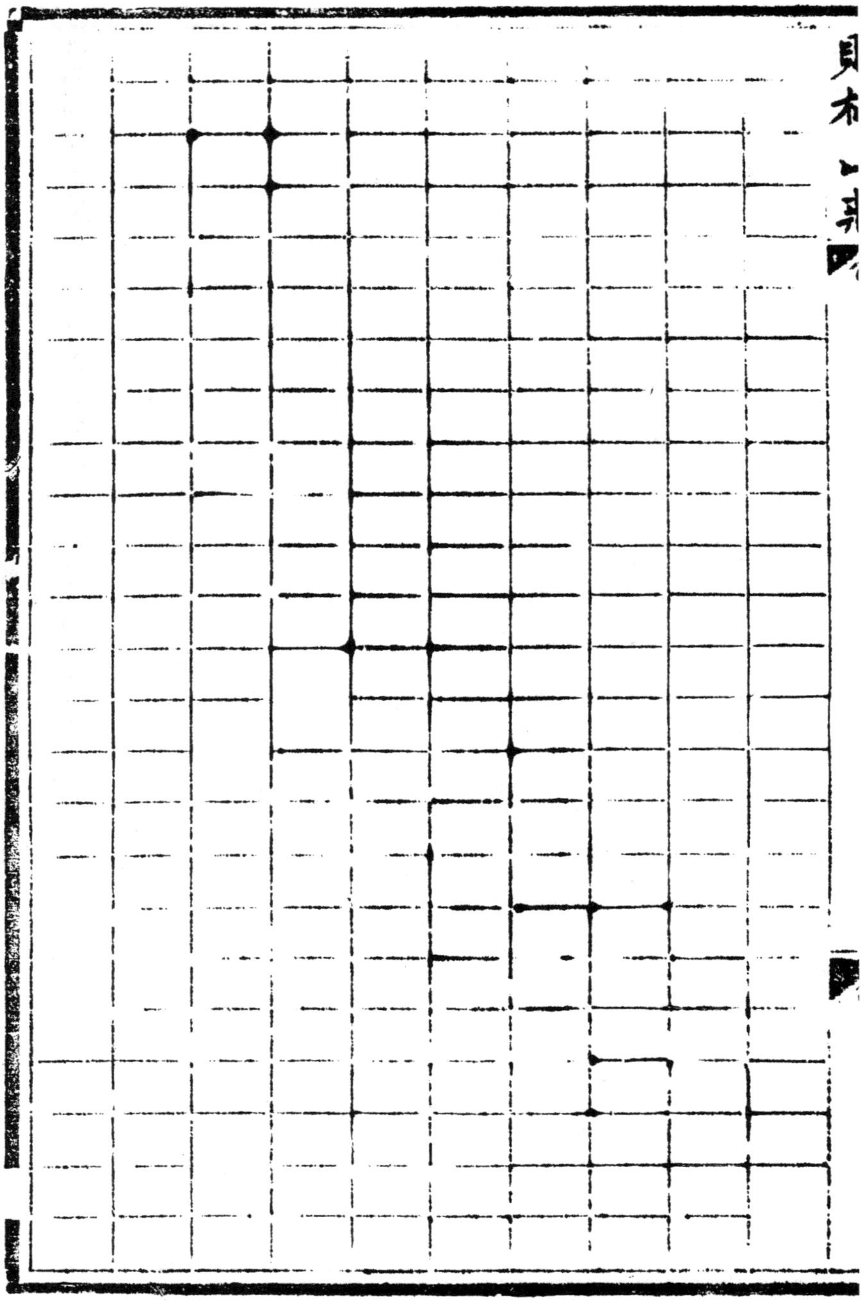

炳燭齋詩集

己巳

立春

牢落天涯一逐臣春來隨意寫宜春青山久作忘形契白髮新成不速賓靜樹遠籠雲藹藹晴輝清照水粼粼得閒贏覺時光好擬向前溪理釣緡

講院荔支四株植自乾隆己巳巡撫潘敏惠公貢餘物也感而賦之

此樹賢侯手自栽於今六十一年來如兄愧我頹顏老樹長於余九歲有子教人笑口開偃蹇閒庭容小隱支離瘦骨豈通材當年若

也浮江去已向昆明作刼灰

變態

變態原無定高才獨擅長鹿盃堪馬指李竟代桃僵雅意承筐重沉幾借箸良懸魚與留犢懷古竟茫茫

曹節孝 夏氏盃化人

盛衰不改節存亡不易心此曹文叔妻語高門有古範哲媛傳徽音黃鵠悲早寡雅志羞浮沉勁節竦秋竹獨絃操斷琴上堂奉尊老敬愉俱非忱甘旨職罔缺扶持力所任小郎四五輩肩隨何森森慈母棄不顧邱嫂責乃深長者具衣履永夜無停針幼者尚提抱出入常在襟詎伊愛勞勩詎曾煩規箴亡者實手足未亡

敢商參晨烏鳴在屋鴟鳩飛在林孝慈竟無間悲惋彌不禁檢
點嫁時衣梅澆今蒼黔顧瞻臺上鏡皎月霾秋霖茹荼二十載
性古情無今代終報夫子許身真南金浮雲有幻態直木無曲
陰裁篇擬綽楔來者知所欽

何節孝詩 林氏侯官人適邵府貢生何敦峯孀後叔凌廹萬狀氏卒以節見有二子炳煌皆庠生氏嘗戒子其曰吾久甘貧汝若以不義之財養我不孰甚吾不受不孝子養也氏年今六十四

松檜鬱蒼顏氷霜閱歷艱最憐全節地偏近枉人山雅性雲霞
上餘慶伯仲間白華真潔白珍重訓詞頒

庚午、

春寒、

風拂簾旌雨打簷、春來天氣轉清嚴、等閒莫恠貪夫衆顴頊而今也不廉、

野葛、

野葛荒榛總冒塗、山家隨分足樵蘇、門前剩有芳蘭在、乞與移根莫不下鋤、

白雲

白雲如玉帶、橫束遠山腰、有客雲中住、高懷抗碧霄、階庭只松桂、朋輩盡金貂、要我辭塵鞅、言尋王子喬

詠史

遙面軍前呂馬童，早慚子弟失江東。天亡亦是知幾語，合遣長陵葬魯公。

漢家子弟瓞緜瓜，深計無如衆建嘉。誰遣智囊東市去，敎人長憶賈長沙。

天馬蒲桃入漢宮，良家六郡各從戎。相逢莫詡封侯骨，李蔡為人只下中。

生死窮通總等閒，要教心迹對人寰。舞文誰似張湯劇，至竟愚生是狄山。

白水真人憶故知，羊裘垂釣豈矜奇。卷懷畧識先生意，端為君

房是素癡

得從徵名奮風塵江左夷吾亦等倫公與桓温盍並世山中大

有識時人

樓上

土宇無塵寫素秋憑高一覽豁雙眸樗才已分山中老不為行

藏獨倚樓

攬鏡

多少朱顔客馳驅意氣雄無情此明鏡照我是衰翁

蘭陔詩話載明正嘉間莆人以諫廷杖者二十餘人歎其

一時士節之盛因賦

共識批鱗險，偏傳接踵奇。幾人憐血脈，到此見須眉。里社枌榆共，心情獬豸知。無將憑弔淚，灑向木蘭陂。

蕉尾琴

已分成煨燼，誰與更賞心。風塵經浩劫，蕉萃得元音。缺憾隨時有，遭逢曠代尋。柯亭笛材竹，應自碧森森。

雨

寂寞空山正掩扉，千門白雨亂斜暉。分明豹尾銀槍似，愁絕吟詩杜紫薇。

辛未

依人

依人還作客，故影已成翁。落拓過梅雨，徘徊倚柳風。夢從星拱北，愁寄水流東。剩可招紅友，池邊引碧筒。

樗散

樗散知何用，榕陰剩得閒。惱人嫌引鏡，懷古獨登山。雜樹紛無數，孤雲去不還。閒根忽清豁，松際送潺湲。

憒憒

衆言稱憒憒，憒憒復何辭。縱未關興替，盂猶挾信疑。心原貞自許，人到拗難醫。旗鼓山光好，高樓獨拄頤。

病中

筋力知何有，求安尚不安。壯心猶激烈，餘興已闌珊。浩蕩遊仙夢，頽唐講學壇。終須向東岳，仍得幾

四月四日聞兒子春闈報罷

不將吉語慰閒居，失意仍成點額魚。三度杏花空作客，一天梅雨正愁予。同遊諸子逢時衆是歲闈省得第者十三從遊者十，累歲長途作計疎。汝不如人吾薄德，家山及早賦歸與。

杜少陵詩云：百年嗟已半，四座敢辭喧。亦姑謀樂此其義也。又曰：追歡筋力異。則樂不可極之說也。循誦之下，因成二絶

尋常秉燭恣盤桓，不許鳴鷄報夜闌。老去漸知筋力異，歡場猶作少年看。

貪歡隨處有知音，燭影搖紅趣轉深。不為病魔尋計較，可憐一刻值千金。

書楊大年乞郡表後

詞臣絲粟摠承恩，窮餓私家那敢言。乞郡未幾旋作郡，虎頭州去擁熊幡。

綺靡文章瀆至尊，清忠鯁亮性情存。用坡公語千秋峭絕臨川筆，付與人間仔細論。

書楊仲宏集後

蚍蜉撼樹意良癡，范揭差肩彼一時。流水高山琴韻在，不知若箇是鍾期。

清詞亦足挽頹波，楓落吳江意若何。可惜金華楊學士，御屏得句已無多。楊徽之仲猷亦浦城人，集今未見。

雨

曉窗開處意沉吟，坐見農田積潦侵。憶自春來少佳日，盡從南去作甘霖。時漳泉苦旱

雲連遠樹渾成墨，米阻危灘便抵金。曾向明光親侍直，痌瘝仰見聖人心。

自許

自許長輿礌砢松虛堂一鏡惜塵封玉鐫嫩葉宜成楮綠剪名
花誤引蜂齊國也知防贋鼎葉公原不好真龍諸公壁上頻觀
戰假向蘭陵幾度逢

詠史

圭組從敎況味分崦山無奈逼斜曛蘭陵疏傳飄然去贏得黃
金數十斤
青紫循環問古今皇皇誰免庶人心用董子語關西合許高名擅不
受門生暮夜金

柳

亭亭高柳倚天靑春似流波去不停傳語黃鶯休晛睆飛花今

已作浮萍

竹

佳實曾經飼鳳無最傳高節聳雲衢彈文未必非天意聞道芭
蕉已半枯

達官墓

丸丸松栢且成薪秋草離披卧石麟聞道生前華盛日舍人猶
有掃門人

山邱零落亦堪哀知唱虞歌幾載來牧豎深文樵子笑更無栽
禍到泉臺

山禽

薄霧曉來籠蕙畝，軟風春晚送楊花。山禽不識緣何事，苦向人前作意譁。

鼇峯即事

鶴老烟霄亦懶飛，閒身應製芰荷衣。山深林密非吾事，恰好全家住翠微。

聞同年楊碧泉（昭）給諫致仕

卅載承明願息機，家山萬里也言歸。當年冷署如經過，應憶階前蝴蝶飛。（楊由校官登第入翰林，改官户部，旋入臺擢給諫。）

巾箱手自寫遺經，雒誦多時隔座聽。歸把滇池指老眼，故應徐廣是前型。（廣年八十，猶歲誦五經必遍。）

懸車穩卧故山雲、清白兒孫早誦芬、多少貴人歸未得、猿啼鶴怨不堪聞、

婉婉周張列屋居、存亡一樣隔綿區、此生已分難相見、欲話來生定有無、周栻甘肅寧夏人、字靜溪、由翰林入臺擢給事罷官旋卒、張履元貴州畢節人、字德基、散館後歸不復出、同時在庶常館者、尚有阮侍講元、顧侍郎德慶、張太僕鵬展、後又有劉侍郎鐶之、祝觀察慶承、皆方向用

曉起、

不事朝參不上堂、凡京僚見長官、今曰上堂、曉來隨意著衣裳、閒人別有閒滋味、獨對池蓮領妙香、

敢從桃李鬥春芳、消受南薰日正長、倚檻有人通臭味、不嫌白髮對紅妝

觀荷

此是當年賀老花方塘如鏡擬浮家芳情賸有紅裳在直幹宜煩翠蓋遮

辛苦三年未見花春殘怕見雨如麻亭亭秀出淤泥裏合把祥光頌日華

又

愛汝紅衣漾碧瀾斜陽依舊倚闌干壯心不遂霜髯老更上華山玉井看

對月

正自愁無那金波溢座隅何人同賞詠此夕太羈孤千里澄明

共三霄滓纖無、幾回瞻瑞色、照遍錦屠蘇、

同年蔣祭酒丹林子立鏞、狀元及第、

文酒從容彼一時、十年蹤跡隔天涯、漂零舊日求羊侶、羨爾麒麟帶好兒、

馮恪甫孝廉生日招飲、以詩索和、六月九日

壯歲真饒樂、蓀辰共結懽、緣醪三雅集、紅鶴一窗讙、日永移華蔚（是日集其令兄笏輴孝廉齋頭）途長驥足寬、祝君能白首、不復滯郎官、

數日不見恪甫、聞其病瘵、復以二首柬之、

辛苦山溪路、歸應濕熱、無生生烏可已、個個已頻添、消受還同癬驅除勿遂疮、懽場方側席、待 好花拈、

信美雲鬟擁，得無形織懃，紛徧方累百，釁沐早籌三，憐可心心共，顰須日日含，似聞長指爪，搔癢倩誰堪。

秋涼

符鳩秋裏又秋深，策策西風散碧林。寒氣未凝時作暖，晴暉方好忽成陰。閒來最憶忘形侶，老去頻懷出世心。黄菊一叢書數帙，呼童莫惜酒頻斟。

乘槎載酒圖

渺渺烟波去不停，裹糧何意載仙醽。等閒到得雲霄路，便向天文作酒星。

世味年來已飽更，放懷祇愛酒頻傾。何時也得浮查去，醉向銀

河老此生

詠史

圭袞舄奕足酬功太息河山誓不終至竟胡藍黨多少可憐强
死盡英雄
彝鼎應銘捧日勳蓋棺物議太紛紜平生最有馮司禮也向南
都作淨軍

炳燭齋詩集下卷

霞浦　游光繹礩田著

壬申

元日

六六同官慣比肩（凡朝會例以御史三十六人分立甬道東西糾儀），逐臣何日再朝天。憑誰為報鴛行舊，淪落江湖十二年。

省愆何事不慙顏，尚擁皐比水石間。比似真祠領提舉，洞霄玉局總寬閒。

竊祿曾塵劍鍔班，白頭何意老田間。渭南合有傷心客，要為君王戍玉關。（放翁詩一聯：細甲流塵積，不為君王戍玉關。）

梁芷隣儀部武夷遊記題後

早曾抗志謝塵氛、老去惟希宗少文、輸汝曾孫頭未白、彩虹天
半聽霄雲
箬笠芒鞋閱歷親、沿洄九曲總清新、隱屏今日誰真隱、應向名
山見異人
詞臣日下擅雄文、閩部羣才入郢斤、欲向山神稱後進、可曾真
作武夷君、
清詩如紀永嘉遊、小紀仍追柳柳州、靈境合教佳客到、移文俗
駕莫淹留
送葉七培根宰富民
我老成冗士、潦倒依林邱、君今理縣去、乃作萬里遊、萬里行卽

到一寸心難酬讀書學何事豈止登瀛洲洪河不自潤巨木須
作舟君家好兄弟雷次方遲留高材幸先得願言思良籌朝出
坐堂皇曲直宜詳求暮理簿書罷少飲宜即休葉素豪飲滇俗況敦
樸富民應有秋導之以禮讓絃歌追言游講藝迪諸士化與文
翁倅旌揚貞孝闡慰薦惸嫠周惟有胥役頑寬縱非善謀仁廉
植其本勤慎暢其流會當列薦牘匪獨窮黎瘳我聞羅中衛名英
楚人恩義深綢繆亦聞張汶上名彬閩人德美流歌謳時賢有佳政卓
魯非難儔所以宿昔心願得百里侯以身歷甘苦與民同戚休
死則葬桐鄉雞黍分臘膢蹉跎僅存舌霜雪今盈頭餘情猶未
已挽裾談宣猷望使曉利病得無迷競緣君今未四十英氣橫

九州將無貌一切萬事不入眸慎哉服官始開路覘驊騮世情多嫌忌片語生罪尤眄睞一不屬樽俎生戈矛所期踈節謹毋忘敷政優崇階雖游歷此道殊可由行矣尚努力勿但懷離憂當官思有立我言非謬悠

追懷先師王文端公

狀元宰輔亦尋常誰似銅川七世玉清德關西楊伯起傾心不獨為門牆

追懷先師朱文正公

恒舞酣歌夜未休朱門何處訪清修變童季女雲烟過只有當年許散愁

兄弟文章動四瀛憐才憐到爨餘聲絳紗當日論文地苦憶松陰竹影清即今學使署內友清軒

稼門制府先生以大集見示敬題其後

身兼道德與勛名復有篇章動四瀛聞道鈴齋清暇日咿唔還似一書生

天機活潑灑雲箋一片心常印聖賢不似漢朝才子陋只將鞶帨繡遥年

生憎名士喜談空自壞儒門正大風灑落文章忠孝性烟霄漠漠下鵷鴻

淋漓元氣滿毫端心醉翻疑筆述難記向鼓山山上望碧天萬

里瀉洪瀾

送林少穆庶常入都

譽重三才子（少穆與廖生金城高生祖望皆以童年擅文名有三才子之目）家傳五尚書為官方少俊惜別漫踟蹰驥躍天衢上梅開驛路初長途足詩思唱和問同車（少穆婦亦能詩）最傳清切地華選謬曾叨天祿藜光遠長安米價高昔賢俱自愛名士豈空豪老我無遐想臨歧首重搔

梁儀部芷隣藤花吟館雅集

我愛藤花館主人方妙年閒居足清興佳日會羣賢酒到酣彌健詩應鍊乃傳知君淡榮進不獨為林泉

又

京國聯吟夜，於今十六秋。最饒今昔感（葉蓮山檢討、陳大易明府皆下世），不斷別離愁（謂梁九山前輩、王虛谷孝廉，別皆十餘年矣）。北闕虛朝謁，西崑又唱酬。林園餘勝侶，一一羨風流。

橘枝詞

橘園洲畔滿林霜，佳實初登君子堂。莫恠姓名稱陸吉，紅衣舊是綠衣郎（坡公有黃甘陸吉傳）。

傴僂門前種樹翁，全家生計一林中。占年不省占秔稻，只愛枝頭個個紅。

福橘佳名叶吉祥（橘吉閩音同），霜寒三百敢先嘗。年年青果黃柑外，

妙選匀圓送上方

霜實離離過小春雲帆一一指前津北風計日吳趨路分與吳儂壓福珍姑蘇盛行福珍酒其封泥處皆嵌入福橘枝衢橘價雖廉不用

送郎江畔好風吹屈指歸期已有期未必橘中真箇樂願郎歸日莫圍棊

男兒重利慣輕離又屬中閨却月眉都道紅顏能似橘不知中有幾番絲

書楊龜山先生傳後

州郡浮沉久誰令到廟堂謀身非戰守抱道獨棲皇雅負匡時志盍嫌比匪傷後來唐應德端欲效行藏

蹤跡

捧硯欷歔擬范喬那甘蹤跡落漁樵魯陽自許精誠甚合遣斜暉在碧霄

夷險前途諒可猜白頭誰是濟時才呂梁懸水過千仞真見狂夫被髮來

冬日

年光激矢慣相催緹室潛飛小至灰落日斜窺虞寄宅層雲深鎖越王臺甘分幾樹霜餘橘笑索前番竹外梅聞道村農方種麥莫教寒雨浸根荄

十載榕江借一枝茫茫身世幾成虧禽微空有摶雲想樹老猶

含傲雪姿相馬有懷同伯樂援琴何意問鍾期天寒未覺茅柴薄醉拂芸香讀楚詞

流求扇

聚頭誰點筆旖旎寫幽叢料得披襟好時來海外風

送黃星巖學博九兄歸里

鳳閣文章早擅名蹉跎不覺歲崢嶸官閒尚結橫經侶晝靜惟聞落子聲鍵戶何心潤行橐臨流有意濯塵纓拂衣歸趂新年好莫厭屠蘇最後傾

筋力真成矍鑠翁掉頭驀地返山中冷官去住誰相問名士行藏故不同老對蓮峯舒道眼閒尋芝草企仙風二鬢多少思歸

客翹首烟霄一點鴻

斂退鄉風亦大佳延州高躅有同儕（謂吳芝圃教授）菊松好掃當年徑談詠仍開舊日齋月滿藍溪傾桂醑春回綠野試芒鞋我昆共是和衷侶聚向榕陰豁老懷

我亦歸田過十秋饑驅接跡客閩州相從惜向無多日（計九年中惟權監院相聚數旬）得待還應似故邱話到親情憑領畧會參耆宿亦風流（省中有老人會余每延致輒招兄與焉）江天明月登樓望只有孤雲一片留

癸酉

送林蓼懷入都赴選

勝日同登舴艋舟，春溪新水綠於油。高陽徒侶欣攜手，一笑平生幾酒樓。（時與鄭松谷太守、梁芷隣儀部同行，皆大户也。末句即用蓼懷送高明經句）

詩壇染筆擅豪吟，撫字還應費錦心。為祝訟庭芳草長，不妨覓句當鳴琴。

又攜詩卷到京華，湖上虛移處士家。（時將移居，不及待）料得清霄應耳熱，一樽離恨滿天涯。（吟社凡十五人，先是裴淡如孝廉之延津，葉文石明經之嶺南，今君與松谷、芷隣同行，而陳恭甫太史亦將為清源之遊，他日再會，能無聚散之感耶）

離筵握手太匆匆，翻羨蘭言對短篷。剩得送君南浦上，櫂將別

緒付梁鴻並隣主講南浦

送鄭松谷太守入都補官

先生古儒者理義能戰勝早登
龍飛榜畫省襄農政政成書上考廉能復廉正一麾俄出守袁
江播謳詠我昔忝投分聲氣相求應兩心如皎月一掃氛霾淨
我旋以讒歸離居十年剩會合亮有時披雲對樂令樹幟來騷
壇雲龍擬韓孟酒餘歡正濃驪歌忽入聽學道須濟時詎以詞
章競借問抒萬言何如活百姓君本宰官身年華方富盛已表
龍岡阡敢謝瑯邪病君知夙昔心我願芻蕘贈事理取通達德
性求堅定酌泉貴清冷摳衣避泥溢習俗何足言素心宜自證

彼槿雖暫榮，惟松有本性。願分餘蔭繁，每扇清風勁。退食或含毫，當事莫中聖。號呶實良箴，酩酊豈佳興。君嘗過相規，我敢貢其佞。未知良晤期，聊取中誠罄。行矣幸努力，春溪正明瑩。良傳會騷雅，逸韻諧笙磬。談詩及輇林，開函然短檠。應憐愚公愚，尚作諍臣諍。

題許蔭坪嫣紅小院

不將水竹映簾櫳，興寄人生各不同。我道紅園（西郊何氏）已穠艷，那知此院是嫣紅。

琴彈夜月疑高士，劍擊秋風似健兒。不信柔情偏宛轉，紅芳揀取兩三枝。

霧閣雲窗曲曲通，臨階絶艷倚春風。籬邊那便無桃李，未抵垂絲一樹紅。

淋漓大筆壯吟壇，秀色偏疑帶笑看。誰把高軒號寒碧，故應風味是黃冠。

題曹芝江垂釣圖

鱸鱠秋風興未闌，青楓紅蓼幾盤桓。坐茅今有烹魚分，莫把馮煖鋏浪彈。

六詔歸來計未迂，薄遊隨意到閩都。相逢正好披肝膽，我亦烟波一釣徒。

詠史

奇功未可成、一身已難保、哀哉連理花、竟作斷腸草、（夏桂洲妾廣陵蘇綱女也，少者適曾石塘，綱往來兩家，傳石塘復套之說於夏，夏喜用其議，遂俱以是死，兩人之禍兆於閨房矣。事見湧幢小品）

書嚴子陵傳後

率土同歸赤伏符、桐江獨釣意何如、風流千載知誰嗣、剩有宏八體書、（宏濟南人，唐太宗故人也，工八體書，太宗求之不得。事見龍城錄）

秋榜發郡人無與者書此寄諸同學

角藝詞壇上、吾儕豈乏人、凌霄方競翥、觀國竟誰賓、明月傳芳舊、（閩人登第自吾郡薛明月先生始）平原比例新、三秋如轉燭、努力問前津、

甲戌

咿唔

桃花初放柳初舒，珍重芸香擁一廬。借問咿唔窮日夕，可曾讀得濟時書。

新春十一日送琛兒北上

中州羣盜喜初平，水漲洪塘鼓枻行。送汝可勝憐念意，憶予莫動別離情。凌雲意氣今傳侶，利市文章舊弟兄。太息衰遲難報國，得時勉自樹勳名。

暮雨

天路茫茫未可期，舟橫野渡欲何之。玉蟬金粟開相對，岙越門

中暮雨時

高士峯

矯矯羣公緒誅茅不憚勞才長詩自好世亂士方高猿鳥云誰共林巒此日豪當年幾卿相何處問蓬蒿

偶然作

生計日以拙剛腸轡難伸晨來拂明鏡面目疑非真人事有枯菀天性無賤貧抗懷策高足凤駕追先民醯德不役物淡懷唯繕性得喪固可齊人我孰為政拘方時所嗤希世學之病浮雲本自浮達者何所競狂飈撼庭樹時作不平聲幽人坐歎息隱忍乖平生窮餓古固有藜糗况可營用拙乃吾道春醪聊自傾

和吳清夫花字韻

姓名新喜列仙家（吳去歲升翰簿）幕府重來日月賒料得一堂同媚學

夜深猶自剔燈花

孝廉舉將舊通家（吳故制府門士）託與傳衣計未賒伊洛淵源從可溯

肯教第看上林花

嶄然頭角出名家（時攜一孫來）詒厥寍愁得力賒小學一編根本在

掃除浪蘂與浮花

瑯琊王吉早還家交誼纏綿遠夢賒秋水園中（太守園名）新得句春

雲黯黯獨看花（謂伊墨卿太守太守亦和此詩又有寄懷句云遠夢春驅黯黯雲）

賦詩横槊舊傳家相對同憐握手賒記否去年秋社後燈前細

雨落簷花謂曹芝江學博曹亦有和章

老榕蟠鬱腐儒家客授年來興漸賖此日更增離索感教人惆悵故園花

終宴儒冠豈一家食貧早識鼎烹賖一廛尚喜蓬蒿在合向籬東種菊花

黌舍年來漸似家滯留自覺歲華賖無憀只盼春光好開得庭前稱意花時兒子方上公車

自責

汝雖不畏死汝盍不慮病汝悔輒復忘汝身已不競滋培方嫌遲攻取何太盛譬之御疲民依然行暴政汝年行近耆汝愚復

誰並夙駕追前修克己以繕性

過洪山橋弔張襄愍公居洪塘去橋四里許

出處原難必安危豈有常至今橋下水嗚咽過洪塘

偶作

書記平生足浪遊風情老尚寄湖州那知一榻如僧定自有高人許散愁

猩猩

猩猩性愛酒著屐以娛嬉邂逅或見此瞭然知禍機相戒各遠去勿為奸計欺既去却回顧輒云姑試之傾杯俄已醉憒若忘安危人遂恣所欲盡擕其族歸鮮血漬氊罽柔毛寫文罽念彼

負靈性蠢類何能幾捐軀事酩酊爲歡能幾時乃知徇嗜慾恒
與死亡期寄語當途子克己爲福基

書王荊公傳

戴笠嗟貧女（貧女戴笠落柘條寓安石二字）將無少正徒高言動明主褊性尊
羣訣罔利窮民力蒙塵啓禍樞祇應半山上顛尾感來蘇（半山有放生池）

茄子

腰似微彎體自充鳳岡佳種長秋風（鳳岡茄名九月烏雖至秋深無子）當筵未
暇談興廢正愛繁花滿地紅

哭冢婦彭

結盟依舊戚爲婦汝能賢作客嗟雙鬢承顔近十年和從無詐
語慧漸愛遺編徑舍而翁去吾衰愈可憐夢亦占蛇好妖同賦
鵩悲（先是數日有怪鵂鳴庭樹）此番忘獨健一病竟誰醫（今年甚健異往年）修短天
難問松楸地未知（余有卜居會城之意柩之歸葬與否未定也）不堪揮老淚佳節月
明時
過眼如烟耳淒然一握中（婦病中聞余烟筒將敝即奉新者一枚）宜兮應緝緝歸
去太忽忽輾轉三秋漏悲涼萬木風泉臺奉尊老應自解欽
崇（婦病中神識已亂忽令侍者起立曰太翁來太婆來）夫也年方壯能無嗣續謀珠娘
應不少（福州通謂婦女為珠娘）玉女恐難求蘭殞仍餘馥桐疎易得秋驂
鸞唯祝汝夙駕向丹邱

吾女亡三九汝才增一齡看人俱壽考顧我獨伶俜絲竹愁難寫風霜老幾經無情羨沙鳥隨意又前汀少小遭孤露零丁早可憐信猶鄉路隔慈更母恩偏得耗應凄絕關心倍黯然吟殘蟲切切和淚灑雲箋

自笑

自笑如鷄鶩能飛恨不高百年真碌碌一畝漫嚚嚚放眼憑青史傷心寄綠醪每懷張仲蔚門巷掩蓬蒿

過開元寺

雕甍紺宇古祇園佛第低眉總不言崇侈已成天寶亂空煩釋子詫開元閩中開元寺凡數處皆閩郡云俱昉於唐孝明

謝仙火後半猶存、修葺何勞籲

至尊、時有妾人陳書闕下請修此寺養得犛髭閒過日、幾畨魚鼓又黃昏

忽思

大兒知讀書、一燈中夜書咿唔小兒初識字棗栗荔支尤省記嬌女側侍顏怡愉、女孫無賴來挽須山妻治肴妾進酒老夫剩有持螯手歡聚依然在戶庭、客中何必嘆飄零忽思新婦今何往、繐帳殘燈一穗青、

十月初六日聞大兒病往視八日至興化已二鼓不得入城和壁閒韻、

風雨何能阻客程、省兒心正似懸旌、塤篪吹得況痾愈歸向榕

江不望晴

鷄失鳴

五德舊稱信如何今失晨人情皆怠玩物性亦因循寒柝臨街擊嚴更側耳頻瀟瀟風雨夜咿喔自東隣

淪謫

淪謫枌榆一味閒茫茫身世思回環層雲舒卷千巖上斷梗浮沉一水閒敢為江湖忘魏闕那知風雨老名山眼看野鶴如雙鬢欲向靈仙乞大還

小西湖 岳蒙泉先生所題

罷直承明領郡符風流猶記小西湖後來多少黃扉客得似先

生大膽無

歸期

歸期屢卜尚無期，伯氏沉疴恐不支。憶爾移燈方笑語，壺公山下獨眠時。

十一月初七日是先慈諱日，時伯兄亡九日矣

傷心三十九年來，霜雪靈萱已早催。回首每懷松隧遠，斷腸更抱雁行哀。几筵當夏猶同奠，六月五日為先大夫諱日，伯兄時在省寓，猶同聲哭奠也。懷抱臨終總不開。時新有家婦之戚。我是鮮民誰顧恤，瞻依端合羨泉臺。

不寐

早月知全落，寒宵不肯明。時聞疎牖外，尚有暗蛩聲。哀病先期

至悲愁作意拜長懷一樽酒笑向哲昆傾

哭蔓園兄

東岳遊踪去不回教人身世念俱灰何須聽到賡雲曲始覺人間是可哀

雅意歸田歸未成夜臺應自嘆衆衆盍知三弟同聲哭怕向庭前看紫荊

屈指將來事若何可知世短意常多木蘭陂畔經行地蕎地齊聲薤露歌

蝴蝶階前感逝川此生何日更隨肩傷心翻愛湖山別只隔音塵十九年

銅雀臺

赤帝炎精黯不然當塗華構峙中天一方勝槩兼岩谷百戰神威入管絃幾見靈禽鳴穀熟祇令羣馬著鞭先奸雄埋骨知何處更遣西陵望墓田

陳恭甫遂初樓

小樓謀得一枝安落拓詞臣此考槃借問幽棲定何意此生已作十年官

我亦雲霄倦羽翰如君勇退始為難此樓去地無尋丈要作元龍百尺看

小嫏嬛館

嫏嬛號福地，茂先嘗一過。兹館曷云小，積書良已多。書多苦難讀，我亦曾編摩。泛涉了無得，髫毛今已皤。羨君擁萬卷，抉奥兼除譌。丹黄日不暇，雅志仍搜羅。旁及古書畫，文海揚餘波。古香溢縹素，珪气干星河。嫏嬛之所無，一一供摩挲。小爲尚如此，大哉當若何。

題沈石田畫蕉石。題云：久不到南國，作此問訊。

吳下高人烟水潯，含毫托興摠遥深。百昌縱被春風寵，難轉先生匪石心。

景物南園夢寐中，閒拈楮墨寫春工。緣天記取雲根在，便是當年白石翁。

別德蘭德光德霞諸外弟

幾日還重到，臨分意惘然。謀生知共拙，念舊欲誰憐。（時外舅外姑皆久已下世，而予悼亡亦十載矣）風雨春將莫，闗山夢尚牽。所期俱努力，相對各華顛。

宿外弟齋頭感賦

僂指來甥館，於今五十年。（時已四十六年）前盟自金石，往事已雲烟。高卧空林闊，幽懷故劍懸。無憀潘騎省，腸斷理冰絃。

回想西湖上，原頭草又青。一生真婉婉，十載早冥冥。小院餘花發，深宵細雨零。殘燈偏烱晃，孤夢照玲瓏。

過羅源追懷故友葉蓮山檢討

金馬當年客，相於意最親。浮生真似夢，故里又逢春。令子遊何

遠（令嗣夢桂孝廉久客近無消息）儒家宦轉負佳城在何處聞道尚因循

過連江追懷故友章仿軒別駕

念子久寂寞淒然蒿里吟艱難嘗促膝解后孰談心葛帔負難療松關遠莫尋長才曾未展泉下幾知音

過連江欲迂道訪黃星巖明府不果

一意臥江湖絃歌政豈無放懷捐束縛隨分得歡娛老去仍生子閒來且授徒蘭言嗟契濶人事逼征途

過陳駿甫明府不入時方授徒福州也

愛汝便便腹（陳腰腹大）飄然遽遂初惜無千畝秫（素喜酒）幸有一床書藝業傳諸士林巒擁一廬剡中同訪戴吾亦賦歸與

牢落

堂堂歲月去如風，牢落江湖一長翁。作客無憀歸却懶，謀生有術老難工。夢回虎落蛇鄉外，時頻有惡夢。身在琴歌酒夢中。放浪形骸閒意思，高窗坐愛夕陽紅。

老境

老境逢春也自春，鶯花叢裏剩閒身。無人問字剛宜懶，有子傳經未是貧。此聯用放翁語畧改之。放眼乾坤誰得計，到頭迂拙好全真。倚闌不覺秋光暮，喜看簷牙暮色新。

見士

見士從知位置難，老來興趣轉闌珊。錐猶有立貧無礙，杖豈煩

扶病未安寂寂蓬門嫌書永蕭蕭梅雨卻春寒小眠起覺繙書懶又對南山盡意看

立夏三月十九日

風風雨雨到殘春夏令先來占一旬近郭早秧抽積水繞隄垂柳拂行人病如得暖應能健老自無懽不為貧太息年光真轉轂花香鳥語已前塵

三月十八日夢中作詩覺而記其一語云秋福清勝春不解所謂意者富貴之人皆處春境而吾以閒廢餘年逍遥林壑遂為秋福乎

憶昔

憶昔洪侍御、歸裝惟圖書插架頗繁富載之盈數車時人疑贖貨莫肯叩其居既乃自發篋卷帙充庭除羣疑既以釋過從始如初、儒修勵端操風尚及里閭嗚呼古之道於今竟何如

齊書褚淵傳論、意謂人譏其失節者為非作此正之

西昌攘神器末途懷憂惶彥回受付託意望扶天綱胡不念舅氏覇府勤趨蹌袁劉既灰滅羞面何處藏遂令白貫坐致金刀亡貴也不嗣爵執節何慨慷豈伊樂肥遯遺憾在肯堂君臣實人紀何論知中行矧伊受顧命知遇非尋常一死不塞責二心滋可傷史臣乃曲筆詎獨慙三長齊宗仕梁世欲蓋嗟彌章

佳興

佳興年來寄薜蘿、相逢廿載舊人多、山光拂檻宜閒眺、花氣當簾稱醉哦、已與白雲成逸契、仍將青眼望高歌、踈狂縱有無窮想、兩鬢蒼蒼奈老何、

漫遊

勝日尋芳更攬幽、滯人是處有林邱、漫遊不覺鶯花老、飛絮隨人上酒樓、

杖策真成物外遊、殘年行邁尚悠悠、漫天風雪歸何處、醉倚吳姬賣酒樓、

炳燭齋詩集

乙亥

壬申冬飲馮芻軒孝廉齋頭其地為林鹿原先生故居遺跡具在諸同人皆有詩而余獨無芻軒頻年催促至今不已因賦

陸處盅嫌似水居一庭花竹樂相於遠遊陶峴翻多事苦愛烟波不愛廬　陶舫

昆季才華各擅長謂鹿原來齋二先生登樓猶得挹餘芳與君共抱人琴痛流水高山摠斷腸志在樓時令弟恪甫已逾小祥余亦新有伯氏之戚

經師家法有薪傳白首還應手一編好語當筵詞賦客莫將擘

悅繡遥年、　樸學齋

良朋促膝早題襟、珍重蘭堂結契深、試請大馮君僂指、人生能
得幾同心、　蘭話堂

清霄幾度閃斕斑、落向庭陰亦等閒、未免只同頑石看、可知天
上勝人間、　落星石

白鶴高飛已渺然、喬松空自碧參天、人褱太息喧毕甚、合作雲
霄羽化仙、　棲鶴巢

淋漓滿壁灑龍蛇、爾日文章有作家、大雅不知誰嗣響、聞君曾
夢筆一生花、　隣霄臺記

古甃盈應陸羽殊、凜然寒色逼眉須、石闌莫遣青苔長、要待炎

蒸轉轆轤凍井

容膝何須土木華，考槃喜得昔賢誇。蘭成最羨凌雲筆，合得誅茅宋玉家。

勝地歡場又一時，存亡聚散摠堪悲。不須更聽山陽笛，已自魂消向子期。時梁芷隣儀部入都，鄭松谷出守常德，裴淡如孝廉在松谷幕中，馮恪甫、余片石二孝廉俱已捐館。

藤花館始聳吟肩，循例傳杯摠擘箋。是冬芷隣倡為詩社。我是拙才兼小戶，祇應權作睡中仙。每飲酣時，余輒避而假寐。

宿逋忽閱五年來，愧我真同蠟線才。今日吟成詩數首，春風一笑楝花開。

梅花

烜赫場中各鬪身，江湖誰復念清貧。脩然笑傲氷霜裏，只有梅花是故人。

聞胡西庚同年凶耗

一品難禁二豎欺，三同終結百年悲。余與西庚同生戊寅，同舉鄉會試，同入詞館。劇憐衣鉢難傳舊，自于文襄以狀元為宰輔，後王文端師、戴文端俱以師生相繼，西庚鄉試座師為戴，會試則王師也，眾謂當傳衣鉢，竟止於大宗伯。未省琴書定付誰。無子。長物終年為客儉，歸舟殘歲到家遲。甲戌臘月卒於臨清舟中。居常諧語猶堪憶，生死從今竟永辭。西庚好諧，余在都時嘗邂逅於昆明湖，相與徘徊久之，將別，忽抗手曰：「長與足下生死辭矣。」予為失笑，不圖今日遂成讖也。

狂奴醉態本天真，龍首才華自絕人。樞府幾疑臣力瘁，容臺深幸主恩新。本長兵部，常以病在告，特旨為禮部。長身獨步常疑鶴，華髮當年早似銀。耳白盧陵誰得似，剩看名譽遍儒紳。嘗同詣一風鑑，指胡曰：君耳白於面，當名滿天下。西庚素黔，細視之，耳果白於面也。

朱丞相墓倬字漢章，閩縣人，相宋高宗。墓在西關外王店村。

一坏黃土翳荊榛，遺碣當年記宰臣。讀史未聞能佐宋，立朝猶喜不諧秦。時屯殺氣橫金虎，野曠陰寒帶石麟。咫尺梁溪李忠定公墓在大嘉山，相去數里。埋骨處，貞魂來往作芳隣。

習筍山廉使家慶圖

記從鎖院共衡裁，戊午同分校京闈。一別儀轔幾度催。握手自憐霜鬢重，披圖喜見綺筵開。移華蓊蔚饒真樂，驥子聯翩摠雋才。嘉會

一堂兼少長蘭亭那得比蘇臺水部才名舊所傳移旌今到七
閩天觀民麥隴馴春雉聽訟榕陰對暮蟬昨夢尚懷吳榜外新
猷遥指海雲邊知公執法兼仁恕不遺天倫聚樂偏

壬午、

十一月廿二日移寓石井巷别鼇峯二首、

昕夕於斯十九年、臨歧未免暫流連、浮生一切都如夢、且向華胥靜處眠、

世路崎嶇未易平、隨緣去住一身輕、向人猶弄橫斜影、應是梅花最有情、

丙戌

春日

東風披拂到衡門積雨初晴氣漸溫無客祇應繙舊帙有花真合倒芳樽閒憑蠖屈非高隱老但龍鍾豈達尊尚有塵心消不盡夜來猶自夢乘軒

細草勻新綠羣花放舊紅天如吝佳日人自樂春風勳業深杯外榮華短夢中柴門無客到倚杖看歸鴻

得粵督阮同年書

崢嶸早歲建高牙勳業文章摠國華冊載舊情猶日下一函新論又天涯蘭言有味途終隔榆

景無多意尚奢獨恨修名殊未立白頭清鏡幾咨嗟

丁亥、

何崊海親家遺照、

然燭疑修史、拈毫正注經、書生亦豪侈、侍史各娉婷、早逼淵雲壘、還披馬鄭扃、九原今不作、空對鬢毛青、

炳燭齋詩集補編

買屋

老來何處覓菟裘，喜向城南購一邱，難得青山常對面，最宜明月恰當頭，環庭碧樹風烟滿，回首緇塵歲月遒，永日都無人剝啄，閒中且作竹林遊。

寄懷梁茝鄰儀部

日下聯床歲月徂，相思無那隔江湖，知君尚欲徵逋債，試問江郎才盡無

大阮修文去不還，竹林回首念家山，壯懷莫遣飄零客，坐對梅花鎮日閒

耆[illegible]山莊

我亦中年哀樂多，縱鐃絲竹奈愁何。醉鄉不隔天涯路，願共雲溪慷慨歌。

海內良儔歲漸稀，正逢歡笑又歔欷。傷心禪智山光裏，騎鶴何年化鶴歸。新得墨卿凶耗卒於揚州

京國從來說俊遊，傷心何處得羊求。花前定有高陽侶，商略平生幾酒樓。聞林蓼懷進士已諏日北行

夜來疎雨雜嚴風，寂寞寒燈一穗紅。為問薰香南省客，鵷行誰念白頭翁。

六月初十日

白盡髭須始抱孫，尪羸如草長秋根。晬盤枉向華堂設，金印琱

戈摠淚痕

而翁少小亦清癯保護堪憐母氏劬不得含飴先怛化教人流恨滿山隅

擊楫憶三巴回頭觀物華江流方渺瀰秋色轉清嘉雅尚原三徑濃香此一家那因宰彭澤始為愛黃花鎮日披圖看如聞晚節香即令

朝寄重未覺吏情忙佳政曾江國新猷又海疆不嫌耽隱逸樹立自堂堂

渡海對月

苦被舟人閣一程。晚來偏愛桂華清。半生人事匆匆裏。幾向滄波看月明。

鹽田

客遊不覺鬢毛斑。差喜言歸指顧間。畢竟勞勞成底事。八年今始見家山。

八年曾未拜先塋。感愴每隨霜露生。幾欲春歸歸不得。暫從人作大清明。汀俗以秋日祭掃為大清明

題劉　遺照

趾離傳夢下瑤闈。彩筆描摹道貌存。應笑丁蘭輸畫手。只留鐫像奉晨昏。

夢裏追尋覺淚潸、冷風吹旐影堂閒可教至行高徐積獻飲時
時見醉顔、

寄憶楊竹圃比部、

匆匆一别已三秋、形跡雖睽語笑留記否愁霖重午後幾人湖
上幾回遊、

㛹戚朋儔卒不孤、每懷臺省隔江湖畫屏虛負良工筆描得鍾
馗送妹圖、（日内薛向浦、嘗談及此時令妹將歸於薛即向浦子也）

破研、

未必剛須折形容僅半存、劾能曾筆下委命已雲根比似完人
少況吟大璞尊如逢茅季偉棄置復何言

鄭少谷墨跡

一片浮雲自卷舒遲清亭畔閉門居風流文采神仙客誰識當年諫獵書

天寶年中杜拾遺含毫搔首不勝悲蕭條斷壁零璣在神物丁盍為護持

送先室葬

隱隱閩都萃秀靈西湖水碧象山青四圍畫意詩情裏樂得長眠更不醒

每念分飛意愴然素帷今日又黃泉魂來莫作他鄉看遲我同歸定幾年

八閩文庫

福建文獻集成

續編 集部 五六

吴格 主編

文獻集成 380

海峽出版發行集團
THE STRAITS PUBLISHING & DISTRIBUTING GROUP
福建人民出版社

本册目次

拜雲樓詩集六卷青陽堂文集二卷（拜雲樓詩集卷一至青陽堂文集卷一）
［清］侯官許作屏撰……………………………………………………………一

拜雲樓詩集六卷青陽堂文集二卷（拜雲樓詩集卷一至青陽堂文集卷一）

［清］侯官許作屏撰

南京圖書館藏清抄本

拜雲樓詩集六卷青陽堂文集二卷，清許作屏撰。作屏（一七六一—一八一九），字子錦，一字畫山，侯官人。乾隆五十五年（一七九〇）進士。歷任曲阜、承德、廣寧、寧海知縣、權岫巖州理事通判。撰有青陽堂制藝、硯史等。生平詳陳壽祺許畫山縣尹墓志銘。

拜雲樓詩集六卷，首冠吴錫麟駢文序，貴慶、馬瑞良、劉士棻題詩及自序。自序乃三十五歲時所撰，敘學詩之由，略云：乾隆四十四年，朱筠提督福建學政，作屏以弟子員擢一等第一，時不解詩，朱氏告以讀昌黎詩，遂啓其學詩之途。而後次第得閲唐、宋、元、明諸名家，且上溯文選諸家及徐陵、庾信，漸有心得。以唐杜甫、宋蘇軾爲集大成者，肆力而學之，終身不易云云。是集「自卷一至卷五，皆前客京師及往來閩越，在徽郡時作，遇佳山水，題咏殆遍」，「第六卷乃先生揀發奉天後詩，雖不多，而詞愈工，律亦愈細矣」（見馬瑞辰承先生以青陽文集拜雲樓詩集見示賦此奉題即請誨政詩注）。集中若登九仙山「虬巒媚幽姿，鼇頂森奇狀」，有韓詩之奇險；如擣衣篇「相思不得見，得見復愁遲」，有古詩十九首之韻。又粤中吟十三首、白鶴峰吊蘇文忠後，附有同年張問陶評語。梁章鉅乾嘉全閩詩傳卷八選作屏詩二十七首。

青陽堂文集二卷，録論、説、議、序、記、箋、傳、壽序、祭文、跋、賦、奏疏等七十餘篇，似亦以作文先後編次，故前後有文體相同而不相連屬者。尤可觀者，爲史論、時議、書札諸類。史論多學蘇軾之處，立言得體，貴有特識。如秦始皇論曰：「秦焚書禍酷矣，然焚書而今世卒有書，且自今以往，雖千萬世，皆可信其必有書。是焚書乃所以存書，而始皇實堯舜、禹湯、文武、周孔之功臣也。」世人皆以始皇酷虐，焚書尤其暴政之行，作屏反其道而發論，得蘇軾立論之奇。又如上中堂朱石君夫子箋，據二十一史述歷代宰相名實之沿革，雖有意將朱氏「蒙恩内召參贊」與宰相並論，然能見作屏於詩學外亦博及群書。馬瑞辰有詩云「更驚六義有兼長」，注曰：「世謂精考證者多不能詩，先生則包羅衆美，出入三唐，乃知賢者不可測耳。」作屏飽讀詩書，學皆有本，卷末附請鑄大錢之疏，爲梁章鉅採入歸田瑣記卷二，謂「畫山官職，非可奏事，當是爲某大僚所擬，或僅存其説而未發，或已經奏入而未行，均不可知。其疏後所擬十款，則皆切實可行」。

此書傳本甚罕。其文集卷二祭亡兒慶保文前，别夾一黄紙，題曰慶保養老食單。此乃作屏於嘉慶九年（一八〇四）正月十三日書付其子者，是年冬月慶保卒，作屏因作祭文。書中夾此食單，更見喪子之痛。而以版本言之，此本或即作屏謄清稿本。（韓　超）

拜雲集

持雪集

拜雲樓詩叙序

呵壁問天楚客瓌奇之語拔劍斫地王郎抑塞之歌
申酒德於班荆雜仙心於鍊石要必有輪囷磅礴之
氣而後見嶔崎磊落之才劉舍人云風骨不飛則負
聲無力沈吴興謂天機一啟則律吕自調惟發之以
性情輔之以學問故能脣吻無滯華實相扶也許子
畫山生無諸之墟樹建安之骨述其祖德則嘐是甘
棠翦其門風則集成花蕚當夫舉肉方茁麟文自奇
押雲景於三山沂烟波於九曲往往縛仙茅之筆開

荔子之尊洞訪榴花字題榕樹闡發幽隱咀飫英華續武夷君之歌緣雲欲落舞甌冶子之劍飛雨驟來（甌冶池在福建藩署為甌冶子鑄劍之所）有豪情焉有勝致焉余庚戌禮闈與分校之役忝文字之知總裁朱石君先生亦賞其文似周秦間摛華手筆一頭放出衆目驚看紅燭如椽幸不迷於五色青燈有味可無負其十年遂因末契之投頻謦居恒之素知其受深篇什艷溢烟毫惟不得貢之玉堂登諸蓬苑使之頌揚顯鑠著作承明為可惜也今年詔選北來復與余會於都下讀書

讀律知古知今固已花手宜春琴言應雅矣暇出其
全集屬余爲點定之綜覽之趣引之而彌長山水之
靈呼之而欲出其間跡聿萍梗味鍊酸鹹五兩衡風
一衆犯雪望親舍於白雲之下念朋游於落月之餘
記夢疑真還家似客閱歷則丸觴星飯唱酬則銅鼓
蘆笙代芳草以相思爲古人而痛哭以寄其纏綿之
意以抒其慷慨之懷論已往之青氊難酬辛苦數卅
生之蠟屐如見流連所念日下纔逢雷封欲去亮有
神明之譽足慰離别之思然而製錦胸中猶煩顧杼

鳴琴堂工正賴改絃逆聖人之居修其禮樂承
天子之命課以農桑必使中澤無哀訟庭畢靜而後
看山拄笏高詠垂簾賦野渡之橫舟即知相業例吾
杭之遺愛都是詩人則是編者弟翁羽之先聲躍波
之鼉彔而重賡白雪愈穆清風才因濯辟而更純氣
以華滋而日上他日弱翁治行旌自朝廷蘇軾文章
傳於中禁鳳池還汝鷗路思余舊雨尚存新編來惠
亦余之辱幸也夫嘉慶庚申夏六月通家友人吳錫
麒拜撰

抗手齊梁變楚騷淵源端不愧詩豪矣

君花縣鳴琴處同憶成連聽海濤吳穀人先生亦予詞館教習師也

月山愚弟貴慶拜讀

承

先生以青陽堂文集拜雲樓詩集見示賦此奉

題即請

誨政

無雙經術姓名揚先生經術宏通文名籍甚瑞良十五六時即耳其名三

十年前選佛場先生癸卯庚戌皆擬高魁博學即今多建樹先生明於吏治著有為政篇能見其大所治以變民為本循聲卓著

聖朝自昔重循良

工都重話千秋業瑞良上年因公來濬陽將昭先生以不克暢叙為憾今秋寄寓於此快讀大集兼以所著詩經奉贄

闕里先窺數仞墻先生曾宰曲阜製重修聖蹟殿碑文端皇典貴囊括無遺赤幟文壇空舊壘漢儒師法待公昌先生為朱石君學士暨文正相國高足學崇兩漢文亦似之同師在昔推盧鄭作賦何人繼馬揚不謂五經多異議先生著有詩漢學仿惠徵君易漢學作他諸經多有著述更驚六義有兼長世謂精考證者多不能詩先生則包羅眾美出入三唐乃知賢者固不可測耳江山到處供行卷詩集自卷一至卷五皆前客京師及往來閩越在徽郡時作過佳山水題詠殆遍錦繡吟成足筐囊詩集第六卷乃先生揀發奉天後詩雖不多而詞愈工律亦愈細矣我愧元亭曾問字余與先生前後出文正公之門郷將木李

報瓊章

元伯愚弟馬瑞辰呈草

讀

畫山三九丈人同年拜雲樓詩集題後（李作屏侯宜人歸進士出身）

公讀書破萬卷下筆如有神　大集星珠貫胸雲錦裁手與扶禹穴製宏漢京宜夫壓元白而倒之走籍湜且僵矣彼有情芍藥無力薔薇何敢與山石競響哉

芳名疊採榜花新（君鄉會試俱魁本房）科第承家艷七閩一瓣香分光祿社又教餘事作詩人　平生刻意學昌黎育信詩名膳部齊（朱文正相國以君為林子羽後身）七字君家好宗派楚航入（燕一[illegible]）鳥聲低（君家世祖甌香先生句牧齋宗伯漁洋司

冠亞賞之素馨前度兵花田君主講端溪瓊杏香迎吏若

仙君初任曲阜別拓道州詩境界出關豪氣逼幽燕服闋

後補官潘陽儒林醇吏傳同登修到君身得未曾南

北風謠都採遍賞音恰好遇延陵集中弁首一序貴房師吳穀人

祭酒所撰

心香劉士蕃拜草

拜雲樓詩集自序

予十九歲始學為詩其年己亥　朱竹君先生來視學吾閩予以弟子員擢一等第一覆試日令咏憶雪歌顧向祇粗解八韻應制詩耳拈此題大窘強白試畢發落　先生呼使前詢所以謹以實對告之曰爾年尚少可學也家有昌黎全集乎曰有昌學諸予再拜曰謹受教且命間兩三日一謁當面試若也如是者周一年韓詩皆畧能成誦此予學詩以昌黎入手而得力於　竹君先生之教也庚子之冬　先生壯

歸予時方溷於舉子業遂中息焉歲甲辰夏自京南
還暇日理舊業始覺韓詩麤沙大石顛失風人旨趣
乃舍之而學杜學蘇如是者周三年丁未留京師得
宋版青蓮集讀而好之如是者又周四年辛亥客新
安得香山集讀而好之如是者又周二年此予中年
變韓而學杜學蘇學李學白之先後次第也癸丑需
次家居閉門掃軌因覆取前所肄力諸家詳加玩咏
且於唐旁參之唐初四子及王孟韋柳高岑元劉並
溫李十四家於宋㳙參之黃陸二家下及元之四子明

之前後七子又上溯文選諸家及選集外徐庾二家循環探索反復尋求久之而若有得焉乃恍然曰李仙才也而失之放韓霸才也而短於韻白仙霸之間也而失之易餘子如食小魚如嚼彭蜞雖各有味存焉具體而已求其精深博大可雅可風無體不備於唐得一杜子美於宋得一蘇子瞻蓋皆所謂集大成者也然則學詩固不可不極之上下千餘年前後百餘家旁搜廣覽以致其博又不可不以精心揣肌擇一二可宗可法者專辟力焉以致其精審如是吾其

舍杜與蘇何適哉即從吏數年且更數十年當無以
易今日之見也夫時方編次残草因自叙其所用力
如此云凡予學詩已十有六年

拜雲樓詩集卷一

石林吞江石夜坐

寒月照空山山空響松竹一菴石澈泉萬徑風吹木猿傍絶巖啼鳥歸别樹宿何人能出塵此地可醫俗

中秋偕陳秋坪登甘星南退修臺玩月

攜手層臺上輕風漙飛蓬夜山留暮紫遠塔堆秋紅河漢清且淡孤月流天中单衣怯涼露緩步歸房櫳堂虛息羣動餘响語寒蛩蕭散固所愜此意難重逢

牛衣

牛衣涕泣非丈夫紙繒皃銀非真儒網中手中兩羞澀以我令地熏二無為此徑須雞鳴起或從舜徒從跖徒銅陵金穴競乾殘程羅王石餘白骨中年老子獨不眠十五成名稱寗越

除夜偶作

少年負奇氣百萬傾樗蒲杖頭固羞澀其志良不輸一朝落世網自拙非入愚引身入蟻磨看心坐跏趺豈不樂靜鏡乃與動烟俱骷髏委大野蠅蚋猶爭趨食肉已入骨肉盡骨為枯何來遽集此鑽嘬長利咮

安得王謝塵一揮散飛奴
澤蛟挫飢虎穴蟻摧旱龍駿馬老鹽車雲鶴歸樊籠
失勢不可復咄咄頻書空蘭山嘆前盡河橋嗟路窮
英雄同扼腕拔劍摩蒼穹何當揔長袂獨唱大江東

送薩兆鰲之豫

我亦曾為客離家事事難黄金逐手盡青眼幾人歡
吾道貧非病他鄉秋易寒何當又送子風雨下吟壇
匹馬夷門道山川助嘯歌雎流撼太華嵩嶽壓黄河
地入洛中壯花開梁苑多二程澤衰斲遺俗竟如何

送嘉興沈葭士秀才歸里

青箱家世富文辭，矯矯雲中海鶴姿。才士不羈原本色，王孫未遇正芳時。春風香徑歌桃葉，夜月紅樓譜柳枝。歸去鴛鴦湖上住，落帆烟雨看題詩。

和戚午蘭

翰墨場中結淨緣，春風秋雨對沈綿。肝脾元氣搜真宰，血性文章讓少年。鉛槧每因奇字試，溪山合為冷人妍。平生空有聞雞志，擊楫何人早着鞭。

園居

小閣橫孤岑環除萬木森窓虛聞獨雁秋聲亂空林松月散清影風泉來好音此中得靜趣一曲寫瑤琴

自訟

與世非閒隔世故胡多疎其性固所然本量難自誣前身試靜鏡當是古之愚木雁忘真贗魚我全拘墟亡羊不補牢得兔偏守株投鼠因損器彈雀空遺珠得馬竟為福夢鹿未知虛畫蛇每添足養虎徒噬膚貫虱術已劣解牛技亦粗承蜩乏佝伺釣鯉傷疎虞刻鵠乃類鶩緣木以求魚孰為靈者鈞不辨蠹與蛛

孰為勝者利何知梟與盧孰為多者里百鈞賽匹雛

孰為罕者貴千羊輸一狐而皆無涇渭何異牧豬奴

跋前尾以疐飲酒首以濡靜失累丸智動得竊鈎誅

一枝亦不借覺如幕上烏三窟都不營囷如轅下駒

撫胃發大笑此真拙丈夫

登九仙山

登高接混茫望古生惆悵仙人跨鸞逝鷺鶴空相向

無諸不再遊石尊塵已障接天生黃雲極目但青嶂

虬巒媚幽姿鰲頂森奇狀上有平遠臺山覺目開放

丹井荒草封浴池春水漲馬躍層岩去鶴飛白雲上

擣衣篇

蘭閨起秋風秋風動相思相思不得見得見復愁遲未能見君面聊為裁君衣理粧下瑤階端飾出羅幃促杵聲以急擣素手以揮雪花落塵襪香汗濕裙褘雲錦織已就寒尺還剪裁剪裁有時斷妾情無斷時線長牽妾心妾心長自悲自悲還自慰路遠君不知

合歡被詞

東風披拂吹瑣闥美人端坐理嫁衣爰時結髮思早

歸幸託玉臺得所依春燈對剪下簾幃連理枝頭比翼飛顧影共憐惜芳菲承恩怙愛未忍違紅顏青鬢莫蹉跎三五二八時易過停梭玲重裁香羅願結同心矢靡他合歡被暖好夢多

野花行

三月微和艷陽天野花十里爭春妍對人巧笑乞人憐臨風無力欹欲顛柔枝粉質交纏綿日莫斜倚脩竹邊含情不語時嫣然我思摘之簪香奩畏行多露未敢前欲採不採故俄延何如地忍暫舍薄昏風豈

惜買花錢道旁瓜李亦應嫌爲喎野花且冀閒軿眼
搖落朔風嚴以色事人難自堅守媼抱貧自年年

紙窗爲風雨所破歎

海天晝黑轟雷號揮戈大速陽烏逃濃雲面面作山
勢或凸或凹圓周遭其初淅瀝以瀟颯漸乃叫嘯彌
喧闐大珠小珠齊錯落入耳急切惟嘈嘈傾盆白練
瀉屋頂頃刻大地翻秋濤却疑補天漏罅隙故引銀
河留滔滔狂奔亂擲任揮洒挾之以風勢加豪孤樓
凌空駕百尺危如獨山撐巨鰲三面受敵首若縮繞

座悽惻吹簫騷急遣祭侯張一陣仗子之力遮兩髦
會稽先生性瘦輣橫箱直補難堅牢豐隆屏翳太強
横噴擊搏鬥欺吾曹穿簷折檻碎瓦礫如箭如彈如
飛刀柔則易[illegible]脆則破脫落片片輕鴻毛玲瓏四壁
開眼界浪花撲面侵綈袍沸騰淜湃恣漂蕩何異巨
海飄輕艘陣馬風檣無此險翻手性命同蠐螬嗟我
生平喜誇勇憑陵不受挫一毫此睚有力難角勝撫
膺抱腕增鬱陶不去將有壞屋苦下樓呼酒傾葡萄

吠蕉行

紗窗竹屋射日影梅開張幕羅清景我時適儀山征
南舉鞭工馬歸酩酊疾呼取水鮮病醒畏寒前已損
修綆長街撥剌里兒呼聲聲徹耳清風引我閒此果
能痊痾厥味清冽甘以冰或產交趾或扶南三節石
蜜最高等唐時常以須鎮藩漢初亦曾佐俎咼飽食
怕有右丞愁[illegible]書思托安壯請呼童急切堆晶盤留
其柔脆去生梗一片入口含叉牙珊珊丰格獨秀挺
齒決恰似噬腊肉刀截頰類裁硬餅堅拔峭勁苦難
馴此君氣節同骨鯁剛亦不吐柔則茹前置柷噎後

禿哽其初自尾而至本後乃以漸入佳境皮裡滋味
耐咀嚼冷然透背皆氷冷反飧覆手尚餘甜一吷酒
病消俄頃

題何述發聽泉圖一首

層山娟娟遠清列樹堆綮綠上有百尺巖下有千尋瀑
幽人契靜理杖策過山麓臨流擇石坐此境頗不俗
逸韻起暮天餘响碎寒玉入耳足清音妙在非然竹
悠然生道心萬慮忽以肅仰視四天高白雲空際逐

題梅花野獵圖

平原十里朔風高悲笳振野猩貔號平原玄墓梅花

發積雪橫山衰草沒言私其豵卅其時公不樂乎天

何之揚鞭挾策逐風起雄心耶欲逐一豕壯天氣概

非常儔力制犇馬推犇斗南山之下西山頭衣以豐

孤冠兜鍪左手執弓右持矛工射飛烏下飛猱側身

猿臂驅華騮[illegible]氣軒軒追雲流李將軍豈不封侯

題蛺蝶圖

花下生涯夢裡身羅裙蹴葉話前因蘭園草綠晴天

煖入闌墻東一日春

春駒鳳子玉腰奴原是滕王舊畫圖生向別開新粉本輕風筆底起蓬蓬

題李伯時所藏韓幹馬 擬東坡

開元玉花骨權奇英姿奕奕来丹墀將軍曹覇拂絹素辟易到眼神光馳丹青妙手罕其匹入室弟子能傳之力窮殊相透三昧畫骨而獨遺毛皮陳閎餘子皆抹倒萬匹廐馬無常師慘淡經營斷意匠妙境天造難與嫓少陵持論太苛刻後来知己推伯時山谷詩云李侯論幹獨不爾妙畫骨相遺毛皮唐及五代迄有宋真蹟無復人間

遺却從龍眠獲紙本片縑零墨爭矜持凡物莫不聚所好歐陽永叔非余欺龍眠亦善畫馬披圖逆態騰尺幅光怪四座生陸離行空天驥騁蹀躞霜蹄不受黄金羈漢文九良皆伏駕周穆八駿空守雌真龍一出洗凡馬屹立兩耳長風披安得長鞭奮萬里嘶風逐電上下相犇隨

題杏花灑雨圖

南中一夜飛春雨吹落杏花不知數樓頭有客静且閒隔窓坐聽黄鸝語曲江無路莫遲延看此寧避雨

風苦憶昨射策度霞闕青衫曾染緇塵土碣來鄉國
動經年走馬城南天尺五此花不減京國紅但恨爛
漫開無主君顛欲作看花人莫使花開嗟失所為扣
牧童尋酒家[illegible]酒賞花花不許

庭竹

一徑非雜木縱橫竹亂生色將春娟奪陰畢夏風清
獻戛有天籟蕭踈無俗情斜梢搖嫩綠小雨洗偏明

菊影四首次韻和鄞韜齋明府

茶竈烟浮火尚温一庭花事近黃昏秋高老圃淡無

色簾捲西風瘦有痕紙帳香寒清入夢霜雞夜靜暗
鎖龜沈沈草閣空消息送酒人敲月下門
要識朱門野性違蕭齋剪燭對依依潲階涼月鴈初
到三徑飛霜蝴正肥交本無言生是淡開如解笑認
全非南山遙望日之夕曳杖高人歸未歸
瘦骨迷離倒[illegible]扶涼宵獨坐壁燈孤餐英人醉持螯
酒插帽香添爇鴨爐他日兩開秋興润西風一幅夜
游圖此花飛落形骸外妙手空空寫處無
曾向樊川索口開却緣縹緲見丰裁襟懷瀟洒陶元

亮環珮依稀辟夜来平遠山從秋外畫橫斜月入水
邊梅幾回欲採不盈袖枉事蘺東日徘徊

素心蘭四首次徐兩松中丞韻

清絕勝於荷[illegible]茶蕭然臭味出塵花懷芳脉脉心如
水弄粉娟娟雪作芽爭肯媚人忘素履不曾隨俗染
丹砂玉山山工孤行處顯淡風華見大家

珊瑚丰骨玉壺清合是磁盆綺石戲香澤恰宜公子
佩素粧不稱麗人行芳含竟體尋無跡臭結同心淡
有情孤潔十分君古畫空山何處許尋盟

不逐繁華鬥鼠姑雙清松竹合連圖絕無顏色趨時
好別有馨香與世殊取友雅宜晨夕共結緣多是桂
蘇俱寸衷已洗塵緣淨明月湘江入夢無
春風得氣本來先晚節秋光老更妍琭蕈踈蕭殊究
爾冰姿雪貌自天然香依王者有高價賦入騷人無
俗緣一片空[illegible]描不得誰從十步悟真詮一

將之南[illegible]過木棉菴

沙場馬革裹遺尸壯夫蹈鑊甘如飴一[illegible]賊偷安惜一
死亦復授首荒山陂昔日半閒堂上宴湖山燈火燭

宮殿會稽小尉能復仇胡不及時遺一箭從人莫唱杭州歌江南江北愁雲多太皇繼賜死詔軍國重事將奈何不賈江平章敖團練萬里中原遭血戰樊襄倉卒已破圍[illegible]賊雖死亦何為遲爾十年施顯戮他時赴海一塊肉

東江逐次次壁間林春園農部韻

懲天獨雁鳴且翱摧風壓雨忘其勞于盤逵陸隨所遭衡陽水濶莫雲高掠沙依渚無嗷嘈胡不歸棲求其曹世途險巇多風濤一朝失足落狴牢翻手性命

輕於毛鳳凰間出百鳥豪海鶴冥飛樂只陶臨風一
舉深山逃朝飲芝田之滋露暮飧石髓之醇醪無求
爵足謝叫號嗚呼世途險巇多風濤

龔維靖伯母七十壽

君家慈闈七十壽而康我亦皤皤三老在高堂各有
天倫至樂之□遇天之厚我我母忘神仙修煉半渺
茫茯苓黄精□稻粱安得生年皆滿百使我循陔日
景舒而長我縱愛日有奇志豈能揮戈挽戟摩天揚
庶人之孝在能養勿日奔走名利場貧家菽水淡可

常烹羊炮羔非所望一杯薄酒閒清勝豆羹麥飯酌有香桑麻雞犬閒商量頹然一醉樂陶唐不知為孟為姜為王祥[illegible]公或且憐我有孺慕為我倒鞭日馭懸扶桑

發霽嵐伯允

重陰壓層帷苦霧捲殘日空林集維霰雨雪千巖容[illegible]原起悲風鵬鳥入我室吹壎作停响孤篪難協律寒夜雲漫漫涼宵風瑟瑟燕聚竟已分鴈行忽自失幽靈永潛翳外侮誰為恤

廉吏無長物空囊儲擔石青氊歷數傳生計遂已窄
老父餬四方廿年倦行役室之應門童庭有逋粮客
弱妹苦零丁風雨共呼伯其時亦髫齡能以勤區擘
鑿壁偷隣光含丸佐　母織羽翰振新雛衣鉢承舊
澤許氏幸有子里閭聲籍籍明月乃速碎虛名亦何
益
欝彼高崗松蕤森幾千尺連枝有共扶同根無相隔
一朝大風飄巨幹從中擘餘條亦不芳懼有摧薪厄
人生譬草木榮枯同駒隙亘萁豈相煎枝葉各自惜

清商轉凉節，肅氣凛金革。百卉俱摵落，誰能挺孤格。
處世貴遠慮，遠慮實戕身。茹苦傷厥真，積憂喪其神。
魍蠱緣室嘯，豺狼夾路嗔。飽虎之宿肉，養鼠餘空囷。
愁城有死氣，苦海無生津。履險幾入坎，層火或積薪。
達人固知命，君子難安貧。酸辛應獨喻，欝翳竟誰陳。
哀哉衣與食，不刃能殺人。
俞跗已絶邁，偏鵲難重逢。五運概六氣，孰能揭其宗。
求生常乏策，致死良獨工。陰陽不互理，表裏或偏攻。
炎涼忽異劑，參苓難為功。薄疾譬耳痛，微痾恍頭風。

所病非膏肓竟令庸醫窮傷哉箱在口有若炭吞胸
聰明忽以錮痛癢何由通顧我執我手欲語還昏瞢
號叉耶分痛欲顛旋蹣跚豈非藥所誤或且命當終伯兄攖微病不匝旬而逝歿後醫者尚不能名其症癸卯春術者謂伯兄歲行在申當死今竟驗痛哉
其故不可得吾欲問蒼穹
箕風動天末涼沙振空磧急景欲彫年殺節近除夕
虛堂奠陰靈斂飯發精魄諸孤口尚黃 三老頭皆
白生者難自存逝者竟淡適拂塵檢殘草攤書揆餘
迹筆札見清韻琴樽留手澤音容若髣髴零墨尚在

壁向買環我泣八旬僅一擲失侍而失怙遘此兩奇厄授之以遺編爾父有癡癖彼蒼不假年短折無完籍編校待爾能庶免冥泉責

骨月能常聚閱墻亦可悅好爵空爾縻手足忍一擊兩度出霞關燕山困積雪伯兄以丁酉冬遴拔入都明年九月抵里己亥冬又計偕北上留京兩載辛丑冬抵里此後各奔波南北無常轍癸卯冬余赴春闈伯兄以家計弟克偕行甲辰夏五月余抵里而腊月伯兄遂見背何當易生離而乃成死別伯兄客都門寄詩尋常骨肉不為歡別後方知團聚難之句孰知今竟成永別憶昔客長安疊章勗我切遺瀋尚淋漓清訓欻斷絶結思

通元眇入夢，来恍惚夢見，立我前轉眼，去如瞥不知
逝經年，但覺生同列，醒来猶依稀，枕泪已成血
造物不福善，哲人遘短數，祖宗失貽謀，肖子遺譴怨
一官應有期，九霄轉無路（伯兄以四庫館議叙期滿將入都赴選忽碎明月）
痛哉二十成文章（伯兄年二十補弟子員四經科歲試三次冠軍）三十未遲暮
貌嚴俗所憎，才大天亦妬，淒涼老牖下，奄忽同朝露
朔鴻列遠空，尚有羣飛趣，擇木無單棲，求飲必共赴
彼鳥且成行，而我將安處，陟岡傷孤特，杕杜不忍賦

拜雲樓詩集卷二

立秋日作

涼風起庭樹離情與之赴不寐撫瑤琴高梧滴清露金門月没客衣单他鄉一夜生秋寒秋寒猶使壯心折轉眼朔風剛於鉄為君歌苦寒願君早還家明日燕山飛雪花

九月初三夜

孤枕聽寒漏霜高布被薄秋當九月盡風到五更平殘夢憑愁集鄉心逐病生家山在何處三載滞神京

九日黑窯廠登[illegible]歸步法源寺看菊[illegible]柳柳州

登西山韻

高風散遙雲霽色開秋曉四野亂人烟獨雁乘天杪迢遞接疊城紆望皆可了平地突一邱眼空不覺小縈霜委木末餘霞淡林表涉目周遠界支筇出深篠言尋禪宇靜洗此塵衷擾皆封人跡稀秋老黃花夭雙樹疊寒翠一徑入幽眇側聞梵語清已使凡緣悄香氣度疎鐘闌階下歸鳥翛然起道心因之開思繞

寄子容子和二弟

憶昔共總角寒暄同高吟書聲春樹碧燈影秋牕深
偶當良月夜清尊坐芳林幽花不着態自愛山之陰
一朝謝巖壑塵纓濁素襟亦復空所得蓋此郎中琴
身緣北風馬夢廻南枝禽歷歷想昔境悠悠生遠心
當時不覺樂去後難重尋

寄内

鶼鶼東南飛回光動林末離入感離情對之頻處頻
況當秋氣悲木葉時下[illegible]西風日夜凉輾轉愁黄葛
貧家乏無長炊烟或[illegible]歇之子不我知慷[illegible]替珥脫

剪燈伴秋讀涼月淡[illegible]抹我歌子起舞仰嗤白雲過

寓齋讀書

研耕竊餘閒啟業聊就治主人富縹緗甲乙嚴位置我來未三月插架忽無次百城起函丈布肘儉隙地偶到迷離鄉頹然使心醉羊腸歷九折險盡得平易至境或難追疾欲援筆記所苦非我書丹黄不得試涉目了無痕百不獲三四掩卷起長歎凡物必已致假人者隨人來縛若羈驥臨風懷宗慤投筆且鼾睡

丁未秋羈滯都門林鶴林過余齋夜談近境皆

不堪入故人耳也鶴林賦詩以示余恐譙殺之音弗中於道因藉子虛烏有之說聊以自寄即次其韻

清商羲馭顛白藏霄中河鼓驅牛郎天孫羅織百靈集蓬萊繁會雲旗揚月宮素娥坐歎息秋河不渡支空床滄波東望萬餘里欲窮日出朝扶桑扶桑之風搖海水鯨濤跋扈舟為戕三山滅沒不可詳迴車洛浦弔英皇洞庭天樂[illegible][illegible]浪湘君被服華九章黃金為屋珊瑚采蔭以采[illegible]驂吉量重瞳一去[illegible]堂堂蒼

梧野竹悲風颸九疑淼墳何有鄉素娥感無泪潸匡
離情亦復如我長瀟湘空月天雨霜蟲沙猿鶴塵埋
黄駕鷔返斾歸工方銀潢露氣魂悸悼坐看雙星裂
廻腸娭田不歸洛汭死分羮不受窮門亡愁黿顧吻
鸞與鰈東西二海觀蒼茫更向崇吾啄連理天池徙
運參翱翔不爾亦將化蝴蝶五更曉夢迷蒙莊安能
日抱雋周發血淚濺草如燒煌

白日行

我愛白日來又愛白日去隙駟不留如電光一星周

迸一刻度昨日金臺鞠有花明日燕山雨雪紛如麻
日從冬夜從夏鞭朴陽烏嚴早駕周天三百六十度
日行不足繼之夜酒酣倒用魯陽戈大輪為我進三
舍君不見大禹惜寸陰寸陰一寸一勞心八年力制
支祁命塗山之后啼孤衾胡不抽刀斷愁日樂時跳
入君平壺愁時便向壺中出

金馬門

世人但知金馬門不[illegible]然外蓬萊山紛紛日索東方
求何曾一飽空凋顏[illegible]亦受易學射策不辨龍蛇況

蜥蜴郭家舍人杜相公鯫生雅有烟霞癖[illegible]我蘇秦裘着我王喬舃駕我[illegible][illegible]車躡我尋山屐言從王母西入秦種桃弱水三千春世上朱儒笑殺人

冶城謡

冶城天早春桃李迎春發東風飂蕩飛落花散入六街皆香月明月還有復來時落花無復歸故枝行人但看花飛好不識花飛春已老飛花莫飛入金閨閨中少婦動春啼啼聲直到燕臺西[illegible]

魚鴈行

浮雲遮遠天歸鴻不得渡風波迷大海游鱗不得赴
朔方秋老寒氣升燕山雨雪黃河冰爾鴈不去鍛羽
可憎爾魚不去腹疾可矜工帝愛物物父母一物失
所惟帝之醜夜驅屏翳鞭雷公直捲白雲化蒼狗太
空一碧玻璃烟圓蓋九重爍星斗更遣天吳闢海道
鯨鰲贔屭擎山走銀城雪屋無何鄉俯聽珠宮蛟龍
吼青天不雲海不波南溟徙運廻峯過河魚天鴈樂
如何

初見芍藥

昔年文章遂我歸使家不得及春暉今年我來春正好春風摧花開更早萱堂行止命自天花亦遲速與天權即看花發驗天意一先一後皆天置此來我亦心已厭遲誤十日當去回當去回天心哀憐我久蓄看花眼特遣春風為我開燦然金帶圍千堆搖鞭得意登豐臺他時歸去詫朋輩六千里外看花來

紀夢

西風吹夢還故鄉入門三老在高堂堂上清樽酌美酒忽聞游子來遐方傳杯各各不能飲顧我於邑生

悲涼。憐我遠行飢。為我進壺觴。憐我遠行寒。為我增衣裳。我寒我飢不足惜。游子風霜所成鄉。雄雞斷尾我則甘。犧牛被服爾何益。

題王蘭江負薪圖

巨鰲跋風搖海水力戴三山走萬里潢池赤子紛飛翻蛟負自蔡危折几君才利於昆吾刀君刀勇於魯顏高直將天地納一芥掖之而走輕鴻毛世人但知折枝易不識行謌讀稽意請君弛負擔進君超海而挾山看君掉臂乎其間

送王蘭江南還[illegible]

鶗鴂叫涼雨。侯蟲語秋露。區區江水心。無田且暫住。故人別我勸我歸。蓴羹鱸鱠秋正肥。我畏風波不敢渡。但有歸夢寄將去。

李青蓮集書後

公吟謝朓詩中語朔風颯颯吹飛雨我掃秋軒讀公詩黄花初放蠏正肥持螯邀花醉美酒花酒公詩成[illegible]友公若因鸞流夜郎我亦騎牛[illegible]朔方我窮如公公不為我傷我當排雲叫巫陽公家一飲能一斗我

亦渴驥呑八荒我量如公公不與[illegible]飲我當壘麴青

山一旁青山何處弔魂魄霓車風馬從公翔

鄂王墨蹟書後用東坡石鼓韻并效其體

余家藏有鄂王真蹟一冊蓋答李忠定書也忠肝義膽溢於行楷不徒墨蹟遒勁為足寶貴此滯都門不見此冊每以未挾自隨為憾因追賦焉

鄂王之生[illegible]陽九黃袍倉卒渡江起臨安燕雀危處堂完顏羆虎紛聚藪新鄉獨奮斷頭軍太行直振屠龍手黑風王擒金吾飛揚子馬敗鐵騎怕智勇可得賊人頭孤忠不理奸臣口交章孰辨張憲書和議遂

受烏珠誘。鷹威已震殲山名。雄心莫飲渡河酒。不願蘄王醉驢背。早有書來叩馬首。軍中一夜金牌來。殿下他日鐵杖免。三字力闢韓清涼。十年功廢秦繆醜。英風罕出吳劉前。文采銷沈元明後。談兵偉有左肓癖。跋奸不許曹瞞偶。投壺雅韻昔如何。蹈山名詞今在否。當年墨瀋半飄零。是書紙質獨堅厚。雨淋日炙偶然存。鬼護神呵不得朽。滿腔孤憤溢行間。一拳摩挲陳座右。何人弔古泪滂沱。令我讀史力析剖。書在紹興之四年。鄂州節度方留守。淮陰劉豫肆鴟張。河

北金人踞虎吼天子下堂避豕蛇蕃軍奉詔作弓狗
其時忠定使潭州各以精神相抖擻把刀誓擬斬樓
蘭搦筆直欲排山斗報恩知已決死生滅食仇讐鋤
稂莠書中語所謀陣戰慎乃成斯言慷慨良不苟稜稜
方寸生層巘珊珊風骨露踉肘斑聲劍氣含蓄[illegible]金
繩鐵索牢[illegible]鎖千萬餘襆亘雲霄百二十字盤蝌蚪
書共一百二十字寶光要可貫虹印精魄何緣覆醬瓿壁閒
飛電下六丁匣裡玉燧尊二酉慎勿風雷為所攫此
是金石無量壽

都門中秋

知此團圓月，登樓只獨看。故山渺雲漢，游子在長安。古寺寒鐘近，霜風布被單。離人當此夕，悽惻正依欄。

鄱陽寄柬諸弟并系以詩

千里辭家強自歡，天涯兄弟尺書難。春風夜盡□条燭，入世腸廻七返丹。瘦到有神真富貴，窮而無所尚平安。定知不是鶴鳴瑞，雞樹叢中只獨看。

秋日

木落三關一雁涼，金臺疎柳早催□。人言原憲貧非病。自笑次公醒更狂。疏節悲歌燕市酒，馬蹄寒踏薊門霜。西風無那還吹帽，騎省蕭蕭兩鬢蒼。

贈陳秋坪

俗子何來得許塵，元龍意氣獨傾人。我因性僻宜長困，君為詩窮不壓（厭）貧。千里家山同夜雨，一篇畫[illegible]乞閉身。（秋坪丹青）豐臺芍藥知多少，共醉長安麴米春。

送菊次韻二首

幾度樊川索笑怕，傲霜枝老尚餘香。空憐草閣留燈影，不見東籬伴月光。南國音書多病臥，中流簫鼓最神傷。何時重采紫桑下。門巷蕭蕭送夕陽。

朝朝愁對白衣怕。憔悴園林嘆晚面。北雁秋深斷消息。西風人瘦減容光。相逢塵世交皆淡。若比春風落更傷。總待[illegible][illegible]挂月滿。茱萸雙插醉重陽。

題楓林停車圖

風急天高雲斷流遠楓如染入深秋行人下馬看山色一抹殘陽淡不收

[illegible]遲蕭蕭落木紛振衣獨坐對斜曛疎烟一帶空林出知有人家在白雲

大蘇詩筆最稱雄隴首亭皐未足工輸與郭熙題粉尋秋山平遠入雙瞳

九月十五夜口占

一逕尋幽入翠微愛山總為踏山疲眼看倦鳥投林盡風雪漫天獨未歸

題種齋

息心觀物化高情屬皇墳餐英拾餘紫瀕袖揚秋芳淡人得靜契冷友無俗氛一庭自鋤理三徑足耕耘渉園日成趣開卷良獨欣白衣邀把酒陶籬醉夕曛

仰視蒼松高，秋山起莫雲。

秋風

秋風西南來，落葉與之起。歸心如騁馬，馬動不可駐。浮雲蔽太空，象山在何處。搔首步庭除，涼月在高樹。

酬李劉溪太史招飲含輝園

名園六月蘋風涼，清波舒空天欲霜。山陰水澤函一氣，草木感之皆蒼涼。長庚仙才李供奉，濯熱招我臨滄浪。烟波夏塘集百尺，輕舟勢靈攬湖光。玉簫金管轉畧仍，扣舷直溯菰蘆鄉。眼花落井亦眠水底，田田連

葉生裲襠夫容枝高紅欲墮露盤鐵把仙人漿其餘
菱芡隨采筆渴飲亦足供壺觴掬水採月月在手銀
潢倒影涵千章蔡侯清興殊不淺謂蔡慕溪太史況有拔劍
謌王郎謂王雨巖王蘭江希夷先生抱朴子謂陳旭峯菖讓齋元言
道骨能相當長嘯荒陂動鳧雁驚飛咿啞空[illegible]湖恨
不浮家泛蘇高蹤豈減米襄陽此即坳堂覆杯水
笈傲幾欲無三湘達人江海渺一粟胸中雲夢時低
昂去年買舟遂上訪勝游曾溯蘇與枙西湖十頃添
春漲情雨能辨濃淡糊過江北渡抵瓜步金焦一眼

趯維揚。廣陵沿春足花事。檣技載酒平山堂。玉鉤斜畔小香雪。廻視虎阜眞蝸螗。別來一百五十夜。夜夢猶聞梅花香。春風看花不稱意。兩度羸馬踏槐黄。觀經鴻都空[illegible]躊。紅塵萬丈堆胸腸。譬以池籠囿魚鳥。湖山未到䰟先颺。會當臨流洗我耳。刮刷腸[illegible]攬兩眶。山川佳氣能換前。此聞毋乃醫俗加。流霜飛光水破碎。寒風謖謖吹朱歎。泠然四顧幻色界。意境彿彷彈自藏。維舟步岸與更酌。坐花度地憐風篁。空拳白戰慨以慷。懸河辯口誰其強。漫遊昔比如看竹。主人

未問或荒虛忽有園官對我説司是土者東平詹

[illegible]

丙午冬余將壯行夢蘭曾翁以聽訓圖孀題抵

都後乃為補賦

有明丁未進客魏荒天聰先生肝獨鉄不畏寒霜風令曾祖侍御公以諫抑魏璫見作激昂草諫草折檻千家欄[illegible]詩重丸釜濁俗軼[illegible]鐘窜掊幸不皐披鱗容為功飄然挂冠去驢背接高蹤齊家與治國一理貫初終卓哉顏氏訓數語揭其宗靜觀物我界動得聖賢中微言闡大義久响掃秋蟲此道足千古後起屬吾黨

九日陳明府壽田招飲法源寺看菊次韻奉酬

迷津季子竟空囊。漫踏槐花幾度黃。自笑上書淹曼倩。敢將下筆比君房。西風涼送三關鴈。南菊秋開九日觴。令節也須應愛惜。隔籬珍重醉斜陽。

夢中偶得續而成之

兀坐跏趺有髮僧。飛鴻何事躍魚罾。鄉心枕上千場夢。壯氣人前二月冰。二句夢中得霧裡尋花迷浪蝶。窗間[illegible]紙礙癡蠅。針鋒可隱還須隱。得載羊車即上乘。

自水口舟行抵浦城

舟行夾澗中水與石相爭高低山色連前後灘聲亂篷窄易容船江深難近岸前舟隔未遙相看目欲斷卓午泊孤村韋舟齊步岸客子擇石坐篙工採薪爨帆落炊烟出人語水禽散日暮起秋風尊鱸思張翰

舟泊金沙灘登岸步月

舟居苦跼蹐登岸覺身寬沙月出林白霜鐘隔水寒灘高知路險峯轉望家難鄉信憑魚雁堂前待報安

登延平明翠閣

龍津北來一十里城東高閣淩霄起長橋對臥九峯

雲（閣有虹橋對九峯陳友定墓相傳前有雲氣起其墓下九峯山名）絕磴中分雙溪水（自浦城一水北来到此分為東西二溪）霜寒曲逕人跡稀鷺看鸛鶴紛紛飛山僧趺坐日卓知笑問勞人未息機

過南浦橋

南浦橋頭恨別長當年此地送江郎我来百[illegible]梅花發不見春波亦斷腸

五顯嶺

[illegible]巒高欲接霄間鳥道蘊叢折幾灣北去溪流趨浙水南来天塹扼閩關人從天外孤峯轉僧在雲中鎮

日觸若把漁梁來比較無名却是有名山名勝志謂漁梁當天[illegible]名山之一有名無[illegible]殆不及五顯也

富春江

渺渺木蘭舟迢迢青溪路平沙下羣雁碧波浴歸鷺隔林拖遠煙秋山隱雲樹日落失嵐氣風清[illegible]江霧一水綠靜搖[illegible]峯青可數叶樵唱白蘋洲漁歌黃葉渡野禽時一啼江村天欲莫鼓枻尋方君仙蹤或可過

春日雨中溪行

烏笠青衫工畫橈青溪一道阻新潮春蓬細雨晚來急兩岸桃花漲不消

西湖觀梅

羣玉峰頭衆香國雪花十里春一色誰人遍散孤山魂橫斜萬樹水邊出我家繞屋三十株舍南[illegible][illegible]張幕扶此來觀海忽自失驪背之樂天下無放翁豪情古無匹一樹花前一魂魄月明林下不歸來露重霜[illegible]水天白

自武林買舟抵維揚

別剡錢塘潮來看揚子渡遠水浸碧空大江限天步
黄河挽工游海門通壯固乾坤此中分金焦日守護
地險衆所争兵戈經幾度山川不戰伐魚龍戲烟霧
雲近雷塘城月白廣陵樹

便道之金陵

泛舟采石磯遥望鵲頭路黄草大功坊青山小謝墓
燕飛朱雀橋妾答桃葉渡清溪落晚楓[illegible]橋巢歸鷺
索醉孫楚樓鬬歌邀笛步往事説傳沙風流尋頓顧
秦淮春水深秣陵秋色暮不見玉香人空讀蝶香句

何年脱青衫莫愁湖上住

唳鶴亭

長沙王横齊王死河間成都甲兵起貉奴忝附作督才建春門外逼天子事濟不受勤王名師凶乃獲輿尸恥諸生倉卒上將壇讒夫滿座側目視羇臣更不比親臣成本難功敗易罪由來竊枋昏宦官能令君疑令君喜邯鄲一令何足惜明珠自古謗薏苡早知首鼠持兩端華亭鶴唳長在耳孫掾吏言真藥石公不寤徒空自悔千秋寃獄向誰明安得帳下皆壯士

舟抵維揚步平山堂觀小香雪

舊痕襟上未曾灰又上春風第一臺山色連天飛鳥盡梅花隨我渡江來破除俗骨清詩格收拾鄉心入酒杯從此司勳勞夢寐玉鈎斜畔重低徊

戊申度居庸關客延慶

百里未為遠負米稱至今我亦持空囊行行萬里深長安珠玉地臣朔飢所諸[illegible]之更北去飲馬長城陰水寒傷馬骨路長驚馬心躑躅不能進對我若悲吟胡馬尚如此何況南枝禽

延慶客中次韻答李劍溪翰編

驅車出巖關，履險屢側足。塞雲疊遠青，嶂樹堆嫩緑。新柳未飛棉（關外風信極[illegible]，楊柳四月始[illegible]），殘杏猶鋪[illegible]。馬嘶長城行，笳吹塞下曲。凄凄辭京國，悠悠別親屬。正當春夏交，早畏風霜酷。入坎得豈求，垂堂戒自篤。北山空望雲，西窗誰剪燭。我慚服箱牛，君是摩霄鵠。花塼度委蛇，玉府就檢束。晨夕違素心，離索懷忠[illegible]。五字忽寄[illegible]，雙魚承緘辱。即此豹斑窺，敢云狗尾續。盥手摘舊篋，[illegible]風散炎旭。

讀楊忠愍集書後五首

少小不知書，好聞忠孝事。牽人為我言，聽之輒墮淚。不知淚何來，癡情乃獨摯。良朋知我心，翻袖一卷至。謂明椒山公，軼事此備記。鍵户急讀之，狂號不可制。大雨正時行，迅雷起平地。拍案叫忠魂，聲與雷霆厲。

朱雲比張禹，汲黯責張湯。直臣各有遇，殺身亦何妨。蚺蛇不助膽，枷鎖良獨香。[illegible]心接孟博，[illegible]理叅羲皇。奸賊防養虎，豈能防彈章。卓哉鄒御史，一漂鈐山堂。

學以苑洛邃，文以華亭工。自從望岱來，嶽雲不可窮。要知性所覺。豈假後為功。吾觀古文人。幾人稱精思。使公老飯牛。公豈不龍逢。使公老踐更。公豈不陳東。精能驅疫鬼。不能鋤奸凶。誠[illegible]格夷裔。不[illegible]回天聰。明社固當屋。天實生巖嵩。孽先甲乙丙。七一運將終。哀哀西市血。流為天下紅。

赫彼百鷙威。荐食肆封豕。四邊感深恩。半夜舟中起。一赦已天幸。抽簪可以止。豈知勸公休。[illegible]以致公死。盍薦首陽[illegible]。瓢啜汨羅水。悲哉未亡人。桃殭欲代李。

孟薦[illegible]句採用天人[illegible]公文中語

當□臧公罪。在南史朝廁。當時締公姻。在北王繼津。苴麻誰往□。欲附者二陳。吾獨憐元美。賈禍於其親。可知忠義氣。千古而常新。後來繼之者。吳門有五人。

紀夢

日向夢中尋動輒得好景元虛神所構所造各殊境以之為文章生面乃獨造變幻不可窮天工轉退屏有時或糢糊捉空而捫影有時最分明秩次能井井憑此理不經要之味則永可知心最靈萬變生一頃至人豈可期循床發三省

素心仲姊歸其翁柩於吳與姑合葬客中聞之

因為歌詩以嘉其事

十年前曾葬夫。十年後葬舅姑。葬夫夫長安。葬夫父母夫心慰。金高南山築坏土。馬鬣牛眠何足數。淒涼獨作無米炊。血淚多於孝婦雨。

寄內

頻年射策滯京華。萬里雲山不見家。記得夕佳樓下坐。春燈對燄讀琵琶。

感古十首

禮樂肇黃農沿遞及虞夏姬公集厥成精微參造化
秦焰起咸陽典型竟淪謝後儒競祖述補苴生百罅
立尸頗失愚設儺亦近詐射侯必象人[illegible]在作俑亞
仲春不禁犇母乃亂婚嫁悲哉國服法遂使青苗假
曲臺與高堂功過淪雜霸去古漸以遠長江流日夜
季耳尚靜默禮義目蜀狗左道固其偏至理或有取
易簡天地門二三萬物母率性華則漓[illegible]化淡乃久
探原窮三起其初豈不厚變本而遂流忠信輕丸缶
法多民愈紛文繁質失守安能還渾穆與之共剖斗

秦穆躬貴信國士多從死陳姬身好巫邦民競淫祀

二南被化深庶色及漢水郊風沿皇仁責恕遂以起

由来工好之下必有甚矣[illegible]詩十五篇可以觀臧否

申生恭父志致命於新城夷齊戴商恩首陽稱二清

烈烈子臣節千秋見斯人汚隆隨所適適變以存神

至人妙於應志士守其平行權非可托徒爲篡者名

商臣起宮甲王莽亂西京三綱既以絕[illegible]變遂相生

君子但守[illegible]經可百世行論語論管仲二章當引檀弓子思之言爲辯恭世子之說辯者殊[illegible]是

皇霙降大任帝王起當之其理有固然其數亦豈奇

玄鳥紀商緒履武為周基詩書具正義訓詁逞詭詞

感生從此起遂令百世疑列星乃誕傅說桑能生伊

瑶光造顓頊虹精肇有嬀古来膺運者生世多難知

是非謬聖賢荒誕入魍魎引緯以注經漢儒為宋嗤

鄭康成感生帝之說後世符瑞緣此而起為害非細顧炎武尊漢過甚至目宋儒為盲瞽未免矯枉過正也

古民重土著死徙無出鄉拔之埶則動一弛難再張

五邦紀商盤邠岐亦屢更雖非計得已此法固不良

晉人棄北地，羣馬渡建康。典午遂不振，數傳卒以亡。
徽欽與懷愍，禍敗輒相當。一朝金人來，銅駝委洛陽。
傷哉兔去窟，何異燕處堂。覆轍足鑒戒，而今禾黍傷。東遷以後無幽厲之君而式微轉甚故平王實文武罪人而千古遷都者蓍蔡也
晉代尚清談，禍始王夷甫。當官高望空，言事競揮麈。
流及嵇阮徒，蓬跣遂偭矩。謝安豈不阜，名教棄如土。
可知磨涅磷，賢亦與衆伍。吾觀傳陶言，[illegible]言[illegible]小補。
陋儒竊耳食，僅識蘭亭序。中夜感聞鷄，安得劉與祖。後儒以文選遺蘭亭序[illegible]詬病所見猶偏

吴[illegible]持長劍西將鋤楚姦作鈎者誰氏造門来相干
百金易二[illegible]骨肉徒自殘生兒尚不係富貴寧久歡
毋求此物累千古長恨端共知鑒赧臺誰復悲鄗山
君看潘騎省徒令阿母嘆
張武得金錢而反邀賞賜雖云媿其心刑賞或倒置
此意苟不明貪者胡可制愚民固無知豈可枉法試
吾聞唐貞觀以絹賞墨吏[illegible]彼胡少卿[illegible]獨持清議
二君豈不卓惜為權術累唐虞鋤四凶蒸蒸天下治
自班史以賞貪為德化遂有唐太宗之事
此郤與縱囚一例惜古来未有辨之者

美人與香草發咏于湘纍乎子之四愁亦復不可訾溪哇徧六代詞存旨已非梁陳最靡靡綺語能嘔咿沿流及温李文字幾為災[illegible]情感則動美好易為欺因之代曲辭嫁禍於風詩鄭聲聖所放其原固已卑試與讀雅頌莊語可以思何大復明月篇之說沈歸愚題之其實鄭衛之詩馬端臨力主小序所云夫婦之作蓋亦罕矣近朱鶴齡箋解李詩好為曲說穿鑿附會尤可笑也

邊城雜感八首

匹馬重關塞遠遊京華引領望悠悠何時得作終南隱無罪翻為有壯投大漠雲烟天入地深山風雨夏

先秋笳聲帶月窓前送迸起羇人塞下愁
海外欣聞寇靜嘉將軍楊僕昨廻車鄉書尚隔非烽
火客淚新添為歲華九塞高風盤鸛鶴三邊鼙起
蟲沙昇平豈有干戈阻得度重關即是家
軍都南望即神京百疊雄關接紫荆地近諸陵秋雨
暗明十三陵在昌平獵回岔道暮雲平明宣德重門鑄鐵朝移
鎮黑樹銜枚夜被兵元太祖幾但舌耕分一畝他鄉總
是
聖人氓

建瓴形勢突千尋守隘兵爭歎古今喪國來輿遷土
木明英宗窮邊天子困榆林隋煬帝一夫偶失當關計重
險翻為不戰擒遼天作要識興邦非地利郅隆
聖主重人心
沙河一水度遶迤接地風烟鼓角悲夏口中分歸鎖
鑰太行北折走蛟螭鶻鴿雨叫王公廟王次仲廟在落翮山蕎
麥秋生蕭后池遼蕭后蓮花池今為民田矣更向寶林[illegible]古夕
陽荒草沒殘碑寶林寺舊有孟浩然碑今已磨滅只餘題名數字
出塞居然學請纓西風飲馬向長城囊鞬有穎終為

脱匣劍無光尚自鳴豪氣幾時除盡還愁此日漸

能平浮生到處皆為客豈必鄉居異遠征

飢驅奔走總支離我汎泉明數更奇九死一生餘傲

骨五更萬事欲攢眉達窮豈怨洛神賦才大難為平

祭碑庾信思歸最蕭瑟誤他射策已多時

風土殊方感素秋竹枝詞譜古儒州短衣窄袖偏高

髻樵唱村歌存別喉較獵詩人工掘鼠地産黄鼠故明史有沈清獻黄鼠事窮經學士半耕牛邊土士無專業者玉關未是容哀怨

乘興還登庾亮樓

寧武關

三垛墻曾此地過，廟堂無計奮天戈。九邊驍帥皆猿鶴，一旅疲兵尚鸛鵝。豈有當風容獨樹，竟將孥肉伏殘荷。褒忠應配睢陽享，守將如君得幾多。

雨中課童子栽花

舍田不耘已三秋，萬里復作窮邊遊。邊城苦風不苦雨，一雨之價高琳璆。蕭齋隙地儉一畝，硯[illegible]餘力能旁搜。古宅不毛罰里布，隨其閑曠天吾尤。呼童為我具插畚，尺壤亦分東西疇。僕言胡[illegible]從力穡，甌窶自

古期澌篝栽花轉眼為花累秋風[illegible][illegible]薰生猶作池
未破千家產薔薇桃李容蕙收雉庄況有三十所稱
梁何用煩深謀催開恨無般七七巡簷幾[illegible]寬雙眸
他時道士應歸去千樹桃花待姓劉

八月院中諸花盛開詩以賀之

幾度巡簷索笑虛空齋一畝自耕耡高秋八月始春
色百本奇花當異書叩戶人尋蔣詡徑談經酒訪子
雲居莫將生意嫌遲暮羨汝霜天得自如

拜雲樓詩集卷三

庚戌出都留别朱少宰石君夫子

載酒揚亭已十年，又隨帚篋拜床前。撈開龍虎閒抛尺（春闈揭曉都下咸慶得人），步逐風雲媿着鞭。清眼忝邀名士顧，黄麻終隔聖人宣。崆峒但有粗豪癖，可及當時明月篇。

臙脂輸與門新粧，服媚由來要國香。買菜買漿都失計，呼牛呼馬亦何妨。無瑕方許稱垂棘，泛駕終嫌蕭叱吉量。獨撫隆庄荒太早，俸錢為我半空囊。

四載春明迹久淹秀林才復觸飛廉名如涇渭清渾

合身是螳螂進退兼莫把詆訶怨季緒不堪刻劃到

無鹽歸歟敢息青冥力鉛槧還應手自拈

出都豆腐店題壁

雲路迢迢仍未通頻年畫餅總成空已知身迹宜招

隱背把文章作送窮沽酒有時偕鄭老棄繻無分學

終軍馬頭十丈紅塵起家隔炎方大海東

吾輩何因浪得名春雷乍響忽收聲離鄉屈指經三

載去國關心第一程匹馬悲風生易水五更寒月照

邊城。晨征猶帶朦朧眼。眊矂前宵尚宿酲。

山東道中

黃雲十里翦初平。稏穲門前打稻聲。五月家家糶新穀。眼前一飽即公卿。

酒帘斜處近垂楊。野店炊烟角黍香。下馬匆匆謀一飽。不知佳節是端陽。

馬頭萬丈散塵埃。撲面風霾眼倦開。西棘東漥齊一涉。大家優孟出塲來。

舟次維揚

玉簫吹出斷腸聲。廿四橋頭空月明。記取一篇明遠賦。蒼蒼烟景是蕪城。

舟次吴門

袖中檢得舊詩本。不到茲邦又幾年。踏月好沽兒店酒。聽歌重上女湖船。蘇臺柳色春將別。山寺鐘聲客未眠。七堰八門在何處。茫茫樹影入人烟。

臨安感興

何處尋燈火。湖山久寂寥。江流漂木柹。春色怨衰腰。王氣餘泥馬。神兵避怒潮。東都多蔓草。北望欝迢迢極目江山麗，何心問汴州。中原無淨地，南國有新愁。日落西陵樹，霞明望湖樓。酒痕襟上在，湖畔訪蘭舟。

錢塘舟次

一鼓靈胥氣，潮頭長幾篙。江聲翻海浪，城影搖秋濤。龕赭迴風黑，鷗鵬擊水高。孤舟向何處，日莫尚勞勞。

南還度仙霞關入關即閩界

一肩行李入重關，四載春明此日還。客路艱難偏故國，鄉音次第認家山。邛郲獨叱王尊馭，蜀道先彫李白顏。三十六樓渺何在，仙霞深處斷塵寰。

峡口旅店

村舍少人跡牛羊自一群接筩泉入竈採藥擔挑雲

水碓舂霜粒磄田繡丸紋山田謂之磄田見周櫟園閩小紀投鞋謀

一醉買酒或論升福州買酒論提此方論斤酒力亦極薄

漁梁旅店

夾嶂嵐光合當門翠靄濃泉聲終日雨松韻亂山鐘

水冽茶增價雲多徑為封此間有佳趣抱膝亦從容

庚戌三十初度

三十無成一縕袍天涯流宕滯江臯佩韋性是西門

豹受衆貧如北郭騷到手功名翻畫餅粗心筆墨浪題糕不應壯志銷除盡騎省蕭蕭已二毛

好花原不鬭芳時祇恐循陔誤夙期持檄未諧毛義喜斷裾翻抱太真悲狀頭豈有仙人許宰相何妨十載遲一事頗酬今日愿風簷從此謝題詩

着鞭競讓祖生先加膝何堪更墜淵豈有王章長臥病翻教鄧禹笑行年奪矛屢樹軍中幟予年十八補弟子員三歷科歲試兩次冠軍癸卯領第三人鄉薦庚戌捷成第十人禮闈焦尾終拋爨下絃性僻生平多白眼科頭松際看青天

一夜狂名滿

帝京新裁宮錦與時鸞庚戌聞藝出都下索觀者趾錯於門厭其煩特揭諸堂壁卒以此賈禍

登科顏厚原吾輩成佛緣須度衆生壯士無

金終減色小人育母孰分羹遥知佳節天中近無限

依閭望子情

得歸三首

結髮為君婦恩愛兩不疑新婚未周歲屬君當行期

問君將馬往云是遊京師男兒志四方賤妾亦何辭

況君有老親祿養固所宜臨行重握手無語雙淚垂

秋草春更綠君子行未歸所求亦豈遂骨肉徒别離
空牀妾囘由後會當幾時獨念倚閭者何以慰所思
炎熱楓亭丹日落海門赤遠道歷五千歸期當六月
叩門雞犬喧羣兒驚避客中有小童高不及三尺
欲去故却回注視情脉脉審之類我子别久記恍惚
恍若在路旁骨肉竟秦越泫然涕縱横悲傷不可釋
為别能幾時四載境頓易骨月半彫零親客竟疎闊
死者長不歸生者亦非昔北堂拜老母病臉黃而瘠
垂頭不忍看心痛如寸磔生死皆如此有子亦何益

母還命我妻。速治廚中鯽。鄉味久不嘗。杯酒話今夕。

初抵里門

征衫昨乍卸塵氛。墜溷鋪茵忽已秋。鄉味尚餘六月荔。歸裝猶帶萬山雲。親朋執手驚新見。兒女挑燈話舊聞。自笑無田歸計拙。明年何處托耕耘。

歸宦詞

康熙初年吾閩從宦歸里者舟抵洪山橋先遣人通告在籍薦紳以進城日期屆期各鄉老集迎恩門外擁驗歸裝然後放行一時士

大夫爭以廉恥自礪令此風消歇已八十餘

年矣為賦歸舊詞

周官首尚廉六計先八則貪財號曰饕惡聲世所斥

昔聞海忠介葛帷樂晨夕歸喪發江上爰送者盈陌

又聞包孝肅端州留清蹟一硯都不携芳名標史冊

擔挿江南梅舟裝欝林石廉隅各自礪貞節皎白璧

吾聞敦古風相勉慎厥職從宦歸故鄉鄉老稽行色

或有載寶歸衆自交指擿貪夫當此時赧然面發赤

輿評吁可畏乾沒亦何益嗚呼此風古嗚呼此法得

書之當陳詩觀風者採擇

鄭西塍明府六十壽

生平不喜為諛詞唯君夙行我所知君雖長我年以倍我不及見猶聞之我母話君少年事謂君少即稱佳兒十齡讀書龐西氏嶄然頭角歧而嶷龐西我母所自出而君之姑姪從其帯草螢通德里畫沙偉有神童部世家積習獨不染樗蒲場裡圜書帷雲門老人我舅氏舅氏謝諱墩乾隆戊辰進士官工部郎閣學古梅公子時則見之心深儀東林坦腹此其選秉龍佳氣生門楣舅氏鑒

人殊不錯。君果天遂而肖期。黌宮樹幟未兩載，轉眼鵬翅揚秋旗。長門既罷獻賦手，一官出宰江之湄。栽花百里花作縣，鶴城十載清風垂。少年文章老經濟，以我聞見兩不訾。冬十二月歲己酉，聞君解組歸山陂。予時在都門桂冠自寫遂初賦，杖策獨吟招隱詩。急流勇退者誰予，彭澤之風將在茲。歸來林壑足嘯傲，森森梧竹榮孫枝。香山自昔多老者，況君明德當期頤。

辛亥春正既望自閩赴皖

流宕京華已四秋，歸裝纔卸又長遊。灞陵柳色年年

別巫峽猿聲夜夜愁壯地久羈虔信賦春風更上仲
宣樓不堪陟屺頻回首萬疊雲山隔福州

曉度杉關 出關即江右界

策蹇侵星趁曙雞林光嵐氣辨猶迷乍離鄉處風全
換一出關來水便西絕澗飛雲雙嶂合高崗立馬萬
山低樹頭早有催歸鳥曉起迎人恰恰啼

望湖亭 亭在吴城湖即鄱陽

陡倚孤亭望眼勞湖光空濶起波濤中分吴楚蟠龍
氣百戰朱陳握豹韜彭蠡漁舟春浪軟衡陽雁陣莫

雲閣。明朝要看滕王閣，願借輕風送小舠。

登望湖亭有懷蕊客

去年仲冬我在家，爾從此路入長沙。今年仲春我到此，紛紛楊柳飛楊花。楊花飄蕩隨風去，鄉燕不縮離人伍。孤亭徙望湖水深，如此風波爾何處。

九江舟次聞歌

潯陽江上聽琵琶，濕盡青衫月欲斜。我本心腸同鐵石，無聊筆墨賦梅花。

張令公廟在吴城

一曲淋鈴萬古羞蜀山蜀水恨悠悠九重城闕烟塵起三月睢陽血水流麾下奇男猶斷指帳中愛妾已無頭常山亦有捐軀者義士推君第一籌

皖城旅次

河豚三月正新肥薰外催耕布穀飛無事且宜終日睡有[illegible]難定幾時歸年年馮客空彈鋏歲歲鄱陽去曳衣恐取補亡詩卒讀循陔何日及春暉

大觀亭在皖城

大江東去浩茫茫獨立孤亭引興長眼底水天空色

相胸中雲夢足文章龍峯氣擁蓬萊勢王弇州曾指州為小蓬萊
鴈汊潮分海渚倉直把須彌納一芥恨衣此地即高
眠

楚尾吳頭一望收建瓴形勝壓神州青龍已把六朝
送江水還分九派流雁影秋橫牛渚渡波聲夜到岳
陽樓金陵此去無多路欲買蘭舟訪鵲頭

登大觀亭拜余忠宣墓下

翼尾升天去不回白楊飛絮野花開和州寢廟無人
看應遣老臣免素來

迎江寺

孤寺臨江渚，高樓入翠鬟。雲邊浮楚水，林際見吴山。秋色衡陽遠，潮聲壯固還。南州在何處，鄉思鎖禪關。

重游迎江寺

重上江樓望楚知。得閒半日亦神仙。弟兄他縣餘三兩。（時懋光子苑客沙縣，四弟子密游湖南。）酒債青衫典十觴。落日鵬垂大海濶。奇雲龍起亂峯連。蓬萊佳氣生何處。萬疊樅山繞紫煙。

皖城寓齋

此地固云好梁園豈久居銜杯驚赤箭（地多蜈蚣）嘗咢觸

飛魚（河豚魚客此始嘗終不敢飽食）酒味春冰薄朋蹤落葉疎孤窗

螢火暗悶裡一篇書

叅平寺僧贈牡丹

一叢豔色護珠幡香積城中春已繁富貴此花獨占

盡不應託跡入空門

皖城客邸

白雲南望竟何如黃髮朝朝定倚閭餐飯每從愁裡

減親朋多是客中疎偶遲家札頻求卜纔卸行裝便

借書到處暫游成久但得歸端已誤鱸魚

赴新安大水阻舟黄溢距皖城三十里

客路艱難慣茲游竟若何扁舟淹日月平地走江河

雨氣連山動風聲入夜多篙師不理棹悶坐發長歌

鰲陽書院瑞雲樓

危樓懸一縣四山列畫屏烟光凝遠紫嵐色落窗櫺

自我來此地匝月已有零不敢登茲樓恐觸王粲情

今晨偶被酒信步叩其扃愁峯忽聳起欲與四山平

白雲不可望[illegible]雁天際青

反中隱并引

辛亥七月客舒安讀香山集有中隱一首愛其守分知足自傷身地孤窮求如樂賢謫處之境且不可得因反其詞命曰反中隱得百五十言亦猶反招隱之義云爾

大隱非朝市小隱非邱樊意君是中隱君今又無官胡為去室家客此久不還君若好登眺此地無秋山君若好游蕩此地無春園君若欲一醉此地非酒泉君若樂高臥此地難閉門求食不免飢求衣不免寒

君身即幸免。君家寧獲全。君胡不歸去。老母誰與歡。
君胡不歸去。寡妻久孤單。君胡不歸去。幼子孰與看。
骨肉苟別離。富貴亦心酸。人生能常聚。貧賤亦神仙。
兩地俱憂慼。去矣從所安。

讀杜集有感

羌村幾彭衙。即是古樂府。我欲步其塵。不能措一語。
情真寫最難。意到筆轉阻。幾回不成篇。萬慮填肺腑。
乃知此老才。高步俯千古。昔事感所觸。撫卷淚如雨。

讀蘇詩感懷子容

吾弟非子由[illegible]亦懸東坡東坡愛其弟往往形詩歌
客中讀坡詩潛然涕滂沱四年滯京國南北限江河
昔夏我南旋寢苫悲蓼莪比肩讀喪禮且[illegible]相研磨
日月忝我待過手如騰梭離腸未平許淚眼還重搓
爾年[illegible]未壯遠適敢爾苛是我大不友使爾涉風波
鄱陽亘百里巨浪翻蛟鼉孤舟薄如紙此險難輕過
今春我到此對之生愁魔不愁我過去愁爾歸奈何
安得鞭精衛銜石填則那

懷子和

百年各易盡瞥眼珠翻荷況爾尤怯弱動輙纏病魔
貧兒豈容病愁轉多不醫固不可醫之將奈何參苓
等芝草何處覓餘波爾身雖不愛老母髮已皤何以
博其歡無病葆天和

旅次驚秋

莫天多鳴鴻萬里澄秋景門前楚水聲林表吳山影
空階響落葉客懷時一警懸月夜下簾看雲晝倚枕
飛螢明暗窗涼露滴紅井何處覓雙魚汲深愁短綆

八月二日雨

入秋歷三旬暑雨猶未歇東帶輒發狂此苦已兩月
我家本炎荒自在湯蒸窟經今一回想風景猶清越
午睡驚聞雷起視雲莽罗暴雨挾之風害纛走倏忽
虛堂清如洗涼意徹心骨乃知鋤凶焰其機在迅發
猶有餘炎徒當防變倉卒

秋海棠

離離媚階石冉冉翻竹籬淡中得點綴我情忽以移
天地之生意經秋餘幾微過時不愛惜轉眼霜雪飛
此花固不貴所貴開得時脫若在春陽桃李猶俗姿

靜觀得妙理，凡物寶所希。

前客夢二首

作客雖經年。離家只六月。曉來客無家。夜作還家客。

嬲山限我身。豈能阻我夢。但愁夢醒時。布衾如鐵凍。

後客夢一首

黃雞莫輕催。夜色猶覺早。極知空復空。將景難草草。家人歡一堂。團坐雜少老。須臾杯盤陳。珍錯羅鮮薧。蠣房堆玉粒。荔枝燦若棗。兩物不並時。合生豈天造。其下列一行。魁陸閩人謂之蚶，即爾雅魁陸與海藻。閩人謂之苔菜頗非

性所甘鄉味戀覺婦小兒得美食有如獲至寶須刻
杯盤空落葉風一掃旅客嗟寂寞雖煩不為惱但能
長此樂夢境亦絕倒所苦疲我神日涉千里道

客邸短述

愁雲斷望隔閩山蕭瑟空齋晝掩關苦向醉中尋好
境絕無歡處強開顏百年骨肉因貧別千里家鄉有
夢還悔不早歸歸已晚此生遺恨落人間

深秋

翩翩雙燕畫堂飛公子西歸竟未歸草色每添南浦

恨。尊羹多是故園肥。霜燈夜月思千里。腰帶秋風減幾圍。肯學太真長自想。堂前有母欲羞祀。

題鍾小吾明府來鶴圖小照

秋水清一泓蒼松高百尺幽人契靜境兀坐或岸幘白雲[illegible]載空何處尋遺鳥鳴和有感通天人終不隔華表飛雪霜偶然廻仙翮豈伊物性靈淡交固所擇素羽拂雲青清聲入天碧前溪露將下西山日欲夕氷聽月色寒人鶴相對白

又題來鶴圖

秋水庭前圖中有亭曰秋水秋月寒西山露重下霜翰此來

不爲乘軒貴莫把家雞一眼看

題蔣朱亭贊府隨時行樂圖四首

看劍引杯圖

匣中[illegible]有敲似作不平訴我本具飛騰冲霄入雲路
自從落人間天外竄長步或拄秦王庭或挂徐君樹
或裝雷煥舟或葬要離墓所用雖各殊要皆失其素
豈我質太剛天故蹇我遇壯士瞯匣聲披衣若有悟
斫地發浩歌歌聲破烟霧我豪亦如君請君當一顧

雷雨肩𨳝横，蛟龍腕下赴。君息匣中鳴，我樂杯中趣。
世𨳝無薜蠋，飛騰向何處。

荷淨納凉圖

君心本無暑，隨地容易凉。畫水固無色，畫荷亦非香。
愛此君子德，覽之清興長。微風颯然至，人花相對芳。
濃陰度高樹，圓緑翻半塘。淡情付草木，一氣成蒼茫。
自得秋水意，妙境超濠梁。吾胸足氷雪，所居皆羲皇。
俯視夏蟲輩，欲語言已忘。

秋帆獨登圖

風波大地來，問君去何處。破浪具壯心，秋江欲獨渡。載妓上蘭舟，中亦漁酒具。遠水拖寒烟，横空來歸鷺。回顧但茫茫，青山斷雲樹。一帆秋正高，一棹天欲莫。舟行不計程，杯空不知數。但願去乘風，莫問來時路。水盡應有天，渡入斗牛去。

獵羅尋梅圖

朔風動地起，大雪横天来。四野雲不開，一騎獵初回。揮鞭踏衰草，側帽探寒梅。豪情尚慷慨，幽意與徘徊。深山無人境，竹外三兩枝。孤芳祇獨賞，遲暮還自持。

君抱鐵石腸而懷氷雪姿携將射鵰眼索笑山之陂
暗香逐馬蹄蕭蕭詩興催

題蔣朱亭憶家園小照

離離一幅輞川圖中有山水魚林廬雜以人物寄嘯
傲琴樽聲罷閒讀書看山憶洛者誰予我亦觸興思
蓴鱸君不見秦關老子動歸心莊生亦有適越吟又
不見蘭成腸斷江南路仲宣更作登樓賦梁鴻吳下
老不歸此老不免終支離歸山好看桐花鳳我欲醒
我黄梁夢問君宦遊幾時還與君共抱漢陰甕

題董謹學家慶圖為戴生文魁賦

山城霜信遲。黃花尚未有。客中忘佳節。不覺逢重九。戴生率其徒。攜肴復載酒。念我愁瑟居。勸我酌大斗。乃知落帽風。茱萸把在手。酒半指其徒。云是董家後。董家盈弟昆。長者最孝友。哲人乃早亡。得天惜不厚。所志既未伸。而名已弗朽。經今歷多年。邦民尚掛口。許允固賢知。其妻尤賢婦。大義凜栢舟。空牀矢獨守。畫荻差類歐。和丸亦媲柳。煢煢鞠諸孤。一身兼父母。長兒年十六。文義能晰剖。次兒年十三。嗜好辨妍醜。

三兒方七齡。扶立知左右。頭角各嶄然。是母之善誘。我聆戴生說。停杯者蓋久。聞昔家慶圖。雙雙爲嘉耦。書此當揚揚。俾冠斯圖首。

次韻蔣朱亭九日東郊寶藏閣原作凡五百五十言

我昔壯游烏山高。環城萬笏圍周遭。良辰時復丁重九。擾擾郊野多旌旄。紅帬擁醉衆年少。如蠶如堵如犇濤。而我健談冠朋輩。懸河辯口流滔滔。騷壇誰則執牛耳。齊盟狎主交爭豪。麾蝥拔戟各一隊。晉楚亦

不遺賸曾勝會轉目成泡影一行放手輕屠刀甲辰
之春偕工訂長安新雨濃如膏槐花三踏不稱意頻
年琄琭增紛撓金馬門前留待詔故山風景空蕭騷
飄零琴劍幾五載流宕何異江湖舠時學高歌市擊
筑敢冀吉夢神貽糕旅入秋氣尤易感登高何處傾
葡萄陶然亭橫西山色黑窰廠近南城濠整冠偶作
杜老笑落帽不用桓溫褒興酣一醉擲金壁至寶真
可輕孟勞側聞昨者阮亭叟此地此日曾翔翱秋山
不改舊色相孰起名士重揮毫賢愚今古俱泯泯愁

城應破千層牢嗟我求名競寸進扱躋之苦同撓艚如此黃花倘孤負瞥眼霜鬢侵兩髦其日同遊諸朋輩皆謂我語甘如醪喧然捧腹各大笑忽爾失手落雙螯斜陽在樹苦無酒欲散不散何以遨連車共叩法原齋寺門落日寒鴉號曲遥迢遞接幽處四圍秋色堆寒皐壓心欵對幢影靜俗耳翻畏鐘聲嘈此時鄉思都覺淡況敢名利來纆縲松杉溥暮風作響謖謖簌簌敲雲璈一把茱萸兩把菊不醉已欲禪中逃壯遊南北差可紀朅来山縣深藏韜君忽示我登高

作遊興重凗誰為搔炫我排雲之龍爪攫我冲霄之鳳毛焜煌如入波斯市貪多鬪富寧非饕效顰白髮不自量枯腸強索觚羞操逡巡莫造仙家酒朱亭遣介立索和章苦窳終恥河濱陶萬言究讓李倚馬躐翻江海鞭靈鼇會當秋山同一眺消散內熱祛煎熬吟成聊復署紙尾續貂豈敢爭奪袍

龍尾山 山在婺源縣東隅

石何與硯不知鍾王鮑謝入自為東坡此語不可訾自我未來歙已聞歙石奇及今來半載黃琮白琥空

爾思天生尤物天亦惜豈恣貪夫窮採擇斲伐山骨傷山脉地所震怒山神泣馳英勒移鞭愚公一夜瓊瑤化為石陸渾大燒崑崗焚但有死灰留深赤頳唐不受五丁開鎗斫豈假巨靈擘貪夫此時空目瞪何處被褐來懷璧許子智不辨玉珉野人與瑰猶自珍堪笑坡翁有鳳咮作詩猶欲求歙人又生得寶應知足君不見端州包孝肅

讀香山集戲題

池上春風蕩小舟香山居士自風流可憐垂老楊枝

别不及徐州燕子樓

寄同年張孟詞

論文尊酒會何時。屈指知音只子期。一夜高樓感風雨。千年元氣入肝脾。孟詞喜義山詩，故戲用其語解難終發揚雄嘲。志怪還嗔莊叟知。孟詞文字好奇古開卷北窗忘食讀。不求甚解是吾師。

客夜雜感四首

清白兒孫不厭貧。蒙茸一領敝猶珍。隻雞粗足資供母。一拜何曾錯向人。山海險原生對面。雪霜寒只在初春。硯田半畝如堪種。也勝辛勤去負薪。
自笑無官未放還。閑人何處去投閑。不曾佞佛難求福。但禱成仙豈厭禎。事喜糊塗宜濁酒。朋尋耐久有青山。桔槔俯仰渾無謂。縱少機心亦强顏。
回思往事總潸然。馬困長安近十年。少悔黃金空擲牝。壯猶青眼獨觀知。何妨果瘦因無肉。不信能神只是錢。咫尺蓬萊終阻隔。此身合是後來仙。
他邦負米竟如何。客子光陰浪擲梭。好夢每驚春睡短。歸心偏是月明多。黃金不買長門賦。紅粉誰憐扣角歌。去本未宜留亦錯。人間無地不風波。

題蔣朱亭學傳紅袖添香圖

樓欄一抹碧梧遮。靄靄爐烟護絳紗。好把漢書下濁酒。偶將青眼寄梅花。伴人惜月宜紅綠。拂袖生香有紫霞。他日杜陵開徑後。莫教蠻素惱雲鴉。朱亭有妃二人

題董生桂山課夏圖

端門曲說始何休。誕處還應正處求。家學可留蕃露在。有人朝報詆春秋。

一枕羲皇且自稱。夢中仙境定中僧。如斯氣象真能

更何處尋人與語冰。

蔣朱亭從遠道新購菊花邀飲夜分口占二長句

紙帳銅瓶雅韻收。冰廳新買一籬秋。對花把盞三更後。花自無眠人自幽。

杜陵開徑定何年。如此清閑吏亦仙。但得有花兼有酒。不歸田卻勝歸田。

題葛隸齋種竹圖

君心自不俗何論肉與竹清興偶寄將猗猗寫淇澳
有時涼風來蕭疎搖嫩綠有時急雨至敲戛鬧碎玉
有時淡月籠瘦影愜幽獨此中相契微此外無求足
況有抱朴篇壯窓卧且讀他年官渭川千畝飽君腹

洪江登舟口占絕句

年来怕聽榜人謌今日看公又渡河共說溪山足清
境何如平地少風波

崇安道中望武夷

怪巖七十二。面面削青螺。路入盤蛇陣。山為倒馬坡。竹橋行水響。山居之民剖竹為橋以引水石厂採茶多。見說曾孫老。經今老若何。

江西廣信道中

千盤絕磴上烏峽百道寒流落紫溪烏峽紫溪地皆屬廣信棗下雀風吹欲破門前燕麥剪初齊

春日客邸獨酌

草長江南路王孫尚未還鄉心連夜雨客枕對樓山

世事真難料，春風付等閒。一杯孤酌後，萬慮欲俱刪。

題戴生禮南杏花春宴圖

韻事君家說，聽鶯更傳琴。操剡溪清芳園雅集，宜桃李花萼連吟有弟兄。一院東風飛粉蝶，千絲柳色拂彫甍。他時杏苑探春宴，猶憶西窗話雨情。

新安七夕

百世風燈暫眼過，鶯花客裡易消磨。夢經醒後分明覺，詩入秋來蕭瑟多。溷跡他鄉隨野馬，傷心獨夜看銀河。登山臨水渾無賴，對酒蒼涼自放歌。

嚴子陵釣臺

東風滯行舟，繫纜荒臺下。高祠俯江流，萬丈寒泉瀉。此地亦危機，恐非雲臺亞。先生胡樂此，卑枝易廣廈。炎漢當再興，天功寧可假。當時適江南，亦有鐵冠者。高獲亦光武故人，見范書方技傳。故人即肯臣，名豈高鄧馬。一竿烟水寒，清風正瀟灑。

富陽阻潮舍舟而徒至杭州晚宿牛坊嶺

破壁蕭蕭星斗橫。板橋茅店有雞聲。年來此景粗嘗慣，穩睡霜風對五更。

阻潮感賦二首

響屧吳歌久寂寥。孤臣餘恨未全銷。蘆中一夜王孫餓。江上千秋伍子潮。龕赭對高天地黑。蛟龍欲鬬海山搖。汨羅終古平如掌。一樣忠魂孰與招。

抉眼胥門識已奇。後來禍水果先施。十年破楚翻無謂。一戰亡吳遂不知。生有雄才猶載橐。死無葬地竟沈冤。要知恩怨分明處。卻累行人喚渡時。

三天竺

春風何處去尋梅。十里探幽興未迴。每共越人語天

姥方知工界有蓬萊泉聲如吼空中偈樹色都成鏡

裡臺性僻生平薄蕭瑀此行原為看山来

靈隐寺飛来峰

有山皆可愛茲山獨玲瓏或平曰高原或覆為蒼穹

或垂趐墜露或空如懸鐘或直儼束矢或曲若彎弓

又如踞虎豹亦或蟠蛟龍森森秀玉笋面向（開）芙蓉上

列衆佛國下俯馮夷宮衆皺堆不盡一一翻虛空豈

伊巨靈擘（補）或是五丁通或銜自精衛或移於愚公或

遺媧皇碣巧莊琢鴻濛或為神禹奠大冶歸磨礲憑

此境最幻要之靈所鍾谽斫運鬼斧刻劃呵神工我無米顛癖愛此情且同曰瘦曰透縐幻相分千峯蒼茫起海氣寥豁廻天風安得携歸去雲雨生袖中

貴池道中將抵安慶曉行

大漠連天濶長江入海蒼馬隨人共懶霜與月同光老屋留燈影疎星帶鴈行曉看雲樹近山色認樅陽

桐城道中

一鞭残照指柴門臨水楓橋别有村茅店鷄聲原朔漠馬蹄山色易黄昏寒消窮臘孤梅影青入荒原遠

燒痕回首故園春，草長鶯飛花放，正銷魂。

除夜六安州旅店

鬬心除夜不成眠，回首長安路幾千。故國鶯花衣上淚，良宵風月夢中緣。懷人采葛如三歲，作客逢春又一年。燈火熒熒青欲落，朔風茅店未明天。

殘臘阻雪滯留旅店經七日無聊題壁

薄酒不成醉，孤燈天未明。有家千里隔，無寐百憂生。布被侵霜重，茅檐落雪輕。憐雞還唱曉，一一斷腸聲。

元夜阻雨光州憶家戲作二絶句

苦憶去年在故鄉。恰逢燈節鬧春陽。滿園桃李聯羣
爭。槐火燒香爇蠟房。

海市還輸燈市奇。踏青歸比看花遲。一聲爆竹千門
火。正是鰲山欲上時。

道口旅店屬河南

匹馬行萬里。看山到洛中。雪消春有跡。寒退酒無功
夜雨荒村黑。孤燈老屋紅。鄉心來客枕。天外聽歸鴻

何雅承進士需次銓曹齊蘭皐進士贈以詩箋

有東閣於今傳好句壯山從此有移文愛其

清切即次其韻贈雅承

故園惆悵失交羣，走馬燕臺始識君。十載儗編高士傳，一官只當送窮文。易于清介心如水，平叔風流態有雲。待我來時君好去，小山家學紹前聞。

陳勑城給諫將以令秋歸田，因取白樂天「休官非早亦非遲」句作轆轤體長句五章，嫣和因次其韻

休官非早亦非遲，解組剛符七十期。聖世總容高隱士，秋風恰是賦歸時。霜寒烏府肝原

鐵帳祖東都鬢有絲松竹故園猶好在蝸房燒罷蠏螯持。

止足先期要自知。休官非早亦非遲。秋懷多病愁南荊。越鳥何心戀北枝。仙説得門方是禪。人如果俗最無醫。漢陰甕與伊誰抱。機事機心兩可悲。天衢廿載羨升移。給諫由來重所司。報國讀書兼讀律。休官非早亦非遲。行藏未許全窺豹。出處何妨老伏雌。氣節祇令重東漢。此行直欲造邦基。

豈學巢由與下隨。尋羹鱸膾奈相思。成丹家有希夷隱。乞米臣原曼倩飢。吾道可行斯可止。休官非早亦非遲。臺江江上楓亭外。珍重鰣魚及荔支。

歸心濃比飲醇醨。一曲驪歌和有誰。予時將歸家待選。梁柳已為前度容。予以庚戌捷禮闈今春補行殿試栽花尚滯十年期。身閒輕似隨風籜。志切空傾向日葵。獨羨香山老居士。休官非早亦非遲。

癸丑出都口占絕句

江上連年釣巨鰲。祇今妙手尚腥臊。風波歷盡老知

險撥轉船頭明月高

舟過壽張 王彥章故里

百戰存梁竟不支，天生神武李鴉兒。朱三葬地在何處，不及將軍有豹皮。

吳門漫興

青天碧海夜悠悠，烏桕門前溪水流。初日東頭飛孔雀，浮雲西北起高樓。癡情空學泉明願，遠道難禁平子愁。夢到板橋桃葉渡，鶯花憔悴不勝秋。

建山

衆山合沓如蛾毛鬬形欲與天爭高飛鴻不度鳥影絶惟有鼯鼠啾啾號緣絙逆坂不可上垂崖一綫懸秋毫千年石棧驚裂坼補以松竹猶堅牢側身魚貫得寸進爭路時復來猿猱撫膺以手坐喘息濟見城郭同蠐螬嗟我信非百金子騎墻之險烏能逃

建溪

一水分兩色遥知深淺殊篙工習水性有如水中鳧輕舟舞淜湃宛轉赴壑魚下灘捷劈箭過眼不可摹後者觀其前但以兩手呼指揮嚴軍令馬首瞻唯予

東西隨所驅左右孰與俱㤖撞爭一線船石相摩麤脫若偶失手粉碎荷翻珠再來須記取預買千金壺

太水下八仙棹灘

水形如山形凸凹各殊狀中有千尺潭急湍噴其上緣溪森怪石谽谺鬭百樣粼粼羅陣圖鑿鑿立虎將或背趖相刺或面若相向或突列劍鋩或連夜錦障突生欲爭奇競出豈相讓我來時孟秋洪流驚初漲維舟臨江門三日未敢放篙師晨擊鼓欲與灘神抗習險酾固能觀濤我亦壯觧纜置中流攤錢下高浪

抵家偶作

梅花如高人，幽蘭如處女。孤芳各自持，空山誰共語。
偶然落人間，清風杳難侶。城市多囂塵，還入山中去。

鵬飛極南溟，搏雲九萬里。一朝鎩其羽，忍此樊籠恥。
鶺鴒集芝池，鸞鵠在棘枳。豈有摩霄心，飛鳴猶自喜。

渡烏龍江

倚劍出門去，大江天際橫。風波十載慣，貧賤一身輕。
涉險從茲始，離家復此行。虎門猶在眼，迴首不勝情。

阻雨宿楓亭

斜陽下梅嶺，小雨宿楓亭。荔子幾時熟，楊花一路青。辛勤如負米，流宕是飄萍。終夕瀟瀟響，行人不可聽。

赤石巖買舟至岐嶺

入溪闢地盡，過嶺粵山起。又作他邦人，離愁從此始。有家不可見，亦與無家似。獨枕不成眠，推窗看烟水。

岐嶺旅店

骨肉艱難得，家山容易離。愁歸獨夜夢，貧畏老親知。歲月長征邁，風霜久客宜。不知瘴海外，何日是歸期。

秦嶺

按一統志秦嶺在陝西藍田縣韓公詩當指此若屬粤中則不宜有雪擁之語矣姑攄所見爲之辭

藍關積雪蔚岧嶤距秦嶺十里有藍關匹馬辭家此入廻天欲南荒開道學山猶西向拱唐朝忠心豈把君王詆辣手何妨佛骨燒蘇文忠昌黎伯廟碑作書詆佛譏君王要觀南海窺衡湘譏字要觀字未免過甚讀韓公到潮謝表哀自明衡嶽他時歸路好頑雲也解爲公消此從東坡觀海市詩其實公謁衡嶽廟之作當在自陽山北還永貞元年八月時事故有我來正逢秋雨節句若自潮州移刺袁州在元和十五年十月蓋未嘗過衡矣王伯大辨正最確也

惠州夜泊

疎鐘遠犬到孤舟，水驛燈明認惠州。夜色難尋嘉祐寺，濤聲欲上合江樓。前賢此地悲遷謫，我輩何心愛浪游。幸有炎峯來海外，相看一笑割離愁。

舟次石瀧

錦水生桃浪，孤舟放碧波。寒經春半盡，詩是道中多。海國連黿鼉，山居愛薜蘿。南行莫蕭瑟，猶有木蕉歌。

舟抵羊城

何曾遷謫亦投荒，為愛梅花嶺外香。我與東坡同食

癖不妨甏入稻魚鄉

羊城暮春疊前韻

松竹年年徑就荒瘴花看到木棉香此来已誤鰣魚候猶有離叉似故鄉

珠江春宴

夜色明如水春情醉似醪衣香花氣重簾影月痕高樓閣天將曉笙歌酒尚豪人生行樂耳旦晚欲霜毛

珠江夜泛

春江入海流愁與春江長我家海東隅江流經我鄉

歸心寄江水流我門前去傳語家中人我在花深處

戲為咏烏三絶句

楚幕由来寄跡難須知借樹要長安多時屋上承推愛莫把家雞一例看

白門柳色嫩如絲春盡江南絮盡飛一曲琴中萬行泪傷心最是夜啼時

歸期頭白竟如何別鶴離鴻入恨多等是庶人羨相棄高飛怕有宋王羅

廣州懷古

桑田滄海覇圖灰昔日英雄安在哉夜月狐狸劉龔塚秋風杜宇趙佗臺呼鑾道上空禾黍歌舞岡邊半草萊留得粵山千古秀春深猶放木棉開

粵中吟十三首

粵中吟者觸事攄懷假物寄情之作也語歸訓詁義兼風勸昔白香山秦中吟十首自詡正聲杜少陵蜀道諸篇則專寫山川秦州二十章始兼言風土前人評其詩卷可當圖經信矣茲雖不敢媲蹤昔賢然山川風氣物產民情

亦畧具於斯云

萬寶紛吾前微人誰與樂以茲事別離不如安澹溥
此邦富犀貝琳碧可抵鵲員兕不識珍對之轉索漠
真贗既罔分一理齊美惡方欲治寸田心耕代力作
颶風能拔木不能撼螻蟻微物轉得全鬪力胡可恃
凴高衆所傾禍敗乃其理保世無良謨吾獨責苦李
山川無定氣風土人所開茲邦古瘴地邊謫投高才
倉皇問瀧吏未到心為哀經今實樂國珠璣如李梅
昨聞潮陽守五馬梅關來炬煌多騎從前驅喧春雷

陌鳥飛何處鱷亦不灾多錢信好官得意傾金罍

有月即中秋有菊即重陽東坡諳風土語簡而意長

寒溫無定節晴雨分炎涼四時皆春氣大德南方強

夜嚴夏無汗秋熱天不霜經冬蚊蚋老終歲羣山蒼

長年但一候此理誰為詳

貧家之繒纊愛此天無冬羅浮產蝶繭雷葛絺可賓

三時服已具一絅珍蒙茸何知代北夜臘雪封重重

貂裘不覺煖爐火圍深紅萬時有吠犬難語如夏蟲

蛩唧咬已怪烹蛇尤所稀蝦蟇乃常味燕趙亦珍之

要知本古意豈獨蠻俗奇周官醢人職蠯蠃雜蚳
皇皇登籩豆蚳蟻參饔醓古人精食性詎以患害遺
西京詩陸海蝮蛸充晚炊西京賦蚳蝝盡取注蚳蟻子蝝蝮蜩蝗子未有翅者
少見遂多怪嗜鼠嗤鵝鴂吾欲据典禮更譜南食詩
檳門番海南洗瘴閩最可犇波衹為口苦飢不到我
此果洗素當飽咲量亦頗閩俗亦重檳榔菜鳳卵中已蒼龍
乳外鐔裂皮煮清甘雜以蔞葉裹誅彭或數枚行飯
宜一顆堅頑資導利腸胃亦帖妥可憐玉堂仙綮藿
自春蕨飢腸日轉鳴畏此消食果爾来多何曾此道

毋乃左粵俗公讌席費萬錢奓忲甲天下

靡麗為國華齷齪氣慘慓唐俗豈不古憂傷及蟋蟀

矯儉遂以奓失在文勝質炎徼山海會梯航此填溢

睽翮十三行長衢夾綺室闐塵起張天袪靚耀秋日

羅肆粲星繁佛山實第一多財乃為累忘善戒在逸

老莊貴自我齊物言可述

我遊波斯市焜燿如華胥居楹鏤杏桂飾瑠栽瓊瑤

一鐘貫十萬十鐘百萬餘古辰陋銅史抱箭精金徒

璣衡豈不貴古貌賞已孤吾

君秉乾惕

待旦訏

宸謨

宵旰在寸心豈假迹象麤況聞寶遠物戒之重周書

萑苻生澤國患盜今古歎繡衣出持節漢代或專官

循良龔渤海用猛能兼寛犢牛換刀劍意在遺以安

此法固云得行之今已難民田盡尺壤守業孰可干

淳薄況殊秉蔽痼同癥瘕近聞長制府招懷力頗殫

攝官雖宋法人士唐已稀九齡最矯矯雲海能孤飛

當時有二區尚鮮山斗依今南海區姓甚蕃當是區宏之後吾道無

南北東坡句敎之亦庶幾安得趙（起）德重為學者師退之詩云

分散百寳人士稀讀歐陽公貢舉議嶺南當時許攝官則知試進士者至宋代猶寥寥

買夏文忠公燒夏昌黎伯新意出好辭錄字如錄石

詩人眈險語變怪或困擇地軸缺東南斯理定不易

韓言并無天海豈能工耆我昨過虎門茫茫水天白

東坡買夏欲論園退之矣風每燒夏買字燒字錄字最奇若有海無天地句雖奇闢可喜然言無地猶可

並言無天得乎

離支信仙品側生吴與蜀相如賦工林收之入草木

秦中非土性佳果遭屈辱甘泉陳玉樹西都引比目潤色假瑰奇盧橘詩夏熟楚材為晋用此理誰當燭凡物寶所希何妨非我族君看仙寓人偶然寄高躅方志與地圖千古猶收錄左思吳蜀二賦皆言荔支吳兼閩粵義各有當也而相如上林賦亦言荅遝離支其誤引實與盧盧橘一例太沖三都賦序獨不為辨正何歟

持論之精妙令人作十日思不僅以點染一方風土人情見長也

年弟張問陶拜讀

珠江竹枝詞十一首

予既賦粵中吟十三章又譜竹枝詞十一首所謂雅頌不廢夫國風二南亦參以鄭衛者也俚詞媟語於體為宜淫聲艷情於事為稱後有覽者亮其志焉

黄木灣頭水接天春風飄蕩孝廉船（老舉船之名不知何義）愁魂幾夜無人伴獨看瘴花開木棉

薜荔墻邊鶯亂飛桄榔園外燕初歸郎今多愛行山路不向珠江打水圍（皆廣州方言）

膏袂青帬白玉膚莫嫌臭味比猿狙白洲雙角山頭

井傾國千秋有綠珠

明月高高壯蠣墻夜深還照海中央三更小艇迎潮去不載劉郎載阮郎蜑婦呼所懽曰老阮

頻黎窓外玻璨風人影衣香面面通[illegible]增木魚歌侑酒可堪重話湔江紅

瓠犀如漆醉檳榔銜雨歌唇夜有香欸乃數聲春去也一雙水宿野鴛鴦

行竈新烹新婦魚春風一枕黑甜餘踏青莫上呼鑾道芳草芊芊有鷓鴣吳都賦鷓鴣南翥 蕭縣書亭集亦云鷓鴣過大庾嶺則盛

還珠買櫝有神功鍊汞成丹夜火紅不比海棠貪結子安胎怕聽說黎朦蛋婦多服水銀以斷産朦果産嶺南為安胎聖藥見杭大宗游

粤詩

榴火深紅賽佛桑素馨田上素馨香而今都說花含笑可有東坡黄四娘含笑花見丁晋公詩及東坡蒲澗寺之作然究不知為何花

瑇瑁擡頭翡翠鈿日高猶掩水窗眠[illegible][illegible]盛時不税魚蠻子占盡春風蜑户船

海幢寺外瘴如烟惆悵春歸又一年莫笑老顛裂風景譬如楊慎在西川

四月初四日午睡記夢

山上蘼蕪見已稀，王孫芳草幾時歸。夢回似記朱書句，一曲瑩溪泪滿衣。

高涼道中諸山

萬山趨海南，疊翠如鋪瓦。當塗策回鞭，屹立勒奔馬。龍虎相咬吞，兒孫各低亞。破空入鴻濛，飛鳥倒在下。壁色雲中開，瀑紳天外瀉。奇豈愚公移，擘向巨靈假。孤絕能隔塵，清寒欲無夏。昂首送行人，青青白（自）日夜。

高涼道中用東坡遶城觀荷花月明星稀四韻

落日在深林簷溜滴未歇微雨熱黃梅陰晴爭倏忽

暑濕孰能除村釀謀一啜波羅大如瓜檳榔不裹葉

高州出檳榔棗極佳不用鮮蔞食法與吾閩異荔支與鰣魚山海能並發大

約比吾閩節候早兩月

蕭條宿驛館頹垣生榛荆芭蕉大如扇終夜作雨聲

庭中有奇樹深紅照眼明心知必此花見難為名

館中有樹細葉而丹花艷於朱桐同行杭州程公遂告予曰龍川花也時風土雖劣惡草

木有餘清

毒淫浸腐草流螢亂疎星荒村驚獨夜炯如飛青燐

非時見此物秋令而夏行黃泥留象跡黃泥地名灣黑風
吹蛟腥際天颶母暈過雨楓人青猶有虞衡志可以
伴南征
虞翻終老死蘇子及生歸對花晋公歎放骨昌黎悲
我亦傷流宕弔古跡已稀孤宦猶戚戚游子當安依
豈伊止足義令人尚庶幾令人輕去鄉古人陋居夷

電白縣温泉地名熱水

温泉出驪山玉奴遺蹟留千年炎徼何處得此境欝
蒸佳氣如雲烟行人胸腸堆塵土一洗腰腹含風娟

倦雞老馬臥糞壤垢穢乃其性所便古來最潔巢由子次稱潔癖倪迂賢陋邦自昔少浴器乾浴蘇子悲南遷何如大冶為陶匠盆斛不待買一錢濯纓濯足真兩可為君一咏滄浪篇

端州病中過中秋

行人已念歸一病情轉濃蕭蕭入户葉葉鳴秋蟲孤燈照無睡瘦骨如鑽峯明月隔雲漢佳期誰與同庭前兩榕樹終夜喧歸鴻

南方卑濕甲寅二月入粵居月餘恒苦之旋病

癬背秋涉冬不能瘳也

莫春潮氣重虛堂如潑雨蒸濕入衾綢流潤先柱礎空厨生水衣破竈吟壁虎椄（桉）引蝘蜓盤龍開鬱屈舞鼉黿亂人羣幽居同水府重腿患至膝半羸歎自古不得永州蛇誰與洗毒苦

撥悶

選墨必求新選硯當用故物性有各宜妙理天所賦君看鐘鼓樂豈非富家具斥鷃固不知鸞飛上高樹河能潤千里海實浸八荒其量固已大其澤乃以長

傷哉枯池內，尺水無汪汪。魚鼈猶不飽，蛟龍難為藏。南溟不可徙，雲雨限河梁。

蛟蟲日經營，所飛終階序。一朝附鵬翮，奮騰周九土。曈曨薄日光，刁調鬭天語。側身入青雲，廻翅卷飛雨。黄鵠且莫抜，蜻蜓安敢侶。此時與負山，力大猶可舉。

鵰鶚喜雲漢，螺蚌安泥沙。升沈各異路，凫越難一家。萬族貫自適，易地生疵瑕。居山禮麂豕，居澤甘魚蝦。請看雞斷尾，勿為犧載車。

次朱石君中丞原韻秋日同登閱江樓

聖人明目達四窓釋名訓窓為聰湛澤遠屆海與江粵屬于
揚本近地五嶺截起攢天峴韓公治唐蘇治宋同文
已洗蠻語哤嚴疆
天子重良撫節鉞南下昌樂瀧皖江澥沵珠江水牂
牁六月來飛艭樓船不用橫海出萑苻早欲閒風降
明珠已還黿鼉國木魚更放猿狚腔東坡比粵女為猿狚中丞下車
之日申禁偷俗蜑户船一空端溪西接蒼梧境今秋漲浪浮魚舡
離休坎王商羊舞警予之水書曰洚公叩
天扉請民命偏災亦得沾

恩寵親臨持節遍存問優施下到雞與寵設尊於衢

縱飽飲蚩蚩滿腹忘其惷守心終當古太歲雖不及

蜺猶可扛維公憂勤體

宵旰民縱蘇情猶懮咨予旅食歎離索空虛久喜聲

聞跫庾樓況得陪杖屨秦咢與看鴻文扛中丞誦聞中呈文以示先生退之弟子籍導言扶几容摐摐雌聲勉強哆

捭闔廻旋一瞥收窮龐蟻垤敢屈崑崙鬭寸莛屢向

洪鐘撞中丞與論韻學謂杜韓二家最得古法因捐玉局通韻之失鴻飛倏賦公

歸去告處誰與終此邦願公碩功鑄雅結銅柱名媲

新息雙斯樓亦有甘棠愛千年留蹟聽江淙

附石君中丞原韻

雄樓四達開軒窻負星面鼓臨西江賀梧遠導自黔鬱高峽近東收崆峣端州形勝實都會氓俗剽悍其言哤東南距海四百里三川滙合廻奔瀧令秋江漲釣臺漫睥睨俯吸磨桅雙怒潮工潟建翎下雨雄勍敵誰首降兇啼登屋魚入巷羚羊倒咽號羊腔田圍沖決盧潟析嗷鴻四野愁津砬節府西經惻踧履飛書告我吁洪澤連名請命工闇闔

遥宣
堯禹懇惇厖便宜散利拯疾苦扁舟暫纜存鷄尨
錙銖升勺計口孳睢盱憐此情愚惷晴光及旬水
歸壑晚播尚可疏豆豇艱食鮮食
帝之力鞠人謀人心則懱掾高俯下仰天咫呼吸
聲應凌空楚來聞星使勒長句前學使翁覃溪有七古健筆
頖儗龍文扛邂逅許生七閩秀哦詩浮切精敲推
嘻予民瘼貴求度雅興束手臏走麗水監何有稻
蟹急海國善幼魚龍撞牧孳去害告僚友信美非

土嗟此邦力微責重三自首擇取那得熊魚雙何當歸去老齋兮玉樓挽水車淙淙

七星巖蓮花洞疊前韻

怪巖穿洞如穿窗屹嵲橫口吞長江在星羅列作門户劍戟交向其形峴多石少入乃地氣五溪雜處黎言哤粵閩繡壤接南澳我行避海磨九瀧（瀧在韶州東坡詩舟行十里磨九瀧）紆延江西度大庾輕舟傍箭懸孤雙山川佳處即吾土蹔愁已把歸心降鼠胎能作蚤子飽鴃舌頗習南蠻腔茲邦賢守包孝肅善政濟人梁與矼（矼杠）

古通用竭來適值淫雨節洪流初漲民號洊閉門三月日索句孤燈自照踈自厖側聞朱明產枸杞欲從夜吠尋靈尨躡屐儗窮康樂險咋指還笑昌黎惷老牛不動終自歎重膇毋乃啖食缸嵇叔夜養生論豆令人重天門可望不可即線路未到心已懼巖上有三天門予限於足力不能到也猨聲一徑趨鴻湏洞小語響答聞空跫崖閒筆力李壯海洞中多歷朝刻石半磨滅不可識獨李邕擘窠景福二字尚完好髣髴九嶷重瞳扛寺僧持囊叩石鼓鞺鞳聲應華鐘擬白衣仙人坐說法旁有馬祖嗔老龐洞中之景如是谽谺穿豁牢百態雲

龍出沒鯨魚，撞名山惜未入郴記。妙筆孰與光此邦，濂溪先生天隨子。謂同游周陸二君茶經蓮説清境雙，重游赤壁勿負約。與君山溜聽錚淙。

答桂亭廣太守九日招飲閲江樓即次原韻

萬里雁賓秋，長江天際浮。衣冠追白社，風景接黄樓。太守能同醉，羣公且莫愁。況當落帽節，高詠屬清流。

良辰原不再，大白且為浮。人物足千古，江山歸一樓。西風吹海氣，暝色起鄉愁。莫把茱萸看，歸心如水流。

編次殘稿自題二絶

亦曾椽臂亦雕肝盤馬彎弓絶好看愛詠退之山石
句不教春雨潑秦觀
老元短李非吾好瘦島寒郊亦未宜信手拈來冲口
出深悲極怨少陵詩

送史芸臺同年之官粤西次朱石君中丞原韻

瘴海初逢慰渴飢匆匆又值別離時科名我忝同三
度（予與芸臺鄉會殿試三次同年）師訓君應慎四知捧檄喜猶
親未老（芸臺二老健在）栽花官是令偏宜雲亭孰與偕携酒
（予時寄跡撫幕與芸臺常侍函丈）惆悵東西嶺路岐

弔古八詠仿杜少陵八哀詩也在粤言粤則東坡鳳翔八觀之例爾

韋土官弔淮陰侯

粤中韋土官明李尚雄踞海壖相傳為淮陰侯之後當鐘室難作時有韓之門客匿其孤奔鄰侯鄰侯以托南粤王趙佗使守焉改姓韋存半韓也世為土官族遂以盛此勝國以前事今粤西有土官而粤東廢久矣韋姓子孫不概見賦此弔焉

倉皇走狗烹鐘室君背不貴君族赤將軍生死皆婦人執為誅夷孰進食飛雉入宮人彘愁不獨鋤韓亦鋤劉後來禍水終滅大皇孫燕啄悲千秋漢家兩京四百載蜀川王氣一夫在猶有彭城賣履翁驅除羣馬作天子自從齊公起即真隆準子孫亦為民將軍後裔尚雄踞海濱獨霸二千春黥彭菹醢長太息況君國亦尤可惜我欲舉杯酹赤眉為君報讐賴此賊

蒲澗寺弔安期生

寺在廣州負郭十五里白雲山下

入門古木圍深碧過雨飛濤拖修白道人賣藥不歸
小山中菖蒲翠如積何年下交齊劘通遠啟楚闢來
敝策能茅不受重瞳封背向祖龍貪金璧神仙飛舄
終不返逢萊何處尋遺跡茫茫海上覓棗瓜惆悵茂
陵秋風客

嶠南弔馬伏波

廣州記曰馬援到交阯於嶠南立銅柱為漢
之極界

南征壯伐遍暮齒據鞍顧眄猶自喜只知烈士死狗

名豈識老耕戒知止長者家兒真難調矍鑠哉翁亦可鄙床下獨拜梁伯孫不似汾陽見盧杞已拚馬革裹遺屍安用輕身資薏苡畫圖况不入雲臺墳墓何如守鄉里墜淵豈獨浪泊鳶五溪瘴癘如交阯扶桑銅柱空千秋銅鼓蠻鄉尚可求端州制署有銅鼓相傳為伏波所遺考范成大桂海虞衡志馬援銅鼓今兩入粤以行令此鼓大可數圍疑非舊物辨寃縱有雲陽令孤負平生馬少游

廣州弔陶太尉

杜弢已破王機走將軍轉徙荊邦守當時王馬共朝

廷毀棄黄鐘鳴瓦缶秋風忽起元規塵歷陽冠軍朝至
尊疆埸外將畏越職誰與許國温太真荆湘坐擁十
萬卒義旗不指石頭出銅駝行且委荆榛木屑竹頭
皆棄物披衣起舞聞雞聲渡江偉有祖生情一朝見
義偶無勇中原致力空留名人生光陰草頭露星霜
有幾容虚度何當喚醒牧豬奴與看當年運甓處

三江口弔謝靈運

江左文章君第一濯濯芙蓉開初日蝇頭塵尾忽飄
零蠻雲蜑雨長蕭瑟晋臣獨有陶徵君石頭不遣郴

飛出君家門第晉朝臣君身郡守采家職猖狂欲奮子房椎慷慨還慚夏侯色幾兩屐終悞此生為對江山三歎息

石龍弔冼夫人

陳書太建二年封陽春太守馮僕母冼氏為石龍太夫人按石龍梁之郡名陳因之隋始廢其地在今電白縣治東北二十里

迷離雌兔傍地走木蘭生作蠻家婦兩縛刺史歸朝廷馮寶有妻僕有母倉皇瀨石識真龍紛紛餘子皆

牛後要知俱是非常人麤才只有高涼守建康王氣

梁易陳江南老翁門生莠王掛慷慨起廣州義旗獨

出上冼口夫人界棄矢忠貞胡不博免從走狗

雷州吊寇萊公

澶州飲博道州宴平生雅量于此見偶然談笑走強

胡豈畏賊臣馬前劍惜哉不學如霍光賢奸坐失丁

與王公嘗薦丁晉公而短王子明一朝孤注起讒口延恩殿上來

入皇奇才已掌北門管下策再入中書堂居停主人

何畏蒐拂鬚參政真猖狂崖雷道道隔雲海快事千

古貽燕草

白鶴峯弔蘇文忠

白鶴峯在惠州府治内上有蘇井并蘇公祠

長安右上一安民梅花嶺上一老人紛紛朝士盡章

蔡七千里外来孤臣此生身宫坐磨蝎一場富貴塵

中塵得歸陽羡惜已晚畢竟出處羞前賢先生自願

作鬘奇但恨久别参寥禪何物老嫗笑春夢豈知天

上玉堂仙此時桂酒初發醅左抱椰州袂右拍泉明

肩終風苦雨君莫問醉啖荔子消残年

深情遠韻出以雄宕之筆令人百讀百拜

年弟張問陶評讀

椎亭太守舊有漢宮丸文曰萬壽無疆疑其贋也以端石代之囑予題句

漢家離宮九峻下致物蕭蕭餘石馬銀晃玉雁悲秋風況乃咸陽一片丸何人好事為刻篆文曰萬壽無疆者金石未登集古錄紛紛名字皆疑假端溪硯譜重歐陽羚羊西洞今無價（廬陵硯譜以北洞為佳今人皆重西洞）琢形圓外凹其中仿古以石代陶冶淋漓墨瀋走雲烟百

道簷流腕下瀉擻茫猶聽蒼鼠聲如在驪山風雨夜

蕉月研為桂亭太守題

粵山蒼。粵水碧。山水之秀結為石。石中佳者蕉葉白。琢形瀰月東坡式。上下千年珍拱璧。蒼茫墨海忽有光。一夜星河落几席。

蕉葉研為桂亭太守題

卷[illegible][illegible]如此冰聽伴寂寥撥雲空藹藹聽雨自蕭蕭白惜蓮花嫩青疑柳眼消綠天吟賞處合與寫芭蕉

題桂亭太守硯銘

韋白歐蘇俱好詞風流太守例能詩端溪從此增顔
色走馬来看幼婦碑
龍尾何如鳳咮琺羚羊子石價無論平章自有廬陵
譜賞賤從君辨玉珉

陳良祠詩為易明府履泰賦

三代中原何區區聖教不到荆與吴帝師鬻熊乃崛
起藍縷篳路開荒蕪後来左史最博雅能讀五典三
墳書自從周衰歷戰國南風不競古烏烏採詩已斥
南蠻響祇有騷辯傳三閭漆園之學本老子申韓所

祖非吾儒是時豪傑獨發奮自好豈以方隅拘擔簦北走學周孔不楊不墨聖人徒雲連靈氣莘雲杜陳良楚之角陵人即古雲杜也至寶貴與白珩俱七篇孟子即傳志畧存梗概知其餘後儒議論不敢到史漢缺載寧非疎古今人表品九等立鄉闕黨猶濫竽先賢名姓轉失採摘亂璞遺璠璵自川易子能考古香火情重緣枌榆神交偶爾接往哲童姿鶴髮清而腴易氏夢記言見陳良如是康成傳經夢魯叟乃知精契原非虛一篇夢記述惝怳詳敘馨欬如聞諸曰良曾設教於宋邂逅傾蓋

来子輿易氏夢記述陳良曰予嘗設教宋宗人家時子輿游於宋與予有傾蓋之歡此事不知何所据攷之於傳疑其無誤虛責有補闕史妙論或欲鶩顯愚陳山山下搆精舍春秋薦肴與蔬古稱歿則祭於社鄉先達及鄉大夫况良孟氏所推許從祀當入聖人居千秋曠典合與補孰昌吾說闡天衢

和五弟子和寄懷原韻

犇走憐予老，功名念爾遲。百年真瞬息，兩地俱支離。

夜雨何時聽。秋尊此日肥。曰歸歸未得。鄉思夢中宜。

目不窺園者。曾聞董仲舒。釣鰲須手妙。畫虎莫才踈。

漂麥勤朝課。偷光讀夜書。龍門原咫尺。燒尾有河魚。

和朱石君制軍重登閱江樓原韻

雄樓高欲鎖烟鬟小隊元戎再叩關驄馬已應朝壯闕（石君新晉官總憲）繡裳猶自滯東山即看行部恩膏遍（節鉞莅肇閱兵兼散賑貧民）定卜歸轅父老攀此日甘棠重小憩吟詩駐節羨高閑

附石君制軍元韻

江上高樓擁翠鬟西来萬壑鎖天關 聖恩三度施金粟臣節雙符攝海山鴻渚淹留仍邂逅謂與許子鶴鶴壽仙同登蠲艫信宿塹追攀瓜期行近吾將壯浩蕩帆流閱等閒

題嚴秀才錫誠浙人祖皋圖

凉颸吹靜樹，一庭起秋色。孝子感風木，中夜坐歎息。隻鷄為誰烹，列鼎不忍食。先代留皋園，可以觀祖德。對此淚眼枯，循陔難再得。白雲空浛浛，蒼天曷有極。

立秋夜

凉意今宵得，高梧一葉飛。疎星臨水斷，残月入簾稀。

明鏡驚霜鬢，秋風冷客衣。南来書數紙，大半為催歸。

終古

終古南交地，長年造榜天。見唐書陸扆傳 雷轂開瘴氣，海色斷秋烟。晚稻宜宵雨，端州晚稻喜夜雨忌日雨 蠻風重古錢。市易乾隆通寶每三枚當康熙通寶一枚 粵閩原接壤，猶隔路三千。

承炎風

炎風㬎夏餘，焰尚燒秋。氣燠蛙猶鬧，霜稀菊未抽。

長年飽蝦蠏，竟夕有鵂鶹。心緒同王粲，銷憂懶下樓。

獠洞

獠洞尨山國，珠宮水寓鄉。見陳書高祖本紀 高㴑天稀見，日炎地衣知霜。海月翻蛟室，江聲走竹郎。南遷吾頰慣，洗瘴消檳榔。

閱江樓秋眺

此地真都會，高樓望鬱蒼。雷喧天地肅，瘴起海山荒。秋色蒼梧遠，江流白帝長。粵東之水發源於蜀，見漢書張騫傳。左思蜀都賦故云蜀醬流味於番禺之鄉 七星歸北戶，七星巖在樓北 一柱奠南方。秋老芙蓉水，江昏薜荔牆。崧臺觴百帝，崧臺近星巖下，有石室相

傳為帝觴百神之所高峽走羚羊高峽一名羚羊峽颶母風天黑楓人雨夜蒼當歸漲遠望歎息此蠻鄉

敬惜字紙短述

書契肇中古洪荒洗結繩科斗創倉頡二篆乃繼興流傳更十體門戶分師承孳孳既以廣車載不可勝孰為鋪菌重孰以墜溷稱高低殊位置分散况與升嗟哉斯天貴雨粟天所矜智囊賴此補道岸覓以登能闢蒙覺路是傳無盡燈恒沙萬萬數鑽紙紛秋蠅尊崇者誰子塔廟修千層此福乃無量百祥如響應

願推屋烏愛，勿逐腐鼠憎。因為歌此詩，持與世勸懲。

贈同年張孟詞騰蛟四十八韻

憶我初識君，癸卯月在午。絳帳懸冰壺，鼇峯集翹楚。朱石君夫子時視學吾閩，選取闔省文士三百六人入鼇峰書院肄業，君與彝與焉。先生宗揚侯，弟子選何武。君時建大旗，獨開萬鈞弩。蛟蟁思附鵬，孤豚敢吒虎。秋風動桂林，逵鴻振高羽。君時領鄉薦第一人。彝忝三人，而弟二人為游彤卣太史，皆石君夫子所取士。一塵揚螢弧，萬敵氣皆沮。文章果有憑，法眼不齟齬。先是石君夫子評第閩士，以君為第一。此時張鮮元，名字掛婦女。盧駱我媿前，絳灌君羞伍。明年蹋槐花連床話夜雨禮闈齊報羅南轅廻羈旅君既返家山我亦歸農圃乙巳過省門東道於我主草具乏之供雞麤糲餘脫粟賞奇搜安麈論古攷岣嶁春官經再工待價困良賈及我捷南宮君抱倚廬苦斗山再瞻韓卮酒重過禹庚戌春闈石君夫子主文衡一時桃李芳濯灌星聚五庚戌榜如凌伊子洪稱存輩皆海內知名之士絲竹虛後堂戴崇夙在侶褰展盡時髦冠冕獨君許石君夫子謂屏曰來科孟詞若來當[illegible]第一人相待其[illegible]許如此囊錐穎尚留匣劍光終吐果於歲昭陽雷門奏大鼓庚戌六月石君夫子開府皖江癸丑劉石菴先生主文柄屏為屏同

年王蓮府所得[illegible]我適游京華朋簪盍樽俎揭曉之夕屏邀孟詞及諸同年在富[illegible]小集[illegible]探花使方采折殺喜欲舞木秀風忽摧龍早蟻所侮文且誤雌霓難豈知蜀魯别裁無歐陽詆訶有孳緒君以覆試殿試一科停蓬山頂曾遊龍門坂終阻名士不青雲美人已黃土成佛固無緣恨天不可補乙卯君當補與廷試先一月卒嗟哉斯人亡雨淚翻溢浦屏於端江舟次謁石君夫子始得君之訃音維君於文章能以健筆舉穠香薰馬班驚艷獵徐庾絢麗采鸞凰高華體簪組石君夫子每與屏論君文章有人患才少君患才多之譽曾代夫子製十全記敘盛膺　睿賞維君於學問能以精

力取孔鄭揭微言荀楊得粹語經史洞源源說文辨
⿰齒豈⿰齒豈宏博及海皃精識貫鼮鼠鼮鼠事太熟故避之用唐書盧若虛事
多記損心神苦吟傷肺腑哀樂腐腸藥悲歡伐性斧
鳥肩寧久存此理蓋可覩癸丑屏在都下見君羸弱已甚曾戒君以苦學勞神
非養生之道不用予言卒碎明月惜哉賈生不永年終童歎自古文人
數窮奇月輒與命忤誰與叫巫陽九閽迷處所誰與
歌楚些招魂向六宇芙蓉城冥寞工界足官府

壽頌大司馬朱石君夫子五十韻

萬物歸陶鈞大匠為之治夫子實楷模今古此作者

六經委灰塵，熖赤咸陽尢。漢武始表章，禮失或求野。
當時[illegible]魯儒，綴拾留半赭。箋注首鄭元，疏義次孔賈。
王肅起六朝，功在經神亞。感生雜讖緯，後儒紛指瘕。
元鳥開商基，履武篤周皦。烈烈造皇圖，魚魚登二疋。
夫子袪羣疑，此義持不假。以見故多怪，橐駝乃說馬。
作屛前作感古詩，曾辨鄭康成六天五帝之謬。近讀夫子序金啟撰禮箋，乃知感生之說於理非爲無據。
庫門內外朝，槐棘森高暇。禮經重卿位，君車過則下。
可知外於堂，平地容放駕。陋儒竊耳食，偏頗生百罅。
夫子試江南，力闢衆說詑。如持玉壺冰，獨縱青冥靶。

丙午天子典試兩江首藝過位一節闈墨多守講章之誤知主江慎修先生說者百中得一皆羅置前茅是科所得多寳學士
漢朝盛文章賈董實連詩六代變麗淫繁華損風化大誥北魏頒宮體蕭梁咤頽波委唐初四子競迭覇剪采絢鸞凰染薰雜蘭麝藻繪徒郁縝典則日淪謝勃興得昌黎強弓獨挽射神夜切及門皇甫李二室宗太華郴州亦勍敵並驅肯避舍曠代賴盧陵軋茁風始罷眉山入縱橫南豐猶藴藉大哉光國範連城價夫子著鴻篇鉅筆真能敻工嘗評竟廷臣姍古文者卯夫子與葛山先生蘇海座中翻韓潮腕下瀉妙義若剥蕉

佳境如啖蔗高詞天耳驚險語鬼膽怕兩漢差比肩
三唐[illegible]及胯餘事作詩人真好等嗜炙氣海鍊丹砂
心田養培櫝道妙羅角亢神官夢宜樹奇書寶伯陽
微言契者寡天子注參同少作猶悔寫（天子少曾注參同契）理
觧入元元名山非苟且是身即金剛是心即般若偶
放一毫光造此萬間廈花雨彌春臺大地遍禾稼衆
生此托生儼尊集璺掌清負鄭尚書（鄭權節度嶺南）尊嚴宋
僕射（宋廣平由嶺南節度使入相）仙佛而名臣功在稷與杜如觀
大海濤望洋者驚訝如親調御師合掌爭祇迓煌煌

無盡燈亘古光晨夜

大字鄉夢山家幽干

拜雲樓詩集卷五

丙辰九日桂亭太守招飲粵秀山

三山獨有粵山高番禺二山如牛毛面南負北三十丈拔地特起凌其曾襟江帶海跨五嶺地形偏霸真雄豪危樓駕天矗百尺黃雲紫氣參翱翔屈翁山廣東新語五層樓建於朱亮祖以鎮壓黃雲紫氣之異秋風西來高正厲吹衣捲起潮聲號蛟虎二門各雄踞空中縹緲騎鯨鰲蠻君鬼伯分白黑璮羢褁體輕猿猱是日以千里鏡遠矚所見如此人烟城郭鬱相望俯視百里窮秋毫歌舞岡前叫蟋蟀呼鑾道上

生逢蒿登高懷古兩不愜主人為我傾葡萄飛霜不入離火地菊花何有空持螯蟬鳴斷續發鼓吹如彈如唱如抽繅鬬入聽此亦頗慣入耳恍彿鄉音噌酒酣大笑忽落帽蒼然暮色來亭皋肩輿幾路戒巔舞松杉謖謖驚風濤

題端石硯代桂亭太守

龍尾之石重金聲東坡詩玉德金聲寓於石為龍尾硯石詠也端石金聲乃新坑端人辨石憑彈指最忌作響聲錚錚乃知別材先辨地一律相寶無真評茲石茲地推第一虹光

孕育山之英猩紅肪白紛爛熳殘霞一抹秋天橫淋
漓臙瀋蘊元氣文章大塊歸老成黃琮白琥天所惜
時有風雨雷霆爭咨余承之繼賢守千年硯渚猶餘
清硯渚在端州相傳為包孝肅擲硯處貪夫懷璧雖所戒至寶輕擲非
人情一卷自比鬱林石歸裝於此如連城

大興相國石君夫子內
召還
朝作屏侍飲几席談及前任山西方伯時神官指引
事有為善要緊之語從茲修道今幾三十年

矣自媿鈍根不能忝上乘感此言善心益奮

退因賦此并誌別懷

為善最樂始東平十圍腰腹田中盈帝師夫子抱仙骨三十宵坐存黃庭神官夜夢引以手擘寫大字分行明角尤羅縷皆道妙最有為善書丁寧明堂早已足嘉穀豈復禾黍生螢螟如來善護念付囑力扶菩薩歸青冥玉樓銀海急與守寸田尺宅從菑耕無如乃入涅槃界臥輪不起三十齡千二百人會說法阿羅獨得金剛精其餘優婆衆夷塞恒

沙萬萬空將迎乃知滅度在根器無有福慧無由成
邇來仙丹經七返盤陀座上觀秋晴相國自號盤陀老人夜坦
爭欲山鬼藥畫壇或有神龍聽菩提明鏡了色相玻
璃瓶浸寒潭清嗟予比邱參一座獅吼時發空中聲
當頭棒喝汗浹背磕睡難醒魂猶驚鈍根尚滯四種
相迷途未悟三空情但願皈依得佛祖法門不二懸
風鈴圓明五眼照萬象浮漚起滅無逃形定心不逐
鵓鴿起忽性直與麏羊爭彌天花雨帀大地始信佛
力真含宏一彈指頃遽分手言朝北斗騎長鯨

帝京

聖人

無量壽侍臣華髮皆籛鏗名經千佛據最上舉夔首選貲歌賡我師慈航在普渡要譜王道坒由庚翩然飛錫不可挽六塵涸我誰為惺迢迢南北隔雲海欲登彼岸長河橫

附名君夫子和韻

談空說有追生平為善蟲沒譏非盈昔藩山右年卅九中夜驚覺神瞰庭寒摩東壁誰運手要速為

善提靈明非鬼非魔怪事發捫心了了無攖寧天
膏醉我一杯露潤沃百竅揆螣螟河車百轉透彙
籥陰陽二至生窈冥及復三田戒鹵莽牽牛姹女
勤織耕虛空功德積覆簣拳擬龍鶴夸奇齡卅年
人事苦參錯那能抱一歸純精胞有重閼惡匠鑒
技經肯綮難办迎髭霜齒脫老將及刀圭脫屣何
當成善無近名況為惡反照尚愛桑榆晴吾無隱
年二三子甘苦自喻誰熒聽如大銷膏日加益滄
浪之水取濁清天眼於昭耳屬地那因雷電求形

聲惟虛道集無四相望洋河伯空駭鷩根深碩果
竢其實想多起乘移吾情盤車未稅怯坂策風播
不動暗掄鈴道進何須閉壁馬神解自可忘影形
特以與人已愈有本無可讓誰能爭歲云暮矣有
盲蓄界游寬處真恢宏及時變化視雉蛤運海弩
力摩鵬鯨嗟予驟聞但吹怏長言不已鳴奇鏗三
隅試反近可復兩端已竭非空賡詩言調御喻馬
變易說幹巽先甲庚長繩誰見挽白日只有夜氣
中惺惺勗哉鷄鳴起孳矻仰視斗柄當天横

辱承和章再叠前韻以志韋絃之佩云爾

泰山高與崑瀛平黄河源溯銀潢盈偉人胸次現流峙巖巖日角懸珠庭徇齊少即擅天亶釋言智慧儒聰明無量德受無量福富貴壽考而康寧捨身自種無影樹去草更斬食菌螟靈鷲山頭月皎皎芙蓉城裡花冥冥仙佛是二還是一如彼沃土能兩耕解經慧眼五百歲修丹道胥三千齡談空說有歸實境下棄糟粕猶真精善本無心惡豈有往則勿拒來何迎九轉藥爐青火出百鍊丸礫黄金成氣海了無罡風

到咸池興看浴日晴閬中妙諦荼正果而我竊與獃
獃聽歸來中宵耿不寐澆水直透關元清閒思力欲
追大士入耳猶作晨鐘聲勞生強半過少壯日斜歲
暮時暗驚師言善哉如汝說主善首戒紛其情降魔
思伏座下虎定心自護花間鈴滅除幻妄變凡骨脱
畧軀殼求真形已空色聲香味住更與神鬼龍蛇爭
此時一燈曙耿耿回光照耀須彌宏兩端再竭不我
隱噌吰鞺鞳如撞鯨法華奥旨約尺幅盥露讀罷餕
餘鏗夜氣最嚴雞鳴起書紳豈但宜歌賡繭繅再進

終蹇涴寒儉枵腹羞呼庚唯當繡佛虔頂禮心香一
瓣中常惺無窮塔廟生處處法雲五彩空中横

丙辰花朝

頻年琴劍嘆飄蕭獨枕春寒度此宵今日對花品春
色三更銀燭尚高燒

百花今日是生辰茗椀壚香取次陳我若拜花花應
答拜花合讓散花人

劉善士贈予善本金剛經并系以詩和其韻

合掌相逢各粲然金剛經寶枕中編皈依已悟菩提

偈解說偏詩敍撰賢劉寶秦殿撰金剛經注釋予惜未曾見四相果空方見佛六根無碍即生天優婆塞本恒沙數孰與牟珠一串圓

戲題叅同契

一切有為法，明知都是空。胡不死為鬼，吸露而餐風。十方不我限，隨我南北東。三界不我域，凭我上下中。況我不作惡，生前絕災凶。無孽亦無障，快意游幽宫。有形斯罣碍，無相乃圓通。長生亦何事，請問綠髮翁。

贈劉華東

君本七閩人仙居久茲土吾閩重理學海濱媲鄒魯
文獻萃朱門煌煌星聚五五經註其三從祀登孔廡
禮樂著二書用之最博古三通數夾漈髙興馬杜伍
邇來夏崔符鶯良亦雜苦科名緣此衰誰奏雷門鼓
其實論文章實學猶有取我於齊國士餘子何足數
朅来初識君九礫得珪珇觀書秉明鏡運筆開強弩
落落刋羣言萬有空一俯哀歌鼓獨絃時流遂齟齬
茲邦固多石文士或輕庾我獨尊韓陵一片差可語
勉矣揉土風數典勿忘祖

邑誠齋觀察以舟中猝遇風暴詩見示即和其
韻

神君氷雪清無暑心膏遍灑南中土偶然鈴閣作督師戈船夜發西江艨艟興酣横槊一賦詩行間珠玉落風雨大聲旋轉雷霆爭奇文鬱勃雲霞舉蒼茫尺幅鬬魚龍彷彿漢廷曼延舞鞭走百怪無逃形變滅萬象猶可數傳觀與看魯顏弓裒耳驚聞雷門鼓南施北宋昔所尊誰其嗣作騷壇主摠持風雅賴我公砥柱中流能高拄我詩自媿等鼃吹每聽咸池氣則沮

要知金玉集大成豈屑鐘磬縣半堵賡歌合譜笙由
庚汲引不弃門題千效鞏西子我自嗔學步邯鄲公
應許何當射虎南山頭從公習挽千鈞弩公自注此詩引劉攽謂七言難於五言如挽千鈞之弩

贈屠夢亭秀才兼示施郴南太守五十韻

浮萍無根蒂聚散不可究泛泛轉飄泊悠悠豈遛逗
有時卦占睽有時文過姤人蹤悟已往物理觀初透
即我之與君浙閩壤分繡霞關隔兩甌楓嶺阻重岫
豈期漳海濱獲此金蘭臭榻下南州士樽空北海守

夢亭館於桂亭太守府署之宜軒軒高應題宜室仄靡銘陋宜軒居宜園最
高處廣僅容兩榻璇璣數列星銅鼓看堆皺軒面銅鼓山背七星巖庨
聽聆峽雨燭剪鬆臺漏瀾翻二酉奇辯扶五車富時
或擊鉢歌亦復操戈鬬詆排共設難攻擊儼相冠情
實膠漆披迹若戎兵搆何妨面折喧不覺坐談瘦吟
風詩甫成夢亭新賦颶風歌數百言賦别恨已騣馮瑗鋏罷彈郤
生幕始就啣泥屋補新借枝壘去艣舟辭硯渚清棹
挹珠江秀文章孰雌黄雲樹各昏晝良辰難再得嘉
會别可又主人感新瘥憫凶忽重遘生易來孺子老

宿偕吴祐衛玠圓明珠王濟尤瑩琇昬施甥舅之親儒林今施讐循吏昔阜茂萬里頭未白栁南初從新疆回善內養年過六十僅若四十許人一官疾棄溜栁南經伊犁將軍奏補部曹郎不赴論契養生精秘發參同覆氣海葆冲融情田足溉耨塵談見道源錦胸羅星宿憶昔初締交曰予既云覯禺湖睇天紳星巖探地竇孟帽或頻落謝屐乃宿購栁南預製游山屐冞巒髻抽簪噴泉屋垂溜峭壁立精鏃崩崖鷺駭獸外豁接混茫中空孰刻鏤石鼓時一鳴天雞紛飛走僧飯薦蔬笋山果剝橘柚魚鐘隔樓聽花雨彌天覯共悲

俗障深暫假梵音救入世尚纓塵解纜即分袖何當
作睽孤復此得邂逅短蓬叙契闊款語忘諠譊行竈
烹稻魚傳餐羅飣餖醬猶番禺流酒借餘杭侑我醉
輙篤迂君豪邈恕宥偉哉舅與甥鳶肩亦鵬囑日下
久無雙越中疇出右韓唯與敞隨張乃得陸副杪冬
會重逢官欏容我叩

銅鼓歌一首并序

粵中多銅鼓及今存者南海廟大小各一羅
定城隍廟一端州制署一雷州英靈岡雷神

廟二而廉州有銅鼓塘欽州有銅鼓村靈山有銅鼓嶺博白有銅鼓潭潯州有銅鼓灘皆以掘得銅鼓而名或以為駱越之鼓是伏波將軍所製者或以為都老之鼓據晉書是獠洞所製者二說迄莫能斷馬嘉慶二年四月官軍平定亞稿得銅鼓雙作屏惜未曾經眼顧聞其製腰束而臍隱中空無底旁有兩耳証之范成大桂海虞衡志及鄺湛若赤雅等書所云伏波銅鼓款式與茲鼓皆合當為伏

波之鼓無疑作銅鼓歌一首

伏波將軍漢貔虎天戈南指此開府蕩平交阯殲二徵矍鑠哉翁毅且武山標銅柱水銅船亦復鎮蠻瘞銅鼓神物光怪夜有聲遂峒深溪吼風雨馬人尋聲或得之凸臍凹腰形狀古斷虹鋪藻爍碧花祠魚鬱怒靈鼉舞金景祚漢百千春新息威靈壓南土適來蠢蠢逆酋頑煽禍西陲憑險阻粘天毒瘴驅猓玀匝地寒雲屯猰貐只知亂宋作智高豈識興周有吉甫專征元帥本

天潢指揮萬馬揚玉斧阽阽飛鳶墜浪泊觥觥

王師奠淮浦地中鼓角出擒王天工将軍来討虜哀

牢授首孟獲平澤掃萑苻陵雜莽乍聞周雅歌車攻

倏見虞廷舞干羽歸而飲至數軍實煌煌二鼓登廊

廡古鼎出泗劍出豐天馬半漢鼉折肱鏗鍧大響振

雷門坐令妖魅聞聲沮膚功圖畫入雲臺文淵韜畧

令復覩千秋聲氣通應求特貢金石充兩部戰鼛季

武鑄林鐘和戎魏絳賜肆堵周官大司樂凡鐘磬全為肆半為堵赫矣

武烈無與妃要進我

皇工咸五此鼓唯應奏凱樂栁雅韓詩從此譜

贈馬葦舟明府

君之座師我中表（謂林香海太史）我師穀人君年友碣来瘴嶺始識君文字知名各已久風流名士作宰官栽花餘暇邀我酒酒半出其大文章燕許兩公合一手鬱怒朝成賦百篇適遝莫作詩千首祝骳詞雄軼栢梁乎苗頌古妃韓栁波濤萬頃與吐吞魚龍百戲遭鞭走歸来更讀湖海集（王蘭泉先生所選湖海集君詩與焉）纖月一鈎掛窓牖晴空欲暮落日寒（湖海集中録君詩有落日

（生微寒晴空灣欲暮之句）長城五字才八斗君家居處近鴛湖烟雨落帆今在否君詩得此江山助江山助君即君有還君詩卷題此詩欲報木瓜媿瓊玖

題循陔棣萼圖

雙雛侍母吾聞茅容堂封奉母吾聞崔公（見新唐書崔彥昭本傳）雙雛已儉堂封已豐用物雖異孝思則同咨予儒素青氈家風連枝五桂伯也先終靈椿繼謝風木何窮忝唯我母實郝與鍾既嫺姆教亦娩女宗少曾挽鹿老尚和熊敬姜夜織德耀晨舂辛勤卌載齒豁頭

童嗟我兄弟涉世未工釣鼇偶得畫餅頻空何年祿
仕終歲書傭我母憐我曰鑒爾衷尊親爾志時不爾
逢養親爾職力不爾從爾能負米菽水以供爾甘藜
藿咼烹何庸斗粟可飽尺布可縫吾樂如是利勿汝
封行無外願敬由中充素位盡職理庸道中予承母
訓佩之在躬二三昆季合力通功廩給當仕硯耕代
農滋爾甘旨潔爾飧饔有園一畝有池半弓南陔晝
永北堂春濃右蔭碧梧左欝青松垂楊搖綠新荷泛
紅含飴燕坐其樂融融

夏日曉起

日出已覺暑爭此須臾涼拂石起獨坐夜色猶蒼蒼風螢杳無迹竹露時有光金鷄欲騰曙初白生東方萬籟悄以寂但聞禽聲長吡吡如小語綿綿自宮商此境不可待此樂秖獨嘗

陶賢母詩并引

母陳氏歸於陶夫客死粤中母携女扶柩歸浙復之吴葬其夫曾祖以下四世棺朱制府石君為立傳并因為歌詩焉

江天漠漠唯菰蒲孤舟獨宿隨驚鳧故山廬墓不可
識茫茫四顧真窮途哭聲已盡繼以泣血淚迸灑霜
林枯老饕蠶食旁人怒直道賴有斯民扶名聲大義
來指摘卒以侵地歸孀孤纍纍停棺得安厝差免枯
骨巢狸狐虞山更有賢邑尹迢迢旅櫬羈勾吳買舟
扶柩擬返葬徬徨母女嗟路隅風濤頻涉都不畏祇
有血性精誠輸蓋門何處申一慟荒郊極目空榛蕪
邂逅天假鄒曼母指引西隴尋邱墟乃知桐鄉祀朱
邑部民亦復孫曾如百年魂魄安莽土蓬顆豈必家

山殊祭田急與謀數畝春秋爲薦有與疏歸来皤皤一老婦為兒為媳身兼諸此生志事今已畢矣孫合與含飴娛

夜過潮陽

残月踈星起曉征茅簷喔喔有雞聲肩輿載夢潮陽道行到龜潭始五更

五載端江與諸姬連床聽雨每以枕上聞淅瀝聲蕭踈可喜因詰前在光州阻雨阻雪事輙相戒曰今日處居者樂當勿忘行者苦也戊

午十月九日太夫人抱疴馳書見召即日抛
眷屬隻身就道星夜兼程二十二日過詔安

雨甚止馬無聊題壁

空階滴滴幾時晴孤枕無眠到五更彷彿聞鈴蜀道
夜此聲自古斷腸聲
端江話雨記分明夢裡依稀判隔生等是瀟瀟欹枕
聽一般風景兩般情

詔安分水關

抛了琴書匹馬還愁腸無那對青山家鄉尚隔十程

路此是入閩第一關

題陳壽田太守歸耕圖

我本識字耕田夫舍田耘田田已蕪春風催耕叫布穀歸心一夜思蓴鱸衣冠自欲掛神武祖帳還開東都抜轅截鐙不可挽俯視富貴葭中莩焜煌五馬竟何有一肩行李從兩奴騎竹兒童空引領候門稚子歡相呼楚人自古工詛祝唯君學澤淪肌膚廿年遺愛齊召杜鴻渚之歌無時無留君不住悲君去祝君清福香山如

題吳集齋大勲同年檢書看劍圖

胸中書，腰間劍，十萬甲兵於此見。橫磨意氣慨以慷，炯炯瞳光赤如電。三更燒燭英風來，一杯引滿朱顏變。豈願長年穿木榻，早已苦心磨鐵硯。雞窓爐大鬱全青，牛斗龍光射一片。不堪捺割烹小鮮，玉人初試作花縣。

題趙蓮畦馨榮同年漢沙春望圖并引

余與蓮畦各有老母在堂，庚申春偕需次都門，蓮畦出漢沙春望圖囑題，為成長句以當

招隱詩他日宦情爾我失勿太濃也

登山南望白雲孤雲飛之處為吾廬廬中一老日倚閭睢睢黃髮清而癯膝下有子能讀書昨日捧檄游皇都去時慷慨學斷裾十年不出如懸匏忽爾折腰胡為乎北山得有移文無言從王喬飛而鳧毛義為母官仍儒豈知釜甑范萊蕪斗米依舊食無魚江南山水如蓬壺渼陂北接杭西湖小山叢桂枝相扶猿狖羣嘯鶴歡呼胡不歸去從巢居富貴于我葭中莩君不見秋風張翰思蓴鱸

題游萼園光纘春晚詩蘭圖

蘭生羞自獻，空谷留孤芳。君子與同臭，對之清味長。一官不嫌冷，宦情淡若忘。盤中足首蓿，座上羅文章。華英萃藝圃，桃李盈春陽。化雨之所沾，卉木咸青蒼。時將樹人手，種此王者香。懷芳取為佩，志潔宜為湯。我思素心人，遠道隔沅湘。

庚申出都之任山左，舟行次香山韻，寄懷陳恭甫、趙穀士二太史

無分學登仙，長安且蹔住。懸知終別離，斗米折腰去。

悽悽望京國，雉堞連雲樹。中有金馬門，是君橐筆處。
清濁既殊流，雲泥亦異路。此去一孤舟，山東少親故。

問虎一章并引

捧檄曲阜道中，口占詩不工，而意近厚，聊以自警也。

縱虎入深山，虎飢甘人肉。孰是仁比麟，微生亦不蹴。
問虎何所貪，一飽萬事足。一飽誠區區，飲河祇滿腹。
殺人以自養，天或不汝福。會有彎強弓，射石南山麓。

借居顏氏書館，次壁間同年桂未谷韻

斷碣終古笑荒唐為母求官或未妨京兆豈知祗五日板輿何有有空囊

兩月剛剛此借居余以八月廿四日下車借居此地十月初三日以憂解組廿四日重來假館焉重來亭館正冬餘篝燈壚火評喪禮行篋有方靈皋先生喪禮或問更讀名山插架書館為顏僧來先生故宅圖史極富

樂園詞人愜素心驅蝗詩是座中箴樂園集中有驅蝗一篇義關風勸凡牧民者咸宜錄置座右萊陽宋玉叔廉訪歿作新城逝王阮亭司寇後死文章孰賞音

哭亡兒慶保前八章

廿年前已哭童烏，血淚何堪此再枯。杳杳家山青一髮，孤魂孰與問冥途。

執經亦逐戴彭行，對案攤書夜二更。今日孤燈還促讀，呼兒猶作舊時聲。

早有曾參孝養情，誰知脫𩥉便哀鳴。食單尚在人何處，我亦傷心欲喪明。

新瘧一夜感頭風，無膽庸醫術已窮。生作奇童（潘岳）死奇鬼，定應如虎制黄公。

清涼散是返魂丹（若投以麻黄石膏等劑當愈），我不知醫藥汝難

破甑回頭料無益只因素問不曾看

騎驢竟化作騎箕我病初安汝病危廿六日予沾恙不能督讀奴子領兒村外游抱置驢背驢逸而驚是夜遂得病翼日予瘳而兒增劇矣入掌明珠翻手碎春冰虎尾誤多時村近常有霧州人云即南方瘴也予不為禽犢愛責讀頗嚴每日晨出夜歸兒因此染疫

前身此地索金環羊祜事見晉書本傳成佛還應住此間入世匆匆旋厭世工仙多半薄塵寰

擬看河陽一縣花豈期兩載滯京華藥宮他日為思子懶散何心坐放衙

哭亡兒慶保後八章

帝閽無路夢難通，誰遣元夫欵我宫。同是中年悲失子，詩人例作孟郊窮。

賴爾同銷去國愁，淒其風雨感高樓。雙凫我尚飛無處，蓬顆何年得首邱。

英物少曾試汝嗁（桓温），食牛氣欲逼高齊（高洋斷亂絲）。吾家門祚衰如此，不慣調鷹慣祝雞。

一枝丹桂茁新芽，剪刻辛勤待吐葩。忽被罡風摧折去，滿庭梧竹更無花。

端溪靈産爵瑤瓊磁負東南又北征兒以嘉慶元年生於粤東肇慶故小字慶保三歲隨母歸閩八歲隨予入燕儘有庸兒守鄉里青山白髮傲公卿

陳蕃榻是汝東床得附水清玉有光不去乘龍貪化鶴鳳簫腸斷陌頭桑

憑空捉影若搜求色相思將故紙留百億佛身隨變滅蓮花果見佛身不僻處無畫工為兒寫影百易稿而不肖

天上麒麟偶謫仙徐陵電光石火化雲烟龍雛陸雲驥子裴景鸞終何用不及豚兒享大年

聞慶兒啼聲此丁巳端溪作也首句竟成詩讖矣痛哉附録於此

不管後来只眼前可人啼笑耐人憐詩無責子羞前輩癖好譽兒似昔賢鸑鷟何年占入夢麒麟此日早生天全家骨肉三千里猶有呱呱伴客眠

黄金臺感賦

王氣鍾三時儒風横九州千金名馬骨一笑美人頭頭養士空何用帝秦寳可羞咸陽終貫禍投濁又清流

岱廟

尚未登山去先来拜廟庭居然天下小不斷眼中青

氣壓三公貴圖瞻五岳形東封竟何代合與禅云亭

曉發張夏

残月樹猶掛曉風天欲明地凹堆雪補橋斷躡氷行

買煖村無酒嘶寒馬有靸廿年前業蹇况味尚書生

贈郘菘疇同年

濰水見禹貢本隸于青州莱賨古夷裔不與中華儔

觀昔枕其會聲教阻春秋秦皇創郡縣疆理變九邱

版圖斯以廣夷夏能兼收東巡遠至海迹豈遺姑尤

況萊附庸國，樂土屬輿鳩。經今千餘禩，表海雄風留。
清時得循吏，政化肅以修。栽花香在手，覆物春生裘。
神君固嚴斷，慈父先噢咻。遂令濰水波，釀為心澤流。
魚鹽足官府，刀劍還犢牛。我官近同省，而月去以憂。
偶來觀製錦，入境聞歌謳。始知學入政，乃爾仕則優。
他時勉學步，效顰君勿羞。

文信國琴詞并引

琴為紹仁李孝廉家藏，陰題一截云：松風一榻雨瀟瀟，萬里封疆不寂寥。獨坐瑤琴遣世慮君恩猶恐壯懷消沓景炎元年蒙恩遣問召赴行在夜宿青源寺感懷之作譜於琴中識之文山又一章鎸仁至義盡四字屛按公詩文集如指南別録紀年録集杜等皆公手定雖零篇短什不棄何此廿八字獨逸可疑一也鎮江脫歸由淮入海閩召歸閩青源寺在西江道所不經何得宿此可疑二也景炎改元趙家乾淨地僅餘閩廣何得云萬里封疆可疑三也仁至義盡衣帶中贊當公赴召志為中興元老豈為亡

國纍因榮市碧血天也何得預此事且涉東方
自譽可疑四也竊意後人贋作然愛中郎者推
及虎賁寶逸少者不嫌鑱石買燕纚平原愛平
原非平原亦平原耳豈必詑其贋哉爲歌此詩

松風蕭蕭夜不寐禪筍重參青源寺（公游青源寺詩云活火參禪筍真泉透佛茶）何幸蹋破賀蘭山鐵肝欝此廿八字劃然指
下有甲兵百萬貔貅風雨走雷輥鶴舞龍蛇飛此意
已欲吞胡騎是時行在在福安（景炎改元福安今福州郡）琴遂從
公入閩地豈知鸞翮鎩五坡不救劉洙殺宋瑞（公初脫京

口之因變姓名曰劉洙萬死獲免顧影未索嵇生彈廣陵散遂入閒棄惜哉不借玉帶生至寶得一蒭可二我為傷心試撫絃哀音如訴景炎事一彈彈公正氣謌河嶽日星森就位再彈彈公滿江紅公有和王昭儀滿江紅詞南風迸落孤臣淚公哭厓山詩孤臣血泪洒南風三彈彈公胡笳曲召使水雲司鼓吏汪水雲以琴供奉三宮公曾製集杜胡笳二十八拍水雲為按譜浮休道人魂不歸公晚自號浮休道人水雲為製招魂謌紫雲化血沉柴市公生有紫雲之異因名雲孫蒼涼盡作變徵聲此是西臺竹如意

題鄭米袖孝廉所藏漢壯海相景君銘

烟銷已歎嶧山碑石泐難尋詛楚詞自是周秦日去遠祇今僅見漢官儀

米齋金石幾人珍香艸琳瑯亦已塵精覈誰傳東觀論伯思原是八閩人米袖跋尾辨證考訂最詳

嘉慶壬戌粗葺小園新蒔花木二十許種隨意成吟得十六首舊者不及新者亦不備也體仿蘇子由園中花木諸作

種松

夙有聽濤想濤園奈久荒予別業濤園在烏石山種松百餘本今蕪廢垂三十

稔矣

小庭昨鋤理有地半畝強衆卉亦頗具少此蒼官蒼樹木雖十穫十年計已長勞生況過半短鬢驚飛霜及今苟不蓄期願何時償茲木宜在野買之附郭鄉城市盡黑壤亦鹵毋乃殤白茅藉黄土一樹肩兩筐終朝賸生意嫩緑沃以光龍鱗如可作餘草甘不芳

種桃

神仙原不遠仙果落我家何年天上種爍此武陵霞我有吴剛斧信手分天葩一庭飛紅雨人面簾半遮

間以蕭踈竹三兩枝横斜空山與流水位置頗不差

道人令手種勿令開菜花

種李

栽花期可愛蒔果期可食我非郭橐駝偶爾學種植

孱根初入土日夜盼消息未花已望子此願無終極

所憂道旁弃何妨井工蝕安得王家種鑽核豈遺力

大約遲明年甘苦方可識

種荔枝

佳果徧東南閩産此第一龍目空旁挺楊盧僅執役

尤物乃河豚奇談非真識衆好不能殊耶以君梨栗
初栽不盈把合抱矧可必吾心遂已貪日夜望其實
菀枯隨手異兩株竟一失想待再游歸陸離光我室

種海棠

吾家居紫府二月坐春風柳黄月初掛梨白烟輕籠
賴此為點綴小院生春紅美人未破睡醉頰暈融融
絳紗襯玉腕膩粉香玲瓏朱唇慣銜雨帶笑胭脂穠
不知誰剪刻鬬艷煩天公顏色此第一吾欲終花農

種紫荆

豆萁非同氣，橋梓乃一家。君欲篤骨肉，請君寶此花。此花非色選，至朴中藏華。仙人醉瓊羽，冠佩遺紫霞。自然有本色，美好殊夭邪。小園足花事，豈此能損加。棣萼雅所尚，葛藟風則誇。吾亦有兄弟，慎勿枯其芽。

種朱桐

桐開實最晚，四月初發條。此花與殊色，點點緋紅么。粉墻煥丹影，綠葉襯以嬌。頳痕鬪酒暈，火齊夾風燒。我為買兩樹，對立青瓊瑤。移根未習土，枝葉日以焦。培之三浹月，生意令漸饒。忽然發異彩，榴火豔不驕。

疎簾與琺簟可以銷寂寥

種蓮

蓮有君子德聞之周濂溪種花當學花人亦與花齊
小池雖止水一鑑清無泥吾心若不静藉此養其倪
況當時雨後四面風玻璃青錢疊大小翠蓋張高低
魚戲擘雙尾鷺拳時一啼不花已不惡花時當更迷

種豆

籬落具野趣愛此田家風未遑謀一飽已有疎疎紅
蔓生任轇轕引置東墻東時或抽兩穗串串青玲瓏

可以佐我飲小摘月明中土膏雜風露乃與牙頰通
誰云令人重吾腹賴此充

種瓜

黄臺有遺唱東陵有高風吾亦荷鋤者隙地犁半弓
辛勤廿一飽口腹累我躬編竹引蓋丸青蒻生蓬蓬
好風作奇響初日篩碎紅未花已如此生氣勃且雄
人力果云至物產報已豐行將上環祭勿令抱蔓空

種秋海棠

一山接水次樓竹周環之獨有山夕陽地僻花亦稀

此花宜此地，露滋陽不晞。陰巖得嘉蔭，幽壑廻生姿。高秋八九月，百卉悲俱腓。霜中能自媚，可以療我飢。淡人愛冷地，不逐食肉肥。起看桃李子，但有黄葉飛。

種朱梅

唐棣實木本，枝幹剛逢（蓬）紅白。能兩種髣髴梅，與同詩人賦偏反物理或未窮。瘦生乃其質，軟美非所工。名花似處女，婉約宜春風。性體雖各異，情致畧可通。懷人藉托興，信手供煊烘。事非經眼見，得毋耳食蒙

種茴莉

風過襲餘馨月斜印嫩白淡粧自出塵真賞豈在色
小摘難勝簪摟藍貯瓊璧彼美坐氷壺湘霧層層隔
芳心不自持重薰透消息我非潘花手樂此共晨夕
弄之滿衣香紫麝尋無迹

種夜來香

自我種此花寒食過百六易地弗為良一夜無寸綠
黄土埋紅顏我欲澆酒發精華不自秘盡洩昔所蓄
美人病初起蓬首換膏沐天地為迴青蒼翠奪我目
草木最有情償我花已速日夕嗅蘺東暗香來馥馥

種菊

菊潭飲則壽，菊實餐亦仙。壽仙不可必，而慕高隱賢。方春種已布，涉夏根猶孱。此花不嫌瘦，但恨開何年。肥之宜豆水，殺蟲尤所先。羣芳譜云然 辛勤固不惜，盼此及秋妍。我非柴桑翁，撫已空茫然。夕陽付杯酒，南山只眼前。

種雞冠

侵晨起汲水，澆此洗手花。側聞衆佛國，此為波羅奢。見輟耕錄 新苗初出土，亂草密已遮。圖蔓苦不盡，何以保

寸芽豈伊能自直挺挺蓬生麻人工但已到生意亦
轉加終當燠翟彩五色紛天葩吾力固云殫吾願諒
豈賒

癸亥春服闋赴部同游彤卣侍御結伴舟行率

贈三截

君已歸山我出山此行蛇足合當删不須更待三年
滿山色泉聲要我還

仗馬憑人博好官諫書紙自貴長安莫嫌卷地風霜
惡烏府由来鐵作肝君以言事鐫級

二十年前共課文朱門部講早推君昇與君同遊石君相國門下

祇令驄馬傳騎處載酒還應訪子雲君時主講浦城

癸亥十一月二十八日侍飲大興相國偶出閩人林子羽鳴盛集與讀歸而賦此相國蓋以昇為子羽後身也

我少學詩學昌黎俯視王孟如家雞朝作千詩暮百賦黃金浪擲輕沙泥豈知精神皆枉費欲補元氣無刀圭如是蟲沒者五稔始覺此境難攀躋舍之更學古樂府流東維予源隴西叅以游仙窮變化碧雞金

馬憑無稽竊貌祇學雉朝雊結響未解烏夜啼仙才終古不可到丹崖萬仞迷階梯側聞詩聖具衆體技天倚地忘町畦時或蘭苕戲翡翠亦於碧海翻鯨鯢孫吳兵法在掌握森然步伐能止齊犇騰勉強就約束鐘鼓樂鷄車載鼷初若樊籠暫已窘久覺廣廈長堪棲乃知觀樂貴六代百家爭響真狄鞮但願力摹得皮骨每恐大道猶雞醯鬭詩唱從林膳部于子名冠高王題（高棅　王恭）晉安詩格日畢茶賴公手障渾河隄張籍古淡迴風雪蘇頲宏麗垂天霓唐臨晉字誚摹

擬茶陵詩話空訶詆李賓之懷麓堂詩話詆鳴盛集學杜太過摹仿究非公評其實陋習掃五季孰剪荊棘闢新蹊咨余瓣香重桑梓隅塵不異親耳提浣花千年共宗派撞牛生犢鹿生麛雲礽自喜胎息肖衣缽豈有門庭睽前身後身貫一氣馬體毫末大倉稊一靈耿耿歷百刼下棄軀殼同蟬蛻儒言感生釋奪舍精爽迴轉生端倪涅槃再出古叔子花身現化令玉溪三生石上驚喚醒檢取詩卷長眉低

送葉韶軒明府出宰筠連

二月雙鳧去

帝畿巴童鼓枻峽中迎岷峨珠玉

清時賤灩澦鯨波此日平（時川匪初平）擘荔如遊父母國

栽花恰近錦官城他時萬口為碑處也說瀘江一葉

清（明史葉宗人為錢塘令民呼為錢塘一葉清）

比部徐員外四十壽（代吏部郎保九真同年賦）

玉臺新咏壓齊梁家有珊瑚筆架香才子文章中論

貴英公羽箭大風長連雲甲第雄江左近日樓臺傍

建章一領青衫令已換頭銜新署定科郎（裴楷為定科郎即令）

刑曹司員

贊序鐘鏞振兩京絳紗都講最英英圖橋榮與諸生聽在泮曾隨弟子行卜式輸貲原報國班超投筆更成名仕途豈必毛錐貴自有乘風萬里情

秋典平反執簡難鷓鴣名媲鄭都官雲樓選句皆鴻筆香閣錄賢有豸冠霜重中臺天憲肅風高壯斗法星寒莫嫌曹冷三司小比部由來署是蘭蘭署見唐鄭谷拜都官詩

曾從勝會乞擯門南史劉穆之事崔嫂沙哥兩兩尊白樂天詩南

渡王何原共座合璧事類西遷劉范合連婚晨星劍佩聯雙騎夜雨家山話一樽三載長安同索米舊聞日下好重論

揆覽剛逢强仕年清和節近豔陽天攬林鶴繞三珠樹金鑑家儲萬選錢祖德尚留初學記壁詩合奏補亡篇菊潭即是仙人酒一飲春秋歲八千

拜雲樓詩集卷六

揀發奉天

借枝初泛潞河清時主通州講席捧檄還為出塞行萬里度關悲遠宦頻年去國逐微名海山形勝雄東郡豐沛衣冠接漢京今日牛刀重小試淳風喜見聖人氓

登醫無慮

職方紀山鎮茲山屬之幽何年弃關外弔古生百憂南仲玁朔方小足歌自周鄭箋作軍壘茲城毋乃不

祖龍置郡縣疆理變九郎蒙恬卅萬衆白骨堆荒陬畫爲鴻溝險築此萬壽邊樓（借用唐書李德裕事）茲山遂遭屏不與中華倂我來時初夏蠟屐陪鳴騶（謂錦州八太守）白雲起兩足蒼莽歸雙眸俯視見井底（東坡入遼詩遼東真井底）松榆皆徹牛長白倚天外遼水西南流樂浪與浿汕破散不可求（漢書地理志）

三陵在北戶王氣鍾

皇州大風起豐沛龍虎驅虵蚪（謂熊廷弼王化貞洪承疇諸人）山靈曾効順一柱中天留氣增

帝京壯峯把兒孫收辭家七千里博此逍遙遊木榻
窮竟已丸盆戴亦休尚有珣玗琪瑆瑩可以舟錦川石疑

即爾雅珣玗琪

瀋陽寓齋

夜靜塵緣斷庭虛道念清蟲聲燈外細螢火雨中明
風月三生夢家山萬里情投簪吾志決旦晚又南征

四門城道中

車馬向何處輪蹄老此生四山皆雨氣一樹有秋聲
得酒愁城破無風宦海平年年雞肋戀何日遂初情

予以癸亥出山玉卮方臥病弗克偕行丁卯遣奴子挈之北來秋杪抵家而玉卮已於重九日病卒矣玉卮性柔順內外無閒言訃至哭之以詩不識泉下知否

六年霜月照床空千里家山只夢通一夜秋風摧病菊更無人唱滿江紅

索價何妨比綠珠（玉卮嶺南人）侍年恰復似羅敷（玉卮歸余時年十五）妬津也變安流水不獨憐卿是老奴

書新唐書李抱真傳後

夜夢駕鶴廾天飛曉来幕府製羽衣秦皇漢武竟何在蓬瀛飄緲風斷海鄴侯亦復慕神仙東辟月蝕象垂天養和空有松枝好食肉惜未奉詔早公令方士精治丹餌丹二萬三千丸飄腍穀漆黍無用大成自欲食馬肝

書新唐書王潮傳後

将軍拜劍欻三躍手縛范暉擒彦若遂擁五州開幕府大閩四門立義學中原豺虎沸如潮梁王跋扈岐王驕衣冠爭此来避地招賢院作東南朝雄鷄為王

雌雞覇琅邪功在武肅並後來天子但閉門蜀知子延鈞後僭號武諫之曰與其作閉門天子昌若作開門節度使郎長春宮名樂游曲名無晨夜只知龍帳九龍帳王延鈞所製者來赤鳳謂歸郎豈憶金戈馳白馬蜀知號白馬將軍

題岫巖廳事

放衙初罷訟庭空欽版支頤苹閣東一枕邊聲雜吟獸孤城知在萬山中

自青堆至紅崖沿海行百餘里途中口占

杏花簇簇槲毵毵紫蟹黄魚味正甘騾米騾山觀不

盡東風吹夢到江南

以事至大孤山遂抵紅崖始得蜮及黄花魚七年鄉味一旦飽嘗為成此詩

我本海濱人居澤禮魚鼈窮鳥辭南棲笨牛滯北轍秋風每思鱸夜火時喜蝎自官岫巖城屢鼓洋河楫青推潮可亂紅崖島亦涉紅崖對岸為石城島不辭履波濤輿以飫饕餮時物應節登鰣錯當筵列海螯紅如丹黄魚白勝雪餦餭入口膩鼻報信手切甘来適朶頤涎已流牙頰舊姻歡重會窗友来遠別臭味今豈殊嗜

好昔已愜大嚼固不厭饞食遂無節要知腸胃內有如技凤客門徑皆素諳位置非新設多多誠益善一一安安帖南烹韓固宜鹵食蘇猶噎況我飲食人一飽萬想滅

題茹古香學使閩東詩草

傳家蘭上著高吟公集中有難繼家傳蘭上吟句藻鑑公餘寄詠深

射策久驚扛鼎手栽花猶是樹人心公於試院東偏鋤園種花日觴詠其中山陰名士尊東晉公籍紹興晉書王羲之傳山陰有佳山水名士多居之

嶺外文章重志林公集中多用蘇詩韻一代宗工留絕唱始知

臺閣有元音公甲辰魁首

宿首山在遼陽城南十里唐太宗駐蹕於此石刻尚存

安市城不下凌波船未焚首山此駐蹕勒石徒紛紛傷哉天策將困此蓋蘇文自從亡一鏡明月翳薄雲破陣樂不卒浪死歌復聞黷武者無烈功成在散軍雄奴況不懦高宗卒平高麗驛書空爾云

奉荅鄭紹侯赴選入都見寄二首

廣文三絕壓三唐家有經神漢學昌大業名山書帶草新歌小部荔支香洪昉思為楊妃作長生殿艷絕一時君曾為梅妃作荔支香以

匠之不將文字訣西第肯遂俾傻上北堂苜蓿盤空猿

鶴怨騎驢重踏薊門霜

六十詞人作選人東華又拂軟紅塵會看鳧舄王喬

貴莫厭棨車趙壹貧少把丹頭曾點鐵老餘花手自

生春崔駰尚滯長岑長地在遼東蔣徑何年許結隣

書明史惠帝本紀

帝讖忽入高飛燕簷尾風吹落一片誰將白帽加王

頭遂有麻衣叒前殿北平形勝勝建康禍本惜未從

南昌金川一夜門大啟但有周公無成王齊黃作相

耿李將不及病虎一和尚河西空弔魯家備[illegible]府誰憐補鍋匠

書明史僞漢傳後

天完首已碎江州漢帝乃終歸德儇[illegible]生恃强竟無用飛大不工白檣舟卑哉普才料死所朱三有尤君有父五翼誰覺皂旗軍雙刀自殺巢湖虎涇江一舸歸武昌洪山明年擒潑張倉皇四載僭大號何如廟食康山王乃知沔陽漁家子空有七寶鏤金床

書明史僞吴傳後

平江水多於地誰其踣者張九四勸君早降莫恃富真龍已起皇覺寺一朝火爇齊雲樓黄萊葉謠十七字

書新唐書李孝逸傳後

斬蛇劍已塵為封彘主不復歌大風朝飛雌雄肆燕啄王孫誅鼠巢為空齊王慷慨起義旅萬馬喑喑鳴戰鼓灌嬰奉詔軍滎陽不肯破齊助諸吕將軍乃為逆后死知有諸武無諸李有力不用斬褒妲有劍不用擊妹喜力鋤朱虛侯自戕臂與指甘遂鸜鵒為添

冀憶吾房州有天子

雙島即皮島綿亘八十里明史亦曰東江袁崇煥殺毛文龍處在寧海縣治

碧環南捲蓬萊宮東坡詩東海如碧環西北捲登萊屹立雙島蟠長虹橫空盤亘作巨鎮海道滙北旗遼東偏師襲擄得地險三面犄角差為雄惜哉大龍乃市儈張鶴鳴王化貞左袒充元戎鬻復販布集貨豈何曾一旅能偏攻年年糜餉四十萬出則敗衂猶冒功督師視師行到此束縛大帥如嬰童轟轟立數十二罪尚方劍氣光熊熊偶然脫手掃鼠輩發蒙振落同飄風健夫悍卒環

幕下帽伏何異雞捕蟲長城萬里乃自壞飛鳥未盡先藏弓干將已失熊飛百熊廷弼賀逢聖同縣諸生督學熊尚文目熊為干將莫邪賀為夏瑚殷璉一誤再誤邊疆空

遼左人物勝國時可紀者畧具於斯彙而賦之亦事賢友仁之意云爾

白沙主靜功不離先生學與沙門合明史儒林傳賀欽義州衛人

不獨儒林有傳人方伎猶紀張邋遢方伎傳張三丰懿州人今懿路

我愛太保周忠武周遇吉錦州衛人寧武關前力摧虜尚涂

守將盡如君彰義城南無戰鼓我受關[illegible]虜山漢待

功開原衛人持刀晝出殺人還賞金奉母償衛幾年十卒

已稱奇男戰酣索飲輒數斗酒酣更戰戰益久亂戳

過處如倒墻歸來血漬鞭沾手三忠更有黃何劉黃龍

何可綱劉兆基同官左都督先後同殉國難俱遼東人同袍同澤還同仇縋城猛

士自截指死國將軍能斷頭

石獅行并序

廣寧縣署門首列石獅二云前明巡撫王化

貞開府處也予以嘉慶丁卯四月權縣事為

賦石獅行

聖人豐沛應運生雲飛淵瀞風雷行萬孫萬子餘暮

氣蛇虺敢與

真龍爭自從敗衂薩爾滸二十五衛無堅城僇人乃

詡六萬衆馬蹄到處遼疆平大言類似景延廣橫磨

劍氣詩崢嶸才疎志廣難爲用敡浩房琯皆無成訛

聞風鶴已亂竄豈敢當道爲螳橫遼令一國償一笅

笅亦已晚城徒傾嗟嗟遼事破壞胥此輩我罪王化

貞尤罪張鶴鳴鶴鳴其時官本兵干將莫邪鱗[illegible]

乃令虛擁經畧名三方並進謀不用以[illegible]爲𪃪杙𪃪

樞揆首朝謨亦顛倒梁向[illegible][illegible]為首輔化息[illegible]主也左[illegible][illegible]為師[illegible]情不爭軍國爭門戶結習如此宜亡明門外石獅[illegible]風露知是當年開府處蟲沙猿鶴一時飛獨有石獅立當路

債令歎

唐書自大歷後有債帥之名杜牧原十六衛所云折券受貸而得之者也屏令私負若郎陵可謂債令者矣作債令歎

柴桑醉臥呼不起投簪祇為折腰恥我今范甑久生

壓五斗尚無彭澤米問虎詩後曲阜始庚申余之官山左途次曾作問虎篇以自警

十年廩廩心如水不應飽死應飢死朝衫昨入質庫笑門外責負趾錯趾幸有平臺高兩尺署中有臺曰平臺公如避債請登此

貧婦歎

左手孔榼右持壺堂上笄養舅與姑舅姑歡笑醉且飽有婦如此其賢乎婦爲賢婦有錢婦翁撓多田君不見南隣貧婦秋蓬亂晨興抱甕雞初喚寒機[illegible][illegible]過夜半何以飽舅姑空廚[illegible]傳炊爨[illegible][illegible]燠舅姑

敝布单衣裁至前舅姑嗔怒婦歎

過立夏三日矣始開花開命駕出游城西定天后宮梨杏海棠丁香諸花為最盛花下布席

獨坐作詩二首

子瞻林氏媪予美黄四娘我欲出看花投足宜何方琳宮在城闕夏木森千章衆丹亦頗具春盡閒羣芳布席花下坐衣带襲清香閨談有琛思結伴無求羊我非霹靂手牒訴堆胸腸偶然脱羈紲惜此分寸光花如真解語笑我勞生忙

愛花如愛命到處尋春色今朝乃見花春去已如客
我本栽花手樂此共晨夕艷愛脂粉痕清留裙布迹
萬古此紅顔穠纖各修飾精華不自閟造化有全力
照海爍雲霞布地皆金碧絶代得佳人杯酒酹魂魄

三空堂題壁 有序

金州自庚午訖壬申歲歉於登
皇澤鴻龐蠲金粟縣是三年度支有與無取而
倉空而庫空監舊羈待死一囚前尹所留遺
果者今夏蒙

恩減死出獄自是而圜[illegible]罷民獄[illegible]矣署[illegible]

偏有屋三楹歲久就傾捐廉庀之工僝[illegible][illegible]

李固疏三空之語頗焉為賦此詩

陰陽一紕繆遘此萬家哭
聖人補造化民命為之續一偶告偏災三度蠲金穀
但鳩民安宅何妨官仰屋户除水衡錢閭免鋤屋粟
口率以授糧莫不遺爾族人猶計四餔食豈儉半菽
尭樽置交衢飲河各滿腹不待監門圖已普黔敖粥
帝力庶有膺天天靡能椽朕瘠天下肥君負百姓足

醇古畫衣冠民志已大畏道德變刑名三辟興叔季

因盜滋愈棼法滋詞徒費遂使魚尾赬濈濈喁初沸

衰此赭衣徒犴狴時輕試魂逐湯火飛夢亦金刀氣

畫地尚不入犴對虎冠吏我但治以柔何必罷軟諱

漸濡帀三期梟獍化猛鷙蒲鞭乃虛懸圜土闕不閟

不知廣

堯仁普天刑措未但頗草常封勿令踊或貴

贈瞻菴宗室

瞻菴寶宗英文字炳蔚火[illegible]揮吟鞭[illegible][illegible]象趨[illegible]

飛騰筆一枝婹婧花千朵[illegible]探窮荒[illegible]搜駁[illegible]

厓隩入刻鏤蒼莽皆婀娜詩卷即圖經杜奇柳[illegible][illegible]

刀摹小蒼山殉人若忘我妙悟闕性靈心得不學可

時於鑿空中一一安帖妥压疊自巔翻劉墻不堆垛

呿口出新清濁坐亦驚坐

我少志三立及長謝九能文采未自耀遂與世路憎

生春媿花手但免鬼車稱汲黯外少韓王湛貌已脅

作吏於此事其道分兩朋羌予嗜之篤結習如痼癥

[illegible][illegible]千里道思以跛鼈勝學山苦不至止境終邱陵

鐗珠恐投暗照眼驚矇曹若也乃略奴馬能辨淄澠

題小瀉治府松林聽瀑圖尊照

腥風吹溢盜泉水有客臨流思洗耳瀑聲如吼濤聲止萬籟罕此清淨比聞思已恭天乘盲五蘊從茲皆空矣清涼居[illegible]君其是我欲從之投簪起

題宗室恒達齋香雪圖

香雪仙史達齋金屋所貯第一人也達齋借梅花為寫照屬予題句

梅精昔有江采蘋我今見[illegible]始見人名[illegible][illegible]國李[illegible]

臭寫入先寫花精神江南香雪春如海墨[illegible]冰姿[illegible]不改索笑巡簷日百回月明林下如相待修到此花得幾生笛中吹出斷魂聲妻梅君作林和靖賦手余慚宋廣平

題補臣劉畏四世司成承恩紀

周官敎國子其濬詳成均司成見戴記名官肇唐人實為司樂職師道資儒臣典午立祭酒後代相頻因藝林乃勲閥軒冕凌駕紳明第汪欽貴俎豆昭忠新

世隆如旦奭嶽降有甫申大端與剛烈生天雙麒麟
功業在國史簪筆懸秋旻茲官歷四世清顯衆所珍
虎闈拜杖履槐市聯貞珉講學既舊德譚經斯稱神
一門萃文獻濟濟皆天民豈惟儒宗重兼此世臣親
三王不足數[illegible]公難與倫司農實國器前軌昌後塵
陪都筦財賦邦本賴以振昔官於
禁籞皐比擁重茵圜橋集髦俊盍胄羅介俟課士本
家法傳燈如傳薪
皇帝尊太學擇師必其真儒公賢喆裔遂學醇乎醇

台衮將公待秉公以衡鈞[illegible]

天恩川方至

簡在適

楓宸

題孫雪巖明府光化軍營詩卷

兵法傳家學文章重寫官書生經百戰循吏又三韓

投筆從軍易操刀宰肉難良醫肱折後（雪帷以軍营墜馬折股遂精醫理）自有九還丹

雩手三觔重公才八斗多潘安老花縣虞詡在朝歌

謂祠道州泝官清淅水波雪帷杭人遂初曾有約歸計莫
蹉跎

和月山司寇留別原韻二首

玉堂聲價壓詞場卿月臨闕分外光秉憲獨持廷尉
法歸背但有際林裝黑頭人羨三公貴司寇年未四十白簡
霜飛六月涼齊獄早清應
内召重陽留譽在衣囊
門外驪駒散祖筵還
朝屈指及春先去臘二十六日立春[illegible]心向

日懷

雙闕極目望平音雲端四年

楓陛

恩濃三接喜蘭陔日麗百花烘襜帷擬看閭山色榆

塞風和好著纖

再和司寇行有日矣復以讞獄阻止戲賦原韻

一首

帝資借寇鞫隧啜决判知無長吏嘲快覩法星光作

排暫流風雨聽膠膠雲楼仍選平仄手樂府重翻大

[illegible]範鴻渚淹進歌信宿
九重終待掃新巢

題安雲亭名奎文遼陽牧年伯母節孝詩冊

孤生不自蓄失怙少所宜賴此女師教母兼父職治
辛勤力顧復[illegible]如父在時獲為母所畫丸亦母所貽
封鮭母之廡對食母之慈平反活一州字民如字兒
曰母氏之母民以母為依母賢子乃孝官好民斯肥
至今遼陽民念母有餘悲

讀南史五十首錄二十一首

乾隆庚戌以前所爲詩蓋勵有存者此十九

歲時作也録之以見論[illegible]深情少即有志

馬如此

江左遺風舊尚華百年政治數元嘉南劉獨此差強

意垂老誰知[illegible]蜆虵

姑息何能斷大謀五更合皺笑千秋早知深信王僧

綽也去栽兒免斫頭

謀及婦人死固宜前頭鸚鵡即王妃分明東燭防奸

細漏洩樞機更怨誰

內更無寐繞床頻宮甲田來起至親不敢竭誠同奉
令晝輪車工有蕭斌
好游應數謝靈運善博宜推范蔚宗自古文人每無
行生於聖世竟難容
江州果出南[illegible]郎讖緯經文未盡荒應惜當年獨制
父不曾鋤剪武陵王
緣濮澗柵選丁男朱雀門前鬬正酣一戰鶴頭皆解
甲何嘗武事不曾諳
天地難容罪已彰井中未許便逃亡多情獨有癡臧

質相見無端爰一場

官家釁隙起蕭墻累及二王亦受殃畢竟屠豬屠不得相[illegible]天子自堂堂

倉皇車駕出東巡幻夢還教化作真不信竹林堂有鬼抽刀原是貳心臣

幽囚殿內同嬉院傾覆江南獨保障狡兔已除烹走狗殺王何必怨豬王

摴蒱飲博牧豬奴南土寒儒誤窺孤今日端門開得吾曾無黃閣屬吾徒

錢溪扼險東南雄天與臺軍一夕風倉卒濃湖閧失
守十州士衆竟無功
水戰生平恨未親將軍興世竟何人劉胡一笑江山
去貴口明朝失要津
賦詩談義太[illegible]慵不是獨夫不予容始信襄陽星果
惡鵲頭羞見蔡興宗
處螢燄雀駭飛蚊客店道旁有主君便使二楊謀不
濟邦人但識李將軍
射臍危急死為憐欲板從容卒保身悔不當年遺二

矢老臣轉眼是奸臣
太祖諸孫忍事仇羌餘景素起徐州早知獨放黃回
去半壁江南尚姓劉
裲襠先帝有前盟老將江陵獨舉兵得與王凌游便
足何人甘作賣充生
亦知西夏事無成博得忠臣孝子名獨木何能支大
廈一生腸斷石頭城
要識代枝樹亦傷燃萁煮豆忍相戕十三同氣掃鋤
盡逼出齊王蕭建康

恭頌葛山相國太年伯

祝鑾南歸二十四韻 有序

盖聞簡重綸扉黄閣草白麻之詔權尊柱石金甌卜玉府之人申甫共説其嶽生傅巖曾稱為帝賚鏡中成字應星象於三台腹上生松讖仙佛以一品恭唯葛山相國龍亭望族膠水名門室有石經五鳳之樓特起家傳藤帝百斛之舄斯扛早歲秀發已兆紗籠之下元年進士獨題雁塔之名俟日影於花磚聽

鈐赦於鎖院既清班之别歷遂優秩之頻膺
山公既書於辨鴻李肅亦操其權燕虎闈齒
胄文搜石鼓之奇蟻學傳經教遍席門之彥
青宮日麗看玉署之揚芳
紺殿霞騫向續條而揮羽榜名龍虎陸兵部之掌文
御鑑凜冰霜歐文忠之知貢舉三千桃李一時
盡屬公門百萬堂封人閧爭言相府文潞公
鶴儀翼翼博陽侯淵度休休洵當代之異人
偉

熙朝之元老既清望粹如石亦碩德以媲晏忠惠高
風端明學士巳蒙文勤接武世遠侍郎安溪相
業遂為漳浦先敉乃扶杖情殷懸輿念篤
天家五代
恩賚送賀之詩
帝里千官榮設祖疏之帳功成者退祿滿則辭亭合
遍休暇日或偶花垂釣湖應乞鏡良辰唯載酒
圍棋誠林下之怡情而水邊[illegible]逸韻者矣茲者
逢

壽寓騰歡
春台熙洽
珠囊永耀卿雲歌復旦之章
玉斗常懸芝檢燦長生之字中秋八月
嵩呼快睹夫
龍飛
天子萬年
華祝豈遺牙虎拜沐
光澤於瀛海水盡朝宗仰

乾極於中宮星皆拱[illegible]

丹墀晝永張九齡金鏡初成

紫禁晨開田千秋小車聿至

南山獻頌

聖壽無疆

北闕瞻依

天顏有喜是以

皇仁特沛青芝赤箭之珍

宸翰頻頒燕鎬橫後之什（公入京祝釐上賜詩以寵並恩賞人葠）

臚

三多而鞠脃向

日就深慕萬石之高閑歸田仍賦拔簪解組鄴侯再

詔還山駟馬安車溫公終辭入洛陶貞白掛冠神武

身多道骨仙風張齊賢致仕東都地有涼臺墺

館憶梁園之朋輩僅存魯殿晨星澄懷堂八友圖唯公建在

睽洛社之耆英應仿香山舊雨從此曲江雅度

時縈

宵旰

宸衷綠野清風長作
昇平人瑞
鳳歷綿千紀
龍飛祝
八旬
一人宏
錫福遐國盡來賓
天語臨南服
皇心眷老臣上以公當來京祝釐恐長途跋涉降旨優問

玉音雖下慰葵悃總期伸紅旆移青嶂丹誠接

紫宸伏波真矍鑠彥博好精神公前告假還朝上賜詩有彥博精神較昔

增句雀躍齊冠冕鵷班肅縉紳

堯天歡不夜

舜日慶長春共永壺中景爭看石上珍

螭坳前領袖

鸞閣舊絲綸鑑獻千秋瑞圖偕五老陳耆英叨首宴

恩遇軼羣倫愧市誰先達沙堤此貴人粹容呈玉色道

貌是金身仙草　玕長

衮章錦繡匀端明曾相孚元定仍歸閩
北極星軺轉東都祖帳頻
陛辭三島鶴
朝罷九真麟鳩影攜藤杖蒲香護寶輪隨風申
巽命捧
日仰
乾仁（時陛辭上特詔所過州縣妥為護送）雲路迴雙轂霞關歷幾巡銀
濤連蜃氣雪浪渡龍津榕辨家山樹梅迎宰相
旬（公歸閩適騰初）畫堂開畫錦名世説漳濱

贈陳春嘘陳昶錦縣知縣

讀書想前輩，古道神與交。豈知湖海士，獲此投漆膠。茫茫宦途中，對面生岷崤。公來開城府，坐撤軍中轈。抗懷論今昔，萬有蒐羅包。圖法變泉府，作屏前著恒足錄，多與春嘘商榷者。漕運通神皐。春嘘曾議開遼河以資輓運。衆議不敢到，公籌乃獨搖。規為百世利，破此千言牢。所關軍國重，豈任簿書勞。惜哉屠龍手，屈為割雞刀。大衆能普覆，斷帶時獨燒。廉吏而游俠，想見扶風豪。我昔滞京邸，已聞負白陶。元龍今既見，[illegible]尺樓真高。公師惟伯陽，公友

或王喬與我咲一粟[illegible]我宗三茅繫我媿外道象教奚由超何時偕衛玠談道清昏惔

月山司寇承示試帖依體奉題

臺閣誰高唱詞林此鉅公詞源三峽瀉眼界六朝空摘艷裁坊體橋華具化工四聲諧沈宋八韻譜商宮筆掃千軍徤城連五字雄法星輝極北卿月朗遼東淑問資明允輿情慰協中斗山翹首近傾倒切葵衷

讀隨園再題馬嵬驛詩反其詞一首有序

馬嵬驛昔人多題詠者此獨標新意可與道

古繹其旨總歸罪元宗元禮未免過為玉環
出脫脂粉情重名士結習乃爾因反其詞
傾國由來屬彼姝玉環縱死有餘辜臨淄畢竟屠韋
手褒妲何妨一并誅

題孫雪帷刺史春夜家讌圖

簿書叢裏強抽身愛向花紅唱好春夜月黄樓新粉
本秋風紅豆舊詞人吴園次賦紅豆詞人雪帷工小令故鄉風味思
燒笋老伴家山憶采蘋雪帷內子以病家居償得一朝詩酒債
不妨宦迹比勞薪

竹萌蘇生矣獨[illegible]次一竿頗大無朋戲為此詩

我是百花衆父父公為千畝此君君干霄一夜戰風雨絕勝貔貅十萬軍

引疾乞休漫成四首

春光莫戀到斜陽此意誰知只世康左右有人終借譽中邊無味已粗嘗言攜幾兩尋山屐好築三間畜雨堂曾笑坡翁江水誓無田歸去又何妨

下考追云撫字殫選錢留得一文看（予離岫巖通守時邦民贈送盈路為各選一錢以去）裝餘鹿障（産遼東）非空橐坐飽牛魚亦素餐

鱘鰉魚遼金謂之牛魚產黑龍江集此地三尺要通律外法九還未轉枕中丹儒林循吏憑分傳雞肋何情戀此官

看花得意憶京華涸迹河陽又種花世工儻来唯富貴天邊易散是雲霞馬分黄白爭三耳朋別東西鬪兩家我法我行還我是閉門掃軌合懸車

羸官直得一錢無去住何心卜蜀壺少無宦情今漸老夢猶歸計醒難証飯頭還我梅花揷撒手憑人佛子呼只若後来獄市擾使君真比杞人愚

前題又成四首

千秋直道在斯民署[illegible]神君論最真共説平原嘗乞
米須知范甑本生塵掛魚塵鹿非為矯燕麥揄錢不
莫貧自有名山閉事業嫁衣何苦代他人
熱處何如冷處逃浮雲轉眼即波濤門前我自甘羅
雀海工人都愛釣鰲畏事翻嫌無事悶乞閒終覓得
閒高秉凉獨坐南窗下讀羅離騷擬叛騷
科頭岸幘任蹣跚外得形骸步步寬但見神仙曾赤
脚始知桎梏是衣冠季鷹早有蓴鱸想貢禹何曾短
褐完五畝宅邊五柳樹桑桑地不怕霜寒

生春花手擅專城外吏空餘百里名汲黯性情原戇直虞翻骨相本生成北堂嚅囁真如鼠東海平反尚有聲予四年首邑覆審各屬命盜案平反共三十餘起今日戴盆齊一慟涼州何處得三明

大字[illegible]万 小字[illegible]千

青陽堂文集卷一

秦始皇論

秦焚書禍酷矣然焚書而令世卒有書且自令以往雖千萬世皆可信其必有書是焚書乃所以存書而始皇實堯舜禹湯文武周孔之功臣也何言之書之能以智人固也人智則人利而已不利矣已不利則思有所以愚人之術不至於焚書不止也是故秦不焚必焚於王莽王莽不焚必焚於劉聰劉聰不焚必焚於石勒石勒不焚必焚於楊廣楊廣不焚必焚於

朱温朱温不焚必焚於王安石蓋慮禍之意深而制人之謀急也令將舉天下後世而告之曰書必不可焚焚書名為慮禍實以賈禍而未必皆吾信何也空言不足以悚之也幸秦人先起而行之不旋踵而果敗自是天下後世皆鑒於秦禍之酷雖有暴君奸相勇於為戾於事剛於自用者亦斷不敢以焚書之謀進而焚書之變可千萬世絕矣向使秦不焚而焚於王莽若而人計其時去古愈遠所謂孔壁之書既朽爛不可讀而齊魯諸儒如伏生輩寧有存焉者乎與

其焚於王莽諸人不若焚於秦人焚於王莽諸人而書亡焚於秦人而書存盖秦於古為逌也然則秦雖焚書而書終不亡既無害於書惟秦一焚而天下後世乃斷不再焚是并有功於書嗚乎焚書竒禍也秦冐不韙以身為天下後世鑒其所以觸禍也甚慘而其所以警世也甚章秦誠不幸而天下後世幸矣故曰焚書實所以存書而始皇固書之功臣也

扶蘇論五

沙邱之謀既定高斯乃詐爲書賜扶蘇及蒙恬死扶蘇發書涕泣欲自殺恬疑其詐諫公子使復請扶蘇曰父賜子死尚安復請即自殺許子曰扶蘇之死是亡秦之天下也安得爲孝乎孝經曰大孝尊親孔子大舜孝而終以享宗廟保子孫誠以天子之孝與卿大夫士庶不同天子者荷社稷宗廟之重者也昔者始皇嘗欲阬諸生矣扶蘇諫曰諸生皆誦法孔子今以重法繩之恐天下不安言雖不用亦可見其心之

仁矣夫以扶蘇之仁足以存秦扶蘇不死秦必不亡
秦不亡則昭莊之廟可血食世世也慮不出此而頑
陷胸決脰蹈匹夫之節乎哉或曰扶蘇縱不死其如
趙高胡亥何曰不然當始皇時已銷鋒鑄鐻咸陽無
重兵重兵盡屬於蒙恬向使將三十萬衆鼓行而西
清君國之慝正矯詔之罪則胡亥趙高命在掌握其
又能為梗乎且扶蘇以仁厚之長子處必得秦人之
心是故陳勝假其名猶足以亂天下從之胡亥庶孽
既非其匹而蒙氏又世為秦重臣當日蒙毅又居中

貴用事表裏有入其可為之勢昭昭也扶蘇仁有餘而識不足舍可為之勢以伏不可知之誅殺身不足惜而亡國亡國不足惜而覆宗絕嗣是亡秦者胡而使胡得亡秦者扶蘇也扶蘇不孝之罪上通於天矣嗟夫申生死而晉亂扶蘇死而秦亡亂者猶可以為治亡者不可以復存且申生不敢傷生君而扶蘇不忍較死父生君之命真死父之命詐被詐以死扶蘇之愚不又加一等哉

扶蘇論

予已論定扶蘇既又深思之曰是皆天也扶蘇何與焉推天既生胡亥使亡秦則必先使胡亥殺扶蘇扶蘇不殺胡亥終不得帝胡亥不得帝秦終不可得而亡秦終不可得而亡甚非天意也故亡秦者胡亥而使亡秦者天也殺扶蘇者胡亥而使殺扶蘇者亦天也是胡亥者天之所予而扶蘇者天之所忌也天非予胡亥欲亡秦不得不予胡亥也故天亦非忌扶蘇忌秦不得不忌扶蘇也然則天既假胡亥之手以亡

秦必先假胡亥之手殺扶蘇扶蘇即欲不死能逃胡亥必不能逃天夫天亦何樂殺扶蘇以亡秦哉曰焚書阬儒絶先王之道滅萬世之教天欲救萬世不得不急誅無道秦是故漢之興也不再傳而有毋子之禍唐之興也不再傳而有兄弟之變明之興也不再傳而有叔姪之争其時宗社皆不亡如綫與秦事甚相近然而危者卒安亂者卒治何也蓋其創業之君無逆天之事天未厭之其禍其變其争人事也氣數也是適然耳非天意也故天卒以天下與之若秦之

得天下雖亦[illegible]之所與而特不虞其後之悖亂至於此極也於是天亦甚悔矣悔之深故禍之速禍之速故扶蘇以詐死而胡亥乃起而滅秦

前後漢創業二帝優劣論上

石世龍屈身漢高而欲比肩光武非定評也漢高光武同起布衣不階尺土而俱成帝業論武功一而已吾不能分軒輕請論文德漢高上不能事父中不能制妻下不能馭臣三者失德之大者也光武皆無焉夫光武之善馭功臣世盡知之不待予說即光武之善於制妻故以陰麗華之寵終其身不敢為外家求進一官封一爵備書於史亦不待予說唯事父之迹無可見吾得即其所事兄者知之當其遭大司徒之

喪枕痕瘢成血及即位即追謚為齊武公并王其二子向使南頓君尚在太上皇之尊其必無待於擁帚迎門之後也明矣蓋天下未有弟於兄而不孝於父者所謂一本之親同體之愛厚則俱厚薄則俱薄是以漢高唯不知有太公斯修怨於其嫂而因以薄待其兄之子矣夫唯其天性本薄故所在皆慘刻不獨分羹一語不可為天下後世訓也且不特此也漢高之於義帝猶光武之於更始爾雖非角才而稱臣然既北面事之矣名分不可一日紊也漢高為義帝發

豈非真能修[illegible]節也特藉以制楚耳度其心未必不以其死為幸光武唯有必欲全更始之心故首嚴夫賊害之罪有不忍絶更始之意故厚予以列侯之封若漢高之大封同姓也亦曾憶及義帝之後否即其後之寡恩而知其前之用詐又不特此也漢高故人有盧綰猶光武故人有嚴光也嚴光光武能曲全之而盧綰卒叛入匈奴則二君於朋友之義其厚薄又可斷矣然則漢高綱常之理種種乖舛盖名教之罪人也敢以望光武乎大抵挾權任數慢士罵儒定漢高

之長技耳迹其生平僑野之氣多而詩書之澤少故功名雖高而不本諸道德若光武興太學於爭戰之際徵處士於戎馬之餘彬彬郁郁綽有儒風蓋史言其少曾受尚書於京師夫唯謹厚之質得天本厚又能進以學問之功故其所成就爲較大而其氣象亦特醇也雖然光武亦不能無失德耳廢后一節重爲世所詬病吾以爲郭氏之后由於陰氏之讓則郭氏之廢必非起於陰氏之爭先儒有爲原其故於劉揚吾得取其說而光武恕焉

前後漢創業二帝優劣論下

光武不獨文德優於漢高即武功亦優於漢高漢高戰輒北光武前後大小數十戰唯薊城少挫餘皆能以少制衆以弱勝強蓋嘗即二君當時之勢而計之夫所謂秦之強者非秦強也始皇在故秦強耳始皇死彼二世特黄口孺子也能以比王莽乎漢高爭秦天下於始皇既死之日光武爭漢天下於王莽未死之年始皇既死故漢高得以制二世如嬰孩王莽尚存是光武實欲鬬泰山以累卵難易之勢不待智者

而決矣或曰漢高之難難於制楚非難於摧秦然亦眉之強不亞於楚樊崇以梟雄英鷙之姿連百萬之衆戰必勝攻必克是故以更始已成之勢而崇取之如發蒙破之如振落此其為光武勍敵何異漢高之於項羽也漢高屢屈於項羽而光武不少折於樊崇是亦帝子之得天下信所謂天授非人力也淮陰之言吾得攬之以為斷且光武之有馮鄧猶漢高之有韓彭爾馮鄧諸人受命專征必動遵節制苟違之無不立敗吳漢成都之困其明驗也韓彭之攻戰也漢

高曾晝一策[illegible]一籌以遥制於千里之外乎靡特韓彭不受度漢高亦斷不能盖漢高本非知兵故自將則挫遣將則以成敗委之即幸而攻勝戰克督[illegible]將之才於漢高乎何與唯其然故反者屢起彼盖積於專制之權有所恃而無所畏若馮鄧諸人將委已聽命之不暇雖驅之使為亂敢乎哉不然而謂猛如虎狼如羊貪如狼傲不可制者必盡出於西漢之功臣而雲臺二十八將皆人人無自帝之心豈理也哉嗚乎鉅鹿破為亡秦之始昆陽敗為亡莽之始致昆陽

者光武而破鉅鹿者非漢高夫亦幸得沐猴而冠者
乃能以制其獘耳此皆天也吾於漢高舉無取焉

光武補論

或有問於予曰子論光武而不及其廢太子一事豈太子可廢廢太子不為失德乎予應之曰毋易冢子古今通義也太子烏可廢曰然則子論光武之失德何以不及之予應之曰霍光之廢昌邑也將以為是乎以為非乎如以霍光之事為非則光武之廢立可議如不以霍光之事為非則光武之廢立不可議也蓋古者社稷為重君為輕故有廢昏立明之說光武始立太子彊其昏與明不可知後改立太子莊是為

明帝明帝者東漢之賢君而守成之令辟也然明帝之明則知太子彊之昏也何也立其所宜立則廢亦必其所宜廢也立所宜立是其所以立為重社稷也廢所宜廢是其所以廢亦為重社稷也重社稷則臣尚可以廢君霍光是也而謂父獨不可以廢子乎且春秋之法貴在誅意彊之廢非光武意也彊自欲廢耳彊胡為自欲廢以母故母廢則彊不得以不廢母以子貴子亦以母貴春秋之法也然則光武之失德在廢后而不在廢太子廢后而太子斯廢矣吾故論

光武之失德專及廢后所以正其本不及廢太子所
以原其心

馬援論

老子曰知止不辱知足不殆賈子曰貪夫殉財烈士殉名夫以不知止足之心而自取殆與辱則殉名之失也與殉財等世言伏波之禍也罪在梁松而胡安國乃歸其咎於光武予曰皆伏波自取之也夫伏波之事漢歷二十餘年北出塞漠南渡江海破先零破參狼破交阯蓋至是伏波之功亦已成伏波之名亦已立而伏波之年亦且老矣援之老子止足之義此其時也善夫李衛公之諫武宗也曰養由基古善射

者柳葉雖百步必中觀者曰不如少息若弓撥矢鉤前功皆棄今陛下征伐無不得所欲願以兵爲戒乃可保成功名帝嘉納之何伏波殉名之心老而彌篤乎二徵不已而請擊烏桓擊烏桓不已而請征武陵蠻當是時光武猶愍其衰不之遣而伏波乃披甲持鞌據鞍顧眄以示可用耿舒之訴梁松之譖基於此矣吾故曰伏波之禍皆其自取也昔李藥師以武功佐唐南平吴壯破突厥西定吐谷渾卒成高祖以帝業其功名實與伏波相伯仲及其老也方唐有高麗

之師太宗頗屬意焉藥師雖不敢以老病辭而終不欲自賈餘勇以要末路之功名故能以功名終向使藥師亦如伏波進不知止貪不知足則高麗之師後竟無功安知不冒伏波之禍也以彼斷此伏波之自取禍也昭昭矣且伏波之誡兄子也若循循謹勅不勝畏禍之心焉乃於梁伯孫床下之拜又近於誕慢者之所為其深憂遠慮曾不及其諸子是真不若溫太真防錢鳳之術與郭汾陽見盧杞之智也他日排擠之害有由來矣予故論其事以為貪黷功名者戒

焉

賈董合論

漢文可無賈誼漢武不可無董仲舒無賈誼而漢文不失為恭儉慈仁之主無仲舒而漢武之志驕矣蓋嘗論賈生特一少年銳氣之士耳其言高而不適於用其志大而不切於時是故以斷獄四百致幾刑措之朝而賈生痛哭之吾不知其處衰季當何如也以清靜寧一上下相安之世而賈生欲更化之吾不知其更化又當何似夫以曹參不能改蕭何之法於前而賈生乃欲變蕭何之法於後幸而漢文始信而終

踈之耳向使當日果用其言安知不至如安石之誤宋也若董仲舒則不然其學不急於功名故無新奇可喜之論其道不流於雜霸故先仁義詐力之防此真漢武對病之藥石而佩身之韋弦也惜乎其不能用耳向使用之則武可不黷兵可不窮公孫宏可不相桑宏羊可不用而文景之治亦可以不衰也夫以霸才治亂國則亂國自以粗安以王道治霸才則霸才又將自廢必然之理也惜其所為著述如玉杯竹林全書不傳僅錯見於春秋蕃露一書程大昌因力

攻其僞要其精粹自不可及而世乃以賈董並稱賈豈得以匹董哉

姜肱論

姜肱遇盜兄弟爭死賢矣及至京師衣裝一空或問之肱諱焉盜聞而感甚還所盜物肱不受論者以此益賢肱許子曰是殆過矣君子之行也事舉其中不貴難以自刻不異衆而立名夫盜盜吾物吾縱盜而不與校此其意已良厚矣盜去吾並不忍言盜是逆盜之心而因曲為之諱也匿情狥物莫此為甚雖曰忠厚毋乃過乎且本吾物也而盜盜之是盜之不義也而盜又還之是盜知去不義而徙於義也去不義

而從於義則君子之所宜急予者也吾受吾物吾既不傷廉盜還吾物盜亦免於傷義二者不兩得乎必拒而不受是將自處於廉而予人也以不義也自處於廉可予人以不義不可欲自處於廉而因予人以不義更不可是又烏覩所謂忠厚乎吾為原肱之心大抵欲貴難以異衆耳漢末名士類如此是故破甑也何妨於一傾而必以不傾為高佚賓也理宜於加厚而轉以草具為賢皆所謂矯異矜奇絶人駭俗之行君子所不取也

曹操論

東漢之所以亡也由於董卓之簒董卓之所以簒漢也階於何進之召何進之所以召卓也成於袁紹之謀故原亡漢之罪罪固在卓而原所以亡漢之罪罪實在紹夫紹固自負爲天下之傑者也倒持干戈授人以柄宜不待陳琳而紹已早見及此矣然則何進固麤才而紹尤麤才之甚者也是二人皆無足深責顧吾不能不罪曹瞞方進之召卓也操嘗聞而笑之矣曰閹豎之官古今宜有但世主不當假之權寵使

至於此既治其罪當誅元惡一獄吏足矣何必紛紛名外將乎吾見其敗也語見魏書是操明知諫之不臧適以亂國而何以盧植鄭太陳琳紛紛進諫之後操並不於進置一詞也盧植鄭太之諫俱見本傳陳琳之諫見何進傳當是時西園八校尉典禁兵日與大將軍進共事羽林而操適擢為典軍校尉度於進非不能進言之人向使操言之進必見信何也校尉之重非如陳琳主簿之輕也且即令諫而不從說而不入亦斷無知而不言之理知而不言操之心果何心乎蓋梟雄之心與小人異

小人利於國家之安從容以保祿位梟雄利於國家之亂秉閒以甚代終然則不臣之心已伏於此他日伏后之弑於黄初山陽之廢於再世皆操今日情事也嗚乎竇武之事與何進一轍竇武無謀而禍止一身何進無謀而禍延天下故君子不患無德患無才無才則轉為奸賊之所幾倖豈不痛哉

李訓論

甘露之變史皆首罪李訓以予深觀之訓之人可議其事文宗也多不可議甘露之事尤不可議唐書訓傳憲祖之弑罪人未得文宗雖外假宦尹內實不堪欲夷絶其類傾在位諸臣持祿取容無伏節死難者可知當日盈廷諸公實如訓言皆齪齪不足與共事明矣夫宦官之横至於弑父與君所謂不共戴天之憤為人臣子者宜何如寢干枕戈渫血滅賊而旅進旅退之臣重身家薄君父此庸臣之罪真擢髮難數

者也訓逆知帝意悉計剪夷卒鴆死王守澄竄死監軍楊承光韋元素王踐言於嶺外鞭崔潭峻尸逆黨幾盡厥功偉矣將以次掃鋤羣閹收復河湟鎮撫河朔向使其志果成其業果竟再造之功豈在狄梁公郭汾陽李西平下而卒有甘露之變天也跡其受禍之慘亦如漢之陳竇唐之五王謀雖不成功雖不就其志亦可以見高祖太宗於地下矣而李德裕謂訓曾不得齒徒隸宋祁唐書稱世以德裕言為然皆過矣予因援春秋善善之意為後世讀史者進一解焉

論州縣

天下有二盜一盜盜一官盜去盜盜易去官盜難官盜者何州縣是也夫州縣亦豈樂於為盜哉今日不為盜明日不為官矣苟非輕富貴安貧賤有至性者不能一朝自決也而以望中材之人能乎哉蓋嘗論之趨安避危者人之情好善惡惡者人之性人之背善而趨惡者得失之念動於中而利害之機乘乎後也向使不為惡而未必貫禍不為善而未必得福則無論達者皆思自奮矣尚肯為盜歟盜跖之盜也盜百

金則享百金之利矣盜千金則享千金之利矣夫是以樂此而為之也今之州縣為己而盜爭為人而盜爭為己而盜是真盜也不殺不止也將為人而盜是盜來者旋以盜去身盜而心實不盜烏在其不可以止也止盜之法在紓盜以力使其身不為人用予盜以權使其情得以上達國家所以養州縣者亦厚矣廩俸所入以供仰事以供俯育以供幕僚以給執役計亦足矣而今皆有岌岌焉如不終日之勢府庫盜國脂膏盜民聚其精神才力日枉國法觸刑誅以供

他人用而卒不悔者彼蓋有恃也幸而無事則上下偷為一切不幸而事敗則其財又足以買法故貪酷為獲上之資而謟媚為升官之本皇皇焉竊自計曰某物可藉以結某上官歡某事可以博某上官喜而上官亦黙為計曰某州縣善事我某州縣不善事我三年計典將憑此以黜陟矣嗚乎此時州縣之力已殚於逢迎結納之場州縣之身已委於道府藩臬督撫之手將欲紓其力而使其身不為人用非道府藩臬督撫責乎夫道府繁矣次藩臬若督撫則天下不

過數人而已朝廷制百道府難制數十藩臬易制數督撫尤易使督撫皆庶静寡欲皆能為國家守法彼道府藩臬何能為也且州縣得以直揭部科。國家舊例也而數十年來揭部科者誰乎度州縣之心非不樂出此也力不能為耳鷙鴟而與鯨鵬爭鯤鮞而與蛟龍闘螂臂當車泰山壓卵勝敗之數不待著簽彼蓋誠知言未出而禍已隨事未行而罪立至夫是以闔其口捫其舌甘隱忍而不發也竊見唐宋以來上書言事者雖未秩微員不罪前明猶是準古明目達聰之意法未嘗不得也安有道府州縣為天子守土為天子牧民而不得一以其情自通於上乎令試令道府州縣各得以便宜言事毋偏毋訐言果可行立擢官一等不可行無罪又為申飭州縣有能直揭上官者奏當之時事真立擢官三等不真予褫職賞重罰輕如此庶有以作其剛直之氣而成其砥礪之才所謂予州縣以權亦即所以惕督撫者也夫誠能紓州縣以力使其身不為人用則彼將無所挾以暴於其下誠能予州縣以權使其情得以上達則彼

復無所畏而屈於其上如是則盜本可除國帑可實
民困可紓而吏治從此肅矣

論督撫

自封建廢而為郡縣於是天子不得不設官以宰天下秦漢始立太守其終也設州牧而天下卒並於州牧之强唐有太守有刺史有節度使其季也天下卒亂於節度使之專宋世常以宰相出知州事其時外官恒相安於無事而未免太弱此蘇潁濱所以有欲强外之策也（見唐論）迨及前明官多而法繁太守之上設行省外臺矣繼而巡按四出矣繼而設撫臣矣又繼而設總督經畧矣哉

朝初沿明制令則罷巡按裁經畧而專其權於督撫行省外臺特供督撫之抵仰而已督撫顧不重哉古者諸侯地以方百里為極次七十里次五十里而今督撫所守之地不啻十倍也唐元和國計簿總天下州府僅二百九十五而方鎮四十八是節度使大者或兼數州小者不過一二郡如陳許義成等軍而今督撫所守之地亦不翅數倍也蓋自三代設官以來官職之尊責任之鉅舉無如今日之督撫然則當斯任者必才足以制千里之內而德足以服百官之心

上可以為天子固封疆下可以為萬民厚風俗文足經而武足緯如是庶乎其可也不然鮮不仆矣頗議者曰督撫官太尊權太重不稍裁抑之恐蹈唐藩鎮自臣論之唐藩鎮之制創於太宗當太宗時天下乂安四夷賓服百餘年間國家無事至元宗之末廢府兵歸於范陽遂有安史之亂然則府兵未廢之前以內制外藩鎮雖強不敢一日方天子命也我

國家八旂重兵衛於

京師既非若唐末造之空內以實外且督撫名曰提

兵而漢兵權則分以提鎮滿兵權實控以將軍故臣
所慮者非督撫之能叛國而特慮其誤國譬之不操
刃以殺人而縱操刃者使殺人其罪將與操刃者等
昔周之盛也陜以東周公左陜以西召公右以成周
天下之大而專其權於二伯向使左右非人一旦倒
戈以向取周天下易於反掌乃成王任之而不疑二
公居之而不讓蓋誠得大臣如周公召公天子真可
高枕而臥矣若夫州牧之割據於漢藩鎮之跋扈於
唐此特漢唐之末造耳其所柄任者在漢為曹操袁

谿之徒在唐爲李希烈吴元濟之輩又烏在其不相
率而入於叛亂與嗚乎知人官人之難也雖堯舜猶
懼焉得人則治失人則亂何獨督撫爲然而督撫尤
今日治亂安危之所寄也可不慎哉可不慎哉

嶺南風氣說

予讀後漢書馬援傳援平交阯謂官屬曰吾在浪泊西里下潦上霧毒氣熏蒸仰視飛鳶呫呫墮水中則知嶺南風氣之惡在漢時如此復讀唐書盧祖尚傳太宗欲以祖尚為交州都督祖尚堅辭曰嶺南瘴癘臣不能飲當無還理終不奉詔太宗怒命斬之朝堂予為掩卷歎曰都督美官也交州富國也以瘴癘故授首不悔雖祖尚之愚而嶺南風土劣惡在唐時又可覩矣及讀韓昌黎到潮州謝表曰颶風鱷魚患禍

不測州南近界漲海連天毒霧瘴氛日夕發作憂惶慚悸死亡無日則益信馬援盧祖尚二君之言為不謬也至家仍漢唐之舊尚亦其地以為貶竄之墟逮於元明風氣少變焉及今則筮仕者咸指粵東為樂土而凡僑士遊客賈豎市夫且視其國為利藪莫不麇至輻輳於其間何風氣之變今古相懸若此哉予嘗原其故矣蓋天不變地不變而所以變之者專在人夫颶風拔木震電冥晦粵之天也昔如此今亦如此海濤洶湧嶺嶠崆峴粵之地也古如此今亦如此

此所謂天地之不變者也而獨此瘴癘之氣視古爲差則特人氣有以勝之何言之瘴癘之氣邪氣也人氣正氣也邪不干正正可辟邪自然理也唯唐宋以前既視嶺南爲畏塗而生聚遊養於其間者已罕人氣衰此瘴癘之氣所以盛也唐宋以後漸視嶺南爲樂土而生聚遊養於其間者日以繁人氣盛此瘴癘之氣所以衰也且不特此也自江以南漢以前皆委爲荒服是故淮南王之諫伐越也曰南方暑濕近夏癉熱暴露水居蝮蛇蠚生歐泄霍亂之病相隨屬也

而今則江南實為工國財賦甲天下焉此又何以故蓋自晉元帝始都金陵歷以宋齊梁陳一時衣冠文士聚於南朝人物所歸風氣遂變加以南渡偏安臨安更歷二百年之久當是時所謂中原之地淪於金遼而世之徵文考獻者不得不歸於江左矣然則地無論南北當漢唐建都西北則西北盛於東南及六朝定鼎東南則東南盛於西北山川風氣隨人轉移向使堯不都平陽舜不都蒲坂禹不都安邑湯不都亳文武不都豐鎬安在中原之地其必在西北也是

故堯禹有七年之水則九州以内患委爲蛇龍之渲後王通重譯之貢則四裔而遥皆進爲衣冠之國移風易俗之權唯人所命不其諒歟或曰嶺南之地多生珠貝令人嗜貨之心實甚於古故能甘之非地之氣無瘴癘人之心自無瘴癘也是説也予不敢信

治河私議第一

嘉慶七年河南衡家樓黃河漫口害及山東作舜原官山左東省地形昔曾經履而河防一節亦所究心乃為私議曰伏讀古今水道綱目莫詳於

國朝傅澤洪行水金鑑及齊召南水道提綱二書治河方畧莫詳於元王喜治河圖畧及明潘季馴河防一覽兩河經畧三書其物料工程丁夫輸運以及安樁下埽疊埽修堤之法莫備於元沙克什河防通議一書誠能考古酌今相度地形審視土性為防為洩

均得其宜則用力省而成功多竊見今日河南之治
急治河而山東之治急治漕蓋決在河而害及於漕
不治河則源不塞不治漕則流不清也山東之漕自
臨清而北至直沽會白河者衛水也自汶上南旺分
流北經張秋至臨清會衛河南至濟寧天井閘會泗
沂洸三水者汶水也自濟寧出天井閘與汶合流至
南陽新河舊出茶城會黄沁後出夏鎮循泇河達直
口入黄濟運者泗洸小沂河及山東泉水也泉水之
泒有五曰分水者汶水泒也泉百四十有五曰天井

者濟河泒也泉九十有六曰魯橋者泗河泒也泉二十有六曰沙河者新河泒也泉二十有八曰邳州者沂河泒也泉十有六此山東漕道所經之地所受之水之原委也蓋運河借泗汶之清者十七借黄河之濁者十三今決河衝漕河流力猛將山東泗汶諸小水挾以東北徙而漕道既憂其涸且引河貫濟漕清河濁而漕道尤病其淤治之之法元歐陽元河防記治河一也有疏有濬有塞三者異焉釃河之流因而導之謂之疏去河之淤因而深之謂之濬抑河之暴

因而抑之謂之塞疏濬之别有四曰生地曰故道曰河身曰減水河生地有直有紆因直而鑿之故道有高有卑高者平之以趨卑高卑相就則高不壅卑不瀦河身有廣狹狹難受水水益悍故狹者闢之廣難為岸岸易坼故廣者固之減水河者水放曠則以制其狂水隳突則以殺其怒也然專言疏濬不特用功鉅亦且成功難伏見前明易海運為河運者肇於宋禮繼以陳瑄繼始之功二人最著後來善於其職則莫若潘季馴其治河要旨不外於以水刷沙

國朝河臣靳輔第一所著文襄奏議亦祖潘季馴遺法大旨在開引河以殺其勢引淮水以刷其沙築六垻以時其宣洩是刷沙之法較疏濬為長今東昌張秋等處去淮遠引淮刷沙勢固不能唯沂泗濟汶諸水沂界兖之南條泗穿兖之中腹汶則襟濟之南濟則跨汶之北地隣壤接挹注可施似宜多方導引使貫運河藉清水以洗渾流疏濬兼行運河之淤當不難治矣頃猶有慮者張秋之地按明朱思本廣輿圖最近沙灣河明史河渠志沙灣地土皆沙易致坍決

且水流湍急作壩作閘皆非善計而沙灣之東所謂大洪口者適當河衝所以前明此地頻受河患正統十三年河決八柳口淹東昌衝張秋潰沙灣都御史徐有貞治之宏治二年河決張秋衝會通河戶部侍郎白昂治之四年河決又壞張秋東堤都御史劉大夏治之乃改張秋曰安平鎮是此段河工難於他處苟非經理得宜未易蕆事明代諸臣治張秋者王永和洪英王暹皆無功最後命有貞有貞乃踰汶濟沿衛沁循大河道濮范相地宜畫三策一置水閘門一

開分水河一枕深運河先疏水次始決洪止乃濬於
設渠起張秋金堤之首經澶淵凡數百里以接河沁
又築九堰長各萬丈實之石而鏈以鐵蓋沙灣之決
垂十年至有貞乃克奏績有貞誠僉壬其才尚可用
前事不忘後事之師似宜叅用其法張秋雖衝要亦
可計日僝功矣

治河私議第二

考禹貢所詳河之經流皆今之河南直隸地唯九河屬兗自圯於商徙於周而河漸南行漢元光中河決瓠子東南注鉅野而山東始受河害元封中始決於東昌之館陶永光中再決於濟南之平原自是濟南東昌兗州三府濟寧一州皆當河衝宋熙寧十年澶淵大決北流斷絶河道南徙於是東匯於兗州東平梁山張澤濼分為二派一溢于泗以入於淮謂之南清河一由汶合濟以入于海謂之北清河北清河者

濟之故道也由鄭以東貫乎滑曹濮鄆齊青以入海南清河者今淮安府清河縣之清口也由金城鎮西那山以入海至金世宗二十年河決衛輝由渦河入淮於是一淮獨受大河之全專由南清河以輸於海而北清河遂淤元世祖至仁宗前後河決四十四處洪武二十四年河決黑羊口永樂九年決沁河口正統十三年決滎澤天順五年決開封成化十四年決祥符又決延津大抵由周迄金河皆南徙由元迄明河皆北轉蓋自定王河徙砱礫以後南而又南不啻

再三及自渦達淮又自潁達淮南行之勢可謂已極倘不折而北轉則將達江漢而匯瀟湘荆揚之地淪爲滄海矣故物極則反理之必然亦數也氣也使必遏其北流導以南徙逆水之性勞而無功伏讀宋張商英治河五事導河東北之說居其二一曰行古沙河口一曰自古漳河入海是商英之說固以河利趨於東北元尚文之不塞蒲口意亦以趨於東北爲便利即濬聵之謂尚文之法爲蘇民之要術是今日之策唯在順水治水不與水爭地以水治水不與水爭

力雖不能行貫讓之上策而要與計安目前者為費均而功鉅蓋現在河已東北徙由利津入海順水之性度地之宜似無適於此者又河不兩行之說古有此語誠以急則通流緩則淤澱既無兩道皆急之理安有兩河並行之勢然此特言河之上流耳若下流入海之處法宜多開支河以殺其勢蓋下流泄之愈速斯上流愈通禹之導河也自積石至大陸皆一河孤行耳至入兗州界乃曰又北播為九河同為逆河入於海若兩且不可何有於九乎是今日治河南之

河河宜並治山東之河河宜分也

路敬淳作姓略譜學由此始其後柳沖韋述蕭穎士孔至各有譔次然皆本之路氏

重修王氏族譜序 代比部郎陳作

予考族譜之作三代時蓋有之周官小史奠繫世辨昭穆鄭康成指為帝繫世本之屬此歷代史本紀世家之所緣而作也頃本紀世家國史之所錄止於貴其不得登諸國史者亦皆得家自為書以序其得姓受氏之繇及其先代行事之跡與夫出處本末支分派別莫不燦然是則族譜之作所以補國史而實權輿於小史之繫世者也唐太宗命高士廉等辨天下氏族自是而林寶又作元和姓纂宋鄧名世作古今

姓氏書辯證章定作名賢氏族言行類稿明凌廸和
作萬姓統譜凡名門大姓各修譜牒而族譜遂以盛
夫祖宗遠矣吾得據族譜溯而知之則數百世上之
跡者可親也雲礽亦遠矣吾得編族譜引而聚之則
數百世下之跡者可親也支庶亦遠矣吾得執族譜
比而合之則當吾世之跡者可親也上治下治旁治
親親之義盡矣而皆於族譜見此眉山蘇氏所以有
觀吾之譜而孝弟之心油然而生之説也予姊夫樸
齋忠懿王後也以敦睦閧有志修家譜而未逮出乎

西克成父志書成乞予叙凡王氏家世詳於譜中不具述爲推其修譜之志云

送陳秋坪出宰四川序

今世薄令者衆矣以為五斗折腰晉徵士之所恥也此薄者之一説也以為士必以文章報國則讀書中秘者榮矣百里不屑也此又薄者之一説也由前之説廉恥重於功名猶可也由後之説政事輕於文章必不可也且令之讀書中秘者果能文章乎即能文章而果可以報國乎夫文如子雲相如而止矣子雲以文媚莽相如以文賣錢文章之壞廉恥如是況其下者而世方竊竊然擬清流以自貴吾不知若輩何

如也將與之言兩漢歟則不知其有馬班也將與之言六朝歟則不知其有徐庾也將與之言三唐兩宋歟抑又不知其有韓柳歐蘇也頃寧人以為敗壞人才比於咸陽坑尤慘又烏睹其為文章乎其又甚者居清流行濁行日事折腰是卑甚於令謅甚於令伺候公卿甚於令奔走形勢甚於令廉恥功名文章政事四無所據而轉薄令烏乎可令者親民之官也一方之令得人則一方治天下之令得人則天下治農桑禮樂令能興之孝弟力田令能教之犢牛刀劍令

亦能易之天下之政事莫大乎是士之廉恥功名亦莫先乎是區區文章令不暇亦不屑陳子秋坪長文章敦廉恥屈而為令若有介意者於其行為之序以進之并為歌詩焉

次山亭記

今之為亭者有二一在市一在野在市者凡塗巷之首皆設焉攷之古二十五家為里里首必有門是為閭閭左必有塾修閭氏掌之今在市之亭其法近是在野者凡當塗皆設焉攷之古國野之道十里有廬廬有飲食遺人掌之今在野之亭其法近是蓋古民一田一園一廬一舍莫不關於君相之經營即至橋梁道路溝瀆囷倉亦胥總以司空之職審端徑術以孟春田畯主之開通道路以季春司空主之謹關梁

塞蹊徑以孟冬有司主之其修也有其時其建也有其地其掌也有其官是以販夫販婦往來工賈皆得所止息之安而忘其跋涉之苦此古法之詳且盡也

婺源處叢山之中山高而水清其允川之西徑曰小言坑溯源三四里有橋曰玉溪橋橋左有亭曰白亭昔僧人募建庇衆人以避風雨者也地非通衢而村落往來藉此少憇行人便焉年久將就傾頹判玉俞公過而憫之遵母命承先志捐貲重建工成因即以父字名亭曰次山余竊維仁人之用心必有利於物

者頗博濟為難而唯此費省而利溥功約而畢長可以上佐王政之所不逮則斯亭之建所關豈小哉或曰以父字名亭可乎余辭之曰商書君名可以名篇太甲盤庚是也況父之字乎頗𠀋次山亦善則歸親之義也

上朱中丞石君夫子箋

作屏近作五言古詩一章推陳功德馬禡二韻畧經用盡而語不可了欲易韻足之求之韓杜集中五古轉韻雖間有之而北征南山等長篇則有通韻無轉韻南山則又終篇只用宥字一韻耳古人用韻之嚴如此蓋短篇換韻固本古法長篇換韻亦是古法然按顔延年秋胡詩及樂府焦仲卿妻等篇率一篇而十數易韻斷無劃然前後兩韻者唐初四子祖其法而以為七古元白繼之杜韓無此體李集中偶一見之

如擣衣篇是大抵六朝以前此法多用之五言六朝以後此法多用之七言而明何大復專取其體指為風詩正宗王漁洋沈歸愚雖是其説實皆偏見也詳味古人轉韻之意無論五七言大旨總要音韻鏗鏘情辭緜婉所謂長言之不足而詠歌而嗟歎一篇之中三致意焉者也其法實出於風詩之疊章每疊一章必換一韻後人所為篇分以解即其遺意茲屏所作者法宜本諸北征南山而不宜援此為例蓋詩之體不同耳今欲棄之又復可惜欲換韻成之恐失古

意輙不能自擇乞夫子教正焉

上朱中丞天子箋

辱示閱江樓長句一篇聲响意態陵轢退之作屏發函伸紙欲如吴季重之歎巨麗韞櫝玩枕欲學陳孔璋之詩煥炳而名言已窮賛頌猶贅謹次原韻學步一章繕呈鈞覽所謂潢汙之水每竭於朝宗駑蹇之乗終疲於沃若亦自知其陋也頃維古人和詩之體有用原韻者有不用原韻者大抵遇險韻則用原韻如樂天和微之瘀潔車斜二韻子瞻和正輔椏字一韻是也若遇韻寬則否但用韻亦不過同用一韻耳

若依其次第如今所謂次韻步韻者寔始於宋人疊韻之法求之唐人不特李杜二家無有即餘子和章雖多用韻已罕況次韻乎觀早朝大明宮詩倡者賈至而和者杜王岑三家皆各自為韻可見且古人和詩必据來詩之旨或異或同無不應荅如响故謂之倡酬其為體亦有二同者謂之和異者謂之荅說見香山集不可舛也今人多不明斯義唱自唱酬自酬不相照曾尤失古意跡所至詩以險韻也故用宋人疊韻之法至於篇中意義則體兼和荅不敢稍背於

古唯夫子曲賜裁正并鑒其説

上中堂朱石君夫子箋

受業許作屛謹工箋夫子大人閣下恭聞夫子蒙
恩內召參贊
綸扉以老臣德器之重處人臣極品之尊
朝野內外思頌
聖主賢臣者蓋非一人一日之積矣況屛親承作育
恩同覆幬言雖不文尤不敢不以其詞進竊稽六相
置自黃帝唐虞立十六相殷立左右相周仍殷以周
召為之而丞相之名實始於秦悼武之二年至始皇

又有相國之號至二世又有中丞相之名漢初亦曰相國高后時仍置左右二相文帝時復置一相成帝綏和元年以何武奏立三公因益大司馬大司空皆金印紫綬比丞相則三公俱為宰相哀帝元壽二年更名丞相為大司徒後漢因焉建安十三年始復置之魏黃初元年仍改為司徒其後又制大丞相又有相國晉惠帝永寧元年罷丞相後置司徒永昌元年並罷司徒其後或立相國或立丞相省置無常宋有相國亦有丞相齊廢丞相以為贈官梁罷相國置丞

相罷丞相置司徒陳又置相國位丞相上并丞相皆
為贈官後魏置丞相罷司徒正光以後始兩置之北
齊河清中復立左右相後周始以大冢宰為丞相後
亦置左右相後又罷左右相專立大丞相隋以內史
納言為宰相唐世宰相名尤不正初因隋制以三省
長官中書令侍中尚書令共議國政此宰相職也後
以太宗嘗為尚書令臣下避不敢居由是改尚書令
為僕射但三省長官品位既崇不欲輕授故常以他
官居宰相職因有參議朝政參預朝政參議得失參

知政事之名其名非一皆宰相職也而平章事之名蓋起於李靖治至郭待舉岑長倩而平章事始以入銜矣同三品之名蓋起於李勣治至張文瓘而同三品始以入銜矣頗其員數亦有可言者先天之前其員頗多開元時稍為節限不得過三人天寶以後天下多事勳賢並建而儕位復衆故時方用兵則以節度使領平章事時方崇儒則以大學士領平章事時急財用則以鹽鐵轉運使領平章事然皆虛寵以名其實秉鈞持衡亦不過一二人而已宋承唐制以同

平章事為宰相之職或置三相其上相為昭文館大學士其次為集賢殿大學士兼監修國史為三大館叅知政事降宰相一等又有使相皆樞密使節度使兼銜不預政事唯除授勅尾署名神宗新官制以左右僕射為宰相左僕射兼門下侍郎行侍中之職右僕射兼中書侍郎行中書令之職別置中書門下侍郎尚書左右丞以代叅知政事政和中改左右僕射為太少宰靖康中復為左右僕射乾道八年仍改左右僕射為左右丞相元中書令下有左右丞相初左

右相各一人中統二年各增一員至元二年增置丞相五員其後增減不一又有平章政事四人品從一貳丞相其後或二員或六員亦增減不一又有左右丞參政等官員數無定皆所以副丞相明太祖始令輔臣不得稱宰相以大學士代之

國朝因焉凡相國丞相大司徒大小宰中書監侍中中書尚書令左右僕射同平章事同中書門下三品及參知政事等一切稱名皆廢置大學士四人滿漢各二又協辦大學士二人滿漢各一去華蓋謹身二

殿餘武英文華二殿文淵東閣二閣皆明制也此歷代宰相同名異實同實異名歷制之可言者其畧如此作屏謹按黃帝六相經傳無見當不足據唐虞十六相出於左氏浮誇之詞證之虞典命官寔無元凱諸人庭堅指為皐陶特杜預之說若果為皐陶之字左氏於文五年楚滅六蓼不應皐陶庭堅名字並舉也焦氏易林云庭堅為陶叔後此說得之然則唐虞寔無所謂相而五臣即其職耳竊意不特唐虞尚無宰相之名即周亦未曾立相周官之公孤周禮之太

宰冢宰相也若果立相周官既無明文而周禮詳敘三百六十屬亦何以首遺宰相後人周召分相之說祇据公羊傳左右分陝之文耳皆非確証唯說命有爰立作相語則置相寔始於殷三省為宰相之司存三省長官為宰相之職任其說肇於晉魏而其制定於唐然通典言漢武帝遊宴後庭始令宦者典事尚書謂之中書謁者則中書尚書之名寔始於漢大學士為輔臣之職定自明代然唐書張說傳元宗欲授說大學士說辭曰學士本無大稱中宗崇寵大臣乃

有之則知大學士之名寔始於唐竊論宰相一官唯秦與西漢初及元為正哀帝[illegible]廢丞相自是之後由東漢以迄六朝由隋唐以迄宋明皆居其職而不必據其名據其名而不必居其職西漢末之大司徒兩晉之中書監後周之大冢宰隋之左右史納言唐之三省及同平章事同三品宋之二府及参知政事暨前明與我朝之大學士此皆居其職而不必据其名者也東漢末之丞相魏晉宋齊梁陳末造之大丞相寔籍以為禅代之階唐中葉之使相則又籍以寵藩臣

之貴此皆括其名而不必居其職者也大抵因權重故避其名亦因權尊故襲其號避其名者設官之本旨襲其號者權臣之變制也要其高官極品則令古所同漢制丞相皆封侯丞相進天子御座為起在輿為下白事教令曰君侯府門無闌不設鈴鼓自是之後皆以第一品處丞相唯宋元祐中文潞公呂申公相繼以平章軍國重事序宰臣上元制中書令亦序在宰臣之上更有尊官殊非舊制夫唯其職重故曰柱石唯其任鉅故曰宰衡金甌枚卜其慎其難大約

光德望次功勳先器量次才幹是以漢高不以處韓
彭絳灌而以處蕭曹光武不以處馮岑吳耿而以處
伏侯唐太宗不以處殷柴侯薛而以處房杜當是選者
誠以德不以功以量不以才哉
朝名臣踵出弇未讀
國史蔑得詳焉以素所聞則李文貞劉文正二公相
業尤著我夫子大人德望之尊器量之鉅天下士大
夫識與不識引領斗山真不啻蒼生之望東山走卒
之懷涑水也公評具在豈弇所得私喜而私頌歟月

抄當躬叩戟門稍展瞻依之悰謹先疏歷朝宰相沿
革如此皆據依二十一史終袠以鄙見伏乞公退之
暇賜以覽觀若夫相臣之何以貳君何以宏化前人
蓋論之詳矣夫子大人亦講求之素矣屛固不以規
而以賀屛謹箋

工大興相國書

弃白自宋姚鉉編唐文粹呂祖謙編宋文鑑元蘇天爵編元文類

國朝黄宗羲編明文海皇覇以来記於勝國佳章鉅製代有彙書固可以上接文苑英華而下與梅鼎祚

歴朝文紀並為詞林淵海藝苑鈐鍵矣我

朝文運昌明邁絶今古一百五十年間凡經術政治之篇文苑儒林之作莫不談理饜心選詞愜意乾隆

十二年大學士陳廷敬奉

敕編
皇清文穎一書起順治甲申迄乾隆甲子共一百二十
四卷一代文章裒然秩然搜羅既廣鑒裁亦精距今
癸亥適六十年
久道之化既累洽而重熙繼起之文亦日新而月盛若
不隨時蒐集日久就淹臺閣鴻裁尚存國史山林逸
響恐泛風塵老夫子位望為一時山斗文章則當代
準提所望啓沃餘閒
奏請

敕命儒臣開館採輯以昌
文治以紹
盛軌俾譚藝之家咸取則焉幸甚幸甚作屛一行作
吏此事便廢亦復有志焉若則昔日身在門下之初
心也不揣檮昧爲此祈請無任惶悚之至屛白

讀錢公輔范文正公義田記書後

嗚呼吾嘗讀古人書皆曰士患無志矣不患無時予以為不然夫既謂之士矣而無志乎曾無志也而尚得為士乎故吾謂士不患無志患無時蓋志者操諸己而時者聽諸天者也操諸己吾能主之聽諸天者吾不能主之以吾所必欲行之志懸而俟諸不可知之時則信夫所患在彼不在此當范文正公之未貴顯也嘗有志於施貧活族之義者二十年向使不為西帥不參大政則公之時既終於不遇安在其果以

義田貽後也然則公之平成此義舉者公之志也抑時也作舁自弱冠知讀書竊不自量亦曾志公之志焉今忽忽行年已五十有四矣去者歲月既如此其易逝也來者歲月又不知終竟何如則予之志其將竟以志終乎抑或能見之於事也然以予今之所處揆之勞生將過半而碌碌無成曾不異弱冠讀書時光景則予之不善與天爭時也明矣嗚乎少壯充於才銳於事尚不能出全力以博造物之一盼今不轉瞬行將老矣時乎時乎不可知吾其貴志長已也歟

江西某傳

江西某積惡兩世成進士家居寓次念所以自懺者乃改行朞年而雙目盲憤然曰吾積惡而第積善而盲是天之果不欲吾為善也不然何天之福淫而禍善也卒為惡如初自是得良醫而雙目豁然矣某素以文章自雄者也以瞽廢及復明故技畢作終以為某壽序坐蜚語棄市甲寅四月十一日鄧苑華云鄧江西之南豐人許子曰當其第也是禍之基也及其瞽也是福之堂也天將以瞽薄其罰某不悟卒以兩

目易其无悲夫書之以為行惡者戒

祭傅司馬文 代廣太守

嗚呼人生禍福渺不可期孰持其枋孰揭其維其來莫拒其去莫追達人知之愚者疑焉維吾與子同榜京畿少未識子聞子英奇[illegible]明且哲亦歧而嶷爰逮於壯同官伊犁子先我至我後繼之始行識子握手恨遲我無子詐子無我欺肝膽共示道義相貽申之婚媾歡若壎篪方翺並轡連步鴻逵嗚呼利為害軌樂實憂基茫茫宦海風波不時我旋落職君亦瀕危賴

聖恩普沐
天澤滋宥子以法脫子於羈免子以死竄子於夷靈
山安置十載有奇又生
厚德刻骨猶宜吾為子喜亦為子悲始吾解組擬欲
壯歸蕭蕭行李車殆馬疲爰干使相希潤歸資不虞
傾蓋為言天靡留吾作宰[illegible]陽西陲枯柯再秀息大
重輝無才被遇漸獲升移去年入粵喜子在茲急欲
見子以慰積思恵廉修沮山巔海湄今春移守端江
之涯遂白當路獲遂其私遣奴致子子不我辭官舍

湫隘子不我疵相見把臂咨嗟涕洟語音猶昔形容
盡非嗚乎子遭遣謫胡云不衰子居瘴癘云胡不羸
不虞奄忽竟逝如斯子歿未殯得奉部咨
天恩貫子放子回旂胡不[illegible][illegible]躬謝
聖慈令雖長已泉下應知幼子妻殼產為靈芝斂子
精魄化為神著以當結草以矢傾葵嗚乎
天恩若此浹髓淪肌當將子骨歸之
京師子有積責為子清釐并歸之子貽子佳兒子其
瞑目吾入何哀嗚乎尚饗

為凌曉蒼室人求飲啟

蓋聞綈袍戀舊蓬有贈袁貸粟拯貧舟無剩麥施非
圖報從容舉郭震之錢家不留儲慷慨分劉瞻之俸
周官六行卹及老孤王政[illegible][illegible]矜此鰥寡氏故夫凌
曉蒼者本渕水之名門為珠江之僑寓芸窗漂麥夙
勤黄卷之燈槐市鐫碑曾咳紅綾之餅飛雙鳧於日
下職是栽花署五爲於黔中迎來騎竹一官月碎旋
歸華表之魂兩袖風清未葬桐鄉之骨二十年之宦
況飢已生塵三千里之歸裝囊無擔石氏扶喪度嶺

挈眷還鄉媿以未亡之人并之親生之子雖前妻有
後不才如任昉之兒而執友無存歎逝少陸機之賦
是以漁良莫具題字空悲無米何炊難爲巧媳指囷
以贈是賴仁人伏願念宿草之舊情廣集裘之雅惠
故人長已劉孝標論最傷心弱息僅留楚優孟觀者
感泣鳴乎孤孀可憫豈浪乞米之書枯骨有知定
永結抗譬之草籍延殘喘𣏾侯鴻施謹啓

為淩曉蒼室人求攸啟

蓋聞綈袍戀舊蘧有贈裘貸粟拯貧舟無剩麥施非圖報從容舉郭震之錢家不留儲慷慨分劉瞻之俸周官六行卹及老孤王政[illegible][illegible]矜此鰥寡氏故夫淩曉蒼者本淛水之名門為珠江之僑寓芸窓漂麥夙勤黃卷之燈槐市鐫碑曾啖紅綾之餅飛雙鳧於日下職是栽花署五爲於黔中迎來騎竹一官月碎旋歸華表之魂兩袖風清未葬桐鄉之骨二十年之宦况甑已生塵三千里之歸裝囊無擔石氏扶喪度嶺

挈眷還鄉媿以未亡之人并之親生之子雖前妻有後不才如任昉之兒而執友無存歎逝少陸機之賦是以兼良莫具題字空悲無米何炊難為巧媳指囷以贈是賴仁人伏願念宿草之舊情廣集裘之雅惠故人長已劉孝標論最傷心弱息僅留楚優孟觀者感泣鳴乎孤孀可憫豈浪爲乞米之書枯骨有知定之永結抗讐之草藉延殘喘佇候鴻施謹啓

珠江冶春賦

羊城風暖，珠海月生，蛋雲疊縷，蠻烟宵橫，木棉飛絮，鈎輈變聲。此時此夜，殆難為情。爾乃簝房（妓所居浮家曰簝房）帀岸，花艇（方言謂船為艇）連江，旃[illegible]艣枻，玻瓈為窓，玃瑜席地，瑇瑁裝幢。春歸畫舫，人坐銀缸，倚門箇箇，賣笑雙雙。時翻水調，亦譜羊腔。則有嫚姍態遠，束素腰柔，凌波春動，蹋青景幽，蓮花兩瓣，新月一鈎。對河列艦，隔江繫舟（揚州郡泊河南），名曰大鵠（妓之佳者尊曰大鵠），是為揚州。亦有塵生羅襪，春在裲襠，紅潮帶酒，白足凝霜，花簪首莉頰醉檳榔肉葺送蝬鞋杯戴香攏椎一夜泪忽千行雖能結客是出潮陽復有簝尾浮家沙向結宅廣州帮所泊地名羌愛施朱栽能粉白高髻齊雲洪散裂帛鳥語喃喃虽吟喈喈溢浦閧鵑楚因對客徵波不通一水如隔為下下乘是隸廣籍別有嬌同織素年近羅敷未能留枕亦學當壚髻垂[illegible]辮綰猶梳數錢姹女廣州冶遊郎以錢作同心結連綴數十枚於腰女為解之結解盡則散爬背麻姑花唯含笑璞不輕沽解奩動指食饞憐雛譬求鴞炙空羨淵魚逢山何處峽雨原無是為摸艇居河之隅斯人

珠江冶春賦

羊城風暖，珠海月生，蛋雲叠樓，蠻烟宵横，木棉飛絮，鈎輈變聲。此時此夜，殆難為情。爾乃篷房（妖所居浮家曰篷房）帀岸，花艇（方言謂船為艇）連江，旗[illegible][illegible]柂，玻瓈為窓，[illegible]瑜席地，瑇瑁裝幢。春歸畫舫，人坐銀缸，倚門箇箇，賣笑雙雙。時翻水調，亦譜羊腔。則有嫚姍態遠，束素腰柔，凌波春動，蹹青景幽。蓮花兩瓣，新月一鈎。對河列艦，隔江繫舟（揚州郡泊河南，名曰大鵠。妓之佳者尊曰大鵠），是為揚州。亦有塵生羅襪，春在裲襠，紅潮帶酒，白足凝霜，花簪首莉頰醉檳榔肉葺送蜈鞋材戴香懽惟一夜泪忽千行雅能結客是出潮陽復有鬚尾浮家沙向結宅廣州帮所泊地名羌愛施朱栽餘粉白高髻齊雲洪敵裂帛鳥語喃喃再吟喈喈溢浦閘鵑楚因對客徵波不通一水如隔為下下乘是隸廣籍別有嬌同織素年近羅敷未能留枕亦學當壚髻垂[illegible]辮綰猶梳數錢姹女廣州治遊郎以錢作同心結連綴數十枚於腰女為辮之結辮盡則散爬背麻姑花唯含笑璞不輕沽辮竈動指食饞憐雛譬求鵝炙空羨淵魚逢山何處峽雨原無是為摸艇居河之隅斯人

當夫羇居無偶寡處尠歡花生草長燕嬾鶯殘藍橋路杳蕭齋夜寒別三時兮春欲暮隔千里兮月孤團莫不興逐時生情隨景起載酒徵歌呼船挾妓迎桃葉兮春江採芙蓉兮秋水[illegible][illegible]樹下醉南國之佳人薜荔牆邊送西歸之君子遂使一江漁大艷絕華燈兩岸衣香翻成錦浪劍鋩山外愁銷碧玉之簪羅帶溪頭悶繫連珠之佩典紫釵於吳下子夜能歌訪錦瑟於秦淮玉京善唱郢君綈袍眠香多在舟中白傅青衫濺淚只因江上

當夫羈居無偶，寡處鮮歡，花生草長，燕嬾鶯殘，藍橋路杳，蕭齋夜寒，別三時兮春欲暮，隔千里兮月孤團，莫不興逐時生，情隨景起，載酒徵歌，呼船挾妓，迎桃葉兮春江，採芙蓉兮秋水，[illegible][illegible]樹下，醉南國之佳人，薜荔墻邊，送西歸之君子，遂使一江漁火，艷絶華燈，兩岸衣香，翻成錦浪，劍鋩山外，愁銷碧玉之簪，羅帶溪頭，悶繫連珠之恨，典紫釵於吳下，子夜能歌，訪錦瑟於秦淮，玉京善唱，鄧君綿被，眠香多在舟中，白傳青衫，濺淚只因江上

張孟詞進士為馬彥豐後身贊 大興相國命作

列星誕傳，嵩嶽降申，感生之說，是即迴輪。鄭康成感生帝之說，實本元鳥、帝武二詩。釋氏輪廻之旨，緣此而起，皆根據經義，不可厚訾。羊祜前識，張衡後身，求之於古，蓋有其人。[illegible][illegible]以滅，果出自因。如火之燎，吐燄於薪；如花之秀，發蓓於春。苟無根畧，墜溷鋪茵。公死於學，孟詞用功太猛，致不永年，惜哉。公入已陳。公傳以學，公文則新。馬為孝子，彥豐父世奇甲申之變殉國難，彥豐茇父而死。公為詞臣。曠代相感，蹤迹彌親。嗚呼！烟銷冰釋，若是特蚩蚩之民。如公之精爽，宜其為才鬼，而日侍文昌之神。大興

相公謂孟詞
常侍其左右

張孟詞進士為馬彥豐後身贊大興相國命作

列星誕傅，嵩嶽降申，感生之說，是即迴輪。鄭康成感生帝之說，實本元鳥、帝武二詩，釋氏輪迴之旨緣此而起，皆根據經義，不可學嘗。羊祜前識，張衡後身，求之於古，蓋有其人。之變以滅，果出自因，如人之燎，吐燄於薪，如花之秀，發蓓於春，苟無根畧，墜溷鋪茵。公死於學，孟詞用功太猛，致不永年，惜哉。公人已陳，公傳以學，公文則新，馬為茅孝，彥豐父世奇，甲申之變殉國難，彥豐殁父而死。公為詞臣，曠代相感，跡遡彌親。嗚呼！烟銷冰釋者，是特蚩蚩之民，如公之精爽，宜其繇才鬼而日侍文昌之神。大興

相公謂孟詞
常侍其左右

畫像跋 并引

是像藏屏家蓋久聞高伯祖父侍御公官南京得此圖于錦雯公因攜以歸年久賴題名為別識壬戌春屏讀禮家居與丹步癯兄叙宗族因各出所藏家譜相訂定始知斯像乃步兄本支祖也歸之俾奉歲時焉附題此跋以識

淵然其度睟乎其顏大人氣象先代衣冠持禮則肅播樂而安誰歟圖者年骨珊珊我度斯圖蓋有年所攜歸金陵自曾伯父蠹經餘頭畫幾折股賴有跋詞

足以稽古稔知我族實右之祖禮隆本支物歸故主

如劍終合如珠復還如趙返璧如鄭獲環如水赴壑

如雲歸山在我不寶在君實難本非我有我又何慳

君其寶之裝以絹紈

舒監州太君太母壽序

蓋聞江深白馬，雨川擁錯繡之形；峽靜黃牛，全蜀踞建瓴之勢。天包玉壘，枕荆益而襟犍牂；地廓靈關，壯裒斜而南邛僰。垂義劍閣，石鑱張載之銘；瀟灑琴臺，門認相如之宅。槩人物之濯秀，偉江漢以炳靈。閉卜垂簾，市有嚴君之隱；賞奇載酒，亭傳揚子之名。匹文采於鄒枚，王褒之謌華第一；埒雄名於阜邠，程鄭之豪富無雙。居斯地也，大有人焉。恭惟太翁老先生，坙眉山才子，錦里詞人，有餞蜀家，詎止胸羅左癖；琴箏五

典告然名過書淫匡稱詩妙語解頤壁真可鑿管幼
安長吟抱膝榻欲常穿匏史芸編搜出安豐墓下玉
笈金版探來宛委山中業已學足三冬亦復才高八
斗前矛屢奪爭看黌序先聲美錦頻裁遂作延陵都
講既文雄而可將斯經明而堪師春風座上從游多
魯國諸生立雪堂前負笈盡程門高弟金針度處普
繡鴛鴦屑霏時紛飛花雨高懸睇澤叩則斯鳴獨
擁皋比問焉即荅以故鄭孔學士皆訓詁章句之儒
張禹生徒半文酒笙歌之會門標元禮登者咸點額

而飛園號給孤拜者輒成佛以去此則先生本其學識既蒸繪之紛披出其緒餘丹青而善染者也德配太宜人鍾郝名門邢譚望族髫齡習禮不媿左嬌綺歲齊牢即欽萊婦副珈必飭般勤弋鳬雁之宜稚弟斯煌黽勉伍蘋蘩之業孟德耀鳴春夜相粲羨齊鴻桓少君抱甕晨興車稱挽鹿登堂奉乳唐夫人善事姑嫜課夜和熊習大家應生令嗣翩翩七子風才嫺鄭志之詩矯矯長君絲筆濯蜀江之錦副貯書於上計鵷薦秋高綰紫綬[illegible]炎荒鳬飛日下詩成瀧吏

韓昌黎過嶺之年仙署玉堂蘇文忠遊宦之地一經
舊德果能光大門閭萬石家風從此巍峩甲第太公
猶復庭訓彌勤時嚴對鯉太母亦且坤儀加謹特著
封鮓鳩杖逍遙教忠倍於教孝板輿迎養南首即是
南陔盛以陽轉小春為柘館懸弧之節星流大火適
北堂設帨之辰溫鏡長懸紫鸞交舞羲床對設彩鳳
雙棲慶花甲之一周椿萱永秀斂箕疇以五福蘭桂
爭馨竚看象笏疊床華堂錦繡定卜鸞坡錫誥
壯闕恩濃某等或官聯衛索或交篤雷陳知芳躅為

最深籍蕪詞以代祝遥飛一盞敬頌三多伏願瑤臺
璇嶺木公開不夜之天瓊笈[illegible]宮金母居長生之館

龔太母七十壽序

蓋聞錦囊瑤笈書傳女几之[illegible]丹竈瓊田仙說零陵之市西池王母玉樓環翠竹青林南海眉娘金盖繡十洲三島位冊元君之府嶽號夫人星明太華之峰盈稱玉女溯仙蹤於絳闕則有蔣魏齊名仰閫範於謨庭爭重郗歐清望果爾身兼四德稱曰完人定然祝倫三多降爾遐福如龔母滙太孺人者以雁門之淑媛歸渤海之名家既聿奉為禮宗亦咸師其閫教某等忝叨至戚備知魯國之義姑畧綴俚詞敬頌壯

堂之壽母具陳梗概靡事鋪張令夫挺身襭盜盧氏
女克能易安奉乳哺姑崔夫人老將復少名高天水
鄉里號以女師節重淮陽朝廷旌為孝婦薦服偕而
必謹行凜班箴執盥饋以彌恭禮嫺劉傳辛勤靡懈
天為反風甘旨曲將泉或生鯉斯則孺人之事姑以
孝宜壽一也且恪遵內則衿纓既警予鳴雞亦克相
外庭琴瑟還調諸弋雁桓少君短衫抱甕孟德耀椎
髻賃舂牛衣高臥王章本當茂奇人鴻案相莊袁隗
賴宜家賢助刀圭乞取巧成無米之炊釵珥頻捐終

相還金之義斯又孺人之佐夫以恭宜壽二也若乃爭長競短桺開之家訓所懲發恐割恩胡氏之女範最戒由來妯娌嫌隙易生難得婦人雍睦自篤孺人則槖分金而靡惜義同王氏良妻溺汚錦而非珍賢比蘇家少娣富貧一致鄭徐寶擅二難貴賤兩忘鍾郝洵云雙絶斯其居家以和宜壽三也抑聞之呂榮公年甫十歲冠帶迎賓陳堯咨位進三品金魚墜地唯賢母治家有法斯佳兒秉禮無愆程伊川偉成大器自言母教為多皇甫謐博極羣書共說慈闈所感

孺人則篝燈熣燦夜既承而和熊井曰從容家雖貧
而烹豕甕鹽黽勉髮可留賓翟茀焦勞獲常代筆斯
其教子以義宜壽四也至若星月齊輝何嫌末照松
蘭同畝豈減清芳化起河洲卒衍螽麟之慶風行江
汜聿傳參昴之詩再詠遺徽式欽前喆孺人則德儗
蘇妻表女宗而非媿恩迎眉母讓內子以何妨瓜瓞
緜蕃共羨母師之九子蕩枝側出幾忘內寵之六人
斯其逮下以仁宜壽五也亦於嘉平之月適逢揆覽
之夜雲璬並擎椒觴歡不夜之天寶瑟齊翻梅蕊燦

長春之樹一庭芝秀兕是麟膠淵室蘭芳人呼犀角

昔日香探桂子壁是雙連（孺之有子九人次與三己亥同榜）令辰壽

獻麻姑丹成九轉行見窓窺青鳥捧来千歲之桃殿

集紫鸞錫下

九重之詔

八閩文庫

福建文獻集成

續編 集部 五七

吴格 主编

文獻集成
381

海峽出版發行集團
THE STRAITS PUBLISHING & DISTRIBUTING GROUP
福建人民出版社

本册目次

拜雲樓詩集六卷青陽堂文集二卷（青陽堂文集卷二）
［清］侯官許作屏撰……一
左海文拾遺一卷　［清］閩縣陳壽祺撰……二一九
有不爲齋文稿一卷　［清］龍巖魏茂林撰……二七九
魏茂林文鈔一卷　［清］龍巖魏茂林撰……三六五
雙樹生詩草一卷　［清］龍巖林鎬撰……四六一

拜雲樓詩集六卷青陽堂文集二卷（青陽堂文集卷二）

［清］侯官許作屏撰

南京圖書館藏清抄本

青陽堂文集卷二

為政篇上

為政在治人治人在安人安人在教民養民然則周禮之所以治周者可行乎曰不可無論井田學校不可行即飲射讀法亦不可行有行周禮之法於今者則擾矣然則管子之所以治齊者可行乎曰不可無論軌里連鄉不可行即五罪三選亦不可行有行管子之法於今者則潰矣然則句踐之所以治越者可行乎曰不可無論載稻與脂不必行即賜母賜餼亦

不可行有行勾踐之法於今者　靡矣周禮王道管
子勾踐皆霸才而皆不可行之於今則申韓商君之
法更無取焉然此猶曰封建與郡縣異勢也自秦漢
以後變為郡縣凡黄霸之所以治潁川龔遂之所以
治渤海張堪之所以治漁陽文翁之所以治蜀皆載
在前史稱循吏焉然太率可師而行之於今者十無
二三不可師而行者十常七八此其故何也[illegible]古今
不能不異時南北不能不異地異時異地不能不異
人異人異地異時故不能不異政因其時視其地察

其人必順於時習於地而後能宜於人宜於人而人安而後教養可得而布也是為善為政令夫醫者用方必曰此金匱要畧也此肘後備急也方雖[illegible]殺人已不少矣為政而泥古何以異於是

為政篇下

金匱要畧漢張機書也肘後備急晉葛洪書也後世言醫者必祖焉其方顧不可用乎曰是在神而明之變而通之而已是故善為醫者在于通乎靈樞素問之旨而不在於襲古人之成方善為政者在於得夫虞夏商周所以治人安民之心而不在於勦古人之成法大抵令民可使逸而不可使勞可使靜而不可使動可用德威而不可用德化何言之三代盛時井田之法行民之衣食皆仰資之人君君之衣食亦下

取之於民其勢不得不日親如一家父子兄弟其飢飽必相聞其寒煖必相恤故民之事君任之君之事民亦任之無事則委之以耕鑿有事則徵之以鼙鼓若父兄之勞子弟雖至瀆至煩至纖至悉而子弟不敢以為厲己者勢也情也及井田廢而君與民始分民方岌岌焉日憂謀生之不給而為之君者必朝夕聚之而與言曰若若是我為爾謀所以教也若若是我為爾謀[illegible]以養也譬如呼楚越人而日與謀一家父子兄弟之事無怪乎其冰炭而不相入枘鑿而不

為用也今民可使逸而不可使勞可使靜而不可使動者此其心在古今君民親疎異勢也今子產之治鄭也作邱賦正封洫制參辟鑄刑書若威克愛者然而鄭卒賴以少安子太叔變其法易猛以寬而萑苻盜遂不可制此在春秋已然況天下而千有餘歲乎是故晉惠謹愿有餘而無救於五胡之亂梁武寬仁不殺而無補於臺城之亡大抵三代以後以剛敗者祇秦始皇隋煬帝二君餘皆率以柔廢且與觀近事前明覆國者二帝建文思宗皆德之餘而威不足是德

化之不可恃也如此蓋德化止可以感君子而德威並可以制小人天下之亂其不亂於有德君子而亂於無忌憚之小人也明矣晚近之世小人之數每多於君子之數故德威尤宜譬如有人焉得暑熱否塞之疾非大黄芒硝不治乃予以參茯之劑速其斃矣令之民皆有暑熱否塞之疾者也德威者大黄芒硝之劑也然則令民可用德威而不可用德化者此其故在古今勢淳薄異隶也嗚乎親疏異勢淳薄異隶此固限于時限于地限于人雖堯舜無可如何也善

為政者察此可以知所變通矣

責官

天下之禍生於積重積重則偏勝偏勝則必爭爭則偏敗幸而正者勝而廢劉之氣已溢為大札為大戕為大荒不幸而邪者勝而子制母足加首覆厭冠而天下遂大亂聖人之宰天下也知天下之權恒在官則天下之重趨於官官不重則權輕權輕則無以制萬物之命而死生之而進退之天下何由治然知天下之權恒在官而魚肉之而草芥之天下益無由治且權積重則無推嬴秦以虎視而亡於皂隸之竿

狩陘以鞭濟而敗於草木之兵太阿之劍一揮白首權也使日以斷犀兕斬蛟螭而鋒有不挫者乎庖丁之刀解千牛若新發於硎權也使日以經肯綮斮大軱而刃有不頓者乎夫鋒至於挫若無劍然刃至於頓若無刀然此時欲揮一首解一牛不可得矣是故當夫權之在官則天下有亂官無亂民民方跂行喘息岌岌乎若將不終日坏垣墉墐門户猶虞猛虎之闖其閑而攫[illegible]騞以去也敢逆而少肆乎及其積之既甚澤已沈矣而漁者不止山已苑矣而樵者不止廩

已空矣而鼠猶囓囓然磨牙而思噬彼蚩蚩者欲大飽其欲而々膏已殫欲少息其焰而骨血亦枯順之而死逆之亦止於一死則激而為困獸之鬪搏而為過顙之躍唯權之積重於官偏勝於官不得不起而忍與之角者勢也此時天下又無叛官有叛民夫至叛民蠭生則向之魚肉而草芥之者劍已拄矣刀已頓矣又皆欽鱗輯翼掉尾乞憐但求無事苟安於其位曾不能草薙而獸獮之彼蚩蚩者且曰是特老牛之犢、一豚已足以困之予向者順之適以得死不若

令之逆之之轉可得生也嗚乎使民幸逆以求生天下尚可問哉

責令

令之為令公非至仁不足以活小民非至剛不足以禦大吏仁可能剛不可能也何則不忍之心與不敢之心逼而為仁民之事茍非甚暴戾恣睢者皆可勉而至焉既本於其心而可樂且終於其事而無禍當時受父母之名沒後有飲食之祝令何憚而不出此乃欲出此非剛不克而剛之取敗最速基禍亦最烈既蹇免搏韓盧縱犬羊鬬豹虎殺身之機計不轉踵夫責人以不求富不求貴可責人以殺身不可故仁

易而剛難令夫室家之好帷帳之盛瓷箪之安供具之富珍者為珠璣與者為圖史麗者為粉黛華者為文錦而非厚其壁茨坏其垣墉一旦飈風暴雨總至有不漂而空者乎令固民之壁茨垣墉若也令夫獵若萊所田之野將親與禽獸角乎將委之於鷹狗乎羽而飛為六禽毛而走為六獸非鷹無與獲禽非狗無與祭獸唯鷹狗與禽獸類也近也然則令又大吏之鷹狗也將欲為鷹狗必自撤其壁茨自掊其垣墉將欲為壁茨為垣墉必不為鷹不為狗為壁茨垣墉

便於下為鷹犬便於上獲上則不能以得下得下則不能以獲上二者嘗兩妨而世之巧於今者皆曰寧獲上嗚乎此皆是非之心不敵利害之見也雖然得罪於上害止於一身得罪於下害必延於孫子也今者宜何誠㪚

季札論

季札其忍人矣哉謁也餘祭也夷昧也三兄之死為札死爲札得國死札卒使而亡是使三兄徒死也三兄其目不瞑矣且三兄以死讓札國札卒以讓於其兄之子僚札所以報其兄者亦毒矣哉是故讓國可讓國於三兄皆死之後則不可泰伯仲雍之去曰恃有季歷也伯夷叔齊之去曰恃有孤竹中子也彼札亦去而不返札將以國畀誰乎謁也餘祭也夷昧也皆迭為君其子皆可以得國也皆可以得國其勢將

不至於爭不止也僚之立闔閭之據專諸之刺札之賢蓋逆知之逆知而忍為之札真忍人哉公羊氏推宋禍於宣公而獨賢季子宣公讓繆公實不虞繆公亦以讓報其兄而莊公乃以爭背其父其為禍也微若札之忍逆其兄之心其為禍昭昭也然則宣公以讓召宋禍猶在於意外而札以讓召吳禍乃在於意中意外之變雖聖人不能以逆知宣公可恕札不可恕公羊何以獨賢季子哉

謁餘祭夷昧論

古今兄弟讓國得七人焉。曰太伯仲雍。曰伯夷叔齊。曰謁餘祭夷昧。太伯孔子曰至德。夷齊孔子曰古賢人。獨此謁三人不得一論列於孔子。而春秋且黜其事。而不一載焉。何也。曰聖人惡其奇而背正。故深沒其事於史。所以為天下萬世慮至深遠也。蓋天下之亂。亂於愚不肖者半。亂於賢智之好奇者亦半。父死子繼正也。兄終弟及權也。不得已而兄終弟及權而不離於正也。太伯仲雍伯夷叔齊是也。得已而必兄終弟及權而背於正也。奇也。謂餘祭夷昧是也。天下之賢智常少而愚不肖常多。天下之為謂為餘祭為夷昧者常少而為僚為光者常多。使賢智皆好奇而為謂三人之事。則必有愚不肖不好奇而為僚與光之事。謂三人之事。可以無僚與光之事。必不可有。因謂三人之事。而釀成僚與光之事。是以可不有。為召必不可有之事。始以奇而背正。終且以奇而賊義背正已不可。賊義愈不可。故聖人黜謂三人之事。蓋以杜僚與光之事。為天下後世慮至深遠哉。

雜說四首

萬物以秋為秋，人以夏為秋。萬物死於秋，人死於夏。何言也？今夫雷霆之擊搏，風雹之摧殺，凡天所搽以殺人者，不於三時而皆於夏發也，是天固以夏殺人也。不特此也，大而螣蛇蝮蟒，小而蝍蛆蟥御，蛭蟣蝨蠆，鼣蚤蚕虱，一切為虺為蜮，可憎可怖，能殺人能傷人者，天皆縱之於夏，一肆其毒，嗚乎人至於夏殆哉！故曰萬物以秋為秋，人以夏為秋，萬物死於秋，人死於夏。

虢物之數謂之鄭。皆以秋為秋乎。曰非也。植物耳。其毛物。其羽物。其鱗物。其介物。四時皆可生。四時皆可死。四時即皆可春。四時即皆可秋。不必其以秋為秋也。植物於人。為功最鉅。無毛物。無麟。無羽物。無鳳。無鱗物。無龍。無介物。無龜。無龜無龍無鳳無麟。是無四靈。無四靈而人未必死。無植物是無百穀也。無百穀而人可以生乎。故植物於人為功最鉅。為功最鉅。天胡獨以秋殺之乎。曰植物守而不起。守而不起。斯天殺之矣。非天殺之也。守而不返殺之也。

植物守而不起。是固然矣，其亦有本乎？曰：本之地官
大司徒。司徒叙五物，植物曰皁膏覈莢叢，動物曰毛
鱗羽介羸。毛鱗羽介羸皆曰動物，其走而不守也明
矣。以動物之走而不守，則知植物之守而不走也。嗚
乎！禍患之來，走者或亦不免焉，而倖免者已多。若植
物者，安其土而敦仁，守其信而待時，特立而不知避，
宜其摧敗零落，卒至[illegible]身而不悔也。嗚乎！植物亦物
之君子也哉。
皇春帝夏王秋霸，則冬之餘氣也。為治者宜何法？曰

三代而後秦最秋氣亡最熱禍亦最烈宋最春氣南
渡後猶偏安幾二百年董仲舒曰天以陰居大冬而
置於空虚不用之處劉基曰霜雪之後必有陽春治
天下者可以知所法矣

雜說一首

余讀左氏檀弓而得千古之至孝者一人曰申生讀公羊氏左氏新序而得千古之至友者六人曰謁曰餘祭曰夷昧曰壽曰伋曰叔武斯七人者皆能殺身以成仁皆能為千古不為之事皆能立千古不立之節者也嗚乎骨肉之愛發於至情前無所師後無所繼當其奮不顧身則 知父母兄弟之可愛而七尺之軀為輕焉身且不有何有其他後世言孝莫若王祥兄弟言友莫若姜肱兄弟是亦斯七人之苗裔也

鳴呼匡章之事孟氏猶表章之斯七人者雖見於左氏公羊氏及戴記諸書然皆孔子之徒為掇拾其事而聖人卒未嘗一論斷焉是可惜也已

延師說

閩有富室延師教子三年矣乃得一老宿歲供百金其子業南華者也初授以逍遙遊請曰鯤何魚也師曰小魚也富翁竊聽而災之越三月業及庚桑楚又請曰鯤何魚也師曰大魚也富翁大譟曰魚之大小且不能辨也是可與卒業乎辭之去世之知其一而不知其二者如此富翁矣雖老師宿儒曾不能以享百金之食也可慨也夫

祭予和五弟文

維嘉慶九年八月二日，兄作屏向弟喪。既十月，乃克和淚濡毫而哭，以文屬予洪，就奠於季弟予和之靈曰：繄我同產，骨肉五人，弟年最季，最慧而弱，父母鍾愛甲於諸昆。膝中之寶，掌中之珍，獨弟爲玉，餘子皆珉。親慼如是，子孝可知。根心之性，發於兒時，少習經藝，詩賦兼治。督學使□喜揚於衆曰：小童也，篇篇合宜。出其以予，試日觀儀，文成俾讀，持以切劘，遂食廩粟。終躓棘闈，屢得屢蹶，天實爲之。始勇於學，迎夜不睕。母為奪燭。桃工有節。後苦目翳。猶不暫停。嘗告私曰。我家經史。字小牛毛。一燈病眼。滿紙雲濤。安得藍和。卒讀忘勞。鳩手力

心長。神茶志堅。身為病累。心不病遷。心身相鬪。卒促其年。我五弟尤。唯弟似我。負而好施。剛而不頗。情重於財。義赴以倮。我顛在外。家政獨荷。我意如是。弟意亦可。歸來審視。一一帖妥。今我又客。誰與我問。貧家骨肉。聚暫離常。飢驅奔起。輕去其鄉。二十年來。我五在家。偶偶以把手。泪若擲沙。我不喜酒。每為弟加。秋池話雨。春苑對花。愛日苦短。冬

陽易耕。壬戌之春。弟感沈疴。我適在戚。方賦蓼莪。醫必我視。藥必我和。艾痛猶灼。鬒然忘搔。在死而生。轉瘳於瘥。補瀉雖進。葠苓失真。我時已恨。恨我之貧。豈虞再發。遂以賈身。樂不逮痾。貧竟殺人。去春免喪。我當北行。弟病久間。送我於閩。其喜在色。其悲在情。我不忍割。兩淚交盈。方期捧檄。早筮一宦。致弟於署。豢弟以安。節我薄俸。撿八神加務者使健。弱者易強。人力果至。天壽斯康。撫倡饒和。晉王漢姜。長枕大被。永此連床。嗚乎吾志如此。吾願莫償。出門六月。手足已

戕。病中念我。强札遠將。令撿手跡。書在心。燕出閩
嶺。五千里長。魂招不赴。鬼兮何鄉。設位一慟。摧肝裂
腸。思文以奠。痛不成聲。輙作輙止。令且小祥。嗚呼。叔
子無後。樂天無兒。既窮以夭。且殄其遺。懵懵天視。何
處告冤。我子佑保。天性不瀉。宜弟之嗣。弟其鑒之。寡
妻嫠婺。衣食嚋依。我活一日。我分當尸。弟其瞑目。勿
生者悲。遺編殘藁。附我集剞。春秋窀窆。洪江之湄。茫
茫泉下。聽我矢詞。嗚呼危不親。責病不親醫。殯不視
棺。斂不視衣。衾月如此。何異路䟦。来生兄弟。既不可

期。千秋萬歲。長此已矣。嗚乎痛哉。尚饗。

祭姪婦洪孺人文

嗚乎我家不造。喪此賢婦。婦歸我家。月歷三九。賢婦之賢。一家一口。與物為春。不爭在醜。靡長靡少。靡賢靡否。見輒心醉。如飲以酒。前妻之子。撫勝己有。遂使遺孽。忘其失母。婦居之室。闃若無人。終日竊聽。微聞吟詠。名花對寫。圖史等身。時有述作。自寫其情。閟不外見。戒在買名。死後發篋。清詞洗塵。性靈所致。易陳以新。匪妃我姪。實是友生。婦年廿一。已成怛化。初纓薄癘。喘喘淚下。告其夫曰。予將縣解也。盡寬買妾。鞠此悍都家人誰然予亦大吒越歲在癸果不及見嗚乎哀哉性喜閒靜樂我園廬予將北行屬婦移居家有鶻鵃啄㱿與雛鸞翩既鎩百鳥亦孤嗚乎彩雲易散明月易虧蔽牛散和何以壽為嗚乎哀哉尚饗

慶保養老食单

憢小猪　燒猪肝　燒鳧　白炖母雞　魚翅炒蠏膏　鮮香菰

野雞　炒紅糟蠣　炖蛾　壘糟黄爪魚　風鰻　糟黄螺

糟香螺　醉蛾　比目魚炖冬笋　糟墨魚　生蕃薯

福建紅蘿蔔　栗子　碗糕炊核桃肉

共貳拾件

嘉慶九年正月十三日付三兒慶保

祭亡兒慶保文

維嘉慶九年，歲次甲子，中冬之月，日在乙未，父畫山，謹以時羞之奠，設祭於亡兒慶保之靈曰：嗚乎，喪子之痛，有至喪明。昔嘗其過，今亮其情。情之所至，若不自知。如癲如癠，如醉如癡。如嚏而閼，如驚而悸，如惛而睡。如瘋而痺，如語而囈，如夢而非，如神脫舍，如兔去尸。戃兮怳兮，不知其歸；混兮沌兮，若往而疑。嗚乎狂飈總至，淫霖竝興，壞垣發屋，盜鬩吾庭，无珠忽喪，絳宮不扃。胡不剸我之腓，煅而為脯；胡不斮我[illegible]胫

臠而為俎。胡不剸我之尻，析而為膴。胡不剔我是皮

張而為鼓。剝膚至痛。痛定則安。此割不復。裂我心肝。

嗚乎鸑鷟出。夢麒麟生。知瓊枝玉樹。化為雲煙。西方

有佛。東海有仙。龜游何所。二者之間。嗚乎形不可接。

夢猶可通。枕工相見。死亦生同。兒如念我。我夢不空。

我夢不空。我悲則降。嗚乎哀哉。尚饗。

臨池學書圖跋

此亡兒慶保影也。兒生九歲而殤。性慧。能讀爾疋周官曲臺記公穀語孟文選諸書。皆麤通其義。見余與諸生論文。則欣然請學之。見余與諸生講經。則欣然竊聽之。見余讀書。必問曰是何書。書中說何事。余去每竊翻弄不釋手。諸生有以士喪禮縓緣質者。嘗從旁解之曰爾疋釋器一染謂之縓緣謂之純是也。見有不知天官牛宜稌稌為何物者。則曰即稻是也。見爾疋釋草其解悟多類。此一日與講曾子養曾晳章。

忽謂余曰。翁何嗜。余吐之。曰兒欲學曾子養志耶。余異焉。因以所嗜告。則一一筆於書授其所生。母曰謹為兒藏弆。兒他日當據此食单供養也。嘉慶甲子十月二十六日。夜半暴病。三日而夭。初遘疾即自知當縣觧以去。旦夕不欲予離其側。舉手合掌泣謝再三。曰兒不孝不能長侍父母。且遺父母悲也。既劇呻囈中。且問周官祀五帝為何神。九祭為何祭。文王世子公禰鄭注作公祧當何從。氣垂絕。半日許盡。作壯部。皆生前所不能道者。自云當去為泰山神。安州城隍屬焉。問廟在何處，曰在壘頭村。遣人覘之，東壘頭果有廟，曰東嶽宮。余不能學東門之達，亦不敢蹈西河之過。童烏之痛，情不自割，乃摹斯影，爲臨池學書圖，從亡兒生時好也。甲子葭月十六日父畫山泣跋

石天觀進香記

道山之岡有雙石對立若墻高可十雉工覆巨石若屋下可容虔廣五輪十有一俗謂石天者也每歲八月之望近山女僧夜半升香於天咸萃此地以山之最高處也久欲往觀恒未果壬戌解組家休偕兄弟往游焉秋月高潔照耀巖壑其光如畫山徑犖确不大能辨步至則相與擇石坐俯瞯南郊野烟莫色翠蒼在眼臺江漁火爍若星點往来翕忽入我襟袖下眡松榕欝然傘張森然鵠立棲鶻驚月飛鳴其工磔

磔格格作曳物聲四山風来冷透肌骨凛乎不可久
處矣方欲下而女僧持蠟炬以千百計團團大城自
遠而至為少待則如蜩如螗蠭集蝟聚人出楮錢阡
陌雜旃檀婆律焚之赤焰燒天人聲香氣肸蠁布濩
腌曖苾芴雜事合并沸若闤闠山容幽閒至此一變
余家距茆山僅半里每歲兹夕嘗登樓遠矚夜色微
茫不辨人物但見大光上下山谷聚如野燒散則流
螢熠熠歷録不可注眡時来南風遠香可齅瞋眄軋
沕此又遥睇之景也夫遠觀者周而不能審近覩者

畜而不能周則各有所明亦各有所蔽也必合遠近

而菸觀始盡云

策問

問禮有五經莫重於祭蒼璧禮天黄琮禮地見於宗伯四圭祀天兩圭祀地見於典瑞冬至圜丘夏至方丘見於大司樂鄭康成一歲三祀天兩祀地之說王肅證聖論駁之孰得孰失能詳言之歟感生帝五精帝崑崙神神州神名果雅馴歟圜丘即郊而鄭析為兩處方澤一祭而鄭增出北郊然歟否歟禘大祭也祭法之禘即大傳之禘鄭皆以祭天當之誤而從之者何人力而辨之者何氏能悉數歟禘二也或謂小

於祫或謂大於郊或謂時祭或謂吉祭或謂禘太祖或謂禘昭穆禮家聚訟將何所折衷歟禮記家語穀梁荀卿皆言天子七廟康成據祭法始為四親之說三昭三穆文武二世室數歟不數歟廟制朱子據孫毓謂太祖廟居中昭穆分左右以次而南賈公彥則謂五廟並列每廟有隔墻宜何從歟四望之說鄭釋宗伯司樂舞師各持一義自相牴牾陳氏禮書辨之最詳能備舉歟五祀之名左氏家語月令其不同者安在易行為井何人之說祭法所增何祀鄭注王制

注宗伯注小祝各據何說周制商制確歟否歟九祭之說二鄭孰得望衍之祭杜鄭誰長其悉據所見著於篇

方廣巖賦 并序

丙午初秋偕榮陽諸同學游方廣巖會[illegible]始云永陽為山水窟而茲區則為縣東十四名山之最余固不能遍觀亦不必遍觀可也既各賦詩再宿而去[illegible][illegible]生有頗以閩治詩賦請者即以命題且先賦焉六朝侈靡不足珍也他日諸生學古有成此固覆詠物耳賦曰

石室天閉山門虎守礔礰西蟠虬龍東走駕虹成梁疊雲補牖縣瀑紳拖舞泉雷吼險怪靡經幽奇誰儗

是名方廣洞天之首度佛嶺以攀藤循鐵壁而拫猱驟如推嫋陗則京峙巖縣漢而宛若亭生芝而卓爾鳥依人而孤飛風出谷而乍起探綫路以盤紆步羊腸而邐迤幾無階之可升將不踐而何履莫不心折胃驚鬼氣顏泚既躋勝之有偶遂入山之必深踞虎豹而非險披荊榛以高尋人躡雲而轉岫月倒影而穿林闕側足以度步亦仄身而飲襟歷凌虛之絕磴有駕空之孤岑訪雲中之仙國來天半之凡音地既僻而遂古谷以曲而更幽室不危而自屋山何暑之

非秋聳飛軒於銀漢幻荒境於瀛洲疑女媧之作補靡巨靈而誰修豈三山之鼇駕若二室之雲浮儼巖墻之欲覆譬垂堂之可憂知臨深之非孝雖信美而難留外則列巘爭飛諸峯競放白日遠吞青松低向洞流金下琮琤澗聽琴而瀏亮映無羊而不封泉去鳳而自曠岫列窗以全低鶴盤空而欲上水噴石以飛珠簾翻風而捲浪幻霓影於微茫映嵐光而飄漾凭危闌以邀瞻凴孤樓而側望摘星辰於百尺變烟雲之萬狀中則棧齴嶙峋刻斷懊伎石礴飛光山澤

通氣闢一線之頂洞裂百丈之厚地探物外之朗觀窺壺中之幽秘或摩穹如旋圈或瀟森如象鼻或運褭如龍鱗或曲拳如螺髻或岝崿如鱮頷或嶔嶔如鶤翅或蹇產如馬蹄或巑礨如猿臂或碬磩如犇牛或豦魂[illegible]潟騤或騫騰如飢鷹或嶇崎如猛鷙或礫确若鷺停或巇嶪若鸛跂或盤拏若蛟蟠或波濤若屭贔或菈攋若雷硠或嵾嵳若雨墜或穹窿若龜覆或谽呀若鸞噬或桓桓若將帥或陳陳若參貳或轇轕若連蜷或豁閜若大器或鑑澤若綠漆或温潤若

粉膩或紛綸若滴乳或凹凸若覆簣或玉女以潛窺或神仙其欲睡或元豹之乍隱或淵驪之初醉或如貫珠以纍之或若明星而晢之或如薤韭之倒針或若芝蘭之抽穗或如玉露之飛白或若黛環之拖翠目不縈賞神不暇記遂使遊者心懾觀者目疲塵襟倏洗暑力全徵青山入夢白雲生衣笑看花落頓矚鳥飛恍桃源之得路竟兀坐而忘歸

王孝子祠堂記

孝子王鴻舉字仲翔一名鄧字叔良婺之[illegible]民坊人性明敏少就外傅日輒記數千言時稱為小韓子父廷森先鴻卿鴻賓卿先其父卒孝子哭之枕痕嘗成血父不知也嘉靖癸巳父補雷州司户恭畢孝子年二十隨父之任舟次始興江夜遇盜搽斧入舟父溺於水孝子躍起持盜甚力蓋思有所以報其父者能殺仇雖死不恨也既而無可奈何受重創亦赴水死越旬日抱父尸浮江上面如生始興人神之為立孝

子祠娩之姚江樹碑前其鄉人有服賈嶺南者曾醵
金將於粵東立祠後未果而景行之志不少衰乃謀
之於梓邦祀之得縣之西偏負郭地建祠既成請記
於余因遍訪其後人既不可得欲問遺事二百餘年
來亦無有能道之者爰據始興縣志及此郡邑志所
載採其詞過盜巔末頗具後之覽者亦可得其概焉
廼為歌詩以奉祭祀歌曰
則天因地為義為經六行居首五倫最真冰魚出盎
春筍生庭常或能養孌孰與寧維孝子遇寔酸且辛

孤宦南去，獨舟夜停。地占重坎，盜遊二申。何來草寇
敢此栢人。鮮衣飽蚋，守墓防虞。抱玆全性，㬎彼先民。
搏虎徒手，當熊以身。勇能致命，義竟殉親。浩血殷水，
精魂貫星。明月同碎，玉色猶新。來觀如堵，群詫為神。
興相歎惋，有至涕零。蘇鄉後進，樂式先型。醵錢立廟，
設醴侑靈。黃椒凝薌，丹荔薦馨。千秋俎豆，萬禩蘩蘋。
星源皎皎，郭嶽亭亭。魂兮歸來，山水同青。

重修聖蹟殿碑文 自注

天

聖蹟殿者乃紀

先師之遺蹟而為後世之景行者也世家作於馬史其文多訛先聖生年公穀二傳皆作襄公二十一年史記世家作二十二年誤也又中間敘事先後多舛且多失實家語志諸班書其原久佚漢書藝文志載家語二十七卷原本久佚今家語魏王肅偽作孔傳雜記既病錯綜宋孔傳作東家雜記敘述聖人生前身後合為一書胡仔編年亦嫌牽合

（朱胡仔作孔子編年雖極嚴謹但經典載聖人言行多無歲月而仔一一分年編次未免有所牽合）未若茲殿依經紀事則芟夷諸子百家之謬焉編圖繪象則具有車服禮器之觀焉（史記孔子世家贊）微言大義之旨可閱（劉歆讓太常博士移書）反宇（白虎通義引禮說含文嘉）圩頂（史記孔子世家）之表斯在秋陽永曜泰山不隤（禮記檀弓）登堂覲胡簋之光（左傳）刻石葦珍符之壽（班固東都賦）斯則茲殿之所以作也夫斗龜赤文（尚書中候運衡）放勛之蹟也黃龍綠錯（中候考河命）重華之蹟也觀河受圖（中候握河紀）高密之蹟也（世本）升

陑書序伐癸史記殷本紀天乙之蹟也易緯乾鑿度并白虎通義皆言湯為帝乙此据世本湯名天乙銜書演步倉姬之蹟也易緯通卦驗吐哺捉髮說苑敬慎篇文選古詞君子行俱作握髮此据史記魯世家文公之蹟也周公謚見國語文蓋聞言必在詩書之閒太平御覽皇王部引尸子而觀行則在合宮之地文選東京賦注引尸子自十紀二百餘萬歲劉恕外紀而錄書者猶首以帝魁尚書璿璣鈐洎九皇七十有二君而記聞者畧得之莞子管子史記封禪書況先師孔子道闡隆隱易緯乾坤鑿度又通卦驗學綜步驟孝經緯鉤命訣

龍蹲春秋緯演孔圖演命通卦驗麟紱吐圖孝經右契拾遺記九

野賴其光昭呂氏春秋百王歸其孕育班固典引則雖緇

帷輟講莊子鋏鐍猶存論語讖抱朴子端門見讖春秋說題詞演

孔圖何休公羊注玉書未墜孝經右契拾遺記豈其赤虹既滅

孝經援神契懸甕遂亡後漢書鍾離意傳注引鍾離意別傳丹雀不來

說題詞演孔圖沾衪俱古也哉公羊傳溯自星精降室之

日闕里志記夫夢奠歌門之衣檀弓俎豆戲於髫齡

史記料量平於壯歲史記馬偕借於南宮家語龍初識

乎柱史史記老莊申韓列傳因而觀挈壺說苑觀欹器家語觀

桓宮家語觀明堂家語耳目之所治者博穀梁傳亦且學師襄家語學項託淮南子說林訓高誘注學萇叔家語樂記左氏作叔萇學郯子左傳交遊之所及者多辨楛於陳國語史記家語辨萍於楚家語僻庭辨烏家語僻庭括文選眾景陽雜詩專車辨骨國語史記家語推赤雀於禹書吳越春秋抱朴子識王羊於季井國語讚九聖孔穎達易正義序以黜八索述九服周禮職方氏以除九邱二句孔安國尚書序五際系之風詩六藝論引演孔圖又詩緯含神霧汎歷樞前漢書翼奉傳後漢書郎顗傳七觀得之墳典尚書大傳經曲探源於文武孔穎達易疏論引禮緯稽命徵陽

豫改用乎夏殷（公羊疏引春秋說）自是而得寶書者有十四人（公羊疏引閔因序）通六藝者亦七十子（史記）蓋將於河雒睹鉤摘之蹟焉（通卦驗）於孝經睹行事之蹟焉（孝經鉤命訣）於春秋睹素王之蹟焉（董仲舒對策賈逵春秋傳序王嘉拾遺記）於禮樂睹乎聖之蹟焉（春秋演孔圖班固典引）此紀學之詳也且夫矻矻者編韋之勤（史記）而栖栖者載贄之義書雖王魯（何休公羊注）變實在周鐸繳不為縈還可蹇（尒疋釋樂）載紀宗邦之軌逮觀纂組之容（玉藻）始宰中都（史記家語）卒為司寇（史記家語）麛裘雖刺章甫終歌（孔叢子）慎潰從（家語）而兩觀誅（荀子史記家語白虎

[illegible]義誅伐章韓詩內傳姑蔑奔而三都隳左傳不違圖以三月公羊傳取則已及四方家語樽俎歸汶陽之田犧象折衝夷之氣左傳向使詰人禮弓終相史記家語光美此國幾興矣史記季桓子語乃萊兵卻左傳而文馬來史記侏儒麾穀梁史記家語而羣婢進史記君方爲蚍淵之築按史記衛世家孔子於定公十三年春去魯其年夏經即書築蚍淵囿盡非時獘政作矣聖已作龜山之歌琴操初宿於屯史記再過於蒲史記三終罹匡圍之兵家語六萬虛公養之粟史記伐檀削迹莊子息陬還轅孔叢子暫爲拔樹之行史記遂反臨河

之駕史記家語蓋君多視雁史記世盡珍鴿孔叢子書社

不封史記家語廩邱早沮史記騏驎去胎夭之世史記家語

大戴禮專用胎夭義本明堂月令枳棘塞梁甫之塗孔叢子邱陵之歌

所以皇皇擇木左傳僕僕拾塵呂覽文選陸機君子行詩保庶

僅策之車中懷珍空待之席上者也儒行綜述行

藏式詳出處於衛三至史記於齊七年歷聘紀年逍遥

者九州琴操蘭操猶周遊者八國罷數衰於方城水經注

潕水注引尸子楚狂接輿耕於方城鳥倦飛於沫土左傳適及門有

鮭師之勝左傳史記故當路為東帛之迎左傳史記自是

焉在外凡一十四暮（史記）来歸已六十九歲矣（括公

穀梁傳朱子作六十八歲蓋沿史記之訛）此又紀遊之倫也尊貌以

生之（白虎通義）酒脯以敬之（太平御覽引桓譚新論

意林引新論）如見之墻（後漢書李固傳）行霜有迹（淮南子）飲海

無量（文選運命論注頭陀寺碑文注引新論）莫不操杯就之焉（同上）

莫不低徊留之焉（世家贊）然而霤將穿石統亦斷

縣（枚叔諫吳王書）金積折廉璧襲無理（淮南子覽冥訓）所以黜

埊職諸守祧（周禮）闔扇修於月令新宮作而奚斯

頌（文選西都賦靈光殿賦）世室壞而魯主譏（公羊傳穀梁傳）蓋故

必取新儆則改造禮也然而欂櫨欄林淮南子本經訓非大廈之資淮南子說林訓枌柞甍檀皇覽孔子弟子所種樹冡無曲木之任說苑大戴禮盧辯注將欲重樓起霧羊衒之洛陽伽藍記豐堂冠山班固西都賦則庀材不得不精而鳩工不得不彩矣史記陳涉世家劉某若業操夙沙世本夙沙作煑鹽產逾雍伯史記貨殖傳好德於富貨殖傳比義以財尸子膏雨孔叢子孔子猶膏雨洗其惡簋左傳芳風范寗穀梁傳序化其逐臭呂氏春秋回面斯文周禮文選顏延年曲水詩序[illegible]肩荷役爰乃審量日力詳度費務二句何晏景福殿賦

[illegible]授周禮百鎰成落禮弓九旬容石加於斵礱穀梁傳倉觿兼以丹刻穀梁傳澔澔涆涆王延壽靈光殿賦何晏景福殿賦作澔澔涆涆燡燡煌煌靈光殿賦瞻梁木者其永千秋仰宮墻者不啻萬仞矣嘗慨周邑既遷秦坑斯焆淹中簡墜漢書藝文志壁上塵蘿孔安國尚書序蒼涼琴瑟誰傳孔鮒之書藏書者陸德明以為孔惠家語以為孔騰此據荀悅漢紀飄緲金然重壞劉餘之宅藝文志千門據勢靈光殿賦已失故宮據藝文志魯共王壞孔子宅治宮室則靈光殿當即其地百室來家祗餘守塚史記所賴太牢從祀首炳炎漢之靈

史記寢廟式增雍正四年聖廟燬於火奉旨重修特命正殿易用黃瓦一切

式如大內宮殿終荷

熙朝之典從此芝栭松桷增輝文獻之泉曲阜縣志文獻泉即

魯頌泮水藻棁雲楣長拱中和之壑祖庭廣記尼山之麓北有中和

壑　嘉慶十一年丙寅春二月　時東莞袁廷鳳知曲阜

呂祖廟碑

儒道釋三教道教肇於黄帝爲最先繼之以周穆王自是而飛升黄白之説世大盛焉其君如秦皇漢武賢相如留侯鄴侯莫不甘心聽命而卒爲方士樂石之所誤者比比也嘗讀秦大夫阮倉之所紀漢劉向之所録晋葛洪之所述倉紀數百人向録七十一人洪述八十四人若甯子入火務光游淵仇生食松涓子餌术琴高乘鯉蕭史跨鳳大抵皆枕山棲谷之士銷聲滅跡之徒世縁淺而道縁深故能於河上公之

三千言魏伯陽之七十二章守之堅而行之效如此也至如淮南雞犬白日升天特出於諸家傳記孟堅正史不書其事誕可知矣蓋神仙富貴本屬兩途澹泊希夷仙之道集於虛勲業功名貴之事責於實其趨不同故所成就逈别也唯唐

孚佑帝君以道自度實能以道度人千有餘年間筌留於吳劍畫於楚凡經

帝君之所指引者咸觧脱以去不啻錫之金丹而換其凡骨也夫道教清靜無為專取為我而

帝君獨能充其為我之心以為人蓋將舉富貴事業以神仙濟之故有唐一代如通元先生冲和先生鍾南進士以方技録於新舊唐書者蓋不乏人然青山白雲仙凡異境

帝君則潭州鶴會紹興道會嚴宗齋會赫赫若目前事不特洞庭遺唱留響人間夫唯道力玄通所以超渡之功為最章明而較著者也今

上御極之十年

特旨加封奕元贊運帝君入春秋祀典前奉天府尹良議

建祠不果後乃卜地於錦城東二十里雙陽店地藏寺之東建閣三楹五室中奉祭祀旁為東西房各二室南為茶寮東西七楹南北二楹有半創議者前盛京工部侍郎薩錦縣知縣陳也助成者禮部尚書恭侯倉場侍郎蔣東河總督吳也以丁卯三月經始己巳五月僝功廟成屬余為文鑱諸石因為歌詩以奉祭祀辭曰

帝君之師鍾離權黃金到手如雲烟不肯下紿五百年此心已足證聖賢鍾離對之為巖然招與駕雲歸

九天揮手一笑謝塵緣左挹邱袂右洪肩金母雲笈貽七籖木公亦進黄庭篇朝游閬苑夕芝田十洲三島只眼前霓車風馬雲為軿龍笛虎瑟鵾鷄絃蓬莱繁會集羣仙從兹道妙乎人乎黄婆姹女金丹煎甲庚煉出汞與鉛石橋南畔天台巔眉藏天罡手金蓮一壺一劍清且妍女兒河水通錦川杏山西與松山連紅雲一朵照大千洞庭鶯起老眠龍蹻鶴東游来翩躚為陳爐丹肆几筵交梨火棗羅豆籩鈞天廣樂紛闐闐仙馭樂兮暫回鞭笑聲如在彩雲邊

高明縣志序

粤東不列職方三代以前無聞焉秦置桂林南海象郡百粤之地始入版圖漢興趙佗竊踞聲教阻於中國者幾百年孝武削平南越分為南海蒼梧合浦三郡高要隷於蒼梧而高明又隷焉自是之後聲教再阻於東吳三阻於南漢夫以要荒瀕海之國颶風毒瘴之所侵鮫鱷虵虺之所居既限之以其地而封關絶道魋結箕踞自外王化復阻之以其人此風氣之所以隔於中華而文獻之不足觀也久矣百粤如此

況區區一高明哉轉移風氣得非官斯土者之責乎夫王者苟欲宜民善俗職方氏既上九州之圖大行人復貢天下之書而又立小史以掌邦國之志立外史以掌四方之志蓋方與方異勢服與服殊宜其俗不同其所以治之者亦異必左圖右史斯山川疆理物產民風兵燹學校賦役職官一一如聚米如畫沙皆可不下堂而周知天下之故而後萬民之利害可得而悉而後禮俗政事教治刑禁之逆順可得而覩而後悖逆暴亂作慝猶犯令者可得而除而後凶荒

札喪厄貧可得而蘇而後康樂和親安平可得而奏治天下如此治一服如此即治一國一邑亦莫不如此壯乎瞿公寧高明允所以宜民善俗者甫至即詳攷而究行之三年治成乃集紳士與言曰凡為治而不觀風問俗得乎欲觀風問俗而不徵文考獻得乎則蔣志聽其久廢不脩得乎僉曰然遂因舊志缺者補之卅者釐之分十七門十八卷書成請序於余予喜其書之成而有裨於治也故樂為之序

宋俞處士傳

宋中奉大夫陳貞夫所譔永川俞處士墓[illegible]頗詳盡云處士能立功德於時垂不朽於後有不俟人爵以為貴者其宗族待以舉火也有晏平仲風其鄉黨待以救饑也有樂司城風其窮乏待以喪葬也有郭元振游太學風其孤貧待以婚嫁也有范文正置義田風其義聲播於梁楚也則有朱家郭解任俠風其索逋不責羸捐緡十餘萬也則又有孟嘗焚券風凡有一於此已足以誇當時而傳後世而處士乃兼而有

之然予謂處士之所以可傳者尚不在此夫宋至建炎雖曰中興而江左偏安中原盡委於豺虎值邊事方殷所在奸猾乘機竊發劫敵既蹂躪於西北羣盜復嘯聚乎東南是故李成寇襄漢曹成寇道賀張用寇江淮彭友寇虔吉楊太寇湖湘范汝爲寇建浦莫不蝟集蠭起[illegible]哭豕竄此所謂有名巨魁經王師所討定者也其間跳梁小醜烏合么魔往往聞風響應或千百人或萬千人焚椋村堡荼毒生靈王師所不及戡定者尤指不勝屈矣婺處萬山之中凡當時所置

招討宣撫制置等使皆不能至焉滋盜賊之所樂窺伺者處士預憂之集鄉民擇其桀黠村幹者任防禦勇敢無賴者任壯丁指揮部署皆有法度衆聽焉未幾梟賊柳古界擁衆萬餘掠黟歙及休寧守土官卒莫誰何急調處士等八大戶率平日所團練鄉勇以禦賊處士慷慨登陴策先扼界嶺以塞入婺門戶賊悉衆急攻處士命子宗立孫允若允升領衆據險邀擊敗之賊乃退邑賴以全而一子二孫皆被重創幾斃矣方是之時衢盜充斥婺與衢接壤也婺民聞烽

舉燧燔倉皇轉徙朝不慮夕處士謀所以保境連岡
列六屯屯有長以防禦領之壯丁分隸焉戒之曰賊
至則擊鼓聞鼓聲六屯爭赴之以故賊不敢犯犯亦
輒就擒嫠數十年不苦賊者處士力也嗟夫民不幸
而生衰亂之世兵戈戎馬生理亡矣當處士時神州
陸沈隩區溫麡盜藪敵戮逮及雞豚處士獨能以身
保一縣之命蓋所謂能捍大災能禦大患者區區小
惠不足言矣茲則處士之所以可傳歟嘉慶三年十
月既望其裔孫荆玉與予同客粤出宋陳質夫所誤

墓志以示因追論其事為立傳處士諱杲字昇之少勵於學有文名既而有元祐僞學之禁遂不仕以處士終云

文姜歸魯辨

春秋莊元年經不書公即位國仇未報也（公羊傳曰春秋君弒子不言即位此言是也）左氏曰文姜出故也夫文姜內淫適人殺夫幾亡魯國（三句本鄭志張逸問）出不出何足輕重公即位重事也以文姜出不書即位者左氏妄也莊元年經書二月夫人遜於齊蓋夫人已從桓公之喪歸至是又適齊書姦也公羊傳曰夫人固在齊矣其言遜何念母也夫文姜於莊公有殺父之讐母子之恩絕矣而言念母是知有母而不知有父真禽獸也使莊公

果有是心春秋肯著之爲經乎然則公羊傳亦妄也
竊嘗求二傳所以失之之故蓋桓十八年經書公之
喪至自齊而不書夫人姜氏歸自齊故左氏誤以文
姜猶在齊而謂元年不書即位爲文姜出之故公羊
氏亦誤以文姜猶在齊而元年經書夫人遜於齊因
曲爲念母之說豈知春秋於文姜之歸皆不書於文
姜之出皆書書出者書叛也惡之也不書歸者畧之
也且書出則歸從可知故畧之也是故於莊元年不
月書夫人遜於齊而不書歸於二年書夫人姜氏會

齊侯于禚（公羊傳作郜）而不書歸於四年書夫人姜氏享齊侯於祝邱而不書歸於五年書夫人姜氏如齊師而不書歸於七年春書夫人姜氏會齊侯於防而不書歸其年冬又書夫人姜氏會齊侯於穀而不書歸出六書而歸不一書則桓十八年歸雖不書以莊元年書遜歸可知矣傳於會禚會祝邱如齊師會防會穀皆不以前未書歸為疑獨於元年書遜以前未書歸為文姜固在齊何其慎也賈逵服虔沿二傳之誤遂以臆說文姜至莊二年乃歸鄭康成箋詩亦有文

姜久留於齊莊公即位後乃來之說皆非也至杜預乃云莊不書即位蓋以母出之故不忍即位嗚乎父爲母所殺乃不念父而念母忍於父死而不忍於母出此豈人所忍出諸口者哉

今文尚書金縢篇辟字辨

漢儒辟字有三解鴟鴞毛傳讀作致辟管蔡之辟辟法也偽孔書傳解同許叔重說文亦作壁云必亦反法也朱子詩集傳從其說此一說也鄭康成注金縢及箋鴟鴞詩俱訓作避謂避居東都馬季良解亦同朱子晚年答蔡仲默書說數條從其說故蔡仲默書傳遵師說亦從鄭此又一說也史記魯世家云成王少在強葆之中周公恐天下畔乃踐阼代成王攝行政當國管叔及其羣弟流言於國曰周公將不利于

成王周公乃告太公望召公奭曰我之所以弗辟而
攝行政者恐天下畔周無以告我先王所以為之若
此据此遷書辟字音讀如鄭而義則異此又一說也
孔安國西漢時以治尚書起家司馬公嘗從安國問
故班孟堅云遷書載金縢諸篇多古文說是遷說疑
得其實也或又問於予曰辟避朱子論書解詩兩存
其說天窮經必衷于一是宜何從予曰欲定此兩字
之義當先知三監叛在何年而後可得而斷也如金
縢只說羣叔流言下即云周公居東不言三監叛則

自應從鄭康成作避居解若畔與流言同時而起則自應從毛公作法字解蓋流言初起周公只有避居待罪而已若遂行興師誅鋤異己是後世莽操所為曾足以儗聖人乎如果三監已畔則九伐之法在所不宥致辟於商又何疑乎但尚書史記三監之叛年月皆無明文鄭康成箋東山詩云成王既得金縢之書新迎周公歸乃攝政三監及淮夷叛周是叛在武王崩之四年王肅注金縢云武王九十三而崩其明年稱元年周公攝政遭流言作大誥而東征二年克殷殺管蔡三年而歸（肅注見詩正義引）是畔在武王崩後一

年王子邕好難鄭說因不可盡信然考大誥書序云武王崩三監及淮夷叛周公相成王將黜殷作大誥如序說則果武王崩後即畔也鄭注云此以居攝二年之時繫之武王崩者其惡之初自崩始也鄭注見詩正義引是曲說也然則三監叛周之年當據書序當從肅說叛既在武王崩後一年則金縢言流言不言畔者文不具也流言為將叛之始蓋三監忌公故行其反間史記魯世家流言與畔雖先後分序實有異月無異年知此則辟作法當從書偽孔傳詩毛傳解下罪人

斯得句亦顯而可通矣朱子荅蔡仲默書云是時三叔方流言于國周公處兄弟骨肉之間豈應以語言之故遽興師以誅之聖人氣象大不如此且王方疑公公因不應不請而自誅之若請之於王王亦未必見從云云此皆朱子未細考三監叛年故為此說若知流言後即辟是周公東征誅叛人耳非誅異己者為國行法天討有罪又何疑何嫌乎

大字刻參　小字卦

論吏治上

吏治之弊不在無才而在無守無守之患不在小吏而在大吏大吏之壞不在外官而在內官內官者外官之階梯而大吏之根柢也蓋天下承平久矣日用飲食之所需物力常百倍於在昔而京師比各直省尤甚雖有聖君賢相卒莫能平其直者勢也此亦在用財者之撙節而已而今內官其豪侈亦百倍於在昔也一車之制始而驢漸而馬今則騾矣始而布韋漸而緞今則呢且必頗黎嵌矣一車如此餘可知也

夫以百倍之物力供百倍之靡費烏乎不絀是故能
者枉法而盜贜拙者出息以稱貸苟可以乾沒者將
無所不為苟可以攢營者遂無所不至夫此盜贜者
無論已其稱貸之家子母相孳不數年而負債輙累
巨萬幸而出典考官未回朝而債主已圍於其第矣
又幸而外簡道府藩臬未出都而債主已隨乎其後
矣此時為清官得乎為廉吏得乎然則方今欲肅吏
治莫先飭大吏欲飭大吏莫先培內官培內官之法有二曰
重祿以裕其本崇儉以節其流而已誠使內官皆能

自愛其廉恥他日出而為道府藩臬督撫必能持三尺
法爲天子正百官矣

重刊聖諭廣訓序

聖諭十六條者
聖祖仁皇帝所
特頒而廣訓者
世宗憲皇帝所
敬述者也我
朝
列聖相承重熙累洽濟海內外咏歌

聖教薰沐
皇風摩義漸仁時雍丕變者百有餘年於茲矣臣某
籍本旗八身依
禁地早歲書窗即曾敬讀是編潛心細繹竊見興仁
講讓之旨革薄從忠之思於此十六條盡之誠有如
宗憲皇帝御製廣訓序文所云自綱常名教之際以
至耕桑作息之閒本末精粗公私鉅細凡民情之所
習皆
慮之所周

有謨訓明徵定保萬世守之莫能易者也向使地方
官吏朔望宣講果能實力奉行不以為條教號令之
虛文而以為道德齊禮之美意將俾士習民風蒸蒸
日上不其懿歟唯是奉行日久怠翫或生則亦地方
官吏之過也況粤東介在海濱莠良雜處雖當同文
之
盛世寔為僻陋之荒區籍非宣諭敦勸訓廸愷摯蚩
蚩之氓安分守法者固多而悞觸
王章者亦復不少矣即如聯保甲以弭盜賊

聖諭十六條之一也而保甲之法北五省尚能交察周
詳粵東則不免編查疎漏所以萑苻不戒伏莽時聞
職是故歟 臣某 因特捐廉俸將
聖諭廣訓敬慎重刊廣為頒布凡 臣 所領十三屬之州
縣責令循例朔望宣講外務使頒行周遍一切遐鄉
僻壤海澨山陬紳士耆民等各以時率屬聚講倣古
四孟月飲射讀法之意總期家諭戶曉俾愚民昭若
發蒙以仰體
列聖訓俗型方之心以積成

盛世一道同風之化閩屬官民各宜恪遵寔力奉行
勿始勤終惰勿陽奉陽奉陰違庶幾民生敦龐海疆
更極寧謐是則臣某區區微誠所有厚望者也臣某
謹序

太學生江立峯壽序

布帛粟菽之文無奇也而為至文孝友睦婣任卹之行無奇也而為至行大司徒之所教教此也鄉大夫州長之所考考此也黨正族師閭胥之所書書此也始教之中攷之終書之成周盛時所謂賢者能者如是而已矣所以興賢興能者亦如是而已矣能如是則鄉升之國國升之朝公卿大夫士由此其選也漢去古近取士猶得古意當時若萬石君父子訢訢然無他才能特以醇謹無匹卒庸以相自是之後輕道

德重文章而鄉三物掄才之意蕩然盡矣太學生立峯江翁古篤行君子也尊甫太虛公婺之聞人立身本末載在邑乘翁能嗣之雖舉業不終未能以才藝顯而於鄉黨家庭之際持躬接物之方孝於父母友於兄弟睦於九族婣於三黨任於朋好恤於貧弱無赫赫名而鉅學宿儒不能過之歲丁巳逢翁週甲初度其族中人合詞為序以祝予謹讀其文有建祠一節修橋一節賑粥一節蓋以[illegible]翁之善行尤卓卓可稱者至今族人藍焉予以為君子為善不在有可見

之迹而在無可愧之心有可見之迹一時義氣激於中而發乎外者也暫焉者也無可愧之心平日義理熟於中而粹乎内者也常焉者也惟翁之貌樸以真行醇以摯自家而長而幼而醜夷自外而親而友而里黨自身而少而壯而將老凡地之所接歲之所積泯然若無一善之可名而循循惟謹實能守以禮而篤以仁蓋其所秉也厚且其所養也充故雖無所表異於庸耳俗目中而去人已遠矣又烏可執小善成名之迹而為我翁小哉余聞之髮落更生者曰黄齒

落叟生耉曰鮐背如鮐文耉曰鮐面如浮垢耉曰耇
皆壽徵也故爾雅曰黃髮齯齒鮐背耇老壽也說文
曰七十曰老今翁行年始六十在記是曰耆之侯也
不可以言老翁其將善心益堅善行益力葆其康健
之身昌其好德之福此則翁之永年之券也奚待予
祝也夫

胡母趙太夫人七十壽序

蓋聞銀臺璇嶺瑶妃修道之所瓊笈珠宫金母鍊真之館無愁天上月許稱娥不夜城中山多號姥水汲鮑姑之井固應世享大年花開貞女之香尤卜人臻上壽所以霜飛風厲葱竹彌榮雪壓冰侵松筠益翠如我趙太夫人者德著嚴柔性嫺淑眘髫齡習禮不媿左嬌綺歲齊牢即稱萊婦辛勤椎髻廡鳴鴻案之春黽勉中廚門卧牛衣之雪持筐晝饁僉推莫缺賢妻抱甕晨興是謂鮑宣佳耦名名中外爭奉禮宗稷

穆姬姜羣欽閨範無何而鵑啼燕邸鶴杳香山天子
則佽爾騎箕夫人則痛思斷髮拊膺一慟城欲全傾
截指長號石將立化悲深恨竹淚竟成斑恨甚冤禽
海幾可竭月何緣而獨碎蘭豈惜與同摧烝而脉脉
有靈殘魂孰妥且以呱呱未亂弱息誰憐是用髽以
當門孱焉持戶恃而加怙既畫荻以類歐母實兼師
亦和熊而娩柳彈將離之一曲古調凄凄嚴教子以
三遷寒機軋軋蓋夫人之稱未亡人也方二十二歲
其撫藐諸孤也歷四十八年果爾艱況周嘗天貽犀

角義方倍篤產是麟膠湛毋無天合報以士行令子班妃有後自宜得曾穀佳兒疇則哲嗣大允者烹雞奉母少即岐嶷投筆從軍壯而果毅初度桃關之外索醢來萬於車中再綏蘭郡之邊墻戮揚干於帳後崎嶇西討路窮唐馬馱經慷慨南征冠靖楚鴞鼓爪弓開滿月稚貫蝨而斯精劍淬成花譬解牛而不鈍信是秉金精之氣胸有甲兵何曾讀玉帳之書手偏霹靂以敵鋼柧孔雀煥首飾以九苞服緻文獅晉頭銜於二品凡此瓊枝擢秀皆緣滲母之賢所以

楓陛邀榮籍報共姜之節者也茲際設帨良時稱觴穀旦薰風襲襲燕寢迎禧麗日曨曨魚軒輯瑕壽添海屋椰營隣珠毋之洋莲奏蘭陔蒲淵進安期之棗溯昔日門閭旌表已看臺棨懷清喜今晨翟茀輝煌更表衣光萊彩某等忝官聯衛索忝戚比潘楊既為陶侃之賓應拜茅容之母頌揚壼德當橘中八叟之聯吟式叙母儀慱竹裡雙妃之一粲

俞正龍傳

俞正龍字攀雲婺之汪口人也聞其生有至行丙辰春予客粤重晤其族子荆玉就詢本末得其難能者二事焉云正龍精堪輿父殁遺命以必擇吉壤正龍芒鞋角巾蒯屨登山勤求甚苦卒得一地於德興王家灣歸私自喜仲叔迎問之曰最吉遣形家覆視皆曰蔭在仲叔不及伯氏也正龍已知之謂二弟曰惟父魄之是安仲叔福即吾福且一地而皆吉不可得吾求地而自求吉不可為仲叔不能爭卒葬之仲早

歿委其孤於正龍正龍教之過已子妻恚曰猶子轉
孚乎曰吾兒自能了家事振吾家當屬此子仲之子
果有成許子曰是殆能見義忘利者耶是殆能公而
忘私者耶昔羊叔子不以葬親求福而卒位至三公
天之報施善人何其厚歟而正龍後裔即令視昔昌
熾有加又安在蔭不及者之卒廢歟君子但力行孝
弟耳不必以禍福亂其天如正龍可也抑又聞之第
五倫兄子病一夜數往反寢乃安其子病雖不往而
通夜不得瞑君子固不於所厚者薄若小人亦豈能

於所薄者厚也傳正龍而為評論如此將以警世之
利而忘親私而忘公者

祭前會稽太守木公文

嗚乎君之謙抱世所儀兮謂宜獲福用於時兮乃遭罪譴歿邊陲兮雖蒙恩赦賜回旂兮明月已碎抱長悲兮茫茫瘴海魂何之兮桂林萬里介島夷兮欲歸不得留豈宜兮將飽赤蟻與熊貔兮或食鼯鼠及狐貍兮或委雉兔並鹿麋兮骷髏不葬禍若茲兮異域之鬼永餒而兮嗟我與君匪親知兮生前秦越陌路歧兮一時義氣發肝脾兮悲君野死吁可哀兮為君買椑載靈輀兮迢迢

棓賀底端涓兮燕山在北路尚傾兮泥行乘楯山以
欙兮跋涉險阻費不訾兮將歸君骨又何辭兮嗚乎
君其聽我惠不望報名豈期兮善無可伐勞何施兮
苟為要譽心既私兮苟為納交品尤卑兮而皆無此
功不尸兮君其鑒我魂以怡兮

祭七總戎夫人文

嗚乎婦人之職無非無儀唯酒食是議而中饋是司此無成之地道亘千載而如斯繄我誥封七夫人其事姑之孝儗以栁母奉乳而庶幾其鞠子之勤儗以歐母畫荻而何疑其持家之謹而佐夫之宜則又如鍾母郝母一以禮一以法而蔚為百代之女師雖内言不出於閫而予以同官摯好則猶獲耳熟而周知謂宜得天之厚而綏之以福履食德之報而享之以期頤庸詎知其明月旋碎曾不中壽

遷委軀殼其如遺嗚乎修短之數非可理推死者長
已矣獨念生者予其何能以不悲其皤皤黃髮者為夫
人之姑晨昏甘旨誰與問視乎三時其呱呱黃口者
為夫人之兒疾痛疴癢誰與噢咻而携提況而夫方
馳驅乎
王事曰將公爾而忘私其家政之倥傯者又誰與外
理而內治嗚乎浮生若客有如泡影隙光之幻化又
如疾風驟雨之飛馳吾固知其少縱而即逝暫合而
長離而獨念閨範之可惜不禁咨嗟而涕洟嗚乎哀

哉

代廣桂亭太守祭衙神文

粵稽元鳥開基，詩歌商瑞；赤烏流屋，史紀周禎。維禽言通消息之先，故南北從杜鵑辨氣；而羽族關盛衰之運，故春秋書鸜鵒來巢。歷觀往事，具有明徵。本府署舊有來鶴之堂，實為集祥之地。繁林翳薈，思擇木者且住為佳；廣廈連蜷，卜遷喬者此間最吉。載飛載止，載好其音；爰處爰居，爰得我所。羣幾成乎千百，聲時戛以西三。旺氣所鍾，珍禽斯萃。乃者人因考室，鳥遂移巢。辭此安棲，入於幽谷。樹曾借汝，詎云無枝可

依民豈侮予胡忽有心竟去某自慚德薄不能鳩止
屋之烏尚冀春來仍得認歸巢之燕唯是氣機感召
勢既屈於人謀福德彌綸靈或資乎
神庇伏願慈雲廣蔭慧眼茂昭華表仙歸快遂令威
之駕瑤池使至全憑王母之靈倘懷屋工舊是多時
推愛願作枝頭好友一旦重逢王謝堂前詎取主人
故壘烏衣巷口莫貪別姓畫樑既無巢幕之危鳥當
知止定許秉軒之貴
神其鑒茲嗚呼吉凶夙定豈真賦鵩鳥之文人物可

通何必奚鷄鶋之祀謹修菲獻式竭愚誠尚饗

告端溪書院諸生文

竊惟制義代聖賢立言必理足於中而詞達於外理者經籍之精華也詞者經籍之枝葉也挹其精華擷其枝葉精華得則理明枝葉茂則詞富理明則文可經通詞富則文可行遠如是非多讀書不可矣粤東不列職方唐宋以前委為荒服韓昌黎故有分散百寶人士稀之句沿及北宋猶舉行攝官之法見諸歐陽公貢舉議可知嶺南試進士者至宋猶寥寥也顧豪傑自好豈限方隅造物生才亦非擇地是以言經

學者在漢則有陳元父子著陳氏春秋實與劉歆桓譚杜林鄭興諸子相抗衡而劉希仁之三傳指要王大寶之周易證義石汝勵之易解易圖譚維寅之四書本旨方獻夫之易經說約亦其選也言理學者在明則有陳白沙江門倡學儒者宗之而陳秉常之主靜霍渭先之主恭湛若水之隨處體認天理雖所得不同而見道則一也言詩學者在元則有王彥舉南園詩社先為風雅主盟而陳用拙以詩名唐孟賓于以詩名晉迨於翁屈山陳元孝四子則有嶺南四大

家之目覽予工矣至如劉穆之之於宋侯安都之於陳張文獻兄弟姜公輔劉幾之之於唐余靖崔清獻李忠簡之於宋海忠介周志新袁崇煥邱文莊之於明學行文章功業政績尤其卓卓者諸生束身名教景仰前賢桑梓敬恭瓣香盡久方今

兩聖相承

重華累洽五經通試之令既布之於前各經節選之

禁復飭之於後

文治昌明醇風丕播沾濡

醲化被濯宜殷院長来粤三年與茲邦賢士大夫游
蓋有日矣闔屬文風頗覘梗概大約學文之功多窮
經之功少夫不窮經則源之淺者流必竭根之薄者
葉易衰而欲理足詞達得乎惟是窮經之難也必欲
如兩漢諸儒專門學問則竭一人之力殫畢世之功
能窮一經斯止矣若但誦習經文通曉疏義十三經
亦非甚難事也諸生有性地明敏者自宜博覽全經
即或質僅中人五經之外益以周禮左傳此如和羹
之不能離塩梅濟川之不能離舟楫轅輪不具虛車

可徒行予院長前在徽州紫陽書院亦專以實學為諸生勸遵吾教者皆擬巍科以去令守制軍朱大司馬所深悉者也比復蒙延主端溪講席深愧謭陋弗勝斯任唯願諸生各崇經術毋剿竊毋雷同言必有物而不逐於空學貴有恒非僅志於彀以仰體聖主右文之心與列憲作人之意拳拳之衷有厚望焉謹告

上徐中丞兩松夫子箋

作弁闒崎散材屢承作育沐髮晞陽未測涯涘自慚樗質再弁春官深孫栽植之恩益切憂皇之意今年行雖大方蘭成射策之歲固云逾矣儗魯齋知學之期尚有俟焉馬齒未索鵠志豈衰顧辟居闕僿寡處邊城日在囂塵如絕人境良儔既尠文史亦希重以壯士之性難以託根涉澤求蹊披榛覓路世途險巇罕可與方蓋華藕橘柚非陵朔所珍車馬鼓鐘靡鼷鶢所貴心目之交所在冰炭若其長弄雞吻甘為牛

滯硯真可焚筆幾欲擲捐芟裂荷抗塵走俗強留請
復終笑賤工且故山萬里久旅天涯家有老親儲無
甔石每念依閭不禁神愴亟欲速整歸鞭早圖息足
誠得一廛之棲敢忘百城之擁下帷有地補牢未晚
所恨行橐蕭然關河修隔進之可依退失所據所以
憤積於胸臆懷眷而悁邑者也恭聞老夫子大人鳴
騶
雲路飛翼
天衢

紫宸再
覲朱邸重開作屛去德滋永思德滋深願隨後乘或
作前驅夫朝宗不擇潢潦哲匠亦採邁際作屛才謝
陳琳敢誇檄手志同謝朓矢效蓬心廱云記室籍侯
歸艎尚驥尾可附希齊足於秋蠅惟趲行實馨爰妃
蹤於春螘俾得載違湯沭轉從滄溟曷任屛營待命
之至

賀長制軍得雨箋

恭惟大人如水心清作霖望重轉乾坤之造化身是
洪鈞宏雷雨以經綸手真霹靂前者天慳未破民困
幾深讀易應小畜之占考禮宜大雩之禱仰荷大人
望切黍苗憂殷雲漢八徵繫念體
聖主以為心十日懲期代斯民而請命廿餘朝祈年
孔夙賢豈憚勞四十里舍車而徒貴不自逸龍潭起
蟄蘇文忠之頂禮最虔鈴閣焚香趙清獻之告天殊
切男曰巫女曰覡歌請原本乎周官求諸陰閉諸陽

調元或法之董相乾乾終日既通山澤之咸翼翼小心斯感風雷之益崇朝其雨詩合歌風三日為霖瑞應書史產萬物是為聖唯合天者乃格天潤千里有如河入下尺者生工尺是蓋大人勸分務穡挹注如沛以西江有過寬刑平反更神於東海所以為醴泉為玉燭百粤同春從茲或暑雨或祁寒四時成序某幸依仁宇快覩休徵肅賀鴻禧昌勝雀躍

賀朱中丞天子入

覲箋

欽唯詩歌韓奕載錫綏章易美康侯用蕃寶馬皇哉

隆遇赫矣淫威兹際老夫子大人法輪轉地銅柱擎

天惠水汪涵心印廉泉之水慧珠普照春回合浦之

珠

九重之

帝眷日隆萬里之臣心時切六年戀

闕由庚夏以迄乙春五夜焚香自皖江而達桂海春

曰朝而秋曰覲恰符周室之獻功享亦禮而燕亦恩

定下

天顏之有喜節當八月張九齡之金鑑初成

壽祝

萬年田千秋之小車聿至叙有九亦如有九海邦進

海屋之籌接以三亦呼以三重光適重華之候况復

黄金臺畔即是枌鄉韋杜城南實唯梓里堂過綠野

肅南裔而方回

朝罷

丹墀會小嶽而畢集荷
君恩而展廟名子姓以趨庭洵爲畫錦之榮共羡油
幢之建矣作屏泰登名於槐市既樂遊
皇春
帝夏之天曾載酒於揚亭敢敬上
聖主賢臣之頌式修箋簡用布愚誠肅賀鴻禧曷勝
雀躍

賀朱中丞晉官總憲牋

恭聞夫子大人晉官總憲，栢臺望重，烏府班崇。在两漢為御史大夫，權尊六察；洎北宋號殿中執法，威肅千官。白簡霜飛，捩皂鵰於秋典；繡衣風峻，避驄馬於雲衢。洵為豸服之榮，允極鵷班之貴矣。伏唯夫子大人文星朗照，三十年玉尺冰壺；武帳高懸，二千里龍韜豹畧。轉法輪於大地，渡來萬萬恒沙；普惠水於諸天，壽出生生世界。一塵不染，慧珠光無盡之燈；萬有兼包，心鏡印参同之諦（夫子曾注参同契）。乃者南裔肅清，儆

范公之帥粵北門臥護儗裴度以歸朝而優詔頻班

恩綸遠錫海天萬里

九重之

眷念滋深節鉞兩邦天子時兼蒙制軍

一德之

明良交泰與其惠心惠德開幕府者功在乎一方孰

若鍊面鍊肝應法星者道濟乎天下作長城於五嶺

允稱半壁東南調玉燭於四時是宜在

帝左右此日貂冠豹尾已極南省之尊他時黄閣沙

堤定洮金甌之下作屏忝附門墻夙依山斗身同霧
豹無緣依
北闕以上書感切飛鴻敢傚先東人而作賦肅修寸
楮藉展微誠敬賀鴻禧昌勝雀躍

工朱制府石君夫子箋

受業許作彝謹上箋夫子大人閣下恭惟大人法輪轉地銅柱擎天集仙佛以一身聳東南於半壁一塵不染慧珠光無盡之燈萬類如傷化宇宏極樂之國茲者恭荷

綸音即真制府控弦百粵節鉞兩邦威肅八蠻百三十縣盡飲廉泉之水風清五嶺二十一郡胥還合浦之珠襟甌駱而枕珠厓統隸七十州允稱大府唐節度而宋經畧提封百萬井即古雄侯樓船將軍横海

將軍全歸臂指越東巡撫越西巡撫咸入帡幪赤舄繡裳還滯居東之駕蜺旌龍節仍懸拱北之心選師難得鄭尚書為仁所以不富歸朝終如宋僕射作相何妨暫遲作屏感重揚亭榮分芭席得登大賢門下如遊元禮之門況於弟子座中不亞彭宣之座飲食教誨十六年刻骨深恩羈旅艱難三千里依人窮鳥幸

絲綸之乍下欣杖履之猶留曷任忭舞微忱肅箋敬賀伏唯淵鑒作屏謹箋

上朱中丞夫子牋

作屏聞古無游民游民之罰見於周禮夫以失業之詆又厚征之不重困乎經之意蓋特設法以窮之窮則變變則通是則聖王之有造於游民也甚矣今歸班進士即古之游民者也將以為士則不列膠庠將以為官則未登仕籍無田既不可使耕無財又不可學賈所謂四民皆無處焉然則守其所業以傳於人尊其所學以公諸世歸班進士職如是已舍是不可為亦不肖為屏今日是也顧其埶不能以自通是必

賴大力者扶之持之引之翼之而大力之人既不數覯幸而有之使非素重讀書矜寒士者猶不得以其說進即其人素重讀書矜寒士矣而非夙昔知契之深亦不得以其說進伏唯夫子德位兼尊天下之士無論知愚莫不思被容接以自重而昪幸廁門墻今已十有四載竊念夫子之於昪教誨之恩不啻嚴師飲食之德不啻慈父母古人感恩知己二者每難並焉昪今日實兼而有之自慚文貞無所底雖蹔得之而終不為世用乃數以困窮之故求通於左右雖夫

子憐之怨之而彝自顧為可醜自念亦深可悲也昔韓昌黎嘗三上書於宰相一上書於襄陽後儒譏之彝以為誠蹈於窮餓之水火則不能不大聲而疾呼其過可憫其情故可原獨惜當日執政與于頔皆非可與言之人而昌黎之與言為不智也夫以昌黎之學博且純其於道也尤知明而守確唐文臣罕與匹而猶不免於貧賤之辱身飢寒之切體一時實盡無俚乃至不得已思以語言文字博貴介之一盼而卒書亟上而莫有應之三及門而莫得一見何况於彝

者哉然則屛所謂可醜實無可醜而所謂可悲者亦不足悲也屛亡无遺男女三人見皆當婚嫁重以父兄陰宅皆未卜而閩俗又夙重此事雖蔡端明守福州曾力禁之而遺風終不能盡革凡屛所處事育之外肩茲重任欲姑待之既勢不可留欲勉行之又力不能舉是以所懷萬端每有所觸輙迎夜不得瞑側聞夫子將為粵人擇師屛雖不敢比趙德而泰山北斗之瞻茲邦人士實有望於夫子焉倘蒙拔濯是使游民無失業而窮門生庶得稍盡子弟之職夫子之

恩即夫子之所以教也伏惟憐察屏不勝惶悚待命之至

上中堂朱石君夫子箋

適奉慈諭并辱賜所撰　先君誌銘俾光泉壤捧讀之下縱以感泣竊思弇兄弟疊蒙夫子大人并五老師大人拔擢鴻恩已深肌髓幸登大賢門下因得乞其大手筆以為亡父死後之榮古人生死骨肉之感猶不足以比方昔曾南豐曾為其王父求誌銘於歐陽公歐本曾座師也其謝書有賜及三世之語惟時歐祗官舍人耳曾何重乎誠重其蓄道德而能為文章其言公且是足以取重當時信後世耳今夫子大

人以一代斗山處相公之重道德如盧陵文章如盧陵而位尊過盧陵遠矣昪雖忝列門下而淺深滯拙曾不敢希南豐於萬一乃辱承光寵榮及其先感恩感德宜視南豐何如也月末忝謅鈴轅叩陳謝悃謹先具箋數行拜賜之辱仰希朗鑒受業作昪謹箋

上朱制府石君夫子箋

受業許作屏謹上箋夫子大人閣下作屏睽違懿字景仰滋深兩度上書諒蒙垂照　先君少孤力學自為兒童時已能為文章工吟咏縣試再列前矛不獲一衿家貧親老遂舍業焉夫以韋布單寒之士而欲向當代名公大人乞其一語以為泉壤榮此亦不自惴之甚矣唯是　先君生平名雖不得列膠庠而學實未嘗釋卷身雖不能致通顯而行寔未嘗媿心且敦合族屬惇睦無閒得荷

天章褒獎光及里閭即此一節亦當代君子所樂推
廣
皇仁者也作屛前是以敢以誌銘請蒙夫子大人不
以寒賤而輕之不以干瀆而罪之謂屛雖不能顯親
揚名尚不忘其親之遺行知乃於有道之前思得其
文章以取重當世亦孝思之所積也退而喜喜而不
寐竊思大人身佩四印經畧兩邦雖不動色聲而萬
里控弦賢勞亦甚矣乃以辰告餘閒許為推恩錫類
此寔大人本教孝之思以行其善善之意而屛自顧

何人荷茲光寵感恩感德歿齒爲深旬月以來引領
德音跂望綦切伏唯大人金甌之卜柱石之資久深
簡在誠恐黼裳赤舄一旦離東而屛又衣食奔波弗
獲追隨杖屨迢迢南北即復蒙賜鴻篇雙魚莫便是
使　先君之遺行終不得榮以大人之筆而屛不孝
之罪爲滋深此則　屛之所甚望而甚恐者也不揣冒
瀆復以此書進唯大人憐察焉受業作屛謹箋

俞氏夢說

丙辰春俞母太宜人七十壽荆玉昴季涓八月之吉開樽祝嘏設祭家祠是夕太宜人夢其先舅手衣一襲授其先夫子轉遺太宜人太宜人再拜受之明日以夢告荆玉兄弟荆玉以問於余余曰夢者曹也雖近于虛烏有之事然雜見於詩書左氏者確有明徵葢人之生也受命於天地賦形於陰陽則其精神往來一體之盈虛消息動與天地陰陽相流通故周公特為占夢設官其流别有六三思夢五喜夢朱子易

本義曰人必聚己之精神乃能以聚祖考之精神令太宜人因祭而思因思而夢祭者聚己之精神也祭而夢者通夫祖考之精神也列子曰神遇爲夢是亦積誠以通之說也然則太宜人之夢當爲思夢且婦繼姑者也内則昏之明日婦見舅姑舅姑降就賓階婦降就阼階阼階主位也蓋明以其室予婦也令太宜人夢受衣於其先舅在授之者有傳衣之義而受之者有繼姑之義以媳繼姑其姑壽躋百齡獲旌於朝太宜人亦必如其姑之壽是故於壽日發之無疑

也然則太宜人之夢又當爲喜夢予既爲之説因以
賀荆玉兄弟焉

新香亭跋代端州廣太守

署東偏舊有池可五畝許水草蕪生廢爲湄焉余暇日命工澄其濁滌其垢芟夷蘊崇其滋蔓而淤者清涸者潔藕荷不浹時而蕊而茄而遊而蓮菡花時置酒召客落之客曰此舊日之濱汙也而今日之沅澧池以荷香亭以池香宜顏之曰新香云

太學生俞孚光論贊

利己損人之事不敢為損己利人之事亦不能為者中人也利己損人之事斷不為損己利人之事獨樂為者君子也夫祖宗之事人乎己乎曰祖宗己之屬也祖宗而一子孫則其事全乎己也祖宗而衆子孫是其事共乎人也力之所不能獨任者將與人分任之即力之所能獨任者亦將與人分任之非委祖宗為人以衆子孫之不盡屬乎己耳世俗之情如此予偶讀婺源縣志義行傳有太學生俞孚光者志載其

祖祠仁本堂傾圮衆議欲新之而苦於地隘孚光居室毗連慨然割其地以益所居勾股參錯安之若素價以善價謝不受余為撫卷曰孚光可謂不死其先者矣故能以祖宗不委為族人共之也損己利人之說猶淺之乎論孚光孚光直視為己事爾然則孚光非勇於行義實深於行孝哉為之贊曰茫茫遠祖有祠其傾族人治之地隘弗成孚光至孝讓宅於先貽金不受義重利輕其人已往其行可傳

觀音大悲咒讚

西天不夜香國長春場名選佛城現化人貝葉書梵蓮花現身瓶留恵水座轉祥輪金繩指路慧劍斬塵乘叅最上諦悟以真定根在戒果出於因愛河有岸苦海通津持之既久報之愈神勿同嚼蠟襲此横陳

重修大成殿碑

我
大清應運統天撫寧函夏殥紘內外悉主悉臣
皇帝牢籠天地彈壓山川
烈聖相承右文嚮道凡所以尊崇先師之典邁絕醜夷
世祖章皇帝定進士釋褐禮及朔望行香儀又加稱大成文宣謚號
聖祖仁皇帝
車駕幸魯

特旨用三跪九叩首禮
特命拓聖林地十一頃有奇
特命留曲柄黃蓋供奉廟廷
世宗憲皇帝
詔追封孔子五代王爵
詔敬避聖諱加阝為邱
詔郡縣丁祭用太牢
詔聖誕致齋一日
詔正殿易蓋黃瓦

詔文廟釋奠凡進爵帛皇帝皆跪獻

高宗純皇帝

車駕三幸魯

特旨留曲柄黃繖供奉廟廷凡釋奠一切禮視康熙二

十三年東巡事又

特頒

內府所藏周范禮器十事

敕供闕里令

上御極之初即遣官祭告

五　匾

特書聖集大成四字懸額殿中稽前史歷代帝王莫
不仰止宮墻式修典禮中間唯唐元宗宋真宗
為最盛而以視我
朝之重道尊師至隆極備合
聖人如一心蓋由孔子而來二千三百餘年未有過
今日者闕里文廟經
國朝建修者再輙費帑金累巨萬雍正八年工尤
備費尤鉅蓋
皇帝特命重臣董其役親授相度期極宏麗而止不

限賞也顧歷今已七十餘稔不能不以時小事修葺舊者新漏者補蝕者易非守土責乎歲庚申大成殿西北角榱桷壞辛酉春滋陽令孫君良炳因公蒞茲邑顧而嘆曰涓涓不塞遂成江河熒熒弗滅炎炎奈何凡藥疾必自謹小始凡修廢必自慎微始遂毅然捐金二十鎰鳩工庀材匝月僝功攝衍聖公事

欽賜一品服孔子七十二代孫憲增屬前知曲阜縣事許作屏曰孫君以隣邑宰奮義若是茲役雖

尠其尊師之意與體
國之誠不可不誌作屏曰然乃勒其事於石銘曰
聖生倉際天授神符龍蹲闢道麟紱吐圖蹇文
章武祖唐宗虞鈎摘河雒點竄典謨緇帷譚藝
端門見書詵詵弟子莘莘學徒振鐸警衆懸甕
砭愚芳風既翕頹柱以扶度九圜十散六制二
負杖晨興奠楹夕寐山其忽隤鳳終不至五勝
迭遷六籍幾墜德爲民彝道實公器榮還勝生
貴不在位累葉胥崇

熙朝尤偹日月經天江河行地懿兹闕里實維杏壇奕奕寢廟肅肅衣冠雲棨聳翠龍桷流丹偓佺霞擧歙赩雷殷戢晉鱗集霱霨虬蟠華闕半漢豐堂冠山閎閟比壯鳷鵲齊觀宮墻萬仞靈奐此安日月其除風雨或蝕有廢斯修隨時以葺飭材量功計傭出直傑構維新前偹實式斵不易形垩無攺色張若翬飛峙則鵠立堂哉皇哉賢宰之力壽諸貞珉其永無極時嘉慶六年六月

寧海縣廳事書額

令七品官耳，然一方之治亂安危，萬民之生殺予奪，悉係其手。令賢而一縣蒙福，令虐而一縣罹殃，故古明君有親簡之者，有集而試之者，有賜金龍之者，有進秩榮之且優詔褒之者，非重其官，重其職也。予少時自知讀書，即留心世用，凡所以安民善俗之道、興利除害之方，大而天下，小而一州一邑，莫不先經後史，斟酌而條貫之，研求而　部之。年三十成進士，需次十年，始選曲阜令。視事未三月，以憂去，免喪赴部又滯京師三年乃揀發留都歷權承德廣寧並護理岫巖廳事又四年乃承乏茲邑凡偕予舉春官名尚在予後二十年來多至大官者而予始為捧檄喜夫物得之難者寶之必甚不啻若金甌卜之也若夢賚得之而白麻宣之也人辱我榮入賤我貴其孜孜興廉舉孝有天官太宰職焉量地科賦有地官司徒職焉旌淑別慝有春官宗伯職焉團練編伍有夏官司馬職焉弭盜詰姦有秋官司寇職焉河防水利有冬官司空職焉以一官而齊務六職宰相以此治天下

令即以此治一方令又何辱而何賤爲令者而何敢褻也書之廳事以告後之令兹邑者咸毋褻焉

奏為量移輕重斟酌利權裕國足民因時制宜事竊維泉布之設所以阜通貨財禹鑄歷山之金湯鑄莊山之金皆緣歉歲故作幣以救民周官司市有無征作布之文國語單穆公亦有量資幣權子母之說大抵皆秉一時之宜酌盈虛之數變通盡利鼓舞盡神君握其權民賴其用者也自太公立九府圜法後世仿之而疊變重則有所謂大布壯錢輕則有所謂莢葉榆莢椎漢之五銖唐之開元銖兩適中鼓鑄精密為錢法之最善者哉

朝依宋元明舊製錢文冠以年號
聖
聖相承幾二百載矣惟是承平日久則生齒日多生齒日
多則物力日貴物力日貴則錢幣日賤賤者使貴貴
者使賤是在
聖天子權百貨之中規萬世之利財成其有餘輔相其不
足於推行之通寓化裁之變則大小輕重未嘗不可
因時而立制者也謹按金銀銅三品古通謂之金通
可為幣特以黃白赤三色分為上中下三等耳令白

金之直百倍赤金抬之愈高則挾之者愈衆用之愈
廣則耗之者愈多
國幣獨倚此為權一時匱乏之勢所必至臣聞萬物無價
惟
人主操馭物之柄能貴賤之誠使赤金與白金同價更鑄
大錢以一當千當五百當三百當二百當百節次遞
降則無窮之富得於調劑之宜恒足之財在於頃刻
之令無計臣言利之非有君民交足之益較之鹿皮
為幣交鈔當錢媮為一切取救一時其規畫獨精亦

經行可久矣伏查折二當三直五准十么㓜殊名稚男異號錢法之變代無成規而當千大錢始行於東吳再行於後周宋沈畸嘗言古者軍興錫貿不繼或以一當百或以一當千觀昭烈入蜀用劉巴之策鑄直百大錢府庫賴以充實其明效也惟是利厚則盜鑄易生幣重則交易不便此皆由立法未周防弊未密所以輙作輙廢而不可經通臣謹精思利弊詳定章程不但補救一時兼可遵行萬禩敬繕列條款爲

我

皇上

陳之

一曰嚴收銅

收銅之法不在嚴刑而在重價令各直省州縣軍民人等按東南西北鄉分春夏秋冬四時交銅除佛像不毀外一切紅銅器具盡行交官官照庫平設秤二兩委就近之吏目巡檢典史等員監督妥書眼同該花户當堂稱准隨即散給領價執照每觔給銀六兩照內將銅觔銀數開載分明期以第三年仍按方按時赴官支領如有不肖官吏抑勒

銅觔尅減銀價許該交銅各花户赴就近道府衙
門呈控審實按贓依枉法科罪交銅之後各花户
倘尚有不實不盡者限一年内許陸續全繳一年
以外州縣官率同所屬吏目巡檢典史等員仍按
東南西北鄉依春夏秋冬四時分路嚴查如有隱
匿紅銅一觔以下者罪杖一百一觔以上者罪滿
流十觔以上者發近邊充軍有能提銅首報者一
家藏匿紅銅十觔以上審實官給首報人賞銀二
十兩五觔以上者給首報人賞銀十兩如虚予杖

八十銅收盡後由該州縣運送各該省藩庫存貯運費每銅觔在藩庫領腳費銀五分似此既以重價鼓舞之於前復立嚴刑督責之於後天下紅銅自然盡歸於官矣

二曰嚴採銅採銅令天下

二曰嚴採銅

採

凡產紅銅之山由督撫專委道府大員監採如有透漏銅觔者本犯按數科罪一觔以下杖一百一觔以上者滿流五觔以上者發近邊充軍十觔以上者絞監候監採道府訊不知

情依失察從重議處如或知情故縱革職或通同舞弊分贓計贓准枉法論罪停採之時嚴行封閉請專設守礦官一員以正八品佐貳等官主之就近建置衙署以便巡查倘有奸徒私行盜採者准透漏銅觔律論罪守礦官論罪亦與監採之道府同緣民間紅銅現存較少誠恐不足以供鼓鑄之用故須隨時開採以廣財源也

三曰精選銅

選銅之法請專用紅銅緣

國朝

五代之錢惟雍正錢閒有用紅銅者然多經私毀改造銅

器民間現存者百不得一餘順治康熙乾隆嘉慶

並前代偶存古錢皆係白銅與紅銅銅色迥別奸

民即欲毀小為大希圖重利而劑色不同無能參

亂此專用紅銅所以絕盜鑄禍本也

四曰妙給價

給價之法每銅觔既定給銀六兩如必關支

國帑則數無慮千萬一時斷難應給今定以交銅之

第三年正月令各直省藩司將各州縣所解到銅觔開局鼓鑄先鑄當千大錢及當五百大錢當千者作銀一兩當五百者作銀五錢每花[illegible]交銅一觔給當千者三枚計作銀三兩又給當五百者六枚計作銀三兩共合銀六兩似此以民之利還之於民民間輸銅一觔即得銀六兩不須損上自然益下此所謂藏富於民者也

其曰擅贏餘

贏餘之法每銅一觔可鑄當千大錢八枚作銀八

兩除鼓鑄工料之費每銅觔去銀四錢又除州縣運銅脚費每銅觔去銀五分運錢脚費每銅觔去銀五分共去銀五錢實存銀七兩五錢令以六兩給花户作銅價計每銅觔淨餘銀一兩五錢通計各直省共一千三百餘州縣縣通算約三萬家家輸紅銅約五觔每縣可得銅十五萬觔各直省通算約可得銅一萬九千五百萬觔每銅觔餘銀一兩五錢通算約得銀二萬九千二百五千萬且隨時開採每得銅一觔除鑛費運費鼓鑄各等費總

可净餘銀六两有零此則不貲之富取之無窮不須損下自然益工是又所謂藏富於君者也

六曰精鼓鑄

鼓鑄之法當千大錢陽文右曰當千左曰重二两陰文曰嘉慶通寶當五百大錢陽文右曰當五百左曰重一两當三百大錢陽文右曰當三百左曰重六錢當二百大錢陽文右曰當二百左曰重四錢當百大錢陽文右曰當百左曰重二錢陰文皆同皆用漢文楷書以便民間別識由户部先精製

錢樣須發各直省首立一局委道員監鑄銅劑首要潔淨鼓鑄次要精密輪郭必要分明肉好亦要均得倘有雜和鉛錫及鑄不精工等情弊將該監鑄之員嚴審定擬果有侵蝕銅觔壞亂錢法罪槩監侯

七曰審銖兩

銖兩之法每銅觔鑄當千大錢三枚枚重二兩計三枚共重六兩鑄當五百大錢四枚枚重一两計四枚共重四兩鑄當三百大錢四枚枚重六錢計

四枚共重二兩四錢鑄當二百大錢六枚枚重四錢共重二兩四錢鑄當百大錢六枚枚重二錢計六枚共重一兩貳錢每銅觔共鑄五品錢二十三枚共重十六兩似此大小輕重各依其直折半遞減奸民即欲燬小為大竊取厚利而銖兩適合並無盈餘無可為利盜鑄之源不禁又絕矣○

八曰禁翦鑿

翦鑿之禁依古有之令令如有翦鑿輪郭而損缺者或有盜磨錢質而取鋊者重不如其文皆廢勿

用其敢於作奸損壞之人准左右鄰及地保族屬人等舉首審實賞舉首人當千大錢五十枚作奸損壞人准盜鑄律論罪

一曰廣流通

流通之法令當千大錢作紋銀庫平一兩當五百者作銀五錢當三百者作銀三錢當二百者作銀二錢當百者作銀一錢其奇零小用仍照現在當一制錢以便行使凡民間交易皆准此定價永遠遵行並農民完糧商人納課俱准作銀照數輸將

其有牙行市儈敢於把持抑阻者一經發覺照違
制律縱〔從〕重發近邊充軍
曰慎示信
示信之法於未收銅之先由戶部刊刻頒發各直
省告示令民間除佛像不毀外凡一切紅銅器具
盡行呈繳按東南西北四鄉分春夏秋冬四季該
花戶親自賫銅赴各州縣衙門眼同官胥稱准州
縣官每日委吏目典史等官督同當堂工兑兑明
隨給各花戶領價印照每銅觔給價致銀六兩銅

觔銀數開載分明期以交銅之第三年仍按春夏秋冬赴官領價倘該管官吏有抑勒銅觔尅減銀數等情許該花户赴就近道府衙門喊告該道府即行嚴訊審實按數以枉法贓論罪軍民人等如有呈繳未盡者准一年内續交一年以外該州縣官及所屬之吏目巡檢典史等員分路親赴嚴查倘花户等敢於隱匿不繳者查出每銅一觔以下予杖責一觔以上者滿流十觔以上者發近邊充軍有能持銅呈首者酌量銅觔多少官予賞銀此

户部刊刻頒布收銅給價之明示者也此示只明
告以交銅之利匿銅之罪不必令民閒預知將以
更鑄大錢以防匿銅不交之弊俟銅觔收清之後
於第三年春初再由户部刊刻頒布各直省改鑄
大錢告示凡新收紅銅精選潔淨令各直省巡撫
委道員就省開局鼓鑄當千大錢枚重庫平二兩
作紋庫銀一兩當五百大錢枚重一兩作銀五錢
當三百大錢枚重六錢作銀三錢當二百大錢枚
重四錢作銀二錢當百大錢枚重二錢作銀一錢

凡民間交易并完糧納課俱准依數作銀作錢兩下行用其奇零小數仍用常行當一制錢以便行使自更鑄之後永遠遵行萬年不易倘有牙行市蠹膽敢阻抑者一經發覺照遺制律從重發近邊充軍仍將錢樣依式刊示於後注明非真足紅銅及重不如其文者准勿用以防盜鑄雜鉛及翦鑿諸獘此户部刊刻須發改鑄錢文永遠遵行之明示者也

十有一曰普美利

普利之法緣收銅改鑄之初
國帑已盈餘三萬萬且開鑛採銅隨時久可以更鑄
其富不貲
聖主推惠黎元之心有加無已果府庫充實度支盈溢
敢請宏加
錫賚敷天同慶令各州縣於收銅查銅之日秉便帶查
極貧次貧戶口預行造冊詳細編載
皇上特沛
恩綸按戶博施多寡之數隨時酌定此則

恩出
皇仁良法既立美利無窮矣
以上十一條由臣愚昧之見悉心妥酌謹繕摺
奏
聞仰祈
睿鑒交部議行謹
奏

大字[illegible] 小字[illegible]十

左海文拾遺一卷

［清］閩縣陳壽祺撰

湖北省博物館藏清抄本

左海文拾遺一卷，清陳壽祺撰。壽祺（一七七一—一八三四），字恭甫，一字介祥、葦仁，號左海，又號梅脩，晚號隱屏山人，閩縣人。嘉慶四年（一七九九）進士，選庶吉士，散館授編修。充國史館總纂，歸里後歷主福建仙遊書院、泉州清源書院、福州鼇峰書院講席。著有五經異義疏證三卷、尚書大傳定本五卷序録一卷辨譌一卷、左海文集十卷、左海乙集駢體文二卷、絳跗草堂詩集六卷、左海經辨二卷、東越儒林後傳一卷、東越文苑後傳一卷、洪範五行傳三卷、東觀存稿一卷等。

左海治經，謹遵漢儒家法，明辨今古文異同，頗得時人稱誦。其爲文章，駢散皆擅，編爲左海文集十卷、左海乙集駢體文二卷；居官翰林編修時應制之作，都爲東觀存稿一卷，俱刻入左海全集行世。未入諸集之文，尚存若干篇，則多酬應之作與日常函牘也。

此集外文三篇，謝章鋌課餘續録卷五云：「左海文拾遺一卷、説文經詁一卷、遂初樓雜録一卷，閩縣陳壽祺恭甫著。遺文廣東鄉試策問五道、蘭州府知府龔公家傳、刑部尚書陳公墓志銘，共三篇。雜録方日斯佚事一篇，其餘皆雜考、經史及小學。高雨農曰：『古人策問多入集，今體制不能如古，似不必存。』又曰：家傳『頭緒頗繁，風神彌逸，其行文有收有放有節制，並取法于史漢，而取格於承祚，故優游有餘如此』。此良友觀摩之盛心，不得謂爲好議論也。諸篇或已刻本集，登板時別有刊定。閩人專治漢學自恭甫始，而其文氣寬博旁皇亦近班、范，固非桐城所得囿也。或謂左海文與鮚埼亭相近，此語不爲無見。」所引高雨農澍然云云，具出此册高氏校讀之語。諦審册中三篇抄手、行款均不一，且多存修改之痕跡，如龔傳删去「公前後隨征，力贊軍謀，久爲耳目視聽明所知也」、「爲人慈祥坦白」諸語，陳銘改「李夫人生」爲「閩縣學生」，及天頭之「抬頭概另行平寫」浮籤，當係左海歿後高氏等人蒐其文稿編訂成册者，以稿本視之亦可。

按，日本金澤文庫藏文選集註殘本、臺灣「央圖」藏南宋紹興間建陽陳八郎刻五臣註本文選皆有「策秀才文」一類，南宋晁公武郡齋讀書志亦著録如是。文選所録王元長融永明九年、十一年策秀才文各五首，任彦升昉天監三年策秀才文三首，皆策問之文，由來尚矣。至清代，鄉試三場，首場四書文三篇、五言八韻詩一首；第二場經文五篇；第三場策問五道，題問經史、時務、政治等，猶存遺意。嘉慶九年，左海以翰林院編修充副考官，與正考官翰林院侍講學士陳嵩慶同典廣東鄉試，擬此策問五道：一經學，二史漢，三歷代考課之法，四歷代翰林制度，五廉耻。觀經學所問「鄭康成發疑正讀，功在六經，或謂其箋詩註易多改字，然與？許慎説文引經，皆存古文古義，能約舉其要與」，則知左海説文引經考、其子喬樅毛詩鄭箋改字説之撰述，縈繞於心已久。其餘策問，亦近乎文心雕龍詔策所謂「授官選賢，則義炳重離之輝」者。至如龔景瀚之家傳、陳若霖之墓銘，俱爲同鄉前輩所作，龔傳又載龔氏撰澹静齋文鈔卷首，陳銘已入繆荃孫所編續碑傳集。（駱生詠）

写本

左海文拾遗一册

陈寿祺

左海文拾遺

刪

古人策問多入集然今體制不能如古似不必存謝然讀

○廣東鄉試策問　嘉慶甲子科

問五經爲衆説郛今略言之易有三名所詮孰確大衍五十所釋孰精坎離何以先天地卦氣何以起中孚尚書有專著禹貢論洪範論者九河故迹孰得其三洛書本文孰合爲一禹貢之浮于淮泗達于河雲土夢作乂滎波既豬洪範之無偏無陂曰雨曰霽曰蒙曰驛曰克文字之譌不當是正與詩序作者言人人殊引用詩序始何書專釋詩序始何人韓詩亦有序關雎芣苢等篇異聞可廣與春秋時月公穀皆以爲例書郊九書大雩二十一微恉可尋與禮則祭天

有九、大饗有四、鄉飲有四、養老有四、釋奠有六、釋菜有三、其條目可詳覈與考工一篇顯異、周官儀禮有記、多殊、小戴試剖析之、緇衣樂記、雜出諸子、王制月令、非起後人、試別白之、鄭康成發疑正讀、功在六經、或謂其箋詩註易多改字、然與許慎說文引經皆存古文古義、能約舉、其要與我

朝經術昌明諸生其悉稽故訓著於篇、

問司馬遷史記、班固漢書、范蔚宗後漢書、三者最稱良史、然其編纂之始、豈無衆家記載、兼考互訂而後成與褚少孫所補、班昭馬續所踵成者何篇、續漢志

三十卷、何以羼入范史、能證明之與史記以項羽列本紀、以汲黯與周陽由同譏爲忮、以張釋之爲以廷尉事景帝、漢書則古今人表、無關漢代、貨殖傳雖臚周秦間人、桑宏羊李延年、竝預武帝名臣贊、此類豈能無失、與晉張輔謂遷敘三千年事、惟五十萬言、固敘二百年事、乃八十餘萬言、以此分史漢高下、然漢書列傳、多載章疏、皆經世有用之文、故卷帙增多、其他詔令詞賦、亦足考見一代文學、詎得以繁冗議之、與後漢書如荀彧臧洪、雖魏志有傳、特爲列入漢臣、是其編訂之正、然皇后作紀、不近贅與、採風俗通王喬

抱朴子左慈事不近譎與唐嘗以三史立科然則爬
羅剔抉祛釋疑滯固學者事也願稽聽之
問考課之灋尚矣周官六計皆以廉爲本吏道固重
廉與漢以六條察二千石其條目次序若何舉最舉
尤異者何人東漢司徒太尉司空分掌考課謂之三
府抑猶詳於外而略於內行於小吏而不行於達官
與劉劭作都官考課灋杜恕非之傅嘏難之其義安
在晉杜預爲黜陟之課信簡而易從與唐制流內官
差以九等流外官四等其考課掌於吏部以考功郎
中判京官考員外郎判外官考論者因謂唐專任考

功不如宋特簡清望信與監中外官考使校考使知
考使黜陟使何時所置與李綱孫伏伽源乾曜張說
之考第非特由上斷與宋之三等七事因革安在端
拱中立審官院以磨勘京官立考課以磨勘幕職官
縣官其即漢三府之意與明之考語差以三等曰稱
職曰平常曰不稱果簡而詳與我
皇上勵精圖治內而京察外而大計天工亮而庶績
熙諸生學古入官盡以所聞對
問翰林設爲專官始於唐開元時何書言之最詳唐
以前如金馬待詔東觀校書皆後世翰林職業所昉

也能詳言之與　之承旨後之何官學士侍讀侍講修撰編修檢討之名昉於何時翰林亦稱館閣然昭文集賢諸館龍圖諸閣皆掌圖籍文史而翰林職司内命其職不同則謂自前明移圖史於翰林院因有此稱信與唐杜如晦等十八學士薛稷等十二人為直學士能詳其姓氏與唐宋地居禁近天子得以不時臨幸如唐德宗之於韋綬鄭餘慶宋太宗之於蘇易簡類多優遇宋紹興十四年幸秘書省有宣名奏議之儀淳熙五年亦如之明則宣德四年幸文淵閣七年幸史館果無忝於錫宴賡歌之盛與我

朝稽古右文遠逾前代
高宗純皇帝九年甲子
臨幸玉堂實爲非常曠典今年歲甲重周
皇上踵行上儀恩誼優渥此千載一時之盛也諸生
績學多聞將備著作承明之選尚臚舉以對
問士有廉恥然後天下有風俗古者造士修四術立
四教大比考德藝賢能以禮禮賓之蓋欲崇讓敦節
也漢代求士猶重名義孝廉四行科選並設其表率
端矣匄貸無節州里弗稱其清議直矣然而興孝戚
父詣別居肆業 以經遭賄改豈流失所不能免與董

昭太和之疏，干寶晉紀之論，極陳魏晉弊俗，能推究其源，與唐以來科舉雖盛，弊竇迭滋，一第借階於鬱輪，八叉假手於鄰鋪，何怪簾外衣紫，挾名中貴，樓前曳白，虛玷甲科者乎？通榜之事，後世固不可行，然因文考行，若王師旦之黜張昌齡、歐陽修之黜劉幾，亦庶幾以文求士之微權，與夫義勝欲，則澆競之道消；利勝名，則腥穢之風熾，短垣自踰，穿窬同類，故有司防姦，不得不密。誠使教成行立，懷德懷刑，則雖一日之藝，安在不可以得人才哉。

國家久道化成，海隅率俾，嶺南人士，宜無不爭自濯

磨為民望者其悉言爾志

○甘肅蘭州府知府加道銜龔公家傳

公諱景瀚字維廣一字海峯福州閩縣人也先世系出宋參知政事茂良迄明南京國子監祭酒用卿族始顯曾祖其裕　國朝兩淮鹽運使司鹽運使祖岏贈文林郎河南襄城縣知縣父一發雲南鎮南州知州稱循吏自有傳公幼就傅日誦數千言年十八補府學生員乾隆三十四年舉鄉試三十七年成進士罷歸里居教授十有四年研究經史時務凡古今因革必窮源竟委求所以通變宜民之道四十九年選授甘肅靖遠知縣郡王傅察福康安時以通侯使相督關隴軍事天下督撫莫與並於屬

吏勘、許可一見公獨喜、謂監司曰是一好鮮明縣令也未抵任
即委、權中衛、判牘如流、見者不知其初仕也、縣南鄉七星渠袤
百三十餘里溉新寧安恩和鳴三堡及白馬灘田十餘萬畝久
淤塞、歲常苦旱、戶口率逃亡、公相形勢、立捐俸購石、築壩大河
兩岸、遏水使入渠口料通渠夫額併力挑濬、露宿河干數十日、
渠流始通、逃亡復業、復請於大吏假常平倉數千餘石、資渠夫
口食、次年春大浚七星常樂鎮靖三渠、重葺紅柳溝環洞及減
水諸牐、洎立夏放水水高於往時六七尺、溉田十餘萬畝、迄今
縣食其利焉、是冬歸靖遠、未數月調平涼前後四年多政績籌

穀米增駟騎禁強取窯炭除強派鹽費閭閻商旅咸無累邑東北七十里有地曰淺淺子夏秋間每起雲霧發冰雹傷田禾人畜民以為苦公齋三日移牒城隍神期以翊日驅之及期率兵役往中途民走告曰昨夜半其地忽風雷如戰鬥聲晨視則水減大半矣公至果如所言發鉏水涸自是平涼無冰雹災夏禾將熟螟蟊忽生農民恐奔告於公公躬禱城隍祠及虸蚄祠翼日往勘螟蟊盡滅一邑驚以為奇五十五年權固原州兼攝鹽茶廳撫民同知捕獲積賊境內肅然是冬旱尤異五十七年權循化廳同知申約束釐訟獄解番釁嚴關禁不以荒陋而慢之

八月復回平涼則前所整理者皆隳壞公竭力支持二載乃復
初五十九年擢知陝西邠州嘉慶元年參督府宜綿軍事當是
時督府奉　朝旨治事蘭州而西安又召滿州兵赴楚馬首
東西未有所決公進謁曰今楚賊蠢動商洛毗連楚境慮逆黨
響應且防竄入力請東行彈壓督府從之及抵關中奉　廷寄
適如公所言於是幕中大小事悉令公參決而後行尋以緝捕
逆犯功奏升知府從大營攻勦鄖西賊平之籌漢口以北善後
事宜乃還冬十月督府以蜀賊楚賊氛熾率兵赴陝而興安賊
徒屯聚窺伺郡城陝撫連檄告急公從督府至督戰破賊巢五

賊首乞降餘悉奔竄陝境平補慶陽知府部議覆駁　高
皇帝知公之贊軍謀也
宗特旨如督府所請行公前後隨征力贊軍謀久為耳目視聽
明所知也二年元旦入蜀冒雪攀崖屢瀕危從攻三賊巢破之
尋以前役攻五柞雲坳　賜花翎當是時達州巴州賊紛起官
兵不暇接公統計兵數審形勢要害議遣甘州兵赴楊柳壩分
五路勦嚮金峩寺遣土兵赴清溪口遣延綏兵赴王家寨督府
悉從之賊渡河四出焚掠公望見煙火數簇曰賊猖獗至此意
不在金峩寺而大兵尚在彼環守何也亟謁督府陳狀督府令
赴諸營即馳謁元戎達督府意翊日元戎督兵攻破金峩寺賊

果空寨逃矣六月督府兼四川軍事復奉　命總統三省幕府文書及四省軍情皆屬公公隨營久坐卧濕地足瘍項腫日夜痛楚然軍務倥偬常力疾據几治事不敢少安者逾二載三年督府移駐興安禦陝賊冬奏調公知蘭州府四年春督府奉
命歸京師以將軍恒某權軍事將軍松筠尚書長齡先後至皆留公軍營奉　旨飭回蘭州公從軍五載奔走四方晝參戎機夜撰疏札大府倚為腹心不可暫離目覩流賊情狀謂勦禦非善策作堅壁清野議曰竊惟邪匪滋事以來蔓延四省輾轉兩年負固則經年累月不能克奔竄則過都歷郡不能禦議

者惟以兵少為辭於是調隣省增新兵募鄉勇但謂以多為貴不知其無益而反有害也何則　國朝經制之兵有限而腹裏尤必其重兵所在非番回錯雜之區則形勢要害之地也一調不已而至再三備禦空虛奸民因而肆志是無事之區又將滋事即如四川湖北之兵皆以全赴苗疆邪教遂乘機起事豈非明效大驗乎此調兵之害也倉卒募兵但取充數非市井無賴之人則窮苦無聊之輩紀律不習技藝不精心志不齊膽氣不壯遇賊惟有紛然鳥獸散耳此增兵之害也鄉勇守護鄉里易得其力若以從征則非所顧無室家妻子田廬墳墓之思繫其

心也、平居未受涓滴之恩，臨難責以身命之報，於勢既有所難能、而為之長者素昔等夷，本無上下之分，與以虛名強相鈐制，於心又有所不服、故加恩則玩而驕，執法則怨而散，求其約束而整齊之者難矣。其藉此為利，浮開名數，冒領銀糧者又無論也、至於臨陣，既未習乎戰鬥、又各自為步趨，疑則易驚，紛則易亂、即或誘之以重利、鼓之以大義，而有勇無剛，能暫而不能久，鬨然而進、亦鬨然而退耳。此鄉勇之害也。且兵勇多則糧餉廣，糧餉廣則轉運難。 國家帑藏充盈，殺賊安民，雖千萬在所不計，而民間之疲於輓輸、困於差徭者，不知凡幾矣。文報有站、糧運有臺軍營之移徙使節之往來其夫馬不能不資於民力近地不足調之遠處州縣雖官為給價而例案所銷豈能敷用每縣夫數百名馬數十匹道途之費守候之費津貼之費司事者口食之費皆派之里下不肖生監又從而乾没其中為日既久民力竭矣官吏但顧考成一切以軍興法從事科斂督責民必不堪事變滋起或遇水旱之災何以處之況乎將領不能約束兵丁所過甚於盜賊鄉勇從而效尤激而生變是所憂者不獨在邪匪也然使有濟於事僥倖成萬一之功可也而自去年以來其情形大概可見矣四省之山層崖峭壁削立如城寨者所在

多有其上有田有水賊若據之非數萬之衆不能攻取然周圍
百餘里或數十里終未能環而圍之也竭力仰攻士卒損傷過
半幸而得之賊已乘間率衆他徙矣則又窮日夜之力以追之
而其勢常不相及蓋賊因糧於民無地非民則無地非糧官兵
之糧必須轉運賊竄無定向亦無定期糧臺豈能豫設夫馬豈
能豫增倉卒移營糧必遲悞此一難也賊皆輕身登降便捷而
我兵鳥鎗弓箭火藥鉛彈身所佩帶不下二三十觔行走不易
此二難也賊皆本土之人慣於山行婦人孺子亦趫捷若飛而
我兵如陝甘等處壯健有餘輕捷不足登山半日汗流氣喘未

遇賊而先困矣此三難也賊隨時隨地可以休息而我兵行必挨隊止必安營挖壕樹柵守卡站墻日夜不得安歇此四難也賊常飽而我兵常飢賊常逸而我兵常勞勝負之勢已分矣幸而勝之所殺者賊之後隊數十百人或其老弱疾病不能行者耳其首逆及全夥不可見也賊之詭計又分布數人於左右十餘里中四面放火使我兵疑畏不敢遽進及至探明而賊蹤已遠矣此尾追所以常不及也於是有謂宜繞道前進迎頭截殺者然前後夾擊則左右分馳東西並攻則南北各竄山澗重疊道路紛岐安所得十餘萬之兵一一迎而擊之即令兵多將廣

四面兜圍而賊聚而衝我兵散而守十餘萬之兵分布於周圍數百里之內其勢既分其力亦薄賊以全力捨命衝突亦未有不潰而出者故賊之往來可以自如我之進退反不能自主賊合而我兵不得不分賊分而我兵遂不能復合焚掠裹脅賊愈殺而愈多疾病死亡兵日添而日少勦則無以為守守則無以為勦今日之賊無論非今日之兵所能蕆事即或額兵全來新兵已練而使之追逐千里之際奔馳半月之久力疲氣阻其勢又為今兵之續賊勢益張兵氣已餒日延一日事恐不可問矣

然則為今之計將奈何曰賊未至巴州而巴州之民先去賊未

至通汙而通江之城已空守土之官雖欲效死勿去其誰與守此無他民心無所恃也故殺賊以安民也今必先安民然後能殺賊民志固則賊勢衰使之無所裹脅多一民即少一賊矣民居奠則賊食絕使之無所擄掠存一日之糧即賊少一日之食矣為今之計必行堅壁清野之法責成地方官巡行鄉邑曉諭居民團練壯丁建立堡寨使百姓自相保聚併小村入大村移平處就險處深溝高壘積穀繕兵移百姓所有積聚實於其中賊未至則力農貿易各安其生賊既至則閉柵登陴相與為守民有所恃而無恐自不至於逃亾別選精銳之兵二三千以

牽制賊勢、不與爭鋒、但尾其後、賊攻則救、賊退則追、使之進不得戰、退無所食、不過旬餘、非潰則死、此不戰而屈人、策之上者也、其要必先選擇良吏、一省之中賢而能者道府豈無數人、牧令豈無二十餘人、其奔走趨事、明白勤幹者、佐貳豈無數十人、今川省賊所往來、川東惟夔州達州、川北惟保寧順慶而已、陝西惟興安漢中商州、河南惟南陽、湖北惟荆州宜昌施南襄陽鄖陽而已、所屬牧令賢者留之、不肖者易之、無慮各派佐雜數人、分任其事、以一道府董局事、佐以正佐數員、講明利弊、議定章程、總其大綱、其餘道府分路經理稽察、不過三月可以畢事其次則相度形勢天成之險如大成寨太平寨者加卑因高使之可守移附近居民於其中先藏積粟貧者官貸其資茅屋草棚聽其自便其故居仍留勿毀賊未至時仍可如常安業也其村莊市鎮人烟輳集如臨江市普安場者隨其所居因山臨水為築城堡外挖深濠務令高廣民居零星在外者移入之甎石木料匠役之費皆給於官惟丁夫取於民有貧乏者量給口糧以代賑恤其次則選擇頭人山上之寨平地之堡人戶既多一切事宜需人經理擇其身家殷實品行端方明白曉事者或紳監或耆民舉為寨長堡長給以頂帶予以鈐記使總一寨一堡

之事其清察戶口、董視工程、經管銀糧、稽察出入、訓練丁壯、修飭守備、別擇數人為之副、各就所長分任其事、以專責成、其次則清釐保甲、戶口繁多、奸良莫辨、外至者虞其為間諜也、即久居者亦慮其有匪黨也、行保甲之法、十家聯保、互出甘結、始準移居、匪類送官究治、其蹤跡可疑尚無確據者、另附冊尾、聽其別居自便、毋使溷入、以滋後累、其餘良民悉使團聚、家有幾人、大小幾口、所操何業、田土若干、詳註冊內、以備稽核、其次則訓練壯丁、每戶抽壯丁一人、或二三人、編為部伍、鳥鎗刀矛各習一技、官為給價製備器械、每一堡寨擇營中千把或外委一員兵三四名使之勤加訓練有事則登陴守禦自保隣里毋令出征惟本州縣有警或隣堡告急許以其半救援其次則積貯糧穀堡寨之中建倉數間富家囤户有糧難以盡移者官給銀悉行收買入倉無者買於隣近各鄉官兵經過即以此糧供支賊至閉寨壯丁守陴按名給糧毋令家食其鰥寡孤獨貧乏殘疾及家稍充而實無糧者準其照冊分别賑借賊平之後即為本鄉社倉分貯常平一遇災歉亦可就近賑糶其次則籌度經費所有築堡挖濠建倉買糧置備軍械一切守禦器具及搭棚蓋屋之費銀皆官給交堡寨長司其出入惟倉糧之數主於官賑

借供支、官為報銷、其餘銀勻攤於堡寨居民所有田地、分為十年、或八年、隨地丁徵還、如此者有十利焉、川省無土著之民、五方雜處、其性輕於去就、故一聞警報、輒四散奔逃、民心疑懼、則千里無堅城矣、今堡寨林立、聲勢聯絡、民居既安、民志自定、父母妻子一家團聚、無流離死亡之憂、並不慮為賊逼脅、陷於邪黨、可以保全良民、潛消賊勢、其利一也、糧皆藏於堡寨之內、所餘村落店館皆空屋耳、賊即千里焚掠、無所得食、若攻圍堡寨、則丁壯自護身家、其守必力、又有鄰堡之救援、官兵之策應、其力必不能攻陷、狂奔十日、非潰而四散、則輾轉於溝壑之內、而已區區首惡何難就擒可以制奔竄之賊其利二也據險之賊不能不下山掠食今民皆團聚糧不露處冬春之交野無青草附近已無所掠遠出則近山之堡寨皆得邀而擊之其勢又不敢出坐困月餘積糧既竭終亦歸於死亡逃散而已可以制負固之賊其利三也州縣之有鄉村如樹之有枝葉枝葉傷則本根無所庇鄉村皆為賊所蹂躪其城郭之不亡者僅矣今四面皆有堡寨障蔽擁護賊必不敢徑犯城郭有急則環而救之如手足之捍頭目賊將腹背受敵況官兵又乘其後矣可以保障州縣其利四也堡寨遠者相距數十里近者或十餘里官兵經

過，就近供支糧臺，可以不設官，無轉運之費，民無輓輸之勞，至文報往來，尤關緊要，堡寨之在大路者，即安設夫馬遞送，無須兵勇護之，可以省臺站之費，其利五也。每省挑選精兵三千，賊合亦合，賊分亦分，牽制其後，使之不得攻陷城堡足矣，其餘悉令歸伍，所省鹽糧，猶其小者也。兵少則差徭亦省，民受無窮之利，而營伍不至空虛，亦無虞再生他變，其利六也。守陴壯丁，惟至賊至時數日給以口糧耳，無按月之鹽糧，無安家之銀兩也。其費較招募鄉勇，所省何啻天淵，而愛護鄉里，朝夕相見，猶有古者守望相助之意，可以情法維繫之，不若鄉勇從征日久，習於兇暴怯公戰而喜殺掠釀為將來無窮之隱憂其利七也保伍時相糾察而堡寨之長又從而稽之則奸宄無所容其桀驁不馴如嘓嚕者亦懾而不敢肆可以漸化為良民其利八也邪教蔓延為日既久伏而未動者正不乏人今淑慝既分居不相雜其冥頑者苟潛入於賊黨可以一并殲除其愧悔者必安居乎故業可以保全身命絕後患之萌開自新之路其利九也規模既定守而勿失遠近一體上下同心如網之在綱有條不紊如身之使臂無令不從無事之時按籍而稽瞭如也有事之時畫地而守井如也一勞永逸數世賴之其利十也然而愚民可

與樂成難以慮始因循目下畏難苟安此議一出必有阻之者矣一則曰騷擾反以累民也夫擇利莫若重擇害莫若輕賊匪所過焚燒房屋殺戮人民擄掠婦女其慘極矣民雖至愚亦必明於利害所全者大即小有騷擾猶當毅然為之況保其身家全其積聚順其情之所樂何累之有若云奉行不善則官吏之過當易其人不當廢此法如戰場失利豈以偶無良將而遂永不用兵哉一則曰迂緩不切於事也夫欲速則不達自去歲以以來各省所行者何一不速何一有效事固有不急急於目前而收功於異日者及今為之未為晚也行之一縣可保一縣行之

一府可保一府同時並舉不過三月賊在羅網之內矣是速莫
速於此也舍此以圖其果有旦夕奏效操券而得之策乎一則
慮其費大也夫成大事者不惜小費苟能平賊即多費亦所不
惜今州縣大者不過堡寨數十處小者十餘處一省所辦者不
過三四十州縣耳裒多益寡合計每省不過用銀百萬兩而已
自是即無所費較之養兵養鄉勇每月需銀百萬者其費何如
且尚未有底止也況惟買糧為費較巨而糧分貯於堡寨何異
貯於州縣之倉今各州縣豈能不採買乎其餘借項分年帶徵歸
款是不獨省費且並無所費矣一則畏其繁難也夫天下無難

成之事患無任事之人今自道府下至堡寨之長總理者有人
分任者有人勞瘁不辭纖悉具舉何慮其繁難且通江巴州儀
隴賊所蹂躪之處失業難民豈能不為撫卹清察戶口修理房
屋弔生卹死賑乏周貧其繁難何止十倍於此與其補救於已
然之後何如豫備於未事之先願平心而熟計之也是數說者
皆不足以難之然則今日急務莫有先於此者矣安民即所以
殺賊民懼賊而逃猶可言也兵愈增則差徭愈重師愈久則擾
累愈多數月之後恐民之見賊將不逃而合之矣今不早為後
悔何及哉議上大府深以為然遣當事者急於見功以為迂闊

中止又撰平賊議大畧謂平賊之策不過勦堵撫三者而已堅辟清野之法不戰而屈人策之最上者也然而工鉅費繁蹂躪之餘民之盖藏既空生計復窘軍興日久官亦未有餘力及此需之歲月今日又急不能待也無已其惟分屯合擊之一策乎夫兵宜聚而不宜散貴精而不貴多今徵調半天下其數將十餘萬而經畧參贊總督將軍所用僅二三千人合四省計之不過二萬其餘安歸乎賊股愈分而愈多路亦愈分而愈雜於是派提鎮參遊率兵千餘或數百人以分勦分堵不計賊之多寡兵之足數勦捕否也究之所謂勦者隨賊奔走而已所謂堵者

望延歲月而已、兵力既衰、聲勢愈弱、數年以來、未淨一路、是置兵於無用之地、而虛糜糧餉也、府廳州縣、每處留兵、或百餘、或數十、勢孤力微、故轉糧散餉、常覺兵多、臨陣出征、又常患兵少、其弊在於分、是不可不合而聚之也、疲病恇懦之兵、不能為利、而反為害、矢石交加之下、一人驚顧、萬衆披靡、即有勇者、亦無所施其力矣、善用兵者、惟在能恐、我不退則彼必退、機之先後、不過須臾、將率以時訓練、使上下之情洽、則休戚相關、彼此之技均、則臂指可使、故兵將必相習、而後兵可用、今所調之兵、不必領於原營之將、數月而易人、臨時而更換、兵不識將、將不識兵倉卒遇賊有委而去之耳近年陣亡之官甚多陣亡之兵反少以此是不可不精於操練也精壯之兵皆歸大營分給諸將大半老弱多不過二千人少者千人其能戰者惟數百人耳何可責其成功且尤患者兵少而官多將軍提督副都統各數人總兵十數人盡予重兵馬有此額其供支百倍於官兵者一人即可養數百兵而有餘又一隊之兵僅二三百人而參遊都守或多至七八員連雞之翼不能俱飛而本營至無一官以目兵而署都守以武舉而讓參遊兵備空虛營伍廢弛何不別而擇之汰老病而擢勇智其循分供職者均回本營訓練新兵以備

吏調此兩得之道也。是將率不可不精選也。統馭在將，致死在兵。今軍營告捷，官之升擢者一疏至數十人，而兵之得官者千百無一二也。一升之米，一兩三錢之銀，所得幾何？所望者唯厚賞耳。而今之經略參贊不名一錢，安得賞不踰時？爪牙無摧堅陷陣之士，偵諜無深入效命之人，賞濫報輕，孰為我用？是犒賞不可不厚也。今被賊者四省，一省之大，屬吏賢而才者豈無數十人？今大府大加甄別，度人地之宜，陞調勿拘成例，使之撫循民人，慎固疆圉，假以便宜，寬其文法。每州縣視其緩急輕重，予銀萬餘兩或數萬兩，以暇儲米麥草豆，雇騾馬，整器械，勸修堡寨，團練鄉下使自相保聚官為巡行郊野諭曉大義其民皆有尊君親上之心敵愾從王之志以戰則克以守則固可以助將帥官兵之所不及是牧守尤不可不擇也數者既具可以行吾之策矣以陝西一省言之經畧參贊總督將軍各提鎮各州縣之兵及隨營鄉勇其數不下十萬汰其老弱疾病怯懦無能者罷歸原營可得精兵四萬人以為戰兵又其次者可得二萬人以為押運軍駄留守營盤每一千把領兵百一參遊都守領兵五百或三百即為所部兵將永不相離四萬精兵分為八營每營五千人守兵二千人輔之經畧參贊總督各領一營其餘以提

鎮之有勇畧者領之又於其中擇敢死之士數百人以為親軍明白善步者數十人以為偵探倍給鹽糧即於汰歸四方之兵餉取之有餘分屯要地宜疎而不宜密宜遠而不宜近如賊在終南山中則盩厔五郎鎮安后泉洋縣留壩鳳縣寶雞皆要地也相形勢扼險要四面分布聽賊之游衍於山中我自椎牛饗士休養撫循使我兵力足氣盛皆有勃然殺賊之心賊蹤在百餘里內兵力可及者星夜發兵風馳雷擊附近之營各有偵探不期而來或截其旁或邀其後州縣之鄉勇亦乘其敝則一舉可以成功或賊乘間移至甘肅四川近我營者邀而擊之遠則

不堵不追亦移各營之兵徐行環布相機而動若賊分竄兩省則各分四營之兵環之若分竄數處則擇其重且急者環之以逸待勞令不得出我之範圍旬月之內可以蕆事矣以此為勦即以此為堵勦堵得宜而勝筭既得投出者必多賊勢既窮悔過者亦衆不言撫而撫在其中是亦策之善者也否則分股而馳分地而守兵力日疲賊勢轉熾如前所云吾不知其所底矣既而大臣有以前堅壁清野議　奏御者四川總督勒保亦行於蜀有效總督松筠在漢中復奉　旨飭行其法卒用蕩平十一年續編　皇清文穎　仁宗特出是議付館臣載之

論者以公經世之學，先幾之明，老謀壯志，上與廟筭符契，非凡百賢能所及也。既返蘭州，辦軍需，派糧餉，賑旱災。冬入覲，仁宗温諭垂詢軍事甚悉，蒙恩內記名。十一月二十六日疾終京邸，年五十有六。公為人慈祥坦白，豁達識明，敏曉兵事，喜植士類，引人林士之貧不能赴省試者，皆贈以道里費。所在民悦，所去民思，去之日奔走於道，皇皇然如失所恃。蘭州為之立生祠。馳驅戎馬之間，廹逼賊壘，往来不少動聲色。嘗返甘州，宿江口，中夜訛傳賊至，百姓驚竄，丁役鳥散，公堅卧不起，須臾訛言頓息，其臨事鎮定皆此類也。丁父艱，間關萬里由滇之楚旅費不繼奔走淮揚徐豫間乃克扶喪歸葬家數十口一身肩之族戚困之者假貸助之捐資葬吳氏子停棺十餘出仕後歲周宗族數十家十九年如一日著祭儀考禘祫考說祼𨜒風說離騷箋各一卷孔志三卷循化廳志八卷潛靜齋文鈔八卷詩鈔六卷讀書錄訪古錄若干卷子四長式穀廩貢生仕至壽州知州受穀舉人左翼宗學教習豐穀舉人湖北天門縣知縣瑞穀河南睢州州同

頭緒頗繁風神、弥逸其行文有收有放有節制並取法于史漢而取格于承祚極優游有餘以此 謝丗恭校

鈔此一篇出空格

抬頭概另行平寫

皇清誥授光禄大夫兼振威將軍刑部尚書陳公墓

志銘

吾鄉刑部尚書陳公既薨之二年葬有日嗣子兵部主事景亮以公陷出之文請屬壽祺曰先人願有託於太史壽祺惟昔者虞史臣繼堯典特陳皋陶謨所以重民命著維刑維允納一世於仁之治其旨微矣公由翰林改刑曹訖為大司寇前以左刑部廿二十八年膺　兩朝之知以繼者無人數久其任宜得如虞史臣者載筆比之皋陶壽祺何足任此雖然壽祺前史官也嘗與修　一史又獲銘當世名公卿勲

續卿省大賢敢不竭知　于虞以根切不辭謹按公諱
若霖字宗覲一字望坡閩縣螺洲人乾隆丁未進士
改庶吉士散館授刑部奉天司主事進四川司員外
郎總辦秋審進直隸司郎中嘉慶八年秩滿截取知
府本部奏留又五年以資深超擢四川鹽茶道旋授
山東按察使未久移廣東再移湖北四川就進布政
使歷雲南廣東河南浙江巡撫以道光元年進湖廣
總督二年移四川四年入為工部尚書管順天府事
時刑部公精於律學善折獄廷臣莫及長官有疑獄
必□公奉□□卷必以公行即他部有交辦事亦請

以從其隨太常寺卿部自昌讞獄易州由　特
旨蓋是時　先帝已知刑部有陳某矣及乞留
疏上遂　兩記名屬新授甯紹道特獎
陛辭奉　諭旨陳某承辦部務有年為刑部不
可少之員他日可按察使故為四川鹽茶道未三月
遂有山東之　命再移廣東湖北最後移四川
凡四為按察使廣東四川案牘紛紜信于他省其為
廣東　召見養心殿二次為四川　召見
勤政殿三次皆　諄諭而以遣天下曉然知二
使為　特簡用非　常調也公既諳刑名倍加勤

慎積牘一清新牘無留讞決稱 上官陳臬八
載部無駮語而迴翔四省止舊職難其替人也故為
布政使未一年即擢 授公巡撫 今天子
嗣而服黜陟幽明內外臣工為 先帝簡用者
悉加隆擢而公進總督蓋公負經世之學畧于水利
扼〔阨〕塞行師控夷捕逆諸大端莫不通究而歸本于愛
民其于治獄尤體卹 上好生之德以洽民心異
支察察之為赫赫之名即所樹于天下者可參互而
得也公四為巡撫遇水旱災祲輕則奏緩重則奏蠲
奏借籽粒浙江災尤數凡三請 命亟其皆所

湖奏減苗租二萬餘石豁積逋七萬二千石石餘石
往时南新北新二関罰商漏稅十倍本貨公撫淛止
令半入歲課餘充四川中江單萬典捷為道士蕭来
修妖言煽衆时公力睹止法為首數人姦宄自戢夫
漏稅干禁妖言不紀一与經比一誅止其魁可想見
公廣大之政矣又治水于淛江奏修會稽新沙裏山
陰宋家樓上虞吳呂公埠余墟巷蕭山上新廒新林塘
動帑錢萬金又新林塘距海遠公奏新林雖激汐不
至而竈牧兩地多積水遇漲則壅而壞嘗又衝易潰
請濬竈地舊溝漁俾〃 竇納就牧地西北低下坎引

水分淺移其土培塘根補築馬塘間段于期一勞永逸至刑部尚書時奉使勘湖北京山王家營潰口奏襄河上游民請廢堤行故道皆臣嵩孚奏依治河工程報銷均不予行請先造攔水柴壩次挑潰口南湖李灣沙塊俾下流宣暢然後添築潰口各壩護堤工省而事集于垸不壞并以議行其于阨塞以湖南洞庭居山孤懸湖中盜賊所窟奏移岳州府同知水師守備鎮之以辰州大酉溪旧產金珠封禁後時有匪徒出沒請移辰溪守備駐其地兼轄北溶界亭二汛以四川南部縣新鎮壩為商鹽要地旧制裁鹽大使改鹽

務归卹、卹距鹽井遠請移富邨驛丞于新鎮壩驗引
緝私公私交便其行師於藩權廣東藩印降海寇郭
學顯东海壩日其人船器械籍ㄟ既回梟任以舟師
生擒西路烏石二、斬徇粵洋無盜　賞戴花翎
為四川布政使平中瞻对夷酋洛布七力巡撫雲南
平臨安府江外夷并得其要領移時而議其控夷不
煩兵力而安緝（輯）其越南國水尾州与雲南開化府河
口汛接壤其己州目黃金珠仇殺副州目李文政家
六人、內地姦民薛韋、洋与同亂及彼國大索已為汛
弁趙秉忠縱ㄟ歸以狀聞公曰此亂民也不治無以

服外夷心捕汛吐實解赴邊界斬梟傳首水尾州夷人恍服湖南苗當蠲逋減租已慶更生公並嚴禁往时徵租婪索与偽充差員詐錢諸弊益感戴如親父毋及公大閱湖南沿邊二千餘苗寨陈兵護衛父老領子弟焚香跪迎道左公為宣布 天子仁恩咸呼萬歲道旁观者以為前此未有也四川九姓長司官不請吏治公請考試訟獄改歸瀘州並于瀘州置九姓鄉學許其嚮化比內地其捕逆獲河南白蓮教首柯老八又獲首逆王五保窩主楊子位計公旌節所及幾盡東南西省及中州而廣東湖北致再至四川

三世皆白我舊使君也，故從治水，故入為工部尚書，兼
管順天府事，賑饑（疏河）捕蝗，水故操，公化又浸浸漸于北矣。
天子曰陸某被知 上先帝，由刑曹其為刑部
尚書，自是掌邦刑者九年，歸老而薨，廷臣計在刑部之
久無如公者，仰見我 國家慎重民命，於六卿為重選
甯久一人，以活天下世意，而公所以答 兩朝之
知者，始之終之，亦藉是可告無罪于 天
子與萬方百姓。嗚呼懿哉！公初還 朝，蒙 恩賜
紫禁城騎馬，年七十八，蒙 恩賜壽 錫敕典
承麻額。又四年，以疾乞休， 恩給假一月，假滿

予致政歸以〻十二年四月十五日酉時薨於天津舟次
距生乾隆己卯年四月十五日午時享壽蓋七十有四
也　天子震悼　降旨照一品給全葬銀五百
兩遣官致祭曾祖贇祖郡學生藻父國學生秉綸以
公貴　誥贈振威將軍　加贈光祿大夫妣皆
一品夫人公篤內行長兄故遺一寡媳歲賙五百緡
錢入經費諸季各分金業其家公仕宦四十年未嘗
一日忘族里族里凶荒異事每令子弟家報彙敘以
聞既創螺洲宗祠梓族譜凡育嬰恤嫠賑災修貢院
悉鄙金助成之先是公撫廣東修通志及本省貢院

逡餘貲數萬卽制政去收制府孫文靖公請修本省
通志時公已踰七十獨拳拳鄉國文獻如此妻李氏
誥封夫人子三長景福閩縣學生未仕卒次卽景
亮補廕兵部主事三景曾閩縣學生孫承寬府學生
承厚承謐承襄承庥曾孫敦初以道光十四年某月
日葬于北園山頭嶺之陽銘曰
古
清弼教出吾宗以刑郎治司寇終昔尹制刑
具訓蒙公少精律經重從周誥有倫畀弟封公起閣
閣任特隆和平直聽不枉究公結 主知一乎忠
長官受質屬協恭三陳邦臬圖奏空持節地盡西南

東帝吾　皇澤臣何功議蠲議緩起羸瘵曾災必
告齊豐凶弛囹橫索罰半免南新北新集賈艅渫淤
石陂涸枯農宣防瓠子歌融融孤險環湖犀魂叢建
牙移鎮銷伏戎平夷平海兵無攻豸服花翎邀○○○（空三格）
酬庸九姓侍學苗趨風越南君長苗（懽）呼嵩圍空潛伏
戮逋兇莽莽千里息吠尨王臣蹇蹇致匪躬　帝
曰汝勤來侍沐終始秋官九載供比虞皋陶亮天工
皋陶曾謨今宜同壽祺莘弱慙獨扛勉勤斯銘上大
蓬

有不爲齋文稿一卷

［清］龍巖魏茂林撰

中國國家圖書館藏清抄本

有不爲齋文稿一卷，清魏茂林撰。茂林字賓門，號笛生，龍巖人。乾隆三十七年（一七七二）生。嘉慶十四年（一八〇九）進士。授内閣中書，累擢郎中，一充鄉試副考官，三充會試同考官。道光十二年（一八三二）外簡，歷河間、保定知府，分巡通州運河道等職。十九年引疾歸，僑寓泰州，閉户著書。精於小學，撰駢雅訓纂十六卷，又有國朝三十五科同館詩賦解題七卷首二卷、國朝十二科同館詩賦解題五卷首一卷、文法一揆四卷、二家詩鈔箋略八卷、廣腋四卷等。

是書一卷，所收以序、跋、題識爲主，間有祭文、尺牘、傳、記等。各文多署撰寫年月，故可考魏氏所撰文起嘉慶五年，迄咸豐元年（一八五一），其卒年雖不可考，則當逾八十歲。魏氏耽於小學，以駢雅訓纂最稱著名，是書收笛生手校駢雅跋語一則（校本今藏中國國家圖書館），藉知駢雅訓纂之編纂，起嘉慶二十二年丁丑，訖道光二十一年辛丑，歷三易稿始成。又收致戴醇士閣學書一通，先述各家勘正、糾謬、補闕駢雅訓纂之情形，又述編纂之經過，謂「稿凡三易。初稿用旁訓體，僅標出處，未録全文。第二稿則用紅格大書某某字，又一行大書某某也字，其注則用雙行載於某某字下。凡事不經見及寓無其書、得之鴟借者，皆隨手録入，並詳審一過。其正經正史家有其書者，祇標篇名卷數，並有祇列書名者，此二稿之多空處未填也。第三稿則仍用此格，逐條謄清，凡所闕者，皆檢原書補入爲上板字，底本内多章芝楣孝廉補寫，或另倩幕友代填」云云，又述其未能詳核之緣由六條，則駢雅訓纂之成書經過，原原本本皆詳矣。魏氏所撰諸書，傳於今者不爲多，然據是書中諸文，可知尚有滌聲近草，乃嘉慶五年所編詩集；有龍川臥談及此樂齋備覽書目，乃嘉慶五年讀書州西家塾時所撰集，今皆已不存。

書中有刻郭大理遺稿跋，亦載諸道光二十五年（一八四五）刻本郭大理遺集中，該集中又有魏氏撰郭大理遺稿序，則見於中國國家圖書館藏魏茂林文鈔清抄本。（付明易）

有不為齋序文稿

常高菴增陰隲文詩識語

泰州常君高庵通經士也道光己亥秋賦入都舟次潞垣以所刊儀禮瑣辨四書緯二種見詒讀其書索隱鈎深發蒙振瞶足以羽翼經傳心竊韙之是年林由通永道任陳退得請解組來南僦屋於泰之北門外大東橋高庵亦於試後回里時相過從因得見其所撰陰隲文詩乃[illegible]高庵又風雅人也讀其詩温柔敦厚一本性情惟以主持風教為己[illegible]陰隲文詩僅其一班然非邃於經而通於作詩之旨者烏能辨此[illegible]固無淺語哉若其立局之工敷詞之雅足為試帖正則兕常君之[illegible]也旁批固已盡之林勿庸贅一辭矣道光辛丑三月[illegible]

拜識

周鑒堂先生周易通要識語

嘉慶丙子 林館少京兆　周鑒堂先生宅相與商榷經學少京兆擬撰周易通要一書因盡發所藏說易家言殫心摎討 林亦時時有所是正先生或揮汗握鉛或擁爐命筆孳孳不倦閱五寒暑而後成時芝生比部芝臺學士均先後舉於鄉己卯同榜成進士而 林亦以戊寅奉使粤東解館僦居他所是書束藁盈帙 林每慫恿繕校一通付梓未暇也迨先生歸道山芝昉同年偕芝生芝臺扶櫬歸里是書遂不可得見歲癸巳 林由河閒守量移保郡得詢之芝昉觀察處知此書復經昆仲校定已繕錄成冊亟假歸署命書手鈔藏篋笥閒輒繙閱一過嚮所商榷定者均在焉因綴數語書於卷端惜乎公事冗雜手痳目眵不復能曩日與少京兆跂脚北窗下然疑揮玉柄麈尾然疑美隹

是書之命名起例貫弗羣書無閒不入則有識者自能辨

道光乙未中春望前二日龍巖魏茂林滌聲甫書於保陽郡廨之右

爲齋

題張樹嵐虛谷詩集

抒寫懷抱陶冶性靈無一語不清新無一字不俊逸劉舍人云鍊於骨者析辭必精深於風者述情必顯此論文云爾移評斯集識者當不河漢余言七十四老人魏笛翁識

秦廣文詩序

盥讀諸作抒懷澹遠標韻清微脩然自得於塵垢之外劉舍人評雲有曰其言溫而雅此其近之樸巢遺老後固當有替人也道光辛丑巳日笛生弟魏茂林拜識

國朝十二科同館詩賦解題識語

林輯國朝三十五科同館詩賦解題八卷付梓適丹徒趙子舟觀察楫書來欲先將道光壬午至甲辰十二科詩賦題編出鋟行蓋觀察曾由翰林官侍御平日留心朝野掌故見林所纂解題有同好也惟此書向仿紀文達公庚辰集例每題必究其源雖習見之題亦必書其篇名卷數使閱者有所徵信是以輾轉稽求伐山非易林輯三十五科解題積二十餘年始就而其中尚多未詳及隨時更正者此書雖止十二科而欲即附前編以行似難剋期以就幸林自壬午至甲辰每科同館續[illegible]皆已將應補之題簽出隨時綴錄今已輯有十分之五六又得子舟察以其所見擴林所聞共相勸校可繼前編付之手民以課其成[illegible]幸歟前編係吳橋生觀察與祝蘅畦尚書敘之於前之[illegible]

繼之於後橘生現攝臬篆近在蘇垣爰書此告之並言之

作鄂暢月朔日龍巖魏茂林笛生氏時年七十有八

重修漳郡會館錄題識

漳郡館錄自藍古蘿少宗伯重鍥後李太守鳳岡前輩續修之迄今又二十餘年矣棗板有蝕者字遂刓脱又每歲同里來京師續書名于册書者刻者既非一時字之大小疏密不能相等宜也歲癸未沈松軒舍人歸里以館事屬余代理時試兵部諸君例捐金刊錄余檢上下册見其中字迹漶漫者十之四前後歧互及重複疏漏者十之二脱簡者十之一若板心漳郡館錄誤作漳館會錄者又不啻十之五夫時逾遠刓稍愈難工愈增費且加鉅宜修補之誠莫如今日因即舊錄暨東[illegible]題名參互考正脱者補複者去歧者誤者悉釐剔之以付梓人洎[illegible]春竣事舊錄已漶字不可識者不敢以意正之以志慎也使獲古先生得五十年前善本而再鋟之豈不大快然吾同里[illegible]

者後有同志共成之余且先覩為快也夫

道光五年春正月填倉日龍巖魏茂林識

清祕述聞識語

曩時法梧門學士著有清祕述聞一書爲詞垣掌故嗣後同年王藝齋官御史時復取馮晋魚舍人續編稾本訂訛補闕爲清祕述聞續八卷所載鄉會學政各官斷自嘉慶庚申迄庚辰科止今　皇上御極以來賢路宏開人持玉尺自辛巳至今又歷十餘科　林官京師時曾於退食之暇仿照前例彙輯成編一麾出守恒攜以自隨迨觀察北平仍以時增輯計分鄉會考官類凡四卷同考官類凡一卷題曰清祕述聞續凡以云述也今夏因公入都晤門下士許吉齋編修詢知藝齋所書一種板存清祕堂吉齋欲得是編付梓亦歸詞館以備考鏡因録屬爲釐訂並考晋魚舍人原書闕學政一門藝齋侍御爲之補此雖經蒐採未遑卒業仍復闕如是　林　特爲舍人之續[illegible]

之續也語云行百里者半九十今林輯是編也益信

道光十有六年太歲在申孟秋之月龍巖魏茂林識

龍川卧談識

道光十五年四月六日偶檢敝簏得此編及此樂齋備覽書目一册迺嘉慶五年庚申夏讀書州西家塾時所譔集距今三十五年矣把卷茫然都不省記編内所稱三大願迄未能償德之不修學之不講聞義不能徙不善不能改年將耄矣故我依然是則可憂可媿也夫

笛生識於潞河道署之鴻雪堂時浴佛前一日也

跋朱賜章五橋友鹿山房試藝本後 時方與覺正寺僧結訟

孟子之學首在知言養氣惟文亦然知言則理明辭達致其知而無不達之言槀中有德者必有言全章文是也養氣則躁釋矜平得所養而無不平之氣槀中公都子曰全章文是也畧覩數作已見一斑轉眴秋闈願益淬厲搏扶搖而上之當合鄉會墨竝刊為講舍中生色也

道光丙午五月十一日林識

袁埜曙親家屬書東軒扁額識語

此埜曙親家習靜之室也地居宅之東隅故曰東軒以爲取其迎曙云爾而抑有進焉蓋東方屬春春之氣和和氣致祥家之慶也於五行屬木埜曙生建取旺於木故名東旭而卜宅皆在城東事業亦於東三方爲利此東軒之所以名也僕自如同巖由巖至京今復庽泰皆以西軒名其室與埜曙正相埒然得秋氣太深方諸盎盎之春隆隆之象固不可同年而語矣道光壬寅　月龍巖老笛魏茂林

華星來江樓餞別圖識語

星來明府林丙戌分校所得士也闈中讀其文亟愛之其孟執有云神明之矩挈萬事而不病其紛貞固之操歷萬變而摠歸一是謂其有綜理庶務之才非特宰一邑已也茲由保陽以江樓餞別圖寄示欲爲贈言林無以益星來還綴其語爲星來卜並舉　天題所謂行有不慊於心則餒者以勗之星來勉乎哉

道光七年上正三日魏茂林識

輓某翁序

蓋聞稽叔夜山陽之笛向秀聞而興哀謝太傅西州之門羊曇過而下淚況乎典型隕謝風雅淪亡誰能遣此空惆悵於華屋山邱予獨何心徒躑躅於素車白馬惟　翁學探二酉筆爍三英擅說經之鏗鏗妙談元之亹亹文思泉湧博辨雲飛少負雋才長尤績學辨易則深源箱口論詩則匡鼎解頤常深緝柳之勤每切囊螢之照以此雋才加之績學固應馬蹄蹀躞看長安一日之花龍角崢嶸奮禹穴三層之浪然鹽車服驥不遇孫陽豐獄埋鋒未逢雷煥誰云桃李盡歸狄相之門此驊騮不入富公之廐亦曰瘁哉吁可怪矣若是有才無行同淮溫岐宿學多驕等江東之羅隱是即好薦賢如山子詎肯以一教下士若中行亦將以衆人待我而翁則家傳清[illegible][illegible]

韮之風勤有一編之托豈文章之憎命何筆墨之無
玉棺遽下徒作樓中之記竟修地下之文使門人悲薤露之歌
蓼莪之什夜臺寂寞空憶子雲之居遺掛淒涼莫下方干之拜大
楚客之招魂致邦人之隕涕者矣某誼忝葭莩情隆金石春風絳
等咸切樞衣明月朱繩榮也九叩中崖比年下榻荒齋一切俱承昂
竟何圖鵬夢遂兆芝焚臯比撤而講席空梁棟摧而同志泣惟是蘭森
桂茁尚列階庭鳳起鸞騫定翔霄漢則翁已解其天弢某更持孚左券
生芻一束聊代含哀魯酒盈尊庶其鑒格云爾

代輓張公鶴田暨太孺人文

盛德之人敦敦悾悾器重一時體之滋沖孔德之容𣬛𣬛抑抑言高一世處之愈默惟　公劬學韜迹崇門味躭雨甲幼識風丁洛中翩翩文學鏃鏃才大如海心虛若谷劇武庫癖熟相斫書鍖然不滿塊苦無餘彥和負書昌黎投刺物或布聲公無炫志一八四八飛泉仰流公筆而記人讀而諷藻鑒無虛聲名遂起琳圭貢珍驊騮蓄技名豐於世遇嚞於天筮卦得賁曰是可潛鱗棄角養居鶉飲鷇以產則貧論道則富〻不苟就言不崇華削心約志辭隆從窊測文竣筆乾蔭有在淩雲一天嵗遂解敦懞以固勸勉以貞孰稱宜吉曰惟太君蘧筐表柔圖心哲佩悅不華滲瀡無缺蘭英教學宣文授書綫裝五色史讀〻易炳激湍不駐幸生家督克延門祚振响懸畢移乃

卜元廬奠斯兆窀樹滋墓櫝暆暆之暉摶摶之土

均掩此幽宅永懷德音執紼無從吹簫致慕敬薦生芻鑒此忱

代輓慈淑賴母盧氏孺人七十九壽序

夫萱花隕紫則衆草爲之不芳慈竹凋青則羣木於焉歇翠是以匏媧
石徙愁添鰲極之雲玉女盆翻愴絶蓮峯之月望母儀而不見思壼範
以常存可無召鶴之吟聊慰支床之哭恭惟
賴母盧氏孺人玉川著姓珠悦修儀綢直表乎其躬莊姝協乎其慶[度]擷幽蘭
之佩早擅乎女宗裁香茗之篇夙承其姆教故自河魴飾詠堂鴈丁期
佳耦曰配而琴瑟以和祥女入門而僕媪皆喜既聲高乎璜瑀亦譽
夫盤匜梅蘊韮芼調劑得宜女布男錢出入唯謹蓋女有四行著、
慈婦司中饋其儀有淑慈者德之順也淑者儀之徵也有此懿徽
賢母固宜于森玉樹孫茁蘭芽一堂聚槐市之英四代結芝刊
霜仲雪孝以感和姒婦嬰姑慈能召福桓少々安

不衰方謂春暉永祝純嘏駢臻何圖日在尸
左大耋嗟凶驚汀水之南流慟萲堂之北背嗟乎碧蘆撲地余
之霜黃菊殷天莫薦紅茱之酒栢何心而染淚綿有意而奇溫穴
皋魚之泣而投杵者輟春憫叔治之哀而聞喪者罷社獨是魂歸
乃宵宅之常壽獲考終九古人所重亦既筭幾八袠祉介齊眉可知
理之彌新一任有生之恒化朔蚌胎毓月已顯珠光桐樹生孫必翔鳳
羽衣看紫換門待黃馳事蔡他年語符左券昔者誄桓釐之行有沛國
諸生稱陶母之賢乃長沙人士某　誼忝登堂情殷瀆絮生芻一束非稱
誦德之賓形管千秋預備揚芬之蹟云爾

輓某太孺人序

夫萱花隕紫則衆草爲之不芳慈竹凋青則羣木於焉歇翠是以媧皇石徙愁添鰲極之雲玉女峯傾愴絶瑶池之月恭惟太孺人系出高門言歸𨺗室河魴飾詠堂鴈修儀椒花作頌夙嫻女史之箴蘋葉盈筐允中有齋之奠所謂愛敬天情言容典禮者矣加以慈能帥下肅敬持家蓼蕭芼韮調劑攸宜女布男錢出入唯謹撫綏周至則僕媪知恩督率有方而孫男嚮學畫歐家之荻預紹芹香丸柳之熊待丁鹿宴壽逾八袠含飴之日方長慶衍九閨哲範之垂不[illegible]何仙軺遽下玉節頻催驚大耋之嗟凶慟小還之術左一雙鶴[illegible]天南五色鸞飛歸於海上嗚呼輟鄰家之杵月色淒淒霑孝子華淡淡覩兹永訣能不漣洏某　幼承提挈忝惠[illegible]

馨涓埃之報建朝搆釁方罹毀室之憂一訃敬〻居女和
長往已矣何言惟是從痛定之餘思有生之理八旬已臻上壽
曰考終蚌胎毓秀既含必發之光桂蕚聯芳更卜累傳之慶則
太孺人雖歸九原其神理彌新如一日也清樽敬酹寸楮虔修靈
知庶幾鑒格云爾

恭輓
皇清待誥贈國學彥元配四代太母享八十二壽怡惠靜慈廖氏邱太孺
人　仙逝母邱太孺人序
夫萱花隕紫則衆草爲之不芳慈竹凋青則羣木於焉歇翠是以匏媧
石從愁添鼇極之雲玉女盆翻愴絕蓮峯之月顧仙輿雖往而閫範常
存待揚彤管之芬宜輟支牀之泣恭惟　太孺人金支著閥珠悅
儀幽蘭之佩早擅乎女宗香茗之篇夙承其姆教故自河魴飾咏以
丁期佳耦曰配而琴瑟以和祥女入門而僕媪皆喜蓋婦司中饋
無違女端四行儀歸有淑怡者德之和也惠者德之施也靜者
也慈者德之順也有此懿徽足爲賢母固宜[illegible]

聚壁沼之英四代結芝田之秀桓少君安危[illegible]不
謂春暉永祝定知純嘏騈臻竟致小還之術左（何圖）大耋之嗟凶咩
一陌未飛寒食之煙塵土三分遽掩花朝之月此則聽臯魚之哭
杵輟舂憫叔治之哀而村人啜泣者矣特念有生恒化實歸窅宅
神明彌新巳獲考終之壽剖蚌胎既育定有珠光桐樹多陰必棲鳳
袍看紫換門待黃貤將後譽之無涯亦前知之可券敬申薄奠用慰幽
泉云爾

恭祝庚兄連宏宇太翁偕德配鄭太孺人八衮雙壽序

鴻範陳大瀍九章九五福一曰壽四曰攸好德言壽而必繼之以德者蓋壽為德之應德乃壽之基詩蓼蕭曰其德不爽壽考不忘又曰令德壽豈禮中庸言大德之應亦曰必得其壽古今所傳不可誣也余於里之宏宇庚兄見之宏宇與余交三世矣其先德在新公與先贈公交最厚在新公之同懷兄△△公與先贈公同歲生故兩家子弟皆以庚伯叔稱之而宏宇長於余余輒兄之其子弟亦均呼余為叔云嘉慶丙辰余自如挈眷回巖乙丑館於赤水子經齋距宏宇居甚邇時在新公尚無恙命其孫植三從余遊即宏宇長君也因得詳宏宇家世及其為人知在新公積德於前宏宇兄紹德於後宜其後之必昌也丁卯余計偕入都己巳通籍歷

官中外二十餘年始遂初服來皋展墓時宏宇兄頤養田園與德配鄭孺人齊眉共案唯其次君瑞鳴四君冠鼇在如瑞鳴告余曰家公於乙巳年與吾母皆八十壽矣幸得一言以侑壽斝且謂余習券董修書院諸善舉無不踴躍以將實心從事夫彌壽者養生彊壽者稟氣而惟樂易常壽者壽以其仁五福之言壽必曰攸好德豈虛語哉昔六朝沈驎士年過八十耳目聰明五代郎官陳損之年已百歲妻亦九十餘凡有婚聘筵會必請老夫婦以乞年壽今宏宇身列成均與德配鄭孺人皆年躋八袠子四皆入國學孫七曾孫三瑞鳴與冠鼇在如能世其業家運蒸蒸日上子弟讀書皆聰穎可望有成今補博士弟子員如春即在新公次君廷章之子也宏宇壽益增精神益強固與德配鄭孺人為社中乞年壽無

虛日天之報施善人豈有艾乎爰述余與宏宇三世交習其家世
摭實書之爲宏宇暨德配鄭孺人壽其言謭陋不文則循瑞鳴之
請不敢以丹青聲悅之詞進也是爲序

李嫺母陳太宜人八旬晋一壽序

今

上龍飛元年嘉平之吉爲

誥封正五品宜人李母陳太宜人八旬晋一之辰　令子雲閣皖上書來欲得林一言爲壽林唯壹德閨範悉具前七旬　壽序中謹述其紀綱語與道路傳聞者以爲之序

國家當隆盛之時太和元氣彌綸於穹宙者豈非長吏之事哉故教行而化洽化洽而情孚則公堂之視四境如一家四境之視公堂亦若子舍之於親闈也　雲閣夙承

先公治譜

宜人慈訓以魏科筮仕安徽得建德之篆缺莅政三月而耆老紳民

靄集道左然香以送至十里而遙則其薰蒸而洋溢者萬衆之歡
騰皆斑衣之采翠也
宜人被象服御魚軒從容於紛煙郁霧之間九華山色持以為壽一
時人情依戀不忍去蓋可想見而建民之各親其親各長其長而
後推其親親長長之心以愛其上則其上之雍愉於一室豫順其
庭闈者抑又可思詩有之愷悌君子民之父母民以為父母則真
父母矣又有之魯侯燕喜令妻壽母頌魯侯而上及其母則民之
祝慶其母者蓋不啻上之自為祝自為慶也上方自為祝慶而民
且為之祝其母慶其母則其母之顧長筵而列孫子者不既歡欣
而悅豫矣乎今者
慈雲煜曜皖之人士摳衣而晉一觴為

宜人壽為雲閣壽祥風翁習瑞應叶徵是亦元氣之彌綸也抑亦實有由焉女曰雞鳴士曰昧旦賢夫婦相警覺之辭也

宜人有焉喓喓草蟲趯趯阜螽大夫妻能以禮自防也

宜人有焉于以采蘋南澗之濱大夫妻能循法度也

宜人有焉嘒彼小星三五在東惠及下也

宜人有焉則風詩所美既萃於一身而化之首自閨門者實為

朝廷綿無疆之壽不獨一人一家之慶也雲閣為林次壻林令年八十

小女來歸叩其近事喜聞江上有循吏因推本而言之

恭祝

旌表節孝陳母章太安人七十壽序

自昔臺萊之祝多（類）涉（出於）揄揚（至於）聲悅之文難（尤）爲（絕以）實紀是以或誇玉格或炫緗圖或侈陳銀管之書或豔說璇閨之質金車玉馬排比見長火棗交梨俯取即是陳勞逸之訓則人盡敬姜賞訏謨之詩則才皆道韞豈知桓嫠行義必端操之有蹤巴婦懷清乃大節之可表固有敬而足式信而有徵者乎端蒙芒駱仲夏實惟

旌表節孝例封太安人陳母章太安人七十悅辰令嗣益莊蕃佐先期命林為文以侑壽竿竊惟

表章潛德

朝廷之典也播述貞操桑梓之光也林夙景賢徽願揚懿行辱承

誣諉遂不敢以不文辭太安人閫著全城門標義里秉淳始影毓
懿長林德象以貞其型綢直以式其度夙嫺家禮淵問蘭澄明習
少儀蕙資雪映其歸我拔春贈公也流蘇解約箴管自操金粉無
容羹湯手作餕調爨鬵撫弦而紀姑恩齋潔蕢蘩蘩食而勤婦爨爨
言無出梱力可持門時則拔春公術擅計然客居江左賴有中閨
之助不煩內顧之憂詎知竹止孤生鳥難共命月斜庚子夢警已
長鶴別琴臺顦顇三星之留龍飛劍匣淒迷九寡之絲譬諸草而
拔心焉得萱而樹背○太安人茹荼忘苦集蓼自甘勉承堂上之歡
欲斷機中之織以慈代父課子辛勤克己待人居家儉約減衣食
以恤臧獲脫簪珥以惠親隣合鄙共仰其温和盡室不聞夫詬誶
懿哉母範𡟯矣女宗道光十三年

旌表節孝蒙

恩給帑建坊邀綽楔之殊榮荷

綵綸之褒美令嗣益莊以八品銜捐授布政司經歷文孫三曾孫

一長孫慶琳亦貢入成均餘皆玉立森森珠聯一一信于門之必

大卜陳氏之其昌。太安人蕉尾長甘梨眉增衮年周希算老乃復

丁時含飴以弄孫亦對弈而偕婦庭際之松筠永固階前之桃李

方穠然作則忘憂之花兼能益壽女貞之樹即是恒春易曰坤永貞

詩曰川方至信泰尊之錫祉視乎其自甄懿行之增齡昭乎其可券

也節逢采艾月洽安榴敬獻蒲尊載揚柏節一纖可睹真無剪綵

之詞百舉遥飛或得投壺之笑爾是為序

許母林太夫人壽序

蓋聞紫妃西華徵琳札於娜環素女中黃辨芝圖於宛委堂稱光碧絳都鍊金母之顏地號月鬘香界曼金仙之秩五色恒春之樹承碧露以長鮮九衢稱意之花蔭璚田而愈馥事或鐫於玉格字每麗乎緗苗若夫彰嫩行於閨襜播懿聲於紃組蓮壺駐景茗椀流馨鏡裏秋香丹綻桂枝之粟庭前春色青裁柳汁之衣草茁科名泉開種壽欣贊思柔之酒百末分甘聽吹伊梵之笙南陔衍慶斯固介繁禧於鞶帨而郎延修算於蓬瀛矣恭維

許母林太夫人蘊華珂里毓德璇閨玉質金相蘭儀蕙問夙嫻家禮明習少儀九華纂組之工天孫雲錦五味醞羞之品神女瓊漿至乃脂盝清詞製或同乎柳絮釵梁飾素飾粧不羡乎梅英金翦裁雲玫砧響月柔儀既備吉卜遂諧及乎鸞扇初開魚軒乍迓填

過鵲夕盥及雞晨未諳姑性作三日之羹湯久具婦容佩十年之鍼纊伯鸞方以居貧自愜德耀乃更偕隱而藏黽勉虀鹽怡愉菽水鯉庭陪侍承色笑於桑榆魚釜親供竭勤勞於井臼滌濯梡籩之器煩撋絺綌之衣疏糲無嫌縞綦自樂明澹泊之志安儒素之風良人以破田爲生健婦唯挽車相助克襄夫子俾充閨賓況復慈能逮下禮以持躬羞蘋藻以奉歲時潔雞豚而奉賓客減衣食而恤臧獲脫簪珥以惠親鄰合鄙共仰其溫和盡室不聞夫詬誶懿哉閫範女史爲宗迨夫金鈴陊地玉燕投懷休文有紫痣之徵孝穆擅青睛之譽雙珠合浦並蘊奇輝片玉昆山早呈晁采時則 太夫人母也爲師恃而兼怙折葼勉奇童之學掃室理寡女之絲四壁秋唫一燈夜課灰畱荻字簏啟楹書登樔椽蠡勗其陳力斷機投杼警乃惰遊遂令王氏龍超更見賈家彪怒班

聯玉笥許紬東觀之書光耀金蓮並燦西清之筆玉堂福地閬苑神仙
太夫人顧瞻色喜矍鑠神怡含飴弄孫對奕偕婦繞膝之鵷鶵絢采盈
堦之琪樹呈華花擁板輿郗夫人之神明如昨香閨絳帳宣文君之吐
欵猶常家慶既膺 國恩載錫洵予五福之咸備上壽之疊徵者
也時屆菊秋歲周花甲婺星輝朗光臨天姥之峯娥月輪圓影徹常儀
之樹樊銅青鳥銜威喜之仙芝瑤圃辯龍莼壽榮之靈草琅璈玉管賡
樂遏雲桃核芝房華筵燦錦祝遐齡之未艾卜純嘏之方增某等
飫聞懿行敢闕徽言聊申捧斝之誠敬展登堂之拜被
壽人於筐筦應譜桂華都荔之詞貽女範於縑紋爲書黃玉綠純之冊

祭文昌閣

觀音菩薩祝文

恭惟

菩薩慈雲普蔭法雨宏施指西來之大意闡東度之真機貝葉成文啓靈篇于八會天花散彩現寶燄于三衣種紫竹以成林覺路導真詮之自乘白蓮而結社高臺爲淨土之依玉笈誦琅琅牾徹語言文字銀輪觀止止妙蠲解說思維△等齋心有素佩德無涯進選官于選佛之偒願匯六通而一視習傳道於傳燈之地期脩五蘊以無迷茲值履端之月敬詹旬二之期饌設伊蒲兆先嘉宴龕燃法炬肇啓祥暉伏冀濟學海之茫茫津留寶筏耀文壇而赫赫目刮金鎞桂窟探花大衆領木樨之味杏園奪錦高林分蓓蕾

之輝尚享

代州尊祭鍾老師太孺人文

嗚呼潛德匝洽盛則必揚坤貞誕毓賢胄孔彰惟古内則女教甚詳師傅於宮圖史是將教成性通無慮賢良垂芬鍼管表柔籩筐出言可書厥行聿光天乃與乙態戠降祥俾大厥裔傳世永昌粤稽近代厥有德門太君婉婉禮教獨承烏衣著閥練裳董羣不苟言笑時親典墳用相夫子稟若嚴君事姑以順司饋以勤沼水溪毛馨潔敬升既孝既從祖武以繩秀峯如削象洞如縈崇是婦德以抑糾紛婦德既備母道亦踐篤生令嗣厥祥乃衍材則杞梓品則鏐銑懸鐸振响鳴鹿預選雲根授書龍川究典風化克持心迹無舛太君之教以酬敦勉躋壽大耋式康褆禄桐孫稻孫桀桀盈目謂宜享成永釐景福何日遽頹暾昧空谷靈屯寢庭訃走東軸嗚

呼哀哉壼德可師徽音未寂三庠同悲九族無色哀哀令嗣謝職
[署]泣吾儕同憂誼隆執紼薄具生芻敬奠靈席靈其降賞鑒此悃結
嗚呼哀哉尚享

致戴醇士閣學書

來函論及拙輯駢雅訓纂十六卷有吳姓舫侍郎鍾駿亦曾注過此書據稱十已得其六七則可以補林書者必夥務希將此次寄雲士書匣内抽出一部送姓舫先生托其將林書誤者正之闕者補之另鈔壹冊付雲士寄來以便校改林現在纂輯補遺内有泰州學正夏方米先生文燾江蘇元和人爲林校正二次共下八十餘簽泰州田少泉文學寶臣所商各條亦多所裨益皆擬刊入補遺專望賜下一併付刊爲幸貴通家劉君茮雲是否在京竝望詳加勘正其論林此書好採幽隱而於習見之書多失之於眉睫深中林隱林纂此書稾凡三易初稾用旁訓體僅標出處未錄全文第二稿則用紅格大書某某字又一行大書某某也字其注則用雙行載於某某字下凡事不經見及寓無其書得之

鴟借者皆隨手錄入並詳審過其正經正史家有其書者祇標篇名卷數並有祇列書名者此二橐之多空處未填也第三橐則仍用此格逐條謄清凡所闕者皆檢原書補入爲上板字底本內多章芝楣孝廉補寫或另倩幕友代填時林在通永道署不能如初二橐之常川寓目此其未能詳核者一也初纂此書只期考得其上二字出處及上二字所出之原書至某某也三字多不暇勘歸畫一迨全書告成細檢各條多有歧互之處與鬱儀所訓或義同而字別或意是而辭非雖明知鬱儀必有出處而一時未能檢出不敢妄下雌黄此其未能詳核者二也鬱儀明萬厤閒人歿於天啟甲子崇禎以後之書皆伊所未見通雅其一也今乃於有明以後鈔刻之書校對字句頗有不同如玉篇廣韻皆與今本迥異其他類是此其未能詳核者三也鬱儀此書刊於明萬厤丁亥年其原板未見祇據四

庫書舊鈔本及張海鵬借月山房刊本錄出訛誤滋多林數十年蒐訪未得編中外誤無憑稽考此其未能詳核者四也未知姓舫所注之本係原刻抑係翻刻本竝浙江採進本是否原書乞查明示知鬱儀此書好蒐隱義自序稱所見異辭所傳寫異辭皆不刪廢以存夏五郭公之例如藻井而以爲刻扉東牆而以爲土英巨擘而稱爲巨白蠲銀而訓爲晶鐐皆使人難以探討此其未能詳核者五也林插架之書皆無精刻第取諸家校訂之本以證鬱儀之書往往齟齬不合又無別本可稽此其未能詳核者六也昔顧處士撰日知錄板經屢易自言其書當以及身爲定林何人敢援以爲解然就淺就深雖各有分量其爲欿然不自足之心則一也自林到泰以來檢核原書未詳者尚有六十餘事今尚有二十餘事皆原文未得其出處者至訓義之未能盡歸畫一則指不勝屈也志切卬須渴深掘井一義之

析如錫百朋惠而好我跋予望之矣再 閣下撰序欲得林將駢雅之何以入小學經部著目何以不同於文林綺繡諸書則前撰讀駢雅識語中已略陳其概駢雅入經部通雅不入經部此非紀文達公之阿好也其書之體例然也使其書自爲箋釋當早與通雅竝行而傳者寥寥則明季著書不載出處匿端困人之習爲之謂之自晦其書可爾使有人焉早爲訓釋豈有殊於藥地哉觀其蒐羅古訓有抱殘守闕之功擇撣遺文殫挹牘選艱之力其旁摎也廣秦漢以來諸家訓義靡不甄錄其排纂也精不載僞書猥說其備用也宏以之翼爾雅續方言廣廣雅有針芥之仝其區別也細如釋詁言象形述其貌釋訓言指事述其情釋草以下至釋獸畧仿元覽編次井井如讀異書較之浮山之書無揀擇未精之憾方之新都之作有華路藍縷之分其言雖爲詞章其旨實賅雅故此林所以爲讀斯編者進一解也林爲訓纂無他長惟所據俱出原書雖誤不加妄

削只標某某當作某某義未能了則疑以存疑以闕存兩說以待後人注有未安則改之又改七卷中有經三四易者采近代諸家之說以折其衷如顧亭林惠定宇戴東原盧抱經部二雲錢竹汀王石曜郝蘭皋段懋堂阮太傅王伯申焦里堂多採其說集篇中未析之條以俟於後如未詳異義各條若謂草刱者難爲功繼起者易爲力則負弩之驅以俟後哲而已

續接來書知茮雲留京數載不得意而歸載書五六輛歸里未久而歿平生撰著未知存否惜哉

李宛田先生家傳

公諱晼，字璞山，一字宛田，系出隴西李氏，世居龍巖州西坊。祖諱其信，考諱世昱，俱國學生，以公貴，均贈如其官。世昱公生二子，公其次也。初，贈公循俗例，雙承叔父敏積公爲嗣。迨公生，謂次子當歸本房，兩支均有承祧，合　國家之制。然是時贈公與太宜人年已四十餘矣。公生而恂謹，事親孝，事兄悌，一家之中雍雍如也。稍長，恪遵庭訓，刻苦讀書，文思日進，出課書院文會，輒冠一軍，與同里張瑤圃崑齋名。瑤圃乙卯舉於鄉，公時尚就小試。迨庚申與林同補博士弟子員，旋食餼。甲子秋捷，乙丑與瑤圃同雋南宮。時林方丁先贈公憂，作雙鶴行贈之，有「鶴聲自清徹，一一飛上天」之句，謂瑤圃與公也。然公通籍後亦連丁內外艱，居喪葬祭各盡禮。服闋，赴部謁選，揀發廣西，歷署河池、隆安、岑溪、淩雲等

州縣補雒容調西林俸滿調回内地補平樂府富川縣升桂林府龍勝
理事通判軍功　欽加同知銜居官誠樸自矢愛民如子歷任俱有
政聲初莅河池遇兄弟爭産屢控未接案卷山積公諭以同胞兄弟當
視如手足何忍傷殘且連年訟費不貲與其結納吏胥何如兄弟相讓
兩造感悟遂遵斷結案又雒容鄉民幼賈於外暨回里覓祖塋不得見
旁有富家園林圍以高垣心疑地爲所佔不敢直指告於縣公往勘直
入富家之園似有默告者使掘其牆基竟出其櫬有半富民股栗伏地
公念多年先冢易至湮没非有心圖佔者即就兩比斷結使富家還地
代塋墓域不必拘回追究富民感戴格外鄉民得冢亦甘服觀者歡呼
夾道又在隆安適兩家持械爭一風水謂善地也公陽爲精堪輿術者
往勘持羅經細閲詫曰此地無益於人何必力爭耶兩比竟以此解釋

公每遇斷獄先以理遣復以情諭百姓心服者大率類此尤兢兢於學校每下車觀風及月課必親披檢勤講論如塾師士子僉曰我官父母也兼師道焉岑溪地僻陋非特久乏鄉薦即赴省觀光者亦鮮公涖斯邑即親飭士子來書院肄業勤其課第其等優其賞口講指畫娓娓不倦適辛巳秋賦復在邑舉賓興飲餞之典邑人歡忭謂必有起色而黎生名翥者果以是科報捷公時在闈分校揭曉日喜甚衆咸謂非賢邑侯鼓舞力不及此公嘗奉調入闈者三所薦皆知名士中額溢於他房尤難者連得解首若余紹先朱琦皆粵西翹楚也西林爲極邊烟瘴之區入者類不能盡出公調其地同人竊爲慮之公携眷同行惟矢天日以清勤自凛俸滿偕回内地無一染瘴者壬辰歲莅任富川因湖南江華縣山猺趙金龍滋事其地與富川接壤兵戎絡繹公團練鄉勇百計

防堵勵衆志以爲城猺黨畏威不敢竄入四境得安嗣以廣西賀縣山猺監均華助趙爲逆地尤與富川逼近擊柝相聞疆吏以猺匪入境告公督率鄉民親往西灣接壤處堵截鄉民愛戴制挺樂從并於倉卒間索筆書硃示若干言飭壯勇送至猺黨地面懸掛告以富邑防堵甚嚴入境斷不輕釋云云猺黨聞之避舍卒擒猺匪數十人入 奏蒙

恩以軍功 欽加同知銜 賜引 見公釋褐時泥金報至贈

公與太宜人尚及見之追官河池等州縣屢被 覃恩 誥封父母並貤封祖父母叔祖父母至時得晉贈奉政大夫晉贈太宜人尤叨

恩渥公之志於是慰矣因辦軍務年餘心力交瘁驟得耳鳴之症不欲戀職陳情告退富民奔赴大憲請留一年未果鄭夢白中丞時爲方伯謂此最得民心者故臨行以善教得民扁額贈公同里日宦槖蕭然携林

前所題冰壺秋水圖以自娛頻年受本州刺史聘主講新羅書院所去
取皆黜浮崇實興諸生相切劘道光己亥八月初一日酉時終於里第
距生於乾隆壬辰九月二十七日子時享壽六十有八配陳宜人妾莫
氏例封孺人子三長鵬道光甲午科副貢生乙未科舉人甲辰科大挑
一等揀發安徽候補知縣次鵾冠棄世今承嗣三名鸞庶出女五孫一
孫女八道光二十三年葬於巖州北門外雞琴山前紗帽山坐艮嚮坤
兼丑未丁丑丁未分金葬之次年其孤鵬持狀來告欲為公作傳以誌
來者林與公同歲生居同里同入泮又先後舉於鄉通籍筮仕公告歸
而林亦陳退來南出處相似而心跡亦復相孚公子鵬又為林贅壻知
公莫如林者因不辭而為之傳

道光二十七年正月望日

賜進士出身
誥授中憲大夫前直隸通永河道婣愚弟魏茂林頓首拜譔

龍巖國學生宏宇連公家傳

余同年生郭蘭石大理書其友劉樸齋傳後有讀樂志論廢書而歎之語謂虛擬之可樂也況躬其樂者乎蓋以樸齋家世長者所居北苑擅同華閒勝區爲人樂善好施馮翊人類能言樸齋者畢秋颿尚書過其居爲低徊不能去云余謂劉君誠善士足爲鄉里式顧蘭石獨未見吾同里連君耳君字宏宇國學生世居吾州赤水鄉宅在紫金山下山川奇秀州志八景所謂紫金晴雪者也余嘗讀書其地課其子植三丁卯計偕北上贈别子經齋主人有云轟飲漫揃留十日名園秖許住三年其爲眷戀斯地亦可想也宏宇先德在薪公客於皋與先大夫交最厚在薪公倦遊歸里宏宇侍左右視寢膳二十餘年不少衰鄉里稱其孝焉哲弟廷章同侍庭闈友愛特至堂上雍雍如也昆弟怡怡如也鄉里

稱其悌焉少而敦篤長益堅彊在薪公歿後主持家政和調而不緣[illegible]益而不苟枕善而居接人以屈凡若指囷焚券以及董建登龍書院創立利濟橋砌坂爲田以廣橋資諸善舉無不踴躍從事必蘄於成而後已鄉里稱其義焉有子四人植三瑞鳴瓚英冠鰲皆入太學孫七曾孫三德配鄭孺人壽躋八旬孫曾繞膝瑞鳴冠鰲在如能世其業家運蒸蒸日上子弟讀書皆聰穎有成今補博士弟子員如春卽在薪公次君廷章之子也宏宇旣歿哲嗣植三等將以某年月日祔主於廟以書來告余與宏宇爲三世交習其家世也熟因爲之傳其生卒年月葬於某某事載連氏家譜中此不悉書論曰余嘗謂古人有三樂而奔走於形勢者不與焉樂天倫一也樂爲善二也樂所居之安三也此三樂者人皆處之若不甚異而天恒悋之且若固靳之非精修累數十世不能得也焉

少游曰鄉里稱善人足矣余年且耄追念舊日讀書之地尚耿耿不忘

也

前直隸通永道庚愚弟魏茂林拜撰並書

邱氏傳

天下多愚婦人然使其愚於貞愚於孝以克完其靜淑之質則雖甚賢智者不過也固大遠乎挾賢智以先其丈夫姑舅者吾州風俗淳樸然頗近褊急婦人女子尤甚室居無事動輒較其毫釐分寸刮釜尋鍼相咒詈婦姑勃谿之聲日聞於里閈以是爲其賢也智也嘻甚矣儳余從兄行簡冢媳邱氏年　歸姪樽垂　年產三女而卒春秋二十有七卒之日家人爲之婉惜不置云余自嘉慶丁巳春自江左挈眷歸里閒時聞諸孀道于媳賢淑必首及邱氏既而歸里久終歲不聞惡聲或姑有譴責殊默默也而執事唯謹余於是始賢之而諸孀言此何足云抑未知其侍姑於病亟時也當汝未歸時行簡嫂得風痺疾幾不起輒轉床褥時行簡兄故樽外出婦長女甫朞乞乳啼饑無時刻冒家故く

婢僕叔高幼妯楊氏始於歸少不更事竈下烹爨事咸仰給於婦而女房中實無厮役人飲食孰喂之起坐孰扶掖之衣服澣滌頭面梳洗孰給之下及溲溺之事孰司之緊唯婦是賴婦憔悴彌甚而卒無怨言無肆色姑或小不如意則且皇皇不知所措嘻有婦如此可以勸矣余聞而愈賢之顧婦之性多鬱屢產不獲一男無以望慰婦姑意且因前此勞悴以此搆病而又懼姑之知之而匿其處也凡喀血則必於房自收拾掩蔽之故病亟而後得醫則已無及矣而飲食故儉素姑不問不敢索至於不能下咽而卒無一言由是失所調劑其摧之也倍速家人咸以是謂婦愚甚而余則謂其愚也歟哉其貞也其孝也夫婦人之德曰無違曰順聽如是而已吾觀古今婦人女子挾其陰柔之性足以隳敗綱常顛倒豪傑握家政以爲必己出使丈夫出其胯下其爲婦也動輒挾其

外家之勢以與舅姑埒小挫折則必歸訴其父母有不聽則必聳之激之誚之詈之其於丈夫也亦然至於怒移撻子命乞投繯詬誶萬端無所不至嗚乎何其悍也今邱氏至死不欲深厘慮於婦姑其體夫意以恤其姑者特至而貞靜性生淑德天具垂斃聞泣復蘇謂其母曰四公祖畏啼聲毋泣四公祖者吾父也嗟乎婦誠愚矣天下愚婦人若此者有幾人哉婦歿之日余憶諸孀言而有慨於吾州風俗之漓而深惜婦之貞靜孝淑不以賢智先人者不易得也故遂爲之傳云

大雲輪請雨經跋

大雲輪請雨經凡上下二弓上弓首葉第一行下刻毀十兩字蓋釋藏中排次諸經字號也弓端首列　高宗純皇帝御製序文後綴山陰何方伯銑題跋備述是經功用歷歷無爽先於乾隆四十七年由内府　頒發畺臣以備祈禱後爲方伯監司陝安時刊布流傳始廣茂林觀察通永之次年夏雨偶愆率屬於通州東關外龍王廟虔申步禱德薄信褊未獲丕應會　倉帥王雲樹先生藏有是經因謁誠請奉廟中遴高行僧二人俾結壇持誦梵唱未畢甘澍響臻萬偏環流四郊沾足未幾而轄境以深透告者踵相接於以仰紓　聖天子宵旰之憂俯慰畿東農民之望則是經之感召速而功用鉅也爰命聓李鵬摹寫二部一弆篋衍一施龍王廟中藉佛力呵護以爲治譜所取資詩

云靡神不宗禮云無徵不信願以諗後之司牧者

道光十有六年龍集丙申孟秋之月分巡直隸通永道龍巖魏茂林盥

手謹跋

遂初圖跋

右遂初圖二卷之一林退居江左與　石翁前輩同畫之行看子也其曰遂初者林解組翁近亦歸田圖之示同志也圖作於秋季因即以秋色補之翁課奚奴采菊東籬下林手一編讀書秋樹根其大致則仿淵明歸去來辭松菊猶存之意爾記林於嘉慶丁卯計偕入都已通籍與石翁介弟酉山爲同年旋改中書又於石翁爲後輩繼轉麟曹還比部交游日廣於萬人海中識天下之士幾半然求如徵士詩所云素心人樂共晨夕者指不能多屈也道光壬辰一麾出守由保定游擢潞垣僕僕風塵愈無暇跂足北窗與良友共談風月迨己亥春仲陳退得請幸賦遂初楊村少尹司馬繡谷爲作潞河餞別圖以贈都中友好送林者皆自崖而返而林買舟南下又復留滯海陵今雨不來苦〻〻

言之懷良不可任適石翁以江都令監掣淮南鹺務來泰乃省中二年前舊好與同里蘇鼇石大理陳渭川員外同爲莫逆交者也把晤之下忭喜無量自是樽酒論文過從罔閒翁出所刊家蔭堂集暨所輯學庸指掌二書見示并爲林校刊文法一揆四册持以贈人林亦出杭州桑弢甫先生批點四子書吾閩張惕菴先生禮記集説刪補抄本相質即以奉贈奇文共賞疑義相析此真陶徵士移居詩所云素心人樂共晨夕者矣顧相聚甫逾一年而石翁監掣事竣應回江都又以哲嗣子愉外擢常鎮通道例當引避亦賦遂初翁年七十林今年七十有一雖境遇榮瘁不齊其爲蕭閑林下一也夫人幼而爲撫塵之遊長而有四方之志中間雲飛泥沈聚散不一由少而壯壯而老雖極相契之友或終歲不能一二見或終身不能二三見而林與石翁壯年結契頭白重

逢一載以來交誼日深氣味益合此倡彼和如塤如篪脊令之詩有之雖有兄弟不如友生我兩人之謂矣初石翁出宰淇城渭川員外爲作相對忘言圖照索同志題詠殆遍今石翁又將舍我言歸惓惓之情有過於渭川者因倩畫史李君小柏作爲此圖分持其一以示惓惓不忘之意翁歸里後每一相思不必千里命駕可展卷而得之儻里中有可與共晨夕者不妨報我姓名亦當引爲知己林或遇有如翁可把臂入林者亦當馳以告翁蓋林於萬人海中識天下之士幾半素心人固不可多得也時道光壬寅秋九月龍巖老笛魏茂林

刻郭大理遺稿跋

林撰蘭石遺稿序畢，意耿耿未釋，因思篋中所輯詩文雖僅止百餘首，然即是亦可窺其崖略，散佚之稿何時能集，築室道謀無益也，迺先輯其詩二卷、散體文二卷，繕校付梓，繼復逯其駢體文二卷、題跋一卷、補遺一卷，陸續付鋟。適蘭石門人陶蓮生方伯聞林刊其遺集，以所錄稿見示，內有林所未見者四，竝爲刊入，復書致蓮生撰序一首，以補林前序所未及。計開雕於甲辰春，至乙巳冬而竣，書此以志歲月。龍巖魏茂林跋於海陵大東橋廨之有不爲齋，時年七十有四。

跋郭蘭石所藏邵文莊公墨跡

邵文莊與石文隱羅文肅顧文僖魯文恪何文簡皆出長沙李文正之門世以比蘇門六君子者也文莊與文正師友尤契文正以衣鉢門生期之懷麓堂集中信難一篇爲文莊作也文正殁公獨守師法確然不變昔人呰北地謂空同出天下無真詩真詩惟邵二泉耳此語殊過激然謂西涯之門詩文皆絮爛者人才皆軟滑者此尤出詆諆之口豈篤論乎蘭石同年收藏此卷意取公願爲真士大夫不願爲假道學兩言而余則慨然於西涯北地之分謂成弘之閒文章升降之際固有明一代人才消長之機也彼直道勁節抗議論而犯權倖砥柱永陵之朝者果何人驛成而推挽之哉道光七年四月八日龍巖魏茂林觀於宣武門外方壺齋竝記

明許鍾斗先生集跋

林幼習舉業時即耳許子遜先生名以爲先生吾漳人也顧僅讀其時藝於詩文集則未之見歲丙戌都中販書者以先生集五卷售因購得之閱其序始知先生因同安人也意浯州與鷺門近先生或讀書漳郡或來往鷺門父老傳聞其逸事非無因也閒以語蘇鰲石比部鰲石謂先生子姓蕃衍以青衿食廩餼者若干人此集爲秀水洪嘉名校刊恐其家轉無藏版林謂是宜歸之許氏爲續刊計因綴數語於卷首屬鰲石寄之版本完好可以影寫重刊此本尤不可多得幸寶之勿失也道光六年嘉平朔日龍巖魏茂林識

溫禺偕靜觀亭跋語

嘉慶辛未溫于禺偕與余話別長安述其齋居林壑殊勝青山在簷流水繞榻小屋疑艇浮於曲池危亭補雲飛入高棟齋前有額顏曰靜觀溫子恒習靜於此焉幽鳥就食時來親人游魚唼花不復避影涉覽明瑟彌申雅懷屬余敘之將志諸室余三年作宦一榻依人塵紲羈余嶺雲笑我行將踐松篁之約乞蘿薜之身駕言出遊周覽勝致聊書短跋用締前盟云爾

鐵冶亭尚書如亭夫人畫蘭跋語

鐵冶亭尚書開府兩江公餘與如亭夫人角射校書藝皆相埒唯畫蘭則尚書公不能也此卷爲　雲茶比部所藏筆簡而意足森然如矢之出筈又如顔平原書筆力直透紙背方嚴端肅之氣溢於楮墨豈水晶宮道人室中所能搆者哉道光六年丙戌七月既望龍巖小門生魏茂林敬觀并跋

書余仲林古經解鉤沈後

林按仲林此書實獲我心序稱擯絶交遊五年專力至於左目幾成青盲其劬書之劇可謂至矣第其中尚有一二體例未一處其待補者尚多不特提要所指之皇侃疏史澂口訣義也惜林年力已衰無能為役若在二十年前得見此書當助仲林臂力補其未備爾　國家經學昌明端賴有人表章古訓提倡後來相與為根柢之學乃　皇清經解一千四百卷此書獨未收入豈以其尚涉於餖飣耶林則謂此經解中不加論斷之校勘記耳且以一人之力遠紹旁搜如彼飛蟲時亦弋獲以視合衆人之力而為之孰難孰易必有能辨之者且經解卷末附刊說緯一種了無精義何不以此易之道光二十二年夏周石藩前輩以新刻本見惠因得盡讀之附識於此新刻本譌字太多据爾[illegible]

本則不自今始序唯西沚暨德齋記尚可存耳龍巖笛[illegible]

七十有二

趙一清水經注釋跋語

案此書雖作於乾隆十九年冬仲而收入四庫全書著目則在乾隆五十九年甲寅十月閱距永樂大典本先後相去二十年官本所收酈善長水經注全序東潛尚未之見倘得見大典本剗譌補逸則益臻美備矣道光二十八年六月既望龍巖魏茂林時年七十有七

冒晴石先生水繪園遺址圖記

道光庚子中春林由海陵來皐展墓因晤冒子箕千暨其族長晴石先生出所藏水繪園遺址圖屬林書後林亦出所携水繪園讀書圖丐其題詠記林在皐从春箟師游年甫十四師住園之湘中閣而實館於玉帶橋南石氏家會石氏葺蓋書室彌月方得鳩工乃移館於園園在徐氏霽峯園之東范園之北水閣三楹四面軒敞臨檻有欄欄外緋桃一株從太湖石罅橫出臥開水面時有游魚來唼其影閣後叢篠以千計芭蕉以數十本計環以修梧映几硯皆碧池寬十畝許對岸爲坐坐罷亭形若團焦旁有石磴可涉可憩亭前曲徑砌以碎石時屆暮春柳花輥球嵌石徑皆滿時或飛起與客屐爭路沿石徑折而東數十步岸盡橫以麂眼籬籬有門入門石壁峭立俯仰盡致蓋猶閣之

年物也山之下爲牡丹臺面臺有堂爲肅客之所老桂數本
以補垣缺迤西舫屋三楹則師之內室也林从師讀書六七人皆在水
閣閣宜晴朝陽初升水光搖榻仰視屋影與花影零亂如坐畫船湖蕩
中卓午蝴蝶成團蜂聲滿耳花氣薰人欲醉抛書小憩曾不俄頃而黃
鸝已三請矣尤宜細雨細縷斜紋與水面碧鱗織落花如繡緋桃含雨
尤嫣然欲笑時或陣雲樓起銀線遙飛檐瀑如繩與叢篠蕉梧聲相亂
池面荷錢濺大小珠萬顆頃刻變滅千態萬狀蛙聲閣閣若喜雨至者
然鳧鷖觸萍十十五五或浮或沉皆有媚雨之態俄而開霽天如揩
如拭斜陽照竹樹皆滿家童方以雨具至隔岸遙見笑而麾之惜林住
園僅一月許仍回石氏書塾園之鋪瓊宜雪停琴宜月碧篙宜夏黃霰
宜秋皆無緣親覽其勝迄今夢寐繫之噫斯園也在　國初號稱極盛

如其年檢討之徵歌阮亭尚書之修禊風流跌宕千載如新當時諸名士至以不得至園預詩酒之讌爲憾乃閱數傳而樸巢已矣洗缽就湮僅賸湘中閣一隅已非復影梅六憶之舊然其勝槩猶出范園之上今過其地求如圖中之舊迹竝不可得能無追憶吾師而感慨係之哉晴石好古重交遊有巢民逸叟遺風摹遺址圖徵大江南北詩殆遍他日光復舊基續增同人詩文集則林又將别繪新圖不必憶童時讀書而增慨矣是爲記笛生魏茂林

題泰州陳繡堂同年黃楊書屋記

木之神不二皇極經世書論生之理最精所謂為物不二則生物不測也而有愈厄而愈生者要莫如黃楊　繡堂四兄同年壽葉山房向殖此樹其高逾檐相傳為五百年來物也登其室者皆為之摩挲不置茲於室旁增葺數楹為退居及課孫所即以黃楊書屋名之命林為記曰質言之無譽樹兼譽人也林則曰樹以人傳能樹人乃能樹木也至於先代遺蹟後嗣濟美已詳吳縣夏方米學博序中茲不復書

咸豐元年六月八十老人年愚弟魏茂林頓首拜譔

此第一本錄於丁丑冬擬爲箋疏所出未暇也後得祝蘅畦所注釋詁一卷殘本乃立意爲之補緝成書因别錄一部旁注所出積至道光甲申而後成是爲第一藁名之曰訓纂其全文已見第一本僅依原卷分作七卷每卷分標子目已得出處者檢原書錄之未悉出處者亦隨時補之中閒作輟無常至己亥春閉門養疴重理舊業此書僅錄出十之六七庚子寓泰先就釋詁釋訓二卷補輯成書其餘亦陸續補成發繕至辛丑七月八日竣事是爲第二藁其謄清之本校對後擬作第三藁歸諸戴醇士學士二十年心血盡於此矣　笛翁記

滌聲近草

自乙卯歲抄撮詩草都爲一集爾後凡有所拈隨卽廢擲蓋有見於前稿之並無可存而此後之所酬應者悉皆率意爲之都無紀律又歸里後良朋遠棄無所就正故不欲存也旣思此道本所以抒寫性情遣懷境遇一時所觸其事其情因之而著存之以代日記可也他日命駕出游手是以就正諸交游取益之道不卽在是歟爰取乙卯以後所作凡篋中所存無論工拙片紙隻字亦所不棄隨檢隨錄不分先後間有知者旁註其年月云嘉慶庚申六月二十六日自記

方伯托愛山先生曩守吾閩時所至興廢舉墜除苛解嬈臺評輿頌異
聲同嘆嗣以靖臺匪功晉擢監司駿績益彰凡隸仁𢇹咸仰棠蔭　林爲
額手南望者久之未幾陳臬來直旋膺屏翰之寄直省地當畿繄一切
因地制宜有爲前人治譜所未備者　先生廼推廣汪龍莊大令學治
臆說更得二十條於畿輔事勢綱舉目張洞中竅會其言要而不煩簡
而易從大旨總以實心實事爲牧令勗治術殊而所以率屬求治之意
仍不殊在吾閩時也抑　林更有幸者自惟譾劣承乏畿東得此置諸座
右庶幾藉資圭臬則是編豈獨爲牧令勗哉循誦之餘企焉冐既
道光十有八年上元日愚弟　　頓首書後

歲丙寅余授徒山中古木軒明軒長夏延爽生徒習九家詩間質疑事輒為引疏書以小紙非敢言注也積久成帙有以鏤板請者不能止則漫諾之既為之序及例未及卒業而余入都戊辰在都過夏旅況倥傯此事置不復憶通籍后姪光煦寄刻本來則訛脱不復可辨且前有某氏序后附詩若干首益非余意如是則何可使知書者見因於輪直之暇稍為釐詳間有增定稍還舊觀矣夫是戔戔者即復援引必諦讎校甚備亦不過導學詩者之初桄未云瓌觀然且目眵手胼委曲繁瑣若此讀者其亦可以知訓故之難而刊刻傳布之不可以苟也已嘉慶

申月　又書

授徒山中生徒以九家詩請爲箋疏所出得若干首適坊人見之固請以去將付諸梓丁卯計偕匆匆北上未暇詢及此事已已通籍後需次京師姪光煦以書來告始知此書版行於閩已年餘矣其間簡漏疎脱不一而足又書名卷次及首添某敍後列諸詩皆非余舊且字跡訛舛烏焉混淆之處展卷即是尤足令人齒冷因稍爲是正畧還舊觀並益以詩十首又增注若干條穀人先生九山先生自注若干條並爲補入其有事涉疑似未能釋然處仍俟補箋猶曩志也

歲丙寅

國家圖書館藏

魏茂林文鈔一卷

［清］龍巖魏茂林撰

中國國家圖書館藏清抄本

魏茂林文鈔一卷，清魏茂林撰。魏氏之文稿，有有不爲齋文稿一種，販書偶記已著録，今藏中國國家圖書館。該館又藏魏茂林文鈔一卷，亦爲清抄本。觀有不爲齋文稿之代輓慈淑賴母盧氏孺人序、輓某太孺人序等，與魏茂林文鈔之平陽周氏重修族譜序、書善人記後等，抄寫俱出一人之手，雖兩書中並見他人抄寫者，然可知原爲一書，因故分散，以入藏時間不一，乃作兩書著録。其所收篇目亦不同，惟書古經解鉤沈後兩書皆收而抄手不一，且文字稍有不同。又文鈔中有二家詩鈔箋略序，末署「龍巖〇〇識」；後有其孫誌語，署「乙卯年六月孫〇〇敬誌」，蓋此二書皆魏氏後人所抄輯者。文鈔中都中致座主白小山師，自稱名處亦以〇〇代之，蓋自底稿抄出者，故雖曰抄本，可以稿本視之也。

是書收序跋、書後、題記、敘、識略計三十八篇，壽序四篇，書二通，凡四十四篇。其中尤以序跋爲多，如吴野人陋軒詩集序、如皋邑侯范公廉泉詩集序、雪堂退思録序、學庸指掌序、皆山詩集後敘、郭木軒先生春秋條貫序等，以諸書尚存而序並傳焉。然如許忠愍公遺稿序、廣東鄉試録後序韻鏡序、海陵戴氏雜證繩墨序、凌江集錦序、萬福緣序、華星來文稿序、西江觀政録序、沈朗亭松籟閣詩集序等，則以諸序方知其書也。至如戒停葬序，針砭久厝不葬之陋習，以停葬非禮，乃稽諸古，謂「爲人子者思後嗣之克昌，而遂貽其親以没身之禍，是可忍亦孰不可忍乎」，可窺其時斯風之烈也。

書中天頭偶有「挍過」字樣，各篇中亦見校改之處，蓋即抄輯時之遺痕，或欲刻而未果歟？（付明易）

愍

拔過

許忠愍公遺稿序

茂林籍于閩官于燕而實生長于皋童子時從塾師過皋之許公祠詢知公甲申之難作血書與老父事不覺失聲師慰諭之乃止嗣過其地瞻望門宇輒肅然起敬然猶未得讀公文也道光乙未公裔孫眉雲茂才於友人敝篋中檢得公遺文二十餘首梓以問世適林由直隸通永道任陳退得請展墓來皋因得盡讀焉其首篇孝者所以事君文有曰事親而無一尊之義未可言孝子事君而無一親之義亦未可言忠臣與公致命時謂不死辱及所生之言若合符節嗚呼孰知夫惡卧焠掌之秌其所云云乃為天降鞠凶蹙蹙靡騁抗志不屈之日發耶當明摽季砥節之士作為文章類多感慨激昂抑塞不平之氣論者謂世運使然今讀公文渉然而精俛然而類差羊

文格又在陶庵卧子

之外蓋正其名當辭以務白其志義者　粹何以有此稿評
有曰文之至者莫測其養斯善讀公文哉公之文見知於文湛持閣學
贈公銀書格二美其端方不踰尺寸後果符文先生語同時金忠節公
正希亦先後受知于葛澹淵葛屺瞻兩先生澹淵贈忠節公堂額曰間
世真英屺瞻拔忠節卷首諸生語人曰嘉魚有士若此科名安足道耶
後亦副兩先生之言世嘗謂八股帖括之學不足以觀人乃公與忠節
公皆以制藝為司衡者所期許針芥之投自有真契而性情之所流露
忠孝之所感發乃識者類能辨之烏在八股不足以觀人哉公之文越
百九十餘年而後顯林童時即景公之為人亦越五十餘年而後得讀
公文并得附名篇末豈非幸歟時道光二十有一年歲次辛丑三月既
望後學　　敬撰并書

校過

封翁恕亭先生暨德配李老孺人　旬雙壽序

蘭生有芬沅波濯其秀竹瘦而壽泰岫覩其筠是故仁則壽者性之充也逸則壽者沖之導也恭則壽者有修容之帶動而壽者有不蝬之樞昔曰先民備于顯訓我　封翁恕亭先生暨　德配李老孺人衍長生之籙歌難老之詩共樂曼齡克融世喆斯鄭氏所謂修德獲欵荀子所謂美意延年者已昔歲戊寅林奉　恩命典試粵東中録嶺南士七十四人令嗣達泉褎然在選長離振采若華之日初升洪鐘發音潮海之聲自遠見文章之有根柢知學問之有淵源焉既達泉來京師述其尊人隱德以　先生暨　孺人今年　十雙壽索言侑觴林因盡識其為人迺端牘再拜言曰夫觀水者賞其淪漣不知歸于沃焦者大也觀山者睨其岸崿崿不知其包于宮霍者宏也　　制行似銅閟聲在谷

駁

儁譽已流于初服至性一如其始孩道輒[illegible]求有用駁五經異義
叔重無雙為洛中秀才叔闓第一乃猶鑽光燈以散帙据残竹以忘年
積弓或踰乎等身慝卧有時而焠掌剛日柔日罔懈其編摩經師人師
各尊為憮式非特家蔵克善庭誥無虛而已亢萬人倫備修內行今曾子
之號見重于時過季偉之稱能信乎友歡聯花蕚好締荊枝同氣之敦
怡怡如也加以霜尺律已雲量被人不愉縱以釋恭不陝輸而騫義嘗
見達泉功過日記簿大書其工曰確可信方是功稍可疑便是過美哉
言乎非澄于道而不牵于欲者耶非嚴于已而不逞于人者耶夫黎眉
耇錢泰尊之佑善也融好德康甯耆餘之演範也信故春之盅盅則羲
和為按轡水之淵淵則結璘為照神　先生不演五禽不餐八石雲氣
多壽谷神自甄游其杖履魚鳥自来親人涉其門樊花竹皆有和氣

孺人生而有文動必以禮齊眉舉伯鸞之案椎髻有德曜之風蘭膳聿修蓼教無失遂使毓來雛鳳起必摩雲種就孫枝出皆拔地今

天子長庚筴行　周甲慶成　推恩之典將有　芝誥之頻人瑞之應將有棹楔之樹　先生與孺人其暾晚栽之橘蔭手植之槐者焉林未獲趨通德之里奉鞠腿之觥然而謂山蓋高景行之志笠如川方至持劵之理醇亦願　壽寓均禧儷同心之琴瑟福林翁慶綿奕葉之蘭孫云尔是為序嘉慶歲在上章執徐如月穀旦

賜進士出身

誥授奉直大夫　文淵閣檢修閱　內閣中書署侍讀　國史館分校加七級紀録十二次通家愚弟　頓首拜譔

二家詩鈔箋略序

曩嘗讀九家合課詩存劉受錢塘吳穀人長洲王揚甫兩先生詩録其詩七十五首為箋略四卷繼得其全集續集又續箋詩五十首彙為八卷於辛楼年卒業棄置篋中久不省視今春福禹門學使自江右郵書索此稿將以付梓因復檢出重校一過并補箋數條綴録於後以遺之夫賦得詩不足存刻為之作注紀文達公庚辰集固有哂之者矣顧吾觀今之類書踳駁舛盭展卷即是遞相鈔撮幾同杜撰得如庚辰集之本本原原伐山自作不由稗販者有幾人哉惜其不為類書而為此注使推其例以為之當益為後學津逮顧林猶幸其有是書以示後人使後之為類書者知所取則其沾丐後人亦正未有涯也林不敏昔嘗師公之意纂類海探原一書公私栗六隨作年未能卒業即此可傳

無多亦歷二三載與禹門學使（高確）而後成後、家詩者不知視庚辰
集何如而注則不逮遠甚要之與鈔撮影撰沿訛踵謬浮淡無根者固
有間矣道光　年　月　日龍巖○○○識

有正味齋合課詩鈔目錄
卷上
○○

二家詩鈔箋略八卷

有正味齋合課詩鈔卷上下　芳草堂合課詩鈔卷上下

有正味齋續鈔（外集詩）卷上下　瀾雅堂外集詩續鈔卷上下

二家詩鈔箋略八卷亦先祖未刻之書也檢篋笥得之抉擇精而箋
注尤詳繕寫整飭挍訂無訛蓋欲梓而有待者今授剞劂唯　先祖敭歷
中外生平著述甚夥晚年寓居海陵勠力于駢雅訓纂並三五科暨十
二科同館詩賦題解而書此書庋閣既久原敘雖存而　年月日皆闕空
白斯未能詳並僅依原遺稿刊行以昭其慎此外尚有二十九聞類海探源諸
書皆先祖未竟之業惜不能盡付梓以行也乙卯年六月孫○○敬誌

與饒贊書

去臘甫一謀面未罄離緒猝聞行旌又欲西發中心摧抑如何可言不稔近日將遂成行否弟穿穴蠹魚竟忘人事乃者借榻山館頗狎魚鳥川淑鮮娛藉舒結轖瀹泉于鑑亭賞雨于雲閣牧笛在林時聞簑唱麦塍偃風驚見雉出落花墮而盈甞高松枕而獨吟興念 故人每懷良覿九家詩鈔箋畧已付剞氏 顧慙虫篆彌復踳駁徒以 賤末廁姓名既屬子虛幸避指斥 足下序言華妙弟褒寵過其鏡飾為慙謹儲秘篋藉發舊滯惟是青苔滿榻舊雨不來思續歡悰以暢襟宜挾佳篇而過 丹峯非遥落落難合白雲同企悠悠我思

都中致座主白小山師書（時師以奉諱膺聘至揚，旋與姚秋農修撰同修揚州府志。致此信時戊辰七月書也）

憶自征軺遥發，心實懸懸，每詢鱗羽，未悉所托。所聞吾師已達邗江，道履安和，藉紓結轄。顧瓊花之遊，實非素心；屋烏之托，尚違所願。私心揣測，可得而言。昔滕之蹝履於不疑，仲舉前旌於孺子，晋安施榻於休源，彭城傾襟於庾稷，並飾車風迎，駐節電接，親禮嘉隹流，極稱盛焉。吾師聲駿道崇，山斗所瞻，靡不企德懷風，冀承清誨，以釋遥悰。豈有虚心委質，而又蹉跌不面，如皇甫規之於元叔者哉？徒以一葉之陰，必得其地；長途之御，有待其人。誠不欲橫邀盼采耳。。。毦鬑留京，日勤夏課，近館普介如太史家，僦居内城，頗避喧接。顧材質謭劣，通復善忘，螢尾蹄涔，有慙燭測。曩在里讀九家詩，特愛轂人先生諸作，負絶曾為箋疏，畧省所出，尚餘數事，實昧支蘭。聞先生主講昆　昷從必親游讌，竊欲

將此数事代叩元亭藉發舊滞便中録寄　　[illegible]矣肅此敬請崇安

臨書無任瞻企白師為㲄人教習門生故有代叩元亭之語

杜詩偽蘇注録存識畧

輯杜詩二十五卷内偽蘇注為四冊録而存之或謂既偽矣何以存為曰林懲夫不知其偽者之誤引其説以為證也尤懲夫明知其偽者之誤仍引其説以為事實而自穢其書也與其删之而使逸聞瑣語時時見於他説何如存之而使鑿空杜撰一切影響之談和盤托出使見者知某書為其所誤某人為其所蒙不亦快乎或曰古人作偽者多矣如清異録之偽撰事實雲仙雜録瑯嬛記之偽撰書名皆偽也何獨於此注而過繩之曰此正林之所亟欲别而存之也知其偽而以為其言與雲仙清異録等取為詞料庸何傷不知其偽而以為此某書所徵引某人所稱述謂古人真有此事古人真有此言古人真有此注則謬矣謬種流傳何可長也此本不多覯物色久而後、　近將來版片益不可見

亟為録出而識其所以存之之意於簡首　上他書之闕其僞妄者

數條於後以資考證焉　道光七年歲次丁亥中春既望龍巖魏茂林記

余録杜詩僞蘇注四卷或以為不足存余謂存之正以廢之録成緘

諸敝簏私念前人於此等書必有先我而言之者茲讀四庫書四十

一經部小學類二元楊桓六書統提要亦有此論亟録之以為證其

言曰桓書本不足取惟是變亂古文始於戴侗而成於桓後來魏校

諸人隨心造字其弊實濫觴於此置之不録則桓穿鑿之説不彰故

於所著三書之中録此一編以著變法所自始朱子所謂存之正以

廢之者茲其義矣

書古經解鉤沈

林按仲林此書實獲我心序稱擯絕交遊五年專力至於左目幾成青肓頭不得俯不得回顧行不得盤旋回顧盤旋輒眩暈其劬書之劇據可謂至矣第其中體例尚有未畫一處且待補者尚多不特提要者指皇侃疏史徵口訣義也惜林年力已衰無能為役若在二十年前得見此書當助仲林臂力補其未備近粵東校刻

皇清經解一千四百卷此書獨未收入豈以其搜採尚多漏畧耶

道光二十二年秋七月周石藩前輩以新刻本見惠因得盡讀之附識於此

此本譌字太多据稱舊刻亦非善本則不自今始序亦唯西沚暨德齋一記尚可存耳笛翁又識

書古經解鉤沈

此書皇清經解未收林甞求其故而不得迨詳加繙閱書三體例極善

可無閒言惟引書尚不無糅雜如物類相感志或以為蘇軾或以為贊

寗或以為無名氏有明諸家叢書所載言人人殊不足為據又其甚者

則無名氏之五色線乃常熟毛氏為書賈所賺刊入津逮秘書中識者

顧（頗）訾之與所刊瑯環記誠齋雜記等此尤不足為據余君引之陋矣此

與杭氏大宗三國志補注引說寶借風事同可謂自穢其書經解未收

或即以此因復書之以俟識者道光甲辰清明後一日笛翁又記

嘉慶庚午春偶過琉璃廠書肆見有宋尤文簡公全唐詩話新舊各一部書為四庫全書著目所未載每思閱之而莫能獲也一見大喜亟持以歸顧二本刻手皆不甚劣王本雖係明刻轉不若孫本校輯之精因存孫本而以王本校對一過並録王序補焉王本字較多訛脱今悉摭録於後以備參考據王序宋板既不可得則當時固以此為善本第未知孫本所據又係何本孫又有續輯弁言謂原集之載其人而遺其事者續為卷七人與事俱未載者續為卷八今唯存原集六卷則所得本尚非全書姑俟後覓補焉三月十七日笛生記

孫本於卷四白敏中條有小注云基別本、、王本無此五字亦不作甚似孫本之所據尚有佳本惜不能得也笛生又筆南部新書十卷以十干紀數無卷一卷二字樣每卷唯標十干之一字如甲乙之類每面九行行二十一字據希白子明逸序云事實千成編五列卷十今只八百五十七條而所云成編五者其例亦不可得而攷也又云因以新書次為門類今之十卷絶無門類疑舊本早已散失此不過後人綴輯而成者耳其中譌舛字跡不一而足又盧肇競渡事錢起湘靈鼓瑟詩事他本引為此書者今並無之知其闕漏者尚多非善本也姑即其書鈔録之以備校而識其大畧如此

嘉慶壬申仲冬月小至前一日滌生記

廣東鄉試錄後序

皇上御極之二十有三年治化翔洽文教覃敷以明年
六旬萬壽先期
詔直省舉行鄉試
特命臣邱家煒充廣東正考官而以臣魏茂林副之伏念臣閩海寒微
學殖膚陋由嘉慶十四年
恩科進士授內閣中書供職薇垣備員
禁近涓埃莫效悚惕滋深兹復仰荷
恩綸畀以衡文重任兢兢焉惟懼不克稱職謹與臣家煒馳征度嶺齊
祓入闈合學政臣傅棠所錄諸生詳校甲乙得士如額遴其文尤
雅者以

獻臣例得綴言簡末竊惟文章之道與[illegible]通唐臣韓愈曰仁義之人其言藹如宋臣司馬光曰士先德行而後文章蓋謂有正誼明道之素乃可見修辭立誠之要有讀書窮理之識乃可為明體達用之才自有明以制藝取士我

朝因之數百年來名臣碩輔後先接踵文章政事相輔而行所謂學有本源也伏讀

御製擬正文風疏曰體格以正大為矩立言以經史為宗理取其真詞取其醇大哉

聖言誠作文者之準繩而衡文者之程式也嶺南固靈秀之區也山則有羅浮韶石之奇水則有端江曹溪之勝其扶輿磅礴鬱積之氣毓為偉器唐宋以來代不乏人況

國家久道化行成文軫遠薄凡瀛壖多士涵濡
教澤者至深且渥其間淵雅淹通之士魁奇磊落之才爭自濯磨期為
有用之學者豈遂不可多得哉臣雖檮昧務矢虛公與臣家煒竭
晝夜心目之力鑒別真偽理必發孔孟之奧蘊詞必約經史之膏
腴其有浮靡纖巧流入險詖者槩置勿錄以及經義詩策亦準此
別裁庶幾修辭立誠明體達用之儒或出其中異日登仕籍服官
政師師濟濟咸各有所樹立於以見
聖主壽考作人之化而亦微臣文章報
國之忱斯實臣等所夙夜交勉焉而懼弗逮者也
內閣中書協辦侍讀國史館分校加四級紀錄十二次臣魏茂林謹序

吳野人陋軒詩集序

林於乾隆辛亥道過東淘得讀吳野人先生陋軒詩心竊喜之顧詩凡四册友人張立山甫鈔及半思得其全集盡讀之未能也道光己亥林遂初服僑寓海陵得交夏子退葊始知陋軒集凡十二卷其板近歸退葊處且續得陋軒未刻詩將付諸梓林聞之喜甚趣令鳩工齎事期得先讀爲快詎續集甫經刊出尚未印行而退葊已歸道山人之云亡邦國殄瘁可哀也已哲嗣子猷秀才能讀父書克繩先志合初續集詳加校勘尅期竣事問序於林林惟野人先生詩集見於　國初諸鉅公原序者甚詳其詩亦久經論定毋庸再爲饒舌惟陋軒平日不妄與人交所善惟三原孫豹人郃陽王幼華休寧汪舟次同邑汪蛟門歙縣郝羽吉陋軒饑寒不給舟次羽吉時緩急之其見知於周櫟園王阮亭兩公

則舟次延譽焉櫟園先生首刊其稾錢塘王令與天都方干雲繼之往來贈答之詩皆見於集中所謂老遇鍾期不厭遲者信陋軒當日情好綢繆之知己也今退菴生康雍以後與陋軒無一日之交顧拳拳於此邦文獻深恐陋軒集失傳購得其板藏之於家復從其戚宮枚波處得有孫豹人手訂稿一冊陋軒手抄一冊遴其未刻之詩若干首刊附初集以行相距幾及二百年而陋軒復有此一知己爲之護持於後意陋軒集之詩堅貞孤潔固自有不可磨滅者耶抑天將生此數人搜采遺逸表揚風雅使其詩得復昌於世耶退菴品端學富酷嗜金石文字收藏甚夥所著海陵文徵三十二卷業已鋟板詩徵十六卷宮閨甄藻錄若干卷尚未斷手當俟子猷踵成之林與退菴定交最晚結契最深三載以來賞奇析疑頗資聞見既窺帳祕復得讀野人先生陋軒集之全

豈非幸與因不辭而爲之序道光癸卯立秋後三日龍巖老笛魏茂林
書於海陵大東橋寓之有不爲齋時年七十有二

如臯章氏族譜序

林生於如臯宅近城西杜家池與章氏宗祠相去咫尺乃童子時釣遊地也章氏族甚蕃春秋祭祀甚盛林識其宗人雲松昆季於乾隆乙巳年以前嘉慶己巳官京師又識其孝廉今任山東曹縣知縣章君寅道光己亥林由直隸巡道請退來南窩寓泰州時赴如臯展墓因得常與雲松昆季相往來今秋雲松以巨緘至發讀乃其重修族譜甫竣欲得林一言以志其梗概謹按章氏族譜修於康熙五十九年及今相距百餘年矣派衍益繁所分榮華實三大支續添丁口又不知凡幾輯而修之宜莫如今日顧林常有事如臯訪雲松輒不遇初云下某鄉再往復云下某某鄉心疑之繼乃知爲修族譜事也蓋其族大戶分子姓多散處於縣之四鄉相去或數十里或百里又或一村十餘家一村僅止數家

至則稽其輩行核其名號齒爵必書嗣續必書歷轉傳稽動延時日雲松輿二三首事衝風雨觸寒暑有時棄舟而陸竝有時舍車而徒辛苦墊隘僅乃成書豈好勞哉良以尊祖必敬宗敬宗務收族於以究其支派之自以明其親踈遠近之分正倫理崇恩愛以篤親親以恭祖舊木本水源胥於是乎在後之觀斯譜者仁孝之心可以油然興矣抑又聞之宋有天下百年族譜之興乃自歐陽公與老蘇氏始老蘇族譜後錄有云自昆吾至味道七十有餘世以賢稱者僅七人而其餘不傳則譜不立之過也今觀章氏世譜備載江西南峯功德院進士題名記起南唐保泰二年章文谷榜章誠至宋端宗景炎二年章元禮榜章大有章之郃有一榜二三人者有一榜四五人者皆大書特書列於譜首以示後昆而興起其奮發有爲之志非譜之立不及此則修之曷容緩歟林

與雲松有舊又熟悉其家世特陳其續修之始末以諗來者至章氏系出瑯琊王子鈞勃海郡君練太夫人全城有功此吾閩事也林耳熟焉前敘已詳茲不復書

平陽周氏重修族譜序

平陽周氏山右巨族也子姓蕃衍其族譜積二百餘年未修　竹溪司馬起而成之問序於余余惟家之有譜猶國之有史所以昭信紀實重本篤親使後世子孫不敢忘所自也周氏系出絳侯而以平陽郭家莊之周氏爲嫡派載在舊譜然　竹溪司馬以爲遠追邠岐則荒近聯祧禰恐混絳侯之裔雖有可徵要難深考亦惟載其分支之始釐其本族之差而已今考其譜自明祖而上支派僅存者注某遷某地自明祖而下行實可覈者分本支旁支略其遠者詳其近者而闕其不可知者且曰吾遵吾　先大夫之命也　先大夫所孜孜欲爲者不一事某等方將次第行之而惟恐無以慰先人於地下此特其一端耳烏虖觀　竹溪之言孝弟之心可以油然興矣余竊謂周氏之譜有三善焉成親志

一也能合族二也不違背以誣親不撰美以欺世三也　竹溪以名進
士珥筆鳳池承　帝之制外擢江左歷官江防海州海門權徐州守
所至有聲百姓愛之如父母歸之如流水儒以道得民　竹溪有焉皆
所以承親訓也親親而仁民仁民而愛物孝弟之至通於神明達於四
海吾讀　竹溪譜有以知絳侯之裔必大也是爲序道光二十六年歲
次丙午孟秋日躔鶉尾之次
賜進士出身
誥授中憲大夫前直隸通永河道龍巖魏茂林頓首拜撰

書善人記後

古人以拯溺得活一人爲一百善謂難其之死而致生也顧拯溺已難拯溺而必爲之曲原其溺之故展轉保衛以全其生至於酬金不受毅然而返此其陳義甚高求之鄉鄰自好者猶難其人矧其爲擔負自給者乎吾讀同年陳繡堂善人記而異之善人姓楊名萬山事詳繡堂記中夫有陰德者必有陽報有隱行者必有昭名漢時君子之津與此日羴人之里其傳於後也將毋同古今人何詎不相及耶嗟嗟爲善無近名而夜行者卒鮮顧乃得之日謀升斗之家匹夫嚮義何處不勉焉吾讀繡堂文而樂其足爲當世風也於是乎書道光二十四年歲次甲辰三月日躔大梁之次龍巖老笛魏茂林

三十五科解題敘

曩嘗讀紀文達公庚辰集注歎其一字一句必有依據其於異聞曲說悉有折衷務溯流而窮原不釋事而忘義近代注家莫之能及擬仿其例纂爲類海探源一書未能卒業嘉慶丙子林備員薇省吳橘生觀察其泰時從林遊夏課之餘與祝蘅畦同年取法時帆學士所刊三十科同館賦鈔同館試律三鈔分韻編目爲之解題其未悉者屬林校補林方肆力於駢雅訓纂未遑專事此書抽暇稍稍爲之至道光壬辰始一易藳合之橘生原輯所益者已共得十之七八惟舊所引書尚多舛午伐山自作披檢爲難時橘生業已外擢林由刑部郎　京察　記名一麾出守此事遂廢緘之篋衍者又有年道光己亥林自通永道任陳退得請養疴海陵始取此書重加校補釐爲丶卷計自嘉慶丙子至

道光癸卯相距二十餘年其間雖多作叚然以巾括之書必如是之遲
徊審愼而後出而猶恐有少見多怪讀書未遍妄下雌黄之譏僕之鈍
拙夫何待言然區區之見固有在矣道光二十五年乙巳端月塡倉日
龍巖魏茂林笛生氏書於泰州大東橋寓之有不爲齋時年七十有四

讀四書偶筆

國家設科試士首以大學論語中庸孟子　命題務取清真雅正之作蓋制義代聖賢立言不深研宋五子書無以析天人性命之精不淹貫十三經注疏無以通名物象數之賾然而儒林道學傳各區分理窟經神轡難竝擅兼斯二者其惟吾師龍巖木軒夫子乎師幼而岐嶷性簡穆不苟言笑弱冠補弟子員家寒刻苦讀書戊申舉於鄉會試歸益發憤自勵所著儀禮輯畧已行於世偶筆一書乃師平日課門人作也林於嘉慶丁巳自如皋歸里次年即從師肄業於州西鍾靈書院時從游者衆講舍幾不能容同學之士采芹食餼暨賦鹿鳴者先後相望林不敏丁卯計偕己巳通籍官京師中間三按春闈一典秋試所取之文一以清真雅正爲歸皆本吾師之訓也師於經史子集無不研洽所著詩

文若干卷一室之中上下千古於宋人之學取其篤實於漢人之學取其淹通不矯異不扶同洵足息墨守漢宋兩家之喙惜纂述未竟已歸道山從游者無不深泰山其頹之感道光乙巳世兄卓卿以偶筆存稾先刊出四卷郵寄來屬問序於林林辱受師知微卓卿言亦當附名卷末奚敢以不文辭謹畧陳林之所受於師者以諗來者刊既成盥讀一過恍如前侍講席與二三同志執經問難負劍辟咡時也

道光二十五年乙巳孟冬月既望

賜進士出身

誥授中憲大夫前直隸通永河道門人魏茂林頓首拜撰

書三十五科同館詩賦解題後

此吾壻李雲閣子光辰在京照錄之第二藁也初爲固始吳橘生觀察其泰叔意仿白氏陶家瓶故事每題裁作大小紙片按四聲分韻粘爲五巨冊是爲第一藁其中注者半未注者亦半存以待補歸之於余以時增輯至雲閣鈔錄時已及十之七八而橘生所注之半尚未暇校正也道光己亥冬養痾海陵閉門戢影始銳意搜討並於橘生原注一一核其所出挍正良多尚有數十條事涉疑似未敢妄下雌黃擬別爲補遺一卷附之於末先就此藁重謄清本寄質祝蘅畦侍郎審定後再行付梓緣橘生初輯此藁時蘅畦同年尚在史館謂此書不但足裨同館詩賦檢尋並可作小小類書存案頭備閱蓋深知此中搜討之不易而僕之事必求源不肯鈔襲類書一字尤蘅畦橘生所相視而笑莫逆於

心者也或謂紀文達公作庚辰集注人多嗤點謂其以黃金擲虛牝予之爲此得毋類是且所解僅三十五科　道光改元以來月積歲增同館詩賦題其不見於此集者又不知凡幾予惡得盡之是亦挂一漏萬等諸塵飯塗羹而已余聞之悵然自失既而翻然曰吾不悔也吾圖作吾類海探源底本已耳類海探源者余初補博士弟子員時擬仿庚辰集例蒐一代山自作之類書欲盡洗明人著書不載出處匿端示人之陋習有志未逮者也時在

道光二十三年歲次癸卯孟冬提月笛生更字笛甫書於泰州大東橋庽之有不爲齋

杜詩僞蘇注錄存後序

余錄杜詩僞蘇注四卷，或以爲不必存，余謂存之正以廢之。因記四庫書經部小學類六書統提要有此語，因檢出記之。桓書本不足取，惟是變亂古文始於戴侗而成於桓，後來魏校諸人隨心造字，其弊實濫觴於此，置之不錄則桓穿鑿之說不彰，故於所著三書之中錄此一編，以著變法所自始。朱子所謂存之正以廢之者，茲其義矣。

韻鏡序

韻鏡一書吳子橘生為初學辨明字義設也昔南昌彭文勤公纂韻字辨同大典翁覃溪閣學以韻字參互補刊之嘉興錢雲巖師福胙纂詩韻便覽歸安毛學使謨試蜀作韻字畧增刻之皆所以究字之同異韻之歧互欲後來者之覩指知歸也是書合諸本而取其長蕞其要於典之迥殊者則注某某典以實之音之易混者則注某某切以别之字之形象不類而實則相通與字之形象相類而實不能通者則一一為剖白之以字為宗以韻為斷開卷了然誠操觚家諧聲之圭臬也竊謂韻學有三一辨古今一分正俗一知通轉守廣韻之二百六部而韻可尋源繹述聞之二十一部而音可復古（述聞王尚書引之著）韻海鏡原今不可見推而闡之橘生此書詎止為後學之津梁不[illegible][illegible]可導源於星宿哉是為

序

歲在上章奄茂皋月穀旦龍巖魏茂林撰時年七十有九

海陵戴氏雜證繩墨序

醫學十三科聖濟總錄大方脈與小方脈竝載小方脈即兒科也又謂之瘂科見閻氏潛邱劄記考北宋錢乙始以治小兒得名其書名藥證直訣　四庫全書子部醫家類載小兒衛生總微論方二十卷又嬰童寶鏡小兒靈秘方小兒至訣小兒醫方妙選小兒痲疹論皆載入明朱臣保幼大全中至王肯堂撰幼科準繩九冊徐用直撰袖珍小兒方十卷薛鎧撰保嬰撮要八卷其書皆多所發明　國朝　御定醫宗金鑑於論症後多用歌訣實惟明顯易讀近惟閩中陳修園大令仿之作醫學三字經時方歌括時方妙用長沙方歌括等書其所撰傷寒訂注雖名淺說而疊曲暢達非深涉仲景門庭者不能也林素不習方書然喜收藏各家著述於幼幼書尤為欣羨海陵戴雪訪先生世承

家學間出其尊人　品山翁所纂輯雜證綱言一書簡捷明確實為幼科中保赤金丹雪訪不欲自私刋以問世索序於余余惟古人於書之罕見者輒矜為帳秘矧方書尤不欲以直訣語人今先生喬梓皆不惜以金針度世陰德庇民其立心之淳厚何如也因樂而為之序

賜進士出身　誥授中憲大夫加三級前直隸通永河道龍巖魏茂林拜撰竝書

如皋邑侯范公廉泉詩集序

昔在孔子詩刪三百而教首二南一言以蔽之曰思無邪而已夫詩者志之所之也書舜典曰詩言志春秋傳曰請皆賦以觀七子之志旨哉斯言可以觀人亦可得讀書詩之法矣吾皋邑侯廉泉范公滇之名進士也釋褐江左累權他邑而宰皋最久皋之人被公之澤亦甚深公雅好吟詠然初不以示人吾友月卿陳君館於公署讀公詩而愛之編次其藁釐為　卷縱臾付梓而首以示林林因得盡讀焉作而曰媺哉公詩何其溫柔敦厚深合乎三百篇之旨也蓋嘗以意逆公之志公之詩是惟無作作則油然見孝弟之性焉肫然露忠藎之忱焉眷然任興廢之舉焉僾然軫推解之情焉集中自癸酉公車北上始歷官二十餘年凡宦轍所經輒形諸詩歌以昌其志無刺譏之辭無儇鄙之語莊莊乎

士也油油乎君子也蓋其志在君父故其言足以厚人倫志在生民故其言足以美教化志在文物故其言足以移風俗昔人稱吉甫作頌穆如清風又曰其詩孔碩其風肆好公詩有焉豈與夫和調而緣溪盍而苟者所可同日語哉公與林同出顧南雅師門下師歿公敦在三之義首捐俸刻其遺集又刻其鄉先生錢公南園文集以傳其他表揚幽隱大率類是後之人讀公之詩逆公之志而有會於三百篇之旨穆然想見公平日之為人庶幾與所刊諸集同為不朽也夫是為序

雪堂退思錄序

林於嘉慶己巳通籍後改官京師庚午冬杪自内城移住煤市街小椿樹胡同蔣丹峯師寓時先生官刑部曹坐辦秋審辰出酉歸率無暇晷每夕必出佳茗相與晤談今古於前人嘉言懿行述之尤娓娓不倦一日出此册謂林曰余終身佩此言退食後常持以自訟乃知言之非艱行之維艱每一省覽覺負疚者叢集也林因請而錄之時置座右以當警心之鐸迨先生歸里復以敘雪堂讞比一書留贈讞比者乃每年秋審詳辦畫一不符各册之大綱酌理準情推勘微密凡派看秋審者必覓此書以爲圭臬顧林時官内閣得此無所用之謹藏諸篋衍謂先生手澤存焉耳初不自意十年後林濫厠雪堂派充秋審提調踵先生坐決天下囚凡實緩矜留皆取諸篋中而可〻卬幸矣今讞比一書有爲

林據道光以來各堂所定删改多條且係官書未敢載入家集謹繕錄此書付梓以見先生進思盡忠退思補過之至意焉惜師以御史記名未補即行引退未竟厥志然部中同事至今猶以古君子稱之無異言者烏虖是亦足以作邦型而光家乘矣先生諱翎字鳳舉號丹峯福建直隸龍巖州人乾隆丙午舉人乙卯中式己未　殿試三甲進士簽分刑部前閩浙總督汪保舉孝廉方正官至刑部員外郎卒於家所著有儀禮條貫上下二冊林曾在巖受讀旋因入京取回今散佚不存唯退思錄林尚鈔得副本吉光片羽彌足珍矣道光庚子夏五前任直隸通永河道門人魏茂林謹序

學庸指掌敍

大學中庸本戴記四十九篇之二其與論孟同編爲四書則自宋淳熙始元仁宗朝用朱子章句取士至明永樂遂詔頒學宮著爲令朱子自稱平生精力盡在此書是學庸得朱子章句條分縷析大綱細目展卷瞭如固毋庸註中添註矣第學者初讀四子書於大學中庸往往望猶河漢叩其義蘊輒舌撟不下良由未能咀味白文紬繹章句徒守高頭講章物而不化遂謂學庸索解獨難此黔筑周石藩前輩指掌一書所由著也林幼讀吾閩張惕菴先生四書翼註論文於庸孟理解有驟難領會者加以疏義明白了暢詞旨洞然其精確處洵足羽翼朱註惜其所載不過數章思欲輯而補之未遑也今讀指掌首尾完成脈絡貫通旁皇周浹如得林意中之所欲言而未能言者又如得翼註論文之所

欲補而未逮者此直可作學庸義疏非僅俾沾丐初學已也林居與壩上官廨相近今夏時相過從見石藩揮汗握管手不停披字斟句酌直如朱子作註字字從戥子上秤過其審慎精密如此然猶以此書槀本掠自太史汪君雖佚其名不沒所自特表出之仍自居於述而不作之列抑何謙虛若谷如是此書傳而汪君亦藉以傳又何幸歟既縱臾付梓爰述其大較以告後之讀是書者道光歲在重光赤奮若長月重九前三日書於海陵大東橋之有不爲齋年侍龍巖魏茂林笛生拜撰

郭大理遺稿序

烏虖林乃今得以序我蘭石遺稿矣蘭石文名溢天下書名耀海外匪特　朝右知之　聖主亦知之其任四川學政時一歲五遷隆隆嚮用假使天予之年其設施何如其造詣又何如吾不得而知之也乃年甫四十有九而歿歿之日求其詩文全稿而不可得卽其門人之親炙者拾其殘編斷楮亦不過三四十首不能成集蓋其生平作文率不存稿卽有零星紙片亦拉雜摧燒之余每見其法帖背葉多爲人作諛墓文及應酬壽序稿其家用帳目淩雜米鹽亦夾書其閒久亦初不省記也其詩亦益不多作作亦散棄獨吾閩楊雪茱方伯喜其詩每索其書必令錄其近作是以所存獨多聞余輯其遺稿錄寄一冊余復爲增補然不盈二冊也道光己亥余自潞垣請退養痾海陵適其門人成蘭生方伯

開藩江左彼此札商欲編定蘭石詩文付梓時梁芷鄰中丞自粵西遷撫吳中蘭生擬就正芷翁冀有所增再爲彙刻詎芷翁抵蘇未久旋即移疾歸閩蘭生亦積勞遘疾不起此稿棄置篋中遂無人過問矣烏虖蘭石與余同鄉同譜又同官京師同居者二載比鄰而居者三載其家瑣屑余無不知之是以掇拾其稿視他人較備蘭石爲余作五十壽文其年尚壯迨視學蜀中又爲余作六十壽序讀其所述年未五十已皤然一翁矣記同寓時酒酣耳熱嘗捋余鬚嗔目曰當爲卿作佳傳余即應之曰喏幸甚第視林能否消受果爾當爲君儲三百斛米作潤筆耳烏虖一時戲謔之言怳如夢寐孰知天不憖遺我友奪我　國家楨榦之材而留此樗散擁腫之木於江海之濆乃爲故人掇拾遺文存什一於千百迨將付梓又爲造物所撓烏虖蘭石文名溢天下而使天下無

可錄其詞章書名耀海外而使海外莫可窺其著作才耶命耶時耶後世誰相知收其文者耶吾乃今得以敘我蘭石遺稿矣道光二十三年歲在癸卯長至後一日蘭懷老人魏茂林笛生

凌江集錦序

凌江集錦者雨田方伯官南雄陞蜀守時士民送别之詩也夫古之有澤於民而臨行之際照耀古今者莫過於香山東坡之去杭州之二公者慈祥愷弟練達聰明實皆以斯民為己任故其去也攀援淒咽之情洋溢於楮墨煙雲之外不然何千年以後尚令人流連不置也南雄介在嶺表風土清佳人文淑美然獷悍之習亦復時蝕其間　方伯膺是任一以剔除弊政興起民心為急務蓋其民感之浹髓淪肌不能已於心遂不能已於言也裒然成集流傳遠近以視白蘇之舊事何如抑林又有感焉劉榮祖之守會稽也簡除煩苛禁察非法郡中大化山民愿朴乃有白首不入市井者時有五六老叟自若邪山中出自謂山谷鄙生未識郡朝自明府下車以來犬不夜吠民不見吏聞當見去故自扶

奉送斯固蔚宗後史之形容然其時之風俗人情抑何敦龐而淳古也茲讀集中趙君詩注稱其祖不履城市垂四十年聞　公過境命孫要迎今段事情以視會稽之於榮祖彷彿似之林以道光壬午入會試闈於　方伯曾有一日之知今且旬宣南粵又林嘉慶戊寅典試珠江舊遊之所也德輝所及如日在東倘駐節江東則林厲館在焉且將率其父老奉揚仁風而歌來暮也是為序

萬福緣序

粤東梁子以手書太上感應等篇釐為二卷名之曰萬福緣刊既成請序於林林素不佞佛而於果報之説獨津津喜為人言之蓋以懲惡勸善之旨有合於吾儒也子不云乎言寡尤行寡悔禄在其中矣又曰積善之家必有餘慶積不善之家必有餘殃士大夫讀書識字朝夕持誦聖人之言猶有拂逆是非戕害倫理者況愚夫愚婦目不識孝弟之字耳不聞仁義之言無怪其乖鑑鑿性罔知顧忌攖飛禍羅明刑而不悔迨至語以鬼神輪迴報應之事則又未嘗不駭然懼抑然自下若惡聲而畏景也語以積善降祥大富貴亦壽考多子衆孫之説則又未嘗不歡喜歎羨鶴望景企若將朝儆而夕應也則夫勸善懲惡之書烏可少哉夫為善非以徼福而福之應也如響詩稱豈弟君子求福不回惟其

不回是以致福斯可求福福之生也有基矣小大固無殊遠近同一緣於萬福乎何有獨怪士大夫得此書類束之高閣而愚夫愚婦又憒焉無為之提撕警勸者此大非梁子刊書之意抑亦非林序此書之意也夫

時道光二年歲次壬午季秋月龍川魏茂林撰并書

校過

皆山詩集後敘

閩詩自十子後風雅遞變近代以來作者輩出然如竹垞老人論林子羽詩謂猶翡翠蘭苕方塘曲渚非不美觀未足與量江澥之大是則氣格少苶局量隘薛無臯牢萬物轟羃枯槩之思者其於十子詩固亦未可輕詆矣吾師皆山先生詩古文辭皆踔絶有奇氣詩尤高朗振邁不名一家集中如劒浦行弔古嶺題一杯集諸作則太白之豪逸也秋夜感懷雲根精舍贈許芝庭諸作則少陵之沈著也過盧溝橋弔河間獻王墓諸作則義山之鬱紆深蔚也題孔雀圖過陡河諸作則香山之演迤自然也他若夜坐聞笛送童聘亭秋夜感懷諸作之似劉文房錢仲文邊衙舟入閩清諸作之似姚武功許丁卯類皆陶冶性靈天敓自解當其搦翰氣倍詞前酣嬉淋漓凌紙怪發隨意所之不煩繩削而自合非

循行學步羸鏤離灑而為之者此其異於十子也師昔秉鐸吾州林時方補博士弟子員得隸門牆習聞諸論今宰粵西卓薦來京將次其詩付梓以林尚在可與言詩之列命為編校林不敏竊即昔所聞者敬識數語以質諸師並質諸當代之論十子詩者讀先生詩以為何如也道光五年七月六日龍巖魏茂林敘

新振聲詩賦課序

古者家有塾子弟年八歲皆入焉凡仕焉而已者歸教於閭里上士坐右塾庶老坐左塾是也塾在閭里門側十有三年學樂誦詩而知賦比興之別十八入大學則興道諷誦言語所習益詳且備記曰宵雅肄三官其始也春秋士大夫類能賦詩贈答以此自詩變爲騷再變爲賦漢晉以來賦家輩出六朝講求聲律詩賦益工有唐遂以之取士歷宋元明作者日富而尤莫盛於我 朝自歲科試專設古學別列等第外凡鄉會場皆詩文竝試 大考 召試散館則 欽命詩賦題拔十得五甄錄尤嚴海内之士嚮風而赴固無不肄業及之矣吾族仁會舊有詩賦課 林嘗與焉然爲之不久時作時輟自 林通籍後又十餘年則此課久無倡者伯兄瑤樞意甚惜之因與族兄耘圃謀轉商諸父老

定於振聲課外增設此課捐充如例事成郵信示 林命略述緣起 林惟先輩八比與古文通今之八比竝與詩賦通古人讀文選必熟精其理蓋文之爲體不同理則一而已矣子雲相如同工異曲使生今世執筆爲時藝當必有沉博絕麗如上林長楊羽獵之爲人傳頌者令其入試度無不裒然舉首者也 國家雅化 壽考作人文學侍從之臣槀筆詞垣專陳風雅類非暉賭逴躒者不足備七車之問 林不才濫竊甲科厠名薇省終以不獲翔步木天追隨當代鉅公爲媿今得耘圃瑤樞兄與諸父老首先倡率循古家塾遺規盡父師少師之職俾子弟之入小學大學者皆有所稟呈承則淹通閎博勖學篤志勤奮有加他日必有升高作賦才備九能溯仙瀛入清秘起而爲 邦家光者藉以雪 林之恥是 林之幸抑亦耘圃瑤樞兄與家塾諸父老之所厚望也夫

嘉慶戊寅陬月十五世茂林謹叙

郭木軒先生春秋條貫序

林少讀馮氏天閑所著春秋列國時事説喜其事賅而言覈爲旁注所出以備檢尋然聞其尚有左貫一書未之見也歸里後從西山　郭木軒師遊　師授春秋條貫二卷凡分類十有二提綱挈領約而不煩簡而能備　師原叙所謂理其緒而分之比其類而合之上下二百四十二年瞭如指掌誠治春秋者枕中祕鑰也當首錄二本攜至京師爲門人傳鈔失落每與同志論及深以爲憾道光二十六年世兄卓卿由湖南惠頒刊本及原本屬爲挍讐發函披讀手澤如新相越數十年恍如復承　師命快何如之卓卿舊刻儀禮輯略近又將讀四書偶筆及此書陸續刊行吾　師纂述苦心藉以永垂不朽其亦及門諸子之幸抑非獨及門諸子之幸也夫是爲序

道光二十七年丁未仲春月朔旦龍巖門人魏茂林拜譔時年七十有六

重修家譜序

國有史地理有志族有譜義一也而族譜難國史地志其先皆有成書且他書備採摭者廣書成既多雖時牴牾而人諒之及事涉冗雜則可以法裁而綴焉族譜也者事蹟不盡可紀又無可略又不可用類書附見例米鹽凌雜固且不免然而無敢厭其雜而置之者仁孝之至也吾魏氏自固始來長樂自長樂徙龍巖其未入巖與始入巖之際譜系疑焉兵燹洊遘綴拾無籍錄官公之五傳曰 直庵公 暨守淡公 雲石公始爲譜繼者 柏窗公 竹莊公追 公錫公爲譜則當我朝順治族之息視始幾倍及 鍾南公 庶言公重修譜則當乾隆辛未與壬寅族之息視始又倍今三十餘年矣譜之宜修此時爲然修之之例悉視始爲譜者嗚呼後之覩吾譜者可以油然興矣古者孫以王

父之字爲氏同氏者視同宗者親有加也同宗者視同大宗者親有加也同大宗者與他同姓者親有加也親疎至易明也後世以氏爲姓於是有姓無氏而房眷之名立房眷者可聚而不可散可近而不可遠散處至數傳則約畧知其所自出之祖而不能知爲何眷矣遠至十數傳則同眷之中又各爲眷稍不考諸譜則大宗之昭穆紊矣譜也者使之聚不至於散遠不異於近也且昔 錄官公負親骨至龍巖僅一人耳三世文峯公以薦避辟著 四世螢窗公 五世紫峯公 莊齋公皆以明經顯 七世竹庄公以行義聞 八世肖柏公復由歲薦蜚聲 九世端所公起家爲循吏魏氏爰振以及於今今者際 國家熙洽之隆山海之氓皆有所庇以長其子孫而秀者遂食其福以有所見於世乃使閩人言族望者知有吾魏氏然則後之子孫以是譜考之而推其由

漸而盛之故知　祖宗之貽後人者厚而後人之不可或流於薄則吾魏氏敦睦之風長如今日而其盛視今日爲有加可也然則譜之修也其文雖質其體實大其義至深且遠敢昌言以爲子孫告

時

嘉慶十八年歲在癸酉令月　穀辰

賜進士出身　國史館分校　文淵閣檢閱　方略館校對繕寫軍機檔事内閣中書十五代孫茂林謹識

華星來文稿序

文章與政事通平日力求實踐之學務爲有用之言學優則仕施之政事裕如也華子星來余丙戌分校春闈所得士既筮仕得直隸之東明出其素藴專治有餘乃理平日應試之文刊以示邑之士子問序於余余未涖星來之邑未識星來之所以治斯土者何若士民之謳謌星來者又何若第即其文徵之星來之文和調而不緣溪盎而不苟知其爲政必不溝瞀而提縵纖繞而卞急也無連犿詉詭之辭無詆娸骫骳之習知其爲政必能鐲繁縟而鎮静流末務簡易而顜若畫一也以此治一郡有餘即治數十郡亦優然有餘耳一邑云乎哉星來善書　廷試二甲前列當時多以不得館選爲星來憾余謂文學政事聖門兼重今之文學或騖其言而無實用是虚車也曷若出而涖民興利除弊爲國

爲民庶幾平日力求實踐之學務爲有用之言於此得盡宣其蘊耳陸清獻之宰靈壽於（于）清端之宰羅城胥是道也星來勉乎哉道光戊子十月龍巖魏茂林書

戒停葬序

停葬非禮也古之葬者卜宅卜吉先謀人事後質蓍龜無常地亦無常日春秋書丁巳葬定公雨不克葬戊午日昃乃克葬是無常日也漢之山陵散列諸處靡拘壠脉是無常地也夫葬之爲言藏也欲人之弗得見也詩曰百歲之後歸於其居（否）百歲之後歸於其室曰居曰室則安土之義著焉矣是故衆生必死死必歸土使衣足以飾身棺周於衣椁周於棺土周於椁死者安然後生者亦安稱家之有無人豈有非之者哉昔延陵季子適齊反其子死嬴博之閒穿不及爾（泉）斂以時服封墳掩坎其高可隱而號曰骨肉復歸於土命也魂氣則無不之也夫嬴博去吴千餘里而季子不歸葬是豈恝置其子哉於禮然也今之停葬者非特違夫禮亦且恝夫情當其始不過藉一椽之地爲暫厝之區固以爲窆

穸之事大事也及其旣久主之者或遷徙流亡矣存之者遂暴棄朽露矣至使數十年已枯之骨不得免於獸嗥鳥啄之鄉而日炙風腥頹垣廢瓦間不堪一過嗚呼何其慘也原其所由則以擇地不得吉壤故而不知人子之葬親唯有五患所謂不爲城郭不爲道路者是也溝池不爲耕犁所及若夫地靈實由人傑不務積德而可以美地得厚蔭是上天之命反制於一坏之土有地理而無天理者矣必不然也且停柩之弊其患不可縷述棺厝之地近下則山水之暴發者無情也棺厝之地近上則燎火之延燒者更酷也爲人子者思後嗣之克昌而遂貽其親以沒身之禍是可忍亦孰不可忍乎彼夫青囊赤霓之說玉尺金斗之書以及玉髓真經金鎖祕訣要皆好事者爲之耳今形家所祖者郭璞而璞及身不能自保其首領安在其術之可用哉

西江觀政錄序

泰州彭石夫同年與林爲先後同門會試本房汪薌林夫子丁卯鄉闈石夫爲汪師所得士戊辰房薦又同出顧南雅夫子門下竝聯姻婭令姪女歸林第三子光辰道光壬辰均先後由京外擢林一麾出守分巡通永石夫揀發江西歷任瑞昌鄱陽都昌樂平四縣今年由江西赴京同籍省墓適林陳退得請僑寓泰州距石夫舊居甚近相見甚歡瀕行石夫手一編示林則所著西江觀政錄二卷也石夫前刊留雲閣捕蝗記勤恤民隱誠感通神林讀之輒爲神王茲讀此錄益信在京時互相敦勉之言歷八年如一日也林之告石夫以腳踏實地不負本來面目爲兢兢石夫語林以做一官須盡一職可對子民即可對君父他非所知以勗林視林所言益進蓋其讀書砥行務爲大者遠者官穎上學博時留心吏治整頓學校錚錚有聲迨官江右實心實政治

己治人一展胷中之蘊窺其志畧實非一官一邑所能盡異日設施林又烏能量之哉林不敏服官中外垂三十年毫無建樹病廢南旋不足爲知己告惟此區區之隱尚堪與石夫心心相印耳道光二十年歲次庚子日躔降婁之次年姻愚弟笛生魏茂林拜撰並書

誠齋雜記書證序

曩嘗欲纂輯諸家所刻叢書編目彙存以備檢閱於毛氏津逮秘書所收五色線瑯嬛記及此書憎其僞漢雜事秘辛焚椒錄惡其褻欲盡去之道光癸卯長夏無事啟篋曝書偶檢此冊覺每條俱在他處見過特未疏所出耳其標目則襲取瑯嬛記中僞誤之名又載周達觀序稱其記事甚奇所未見者什九致毛氏驚爲秘獲刊入秘書實皆當時書賈所僞托也茲特舉其習見者疏之其書分上下二卷凡一百二十五事已疏出八十餘事其中有略爲增改如華山畿飛夜游女沈羲崔生妻擲錦袜事皆依附前人之説斧鑿之迹顯然毛氏爲書賈所賣尚不止此一種益信聚書難刊書難即貍別真僞擿書肆之菁華亦不易也是爲序道光二十三年七月既望龍巖魏茂林笛生時年七十有二

校正誠齋雜記後序

誠齋雜記近類書中多採之不知其書皆拾前人牙慧後之人沿譌踵謬數典忘祖率無足據宜有識者薄類書而不爲也林校此書正以暴類書中謬種流傳之獘與舊録杜詩僞蘇注意同説詳林所纂類海探源序中

沈朗亭松籟閣詩集序

海陵書院山長沈朗亭孝廉余壬午通家何竹薌宰元和時最契友也余初未識朗亭僑居海陵年餘甫由詩人夏退菴廣文處通介紹既得相見握手如平生歡聆其言莊莊乎士也由由乎君子也其性情之醇粹學問之深邃挹之而不盡焉味之而彌旨焉由是悔相識晚過從罔間朗亭精六書因以駢雅訓纂十六卷屬爲校正其所指摘皆足補鬱儀朱氏之闕今訓纂中所下數十簽皆朗亭手畢也顧猶未見其詩將索其稿讀之而朗亭遽歿歿後數月其介弟夢花始以詩藁二巨冊屬爲點定亟發緘讀之盡五日而竣其詩沖澹淵懿天嵌自解不名一家五言遠追王韋七言出入香山義山而一種鬱塞之氣磊落之懷發爲歌詩則尤與梅村祭酒爲近首冊有歸安葉筠潭師評語鑒別甚精惜

葉師於辛丑春已歸道山以後之詩未經加墨輒就管見所及於尤所激賞者略加識語以補葉師所未及其所可存之詩甚夥仍俟後之刊斯集者有所論定焉噫有才如此而不壽豈地下修文尚未滿三千六百之數奪吾友之速耶集中才鬼九原多之句竟成詩讖可哀也已靈櫬將歸書此以還其孤爲潸然者久之聞竹鄉尚在蘇臺使得此集讀之又不知何如酸鼻也道光壬寅十月既望書於海陵大東橋之有不爲齋龍巖老笛魏茂林

吴曉嵐先生時文存藁集

嘉慶丁卯林計偕入都道過海陵即耳曉嵐先生名通籍後官京師有以吴儲合藁見示者首載先生詩餘若干首出筆遒峭動合自然合秦柳辛蘇爲一手詢知在籍設帳生徒甚盛不問而知其詩與文皆足爲後生矜式也道光己亥林自通永河道解組南歸僑寓泰州北門外時先生已歸道山晤其令嗣香陔副車因得讀先生之詩暨手訂八比文若干首竊歎先生所作無不滿人之意而止前讀其詞詫爲近代高手今讀其詩規矩天成渾脱瀏亮獨出冠時文亦温懿朗鬯在谷滿谷在阬滿阬槩槩大才不止爲後生矜式也顧詩詞業經香陔繕校付刊八比文尚未經登梓香陔因以原稿存林處屬司襄校之役且屬林識其卷端林耳先生名久至是始得窺全豹遂不敢以不文辭謹述其先後

得讀先生之詞之詩之文以志向往時道光壬寅嘉平月既望書於海
陵客邸之有不爲齋龍巖老笛魏茂林時年七十有一

顧啓文詩文藁序

林於嘉慶元年丙辰自江右寄籍之如皋回里與兒子熺讀書於西湖巖鍾靈書院時林長熺十歲熺習五經背誦如流作文頗有經術氣望其可成大器也詎年二十成昏後遽已物故兒與林皆哭之哀林感懷詩有曰玉樓何處去脩文腸斷豐溪日暮雲剩有遺書三十架菩提花屋冷斜曛菩提林書室所植樹也今閱田子少泉携其門人顧生啟文詩文遺稿壹冊屬為評點內有胡公書院四書文壹首經林閱過展卷猶彷彿記之而顧生已早赴玉樓矣昔子雲之悼童烏以子見傷於父昌黎之哀長吉以弟見稱於師少泉承顧生尊人之屬録其詩文若干首付刊以慰顧生於地下父子之情敦師弟之誼篤是則可嘉也已林閱顧生文愈思猶

子熺讀書聲不置也是爲序

咸豐元年八月既望

周竹溪司馬家譜序

周氏世居平陽郡北之郭家莊支派繁衍舊譜失修凡二百餘年矣竹溪司馬稟其先大夫遺命續加排纂譜成問序於林林讀竹溪原序不禁廢然興歎也夫族譜之善者莫如宋之廬陵歐陽氏蜀之眉山蘇氏蘇氏譜僅及於高祖而遠祖之留眉者不及是以二家之譜以廬陵為優其文亦仿史記年表為之今周氏之譜自明祖而上支派僅存者但注其遷某地明祖而下行實可覈者分本支旁支以晰宗派由末溯本即流溯源此參考蘇氏歐陽氏二家而體例加密者也一善也古但稱某氏譜其曰家譜者自隋書經籍志楊氏家譜始也唐以後家各有譜其曰支譜者亦自通志藝文畧楊氏枝分譜始也族譜合支譜分支譜詳族家譜畧今周氏之譜於家譜中分本支旁支以晰家宗派而遠支亦

存其畧焉槩目清源流晰二善也平陽周氏系出絳侯而以郡北郭家莊之周氏為嫡派有賢孝七郎牌坊及舊譜序中可考然竹溪以為遠追邠岐則荒近聯祧禰恐混吾系出郭家莊亦惟署之曰平陽郭家莊周氏而已不遠胄以誣親不撰美以欺世三善也

代賀承州尊生日序

砂床飼雀二千石踵仙官於羅浮玉舄飛凫廿八星象神君於葉縣咒觥瀲灧斟來益壽之漿鳳管雕鎪吹出延齡之曲指麟山而勒頌酬績紀儒林擁鹿軾而謳歌（謝承後漢書類腋府條）歡騰蔀屋我州守篆雲承公德媲西河（郭伋傳）治高南部（廣輿記福省為南部）篠驂迎拜下車則早識賢侯銅虎分符按部而夙稱良牧（劉禹錫詩部內有良牧）五雲倚蓋（竹嵒集卷十八劉生日序）位合三台一雨成霖潤先千里（東觀漢記）陽道州彈心撫字（陽城傳）城堞訢常稀（北文移文）郭喬卿蘊德神明（廣事府賦）冕襜悉露（仝上）拔單寒於別格扇黎庶以仁風（袁虎子傳）不惟福庇方州亦且恩覃屬邑憶昔題輿上郡（謝承後漢書）因而借寇澎湖（類腋地部臺灣）雙旌遠賁春生赤嵌之城（仝上）五袴遥歌禁削紅毛之館（仝上）在臺人欣承嘉惠方頗截鞭留鐙甦迴日月之光而岩眾默想前徽亦既

扶杖攜筐翹企雲霓之望幸當瓜代（左傳）獲見珠還（孟嘗事）壺漿十里父老歡迎燈火千家士民雜誦譬之覆盂反照人人快仰容輝亦猶慈母依兒戶戶重忻鞠育乃者化成以久學治彌優松杉添四境之藩籬（竹品劉生曰）序脂稻識羣兒之名姓（國語句踐事）聽娵隅之詠（世說孟嘉事）省繹方言繙赤雹之書（廣事類地理賦）痛懲敝俗加以陰滋碧巘雉悉桑馴（魯恭事）德及丹林鴞俱椹化（詩魯頌）安堵而無虞水潦涸潙而屢慶豐年斯金鑄之難酬（國語越王鑄范蠡事）亦環衛之莫報者也（續齊諧記楊寶事）某等忝居文墨倍荷帡幪未邀換紫之榮早受垂青之盼槐花路遠秋闈則屢助行裝柳汁衣單春榜復頻叨厚貺而且新考棚之坐號嚴局試而立豐碑增館舍之膏油課生徒而捐清俸凡若搦管為文塗箋成字無不蒙茲作養共此栽培遂使骯髒野骨（通鑑注唐太宗六馬圖贊）得中涓而收作拳騧擁腫山樗（莊子唐書李宗敏事）

逢巧匠而裁為玉筍幸厠門墻尤蒙拂濯昔慚薦淑猥充積行之科今媿留宣濫擁皋比之座信所謂梧桐得地允聯吉士於巻阿桃李逢時（唐狄仁傑事）盡沐公門之雨露者矣歲當首夏猶和公適攬揆初度園林兆瑞方占旌節之花山郭增祥合續遨頭之宴爰從濡墨用佐稱觴敬獻里言以符輿誦擬歲星於方朔此日碧桃酒熟笑神仙玉枕之書屬安石以蒼生他年紫綬壇高屼羣輔金甌之傳（唐明皇書崔琳等名覆以金甌）

太學生蔡晴瞻六十壽序己卯八月

林於戊寅秋挍士粵東既竣事旋京道由建昌之涂埠得晤同里蔡翁晴瞻翁蓋林中表行也其為人和調不緣谿盎不苛莊莊乎其士也由由乎其君子也嚮嘗耳其德而未目其人至是而知鄉人之傳為不虛矣翁行年六十有一鄉之人將以某月某日稱觴為翁壽林既官京師不獲親執兕觥齒衆賓之列而揄揚盛美一切丹青鞶帨之詞又非所以傳清修稱笠行輙不敢獻謹就翁之誦於里門播於同輩者撮舉其實言之翁少岐嶷有志略聰明當物初不自矜性純孝能悅親心父母昆弟無間言既長操奇贏游江右鄉人猶嘖嘖稱翁孝友不衰翁於昆仲間相好尤篤讓逸競勞敬詘不苟椸架之上衣無常主閨門之內食不異品嘗自謂兄弟同體昔人比之手足一體虧則百體為之一日不寧

故吾之於昆季寬裕以誨比順以敬有不如是而心不安者亦其天性然也語云盛德之人敦敦悾悾又曰孔德之容翬翬穆穆翁以德與人言無瑕謫寬而不侵廉而不劌辯而不爭謇而不激堅彊而不暴柔從而不流鞠躬履方擇地而趨鍖然不滿躬躬如畏可謂淑善子矣翁雖習計然術然好禮士大夫喜奬進讀書士匡困無資與同儕通緩急以故同里及江右素交接者悉稱之而翁之後起若芝之蘭玉樹叢生階庭若驥子蘭筋騰驤沛艾皆聯翩有崛起之勢天之報善人者豈有艾乎夫以翁之孝於親友於兄弟若彼則海東曾閔不足多也以翁之薄於己厚於接物若彼則長者屢郝不足尚也為善若采夫薪陰德僅鳴於耳則昔之罕樂長世景惠遐紀不足稱也荀子曰美意延年史遷曰修道養壽翁之德無量而壽豈有量哉林不敏竊願以仁者壽之言為翁

劵而並願由周甲而進乎期頤俾林他日得親執一觥與衆賓之列起
為翁壽是則林區區之意而亦鄉之人所共幸也夫是為序

跋作民伯留耕堂序

此我作民伯留耕堂序蓋承伯祖　隱彰公志而作也序成　瑤樞凡持示族黨其能珥筆者咸以詩歌綴後誌美焉因繕爲一册將付之剞劂氏　茂林捧讀再三乃掩卷而嘆曰嗟乎嗟乎世固有望隆仁里誼篤情田修禮以代耕而種德留於後人如我　隱彰公暨諸伯父者乎蓋古道於茲不墜矣閒嘗遐稽往跡近擬芳徽昔者寓名安樂邵堯夫遯跡幽棲谷號逍遙潘師正畏人小築壺天有地祇益閒身巢父無兒或虧名教雖高蹈於物外尚俯愧於倫中若夫樊侯矜連閣之居賈相撰半閒之號里居光化絕無更化之心宅附親仁并少依仁之識不思燕翼但許翬飛又何稱焉風斯下矣我伯祖　隱彰公事光家乘名藉鄉評既致刑於[于]不忘詒厥當山顏西日之時有宅卜南村之願遂起象賢

之冑能承演胙之麻若翁思攸躋攸寍厥子乃肯堂肯構始則　恥伯
公等主計然之策而資以嬴繼則　心廣公等卜相協之居而地以闢終
則　作民伯等殫經營之力而堂以成　築室當溪山之勝土厚泉甘卜
居近廛讓之閒地靈人傑爰遵遺屬用顏今名辛棄疾留連作苦以稼
名軒陸務觀偃仰太平指心爲室此則磬王家之富窟不足擬其德馨
持杜氏之寶田猶難方其愛篤者矣遂因落成之日迓祖妣以靈承更
爲繼述之文格先人而昭告撫前徽之未沫信來軫之方遒瓜瓞常綿
椒聊愈碩棣蕚則各茂荆枝鯉庭則仍生驥子蓋我　震川兄等辟雍
選雋期蜚日下之聲我　瑶樞兄省院留青幾試雲衢之步此皆由
　公播斯善氣衍作吉祥　恥伯公種厥仁心蒸爲戩穀固宜人稱
積善族譽充閭登堂獻禱絕無溢美之言載筆陳詞尚有難形之德　姪

也撫茲靈構益景隆徽載讀崇篇更欽高誼愧作王門之養炬敢誇茂宏之後五世其昌懿非謝氏之封胡預卜安石之支一門必大願登梨棗照昭示雲礽

恭祝案伯季華邱太親翁七十壽序

案伯季華邱太親翁七袠大慶序 歲乙亥林官京師 碧林親翁郵書於林謂我 太親翁 先生今年攬揆七十之辰願得一言侑以觴林景 先生久不敢辭尤不敢以世俗之言進請質言 先生之所以過人與林之識 先生者林之接見 先生一在與 碧林同塾時其爲人也直而溫靖而一廉而不劌自爲諸生即慷慨期許務爲聖賢有用之學日究心史傳中應時濟世盤錯諸大端以是事無巨細皆能得其竅卻部署釐然下至履屐間皆得其任蓋中有所主雖外物沓至予前猶吹吷也性尤嚴毅訾笑不苟其訓子弟一以朱子爲法有眣服惛容者必斥之雖他子弟亦然故少年見 先生多逡巡不能盡言而

退獨優容 林見輙詢近業辱奬勵色加和焉 林時雖悤 先生之言而
感其意退述於 碧林益相勉也歲庚申 林與 碧林同受知於 錢
雲嵒師補弟子員復先後受知於 恩雨堂 邵楚帆兩先生同給廩
餼今 林雖先忝甲科而 碧林之學養日益深邃其才實十倍於 林視
林之僥倖弋獲者深有間焉可以知 先生之教矣 先生於己已援
例貢成均今年七十聞猶如 林計偕入京時顏甚澤修行益粹非所謂
年彌高德彌劭者歟 嗣君三人 長君 次君 皆入國學
有肆應才爲時所稱諸孫亦皆濟濟若芝蘭玉樹之蕃而植於庭也蓋
嘗聞謂人之求富貴者相迹而未有能求福澤者顧洪範之五福一曰
攸好德則德固足以召之今以 先生之教訓有方克厚其本衍沃德汪
濊枝葉必茂一旦勃發從知令聞不已而賢人君子之澤方遞衍於無

窮其施及婣婭者爲何如而其福又豈有艾哉林忝姻末又私淑　先生夙景　先生之行不揣鄙陋遙獻一爵颺之以爲壽謹序

雙樹生詩草一卷

〔清〕龍巖林鎬撰

上海圖書館藏稿本

雙樹生詩草一卷，清林鎬撰。鎬一名寶，字遠峰，號雙樹，龍巖人。少隨父宦遊，僑居吴門。性聰穎，喜讀書，不專爲舉子業。初學詩於袁枚，後與吴錫麒、洪亮吉諸人互相酬唱。年彌高，所詣益進。性豪宕，耽曲蘖，酒酣之後，縱談今古，旁若無人。平居則嘯歌自娱，性靈獨抒。詩擅諸體，而歌行尤勝，當時有「林七古」之目。傳見道光龍巖州志隱逸傳。

據孫原湘天真閣集卷四一林遠峰詩集序，鎬嘗以詩受知於蔣立崖，不數月而負其金累累，都付狹邪遊矣。又嘗客巡撫奇豐額幕，因誤事離去。後李味莊廷敬於嘉慶七年（一八〇二）兵備分巡上海，慕鎬名，延至幕中。是集首篇將至上海舟中作當作於此時，其後多與李味莊分韻、招飲、送別者，蓋皆作於遊幕李氏之時。惟集末查災行爲伊墨卿太守作一詩，當作於嘉慶十年。時淮南水災，兩江總督鐵保請發伊墨卿秉綬南河，秉綬查高郵、寶應，賑銀米皆親給，奏攝揚州，特旨真授。

此稿本前後題跋觀款殆遍，前有陸繼輅題記二則，又有嘉慶八年癸亥萬廷蘭、孫文杓，九年甲子徐棠、劉嗣富、陸繼輅、屠即曾、洪亮吉、孫原湘、舒位，十年乙丑趙懷玉、伊秉綬，十一年丙寅宋茂初，十三年戊辰萬承紀，十七年壬申孫星衍、劉樞、瞿應紹、林研莊，十八年（一八一三）癸酉喬重禧，二十二年丁丑蔣志寧，與未署年月之汪梅鼎、胥繩武諸人觀款，尤以常州文士居多。後有嘉慶十年乙丑尤維熊二娱、彭兆蓀題記觀款。集中各首，皆有師友評語，如題畫壁「卷簾高閣上，招手萬山來」，舒鐵雲位評曰：「招手句勝於排闥送青。」味莊師命題竹里館詩意圖小影，洪北江亮吉評曰：「此首似韓，惟有數句似律詩，爲僭易數字，幸酌之。」所易之字，如「此境安能到」改「此境安得到」，「敦此林泉好」改「敦此泉石好」，「築館裁幽篁」改「築館裁列竹」，具見隻眼。金陵女伶愛姝一首，孫子瀟原湘評云：「險語破鬼膽，妙在曲折敘事，此勝於長吉處。」洪氏評云：「刻畫奇險，必傳之作。」舒氏評其末句云：「每於結處著力，七古秘密法也。」各家所評亦有參差，如陪鄭秋圃侍御祝簡田太史鐵真上人味莊師至李素庵評事家看牡丹，洪氏評云：「惜牡丹正面未寫。」而舒氏則評云：「鄙意以爲佳正在此。」要以鎬年幼曾從袁枚學詩，酬唱寫景，皆能抒寫性靈，自出機杼也。

咸豐元年（一八五一），上海徐渭仁刻此集入春暉堂叢書。（劉曉潔）

上海市歷史文獻圖書館藏

遠峯詩當玩其決着處（謹嚴）

鍊合頓挫處兼服識

驚處乃歎處不可及

超脫處皆是易見者

縱我去白天下風無看遠峯詩者

知之哉知之哉

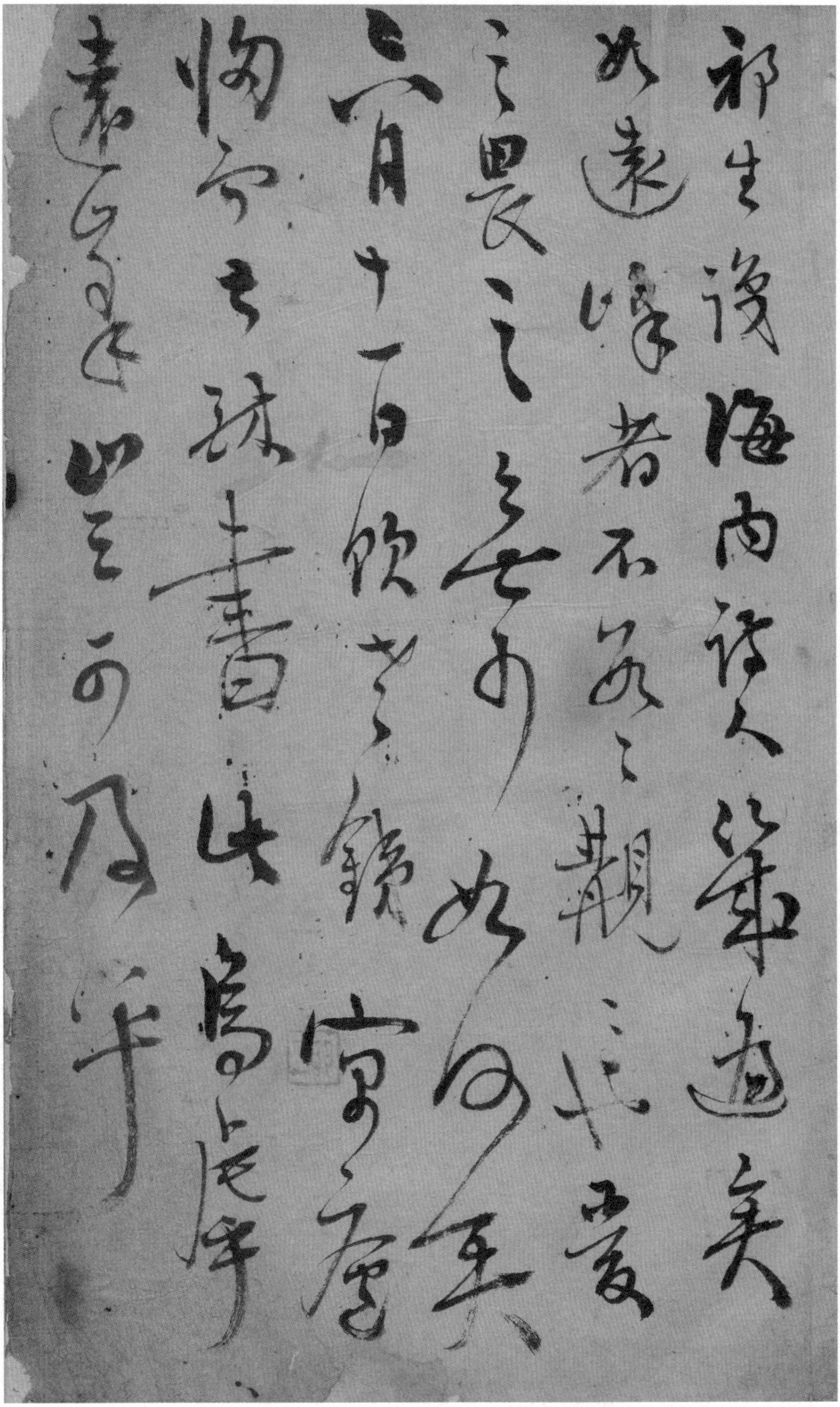

壬九月廿六日寧化伊秉綬讀於京口舟中

學太白要知穩字學長吉要知純正學少陵得其沉鬱學東坡得其清快　甲子首夏海上偶讀於南園之金峰華　瀞雲汪[illegible]

戊辰十二月萬承紀讀

嘉慶癸亥八月二十日子婿孫文[illegible]號讀百遍

丙寅二月廿二日秦鄖宗茂初敬讀於淮海郡齋

甲子初夏同門小弟徐棠浣誦於滬城行館

壬申九秋姪研莊敬讀於昌亭客舍手抄全稿珍藏

是集自劉翁富隆法教

庚申首同讀一過

甲子中秋日三鼓洪亮吉讀一過

甲子十月孫原湘讀一過手抄於柏梘

[illegible]能命卯跋甚愛珠剩留於三篇

乙丑五月趙[illegible]拜讀一過

丁丑臯中元龢後學蔣慈寧攀讀弍通

嘉慶八年仲秋南昌八十有五老人萬廷蘭拜觀

鳳臺胥繩武讀一過

雙樹生詩艸

甲子臘八三鼓舒位讀於松江郡齋並謀爲評之

壬申年四月孫星衍讀

是年七月上海劉樞醒應伯同拜讀

癸酉六月上海喬重禧拜讀於宜園青玉舫

龍巖林　鎬

將至上海舟中作

吹笛向晴川波光滿汎船潮通知海近野曠覺天圓落日明番舶秋風長木棉今宵黃歇浦應共老龍眠

味莊師席上聽小伶以崑腔歌宋人詞

使君彈罷緑綺時纏頭却賜梨園師教選雛伶三五輩崑腔學唱宋人詞輕吭宛轉花間度共倚新腔翻麗句聲遲節促漸能調識得詞中無限趣我侍瓊筵泛玉觥當歌傾耳最分明聽傳兒女纏綿意聽唱關山慷慨聲

上海市歷史文獻圖書館藏

江上峯青

紅牙檀板宜纖手，鐵撥鯤絃亦時有。夜深髣髴有仙聽，定是蘇辛及秦柳。

信大有蔬筍氣　梅峯丈以為

刪

謁味莊觀察疊蒙招飲賦呈二首

此種酬應之什似不佳也　通首未脫隨園衣鉢，不存亦可

列戟門高海氣涼，清秋鼓角靜東廂。抱琴客去飛花送，問字車來候吏忙。揷架頻添書萬卷，臨池偏灑墨千行。誰知鈴閣深嚴地，風味依然舊玉堂。

笑捋蒼髯酒細傾，尊前詞客半門生。聽來歌管腔猶澀，談到詩書興轉清。坐久香飄金粟冷，更闌月上絳紗明。何當請試松風曲，綠綺親聽彈一兩聲。公善鼓琴

題袁朗生孝廉鋤月種梅圖

的似大蘇　游云

出人[illegible]山

青邱〻〻

間斜〻

刻畫種字

泖湖朗生清且癯坐卧愛與梅花俱興來擬種梅数區
坐開香海當庭隅已呼健步移霜株更煩纖手揮金時（鋤 種）
明月升天衢流光滿地琉璃鋪佳人一笑雙頰酥翻疑
秋水生芙渠橫斜位置心踟蹰要令疎影交縈紆他時
小樹花漸敷恰似姑射年方雛佳人翠袖勞相扶霜姿
共鬥冰雪膚朗生對花傾百壺恍列金屋千名姝東風
吹香翠羽呼卧雪不用紅氍毹人生此樂仙不殊看花
走馬胡為乎我生局促轅下駒風塵困頓雪滿鬚西湖
幸有孤山孤明朝便學逋仙逋白頭羞作梅之夫但抱
鶴子聊自娱花時相憶或相訪君向西湖我泖湖

詩之有橫、

斜之[illegible]

刪

題淩簣山竹深荷畫圖

修竹綠圍水荷花紅過秋濕衣清露冷遶檻暗香浮莫漫攤書坐何妨打槳游碧筩須痛飲高署醉鄉侯

題張泌艇司馬春江泛棹圖

江干昨夜菰蒲響雨過潮痕綠新長扁舟載酒雙玉瓶揺曳東風蕩蘭槳吳姬窈窕長蛾青吳兒嬌歌嬌可聽鳥飛遠渚煙漠漠日斜芳樹花冥冥中流容與不佳扣舷頗愜滄洲趣即從作客向江南泛泛春江知幾度君本前身張志和斜風細雨着漁蓑何當西塞山前去重唱桃花白鷺歌

長非又大東坡之遺

此非規仿長公也讀者當細辨之 芝溪

全刪

題陳靜齋桃源圖四首。

一棹押鳧鷖桃花萬樹齊傍人休錯認不是武陵谿

萬樹笑東風桃花紅復紅晩来看不辨多半夕陽中

桃花照水波君醉還當歌莫待桃花落紛紛紅雨多

一棹且盤桓江湖行路難桃花紅似海不見起波瀾

第三首不可沒姑

逼真盛唐

初見白鬚

高一層起妙極

批評可惜哉

愁殺二毛催朝來暗自驚攬鬚青鏡裡忽見幾絲明葉

檐秋將盡霜飄歲欲更浮生從可識一笑強忘情

格律精細

丽老杜不辨

朗誦百

回心派

刪

即景

絶無人處小舟横滿耳溪聲亂鳥聲坐久回頭一長眺

月華如水潑天明

題畫壁一首

刪

濯足萬里流局促黃河畔何弗凌天風一笑向銀漢

神会

翠樹緑成海一溪喧若雷卷簾高閣上拍手萬山來

自是君月宵仙舟子蕭拍手向膝杆擬阐送青鐵

題汪玉屏樵雲圖二首

樵斧響丁丁空山入杳冥千年古松樹化作老龍聽

帶葉斫生柴和雲一擔回變時須檢點或恐有琴材

秋日登黃鶴樓和星巖吏部作

黃鶴去青冥高樓空復情仙人吹玉笛何處弄新聲

色連天遠江光洗月清凭闌一長嘯兩袖白雲生

小詩俱妙

妙

味莊師平遠山房同穀人祭酒春渚徵士廉山大令文洲秀才安之上舍分咏史事四首

博浪椎

子房破家報韓仇，祖龍狒帝來東游。百二十斤鐵椎起，狙擊一中祖龍死。惜哉誤中副車耳，祖龍不死魄已褫。大索天下十日空，下邳閒步何從容。祖龍祖龍游未已，孺子圯橋方進履。後十年，興滅秦矣。

澶淵盟

單刀直入

契丹大入勢不止，一夕急書飛五紙。萊公不視飲自如，了此不過五日爾。請幸澶州候駕起，塵輦渡河御北城。

聞数十里懽呼聲契丹驚愕列不成帝還宮公獨留歌
呼飲博城上樓帝曰如此吾何憂相持十餘日弩中撻
覽頭契丹奉書請盟去河北從此罷兵戍一博何曽失
孤注

萃西屏亦佳 佐雅

△焚手詔

宮中美人嬌乞恩黄門一夕来閤門立妃事何亟手詔
出夜昏血氣方剛主年少留意聲色臣當論欲陳封事
夜不果急引詔書焚向火偶道臣沉言不可去攢 續

拔采石

定計渡江取趨集慶采石横江不能進引帆直達牛渚

磯遇春一舸來如飛麾之直前躍而上奮戈大呼極跳
盪元軍披靡諸將乘遂拔采石取太平定計渡江果成
常十萬真橫行

生龍活虎　常公亦當讓之不敢仰視　[illegible]山

四首老橫辭云

題橫琴侍鶴圖二首

苔壑滙古泉煙蘿罥仙壁兀然枯坐深須眉澹寒碧琴
眠石牀側鶴下白雲隙清絕來無人時聞松翠滴

有琴橫未弄有鶴去未忽然白雲亂湧如崩濤生愁壓
折青松梢須臾雲散青松喜濕翠滴涼瀰瀰胎禽飛來
伴焦尾

二首格調高化之至亦妙之至　好

題圖之詩超妙乃爾惜哉甚摘有詩作題圖用也

惜哉鄒人無圖無作也一詩如此

八月十八日陪味莊觀察師登上海丹鳳樓觀潮

光景可想

即席有作

城上朱樓跨城起，遠見吳淞半江水。吳淞江接黃浦東，煙波濶與滄溟通。秋高八月風色緊，吹上潮頭疾飛隼。奔騰一折入浦分，恍惚組練屯千軍。帆檣摐撞舶船亂，喧闐勢欲浮蒼旻。使君携酒朱樓上，賓從凭欄騁遙望。附郭人驚拍岸濤，橫江雪捲浮空浪。須臾風定斜日明，狂瀾欲落猶未平。還（遥）聞一派奔雷響，知是歸潮下練聲。頭樓深杯閒共舉，更展瑤琴命仙侶。潮聲漸遠月漸升，坐聽泠泠七弦語。

天風浪浪，海山蒼蒼。此種妙處在安詳。好

姚翠岩兄弟招飲看菊六首

全刪

愛鋤三徑學柴桑叢菊分栽幾十行雨搭松棚晴汲水○一年辛苦為花忙○

秋来霜蕊綻千枝分贈親朋手自移選得百般仙錦色列為屏幛照軒墀

居然佳境似嫏嬛取次旁人一見難誰似風流吳祭酒杖藜携客逕來看（聞吳穀人祭酒何春渚徵士朱縵園中書欵户看花而去）

我亦招邀謝客兒（謂謝客水上舍）看花索酒夕陽時尊前風味尤堪愛争擘雙螯左手持

燈光花影漾層層明月當頭不敢明酒氣半蒸燈半炙枝頭香逆十分清

森森玉樹皎臨風，一吸千觴氣似虹。更約月明三五夜，花前不放綠尊空。（更約後夕會飲花下）

十一月初四日愛山招同蒓庵放舟游西山漫賦十首

日日招邀泛綠醅，只嫌池館傍城隈。幾番共說山游好，今日真看放棹來。

分携蠻榼挈銀壺，臘酒新篘不用沽。船過楓橋香飯熟，一尊先把曉寒驅。

籃筍穿林走不停，滿身黃葉過支硎。輿夫不耐西風冷，怕上山腰放鶴亭。

刪

白雲精舍坐烹茶，檻外流泉響不譁。一箇高僧城裏去，愁他塵土汙袈裟。

清 第二 絕勝

去年來試前山泉，太守風流地主賢。謂伊墨卿太守、范芝岩編修。借得僧鞋踏明月，三更直上萬峯巔。

題目有 同郡黃山放舟西山

刪

夕陽紅影半卷阿，石徑紆迴曲似螺。坐愛小亭風日暖，垂楊綠意尚婆娑。

第一

四圍寒翠聳吟肩，正是清霜落木天。到處看山山骨露，美人消瘦最堪憐。

會心處不在遠

刪

休嗟連夜朔風乾，掃盡霜楓十里丹。自笑此身忙底事，遲遲十一月來看。

行過河亭淚欲流老僧回首已山邱記曾風雨春寒夜
燒筍烹葵一榻留

同舟新月影娟娟共把深杯看不眠從此莫辭長夜飲
殘年只剩兩回圓

白雲精舍訪一峯上人不值次壁間駱佩香女史
韻

石磴紆幾曲精舍開三間紅葉已辭樹白雲長抱山峯
巒如美人歲晚生蒼顏老僧冒寒出厭此終日閒泉聲
知我來得意鳴潺潺

厶安之招飲賦謝兼呈珮佩珊夫人

佳之夢識之

酒人一月不飲酒夜夢酒星飛入口故人折柬果見招火傘撐空出門走華堂瀟灑太守家披帷先謁徐昭華談鋒滿座不敢起却愁步障施青紗簾櫳晚來清露洗銀燭無煙光潑水朱檻（盤）四走紺珠圓擎出來禽及青李玉壺買春琥珀紅掀髯一笑千觴空天風不來渴虹渴願吹海水添金鍾人生快意惟良友況對能詩兩仙耦高歌痛飲足共豪富貴浮雲亦何有歸途缺月隨我行飄飄兩袖涼颸輕衙齋人靜官鼓歇醉聞隔屋蕉桐聲

六月廿一日為歐陽公生日觀察師繪像祀之即席分韻得守字

刪

歐公昔作揚州守命妓傳花宴僚友風流銷歇七百年勝事誰能繼其後吾師列戟滄海濱政事文章實堪偶弢公生日繪遺像鈴閣邀賓為公壽六月廿一初伏交火鏡當空停不走親持玉斝介綺筵頓覺涼飈動高柳開尊列坐恣歡謔飲福寧辭升與斗不須一客間一花但愛花枝折紅藕碧筒吸酒荷葉香象鼻爭彎不離手須臾樹杪缺月升潑汞清光散軒牖照公白髮映蒼顏而我霜毛亦盈首作詩苦學蛙蚓鳴安得如公傳不朽酒酣起舞唱公詞公聽之應笑開口何當好妓好歌喉齊向花前酹公酒

此種皆不易作　諸公不須加墨　豈少之耶　好

08

刪

全刪

△○春渚曉吟圖 為筍香題

千枝萬枝竹便娟，千朶萬朶桃花鮮。桃花不許竹攔路，開過竹林深處去。幽人倚竹吟一聲，桃花撲面紅雨輕。花前春渚春水生，仙霞露洗倒影明。白鷗兩三眠未起，竹外幽禽坐花語。

歌詞竟不可通 叔

佩珊女史以小詩見貽疊韻六首

尚覺未（暑）退，誰知秋已深。殘燈聞旅鴈，涼雨病貽禽。得酒開愁抱，聯牀慰客心。謂祁生 共憐妝閣裏，擁髻瘦耽吟。

小雨散還容，新涼淺復深。井梧時墮葉，園柳尚鳴禽。寥落中秋節，蕭騷獨夜心。姮娥知避客，水調莫長吟。

妙得風騷旨從知醞釀深詞源三峽水文采九苞禽月
伴伶俜影鐙憐宛轉心渾將佳節忘徹夜費清吟
羅衣應怯薄秋到洞房深詩思生涼雨書聲動暝禽菱
花寒映臉蓮子苦同心不忍抛團扇長吟復短吟
簿書官閣少鐙火客帷深寶匣藏龍劍雕籠貯海禽易
抛秋士淚誰識暮年心況復逢摇落中宵萬葉吟
工愁原善病莫遣入秋深好自和中藥憑誰戲五禽愛
花休托命覓句漫鏤心倘比芙蓉瘦如何尚苦吟

送味莊師入都

秋風獵獵吹雙旌。一琴一鶴隨公行。我似孤雲托官閣。

恨不將身化琴鶴，公去朝玉宸。九重一笑天回春，公歸持玉節。江北江南共卿月，知公此去原早歸，小草偏戀三春暉。知公此行樂莫樂，路上看山詩滿橐。願公一覲日月光，便飛鸞（仙）還江鄉。須憐白叟黃童外，八百孤寒引領長。

别

秋夜送孫子瀟孝廉歸常熟

一月淡無色，送君江上行。殘燈依岸碧，寒水盪空明。已惜别離易，况憐愁病生。孤篷霜露底，珍重赴歸程。

况憐偏向集中絶調 辯云

冬日自上海至揚州五首

趁船斜渡春申浦，浦口寒潮夜吞吐。西風掠蓬鐙欲冰布衾半裹肩凌兢，同船有客偃卧醒，自燦一壺背人飲。

大以奎[illegible]風致 韓の一

情真語摯

往年歸路眄鄉里，望見齊門色先喜，今看歸路心自憐。

酷似陋軒

齊門東頭休泊船，老屋拋荒家已破，故鄉翻作他鄉過。

韓支 溪韓 支不

令人不堪卒讀

丹陽築壩到京口，行李下船賃驢走，蹇驢蹴塵黃滿襟。

可溪

我讀杜七歌不曾如此歎服 絲報

兩月不雨愁人心，晚立江頭唱無渡，白浪搖空朔風怒。

潤州江水清且冷，照見瑩人渡江影，瑩人雙鬢雪明殘年。

鬢霜

猶向江湖行，有兒未婚女未嫁，江湖不行安得罷。

為近日難揚寫景

竹西歌吹春聲死，郭外珠簾破如紙，荒庵借宿僧強容。

吾嘗儿一石存 文字讀 姑笑日

日斜飯後聞敲鐘，知陰作雪忽吹雨，雀啄空龕佛無語。

痛快 韓之溪

學詩貌不學杜而神似杜，以其系性學杜人自知 子蕭

書劉芙初詩卷後

余謂此等詩乃從杜入非從杜出也 韓の一

搜篋得行卷奚囊古錦傾嘔心出奇語上口是商聲萬籟秋吟就千絲恨織成星星雙髮一讀一回生

梅花書院謁張警堂觀察師

下拜依依手自扶暮年師弟各江湖夢殘鼓角身猶健坐擁皋比道未孤半晌流連論文史幾番委曲問妻孥難忘前歲秋風裏侍飲黃花到百壺前年謁公留飲看菊

冬日至邗上謁賓谷都轉時方賑卹海州

前年繫馬揚州郭行路匆匆叩鈴閣知公謝客方苦吟投詩賺得雙南金今年策蹇燕城道候吏嗔人來不早嗷嗷滿澤哀鴻聲公方散粟瀕海行我托僧寮敝裘冷

太白

雪意漫空北風緊二分明月嬌避人白天碎墮瓊花春

幕府賓僚借顏色高館題襟招我入繞闌擊節誦公詩

仙鶴來聽頂砂側日盼江城返八騶荊州一識抵封侯

官梅東閣花剛發應許花前伴醉游

題襟館呈賓谷先生

愛士歐蘇物望尊扶輪大雅一心存官唯飲水還分俸

客以工詩乃及門高館題襟會羣彥寒宵邀月照芳罇

詞源不數西江派直溯風騷把酒論

此詩當是壬申年事兩懷者同人矣

揚州旅夜三首兼柬芙初先生

揚州二分月已到七分明獨客動鄉思寥天續雁聲煙

少陵壓卷之作 東杜 侶梅

花空昔夢歌吹隔前生一枕荒庵夜西風逼短檠
已麻不成寐起行霜滿天音書斷海上兒女憶鐙前拋 吳山讀
以古詩作律詩[illegible] 侶梅
汝竟誰扶持人秖自憐欲歸空手在生事迫殘年
東閣官梅底聯牀有故人賦詩爭險語作客救清貧歸
計恐難決旅懷俱未伸何時共舟楫南渡大江津
存二首已是好

讀之令人涕下

表節母竹栢樓居圖遺照為其子又愷上舍題
楓江月落霜滿樓有人不眠樓上頭機聲軋軋書聲起
孀母孤兒一燈裏樓前竹栢寒蕭森老鴉哺雛多苦音
飲冰茹蘗母頭白誰知母心竹與栢孤兒讀書名孀母
已向泉路行畫圖寫得淒涼景竹栢樓空母無影孤兒

有關風教之作不能以詩讀 子濂

其有悽

趙游云

讀此詩而不淚者其人必不慈

江頭伯客回抱圖哭向高樓孤兒孤兒心莫苦此母此

樓已相古

詩亦千古

此是夜作此林莊南以遠時為

第一而小子次之結林

瓜步舟中對雪

一白浩茫茫風驅雪渡江影迷羣雁失勢壓大波降樹

偃怒俱吼帆欹重欲扛羈人愛奇景高詠坐蓬窗

八

膠舟歎

邗溝以南瓜步北淮流入海江勢多折天寒流澌折澌

停雪壓風欺凍膠結初猶三丈兩丈強繼乃十里五里

長前船不前氷四匝後船欲退氷復合天公置我水精

域意欲相留過殘臘千篙舂擊萬杵敲氷面微裂氷底

仙句

交寒光互炫迸凛冽冷氣逼透肌膚毛層層倒矗峩峩
高冰尖犀利森刃欲行登岸趾難納恐復一跌穿臀
尻蒙頭偃臥衾如鐵三日長年報糧絕飲冰齧雪古所
難況我中腸冷非熱還家已迫年歲殘家中望救飢與
寒憑夷作劇何太惡令人兩地摧心肝舉頭歎息復歎息
東望長江隔咫尺片帆飛渡者誰歟安得從之張六翮

此似隨園之亞者也好

抄

登陸吟

小車上路聲咿啞蹇驢馱貨行款斜糧船水淺塞江口
行旅歲暮爭還家高窪一徑淊隄陡右有層冰左高阜
擔夫奔馳驛騎走昏墨相遭撞肩肘欲行恐躓欲住難

此詩不如刪

清霜刮耳尖風酸夜深投宿向土窟荒茅藉地衣裳單
腸鳴腹飢喉燥乾求飲不得安望餐東方未明冒寒起
東望毘陵猶百里順流安行此本常胡為登陸行倘張
不唯涉勞且涉險人生無地無羊腸

登金山

回首登臨一刹那匆匆三十七年過[redacted]重
來梵宇疑尋夢大好江天且放歌殿脚影搖波浩蕩播
竿寒擁雪崖嶻乘風欲去無雙翼愁殺膠舟鐵甕多

刪

雪夜聽味莊師彈琴

入夜庭户寂，密雪灑幽響。忽聞氷絲弦，泠泠動虛幌。吹鐙坐隔屋，傾耳神為往。廉折破寒峭，和平促春盎。抱弦太古心，澄懷泯諸想。想見仙髯飄，凝香披鶴氅。

選

從味莊師至吳門擬探梅西山雨雪不果

我從使君來，攜琴欲探西山梅。山中梅花斷消息，十日風雪姑胥臺。胥臺鳴琴朝復暮，盼斷紅暾出高樹。墻陰雪片凍乍消，簷際雨聲寒更注。我本山中人，憶梅忽成夢。飄飄衣袂仙風吹，驀驀溪山白雲送。攀崖越磵臥復行，梅花渡水紛相迎。四山嵐翠香冥冥，湖光摇蕩花光明。

題亦猶人而知己之感淡遠之情描寫至淫逸咏歎不奇端倪不可方物令讀者於言外玩味得

〻峰百歷卷〻作

詩妙許妙

許妙評 從敦蘇小夷評

通首無一懶筆

8

妙

弄舟繞茶磨，躡屩穿銅阬。西蹟踏煙下石壁，捫蘿登翩

然一墜心䰟驚。嵌空晴雪千林撐，銀蟾流影不到地。迷

花老鶴時有呼雛聲，攪身跨鶴背，舉手招使君。羽幢芝

蓋恍惚徑向花下度，却望胥臺風雪遙緲緲。琴聲未歇

鐘聲吼，夢破梅花亦何有。花間明月逐我來，飛墮胥臺

照軒牖。使君見月喜欲狂，明日準理遊山屐。夜深角枕

歌和穩，槭槭庭柯北風緊。隨風急雨透油幕，到曉盤渦

溢沓井。使君行部安得復久留，蒲帆六幅張歸舟。歸來 韩芝渎

一日一曲援琴度，東閣官梅亦無數。 真正大白 非犬西重湯作

女伶曲四首○

謀詩公取前寧見絃緩

小家生女顏色嬌，不梳丫髻垂雙髫，蠻靴花帽錦束腰。粧成耶孃笑相顧，不作門楣作錢樹。

女兒嬉戲生小慣，尊前歌舞教便諳，當時芳年十二三。纏頭博得金無數，夜夜向朱門幾回度。

可憐女兒年長成，向人漸覺羞顏生，歡場催登懶不行。隨鴉逐鳳身無主，偷背銀鐙淚如雨。

只愁耶孃飢與寒，不辭強博他人歡，東風吹春花欲殘。耶孃金多如當嫁，奇貨猶思索高價。

閏二月花朝陪味莊師集南園分韻得南字。

當門碧柳垂毵毵，南園幽絕依城闉。南使君拂曉羁朱盖上客結伴停華驂百花生朝雨初霽二月逢閏春方酣。嫣紅姹紫高樹綴披香濯錦清池逕安排金鈴繫一一。灑掃芳徑開三三。修篁幾叢迸新籜。奇石四疊霏晴嵐。風廊步屧寄遐矚水榭捉麈傾高談開軒面花布瑶席。飄鐙待月升珠龕。國東佛閣建行厨尊俎屏珍錯入饌蔬筍供鮮甘擘餞拈韻搦免管。藏鬮賭酒猜螺奩。雛姬歡〻勸飲態窈窕。乳燕學語聲呢喃。彈絲曲從纖指換。繞梁音向嬌喉探。蟾光斜飛鬟影度。蘭氣暗入衣香參。漸聞烏啼隔煙起却視花笑迎風寒〻含。簪裾雜坐興彌永觥籌交錯情尤耽使君風雅天所賦化俗政令民皆諳況

刪

逢田疇比年稔更喜膏澤隨春覃老農正鋤好宿麥寒如已飼初眠蠶官閒行樂亦云偶時佳恣賞寧爲貪歐陽命駕宴清穎魏公載酒臨江潭前賢作達俱足述此會視昔殊無慙衆賓既醉散歸軫跡鐘忽聽獻鄰庵起呼小部返鈴閣略摘繁艷盛筠籃明朝局院策秀士出花親與諸生簪（明日甄試書院諸生）

△春日雨中陪味莊師李園氏看花即席分韻得水字

未免有逕庭酬唱然脩整莊雅不落入南宋一路畢竟是右古正宗欲人所當向而[illegible]之者也 好

春事漸欲闌風雨殊未已側聞花開爛漫李園裏相期載壺觴共徃醉花底使君肩輿行賓從亦蒞止園中

刪

饒隙地老屋數椽耳屋外皆種花々前後環水花枝映
水明水光漾花起恍若銀河旁天機散霞綺又疑武陵
源忽向塵境徙佳人霄沐罷倚竹或軃倚神女行雨還
臨流正梳洗使君悠流矚色頤賓從喜尊罍近水列弦
管對花理斯園筍蕨味堪佐珍錯羨慰饞恐傷廉戒勿
供刀匕觴政行復停芳醪多且旨鸞夕鐙燭張花光炫
難視暮雨從瀟々清談爭娓々既醉興猶永言歸夜方
子維昔李翰林春園宴桃李往事千餘年此會洵堪比
為樂宜及辰韶華去如矢明日倘重來紛々花落矣

乙改七薌畫桃花

四

夭桃花開嬌十分，一枝妬煞千花羣。開到夭桃好顏色，知貴東皇幾心力。尋常畫史那解畫，此花脂粉狼藉花洛嗟。玉壺山人妙手天付與，隨意畫花花欲語。山人山人為我畫取三兩枝，露洗日出煙霏時。入閒艷妻羞比影，仙妹薄醉淺暈雙臉皮。野夫愛之但搔首，十萬金錢急沽酒。酬君一花酒一斗，願君與花千萬壽。

題淩菊人垂綸不餌圖

一絲秋風一竿水，鉤筒不收月明裏。磯邊蝦鮑語魴鯉，來往何曾見香餌。髯須雪冷顏春溫，意不在鉤心忘言。胸中雲夢八九吞，寸鱗尺鬣安足論。

彬齋評云

東坡小品 妙

林支陵

夏日坐瞿子沿亭秀才翦水山房二首

洞户晝陰〻居然岩壑深雜花香不定叢竹翠難尋日避亭簾影波明倚檻心晚來涼意覺忽〻欲披襟

炎歊何處甚此境小清涼一鶴瞪明月亂蟬催夕陽井泉寒洗砌蕉葉大鋪牀兀坐倏已暝夢生冰雪腸

題憩湘守備小影

間殺大羽罷投壺占此清池興不孤要與幽人共招隱從來名將半為儒闌邊老梧翠活潑扇底白蓮香有無何日坐君此池上酒酣試一談陰符

聽歌

白龍皮上夢初回，涼呷荷花露一杯。歆着銀屏聽不得，小鬟扶病唱歌來。　似韓冬郎　鏤之

題李松潭農部繡詩圖

小涼雨歸樹杭洗，步障園薰濃翠裏。仙郎大坐白晝長，裁詩不貯古錦囊。瑶姬刺繡妙鍼黹，碧衫碎唾水絨香。詩成一句繡一行，銀鉤斜綴真珠光。鴉煙鬟隅花鸛頭側，吟聲愛聽鶯語凰。有時錯繡暈酥類，綠字顛倒成鴛央。仙郎詩才笑長爪，恰與山東李白好。飄然粉署抽朝簪，醉曳華裾拾香草。蘋風吹晴黃鳥歌，青春買絲吟復哦。紅粧卷袖嬌娥娥，新詩繡疊裁生羅。只愁詞源源倒三峽

玉腕款脫攬雙蛾結如

雨霽見月聽味莊師同南溪生理琴

久雨忽見月霽影清人心高齋命佳士相對理素琴宮徵既調合撫弦同一音如笙叶清磬如鶴鳴在陰四坐寂無語一室深山深泉流秋澗咽風入長松吟太和盎懷抱氷雪淨幽襟彈罷天宇碧斜月方西沉

池上二首

池上碧梧影許長池中缺月浴波黃青天露坐忽欹瞑夜半白蓮吹冷香

南山較獵虎不諾北池唱歌魚要聽荷花大於白羽扇

〇

新詩奇似玄女經　[illegible]松腴說頗非三生慧業不能[illegible]

△題松潭放鶴圖

昔君王母夢跛仙僊君生果似短一腳扶乩花下君少年乩書為君白僊仙輪迴之說佛所叙於古有徵恰非妄

君身瘦骨何崚嶒眼看雲水心飛騰十年却被簪組縛野僊苦厭高軒束朅來江南弄煙艇無數青山江上迴翩如獨僊脫樊籠看山時側丹砂頂畫師知君僊後身為君與僊兼寫真開籠放僊一長嘯江天浩蕩誰能馴君乎僊乎兩珍重日月寧容瀟洒送君歸廊廟僊歸籠他日煙波同入夢

章甫節刀古　北丘

字之蒼　姓

送松潭歸里

荷花摇紅水摇白，扁舟君作江南客。江南木落衰草黄，君騎蹇驢還故鄉。辭官省親南復北，長願娱親侍親側。庭闈雨露一心萊，衣吹滿風塵色。憐君此来三月病〻，起閉门發高詠。詩成百首百不聞，濁醪空熟花空盛。明年花發君早來，花前快舉黄金罍。上堂介壽下堂飲，九十春光須管領。莫更裁詩付小娥，日長催繡買絲多。

秀絕人寰

岳山陳

北江

試茗圖。

花壓流蘇睡新足，銀瓶牽絲汲寒玉。松風香響細蘭氣，濃碧乳光浮黛娥綠。一甌初試春慵減，蝴蝶飛〻撲闌

檻小鬟珍重小園月扶醉人歸香未歇

花朝集瞿西塘舍人鷗波池上送洪北江太史歸里太史即席有作奉次元韻

百花生日花奴忙安排金鈴花四方封姨妬花惡作劇破曉儘放狂飈狂花間池館清波繞花影横斜看了了開樽莫漫罵東風且遣歌喉代黄鳥風吹緑酒香生瀾池魚充庖新上灘雛姬侍飲態微醉紅潮嬌暈双眉山酒闌惜别匆匆話花黄昏月初掛放翁乘月放船歸明日家家翁頭畫

即似放翁　北江

六蒼 [illegible]

小除夕鐵舟上人招飲南園

江城野梅花欲春南園雪霽林泉新老僧瓶鉢富春釀
迺年餞臘招幽人使君黃綢裹紅篘放衙騎馬誇閒身
門生屬吏及詞客探梅踏雪來侵晨入門不問客與主
各度略彴登嶙峋巖巒積素瘦露骨池沼皴綠寒生鱗
虛廊蠟屐散清響驚起凍雀搖風筠山茶水仙時到眼
心期獨與梅相親數枝忽見臥苔蘚殘雪未盧花橫陳
幽姿一笑破閒冷疑入空谷逢隱淪長檠照夜酒已熟
開筵預列春盤辛七言絃聲停四絃語深盃一曲行千
廵使君六十健於霍是日正紀嵩生申是日為味莊師六十生日屏
除歌舞謝冠蓋獨與仙佛欣為鄰龍公隅夕張玉戲庭

○ 仙家 ○

軒玉糝清無塵，折梅起舞為公壽。海天長蔭雲仙椿，明朝淑氣更嵗籥，重看甲子開元辰。 結社雅匯 比丘

○ 明

△ 陪味莊師陶穀人祭酒飲南園杏花下

東風吹春軟於綿，南園杏花紅破煙。池波搖漾玻璃天，花光隨水輕霞鮮。使君邀客觴綺筵，主客舊是蓬瀛仙。看花上苑憶往年，竭來歲月知幾遷。相逢一笑雙華顛，江城共對花嫣然。百壺送酒傾流泉，快呼鋏撥彈鯤絃。炙花日色何暄妍，嬌紅迸吐千枝連。晚來花梢月半圓，花前時惜別情相牽。主人歸臥客醉眠，同夢杏花開日邊。 [illegible]溪

妙在字字穩實，人賞其超妙，至我愛其蒼老[illegible]

△ 明

穀人祭酒病後重重上海味莊師邀飲南園即席

賦呈祭酒時有揚州之行

錦袍仙人湖上來手中笑把孤山梅梅花香落使君手會續消寒剛九九南園老梅花亦繁壓雪飄香送春酒樽開花下來娉婷縞衣仙袂（梅）之精尊前勸酒歌不停檀槽滿屋飛春聲老僧醉中能入定鋏（舟）山客狂歌亦堪聽（七薌）是時釀雪雲陰黃雲氣入簾寒欲霜長檠照座酒傾甕坐令夜半迴春陽仙人小病經年久老寉精神適抖擻幾人雲水牽夢思重此花前笑開口醉尋芳徑踏香歸行過梅花香滿衣梅花開上揚州路錦袍仙人騎寉去

方式亭大令屬題其大父菊逸小影

芭蕉披黃石皺綠風吹紫艷紛叢菊老人薄醉看花來一笑蒼顏變紅玉老人看花百不憂熟衣新絮酒新芻高官厚祿兒孫事獨詠寒香掉白頭　吳山評

春夜平遠山房席上聽俞春浦彈琵琶

俠嘉夜觴春筵海風吹月星上天琴歌斂舞客欲醉俞生捲袖彈四絃、聲緩清漏轉絃聲繁酒人醒月碎燭簾波爛光冷公絃撚復挑出谷嬌鶯嬌子絃攏更抹幽澗秋泉活四絃玲瓏十指調明珠亂落金盤跳迴身暗撥銅聲急虎帳鼓鉦健兒集三千突騎破敵還卸甲如

渾脫瀏灕此何大娘舞劍器也請寫出舞慨咏脩又未發香山案向府以爲雖千濤

山鳴鐵葉忽疑焦尾調宮商海波搖碧風悠揚天鶩叫

天海青撲激立大浪掀天狂數聲向月变淒哽玉樹後

庭花斷影不見瓊枝夜夜春寒燕没盡燕支井一綻一

語重悲涼分明細訴愁人腸空閨孀妾夢遥夜絕塞逐

臣思卿（故）筵前月影剛（圓）午四坐傾聽悄無語、曲終一劃棲（此句宜易）

烏驚飛上霜枝濕毛羽俞生俞生技已神崑崙妙手傳

（蘇八旗駐防兵居杭州一女亦能四絃余嘗于西湖見之 禧汪）

何人君不見凝馥妓蘇老兵琵琶獨各擅江東名老兵

老去妓閉門三年歇絕琵琶聲憐君年少鬢絲綠幾年

學得琵琶成禿衫窄袖海上行檀槽在手蛛網生幸逢

使君双眼青官閒愛坐花前聽知君嗜酒呼醁醽催飲

不放金樽傳人生感恩遇肝膽易傾露側足登朱門回
頭憶行路莫辭更一再彈主人未醉客未歡哀絃促節
從頭起無數聲情生腕底似說江湖作客難似憐飄泊
逢知己彈東方漸欲明起看北斗闌干橫闌干橫月將
沒君腕腕我頭白

壯其落筆跌蕩　空前絕後　石倩更奇文
韓芝樓

味莊師命題南園雅集圖

滄瀆邑小瀕海隅絕無邱壑供清娛我公駐節政多暇
欲尋勝處心踟躕城南賴有一園古地廣百畝屋數區
入門幽曠足吟眺林壑窈窕波縈紆公尤愛士士爭赴
冠蓋絡繹紛相俱高林蔭美鳳集大壑水壯魚龍趨南

衙距園百餘武每出不用騶前驅春秋佳日挈賓從安
排竹裏開行厨傳箋擊鉢互相角筆牀茗椀隨所需張
燈有時卜其夜度曲亦復容彼姝歌呼醉舞各為樂公
獨坐撚蒼髯鬚兹園宴遊凡幾度客更数輩嵗屢徂懽
場過眼即陳迹流光暗中飛白駒浮雲變滅萍合離緣
那復斯須況公正膺 當宁寵開府戎佩遐方符同思
此園勞夢寐客散倘散亦如鷖鳧雪泥鴻爪尚留跡佳
會忍不存形模蘭亭修禊昔序西園雅集今遺圖後之
視今今視昔風流緬想情寧殊急呼良工拂絹素眼前
勝事煩描摸園中景物欣宛在客亦逼肖神軀裝池錦

刪

裹弃（巾）笥，幸勿久令丹青渝。他時相思隔千里，展卷一笑公當呼。（落度奴）

陪鄭（禁圃）侍御、祝（篙田）太史、鐵舟上人、味莊師，至李（素庵）評事家看牡丹

城西十里名法華，牡丹花多評事家。使君評事本同姓，合往看花不勞請（去聲）。賓僚結伴相追從，香林先飽伊蒲供（先過沉香閣朝食）。天公妬人清興劇，雨脚密注雲頭濃。爭云人定天可勝，且坐喫茶傾耳聽。更憑佛力迴天心，祝向空王學鮀佞。風吹高閣沉檀香，日絲果漏精藍光。肩輿衝泥出西郭，青葱菜麥挾輿長。花叢路近香先覺，衣上香濃入華屋。前廳後廳花兩重，千本一重花簇簇。高才

善狀難狀之景

徑尺倚相交大可適盤開正續魏家深紫姚家黃一捻
輕紅五銖綠重臺層疊看不分奇本（種）紛披數難足天教（孫）
織錦机乍張佛鉢生雲朵齊矗霓裳月殿分舞曾（行）仙子
瑤臺聚居族開遊面花酬醽醁坐覺花光炫人目安排
高幔遮中尖點綴明燈飄四角芳尊共舉雨又來天遣
名花重膏沐〇醉聽中恍見千玉環爭向筆清試新浴酒闌
別花紛入城西風送客開晚晴猗皺未催燈未上憶花
煙惆悵難為情
情特每正當朱寫　北江
又次七衡尊甫弄孫圖。
泐言以為法正在此
補來北江
枝頭杏子花天斜，阿翁知孫ゝ弄，抱春風飛ゝ，吹鬢華。

含飴樂矣寧知他翁為武顯將軍子讀罷陰符讀青史
蔦肩不肯覓封侯高卧吴淞狎煙水阿翁有兒真可兒
長身大耳黑色頤丹青手奪造化奇壓倒周昉儷徐熙
十年與我為良友升堂拜翁翁置酒酒酣花下抱孫來
看抜龍泉笑開口我聞將門出將古所云他時倘策凌
煙勲圖形莫更憑他人翁兒下筆如有神

郭[illegible]陵

味莊師命題竹里館詩意圖小影

右丞竹里館詩意最精妙公取以為圖圖中寫親公親趺
坐揮五絃深林月華照我昨升堂來披圖輾然笑公方
擁旌旄此境安能到徒寄高曠懷敦此林泉好他日東

山東席除絲竹鬧築館裁盈豆境與古圖前功成謝塵纓彈琴復長嘯

此首似韓作用韓句似律詩爲僭易數字　章

送石蕖塘大令調任陽湖

我卧海上月時聞風中琴月皎皎兮琴愔愔比户更起絃歌音琴誰彈耶邑侯石射策金门早通籍宰邑時讀書不讀律化俗爭傳宓子賢催科自署陽城拙侯家黃州江上山我昔挂席時往還山中老僧舊相識少小與侯心莫逆今携瓶鉢來海濱鉢中酒釀南園春南園去年小除夕招我與侯共瑶席侯飲一斗我百瓢衆中誇我飲量豪花時屢欲折柬招苦多案牘堆公曹昨朝大

府飛符到劇邑需才促侯调雙旌獵獵趙蘭陵蘭陵之水清且澄十千斗酒古所稱侯為我儲千升他時發興呼名僧葉共買扁舟乘來尋陽羨看山路花縣經過倘相過侯當醉我金叵羅一為高歌高歌五湖

集山律

選

金陵女伶愛妹年十五父病將屬纊女割臂肉療之甦三日乃死女號泣欲殉恐其母乏食復忍死度曲以養其母徐滄晴秀才序次其事徵詩歌為賦此篇

白門楊柳啼夜烏下有好女名愛妹愛妹娉婷年十五皓齒明眸善歌舞博得金纏頭飢寒救耶苦前朝阿耶

陰語度鬼膽妙桂曲抃叙事不勝推崇受子孺刻畫奇陰必傳作者

病在牀歌聲含淚悲不長今朝阿耶不能語轉嬌啼淚如雨神仙無丹佛不靈鬼伯捉人燈影青阿耶不生女不活玉臂鑿刀夜偷割靈液煎成藥氣腥桃花血染金匙脫扶聲如肉扶耶頭朱唇啣肉度入喉鵓鴣飛去鬼伯愁阿耶閃閃開雙眸游魂忽如三日留乃復含笑歸山卯耶兒女願從孃生女心戀慈烏反哺聲啞啞啼相勸至今歌舞還當筵欲揎紅袖心自憐刀痕暈紫圓於錢何人買笑珠論斗皓腕忽看出行酒

每於結處著力七古秘密法也

佛心鬼木是大神咒也

韓文

送別姜五蓉汀

黃梅雨腳飛黃浦浦口吞聲別姜五姜五姜五真吾儕

仙語

向人磊落開心懷得錢沽酒即相覓青鞋踏徧城南街
城南酒樓近無數一日登樓知幾度吹笛魚龍欲上潮
看花蜂蝶爭隨路夾路花枝白間紅花間翠館開玲瓏
羅衣綽綽飛香風妖姬醉客琉璃鍾披襟入座雙眉放
倚醉聽歌歌跌宕那惜朱顏玉鏡凋久拚白骨糟塋葬
五姜五如我豪半生努力揮錢刃窮途去時俗眼白黃
金當日卯山高人生窮達何須計醉裏幕天還席地金
尊美酒紅粉歌壓盡胸中不平氣姜五別我何處行可
憐去別離為情黃浦安能变春酒手挽北斗同君傾君
同君傾惜揮手醉蹋飛魚逐君起

姜五行詩人

仙蝶謠為陳初生孝廉賦

龍笙吹鳳簫逐綽約春人十五六登場一笑花不如却
扇嬌歌定情曲何來雙翅飛蹁躚初疑蝙蝠穿歌筵輕
紈低撲隨徙旋細看却是羅浮仙羅浮仙人幻仙蝶欲
向春人鬢邊貼來從粵海趁珠航休訝湘裙幻金篋仙
蝶仙蝶何太癡春人不是春花枝楚蘭香色固堪慕鄭
櫻桃袖何須隨坐中有客~~坐中有~~心私諂道是春人勝
春女一朵仙雲童窈窕雲分明巫峽能行雨春人去時正學
春女嬌端郎春透雙眉梢斑騅門外休相送曳雪牽雲
要同夢

語不經跳
太由著筆
輕也 文

三

味莊師命題汎海圖

使君汎海乘樓船，繞船甲卒森戈鋋，蒲帆十幅〻十丈，
帆頂半入~~溟~~冥濛天〻風斜吹浪花影千丈橫飛過帆
頂撇天一浪落未平已送百里樓船行船多海凋行難
使辨各向船頭展旗面紅旂獵〻照海明出沒煙濤互
相見海程三百半日過羊山到眼浮青螺登山怕山被
風引恍惚踏浪騎鼉鼉海天四覽披襟快指點吳疆越
疆界半腰文牘判一朝快若然犀燭幽怪回帆西駛白
日傾風〻東轉隨帆生衆星浴海〻水立海色夜半
如天明魚龍夾舵知無數掉尾中流聽笳鼓遥看候騎

列平沙已見孤城橫作浦歸來素手自鋪坐呼好手圖
七圖紛紛繪水笑餘子汀上改琦最工七尊開三九消
夜寒賓僚倚醉披圖看滿堂動色漫驚賞襟海風濤上
堂響

三字妝
非尼

雲岳水主作者拄杖姓

題鄭玉峯太守塞上吟卷後　平遠山房席上作

礮聲霹靂飛賊頭兩釗川血紅倒流天兵萬里誅逆酋

倒岳向宸
雜姓

公時一官倅渝州從戎忽着從事衫挽蜀鑿險皆邪鹽
嵩山六月犯冰雪章谷百道梯嵬巖巢橋廿四縱橫布
橫壓橫流作平路犀牛不動金蟾逃飛千人唱歌度西
軍失利賊斫營援兵未至人心驚公驅役夫猛貔庫百

奇險以楊少帥屯解云

八十賊禽來生賊徒欲斷援兵後甲索橋危伏公守書
生吃咤變風雲堅護儲胥扼橋口請兵屢上幕府書巡
遏壚慨馳戎車五年官報三遷速卅首詩成百戰餘紛
紛玉壘交鋒鏑虎帳高吟劍頻擊夷奴夜截人骨吹月
黑吟聲與相激碉樓摩空列卡雄跳歌送鬼蛮夷風詩
成歷〻儼圖記歸來珍重奚囊中論功擢守吳淞土冠上
一翎飄翠纓閒把奚囊自檢看衛齋彷髣聞鼙鼓前年
我亦從軍行軍門繞叩賊已平垂鞭西東返意蕭索馬上
那得新詩成自怜報國腸空熱敢說封侯有奇骨却憶
鐃歌露布文幾人磨盾揮毫捷昨轅公謁監司來張燈同

紫微使院瓊筵開，探公塞上舊吟草，把酒讀罷心低徊。闌公瀛洲應識先典，灘江郡親勦生苗，督行陣，長歌紀事聲琅琅，何當北斗乞我更一快讀傾千觴。魚網織詞須看其運行無跡雲煙。韓之深

八月十五夜陪味莊師邀同穀人祭酒、北江翰林、簡田太史、味辛司馬、鐵舟上人、香巖文學、七薌山人吳淞江泛月。

樓船日落開黃浦，吳淞江頭月已吐。迴船弄月月上天，搖蕩萬頃玻璃煙。船中半是瀛洲仙，瀛洲煙波昔夢牽。對此惝恍思當年，人間最好中秋夕。秋色平分月適白，況復江潮接海平。水晶世界抽帆席，搖搖畫舫船尾行。

抄

一枝玉笛臨風橫歌冑垂手歌不停魚龍出没潮頭聽
江邊帆檣亦無數遠聽歌聲定相慕疑是雲仙天上來
霓裳法曲風中度八窓齊拓天水空月光灎瀲浮金鐘
興酣爭吸酒中月快若吸海垂長虹我時苦被天公戲
兩眼明珠生幻翳寒潮手掬一洗明莫向姮娥引遥睇
夜深浩〻風露涼玉盤四迸金波満船滅燭醉相向襟
袖都化蟾蜍光牙檣漸趁潮西轉月亦隨人歸緩〻歸
上江干百尺樓湘簾盡捲清光満人生〻樂知幾回流
年暗換双鬓催更闌不忍就長枕明月勸人重舉杯

辭雲

春江花月夜為田晴湄作

新語小弦
蕩魂銷志
錄一、

春江花開不歇，春江月圓不缺，春花與月同一江，郎心與妾同一腔。妾吹横笛郎載酒，鴛鴦船尾飛雙雙，生憎春江浪頭白，吹散鴛鴦一江隔。一江隔，何時還，春花春月江上寒。郎挂輕帆妾搖槳，迎得鴛鴦歸兩兩。鴛鴦不散妾不愁，抱郎共宿春江頭，春江花月長悠悠。韓芠讀

屠子垣中江秋訪圖

江上月，秋娟娟，黄蘆白葦生寒煙。煙中琤瑽四弦響，六尺孤蓬蕩雙槳。何人挂此月下帆，一聽弦聲便相訪。便相訪，還相憐，梢頭荳蔻方少年。玉容憔悴秋江邊，鸞飄鳳泊秋無主。莫聽傷心弦上語，江頭白浪來打船，挂帆

欲別難留連，難留連，渡霑臆面頭，江月已沉空，煙水茫茫，何處覓。

鄰支讀

同鏡上人返吳門舟中賦贈

笑逐殘僧返故鄉，打包雲水興清狂。攜將瓶鉢儲冬釀，載得圖書上野航。世路經多頻共憶，形骸交久已相忘。篷窗指點吳山好，擬共精藍結上方。

△舟中遠眺。

兩岸寒郊一望賒，西風吹過片帆斜。櫓聲入港聽非雁，楓影隔林疑是花。積潦乍消空宿麥，荒村欲破散飢鴉。可憐租稅從何出，殘歲流亡定幾家。

下半深摯烇

吳山讀

△洞庭山人歌贈姜七鈐

東風吹綠湖上山，湖波倒影搖煙鬟。山人傍山結茆屋，日吸湖光飲山綠。手中釣竿十丈強，波上白魚三尺長。白魚上竿復稟却，變化忽是湖龍王。君家洞庭我吳閶，相思隔斷雲水鄉。昨來海上同翺翔，示我肘後龍宮方。知君有意尋靈藥，夢采瑤芝踏蓬嶽。世人骨相苦不仙，合就金丹與誰嚼。洞庭兩山西復東，七十二朶青芙蓉。我將從君騎白龍，一日飛遍東西峯。高歌時還理釣筒，釣取湖心明月掛向峯頭松。

昂示所當太白定不失爲鍊匡

鍾可一

徑向追蹤於錦支囊

△夜過淩長翁山居却贈。

老蟾蹈雲來幽篁夜深語蕉衫颯颯涼竹露浩如雨枯
桐横眠石林冷白髮復聯照秋烟攤書向月哦復吟細
字蠹眠𧌒纖影黃埃十丈何處飛蘩霜滿鬓勞人餓羨
翁山中坐忘機老來鶴骨何其肥何時抖擻塵土衣從
翁竹裡日取冰弦揮

青蓮花謠為鐵雲作 舒 孝廉

晴蓮花嬌欲語文禽蹈波珠出浦羨煞青蓮花半吐明 明
珠鳥不作僂文禽不作侶月墮煙復空蓮花孰為手采花蕩
紫花不開照花把鏡花能來有人對花日徘徊顧花化
作青蓮臺 香上六生一策矣 笑讀

松江見織雲女史感賦小影

憶別檀園叟，于今三十年。驚逢女公子，髩髮亦蒼然。寡鶴啄香粟，老蟾吟古煙。師門數行淚，還灑衍波牋。

女史爲随園女弟子，出示随園師遺墨一冊。

題胥燕亭明府杏花春雨江南圖

胥侯示我行看子，畫取江南春雨裏。江南二月開杏花，十里五里花欹斜。春陰雨細風力輭，花上濕煙紅不卷。穿花高聳双吟肩，单衫袖秃笠子圓。山家酒熟青旗縣，論日買醉來花前。春江緑波生淼淼，搖蕩花枝影顛倒。孤蓬聽雨不肯眠，處處看花被花惱。憐君家本傍太衍幾年腰笏官萍鄉拋官愛踏江南路遥欲移家江上住買田種秫苦少錢但畫江村入縑素野夫舊是江南農江頭杏花紅復紅數椽老屋風雨破飢驅海角愁飄蓬何時江頭重卜築從君結鄰飯黃犢杏花深處雨來時共趁山家酒新熟

詩雜仙心近人中惟仲則蘭雪能有其勝 烶

聽錢二彈琴

萬竹青上天白雲截其頂野水夜忽明老蟾墮孤影抱琴此時來一彈七絃聲苦十指寒白雲亂崩月飛起一夜秋生七絃裏

一起四句真盡 琴亢惜與長公聽穎師一作同不能正于六一先生定文讀

燕亭楚頌圖

東坡船入荆溪行溪山一見歡平生買田便擬山下耕
種千頭橘搆一亭〻成當以楚頌名宦途遷徙靡常所
清夢頻牽願終阻善卷洞口雙溪邊游跡於今尚堪數
胥倏生後七百年山水思結前生緣拋官亦泛荆溪船
傾囊欲買陽羨田可憐官薄囊無錢陽湖秋香空流涎
吳生畫手人爭重為拂湘縑圖楚頌置身邱壑願豈償聊
續東坡昔時夢逢君吳淞江水東面目嚴冷心公忠士
元譽人每過分伯厚疾惡真如風江樓風月時〻好招
我開樽頻醉倒披圖指點畫中山我亦我同君清夢繞

即事贈朱生二首。

蔗亭誠
然姪

風過碧蕪香秋生翠袖涼芙容窺鏡檻蝴蝶上繩床宛轉歌重理低徊夢未忘休教白團扇早晩怨青箱

憶我追歡日如君作達年黃金擲虛牝青鏡變華顛珍重流光速商量樂事偏願為明月魄長是二分圓

多情乃佛心性

如

雨中見海棠感賦

雨中海棠春作花對花有客長咨嗟旁人怪問客無語却憶五年前在家々近雞陂屋幽曠一樹海棠長二丈花時燒燭到天明重碧傾翻甕頭釀山妻稚子花下來攀條上樹争歡咍尊前花亦解人意嬌紅亂迸東風開誰知人事成凋謝妻子長眠北邙夜賣屋難將芳樹移

名花入券寧增價海上飄蓬復幾時傷心瞥見此花枝
可憐著雨燕脂濕也似羈人清淚垂 文邨情所 無山湊

甘亭賣屋滿江紅詞云但一髩時去醉庭花卯休妊与此
詩同一感慨名花入券寧增價內慨更深矣 娃

嘉慶乙丑重易日讀記与蓑椅不相見忽〻數年矣詩
之超隽如前而孫復堅蒼老重髮鬢精頳而顴豐有
肉皆晚福之徵也僕與二三舊雨時〻焉不覩其富貴
煊赫但願其飲酒噉飯多老壽故及此维然附記

嘉慶乙丑十月上澣讀於邗上題襟館 兆蓀記

查災行為墨卿太守作

清晨發邗溝，薄暮趨秦郵。西風獵獵吹小舟，長年韋纜行且謳。舟中兀坐者誰歟？揚州太守查災從。黎災黎走相告，是為太守心竊疑。往年太守查災來，樓船萬斛声喧阗。荒村索雞豕，破屋科錢財。上食太守供輿臺，猷扑丁役令心哀。慘若巨浸重為災。今年太守胡為尔，從者三人兩人耳。村墟歷皆遍，風霜行未已。父老語災黎：尔輩焉得知？揚州太守今姓伊，政聲久從粵海馳。江南大府告

天子，命典名郡初來茲。昨聞太守出府時，騶奴悻悻前致詞：官今領大郡，出入須威儀。前船載輿馬，後船列

旌旗驛路設供帳，州邑爭饋遺。既得飽胥隸，兼可（充）囊資。太守語騶奴，爾言何可鄙。我昔被命來，僦屋河之涘。時當夏秋交，暑酷汗如洗。買舟小於甕，出没波浪裏。飢咽脱粟飯，渴飲濁流水。災區幸周覽，遑自恤勞止。今甫綰符印（綬），乃欲逞華侈。傔從人苟多，約束法難恃。豈惟索酒食，且復符（營）賄賂。官吏一頓餐，民將竭膏髓。官吏一囊金，民將鬻妻子。哀鴻方嗷嗷，忍令吏出乇。飛符下州邑，諄諄戒令吏。慎勿役丁夫，辛苦負行李。慎勿具盤餐，殷勤奉芳旨。水減民未耕，先為理疆址。歲晏民未食，先為謀粔籹。強良梁，禁侵暴。老弱捄轉徙，繪取流民圖。賑卹乞當宁行見膏澤施，庶免溝壑委災黎。聞此言感歎同一聲，扶挈老與幼，遠近紛相迎。爭先望顏色，愛戴逾所生。翻愁水涸災沴息，太守不向村中行。

老杜氣山谷而爲、　安山讀

○寒食

回首松楸幾黯然，江湖飄泊自年年。傷心客路逢寒食，麥飯看人拜墓田。

淒〻黯〻千秋心有戚〻焉　安山讀

選

○清明過秦郵

濁波清浪勢猶爭，如綫長堤已半傾。是處春耕經潦廢，幾回秋漲與城平。烏鳶盡棄空村散，魚鱉多從破塚生。萬戶炊煙嗟久絕，不須禁火過清明。

安山讀

坡仙
勝境
安

刪　刪　刪

初見杏花

二月春深始放花，墻頭遥見一枝斜。嫩寒却憶江南路，紅遍村村賣酒家。

洞庭山人姜七鈴以秋夜讀書之什見眎，作此奉酬

山樓秋冥冥，兀坐雙瞳青。鐙前一卷書，知是龍威經。天風吹，月飛洞庭。太湖之水搖窓櫺，讀書夜半聲不停。蛟魚爭躃湖波聽，吾琅頌刻集百靈。六丁下取驅雷霆，胡弗掩卷呼醁醽。千觴快飲醉復醒，卧吹玉笛聲瓏玲。或者天上下酒星，或者龍女來娉婷，相看一笑都忘形。

即席上贈鐵舟上人

老僧退筆已如山，猶自勞勞翰墨間。只有當歌兼對酒，
浮生終得一偷閒。

一樹園荷花

一樹凌波朱綃卷，千枝逼檻白蓮開。不知何處風吹入，
但覺香從四面來。

觀鐵舟上人為校書其〻畫扇面

倏笑催人畫月波，老僧着意寫寒柯。梅花不作冰霜色，
輕染粧臺小黛螺。

○題秋鐙聽雨圖為李上舍竹嶠作五首

四詩亦出少陵錫韻

簾卷聽瀟〻風纏敲竹寮夜深秋氣苦人定雨聲驕黃葉響俱下殘鐙影自揺此時無一盞何以慰蕭條

身世等浮漚功名負黑頭青衫秋後薄華髮鏡中稠雨滴壯心碎鐙講瘦影留此時無一盞何以慰牢愁

旅館思難禁涼蛩四壁吟風斜鐙閃〻秋盡雨淫〻鴻雁音書斷江湖歲月深此時無一盞何以慰鄉心

心事一鐙知樓空聽雨欹秋聲生四角別恨壓雙眉繡枕紅香減羅襟碧泪滋此時無一盞何以慰相思

風雨浩縱横封侯夢不成秋原騰萬馬河漢坼三更碧穗帷鐙闇青萍匣劍鳴此時無一盞何以慰愁情

直逼老杜

韓生讀

圖書在版編目（CIP）數據

福建文獻集成續編. 集部. 第六輯：10册/吴格主編.--福州：福建人民出版社，2024.12.--（八閩文庫）.--ISBN978-7-211-09693-0

Ⅰ.K295.7

中國國家版本館CIP數據核字第202575GU34號

福建文獻集成續編·集部（第六輯）

主　　編：吴　格
責任編輯：張輝蘭
裝幀設計：張志偉
美術編輯：陳培亮
出版發行：福建人民出版社
電　　話：0591-87533169（發行部）
網　　址：http://www.fjpph.com
電子郵箱：fjpph7221@126.com
地　　址：福建省福州市東水路76號
郵政編碼：350001
經　　銷：福建新華發行（集團）有限責任公司
印刷裝訂：雅昌文化（集團）有限公司
地　　址：深圳市南山區深雲路19號
開　　本：787毫米×1092毫米　1/16
印　　張：363
版　　次：2024年12月第1版第1次印刷
書　　號：ISBN978-7-211-09693-0
定　　價：5000.00元（全10册）

本書如有印裝質量問題，影響閱讀，請直接向承印廠調換。
版權所有，翻印必究。